# TOMÁS DE AQUINO

TOMÁS DE AQUINO

Juvenal Savian Filho
Carlos Arthur Ribeiro do Nascimento
(ORGS.)

# TOMÁS DE AQUINO

## *Chaves de leitura*

Paulinas

**Dados Internacionais de Catalogação na Publicação (CIP)**
**Angélica Ilacqua CRB-8/7057**

Tomás de Aquino : chaves de leitura / organizado por Carlos Arthur Ribeiro do Nascimento, Juvenal Savian Filho. - São Paulo : Paulinas, 2024.
464 p.

ISBN 978-65-5808-212-5

1. Teologia 2. Tomás, de Aquino, Santo, 1225?-1274 I. Nascimento, Carlos Arthur Ribeiro do III. Savian Filho, Juvenal

23-2099 CDD 230.2

**Índice para catálogo sistemático:**
1. Teologia

1ª edição – 2024

Direção-geral: *Ágda França*
Conselho editorial: *Andréia Schweitzer*
*Antonio Francisco Lelo*
*João Décio Passos*
*Marina Mendonça*
*Matthias Grenzer*
*Vera Bombonatto*
Editores responsáveis: *Vera Bombonatto*
*João Décio Passos*
Copidesque: *Ana Cecilia Mari*
Coordenação de revisão: *Marina Mendonça*
Revisão: *Equipe Paulinas*
Gerente de produção: *Felício Calegaro Neto*
Capa e diagramação: *Cláudio Tito Braghini Junior*
Imagem de capa: *wikimedia.org – Portrait of St. Thomas by Antonio del Castillo y Saavedra, ca. 1649*

*Nenhuma parte desta obra poderá ser reproduzida ou transmitida por qualquer forma e/ou quaisquer meios (eletrônico ou mecânico, incluindo fotocópia e gravação) ou arquivada em qualquer sistema ou banco de dados sem permissão escrita da Editora. Direitos reservados.*

Cadastre-se e receba nossas informações
www.paulinas.com.br
Telemarketing e SAC: 0800-7010081

**Paulinas**
Rua Dona Inácia Uchoa, 62
04110-020 – São Paulo – SP (Brasil)
📞 (11) 2125-3500
✉ editora@paulinas.com.br
© Pia Sociedade Filhas de São Paulo – São Paulo, 2024

# SUMÁRIO

Lista de verbetes ................................................................. 7

Autores e tradutores ........................................................... 15

Apresentação ...................................................................... 19

Obras citadas de Tomás de Aquino ..................................... 27

Modo de citar passagens das obras de Tomás de Aquino mais mencionadas aqui .... 29

Verbetes ............................................................................. 33

Índice remissivo ................................................................ 447

# LISTA DE VERBETES

Aborto → *Ver* Extração voluntária do feto humano ................................................. 33

Alegria .................................................................................................................. 33
*Rafael Koerig Gessinger*

Alma → *Ver* Vida; Ser Humano; Pessoa; Imortalidade ...................................... 38

Amizade ............................................................................................................... 38
*Felipe de Azevedo Ramos, EP*

Amor ..................................................................................................................... 42
*Andrey Ivanov*

Analogia ............................................................................................................... 54
*Marco Aurélio Oliveira da Silva*

Anjos .................................................................................................................... 56
*Marta Borgo*
*Tradução de Clio Tricarico*

Artigos de fé ........................................................................................................ 60
*Rafael Koerig Gessinger*

Ateísmo → *Ver* Heresia (incredulidade) ............................................................. 67

Atributos divinos .................................................................................................. 67
*Daniel Joseph Gordon*
*Tradução de José Eduardo Levy Junior*

Autoridade ........................................................................................................... 71
*Carlos Arthur Ribeiro do Nascimento*

Beatitude .............................................................................................................. 74
*Ezra Sullivan, OP*
*Tradução de José Eduardo Levy Junior*

Beleza .................................................................................................................... 77
*Andrey Ivanov*

Belo ....................................................................................................................... 90
*John Macias*
*Tradução de José Eduardo Levy Junior*

Bíblia ..................................................................................................................... 93
*Gilbert Dahan*
*Tradução de Juvenal Savian Filho*

## LISTA DE VERBETES

Canonização de Tomás de Aquino ....................................................................99
*Igor Salomão Teixeira*

Caridade → *Ver* Amor...........................................................................................101

Carisma...................................................................................................................101
*Carlos Frederico Calvet da Silveira*

Casamento ..............................................................................................................103
*Alfredo Storck*
*Juvenal Savian Filho*

Causa .......................................................................................................................109
*Julio Antonio Castello Dubra*
*Tradução de José Eduardo Levy Junior*

Céu → *Ver* Escatologia (Novíssimos) ...............................................................115

Ciência → *Ver* Conhecimento; Deus; Filosofia; Teologia .............................115

Coisa → *Ver* Ser e Ente .......................................................................................115

Comunidade ..........................................................................................................115
*Francisco Bertelloni*
*Tradução de Clio Tricarico*

Conhecimento.......................................................................................................117
*Carlos Arthur Ribeiro do Nascimento*

Consciência............................................................................................................121
*Carlos Alberto Albertuni*

Contingência → *Ver* Necessidade e Contingência; Providência; Liberdade ...........127

Coragem → *Ver* Suma; Virtude ..........................................................................127

Corpo → *Ver* Matéria; Ser Humano; Pessoa ....................................................127

Criação....................................................................................................................127
*Luc Signoret, FMND*
*Tradução de André Luís Tavares, OP*

Demônio/Diabo → *Ver* Anjos; Mal ...................................................................132

Desejo .....................................................................................................................132
*Felipe de Azevedo Ramos, EP*

Destino → *Ver* Providência; Escatologia (Novíssimos)..................................134

Deus.........................................................................................................................134
*Juvenal Savian Filho*

Direito.....................................................................................................................159
*Pedro Monticelli*

Educação → *Ver* Bíblia; Casamento; Liturgia; Magistério; Religião ............163

LISTA DE VERBETES

Encarnação......163
Gilles Emery, OP
Tradução de Juvenal Savian Filho

Ensino → Ver Bíblia; Liturgia; Magistério......166

Ente → Ver Ser e Ente......166

Escatologia (Novíssimos)......166
Carlos Frederico Calvet da Silveira

Escolástica colonial......169
Roberto Hofmeister Pich

Escravidão → Ver Escolástica Colonial; Natureza; Poder......177

Escrituras → Ver Bíblia; Teologia......177

Espécie......177
Juvenal Savian Filho

Esperança......181
Javier Pose, OP
Tradução de Clio Tricarico

Espírito Santo......186
Gilles Emery, OP
Tradução de Juvenal Savian Filho

Essência e substância......190
Marco Aurélio Oliveira da Silva

Eternidade......192
Ana Rieger Schmidt

Eucaristia......195
César Ribas Cezar

Existência → Ver Ser e Ente; Essência e Substância......199

Extração voluntária do feto humano......199
Carlos Frederico Calvet da Silveira

Fé......201
Carlos Arthur Ribeiro do Nascimento

Felicidade → Ver Beatitude......205

Filho (Deus Filho) → Ver Jesus Cristo......205

Filosofia......205
Carlos Arthur Ribeiro do Nascimento

Fim/Finalidade → Ver Criação; Deus; Moral......206

Gênero → Ver Espécie......207

## LISTA DE VERBETES

Graça..................................................................................................207
*Andrey Ivanov*

Hábito..................................................................................................218
*Ezra Sullivan, OP*
*Tradução de José Eduardo Levy Junior*

Heresia..................................................................................................222
*Rossana Pinheiro-Jones*

Hierarquia..................................................................................................228
*Carlos Frederico Calvet da Silveira*

História..................................................................................................231
*Gregorio Piaia*
*Tradução de Clio Tricarico*

Homoafetividade/Homossexualidade → *Ver* Natureza..................................234

Ideias → *Ver* Conhecimento; Universais..................................................235

Igreja..................................................................................................235
*André Luís Tavares, OP*
*Juvenal Savian Filho*

Imagem → *Ver* Alegria; Beleza; Espécie; Igreja; Pessoa; Trindade..........239

Imanência → *Ver* Deus; Espécie; Natureza; Matéria..................................239

Imortalidade..................................................................................................239
*Anselmo Tadeu Ferreira*

Indivíduo → *Ver* Princípio de Individuação; Pessoa; Ser Humano..........244

Inferno → *Ver* Escatologia (Novíssimos)..................................................244

Inquisição → *Ver* Heresia..................................................................244

Intelecto → *Ver* Conhecimento; Ideias; Razão; Universais........................244

Intenção → *Ver* Conhecimento; Princípio de Individuação →Tomismos →
Universais → Verbo..................................................................................244

Jesus Cristo..................................................................................................245
*Conor McDonough, OP*
*John Emery, OP*
*Tradução de Juvenal Savian Filho*

Justiça..................................................................................................249
*Pedro Monticelli*

Lei → *Ver* Direito; Justiça; Moral..................................................252

Leitura → *Ver* Bíblia; Pregação..................................................252

LISTA DE VERBETES

Liberdade .................................................................................. 252
*Paulo Martines*

Liturgia .................................................................................... 258
*Innocent Smith, OP*
*Tradução de José Eduardo Levy Junior*

Livre-arbítrio → *Ver* Liberdade ............................................... 261

Magistério ............................................................................... 262
*Carlos Frederico Calvet da Silveira*

Mal .......................................................................................... 264
*Carlos Frederico Calvet da Silveira*

Maria ....................................................................................... 266
*Carlos Frederico Calvet da Silveira*

Matéria .................................................................................... 269
*Evaniel Brás dos Santos*

Metafísica → *Ver* Conhecimento; Teologia ................................ 273

Milagre .................................................................................... 273
*Inácio de Araújo Almeida, EP*

Ministério → *Ver* Carisma; Hierarquia ..................................... 275

Misericórdia ............................................................................ 275
*Rafael Koerig Gessinger*

Mística → *Ver* Amor; Caridade; Conhecimento; Deus; Piedade; Teologia ............... 278

Moral ...................................................................................... 278
*Paulo Martines*

Morte → *Ver* Escatologia (Novíssimos) ..................................... 283

Mulher .................................................................................... 283
*Igor Salomão Teixeira*

Mundo → *Ver* Matéria ............................................................. 286

Natureza .................................................................................. 287
*Carlos Arthur Ribeiro do Nascimento*
*Juvenal Savian Filho*

Necessidade → *Ver* Necessidade e Contingência; Providência; Liberdade ............. 296

Necessidade e contingência ....................................................... 296
*Ana Rieger Schmidt*

Objeto → *Ver* Sujeito e Objeto .................................................. 300

Oração → *Ver* Piedade; Liturgia ................................................ 300

## LISTA DE VERBETES

Ortodoxia → *Ver* Autoridade; Artigos de Fé; Bíblia; Igreja ...................................... 300

Pagãos ............................................................................................................................. 301
*Mateus Domingues da Silva, OP*

Pai (Deus Pai) ................................................................................................................. 305
*John Baptist Ku, OP*
*Tradução de José Eduardo Levy Junior*

Pais (Padres) da Igreja → *Ver* Autoridade ................................................................ 309

Paixão .............................................................................................................................. 309
*Carlos Alberto Albertuni*

Papa → *Ver* Artigos de fé; Hierarquia; Magistério; Sacerdócio; Poder ................... 313

Participação ..................................................................................................................... 313
*Marco Aurélio Oliveira da Silva*

Pecado ............................................................................................................................. 316
*Carlos Arthur Ribeiro do Nascimento*

Pecado original ............................................................................................................... 318
*Carlos Arthur Ribeiro do Nascimento*
*Juvenal Savian Filho*

Pessoa .............................................................................................................................. 320
*André Luís Tavares, OP*

Piedade ............................................................................................................................ 324
*Carlos Frederico Calvet da Silveira*

Poder ............................................................................................................................... 325
*Francisco Bertelloni*
*Tradução de Clio Tricarico*

Poder Divino ................................................................................................................... 327
*Carlos Arthur Ribeiro do Nascimento*

Política → *Ver* Comunidade; Poder ............................................................................ 328

Prazer .............................................................................................................................. 328
*Carlos Alberto Albertuni*

Predestinação → *Ver* Deus, Escatologia, Providência; Vontade ............................... 332

Pregação .......................................................................................................................... 332
*Marc Millais, OP*
*Tradução de André Luís Tavares, OP*

Presciência → *Ver* Providência; Necessidade e Contingência ................................... 336

Princípio de individuação ............................................................................................. 336
*Alfredo Storck*

LISTA DE VERBETES

Profecia → Ver Revelação ........................................................................... 340

Providência ................................................................................................ 340
*Carlos Arthur Ribeiro do Nascimento*

Purgatório → Ver Escatologia (Novíssimos) ........................................... 343

Razão .......................................................................................................... 344
*Carlos Arthur Ribeiro do Nascimento*

Relação → Ver Trindade; Deus; Ser Humano ........................................ 345

Religião ....................................................................................................... 345
*Joseph de Poton d'Amécourt, OP, in memoriam*
*Tradução de André Luís Tavares, OP*

Revelação .................................................................................................... 351
*Emmanuel Durand, OP*
*Tradução de André Luís Tavares, OP*

Riqueza ....................................................................................................... 355
*Alfredo Santiago Culleton*

Sacerdócio .................................................................................................. 358
*Carlos Frederico Calvet da Silveira*

Sacra Doctrina → Ver Teologia; Bíblia .................................................... 360

Sacramento ................................................................................................. 360
*Jean-Christophe de Nadaï, OP*
*Tradução de André Luís Tavares, OP*

Salvação ...................................................................................................... 364
*Juvenal Savian Filho*

Santidade → Ver Graça; Piedade .............................................................. 377

Sentido (Sensível/Sensibilidade) → Ver Conhecimento ......................... 377

Ser → Ver Ser e Ente ................................................................................. 377

Ser e ente ................................................................................................... 377
*Marco Aurélio Oliveira da Silva*
*Juvenal Savian Filho*

Ser humano ................................................................................................ 379
*André Luís Tavares, OP*

Sobrenatural → Ver Natureza ................................................................... 383

Substância – Ver Essência e Substância .................................................. 383

Sujeito e objeto .......................................................................................... 383
*Carlos Arthur Ribeiro do Nascimento*

Suma ........................................................................................................... 384
*Roberto Hofmeister Pich*

LISTA DE VERBETES

Sumo Pontífice – *Ver* Papa ........................................................................................ 391

Temperança – *Ver* Beleza, Virtude ............................................................................ 392

Tempo ............................................................................................................................ 392
*Alfredo Storck*

Teologia ......................................................................................................................... 394
*Juvenal Savian Filho*

Tomismos ...................................................................................................................... 399
*André Luís Tavares, OP*

Transcendência e transcendental ............................................................................... 406
*Matheus Pazos*

Trindade ........................................................................................................................ 409
*Gilles Emery, OP*
*Tradução de Juvenal Savian Filho*

Tristeza .......................................................................................................................... 413
*Rafael Koerig Gessinger*

Universais ...................................................................................................................... 418
*Matheus Pazos*

Universo → *Ver* Criação; Matéria; Natureza ........................................................... 420

Verbo .............................................................................................................................. 421
*Julio Antonio Castello Dubra*
*Tradução de Clio Tricarico*

Verdade .......................................................................................................................... 426
*Matheus Pazos*

Vida ................................................................................................................................ 430
*Evaniel Brás dos Santos*

Vida eterna → *Ver* Escatologia (Novíssimos); Eternidade; Tempo; Beatitude ........... 436

Virtude ........................................................................................................................... 436
*Joseph de Ponton d'Amécourt, OP, in memoriam*
*Tradução de Clio Tricarico*

Vontade .......................................................................................................................... 440
*Carlos Arthur Ribeiro do Nascimento*

# AUTORES E TRADUTORES

**Alfredo Santiago Culleton** é doutor em Filosofia pela Pontifícia Universidade Católica do Rio Grande do Sul. Atuou como professor pesquisador na Escola de Humanidades da Universidade do Vale do Rio dos Sinos. É psicanalista. RIQUEZA.

**Alfredo Storck** é doutor em Filosofia pela Universidade de Tours – François Rabelais. Professor no Departamento de Filosofia da Universidade Federal do Rio Grande do Sul. CASAMENTO, PRINCÍPIO DE INDIVIDUAÇÃO, TEMPO.

**Ana Rieger Schmidt** é doutora em História da Filosofia Medieval pela Universidade de Paris – Sorbonne. Professora no Departamento de Filosofia da Universidade Federal do Rio Grande do Sul. ETERNIDADE, NECESSIDADE E CONTINGÊNCIA.

**André Luís Tavares, OP,** é doutor em Filosofia pela Universidade Federal de São Paulo e pela Universidade de Paris – Sorbonne. Doutor em Teologia pelo Instituto Católico de Paris. IGREJA, PESSOA, SER HUMANO, TOMISMOS.

**Andrey Ivanov** é doutor em Filosofia pela Universidade Estadual de Campinas. Professor de História da Filosofia Medieval na Faculdade de Filosofia e Ciências da Universidade Estadual Paulista. AMOR, BELEZA, GRAÇA.

**Anselmo Tadeu Ferreira** é doutor em Filosofia pela Universidade Estadual de Campinas. Professor da Universidade Federal de Uberlândia. IMORTALIDADE.

**Carlos Alberto Albertuni** é doutor em Filosofia pela Universidade Estadual de Campinas. Professor no Centro de Letras e Ciências Humanas da Universidade Estadual de Londrina. CONSCIÊNCIA, PAIXÃO, PRAZER.

**Carlos Arthur Ribeiro do Nascimento** é doutor em Estudos Medievais pela Universidade de Montreal. Professor aposentado da Universidade Estadual de Campinas e da Pontifícia Universidade Católica de São Paulo. AUTORIDADE, CONHECIMENTO, FÉ, FILOSOFIA, NATUREZA, PECADO, PECADO ORIGINAL, PODER DIVINO, PROVIDÊNCIA, RAZÃO, SUJEITO E OBJETO, VONTADE

**Carlos Frederico Calvet da Silveira** é doutor em Filosofia pela Pontifícia Universidade Santo Tomás de Aquino de Roma. Professor da Universidade Católica de Petrópolis. Professor agregado da Pontifícia Universidade Católica do Rio de Janeiro. CARISMA, ESCATOLOGIA (NOVÍSSIMOS), EXTRAÇÃO VOLUNTÁRIA DO FETO HUMANO, HIERARQUIA, MAGISTÉRIO, MAL, MARIA, PIEDADE, SACERDÓCIO.

**César Ribas Cezar** é doutor em Filosofia, Teologia Católica e Filologia pela Universidade de Bonn. Professor do Departamento de Filosofia da Universidade Federal de São Paulo. EUCARISTIA.

**Clio Tricarico** é doutora em Filosofia pela Universidade Federal de São Paulo.

AUTORES E TRADUTORES

**Conor McDonough, OP,** é doutor em Teologia pela Universidade de Friburgo. Professor de Teologia Dogmática no Centro Dominicano de Estudos, em Dublin. Jesus Cristo.

**Daniel Joseph Gordon** é mestre em Teologia pela Pontifical Faculty of the Immaculate Conception – Washington. Doutorando em Teologia pela Universidade de Notre Dame. Atributos divinos.

**Emmanuel Durand, OP,** é doutor em Teologia pelo Instituto Católico de Paris e pela Universidade Católica de Louvain. Privat-Dozent em Teologia pela Universidade de Friburgo. Mestre em Filosofia pela Universidade de Paris – Sorbonne. Professor da Faculdade de Teologia da Universidade de Friburgo e da Pontifícia Universidade Santo Tomás de Aquino de Roma. Revelação.

**Evaniel Brás dos Santos** é doutor em Filosofia pela Universidade Estadual de Campinas. Professor no Departamento de Filosofia e do Programa de Pós-graduação da Universidade Federal do Sergipe. Matéria, Vida.

**Ezra Sullivan, OP,** é doutor em Teologia pela Pontifícia Universidade Santo Tomás de Aquino de Roma. Professor na Faculdade de Teologia da Pontifícia Universidade Santo Tomás de Aquino de Roma. Beatitude, Hábito.

**Felipe de Azevedo Ramos, EP,** é doutor em Filosofia pela Pontifícia Universidade Santo Tomás de Aquino de Roma. Professor no Instituto Filosófico Aristotélico-Tomista. Amizade, Desejo.

**Francisco Bertelloni** é doutor em Filosofia e Letras pela Universidade de Buenos Aires. Professor de Filosofia da Universidade de Buenos Aires. Comunidade, Poder.

**Gilbert Dahan** é doutor em Letras pela Universidade de Paris – Sorbonne. Orientador de pesquisas na École Pratique des Hautes Études (Ciências Religiosas). Orientador emérito de pesquisas no Centre National de la Recherche Scientifique, em Paris. Bíblia.

**Gilles Emery, OP,** é doutor em Teologia pela Universidade de Friburgo. Professor emérito da Faculdade de Teologia da Universidade de Friburgo. Encarnação, Espírito Santo, Trindade.

**Gregorio Piaia** é doutor em Filosofia pela Universidade de Pádua. Professor de História da Filosofia na Faculdade de Letras e Filosofia da Universidade de Pádua. História.

**Igor Salomão Teixeira** é doutor em História pela Universidade Federal do Rio Grande do Sul. Professor do Departamento e do Programa de Pós-graduação em História da Universidade Federal do Rio Grande do Sul. Canonização de Tomás de Aquino, Mulher.

**Inácio de Araújo Almeida, EP,** é doutor em Filosofia pela Universidade Santo Tomás de Aquino de Roma. Professor do Instituto Filosófico Aristotélico-Tomista. Milagre.

**Innocent Smith, OP,** é doutor em Teologia pela Universidade de Ratisbona. Bacharel em Música e Filosofia. Liturgia.

**Javier Pose, OP,** é licenciado em Teologia pela Universidade de Friburgo. Regente de Estudos da Província Argentina Santo Agostinho da Ordem Dominicana. Esperança.

**Jean-Christophe de Nadaï, OP,** é doutor em Letras Clássicas pela Escola Normal Superior de Paris. Mestre em Teologia pelo Instituto Católico de Lyon. Membro da Comissão Leonina. SACRAMENTO.

**John Baptist Ku, OP,** é doutor em Teologia pela Universidade de Friburgo. Professor na Pontifícia Faculdade da Imaculada Conceição – Washington. PAI (DEUS PAI).

**John Emery, OP,** é doutor em Teologia pela Universidade de Friburgo. Diretor do Instituto Teológico do Centro de Estudos de Filosofia e Teologia da Ordem Dominicana na Argentina. JESUS CRISTO.

**José Eduardo Levy Junior** é graduado em Filosofia pela Universidade Federal de São Paulo.

**Joseph de Ponton d'Amécourt, OP** (*in memoriam*). Doutor em Filosofia pela Universidade Católica da América – Washington. Professor da Faculdade de Filosofia da Pontifícia Universidade Santo Tomás de Aquino de Roma. VIRTUDE.

**Julio Antonio Castello Dubra** é doutor em Filosofia pela Universidade de Buenos Aires. Professor de Filosofia da Universidade de Buenos Aires. CAUSA, VERBO.

**Juvenal Savian Filho** é doutor em Filosofia pela Universidade de São Paulo. Bacharel em Teologia pela Pontifícia Universidade Salesiana de Roma. Professor na Escola de Filosofia, Letras e Ciências Humanas da Universidade Federal de São Paulo. CASAMENTO, DEUS, ESPÉCIE, IGREJA, NATUREZA, PECADO ORIGINAL, SALVAÇÃO, SER E ENTE, TEOLOGIA.

**Luc Signoret, FMND,** é doutor em Filosofia pela Universidade Paris – Sorbonne. Professor pesquisador do Instituto de Filosofia Comparada (IPC – Paris). CRIAÇÃO.

**Marc Millais, OP,** é licenciado em Teologia pela Universidade de Friburgo. Membro da Comissão Leonina. PREGAÇÃO.

**Marco Aurélio Oliveira da Silva** é doutor em Filosofia pela Universidade Federal do Rio de Janeiro. Professor na Faculdade de Filosofia e Ciências Humanas da Universidade Federal da Bahia. ANALOGIA, ESSÊNCIA E SUBSTÂNCIA, PARTICIPAÇÃO, SER E ENTE.

**Marta Borgo** é doutora em Letras e em Filosofia pela Escola Normal Superior de Pisa. Membra da Comissão Leonina. ANJOS.

**Mateus Domingues da Silva, OP,** é doutor em Letras pela Universidade de São Paulo e pela Universidade McGill. Diretor da Biblioteca do Instituto Dominicano de Estudos Orientais do Cairo. PAGÃOS.

**Matheus Pazos** é doutor em Filosofia pela Universidade Estadual de Campinas. Professor de Filosofia da Universidade Federal do Recôncavo da Bahia. TRANSCENDÊNCIA E TRANSCENDENTAL, UNIVERSAIS, VERDADE.

**Paulo Martines** é doutor em Filosofia pela Universidade Estadual de Campinas. Professor no Departamento de Filosofia da Universidade Estadual de Maringá. LIBERDADE, MORAL.

**Pedro Monticelli** é doutor em Filosofia pela Pontifícia Universidade Católica de São Paulo. Professor da Faculdade Paulus de Tecnologia e Comunicação. DIREITO, JUSTIÇA.

## AUTORES E TRADUTORES

**Rafael Koerig Gessinger** é doutor em Filosofia pela Universidade Federal do Rio Grande do Sul. ALEGRIA, ARTIGOS DE FÉ, MISERICÓRDIA, TRISTEZA.

**Roberto Hofmeister Pich** é doutor em Filosofia pela Universidade de Bonn. Professor da Faculdade de Filosofia e Ciências Humanas da Pontifícia Universidade Católica do Rio Grande do Sul. ESCOLÁSTICA COLONIAL, SUMA.

**Rossana Pinheiro-Jones** é doutora em História pela Universidade Estadual de Campinas. Escritora e tradutora-intérprete. HERESIA.

# APRESENTAÇÃO

Neste início de século XXI, já não causa mais surpresa a valorização do pensamento de Tomás de Aquino nem mais se o considera resultado da obra de um escolástico rígido e ultrapassado, tal como pintaram críticos seus, cristãos e não cristãos. Tal imagem resulta, sobretudo, de obras escritas por defensores modernos, autointitulados tomistas ou neotomistas, com o fim de exprimir o pensamento tomasiano na forma de manuais de síntese. Apesar de alguns preconceitos ainda persistirem, é comum ver o pensamento tomasiano ser tomado como ponto de partida ou como interlocutor para tratar de temas epistemológicos, éticos, metafísicos (e mesmo pós-metafísicos)[1] etc. Para mostrar o estado atual da pesquisa sobre temas centrais do pensamento de Tomás de Aquino é que a presente obra vem à luz; e não haveria ocasião mais feliz de publicá-la senão em 2024, ano do jubileu de 750 anos da morte de Tomás de Aquino (tendo-se já celebrado o jubileu de 700 anos de sua canonização em 2023). De grande significação, nesse clima de jubileu, é a atitude de Paulinas Editora ao oferecer ao Brasil um trabalho de tal fôlego.

O valor e a relevância do pensamento tomasiano para a cultura contemporânea começaram a ser postos em evidência já no final do século XIX, quando ocorreu um renascimento do pensamento tomasiano graças à redescoberta de seus textos mesmos por meio de recursos provindos das ciências dos textos antigos (filologia, linguística, paleografia, papirologia...). Começava a ser possível, então, o acesso a cópias de manuscritos de Tomás de Aquino sem mais o aprisionamento a manuais dos séculos XVI-XIX, pretensamente "sistematizadores" de seu pensamento. Aliás, falando-se em sistematização, é útil lembrar, com Étienne Gilson, que Tomás de Aquino nunca pretendeu erigir seu pensamento em um sistema, "se por sistema entende-se uma explicação global do mundo, que se deduziria ou construiria, de maneira idealista, a partir de princípios postos *a priori*. O próprio ser não é uma noção cujo conteúdo possa ser definido de uma vez por todas e posto *a priori*; não há apenas uma maneira de ser, e as diferentes maneiras exigem ser constatadas",[2] como procurou levar a sério o Aquinate.

Ademais, parece incorreto até mesmo o termo *tratado* para referir-se a blocos de questões sobre um mesmo tema na *Suma de teologia*. Eis aí mais um costume tomista que enviesou a abordagem dos escritos tomasianos, pois apenas uma vez, em toda a *Suma de teologia*, Tomás refere-se a um bloco de questões como um tratado (cf. IIªIIae, q. 81, Prólogo).

---

[1] Como é visível, entre outras, pela instigante obra de Roger Pouivet, cujo título é, no mínimo, curioso: POUIVET, R. *Après Wittgenstein, Saint Thomas* [Depois de Wittgenstein, Santo Tomás]. Paris: Vrin, 2014.

[2] GILSON, É. *O tomismo*: introdução à filosofia de Santo Tomás de Aquino. Trad. Juvenal Savian Filho. São Paulo: WMF Martins Fontes, 2024, p. 466.

APRESENTAÇÃO

O renascimento tomasiano do final do século XIX ocorreu pelo engajamento de estudiosos agudamente sensíveis à importância do estudo de Tomás de Aquino por meio de seus próprios textos e à urgência de considerar as contribuições do conhecimento histórico e da historiografia aos saberes em geral, até mesmo à teologia e à filosofia.[3] Frequentando-se os textos mesmos dos autores antigos e medievais, percebia-se como os retratos deles feitos na Modernidade deformavam-nos e transformavam-nos em escritores pobres, inconsistentes e despidos de qualquer interesse. No caso preciso de Tomás de Aquino, descobriu-se que ele não tinha nada daquele pensador inquisidor, frio e sem estilo, tal como retratado por muitas obras que pretendiam defender sua perenidade, sua ortodoxia férrea e sua insuperabilidade silogística, mediante resumos de seu pensamento nem sempre fiéis a ele e quase sempre anacrônicos. Ressurgia com frescor, agora, o "Tomás histórico", aquele de seus próprios manuscritos, homem mergulhado nas vicissitudes de sua época, pensador ancorado na experiência e, como se chegou a dizer, até mesmo dotado, em certos aspectos, de algo como um "sadio relativismo".[4] Entre os pioneiros dessa nova abordagem, impulsionados pelo incentivo institucional de Leão XIII para redescobrir a obra de Santo Tomás como modelo do pensamento católico,[5] estavam o Cardeal Mercier (1851-1926), Pierre Mandonnet (1858-1936), Maurice de Wulf (1867-1947), Martin Grabmann (1875-1949), Jacques Maritain (1882-1973), Étienne Gilson (1884-1978), Marie-Dominique Chenu (1895-1990), Karl Rahner (1904-1984), Yves Congar (1904-1930), Joseph Maréchal (1878-1944), entre outros. Todos se mostravam igualmente distantes do neotomismo e da neoescolástica, que se erguiam em interpretações "oficiais" de Santo Tomás, postura equivocada que o Papa João Paulo II insistiu em corrigir na encíclica *Fides et ratio*, ao referir-se a Santo Tomás como *um* modelo de pensador católico entre outros.[6]

---

[3] Cf., entre muitas obras de outros pensadores cristãos de destaque: CONGAR, Y. L'avenir de l'Église. In: LACOMBE, M. O. (ed.). *L'avenir*: Semaine des Intellectuels Catholiques. Paris: A. Fayard, p. 209-215; _____. *Igreja e papado*. Trad. Marcelo Rouanet. São Paulo: Loyola, 1997. Cf. ainda DUPRONT, A. *A religião católica*: possibilidades e perspectivas. Trad. Henrique Cláudio de Lima Vaz. São Paulo: Loyola, 1995. RAHNER, K. Sobre o problema da evolução do dogma. In: _____. *O dogma repensado*. Trad. Hugo Assmann. São Paulo: Paulinas, p. 57-105.

[4] A esse respeito, um simples exemplo pode ser encontrado no verbete *Natureza*, subitem "Natureza da espécie e natureza da pessoa singular", ao comentar-se o texto da *Suma de teologia* IªIIªᵉ, q. 31, a. 7, Resp.

[5] Cf. LEÃO XIII, PAPA. Epístola encíclica *Aeterni Patris* do Sumo Pontífice Leão XIII, sobre a restauração da filosofia cristã segundo a doutrina de São Tomás de Aquino. Disponível em: <https://www.vatican.va/content/leo-xiii/es/encyclicals/documents/hf_l-xiii_enc_04081879_aeterni-patris.html>. Acesso em: 15 fev. 2023.

[6] Cf. JOÃO PAULO II, PAPA. Carta encíclica *Fides et ratio*, sobre as relações entre fé e razão. Disponível em: <https://www.vatican.va/content/john-paul-ii/pt/encyclicals/documents/hf_jp-ii_enc_14091998_fides-et-ratio.html>. Acesso em: 15 fev. 2023. É relevante notar que, procedendo à correção histórica e doutrinal, João Paulo II também menciona como modelos de pensadores católicos nomes da tradição oriental, além de pensadores pertencentes a correntes de pensamento bastante distintas daquela de Santo Tomás.

# APRESENTAÇÃO

Atualmente, ainda que se possa perguntar pela possibilidade de pioneirismo nos estudos de Tomás de Aquino, parece mais adequado diminuir a importância dessa pergunta, pois, mesmo se não houvesse mais nada de novo a descobrir em sua obra (o que, absolutamente, não é o caso), já o aprofundamento da compreensão de certos temas bastaria para defender a importância de continuar a explorá-la. Dessa importância é um forte testemunho a iniciativa de Paulinas Editora ao publicar este *Tomás de Aquino: chaves de leitura*, sob a supervisão do Prof. João Décio Passos (PUC-SP). Há, obviamente, obras de diferentes tipos sobre o vocabulário tomasiano, e mesmo obras com o vocabulário neotomista.[7] A obra que se tem em mãos, porém, embora não seja exaustiva nem possa ter a pretensão de sê-lo, possui verbetes redigidos por especialistas de várias partes do mundo, entretanto, majoritariamente brasileiros, adotando todos um estilo dissertativo que se assemelha por vezes ao de um ensaio.

Os organizadores do presente livro aproveitam esta ocasião para manifestar seus cumprimentos à Paulinas Editora e ao Prof. João Décio Passos pelo entusiasmo e vigor com que levaram adiante um projeto editorial tão significativo. Um agradecimento *ex corde* vai também, obviamente, aos colaboradores, autores dos verbetes. O cuidado teórico-metodológico e a preocupação didática de todos são tão notáveis que o livro atende tanto à busca de uma iniciação a Tomás de Aquino quanto ao aprofundamento de aspectos de seu pensamento, ou mesmo à necessidade de consulta por parte de estudiosos. A obra tem interesse para estudiosos de teologia, filosofia e ciências humanas em geral, pois é inequívoca a importância histórica de Tomás de Aquino para a formação das culturas de matriz europeia (e mesmo não europeias), haja vista a influência mundial do pensamento tomasiano sobre o Direito, a Justiça, a afirmação do caráter pessoal individual de cada ser humano, do conhecimento negativo de Deus etc.

Observar-se-á que praticamente todos os verbetes são construídos pela imbricação de dados e métodos teológicos com dados e métodos filosóficos, históricos e científicos. A razão disso é muito simples; ela está no fato de que é o objeto mesmo de investigação que impõe a necessidade de um tratamento desse tipo. Em outras palavras, é o pensamento mesmo de Tomás de Aquino que se caracteriza pela imbricação das diferentes abordagens, em continuidade com aquilo que se poderia chamar de o "objetivismo" dos autores antigos e medievais, obedientes à *veritas rerum* (a verdade das coisas). Eles não seccionavam os objetos de estudo em partes, dedicando a cada uma um saber específico, como ocorrerá a partir da Modernidade. Em vez disso, defendiam a possibilidade de acesso ao objeto inteiro e perseguiam o ideal de um saber

---

7  O mais recente deles é, sem dúvida: FLOUCAT, Y.; MARGELIDON, P.-M. *Dictionnaire de théologie et philosophie thomistes*. Paris: Parole et Silence, 2011. É certamente desse caráter a conhecida e bastante acessível obra de Battista Mondin: MONDIN, B. *Dizionario enciclopedico di San Tommaso d'Aquino*. Bologna: Studi Domenicani, 1991. O professor Mondin, nas palavras de Fernand Van Steenberghen, é um tomista de "estrita observância", o que se percebe em muitos verbetes cujo conteúdo sofre arranjos para fazer Tomás de Aquino afirmar o que o autor espera: STEENBERGHEN, F. Dizionario enciclopedico di San Tommaso d'Aquino [Compte rendu]. *Revue Philosophique de Louvain* 90, p. 322-323, 1993.

APRESENTAÇÃO

total e unitário que circundasse inteiramente cada objeto. Essa circundação inteira do objeto e a investigação de tudo o que o constitui encontram-se, aliás, na raiz do nome *experiência* (*empeiría* em grego; *experientia* em latim). Era no fato com base na experiência que eles operavam.

Para Tomás de Aquino, o conhecimento era uma atividade de união dos diferentes aspectos que a razão obtém com o auxílio dos cinco sentidos físicos. Sua ideia de unidade das áreas do saber era tão importante que ele operava com o ideal de um *perfectum opus rationis*, obra completa/acabada da razão,[8] reflexo adequado da unidade do "Todo" do cosmo. Não à toa, como verão os leitores, verbetes como *Bíblia* e *Teologia*, entre outros, dedicam-se a esclarecer que o "objetivismo" de pensadores antigos e medievais não era um "objetivismo" sem crítica, como se eles entendessem o intelecto ao modo de algo vazio e preenchido aos poucos por dados do mundo externo, sem participação das pessoas na produção cognitiva. Muitos antigos e medievais logo perceberam que a consciência do sujeito do conhecimento participa da "constituição" de absolutamente todos os seus objetos.[9] A esse respeito, referindo-se especificamente a Platão, o filósofo brasileiro Henrique Cláudio de Lima Vaz fala do objetivismo antigo com tal clareza, que merece ser repetido aqui que Platão "passa do plano 'lógico-verbal' ao plano propriamente 'ontológico' ou 'real'; ou, ainda, passa da consideração do 'ente' (*tò ón*) à consideração da 'existência' (*ousía*). Essa passagem deve ser bem notada: de uma parte, reluz aí aquele 'objetivismo' da filosofia grega, de acordo com o qual se chegava da análise das noções e de suas expressões verbais (*lógos, légein*) à teoria 'ontológica'; de outra parte, aparece a característica peculiar da reflexão platônica no interior dos limites de tal 'objetivismo', enquanto Platão, por ocasião da refutação do 'ente lógico-verbal' dos sofistas, esforça-se para construir uma teoria do 'ente total' (*pantelôs ón*). [...] Assim como no mundo real das Ideias a Ideia de Ente é princípio supremo de 'realização', assim também no mundo lógico (na dialética) a Ideia de Ente é princípio de objetivação enquanto confere a toda e cada proposição (*lógos*) da dialética o 'ser verdadeiro' [...] Encontramo-nos, pois, em condições de dar a razão daquela equação que ocorre como um *leitmotiv* em toda a obra platônica: Ciência = Verdade = Ente. A partir daqui, a dialética também tem como claramente definido seu 'estatuto epistemológico'. Ela aparece, se assim se pode dizer, como inteiramente 'especificada' pela realidade objetiva das Ideias. Ela não tem nenhum 'caráter construtivo' em sentido moderno".[10] Em outro texto, referindo-se às diferentes formas de pensamento produzidas na Idade Média, Lima Vaz relembra enfaticamente que muitas delas são devedoras de Platão pela mediação de autores estratégicos como

---

[8] Cf., por exemplo, seu *Livro sobre a perfeição da vida espiritual*, proêmio e cap. 1.

[9] Um exemplo muito eloquente a esse respeito e dado por Tomás de Aquino são as questões 84-89 da Primeira Parte da *Suma de teologia*. No Brasil, conta-se com uma excelente tradução específica dessas questões: TOMÁS DE AQUINO. *Suma de teologia*. Primeira Parte, questões 84-89. Trad. Carlos Arthur Ribeiro do Nascimento. Uberlândia: EDUFU, 2004.

[10] LIMA VAZ, H. C. *Contemplação e dialética nos diálogos platônicos*. Trad. Juvenal Savian Filho. São Paulo: Loyola, p. 147; 166.

Agostinho de Hipona. A respeito de Agostinho, referência central de Tomás de Aquino, afirma Lima Vaz: "Agostinho e o Ocidente: o tema é imenso e o caminho do agostinismo se abre nas mais surpreendentes direções. É o objetivismo medieval e o tranquilo fluir da luz ininteligível, mas é também Descartes e ainda Pascal, e são todos os membros da interioridade e as apostas da liberdade. Mas, sobretudo, Agostinho e nós: sua presença é irrecusável no seio de nossas opções mais profundas, e todos aqueles dentre nós que, em fúria ou desesperança, 'emigram para os bárbaros', hão de cruzar sem remédio as linhas divisoras do itinerário agostiniano". E, "se o agostinismo se define como uma 'metafísica da experiência interior' [...], é precisamente a universalidade dessa experiência, seu alcance metafísico, que a liberta das limitações de Agostinho e a torna como um 'arquétipo' ou *eîdos* (no sentido platônico), de cuja participação nasce e caminha a dialética concreta o espírito no Ocidente".[11]

Seja-me permitido, ao concluir esta Apresentação, narrar uma breve crônica que possibilita entender por que a coordenação de *Tomás de Aquino: chaves de leitura* foi confiada aos dois organizadores que assinam a obra. Não há a menor dúvida de que convidar o Prof. Carlos Arthur Ribeiro do Nascimento para dirigir tal projeto era algo natural e óbvio, pois, em nosso país, quando o assunto é Tomás de Aquino, o melhor especialista vivo é, sem dúvida, o Prof. Carlos Arthur. No entanto, pode surpreender que eu, Juvenal Savian Filho, fosse convidado para codirigir o projeto. É certo que o pensamento tomasiano é uma de minhas áreas de interesse, o que me fez estudar com certa profundidade e especializar-me em alguns temas (como a existência de Deus, seu conhecimento e o conhecimento sobre ele, a psicologia da fé, o possível caráter transcendental do pensamento de Tomás e outros), mas minhas pesquisas sobre isso nem sequer se comparam ao trabalho do Prof. Carlos Arthur e à sua intimidade com os textos de Tomás de Aquino. Acabei, porém, envolvido no projeto certamente por causa de nossa amizade intelectual, para além da pessoal, mas também por certa "artimanha" do Prof. Carlos Arthur. Como ele mesmo explica, o Prof. João Décio Passos, coordenador de uma coleção de vocabulários de teólogos cristãos, fez-lhe o convite em primeiro lugar, e ele, Carlos Arthur, assustando-se com a tarefa de assumir sozinho a responsabilidade por um projeto de tal magnitude, disse que aceitaria levar adiante a proposta caso o Prof. Juvenal Savian Filho aceitasse co-organizar a obra. Sua intenção, como ele mesmo me revelou, era a de deixar para mim a responsabilidade pelo volume, atuando ele apenas como colaborador. Imediatamente, o susto mudou de lado, até porque não fazia sentido que o grande especialista apenas colaborasse com o pesquisador que, comparado com ele, ainda está nos cueiros.

Desarmada, então, a "artimanha" do Prof. Carlos Arthur, surgiu um belo e mesmo divertido diálogo que levou à concepção e à realização conjunta do projeto. Os colaboradores (autores dos verbetes e tradutores) aceitaram de pronto, apesar de suas inúmeras

---

[11] LIMA VAZ, Henrique C. de. A metafísica da interioridade – Santo Agostinho (1954). In: _____. *Ontologia e história*: escritos de filosofia VI. 2. ed. São Paulo: Loyola, 2012, p. 77-78.

APRESENTAÇÃO

ocupações, tornando manifesto, assim, o reconhecimento da importância de uma obra deste tipo. Contamos ainda com a colaboração da Profa. Dra. Clio Tricarico na leitura, discussão e correção dos verbetes. Junto com Fr. André Luís Tavares, OP, José Eduardo Levy Junior e Juvenal Savian Filho, a Profa. Clio Tricarico também atuou como tradutora. A equipe de bons profissionais da Paulinas Editora deu, então, o devido acabamento a este trabalho que foi concebido em 2019, iniciou-se em 2020 e veio à luz em 2024.

A respeito dessa breve crônica, afirma Carlos Arthur que "ela é bem simples e modesta, sinal do que esperamos seja uma obra relevante e útil para os que se interessam por Tomás de Aquino. Desejamos mesmo que ela contribua eventualmente para divulgar e expandir esse interesse, tornando o acesso a seus textos mais fácil e mais proveitoso, desfazendo obstáculos que possam obstruir o caminho até eles e possibilitando o encontro com um pensamento claro, direto e vigoroso. Essas qualidades deixam de ser aproveitadas, quer quando se transforma aquilo que alguns consideram o pensamento de Tomás numa camisa de força que estrangula o intelecto, quer quando alguém o desdenha sem mesmo se dar ao trabalho de conectá-lo adequadamente às técnicas e estilos de escrita próprios de seu tempo".

Permito-me, por fim, em meu próprio nome, no de muitas pessoas formadas por Carlos Arthur e no dos colaboradores do presente *Tomás de Aquino: chaves de leitura*, bem como em nome de seus colegas e amigos, dedicar esta obra como uma homenagem ao estimado Carlos Arthur e como um reconhecimento agradecido pelo seu trabalho sempre preciso, generoso e alegre. Sua atividade docente sempre foi e é marcante por sua acolhida simpática a todos, por sua honestidade intelectual (ele também critica com firmeza quando necessário!) e por seu cuidado com iniciantes. Entre os que o frequentam não deve haver ninguém que nunca o tenha visto tirar um artigo ou um livro de suas pastas e pochetes para compartilhar como auxílio bibliográfico.

A título de conclusão, vale evocar, no clima dos jubileus de morte e canonização de Tomás de Aquino, professores e pesquisadores que atuaram no Brasil, investigando e disseminando os escritos de Tomás de Aquino, tanto em linha tomasiana como tomista. Para além de seu magistério, também contribuíram com o enriquecimento intelectual da sociedade brasileira, seja em termos de cultura geral, seja em termos históricos, espirituais, teológicos, filosóficos, filológicos etc. Apenas para citar alguns deles, pense-se naqueles que nos deixaram recentemente, como Carlos Josaphat de Oliveira (1922-2020), Francisco Catão (1927-2020), além do grande amigo de Carlos Arthur e admirável professor de muitos de nós, Francisco Benjamin de Souza Netto (1937-2019). Recordem-se ainda o eminente pensador Henrique Cláudio de Lima Vaz (1921-2022), o apaixonado divulgador do tomismo, Odilão Moura (1918-2010), além do prestigiado teólogo Maurílio Teixeira-Leite Penido (1895-1970).

Infelizmente é difícil mencionar mulheres de destaque nos estudos de Tomás de Aquino entre as gerações dos professores mencionados acima, mas não se pode deixar de mencionar ao menos a Profa. Dra. Madre Laura Fraga de Almeida Sampaio (1930-2014), da Ordem das Cônegas de Santo Agostinho, que se formou na Universidade de

Lovaina, Bélgica, e atuou na Faculdade de São Bento de São Paulo, no Departamento de Filosofia da então Faculdade *Sedes Sapientiae* (posteriormente integrada à PUC-SP), bem como participou da fundação do Instituto *Sedes Sapientiae*, de psicanálise, do qual foi diretora e onde trabalhou por mais de quarenta anos.

Tomasianos e tomistas revelavam a postura decidida de uma união respeitosa e repleta da *caritas* autêntica, até mesmo quando divergiam na leitura de Tomás de Aquino. Essa postura inspirava-se, sem dúvida, no exemplo do próprio frade do século XIII, bastante atuante, mas sempre humilde e silente. De certo modo, ela se reflete também aqui, uma vez que a presente obra é redigida por colaboradores cujos métodos e linhas interpretativas são muito distintos, mas convergentes em um diálogo franco.

Como Tomás de Aquino tem ainda muito a dizer, resta esperar que, a seu exemplo e a exemplo dos estudiosos aqui evocados, as jovens gerações saibam explorar positivamente suas diferenças individuais e suas legítimas divergências, compondo uma comunidade de diálogo intelectual honesto. Hoje há, entre os jovens pesquisadores, um considerável número de estudiosos de Tomás de Aquino, e, felizmente, as mulheres estão agora mais representadas. Também leitores movidos por um interesse pessoal, não necessariamente acadêmico, são cada vez mais numerosos. Oxalá todas e todos que se debruçam sobre os textos de Tomás sejam seduzidos não apenas por sua letra, mas também por aquilo que, em termos contemporâneos a nós, designa-se por estilo.[12]

Juvenal Savian Filho
Universidade Federal de São Paulo

---

[12] Trata-se do estilo entendido não como conjunto de técnicas, hábitos desenvolvidos conscientemente em uma direção ou mesmo certos tiques, mas daquilo que no século XX pensadores passaram a identificar como sinal distintivo de humanidade: a operatividade, o modo de operar, o qual é, em geral, mais visível para os outros do que para o próprio indivíduo. Por exemplo, em sua descrição do corpo próprio (o corpo autoconsciente, vivenciado), Merleau-Ponty serve-se da pintura como modelo de compreensão da individuação. O estilo seria, então, um emblema de um modo de habitar o mundo (cf. MERLEAU-PONTY, M. A linguagem indireta e as vozes do silêncio. In: _____. *Textos sobre a linguagem (signos)*. Trad. Pedro de Souza Moraes. São Paulo: Abril Cultural, p. 113. (Col. Os Pensadores). Gilles-Gaston Granger entendia por estilo a propriedade, qualidade ou coerência interna de uma obra singular e o gênio próprio de quem a produz (cf. GRANCER, G.-G. *Essai d'une philosophie du style*. Paris: Armand Colin, 1968). A respeito da expressão da experiência cristã em termos de estilo, cf. THEOBALD, C. *Le christianisme comme style*: une manière de faire de la théologie en postmodernité. Paris: Cerf, 2008. 2 v.

# OBRAS CITADAS DE TOMÁS DE AQUINO

A natureza do verbo interior – De natura verbi intellectus [autoria controversa]

As razões da fé – De rationibus fidei

As substâncias separadas – De substantiis separatis

Comentário à Carta de São Paulo aos Romanos – In Epistolam ad Romanos

Comentário à Ética nicomaqueia de Aristóteles – In libros Ethicorum

Comentário à Física de Aristóteles – In libros Physicorum

Comentário à Metafísica de Aristóteles – In Metaphysicam Aristotelis

Comentário a O sentido e o sensível de Aristóteles – Sentencia libri De sensu et sensato Aristotelis

Comentário ao Símbolo dos Apóstolos – Expositio in symbolum apostolorum

Comentário ao De anima de Aristóteles – In Aristotelis De anima

Comentário ao De interpretatione de Aristóteles – In Peri Hermeneias Aristotelis

Comentário ao Evangelho de João – In Joannem Evangelistam expositio

Comentário ao Evangelho de Mateus – In Evangelium Matthaei

Comentário ao Livro das Causas – In Librum De Causis Expositio

Comentário ao Livro de Jó – Super Job commentaria

Comentário ao Livro dos Nomes Divinos de Dionísio Pseudoareopagita – In Librum De divinis nominibus Beati Dionysii Expositio

Comentário ao Pai-Nosso – In Orationem Dominicam

Comentário ao Símbolo dos Apóstolos – Expositio super Symbolo Apostolorum

Comentário aos Livros das Sentenças de Pedro Lombardo – Scriptum super Sententiis magistri Petri Lombardi

Comentário aos Septenários de Boécio – In Boethii De hebdomadibus

Compêndio de teologia – Compendium theologiae

Contra os que combatem o culto a Deus e a religião – Contra impugnantes Dei cultum et religionem

Corrente de ouro – Catena aurea

Os artigos da fé – De articulis fidei

Os princípios da natureza – De principiis naturae

Questão disputada sobre a alma – Quaestio disputata de anima

Questão disputada sobre as criaturas espirituais – Quaestio disputata de spiritualibus creaturis

Questão disputada sobre a caridade – Quaestio disputata de charitate

Questão disputada sobre a correção fraterna – Quaestio disputata de correctione

Questão disputada sobre a esperança – Quaestio disputata de spe

Questões disputadas sobre a verdade – Quaestiones disputatae de veritate (De veritate)

Questões disputadas sobre as virtudes – Quaestiones disputatae de virtutibus (De virtutibus)

Questões disputadas sobre o mal – Quaestiones disputatae de malo (De malo)

Questões disputadas sobre o poder divino – Quaestiones disputatae de potentia Dei (De potentia)

Questões quodlibetais – Quaestiones quodlibetales Quodilebet

Suma contra os gentios – Summa contra gentiles

Suma de teologia – Summa theologiae

# MODO DE CITAR PASSAGENS DAS OBRAS DE TOMÁS DE AQUINO MAIS MENCIONADAS AQUI

As obras de Tomás de Aquino mais citadas nesta obra são o *Comentário aos Livros das Sentenças de Pedro Lombardo*, os comentários a Aristóteles, a *Suma de teologia*, a *Suma contra os gentios*, as *Questões quodlibetais* e as *Questões disputadas*.

As passagens citadas literalmente, bem como as remissões a passagens não citadas por extenso, são feitas da seguinte maneira: depois do título da obra, menciona-se o livro, a parte ou o capítulo; em seguida, a questão; por fim, o artigo. No caso da *Suma contra os gentios*, registram-se ocasionalmente as primeiras palavras do trecho específico.

## SUMA DE TEOLOGIA

Depois do título, cita-se a parte correspondente; na sequência, a questão e o artigo, além, frequentemente, da parte do artigo. A *Suma de teologia* compõe-se de três partes, sendo a segunda parte subdividida em duas: Primeira Parte; Primeira Parte da Parte Segunda; Segunda Parte da Parte Segunda; Terceira Parte.

Cada parte da *Suma de teologia* é composta por questões centradas em temas teológicos bem delimitados (sobre a natureza divina e/ou sobre a criação e os seres humanos da perspectiva de sua relação com Deus) e são compostas de artigos a respeito de aspectos mais específicos dos temas. Os artigos, por sua vez, subdividem-se em partes, as quais, em geral, segundo a seguinte estrutura:

(i) título com o tema do artigo sob a forma de uma pergunta inicial;

(ii) *argumentos iniciais* que abrem o debate do artigo e que são tomados por Tomás de Aquino dos debates da época ou das diferentes tradições com as quais ele dialogava; esses argumentos correspondem, em geral, ao contrário do que pensava Tomás de Aquino, razão pela qual eles são chamados de *objeções* por alguns editores e estudiosos, o que, porém, não é inteiramente adequado, visto que nem sempre Tomás discorda dos argumentos iniciais;

(iii) *um pensamento contrário aos argumentos iniciais*: geralmente um argumento de autoridade iniciado sempre pela expressão latina *sed contra* (em latim, "mas, em sentido contrário");

(iv) a *resposta* pessoal e geral de Tomás de Aquino à problemática do artigo, iniciada pela expressão *Respondeo dicendum quod* ("Respondo dizendo que"); essa resposta constitui o corpo do artigo, sua parte central e estruturante; ela não é uma resposta aos argumentos iniciais, pois, para estes, Tomás de Aquino elabora respostas específicas, como se indica aqui, na sequência;

(v)  *respostas aos argumentos iniciais*, quer dizer, respostas a cada aspecto singular levantado como ponto de partida da problemática; em geral, há tantas respostas quanto argumentos iniciais, mas há casos em que Tomás de Aquino afirma ser desnecessário responder aos argumentos iniciais, pois a leitura do *Respondeo* (o corpo do artigo) é suficiente; e costuma-se abreviar cada resposta a um argumento inicial pela preposição latina *ad* seguida do numeral ordinal dos argumentos iniciais (*ad 3m* = ao terceiro, ou seja, resposta ao terceiro argumento inicial).

Exemplos:

*Suma de teologia* I, q. 2, a. 3, Resp.: parte I, questão 2, artigo 3, corpo do artigo (*Respondeo*).

*Suma de teologia* II$^a$II$^{ae}$, q. 186, a. 3, ad 2m: segunda parte da Parte II, questão 186, artigo 3, resposta ao segundo argumento inicial.

Muitas vezes, não se menciona a parte do artigo em que se encontra a citação. Isso quer dizer que a referência é a todo o artigo.

Exemplo:

*Suma de teologia* I, q. 3, a. 2: Parte I, questão 3, artigo 2.

## SUMA CONTRA OS GENTIOS

Depois do título cita-se, geralmente, o livro e o capítulo. Em alguns casos, transcreve-se a frase que inicia o trecho que se pretende enfatizar.

Exemplos:

*Suma contra os gentios* I, 2: livro I, capítulo 2.

*Suma contra os gentios* I, 13, Quod autem necesse sit: livro I, capítulo 13, trecho iniciado pela frase *Quod autem necesse sit*.

## QUESTÕES QUODLIBETAIS

Depois do título, indica-se o número do conjunto de questões, também chamado *Quodlibetum*. Na sequência, menciona-se o número do artigo, contado de forma corrida. Todavia, é também comum citar as *Questões quodlibetais* reunindo-as em grupos de questões, com os artigos numerados na ordem em que aparecem no interior de cada questão, e não de maneira corrida.

Exemplo:

*Questões quodlibetais* XII, a. 24: *Quodlibet* XII, artigo 24 (ou artigo 1 da questão IV).

## QUESTÕES DISPUTADAS

Depois do título, vem o número da questão, o artigo e a parte do artigo em que se encontra a citação. Quando não se menciona a parte do artigo, todo o artigo deve ser tomado como referência.

Exemplos:

*Questão disputada sobre a verdade*, q. XIV, a. 9, ad 2m: questão XIV, artigo 9, resposta ao segundo argumento inicial.

*Questão disputada sobre a verdade*, q. XIV, a. 8: questão XIV, artigo 8.

*Questão disputada sobre as virtudes*, a. 10, Resp.: Questão sobre as virtudes, artigo 10. Nas edições mais recentes, o artigo 10 está na questão 1, pois tais edições dividem a *Questão sobre as virtudes* em cinco questões. Quando houver ocorrência semelhante, será indicada.


## COMENTÁRIOS DE TOMÁS DE AQUINO (ÀS ESCRITURAS, A ARISTÓTELES E A OUTROS TEXTOS)

Depois do título da obra comentada, cita-se o livro em que ela é dividida, bem como o capítulo comentado (lição) do respectivo livro.

Exemplos:

*Comentário à Ética nicomaqueia de Aristóteles* II, 5: livro II, capítulo 5.

No caso do *Comentário aos Livros das Sentenças de Pedro Lombardo*, citam-se o livro, a distinção (subdivisão geral, correspondente a um aspecto do tema tratado), a questão (subdivisão específica no interior de cada distinção) e o artigo ou partes deste. Por vezes, o artigo é subdividido em questiúnculas, abreviadas por *qc*.

Exemplos:

*Comentário aos Livros das Sentenças de Pedro Lombardo* III, dist. 27, q. 2, a. 1: livro III, distinção 27, q. 2, a. 1.

*Comentário aos Livros das Sentenças de Pedro Lombardo* III, d. 10, q. 1, a. 1, qc. 2, s.c.1: livro III, distinção 10, questão 1, artigo 1, questiúncula 2, *sed contra* 1.

Nos textos editados pela casa Marietti, de Turim, os parágrafos são numerados, facilitando identificar a referência.

Exemplo:

*Comentário à Ética nicomaqueia* II, 5, n. 293: livro II, capítulo 5, número 293.

# A

## ABORTO → *Ver* Extração voluntária do feto humano

## ALEGRIA

**Variedade terminológica.** A variedade terminológica empregada por Tomás de Aquino não deve confundir o leitor. ℘*Prazer, deleite, alegria* (A.), *júbilo, exultação* são termos a que os tradutores de língua portuguesa recorrem para expressar o vocabulário diversificado que aparece nos textos, com maior ou menor frequência. Cada um desses termos desempenha um papel razoavelmente nítido na psicologia/ética tomasiana (℘Moral), e a apresentação de um rol de equivalências terminológicas tem maior chance de êxito quando compreendemos o quadro conceitual mais amplo em que esses termos são empregados. Mesmo assim, como diz Marco Zingano em sua tradução comentada do *Tratado da virtude moral* de Aristóteles, "é sempre difícil traduzir uma lista de emoções, pois se trata de transpor, à nova língua, toda uma sutil anatomia da alma humana baseada no uso da primeira língua" (ARISTÓTELES, 2008, p. 120). A A. (*gaudium*) é uma espécie de ℘prazer (*delectatio*), e este é o repouso do ℘desejo no bem amado e obtido. Mais tecnicamente, o prazer é uma das ℘paixões da parte concupiscível da ℘alma, que, junto com o irascível, compõe a potência sensitiva da alma. O cenário precisa ser ampliado, e convém recuarmos um pouco mais. Para fins didáticos, podemos dizer que, segundo a psicologia tomasiana, o ℘ser humano se relaciona com o ℘mundo em dois sentidos: do mundo para si, percebendo, apreendendo, conhecendo o mundo, e de si para o mundo, reagindo ao mundo, inclinando-se a ele ou afastando-se dele. Em cada caso, faz isso de acordo com dois aspectos: um, sensível (particular); outro, intelectual (℘Universais).

**Potências da alma.** A combinação disso é o que explica uma estrutura quádrupla das potências da alma humana: (i) uma potência apreensiva sensitiva, (ii) uma potência apreensiva intelectiva, (iii) uma potência desejante sensitiva, e (iv) uma potência desejante intelectiva. Baseando-se sobretudo no *De Anima* II, de Aristóteles, Tomás de Aquino atribui à *potência apreensiva sensitiva* a função de captar os singulares no mundo, isto é, captar a realidade como estímulos materiais particulares. Para tanto, existem os ℘sentidos externos e os sentidos internos. Os cinco sentidos externos captam aspectos do objeto particular: a visão capta a cor da ℘coisa; a audição, o som; o olfato, o odor; o paladar, o sabor; o tato, a temperatura. Em todos os casos, temos órgãos corporais capacitados ao recebimento de tais estímulos. Vale notar que, sem o estímulo do ℘objeto, a potência não é atualizada: não há visão a não ser de algo particular que seja visto. No ℘indivíduo cognoscente, esses estímulos captados pelos sentidos externos tornam-se o objeto dos sentidos internos: o sentido comum, a imaginação, a cogitativa (estimativa nos outros animais) e a memória. O resultado é a formação de uma imagem ou figuração (*phantasma*). Até aqui ainda estamos no registro do ℘material (cf. LANDIM FILHO, 2013). Como, porém, o ser humano tem um princípio imaterial, será na *potência apreensiva intelectiva* que se formarão conceitos abstratos e gerais. Tomás fala de dois ℘intelectos, o agente e o possível. O agente extrai ou ilumina o inteligível potencialmente contido nas imagens/figurações; e as *determinações inteligíveis* (espécies) que são recebidas no intelecto possível o atualizam, permitindo-lhe formar o verbo mental (conceitos e proposições), expresso pela linguagem. Incide, nesse ponto, o princípio segundo o qual tudo o que é recebido em algo é recebido de acordo com o modo do recipiente (cf. *Suma de teologia* I,

q. 75, a. 5). Aqui não há um órgão corporal que possa ser indicado como responsável pela operação: somente sendo imaterial pode o intelecto formar conceitos abstratos, imateriais, universais, e articulá-los em proposições – por isso, o objeto da potência apreensiva intelectiva diz respeito também ao verdadeiro e ao falso (cf. LANDIM FILHO, 2010; 2011). Como reação ao que é apreendido sensivelmente (Tomás de Aquino fala de uma inclinação que segue a apreensão – *inclinatio consequens aprehensionem*), há uma *potência desejante sensitiva*, que toma os objetos apreendidos pela potência apreensiva sensitiva sob o aspecto preciso de bem particular ou ℘mal particular. Estamos no registro das paixões da alma (sentimentos), que se dividem em dois grandes grupos: o *concupiscível*, que se inclina para aquilo que é tomado como bom ou se afasta daquilo que é tomado como mau, e o *irascível*, que suporta ou ataca um mal, quando este está associado a um bem maior. O objeto do concupiscível é, portanto, o bem ou o mal sensível, tomado em si mesmo sem outras considerações (*bonum vel malum sensibile simpliciter acceptum*), o que Tomás de Aquino também chama de prazeroso e doloroso (*delectabile vel dolorosum*). O objeto do irascível é voltado ao bem e ao mal misturados com dificuldades (*bonum vel malum sub ratione ardui*). Aristóteles é também aqui a fonte das distinções (cf. *Comentário à Ética nicomaqueia de Aristóteles*, especialmente II, 5). Finalmente, completando a estrutura quádrupla das potências da alma, como inclinação ao que é apreendido intelectualmente, há uma *potência desejante intelectiva*, que toma as coisas como boas, mas, agora, sob o aspecto universal de bem. A essa potência também é dado o nome de ℘vontade (cf. *Suma de teologia* I, q. 82-83; I*II^ae*, q. 8-17; *Questões disputadas sobre a verdade*, q. 22).

**Prazer e alegria.** O prazer, ℘gênero da A., está elencado entre as paixões do concupiscível. Na *Suma de teologia* I*II^ae*, no interior de um bloco de questões ao qual se costuma chamar de *Tratado das paixões* (cujo antecedente próximo é o *De Bono*, de Alberto Magno, mas cuja inspiração principal é, uma vez mais, Aristóteles),

Tomás de Aquino analisa três pares de paixões do concupiscível, conforme tenham por objeto o bem ou o mal: ℘amor e ódio (q. 26-29), concupiscência/desejo e repugnância (q. 30), prazer e ℘tristeza/dor (q. 31-39). Vale lembrar que, embora o *Tratado das paixões* esteja, na *Suma de teologia*, inserido num âmbito de tipo requintadamente ético, como diz Pasquale Porro, as paixões não são, isoladamente, objeto de avaliação moral, mas concorrem para explicar as disposições que terão, essas, sim, qualidades morais em sentido estrito, ou seja, as ℘virtudes. Esse lembrete será fundamental para se entender o papel da A. na ação moral (para uma visão abrangente e acurada sobre o papel das paixões na ética tomasiana, cf. UFFENHEIMER-LIPPENS, 2003; para uma visão crítica que explora a interpretação, segundo a qual dor e prazer seguem a apreensão dos sentidos exteriores, ao passo que tristeza e A. seguem a apreensão interior, seja do intelecto, seja da imaginação, cf. DE HAAN, 2015 – o desafio dessa interpretação consiste, porém, em explicar de que modo os animais irracionais se alegram ou se entristecem, o que parece ser textualmente negado por Tomás de Aquino). No *Comentário à Ética nicomaqueia de Aristóteles* (II, 5, n. 293), Tomás de Aquino afirma que todas as paixões que têm por objeto algo sob o aspecto puro e simples de bem ou mal estão no desejo concupiscível, e que são três as que têm por objeto o bem: o amor (*amor*), que implica certa conaturalidade do desejo com o bem amado; o desejo (*desiderium*), que implica um movimento para o bem que é amado, e o prazer (*delectatio*), que implica o repouso do desejo no bem amado. Ao comentar a exemplificação das paixões feita por Aristóteles, Tomás de Aquino faz acompanhar o termo latino *gaudium* (que traduz o grego *charán*) por um rápido mas importante esclarecimento: "e a alegria, que se situa sob o prazer, não está em prazer corporal, mas consiste em apreensão interior" (*ibidem*). A síntese de Pasquale Porro é muito feliz: "O amor é, com efeito, a paixão relativa à inclinação ou predisposição ou conaturalidade ao bem; se esse bem não é ainda possuído, [o amor] produz o desejo ou a concupiscência; quando, porém, o desejo se aquieta no bem conseguido, tem-se o prazer ou a alegria" (PORRO, 2004, p. 247). Essa síntese só não é completa porque não apresenta o traço distintivo da A. em relação ao prazer. O bem é ρcausa do amor, e o é sendo objeto de apreensão/ρconhecimento por um desejo. Conforme o tipo de conhecimento, sensível ou intelectual, teremos um tipo diferente de repouso. O repouso que sucede um princípio sensível será chamado de prazer. O repouso que sucede um princípio intelectual ou espiritual será chamado de A. O sentido da afirmação de que A. é uma espécie de prazer não fica comprometido com a distinção anterior, uma vez que "tudo o que desejamos segundo a natureza, podemos também desejá-lo com o prazer da razão" (*Suma de teologia* I$^a$II$^{ae}$, q. 31, a. 3). Isso aponta para uma convertibilidade, ao menos unilateral, entre prazer sensível e A., desde que (i) se trate de um ser dotado de ρrazão (os animais irracionais não se alegram, mas apenas têm prazer) e desde que (ii) aquilo que a apreensão, o desejo e o repouso no bem (que ocorre no registro sensível) seja como que replicado e confirmado igualmente no registro intelectual. É o que Tomás de Aquino chama de *conhecimento perfeito do* ρ*fim*: "quando não só se conhece o que é o fim e o bem, mas também o aspecto universal do fim e do bem" (*ibidem*, q. 11, a. 2). E é por essa razão que ele reserva a palavra *alegria* (*gaudium*) aos prazeres consecutivos à razão (*nomem gaudii non habet locum nisi in delectatione quae consequitur ratione, ibidem*, q. 31, a. 3). Embora menos frequentes, as palavras *laetitia* e *exultatio* também significam o mesmo que A. (cf. *ibidem*, q. 31 a. 3, ad 3m, e q. 33 a. 1, *sed contra*). Nas *Questões disputadas sobre a verdade*, ao indagar se as potências sensitivas permanecem na alma separada do ρcorpo (cf. q. 19), Tomás de Aquino esclarece que não há A. na alma separada do corpo, se por A. tomamos um ato do desejo concupiscível, pois este está na parte sensitiva da alma. No entanto, se a tomamos como o repouso do movimento da vontade no bem, aí podemos atribuí-la à alma separada, porque a vontade está na parte intelectiva da alma. Num certo sentido, a A. seria, portanto, uma pseudopaixão (cf. KING, 2002). Como o prazer – que é dito do desejo intelectual – não é repouso de uma paixão sensível, pois não comporta mudança corporal, os ρanjos, embora não sejam capazes de prazeres sensíveis, se *alegram* com ρDeus (cf. *Suma de teologia* I$^a$II$^{ae}$, q. 31, a. 4, ad 2m), e isso os humanos têm em comum com os anjos (cf. *ibidem*, q. 31, a. 4, ad 2m).

**A atemporalidade da alegria.** Para Tomás de Aquino, o ser humano é uma criatura composta de corpo material e alma racional imaterial. A prova da imaterialidade do intelecto não pode ser aqui desenvolvida, mas de sua admissão depende o complexo edifício da psicologia e da antropologia filosófica tomasiana (cf. PASNAU, 2002). Isso não faz de Tomás de Aquino um dualista que, para garantir a permanência de noções como Deus, anjo e intelecto imaterial no discurso sobre a realidade, precisaria refutar o materialismo, segundo o qual tudo o que existe deve ser redutível a algum princípio físico, apelando, então, para a cisão da realidade em material e imaterial. O conceito unificante de toda a realidade não é, para Tomás de Aquino, o de materialidade ou imaterialidade das coisas, mas o de atualidade. E, se seguirmos a interpretação de Robert Pasnau (cf. *ibidem*, p. 137), a distinção entre material e imaterial não significa dois tipos de coisas, mas duas classes de atualidade. A atualidade material é aquela que está sujeita a alteração, geração e corrupção. Dizer que algo é material é simplesmente dizer que existe em ato sob essas condições, de alteração, geração e corruptibilidade. Dizer que algo é imaterial é dizer que existe sem essas características. É por isso que o intelecto humano, embora esteja sujeito a alterações por pensamentos e conceitos, não se modifica como as coisas materiais, em que o recebimento de algo implica o afastamento de outro. No intelecto, o recebimento das formas acontece sem que se perca qualquer coisa (cf. *Suma contra os Gentios* II, 49). Essa pequena digressão ajuda a explicar por que, no seu sentido estrito, a A. não se deixa reduzir a algo efêmero, a um sentimento passageiro, como pode acontecer, ainda que acidentalmente, com prazeres estritamente sensíveis (cf. *Suma de teologia* I*ª*II*ªe*, q. 31, a. 2). Para Tomás de Aquino, o prazer em si mesmo, na medida em que é termo de movimento, não está no ♀tempo, a não ser acidentalmente, quando a posse do bem amado está sujeita a mudança. Por isso, com os prazeres intelectuais não haveria transitoriedade nem uma saciedade que impedisse a *ingestão* prazerosa de mais e mais conhecimento. O ponto tem origem na discussão de Aristóteles sobre o prazer nos Livros VII e X da *Ética nicomaqueia* (para uma visão contemporânea sobre o assunto, que explora as diferenças entre as teses apresentadas no Livro VII e no Livro X, cf. OWEN, 2010). No *Comentário à Ética nicomaqueia de Aristóteles* (VII, 12, 1486-1492), Tomás de Aquino enfrenta a distinção que permitirá entender o modo pelo qual um prazer pode ser dito perfeitamente bom. Ou bem o prazer está acompanhando uma ação que, por sua vez, ainda está produzindo um ♀hábito no ♀sujeito (hábito entendido como habilidade, habilitação), ou bem o prazer está acompanhando uma atividade que já é derivada de um hábito formado. Somente no segundo caso, o prazer pode ser dito perfeito, porque está ligado a uma atividade que procede de um hábito, ou seja, de alguma ♀natureza ou forma já existente e acabada, enquanto, no primeiro caso, os prazeres que acompanham atividades que ainda estão produzindo hábitos ou naturezas devem ser considerados prazeres apenas de maneira acidental, não genuinamente. O cenário pode ser resumido assim: (i) temos uma potência primeira que permite a ação; (ii) essa ação *i* está produzindo um hábito e pode ser acompanhada de prazer (aqui o prazer ainda é imperfeito); (iii) com a reiteração das ações do tipo *ii* produz-se uma potência segunda, forma-se um hábito completo; (iv) a ação que parte, então, dessa potência segunda é o que Tomás de Aquino chama de *perfectio secunda*, e é com relação a ela que o prazer é dito perfeito, como

uma operação conatural de um hábito já existente. A reconstrução aplica-se plenamente ao caso das virtudes adquiridas. O caso de virtudes infusas, especialmente o da A. como efeito da ♀caridade, será examinado mais adiante (para uma análise das noções de virtude infusa e de virtude adquirida, permitimo-nos indicar nosso trabalho: GESSINGER, 2016). Essa distinção entre o prazer que acompanha uma ação que, por sua vez, está gerando virtude e o prazer que acompanha a ação perfeitamente virtuosa – com o hábito já formado – faz com que o prazer possa, na ética, ter o aspecto de fim, pois dizer que *o ser humano busca o prazer ou a A.* não significa reduzi-lo a um escravo de desejos inconstantes, mas aponta, na verdade, para a coroação da bondade moral, que não depende apenas da conformidade exterior da ação, mas sobretudo da combinação dessa com a perfeição dos desejos que é forjada pela razão. No desejo do bem, amor (*amor*), desejo (*desiderium*) e prazer (*delectatio*) são dispostos em ordens distintas, conforme se esteja falando da geração ou do aspecto de fim. Na ordem da geração, o amor e o desejo são primeiros; o prazer, último. Na ordem do aspecto de fim, o prazer é primeiro (cf. *Suma de teologia* I*ª*II*ªe*, q. 34, a. 4, ad 1m), porque ele é o descanso do desejo completo no bem. E se esse desejo é também racional, esse prazer chama-se A. É por isso que, quando Tomás de Aquino discute se o prazer é a medida e a regra para se julgar o bem e o mal moral, a resposta é serenamente afirmativa, não porque qualquer prazer funcione como critério moral, mas porque o prazer verdadeiro, aquele que é o descanso da vontade formada do ser humano virtuoso no bem obtido, funciona como princípio prático (cf. *ibidem*, q. 34, a. 4, Resp., ad 1m e ad 2m). A bondade moral perfeita retira seu critério também do interior do agente (cf. *Comentário à Ética nicomaqueia de Aristóteles* X, 6-8), pois "será bom e virtuoso quem se alegra (*gaudet*) nas ações virtuosas e boas; e mau, nas ações más" (*Suma de teologia* I*ª*II*ªe*, q. 34, a. 4). Sem a A. genuína, a ação moral não pode ser considerada perfeita. Somente quando o caráter do agente se compraz com o repouso de seu desejo refletido no verdadeiro bem, quando ele se deleita com sua própria atividade, aí então temos a perfeição da ação moral coroada pela A. (cf. *ibidem*, q. 33, a. 4).

**Alegria espiritual.** Fora daquele que poderia ser chamado de *Tratado das paixões*, que está na Primeira Parte da Segunda Parte da *Suma de teologia*, Tomás de Aquino dedica uma questão com quatro artigos à A. (*De gaudio*) dentro da análise das virtudes especiais, na Segunda Parte da Segunda Parte da *Suma de teologia* II$^a$II$^{ae}$, q. 28, mais precisamente, na análise da virtude teologal e, portanto, infusa, da caridade. O ato principal da caridade, o amor (*dilectio*), tem efeitos exteriores e interiores. Os efeitos exteriores são a beneficência, a esmola e a correção fraterna (cf. *ibidem*, II$^a$II$^{ae}$, q. 31-33). Os efeitos interiores do ato principal da caridade são a A., a paz e a ℗misericórdia. Para Tomás de Aquino, Deus está de certo modo presente naqueles que o amam, mesmo nesta ℗vida, pela ℗graça (cf. *ibidem*, q. 28, a. 1, ad 1m), mas o amor de benevolência, que causa a A., decorre principalmente do fato de aquele que amamos estar em posse de seu bem próprio e o conservar (cf. *ibidem*, q. 28, a. 1). Por isso, como Deus mesmo é sua própria bondade e seu bem é perfeito e imutável, quem o ama com amor de benevolência se alegra consistentemente, mesmo que a ℗participação perfeita no bem divino seja impedida pela miséria desta vida (cf. *ibidem*, q. 28, a. 2, ad 3m). A aproximação de Deus pela graça, isto é, pela infusão da virtude teologal da caridade, produz essa A. espiritual (*spirituale gaudium*), que, no entanto, não faz cessar nosso desejo de modo absoluto enquanto estivermos *in via*. "Mas quando atingirmos a perfeita bem-aventurança, nada mais restará a desejar, porque então haverá a fruição completa de Deus, na qual o ser humano obterá também tudo acerca de quaisquer outros bens que tenha desejado. [...] A alegria dos bem-aventurados é, portanto, absolutamente plena, e até mais que plena, porque eles obterão mais do que tudo aquilo que tenham podido desejar, como é dito em 1Cor 2,9: *O coração do ser humano nunca percebeu o que Deus preparou para aqueles que o amam*. [...] Entretanto, como nenhuma criatura é capaz de uma alegria condigna à de Deus, segue-se que essa alegria absolutamente perfeita não é absorvida no ser humano, mas, antes, o ser humano é que é absorvido nela, como se lê em Mt 25,21-23: *Entra na alegria do teu Senhor*" (*ibidem*, q. 28, a. 3).

**Alegria como fruto do Espírito Santo.** Na Epístola aos Gálatas (Gl 5,22), São Paulo lista a A. como um dos frutos do ℗Espírito Santo. Comentando a passagem (cf. *Comentário à Carta de Paulo aos Gálatas*, lição 6), Tomás de Aquino distingue entre dons, bem-aventuranças, virtudes e frutos. Numa virtude pode-se considerar o hábito (*habitus*) e o ato (*actus*), sendo o hábito aquilo que qualifica uma ℗pessoa a agir bem. Se ele a qualifica para agir bem no modo humano, chama-se *virtude*; se o hábito, porém, qualifica a pessoa a agir de modo superior à condição humana, chama-se *dom*. Por isso, o conhecimento das coisas enigmáticas de Deus ainda ao modo humano ocorre pela virtude da ℗fé, mas o conhecimento das mesmas coisas de maneira mais penetrante e de modo sobre-humano pertence ao dom do entendimento (*ad donum intellectus*). Quanto ao ato da virtude, ele pode ser dito tanto perfeito/tornado perfeito (*perficiens*), caso em que é uma *bem-aventurança*, como pode ser dito fonte de prazer (*delectans*), caso em que se chama *fruto*. A caridade é o princípio da perfeição, mas o fim último, que torna perfeito o interior do ser humano, é a A., que procede da presença do bem amado. E, para que essa A. seja perfeita, duas condições devem ser atendidas: (i) que a coisa amada seja suficiente para tornar perfeito quem ama, caso em que se chamará *paz*; e (ii) que haja a fruição perfeita do bem amado, isenta de impedimentos. Numa linda imagem, Tomás de Aquino diz que os frutos também podem ser chamados *flores*, a respeito da vida futura, porque, assim como nas flores está o início dos frutos, nestes está o início da ℗felicidade perfeita, quando o conhecimento e o amor serão perfeitos.

**Bibliografia:** ALBERTO MAGNO. *De Bono*. Feckes/ Geyer (ed.). Münster, 1951. (Editio coloniensis, Tomus XXVIII.) ARISTÓTELES. *Ethica Nicomachea I 13 – III 8*: Tratado da virtude moral. Tradução, notas e comentários de Marco Zingano. São Paulo: Odysseus, 2008. AZEVEDO JÚNIOR, N. S. *O transbordamento da razão*: um estudo sobre a influência do intelecto na *vis cogitativa*. 2013. 113 f. Tese (Doutorado em Filosofia) – Instituto de Filosofia e Ciências Humanas, Programa de Pós-graduação em Filosofia, Universidade Federal do Rio Grande do Sul, Porto Alegre, 2013. Disponível em: <https://lume.ufrgs.br/ handle/10183/81362>. Acesso em: 1º jul. 2022. DE HAAN, D. D. Delectatio, gaudium, fruitio: Three Kinds of Pleasure for Three Kinds of Knowledge in Thomas Aquinas. *Quaestio*, 15, p. 543-552, 2015. GESSINGER, R. K. *A causação das virtudes*: virtude adquirida e virtude infusa em Tomás de Aquino. 2016. 224 f. Tese (Doutorado em Filosofia) – Instituto de Filosofia e Ciências Humanas, Programa de Pós-graduação em Filosofia, Universidade Federal do Rio Grande do Sul, Porto Alegre, 2016. Disponível em: <https://lume. ufrgs.br/handle/10183/149555>. Acesso em: 1º jul. 2022. KING, P. Aquinas on the passions. In: DAVIES, B. (ed.). *Thomas Aquinas*: Contemporary Philosophical Perspectives. Oxford: Oxford University Press, 2002, p. 353-384. LANDIM FILHO, R. Conceito e objeto em Tomás de Aquino. *Analytica*, 14 (2), p. 65-88, 2010. _____. Do real ao singular pela mediação do universal: observações sobre o conhecimento intelectual do singular material e sua relação com a "Conversão à Imagem Sensível" em Tomás de Aquino. *Analytica*, 17 (2), p. 199-220, 2013. _____. Tomás de Aquino: realista direto? *Analytica*, 15 (2), p. 13-38, 2011. OWEN, G. E. L. Prazeres aristotélicos. In: ZINGANO, M. (org.). *Sobre a ética nicomaqueia de Aristóteles*. São Paulo: Odysseus, 2010, p. 84-102. PASNAU, R. *Thomas Aquinas on Human Nature*: a Philosophical Study of *Summa theologiae* Iª 75-89. Cambridge: Cambridge University Press, 2002. PORRO, P. *Tomás de Aquino*: um perfil histórico-filosófico. São Paulo: Loyola, 2004. UFFENHEIMER-LIPPENS, E. Rationalized Passion and Passionate Rationality: Thomas Aquinas on the Relation between Reason and the Passions. *The Review of Metaphysics*, 56 (3), p. 525-558, 2003.

RAFAEL KOERIG GESSINGER

**ALMA → *Ver* Vida; Ser Humano; Pessoa; Imortalidade**

## AMIZADE

**Etimologia e fontes.** O termo *amizade* (A.) origina-se do latim *amicitia*, cognato, por sua vez, de *amor*, conforme a interpretação de Cícero (cf. *A amizade*, 26). Para Isidoro de Sevilha (*Etimologias* X, 4), porém, amigo (*amicus*) teria origem na expressão *animi custos* (guardião da ℘alma). Cícero oferece uma das mais célebres definições da A.: "Nada mais é que o acordo perfeito de todas as ℘coisas divinas e humanas, acompanhado de afeto e de benevolência" (*A amizade*, 20). Mesmo se inspirando no pensamento do orador romano, Tomás de Aquino o coteja sobretudo com a obra de Aristóteles – cujo original grego para A. é *philía* – para formar a sua teoria sobre a A., em particular em sua dimensão ética e política. É explícita ainda a influência de Agostinho, que classificou o amigo como uma espécie de "metade de sua alma" (*dimidium animae suae*; citando *Confissões* 4, 6 na *Suma de teologia* IªIIªe, q. 28, a. 1, Resp.). O Evangelho de João é a fonte principal para a perspectiva cristã, além de servir de base para abordar a ℘virtude da ℘caridade.

**Características fundamentais.** De modo geral, a A. é o ℘hábito de ℘amor de benevolência mútuo (hábito entendido como habilidade, habilitação). É hábito, pois permanece mesmo quando não atualizado (cf. *Comentário à Ética nicomaqueia de Aristóteles* VIII, 1; VIII, 5), ao passo que a benevolência é o próprio princípio da A. (cf. *Suma de teologia* IIªIIªe, q. 27, a. 2, Resp.; *Comentário à Ética nicomaqueia de Aristóteles* IX, 5, 5). A reciprocidade explícita é condição fundamental para a A., haurindo-se na concórdia de vontades ou de escolhas (e não necessariamente de opiniões), conforme o clássico provérbio de Salústio (*Catilinárias*, 20, 4), com frequência citado por Tomás (mas atribuído por este a Cícero): "Querer ou não querer as mesmas coisas (*idem velle atque idem nolle*), só isso constitui a verdadeira amizade". Tal benevolência recíproca impede a existência de A. entre ♀pessoas muito díspares, como entre senhor e servo, pois, nesse caso, "todo o bem do servo é do senhor, assim como todo o bem do instrumento pertence ao artífice" (*Comentário à Ética nicomaqueia de Aristóteles* VIII, 11, 12). Tampouco existe A. com seres irracionais, pois são incapazes de amor recíproco (*redamatio*); são amados apenas por concupiscência, não por benevolência (cf. *ibidem*, VIII, 2, 7). Inexiste também a A. para consigo mesmo (apenas amor), por intrínseca falta de permutação, pela coincidência do ♀sujeito com o ♀objeto. Em contrapartida, o amor a si mesmo, quando direcionado à perfeição, estende-se naturalmente a amar os demais como amigos (como *alter ipse*: *Suma de teologia* I$^a$II$^{ae}$, q. 28, a. 1, Resp.) e os bens deles como se lhe fossem próprios (cf. *Suma contra os gentios* III, 95, 5). Contudo, a A. não é considerada uma virtude propriamente, pois as virtudes podem subsistir de modo unilateral (cf. *Comentário à Ética nicomaqueia de Aristóteles* VIII, 5, 10). Na realidade, a A. é consequência habitual da posse das virtudes, pois favorece na própria obtenção de uma ♀vida virtuosa. Por vezes, porém, o termo A. é tomado no sentido de *afabilidade*, isto é, a virtude que permite a convivência amigável entre os seres humanos, cujo oposto é o litígio (cf. *Suma de teologia* I$^a$II$^{ae}$, q. 60, a. 5, Resp.; II$^a$II$^{ae}$, q. 114, a. 1; q. 116, *per totum*). A benevolência, quando se traduz em atos, torna-se beneficência, por meio da qual se conservam as A. (cf. *Comentário à Ética nicomaqueia de Aristóteles* VIII, 1, 2).

**Amizade e comunhão.** O ♀ser humano, *animal político*, tende naturalmente à vida social, exigindo a A. para compartilhar benefícios com os circunstantes. Ora, está no próprio aspecto da A. a sua comunicabilidade, ou seja: ao observar o bem em outrem ou em si próprio, o ser humano é naturalmente atraído a travar A., num movimento de gratidão e de benevolência, traduzido na convivência e no intercâmbio de bens materiais e espirituais. Por ser hábito, a A. exige certa prática frequente de relacionamento próximo ou mesmo íntimo. Permite ainda se alegrar pela presença dos amigos e por seus bens, por certa ♀participação (cf. *Comentário à Ética nicomaqueia de Aristóteles* VIII, 1, 3; 5, 5; IX, 10, 15), e é de algum modo difusível entre os próximos dos amigos (como os familiares). Para o Aquinate, um dos sinais de autêntica A. é a permuta dos segredos do coração (cf. *Comentário ao Evangelho de João*, XV, 3). Tal comunhão baseada no amor é ainda uma participação da união do ser humano com ♀Deus.

**Categorias de amizade segundo a comunhão.** Seguindo Aristóteles, e fundamentando-se na ideia de comunhão, o Aquinate distingue quatro categorias de A.: 1) a natural, entre consanguíneos; 2) a econômica, compartilhada entre os que exercem o mesmo ofício (em particular, o doméstico); 3) a política, entre concidadãos; e 4) a divina, isto é, a A. de caridade, dirigida aos membros (em potência ou em ato) do único corpo da ♀Igreja, e até mesmo aos inimigos, cujo vínculo ocorre por amor a Deus (cf. *Comentário aos Livros das Sentenças de Pedro Lombardo* III, dist. 29, q. 1, a. 6, Resp.). A comunhão natural entre cônjuges (♀Casamento) é considerada a máxima A., pela intrínseca comunicação mútua, não só pela cópula carnal, mas em todo o consórcio doméstico (cf. *Suma contra os gentios* III, 123, 6). Já a A. entre os cidadãos é o máximo bem da cidade, pois evita as sedições, maior flagelo de uma ♀comunidade política. Por isso, o objetivo principal das leis humanas é proporcionar a A. entre os seres humanos, evitando guerras (cf. *Suma de teologia* I$^a$II$^{ae}$, q. 99, a. 2, Resp.).

**Classes de amizade conforme a espécie.** Ainda se baseando em Aristóteles (*Ética nicomaqueia* VIII, 3), distinguem-se três classes de A.: 1) A. honrosa (ou virtuosa): trata-se da A. propriamente dita, fundamentada no bem honroso e louvável; 2) A. deleitável: motivada pelo ♀prazer, é comum entre os jovens; 3) A. utilitária: fundada na utilidade (interesse), é comum entre os anciãos. As duas últimas se sustentam pelo amor de concupiscência e são A. apenas por acidente, pois visam antes de tudo à utilidade ou ao prazer, e não ao amigo em si. Já a A. honrosa se funda na caridade, cuja união afetiva é perfeita. Esta é em si mesma deleitável e útil, não buscando o prazer ou a utilidade como fins em si mesmos (cf. *Comentário à Ética nicomaqueia de Aristóteles* VIII, 4, 1). Portanto, a A. deleitável e a utilitária (como defendia, aliás, Epicuro) não podem ser consideradas A. *stricto sensu*, porquanto imperfeitas, pois cessam pelo perecimento do prazer ou da utilidade. Nesse sentido, são superficiais, fáceis de adquirir, bem como de se perder. Nelas se encontram com frequência a adulação, a simulação e a camaradagem, típicas das relações desiguais, que deturpam a verdadeira A. Já a A. virtuosa, mais rara, consiste no amor ao amigo em si mesmo, num vínculo estável e desinteressado, fruto da prática habitual das virtudes, mesmo na ausência direta de prazer ou de utilidade (por isso mesmo é durável). A A. virtuosa é a única necessária para alcançar a ϼfelicidade, pois os bens úteis materiais são dispensáveis, ao passo que o prazer é alcançado pela própria posse das virtudes. Ademais, ao tornar-se um *alter ego*, o verdadeiro amigo é capaz de se condoer pelo infortúnio da pessoa amada, aliviando-a, oferecendo, por exemplo, conforto e bons conselhos. A verdadeira A. admite sofrer em benefício do amigo, sem justificar, porém, a realização do ϼmal para dele extrair um bem (cf. *Suma de teologia* II^a^II^ae^, q. 26, a. 5, ad 2m). Como corolário, a presença do amigo é ainda mais premente nas horas difíceis, como instrumento de consolação (cf. *Comentário à Ética nicomaqueia de Aristóteles* IX, 13; *Suma contra os gentios* IV, 22, 3).

**Quantidade de amigos.** Ao contrário da concepção eclética de matriz estoica, a compreensão de Aristóteles (cf. *Ética nicomaqueia* VIII, 6) e de Tomás quanto ao número ideal de amigos é mais realista. Para eles, a A. virtuosa (perfeita) é encontrada em número reduzido: não pode difundir-se a muitos, pois ela existe apenas entre pessoas virtuosas. É também impossível que a benevolência se estenda a muitos. Prova disso é que o amor de superabundância, próprio da união conjugal, dirige-se a apenas um ϼindivíduo pelo vínculo matrimonial (cf.

*Comentário à Ética nicomaqueia de Aristóteles* VIII, 6, 3). Por amor a Deus, porém, a A. pode se estender inclusive para os inimigos (cf. *Questões disputadas sobre as virtudes*, q. 2, a. 4, ad 11m).

**Amizade de caridade e objeto da amizade.** Segundo Aristóteles (cf. *Ética nicomaqueia* VIII, 9), não há propriamente A. natural do ser humano com Deus, em virtude da referida disparidade. Contudo, baseando-se em Jo 15,15, Tomás defende a existência da A. com Deus pela caridade, cuja semelhança se dá graças à consideração da doutrina da *imago Dei* e por ϼanalogia à A. humana (cf. BOND, 1941, p. 94). Assim, pela A. de caridade em união com a ϼfé e a ϼesperança, ama-se a Deus, antes de tudo fazendo a sua vontade (cf. Jo 14,23). Desse modo, a A. passa a ser ϼsobrenatural pela ϼgraça, completada posteriormente de modo perfeito na glória da bem-aventurança celeste. No estado de peregrino neste mundo, porém, para que ocorresse uma A. mais familiar com Deus, foi conveniente que ele se encarnasse ( ϼJesus Cristo) para se aproximar do ser humano até pela A. natural (*Suma contra os gentios* IV, 54, 6). A caridade é fundada na comunhão de bem-aventurança, ou seja, na própria ϼessência divina (bem comum de todos os seres e objeto formal da A.), e na comunicação de sua graça. Dessa forma, explica-se a necessidade de amar os inimigos, ou mesmo os pecadores (cf. Mt 5,44), na participação do amor a Deus, como primeiro princípio (cf. *Suma de teologia* II^a^II^ae^, q. 23, a. 1, Resp.; ad 2m; ad 3m; q. 26, a. 2, Resp.). Além disso, amar os inimigos pode demonstrar a pureza de ϼintenção e a caridade em estado perfeito, por eles serem amados despretensiosamente (por ausência de utilidade ou prazer). Revela ainda o ϼpoder da caridade, extensiva até a objetos afastados (os inimigos) da A. com Deus, para que dele se aproximem (cf. *ibidem*, q. 27, a. 7, Resp.). Não há, porém, verdadeira A. de caridade para com os ϼdemônios ou os condenados, por completa privação do bem eterno (em ato e em potência). Sob certo ponto de vista, todavia, podem ser amados no que dão glória a Deus (a pura ϼexistência, por exemplo). Por outro lado, por ser fundada na "comunhão da bem-aventurança eterna", a A. de caridade também se estende aos ρanjos (cf. *ibidem*, q. 25, a. 10-11). Embora Tomás reforce que basta a união com Deus para ocorrer a bem-aventurança eterna, é mister considerar a comunhão dos santos no ρcéu como uma sociedade amistosa, na medida em que se alegram por contemplar juntos o Sumo Bem na visão beatífica (cf. BROWN, 2009, p. 245). Desse modo, no céu haverá A. perfeita com Deus, enquanto nesta terra será sempre imperfeita.

**Excelência da amizade.** Os amigos são necessários em qualquer condição financeira e em qualquer idade; entre os bens terrenos nenhum é melhor que a A. (cf. *O reino*, I, 11), pois se trata da mais perfeita forma de amor (cf. *Comentário aos Livros das Sentenças de Pedro Lombardo* III, dist. 27, q. 2, a. 1, Resp.), ao passo que a caridade é considerada a A. mais perfeita. Com efeito, por essa virtude, o ser humano torna-se amigo de Deus, por perfeição da vontade (cf. *Questões disputadas sobre as virtudes*, q. 2, a. 4, ad 11m; *Suma de teologia* II$^a$II$^{ae}$, q. 172, a. 2, ad 1m). Por outro lado, pela caridade perfeita e por superabundância, é possível oferecer até a própria vida por um bem maior, conforme descrito em Jo 15,13: "Ninguém tem maior amor do que aquele que dá a vida por seus amigos". A perfeita A. só pode ocorrer entre os virtuosos, ou melhor, a A., enquanto caridade, é a própria forma de todas as virtudes (cf. *Suma de teologia* II$^a$II$^{ae}$, q. 23, a. 8). A verdadeira A. é permanente, ou seja, se determinada A. se encerra é porque na realidade nunca começou (Pr 17,17). Em suma, sem a A. o ser humano não pode viver uma vida autenticamente humana em todos os seus aspectos (antropológico, ρmoral ou social etc.), tanto no âmbito natural como no sobrenatural.

**Bibliografia:** ARISTÓTELES. Ethica Nicomachea. In: BYWATER, I. (ed.). *Aristotelis Ethica nicomachea*. Oxford: Oxford University Press, 1894 (reimpr. 1962), p. 1-224 (BEKKER: 1094a1-1181b23). BOND, L. M. A Comparison between Human and Divine Friendship. *The Thomist*, 3, p. 54-94, 1941. BROWN, C. Friendship in Heaven: Aquinas on Supremely Perfect Happiness and the Communion of the Saints. In: TIMPE, K. (ed.). *Metaphysics and God*. Londres/Nova Iorque: Routledge, 2009, p. 225-248. CICERO, M. T. *De republica, De legibus, Cato maior de senectute, Laelius de amicitia*. J. G. F. Powell (ed.). Nova Iorque: Oxford University Press, 2006, p. 319-365. DANDER, F. Grundsätzliches zur Auffassung der Freundschaft nach der Lehre des hl. Thomas von Aquin. *Zeitschrift für Aszese und Mystik*, 6, p. 132-145, 1931. FARRELL, M. T. Thomas Aquinas and Friendship with God. *Irish Theological Quarterly*, 61, p. 212-218, 1995. GALLAGHER, D. M. Desire for Beatitude and Love of Friendship in Thomas Aquinas. *Mediaeval Studies*, 58, p. 1-47, 1996. _____. Thomas Aquinas on Self-Love as the Basis for Love of Others. *Acta philosophica*, 8, p. 23-44, 1999. GILLON, L.-B. À propos de la théorie thomiste de l'amitié "fundatur super aliqua communicatione" (II-II, q. 23, q. 1). *Angelicum*, 25, p. 3-17, 1948. HUGHES, L. M. Charity as Friendship in the Theology of Saint Thomas. *Angelicum*, 52, p. 164-175, 1975. ISIDORO DE SEVILHA. *Etymologiae*. Vários volumes, editores e tradutores. Paris: Belles Lettres, 2016ss. JONES, L. G. The Theological Transformation of Aristotelian Friendship in the Thought of St. Thomas Aquinas. *New Scholasticism*, 61, p. 373-399, 1987. KEATY, A. W. Thomas's Authority for Identifying Charity as Friendship: Aristotle or John 15? *The Thomist*, 62, p. 581-601, 1998. MAJKRZAK, H. Amore, amicizia e carità in San Tommaso d'Aquino. *Forum philosophicum*, 11, p. 119-131, 2006. MANZANEDO, M. F. La amistad en la filosofía greco-romana. *Angelicum*, 70, p. 331-336, 1993. _____. La amistad según santo Tomás. *Angelicum*, 71, p. 371-426, 1994. MCEVOY, J. Amitié, attirance et amour chez S. Thomas d'Aquin. *Revue Philosophique de Louvain*, 91, p. 383-408, 1993. _____. Freundschaft und Liebe (S. Th. I-II, qq. 26-28 und II-II, qq. 23-46). In: SPEER, A. (ed.). *Thomas von Aquin*: die *Summa theologiae*, Werkinterpretationen. Berlim: De Gruyter, 2005. PANGLE, L. S. *Aristotle and the Philosophy of Friendship*. Cambridge: Cambridge University Press, 2002. PORTER, J. De Ordine Caritatis: Charity, Friendship, and Justice in Thomas Aquinas' *Summa Theologiae*. *The Thomist*, 53, p. 197-213, 1989. PORZECANSKI. D. S. Friendship and the Circumstances of Justice According to Aquinas. *The Review of Politics*, 66, p. 35-54, 2004. RIVERA SIBAJA, A. *El amor de amistad en Santo Tomás*. 2003. Tese (Doutorado em

Teologia) – Universidad de Navarra, Pamplona, 2003. RYBKA, R. Il ruolo della carità nella vita della società politica secondo San Tommaso d'Aquino. *Angelicum*, 82, p. 55-75, 2005. SALLUST. *Bellum catilinae*. 2. ed. J. T. Ramsey (ed.). Nova Iorque: Oxford University Press, 2007. SAVAGNONE, G. L'amicizia nel pensiero di S. Tommaso d'Aquino. *Sapienza*, 34, p. 431-441, 1981. SCHWARTZ, D. *Aquinas on Friendship*. Oxford/Nova Iorque: Clarendon Press/Oxford University Press, 2007. SIMON, B. L'amicizia secondo San Tommaso. *Sacra Dottrina*, 34, p. 173-196, 1989. STERN-GILLET, S.; GURTLER, G. M. (eds.). *Ancient and Medieval Concepts of Friendship*. Albany: State University of New York Press, 2014. TORRELL, J.-P. La charité comme amitié chez saint Thomas d'Aquin. *La Vie Spirituelle*, 155, p. 265-283, 2001. YAMAMOTO, Y. Thomas Aquinas on the Ontology of Amicitia. *Proceedings of the American Catholic Philosophical Association*, 81, p. 251-262, 2007.

Felipe de Azevedo Ramos, EP

## AMOR

**Acepção geral.** O termo *amor* (A.) é empregado em diferentes acepções. De maneira geral, o A. é a modificação (*immutatio*) do apetite (→Desejo). Tomás de Aquino aborda o problema do A. em diversos escritos: primeiro no *Comentário aos Livros das Sentenças de Pedro Lombardo* (III, dist. 27, q. 1) e, em seguida, nas *Questões disputadas sobre a verdade* (q. 26, a. 4), na *Suma contra os gentios* (IV, cap. 19), no *Comentário ao Livro dos Nomes Divinos de Dionísio Pseudoareopagita* (cap. 4, lições 9-10) e na *Suma de teologia* (IªIIª, q. 26-28). É possível, porém, notar uma variação da terminologia e da doutrina nesses escritos (cf. SIMONIN, 1932).

**Natureza.** A primeira tentativa de Tomás de Aquino para explicar o A. se encontra no *Comentário aos Livros das Sentenças de Pedro Lombardo* (III, dist. 27, q. 1). A questão é assim articulada: a definição de A. (a. 1), o A. em seu →sujeito (a. 2), sua prioridade sobre as outras afecções da →alma (a. 3) e sua superioridade sobre o →conhecimento (a. 4). O A. é uma →paixão ou afecção (*passio*), e não uma →virtude (*virtus*). Tomás aplica aqui a doutrina geral do movimento: o A. pertence ao apetite, e o apetite é uma potência passiva; donde o apetecível mover o apetite, assim como o motor move o movido. Pois tudo o que é passivo se torna perfeito (acabado, completo, em ato) na medida em que é enformado (*informatur*) pelo agente; nesse movimento, é determinado e atinge o termo, o repouso. É o caso do →intelecto, que, antes de ser enformado pela forma inteligível, investiga e duvida; porém, quando é enformado pela forma, cessa a investigação e se fixa nela. É também o caso do afeto ou apetite, o qual, na medida em que nele é incutida a forma do bem (seu →objeto), tem agrado (*complacet*) com ela e a ela adere firmemente; desse modo se diz amá-la. Donde o A. ser uma modificação do afeto segundo a →coisa amada. A doutrina do A. exposta no *Comentário aos Livros das Sentenças de Pedro Lombardo* está toda ela condensada nessas linhas. O amante, cujo afeto é enformado pelo amado (pelo bem do amado, que tem o aspecto de →fim), inclina-se pelo A. para a ação, e tal ação, em direção à forma compatível, é a mais prazerosa (cf. *ibidem*, dist. 27, q. 1, a. 1). Tomás acrescenta outros argumentos. O A. é a união do amante ao amado; transforma o amante no amado, faz o amante entrar no interior do amado, e o inverso; o amante é transformado, sai de certo modo da sua própria forma; por isso se diz que o A. causa o êxtase (saída de si, *extasis*) (cf. *ibidem*, ad 4m). A união entre o amante e o amado é uma união pura e simplesmente, assim como a união da →matéria e da forma; o A. torna o amado a forma do amante (cf. *ibidem*, ad 5m). Tomás, em seguida, considera o A. em seu sujeito, a potência afetiva ou apetitiva. O A. é a determinação, o termo ou a completude (*terminatio*) do movimento apetitivo: enquanto o A. natural está em todas as potências e em todas as coisas, o A. animal está numa potência determinada, no apetite sensitivo concupiscível ou na vontade, caso seja um vivente dotado de vontade (cf. *ibidem*, dist. 27, q. 1, a. 2). A exposição nas *Questões disputadas sobre a verdade*

(q. 26, a. 4) reproduz a terminologia e a doutrina do *Comentário aos Livros das Sentenças de Pedro Lombardo* – a paixão do A. é certa formação ou configuração (*formatio*) do apetite pelo apetecível, donde ser dito que o A. é certa união do amante e do amado –, mas afirma a anterioridade do A. no movimento afetivo: primeiro é o A. (*amor*), depois o desejo (*desiderium*), e, por último, o ꝑprazer (*gaudium*). A terminologia *informatio, formatio, transformatio, terminatio* (enformação, configuração, modificação, termo/completude) é abandonada na *Suma contra os gentios* (IV, cap. 19). Tomás utiliza as expressões *inclinatio, convenientia, proportio* (inclinação, conformidade, proporção). Ele aplica à doutrina do A. a analogia entre a forma intencional e a forma natural, como princípios do movimento voluntário e do movimento natural. A ꝑvontade (o apetite intelectivo) nos ꝑentes intelectuais é assim comparada à inclinação natural (o apetite natural) nos entes naturais. Há uma inclinação natural na medida em que a coisa tem afinidade natural (conaturalidade) e conformidade segundo a sua forma (que é o princípio da inclinação) com aquilo para o qual é movida (por exemplo, o corpo pesado para um lugar mais baixo). Há, por outro lado, uma inclinação da vontade na medida em que, pela forma inteligível, algo é apreendido como compatível ou aquele que tem afinidade (*conveniens vel afficiens*); ser afetado desse modo por algo é amá-lo (cf. *Compêndio de teologia*, I, cap. 46). O amado não está somente no intelecto do amante, mas também na sua vontade: no intelecto, segundo a semelhança da sua forma (*similitudinem speciei*), e na vontade, como o termo do movimento. Para que algo esteja na vontade, como o amado no amante, deverá ter conformidade e proporção (*convenientiam et proportionem*) com o conhecimento que provém do intelecto e com a própria coisa, que é o amado na medida em que é um bem e fim, termo do movimento. No *Comentário ao Livro dos Nomes Divinos de Dionísio Pseudoareopagita* (cap. 4, lição 9), aparece o termo *coaptatio* (harmonia). O A. se diz referência ou harmonia (*habitudo vel coaptatio*) do apetite a algo como a seu bem.

O amante tem o seu bem presente a si mesmo e está unido a ele segundo certa semelhança ou proporção, assim como a forma está na matéria na medida em que é adaptada e relacionada a ela. O *Comentário ao Livro dos Nomes Divinos de Dionísio Pseudoareopagita* e a *Suma contra os gentios* anunciam a terminologia da *Suma de teologia* (I$^a$II$^{ae}$, q. 26). Esta, porém, traz um vocabulário mais rico e complexo, notadamente pelo uso de termos como *complacentia, coaptatio, intentio, immutatio* (agrado, hamonia, intenção, modificação). A questão é dividida em dois blocos: a noção de A. (a. 1-3) e sua divisão (a. 4). Quanto à sua noção, Tomás considera o A.: em seu sujeito, que é a potência concupiscível (a. 1), como paixão (a. 2), e em seus sentidos análogos (a. 3). O A. está no apetite sensitivo concupiscível. O próprio A. é algo que pertence ao apetite e se distingue segundo as diferenças dos apetites. Há um apetite nas coisas naturais, que apetecem o que lhes convém por ꝑnatureza, não mediante o próprio conhecimento, mas mediante o conhecimento do autor da natureza: o *apetite natural*. Há outro apetite que se segue ao conhecimento do apetente, mas por necessidade, e não após o livre juízo (livre-arbítrio, livre escolha): o *apetite sensitivo* dos animais racionais, que no ꝑser humano tem alguma ꝑliberdade (*aliquid libertatis*) na medida em que obedece à ꝑrazão. Há um terceiro apetite que se segue ao conhecimento do apetente após o livre juízo: o *apetite intelectivo ou racional*, chamado *vontade*. Em cada um desses apetites, o A. indica o princípio do movimento que tende para o fim amado. No apetite natural, esse princípio é a conaturalidade (*connaturalitas*) do apetente com aquilo para o qual tende e se diz A. *natural*. Semelhantemente, a hamonia (*coaptatio*) do apetite sensitivo ou da vontade a um bem, isto é, o agrado (*complacentia*) com o bem, diz-se A. *sensitivo* ou A. *intelectivo ou racional*. O A. sensitivo está no apetite concupiscível, porque tende para o bem, e não para o árduo ou difícil (que é o objeto do apetite irascível ou agressividade), assim como o A. intelectivo está no apetite intelectivo (cf. *ibidem*, q. 26, a. 1; *Comentário ao Livro dos Nomes*

*Divinos de Dionísio Pseudoareopagita*, cap. 4, lição 9). Tomás retoma a definição de A. esboçada anteriormente no *Comentário aos Livros das Sentenças de Pedro Lombardo*: o A. é uma paixão, afecção. Pois a paixão é um efeito do agente no paciente, e o agente produz dois efeitos no paciente: primeiro lhe dá uma forma e, em seguida, o movimento que se segue à forma. Quer dizer: o apetecível primeiro dá ao apetite certa harmonização (*quamdam coaptationem*), que é o agrado com o apetecível, e daí decorre o movimento ao apetecível – ou, como diz Tomás, o A. é a adaptação ou proporção (*aptitudo sive proportio*) do apetite com o bem, que não é senão o agrado com o bem (cf. *Suma de teologia* I<sup>a</sup>II<sup>ae</sup>, q. 25, a. 2). O movimento apetitivo é circular: o apetecível move o apetite, introduzindo-se de certo modo em sua inclinação (*intentione*), e o apetite tende a conseguir realmente o apetecível, de modo que o fim do movimento esteja no lugar onde esteve o princípio. A primeira modificação (*immutatio*) do apetite pelo apetecível se chama A.; donde ser claro que o A. é uma paixão. O A. é o agrado com o apetecível, de que se segue o desejo (o movimento ao apetecível), e por último o repouso (*quies*) no apetecível, que é o prazer (*gaudium*) (cf. *ibidem*, q. 26, a. 2). Em última análise, o A. designa o movimento do apetite pelo qual esse é modificado pelo apetecível, de modo que o apetecível lhe agrade (cf. *ibidem*, ad 3m). Tomás considera os sentidos análogos de A., que são: A., dileção, caridade e  amizade. *Amor* (*amor*) é o sentido mais geral, pois toda dileção ou caridade é A., e não o inverso. *Dileção* (*dilectio*) é o sentido mais preciso, pois acrescenta ao A. uma escolha precedente (cf. *Comentário ao Livro dos Nomes Divinos de Dionísio Pseudoareopagita*, cap. 4, lição 9); por isso, a dileção não está no apetite concupiscível, mas somente na vontade, e apenas na natureza racional. *Caridade* (*caritas*) é o sentido que acrescenta ao A. certa perfeição na medida em que se estima de grande valor o que é amado. *Amizade* (*amicitia*) é o sentido que, consoante a Aristóteles (cf. *Ética nicomaqueia* VIII, 7, **1157b28-29**), exprime uma habilitação ou disposição estável (*habitus*) (cf. *Suma de teologia* I<sup>a</sup>II<sup>ae</sup>, q. 26, a. 3; *Comentário aos Livros das Sentenças de Pedro Lombardo* III, dist. 27, q. 2). Depois de ter considerado a noção de A., Tomás considera a sua divisão. Segundo a definição de Aristóteles (cf. *Retórica* II, 1380b35-36), retomada por Tomás, *amar é querer o bem para alguém*. O movimento do A. tende para duas coisas: (1) para o bem que alguém quer para si próprio ou para o outro, ou (2) para aquilo para o qual quer o bem. Em (1), indica-se o *A. de amizade* ou *de benevolência* (porque é gratuito, desinteressado), e, em (2), o *A. de concupiscência*. No primeiro, o que é amado (um bem subsistente, por exemplo, uma pessoa, um amigo) é amado pura e simplesmente e por si. No segundo, o que é amado (um bem acidental, por exemplo, a ciência, a saúde, a umidade ou o sabor do vinho) não é amado pura e simplesmente e por si, mas para outra coisa (para a sua utilidade ou o seu prazer) (cf. *Suma de teologia* I<sup>a</sup>II<sup>ae</sup>, q. 26, a. 4). Tomás subordina de certo modo o A. de concupiscência ao A. de amizade. O A. pelo qual se ama algo como um bem é A. pura e simplesmente. O A. pelo qual se ama algo como um bem para outra coisa é A. sob certo aspecto (*secundum quid*); assim, se se quer algum bem ao amigo, salva-se aqui a noção de amizade, mas, se refere-se posteriormente esse bem à sua utilidade ou ao seu prazer (amizade útil ou deleitável), perde-se a noção de verdadeira amizade (cf. *ibidem*, ad 3m). Mais claramente, o *Comentário ao Livro dos Nomes Divinos de Dionísio Pseudoareopagita* (cap. 4, lição 9) assinala que todo A. de concupiscência está incluído num A. de amizade, assim como todo acidente é reconduzido (*reducitur*) a uma substância. O próprio fato de algo ser amado para que, por seu meio, se chegue a algum bem está incluído no A. daquilo que é amado pelo seu próprio bem; pois não se ama algo na medida em que é acidental, mas na medida em que é por si (cf. *Comentário aos Livros das Sentenças de Pedro Lombardo* III, dist. 29, q. 1, a. 3; *Comentário ao Livro dos Nomes Divinos de Dionísio Pseudoareopagita*, cap. 4, lições 9 e 10).

**Causa.** Tomás de Aquino estuda o princípio ou a ℘causa do A. na *Suma de teologia* (I^aII^ae, q. 27) em quatro artigos, a saber: se a causa do A. é o bem (a. 1), o conhecimento (a. 2), a semelhança (a. 3), e se o A. é a causa de todas as outras paixões da alma (a. 4). O bem é a causa primária do A, pois o A. pertence à potência apetitiva, que é uma potência passiva, cujo objeto é a causa de seu movimento ou ato; portanto, é preciso que o objeto do A. seja a causa do A. O bem é o seu objeto próprio, porque o A. implica conaturalidade ou agrado do amante com o amado, e para cada um é bom o que lhe é conatural e proporcionado. Donde o bem ser a causa própria do A. (cf. *ibidem*, q. 27, a. 1). Por outro lado, o conhecimento é igualmente causa do A. Se o bem é a causa do A. a modo de objeto, o próprio bem só é objeto do A. na medida em que é apreendido, conhecido. A visão corporal é princípio do A. sensitivo, e a contemplação da beleza ou bondade espiritual (*spiritualis pulchritudinem vel bonitatis*) é princípio do A. espiritual (cf. *ibidem*, q. 27, a. 2). Tomás acrescenta a semelhança, propriamente falando (*proprie loquendo*), como causa do A. – outras passagens fazem eco a essa doutrina: a raiz do A. é, estritamente falando, a semelhança do amado com o amante (cf. *Comentário aos Livros das Sentenças de Pedro Lombardo* III, dist. 27, q. 1, a. 1, ad 3m); o A. é causado pela semelhança (cf. *ibidem*, dist. 27, q. 2, a. 2, ad 4m); a semelhança é princípio do A. (cf. *Suma de teologia* I^a, q. 27, a. 4, ad 2m); a semelhança é causa do A. ou aspecto (*ratio*) sob o qual se dá o A. (cf. *Suma de teologia* I^aII^ae, q. 99, a. 2). Tomás não está falando de semelhança intencional (que constitui o conhecimento e está subentendida no artigo anterior), mas de semelhança metafísica. Assim, considera dois modos de semelhança (*similitudo*): (1) a semelhança de dois atos, quando duas coisas têm a mesma forma em ato (por exemplo, são ditas semelhantes duas coisas que têm a brancura), e (2) a semelhança de proporção, quando uma coisa tem em potência e por certa inclinação uma forma que outra tem em ato (por exemplo, são ditos semelhantes um corpo pesado que está fora de seu lugar e um corpo pesado que está em seu lugar), ou a semelhança da potência ao ato, pois a própria potência está de certo modo em ato. O modo (1) causa o A. de amizade ou de benevolência, pois, quando dois são semelhantes, como se tivessem uma forma, são de certo modo um só naquela forma (assim como dois seres humanos são um só na humanidade e duas coisas brancas, uma só na brancura); por isso, o afeto de um tende para o outro como sendo um só consigo e quer o bem para ele como para si mesmo. O modo (2) causa o A. de concupiscência, ou a amizade útil ou deleitável, pois tudo o que está em potência tem um apetite para o seu ato, e se é sensitivo e cognoscente, tem prazer na sua consecução. No A. de concupiscência, o amante ama propriamente a si mesmo, pois cada um ama mais a si mesmo do que o outro, porque para si é uno na substância, e para o outro é uno na semelhança de alguma forma (cf. *ibidem*, q. 27, a. 3).

**Efeitos.** Em seguida vem a consideração dos efeitos do A. (cf. *Suma de teologia* I^aII^ae, q. 28), dividida em dois blocos. O primeiro bloco apresenta os efeitos imediatos, a saber: a união (a. 1), a mútua inerência (a. 2) e o êxtase (a. 3), chamados efeitos primários; o zelo ou ciúme (a. 4), dito efeito secundário; e a alteração corporal (*immutatio corporalis*) (a. 5), denominada efeito físico. O segundo bloco alude aos efeitos mediatos: toda ação do amante procedente do A. (a. 6). A simples união, isto é, a união do amante e do amado, é o efeito inicial do A. Essa união é dupla: (1) a união real, de acordo com a coisa (*secundum rem*), quando o amado está presente junto ao amante, e (2) a união afetiva, de acordo com o afeto (*secundum affectum*), que se segue à apreensão, ao conhecimento. Na união afetiva, tanto o A. de concupiscência como o A. de amizade procedem da apreensão da união entre o amante e o amado. Pois, quando alguém ama algo com concupiscência, apreende-o como pertencente ao seu bem-estar e, nesse caso, o A. produz a união ativamente (*effective*), porque move o amante a desejar e a procurar a presença do

# AMOR

amado como compatível consigo e pertencente a si. Semelhantemente, quando alguém ama alguém com amizade, quer o bem para ele como quer para si, apreendendo-o como outro eu e, nesse caso, o A. produz a união constitutivamente (*formaliter*), pois o próprio A. é essa união (cf. *ibidem*, q. 28, a. 1). A união entre o amante e o amado, com efeito, pode ser de três tipos: (1) união antecedente, que é a causa do A. – trata-se da *união substancial* (o A. pelo qual cada um ama a si mesmo) ou da *união de semelhança* (o A. pelo qual cada um ama os outros); (2) união concomitante, que é constitutiva do A. – refere-se a *união segundo a harmonização do afeto*, que se assemelha à união substancial na medida em que, no A. de amizade, o amante está no amado como em si mesmo, e no A. de concupiscência, como em algo seu; e (3) união consequente, que é o efeito do A. – diz respeito à *união real*, que o amante procura com o amado segundo a reunião (*convenientiam*) do A. Os amantes procuram a união que é adequada e cai bem (*quae convenit et decet*), para que convivam, conversem e estejam unidos em outras coisas (cf. *ibidem*, ad 2m; q. 25, a. 2, ad 2m). A íntima e recíproca união, isto é, a mútua inerência (*mutua inhaesio*) do amante e do amado, na qual o amado está no amante e vice-versa: é o efeito perfectivo do A. Para o A. concorrem dois elementos: (1) o conhecimento ou apreensão e (2) o movimento afetivo ou apetitivo; (1.1) o amado está no amante, na medida em que o amado está na apreensão do amante; (1.2) o amante está no amado, na medida em que o amante, não se contentando com uma apreensão superficial do amado, inquire cada uma das coisas que pertencem ao amado, e assim entra em seu interior; (2.1) o amado está no amante, na medida em que o amado está no afeto do amante por certo agrado (*quandam complacentiam*), para que em sua presença se deleite nele ou nos seus bens, ou em sua ausência seu desejo tenda para ele por A. de concupiscência, ou para o bem que quer para ele por A. de amizade; (2.2) o amante está no amado, por A. de concupiscência na medida em que procura possuí-lo perfeitamente, como que chegando ao seu interior, e por A. de amizade na medida em que considera como suas as coisas boas ou más do amigo, bem como a vontade dele, de modo que parece ser afetado e sofrer os bens e os males de seu amigo – segundo Aristóteles (cf. *Ética nicomaqueia* IX, 3, 1165b27-31), é próprio dos amigos *querer o mesmo e alegrar-se e entristecer-se com o mesmo*; (2.3) a íntima e recíproca união pode ser considerada no A. de amizade por via de reciprocidade (*secundum via redamationis*), na medida em que os amigos se amam mutuamente, querendo e fazendo o bem um ao outro (cf. *Suma de teologia* I$^a$II$^{ae}$, q. 28, a. 2). O êxtase, ou seja, a saída do amante de si mesmo para o amado, é o efeito implicado na íntima e recíproca união. Tomás de Aquino distingue êxtase (*extasis*) de arrebatamento (*raptus*): o arrebatamento acrescenta algo ao êxtase, pois o êxtase implica pura e simplesmente uma saída de si mesmo (*excessum a seipso*), alguém que se põe fora da sua disposição no mundo), ao passo que o arrebatamento acrescenta a isso certa violência, uma força exterior (cf. *Suma de teologia* II$^a$II$^{ae}$, q. 175, a. 2, ad 1m). Tratando do êxtase, deve recordar-se que para o A. concorrem os dois elementos mencionados – (1) o conhecimento e (2) o movimento afetivo ou apetitivo. Em (1), alguém se põe fora do conhecimento que lhe é próprio (quando é tomado pela fúria ou pela demência) ou se eleva a um conhecimento superior (quando consegue compreender coisas que excedem o sentido e a razão na medida em que se põe fora da apreensão conatural da razão e do sentido). Em (2), mediante o apetite alguém se dirige para o outro, saindo de certo modo de si mesmo. No que que se refere ao êxtase como efeito, o A. produz o êxtase do conhecimento *dispositivamente*, no sentido de que faz se deter sobre o amado, e a atenção intensa a uma coisa prescinde das outras; e o A. produz o êxtase do apetite *diretamente*: pura e simplesmente se trata do A. de amizade e, sob certo aspecto (*secundum quid*), do A. de concupiscência. No A. de concupiscência, o amante é levado de certo modo para fora de si mesmo, pois, não contido no prazer do bem que possui, procura fruir algo fora de si; mas, como procura possuir para si esse bem exterior, não sai pura e simplesmente de si e o afeto ao fim termina em si mesmo. No A. de amizade, alguém, mediante o afeto, sai pura e simplesmente de si, pois quer e faz o bem para o amigo, como que tomando para si o seu cuidado e providência (cf. *Suma de teologia* I$^a$II$^{ae}$, q. 28, a. 3). O *Comentário ao Livro dos Nomes Divinos de Dionísio Pseudoareopagita* (cap. 4, lição 10) mostra que, nesses dois modos de A., o afeto do amante é arrastado (*trahitur*) por certa inclinação ao amado, mas diversamente: no A. de concupiscência, o afeto do amante é arrastado por um ato da vontade, mas o afeto, na tendência, volta a si mesmo e, assim, esse A. não põe o amante fora de si quanto ao fim da tendência; no A. de amizade, ao contrário, o afeto é arrastado ao amado e não volta a si mesmo, pois quer o bem do amado, não pela razão de que daí algo lhe aconteça, e, desse modo, esse A. causa o êxtase, porque põe o amante fora de si mesmo.

**Caridade.** O grego *ágape*, que traduz na *Septuaginta* o hebraico *ahaba*, tem o sentido de "amorosa inclinação a", enquanto *éros* aparece apenas duas vezes na Septuaginta para indicar o A. passional (Pr 7,18; 30,16) e nunca no Novo Testamento. O A. (*ágape*) é, na *Septuaginta*, o *Shemá Israel* ("Escuta, Israel") e o principal mandamento (amar o Senhor, que é um) no *Deuteronômio* (Dt 6,4); é também o A. do amado (Deus) e da amada (Israel) no *Cântico dos cânticos* (que no A. cristão será o A. de ☙Jesus Cristo e da ☙Igreja, sua esposa), bem como o A. (*ágape*) à sabedoria no livro da *Sabedoria*. No cânone joanino, o A. (*ágape*) tem origem no ☙Pai, é comunicado pelo ☙Filho aos que Cristo ama e aos que amam a Cristo. Em Platão, o *éros* é o A. que procura a beleza; a dialética ascendente eleva o amante em degraus dos sensíveis até a beleza em si e por si (*scala amoris*); esse impulso do A. é um êxtase ou uma loucura (*manía*) divinamente inspirada nos profetas e nos poetas. Inácio de Antioquia diz que a crucificação do *éros* (A. carnal) imita a crucificação daquele que é *ágape*, Cristo.

Orígenes assinala que, nas ☙Escrituras, *caritas* ou *dilectio* (caridade ou dileção – *ágape*) são aplicados ao A. espiritual e *amor* (*éros*), ao A. carnal; ☙Deus é caridade, Cristo é igualmente caridade, mas também é *amor* ou *éros* (o A. do esposo no *Cântico dos cânticos*); o A. espiritual, que tem como objeto Deus ou a sabedoria, implica o A. natural, elevando-o e unificando-o no A. espiritual. Gregório de Nissa explica que *éros* traduz melhor que *ágape* a intensidade da caridade, que é abrasadora como a paixão. Orígenes e Gregório não estabelecem uma oposição entre *éros* e *ágape*. Dionísio Pseudoareopagita elege *éros* para significar o A. divino; o *éros* é *circular*, faz que tudo retorne a Deus, *anagógico*, tendente para o alto, e *extático*, consiste num êxtase ou loucura (cf. DE ANDIA, 1994). Tomás de Aquino, no estudo da caridade, utiliza a terminologia *amor, dilectio, caritas* e, em alguns casos, *amicitia*. O tema da caridade aparece em vários escritos, notadamente no *Comentário aos Livros das Sentenças de Pedro Lombardo* (III, dist. 27-30) e na *Suma de teologia* (II$^a$II$^{ae}$, q. 23-27), isto é, no terceiro estudo da ☙moral em particular ou segunda seção da segunda parte (II$^a$II$^{ae}$) da *Suma*, depois do estudo da ☙fé e da ☙esperança. Tomás examina todos os aspectos da caridade (natureza, ☙necessidade, origem, objeto, excelência, ordem, graus, efeitos etc.); a esses escritos se somam as *Questões disputadas sobre as virtudes* (q. 2) e as *Colações sobre os dez mandamentos* – uma transcrição (*reportatio*) de Pedro d'Andria das homilias de Tomás sobre a caridade (Prólogo; a. 1-4), seus dois preceitos (a. 5-10) e os dez mandamentos (a. 11-31).

**Natureza da caridade.** Tomás de Aquino se ocupa da natureza ou ☙essência da caridade no *Comentário aos Livros das Sentenças de Pedro Lombardo* (III, dist. 27, q. 2) e na *Suma de teologia* (II$^a$II$^{ae}$, q. 23-24). No *Comentário*, a questão é tratada em quatro artigos: a definição de caridade (a. 1), a caridade como virtude (a. 2), em seu sujeito (a. 3) e em comparação às outras virtudes (a. 4). A caridade é certa amizade do ser humano para com Deus. Na medida em que se encontra no apetite sensitivo, o A. se

# AMOR

diz propriamente "amor", porque implica paixão; porém, na medida em que se encontra na parte intelectiva, diz-se "dileção", porque inclui a escolha, que pertence ao apetite intelectivo. A amizade acrescenta à dileção e ao A. duas coisas: (1) certa sociedade (*societas quaedam*) do amante e do amado no A., de modo que, ao se amarem mutuamente, se conhecem e (2) o fazem por escolha, não só por paixão. Por isso, a amizade se assemelha a uma habilitação ou disposição estável (*habitus*) e o A., a uma paixão ou sentimento (*passio*). A amizade é o mais perfeito entre os gêneros de A., pois inclui todos os anteriores. Em tal gênero se insere a caridade, que é certa amizade do ser humano para com Deus, pela qual o ser humano ama (*diligit*) a Deus, e Deus, o ser humano, tornando-se, assim, certa união (*quaedam associatio*) do ser humano com Deus (cf. *ibidem*, dist. 27, q. 2, a. 1). Tomás indica que a caridade não é uma simples amizade: a caridade acrescenta algo à amizade, a saber, a extremidade de seu amigo, que é Deus mesmo, amado como amigo; trata-se da amizade para com Deus, que de todas as amizades é a mais preciosa e a mais cara (cf. *ibidem*, ad 7m). Por outro lado, ainda no *Comentário aos Livros das Sentenças de Pedro Lombardo*, a caridade é considerada em seu sujeito, a vontade. O ato principal da caridade é o A. a Deus: esse A. dirige e o apetite executa. Esse ato, no entanto, não pode ser executado pelo apetite sensitivo, pois o seu objeto não pode ser Deus. É preciso, pois, que ele esteja no apetite da parte intelectiva, não na medida em que escolhe os meios em vista do fim, mas na medida em que está relacionado ao fim último; esse apetite é a vontade. Por essa razão, a vontade é o sujeito próprio da caridade (cf. *ibidem*, dist. 27, q. 2, a. 3). Na *Suma de teologia* II$^a$II$^{ae}$, Tomás trata do tema em duas questões (q. 23-24): a caridade em si mesma (q. 23), dividida em oito artigos, a saber, se a caridade é certa amizade (a. 1), se é algo criado na alma (a. 2), se é uma virtude e de qual maneira (a. 3-5), e como ela se compara e se relaciona com as outras virtudes (a. 6-8). Depois, a caridade em seu sujeito (q. 24), dividida em doze artigos,

a saber: o sujeito da caridade, sua origem e sua medida (a. 1-3), o aumento da caridade, sua perfeição e seus graus (a. 4-9) e a diminuição e a perda da caridade (a. 10-12). Também na *Suma*, a caridade é certa amizade; Tomás adverte, com Aristóteles (cf. *Ética nicomaqueia* VIII, 2, 1155b31-1156a3), contudo, que nem todo A. tem a noção de amizade, exceto o A. de benevolência. No entanto, a benevolência não é suficiente para a noção de amizade; é preciso certo A. mútuo, fundado numa comunicação (*communicatio*). Como há certa comunicação (ligação) do ser humano com Deus na medida em que Deus faz o ser humano comunicar-se com sua bem-aventurança, é preciso que uma amizade se funde sobre essa comunicação; essa amizade é a caridade, que é certa amizade do ser humano para com Deus (cf. *Suma de teologia* II$^a$II$^{ae}$, q. 23, a. 1). Por outro lado, como já explanado no *Comentário*, a caridade está na vontade como em seu sujeito e, nesse sentido, na *Suma*, Tomás destaca dois apetites: o apetite sensitivo e o apetite intelectivo, chamado vontade. O objeto do primeiro é o bem apreendido pelos ϱsentidos (o bem sensível) e o do segundo, o bem sob a noção geral de bem, na medida em que é apreendido pelo intelecto (o bem inteligível). Sendo o objeto da caridade o bem divino, que só o intelecto pode conhecer, a caridade terá como sujeito o apetite intelectivo, isto é, a vontade (cf. *ibidem*, q. 24, a. 1). Tomás acrescenta outros argumentos. O A. do apetite concupiscível é o A. ao bem sensível; mas o bem divino é inteligível, donde o apetite concupiscível não poder alcançá-lo, mas sim a vontade; por isso, a caridade não está no apetite concupiscível (cf. *ibidem*, ad 1m). A caridade não é regulada pela razão humana, como é a virtude moral, mas pela sabedoria de Deus, e excede a razão; por isso, a caridade não está na razão, ela não é o seu sujeito (cf. *ibidem*, ad 2m). O livre-arbítrio não é uma potência distinta da vontade. A caridade, no entanto, não está na vontade sob a noção de livre-arbítrio, cujo ato é escolher; a escolha concerne aos meios em vista do fim, e a vontade concerne ao próprio fim; por isso, a caridade, cujo objeto é o fim último, está na vontade e não no livre-arbítrio (cf. *ibidem*, ad 3m).

**Necessidade da caridade.** A caridade é uma virtude necessária, pois, como aquilo que faz conviver com outro é a amizade ao máximo, é preciso que haja certa amizade para com Deus, pela qual se convive com ele; e essa amizade é a caridade, comunicação (*communicatio*) da vida divina, que excede a faculdade da natureza. É preciso também que se perfaça por um bem acrescentado à natureza; e essa é a noção de virtude. Por isso, diz-se que a caridade é uma virtude teológica (ou teologal), derramada no coração do ser humano pelo ⌀Espírito Santo que lhe foi dado (cf. Rm 5,5) (cf. *Comentário aos Livros das Sentenças de Pedro Lombardo* III, dist. 27, q. 2, a. 2). Tomás de Aquino aduz outro argumento: como a natureza não pode alcançar as operações da vida divina e sua ⌀felicidade, isto é, a visão da essência divina, e por isso também não alcança a amizade que faz os amigos conviverem e se comunicarem, contudo, é necessário acrescentar-lhe a caridade, pela qual o ser humano tem amizade para com Deus, ama-o e deseja assimilar-se a ele mediante os dons espirituais e como participável por seus amigos, pela glória (cf. *ibidem*, ad 4m).

**Origem da caridade.** A caridade é causada por infusão divina. Pois a amizade do ser humano para com Deus se funda na comunicação com a bem-aventurança eterna. Essa comunicação não é um bem natural (pois excede a faculdade da natureza), mas um bem sobrenatural dado gratuitamente. Por isso, a caridade não está no ser humano naturalmente, nem ele a adquire por suas potências naturais, mas por infusão do Espírito Santo; e esse é o A. do Pai e do Filho, cuja ⌀participação no ser humano é a caridade criada (*caritas creata*) (cf. *Suma de teologia* II³II^ae, q. 24, a. 2; *Questões disputadas sobre as virtudes*, q. 2, a. 1).

**Objeto da caridade.** Tomás de Aquino considera o objeto e a extensão da caridade na *Suma de teologia* (II³II^ae, q. 25), em doze artigos; se se ama pela caridade: Deus e o próximo (a. 1), a caridade mesma, a bem-aventurança e as virtudes (a. 2), as criaturas irracionais (a. 3), o A. de si (a. 4), o ⌀corpo (a. 5), os pecadores (a. 6-7), os inimigos (a 8-9) e, por fim, os ⌀anjos (a. 10-11); no último artigo, faz uma recapitulação (a. 12). A caridade não só se estende a Deus, mas também ao próximo. As habilitações (*habitus*), com efeito, diversificam-se pelos seus atos, os atos pelos seus objetos, e os objetos por seus aspectos ou determinações formais. Todos os atos de uma espécie pertencem à mesma habilitação. Deus é o viés ou determinação de se amar o próximo, porque o que se deve amar no próximo é que ele esteja em Deus. Fica claro, portanto, que o ato pelo qual se ama Deus é da mesma espécie que o ato pelo qual se ama o próximo. Por isso, a habilitação da caridade se estende a Deus como seu objeto primeiro e ao próximo, como seu objeto segundo (cf. *ibidem*, q. 25, a. 1). Por outro lado, a caridade se estende às criaturas irracionais. A caridade é certa amizade, e pelo A. de amizade se ama de dois modos: (1) ama-se o amigo, ou (2) os bens que se deseja para o amigo. Em (1), nenhuma criatura irracional pode ser amada pela caridade, pois o ser humano não pode ter amizade de caridade com quem não é capaz de possuir o bem da ⌀vida eterna nem de se comunicar e conviver com ele racionalmente. Em (2), as criaturas irracionais podem ser amadas pela caridade como bens que queremos para os outros, na medida em que queremos conservá-las para a honra de Deus e a utilidade dos seres humanos (cf. *ibidem*, q. 25, a. 3).

**Excelência da caridade.** A virtude da caridade impera sobre todas as virtudes e as comanda. Pois o ato de uma virtude pode ser imperado por outra virtude (por exemplo, o ato da magnanimidade, o tender a fazer coisas grandes e árduas, é imperado pela fortaleza). A caridade é a virtude que impera absolutamente sobre todas as demais; ela é a mãe de todas as virtudes – ou, como diz Tomás de Aquino, a caridade é a forma, o motor e a raiz de todas as virtudes (cf. *Questões disputadas sobre as virtudes*, q. 2, a. 3) –, e isso se deve tanto ao seu objeto próprio, que é o sumo bem, quanto ao seu sujeito, que é a vontade, a qual impera sobre todas as potências ou faculdades (cf. *Comentário aos Livros das Sentenças de Pedro Lombardo* II, dist. 38, q. 1, a. 2, ad 5m). Por outro lado, a excelência ou superioridade da caridade é assinalada explicitamente na *Suma*. As virtudes teologais, quer dizer, as virtudes que se referem diretamente a Deus, são mais excelentes que as virtudes morais ou intelectuais, que consistem em alcançar a razão humana. Entre as virtudes teologais, é superior aquela que mais alcança a Deus. A fé e a esperança não são virtudes por si mesmas, mas por outro: a fé alcança Deus na medida em que provém dele o conhecimento da Overdade e a esperança, na medida em que provém dele a aquisição do bem. A caridade é virtude por si mesma: alcança Deus para subsistir nele e não para prover algo. Por isso, a caridade é mais excelente que a fé, a esperança e todas as demais virtudes (cf. *Suma de teologia* II^aII^ae, q. 23, a. 6; *Comentário aos Livros das Sentenças de Pedro Lombardo* III, dist. 27, q. 2, a. 4, qc. 3).

**Ordem da caridade.** A ordem da caridade é estudada no *Comentário aos Livros das Sentenças de Pedro Lombardo* (III, dist. 29, q. 1), em oito artigos, a saber: se a caridade possui uma ordem (a. 1), se se considera essa ordem segundo o afeto ou segundo o efeito (a. 2), se Deus deve ser amado sobre todas coisas (a. 3), se há algum mérito no A. a Deus (a. 4), a ordem do A. segundo a caridade (a. 5-7) e os graus de caridade e a sua perfeição (a. 8). Uma vez que há uma grande diversidade no objeto da caridade, bem como diversos graus em que um é melhor do que o outro ou se aproxima dele, é preciso que haja uma ordem do ato de A. Não pode ser uma ordem segundo o efeito, mas segundo o afeto, no qual o ato de caridade ocupa o primeiro lugar (cf. *ibidem*, dist. 29, q. 1, a. 1-2). Assim, Deus deve ser amado sobre todas as coisas. Pois o bem do ser humano em Deus é perfeito, como na causa primeira universal e perfeita dos bens; por essa razão, o ser humano tem agrado (*complacet*) com Deus mais naturalmente do que consigo mesmo. Na

medida em que a caridade perfaz a natureza, o ser humano, pela caridade, ama a Deus acima de si mesmo e acima de todos os bens particulares (cf. *ibidem*, dist. 29, q. 1, a. 3). Depois, o ser humano deve amar, pela caridade, mais a si mesmo que ao próximo; deve escolher mais os bens da razão que os bens da sua natureza sensitiva; deve, pois, querer e se aplicar mais aos bens espirituais que aos amigos (cf. *ibidem*, dist. 29, q. 1, a. 5). Em seguida, o ser humano ama o próximo na medida em que o seu bem se encontra no próximo por semelhança, e isso constitui o A. de benevolência. Essa semelhança se considera na medida em que por ela o ser humano comunica com o próximo; e, assim, distinguem-se diferentes amizades segundo as diferentes comunicações: (1) há certa comunicação (ligação) com os outros pela origem natural, e essa comunicação se funda na amizade do pai e do filho; (2) outra comunicação é doméstica (*oeconomica*), na medida em que os seres humanos comunicam-se entre si pelas ocupações domésticas; (3) outra comunicação é política, na medida em que o seres humanos comunicam-se com seus concidadãos; e (4) outra comunicação é divina, na medida em que todos os seres humanos comunicam-se, em ato ou em potência, com a Igreja em um só corpo: nisso consiste a amizade de caridade, que se tem para com todos, inclusive para com os inimigos. Esta é a que está mais perto do A. divino (cf. *ibidem*, dist. 29, q. 1, a. 6). Tomás de Aquino elabora ulteriormente a temática da ordem do A. na *Suma de teologia* (II^aII^ae, q. 26), em treze artigos: a razão da ordem da caridade (a. 1), a prioridade do A. a Deus sobre o A. ao próximo (a. 2) e sobre o A. de si (a. 3), a prioridade do A. de si sobre o A. ao próximo (a. 4), a prioridade do A. ao próximo sobre o A. ao corpo (a. 5), a ordem do A. ao próximo em geral (a. 6-8), a ordem do A. ao próximo em particular (a. 9-11), a prioridade do A. ao benfeitor sobre o A. ao beneficiado (a. 12), e a ordem do A. no Océu (a. 13). Há uma razão para a ordem da caridade. A ordem implica anterioridade e posterioridade (*prius et posterius*) em referência a um princípio; logo, há uma ordem onde quer que haja um princípio. O A. de caridade, com efeito, tende para Deus, o princípio da bem-aventurança; por isso, é necessário considerar uma ordem do que é amado pela caridade segundo a referência a esse princípio (cf. *ibidem*, q. 26, a. 1). Assim, a ordem do A. começa com Deus, que há de ser mais amado do que o próximo. Pois a amizade de caridade se funda na comunicação (participação) da bem-aventurança, que está essencialmente em Deus, como no princípio primeiro, do qual é derivada a todos que podem possuí-la. Deus é amado como causa da bem-aventurança, e o próximo, como coparticipante da mesma (cf. *ibidem*, q. 26, a. 2). O A. a Deus deve prevalecer também sobre o A. de si. Tomás faz uma analogia entre o A. natural e o A. de caridade. O A. natural se funda na comunicação dos bens naturais: o ser humano e todas as criaturas – cada qual a seu modo, por A. intelectual, racional, ou animal, ou pelo menos natural, como as pedras e outras coisas privadas de conhecimento – amam naturalmente a Deus sobre todas as coisas e sobre si mesmos, pois a parte ama mais naturalmente o bem do todo que o bem particular e próprio. A amizade de caridade, por sua vez, funda-se na comunicação dos bens sobrenaturais (bens da 𝒫graça). Com muito mais razão o ser humano deve, pela caridade, amar a Deus, o bem comum a todos, mais que a si mesmo (cf. *ibidem*, q. 26, a. 3). Em seguida, o ser humano deve maior A. a si mesmo do que ao próximo. Pois o ser humano ama a si mesmo segundo a sua natureza espiritual; deve amar a si mesmo, depois de Deus. Deus é amado como o princípio da bem-aventurança, sobre a qual se funda o A. de caridade; o ser humano ama a si mesmo pela caridade de acordo com o aspecto de que é partícipe desse bem, e ama o próximo de acordo com o aspecto da sua sociedade nesse bem (cf. *ibidem*, q. 26, a. 4). Um paralelo com essa questão da *Suma* se encontra *nas Questões disputadas sobre as virtudes*, q. 2, a. 9.

**Graus da caridade.** Tomás de Aquino distingue três graus de caridade: incipiente (*incipiens*), proficiente (*proficiens*) e perfeita (*perfecta*). Faz essa diferenciação de dois modos: (1) segundo o efeito da caridade no ser humano e (2) segundo a aplicação ou dedicação (*studium*) do ser humano. Em (1), assinala os graus de caridade segundo os efeitos manifestados no ser humano que possui caridade. O primeiro efeito da caridade tem a ver com o ser humano afastar-se do 𝒫pecado; esse efeito é denominado caridade incipiente. O segundo efeito refere-se ao ser humano estender-se à consecução do bem e é chamado de caridade proficiente. O terceiro é relacionado ao repouso e deleite do ser humano no bem, efeito que consiste na caridade perfeita (cf. *Comentário aos Livros das Sentenças de Pedro Lombardo* III, dist. 29, q. 1, a. 8, qc. 1). Em (2), Tomás distingue também os graus de caridade segundo a diversa aplicação ou dedicação do ser humano ao aumento da caridade: o primeiro grau concerne à aplicação do ser humano a se afastar do pecado e resistir às concupiscências, o que cabe aos incipientes; o segundo refere-se à progressão no bem, inerente aos proficientes; e o terceiro, a estar em Deus e fruir dele, o que pertence aos perfeitos (cf. *Suma de teologia* II^a^II^ae^, q. 24, a. 9 e a. 8).

**Efeitos da caridade.** Tomás de Aquino estuda, na *Suma de teologia*, o A. como ato da caridade (II^a^II^ae^, q. 27) e os efeitos consequentes, sejam interiores ou exteriores (II^a^II^ae^, q. 28-33). Os efeitos interiores são a 𝒫alegria (q. 28), a paz (q. 29) e a 𝒫misericórdia (q. 30); os exteriores, a beneficência (q. 31), a esmola (q. 32) e a correção fraterna (q. 33). Sendo a caridade uma virtude, tem por essência uma inclinação ao seu próprio ato, que é amar. Esse A. inclui certa benevolência, mas acrescenta a união afetiva do amante e do amado (cf. *ibidem*, q. 27, a. 1-2). Tomás poderia ter se ocupado dos efeitos imediatos primários, como a simples união, a mútua inerência e o êxtase; porém, já o fez na primeira seção da segunda parte da *Suma*, quando se referiu aos efeitos do A. natural (cf. *supra*: *Suma de teologia* I^a^II^ae^, q. 28, a. 1-3). No que diz respeito aos efeitos interiores, a caridade causa alegria (*gaudium*), seja pela presença do amado, seja pelo bem do amado; esse segundo aspecto

AMOR

se diz A. de benevolência. Deus é o bem imutável, porque ele é a sua bondade. Pelo fato de ser amado, está no amante pelo mais excelente dos seus efeitos, que é a alegria espiritual (cf. *Suma de teologia* II$^a$II$^{ae}$, q. 28, a. 1). A caridade causa a paz pessoal e a paz social ou concórdia. Causa a paz pessoal, a união dos apetites ou afetos de uma mesma pessoa, quando esta ama a Deus de todo o coração, e assim refere tudo a ele. Causa a concórdia, a união dos apetites ou afetos de diversas pessoas, quando estas amam o próximo como a si mesmas, de modo a quererem cumprir a vontade do próximo como se fosse sua. Por isso, diz-se que os amigos têm um mesmo querer e não querer (*idem velle et nolle*) (cf. *ibidem*, q. 29, a. 1 e 3). A caridade causa a misericórdia, a compaixão com a miséria alheia e implica a dor por essa miséria. Causa a compaixão com a miséria alheia quando os males vão contra o apetite natural, males que destroem e contristam, ou quando vão contra a escolha da vontade, males que advêm da sorte (*fortuna*), ou quando vão totalmente contra a vontade, males que acontecem para aquele que procura o bem. Ela implica a dor pela miséria alheia, um movimento do apetite sensitivo, isto é, uma paixão, ou um movimento do apetite intelectivo regulado pela razão, isto é, uma virtude, que pode regular também o movimento do apetite sensitivo (cf. *ibidem*, q. 30, a. 1 e 3). No que se refere aos efeitos exteriores, a caridade causa a beneficência, o fazer o bem a alguém. Pois o ato de A. inclui a benevolência, pela qual alguém quer o bem do amigo e, consequentemente, quer fazer o bem ao amigo. A beneficência é a execução da benevolência que está implicada na caridade. Não é, portanto, uma virtude distinta da caridade; ela designa certo ato da caridade (cf. *ibidem*, q. 31, a. 1; a. 4, *sed contra*). A caridade causa a esmola, o ato de dar algo por compaixão a um necessitado, por A. a Deus. Dar esmola (*dare eleemosynam*) é um ato de misericórdia, como mostram as raízes do termo: o grego *eleemosyne* (esmola) deriva de *eleéo* (ter piedade, ter compaixão), assim como o latim *miseratio* (compaixão) de *miserere* (ter compaixão). Sendo a misericórdia

um efeito da caridade, dar esmola é um ato de caridade mediante a misericórdia (cf. *ibidem*, q. 32, a. 1). A caridade, enfim, causa a correção fraterna, certa esmola espiritual. A correção do pecador (*deliquentis*) é certo remédio contra o pecado do outro. Tomás distingue aqui dois modos de pecado. O pecado que é nocivo para quem peca e o pecado que prejudica os outros, ofende ou escandaliza, que é um dano ao bem comum. Dois são respectivamente os modos de correção: a correção que aplica o remédio ao pecado como mal do próprio pecador, chamada correção fraterna, e a correção que aplica o remédio ao pecado do pecador que prejudica os outros, que é um dano ao bem comum, entendida como um ato de justiça (cf. *ibidem*, q. 33, a. 1 *sed contra* e Resp.; *Questões disputadas sobre as virtudes*, q. 3, a. 1). Na coleção de homilias sobre os dez mandamentos, Tomás de Aquino fala dos efeitos da caridade no ser humano. Identifica quatro leis: a lei natural, que Deus infunde na criação, a lei da concupiscência, a lei das Escrituras e a lei da caridade, que é a lei de Cristo. Esta última é a lei do A. divino, que deve ser a regra de todos os atos humanos, causando no ser humano quatro efeitos. (1) O primeiro efeito da caridade no ser humano é a vida espiritual. Uma vez que o amado está naturalmente no amante, aquele que ama a Deus, tem em si Deus (cf. 1Jo 4,16), pois a natureza do A. é transformar o amante no amado; se o ser humano ama a Deus, torna-se divino. Sem a caridade, a alma não age de modo virtuoso e perfeito; sem a caridade o ser humano, ainda que possua todos os dons do Espírito Santo, não possui a vida (cf. 1Cor 13). (2) O segundo efeito é a observância dos mandamentos. O sinal da caridade é a prontidão para cumprir os preceitos divinos; aquele que ama faz coisas grandes e difíceis por causa do amado. (3) O terceiro efeito é estar de guarda contra as adversidades. Nenhuma adversidade faz mal àquele que ama, mas é convertida em algo útil. (4) O quarto efeito é conduzir à felicidade. A bem-aventurança eterna é prometida só para aqueles que possuírem a caridade; todas as outras coisas, sem a caridade, são insuficientes para alcançar a bem-aventurança. Donde os diversos graus de bem-aventurança se darem a partir dos diversos graus de caridade (cf. *Colações sobre os dez mandamentos*, Prólogo).

**Pecados contra a caridade.** Tomás de Aquino segue, a propósito da caridade, o encaminhamento-padrão enunciado no prólogo da II[a]II[ae]. Assim, as questões sobre a máxima das virtudes (II[a]II[ae], q. 23-46) tratam da natureza da caridade (23-24), do seu objeto material, isto é, a que ela se estende (q. 25-26), seus atos (q. 27-33) – seu ato principal é o amor, dileção (q. 27), e os atos consequentes se dividem em interiores (q. 28-30) e exteriores (q. 31-33) –, os vícios a ela opostos (q. 34-43), os preceitos a seu respeito (q. 44) e, finalmente, o dom do Espírito Santo que lhe corresponde – o dom de sabedoria (q. 45) e o vício a este oposto –, a estultícia (q. 46). Os vícios ou pecados se apõem aos atos da caridade e se subdividem como esses em interiores e exteriores. O oposto ao ato principal é o ódio (q. 34); à alegria do bem divino, a acédia (q. 35); à alegria do bem próximo, a inveja (q. 36); à paz do coração, a discórdia (q. 37); à paz nas palavras, a contenda (q. 38); à paz nas ações, o cisma (q. 39), a guerra (q. 40), a rixa (q. 41) e a sedição (q. 42); à beneficência, especialmente o escândalo (q. 43). As demais ações em prejuízo do próximo vão ser tratadas nas questões sobre a justiça (II[a]II[ae], q. 64-79, 92-100, 107, 110-113, 115-116 e 118-119). Salta à vista a importância dos temas abordados nessas questões sobre os vícios ou pecados contra a caridade. Em alguns deles, talvez o pensamento teológico contemporâneo seja até mais rigoroso, como acontece a propósito da guerra. Santo Tomás admitia que *apenas sob certas condições* podia haver uma guerra justa, o que é pelo menos discutível na atualidade.

**Bibliografia:** BOLELLI, T. Caritas: storia di una parola. *Rivista di filologia e di istruzione classica*, 78, p. 116-141, 1950. BENTO XVI. Carta Encíclica *Deus caritas est.* Trad. da CNBB. São Paulo: Paulinas, 2008. BUCCHI, A. *L'amore secondo la dottrina dell'Angelico.* Pistoia: Cino dei Fratelli Bracali, 1887. CAPDEVILA Y MONTANER, V. M. *El amor natural en su relación con la caridad según la doctrina de santo Tomás.* Girona: Imp. Masó, 1964. CHRISTMANN, H. M. *Thomas von Aquin als Theologe der Liebe.* Heidelberg: F. H. Kerle Verlag, 1958. CRUZ CRUZ, J. *O êxtase da intimidade*: ontologia do amor humano em Tomás de Aquino. Rio de Janeiro: Sétimo Selo, 2011. DE ANDIA, Y. "Eros" y "ágape": la divina pasión de amor. *Communio*, 16, p. 418-438, 1994. FERRARI, V. L'amore nella vita umana secondo l'Aquinate. *Sapienza*, VI, p. 63-71; 197-206; 408-424, 1953. FORESTI, P. *L'agape in S. Paolo e la carità in S. Tommaso.* Roma: Città Nuova, 1965. FORMENT, E. Amor y comunicación. *Espíritu*, XXXVII, p. 5-34, 1988. GAGNEBET, M.-R. L'amour natural de Dieu chez S. Thomas et ses contemporains. *Revue Thomiste*, XLVIII, p. 394-446, 1948; XLIX, p. 31-102, 1949. GARRIGOU-LAGRANGE, R. Le problème de l'amour pur et la solution de S. Thomas d'Aquin. *Angelicum*, 9, p. 83-124, 1929. GEIGER, L.-B. *Le problème de l'amour chez Saint Thomas d'Aquin.* Paris: J. Vrin, 1952. GILLON, L.-B. Génèse de la théorie thomiste de l'amour. *Revue Thomiste*, 46 (2), p. 322-329, 1946. _____. Primacía del apetito universal de Dios según Santo Tomás. *La Ciencia Tomista*, 63, p. 330-342, 1942. GILSON, E. *Wisdom and love in St. Thomas Aquinas.* Milwaukee: Marquette Univ. Press, 1951 (The Aquinas Lecture, 16). HÉRIS, C.-V. *L'amour naturel de Dieu d'après saint Thomas.* Kain/Belgique: Le Saulchoir, 1923. HUGES, L. M. Charitas, friendship in the theology of St. Thomas. *Angelicum*, 52, p. 164-178, 1975. ILLEN, A. *Wesen und Funktion der Liebe im Denken des Thomas von Aquin.* Friburgo/Basileia/Viena: Herder, 1975. JAVORKA, J. Amor a Dios sobre todas las cosas y amor a si mismo, según santo Tomás. *Ciência y Fé*, 19, p. 21-71, 1963. LAVAUD, M. B. La charité comme amitié d'aprés S. Thomas d'Aquin. *Revue Thomiste*, XII, p. 445-475, 1929. NICOLAS, J.-H. Amour de soi, amour de Dieu, amour des autres. *Revue Thomiste*, LVI, p. 6-42, 1956. NYGREN, A. *Eros e ágape*: la nozione cristiana dell'amore e le sue trasformazioni. Bolonha: Il Mulino, 1971. PÉTRÉ, H. *Caritas*: étude sur le vocabulaire latin de la charité chrétienne. Lovaina: Peeters, 1948. QUERALT, A. ¿Todo acto de amor al prójimo incluye necesariamente el amor a Dios? Investigación critica del pensamiento de Santo Tomás sobre la caridad. *Gregorianum*, 55, p. 273-317, 1974. RAMÍREZ. S. M. *La esencia de la caridad.* Biblioteca de Teólogos Españoles, v. 31, C 8. Madrid: Traditio Sacri Ordinis Praedicatorum, 1978. ROUSSELOT, P. *Pour* *l'histoire du problème de l'amour au moyen-âge*. Paris: J. Vrin, 1933. ROYO MARÍN, A. Teologia de la caridad. Madrid: BAC, 1960. SÁNCHEZ-RUIZ, J.-M. El amor en el tomismo: ensayo sobre la metafísica tomista del amor. *Salesianum*, XXII, p. 3-55, 1960. SIMONIN, H.-D. Autour de la solution thomiste du problème de l'amour. *Archives d'histoire doctrinale et littéraire du Moyen Âge*, 6, p. 174-276, 1932. VAN OUWERKERK, C. A. J. *Caritas et ratio*: étude sur le double principe de la vie morale chrétienne d'après S. Thomas d'Aquin. Nimega: Drukkerij Gebr. Janssen, 1956.

ANDREY IVANOV

## ANALOGIA

A analogia (A.) é um meio-termo entre a pura equivocidade e a simples univocidade, embora penda mais para a equivocidade. Tomás distingue dois tipos de equivocidade: *a casu* ("casual", por exemplo: a manga fruta e a manga parte de uma roupa) e *a concilio* ("regular", por exemplo: um homem é sábio e Deus é sábio). Como teólogo, Tomás de Aquino aborda a questão da A. em conexão com a questão da distinção entre a ℘essência divina e a essência das criaturas (℘Participação). Posto que a A. tem um papel central principalmente para se falar de Deus, além da recepção de Aristóteles, a influência de Dionísio Pseudoareopagita é também marcante, particularmente ao tratar de três modos pelos quais podemos falar de Deus: remoção, eminência e causalidade. Assim, na sua *Suma de teologia* I, q. 13, a. 5, Tomás de Aquino aborda o modo como podemos usar a A. para falar de Deus, uma vez que não se pode falar de Deus e das criaturas univocamente. Pois, o que quer que se predique pelo mesmo nome, mas não pela mesma noção ou definição, predica-se de modo equívoco. Por sua vez, nomes equívocos possuem definições distintas. Por exemplo, o termo *sábio*; quando predicado de ℘ser humano, trata-se de um acidente, mas nada em Deus é acidental, de modo que a sabedoria em Deus será essencial. Ora, visto que a sabedoria é um acidente no ser humano,

mas essencial em Deus, então o termo *sábio* não pode ser dito no mesmo sentido quando dito de Deus e dito do ser humano, porque não possuirá a mesma noção ou definição. Por isso não pode ser um termo unívoco, pois as definições associadas a *sábio* nos dois casos serão diferentes, consistindo em acidente apenas na criatura racional. Esse exemplo pode ser generalizado, de modo que nada é predicado univocamente de Deus e das criaturas, até porque Deus está mais distante das criaturas do que quaisquer criaturas entre si. Deus e as criaturas não podem estar no mesmo ℘gênero, então nada pode ser predicado univocamente de ambos, pois, estando o ser divino fora de todo e qualquer gênero, não será possível, por conseguinte, haver uma definição em comum entre Deus e as criaturas. Se não há um gênero comum, não pode haver uma definição comum, uma vez que definição envolve gênero e diferença específica ou acidente próprio, consoante o esquema aristotélico. A predicação de atributos em relação a Deus e às criaturas não pode ser meramente por equivocidade, pois, de outro modo, não se poderia conhecer Deus a partir das criaturas, o que contrariaria a concepção teológica herdada de Dionísio Pseudoareopagita. Assim, Tomás de Aquino trata da A. após suas considerações sobre a demonstração da ℘existência de Deus a partir das cinco vias, nas quais os conceitos dionisíacos de causalidade, eminência e remoção têm um papel central na explicação do modo como podemos conhecê-lo. A explicação da doutrina da A. costuma se referir ao exemplo aristotélico do *saudável* (cf. *Suma de teologia* I, q. 13, a. 5). O termo saudável diz-se própria e primeiramente do animal, pois alude ao pleno funcionamento do organismo. Há, contudo, sentidos derivados, como ao se referir a um remédio ou à urina. No primeiro caso, diz-se que um remédio é saudável quando for capaz de causar o pleno funcionamento do organismo de um animal, ou seja, de outra ℘substância. No caso da urina, diz-se que é saudável quando for um sinal de que o animal que a produziu tem pleno funcionamento do seu organismo. Portanto, animal, remédio e urina serão, respectivamente, ρsujeito, ρcausa e signo da saúde. Nesse sentido, haverá dois modos de relação analógica entre termos: a) segundo o anterior e o posterior, quando o *saudável* for predicado de seu sujeito (animal) primeiramente e, em seguida, de um sentido derivado, como na urina que é signo de saúde; b) quando os termos análogos se relacionam a um terceiro sentido, como o *saudável* quando predicado da urina e do remédio, os quais ficam a depender do sentido de saudável predicado de animal. Essa distinção é importante para Tomás de Aquino, pois a ρrelação de A. entre Deus e as criaturas deve ocorrer no primeiro sentido, de modo a não haver um terceiro sentido do qual Deus e as criaturas participariam, pois Deus possui uma essência que existe absolutamente e não participa de nenhuma outra essência. Ora, Deus só pode ser nomeado a partir das criaturas, de maneira que tudo o que se diz dele é feito por A., como o que preexiste ao modo do princípio mais excelente. Nesse caso, a causalidade e a eminência terão um papel central. Quando dizemos que Deus é sábio, embora aprendamos a usar o termo sábio a partir de algum ser humano, o termo sábio diz-se primeiramente de Deus e por derivação do ser humano. Embora a A. seja o único modo de usarmos as palavras para nos referirmos à divindade, é necessário distinguirmos os termos que se predicam própria e primariamente de Deus daqueles cuja predicação é acidental e metafórica, pois, quando em sentido de metáfora, o termo analógico diz-se primeiro das criaturas. Assim, ao dizermos que Deus é um leão, o termo *leão* diz-se primariamente da criatura felina e secundariamente por metáfora diz-se de Deus (cf. *Suma de teologia* I, q. 13 a. 6). Há também uma compreensão da A. como proporção. Dessa forma, como se pode fazer uma proporção, por exemplo, ao se afirmar que o número 2 está para o número 4, assim como o número 3 está para o número 6, da mesma maneira também se pode correlacionar os conceitos ao modo de uma A. de proporção.

Tomás apresenta como exemplo (cf. *Questões disputadas sobre a verdade*, q. 2, a. 11; vale notar que somente nessa obra esse tipo de A. foi admitido por Tomás de Aquino) a consideração de que a visão está para o olho assim como o ρintelecto está para o espírito. Ora, embora o olho e o espírito tenham naturezas distintas, material e imaterial respectivamente, é possível recorrer à A. para ilustrar a relação entre entidades imateriais mediante o nosso ρconhecimento a partir dos dados sensíveis. Por fim, devemos salientar que o problema da A. exerceu grande influência entre os seguidores da doutrina de Tomás de Aquino. O principal motivo era a disputa contra os seguidores de João Duns Scotus, os quais defendiam a doutrina da univocidade do ρser, contra a A. proposta pelos tomistas na Escolástica medieval e na Escolástica tardia. Exemplo digno de nota é Tomás de Vio Caetano, cardeal que comentou *O ente e a essência* e a *Suma de teologia*, constituindo-se em uma grande influência na recepção de Tomás de Aquino, embora sua fidelidade aos textos tomasianos possa ser contestada, como fez, por exemplo, Bernard Montagnes, 2008 (MONTAGNES, 2008).

**Bibliografia:** ASHWORTH, E. J. *Les théories de l'analogie du XIIe au XVIe siècle.* Paris: Vrin, 2008. CAETANO. *Comentário ao Do ente e da essência de Santo Tomás de Aquino.* Trad. Lucas D. T. de Aquino; Pablo Cânovas. Brasília: Contra errores, 2022; _____. *The Analogy of Names*: and the Concept of Being. Eugene, OR: Duquesne University Press, 1953. DE LIBERA, A. *La querelle des universaux*: de Platon à la fin du Moyen Âge. Paris: Seuil, 1996. DIONÍSIO PSEUDOAREOPAGITA. *Dos nomes divinos.* Introdução, tradução e notas de Bento Silva Santos. São Paulo: Attar, 2004. MCINERNY, R. *Aquinas and analogy.* Washington: Catholic University of America Press, 1996. MONTAGNES, B. *La doctrine de l'analogie de l'être d'après Thomas d'Aquin.* Paris: Cerf, 2008. WIPPEL, J. F. *The metaphysical thought of Thomas Aquinas*: from Finite Being to Uncreated Being. Washington: Catholic University of America Press, 2000.

Marco Aurélio Oliveira da Silva

# ANJOS

**Introdução.** É também pelo profundo interesse mostrado pelos anjos (A.) que Tomás de Aquino mereceu, desde o século XV, o título de Doutor Angélico. Sobre eles, escreveu páginas de surpreendente lucidez, tornando-as um elo fundamental de conjugação entre o seu pensamento filosófico (⊘Filosofia) e a sua ⊘teologia. Diferentemente de outros pensadores do seu tempo, entre eles Alberto Magno, o Aquinate identifica os A. com as inteligências separadas (da ⊘matéria) ou os motores imóveis da tradição metafísica e cosmológica greco-árabe. Existem numerosas obras nas quais ele trata da questão: mais sistematicamente em *Comentário aos Livros das Sentenças de Pedro Lombardo* (II, dist. 2-11), *Suma contra os gentios* (II, 46-55), *Suma de teologia* (I, q. 50-64, 106-114) e *As substâncias separadas*; concentrando-se em aspectos específicos em outros contextos: por exemplo, sobre a ontologia angélica, como em *O ente e a essência* (c. 3-4), na *Questão disputada sobre as criaturas espirituais* (a. 1, 5-8) e no *Comentário ao Livro das Causas*; ou ainda sobre os A. caídos ou demônios, como em *Questões disputadas sobre o mal* (q. 16). Embora convencido de que a reflexão teológica sobre os A. deva levar em conta os resultados da pesquisa filosófica sobre as ⊘substâncias separadas, Tomás considera a primeira não redutível à segunda. Com efeito, as Escrituras continuam sendo o ponto de referência da angelologia tomasiana, interpretadas particularmente à luz dos escritos de Agostinho, Gregório Magno e Dionísio Pseudoareopagita. O ser humano *viator* (peregrino na terra), que aprende por abstração a partir do dado sensível, pode ter dos A. um ⊘conhecimento bem limitado, não obstante sejam mais cognoscíveis por ⊘natureza. Dada a nobreza do objeto, no entanto, tal conhecimento proporciona ao ser humano um grande prazer intelectivo. No tocante ao procedimento desse conhecimento, ainda que o Aquinate exclua a possibilidade de, com base racional, colher a ⊘essência e as propriedades das substâncias separadas a fim de fornecer uma demonstração *propter quid*

da ⊘existência delas (explicando o porquê dessa existência, uma vez que a demonstração *propter quid* parte da causa imediata de algo, e mais conhecida por si, a fim de demonstrar que há tal algo – cf. *Suma de teologia* I, q. 2, a. 2, Resp.), ele parece, todavia, mais otimista quanto à demonstrabilidade filosófica do *fato* de existirem substâncias separadas, tal como mostrado na ⊘Bíblia. Se a existência dos A. não pode ser provada aristotelicamente partindo dos efeitos (os movimentos celestes) e chegando às suas causas próximas e apropriadas (as inteligências ou substâncias separadas), Tomás parece reter outros argumentos suficientemente cogentes: por exemplo, cabe pensar que ⊘Deus teria podido criar um ⊘universo diferente ou simplesmente não criá-lo; mas, dado que, em virtude de seu ⊘intelecto e de sua vontade, criou livremente o universo atual, conferindo-lhe um tal ordenamento que, para ser completo, deve conter a maior variedade possível de tipos de criaturas, então tal universo deve necessariamente ser povoado também por A., aliás, pelo maior número possível de A. Sem estes, o universo seria imperfeito ou incompleto, porquanto privado de criaturas capazes de assemelhar-se perfeitamente à sua causa produtora, quer dizer, de imitar a ⊘vida intelectiva e volitiva de sua causa. Um mundo privado de A. poderia, sim, existir, mas deveria ser estruturado diferentemente.

**As substâncias separadas, sua criação e seu estatuto ontológico.** O Aquinate rejeita sem reservas teses angelológicas elaboradas pelos antecessores, se elas ou as suas implicações estiverem em contradição patente com o dogma. É insustentável para ele, por exemplo, que as substâncias separadas sejam, todas ou algumas, incriadas e eternas, ou que o Primeiro Princípio de algumas delas possa ser apenas uma causa remota. No entanto, com relação aos aspectos da angelologia aos quais o crente não é obrigado a aderir pela ⊘fé, Tomás frequentemente propõe duas ou mais respostas às perguntas levantadas e, sem refutar nenhuma, deixa entender que privilegia uma delas, pois é a mais verossímil e adequada para defender a Bíblia do escárnio dos não crentes. Com efeito, os silêncios e a concisão do texto sagrado contribuem para dificultar a investigação teológica sobre os A., o que suscitou uma multiplicidade de interpretações e desenvolvimentos doutrinários alternativos, igualmente dignos de consideração. Se, por exemplo, parece mais razoável para Tomás pensar que todas as naturezas, incluindo a angelical, são criadas simultaneamente e que cada A. já é criado perfeitamente distinto dos outros e em estado de ℗graça, ele também explica por que não é infundado pensar que a criação dos A. é anterior à dos outros ℗entes e que a infusão da graça é posterior a ela. Quanto à sua natureza – que a graça pressupõe, perfaz, leva à completude, mas não altera –, os A. são substâncias espirituais. Se não fossem incorpóreos, não poderiam realizar a atividade intelectiva que lhes é própria. Mesmo considerando que as noções de materialidade e corporeidade (℗Corpo) se impliquem reciprocamente, Tomás trata separadamente da imaterialidade dos A. para poder refutar pontualmente o chamado hilemorfismo universal, tese inspirada no filósofo judeu Ibn Gabirol ou Avicebron (c. 1022 – c. 1058) gabiroliana e difundida no âmbito franciscano, segundo a qual materialidade e potencialidade seriam equivalentes, sendo indistintamente materiais todas as criaturas como criaturas. Ele considera essa tese filosoficamente insustentável. Os A. não precisam ser compostos de matéria e forma para se distinguir de Deus. Mais simples que as criaturas corpóreas, eles admitem, de todo modo, outros níveis de composição: de ato e potência, por exemplo; de ℗ser e essência. Se a imaterialidade os distingue dos corpos celestes, assim como estes últimos, precisamente em virtude dessa imaterialidade, cada um dos A. é um membro único e incorruptível de sua própria ℗espécie. Como formas particulares, contudo, os A. não são espécies subsistentes – caso contrário seriam incapazes de atos de intelecção e volição –, mas sim indivíduos, ℗pessoas. Embora semelhantes em alguns aspectos à ℗alma humana, cuja individuação (℗Princípio de Individuação) não depende estritamente do corpo de que é forma, os A. se distinguem dela pelo fato de consistirem em uma substância completa e subsistente. Distintos um do outro segundo a espécie, os A. pertencem a um mesmo gênero, ao qual a alma humana é, em última análise, atribuível. Enquanto a alma humana é naturalmente unida a um corpo, ao qual será reunida no fim dos tempos, os A. tomam um corpo ocasionalmente, apenas para poder manifestar-se aos seres humanos, sem, todavia, vivificá-lo: servem-se dele como instrumento e estão para ele assim como o motor está para o movível. Finito, mas incalculável, o número dos A. não é redutível àquele dos movimentos ou dos corpos celestes. Com efeito, a <função> de motor imóvel é apenas uma das funções desempenhadas pelas substâncias separadas.

**Hierarquia.** Enquanto nos indivíduos de uma mesma espécie a forma substancial não se instancia segundo diferentes graus de perfeição, as pessoas angélicas se distinguem umas das outras de acordo com o mais e o menos: dois A. não diferem um do outro ao modo completamente acidental de Sócrates e Platão – igualmente seres humanos –, mas sim como um ℗ser humano comparado a um cavalo. Dessa maneira, Tomás pode conjugar sem embaraço a sua ontologia angélica com as noções teológicas de ordem e ℗hierarquia. Como a potencialidade do gênero natural admite uma gradualidade de atualização nos diferentes A., considerando-se o seu propósito ℗sobrenatural e as funções às quais são chamados a desempenhar – algumas por toda a ℗eternidade, outras apenas até o dia do juízo –, os A. formam um agrupamento ordenado: cada um deles se submete individualmente a Deus, ao mesmo tempo que se subordina aos A. superiores e supervisiona os inferiores.

**Ciência angélica.** Diferentemente de Deus, cujo ser, essência, faculdade e operações são realmente idênticos, nos A. o ser é o ato da essência, enquanto as operações atualizam a potência ativa. Dizer dos A. que são inteligências é, portanto, inadequado, sendo a inteligência, de fato, um acidente próprio da essência angélica. Com efeito, o A. é dotado por natureza da faculdade de intelecção e a atualiza repetidamente, operando uma sucessão ininterrupta de atos distintos. Nenhum deles é idêntico à sua própria substância. Enquanto a alma humana também é dotada de faculdades corpóreas, para cuja atualização necessita do corpo, as substâncias separadas possuem apenas faculdades incorpóreas: o intelecto e a vontade. O conhecimento natural do A. leva a uma pluralidade de objetos. Sendo uma forma imaterial e subsistente, o A. é, ao mesmo tempo, algo inteligível em ato e intelecto constantemente atualizado por esse algo inteligível. Ele tem, portanto, um conhecimento imediato, total e ininterruptamente atual de si mesmo como indivíduo. Diferentemente de Deus, no entanto, o A. não pode, por meio de sua essência, conhecer também o outro por si. Ele o faz servindo-se de espécies inteligíveis, que não adquire, todavia, por abstração dos próprios objetos do seu conhecimento natural, mas sim da recepção direta de Deus no momento da ℘criação: espécies infusas, que lhe são conaturais. De cada natureza espiritual ou corpórea criada por Deus e preexistente desde a eternidade no ℘Verbo, é impressa uma semelhança no intelecto angélico, tornando-o assim participante das ℘ideias divinas. Diversamente do ser humano, portanto, o A. tem conhecimento *a priori* do restante da criação, embora não imediato. Quanto mais um A. é perfeito, menor é o número de espécies inteligíveis por meio das quais ele conhece a totalidade dos objetos que pode naturalmente conhecer: são-lhe conaturais espécies mais universais, por meio das quais ele tem acesso a um grande número de objetos. Para que estes [objetos] sejam, contudo, conhecidos por um A. menos perfeito, a este são necessárias espécies inteligíveis mais numerosas e detalhadas. Isso não significa que o A. não tenha conhecimento dos indivíduos como indivíduos, mesmo no caso das criaturas materiais, ainda que os atos de vontade e os pensamentos de cada um lhe permaneçam inacessíveis. Sem nunca estar em potência

absoluta em relação aos objetos próprios de seu conhecimento natural – dos quais possui desde sempre um conhecimento habitual graças às espécies infusas –, o intelecto angélico não tem deles um conhecimento atual constante e omnicompreensivo. Com efeito, todo ato seu de intelecção leva a apenas uma espécie por vez. De tudo o que se inclui nessa espécie, o A. possui um conhecimento não discursivo, mas simultâneo e intuitivo, que não admite falsidade nem erro. Conhecendo a sua própria essência, na qual é impressa uma imagem do Criador, o A. tem, por natureza, algum conhecimento de Deus mesmo, intermediário entre a visão beatífica, imediata e clara, e o conhecimento humano, mediato e obscuro. Somente os A. confirmados na glória contemplam a essência divina, as espécies de todas as ℘coisas do modo como são contidas no Verbo e os mistérios. Assim como o conhecimento natural, o conhecimento sobrenatural pode ser mais ou menos perfeito. Os A. superiores podem, todavia, vir em socorro dos inferiores, iluminando-os e permitindo que eles entrevejam mais claramente Deus e o seus mistérios.

**Vontade.** Como procedem da vontade divina e são naturalmente capazes de compreender a noção de bem como tal, os A. tendem naturalmente ao bem universal: são dotados de vontade. Incorpóreos, são movidos apenas pelo ℘desejo intelectual e não experimentam ℘paixões em sentido estrito. Assim como o intelecto, a vontade é uma faculdade angélica distinta da natureza. Diferentemente do intelecto, ela não tende a um objeto imanente, mas a uma realidade exterior ao ℘sujeito, cuja bondade o A. pode julgar livremente em virtude do seu intelecto. Sendo capaz de se autodeterminar, o A. possui o livre-arbítrio e é mais livre quanto mais perfeita é a sua intelecção. O seu agir se inscreve, portanto, em uma dimensão ℘moral.

**Amor.** Tomás considera que, pelo fato mesmo de ser dotado de certa natureza, o A. tende naturalmente ao ℘fim que lhe é próprio. Essa inclinação, ou ℘amor natural, fixa naturalmente a vontade em um bem superior, deixando aos A. a Ωliberdade de escolher os meios adequados para alcançar tal fim, meios para os quais dirige o seu amor eletivo. A vida afetiva do A. gira em torno de três objetos: (i) todo A. ama, acima de tudo, a si mesmo, com amor natural e com amor eletivo, na medida em que aspira à perfeição e se serve de bens específicos para alcançar esse fim; (ii) como uma extensão do amor que sente por si mesmo, o A. ama também aqueles que contribuem para formar uma unidade com ele. É o caso dos outros A. pertencentes ao mesmo gênero que o seu, sendo-lhe, assim, naturalmente semelhantes: ele os ama como outros si *mesmo*. Em vez disso, se considerados sob outros aspectos – quanto à formação de uma unidade acidental ou quanto às suas diferenças específicas –, o amor que os une é de eleição; (iii) quanto a Deus, os A. não apenas o amam naturalmente, mas o amam naturalmente mais do que a si mesmos, pois a sua existência e a sua bondade dependem dele. Nesse caso, não se trata de uma extensão do amor que sentem por si mesmos, mas do seu fundamento. Com efeito, no universo de Tomás, o indivíduo não pode realizar-se isoladamente do todo do qual faz parte. A autoconservação, portanto, não representa a perfeição do A., que, por sua vez, contribui mais para o bem do universo do qual faz parte e que, na sua totalidade, depende de Deus.

**Beatitude e condenação.** O A. desfruta da Ωbeatitude natural desde o início da sua existência. Criado já plenamente capaz de conhecer a Deus como princípio de todas as coisas, a partir de seus efeitos criados, e de amá-lo dentro dos limites concedidos pela sua essência, o A. não precisa adquirir essa condição. Mas, assim como ao ser humano, Deus concede ao A. a possibilidade de se divinizar e de entrar em comunhão com a ΩTrindade, isto é, de desfrutar da visão beatífica de acordo com a intensidade proporcional à sua natureza. Essa condição sobrenatural, que implica a sua confirmação e estabilização na escolha irreversível do bem, não é alcançada pelo A. unicamente em virtude das suas faculdades naturais; e sobretudo

não é necessariamente alcançada, dado que ele pode escolher livremente não responder a tal vocação, recusando-se a reconhecer e a colocar em Deus seu fim último. É assim que a beatitude sobrenatural é negada para sempre a alguns A. pecadores. Isso não seria possível se os A. já tivessem sido criados bem-aventurados. Tanto quanto o ser humano, o A. merece a sua beatitude, e o que torna a sua ação meritória é a infusão da graça. Sendo capaz por natureza de amar a Deus como princípio do seu ser, é pelo dom da graça que o A. tem a faculdade de escolher se adere ou não à beatitude pela eternidade. Diferentemente do ser humano, o A. não merece progressivamente a glória: um único ato de Ωcaridade, o primeiro, é suficiente para ser admitido na presença de Deus por toda a eternidade; e o grau de beatitude merecido com esse ato permanece inalterável para sempre. Analogamente, um único Ωpecado, o primeiro, é suficiente para a condenação perpétua dos demônios. Mais inclinado a considerar que a graça é concedida indistintamente aos A. no momento da criação, Tomás hesita sobre os momentos e as modalidades da distinção entre ventura angelical e demoníaca. Dado que o A. não pode pecar no momento mesmo em que Deus o põe no ser, parece-lhe necessária uma articulação do drama da queda angélica em dois momentos: em um primeiro momento, todos os A. tomam posse das suas faculdades naturais e, assim, além de si mesmos conhecem e amam naturalmente a Deus como princípio do seu ser e fonte de todo bem natural; somente em um segundo momento, e em virtude de uma escolha livre, cada um decide se adere a ele também como objeto de beatitude sobrenatural. Mesmo afirmando que o A., como criatura inteligente, é capaz de pecar por natureza e que, se fosse imune ao pecado, ele o seria por um dom sobrenatural, Tomás parece, de fato, remeter a atualização do pecado à dimensão sobrenatural. A queda de alguns A. é causada pelo orgulho e pela inveja: desejosos de ser como Deus sob um aspecto preciso, <a saber>, para poder alcançar o próprio fim último em virtude unicamente de suas faculdades naturais, os demônios veem nas perfeições de outros um obstáculo para o seu êxito. Menos numerosos que os A. que permanecem fiéis a Deus, os demônios são condenados pela eternidade. Mesmo conservando intactas as suas capacidades intelectivas naturais como A., o demônio é totalmente excluído da contemplação direta de Deus e é apenas parcialmente informado, por Deus mesmo ou por um A., sobre os mistérios. Quanto à sua afetividade, o demônio quer obstinadamente o ✆mal, não como consequência da gravidade do seu pecado, mas pela sua condição natural: livre para aderir ou recusar-se ao fim sobrenatural, imediatamente após ser colocado no ser, o A. escolhe, de uma vez por todas, sobre qual objeto fixar a sua vontade. Destinados a serem relegados ao ✆inferno por toda a eternidade, os demônios expiam sua pena, do momento da condenação até o dia do juízo universal, entre o inferno e a atmosfera terrestre, de onde podem induzir o ser humano à tentação. Assim fazendo, os demônios terminam por ter parte, ainda que indiretamente, na realização dos planos da divina ✆Providência. Com efeito, os A. são encarregados, entre outras coisas, de proteger os indivíduos humanos e guiá-los para a ✆salvação; assim, Deus sabe como se servir do mal cometido pelos demônios em prol do bem. Mesmo quando intervêm no ✆mundo sublunar, A. e demônios permanecem inextensos e atemporais (✆Tempo): eles estão lá onde operam, mediante uma sucessão ininterrupta de atos espirituais instantâneos, e portanto, de modo momentâneo e acidental, também em lugares físicos; mas o seu ser é medido pelo evo (*aevum* – ✆Tempo) e o seu agir, embora admita um antes e um depois, não é mensurado pelo tempo físico.

**Bibliografia:** BONINO, S.-Th. *Les anges et les démons.* Paris: Parole et Silence, 2017. DONDAINE, H.-F. Le premier instant de l'ange d'après saint Thomas. *Revue des Sciences philosophiques et théologiques,* 39, p. 213-227, 1955. HOFFMANN, T. (ed.). *A Companion to Angels in Medieval Philosophy.* Leiden-Boston: Brill, 2012. SUAREZ-NANI, T. *Connaissance et langage des anges*

*selon Thomas d'Aquin et Gilles de Rome.* Paris: Vrin, 2003. \_\_\_\_\_. *Les anges et la philosophie:* subjectivité et fonction cosmologique des substances séparées à la fin du XIIIe siècle. Paris: Vrin, 2002.

Marta Borgo
Tradução de Clio Tricarico

## ARTIGOS DE FÉ

**Fé e conhecimento.** Os artigos de fé (AdF.) são os pontos de partida da ciência que o ✆ser humano pode ter de ✆Deus e que não pode alcançar com o uso da própria ✆razão natural (✆Teologia). Eles estão para a doutrina da fé ou ✆*sacra doctrina* como os princípios evidentes por si mesmos estão para a ciência que se pode ter pela razão natural (cf. *Suma de teologia* II$^a$II$^{ae}$, q. 1, a. 7). Antes de considerá-los como proposições numa listagem, como no *Símbolo dos Apóstolos* (Creio em Deus, Pai Todo-Poderoso…), é importante compreender a posição lógica que os AdF. ocupam. Nas *Questões disputadas sobre a verdade,* q. 14, a. 1, Tomás de Aquino apresenta um quadro de *instâncias cognitivas* ou *estados de* ✆*conhecimento* que caracterizam o uso natural de nosso ✆intelecto. Quando o intelecto flutua entre um par de proposições contraditórias, sem assentir mais a uma que a outra, por não ter razões que o levem a isso, temos o estado de alguém em *dúvida* (*dispositio dubitantis*). Às vezes, porém, o intelecto se inclina mais a um termo que a outro, mas não sem reserva, e esse é o estado de alguém com uma *opinião* (*dispositio opinantis*): alguém que, embora assinta a um dos termos, permanece, no íntimo, receoso de que a proposição oposta possa ser verdadeira. Quando o intelecto reconhece diretamente a inteligibilidade de proposições evidentes por si mesmas, ele assente necessariamente a tais verdades, sem margem para hesitação, e esse é o estado em que se tem a *intelecção dos princípios* (*dispositio intelligentis principia*), estado também chamado de *visão*. Finalmente, quando demonstrações são feitas a partir desses princípios, as conclusões obtidas são reconhecidas pelo intelecto como verdadeiras, igualmente sem hesitação, porque derivam dos princípios evidentes por si mesmos: esse é o estado de alguém que tem *ciência* (*dispositio scientis*). Nos casos da *visão* e da *ciência*, o movimento do intelecto encontra seu termo, isto é, ele repousa no seu ℘objeto próprio: o verdadeiro. Nos demais casos, o intelecto continua irrequieto na busca por seu ℘fim próprio. Contudo, há casos em que, não podendo ou não conseguindo por si mesmo reconhecer os princípios ou não conseguindo proceder a demonstrações, o intelecto é levado *pela* ℘*vontade* a assentir a uma das proposições: esse é o estado de quem *crê* (*dispositio credentis*). Nem todo objeto passível de crença é, por assim sê-lo, também automaticamente insondável pelo uso natural do intelecto. Pode muito bem ser o caso em que as dificuldades tenham a ver com o quem conhece e não com a cognoscibilidade do objeto, de modo que, embora seja em si possível a demonstração da proposição X, ela não está ao alcance de alguém em particular S, que a ela acaba aderindo por um assentimento provocado pela vontade: S acredita, por exemplo, no cientista Y, que afirma X e, assim, S toma X por verdadeira. Como a ciência que Deus tem de si mesmo não pode ser acessada pelo nosso intelecto natural, ou bem ela se torna absolutamente insondável aos seres humanos ou bem é comunicada, em alguma medida e de acordo com o nosso modo de conhecer (discursivo), por infusão gratuita do Criador. A formulação concisa dessa comunicação são os AdF.

**Nem tudo que é revelado é artigo de fé.** Há muitas coisas reveladas na ℘Sagrada Escritura que podem ser objeto de algum tipo de demonstração racional, embora tenham sido propostas para serem tomadas por todos como verdadeiras. Essas não são alçadas a AdF., porque a possibilidade de demonstração pelo uso natural da razão já descarta a função peculiar atribuída à ℘fé – esta ficaria limitada a ser mera *muleta* para os menos capazes ou um modo *transitório* de conhecer a ℘verdade até que os mais esclarecidos a compreendessem

pelas próprias forças. Por mais nobres e até mesmo fundamentais que essas duas funções sejam, o núcleo do que é proposto na fé escapa à razão natural. Tomás de Aquino segue Aristóteles no entendimento de que o intelecto humano é capaz de abstração sempre a partir da elaboração de imagens que são apresentadas primeiramente pelos ℘sentidos. Isso já vedaria um conhecimento direto de Deus via abstração, porque Deus não é um objeto sensível, domínio próprio do conhecimento humano. Por outro lado, a possibilidade de apreender a essência divina pela via da nossa própria forma também ficaria interditada, porque um ser infinito não pode ser recebido, seja qual for a maneira, num intelecto finito. Permanece, então, a possibilidade de conhecimento pelos efeitos, isto é, de conhecer Deus a partir de outras formas, que não a de Deus mesmo, mas das formas por ele causadas. Isso, porém, supõe que os efeitos sejam iguais ou, ao menos, proporcionais à ℘causa, pois "os efeitos permitem um conhecimento adequado da essência da causa somente quando são iguais ou proporcionais à causa mesma: mas não é esse o caso da ℘relação entre as criaturas e o criador, dado que Deus excede infinitamente qualquer criatura" (PORRO, 2004, p. 94). Essa é a explicação pela qual é possível ao ser humano conhecer pela razão natural que Deus existe, mas não *o que* ou *quem* Deus é, a não ser imperfeitamente, pela *via da remoção*, para saber o que Deus *não é* (cf. *Suma contra os gentios* I, 14 [sobre a *via remotionis*], 15 [sobre Deus *não* estar sujeito a mudança/ao ℘tempo], 17 e 20 [sobre *não* ser material], 18 [sobre *não* ser composto]; na *Suma de teologia* I, cf. especialmente q. 3, 7, 9 e 10. Para uma análise detalhada sobre aquilo que podemos predicar de Deus, cf. WIPPEL, 1984 e 2007).

**Se vejo, já não creio. Se creio, ainda não vejo.** A apresentação de dois cenários distintos pode facilitar a compreensão do tema (fixe-se, desde logo, que *conhecer* significa que o intelecto, no uso de suas potências naturais, repousa em seu objeto próprio, o verdadeiro): (I) existem proposições que não podem ser *co-*

ARTIGOS DE FÉ

*nhecidas* pela razão natural e que, portanto, não se tornam suscetíveis de aceitação pelo intelecto senão somente por meio da fé; (II) existem proposições que, embora tenham sido reveladas, e que, portanto, *possam* ser objeto de crença ou de opinião, também se deixam *conhecer* pela razão natural, ainda que isso possa não ser corriqueiro ou fácil para a maioria (cf. *Questões disputadas sobre a verdade*, q. 14, a. 9). Um exemplo do primeiro caso é a afirmação de que Deus é uno e trino. Para Tomás de Aquino, essa proposição não é de nenhum modo demonstrável racionalmente, porque não conhecemos Deus no estado da ℘vida terrena a não ser por seus efeitos, e sob certas condições, mas "a Trindade das ℘pessoas não pode ser percebida a partir da própria causalidade divina, pois essa causalidade é comum a toda a Trindade. E nem mesmo mediante a técnica da remoção a Trindade pode ser afirmada. Portanto, de nenhum modo é possível demonstrar racionalmente que Deus é trino e uno" (*Comentário ao Tratado sobre a Trindade de Boécio*, q. 1, a. 4). No segundo caso, as proposições, embora reveladas, não são, em si mesmas, absolutamente avessas à demonstração racional, embora isso possa não ser trivial nem fácil para mentes não treinadas, de modo que, nesse caso, quando o intelecto chega, dentro do seu funcionamento ordinário, a reconhecer a verdade da proposição, então, a sustentação da verdade da proposição com base na fé dá lugar à sustentação dessa verdade ao modo da razão natural, quando o intelecto repousa na apreensão do seu objeto próprio. Aí deixamos de *crer* para *saber*, ou *ver*, como prefere Tomás de Aquino na exposição do ponto na *Suma de teologia* IIªIIᵃᵉ, q. 1, a. 4. Em resumo, para marcar bem a distinção, se trata-se de algo que *conheço* (âmbito de uma ciência adquirida por princípios evidentes por si mesmos), então não posso dizer a seu respeito "eu *creio*". Se *creio*, é porque [*ainda*] não *conheço* (cf. *Suma de teologia* IIªIIᵃᵉ, q. 1, a. 5). O *ainda*, acrescentado aqui entre colchetes, pode dizer respeito tanto a uma realidade que consiste em objeto transitoriamente de crença até que a pessoa compreenda sua pertença a uma cadeia demonstrativa racional,

como pode dizer respeito a uma realidade que, durante toda a vida terrena, somente pode ser objeto de fé, mas que, na pátria celeste, se tornará *visível*. A simultaneidade, no mesmo agente, entre saber (*ver*) e crer não é admitida por Tomás de Aquino: "um mesmo objeto não pode simultaneamente e sob o mesmo aspecto ser objeto de ciência e de fé, porque o objeto da ciência é algo visto, e o objeto da fé não se vê" (*Suma de teologia* IIªIIᵃᵉ, q. 1, a. 5, ad 4m). Uma classificação mais abrangente dos estados epistêmicos sobrenaturais deve incluir, ao lado da fé, o dom da ℘profecia (cf. *ibidem*, q. 171-174), o arrebatamento ou êxtase (cf. *ibidem*, q. 175) e o caso dos bem-aventurados no ℘céu, que dispensam a fé por terem alcançado a *visão* (cf. *Suma de teologia* I, q. 1, a. 2; *Questões disputadas sobre a verdade*, q. 14, a. 9, ad 1m). Os AdF. parecem situar-se, portanto, no domínio do primeiro caso, o das proposições que são estritamente objeto da fé e que, como tal, *não podem* ser *demonstradas* pela razão natural. No entanto, mesmo nesse caso, a razão (a ℘filosofia) pode e deve cumprir algumas tarefas, a saber, "(a) demonstrar alguns preâmbulos ou pressupostos da própria fé, como a existência e a unicidade de Deus, (b) ilustrar, por meio de similitudes, algumas verdades de fé de outro modo difíceis de exprimir, (c) refutar o que se opõe à fé, denunciando sua falsidade ou sua irrelevância" (PORRO, 2004, p. 96). Além disso, nem tudo aquilo que é objeto de fé constitui automaticamente um AdF. separado. Os AdF. transmitem ao ser humano as realidades divinas que não podem ser vistas; porém, como essas realidades podem ser muitas, aquelas que têm o mesmo fundamento são aglutinadas sob o mesmo AdF. Por exemplo, uma dificuldade é entender que Deus sofreu e outra dificuldade é entender que, tendo morrido, ressuscitou. Por isso, afirma Tomás de Aquino, distingue-se o artigo da ressurreição do artigo da ℘paixão. "Mas entender que Cristo sofreu, morreu e foi sepultado diz respeito a uma e mesma dificuldade, de tal modo que se admitindo um deles não é difícil admitir os outros e, por isso, tudo se agrupa num só artigo" (*Suma de teologia* IIªIIᵃᵉ,

q. 1, a. 6). E como a fé diz respeito principalmente às coisas que devemos esperar na pátria celeste, os AdF. veiculam as realidades que se ordenam diretamente à ρvida eterna, sendo todas as outras coisas propostas na Sagrada Escritura manifestações daquelas realidades ou, de algum modo, redutíveis a elas (cf. *ibidem*, q. 1, a. 6, ad 1m). A respeito da variação dos AdF. ao longo da história, o número de AdF. cresceu quanto à explicitação, mas não quanto à ρsubstância, porque tudo o que foi acrescentado pode ser tomado como uma explicitação daquilo que já fora revelado. Tomás de Aquino esclarece esse ponto com a seguinte distinção: "O progresso do conhecimento ocorre de duas maneiras. De um modo, da parte do docente, que progride no conhecimento, seja sozinho, seja com outros, por meio do correr do tempo. E essa é a razão do progresso das ciências que se adquirem pela razão humana. De outro modo, da parte do discente: como quando o mestre que conhece perfeitamente o seu ofício não transmite todo o conhecimento de uma vez ao discípulo no início, porque este não poderia compreender, mas o transmite paulatinamente, de maneira condescendente com a capacidade do discípulo. E por essa razão os seres humanos progrediram no conhecimento da fé ao longo do tempo" (*ibidem*, q. 1, a. 7). Portanto, quanto aos princípios da ciência de Deus que o ser humano pode ter, ele não está na mesma posição de pesquisador que ocupa nas ciências desenvolvidas com o uso de sua razão natural, mas ocupa a posição de discípulo, que recebeu, na dose adequada, aquilo que era capaz de receber e fixar.

**A enumeração dos artigos de fé no Símbolo pela Igreja.** Embora a Sagrada Escritura seja a regra da fé e não se permita que a ela algo seja acrescentado ou que dela algo seja excluído, sua extensão e sua complexidade não devem impedir que a verdade seja apresentada de maneira objetiva e direta aos seres humanos. Não apenas os modos de expressão presentes no texto sagrado são muito variados, como também algumas passagens são obscuras, de modo que, segundo Tomás de Aquino, a extração da verdade do que ali está contido exige profundo e extenso estudo, concentração, esforço e treino (cf. *Suma de teologia* II$^a$II$^{ae}$, q. 1, a. 9, ad 1m). Assim, como nem todos têm condições e tempo para se entregar a essa tarefa, foi necessário reunir numa síntese clara e concisa, chamada *símbolo*, a coleção das verdades fundamentais da fé, a fim de que ninguém fosse privado do acesso a elas. O estabelecimento do Símbolo compete aos concílios convocados e presididos pelo Sumo Pontífice. Tomás de Aquino apoia-se, nesse ponto, nos *Decretos de Graciano* (Parte I, especialmente Distinção 17), importante fonte da organização jurídica da ρIgreja, mas não se abstém de declinar o fundamento último dessa hierarquização que culmina na autoridade papal: o propósito disso é que toda a Igreja tenha uma e a mesma fé (cf. *ibidem*, q. 1, a. 10, e q. 4, a. 6). Um novo Símbolo não apresenta uma nova fé, mas sempre a mesma, mais explicada. Essa função pedagógica da Igreja está basicamente ligada à necessidade de se opor a ρheresias e de corrigir interpretações erradas. Citando a Segunda Epístola de Pedro, Tomás de Aquino adverte para a existência de "pessoas perversas que deformam a doutrina apostólica e partes da Escritura para sua própria perdição" (*ibidem*, q. 1, a. 10, ad 1m). Essa concepção – de que os erros que proliferam no curso do tempo exigem da Igreja que proceda a esclarecimentos e correções – é claramente confirmada em dois opúsculos que têm por objeto os AdF.: *Os artigos da fé e os sacramentos da Igreja* e o *Comentário ao Símbolo dos apóstolos*. Em ambos os casos, a exposição consiste basicamente na catalogação dos erros contrários aos AdF., que, portanto, devem ser evitados. Os opúsculos não são propriamente comentários que explicitam e detalham diretamente o teor de cada AdF., mas, antes, consistem na explicitação do rol de posições errôneas que foram formuladas ao longo do tempo e que devem ser evitadas. Por isso, assemelham-se mais a uma exposição indireta de cada AdF., a partir dos erros contra eles historicamente sustentados. Tome-se, por exemplo, o curso da argumentação sobre o primeiro artigo em *Os artigos da fé e os sacramentos da Igreja*. O primeiro artigo do Símbolo Nicenoconstantinopolitano é para que creiamos na unidade da essência divina, de acordo com o que é dito em Deuteronômio 6,4: "Ouve, Israel! O Senhor teu Deus é o único Deus". Contra este artigo ocorrem muitos erros que se devem evitar. Primeiro, o erro de certos gentios ou *pagãos, que tinham muitos deuses, contra os quais é dito no Êxodo 20,3: "Não tereis outros deuses diante de mim". O segundo é o erro dos maniqueístas, que dizem haver dois princípios do *ser: um, do qual derivam todos os bens; outro, do qual derivam todos os males; contra os quais é dito em Isaías 45,6: "Eu sou o Senhor e não há outro! Eu formo a luz e crio as trevas, eu faço a *felicidade e crio o mal", porque ele mesmo, segundo a sua *justiça, inflige o *mal de pena, quando percebe haver em sua criatura o mal de culpa. O terceiro é o erro dos antropomorfistas, que admitem um só Deus, mas afirmando-o como corpóreo, e formado ao modo de um *corpo humano, contra os quais é dito em João 4,24: "Deus é espírito", e em Isaías 40,18: "Com quem ireis comparar a Deus e que semelhança poreis ao seu lado?". O quarto erro é dos epicuristas, que afirmam que Deus não tem providência nem ciência dos assuntos humanos, contra os quais é dito na Primeira Carta de Pedro 5,7: "Lançai sobre ele vossas preocupações, porque [ele] cuida de vós". O quinto erro é de certos filósofos pagãos que dizem que Deus não é onipotente, mas que pode apenas fazer aquilo que acontece naturalmente, contra os quais diz o Salmo 113,3: "tudo o que quis, o Senhor o fez". Portanto, todos esses contrariam a unidade e a perfeição da essência divina, de modo que contra todos esses está posto no Símbolo: "creio em um só Deus, pai onipotente" (*Os artigos da fé e os sacramentos da Igreja*, Parte I). A respeito desse artigo, não passou despercebido de Tomás de Aquino o argumento contrário de que a unidade divina, por aparentemente não atender ao requisito de ser algo propriamente insondável à razão natural, não deveria constar entre os AdF., uma vez que, como já dito, a proposição sobre a *existência de Deus (não sobre sua *essência) pode ser objeto de demonstração pelos efeitos. A esse argumento contrário, Tomás de Aquino

responde que o artigo sobre a unidade de Deus contém muitas outras coisas além da existência divina que os filósofos puderam descobrir com o uso da razão natural, entre as quais estariam atributos como a providência e a onipotência de Deus (cf. *Suma de teologia* II$^a$II$^{ae}$, q. 1, a. 8, argumento contrário 1 e ad 1m). Embora também esses atributos possam ser considerados objetos de teologia natural, e, portanto, sondáveis em alguma medida pela razão natural, como é afirmado, por exemplo, no preâmbulo da *Suma contra os gentios*, o que está em jogo ao se considerar a unidade divina propriamente como AdF. é que ela se refere a mais coisas e a coisas de maior magnitude, coisas a que teremos acesso na vida eterna e para as quais somos conduzidos pela fé (cf. *Suma de teologia* II$^a$II$^{ae}$, q. 1, a. 8), "coisas que só Deus conhece de si mesmo e que aos outros é comunicado por *revelação" (*Suma de teologia* I, q. 1, a. 6).

**A classificação dos artigos de fé.** No que diz respeito à ordenação dos AdF., Tomás de Aquino apresenta uma classificação que pode ter doze ou quatorze itens, conforme dois artigos sejam unificados ou desmembrados. A divisão simétrica apresentada na *Suma de teologia* parte de duas realidades fundamentais: o segredo da *divindade*, cuja visão nos tornará perfeitamente felizes, e o mistério da *humanidade* de *Jesus Cristo, pelo qual temos "acesso à glória dos filhos de Deus", como é dito em Romanos 5,2 (*Suma de teologia* II$^a$II$^{ae}$, q. 1, a. 8). Sete AdF. são dedicados para cada uma dessas realidades. Os sete AdF. dedicados à majestade divina são divididos da seguinte maneira: (i) sobre a unidade da divindade (primeiro AdF.), (ii) sobre a *Trindade (segundo, terceiro e quarto AdF., respectivamente, para *Pai, *Filho e *Espírito Santo), (iii) sobre as obras próprias da divindade (quinto AdF. para a *criação; sexto AdF. para a *graça; sétimo AdF. para a glória). "A primeira [das obras próprias da divindade] concerne à existência da *natureza; assim nos é proposto no artigo da Criação. A segunda concerne à existência da graça; e assim nos é proposto em um único artigo tudo o que diz respeito à santificação humana. A terceira concerne à existência da glória; e assim é proposto um artigo sobre a ressurreição da carne e a vida eterna" (*ibidem*, q. 1, a. 8). Digna de nota, por sua clareza e firmeza, é a análise do sexto AdF. na *Suma de teologia*, no contexto das proposições que dizem respeito à santificação humana (*creio na santa Igreja Católica, na comunhão dos santos, na remissão dos Øpecados*). Ao responder ao argumento de que devemos crer somente em Deus e que a Igreja seria algo meramente criado (*Suma de teologia* II$^a$II$^{ae}$, q. 1, a. 9, argumento contrário 5), Tomás de Aquino afirma o seguinte: "deve-se dizer que quando é dito *na santa Igreja Católica*, deve-se entender que a nossa fé refere-se ao Espírito Santo, que santifica a Igreja, de modo que este é o sentido: *Creio no Espírito Santo que santifica a Igreja*" (*ibidem*, q. 1, a. 9, ad 5m). Os sete AdF. dedicados ao mistério da humanidade de Cristo são assim organizados por Tomás de Aquino: "O primeiro é sobre a Øencarnação ou a concepção de Cristo; o segundo, sobre o seu nascimento da Virgem; o terceiro, sobre a paixão, a Ømorte e a sepultura de Cristo; o quarto, sobre a descida à mansão dos mortos; o quinto, sobre a ressurreição; o sexto, sobre a ascensão; o sétimo, sobre o seu retorno para o julgamento" (*ibidem*, q. 1, a. 8).

**O assentimento do herege aos artigos de fé.** Ponto disputado entre os intérpretes de Tomás de Aquino gira em torno do modo pelo qual se dá o assentimento aos AdF. Alguns pensam que argumentos de credibilidade ou de probabilidade poderiam ser suficientes para levar a um tipo de assentimento em bloco: "o indivíduo assente aos artigos do Credo cristão porque ele aceita um conjunto de argumentos advindo da teologia natural [filosófica]" (JENKINS, 1997, p. 163; entre os autores que seriam adeptos dessa interpretação naturalista, que Jenkins refuta, incluem-se PENELHUM, 1977, e PLANTINGA, 1983). Outros enfatizam que somente a infusão da Øvirtude teologal da fé permite que o ser humano dê assentimento aos AdF. Para essa interpretação, há, sim, muitos pontos que podem ser argumentados

racionalmente e que levam à admissão de uma série de proposições relativas a Deus, mas esses pontos são os *preâmbulos da fé*, que não devem ser confundidos com os AdF. Outra leitura vai ainda mais longe e sustenta que a infusão da fé, conquanto indispensável, é apenas o início do caminho para um assentimento firme, que só se consuma com a infusão dos dons de inteligência (*donum intellectus*) e de ciência (*donum scientiae*) pelo Espírito Santo (cf. JENKINS, 1997, p. 187-197). Finalmente, há, ainda, quem defenda que não deva ser atribuída a Tomás de Aquino a tese de que *a virtude da fé é condição necessária para o assentimento aos AdF.* Isso porque haveria um tipo de assentimento que, embora desprovido da firmeza que tem o crente portador da fé, seria baseado no estado cognitivo da *opinião*, estado este que permitiria, sim, ao indivíduo tomar como verdadeiros os AdF. Prova dessa possibilidade seria o entendimento de Tomás de Aquino sobre o herege, que não tem mais fé, porque a perdeu ao negar pelo menos um artigo, mas que continua assentindo corretamente aos demais (cf. DOUGHERTY, 2016). Desse modo, sendo uma espécie de opinião, o vínculo que o herege tem com um AdF. até pode ser firme, mas ele ainda experimenta, segundo Dougherty, algum grau de medo de que a posição contrária seja verdadeira (cf. *ibidem*, p. 10). Instigante questão surge, então, a respeito do *status* daquele que, mesmo assentindo, ainda guarda no íntimo algum receio de que talvez a negação ao que assente possa ser verdadeira. Seria esse indivíduo, por causa disso, um herege? O que parece decisivo na caracterização do tipo de assentimento que tem o herege para Tomás de Aquino não é tanto o grau de hesitação interior que possa existir no herege, mas o fato de que o assentimento aos AdF. não ocorre, como no caso do fiel, mediante o auxílio da fé que o faz tomar as Escrituras Sagradas como manifestação da verdade primeira, senão que, quanto aos AdF. que não nega, o herege assente "por sua própria vontade e por seu próprio julgamento" (*Suma de teologia* II$^a$II$^{ae}$, q. 5, a. 3, ad 1m). Essa recusa em confiar na origem divina da transmissão em bloco dos AdF. e essa certa arrogância de fundar o assentimento em argumentos racionais e convicções próprias faz lembrar uma outra e bem conhecida falha: "Portanto, o primeiro pecado do ℘diabo consistiu no fato de que, para conseguir a bem-aventurança ℘sobrenatural, consistente na plena visão de Deus, não se alçou a Deus, junto com os anjos santos, como quem deseja a perfeição final mediante a sua graça, mas quis consegui-la com a potência da própria natureza; não, contudo, sem Deus que opera na natureza, mas sem Deus que confere a graça" (*Questões disputadas sobre o mal,* q. 13, a. 3; para uma exposição mais detalhada do ponto, cf. PORRO, 2004, p. 238-244). Sobre a questão relativa à existência, no íntimo do crente, de uma certa inquietude, há base textual clara o suficiente para entender que Tomás de Aquino admite a hipótese (ao menos na medida em que essa inquietude é tomada como o movimento que persiste no intelecto, por ele ainda não ter descansado em seu objeto próprio segundo seu modo de funcionamento): "Na fé existe alguma perfeição e alguma imperfeição. Uma perfeição é a firmeza mesma que diz respeito ao assentimento; mas uma imperfeição é a ausência de visão, por causa da qual ainda permanece um movimento do pensamento na mente daquele que crê. A partir da luz simples que é a fé, causa-se a perfeição, a saber, o assentimento; mas, na medida em que essa luz não é participada perfeitamente, não se suprime completamente a imperfeição do intelecto, e, por isso, um movimento de pensamento permanece inquieto nele [no intelecto]" (*Questões disputadas sobre a verdade,* q. 14, a. 1, ad 5m). A mesma conclusão é encontrada quando Tomás de Aquino discute se o dom da inteligência (*donum intellectus*) pode existir simultaneamente com a fé (cf. *Suma de teologia* II$^a$II$^{ae}$, q. 8, a. 2). Se fosse compreendido como inteligência *perfeita,* como *visão,* que aperfeiçoa plenamente o intelecto, esse dom dispensaria a fé e com ela não seria coexistente, mas nem o dom de inteligência nem a fé proveem um conhecimento positivo e exaustivo da essência divina ou das coisas mencionadas

nos AdF. O que eles fazem, dom e fé, é levar o crente a entender que os AdF. existem para serem acreditados de modo firme. Tampouco o dom de ciência (*donum scientiae*) produz um assentimento como se fosse o resultado de uma conclusão demonstrada, própria do âmbito natural do intelecto. Lembre-se: a ciência humana, por meio do aparato natural com o qual fomos criados, adquire-se pela razão demonstrativa, discursiva. O dom da ciência, no entanto, é uma certa ℘participação da ciência divina, "que não é discursiva ou raciocinativa, mas absoluta e simples" (*ibidem,* q. 9, a. 1, ad 1m).

**A defesa cristã dos artigos de fé.** A ciência possível ao ser humano das coisas divinas em sentido estrito, a ciência que tem como princípios os AdF., não é do mesmo tipo que a ciência que o ser humano pode ter a partir de princípios apreensíveis pela razão natural. Diferentemente desta, em que a argumentação racional de um pode levar ao convencimento ou instrução de outro, no caso daquela, somente o crente está na posição de *cientista,* numa espécie de ponto de vista interno, cujos princípios não se comunicam demonstrativamente (para uma exposição detalhada do ponto, cf. DEVENDRA, 2012; a tese de DeVendra pode ser resumida na seguinte frase: somente quem tem fé pode dizer se existe uma ciência teológica para além da teologia natural que o teólogo-filósofo pode oferecer). Tomás de Aquino escreveu a pedido de um irmão angustiado pela missão de enfrentar adversários da fé cristã: "Em primeiro lugar, quero avisar-te que nas disputas com os infiéis sobre os artigos de fé não deves te esforçar por demonstrar a fé com razões necessárias, porque isso desvalorizaria a sublimidade da fé, cuja verdade excede não somente as mentes humanas, mas também as dos ℘anjos; essas coisas, ao contrário, devem ser cridas como reveladas pelo próprio Deus. Todavia, como o que procede da suma verdade não pode ser falso, e é impossível impugnar com uma razão necessária o que não é falso, a nossa fé – assim como não pode ser demonstrada com razões necessárias, na medida em que excede a mente humana – não pode sequer ser refutada com uma razão necessária, por causa da sua verdade. A 𝒫intenção do cristão que disputa a respeito dos AdF. não deve, portanto, estar voltada a demonstrar a fé, mas a defendê-la. Por isso, São Pedro não diz *prontos para provar*, mas *para explicar*, de modo que seja mostrado racionalmente que não é falso aquilo que a fé católica professa" (*As razões da fé*, cap. 2, trad. bras., Editora MADAMU, 2022).

**Bibliografia:** DEVENDRA, V. J. A Science with no scientists? Faith and the first principles of Sacra Doctrina in Aquinas. *Proceedings of the ACPA*, 85, p. 283-294, 2012. DOUGHERTY, M. V. Aquinas on the self-evidence of the articles of Faith. *The Heythrop Journal*, 46, p. 166-180, 2005. _____. Opining the *articuli fidei*: Thomas Aquinas on the heretic's assent to the articles of faith. *The Thomist*, 80, p. 1-21, 2016. GRACIANO. *Decretum magistri Gratiani*: Bayerischen Staatsbibliothek. Disponível em: <https://geschichte. digitale-sammlungen.de/decretum-gratiani/online/ angebot>. Acesso em: 11 fev. 2023. JENKINS, J. *Knowledge and Faith in Thomas Aquinas*. Cambridge: Cambridge University Press, 1997. PENELHUM, T. The Analysis of Faith in St. Thomas Aquinas. *Religious Studies*, 13 (2), p. 133-154, 1977. PLANTINGA, A. Reason and Belief in God. In: PLANTINGA, A.; WOLTERSTORFF, N. (eds.). *Faith and Rationality*: Reason and Belief in God. Indiana: University of Notre Dame Press, 1983. PORRO, P. *Tomás de Aquino*: um perfil histórico-filosófico. São Paulo: Loyola, 2004. STORCK, A. A teologia dos filósofos e filosofia dos teólogos: Tomás de Aquino e seu contexto. In: FIGUEIREDO, V. (org.). *Filósofos na sala de aula*. São Paulo: Berlendis & Verteccchia, 2008. v. 3, p. 54-85. TOMÁS DE AQUINO. *As razões da fé*. Trad. Carlos Arthur Ribeiro do Nascimento. São Paulo, 2022. WIPPEL, J. Quidditative knowledge of God according to Thomas Aquinas. In: _____. *Metaphysical Themes in Thomas Aquinas*. Washington: The Catholic University of America Press, 1984, p. 215-241. _____. Thomas Aquinas on our knowledge of God and the axiom that every agent produces something like itself. In: _____. *Metaphysical Themes in Thomas Aquinas* II. Washington: The Catholic University of America Press, 2007, p. 152-171.

RAFAEL KOERIG GESSINGER

## ATEÍSMO → *Ver* Heresia (incredulidade)

## ATRIBUTOS DIVINOS

**Contexto dos atributos divinos.** As reflexões sobre os atributos divinos (Ad.) em Tomás de Aquino estão relacionadas, é claro, ao estudo de 𝒫Deus em si mesmo. A argumentação mais importante nesse sentido talvez se encontre na abertura da Primeira Parte (*Prima Pars*) da *Suma de teologia*, especialmente nas q. 3-11 e 14-26. Na *Suma*, a discussão sobre Deus é realizada por Tomás em três partes: "A consideração sobre Deus será tripartida: primeiro, consideraremos as coisas que pertencem à 𝒫essência divina; segundo, as coisas que pertencem à distinção das pessoas; terceiro, as coisas que pertencem à processão das criaturas dele" (*Suma de teologia* I, q. 2, Prólogo). Tomás coloca sua discussão dos Ad. na primeira categoria, em que trata do que pertence à essência divina. Oferece, então, outra divisão tripartida de sua consideração sobre a essência divina: "Sobre a essência divina, deve-se considerar, primeiro, se há Deus (*an Deus sit*); segundo, como é (*quomodo sit*), ou, antes, como ele não é (*quomodo non sit*); terceiro, deve haver uma consideração sobre as coisas que pertencem à sua operação, a saber, sobre o conhecimento, a vontade e o poder" (*Circa essentiam vero divinam, primo considerandum est an Deus sit; secundo, quomodo sit, vel potius quomodo non sit; tertio considerandum erit de his quae ad operationem ipsius pertinent, scilicet de scientia et de voluntate et potentia, ibidem*, q. 2, Prólogo). Portanto, o contexto para o exame dos Ad. é o do 𝒫ser de Deus, de como Deus é (ou antes, como ele não é) e de como age, especialmente por meio do 𝒫conhecimento, da 𝒫vontade e do poder (𝒫Poder de Deus).

**Ordem dos atributos divinos.** A ordem em que Tomás trata dos Ad. difere de um trabalho para outro. Os principais trabalhos que abordam os Ad. são a *Suma de teologia* (especialmente I, q. 3-11), a *Suma contra os gentios* (I) e o *Compêndio de teologia* (especialmente I, 3-23). O tema também é debatido em outros escritos, como nas *Questões disputadas sobre o poder divino* (especialmente q. 7, sobre a simplicidade) e no *Comentário ao Livro dos Nomes Divinos de Dionísio Pseudoareopagita*. Na *Suma* (q. 3-11), Tomás argumenta que Deus é simples (*simplex*), perfeito (*perfectus*), bom (*bonus*), infinito (*infinitus*), incircunscriptível (*incircumscriptibilis*, cf. I, q. 7, Prólogo), imutável (*immutabilis*), eterno (*aeternus*) e uno (*unus*). Após duas questões que versam sobre o nosso conhecimento e a nossa linguagem sobre Deus (q. 12-13), Tomás discute as operações de Deus. Elas incluem: (i) o conhecimento de Deus (*scientia*), que inclui a discussão de Deus como verdade (*veritas*) e vida (*vita*); (ii) a vontade de Deus, que inclui a discussão de amor, justiça, misericórdia e providência; e (iii) o poder de Deus. Todo o tratamento dado à essência divina é concluído pela consideração da felicidade (*beatitudo*) de Deus, depois da qual Tomás inicia a sua argumentação sobre a distinção das pessoas. As q. 3-11 discorrem sobre "como Deus não é" (*quomodo non sit*). Nota-se que a maioria dos atributos dessa seção que Tomás considera em Deus são negações: Deus é simples (não composto), infinito (não finito), ilimitado (não limitado), imutável (não mutável), eterno (não temporal), e uno (não dividido). A discussão de Deus como perfeito e bom nessas questões iniciais pode ser uma resposta para a discussão sobre a simplicidade na q. 3, que pode aparentar a implicação de que, se Deus é simples, ele deve ser imperfeito. Tomás observa: "porque as coisas simples, entre as coisas corpóreas, são imperfeitas e compostas, deve-se inquirir [após a discussão relativa à simplicidade] sobre a perfeição de Deus". E como tudo é bom na medida em que é perfeito, da discussão da perfeição segue-se a discussão da bondade: "já que as coisas são boas o quanto são perfeitas, trataremos, em primeiro, lugar da perfeição de Deus e, em segundo, de sua bondade" (*Et quia unumquodque, secundum quod perfectum est, sic dicitur bonum, primo agendum est de perfectione divina; secundo de eius bonitate, ibidem*, q. 4, Prólogo). Na sequência da consideração da questão sobre "como Deus não é", articula-se,

então, o exame dos atributos positivos de Deus que, como dito anteriormente, parecem dizer respeito principalmente à operação divina: o conhecimento e a vontade de Deus. Com relação à criação do mundo exterior, as operações concernem à criação em si. Pode-se, assim, dividir os atributos em positivos e negativos, ou seja, em noções que são predicadas de Deus como sentenças afirmativas ou negativas. Tomás, então, segue uma certa ordem em seu tratamento de Deus. Primeiro, ele discute Deus como causa (q. 2). Segundo, ele discute como Deus não é (q. 3-11). Terceiro, discute como Deus é ou como Deus age (q. 14-26). A discussão de Deus como causa, derivada em última análise de nosso conhecimento dos sentidos, forma a base para discutir o que Deus não é. Finalmente, o tratamento positivo de como Deus existe, conhecido analogicamente, segue o nosso conhecimento de Deus como causa e como Deus não é. Deus é assim conhecido por meio da causa (Deus como primeiro motor, causa etc.), remoção (negando atributos criados de Deus) e eminência (afirmando atributos criados por Deus de uma maneira supereminente).

**Caminho argumentativo na *Suma*.** O tratamento clássico dos Ad. vem das q. 3 a 11 da Primeira Parte da *Suma de teologia*. Como observado anteriormente, nelas Tomás demonstra que Deus é simples, perfeito, bom, infinito, onipresente ou incircunscritível, imutável, eterno e uno, e que nosso conhecimento desses atributos depende, em última análise, do nosso conhecimento de Deus como o primeiro ser. A indagação sobre os Ad. é, portanto, uma reflexão sobre como Deus é (ou como ele não é), baseada em nosso entendimento de Deus como primeiro ser, que se pode obter a partir da consideração do mundo natural e do fenômeno de realidades como o movimento, a causalidade, a contingência, a perfeição e a ordem. O tratamento dado aos Ad. revela a sensibilidade arquitetônica de Aquino. A primeira questão sobre a simplicidade divina é um tipo de "gerador" de Ad. A conclusão de que Deus é puro ato, que segue a condição de Deus como primeiro ser, permite a Tomás desenvolver a argumentação de diversas outras conclusões. A primeira e a última questões, relacionadas aos Ad. predicados negativamente de Deus, consideram a simplicidade (q. 3) e a unidade de Deus (q. 11). Conjuntamente, elas formam um tipo de suporte ao tratamento da questão acerca de *como Deus é* ou de *como ele não é* (*quomodo non sit*), na medida em que destaca a unidade de Deus, como distinta e una em si mesma. Os atributos subsequentes, como os anteriores, vêm em pares. O argumento referente à perfeição de Deus (q. 4) prepara o argumento que diz respeito à bondade de Deus (q. 6), uma vez que tudo o que é perfeito é bom. As questões sobre a infinitude e a onipresença, que são negações de finitude e circunscriptibilidade, também se relacionam: Deus está em todos os lugares justamente porque em sua infinitude ele transcende todos os lugares. Por fim, e mais obviamente, Tomás de Aquino argumenta da imutabilidade de Deus (q. 9) para a ℘eternidade de Deus (q. 10). Ser eterno é estar fora do ℘tempo; e porque o tempo é a medida do movimento, e Deus é imóvel (imutável), Deus deve ser eterno. Em resumo, as discussões sobre a perfeição e a imutabilidade precedem os tratamentos dados à bondade e à eternidade, pois a definição de bondade inclui a noção de perfeição, e a definição de eternidade inclui a noção de imutabilidade. Na ordem do conhecimento, é preciso, portanto, lidar primeiro com a perfeição e depois com a bondade, e primeiro com a imutabilidade e depois com a eternidade. Assim, Tomás apresenta três pares de atributos correlatos – (i) perfeição e bondade; (ii) infinito e onipresença; e (iii) imutabilidade e eternidade –, articulados pelas reflexões sobre a simplicidade (questão inicial) e a unidade (questão final).

**Resumo dos argumentos na *Suma de teologia I* (q. 3-11).** Tomás oferece uma abundância de argumentos para os Ad. Um breve esboço dessas provas pode ajudar a orientar o leitor para os argumentos que Tomás oferece na *Suma*. O primeiro tópico é a simplicidade de Deus (cf. *Suma de teologia* I, q. 3). Na questão anterior (q. 2), Tomás demonstra nas *cinco vias* que há

um Deus como primeiro motor, primeira causa eficiente, causa *per se* necessária, causa do ser e bondade dos outros seres, e inteligência que governa o ℘universo. Especialmente pela primeira prova, pode-se concluir que Deus é puro ato, pois, se Deus fosse de algum modo em potência, ele não seria o primeiro motor: "simplesmente falando, o ato está antes da potência, porque o que está em potência não é reduzido ao ato, exceto se por um ser em ato. E foi mostrado acima que Deus é o primeiro ser. Portanto, é impossível que haja qualquer potência em Deus". Em seguida (q. 3, a. 7), Tomás apresenta cinco razões pelas quais Deus não pode ser composto de maneira alguma. O quarto argumento pela simplicidade de Deus (a. 7) se apoia precisamente na ideia de que Deus é puro ato: "todo composto deve haver potência e ato – o que não é o caso de Deus –, pois ou uma das partes está em ato em relação à outra, ou, ao menos, todas as partes estão, por assim dizer, em potência em relação ao todo" (*Quarto, quia in omni composito oportet esse potentiam et actum, quod in Deo non est, quia vel una partium est actus respectu alterius; vel saltem omnes partes sunt sicut in potentia respectu totius, ibidem*, q. 3, a. 7). Portanto, Deus deve ser não composto, isto é, simples. Essa prova da atualidade pura de Deus, baseada na condição de Deus como primeiro motor, consiste no fundamento de grande parte da argumentação posterior de Tomás no tratamento dos Ad. Depois da simplicidade, Tomás considera a perfeição de Deus: "algo é dito perfeito enquanto está em ato, pois diz-se perfeito aquilo a que nada falta de sua perfeição" (*Secundum hoc enim dicitur aliquid esse perfectum, secundum quod est actu, nam perfectum dicitur, cui nihil deest secundum modum suae perfectionis, ibidem*, q. 4, a. 1). Poder-se-ia parafrasear o argumento da seguinte maneira: uma ℘coisa é perfeita na medida em que está em ato; Deus é puro ato; então, Deus é totalmente perfeito. A perfeição de Deus segue, assim, a sua condição como pura atualidade. Na sequência, após uma breve dissertação sobre a bondade em geral na q. 5, Tomás trata da bondade de Deus na q. 6. No terceiro

ATRIBUTOS DIVINOS

artigo dessa questão, Tomás esclarece que somente Deus é essencialmente bom ("*bonus per se essentiam*"), uma vez que "qualquer coisa é chamada de boa na medida em que é perfeita" (*Respondeo dicendum quod solus Deus est bonus per suam essentiam, ibidem*, q. 6, a. 3). Ele mostra, então, que algo é perfeito de acordo com seu ser, seus acidentes e sua finalidade. Deus possui essa perfeição tripartite em grau máximo e único, pois (i) o ser de Deus é sua essência, (ii) cada atributo de Deus é idêntico à sua essência, e (iii) Deus é seu próprio ρfim. Assim, somente Deus é bom por sua essência, enquanto as criaturas são boas apenas em um sentido qualificado. Os próximos dois atributos a serem considerados após a perfeição e a bondade se concentram na ρnatureza incircunscriptível e infinita (*incircumscriptibilis et infinitus*) de Deus (cf. *ibidem*, q. 7, Prólogo). Na q. 7, Tomás argumenta que Deus é infinito. No primeiro artigo da questão, observa que algo é chamado de infinito porque não é finito, o que o conduz à análise da relação entre ρmatéria e forma. De certo modo, tanto a matéria como a forma são limitadas: por um lado, a forma limita a matéria ao determiná-la a ser certo tipo de coisa; por outro lado, a matéria limita a forma na medida em que, enquanto a forma de algo estiver na matéria, ela é feita para ser a forma dessa coisa em particular. No entanto, Tomás explica que a forma, diferentemente da matéria, "tem a noção de perfeito" porque não é perfeita pela matéria, mas a perfaz. A infinitude da forma tem, portanto, algo de perfeito. Além disso, o que é mais formal é o em si. Visto que Deus é o ser em si (*esse subsistens*), Deus deve ser acima de tudo formal. Nesse sentido, Deus é infinito. Tomás então argumenta na q. 8 que Deus não é circunscriptível. Em dois artigos, ele demonstra que Deus está em todas as coisas e que Deus está em toda parte: "Deus está em todas as coisas [...] como o agente está presente no que faz" (*Respondeo dicendum quod Deus est in omnibus rebus, non quidem sicut pars essentiae, vel sicut accidens, sed sicut agens adest ei in quod agit, ibidem*, q. 8, a. 1). Visto que o efeito próprio de Deus é o ser criado (*esse creatum sit proprius*

*effectus eius*), Deus está em todos os seres como o primeiro agente da criação. Além disso, uma vez que *esse* (ser/ato de ser) é o mais íntimo de cada coisa, e Deus é a causa do *esse* (ser/ato de ser), "é preciso que Deus esteja em todas as coisas e intimamente). A imutabilidade e a eternidade de Deus são os dois atributos discutidos por Tomás subsequentemente. Como Tomás considera o tempo a medida de movimento ou mudança, a eternidade (atemporalidade ou estar fora do tempo) é uma consequência da imutabilidade (cf. *ibidem*, q. 10, a. 2). Na questão 9, a. 1, Tomás novamente emprega a verdade de que Deus é puro ato. Ele afirma que "tudo o que pode mudar de alguma maneira está de algum modo em potência" (*Omne autem quod quocumque modo mutatur, est aliquo modo in potentia*). Deus, no entanto, como o primeiro ser em puro ato, não está de modo algum em potência: "é necessário que o primeiro ser seja ato puro, sem mistura de qualquer potência, porque a potência é simplesmente posterior ao ato" (*Primo quidem, quia supra ostensum est esse aliquod primum ens, quod Deum dicimus, et quod huiusmodi primum ens oportet esse purum actum absque permixtione alicuius potentiae, eo quod potentia simpliciter est posterior actu*). Como tudo o que pode mudar está em potência, e Deus não está em potência de modo algum, Deus não pode mudar. Em outras palavras, Deus é totalmente imutável. A questão seguinte (q. 10) demonstra a eternidade de Deus. Tomás assume aqui a definição de Boécio dada na *Consolação da Filosofia*: a eternidade é "a posse total, simultânea e perfeita de uma vida sem fim" (*aeternitas est interminabilis vitae tota simul et perfecta possessio*). Na resposta do a. 1, Tomás observa que os seres humanos devem adquirir conhecimento de coisas simples e atemporais por meio de coisas compostas e temporais. O movimento é, portanto, das coisas mais conhecidas por nós. No mesmo artigo, Tomás também define o tempo, seguindo a definição que Aristóteles dá na *Física* – "número/medida de movimento de acordo com o antes e o depois" (*numerus motus secundum prius et posterius*). É importante notar que Tomás também observa que "naquilo que não tem movimento [...] não se deve considerar antes e depois" (*In eo autem quod caret motu* [...] *non est accipere prius et posterius*). A implicação é que em tudo o que falte completamente o movimento deve ser completamente eterno ou "fora" do tempo. Como Tomás declara no a. 2, "porque Deus é totalmente imutável, ser eterno pertence a ele acima de tudo" (*Unde, cum Deus sit maxime immutabilis, sibi maxime competit esse aeternum, Suma de teologia* I, q. 10, a. 2). Na q. 11, sobre a unidade divina, Tomás volta à doutrina da simplicidade divina. Como um transcendental, o nome "uno" não acrescenta nada ao ser na realidade, mas nomeia o ser como não dividido. Por esse motivo, uno significa ausência de divisão. É, portanto, outro Ad. predicado de Deus pela negação. No artigo primeiro, Tomás demonstra a unidade de Deus a partir da simplicidade divina (*ex eius simplicitate*), da infinidade da perfeição divina (*ex infinitate eius perfectionis*) e da unidade do mundo (*ab unitate mundi*). No artigo seguinte, Tomás pergunta se Deus é sumamente uno. Ele argumenta que ser uno é ser indiviso e que ser sobretudo uno é ser sobretudo indiviso. Como não há divisão em Deus entre ato e potência, porque Deus é puro ato, Deus deve ser supremamente indiviso e, portanto, supremamente uno. O argumento baseia-se na q. 3, especialmente no a. 7, que mostra que Deus é totalmente simples e sem nenhum *modo de divisão* (*modum divisionis*, cf. q. 11, a. 4). Em síntese: primeiro, Deus é simples, porque a composição de ato e potência é a base de qualquer composição, e Deus, como ato puro, não é de modo algum composto de ato e potência – como primeira causa, Deus é puro ato, uma vez que o ato é absolutamente anterior à potência na ordem do ser. Segundo, Deus é perfeito, pois ser perfeito é estar plenamente em ato, e Deus é pura atualidade. Terceiro, Deus é bom, pois o bem de uma coisa é sua perfeição, e Deus é totalmente perfeito. Quarto, Deus é infinito, uma vez que a forma como tal é ilimitada, e a mais formal de todas as coisas é o ser, que Deus possui em sua totalidade. Quinto, Deus é onipresente, ou em cada coisa, uma vez que o efeito próprio da ação criativa de Deus é ser, que é o mais íntimo de cada criatura. Sexto, Deus é imutável, porque somente o que está em potência pode mudar, e Deus não está de modo algum em potência. Sétimo, Deus é eterno, pois o que quer que esteja no tempo está sujeito a movimento, mas Deus não é nada mutável. Oitavo, Deus é uno, pois ser uno é ser indiviso, e Deus, como pura e simples atualidade, não está sujeito a divisão.

**Bibliografia:** BONINO, S.-T. *Dieu, celui qui est (De Deo ut uno)*. Paris: Parole et Silence, 2016. GARRIGOU-LAGRANGE, R. *De Deo uno*: commentarium in primam partem S. Thomae. Paris: Bibliothèque de la Revue thomiste, 1938. STUMP, E. *Aquinas*. Abingdon: Routledge, 2003. TORRELL, J.-P. *Saint Thomas d'Aquin, maître spirituel*. 2. ed. Paris: Les Éditions du Cerf, 2017.

DANIEL JOSEPH GORDON
TRADUÇÃO DE JOSÉ EDUARDO LEVY JUNIOR

## AUTORIDADE

**O método das autoridades.** Trata-se neste verbete não da autoridade (A.) em sentido político (ᴼPoder, ᴼComunidade), mas do procedimento constante dos escritores medievais, entre eles de Tomás de Aquino, de recorrer a citações das Escrituras, dos ᴼPais da Igreja, dos filósofos e outros personagens da Antiguidade e mesmo de alguém pertencente à geração precedente ou contemporânea a eles. Esse procedimento ligava-se à própria concepção do ᴼconhecimento e da busca pela ᴼverdade como uma obra coletiva de toda a humanidade, espelhada sobretudo naqueles que se destacaram por sua competência. Bernardo de Chartres (falecido entre 1124 e 1130) formulou a postura dos medievais com uma imagem que foi retomada várias vezes depois, mesmo além da Idade Média, como, por exemplo, por Isaac Newton: "somos comparáveis a anões montados nos ombros de gigantes, o que possibilita ver mais coisas que os antigos e mais longínquas; não pela acuidade de nossa própria vista nem pela nossa grande estatura corporal, mas porque nos levantam e nos exaltam àquelas alturas pela sua grandeza gigantesca" (JOÃO DE SALISBURY, *Metalogicon*, III, 4).

**Sentido e tipologia da autoridade.** O termo A., assim, designa de início a qualidade pela qual alguém é digno de crédito. Passa em seguida a designar o possuidor de tal qualidade e finalmente o próprio texto. O recurso aos argumentos de A. estava longe de ser uma atitude passiva. Os medievais desenvolveram uma classificação e uma técnica de uso das A. que quase se poderia dizer o contrário, como disse Alano de Lille (falecido em 1203): "A autoridade tem um nariz de cera, isto é, pode ser torcida em diversos sentidos" (*A fé católica*, I, 30). G. Geenen estabeleceu uma tipologia das A. que, por sua simples exposição, já indica o respectivo valor de cada tipo: 1. citações fontes de dificuldades; 2. citações de puro ornamento; 3. citações fontes de doutrina; 4. citações prova de doutrina; 5. citações confirmatórias de doutrina; 6. citações explicativas; 7. citações justificativas. A atitude diante das citações fontes de dificuldades permite aquilatar a liberdade dos medievais diante das A. Há vários procedimentos que permitem interpretar a citação num sentido compatível com o pensamento de quem está escrevendo. Em primeiro lugar, há que se distinguir entre as A. (*authentica*) e os pensamentos de um mestre da geração anterior ou da contemporânea (*magistralia*). Diante destas últimas, tanto vale a opinião deles quanto a de quem discute ou escreve. A principal regra de interpretação era a chamada regra de ouro de Abelardo: "Na maior parte das vezes, encontramos uma fácil solução para as controvérsias, se podemos demonstrar que as mesmas palavras foram usadas por diversos autores com significados diferentes" (*Sic et Non*, Prólogo). É graças a essa regra que Tomás de Aquino interpreta o conhecimento das ►coisas nas noções eternas de Santo Agostinho, compatibilizando-o com uma abordagem aristotélica do conhecimento humano. Com efeito, dever-se-ia entender a expressão "ser conhecido em algo", não como se referindo ao ►objeto conhecido (vê-se no espelho aquilo cuja imagem aparece no espelho), mas como se referindo ao princípio de conhecimento (vê-se no sol o que é visto pelo sol) (cf. *Suma de teologia* I, q. 84, a. 5). Outras regras são, por exemplo: 1. contrabalançar o texto citado com outro do mesmo autor em sentido contrário; 2. recorrer à distinção entre pensamento próprio do autor e relato de uma opinião que este não aceita; 3. distinguir entre o sentido lato ou abrangente de um termo e seu sentido estrito. Uma frase de Tomás mostra bem a liberdade do intérprete com o ar da perfeita inocência. Diante de uma definição da ►justiça pelos jurisconsultos romanos (cf. *Digesto* I, tit. I, leg. 10), Tomás diz com toda tranquilidade: "a definição de justiça citada é adequada, se for entendida corretamente" (*Suma de teologia* II$^a$II$^{ae}$, q. 58, a. 1). No limite, se a citação permanecer irredutível, declara-se que *não deve ser estendida*, mas *explicada*. É a interpretação reverencial que se encontra, por exemplo, na *Suma de teologia* I, q. 31, a. 2, no fim: "tal locução não deve ser estendida, mas piedosamente explicada se alguma vez for encontrada em escritura autêntica [isto é, autoritativa]". Tomás distingue também o papel do argumento de A. na doutrina sagrada e na ►filosofia. Nesta última, o argumento de A. fundamenta-se na ►razão humana que é falível e, portanto, tal argumento é o mais fraco de todos, ao passo que os princípios da Sagrada doutrina (os ►artigos de fé) derivam da ►revelação divina que se fundamenta na ciência infalível de ►Deus. Donde os argumentos de A. serem próprios sobretudo da Sagrada doutrina. Isso não significa, no entanto, que essa doutrina se restrinja a eles. De fato, Tomás distingue dois tipos de questões teológicas: 1. para saber se é ou não assim; 2. para instrução a fim de que se entenda a verdade de ►fé. No primeiro tipo, cabe usar sobretudo argumentos de A. dos Antigo ou Novo Testamento, dos Padres da Igreja, dos teólogos etc., conforme o caso. Quanto ao segundo tipo, Tomás diz: "é preciso então que se apoiem em razões os que investigam a raiz da verdade e fazem saber como é verdade o que é dito; do contrário, se a questão for resolvida com simples A., certificar-se-á que é assim, mas não se adquirirá nada de saber ou entendimento e sai-se vazio" (*Questões quodlibetais* 4, q. 9, a. 3).

**Bibliografia:** ALANO DE LILLE. *De Fide Catholica.* Paris: Patrologia Migne, Série latina, v. 210. CHENU, M.-D. Introdução ao estudo de Santo Tomás de Aquino. *Scintilla*, 13, p. 11-42, 2016. CORPUS JURIS CIVILIS. Berlim: Weidmann, 1928. GEENEN, G. L'usage des "auctoritates" dans la doctrine du baptême chez S. Thomas d'Aquin. *Ephemerides Theologicae Lovanienses*, 15, p. 279-329, 1938. _____. Saint Thomas et les Pères. In: VACANT, A. (ed.). *Dictionnaire de Théologie Catholique.* Paris: Letouzey et Ané, 1908. t. XV, 1ª parte, col. 738-761. Disponível em: <https://fr.wikisource.org/w/index.php?title=Page:Alfred_Vacant_-_Dictionnaire_de_th%C3%A9ologie_catholique,_1908,_Tome_15.1.djvu/376&action=edit&redlink=1>. Acesso em: 7 abr. 2020. JOÃO DE SALISBURY. *Metalogicon.* Trad. Daniel D. McGarry. Berkeley-Los Angeles: University of California Press, 1962. KLIBANSKY, R. Standing in the Shoulders of Giants. *Isis*, 26, p. 147-149, 1936. MATOS, C. L. As "auctoritates" em Alberto Magno e Tomás de Aquino. *Revista Brasileira de Filosofia*, 6, p. 213-223, 1956. NASCIMENTO, C. A. R. As *auctoritates* na questão 84 da Primeira Parte da *Suma de teologia* de Tomás de Aquino. In: DE BONI, L. A.; PICH, R. H. (orgs.). *A recepção do pensamento greco-romano, árabe e judaico pelo Ocidente Medieval.* Porto Alegre: Edipucrs, 2004, p. 349-359. PEDRO ABELARDO. *Sic et Non.* In: DE BONI, L. A. *Filosofia Medieval*: textos. Porto Alegre: EDIPUCRS, 2000, p. 121-162. ZIMMERMAN, M. (org.). *Auctor and Auctoritas*: invention et conformisme dans l'écriture médiévale. Actes du Colloque tenu à l'Université de Versaille-Saint-Quentin-en Yvelines (14-16 Juin 1999). Paris: École des Chartes, 2001, 592p.

CARLOS ARTHUR RIBEIRO DO NASCIMENTO

# B

## BEATITUDE

**Etimologia e uso do termo.** Beatitude (B.), *beatitudo*, de acordo com Tomás de Aquino significa, em geral, o verdadeiro ℗fim do ℗ser humano, geralmente equiparado a felicidade (*felicitas*). A maioria das línguas europeias faz distinção entre *beatitudo* e *felicitas* (por exemplo, em português fala-se de *beatitude* e *felicidade*, assim como se traduzem com termos específicos o *beatus*, beato ou bem-aventurado, e o *felix*, feliz). Embora existam cognatos para cada um desses termos em línguas modernas como o inglês, é muito mais comum falar-se de *happiness*, que inclui os dois significados. Com suas raízes no latim *beo*, abençoar, regozijar, e *beatus*, abençoado pelos deuses, B. foi cunhada por Cícero para descrever o estado dos deuses (cf. *A natureza dos deuses* I, 95). O diálogo perdido de Cícero, *Hortênsio*, lido por Agostinho (cf. *Confissões*, III, c. 4), inflamou neste o desejo de desprezar a felicidade terrena (*contemna felicitate terrena*: *Confissões*, VIII, c. 8, n. 17), já que a B. é desejada por todos (*beati certe esse volumus*: *Hortênsio*, frag. 36, citado em SANTO AGOSTINHO, *Contra os acadêmicos* I, 2.5). O livro *A vida feliz*, de Agostinho, ajudou a estabelecer a tradição ocidental que transformou a B. ciceroniana em uma realidade cristã: conhecer e contemplar a ℗verdade da bem-aventurada ℗Trindade, o único ℗Deus verdadeiro (IV, 35; cf. *Confissões* X, c. 23, n. 35; *Suma de teologia* IªIIªᵉ, q. 4, a. 1). A *Vulgata* de Jerônimo contribuiu para uma ℗teologia medieval da B., ao traduzir do grego *makarios* como *beatus* para transmitir as palavras de ℗Jesus Cristo em Mateus 5,3-11: "Bem-aventurados os pobres de espírito, [...] bem-aventurados são os mansos" (*Beati pauperes spiritu*, [...] *Beati mites*). A palavra latina *felicitas* possui uma raiz mais antiga que vem do grego φύω (*phýō*), crescer, florescer, mas, como derivada do latim *felix*, frutuoso,

*afortunado*, ela também carrega conotações de sorte e ℗alegria. Na Roma pagã, a felicidade era representada como a deusa da fertilidade e como um falo, não sendo um fim transcendente. Boécio distingue felicidade, entendida como bens terrenos e temporais, sujeitos à fortuna, de B., um bem durável que não pode ser roubado pela fortuna, "o mais elevado bem da natureza racional" (*A consolação da filosofia* II, 4: 80; cf. III, 9: 80-85). Boécio diz que "Deus é beatitude" (*ibidem*, III, 12: 31, 89) e propõe uma definição de B., "o estado que é perfeito pela reunião de todos os bens" (*ibidem*, III, 2: 11; cf. *Suma de teologia* IªIIªᵉ, q. 2, a. 1, argumento inicial 2; *ibidem*, q. 3, a. 2, argumento inicial 2), que, segundo Aquino, constituem a *ratio communis* ou o constitutivo nocional da B. (cf. *ibidem*, ad 2m), junto com a definição de Agostinho: "ter tudo o que se quer e não querer nada de errado" (*A Trindade* XIII, c. 5, 8; *Suma de teologia* IªIIªᵉ, q. 5, a. 8, Resp.). Portanto, a noção de B. inclui "estabilidade ou confirmação no bem" (*Suma de teologia* I, q. 62, a. 1). Roberto Grossetête traduziu o termo grego *eudaimonía* (vida de bem; vida segundo a virtude perfeita), de Aristóteles – conceito central na *Ética nicomaqueia* –, como *felicidade*. De acordo com Tomás de Aquino, a felicidade aristotélica deve consistir em uma operação humana, mas felicidade também pode ser entendida como o ℗objeto da operação mais elevada que o ser humano atinge: "assim como Deus é chamado de beatitude do ser humano" (*Comentário à Ética nicomaqueia de Aristóteles* I, 10, 3). Dessa maneira, quando "algo maior é atribuído" à felicidade, seja por sua operação, seja por seu objeto, "então dizemos que é beatitude" (*ibidem*, 18, 8). Na maior parte das vezes, portanto, Aquino identifica felicidade e B. (por exemplo, *beatitudo, sive felicitas. Comentário aos Livros das Sentenças de Pedro Lombardo* II, dist. 4, q. 1, a. 1; *Suma de teologia* I, q. 26, argumento inicial 2 e ad 2m; *Suma de teologia* IªIIªᵉ, q. 62,

a. 1; *Compêndio de teologia*, lib. 1, c. 149 e em muitos outros lugares). Muitos estudiosos tratam, portanto, B. e felicidade como sinônimos que podem ser usados de forma intercambiável, e traduzem ambos os termos em inglês como *happiness: felicidade*.

**Beatitude divina.** Em suas duas grandes Sumas, Tomás de Aquino aborda a B. de Deus antes de detalhar questões do tipo criado. Seguindo Boécio, Tomás de Aquino argumenta que a B. é adequada a Deus acima de tudo (cf. *Suma de teologia* I, q. 26, a. 1). Como bondade substancial em si, Deus sabe que tem suficiência de bem, um bem adequado a todos os tempos e ocasiões pelos quais ele governa suas operações. A simplicidade de Deus implica que a "acumulação do bem" lhe pertence não pela composição, mas mais perfeitamente como seu exemplar (cf. *ibidem*, ad 1m; a. 4, Resp.). Da definição agostiniana de B. como conhecer a verdade divina, Aquino argumenta que a B. pertence essencialmente a Deus – não como recompensa meritória da virtude aristotélica – de acordo com seu ℘intelecto onisciente (cf. *ibidem*, q. 26, a. 1, ad 2m; a. 2, c; *Suma de teologia* I^aII^ae, q. 3, a. 1, ad 1m). Deus desfruta (*fruitur*) sua B. perfeitamente, sem dificuldade e com deleite (cf. *Suma contra os gentios* I, 101, 2-3). Em outras palavras, a essência de Deus, o bem supremo, é sua própria B. (cf. *ibidem*, 101). De alguma forma, Cristo participou continuamente da luz divina (cf. *Suma de teologia* III, q. 9, a. 2-3; *ibidem*, q. 10); com efeito, Cristo é B. porque a natureza humana foi assumida na ℘Encarnação (cf. *Comentário ao Livro de Jó*, c. 6, l. 5, n. 935). Na *Suma contra os gentios* (I, 102, 2-9), Aquino usa uma série de superlativos para explicar quão maior é a B. intrínseca de Deus em relação à felicidade das criaturas que participam dela (ver também *Comentário ao Livro de Jó*, c. 14, l. 1, n. 1854): a B. de Deus é "singularmente perfeita" (n. 2); "supera infinitamente a beatitude humana" (n. 6); a felicidade humana "não é de modo algum comparável à beatitude divina" (n. 7); a felicidade de Deus é "a mais perfeita" (n. 8); ele desfruta do "mais

excelente" deleite em si mesmo e da "alegria universal" em todos os bens (n. 9).

**Beatitude e orientação para o fim.** O ℘universo como um todo e em cada uma de suas partes é orientado teleologicamente: os bens são causas finais, isto é, objetivos e fins, para os quais as criaturas são atraídas. A última ℘causa é o bem último, que é o fim de todas as coisas (cf. *Suma contra os gentios* III, 17, 1). Este deve ser Deus, que por si só é a bondade essencial e a perfeição completa (cf. *ibidem*; *Suma de teologia* I, q. 6, a. 3). Portanto, "todas as coisas desejam a Deus como seu fim", de acordo com sua capacidade, "se esse desejo é intelectual, sensível ou natural – o que é sem ℘conhecimento" (*Suma de teologia* I, q. 44, a. 4, ad 3m; cf. *Suma contra os gentios* III, 24). Os animais não podem experimentar a B.: eles não são *felizes* no sentido mais elevado, "pois de modo algum participam da contemplação" (*Comentário à Ética nicomaqueia de Aristóteles* X, 12, 15; cf. *Suma de teologia* I, q. 75, a. 3). Somente criaturas intelectuais experimentam a B.: ℘anjos e seres humanos, cada um de acordo com sua ℘natureza. Uma vez que consistem em criaturas puramente intelectuais e espirituais, toda a vida dos anjos é cheia de B. – eles foram criados em uma "primeira bem-aventurança", que cada um deles "poderia adquirir por seu poder natural" (*ibidem*, q. 62, a. 1). Na ordem sobrenatural, os anjos "alcançam a B. ou fracassam irreparavelmente após sua primeira escolha" a favor ou contra a oferta da ℘graça de Deus, enquanto os humanos podem chegar à B. "no decorrer do tempo" (*Questão disputada sobre as criaturas espirituais*, a. 8, ad 1m). Tanto para os anjos como para os humanos, a B. tem caráter objetivo e subjetivo. Considerando o objeto da B. na *Suma contra os gentios* III, Aquino mostra que o objetivo mais elevado para o ser humano não pode ser o prazer físico (c. 27), nem a honra (c. 28), nem a glória (c. 29), nem as riquezas (c. 30), nem o poder mundano (c. 31), nem qualquer bem corporal (c. 32), nem qualquer bem sensorial (c. 33); ele segue uma argumentação semelhante na *Suma de* *teologia* I<sup>a</sup>II<sup>ae</sup>, q. 2, a. 1-8. O "objeto comum da felicidade" para todos os que são verdadeiramente felizes é o "bem infinito e perfeito", ou seja, nada dentro do universo, mas o próprio Deus (cf. *ibidem*, q. 2, a. 8, ad 1m). De acordo com Boécio, "somente Deus é beatitude, pois alguém só é bem-aventurado (*beatus*) pelo fato de entender Deus" (*Suma de teologia* I, q. 26, a. 3). Portanto, é "falso e herético" dizer que os humanos não podem ver a essência divina, e é de fé afirmar que somente por meio da essência divina as pessoas são perfeitamente felizes (cf. *Comentário ao Livro de Jó*, c. 1, l. 11, n. 212). Considerando alguém que possui B., Aquino afirma que cada criatura "deseja naturalmente sua perfeição última" (*Suma de teologia* I, q. 62, a. 1), o que consiste numa operação, pois o ato é maior e mais perfeito que a potência. Portanto, "tudo alcança seu fim último por sua operação" (*ibidem*, q. 62, a. 4). Na *Suma contra os gentios* III, Aquino mostra que a felicidade final não consiste em atos de virtudes morais, prudência ou arte (cf. 34-36), pois o ato adequado da criatura racional é um ato intelectual: "dentre todas as operações humanas, o que é mais semelhante à contemplação divina é o mais feliz (*felicissima*)" (*Comentário à Ética nicomaqueia de Aristóteles* X, 12, n. 13; cf. *Suma de teologia* I, q. 3, a. 2-8). A perfeição humana, consequentemente, consiste na Ꝑparticipação da B. própria de Deus, uma fruição intelectual ou gozo de Deus pela contemplação de sua essência (cf. *Suma de teologia* I, q. 26, a. 3, ad 2m, e *Comentário ao Livro de Jó*, c. 17, l. 1, n. 2186). A B. subjetiva não é o próprio Deus em si, mas um florescimento divino ou fruição da criatura; é uma participação gozosa criada na própria vida de Deus (cf. *Suma de teologia* I<sup>a</sup>II<sup>ae</sup>, q. 3, a. 1, ad 1m; *ibidem*, q. 11, a. 4, ad 3m, e *Comentário ao Livro de Jó*, c. 14, l. 1, n. 1854).

**O que é necessário para os seres humanos alcançarem a beatitude?** Segundo Aquino, felicidade do tipo falso e terreno (*falsa et terrena*) consiste em Ꝑprazer, Ꝑriqueza, Ꝑpoder, dignidade e fama (cf. *Suma contra os gentios* I, 102, 9; *Suma de teologia* I, q. 26, a. 4). Em contrapartida, a noção geral da verdadeira felicidade, que todos os seres humanos naturalmente buscam (*naturaliter appetunt*), inclui perfeição, suficiência e prazer (cf. *Suma de teologia* I<sup>a</sup>II<sup>ae</sup>, q. 84, a. 4). Os filósofos pagãos sustentavam que a felicidade é dividida em dois tipos: um ativo (que regula o Ꝑdesejo pelas virtudes morais), outro contemplativo (o mais perfeito e principal) (cf. *Comentário ao Tratado sobre a Trindade de Boécio* 3, q. 5, a. 1, ad 4m; *Comentário à Ética nicomaqueia de Aristóteles* I, cap. 10, n. 9, 18; cap. 11, n. 7 e *Questão disputada sobre as virtudes*, q. 1, a. 5, ad 8m). A felicidade desta Ꝑvida é identificada pelos filósofos com a contemplação de Deus, que é conhecido de modo proporcional aos poderes naturais, e pode ser distinguida da B., que é uma contemplação agraciada de Deus, que é conhecido pela Ꝑfé (cf. *Comentário aos Livros das Sentenças de Pedro Lombardo* I, q. 1, a. 1, Resp.; *Questões disputadas sobre a verdade* I, a. 2, Resp.; *ibidem*, a. 14, argumento inicial 2 e ad 2m). Tem-se, assim, o paralelo que faz a distinção entre a felicidade natural e imperfeita desta vida e a felicidade agraciada que é própria de Deus, e por meio da qual o ser humano se torna totalmente unido a ele na próxima vida (cf. *Comentário aos Livros das Sentenças de Pedro Lombardo* II, dist. 27, q. 2, a. 2, Resp.; *Comentário ao Evangelho de Mateus* 5,2, 408; *Suma de teologia* I<sup>a</sup>II<sup>ae</sup>, q. 3, a. 6, ad 1m; *Comentário à Ética nicomaqueia de Aristóteles* I, 9, 11). A mesma distinção é paralela à B. imperfeita desta vida e à B. perfeita encontrada apenas na próxima vida. Em princípio, a B. imperfeita pode ser possuída pelo ser humano nesta vida, pois seu ato próprio – a contemplação de Deus conhecido pela Ꝑrazão – é proporcional aos poderes naturais (cf. *Suma de teologia* I<sup>a</sup>II<sup>ae</sup>, q. 5, a. 5). No entanto, como auxiliares e preparatórios para esse ato, alguns bens corporais, como a saúde, e alguns bens externos, como a tranquilidade da ordem na sociedade, são previamente necessários (cf. *ibidem*, q. 4, a. 6, 7). Três coisas "são necessárias coincidir" para a obtenção da verdadeira e perfeita B. no Ꝑcéu, que, por excederem nossos poderes naturais, só são possíveis por meio da graça (cf. *ibidem*, q.

4, a. 3): (i) a visão (beatífica), na qual Deus é alcançado pela contemplação; (ii) a compreensão, isto é, a obtenção da presença de Deus (cf. *ibidem*, a. 3, ad 1m); e (iii) o deleite ou a fruição, o efeito necessário do amante que repousa no amado (cf. *ibidem*, a. 1-2). O intelecto é claramente necessário para o ato da contemplação, e a ℗vontade, para comandar o ato e deleitar-se nele (cf. *ibidem*, a. 4); o ℗corpo é necessário apenas para o *bene esse* (bem ser; bem-estar) do ser humano, de modo que a B. da ℗alma transborda para o corpo e perfaz a natureza do ser humano como um todo (cf. *ibidem*, a. 5-6). Embora nenhum bem exterior seja estritamente necessário para a B. perfeita (cf. *ibidem*, a. 7), uma vontade reta nesta vida e boas obras são providencialmente necessárias para merecer o céu como recompensa da ℗virtude (cf. *ibidem*, q. 5, a. 7). Ainda que todos no céu possuam a B. perfeita, uma virtude maior merece uma posse mais perfeita de Deus: aqueles com mais ℗caridade são mais felizes (*beatior*) por ela (cf. *ibidem*, q. 5, a. 2, e *Comentário aos Livros das Sentenças de Pedro Lombardo* IV, dist. 49, q. 1, a. 4, qc. 1). A penitência e os ℗sacramentos, entre outros auxílios à virtude, são necessários *per accidens* (por acidente, isto é, eventualmente) para preparar as almas para a B. (cf. *Suma contra os gentios* IV, 91, 6; *Questões disputadas sobre as virtudes*, q. 1, a. 8, ad 9m, e *Suma de teologia* III, q. 61, a. 1). Aqueles que morrem sem ℗pecado mortal, mas com manchas do pecado venial, não podem entrar imediatamente na B. celestial: é requerida uma purificação para prepará-los para a felicidade perfeita (cf. *As razões da fé*, c. 9), que é imutável e eterna (cf. *Suma de teologia* I$^a$II$^{ae}$, q. 5, a. 4).

**Bibliografia:** BERGAMO, P. Beatitudo. In: _____. *In opera Sancti Thomae Aquinatis index, seu, Tabula Aurea*. Editio fototypica. Reimpressão da ed. Vives, 1880. Roma: Editiones Paulinae, 1960, p. 157-162. BRADLEY, D. *Aquinas on the Twofold Human Good*: Reason and Human Happiness in Aquinas's Moral Science. Washington, DC: Catholic University of America Press, 1997. CONNOR, W. R. Natural Beatitude and the Future Life. *Theological Studies*, 11, p. 221-239,

1950. CONTRERAS-VEJAR, Y. [et al.] (ed.). *Regimes of Happiness*: Comparative and Historical Studies. Londres: Anthem Press, 2019. DAVIES, B. Happiness. In: DAVIES, B.; STUMP, E. (eds.). *The Oxford Handbook of Aquinas*. Oxford: Oxford University Press, 2012, p. 227-237. DONATO, A. Aquinas' Theory of Happiness and its Greek, Byzantine, Latin and Arabic Sources. *Al-Masāq*: Journal of the Medieval Mediterranean, 18 (2), 2006, p. 161-189. GARRIGOU-LAGRANGE, R. *Beatitudo*: a commentary on St. Thomas' Theological Summa I$^a$II$^{ae}$, q. 1-54. Trad. Patrick Cummings. St. Louis: B. Herder, 1956. MONDIN, B. Beatitudine. In: *Dizionario enciclopedico del pensiero di san Tommaso d'Aquino*. Bolonha: Edizioni Studio Domenicano, 2000, p. 93-95. PERAZZO, I. B. Beatitudo. In: _____. *Thomisticus Ecclesiasticus, hoc est S. Thomae Aquinatis Ecclesiae Doctoris Selectiorum Sacro-moralium Sententiarum Promptuarium*. Tomus Primus. Venetis: Typis Combi & La-Nou, 1596, p. 166-175. RAMIREZ, J. M. *De hominis beatitudine*. Madri: Instituto de Filosofia "Luis Vives", 1972. 5 v. WEILAND, G. Happiness (I$^a$II$^{ae}$, q. 1-5). Trad. Grant Kaplan. In: POPE, S. (ed.). *The Ethics of Aquinas*. Washington, DC: Georgetown University Press, 2002, p. 57-68. WHITE, T. J. Imperfect Happiness and the Final End of Man: Thomas Aquinas and the Paradigm of Nature-Grace Orthodoxy. *The Thomist*, 78 (2), p. 247-289, 2014.

EZRA SULLIVAN, OP
TRADUÇÃO DE JOSÉ EDUARDO LEVY JUNIOR

## BELEZA

**Introdução: duas análises.** Tomás de Aquino nunca dedicou uma questão exclusiva à beleza (B.), e, embora exista o fragmento de um autógrafo intitulado *De pulchro et bono* [O belo e o bem], os estudiosos o consideram uma transcrição (*reportatio*) das aulas de Alberto Magno no *studium generale* de Colônia, em 1249, sobre a exposição de Dionísio Pseudoareopagita sobre o ℗belo no seu *Livro sobre os nomes divinos*. Apesar disso, no seu *corpus* ou conjunto de textos, o comentário ao *Livro sobre os nomes divinos* e as considerações sobre a B. como apropriação do ℗Filho, sobre o digno ou honroso (*honestum*) ou

BELEZA

ainda sobre a diferenciação entre o belo e o bem são, para Tomás, ocasiões de abordar o problema da B. Encontram-se duas análises distintas e paralelas desde os seus primeiros escritos: uma do ponto de vista, digamos, conceitual, e outra do ponto de vista, por assim dizer, empírico. É de acordo com essas duas análises que respectivamente são estabelecidas duas definições, aqui chamadas de *definição intrínseca* (que explica as condições da B.) e de *definição extrínseca pelo efeito* (que explica o belo pelo seu efeito no cognoscente). A primeira expressa o que é mais cognoscível em si, e a segunda, o que é mais cognoscível para nós. Do ponto de vista da distinção dos termos, *pulchrum* é um termo concreto, significando "o ente belo", "algo que tem beleza", a forma ou ρnatureza em um ρsujeito (*subjectum, suppositum*) ou ρsubstância, enquanto *pulchritudo* ou *beleza* é um termo abstrato, significando "aquilo pelo qual algo é belo", "a forma simples", considerada segundo a sua própria noção, separada do sujeito. Tomás considera três graus de B.: a B. corporal (ou sensível, que inclui a B. natural e a B. artística), a B. espiritual (ou inteligível) e a B. do Filho (a B. divina).

**Definição intrínseca.** Esta definição consta de elementos internos ao definido. É uma definição *acidental*, que se chama também *descritiva* e explica a B. pelo predicável próprio (propriedade) ou por um conjunto de predicáveis equivalentes a um próprio. Tomás de Aquino formula diferentes caracterizações teóricas; não assinala as condições da B. sempre da mesma maneira. Ora se refere a quatro condições: *harmonia – ordem – forma – brilho* (cf. *Comentário ao Livro dos Nomes Divinos de Dionísio Pseudoareopagita*, cap. 4, lição 6, n. 367). Ora a três delas: *comensuração – grandeza – formosura* (cf. *Comentário aos Livros das Sentenças de Pedro Lombardo* I, dist. 31, q. 2, a. 1), *devida proporção ou harmonia – integridade ou perfeição – brilho* (cf. *Suma de teologia* I, q. 39, a. 8), *quantidade – figura – brilho* (cf. *Comentário ao Livro dos Nomes Divinos de Dionísio Pseudoareopagita*, cap. 4, lição 2, n. 301). Ora a apenas duas: *proporção das partes – esplendor*

(cf. *Comentário aos Livros das Sentenças de Pedro Lombardo* I, dist. 3, q. 2, exp. 1ae par. text.), *harmonia – brilho* (cf. *ibidem*, dist. 31, q. 2, a. 1), *proporção das partes – forma* (cf. *Comentário aos Livros das Sentenças de Pedro Lombardo* III, dist. 1, q. 1, a. 3, argumento inicial 3), *proporção correta – brilho e nitidez da cor* (cf. *Comentário ao Livro dos Nomes Divinos de Dionísio Pseudoareopagita*, cap. 4, lição 5, n. 339), *comensuração – forma* (cf. *ibidem*, cap. 4, lição 21, n. 554), *devida proporção – brilho* (cf. *Suma de teologia* IIªII, q. 145, a. 2; q. 180, a. 2, ad 3m). Nenhuma dessas formulações parece definitiva, nenhuma parece ser uma definição estrita. Há nelas conceitos coextensivos, como: *proporção, comensuração e harmonia; integridade e perfeição; clareza, esplendor e brilho.* Há também conceitos não coextensivos, como: *grandeza, quantidade, ordem, integridade/perfeição, forma, figura, formosura.* Nesse sentido, a definição frequentemente citada da *Suma de teologia* (Ia, q. 39, a. 8) "não parece ter uma força absoluta ou um significado canônico" (AERTSEN, 1991; 1996). Com base no estudo da gênese conceitual da noção da B., que se dá a partir do que é logicamente anterior (*per priora*), a *proporção* tem o primado. A proporção surge, com efeito, da determinação ou limitação (*determinatio*) da quantidade (cf. *Comentário ao Livro dos Nomes Divinos de Dionísio Pseudoareopagita*, cap. 4, lição 8, n. 385). Tomás considera o sentido próprio e o sentido amplo de proporção. Propriamente dita, a proporção consiste na *comensuração*, a certeza da mensuração de duas quantidades do mesmo gênero, a saber, a comparação ou relação (*habitudo*) de quantidade para quantidade, seja de uma quantidade dimensional (*dimensiva*) para outra, ou de uma quantidade intensiva (*virtualis*) para outra. A proporção se dá em primeiro lugar nas quantidades dimensionais (o número, o comprimento, a altura e a profundidade) e, em segundo lugar, nas quantidades intensivas (a intensidade das qualidades, como a cor, o som, as virtudes etc.). (2) Em sentido amplo, a proporção consiste na relação de ordem (*habitudo ordinis*), ou seja, o termo é transferido para indicar qualquer relação de uma coisa com outra, como a proporção do efeito com a ℘causa, da potência com o ato, da ℘matéria com a forma, da ℘essência com o ℘ser, do movido com o motor, do paciente com o agente, do artefato com o artífice, dos meios com o fim, do cognoscente com o cognoscível, da criatura com ℘Deus, em quem se diz haver, conjuntamente, uma semelhança de proporções (proporcionalidade) (cf. *Comentário aos Livros das Sentenças de Pedro Lombardo* II, dist. 24, q. 3, a. 6, ad 3m; dist. 42, q. 1, a. 5, ad 1m; III, dist. 1, q. 1, a. 1, ad 3m; *Questões disputadas sobre a verdade*, q. 23, a. 7, ad 7m e 9m; q. 26, a. 1, ad 7m; *Comentário ao Tratado sobre a Trindade de Boécio*, q. 1, a. 2, ad 3m; *Suma contra os gentios* III, cap. 54; *Suma de teologia* I, q. 12, a. 1, ad 4m). Certas proporções são adequadas (*sunt convenientes*) à natureza e constituição das ℘coisas. A proporção adequada ou devida proporção também é dita *harmonia*; são chamadas de harmonias (*harmoniae*) as proporções nos sons (as consonâncias nos sons) e, por ℘analogia, as proporções adequadas de qualquer coisa (cf. *Comentário ao Livro dos Nomes Divinos de Dionísio Pseudoareopagita*, cap. 4, lição 8, n. 385). A noção de harmonia é própria para indicar as qualidades do ℘corpo, como a saúde, a força e a B.: a saúde é a harmonia dos humores; a força, dos nervos e dos ossos; e a B., dos membros e das cores (cf. *Suma contra os gentios* II, cap. 64). Tomás encara a B. como bom estado ou disposição (*habitus*); nele algo está ou se apresenta (*se habet*) bem-disposto pelas qualidades da figura e da cor. A disposição implica, pois, certa ordem; ou seja, algo está disposto pela qualidade em ordem a algo (*in ordine ad aliquid*) e, se se acrescenta "bem" ou ℘"mal", relativos à noção de *habitus*, indica-se a ordem à natureza como fim; a ordem (ao fim) é a propriedade da harmonia (*consonantiam*) (cf. *Suma de teologia* IªIIᵃᵉ, q. 49, a. 2, ad 1m; *Comentário ao Livro dos Nomes Divinos de Dionísio Pseudoareopagita*, cap. 4, lição 6, n. 367). Tomás inclui também as virtudes entre os estados ou disposições. A ℘virtude, que é a disposição adequada da ℘alma, assemelha-se à saúde e à B., que são as devidas disposições

do corpo (cf. *Suma de teologia* IªIIᵃᵉ, q. 55, a. 2, ad 1m). Toda virtude tem certa B. ou ornamento (*quendam decorem sive ornatum*) segundo a sua ℘espécie (cf. *Suma de teologia* IIªIIᵃᵉ, q. 129, a. 4, ad 3m). Embora haja B. em toda virtude, essa é atribuída excelentemente à temperança por duas razões: (1) segundo a noção geral de temperança, a que pertence uma moderada e adequada proporção, na qual consiste a noção da B.; (2) conforme a moderação segundo a qual a temperança refreia as coisas mais baixas no ℘ser humano (as concupiscências e os ℘prazeres), em conformidade com a sua natureza animal; a partir delas o ser humano se torna feio (*deturpari*), donde a B. (*pulchritudo, decor*) ser atribuída à temperança, que suprime do ser humano especialmente a feiura. Por essa razão, a noção do digno ou honroso (*honestum*) é atribuída sobretudo à temperança, pois o digno é o que nada tem de feiura (*turpitudinis*) como estado de honra, o que é digno de honra (cf. *ibidem*, q. 141, a. 2, ad 3m; a. 5; a. 8, ad 1m; q. 145, a. 1). A ordem se dá em primeiro lugar na posição das partes ou na grandeza. Enquanto o múltiplo (*multitudo*) é a quantidade discreta (o número), a *grandeza* (*magnitudo*, tamanho, extensão) é a *quantidade contínua* tendo uma posição das partes, certa *ordem* (das partes), cujas espécies próprias são a linha, a superfície e o corpo. O corpo é a grandeza perfeita ou acabada, o contínuo segundo o comprimento, a altura e a profundidade (cf. *Comentário à Metafísica de Aristóteles* V, 15). A B. inclui não só a grandeza corporal, mas também a grandeza espiritual, a magnanimidade (*magnanimitas*), donde a analogia: aquele, que é digno de pouco, pode ser chamado de moderado, mas não de magnânimo, pois a magnanimidade consiste em certa grandeza; assim também aqueles de baixa estatura, mesmo que comensurados pela devida comensuração dos membros e formosos pela cor adequada, não são ditos belos pela falta de tamanho (cf. *Comentário à Ética nicomaqueia de Aristóteles* IV, 8; ARISTÓTELES, *Ética nicomaqueia* IV, 3, 1123b7-9). A magnanimidade é o ornamento (*ornatus*, equipamento, aparato) de todas as virtudes; faz todas as virtudes maiores, pois a ela pertence o agir grande (*operari magnum*) em todas as virtudes, que desse modo aumentam em intensidade (cf. *Suma de teologia* II$^a$II$^{ae}$, q. 129, a. 4, ad 3m; q. 134, a. 2, ad 2m; *Comentário à Ética nicomaqueia de Aristóteles* IV, 8). Por outro lado, o uno por continuidade (o corpo) não é suficiente para constituir o uno com perfeição (o ser humano, o calçado, a casa etc.), que requer a *integridade* (das partes). Para a integridade do uno com perfeição concorrem todas as partes necessárias ao seu fim, assim como o ser humano se integra de todos os membros necessários às operações da alma, e a casa, das partes necessárias à habitação (cf. *Comentário aos Livros das Sentenças de Pedro Lombardo* IV, dist. 8, q. 1, a. 1b; *Suma de teologia* III, q. 73, a. 2; *Comentário à Metafísica de Aristóteles* V, 8). Tomás declara expressamente que a integridade resulta da composição e ordem das partes; é precedida, portanto, pela proporção na noção da B. (cf. *Suma contra os gentios* III, cap. 94). O íntegro e o perfeito são conceitos coextensivos; são vistos como idênticos, mas diferem na noção (*ratione*): a definição do íntegro é negativa (íntegro é dito de algo que afasta uma diminuição ou falta), a do perfeito é positiva (perfeito é dito de algo que atinge a sua própria natureza) (cf. *Comentário ao Livro dos Nomes Divinos de Dionísio Pseudoareopagita*, cap. 2, lição 1, n. 114-115). A integridade coincide materialmente com a *perfeição*, ao passo que a própria perfeição é dupla: a perfeição primeira, que é a *forma* do todo que surge da integridade das partes; e a perfeição segunda, que é o fim, o qual tanto pode ser uma operação (por exemplo, o fim do citarista é tocar a cítara) como aquilo a que se chega por meio da operação (por exemplo, o fim do arquiteto e do construtor é a casa, que realizam construindo). A forma do todo também é dupla: a forma acidental e artificial (como a forma da casa), que dá o ser à composição e ordem, mas não às partes individuais do todo; e a forma substancial, que dá o ser ao todo e a cada uma das partes (cf. *Suma contra os gentios* II, cap. 72; *Questão disputada sobre a alma*, a. 10; *Suma de*

*teologia* I, q. 73, a. 1; *ibidem*, q. 76, a. 8). Diferentemente da forma do todo que dá o ser específico do artefato, a *figura* é uma qualidade da grandeza; consiste no contorno da grandeza, certa forma em torno à quantidade. O termo *formoso* indica algo que tem *formosura* (*decens forma, decorus aspectus*, forma ou aspecto adequado, conveniente) e é dito em razão da figura e da adequação da cor, *decentiam coloris* (cf. *Comentário ao Livro do Profeta Isaías*, cap. 63; *Comentário ao De Anima de Aristóteles* III, lição 1; *Comentário às Cartas de Paulo aos Coríntios* I, cap. 11, lição 2; *Comentário à Física de Aristóteles* VII, lição 5). A *clareza*, por sua vez, significa certa visibilidade e manifestação, ou seja, inclui certa evidência (*evidentiam quamdam*) na medida em que alguma coisa se torna visível e manifesta em seu *esplendor* (cf. *Questões disputadas sobre o mal*, q. 9, a. 1); essa é a evidência do sensível devidamente proporcionado e acabado, cujo acabamento ou perfeição corresponde à forma. O brilho exprime a difusão da perfeição, pois toda forma e ato é comunicável a partir de si; o ato é a perfeição da coisa, o princípio de ação ou potência ativa; quanto maior a perfeição da coisa, maior a potência ativa, e a ação pode estender-se a muito mais coisas e mais afastadas (cf. *Comentário aos Livros das Sentenças de Pedro Lombardo* I, dist. 4, q. 1, a. 1; *Suma contra os gentios* II, cap. 6 e 7; ver a formulação similar no tema do bem como difusivo de si na *Suma de teologia* II$^a$II$^{ae}$, q. 188, a. 6). No belo, a forma (a forma do todo e a figura) tem maior perfeição, sendo mais comunicável e cognoscível; essa é a causa formal que implica a relação para com a potência cognoscitiva (cf. *Suma de teologia* I, q. 5, a. 4, ad 1m). O brilho exprime, portanto, certa manifestação, comunicação e cognoscibilidade, e é considerado por Tomás em duplo sentido: (1) no corpo, uma nitidez (*nitor*) é a manifestação da disposição intrínseca dos membros e da cor, e outro, o brilho (*claritate*) que lhe sobrevém; (2) na alma, um brilho (*nitor*) é habitual, pois se trata de certa disposição estável, ♂hábito, habilitação ou virtude (*habitus*), e outro, atual, como brilho exterior (*exterior fulgor*) ou glória, a saber, o bem espiritual de alguém tornado manifesto ao conhecimento dos outros, sendo visto como belo, adequado (*decorus*) – tal brilho exterior ou glória é o efeito da honra (cf. *Suma de teologia* IªIIªᵉ, q. 89, a. 1; IIªIIªᵉ q. 145, a. 2, ad 2m). Tomás retorna a esse aspecto em outros textos. Assim como, com efeito, no corpo a B. é a devida proporção dos membros no brilho ou cor adequada, assim também nos atos humanos a B. é a devida proporção das palavras ou dos feitos, nos quais se manifesta o brilho da 𝒫razão. Por oposição, a feiura se entende quando alguém age contra a razão e não observa a devida proporção nas palavras e nos feitos (cf. *Comentário às Cartas de Paulo aos Coríntios* I, cap. 11, lição 2). As mesmas condições encontradas na B. corporal (a boa proporção dos membros com certo brilho da devida cor) encontram-se analogamente na B. espiritual, a saber, a boa proporção da conduta exterior (*exterior conversatio*) ou ação do ser humano segundo o brilho espiritual da razão (*spiritualem rationis claritatem*). A conduta exterior manifesta a retidão interior (*interioris rectitudinis*); os movimentos exteriores estão em conformidade com a disposição interior, ou seja, com a razão. Essa caracterização pertence à noção do digno (*rationem honesti*), que é idêntico à virtude e que modera todas as coisas humanas segundo a razão. Tomás salienta que o digno é idêntico à B. espiritual (*spirituali decori*) e lembra que a dignidade (*honestatem*) é chamada de "beleza inteligível" por Agostinho (cf. *Suma de teologia* IIªIIªᵉ, q. 145, a. 1, ad 3m; a. 2; *ibidem*, q. 168, a. 1, ad 1m e ad 3m; AGOSTINHO, *Sobre oitenta e três questões diversas*, q. 30). Para o brilho, e, portanto, para a B., são necessárias a comensuração, que é relativa à ordem (ordem das partes), e a forma; a privação de qualquer uma resulta na feiura. O mal no corpo não é a privação de toda ordem e de toda forma, porque assim se eliminaria o próprio corpo e, por consequência, a feiura corporal. O feio não é totalmente mau, nem algo que não contém nada de bom; nele, o bem é diminuído (*bonum minoratum*) em relação à devida proporção (cf. *Comentário ao Livro dos Nomes Divinos de Dio-*

*nísio Pseudoareopagita*, cap. 4, lição 21, n. 554; *Suma contra os gentios* III, cap. 139).

**Definição extrínseca pelo efeito.** Esta segunda definição explica o belo pelo seu efeito no cognoscente. Tomás de Aquino a concebe por meio da diferenciação entre as noções do bem e do belo. O belo e o bem são idênticos no sujeito (*in subiecto*, que corresponde a *in supposito*, *secundum substantiam*, *secundum rem*), mas diferem na noção (*ratione*, que tem o mesmo sentido de *secundum intentionem*) (cf. *Comentário aos Livros das Sentenças de Pedro Lombardo* I, dist. 8, q. 1, a. 3 e ad 3m; *Suma de teologia* I, q. 5, a. 1). O bem diz respeito propriamente ao apetite (𝒫Desejo): o bem é o que todas as coisas apetecem (*bonum est quod omnia appetunt*), e, por isso, tem o aspecto de 𝒫fim. O belo diz respeito, porém, à potência cognoscitiva: belas são ditas as coisas que vistas, causam prazer (*pulchra enim dicuntur quae visa placent*) (cf. *Suma de teologia* I, q. 5, a. 4, ad 1m). Dito em outros termos, a definição do bem explica que nele se aquieta o apetite: bem é dito aquilo que pura e simplesmente agrada (*complacet*) o apetite; e a definição do belo, que na sua vista ou 𝒫conhecimento (*in eius aspectu seu cognitione*) se aquieta o apetite: belo é dito aquilo cuja própria apreensão causa prazer (*pulchrum autem dicatur id cuius ipsa apprehensio placet*) (cf. *Suma de teologia* IªIIªᵉ, q. 27, a. 1, ad 3m). A apetência não constitui o belo; ao contrário, é causada pela B. e pelo bem: algo não é belo porque é amado, mas é amado porque é belo e bom (cf. *Comentário ao Livro dos Nomes Divinos de Dionísio Pseudoareopagita*, cap. 4, lição 10, n. 439). A frase *quae visa placent* é um predicável *a posteriori*, não introduz uma "condição subjetiva" do belo, apenas explica o belo pelo seu efeito (cf. AERTSEN, 1991; 1996). Dois conceitos são expressos nessa definição: (i) o apaziguamento do apetite, ou seja, o prazer; (ii) certa relação para com a potência cognoscitiva; é o que se considera com base no estudo da gênese empírica da noção do belo, que se dá a partir do que é logicamente posterior (*per posteriora*). Em relação a (i), Tomás define a 𝒫alegria ou o prazer (*gaudium vel delectactio*) como repouso no bem e fruição do bem (cf. *Suma de teologia* I, q. 5, a. 5; I*ª*II*ᵃᵉ*, q. 25, a. 2; q. 26, a. 2; *Questões disputadas sobre o mal*, q. 10, a. 3). O bem exprime a noção do perfeito (*perfectum*, acabado) e apetecível, termo do movimento do apetite. Digno de menção, a esse respeito, é o fato de haver duas abordagens: uma que considera a noção do bem e outra, a sua divisão. Sobre a noção do bem (*ratio boni*), Tomás se vale do argumento de Agostinho (cf. *A natureza do bem*, cap. 3) sobre as três condições do bem, *modo/medida – espécie – ordem* (*modus – species – ordo*), as quais equivalem a *comensuração – forma/beleza – inclinação* (*commensuratio – forma/pulchritudo – inclinatio*): a forma pressupõe uma comensuração, significada por *modus*; a própria forma ou B. é significada por *species*; e o que é consequente à forma é a inclinação para o fim, ou para a ação ou para algo semelhante, significada por *ordo*. A comensuração é a causa da forma/B., e essas são as causas da inclinação (cf. *Questões disputadas sobre a verdade*, q. 21, a. 6 e ad 4m; q. 22, a. 1, ad 12m; *Suma de teologia* I, q. 5, a. 5; *Suma de teologia* I*ª*II*ᵃᵉ*, q. 85, a. 4; *Comentário ao Livro dos Nomes Divinos de Dionísio Pseudoareopagita*, cap. 8, lição 4, n. 775). Essa tricotomia é reconfirmada no versículo do livro da *Sabedoria*: "tudo dispuseste com medida, número e peso" (Sb 11,20). Sobre a divisão do bem, o termo do movimento do apetite pode ser tomado de dois modos: (1) aquilo para o qual o apetite tende (a forma, o lugar etc.), ou (2) o repouso nele. Em (1), o que é apetecível e termina o movimento do apetite sob certo aspecto (*secundum quid*), como meio pelo qual o apetite tende a outro, é chamado de "útil" (*utile*); o que é apetecível como último e termina completamente o movimento do apetecível, como algo por si ao qual o apetite tende, é chamado de "digno" ou "honroso" (*honestum*), pois digno é dito o que é desejado por si. Em (2), o que termina o movimento do apetite como repouso em algo desejado é o prazer, o deleite; o "deleitável" (*delectabile*) é o que não tem outra razão para ser apetecido senão o prazer (embora, às vezes, seja nocivo e indigno). O digno e o deleitável possuem o aspecto de fim, pois são apetecíveis por si. Enquanto o digno, o bem segundo a razão, tem algum prazer associado a ele, o deleitável, que se contrapõe ao digno, é prazeroso segundo os ᵽsentidos (cf. *Suma de teologia* I, q. 5, a. 6 e ad 2m; *Comentário à Ética nicomaqueia de Aristóteles* I, 5). Tomás identifica o digno a certa B. (*quaendam decorem*), que resulta da ordenação da conduta exterior segundo a razão, a B. espiritual, e justifica que o digno é prazeroso: o que se ordena segundo a razão é naturalmente compatível com o ser humano; cada um tem prazer naturalmente com o que lhe é compatível, donde o digno ser naturalmente prazeroso ao ser humano. Mas nem tudo o que é prazeroso é digno, pois algo pode ser compatível segundo os sentidos, mas não segundo a razão (cf. *Suma de teologia* II*ª*II*ᵃᵉ*, q. 145, a. 3). Por sua vez, em relação a (ii), Tomás afirma que tudo o que se inclina para um fim tem primeiro uma conaturalidade (*connaturalitas*) ou adaptação/proporção (*aptitudo sive proportio*) com o fim, que é chamada de "ᵽamor"; o movimento ao bem que se segue ao amor é chamado de "desejo ou concupiscência"; por último, o repouso no bem, após a sua obtenção, é chamado de "alegria ou prazer" (cf. *Suma de teologia* I*ª*II*ᵃᵉ*, q. 25, a. 2; *Comentário ao Evangelho de João*, cap. 16, lição 6). O bem causa naquele que apetece certa conaturalidade ou adaptação (*coaptatio*) ao bem, isto é, o agrado (*complacentia*) com o bem. A conaturalidade ou adaptação daquele que apetece àquilo ao qual tende é chamada de *amor natural*, assim como a adaptação do apetite sensitivo ou da ᵽvontade a um bem é chamada de *amor sensitivo* ou *amor intelectivo* ou *racional*. O amor natural está em todas as potências da alma, em todas as partes do corpo, e universalmente em todas as coisas. De acordo com Dionísio (cf. *Os nomes divinos*, 708a), "para todos o belo e o bem são amáveis", posto que cada coisa tem conaturalidade ao que lhe é compatível segundo a sua natureza (cf. *Comentário aos Livros das Sentenças de Pedro Lombardo* III, dist. 27, q. 1, a. 2; *Suma de teologia* I*ª*II*ᵃᵉ*, q. 26, a. 1, ad 3m; *Comentário ao Livro dos Nomes Divinos de Dionísio Pseudoareopagita*, cap. 4, lição

9, n. 401). Desse modo, toda potência da alma é certa forma ou natureza, e tem inclinação natural para algo. Cada uma apetece por *apetite natural* o ꝑobjeto que lhe é compatível (*obiectum sibi conveniens*); cada uma se compara ou assimila (*comparatur*) a algum bem próprio que lhe é compatível: a vista à cor, o ꝑintelecto ao conhecimento do verdadeiro. A apreensão se faz por *semelhança* do cognoscente *ao* cognoscível (*ad-similatio*). O objeto que na própria apreensão aparece como belo é tomado como compatível e bom (cf. *Suma de teologia* I, q. 78, a. 1, ad 3m; q. 80, a. 1, ad 3m; q. 82, a. 4; II$^a$II$^{ae}$, q. 145, a. 2, ad 1m). Em outras palavras, o objeto próprio da sensibilidade é a coisa boa ou compatível com o senciente, o que se dá de dois modos: de um modo, porque é compatível com o próprio ser do senciente, como a comida, a bebida, e outras coisas semelhantes; de outro modo, porque é compatível com o sentido para sentir, como a cor bela é compatível com a vista para ver e o som moderado, com o ouvido para ouvir (cf. *Questões disputadas sobre a verdade*, q. 25, a. 1). Tomás procura saber por que certos sensíveis causam prazer (*delectant*) ao sentido e outros o prejudicam (*corrumpant*). Seguindo Aristóteles (cf. *De anima* III, 426a27-b9), menciona a sinfonia como som harmonioso e proporcionado; o som é de certo modo idêntico ao ouvido, e a sinfonia é certa proporção, donde ser necessário que o ouvido seja certa proporção. Toda proporção é destruída (*corrumpitur*) por superabundância: o som excessivamente grave ou agudo destrói a audição, o que é muito brilhante ou escuro destrói a visão etc. No entanto, se os sensíveis são levados a uma mistura proporcionada (cor média, consonância nos sons, sabor médio etc.) tornam-se prazerosos. De todo modo, o sentido se comporta como certa proporção. O sentido tem prazer nas coisas proporcionadas, como no semelhante a si, pois o sentido é certa proporção (*proportio*); o excesso destrói o sentido, ou pelo menos o magoa (cf. *Comentário ao De Anima de Aristóteles* III, lição 2; *Comentário a O sentido e o sensível de Aristóteles*, lições 7-8). Tomás também chega a isso por meio da diferenciação entre as noções do bem e do belo. Como dissemos, o belo e o bem são idênticos no sujeito, porque se fundam na forma (*species*, espécie, que pressupõe *modus*, comensuração, devida proporção), mas diferem na noção: enquanto o bem diz respeito propriamente ao apetite (*ordo*, inclinação; o bem é o que todas as coisas apetecem), o belo diz respeito à potência cognoscitiva (belas são ditas as coisas que vistas, causam prazer). O belo consiste, portanto, na devida proporção, uma vez que o sentido tem prazer nas coisas devidamente proporcionadas como no semelhante a si: o sentido, como toda potência cognoscitiva, é certa proporção (*ratio*). Como o conhecimento se faz por assimilação (*ad-similatio*), e a semelhança é segundo a conformidade ou ter parte (*convenientiam vel communicationem*) na forma, o belo pertence à noção ou determinação (*rationem*) da causa formal (cf. *Suma de teologia* I, q. 5, a. 4, ad 1m; cf. *Questões disputadas sobre a verdade*, q. 2, a. 14; *Suma de teologia* I, q. 4, a. 3). Tomás evoca o belo ao falar do sensível que está na devida proporção; esse é o sensível mais compatível e mais prazeroso ao sentido. Mas nem todo sensível com essas características é tido como belo; fala-se de visíveis belos e sons belos, não de odores ou sabores belos. Tomás justifica isso dizendo que a vista e o ouvido têm relação com o belo de modo especial; esses são os sentidos externos mais cognoscitivos e que servem à razão (cf. *Comentário ao De Anima de Aristóteles* II, lição 14; *Comentário às Cartas de Paulo aos Coríntios* I, cap. 12, lição 3). A operação do sentido é mais prazerosa quanto mais perfeita, e a operação mais perfeita é aquela em que o sentido está bem-disposto em relação ao mais excelente dos seus objetos; por isso a B. visível causa o acabamento ou a perfeição da vista (*perfectionem faciat visionis*) (cf. *Questões disputadas sobre a verdade*, q. 8, a. 1; *Suma de teologia* III, q. 94, a. 1, argumento inicial 1 e ad 1m; ARISTÓTELES, *Ética nicomaqueia* X, 3, 1174b21). Isso conflui novamente com a diferenciação entre as noções do bem e do belo: o belo é idêntico ao bem, mas diferindo na noção; a noção do bem exprime que nele se aquieta o apetite, e a noção do belo, que na sua vista ou conhecimento (*in eius aspectu seu cognitione*) se aquieta o apetite (*belo é dito aquilo cuja própria apreensão causa prazer*) (cf. *Suma de teologia* I$^a$II$^{ae}$, q. 27, a. 1, ad 3m). Por outro lado, a vista apreende por si a figura e a grandeza (sensíveis comuns) enquanto apreende a cor (o sensível próprio da vista). Os sensíveis comuns são cinco: o movimento, o repouso, o número, a grandeza e a figura; não são próprios de nenhum sentido externo (o movimento, o repouso e o número são comuns a todos os sentidos externos, mas somente a vista e o tato percebem os cinco) (cf. *Comentário ao De Anima de Aristóteles* II, lição 13; *Suma de teologia* III, q. 92, a. 2). O sentido julga os sensíveis na medida em que, da apreensão por natureza, segue tal ou qual juízo. O juízo do sentido é natural no caso dos sensíveis próprios, e por certa comparação (*per quandam collationem*), feita pela potência cogitativa (um dos sentidos internos), no caso dos sensíveis comuns e dos sensíveis por acidente (as intenções não percebidas pelos sentidos externos). Essa potência, de modo semelhante ao intelecto que compara intenções universais, compara intenções individuais como uma *razão particular* (cf. *Questões disputadas sobre a verdade*, q. 1, a. 11; *Comentário ao De Anima de Aristóteles* II, lição 13). A cogitativa julga no belo os sensíveis comuns (a figura e a grandeza em algo colorido, o número ou proporção numérica em que se funda a consonância nos sons), e no digno, o sensível por acidente (a ℘intenção da conformidade da conduta exterior com a razão).

**Beleza do Filho.** Dos três graus de B., a B. do Filho (a segunda ℘Pessoa divina) é aquela a cujo estudo Tomás de Aquino dedicou maior quantidade de páginas. É possível aqui separar três abordagens: (i) o Filho como brilho e esplendor do ℘Pai, (ii) a B. como apropriação do Filho e (iii) o belo como ℘atributo divino e sua causalidade. Quanto a (i), Tomás menciona que o Filho é brilho e esplendor do Pai, obedecendo à ℘Sagrada Escritura: o Filho é "esplendor da glória e figura da substância dele" (Hb 1,3); a sabedoria é "reflexo da luz eterna, espelho

sem mancha do ℘poder de Deus" (Sb 7,26) (cf. *Comentário ao Evangelho de João*, cap. 12, lição 5). O aspecto divino tem origem no Pai, que o deu desde a ℘eternidade, pois o Filho procede do Pai desde a eternidade, como o esplendor da luz. ℘Jesus Cristo é formoso, brilhando pelo esplendor da divindade (cf. *Comentário ao Livro do Profeta Isaías*, cap. 63; *Comentário ao Evangelho de João*, cap. 17, lição 6). Assim também o Filho é chamado de "imagem" e "verbo": imagem do Pai, "imagem do Deus invisível" (Cl 1,15), pois representa perfeitamente o Pai segundo o que lhe é intrínseco; e ℘verbo, na medida em que acrescenta a manifestação (cf. *Questões disputadas sobre a verdade*, q. 4, a. 5, *sed contra* 4; *Comentário ao Evangelho de João*, cap. 14, lição 2). O termo "verbo" não só implica a origem e a imitação (ambos requeridos para a noção de imagem), mas também a manifestação. É a semelhança no intelecto da coisa inteligida, ordenada à manifestação no intelecto (*verbum interius, interior mentis conceptus*) ou fora dele (*exteriora signa, verbum exterius; vox et significatio vocis*, ou seja, *imago vocis et verbum vocis*), "assim como a luz e o esplendor" (JOÃO DAMASCENO, *A fé ortodoxa* I, 13). *Verbo* é dito propriamente daquilo que procede do intelecto. Esse termo convém ao Filho, pois o Pai é manifestado pelo Filho, que é derivado do Pai, procedendo dele a modo do intelecto (*per modum intellectus*) (cf. *Comentário aos Livros das Sentenças de Pedro Lombardo* I, dist. 27, q. 2, a. 2a; *Questões disputadas sobre a verdade*, q. 4, a.1; a. 3; a. 4, ad 6m; *Suma de teologia* I, q. 34, a. 1, ad 1m). O Filho é o Verbo e a concepção de Deus que intelige a si mesmo. Por isso, o Verbo é chamado de "sabedoria concebida" ou "gerada". O termo "sabedoria" deve ser comum ao Pai e ao Filho, pois a sabedoria que resplandece pelo Verbo é a essência do Pai. Como a manifestação da luz (da sabedoria divina) é o esplendor que dela procede, convém que o Verbo seja chamado de "esplendor da luz", "esplendor da glória" (Hb 1,3) (cf. *Suma contra os gentios* IV, cap. 12; *Símbolo niceno-constantinopolitano*: "luz da luz"). A glória pode ser entendida de dois modos. (1) A glória pela qual o ser humano glorifica a Deus, oferecendo-lhe a devida honra ou reverência, o culto de latria (de Ɔreligião), não por causa de Deus, que em si mesmo é pleno de glória, mas por causa do próprio ser humano. A religião exige que o ser humano afaste a mente das coisas inferiores para poder unir-se ao que é supremo; sem a pureza, a mente não pode aproximar-se de Deus. Esse estado ou disposição deriva da temperança ou de alguma virtude semelhante. (2) A glória pela qual Deus em si mesmo é glorioso, sendo incompreensível e infinita. Nesse segundo modo, a glória é o próprio brilho da natureza divina, "que habita numa luz inacessível" (1Tm 6,16). A glória ou brilho divino é o princípio de toda B. e forma (*principium omnis speciei et formae*) (cf. *Suma de teologia* II$^a$II$^{ae}$, q. 81, a. 1; a. 7 e 8; *Comentário à Carta de Paulo aos Romanos*, cap. 1, lição 7; *Comentário à Carta de Paulo aos Filipenses*, cap. 2, lição 2; *Comentário ao Evangelho de João*, cap. 12, lição 8). Seguindo Dionísio e referindo-se à causalidade do belo divino, Tomás assinala que do belo são causadas todas as essências dos Ɔentes, pois toda essência ou é uma forma substancial simples ou tem o complemento pela forma substancial; a forma é certa irradiação (*quaedam irradiatio*) proveniente do primeiro brilho (cf. *Comentário ao Livro dos Nomes Divinos de Dionísio Pseudoareopagita*, cap. 4, lição 6, n. 360). Quanto a (ii), Tomás discute as apropriações trinitárias na Ɔteologia patrística (ƆAutoridade), especialmente em Hilário de Poitiers e Agostinho. O termo *appropriatio* denomina a manifestação das Pessoas divinas por atributos próprios ou essenciais (cf. *Suma de teologia* I, q. 39, a. 7). Hilário apresenta uma tríade de apropriações: a eternidade (*aeternitas*), que é dita estar no Pai; a B. (*species, idest pulchritudo*), que é dita estar na imagem, isto é, no Filho; e o uso (*usu*), que é dito estar na Ɔgraça, a saber, no ƆEspírito Santo, que é o dom. Tomás faz uma exposição que leva em conta as condições da B. e a interpretação de Agostinho. A B. se encontra, pois, nas propriedades do Filho na medida em que o Filho é a imagem perfeita do Pai, e nisso ele é a concordância (*consonantia*)

perfeita, a primeira igualdade. O Filho também possui a grandeza (*magnitudinem*) que consiste na perfeição (*perfectione*) da natureza divina, a Ɔvida perfeita e suprema. Enquanto Verbo perfeito do Pai, o Filho possui o brilho (*claritatem*) que irradia sobre todas coisas e em todas resplandece (cf. *Comentário aos Livros das Sentenças de Pedro Lombardo* I, dist. 31, q. 2, a. 1; AGOSTINHO, *A Trindade* VI, 10, 11). Esse aspecto é retomado na passagem clássica a respeito das condições da B. A *species* ou B. tem semelhança com as propriedades do Filho, pois a B. requer a integridade ou perfeição (*integritas sive perfectio*), a devida proporção ou harmonia (*debita proportio sive consonantia*) e o brilho (*claritas*): integridade ou perfeição, na medida em que o Filho tem em si verdadeira e perfeitamente a natureza do Pai, a vida suprema e primeira; devida proporção ou harmonia, na medida em que o Filho é a imagem expressa do Pai, "tão grande concordância e primeira igualdade" (AGOSTINHO, *A Trindade* VI, 10, 11); e brilho, na medida em que o Filho é o Verbo, "luz e esplendor do intelecto" (JOÃO DAMASCENO, *A fé ortodoxa* I, 13) (cf. *Suma de teologia* I, q. 39, a. 8). Quanto a (iii), no *Comentário ao Livro dos Nomes Divinos de Dionísio Pseudoareopagita* (cap. 4) Tomás examina o belo como atributo divino (lição 5) e sua causalidade (lição 6). Logo no início aplica a doutrina geral da Ɔparticipação ao caso do concreto e abstrato: na causa primeira, que é Deus, o belo e a B. (*pulchrum et pulchritudinem*) não diferem – a causa primeira compreende por si tudo (*omnia in uno*); nas criaturas, ao contrário, o belo e a B. diferem de acordo com o participante e o participado, ou seja, "belo" é dito o que participa da B. e "beleza", a participação na causa primeira que torna belas todas as coisas. A B. da criatura é a semelhança da B. divina participada nas coisas (cf. *ibidem*, cap. 4, lição 5, n. 336-337). Tanto a B. como o belo são atribuídos a Deus. Deus é o belo supersubstancial e é chamado de "beleza" porque dá a B. a todos os entes criados de acordo com a propriedade de cada um: uma é a B. corporal (a B. deste ou daquele corpo) e outra, a B. espiritual. Dionísio

BELEZA

menciona em que consiste a noção ou determinação da B. (*pulchritudinis ratio*) ao acrescentar que Deus transmite a B. na medida em que é a causa da harmonia e brilho (*consonantiae et claritatis*) em todas as coisas. Por isso, nas demais coisas, a B. deve ser considerada analogamente (*proportionaliter*): cada ente é dito "belo" na medida em que está constituído na devida proporção e possui um brilho corporal ou espiritual (cf. *ibidem*, cap. 4, lição 5, n. 338-339; *Suma de teologia* II$^a$II$^{ae}$, q. 145, a. 2). De um lado, Deus é a causa do brilho; envia a toda criatura, como certo fulgor (*cum quodam fulgore*), a transmissão do seu "raio" luminoso, que é a fonte de toda luz. Essas "transmissões" são participações por semelhança; são embelezantes (*pulchrificae*), produzem a B. nas coisas. De outro lado, Deus é a causa da harmonia das coisas. Há uma dupla harmonia nas coisas: (1) segundo a ordem das criaturas a Deus, pois Deus chama ou atrai para si todas as coisas e as faz retornar para si como fim último – por isso, em grego, "beleza" é dita *kállos*, que deriva de *kalein* (chamar); (2) segundo a ordem das coisas entre si, pois tudo está em tudo (*omnia in omnibus*), as coisas superiores estão nas inferiores por participação e as inferiores nas superiores por certa excelência (cf. *Comentário ao Livro dos Nomes Divinos de Dionísio Pseudoareopagita*, cap. 4, lição 5, n. 340). Deus também é chamado de "belo", seja pelo excesso, seja pela causa. O excesso é duplo: um encontra-se no ℘gênero e se indica pelo comparativo ou superlativo (por exemplo, o fogo excede em calor por excesso no gênero, e, por isso, é dito "o mais quente", "quentíssimo"); o outro encontra-se fora do gênero e se indica pela preposição *super* (por exemplo, o sol excede em calor por excesso fora do gênero, e, por isso, é dito "superquente", pois o calor se encontra nele do modo mais excelente). Deus é dito, ao mesmo tempo, *o mais belo* (*pulcherrimus*) e o *superbelo* (*superpulcher*) ou *aquele em quem a beleza se encontra do modo mais excelente*, precisamente por não estar em um gênero, podendo atribuir-se a ele todas as coisas em qualquer gênero que estejam (cf. *ibidem*, cap. 4, lição 5, n. 341-343). Deus é superbelo: é

sempre e uniformemente belo, excluindo a primeira deficiência (*defectum*) da B., a B. variável, como é manifesto nas coisas corporais; e é total, pura e simplesmente belo, excluindo a segunda deficiência, a B. particular, que todas as criaturas possuem (cf. *ibidem*, cap. 4, lição 5, n. 345-346). Deus é dito ainda superbelo na medida em que tem em si a fonte de toda B.; na sua natureza preexiste toda B. e todo belo, a modo como na causa preexistem múltiplos efeitos (cf. *ibidem*, cap. 4, lição 5, n. 347). Desse caráter máximo e transcendente de Deus em relação à B. (ele é superbelo) provém o ser de todo existente. O brilho (*claritas*) se encontra, com efeito, na noção da B.: toda forma, por meio da qual a coisa tem o ser (*esse*), é certa participação no brilho divino; cada coisa é bela segundo a própria determinação (*ratio*) ou forma, donde toda coisa ter o ser derivado da B. divina. Assim também a harmonia (*consonantia*) se encontra na noção da B., donde todas as coisas às quais compete de qualquer modo a harmonia procederem da B. divina. É por causa da B. divina que se dão as concórdias (*concordiae*) de todas as criaturas racionais: quanto ao intelecto, a convergência de ideias; quanto ao afeto, a ℘amizade; quanto à ação ou a qualquer coisa exterior, a ℘comunidade. Em geral, todas as criaturas, qualquer que seja a união que possuam, a possuem pela virtude do belo (cf. *ibidem*, cap. 4, lição 5, n. 349).

**A questão da transcendentalidade do belo.** Trata-se, nesta questão, de uma querela entre os intérpretes modernos. Tomás de Aquino conhece e emprega os termos *transcendere* e *transcendens*, mas, em nenhum de seus três textos sobre a doutrina dos transcendentais (℘Transcendência e Transcendental), a saber, o *Comentário aos Livros das Sentenças de Pedro Lombardo* (I, dist. 8, q. 1, a. 3) e as *Questões disputadas sobre a verdade* (q. 1, a. 1) e (q. 21, a. 1), o belo é mencionado como um transcendental, nem há qualquer outro texto em que se fale explicitamente da sua transcendentalidade. A *Suma sobre o bem* (c. 1225-1228), de Felipe, o Chanceler, que contém a primeira formulação da doutrina dos transcendentais, declara, em relação aos conceitos, que "os mais gerais" (*communissima*) são: *ens – unum – verum – bonum* (ente – uno – verdadeiro – bem); esses são os "primeiros" (*prima*) ou os "primeiros conceitos" (*primae intentiones*), na medida em que a redução (*resolutio*) a algum antecedente é impossível. A *Suma teológica* atribuída a Alexandre de Hales (c. 1245) fala dos "primeiros" (*prima*) como *primae intentiones* e *primae impressiones*, em que o termo *impressio* terá como fonte Avicena: são noções primárias impressas no intelecto segundo a causalidade divina. Alberto Magno menciona, em seus comentários lógicos (1255-1260), o que transcende (*transcendit*) os gêneros (as categorias), a saber: *res – unum – aliquid* (coisa – uno – alguma coisa), e conclui, no *Comentário à Metafísica de Aristóteles* (c. 1264), que a metafísica estuda os "primeiros" (*prima*), a começar nos transcendentes (*a transcendentibus*). É somente com Duns Scotus e os scotistas no século XIV que o termo *transcendentia* se torna comum. Scotus o introduz, no seu comentário à *Metafísica* aristotélica (c. 1298-1302), como outro termo para *communissima*. Tomás não emprega o termo *transcendentia* nos três textos citados, senão posteriormente ao explicar a ordem dos termos transcendentes, *nomina transcendentia* (cf. *Questões disputadas sobre a verdade*, q. 21, a. 3). Os três textos apresentam uma derivação dos transcendentais. As *Questões disputadas sobre a verdade* (q. 1, a. 1) contêm a derivação mais sistemática; nela aparecem seis transcendentais, a saber: *ens – unum – res – aliquid – verum – bonum* (ente – uno – coisa – alguma coisa – verdadeiro – bem). No texto posterior (q. 21, a. 1) e no *Comentário aos Livros das Sentenças de Pedro Lombardo* I, dist. 8, q. 1, a. 3, aparecem apenas quatro: *res* e *aliquid* não são mencionados. Nas *Questões disputadas sobre a verdade* (q. 1, a. 1), Tomás considera a oposição dos dois modos entitativos: de um lado, os modos categoriais do ente (os dez gêneros supremos dos predicados, que Aristóteles chama de "categorias"); e de outro, os modos gerais do ente (que transcendem as categorias, na medida em que são comuns a todas elas) (cf. AERTSEN, 1996;

2012). A maioria dos autores medievais não incluiu o belo entre os transcendentais e se restringiu à tríade *unum – verum – bonum*. Ao tratar do *bonum*, a *Suma de Alexandre de Hales* inclui um artigo sobre a relação entre o bem e o belo, em que o belo é definido como estado ou disposição do bem (*dispositionem boni*) na medida em que causa prazer à apreensão (cf. I, III, q. 3, a. 2, n. 103). A *Suma de Alexandre de Hales* observa que o belo e o bem são idênticos na substância, mas diferem na noção. Ambos adicionam ao ente, cada um expressa uma disposição: o bem significa a disposição referente à causa final e o belo, à causa formal. Entretanto, não só o belo deriva da forma, mas também o verdadeiro: a verdade é a disposição por parte da forma ou natureza interna da coisa e a B., por parte da forma exterior. Belo é dito, portanto, aquilo cujo estado (disposição) é compatível com a vista (*conveniens esset in aspectu*) (cf. *Suma de Alexandre de Hales* II, I, II, q. 3, cap. 1, n. 75). Alberto Magno considera, no texto de *O belo e o bem* (c. 1250), por muito tempo atribuído a Tomás, a ordem dos nomes divinos "luz", "belo" e "amor" por comparação com os processos na mente: o processo que se encontra na razão teórica, a apreensão do verdadeiro, corresponde à "luz"; o processo que se encontra na razão prática por extensão (*per extensionem*) do verdadeiro à noção do bem corresponde ao "belo"; e a apreensão do verdadeiro para o movimento do desejo corresponde ao "amor". Alberto considera que o belo e o digno (*pulchrum et honestum*) são idênticos no sujeito (*in subiecto*), mas diferem na noção (*in ratione*); a noção do belo consiste no resplendor (*resplendentia*) da forma sobre as partes proporcionadas da matéria; e a noção do digno, no que atrai para si o desejo (cf. *Comentário ao Livro dos Nomes Divinos*, cap. 4, n. 71-72). Dois escritos medievais falam explicitamente da transcendentalidade do belo. O primeiro é o tratado anônimo intitulado *Tratado sobre as condições transcendentais do ente*, na verdade um excerto da *Suma de Alexandre de Hales*, no qual o autor tira conclusões sobre o belo. O texto assinala quatro condições gerais do ente, *unum*

– *verum – bonum – pulchrum*, que são distinguidas segundo a ordem das causas: "uno" diz respeito à causa eficiente; "verdadeiro", à causa formal; "bem", à causa final; e "belo" envolve (*circuit*) todas essas causas, sendo comum a elas (cf. a. 1, q. 1). O segundo é *O sumo bem*, de Ulrico de Estrasburgo, uma exposição da teologia com base no *Livro dos nomes divinos*, de Dionísio. Partindo da ideia de Agostinho de que tudo o que é feito pela arte divina possui alguma *species* ou forma, Ulrico afirma, na esteira de Alberto, que o belo, assim como o bem, é convertível com o ente segundo o sujeito, mas segundo a essência (ou definição) acrescenta o brilho (*lumen*) da forma sobre a matéria (cf. *O sumo bem* II, 3, c. 4) (cf. AERTSEN, 2012). O contexto das discussões sobre a B. na teologia latina medieval consistia na análise do *bonum* desde a *Suma de Alexandre de Hales*. Contudo, na literatura recente, numerosos intérpretes sustentaram que o belo é um transcendental para Tomás. Dentre esses, Jacques Maritain entende que o belo é "o esplendor de todos os transcendentais reunidos" (MARITAIN, 1935). Francis J. Kovach afirma que o belo é "o mais rico, mais nobre, mais abrangente de todos os transcendentais" (KOVACH, 1961); o belo (*pulchrum*) é o ente considerado em relação para com o intelecto (*verum*) e a vontade (*bonum*) conjuntamente, é o único transcendental com dois termos (o intelecto e a vontade), "o único transcendental que inclui todos os outros transcendentais" (KOVACH, 1963). Winfried Czapiewski defende que o verdadeiro e o bem se desdobram de um modo primordial (*Urmodus*), um transcendental anterior, que é o belo (cf. CZAPIEWSKI, 1964). Kovach e Czapiewski procuram indicar o lugar do belo na ordem dos transcendentais a partir da "definição extrínseca", a qual relaciona o belo à potência cognoscitiva e ao apetite. Dentre os contrários a essa postura, Marc De Munnynck observa que o *placet* entra nas definições do belo e do deleitável (*bonum delectabile*); o prazeroso é proporcionado à natureza particular do ser humano, enquanto o verdadeiro e o bem são proporcionados à natureza humana: o intelecto é proporcionado ao verdadeiro, e a vontade, ao bem. Não há um terceiro superior cujo objeto transcendental seja o belo, nem é possível situá-lo *a priori* entre os transcendentais (cf. DE MUNNYNCK, 1923). Jan Aertsen sustenta que o critério para decidir a respeito da transcendentalidade do belo é tornar claro que o belo expressa um modo do próprio ente não expresso pelos outros transcendentais. Mas Tomás não define o belo em relação ao ente e o discute no quadro do transcendental *bonum*; o belo é tomado, na sua apreensão, como compatível e bom (*conveniens et bonum*). Tomás distingue, de fato, dois graus no conhecimento: o conhecimento intelectivo, em que o intelecto apreende as coisas sob a noção de ente e de verdadeiro (*sub ratione entis et veri*), e o conhecimento que apreende o verdadeiro como compatível e bom. Tomás descreve a apreensão do belo nos termos do segundo grau do conhecimento, em que o verdadeiro é estendido ao bem (*verum extenditur in bonum*) (cf. *Comentário aos Livros das Sentenças de Pedro Lombardo* I, dist. 15, q. 4, a. 1, ad 3m; dist. 27, q. 2, a. 1; *Suma de teologia* II$^a$II$^{ae}$, q. 145, a. 2, ad 1m) (cf. AERTSEN, 1996). Aertsen usa como base o texto de *O belo e o bem* (a transcrição feita por Tomás das leituras de Alberto Magno sobre a exposição de Dionísio sobre o belo no *Livro sobre os nomes divinos*): o lugar do belo é o verdadeiro que adquiriu a noção de bem. Alberto terá elaborado sistematicamente o que Tomás apresenta em textos dispersos (cf. *ibidem*). Tais interpretações terminam por se distanciar da direção dos textos de Tomás. O próprio Tomás indica que a potência cognoscitiva tende por apetite natural ao objeto que lhe é compatível; o que na apreensão aparece como belo (*decorus*) é tomado como compatível e bom. A B. (*pulchritudo*) não tem a noção de apetecível, senão na medida em que se reveste da noção de bem (*inquantum induit rationem boni*), pois assim também a verdade é apetecível; mas, de acordo com a sua noção própria, tem a harmonia e o brilho (cf. *Comentário aos Livros das Sentenças de Pedro Lombardo* I, dist. 31, q. 2, a. 1, ad 4m; *Suma de teologia* II$^a$II$^{ae}$, q. 145, a. 2, ad 1m). Por essa razão, a verdade e a B. são apetecíveis, cada qual é um bem, um termo do movimento (do apetite) da potência cognoscitiva. O verdadeiro é o bem do intelecto, ao qual se ordena naturalmente; o intelecto tende à verdade por certa inclinação natural. Por isso, o verdadeiro está contido no bem, na medida em que é um bem apetecido, e o bem está contido no verdadeiro, na medida em que é um verdadeiro conhecido (cf. *Suma de teologia* I, q, 16, a. 1; q. 82, a. 4, ad 1m; *Comentário à Física de Aristóteles* I, lição 10). O belo, por sua vez, é o bem da potência cognoscitiva. Tomás considera que a vista e o ouvido são os sentidos externos especiais da apreensão do belo. Há aí um conhecimento pela vista e pelo ouvido do brilho e devida proporção/consonância nos sons; e pela cogitativa da figura e grandeza, do número ou proporção numérica, e da intenção da conformidade da conduta exterior com a razão. A apreensão do belo é a percepção do que é compatível e semelhante à vista, ao ouvido e à razão. O belo é o que na sua apreensão aquieta o apetite natural da potência cognoscitiva, a própria apreensão causa prazer. Há, com efeito, dois aspectos no prazer: a percepção do que é compatível, que pertence à potência cognoscitiva, e o agrado (*complacentia*) com o que se oferece como compatível, que pertence ao apetite, no qual se completa a determinação do prazer (*ratio delectanionis*) (cf. *Suma de teologia* I<sup>a</sup>II<sup>ae</sup>, q. 11, a. 1, ad 3m; q. 27, a. 1, ad 3m). Quando se trata do belo, o agrado e o prazer se dão na própria apreensão. Por outro lado, Tomás se pronuncia, no *Comentário ao Livro dos Nomes Divinos* (cap. 4, lição 5, n. 355-356), a respeito da identidade entre o bem e o belo. Essa identidade é justificada duplamente: (1) seguindo Dionísio, o bem e o belo são idênticos porque todas as coisas apetecem ambos e porque não há nada que não participe deles, já que cada coisa é bela e boa segundo a sua própria forma; (2) o bem e o belo são idênticos no sujeito (*idem subiecto*), porque tanto o brilho como a harmonia estão contidos na noção do bem (*sub ratione boni continentur*), mas diferem na noção (*ratione*) – o belo adiciona ao bem a relação (*ordinem*) para com a potência cognoscitiva. O *Comentário* (cf. cap. 4, lição 22, n. 590) traz uma passagem que vem vinculada à exposição das três condições do bem, *comensuração – ato – intenção* (*commensuratio – actus – intentio*), que podem ser reduzidas a *modo/medida – espécie – ordem* (*modus – species – ordo*). Tomás remete ao que acompanha essas três condições e concede a primazia a B., uma vez que o belo é convertível com o bem. Não é dada nenhuma explicação acerca dessa convertibilidade. Soma-se a isso a *Suma de teologia* (I, q. 5, a. 4, ad 1m), que assinala que o belo e o bem são idênticos no sujeito, porque ambos se fundam na forma; é em virtude da forma que o bem é louvado como belo. O bem tem a noção de fim, enquanto o belo diz respeito à potência cognoscitiva; o belo pertence à causa formal no conhecimento (assim como o bem, à causa final no apetite). E, assim, os três textos expressam que: (1) o bem e o belo se fundam na forma (*species*); (2) a comensuração/harmonia (*modus*) e a clareza/brilho (*species*) estão contidos na noção do bem; (3) todas as coisas participam do bem e do belo e apetecem ambos. Do ponto de vista lógico-formal, dois conceitos são ditos "convertíveis" se se implicam reciprocamente; e, nesse caso, ou eles têm uma identidade estrita, abrangendo a extensão e a intenção ou compreensão, ou não estrita, abrangendo apenas a extensão (dois termos com compreensões diferentes podem ter a mesma extensão). O bem e o belo têm uma identidade não estrita, porque compartilham a mesma extensão, são coextensivos, mas diferem na compreensão (são materialmente equivalentes, mas conceitualmente diferentes): o belo aumenta a compreensão do bem, pois lhe adiciona certa relação com a potência cognoscitiva, certa ordem a essa potência (cf. *Suma de teologia* I<sup>a</sup>II<sup>ae</sup>, q. 27, a. 1, ad 3m). Tendo em vista a sucessão dos conceitos *ens – bonum – pulchrum*, a compreensão de cada um é maior do que as compreensões dos que os precedem na sequência, excetuando-se o primeiro; são conceitos em ordem de compreensão crescente. E, embora a extensão e a compreensão variem em razão inversa – se os termos estão em ordem de compreensão crescente, suas extensões estarão em ordem decrescente –, a extensão dos três conceitos é a mesma (não sendo de maneira alguma decrescente), de modo que *pulchrum* está em ordem de compreensão crescente em relação a *bonum*, e não diretamente em relação a *ens*. Em vista disso, *ens* está incluído no conceito de *bonum* e *bonum*, no conceito de *pulchrum* (cf. *Comentário aos Livros das Sentenças de Pedro Lombardo* I, dist. 8, q. 1, a. 3).

**Bibliografia:** AERTSEN, J. A. Beauty in the Middle Ages: a Forgotten Transcendental? *Medieval Philosophy and Theology*, 1, p. 68-97, 1991. _____. *Medieval Philosophy and the Transcendentals*: the Case of Aquinas. Leiden: Brill, 1996. _____. *Medieval Philosophy as Transcendental Thought*: from Philip the Chancellor (ca. 1225) to Francisco Suárez. Leiden: Brill, 2012. AGOSTINHO. *De trinitate*. Ed. W. J. Mountain; F. Glorie. Turnhout: Brépols, 1968 (*Corpus Christianorum*. Série latina, v. 50 e 50A). _____. *De diversis quaestionibus octoginta tribus*. Ed. A. Mutzenbecher. Turnhout: Brépols, 1975 (*Corpus Christianorum*. Série latina, v. 44A). ALBERTO MAGNO. *De praedicamentis*. Ed. A. Borgnet. Paris, 1890 (Opera omnia, v. I). _____. *Metaphysica*. Ed. B. Geyer. Münster, 1960 (Opera omnia, v. XVI/1). _____. *Super Dionysium*: De divinis nominibus. Ed. P. Simon. Münster, 1972 (Opera omnia, v. XXXVII/1). ALEXANDRE DE HALES. *Summa theologica*. Ed. Collegium S. Bonaventurae. Roma: Quaracchi, 1924-1948. 4 v. ANÔNIMO. Tratactus de transcendentalibus entis conditionibus. In: HALCOUR, D. (ed.). *Franziskanische Studien*, 41, p. 41-106, 1959. ARISTÓTELES. *Ética a Nicômaco*. Trad. Leonel Vallandro e Gerd Bornheim. São Paulo: Abril Cultural, 1979. COOMARASWAMY, A. K. The Mediaeval Theory of Beauty. In: LIPSEY, R. (ed.). *Coomaraswamy. 1*: Selected Papers. Traditional Art and Symbolism. Princeton, Nova Jérsei: Princeton University Press, 1977, p. 189-232. CZAPIEWSKI, W. J. A. *Das Schöne bei Thomas von Aquin*. Friburgo/Basileia/Viena: Herder, 1964 (Freiburger Theologische Studien, 82). DASSELEER, P. Esthétique thomiste ou esthétique thomasiene? *Revue Philosophique de Louvain*, 97 (2), p. 312-335, 1999. DE BRUYNE, E. (1946). *Études d'esthétique médiévale*. Bruges: Éditions de Tempel, 1998. 2 v. _____. L'esthétique du moyen âge. In: _____. *Études d'esthétique médiévale*. Bruges: Éditions

de Tempel, 1998. v. 2, p. 373-659. DE MUNNYNCK, M. L'esthétique de St. Thomas. In: AA.VV. *S. Tommaso d'Aquino*. Milão: Vita e Pensiero, 1923. DE WULF, M. *Études historiques sur l'esthétique de Saint Thomas d'Aquin*. Lovaina: Institut Supérieur de Philosophie, 1896. _____. *Art et beauté*. Lovaina: Institut Supérieur de Philosophie, 1943. ECO, U. *Il problema estetico in Tommaso d'Aquino*. Milão: Bompiani, 1970. _____. *Arte e beleza na estética medieval*. Trad. Mario Sabino Filho. Rio de Janeiro: Record, 2010. FEARON, J. The Lure of Beauty. *The Thomist*, 8 (2), p. 149-184, 1945. GILSON, E. *Elements of Christian Philosophy*. Nova Iorque: Doubleday and Co., 1960. IVANOV, A. *A noção do belo em Tomás de Aquino*. (Tese de doutorado.) Campinas: Universidade Estadual de Campinas, 2006. _____. Thomas Aquinas in Reference to Beauty. In: PORRO, P.; STURLESE, L. (eds.). *Quaestio*, 15, p. 581-595, 2015. DAMASCENO, J. *Expositio fidei ortodoxae*. Paris: Patrologia Migne (Série grega, v. 94). KOVACH, F. J. *Die Äesthetik des Thomas von Aquin*. Berlim: De Gruyter, 1961. _____. The Transcendentality of Beauty in Thomas Aquinas. *The New Scholasticism*, 52, p. 386-392, 1978. MARITAIN, J. *Art et scholastique*. Paris: Louis Rouart et Fils, 1935. MAURER, A. A. *About Beauty*: a Thomistic Interpretation. Houston: The Center for Thomistic Studies, 1983. POUILLON, H. La beauté, propriété transcendantale chez les Scolastiques (1220-1270). *Archives d'histoire doctrinale et littéraire du Moyen Age*, 15, p. 263-314, 1946. ULRICO DE ESTRASBURGO. Summa de bono. In: DAGUILLON, J. (ed.). *Bibliothèque thomiste*, 12. Paris, 1930. VALLET, P. *L'idée du beau dans la philosophie de Saint Thomas d'Aquin*. Paris: Roger et Chernoviz, 1887. VASILIU, A. *Images de soi dans l'Antiquité Tardive*. Paris: Vrin, 2012. _____. *Penser Dieu*: noétique et métaphysique dans l'Antiquité Tardive. Paris: Vrin, 2018.

Andrey Ivanov

# BELO

**Introdução metodológica.** Neste livro já contamos com uma exposição praticamente exaustiva do tratamento dado por Tomás de Aquino ao tema da beleza. Vale, porém, insistir em alguns aspectos do que, para ele, pode ser considerado algo belo (B.), com o cuidado de não se cair em uma abordagem anacrônica, como se Tomás tratasse do B. apenas como objeto da experiência estética, como farão os modernos. A natureza do B., para ele, será, acima de tudo, de ordem ℘metafísica, e nisso há uma distinção clara com relação à abordagem moderna do tema. No entanto, como já afirmado no verbete sobre a beleza, a compreensão do que torna algo B. não recebeu um tratamento específico de nosso autor, certamente porque, para ele, falar de algo B. é mover-se em terreno metafísico, e não naquele que, depois de Alexander Gottlieb Baumgarten (1714-1762), passou a ser chamado de *estética*. De acordo com Tomás de Aquino, algo se diz B. por ser aprazível quando visto (cf. *Suma de teologia* I, q. 5, a. 4, ad 1m). Essa descrição levanta uma série de perguntas. Se ser agradável é uma parte essencial daquilo que é B., isso significa que é relativo considerar algo B.? Se algo não for considerado B., isso se deve apenas aos olhos de quem vê? Logo de saída pode-se dizer que a análise tomasiana do que torna algo B. não é desse tipo, e, se o fosse, sua reflexão pareceria mais próxima de algo como uma *Crítica da faculdade do juízo*, texto escrito por Kant em 1790, do que seus textos de fato revelam em registro metafísico ou ontológico: a diferença observada no ato de considerar ou não a mesma coisa B. (alguém pode considerar B. um pôr do sol, enquanto outra pessoa pode considerá-lo comum ou banal, e assim por diante) não impede de reconhecer algo comum entre tudo o que se considera B., porque, conforme afirma Tomás de Aquino, tudo é intrinsecamente B. Em outras palavras, o que dá a beleza de algo vem de sua natureza, e não da percepção relativa de quem o contempla.

**Metafísica do belo.** Na metafísica tomasiana, dois conceitos são particularmente importantes para entender por que algo é dito B. por sua natureza, e não com base na perspectiva (relativa) de quem o contempla: os transcendentais (℘Transcendência e Transcendental) e a ℘analogia. Primeiro, ser B. é um modo de ser ℘ente, o que leva a afirmar que a beleza é transcendental, quer dizer, uma característica de todos os entes simplesmente por serem entes (por terem ser). Discute-se sobre o número e o elenco dos transcendentais, mas estes são consensuais: o ser uno (*unum*), o ser algo (*res*), o ser bom (*bonum*), o ser verdadeiro (*verum*). Isso quer dizer que, ao pensar-se o ente, pensam-se automaticamente também esses outros atributos, mesmo que não se preste atenção neles (e, quanto ao ser B. [*pulchrum*], há divergências entre os pesquisadores – cf. AERTSEN, 1996). Os transcendentais acrescentam, por assim dizer, uma relação de razão ao nosso entendimento do ente, ou, se preferirmos, um novo aspecto sob o qual se visualiza, do ponto de vista de sua ℘natureza, o mesmo ente, razão pela qual se diz que as características transcendentais são convertíveis com o próprio ente, distinguindo-se, no entanto, na noção. Ora, apesar das divergências dos pesquisadores, é possível defender que, para Tomás de Aquino, ser B. é um dado transcendental. Por um lado, "a beleza [...] diz respeito ao poder cognitivo" (*Suma de teologia* I, q. 5, a. 4, ad 1m) e, portanto, é distinta do bem; quanto à sua relação com a verdade, o ser B. não é apenas outra maneira de falar sobre ela, pois considerar algo B. é investir o ℘intelecto e o ℘desejo, pelo ℘prazer. Quando Aquino afirma que consideramos B. algo que "apraz" quando "é visto", ele quer referir-se a uma apreensão por meio do intelecto ("ver") e a uma ação do desejo ("apraz"). Mas "ser B." segue diretamente o ato de ser; em outras palavras, é objetivamente que se afirma que "algo é B."; afinal, ser ou *ter ser* não é uma questão de gosto e menos ainda de juízo de gosto. Julga-se se algo é B. assim como se julga se algo é verdadeiro ou bom. Mira-se o ℘ser; e não o gosto dos espectadores. Daí a objetividade do ser B. – porque tudo o que é, é B. – revelar os atributos que serão explorados aqui, na sequência.

**"Ser" e "ser belo".** Ao considerar, para além do ser/ter ser, o fundamento da objetividade que leva a considerar algo B., podem-se evocar três elementos mencionados por Tomás de Aquino: a) integridade ou perfeição (*integritas sive perfectio*); b) proporção ou consonância (*proportio sive consonantia*); c) esplendor/brilho (*claritas*) da forma (cf. *Suma de teologia* I, q. 39, a. 8). Esses, por assim dizer, "critérios" foram objeto de grandes debates entre leitores de Tomás de Aquino, como Umberto Eco, Armand Maurer, Jacques Maritain, Christopher Scott Sevier e outros. Mas, para manter a maior proximidade possível com os textos do próprio Tomás, deve-se lembrar, primeiro, que algo é considerado B. porque está na ordem do ser; em outras palavras, deparar com um ente, com algo que tem ser, significa deparar com algo B. simplesmente porque tem ser, quer dizer, com algo cujo ser dá prazer pelo simples fato de ser conhecido. Desse modo, deve-se sempre olhar para o ser de uma ♀coisa para entender sua beleza. É dessa perspectiva que se notam a proporção, a integridade e o brilho irradiados pela natureza de algo (e não determinados pelo olhar de quem contempla, como passará a ocorrer na Modernidade). É certo que o simples ter/ser de um ente pode manifestar ainda mais claramente sua beleza de "ser ente" quando revela proporção, harmonia e integridade (cf. SERVIER, 2015; ECO, 1988). Se víssemos, andando pela rua, um homem com as mãos três vezes maiores do que as mãos comuns, veríamos um tipo de desproporção que nos desagradaria, pois, em geral, as partes de um ser humano são ordenadas. Ou, quando ouvimos um coral cacofônico, temos dificuldade de considerá-lo B., ainda que se manifeste a beleza daquelas pessoas em seu esforço por executar uma aptidão inscrita em suas naturezas. Quanto à integridade, se, em vez de ter as mãos muito maiores, o homem simplesmente não tivesse uma ou as duas mãos, precisaríamos de esforço para identificá-lo como B. por ter/ser. Tomás de Aquino, às vezes, insiste na conjunção entre luz e beleza como reminiscência da comparação entre o intelecto e a luz da verdade que precisa iluminá-lo. Tudo, assim, é B. se quem contempla permite que seu intelecto seja tocado pela luz da verdade. Eis o que Tomás chama de *esplendor*. Mas, para além do registro metafísico, caberia falar de *juízo estético* em Tomás?

**"Juízo estético" em Tomás de Aquino?** O que se poderia chamar de "psicologia filosófica" em Tomás de Aquino segue, em linhas gerais, as tradições platônica e aristotélica. Por isso, todo conhecimento, no seu dizer, inicia pela sensação. Os ♀sentidos externos – tato, paladar, visão, olfato e audição – recebem impressões sensíveis, e esses dados são capturados e armazenados pelos sentidos internos – sentido comum, imaginação, memória e cogitativa (♀Conhecimento). Essas impressões "armazenadas" representam a coleção de experiências que o conhecedor humano possui sobre as coisas sensíveis que encontra. Pode-se, por exemplo, experimentar, por meio da sensação, as várias qualidades sensíveis de um cão: nós o vemos, o ouvimos, o tocamos e até o cheiramos. Essas impressões sensíveis, quando situadas na imaginação e registradas na memória, compõem o conjunto do que poderíamos chamar de nossa *experiência particular* dos cães. Após certa quantidade de experiências, o intelecto age sobre esses dados particulares, iluminando e identificando o que é um cão em geral, isto é, um universal inteligível (o que faz um cão ser cão, a ♀essência de cão) em cada um deles. Esse ato intelectual, tradicionalmente denominado *abstração*, corresponde ao primeiro ato da mente, chamado por Aquino de simples inteligência ou entendimento. Em seguida, o intelecto retorna à imaginação e, por um ato de composição, julga que o individual é uma instância daquele inteligível universal. O intelecto faz isso refletindo sobre a impressão sensível mantida na imaginação e reconhece que o universal, encontrado no entendimento, está presente neste ou naquele objeto de conhecimento sensível. Dessa maneira, o ♀indivíduo humano que conhece não apenas entende o que é um *cão*, como também é capaz de reconhecer que este ou aquele animal em particular é um exemplar de *cão*. Observa-se que muitas dessas atividades são, em certo sentido, inconscientes, ou não são diretamente matéria de nossa atenção. Raramente se dá atenção ao fato de que se está em um processo de abstração. No que diz respeito à experiência da composição estética, pode-se dizer que ela consiste em constatar a integridade, a proporção e o brilho presentes em uma coisa, o que implica compreender do que se trata e afirmar ou negar sua presença no caso. De maneira semelhante ao reconhecimento de um universal em um particular, o julgamento estético envolve a apreensão da presença das qualidades de integridade, proporção e clareza no caso particular, segundo a natureza de cada coisa. Vale lembrar que se julga algo B. por analogia; o que conta como integridade, proporção e clareza varia em função do tipo de coisa que se considera. Então, quando se percebe que um indivíduo particular possui todas as suas partes necessárias (integridade), que há uma relação adequada entre essas partes (proporção) e que se pode apreender a inteligibilidade dessa realidade (brilho), há um julgamento estético. O intelecto julga e percebe todos os critérios presentes, e o reconhecimento de que esses conceitos universais foram encontrados nesse indivíduo em particular resulta no *deleite*. Assim, algo B. é algo *quod visum placet* (que apraz à visão [ou outro sentido]). Sem uma compreensão adequada da natureza de algo ou sem a possibilidade de reconhecer a presença de seus elementos constitutivos, não há experiência estética nem juízo estético. Isso permitiria identificar um elemento subjetivo referente ao sujeito cognoscente na análise tomasiana do que permite identificar algo como B., mas longe da subjetividade relativista que a estética adquirirá a partir do século XVIII.

**Algo belo e ordem teológica.** Por ser, em primeiro lugar, um teólogo interessado em compartilhar com seus interlocutores aquilo que contemplava em sua atividade reflexiva (principalmente com os iniciantes, como diz ele no prólogo da *Suma de teologia*), não se pode deixar de ter em vista a ordem teológica como padrão de identificação de algo como B. No dizer de Santo Tomás, ⱣDeus é o *ser subsistente em si mesmo* (*ipsum esse subsistens*), de modo que todos os entes participam do ser/existir de Deus. Em uma analogia descendente (quer dizer, que sai da reflexão sobre Deus e vai em direção da compreensão do ser humano, quando, de nossa parte, o movimento é o inverso, partindo das criaturas para poder dizer algo sobre Deus), pode-se dizer que todos os entes são ditos verdadeiros, B. e bons segundo o grau em que participam da Ᵽverdade, da beleza e da bondade de Deus. Assim, na perspectiva da fé, tudo é B. porque participa do ser de Deus (ⱣParticipação). Há aqui, sem dúvida, a influência platônica de Dionísio Pseudoareopagita, e, aliás, assim como no *Banquete* de Platão, Tomás de Aquino observa que Deus é a beleza em si, assim como ele é a bondade, a verdade e o ser em si. O que se denomina *Deus*, explica Tomás de Aquino, é dito B., mas está para além da beleza, é o suprabelo, porque é em si mesmo, eminentemente, a fonte de toda beleza (cf. *Comentário ao Livro dos Nomes Divinos de Dionísio Pseudoareopagita*, ed. Marietti, n. 347).

**Bibliografia:** AERTSEN, J. *Medieval Philosophy and the Transcendentals*: the Case of Aquinas. Leiden: E. J. Brill, 1996. ECO, U. *The Aesthetics of Thomas Aquinas*. Trans. Hugh Bredin. Cambridge, Mass.: Harvard University Press, 1988. MARITAIN, J. *Art and Scholasticism*. Providence, RI: Cluny Media, 2016. MAURER, A. A. *About Beauty*. Houston: Center for Thomistic Studies, 1983. O'REILLY, K. E. *Aesthetic Perception*: a Thomistic Perspective. Dublin: Four Courts Press, 2007. RAMOS, A. *Dynamic Transcendentals*: Truth, Goodness, and Beauty from a Thomistic Perspective. Washington, D. C.: The Catholic University of America Press, 1960. SERVIER, C. S. *Aquinas on Beauty*. Lanham, MD: Lexington Books, 2015. TOMÁS DE AQUINO. *An Introduction to the Metaphysics of St. Thomas Aquinas*. Ed. James F. Anderson. Washington, D. C.: Regnery Publishing, 1997.

JOHN MACIAS

TRADUÇÃO DE JOSÉ EDUARDO LEVY JUNIOR

# BÍBLIA

**Terminologia e edições.** A Bíblia (B.) encontra-se no centro da obra de Tomás de Aquino, e é o seu estudo que ele considera o mais importante naquilo que deve ser transmitido, para além das Ᵽsumas de Ᵽteologia e outros trabalhos de ordem doutrinal. A expressão latina *sacra scriptura* (Sagrada Escritura) aparece sem

BÍBLIA

cessar em sua obra; e, assim como faziam seus contemporâneos, é por meio dela que Tomás designa a B., embora ele também se sirva de outras como *lex divinitatis* (♀lei da divindade ou lei divina), a qual punha em relevo o aspecto normativo dos escritos sagrados não somente no plano de uma prática, mas sobretudo no de um norte ♀moral. É particularmente importante constatar que Tomás de Aquino também emprega *theologia* (teologia), termo de uso ambíguo durante toda a Idade Média, para designar tanto a B. vista como palavra *de* ♀Deus, como o estudo do ensinamento que a B. transmite como palavra *sobre* Deus. Tomás vive, com efeito, num momento em que o que hoje se chama de teologia vai separar-se da exegese bíblica (nas gerações anteriores a Tomás, a teologia – no sentido em que dizemos hoje – fazia parte do ensino bíblico). Essa mudança produz-se entre 1240 e 1260, sendo precisamente Tomás um dos que contribuem com maior clareza para a distinção entre a exegese e a "nossa" teologia (a teologia moderna). Isso se observa eminentemente no Prólogo de seu *Comentário aos Livros das Sentenças de Pedro Lombardo*, texto em que Tomás já reflete ao modo do que depois se tornará a teologia moderna. A expressão *sacra doctrina*, por sua vez, designa o *santo ensino* que brota da mensagem divina; ela pode, então, ser aplicada tanto à teologia como às Escrituras. O cânon bíblico de Tomás era aquele que, adotado no Ocidente há muito tempo, encontrava-se nos exemplares da B. do século XIII. Ele o expõe com a separação entre Antigo e Novo Testamento e também considera em ambos aqueles que hoje chamamos de livros deuterocanônicos. O texto que utiliza Tomás é, como para todos os autores da Idade Média ocidental, o texto da Vulgata com a revisão feita por Alcuíno no início do século IX. No entanto, o conjunto dos textos bíblicos citados por Tomás de Aquino não é homogêneo: tudo indica que ele usou diferentes exemplares da B. disponíveis nos diversos lugares por onde passou (Nápoles, Orvieto, Paris, Roma); e, em seus textos, provavelmente dominam os exemplares de origem italiana.

**A obra bíblica.** É à B. que Tomás de Aquino consagra o ensino que está na origem de seus comentários escritos. Convém situar esse ensino em seu contexto histórico. No início do século XIII, algumas universidades encontravam-se já bem instaladas; e, paralelamente, as ordens mendicantes (sobretudo franciscanos e dominicanos) nascem e desenvolvem-se. Nessas ordens, o ensino tem um papel fundamental, e, então, são criados *studia* ou centros de estudo de diferentes níveis, uma vez que os *studia generalia* (centros de estudo superiores) tinham o mesmo nível que as universidades (às quais, em alguns casos, eles eram integrados). Nos *studia* e nas faculdades de teologia das universidades, dois textos constituíam a base do ensino: os *Livros das Sentenças*, de Pedro Lombardo, redigidos em Paris entre 1155 e 1158, e a Sagrada Escritura. O currículo universitário comportava também diferentes níveis: estudante, bacharel (sentenciário, quer dizer, versado nos *Livros das Sentenças*, ou bíblico) e mestre. As grandes linhas do ensino daquela época eram bem definidas. Aqui vamos evocar apenas o esquema do ensino (*lectio*) bíblico, que se compunha de três partes: a divisão do texto (*divisio textus*), a exposição do texto (*expositio textus*, explicação linha por linha), as questões ou dúvidas sobre o texto (*quaestiones*, *dubia/dubitabilia*, dificuldades nascidas da leitura do texto e, no mais das vezes, de caráter doutrinal ou teológico). No ensino, os bacharéis bíblicos limitavam-se à divisão e à exposição do texto; apenas os mestres chegavam ao tratamento de questões. Tomás de Aquino lecionou nesses diferentes níveis, mas não encontramos em seus textos um esquema rigidamente tripartido (aliás, esse estilo é raramente observado em seus comentários): ele é sempre muito atento à divisão do texto (e nisso podemos ver uma das manifestações de seu cuidado pedagógico); a explicação, como veremos, é sempre de grande riqueza; e as questões são integradas à explicação. Para além do ensino bíblico, os bacharéis e mestres eram igualmente submetidos a exercícios previstos nos estatutos das universidades, principalmente cursos introdutórios, chamados *principia* (fundamentos ou iniciação). Tais exercícios tinham em geral duas partes: um elogio das Escrituras (*recommandatio*) e uma divisão da B. sempre de acordo com as opções próprias de cada um. Os textos dos exercícios de Tomás foram conservados: chegou-se a pensar que o primeiro deles, tendo por tema o versículo de Baruc 4,1 (*Hoc est liber mandatorum Dei*, "Este é o livro dos mandamentos de Deus"), teria sido aquele pronunciado por Tomás como bacharel bíblico em Paris, em 1252, e que o segundo, cujo tema é o versículo de Salmos 103,13 (*Rigans montes de superioribus suis*, "Regando os montes desde os seus cimos") e que só comporta uma louvação da Escritura, teria sido aquele do já mestre em Paris, em 1256; hoje, porém, é mais defensável que os dois textos abriram seu ensinamento de mestre entre março e junho de 1256. Toda a carreira de Tomás foi, assim, ritmada por seu ensino da Escritura, notadamente nos *studia* dominicanos. Seguindo a ordem dos livros da B., encontramos de sua autoria um comentário do livro de Jó (Orvieto, 1263-1265). Tomás renova totalmente a exegese desse livro, defendendo um lugar privilegiado à exegese literal e doutrinal e estabelecendo que a ♀Providência é o tema principal do livro. Quanto aos Salmos, ele comentou apenas os de número 1 a 54 (Nápoles, 1272-1273, provavelmente seu último comentário). Foi como bacharel que ele comentou Isaías e Jeremias (Paris, 1251-1253); esses dois comentários são de grande interesse e testemunham o alto nível dos estudos bíblicos em Paris. A atribuição a Tomás da autoria de um comentário das Lamentações não é garantida, mas, como ocorre com frequência no século XIII, Tomás pode ter dado um curso sobre esse livro ao mesmo tempo que deu o curso sobre Jeremias. Seu comentário sobre Mateus data de seu segundo período de ensino em Paris (1269-1270), assim como seu comentário sobre João (1270-1272). Ambos são de uma riqueza doutrinal notável. Sobre o conjunto dos quatro Evangelhos, Tomás compôs, a pedido do Papa Urbano IV, um comentário antológico chamado *Catena aurea* ("Corrente de ouro"), no qual dá amplo espaço aos Pais da Igreja gregos, tendo

em vista que alguns deles foram traduzidos especialmente para essa ocasião. Se, porém, o volume sobre Mateus pôde ser entregue ao papa em 1264, os outros Evangelhos só foram comentados entre 1265 e 1268, em Roma. Quanto aos comentários às cartas paulinas, há muita dificuldade para datá-los. Eles pertencem, sem dúvida, ao período do ensino em Orvieto, entre 1261 e 1265, mas certamente foram melhorados diversas vezes. Em todo caso, trata-se também aqui de obras nas quais o gênio de Santo Tomás exprime-se da maneira a mais clara, fazendo que a precisão exegética não cedesse em nada à riqueza doutrinal e que o conjunto fosse coroado por uma preocupação pedagógica admirável. No tocante às cartas e a outros comentários, não temos sempre o texto completo de Tomás: de acordo com uma prática comum naquela época, os comentários eram anotados por ouvintes que, num segundo momento, providenciavam uma cuidadosa redação deles, muitas vezes sob a supervisão do próprio autor (obras que se chamavam de *reportationes*). Por fim, em seus sermões (♀Pregação) e em opúsculos específicos, Tomás também comenta diversas passagens da Escritura, para além dos comentários a livros bíblicos. É o caso do comentário aos Dez Mandamentos, ao Pai-Nosso, ao Símbolo dos apóstolos, à Ave-Maria). Os opúsculos teológicos, assim, contribuem amplamente para a reflexão hermenêutica, como veremos adiante.

**Métodos de exegese.** A exegese de Tomás de Aquino inscreve-se no quadro do ensino universitário (que, como vimos, concerne também aos *studia* das ordens mendicantes). Mesmo se os comentários não são construídos necessariamente segundo o esquema tripartite característico, os elementos correspondentes são aí encontrados. A *divisio textus*, que pode parecer fastidiosa aos leitores de hoje, é, em vez disso, fundamental, ao menos do ponto de vista pedagógico. Tomás, com efeito, sempre tem o cuidado de situar o texto da aula do dia no conjunto do livro estudado: de início, a divisão é global; na sequência, tem-se uma série de subdivisões; e chega-se, por fim, ao que se

BÍBLIA

pode chamar de "microdivisões", detendo-se às vezes sobre um único versículo. Assim, no início de cada aula, Tomás relembra o lugar da perícope estudada no conjunto das divisões e resume o que foi adquirido na aula precedente. Essas divisões procedem de um elemento típico da exegese medieval, a elaboração de *esquemas*, o que permite a sistematização do pensamento e evita absolutamente a paráfrase repetitiva. Desde a *divisio textus*, a riqueza doutrinal do texto estudado é trazida à luz. A *expositio textus*, ou comentário contínuo, dá amplo espaço à exegese literal em seus diferentes aspectos. O estudo semântico é sempre muito cuidadoso, e Tomás não apenas explica os termos mais raros, como também as significações específicas de certas palavras no respectivo contexto. Ele recorre a léxicos que circulavam em seu tempo, como o *Elementarium*, de Pápias (falecido por volta de 1060), ou as *Distinctiones*, de Hugúcio de Pisa (início do século XIII). Como todos os exegetas de sua época, Tomás dá especial destaque às figuras de retórica, não somente as identificando nos textos comentados, mas frequentemente as explicando e justificando o seu emprego. Outro elemento da exegese medieval, a análise narrativa, tem, sem dúvida, menos lugar em Tomás, pois ele comenta poucas narrativas, à parte as narrativas evangélicas, em cujo estudo ele aplica os procedimentos habituais: desenvolvimento da narrativa, dificuldades devidas a antecipações e contradições etc. Evidentemente, a abordagem histórica é levada em consideração, tanto para o Antigo como para o Novo Testamento: por exemplo, estabelece-se o contexto de certos Salmos e analisam-se os textos de Isaías e Jeremias na situação deles em seu tempo. Ocorre o mesmo para os Evangelhos e as cartas paulinas. Essas últimas são colocadas no desenvolvimento da carreira de Paulo, ao menos tal como ela era vista no século XIII. A exegese espiritual, mesmo se era frequentemente deixada em segundo plano na análise universitária, não foi, entretanto, negligenciada por Tomás. Ela se fundava nos procedimentos correntes dessa abordagem, entre os quais é preciso destacar as *interpreta-*

*tiones*, quer dizer, traduções dos nomes próprios (hebraicos e gregos) da B.: o nome da pessoa corresponde a uma qualidade particular; para além da narrativa, é essa qualidade que é posta em relevo e permite fundamentar a interpretação espiritual. Jerônimo já havia estabelecido um dicionário dessas *interpretationes*, e outras coletâneas foram elaboradas na Alta Idade Média, mas, no século XIII, uma coletânea tornou-se referência e costumava ser incorporada aos exemplares da B.: é aquela que começa por *Aaz apprehendens* (Aaz quem entende), parte integrante dos instrumentos de trabalho de Tomás. Por sua vez, a interpretação alegórica era outro desses procedimentos básicos correntes, e Tomás dá a justificação dela em seu comentário de Gálatas 4,21-26 (interpretação alegórica de Sara e Agar). A alegoria concerne sobretudo a personagens do Antigo e do Novo Testamento que podiam ser consideradas prefigurações de ℘Jesus Cristo (alegoria crística), da ℘Igreja (alegoria eclesial) ou daqueles que não seguiam a Cristo ou à Igreja (judeus e hereges). Tomás faz um uso moderado da alegoria, tanto quanto emprega pouco um outro procedimento corrente (próximo da alegoria em seu mecanismo): a significação dos ℘entes (*res*) por meio da atribuição de um significado particular aos animais, às plantas, aos objetos, aos gestos etc. Muito mais presente em Tomás é o emprego da concordância de versículos: assim, versículos que apresentam uma analogia semântica ou temática são aproximados, e da consonância deles é extraída uma significação espiritual. No entanto, a parte mais inovadora da exegese tomasiana encontra-se, sem dúvida, na exegese doutrinal ou teológica. Todos os comentários de Tomás são de uma grande riqueza também sob essa perspectiva. Contrariamente ao que ocorria em muitos comentários de sua época, sua exegese não é reagrupada na parte específica das dificuldades (*quaestiones*, *dubia* ou *dubitabilia*). Por um lado, ainda um pouco à maneira da exegese escolar anterior, as questões são disseminadas no interior da *expositio textus*: bastante frequentemente elas tomam a forma de uma argumentação oposta à interpretação que se pretende dar (seja esta própria de Tomás, seja tradicional) e introduzida pela expressão *sed contra* ("mas, em sentido oposto"), e há também questões propriamente ditas, introduzidas por *quaeritur* ("pergunta-se"). O movimento contraditório é completado e apoiado com uma ou mais ϼautoridades (citações das Escrituras ou de autores reconhecidos, principalmente dos Pais da Igreja ou de autores da Alta Idade Média), para, então, ser resolvido com um ou mais argumentos (em função de quantos há na argumentação contrária inicial). Não se trata propriamente da estrutura complexa da questão escolástica, frequentemente empregada por Tomás em suas obras teológicas (sobretudo nas questões disputadas e quodlibetais), mas de uma forma mais simples. Convém lembrar que geralmente a autoridade evocada como contraditória vem da *Glossa ordinaria* (elaborada em Laon, no início do século XII, e enriquecida sobretudo por Pedro Lombardo), reconhecida como comentário-padrão e normativo no século XIII, mas cujas soluções são frequentemente consideradas insatisfatórias por Tomás. Ainda, sua contribuição doutrinal ou teológica não se limita ao elenco de *sed contra* ou de *quaestiones*: ela aparece muitas vezes na *divisio textus*, como já dissemos, e a *expositio* mesma examina com cuidado cada elemento, podendo chegar também a considerações doutrinais. Evidentemente, o comentário bíblico não é lugar de exposição sistemática da doutrina; na maioria das vezes, Tomás parte do fato de que seus leitores conhecem a problemática contida em cada elemento levantado pelo texto bíblico, o que o faz parecer vago em algumas ocasiões, dificuldade considerável para os leitores atuais, que não possuem mais a formação teológica que tinham os ouvintes de Tomás. O início do comentário de Hebreus é significativo a esse respeito: sua densidade conceitual obriga os leitores de hoje a um demorado esforço de análise (que, aliás, os faz progredir em sua reflexão, não há dúvida!).

**Reflexão hermenêutica.** Em diferentes obras, Tomás de Aquino aplicou-se a uma reflexão hermenêutica aprofundada. Citem-se, por exemplo, o Prólogo do *Comentário aos Livros das Sentenças de Pedro Lombardo* – importante tanto para a reflexão teológica como para a hermenêutica –, várias questões quodlibetais (notadamente a questão 6 do *Quodlibet* VII, sobre os sentidos das Escrituras) e questões disputadas (como a questão 4, artigo 1 das *Questões disputadas sobre o poder divino*), o início da *Suma de teologia* e várias outras de suas passagens (principalmente III, questão 42). As obras exegéticas oferecem igualmente elementos úteis: além dos dois *principia* (sobre Baruc 4,1 e Salmo 103,13), também já mencionamos o comentário de Gálatas 4,21-26, mas encontram-se ainda reflexões mais específicas, por exemplo, sobre a profecia (ϼrevelação) na lição 7 do capítulo 11 de João. Quais são os eixos maiores dessa reflexão? O ponto ao qual Tomás deu, sem dúvida, o maior destaque é a questão da *pluralidade de sentidos*. Ele se interroga sobre a possibilidade de interpretações diversas de um mesmo texto. É a origem divina das Escrituras que fundamenta esse princípio: mesmo se o autor secundário é humano, o autor principal é o ϼEspírito Santo; e seu caráter ϼtranscendente implica a riqueza infinita da mensagem que elas transmitem, riqueza essa que cada geração esforça-se por decifrar aos poucos. Assim, a ideia de progresso na exegese é central em Tomás. Poderia, porém, essa infinitude do conteúdo das Escrituras ser codificada? Tomás interroga-se sobre os *quatro sentidos* adotados desde o início do século XIII, e, mesmo que ele aceite esse esquema, os argumentos opostos que desenvolve principalmente na questão 6 do *Quodlibet* VII devem ser levados a sério: em sua prática mesma, não parece que Tomás se sirva da noção dos quatro sentidos como se ela fosse universalmente operatória. É a oposição paulina entre sentido literal e sentido espiritual que domina na exegese tomasiana, com a dificuldade de estabelecer a passagem de um a outro (passagem à qual se poderia chamar de "salto hermenêutico", cf. DAHAN, 2016a). O mecanismo da metáfora, com transferência de sentido, poderia contribuir para explicar essa passagem, mas parece que o que é realmente importante, em Tomás, é considerar a identidade de cada texto comentado e distinguir entre aqueles que só admitem um sentido literal e aqueles que podem (ou devem) receber um sentido espiritual. Note-se que, fora da interpretação alegórica (sentido espiritual, portanto), a interpretação crística de passagens do Antigo Testamento é considerada literal. Um ponto fundamental da hermenêutica tomasiana é a análise da linguagem das Escrituras: essa é verdadeiramente a chave de seu sistema exegético. No século XIII, sobretudo à luz da separação entre ciência teológica e exegese do texto sagrado, desenvolve-se a noção de *modos* (*modi*), específicos ou não, da linguagem bíblica. É ponto pacífico que as Escrituras possuem outros modos que o científico, o qual seria o mais eminente; elas se servem principalmente de um modo que parece antagônico ao científico, qual seja, o modo poético. À luz dos escritos de Dionísio Pseudoareopagita, Tomás termina por definir um modo simbólico, um modo metafórico, um modo parabólico e um modo narrativo. O que sobressai é, então, a pluralidade da linguagem das Escrituras, da qual uma exegese atenta deve absolutamente ter conta, como o faz Tomás de Aquino mesmo em seus comentários (o comentário a Jó é o mais significativo a esse respeito). Por isso mesmo, seja por sua exegese prática seja por sua reflexão hermenêutica, Tomás de Aquino oferece material indispensável para o estudo da Sagrada Escritura. Parece até mesmo que, para além de uma abordagem especificamente histórica, sua obra exegética pode ser amplamente útil ainda aos leitores de hoje que desejam penetrar no coração da B.

**Bibliografia:** AILLET, M. *Lire la Bible avec S. Thomas*. Friburgo: Éditions Universitaires, 1993. BAGLOW, C. T. *"Modus et forma"*: a New Approach to the Exegesis of Saint Thomas Aquinas with an Application to the "Lectura super Epistolam ad Ephesios". Roma: Editrice Pontificio Instituto Biblico, 2002. DAHAN, G. Thomas d'Aquin: exégèse et herméneutique. *Revue Thomiste*, CXVI, p. 531-556, 2016a. _____. Introduction. In: THOMAS D'AQUIN. *Commentaire des deux Epîtres aux Théssaloniciens*. Trad. Jean-Eric Stroobant de Saint-Eloy. Paris: Cerf, 2016b. _____. Introduction. In: THOMAS D'AQUIN. *Commentaire de l'Epître aux Ephésiens*. Trad. Jean-Eric Stroobant de Saint-Eloy. Paris: Cerf, 2012. _____. *Lire la Bible au Moyen Âge*: essais d'herméneutique médiévale. Genebra: Droz, 2009._____. Introduction. In: THOMAS D'AQUIN. *Commentaire de l'Epître aux Galates*. Trad. Jean-Eric Stroobant de Saint-Eloy. Paris: Cerf, 2008. _____. Introduction. In: THOMAS D'AQUIN. *Commentaire de la Deuxième Epître aux Corinthiens*. Trad. Jean-Eric Stroobant de Saint-Eloy. Paris: Cerf, 2005. _____. Introduction. In: THOMAS D'AQUIN. *Commentaire de la Première Epître aux Corinthiens*. Trad. Jean-Eric Stroobant de Saint-Eloy. Paris: Cerf, 2002. DAHAN, G.; SENNER, W. Introduction. In: THOMAS D'AQUIN. *Commentaire de l'Epître aux Philippiens suivi de Commentaire de l'Epître aux Colossiens*. Trad. Jean-Eric Stroobant de Saint-Eloy. Paris: Cerf, 2015. NARVAEZ, M. R. *Thomas d'Aquin lecteur*: vers une nouvelle approche de la pratique herméneutique au Moyen Âge. Louvain-la-Neuve/Paris: Peeters, 2012. OLIVA, A. *Les débuts de l'enseignement de Thomas d'Aquin et sa conception de la sacra doctrina*. Paris: Vrin, 2006. REYERO, M. A. *Thomas von Aquin als Exeget*. Einsiedeln: Johannes Verlag, 1971. ROSZAK, P.; VIJGEN, J. (eds.). *Reading Sacred Scripture with Thomas Aquinas*: Hermeneutical Tools, Theological Questions and New Perspectives. Turnhout: Brepols, 2015. TORRELL, J.-P. *Initiation à saint Thomas d'Aquin:* sa personne et son œuvre. Paris: Cerf, 2015. _____. *Recherches thomasiennes*. Paris: Vrin, 2000. VV.AA. *Problemi di teologia:* Atti del Congresso Tommaso d'Aquino nel suo settimo centenario. Nápoles: Edizioni Domenicane Italiane, 1976.

GILBERT DAHAN
TRADUÇÃO DE JUVENAL SAVIAN FILHO

# C

## CANONIZAÇÃO DE TOMÁS DE AQUINO

**Cronologia.** Tomás de Aquino morreu em 1274 no mosteiro cisterciense de Fossanova, quando se dirigia para o Concílio de Lyon. Em 1317, a Ordem dos Irmãos Pregadores, em seu capítulo geral, designou o Frade Guilherme de Tocco para iniciar as pesquisas sobre as notícias que veiculavam a respeito de 𝒫milagres atribuídos ao teólogo. Em 1318, o Papa João XXII, em Avignon, autorizou a abertura da investigação oficial. Os interrogatórios aconteceram em 1319 e em 1321. Em 1323, Tomás de Aquino foi canonizado por João XXII e tornou-se o terceiro santo dominicano, integrando o panteão da Ordem junto ao fundador, Domingos de Caleruega, e ao inquisidor e mártir Pedro de Verona.

**Os inquéritos.** Os elementos que fundamentaram a decisão para a abertura do processo foram cartas de nobres da região de Nápoles que informavam sobre a fama de santidade de Tomás de Aquino. Na mesma decisão, o papa instituiu os encarregados pela condução dos inquéritos. Entre 21 de julho e 18 de setembro de 1319, em Nápoles, foram ouvidos vinte e oito homens: dezesseis da Ordem dos Cistercienses, sete dominicanos e cinco leigos, sem vínculo a uma Ordem religiosa. Os sete dominicanos interrogados foram perguntados sobre a vida de Tomás de Aquino, se o conheceram e se tinham conhecimento de milagres a ele atribuídos. Grande parte do interesse dos inquisidores era sobre os modos pelos quais as pessoas sabiam das informações prestadas e se essas informações forneciam um perfil virtuoso daquele sobre o qual declaravam. Para os monges cistercienses, as perguntas foram sobre os momentos finais da vida do hóspede doente que receberam em 1274. Predominou o relato do milagre de odor de santidade (𝒫Graça e 𝒫Piedade). A ocorrência desse milagre, geralmente,

se dá quando da abertura da sepultura visando a traslados. Muitos interrogados relataram que, no momento em que isso aconteceu, um odor muito suave de rosas invadiu o claustro do mosteiro e que isso, aliado ao corpo incorruptível, era indício da santidade de Tomás de Aquino. A partir daí, começaram a circular rumores de milagres, e pessoas leigas peregrinavam ao mosteiro para tocar em relíquias e estar perto da sepultura daquele que acreditavam ser santo. Entre 10 e 27 de novembro de 1321, em Fossanova, foi realizado o segundo inquérito. Foram ouvidas cento e doze pessoas: quarenta e uma mulheres e setenta e um homens; o objeto dos interrogatórios consistiu apenas na realização de milagres, sem se questionar se as pessoas conheceram ou não Tomás de Aquino. Os depoimentos anotados eram mais curtos e pontuais sobre milagres específicos. Predominavam curas para dores em partes do corpo (como braços, pernas, cabeça, olhos), dificuldades de locomoção e febre. Nenhuma dessas pessoas pertencia à Ordem dos Irmãos Pregadores.

**Personagens da canonização.** Dois homens são fundamentais para entender o desenvolvimento da canonização de Tomás de Aquino (CTA.). Guilherme de Tocco e Bartolomeu de Cápua. Guilherme de Tocco participou do processo de três formas: em primeiro lugar, era uma espécie de postulador (o responsável por motivar a causa junto ao papado); foi também uma das testemunhas interrogadas – foi um dos dominicanos interrogados em 1319 que afirmou ter conhecido Tomás de Aquino; e, além disso, é dele a primeira hagiografia sobre Tomás de Aquino. Essas considerações são importantes para a dimensão temporal envolvida em um processo de canonização. Há o tempo em que se transcreve a narrativa, ou seja, o momento no qual os depoimentos são anotados; o próprio tempo da narrativa, ou seja, os momentos aos quais se referem os interrogados; e há, ainda, o momento transcorrido entre esses dois tempos, bem como a consideração das idades dos envolvidos. Por exemplo, para que uma pessoa interrogada em 1319 ou 1321 tivesse conhecido Tomás de Aquino, ela deveria obrigatoriamente ter nascido, pelo menos, entre o final da década de 1260 e 1274, o que significa que, em 1319, essa pessoa teria uma idade bastante distinta da que tinha quando teve contato com o teólogo sobre o qual prestou depoimento. Sendo assim, os processos de canonização são documentos importantes nos quais a relação entre memória e esquecimento não pode ser negligenciada. Ao afirmar isso, queremos dizer que, nos processos de canonização, as narrativas de ℘virtudes e ℘milagres tendem a fazer parte de construções coletivas, baseadas no que homens e mulheres situados em um contexto determinado pensavam sobre as pessoas que lhes pareciam excepcionais. Sendo assim, um santo é, ao mesmo tempo, destacado do conjunto da sociedade – porque realiza feitos que nem todos realizam, os milagres – e posto muito próximo dessa mesma sociedade, pois efetua atos reconhecidos como importantes para essa coletividade. Identificado como Logóteta e Protonotário Régio, Bartolomeu de Cápua, um homem já de idade avançada, pode ser considerado como o funcionário mais importante do reino de Nápoles na corte dos Angevinos (os Angevinos eram um ramo da família francesa dos Capeto, que, após derrotarem os descendentes de Frederico II na Batalha de Benevento, em 1266, passaram a governar o reino da Sicília). Ele tinha funções variadas junto aos reis e, quando interrogado em 1319, conhecia o universo jurídico e teológico no qual a CTA. estava inserida. Andrea Robiglio, filósofo italiano, afirmou que o depoimento desse funcionário régio é o mais importante em todo o processo de CTA., e um dos elementos que sustentam essa afirmação, segundo o autor, é a extensão do depoimento – sem dúvida, o que foi anotado de forma mais detalhada nas atas (cf. ROBIGLIO, 2008). Além desses dois homens, é importante destacar o Papa João XXII (papa entre 1316-1334). Durante seu pontificado, aconteceram cinco processos e três canonizações; destas, duas foram iniciadas no pontificado anterior. Isso significa que a CTA. foi a única que começou e finalizou favoravelmente naquele período. João XXII também é um personagem importante para entender a construção da santidade no Sul da Itália junto aos Angevinos. Em 1308, ainda como bispo, Jacques Duèse participou como testemunha dos inquéritos visando à canonização de Luís de Anjou (1275-1298). Em 1317, já como papa, canonizou Luís – príncipe angevino, irmão do rei Roberto, que governou Nápoles entre 1309-1343. Roberto era o rei durante a CTA. Isso significa que, entre 1317 e 1321, o papa canonizou dois santos de origem napolitana. Esse fato leva à tese de Jean-Paul Boyer, que sustenta que o rei de Nápoles era o principal interessado na CTA. (cf. BOYER, 2005). Há ainda outra interpretação: a de que o papa era o principal interessado em canonizar o dominicano por causa dos debates teológicos sobre a pobreza de ℘Jesus Cristo e da ℘Igreja.

**A bula de canonização.** Uma bula é um documento papal que porta o selo particular do papa, atestando que o documento é verdadeiro. Trata-se de um documento estruturado em um *Protocolo* (dividido em *invocação, titulação, inscrição e saudação*), *Narração, Petição, Decreto e Escatocolo*. A bula de CTA. é datada de 18 de julho de 1323 e intitulada *Redemptionem misit*, o que corresponde às primeiras palavras da invocação. Refere-se ao versículo bíblico "o Senhor enviou a redenção ao seu povo". Na *Narração*, foram elencados dez milagres atribuídos a Tomás de Aquino. No *Decreto*, o papa determinou que a festa do santo Aquinate fosse estabelecida no dia de sua morte, 7 de março, e concedeu indulgência de um ano e quarenta dias aos fiéis que, contritos e confessos, pedissem perdão ao visitar o túmulo do santo nesse dia. Decretou, ainda, *relaxamento de penas* por mais cem dias aos que visitassem o túmulo nos sete dias subsequentes à festa. No dia 28 de janeiro de 1369, seu corpo foi trasladado para Toulouse, onde se encontra até hoje na Igreja dos Jacobinos. Em 1969, no contexto do Concílio do Vaticano

II, determinou-se que a data da festa de Santo Tomás de Aquino fosse a data do traslado.

**A primeira hagiografia.** O texto, conhecido como *História de São Tomás de Aquino*, foi produzido por Guilherme de Tocco no contexto do processo de canonização. Esse dominicano esteve presente em quase todos os depoimentos e boa parte do que escreveu sobre sua personagem teve origem nesses momentos. A hagiografia, em edição contemporânea, tem setenta capítulos e cento e quarenta e seis relatos de milagres, e a primeira parte se concentra na biografia de Tomás de Aquino. A obra também traz informações sobre os diferentes momentos do processo, tais como a realização dos depoimentos, as viagens para levar as atas ao papa, além de milagres e visões que Guilherme de Tocco teve de Tomás de Aquino durante a elaboração do texto.

**Bibliografia:** BOYER, J.-P. *Sapientis est ordinare*: la monarchie de Sicile-Naples et Thomas d'Aquin (de Charles Ier à Robert). In: MATZ, J.-M. (ed.). *Formation intellectuelle et culture du clergé dans les territoires angevins (milieu du XIIIe – fin du XVe siècle)*. Roma: École Française de Rome, 2005, p. 277-312. GUILHERME DE TOCCO. *Ystoria sancti Thome de Aquino (1323)*. Edição crítica, introdução e notas por Claire Le Brun-Gouanvic. Toronto: PIMS, 1996. LAURENT, M. H. (ed.). Fontes vitae S. Thomae Aquinatis notis historicis et criticis illustrati (4 e 5). *Revue Thomiste*, 4, Saint Maximin, p. 374, 1931. NASCIMENTO, C. A. R. *Santo Tomás de Aquino:* o boi mudo da Sicília. 2. ed. São Paulo: EDUC, 2003. PAPA JOÃO XXII. *Redemptionem misit*: bula de canonização de Santo Tomás de Aquino, 18 de julho de 1323. Edição bilíngue, introdução e notas por Daniel N. Pêcego e Paulo Faitanin. *Cadernos da Aquinate*, 9, p. 7-28, 2010. PESCH, O. H. *Tomás de Aquino*: límite y grandeza de una teologia medieval. Trad. Xavier Molly Claudio Gancho. Barcelona: Herder, 1992. ROBIGLIO, A. A. *La sopravvivenza e la Gloria*: appunti sulla formazione della prima scuola tomista (sec. XIV). Bolonha: ESD, 2008. TEIXEIRA, I. S. *Como se constrói um santo*: a canonização de Tomás de Aquino. Curitiba: Prismas, 2014. _____. Duas canonizações napolitanas? Tomás de Aquino e Luís de Anjou (1308-1323). *Tempo*, 25 (1), p. 88-109, abr.

2019. TORRELL, J.-P. *Iniciação a Santo Tomás de Aquino:* sua pessoa e sua obra. Trad. Luiz Paulo Rouanet. São Paulo: Loyola, 1999.

Igor Salomão Teixeira

## CARIDADE → *Ver* Amor

## CARISMA

**Origens.** O termo latino *chárisma* é um neologismo do latim cristão, o qual, por sua vez, reproduz o grego *chárisma*, de amplo uso no Novo Testamento e na *Septuaginta*. Em grego, *cháris* é polissêmico, assim como seus derivados *chárisma* e *charísmata*, significando aspectos da beleza exterior de alguém, sua graciosidade. Em outro nível semântico, passa a significar presente, dom, tornando-se até mesmo nome de festa religiosa de celebração dos dons divinos. O significado latino em poetas cristãos como Fortunato e Prudêncio pretende expressar simplesmente *dom da natureza*. O uso cristão mais específico é variado. Como tal, *chárisma* não aparece no texto de Tomás, somente o derivado *charismata* (plural de *chárisma*), e assim mesmo quase sempre como citação patrística. *Charismata* aparece sobretudo na *Corrente de Ouro*, quando, por exemplo, cita Beda: "E também de modo belo o Senhor conduz os discípulos [...] a subir aos mais altos dons da virtude e aos carismas mais elevados do Espírito Santo" (*Corrente de Ouro, Evangelho de Marcos* 14, lição 7). Embora na passagem citada apareçam *donum* e *chárisma* como termos distintos, o termo grego *chárisma* é, finalmente, substituído pelo latino *donum* (dom). *Donum*, que deriva de *dare* (dar), significa *datio irreddibilis*, isto é, doação sem retorno, e se liga à própria *gratia* (⊘Graça), na medida em que o conceito desta é mais abrangente do que a concepção daquele, de tal modo que se possa dizer que todo dom é graça, mas não o contrário.

**Enumeração dos carismas.** Como se aludiu anteriormente, as passagens de Tomás sobre os carismas (C.) são relativamente poucas e

CARISMA

remetem sobretudo aos textos bíblicos e aos padres. O termo é usado no Novo Testamento para indicar seja a graça divina em geral, seja os dons especiais dos membros da ⍴Igreja. A passagem de 1Cor 12,7-11, que enumera os C. especiais, oferece a Tomás, no seu *Comentário à Primeira Carta de Paulo aos Coríntios* 12, l.2, a oportunidade de evidenciar os elementos fundamentais do texto, que ele divide em três partes: 1) a apresentação, por parte do apóstolo, da condição dos C. recebidos: a utilidade da Igreja consoante a força de cada um; 2) a enumeração desses C.: de falar com sabedoria, de falar com ciência, da ⍴fé, da cura, dos ⍴milagres, das ⍴profecias, do discernimento dos espíritos, das línguas, da interpretação das línguas; 3) a ação do ⍴Espírito Santo: é o Espírito que opera tudo em todos. Em seguida, ele ordena os C. acima enunciados novamente em três grupos: a) os C. que visam à persuasão: sabedoria, ciência e fé; b) os C. que a confirmam: cura, milagres, profecia e discernimento; c) os C. relativos à exposição dos motivos da persuasão: línguas e interpretação das línguas.

**Teologia.** Como se disse, esse rico termo da ⍴teologia cristã insere-se na abordagem mais ampla na qual Tomás trata da graça, aparecendo, em sentido literal, em apenas cerca de quarenta passagens de sua obra. Os C. são dons espirituais pertencentes ao âmbito dos ministérios, isto é, do serviço à ⍴comunidade. Na teologia da graça tomasiana, esse tipo de dom é *gratia gratis data*, graça gratuitamente dada, que não entra necessariamente na ordem dos benefícios do sujeito que a recebe, mas visa àqueles a quem seu portador deve servir. É o que se lê na *Suma de teologia* IªIIªᵉ, q. 111, a. 1, c, em que Tomás, depois de fazer a distinção entre a graça que torna alguém agradável a ⍴Deus, *gratia gratum faciens*, e a graça gratuitamente dada, declara sobre esta última: "que faz com que alguém ajude outro a chegar a Deus. Esse dom chama-se graça dada gratuitamente, porque é concedida ao ser humano acima do ⍴poder de sua natureza e de seus méritos pessoais. Ela não é dada para que aquele que a recebe seja

justificado, mas para que coopere na justificação de um outro". Essa passagem nos informa sobre três aspectos inerentes a esses dons especiais, os C.: 1) são gratuitos também no sentido de que não são necessários para a ⍴salvação de quem os recebe; 2) estão a serviço do outro, ou seja, da comunidade, que é a Igreja; 3) seus efeitos são superiores às forças da ⍴natureza humana. A esses três aspectos, deve-se associar também aquele segundo o qual os C. são desvinculados da ⍴santidade de quem os recebe; em outras palavras, os C., em si mesmos, não promovem a santidade do agraciado, mas somente vinculados aos dons da graça santificante. Assim o explica o tomista dominicano Blankenhorn, quando diz: "A atividade carismática deve ser ocasião para o crescimento da santidade: uma operação do dom de línguas, recebida com docilidade e gratidão, possibilita o crescimento da ⍴virtude, especialmente da fé e da ⍴caridade. Mas esse crescimento depende principalmente da maneira como o crente responde ao carisma" (BLANKENHORN, 2014, p. 412). Fica, pois, evidente a necessidade e a superioridade da *gratia gratum faciens* em relação ao dom como *gratia gratis data*: a primeira, também chamada de graça santificante, é necessária para a salvação e é superior à segunda entre os dons criados. Garrigou-Lagrange observa que "como explica Santo Tomás, a graça santificante e a caridade são muito mais excelentes que esses carismas, pois elas nos unem imediatamente a Deus, nosso ⍴fim último, enquanto esses dons excepcionais estão ordenados sobretudo à utilidade do próximo e somente o dispõem à conversão, sem lhe dar a vida eterna" (1938, p. 748, tradução do autor). A passagem a que se refere o teólogo francês se encontra no artigo 5 da questão 111 da *Suma de teologia* IªIIªᵉ: "Ora, a graça que torna agradável a Deus ordena o ser humano imediatamente à união com o fim último. As graças gratuitamente dadas, ao contrário, ordenam o ser humano ao que é uma preparação ao fim último. Eis por que a graça que torna agradável a Deus é bem superior à graça gratuitamente dada". O detalhe importante é a distinção entre a ordenação imediata a Deus e a ordenação mediada: esse é o caso dos dons especiais conhecidos como C., cuja teologia madura e, digamos, "completa", Tomás de Aquino elabora nas questões 171-179 da *Suma de teologia*, como se atesta sobretudo no Prólogo da questão 171.

**Bibliografia:** BLANKENHORN, B. The Metaphysics of Charisms: Thomas Aquinas, Biblical Exegesis and Pentecostal Theology. *Angelicum*, 91 (3), p. 373-424, 2014. CONGAR, Y. *Creio no Espírito Santo*: 2. Ele é o Senhor e dá a vida. São Paulo: Paulinas, 2005. DE-FERRARI, R. J. *A Lexicon of Saint Thomas*. Fitzwilliam: Loreto Publications, 2004. GARRIGOU-LAGRANGE, R. *Les Trois Âges de la Vie Intérieure*: Prélude de celle du Ciel. Tome II. Paris: Du Cerf, 1938. MARGELIDON, Ph.-M.; FLOUCAT, Y. *Dictionnaire de philosophie et de théologie thomistes*. Paris: Éditions Parole et Silence, 2011. MONDIN, B. *Dizionario Enciclopedico del Pensiero di San Tommaso d'Aquino*. Bolonha: Edizioni Studio Domenicano, 1991.

Carlos Frederico Calvet da Silveira

# CASAMENTO

**O problema.** O tema do casamento (C.) é central para o desenvolvimento do cristianismo em geral e do catolicismo em particular. Desde seu início no mundo antigo, o cristianismo buscou especificar as bases de um modo de vida que o particularizasse em relação aos demais cultos praticados na época. Se o Batismo representa, para o indivíduo, a porta de entrada na comunidade cristã (⟠Sacramento), o C. simboliza o momento de constituição da família cristã, um tipo de associação na qual os vínculos e laços pessoais são marcados por regras que definem como e com quem a união pode ser realizada, estipulam padrões de conduta amorosa, estabelecem configurações para exprimir a sexualidade e produzem relações de parentesco com repercussões para além das pessoas dos cônjuges. Em sua longa história de formação, o C. cristão aparece como âmbito de disputas em que ⟠paixões humanas são limitadas por

⟠leis, ⟠desejos amorosos são confrontados com interesses familiares, e acordos políticos são selados (cf. GAUDEMET, 1987). No período medieval em que Tomás de Aquino escreve, havia uma pluralidade de concepções sobre o C. que demandava ser sistematizada. Por um lado, havia a diversidade de formas e práticas matrimoniais adotadas localmente por comunidades que se valiam de costumes recebidos de diversos povos, que haviam contribuído para a queda do Império Romano. Essas práticas definiam, por exemplo, relações de parentesco e modos de transmissão de herança. Por outro lado, a tradição do direito romano havia legado ao período medieval uma concepção de C. conceituada nos moldes da teoria jurídica dos contratos. Tal como no caso da compra e venda, a validade do contrato de C. encontrava na livre manifestação da vontade das partes o elemento determinante para a sua realização. Além disso, a tradição filosófica romana, igualmente transmitida pelos textos jurídicos do *Digesto* e das *Institutas*, entendia o Matrimônio como o instrumento pelo qual são realizadas as finalidades naturais de preservação da espécie humana e educação da prole. Quanto a isso, os seres humanos não seriam naturalmente distintos dos demais animais que também se acasalariam com vistas à preservação da espécie. A diferença marcante estaria na maior dependência que a prole humana possui em relação a seus progenitores, tanto para sobreviver nos primeiros anos de vida como para adquirir educação. Por fim, havia a tradição bíblica da criação de Adão e Eva, que apontaria para a complementaridade dos sexos e indicaria um dos elementos centrais do C. católico, a indissolubilidade dos votos matrimoniais. Encontraremos essa diversidade de perspectivas discutidas e sintetizadas nos escritos de Tomás de Aquino sobre o C., e nisso reside uma das forças de sua obra.

**Escritos e intentos.** Tomás de Aquino aborda o tema do C. em três obras principais: no *Comentário aos Livros das Sentenças de Pedro Lombardo*, redigido provavelmente entre 1252 e 1257; na *Suma contra os gentios*, escrita durante os anos de 1259 a 1265; e, finalmente, na *Suma de teologia*, que data dos anos 1265 a 1273. Deve-se notar, no entanto, que as questões 41 a 68 do *Suplemento da Suma de teologia* são, na verdade, a retomada, quase que palavra por palavra, do texto do *Comentário aos Livros das Sentenças de Pedro Lombardo*. Isso se deve ao fato de Tomás ter falecido e deixado a *Suma de teologia* incompleta; para finalizar a obra, seus secretários utilizaram a parte referente ao C. que constava no *Comentário aos Livros das Sentenças de Pedro Lombardo*. Diante disso, poder-se-ia erroneamente pensar que, por serem escritos de juventude, os ensinamentos de Tomás sobre o C. não teriam a mesma importância de outras partes da *Suma de teologia*. Mas esse não é o caso. Conforme uma importante interpretação proposta pelo historiador do Direito James Gordley (1991), ao tratar do tema do Matrimônio, Tomás de Aquino teria retomado diversas cláusulas do Direito romano no que diz respeito à teoria dos contratos, mas o teria feito à luz da filosofia aristotélica. Com isso, a teoria romana dos contratos, entendida originalmente como um conjunto de preceitos jurídicos desprovidos de sistematicidade, passaria a incorporar certas noções sistematizadoras mais gerais e estranhas ao mundo romano. Assim, ao empregar a teoria aristotélica da causalidade (ᴏ Causa) para explicar a ᴏ natureza dos contratos, Tomás ensinaria que todo contrato deve ser concebido em função da sua causalidade final, ou seja, todo contrato teria a forma de uma associação dotada de finalidade, e, em virtude dessa finalidade, deveriam ser definidos os demais elementos que comporiam a relação contratual. Convém assinalar que a tese de Gordley possui um alcance histórico mais abrangente na medida em que o historiador do Direito sustenta ter sido somente no século XVI, sob os auspícios dos juristas-teólogos oriundos da Escola de Salamanca, que o processo completo de assimilação desses elementos teria sido efetivado. Em outras palavras, somente no século XVI um gesto semelhante ao de Tomás teria sido direcionado à teoria dos contratos como um todo, e não apenas de forma limitada ao contrato de

Matrimônio. Foge, todavia, completamente do nosso escopo prosseguir na direção histórica indicada por Gordley.

**Casamento como sacramento.** O momento em que Tomás de Aquino elabora o *Comentário aos Livros das Sentenças de Pedro Lombardo* é o de importantes mudanças legislativas acerca da natureza do Matrimônio, impulsionadas pelo sucesso da *Suma sobre o matrimônio* (1235), de Raimundo de Peñaforte (2005), então futuro superior-geral dos dominicanos. Como mostra Witte Jr. (cf. 2012, p. 81-96), a obra de Tomás contribuiu decisivamente para a compreensão posterior do C. porque permitia entendê-lo como uma instituição dotada de uma estrutura jurídica tridimensional: de direito natural, de direito civil e de direito eclesiástico (cf. *Suma contra os gentios* IV, 78). Em primeiro lugar, o C. seria natural, entendendo-se por *natural* não a relação de causalidade que torna um evento necessário, mas a disposição ou inclinação completada por uma decisão livre da ᴏ vontade (cf. *Suma de teologia*, Suplemento, q. 41, a. 1). A disposição ou tendência natural para o C. estaria presente em todo o gênero humano como uma inclinação natural para um bem que pode ser tomado em dois sentidos: principal ou secundário. O bem principal ou ᴏ fim do Matrimônio seria o bem da prole ou o cuidado para com ela. Seguindo uma antiga tradição, Tomás concebe o ᴏ ser humano como o mais frágil e indefeso dos animais, dependente dos seus pais não apenas para ser gerado, mas também para receber alimentação e educação. Nesse sentido, o C. seria a união de cônjuges que possibilitaria a melhor forma de cuidado dos filhos. O fim secundário do C. consistiria no cuidado recíproco que as pessoas casadas prestam umas às outras em assuntos domésticos. A natureza apresentaria, assim, a finalidade, ou seja, forneceria a causa final da união ao apresentar o bem natural a ser buscado pela união dos cônjuges, mas a efetivação do ato matrimonial dependeria da vontade deles. O bem natural, chamado por Tomás de causa final essencial, consistiria em gerar a prole e evitar a fornicação. A premissa básica de Tomás é, portanto, o reconhecimento da fragilidade humana e da dependência do cuidado a ser recebido da parte de outras pessoas. Como instituição natural, o C. corresponderia à forma mais elementar de Ꝑcomunidade entre seres humanos, pois, como dizia Aristóteles em uma frase frequentemente citada, o ser humano é naturalmente um animal mais conjugal do que político (cf. *Ética nicomaqueia* VII, 14, 1162ª19). Se os seres humanos necessitam viver em comunidades políticas porque somente em sociedade podem prover uns aos outros, o que não alcançariam de forma solitária, o C. revela-se a forma mais básica do viver em comunidade, na medida em que os indivíduos dependem de outros para nascer, receber alimentos e educação (cf. *ibidem*, q. 41, a. 1). A segunda dimensão do Matrimônio seria contratual e, portanto, compartilharia das demais características de um acordo realizado voluntariamente entre as partes, acordo esse regido segundo o direito de cada comunidade ou pelo seu direito civil. O contrato de C. teria dois momentos: a promessa de realizar um ato futuro (noivado, *sponsalia per verba de futuro*, cf. *Comentário aos Livros das Sentenças de Pedro Lombardo* IV, dist. 27, q. 1, a. 2) e a confirmação da promessa com a efetivação do C. (*per verba de praesenti*, cf. *ibidem*, dist. 27, q. 2, a. 2, argumento inicial 5). Como a entrega mútua dos corpos pareceria indicar a consumação do ato, poderia surgir a dúvida de que o C. teria sua validade dependente do ato sexual. Tomás opõe-se à tese e reforça o caráter voluntário e livre da expressão do consentimento como elemento essencial do C. "O consentimento que causa o casamento é o consentimento para o Matrimônio (*consensus in matrimonium*), pois o efeito próprio da vontade (*voluntas*) é o objeto da volição" (*Suma de teologia*, Suplemento, q. 48, a. 2). John Witte Jr. (2012) comenta esse ponto afirmando que, "em essência, o casamento depende do mútuo consentimento para ser legítimo e vinculante". Witte Jr. cita ainda a seguinte passagem de Pedro Lombardo, bastante reveladora: "O que faz o casamento não é o consentimento para a coabitação ou para a cópula carnal, mas o consentimento para a associação conjugal" (WITTE JR., 2012, p. 87). Coabitação e cópula estão presentes no C., mas como consequências, e não como elementos definidores. A terceira dimensão seria a sacramental e estaria regida pelo direito da ꝐIgreja. Quando contraído entre cristãos batizados e em conformidade com as leis da natureza e dos contratos, o C. adquire a dignidade de um sacramento. Esse foi um ponto de grande controvérsia entre os autores medievais na medida em que se introduz um sacramento para o qual não haveria necessidade da intervenção da Igreja, sendo os próprios cônjuges os ministros desse sacramento. De fato, desde o Concílio de Latrão IV, de 1215, a Igreja encorajava o casal a buscar o consentimento dos pais, tornar público o ato e oficializá-lo perante um Ꝑsacerdote. Todavia, nada disso era condição para o ato; bastava que os cônjuges que haviam contraído noivado confirmassem no momento acordado a intenção da união, pronunciando os assim chamados votos de presente. Seria suficiente, portanto, a expressão da vontade de iguais para que o C. fosse realizado, sem qualquer outra formalidade adicional. Tomás reconhece a dificuldade e aceita que não é a bênção do sacerdote que torna o Matrimônio um sacramento. A peculiaridade do C. reside no fato de ele não ser somente a cura para certo tipo de Ꝑpecado. Fosse assim, não haveria C. antes do pecado, mas houve C. entre Adão e Eva, segundo o relato bíblico. Como instituição anterior ao pecado e à Igreja cristã, o Matrimônio encontraria seu elemento simbólico nas palavras usadas pelos cônjuges ao expressarem a promessa de uma vida comum. São essas palavras, e não a bênção do sacerdote, que simbolizam a união sacramental (cf. *Suma de teologia*, Suplemento, q. 42, a. 1). Como diz Tomás, suas consciências os instruíram a tomar esse sacramento, e seus próprios testemunhos seriam suficientes para a sua validade. Alguns canonistas medievais, no entanto, tentaram ir em outra direção, sustentando que o C. somente se concretizaria com a união carnal. Essa posição era de difícil aceitação, na medida em que ela trazia consigo diversos problemas: como explicar, por exemplo, que a virgem ꝐMaria e

CASAMENTO

José eram realmente casados ou como explicar que a Ϙgraça divina necessitava da união carnal dos cônjuges para manifestar-se? Ambas as dificuldades sugeriam, ao contrário, que o vínculo espiritual seria o mais adequado para explicar o C. entendido como um sacramento.

**Casamento como sacramento indissolúvel.** Ao explicar a inclinação natural que homens e Ϙmulheres possuem para associar-se naquela que é vista como a forma de comunidade mais elementar, Tomás faz eco aos ensinamentos tradicionais de Agostinho (2001), ainda que as razões por ele aduzidas sejam completamente distintas das do bispo de Hipona. Tomás justifica a necessidade da união entre os cônjuges pela condição animal humana, ou melhor, pelas fraquezas que os seres humanos possuem quando comparados aos demais animais. O ser humano seria a espécie mais frágil e mais dependente do cuidado prestado pelos progenitores, tanto para a alimentação como para a educação. Justificar-se-ia, assim, a necessidade da presença dos pais por um longo período junto aos filhos. No entanto, essa dependência não seria ainda suficiente para garantir um dos pilares básicos do C., a saber, a sua indissolubilidade. Para explicar essa característica, Tomás apela a dois tipos de argumentos bastante distintos. Em um primeiro momento, justifica a fidelidade que a esposa deve prestar ao marido, sustentando que a infidelidade feminina acarretaria a incerteza do pai com respeito a sua progenitura, levando os pais a não se apegarem aos filhos. Já a certeza da paternidade, por sua vez, inclinaria os pais a permanecerem com os filhos, pois veriam neles uma parte de si mesmos, e, ao investirem na alimentação e na educação das crianças, buscariam igualmente a duração do C. (cf. *Suma contra os gentios* III, cap. 123). O mesmo argumento não poderia, entretanto, ser aplicado ao caso das esposas, pois elas não necessitariam da fidelidade masculina para saberem quais são seus filhos. Por outro lado, se o único problema a ser resolvido fosse a certeza da paternidade, não haveria obstáculos para a união de um homem com diversas mulheres.

Diante dessas dificuldades, Tomás emprega um argumento de outra ordem. Como mostra Witte Jr. (cf. 2012, p. 86), ele o formula em termos de Ϙjustiça natural, ou seja, em termos das obrigações que os cônjuges devem um ao outro e que se exprimem por meio das noções de igualdade e apoio mútuo. Entre marido e mulher, diz Tomás, existe uma espécie de amizade conjugal que tem por fundamento algo que é característico das verdadeiras formas de Ϙamizade. A amizade somente é possível entre iguais (*amicitia in quadam aequalitate consistit*, cf. *Suma contra os gentios* III, cap. 124); amizades por interesse são formas de amizade apenas de modo derivado e implicam o rebaixamento do dito amigo a um mero meio para se alcançar algo. Somente são verdadeiros amigos aqueles que se percebem como iguais. Assim, caso um homem se ligasse a diversas mulheres para ter filhos, criar-se-ia uma desigualdade entre os cônjuges, e as esposas não ocupariam propriamente a posição de esposas, mas de servas; e, como haveria mais de uma esposa, instalar-se-ia ainda uma relação de competição entre elas por recursos e pelo marido (cf. *ibidem*, cap. 124). Um argumento mais ou menos semelhante valeria também caso o marido pudesse solicitar o divórcio. Diz Tomás que, se um homem tomasse uma mulher ainda jovem, quando a beleza e a fecundidade estivessem presentes, e se, quando ela alcançasse uma idade mais avançada, ele dela se afastasse, então, teria agido contra a equidade natural, ou seja, teria tomado a esposa precisamente como meio, e não como alguém em situação de igualdade. Ele elabora o vínculo entre contrato matrimonial e bem da fidelidade, afirmando que fidelidade não corresponde a ter Ϙfé, mas a manter de maneira fidedigna as promessas realizadas no contrato. Fidelidade seria, portanto, a continuidade nas relações pactuadas; e essas não devem ser entendidas apenas como obrigações sexuais, mas como a indissolubilidade dos vínculos entre marido e esposa, que compartilham igualdade entre pessoas, propriedade e reputação na forma de verdadeiros amigos.

**Debates atuais.** Desenvolvidos já desde fins do século XIX, os estudos histórico-exegéticos dos textos redigidos pelo próprio Tomás de Aquino ou por seus secretários levantaram debates sobre posições tradicionalmente atribuídas a Tomás, porém resultantes, muitas vezes, de sobreposições de elementos alheios a seu pensamento. Essas sobreposições foram feitas ao longo dos séculos, principalmente durante os movimentos da Contrarreforma, posteriores ao Concílio de Trento (1545-1563), e referem-se a aspectos muito diversos, envolvendo desde temas de ℘metafísica e lógica até teologia e moral. Um desses temas é justamente a natureza do C., com consequências para a compreensão da situação dos divorciados "recasados", bem como para sua orientação pastoral. Recentemente, a obra do teólogo dominicano Adriano Oliva (2015) concentrou-se precisamente nas diferenças textuais entre o *Comentário aos Livros das Sentenças de Pedro Lombardo*, registro de um longo ciclo de aulas sobre o C. dadas por Tomás quando tinha cerca de trinta anos de idade na Universidade de Paris, e a Terceira Parte da *Suma de teologia*, texto de maturidade. Na Terceira Parte da *Suma*, Tomás pergunta se houve um C. verdadeiro, completo, entre Maria e José, uma vez que, mesmo concluído validamente, não foi jamais consumado (por causa da virgindade de Maria), conforme ensina a tradição cristã (cf. *Suma de teologia* III, q. 29, a. 2, Resp.). Recorrendo a um dado metafísico geral, aplicável a todos os seres vivos e de certo modo também aos seres inanimados, segundo o qual a perfeição ou completude de algo é dupla (sua forma e sua consecução de seu fim específico), Tomás analisa que a perfeição primeira do C. (sua forma ou aquilo que o constitui como tal, determinando sua essência e seu fim próprio) "consiste em certa união indivisível dos espíritos [*animus*, quer dizer, ℘intelecto e vontade], pela qual cada um dos cônjuges é instado a ser fiel ao outro de maneira indivisível" (*ibidem*). Na contrapartida, a perfeição segunda do C. (decorrente da primeira e equivalente à operação pela qual, de certa maneira – *aliqualiter* –, ele atinge

seu fim específico) é a geração da prole, sua educação e a entreajuda mútua dos pais para nutri-la. Tomás distingue, portanto, entre o fim próprio do C., inerente a ele mesmo e implicado por sua perfeição primeira, e os fins específicos do C., resultantes da perfeição segunda e concernentes à prole. Com base nessa distinção, dirá que o Matrimônio de Maria e José foi perfeito porque satisfez à perfeição primeira, que constitui o C. como tal, embora, no tocante à perfeição segunda, mesmo tendo sido aberto à possibilidade de gerar filhos por meio do ato sexual (se assim Deus quisesse), o Matrimônio de Maria e José não foi consumado, sem necessariamente, porém, deixar de ser perfeito, porque atingiu os outros fins da perfeição segunda, a educação da prole e a entreajuda mútua para nutri-la. Ocorre que em seu texto de juventude, o *Comentário aos Livros das Sentenças de Pedro Lombardo*, ao distinguir entre um fim principal e um fim secundário do C., Tomás não realiza a distinção entre perfeição primeira e perfeição segunda, o que parece contradizer ou relativizar a análise do C. feita na *Suma de teologia*. Todavia, essa distinção é subentendida, na verdade, ao longo da argumentação do *Comentário aos Livros das Sentenças*, pois, de uma perspectiva metafísica, é apenas no interior da perfeição segunda que a procriação se diz fim principal, uma vez que o ato sexual (algo da ordem da operação do ℘ente, e não de sua essência) enraíza-se na natureza humana segundo seu gênero animal; e, do ponto de vista lógico, o gênero antecede a espécie, fazendo falar da procriação como fim principal, e da entreajuda mútua dos cônjuges como fim secundário, porque fundada na natureza da espécie humana, logicamente posterior à natureza do gênero animal (cf. *Comentário aos Livros das Sentenças de Pedro Lombardo* IV, dist. 26, q. 1, a. 1; dist. 33, q. 1, a. 1, Resp.; *Suma de teologia*, Suplemento, q. 41, a. 1; q. 65, a. 1, Resp.). Comparados assim os dois textos, parece adequado afirmar que a entreajuda mútua dos cônjuges integra, como tal, a perfeição primeira, para somente em segundo lugar (perfeição segunda) ordenar-se ao bem

CASAMENTO

da prole. Tomás especifica, por conseguinte, que a prole, "em certo sentido, é o fim principal e, em certo sentido, não" (*Comentário aos Livros das Sentenças de Pedro Lombardo* IV, dist. 31, q. 1, a. 3, ad 1m); e, ao falar da amizade conjugal como fim secundário, limita-a sempre à entreajuda mútua dos cônjuges em vista da prole, tal como certos animais dedicam-se a seus filhotes, de modo que, no caso do animal humano, a maneira de gerar e educar a prole é determinada por sua natureza racional ou espiritual, tal como se observa na *Suma contra os gentios* III, 122, e sobretudo no *Comentário aos livros da Ética de Aristóteles* VIII, 12. Assim, a dimensão espiritual do ser humano (intelecto e vontade) qualifica, por um lado, o cuidado com a prole, mas sobretudo e em primeiro lugar a comunhão de Ᵽamor e de vida entre os cônjuges, fim próprio ou perfeição primeira do C. (cf. *Comentário aos Livros das Sentenças de Pedro Lombardo* IV, dist. 26, q. 1, a. 1, Resp.)., que os cônjuges realizam, de algum modo (*aliqualiter*), por sua operação específica ou perfeição segunda. Segundo a interpretação de Adriano Oliva (cf. 2015, p. 27-28), por trás do estilo técnico-analítico de Tomás, é o amor que prima em todo o seu tratamento do C.: afecção amorosa original, indivisível união de espíritos (*indivisibili coniunctione animorum*) e afeição conjugal. Por isso, o primado do amor, se considerado no contexto dos divorciados "recasados", permitiria, em circunstâncias precisas (a da real vivência da perfeição primeira do C. em uma união matrimonial posterior), adequar a compreensão da situação de cada casal à natureza do C. e integrar, caso a caso, divorciados "recasados" à vida sacramental. Conforme evoca Oliva (cf. 2015, p. 31-32), entre os documentos do magistério eclesiástico, aquele que reflete de modo mais fiel e explícito a análise tomasiana do C. é o conjunto de atas do Concílio de Trento, seguido pelo Catecismo Romano de 1566, pois o Concílio examinou a natureza do C. e aprovou, na seção de 11 de novembro de 1563, os cânones que a exprimem, definindo o C. como função natural e como sacramento, em correspondência perfeita com a análise de Tomás, sem

nada evocar, porém, no tocante à prole (cf. *Concilii Tridentini Actorum*, 1924, p. 966, linha 28 a p. 967, linha 5 – *apud* MERKLE [et al.], 1965; DENZINGER; HÜNERMANN, 2007). Assim, desvinculando a perfeição primeira do C. e o cuidado com a prole, o próprio Concílio situa com evidência a finalidade primeira do C. na união dos espíritos, permitindo, segundo Oliva (cf. 2015, p. 33-72), conceber uma possível consequência pastoral em relação aos divorciados "recasados": por uma experiência na qual se arrependem sinceramente e renovam-se pelo sacramento da Penitência, permanecendo estritamente fiéis à perfeição primeira do Matrimônio, eles poderiam ter acesso à vida sacramental, até porque seriam um sinal, para a Igreja e para o mundo, do real fundamento da indissolubilidade do C. e da verdade do amor misericordioso de Deus, que converte e salva (ⱣSalvação). Todavia, as dificuldades histórico-teóricas que impediram e ainda impedem a busca de um encaminhamento pastoral nessa direção, e com inspiração tomasiana, vêm do fato que, ao longo do séculos XVI-XX, e praticamente sempre por evocação da presumida autoridade de Tomás, o magistério eclesiástico assimilou majoritariamente o C. a um contrato indissolúvel cujo fim primeiro é a prole (exceção feita à tentativa de Pio XI, em sentido inverso, com a encíclica *Casti conubii*, de 1930 – cf. DENZINGER; HÜNERMANN, 2007). O *Código de Direito Canônico* de 1917 chega a conceber, no cânon 1013, § 1, o fim primeiro do C. como a procriação e a educação da prole, reservando como fim segundo a entreajuda mútua dos esposos e o remédio contra a concupiscência. Será somente durante o Concílio Vaticano II, com base nas intervenções pessoais de Paulo VI em meio às tensas discussões dos padres conciliares (cf. MATTHEUWS, 1989), que a análise realmente tomasiana parece reemergir por meio de uma definição do C. em termos de comunidade conjugal de amor e vida e de amor nupcial, considerando a geração e educação da prole como algo ao qual encaminha a natureza da instituição matrimonial (cf. *Gaudium et spes*, n. 48; SANTA SÉ,

2007). Por fim, o *Código de Direito Canônico* de 1983 (embora retome o vocabulário jurídico e não metafísico-teológico do *Código* de 1917, referindo-se ao C. como contrato ou pacto, *foedus*) coincide com o espírito tomasiano, ao afirmar, no cânon 1055, que o C., pelo qual mulher e homem constituem entre si uma união por toda a vida, é ordenado por sua natureza mesma ao bem dos cônjuges (em primeiro lugar) e também (em segundo lugar) à geração e à educação da prole. Assim, malgrado certa juridicização da compreensão do C., em relativo detrimento de sua natureza profundamente existencial, o horizonte tomasiano do *Código* de 1983 parece permitir uma renovação da compreensão do C., com possíveis consequências pastorais na linha do pleno acolhimento eclesial, caso a caso, de divorciados "recasados". Reações contrárias à análise de Adriano Oliva não demoraram a surgir (cf., principalmente, DONNEAUD, 2015; PERDRIX, 2017), tomando por método não apenas a análise histórico-textual de Tomás de Aquino, mas também o recurso à doutrina tomista desenvolvida ao longo dos séculos XVI-XX (e não necessariamente tomasiana – ℗Tomismos). Mais recentemente, o Papa Francisco levou em consideração a possibilidade, sempre caso a caso e em função de um discernimento espiritual, do acesso de divorciados "recasados" aos sacramentos, pondo-se claramente em continuidade com intuições vindas dos textos do Tomás histórico (cf. PAPA FRANCISCO, 2016; MICHELET, 2017).

**Bibliografia:** AGOSTINHO DE HIPONA. *De Bono Coniugale, De Santa Virginitate.* Edited with an Introduction, Translation, and Notes by P. G. Walsh. Oxford: Clarendon Press, 2001. BRUNDAGE, J. A. *Law, Sex, and Christian Society in Medieval Europe.* Chicago: University of Chicago Press, 1987. CASTELNEAU-L'ESTOILE, C. *Un catholicisme colonial:* le mariage des indiens et des esclaves au Brésil. Paris: Presses Universitaires de France, 2019. DENZINGER, H.; HÜNERMANN, P. *Compêndio dos símbolos, definições e declarações de fé e moral.* Vários tradutores. São Paulo: Loyola, 2007. DONNEAUD, H. Questions disputées sur l'essence et les fins du mariage selon Thomas d'Aquin. *Revue Thomiste,* 115, p. 573-616, 2015. D'AVRAY, D. *Medieval Marriage:* Simbolism and Society. Oxford: Oxford University Press, 2005. GAUDEMET, J. *Le mariage en Occident.* Paris: Éditons du Cerf, 1987. GORDLEY, J. *The Philosophical Origins of Modern Contract Doctrine.* Oxford: Clarendon Press, 1991. MATTHEUWS, A. *Union et procréation:* développements de la doctrine des fins du mariage. Paris: Cerf, 1989. MERKLE, S. [et al.] (eds.). *Concilii Tridentini Actorum.* Friburgo: Herder, 1965. MICHELET, T. Note de théologie sacramentaire sur la communion des divorcés remariés. *Revue Thomiste,* 117, p. 619-645, 2017. OLIVA, A. *Amours:* l'Église, les divorcés remariés, les couples homosexuels. Paris: Cerf, 2015. PAPA FRANCISCO. *Amoris laetitia:* exortação pós-sinodal sobre o amor na família. Disponível em: <http://www.vatican.va/content/francesco/pt/apost_exhortations/documents/papa-francesco_esortazione-ap_20160319_amoris-laetitia.html>. Acesso em: 21 out. 2020. PERDRIX, S. À propos d'"Amours" d'Adriano Oliva: l'Église, les divorcés remariés et les couples homossexuels. *Revue Thomiste,* 117, p. 465-504, 2017. RAIMUNDO DE PEÑAFORTE. *Summa on Marriage.* Translated by P. Payer. Toronto: Pontifical Institute of Mediaeval Studies, 2005. REYNOLDS, P. R. *How Marriage became one of the Sacraments:* the Sacramental Theology of Marriage from its Medieval Origins to the Council of Trent. Cambridge: Cambridge University Press, 2016. SANTA SÉ. *Codex Iuris Canonici* (1917). Disponível em: <https://www.iuscangreg.it/cic1917.php?lang=EN>. Acesso em: 21 out. 2020. _____. *Código de Direito Canônico* (1983). Vários tradutores. Brasília: CNBB, 2019. _____. *Vaticano II:* mensagens, discursos, documentos. Trad. Francisco Catão. São Paulo: Paulinas, 2007. WITTE JR., J. *From Sacrament to Contract:* Marriage, Religion, and Law in Western Tradition. Louisvile: John Knox Press, 2012.

ALFREDO STORCK
JUVENAL SAVIAN FILHO

# CAUSA

**Os sentidos de causa.** O vocabulário da causalidade de todo autor da escolástica medieval remete à sua fonte primordial, que é a doutrina aristotélica das quatro causas. A rigor, não se trata tanto de quatro causas, mas de quatro sentidos em que o termo *causa* (C.) deve ser entendido. Em um sentido, C. é a ♀matéria (*hýle*), aquilo *a partir do qual* (*ex hoû*) algo se move ou vem a ser; o substrato (*hypokeímenon*) que permanece por debaixo da mudança e que é afetado por ela; em outro, é a forma (*eîdos*), aquilo que determina algo como precisamente é, seu *o que é algo* (*tò tí ên eînai*); em outro, é o princípio *desde onde* (*hóthen*) se dá o movimento ou a mudança, o agente (*tò poioûn*); e, por último, é o ♀fim (*télos*), aquilo *em vista de que* (*hoû héneka*) algo é feito ou até onde tende, e que se identifica com o bem. Em comentadores de Aristóteles da Antiguidade Tardia, como Alexandre ou Simplício, já se verifica uma simplificação dessa terminologia sob os títulos de C. material (*hyliké*), formal (*eidiké*), eficiente (*poietiké*) e final (*teliké*), do modo como chegará à escolástica medieval: *causa materialis, formalis, efficiens* e *finalis*. É natural pensar que a origem da delimitação desses quatro sentidos está na explicação do devir natural. Claro que também encontram sua aplicação, com as suas especificidades, no domínio da produção artística, na práxis ou ação humana, e até no campo epistemológico. Isso sugere que há um uso fortemente analógico em cada um dos quatro sentidos. Nos autores medievais, a lista das quatro C. se torna, por assim dizer, canônica, de modo que se entende que em qualquer tratamento dado às C. deve-se ter em consideração os quatro sentidos. Sabe-se que Aristóteles não conta com uma justificativa de quais e quantas são as C. Com efeito, o recorrido uso doxográfico de *Metafísica* I tem como objeto a confirmação da lista das C. enumeradas na *Física* (cf. *Metafísica* I, 8, 988b16-19). Também não está muito clara qual é a relação entre os quatro sentidos, se por acaso há algum conceito genérico que os englobe ou se se trata de uma simples multivocidade. Como em outros aspectos, os autores medievais tendem a introduzir uma sistematicidade em lugares que não há em Aristóteles, ainda que o façam, na medida do possível, em conformidade com a terminologia e, até certo ponto, com os princípios do pensamento de Aristóteles. Tomás de Aquino recorre e reformula uma caracterização de C. que aparece em um florilégio atribuído a Beda e nas *Sumas lógicas* de Pedro Hispano: "causa é aquilo de cujo ser segue algo distinto" (PSEUDO-BEDA, *Sentenças*, PL, v. XC, 982c; PEDRO HISPANO, *Sumas lógicas* V, 19-21 [De Rijk, 676-699]). Aquino adapta sutilmente a fórmula colocando o ♀ser do lado do efeito: "causa é aquilo de que segue o ser do efeito". Com essa variante sutil, Aquino pode ensaiar diversas deduções dos quatro sentidos de C.: o ser do causado pode ser considerado em um sentido absoluto, caso em que a C. é a forma pela qual se é em ato; ou pode ser considerado quando, a partir da potência, chega a ser um ♀ente em ato. E como tudo o que está em potência é levado ao ato por algo que é um ente em ato, disso surgiram outras duas C.: a matéria, que é ente em potência, e o agente ou eficiente, que leva a matéria da potência ao ato. Como o agente tende a algo determinado – na medida em que todo agente atua em algo que lhe é conveniente –, aparece a C. final como aquilo a que tende a ação do agente (cf. *Comentário à Física de Aristóteles* II, lição 10, §15, e *Os princípios da Natureza*, cap. 3). A adoção da fórmula de Beda-Hispano não parece ser suficiente para inscrever as quatro C. em um conceito unívoco em que elas seriam espécies. Seguindo Aristóteles, Aquino reconhece uma dupla divisão das C.: a primeira, nos quatro sentidos mencionados; a segunda, em seis *modos*: C. *per se* e por acidente, particular ou universal, em potência ou em ato. Em seu comentário, Aquino compara – não identifica – a primeira divisão com uma partição em espécies, e a segunda, com diferenças acidentais. De qualquer maneira, é claro que a divisão principal está de acordo com os vários aspectos de C. (*penes diversas rationes causandi*), o que sugere que os quatro sentidos permanecem irredutíveis entre si (cf. *Comentário à Metafísica de Aristóteles* V, 3, §7). Inspirando-se em um exemplo de Aristóteles – o exercício é a C. da saúde (como C. eficiente) e a saúde é a C. do exercício (como

C. final) – e com base na análise de Avicena, Tomás de Aquino reconhece certa reciprocidade entre as C. Assim, a matéria é a C. da forma, na medida em que a "sustenta" – é entendida como seu substrato; e a forma é a C. da matéria, na medida em que a determina e a faz ser em ato. A relação entre o eficiente e o fim leva a uma interessante distinção entre a C. e a causalidade da C., entre aquilo que é C. e o aspecto ou o modo segundo o qual é C. Assim, o eficiente é a C. daquilo que é fim, mas não da causalidade do fim, pois não é a C. de que o fim seja fim, mas apenas de que o fim seja realizado; em contrapartida, o fim não é a C. daquilo que é eficiente, mas da causalidade do eficiente, pois, por si só, não faz que se realize a ação do eficiente, mas faz desse eficiente um eficiente, na medida em que estabelece aquilo para o qual tende. Disso se segue certa prioridade da C. final. O fim é a C. da causalidade das C. restantes, a ponto de dizer que é a *causa das causas* (*causa causarum*) (cf. *Os princípios da Natureza*, cap. 4).

**Causa e princípio.** A caracterização quase geral da C. como aquilo que é seguido pelo ser do efeito permite a Aquino uma precisão sobre as relações entre os termos *princípio* e C. O vocabulário aristotélico da causalidade, na verdade, abrange três termos: princípio, C. e elemento (cf. *Metafísica* V, cap. 1, 2 e 3, respectivamente). Em linhas gerais, uma sequência da maior para a menor extensão pode ser reconhecida entre eles: nem toda C. é princípio – pois há um princípio segundo a ordem ou o ◊tempo etc., que não é causal; e nem toda C. é um elemento – apenas um tipo especial de C. material. No entanto, Aristóteles não apenas aponta que todas as C. são princípios, mas muitas vezes acaba fazendo um uso tão analógico dos três termos, que eles resultam praticamente intercambiáveis. Para organizar esse vocabulário, Aquino distingue entre princípio e C., observando que, enquanto o princípio conota especialmente uma ordem – isto é, uma relação de anterioridade e posterioridade –, C. "importa certo influxo para o ser do causado" (*Comentário à Metafísica de Aristóteles* V, 1, §2-3). Nessa passagem, o termo influxo, evidentemente emprestado do *Livro*

*das causas*, parece estar despojado de todas as suas conotações neoplatônicas. A implicação dessa distinção para a ◊teologia é fundamental. Aquino leva em conta o fato de que na patrística grega o termo C. é usado para se referir à ◊relação entre as ◊pessoas divinas. No entanto, os *doutores latinos* não podem senão considerar esse uso inapropriado. Os fundamentos dessa observação permitem apreciar o que Tomás de Aquino entende implicar a C.: (i) a C. é correlativa ao efeito; (ii) significa algo diverso em ◊essência; (iii) é usada pelos filósofos para se referir à relação externa de ◊Deus com as criaturas. Obviamente, nenhuma das três coisas pode ser aplicada às processões no interior da ◊Trindade (cf. *Questões disputadas sobre o poder divino*, q. 10, a. 1, ad 8m). Além disso, o termo C. "parece comportar diversidade de substância e dependência de algo em relação a outra coisa", de modo que em todos os gêneros de C. "sempre exista uma distância entre a C. e aquilo do qual é C., conforme alguma perfeição ou ◊virtude" (*Suma de teologia* I, q. 33, a. 1, ad 1m). Em resumo, o termo *princípio* é mais apropriado para expressar a origem nas pessoas divinas.

**Causa e ser de Deus.** A noção de C. ocupa um lugar fundamental no tratamento da demonstração de que há Deus. Aquino considera que a afirmação "Há Deus" não é imediatamente evidente (cf. *ibidem*, q. 2, a. 1) e, portanto, requer uma demonstração. Mas isso não quer dizer que ela seja possível: é preciso garantir que seja demonstrável, ou seja, que haja algum método para inferi-la (cf. *ibidem*, q. 2, a. 2). Uma vez que a essência de Deus nos é desconhecida, uma demonstração cujo termo médio corresponda ao "o que é" não pode ser usada, ou seja, uma demonstração a partir da C. para demonstrar que há o efeito. Diversamente, é necessário recorrer a uma demonstração cujo termo médio expresse somente "o que o nome significa"; noutras palavras, que parta do efeito para demonstrar que há a C. Esses dois tipos de prova são denominados "demonstração do *porquê* (*dióti* / *propter quid*)" e "demonstração do *quê* (*hóti* / *quia*)", e sua distinção remete aos *Analíticos posteriores* de Aristóteles.

CAUSA

Como demonstrações *quia*, os cinco métodos ou vias para demonstrar que há Deus limitam-se a verificar se há *algo* que pode ser chamado de Deus, com um nome retirado dos efeitos (cf. *ibidem*, q. 2, a. 3). A demonstração deve, portanto, começar com um juízo de que há algo evidente para nós, e remeter isso à sua C., para que remonte a uma C. primeira incausada. A primeira via, a partir do movimento (*ex motu*), é a demonstração aristotélica do primeiro motor imóvel, que pode ser encontrada nos livros VII e VIII da *Física* e no livro XII da *Metafísica* de Aristóteles. A noção de C. está implicada na segunda premissa, na menção de que "tudo o que é movido é movido a partir de outra coisa (*ab alio*)". A conclusão, portanto, estabelece que existe um primeiro motor que se move e não é movido. A segunda via apela expressamente a um tipo de C.: a eficiente (*ex causa eficiente*). Em uma segunda etapa análoga à via anterior, afirma-se que "nada é causa de si mesmo" – o equivalente lógico de "tudo o que é causado eficientemente, o é a partir de outra causa eficiente". Na fundamentação dessa premissa, torna-se evidente uma característica distintiva da concepção medieval de C., em particular, da C. eficiente: a C. implica uma anterioridade em relação ao efeito, de modo que é impossível que algo seja uma C. de si mesmo, porque, nesse caso, seria anterior a si mesmo, o que é contraditório. O conceito de uma *causa sui* não é medieval, mas inequivocamente moderno. De resto, a "anterioridade" em questão não deve ser entendida aqui em um sentido meramente temporal, mas como a anterioridade na ☉*natureza* ou *na ousía* de Aristóteles. A terceira via parte "do possível e do necessário" (*ex possibili et necessario*). Por *possível*, aqui, entende-se o gerável e corruptível, correspondente ao "que em algum momento não há"; por *necessário*, entende-se o não gerado e incorruptível, que corresponde ao "que há por todo o tempo". Por essa razão, a demonstração não se conclui quando considera – por meio de um argumento que tem antecedentes em uma das provas de Maimônides no *Guia dos Perplexos* – que nem tudo é possí-

vel, ou seja, que há, pelo menos, algum ser necessário; pois, entre os seres necessários, existem alguns que têm a "causa de sua necessidade em outro lugar" (*causa necessitatis aliunde*) e aqueles que não têm, isto é, são necessários por si mesmos. A quarta via, a mais problemática de todas em virtude das dificuldades colocadas por sua interpretação, parte dos *graus encontrados nas* ☉*coisas*. Pode-se comprovar "um mais e um menos" em relação à bondade, a ☉*verdade* e a *nobreza* – termos que em Aquino indicam a *perfeição* – das coisas. A via parece não precisar apelar à C.: do próprio princípio de que "o máximo e o mínimo são ditos por aproximação ao máximo" e da afirmação aristotélica de que "o maximamente verdadeiro é maximamente ente" parece seguir que existe algo maximamente bom, maximamente verdadeiro, maximamente nobre etc. Na formulação da *Suma contra os gentios*, o argumento termina aí (I, 13, §34). Por outro lado, na *Suma de teologia* há um acréscimo, difícil de determinar se como premissa necessária para se chegar à conclusão, ou como um simples corolário ou esclarecimento que nada acrescenta do ponto de vista da suficiência lógica do argumento. De qualquer maneira, o que se acrescenta é a referência a um princípio contido em uma passagem do livro II da *Metafísica* de Aristóteles, do qual Aquino faz uso abundante e sistemático: aquilo que é máximo dentro de um gênero de coisas é C. de todas as coisas desse gênero, como o fogo, que é o mais quente, é a C. do calor para as demais coisas (cf. *Metafísica* II, 1, 993b23-31). A quinta via, que parte do governo das coisas (*ex gubernatione rerum*), assume manifestamente a causalidade final. Claramente apoiado em uma concepção teleológica da ☉*natureza* de raiz aristotélica, Aquino vai além da mesma, argumentando que os seres que carecem de ☉*conhecimento não tenderiam para o seu fim se não fosse por um ser inteligente que os conduz a ele. Nas três primeiras vias, há um terceiro passo decisivo semelhante, um argumento de não regressão ao infinito aplicado ao respectivo objeto central da via: a impossibilidade de uma série infinita de motores movidos, de C. eficientes causadas e de seres necessários com a C. de sua →necessidade em outro. O fundamento dessas premissas na *Suma de teologia*, muito mais sintética que na *Suma contra os gentios*, pode parecer à primeira vista deficiente. Mais adiante, no tratamento dado à questão da →eternidade ou do começo temporal do →mundo, aparece uma passagem que confirma que não se estava se referindo a qualquer tipo de série causal. Em uma resposta a um argumento que pretende demonstrar filosoficamente o começo do mundo no tempo, Aquino salienta que uma regressão ao infinito nas C. não é absolutamente impossível, pelo menos em certo tipo de C. (cf. *Suma de teologia* I, q. 46, a. 2, ad 7m). O exemplo é o de um artesão que opera um martelo, depois outro e depois outro. A ordem que cada um ocupa nessa série é acidental: cada martelo utilizado não depende do anterior para atuar, mas apenas do agente principal, o artesão. É o que acontece na série de geração natural: um →ser humano engendra outro ser humano – um →indivíduo gera outro indivíduo da mesma espécie – e assim sucessivamente, de modo que cada membro da série depende do anterior, porque é engendrado, mas não depende do anterior para engendrar – o pai pode engendrar o filho mesmo que o avô já tenha morrido. Isso não ocorre em outro tipo de série causal, em que cada membro depende do anterior em relação à sua ação de causar. O exemplo é o de uma pedra movida por uma bengala que, por sua vez, é movida pela mão; o exemplo se aplica à geração natural de acordo com a perspectiva da física aristotélica, em que o indivíduo gerador do mundo sublunar depende do sol, C. universal da geração – devido ao fato de seu calor convergir para a geração –, e o movimento do sol, por sua vez, é causado pelo movimento dos sucessivos astros localizados nas esferas celestes. Aqui se cumpre o princípio de que, se não houvesse uma primeira C., não haveria nenhuma restante, pois cada C. segunda depende, para sua ação, da ação da primeira C. Na escolástica posterior, essa distinção foi identificada

com as terminologias de C. acidental e essencialmente ordenada. O fato de Aquino pensar nas C. essencialmente ordenadas em sua argumentação das três primeiras vias é confirmado por várias indicações textuais, como a menção aos motores que se movem sendo movidos – ou seja, enquanto movidos e não simplesmente que movem e são movidos –, o exemplo da bengala movida pela mão, a referência aos seres ou C. ordenados (*in ordinatis*) e aos três elos: C. primeira, intermediária e efeito último. A principal consequência de toda essa análise é que o argumento da não regressão ao infinito não deve ser entendido no sentido de uma sequência temporal linear e diacrônica; ao contrário, refere-se a uma série atual e sincrônica. Portanto, o argumento não é suficiente para demonstrar que há um primeiro termo da série no tempo, o que equivale a dizer que não serve para demonstrar a necessidade do começo temporal do mundo. No entanto, é suficiente para demonstrar a existência de uma primeira C., seja o mundo eterno ou não. Em conclusão, a afirmação há Deus pode ser considerada uma verdade filosófica demonstrável pela →razão humana; o começo temporal do mundo, não.

**A causalidade da causa primeira.** Deus é incausado, de modo que ele não tem composição de matéria e forma, nem uma C. eficiente de seu ser, nem um fim externo ao qual tenda. De qualquer maneira, como C. primeira, é necessário investigar que tipo de causalidade lhe corresponde. Ao considerar a causalidade de Deus em relação às criaturas, Tomás de Aquino não se afasta do quadro aristotélico das quatro C., embora o tratamento referente a cada uma delas implique certa transformação no conceito de C. que pode ser aplicado ao restante dos entes. Na *Suma de teologia*, os quatro artigos da questão 44 da Primeira Parte abordam a →criação do ponto de vista das quatro C.: pela C. eficiente, se todo ente foi criado por Deus (a. 1); pela C. material, se a matéria-prima foi criada por Deus (a. 2); pela C. formal, se Deus é a C. exemplar de todas as coisas (a. 3); pela C. final, se Deus é o fim de todas as coisas (a. 4). Para a causalidade eficiente, Tomás de Aquino faz uma distinção de origem aviceniana entre um agente físico (*agens naturale*) e um agente metafísico (*agens divinum*). O primeiro é apenas C. do devir; age transmutando ou movendo, e sua ação sempre pressupõe a matéria preexistente. O segundo é doador de ser; sua ação não implica nenhuma mudança ou movimento, nem pressupõe matéria alguma que não tenha sido causada por ele. Por esse motivo, o primeiro é um agente particular, a C. de um ser determinado, o ser disso ou daquilo, enquanto o segundo é um agente universal, a C. do ser no sentido absoluto (*causa essendi simpliciter*). Segundo Aquino, pode ser demonstrado filosoficamente que todo ente foi criado por Deus. Quando há algo que se encontra em uma coisa por participação, ele é causado nessa coisa por aquilo que existe em si e por si. Ora, Deus é o próprio ser subsistente, em que não há composição de *esse* (ser/ato de ser) e *essentia* (essência), e, por outro lado, é o único ser de tal condição, pois é impossível explicar como poderia ser múltiplo. Disso, segue-se que tudo o que não é esse ser mesmo subsistente é um ente em que há composição de *esse* e *essentia*, ou seja, algo que não é seu ser, mas tem que ter o ser por participação. Resta apenas que esse ser é um ser recebido a partir de outro (*ab alio*), que não pode ser senão aquele ser mesmo subsistente (cf. *Suma de teologia* I, q. 44, a. 1). Como Deus não tem matéria, já que é incorpóreo, e menos ainda é matéria de qualquer um dos entes – um erro que Aquino atribui ao que ele considera o "panteísmo" de David de Dinant (cf. *Suma contra os gentios* I, 17) –, o tratamento da C. material reduz-se à demonstração de que a criação não acontece a partir de uma matéria-prima, mas do nada (*ex nihilo*). Isso é provado pela condição do agente primeiro e universal, que não pressupõe matéria preexistente. Nesse sentido, a criação não é uma mudança nem um movimento, mas "a própria dependência do ser criado em relação ao princípio que o estabeleceu" (*Suma contra os gentios* II, 18, 2), o que permite salvar o princípio da física aristotélica da inengendrabilidade da matéria, pois vale apenas no plano da geração natural,

não no plano metafísico mais profundo da criação. Deus não é o ser formal de nenhum ente (cf. *ibidem*, 26), o que quer dizer, do ponto de vista da C. formal, que Deus é a *causa exemplar* de todas as coisas. Com efeito, a C. exemplar pode ser considerada como um tipo de C. formal, não a forma intrínseca pela qual algo é o que é em ato, mas a forma extrínseca à coisa produzida, o arquétipo ou a ideia pela qual atua o artesão que a produz. A C. exemplar, no entanto, também participa um pouco da final, porque o que é produzido se assemelha ou imita seu exemplo. Deus é, portanto, a C. exemplar de todas as coisas, na medida em que "na sabedoria divina estão as *rationes* de todas as coisas, que chamamos anteriormente de ideias, ou seja, as formas exemplares existentes na mente divina" (*Suma de teologia* I, q. 44, a. 3). Deus também não tem um fim extrínseco ao qual dirige sua ação, já que ele é o fim de todas as coisas (cf. *ibidem*, q. 44, a. 4), o que significa que todos os seres tendem ou procuram assimilar-se à bondade e à perfeição divinas, na medida que lhes é possível. O objetivo de todas as substâncias intelectuais é conhecer a essência divina (cf. *Suma contra os gentios* III, 25), ao passo que o restante dos entes assemelha-se a Deus precisamente por serem C. (cf. *ibidem*, 22).

**Causa primeira e causas segundas.** Como vimos, Tomás de Aquino entende ser possível demonstrar filosoficamente que: (i) há Deus; (ii) Deus é o próprio ser subsistente; e (iii) Deus é a C. (eficiente) do ser no sentido absoluto ou total de todos os outros entes. Ora, já que o ser é o que as coisas têm de "mais íntimo", e "o operar segue o ser" – isto é, uma coisa opera ou tem ações conforme a natureza que possui e não o contrário –, segue-se que (iv) Deus é a C. das operações em tudo o que opera (cf. *ibidem*, 67). Isso significa que não é que Deus cria todos os seres e os abandona para operar uma ação autônoma e autossuficiente, mas que Deus cria todas as coisas, mantém-nas no ser, ou seja, conserva-as e, finalmente, aplica a *virtus* ou a capacidade causal da criatura à produção do efeito (cf. *Questões disputadas sobre o poder* divino, q. 3, a. 7). Desse modo, em todo efeito de uma C. natural, é preciso pressupor uma ação causal de Deus. Poder-se-ia pensar que essa ação é de C. remota; pelo contrário, Aquino sustenta que a primeira C. atua ainda mais imediatamente na produção do efeito do que a própria C. segunda. Essa aparente "duplicação" da ação causal cria um problema: até que ponto a ação causal de Deus torna supérflua a ação dos entes naturais? Em um extenso capítulo da *Suma contra os gentios*, Tomás de Aquino trata de refutar a opinião daqueles "que subtraem das coisas naturais suas ações próprias" (III, 69). Ali são resenhadas e criticadas as doutrinas dos teólogos do *kalam asharita* muçulmano – que Aquino conhece pelo *Guia dos Perplexos* de Moisés Maimônides –, da *Fonte da vida*, do filósofo judeu Avicebron, e do filósofo islâmico Avicena. Ao apontar os inconvenientes dessas doutrinas, Aquino não apenas argumenta a partir das exigências do conceito de um Deus sábio e bom, mas também a partir dos requisitos da experiência e da ciência natural: se as coisas naturais não tivessem ações próprias, não se poderia explicar a regularidade com a qual os vários efeitos se seguem de diversas C., o que parece falso e, em última instância, tornaria impossível a ciência natural, cujo conhecimento se dá precisamente a partir das C. (cf. *Suma contra gentios* III, 69, 12, 17). Em uma palavra, a inquestionável redução de todas as coisas ao primeiro princípio não nos poupa o esforço de investigar as C. próximas de cada coisa: "se alguém responde a quem pergunta por que a lenha se aquece 'porque Deus assim o quer', responde adequadamente, por certo, se tenta reduzir a questão à sua causa primeira; inadequadamente, no entanto, se tenta excluir todas as outras causas" (*ibidem*, 97, 17).

**Bibliografia:** BROCK, S. L. Causality and Necessity in Thomas Aquinas. *Quaestio*, 2, p. 217-240, 2002. BROWN, P. Infinite Causal Regression. *The Philosophical Review*, 75, p. 510-525, 1966. COLISH, M. L. Avicenna's Theory of Efficient Causation and its Influence on St. Thomas Aquinas. In: _____. *Studies in Scholasticism*. Aldershot: Ashgate, 2006, section

XVI, p. 1-13. DOOLAN, G. T. *Aquinas on the Divine Ideas as Exemplar Causes*. Washington: The Catholic University of America Press, 2011. FAITANIN, P. S. Elemento, princípio, causa e operação oculta na matéria segundo Tomás de Aquino. *Aquinate*, 1, p. 56-63, 2005. FREDDOSO, A. J. Medieval Aristotelianism and the Case against Secondary Causation in Nature. Morris. In: MORRIS, T. V. (ed.). *Divine and Human Action*: Essays in the Metaphysics of Theism. Ithaca: Cornell University Press, 1988, p. 74-118. GILSON, E. *A existência na filosofia de Santo Tomás de Aquino*. 2. ed. Vários tradutores. São Paulo: MADAMU, 2022, p. 111-134. MARTIN, E. N. Infinite Causal Regress and the *Secunda Via* in the Thought of Thomas Aquinas. *SOR Faculty Publications and Presentations*, 2, Paper 66, 2004. Disponível em: <http://digitalcommons.liberty.edu/sor_fac_pubs/66>. Acesso em: 6 ago. 2020. MEEHAN, F. X. *Efficient Causality in Aristotle and St. Thomas*. Washington: The Catholic University of America Press, 1940. PERLER, R.; RUDOLPH, U. *Occasionalismus*: Theorien der Kausalität im arabisch-islamischen und im europäischen Denken. Gotinga: Vandenhoeck & Rup-recht, 2000. WIPPEL, J. *The Metaphysical Thought of Thomas Aquinas*. Washington, D. C.: The Catholic University of America Press, 2000.

Julio Antonio Castello Dubra
Tradução de José Eduardo Levy Junior

## CÉU → *Ver* Escatologia (Novíssimos)

## CIÊNCIA → *Ver* Conhecimento; Deus; Filosofia; Teologia

## COISA → *Ver* Ser e Ente

## COMUNIDADE

Tomás não precisou ler a *Política* de Aristóteles para definir a comunidade (C.) (*communitas*) como uma reunião de ℘seres humanos associados em vista de um ℘fim (*omnis communitas est instituta gratia alicuius boni*; cf. ARISTÓTELES, *Política*, I, a). Já desde seus primeiros anos de vida intelectual, e muito antes

COMUNIDADE

de conhecer a *Política* de Aristóteles, Tomás, em um polêmico tratado teológico de 1256, intitulado *Contra os que combatem o culto a Deus e a religião* (Parte 2, c. 2), utilizou o conceito de *communicatio* (comunicação, comunhão, colocação em comum ou compartilhamento de interesses) para definir a C. cristã como *unitas ecclesiastica* (unidade eclesiástica/eclesial) que, com Paulo (Rom XII, 5), é assim definida: *multi unum corpus sumus in Christo, singuli autem alter alterius membra* ("sendo muitos, somos um só corpo em Cristo, e cada qual é membro um do outro"). Embora o tema seja teológico e distante da *C. política*, nesse escrito Tomás sugere ideias que o conduzirão ao conceito de *societas politica* (associação política). Com efeito, para reforçar a ideia de *unitas ecclesiastica* como reunião de seres humanos na qual cada um se integra aos outros sem deixar de ser ele mesmo, Tomás retoma uma ideia de Pr 18,24, segundo a qual os laços de ℘amizade são mais sólidos do que os fraternais; na sequência, aponta os benefícios das obras comuns, em detrimento das obras individuais; e, por fim, cita os livros VIII e X da *Ética nicomaqueia*, insistindo na solidez da amizade, vínculo que denomina *communicatio: in communicatione amicitia fundatur et salvatur* (a amizade funda-se e preserva-se na comunicação). Tudo isso lhe permite: (i) definir a *societas* (sociedade, associação) em geral como "vínculo humano em vista de algo comum" (*adunatio hominum ad unum aliquid communiter agendum*); (ii) reiterar que cada *societas* tem um fim próprio (*secundum diversa ad quae perficienda societas ordinatur, oportet societates distingui, et de eis iudicari: cum iudicium uniuscuiusque rei praecipue sumatur ex fine*); e (iii) definir a *societas* como uma *communicatio* especificada pelo seu fim (*philosophus in 8 Ethic. Diversas communicationes distinguit; quae nihil aliud sunt quam societates quaedam, secundum diversa officia in quibus homines sibi invicem communicant*). Então, na mesma obra (*Contra os que combatem o culto a Deus e a religião*), Tomás faz a distinção entre *societas privata* (sociedade ou associação

privada), na qual os seres humanos estão em acordo "para exercer algum negócio/ato privado" (*ad aliquod negotium privatum exercendum*), e *societas publica* (sociedade ou associação pública), na qual "os seres humanos de uma cidade ou de um reino associam-se em uma república/organização pública". Da *societas publica* passa à *societas politica* (sociedade ou associação política/ligada ao poder), que surge quando, movidos por um fim perene, alguns se reúnem "por todo o tempo da vida humana" (*ad totum tempus vitae hominis*), ao passo que a "sociedade privada, como entre maridos e esposas, senhores e servos, [...] permanece em função da perpetuidade/duração pela qual se associam; e a essa sociedade se chama de econômica" (*societas privata, quae est inter virum et uxorem, et dominum et servum, [...] manet propter perpetuitatem vinculi qua colligantur; et haec societas vocatur oeconomica*). Ainda que esses textos não tratem explicitamente de C. nem de C. política, neles Tomás aponta traços da *societas politica* que reaparecerão em seu pensamento posterior: multiplicidade de membros, unidade na multiplicidade, solidariedade entre os membros, primazia da interação humana sobre a ação individual, propósito (ou fim) comum (*communicatio*) de seus membros e distinção entre *societas publica* e *privata*. Esse último binômio, que introduz uma fortíssima diferenciação entre *societas privata* (entre maridos e esposas, senhores e servos...) e *societas publica* (*societas politica*), volta a aparecer na *Suma de teologia* I$^a$II$^{ae}$, q. 90, a. 2, Resp. e II$^a$II$^{ae}$, q. 65, a. 2, ad 2m, mas aqui sob a forma de *familia domestica* ou família de casa (*communitas imperfecta* ou comunidade imperfeita) e C. política (*communitas perfecta* ou comunidade perfeita), sem maiores esclarecimentos. Estritamente falando, a explicação mais acurada das diferenças entre a *civitas* como *C. perfecta* e as *C. imperfectae* aparece apenas no *Comentário à Política de Aristóteles*. Há de se levar em conta, no entanto, que nesse comentário Tomás toma, como base de suas afirmações, o texto de Aristóteles; isso nos obriga a considerar com cautela as teses sobre as C. expostas pelo Aquinate, pois são sobretudo uma explicitação do pensamento aristotélico. Feita essa ressalva, podemos notar que, precisamente por causa da fidelidade de Tomás a Aristóteles, dissolve-se totalmente aqui a possibilidade de entender a C. *política* como uma *societas* no sentido em que os modernos entenderam o Estado, isto é, como um espaço limitado à satisfação de necessidades da vida – como Tomás parece insinuar em *O governo dos príncipes*, quando identifica a C. *perfecta* com a *civitas* (cidade), porque esta satisfaz "tudo o que é necessário à vida" (*omnia necessaria vitae*), ou seja, o *simplex vivere* (viver simples) e não o *bene vivere* (bem viver) no sentido aristotélico (cf. *O governo dos príncipes* I, 1). Por outro lado, no *Comentário à Política de Aristóteles*, Tomás dialoga com o filósofo, e, por esse motivo, reaparecem aí teses sobretudo *aristotélicas*, as quais, entretanto, pode-se presumir que Tomás faz suas. Essas teses reúnem e possivelmente sintetizam o pensamento de Tomás sobre a C., as C. *imperfectae* e a *civitas* como C. *perfecta* ao sustentar o seguinte: (i) existem ligações teóricas entre C. e *communicatio* (cf. *Comentário à Política de Aristóteles* I, a); (ii) toda C. existe para um bem (ou fim) (cf. *ibidem*); (iii) o fim da *civitas* ou C. *política* é o *bene vivere* (cf. *ibidem* I, b); (iv) a *civitas* é a C. *perfecta* precisamente porque satisfaz o *bene vivere* (cf. *ibidem*).

**Bibliografia:** ARENDT, H. *La condición humana*. Barcelona-Buenos Aires-México: Paidós, 1993 (esp. cap. II: "La esfera pública y la privada"). BERTELLONI, F. Sociabilidad y politicidad (*dominium*) en la *Summa theologiae* de Tomás de Aquino: sobre la recepción tomista de la *Política* de Aristóteles. In: BONI, L. A.; PICH, R. H. (eds.). *A recepção do pensamento greco-romano, árabe e judaico pelo Ocidente Medieval*. Porto Alegre: EDIPUCRS, 2004, p. 361-377. HABERMAS, J. *Teoría y praxis*. Madri: Tecnos, 1987, p. 54ss. WEISHEIPL, J. A. *Tomás de Aquino*: vida, obras y doctrina. Pamplona: Eunsa, 1994, p. 399ss.

Francisco Bertelloni

Tradução de Clio Tricarico

# CONHECIMENTO

**Ser, conhecer e dizer.** Santo Tomás distingue e correlaciona os três domínios do ℗ser, do conhecer e do expressar, ou seja, das ℗coisas, do conhecimento (C.) e da linguagem, cada um deles com suas características próprias; daí se falar de um modo de ser, um modo de conhecer e um modo de dizer. Os três domínios se correspondem, mas não se sobrepõem: o domínio do C. se refere diretamente àquele das coisas, sem ser um reflexo destas, e o da linguagem se refere às coisas mesmas por intermédio das estruturas próprias do C., sem ser também um decalque de nenhuma das duas (cf. *Comentário à Metafísica de Aristóteles* IV, IV, n. 574, e *Comentário ao Perì Hermeneías de Aristóteles* I, II, n. 11-22). Essas distinções e correlações são formuladas mediante o esquema aviceniano que admite, de um lado, a essência considerada em si mesma e, de outro, a essência tomada de acordo com o ser que ela tem nas coisas e no intelecto, revestindo-se então das características próprias de cada uma dessas situações, sendo individualizada nas coisas e universalizada no intelecto. Na *Suma de teologia* Tomás combina o esquema aviceniano com a distinção boeciana entre modo de ser e modo de entender, bem como com o princípio de recepção neoplatônico: tudo que é recebido em algo, o é ao modo do recipiente (cf. *O ente e a essência*, cap. 3; *Suma de teologia* I, q. 84-85; *Comentário ao De Anima de Aristóteles*, Liv. II, cap. 12, p. 115-116; *Comentário à Metafísica de Aristóteles* X, n. 158). Este verbete tratará apenas do C. humano e divino; no que toca ao C. dos ℗anjos, remetem-se os leitores ao respectivo verbete, bem como aos verbetes ℗Deus, ℗Providência, ℗Trindade, ℗Necessidade e Contingência, ℗Liberdade e ℗Criação.

**Conhecimento humano.** O tratamento mais articulado dado ao tema do C. humano por Tomás de Aquino se encontra nas questões 84 a 89 da Primeira Parte da *Suma de teologia*. Aí Tomás explicita sua perspectiva teológica, de acordo com a qual compete ao teólogo estudar o ℗ser humano sob a perspectiva da ℗alma e, quanto às faculdades desta, apenas a potência intelectiva e volitiva (nas quais se encontram as ℘virtudes) e os atos ou as operações a elas correspondentes. O ℘corpo e as demais faculdades humanas são levados em conta na sua relação com a alma e não no que lhes é próprio (por exemplo, questões de anatomia e fisiologia). O estudo dos atos da potência volitiva é remetido à segunda parte da *Suma de teologia*, pois deles se ocupa a ℘moral, matéria dessa parte da *Suma* (cf. Prólogos das questões 75, 78 e 84 da Primeira Parte). O C. intelectual é estudado considerando a alma unida ao corpo (questões 84-88) e separada do corpo (questão 89). No bloco das questões 84-88, Tomás estuda o C. dos corpos (questões 84-86), o C. da própria alma (questão 87) e o C. das substâncias imateriais – os anjos e Deus (questão 88). Está claro que se parte do que é mais acessível, abordando-se em seguida o que é mais distante e mais difícil de ser conhecido pelos humanos. Essa abordagem indica que Tomás de Aquino adota uma perspectiva aristotélica: o *Comentário ao De Anima de Aristóteles* data da mesma época da redação da Primeira Parte da *Suma* (1265-1268), isto é, 1267-1268. A leitura das questões 84 e 85 o confirma, e o próprio Tomás diz, na questão 84, artigo 6, que segue o *caminho intermediário* de Aristóteles entre o materialismo dos pré-socráticos e o idealismo de Platão. É sobretudo por oposição a este (tal como Tomás o conheceu, isto é, como defensor da preexistência da alma, das formas separadas e do C. como reminiscência) que é formulada a *via média*. Avicena e Agostinho são associados a Platão e nessa medida rejeitados. Em relação a Agostinho, há uma ressalva: seu ensinamento de que conhecemos as coisas nas noções eternas ou ideias divinas é interpretado como dizendo respeito à fonte última do C. humano, o próprio Deus, fonte de todo ser e conhecer. Isso não conflita com a ideia da ligação imediata de nosso C. intelectual com a experiência sensorial, defendida por Aristóteles. Assim, a investigação tomasiana do C. intelectual humano se coloca na linha do modelo aristotélico, complementando-o por uma indicação de sua origem última,

o que não aparece em Aristóteles. Tomás retém também de Agostinho algo sobre o C. da alma humana por si mesma. Depois de bastante hesitar entre Agostinho e Aristóteles no *Comentário aos Livros das Sentenças de Pedro Lombardo* e nas *Questões disputadas sobre a verdade*, ele caminha em direção a uma tomada de posição no Livro III da *Suma contra os gentios*, identificando o C. de si (a *notitia sui*) de Agostinho com o C. pelo indivíduo humano de que ele tem uma alma, dentro de um quadro aristotélico que distingue o C. de que há (*an est*) do C. do que é (*quid est*). Também o C. da alma *por si mesma* não é entendido como sendo *por sua essência*, mas *por seus atos*, pelos quais (*quo*) ela se conhece precisamente como sendo alma, operando como tal. Tomás também agrega ao modelo aristotélico a perspectiva da ℘teologia mística de Dionísio, isto é, de que no presente estado de ℘vida, o ser humano conhece a Deus como desconhecido. Na resposta ao terceiro argumento inicial do artigo 7 da questão 84, menciona a tríade dionisiana referente ao modo do C. de Deus: como ℘causa, por ultrapassagem e por remoção.

**Conhecimento intelectual e sensorial.** Um aspecto do C. intelectual humano, caracteristicamente aristotélico, é sua ligação com o C. sensorial, não só no que se refere à sua gênese, como também no que concerne ao seu exercício, uma vez adquirido. Isso é mencionado no artigo 6 da questão 84 no final da resposta, em que se diz: "o intelecto agente torna as figurações (*phantasmata*), recebidas dos sentidos, inteligíveis em ato, à maneira de uma certa abstração". No artigo 1º da questão 85 explicita-se ligeiramente o que se entende por abstração: "conhecer o que está na matéria individual, não na medida em que está em tal matéria, é abstrair a forma da matéria individual que as figurações representam". Tomás distingue três maneiras de o intelecto abstrair. A primeira consiste na abstração do todo universal em relação à ℘matéria individual, considerando apenas a matéria comum. Essa abstração caracteriza todo o C. humano e, especialmente, as ciências da natureza que lidam com definições referentes à matéria e à forma comuns. O segundo tipo de abstração é próprio da matemática (aritmética e geometria) e consiste em considerar apenas a forma quantitativa (número ou extensão), deixando de lado toda matéria individual e comum. Essas duas formas de abstração se dão pela primeira operação do espírito (simples entendimento ou conceitualização). Há uma terceira forma de abstração, denominada *separação* no *Comentário ao Tratado sobre a Trindade de Boécio*, que é operada pela segunda operação do espírito (composição e divisão acompanhada de juízo). Nas duas primeiras formas de abstração, o intelecto humano considera, à parte, aspectos das coisas que não têm ser por si mesmos, mas que são apenas aspectos das coisas. Isso é possível porque não se afirma que tais aspectos são separadamente das coisas. Trata-se apenas de uma consideração do intelecto. Na terceira forma de abstração (separação, na linguagem do *Comentário ao Tratado sobre a Trindade de Boécio*), o juízo deve conformar-se ao que há nas coisas. Trata-se, então, de considerar o que há nas coisas separado da matéria, quer nunca a implique (Deus e as substâncias separadas da matéria – os anjos), quer possa ser com ou sem matéria (ℰente, uno, verdadeiro, bom, ato, potência, substância etc.). Esse é o procedimento que está na origem da metafísica (que trata do ente em comum e do que o acompanha), dos primeiros princípios (sendo o de não contradição o primeiro de todos) e das causas do ente em comum (Deus e as substâncias separadas).

**Conhecimento intelectual e perfeição.** No conjunto do C. intelectual, Tomás distingue cinco domínios suscetíveis de atingirem a perfeição em termos de C. humano, isto é, de constituírem-se como virtudes intelectuais. Nisso ele segue bem de perto o texto da *Ética nicomaqueia* VI, 1-13, que indica como virtudes o entendimento, a sabedoria, a ciência, a prudência e a técnica. As três primeiras dizem respeito ao intelecto teórico e visam, pura e simplesmente, a conhecer. O intelecto tem como ℰobjeto as proposições evidentes por si

mesmas, isto é, os axiomas; daí ser denominado habilitação dos primeiros princípios. A sabedoria e a ciência ocupam-se das proposições que não têm evidência imediata e precisam ser provadas. A sabedoria (teórica) trata das proposições mais gerais que dizem respeito ao que é fundamental em todas as coisas: o ente e o que o acompanha, a justificação dos axiomas mais gerais do C. humano e as causas do ente como tal; corresponde, portanto, à metafísica. A ciência também diz respeito a proposições não evidentes por si mesmas, que se distinguem conforme as disciplinas científicas às quais são inerentes, sejam elas relacionadas à ciência da natureza (física) ou à matemática. A prudência e a técnica, por sua vez, são virtudes do intelecto prático – o intelecto que ordena o C. teórico à ação humana (prudência) e à produção (técnica) –, e, ao contrário das virtudes do intelecto teórico que tratam das proposições necessárias, dizem respeito àquelas relacionadas ao contingente (ℰNecessidade e Contingência). A prudência e a técnica podem falhar ou errar do ponto de vista teórico, mas, se sua ordenação à ação ou à produção for de acordo com a ℰvontade corretamente orientada, suas decisões serão virtuosas, isto é, corretas do ponto de vista prático.

**Ciência divina.** O Prólogo da questão 14 da Primeira Parte da *Suma de teologia* divide em duas partes o estudo de *Deus em si mesmo*: a primeira (questões 2-11) trata da essência divina; a segunda (questões 14-26) trata das operações divinas. Entre estas últimas são tratadas, em primeiro lugar, as operações imanentes, interiores à essência divina, quais sejam, o C. e a vontade: as questões 14-18 são dedicadas à ciência de Deus, e as questões 19-24 à sua vontade. A essas questões se acrescentam a questão 25, sobre o poder de Deus, princípio de suas operações que visam a um efeito exterior, e a questão 26, sobre a operação suprema de Deus, sua beatitude. As cinco questões dedicadas à ciência divina abordam, além da ciência divina propriamente (q. 14), as ideias divinas (q. 15) (ℰDeus; ℰUniversais), a ℰverdade (q. 16), o

CONHECIMENTO

erro (q. 17) (⋄Verdade), a vida divina (q. 18) (⋄Deus). A questão 14 comporta 16 artigos, e o primeiro pergunta se há C. em Deus. Que haja C. em Deus, praticamente todas as concepções teístas o admitem; a única possível exceção seria o neoplatonismo, que, para salvaguardar a absoluta unidade do Uno, o eximiria de C., por este implicar a dualidade de cognoscente e conhecido, a qual seria reservada ao C. típico do *Noûs*, a segunda hipóstase integrante da tríade neoplatônica Uno-Intelecto/*Noûs*-Alma. A Bíblia, por seu lado, afirma maciçamente, desde suas primeiras páginas, o C. de Deus. Assim, os quinze artigos restantes na questão 14 da Primeira Parte da *Suma* vão esmiuçar o objeto do C. divino. Fala-se de *ciência* para indicar que se trata de um *conhecimento perfeito* (cf. *Suma de teologia* I, q. 14, a.1, ad 1m, ad 2m e ad 3m). Quanto ao objeto da ciência divina, há, de início, a determinação do objeto específico, o próprio Deus (a. 2), conhecido inteiramente (a. 3) em um C. que se identifica com a essência divina e seu ser (a. 4). Há, em seguida, a indicação de que Deus conhece também as criaturas (a. 5), sendo tal C. um conhecimento próprio, e não apenas geral (a. 6) (⋄Deus – item "Ser e conhecimento de Deus mesmo"). Não se trata também de uma ciência discursiva, pois todo discurso implica composição de atos, mas Deus é inteiramente simples (a. 7). Além disso, sua ciência é ⋄causa das coisas (a. 8). Os cinco artigos seguintes estudam casos particulares que poderiam incluir problemas mais difíceis. O artigo 9 considera a ciência do não-ser, que, embora não seja em ato, pode ser em potência. É a esse propósito que Tomás fala da distinção entre a *ciência de visão* e a *ciência de simples inteligência*. Essa distinção diz respeito aos objetos da ciência divina e não afeta a simplicidade desta, sempre idêntica ao próprio ser de Deus. Distinguem-se também os objetos que não são em ato, os que o foram ou os o que o serão. A todos eles Deus conhece com ciência de visão, porque nela, que é sem sucessão, mas eterna, não há o movimento que afeta as criaturas (o *tempo* ou *evo*). Deus as vê todas como presentes a si. Há, porém, o que está no poder de Deus ou da criatura, mas nem foi, nem é, nem será. A respeito disso, Deus tem ciência de simples inteligência. Essa distinção foi objeto, no século XVI, de uma acirrada discussão entre os dominicanos (que sustentaram a distinção tal e qual acabamos de apresentar) e os jesuítas (que postulavam uma ciência intermediária, *scientia media*, que versaria sobre os *futuríveis*, quer dizer, tudo o que é possível mas nunca foi ou será, cujo exemplo maior aparece na fala de Jesus em Mateus 11,21: "Ai de ti Corazim! Ai de ti Betsaida! Porque se em Tiro e em Sidônia tivessem sido realizados os milagres que em vós se realizaram, há muito se teriam arrependido, vestindo-se de cilício e cobrindo-se de cinza"). O artigo 10, por sua vez, aborda o conhecimento do que é mau: como Deus pode conhecer o que é mau, se sua ciência é causal e se ele não é absolutamente causa do mal? Tomás responde que Deus o conhece por conhecer o bem ao qual ele se opõe (cf. *ibidem* q. 14, a. 10, ad 1m e ad 2m). Note-se que esse artigo contém quatro argumentos iniciais, quando o padrão da *Suma de teologia* é de três. Trata-se de um sinal de que se tratava de uma questão candente e de fato discutida na época. Os artigos 11 e 12 discutem o conhecimento dos singulares e do infinito, não parecendo levantar dificuldade de grande relevo. Por sua vez, o artigo 13, sobre a ciência dos futuros contingentes, comportando longas respostas aos argumentos iniciais, retoma um antiquíssimo tema que é objeto de discussão desde o famoso exemplo da batalha naval, dado por Aristóteles em *De interpretatione* I, 9, 18b25. Tomás recorre ao caráter eterno e não sucessivo da ciência divina, que vê no presente o que para nós é futuro e indecidível, pois "o seu olhar dirige-se eternamente sobre tudo na sua presencialidade. Daí ser manifesto que o que é contingente é também infalivelmente conhecido por Deus enquanto está sob o olhar divino de acordo com sua presencialidade; e, no entanto, é futuro contingente em relação a suas causas" (cf. *ibidem*, q. 14, a. 13, Resp.). Os três artigos finais examinam a modalidade do conhecimento divino, isto é, suas características: Deus conhece os enunciados não enunciativamente, mas em um ato de absoluta unidade (a. 14); a ciência divina das coisas variáveis é invariável (a. 15); por fim, se há três tipos de ciência, a especulativa, a prática e aquela em parte especulativa e em parte prática; e se uma ciência pode ser especulativa de três maneiras, quais sejam, por parte das coisas conhecidas, por parte do modo de conhecer e quanto ao seu fim; então Deus tem ciência puramente especulativa de si mesmo; e especulativo-prática de tudo o mais (a. 16).

**Bibliografia:** ANDRADE, M. P. *O autoconhecimento da alma em Tomás de Aquino*. (Tese de doutorado em Filosofia.) Pontifícia Universidade Católica, São Paulo, 2013. BELLOY, C. A verdade do agir segundo Santo Tomás de Aquino. *Scintilla*, 13, p. 43-70, 2016. BONINO, S.-T. *Thomas d'Aquin. De la vérité. Question 2 (la science en Dieu)*. Introduction, traduction et commentaire. Friburgo/Paris: Editions Universitaires; Cerf, 1996. BRAUN, E. Peut-on parler d'"existentialisme" thomiste? *Archives de Philosophie*, 22, p. 211-226, 529-565, 1959; 23, p. 253-289, 1960. CATÃO, F. *Curso de dogma*. São Paulo: Escola Dominicana de Teologia, 1965. Mimeo. CUNNINGHAM, F. A. Judgement in St. Thomas. *Modern Schoolman*, 31, p. 185-202, 1954. _____. The second operation and assent vs. Judgement in St. Thomas Aquinas. *New Scholasticism*, 31, p. 1-33, 1957. DURANTEL, J. *Le retour à Dieu par l'intelligence et la volonté dans la philosophie de Saint Thomas*. Paris: Félix Alcan, 1918. FABRO, C. *Percepción y pensamiento*. Pamplona: EUNSA, 1978. GARDEIL, H.-D. *Iniciação à filosofia de São Tomás de Aquino*: psicologia, metafísica. São Paulo: Paulus, 2013. v. 2, p. 53-161. GILSON, E. *O tomismo*: introdução à filosofia de Santo Tomás de Aquino. Trad. Juvenal Savian Filho. São Paulo: WMF Martins Fontes, 2024. _____. *Por que São Tomás criticou Santo Agostinho*: Avicena e o ponto de partida de Duns Escoto. São Paulo: Paulus, 2010. IZQUIERDO LABREAGA, J. A. *La vita intellettiva*: Lectio Sancti Thomae Aquinatis. Roma: Libreria Editrice Vaticana, 1994. KLUBERTANZ, G. P. St. Thomas and the knowledge of singular. *New Scholasticism*, 26, p. 135-166, 1952. LABOURDETTE, M. M. Note sur la diversification du savoir: connaissance spéculative et connaissance pratique. *Revue Thomiste*, 44, p. 564-568, 1938. LACOSTE, J.-Y. *Ciência de Deus*. In: _____. (org.). *Dicionário Crítico de Teologia*. São Paulo: Paulinas/Loyola, 2004, p. 377-384. MONDIN, B. *Dizionario Enciclopedico di San Tommaso d'Aquino*. Bolonha: Edizioni Studio Domenicano, 2000. NASCIMENTO, C. A. R. Introdução. In: TOMÁS DE AQUINO. *Comentário ao Tratado da Trindade de Boécio questões 5 e 6*. São Paulo: UNESP, 2001, p. 9-73. NICOLAS, J. H. Le problème de l'erreur. *Revue Thomiste*, 52, p. 328-361, 528-559, 1952. PAISSAC, H. *Théologie du Verbe*: Saint Augustin et Saint Thomas. Paris: Editions du Cerf, 1951. PEGHAIRE, J. *Intellectus et ratio selon S. Thomas d'Aquin*. Paris/Ottawa: J. Vrin/Inst. D'Études Médiévales, 1936. SOUSA, L. C. S. *Epistemologia e transcendência*: duas leituras de Tomás de Aquino sobre o alcance do conhecimento humano de Deus. Fortaleza: Edições UFC, 2015.

CARLOS ARTHUR RIBEIRO DO NASCIMENTO

## CONSCIÊNCIA

**Etimologia e uso do termo.** Consciência (C.) para Tomás é, propriamente falando, um ato, pois consiste na aplicação de algum conhecimento ou ciência a algo, ou, em outra formulação, C. é a consideração atual da razão e, portanto, não pode ser compreendida como uma potência ou mesmo como um hábito (cf. *Comentário aos Livros das Sentenças de Pedro Lombardo* II, dist. 24, q. 2, a. 4; *Questões disputadas sobre a verdade*, q. 17, a. 1; *Suma de teologia* I, q. 79, a. 13). Antes de se abordar o tema da C. no pensamento tomasiano, é pertinente percorrer uma breve trajetória do termo desde sua raiz grega até sua introdução no pensamento cristão. O termo latino *conscientia* é derivado de uma tradução da palavra grega *syneidesis*, uma nominalização do verbo grego *sun/oida*, que significa etimologicamente "eu sei em comum com", equivalendo no latim a *con/scio* (cf. POTTS, 1982). O termo *syneídesis* aparece pela primeira vez, no sentido de C. moral, no fragmento B 297 (Diels-Kranz) atribuído a Demócrito, significando um sentimento de remorso pelas más ações cometidas e não apenas de temor em relação aos tormentos

CONSCIÊNCIA

a serem sofridos em outra ₽vida. Depois desse fragmento de Demócrito, o 178 de Crisipo, da época helenística, é a referência mais antiga na qual se encontra a palavra *syneídesis* como substantivo; contudo, seu significado não é de C. moral, mas de C. psicológica, uma vez que com o adjetivo *conscius* se denomina o conhecimento sobre um outro ou partilhado com outro, um conhecimento de si, de suas disposições psicológicas e físicas. De modo geral, a palavra *syneídesis*, na antiguidade clássica, desde os poetas, passando pela ₽filosofia helenística e os primeiros textos cristãos, apresentou, além de um sentido psicológico, um sentido moral comum, significando a C. da má ação realizada expressa pelo sentimento de remorso, o que diz respeito a uma atividade posterior à ação, isto é, de uma C. consequente. Já o significado de uma C. anterior à ação, de uma C. antecedente, que funciona como diretriz dos atos, apareceu inicialmente nos escritos estoicos, por meio do termo *daímon* desenvolvido por Epiteto, que o designa como um "guardião vigilante e incorruptível". No que se refere especialmente aos escritos cristãos, constata-se a continuação do uso de *syneídesis* na mesma acepção dos textos gregos e latinos, isto é, como um sentimento de remorso pela falta cometida, causado pela presença da lei moral dentro do ₽ser humano. Nos textos paulinos encontra-se também a expressão C. falível, que pode errar ao aplicar as intenções retas, ou mesmo pela displicência que a predispõe ao ₽pecado, uma vez que esse sentido de C. se opõe à tese, presente nos textos gregos, de sua incorruptibilidade e indefectibilidade (cf. DEMAN, 1949; CANCRINI, 1970). Contudo, deve-se destacar que nos escritos do apóstolo Paulo há vários sentidos expressos pelo termo; sem reduzir a C. à autoconsciência psicológica do eu, nem aos efeitos psicológicos do remorso e do sofrimento que se seguem ao exame de determinadas ações, ele também apresenta o significado de uma C. antecedente, que tem o papel de um exame reflexivo, como ₽causa daquilo que o ser humano deve fazer, uma C. que não se limita a repetir e aplicar a lei,

mas sim a reinterpretá-la segundo as exigências de cada nova situação que surge no curso das ações humanas (cf. SPICQ, 1938; ELDERS, 1983; THISELTON, 2000; VERDES, 1994). Importante observar que, após a inserção do termo e de seu desenvolvimento nos escritos do pensamento cristão, os primeiros tratados sobre a C. foram elaborados somente a partir do século XII, juntamente com as questões relativas ao termo *syndèresis* (sindérese); esses escritos foram motivados pela circulação no meio escolar de uma *Glosa* de Jerômino, presente no *Livro das Sentenças de Pedro Lombardo*, que utilizava a expressão *scintilla conscientiae* (centelha da C.) para designar o conceito de *syndèresis*. Por sua vez, esse termo provavelmente surgiu de um erro de transcrição de *syneidesis,* mas acabou sendo estabelecido pela ₽autoridade do comentário de Jerônimo (cf. LOTTIN, 1948). Como uma voz dissonante dos tratados da C. de seus antecessores e contemporâneos, Tomás afirma a tese da C. como um ato do ₽intelecto e refuta aquela da C. como um hábito compreendido no domínio da ₽vontade, contrapondo-se a uma tradição baseada principalmente na autoridade de Damasceno (cf. DAMASCENO, *De Fide Orthodoxa,* 1, IV), que a identificava com a *lex intellectus nostri* (lei do nosso intelecto), ou seja, a lei natural que é hábito dos princípios do ₽direito (cf. BOAVENTURA, *Comentário aos Livros das Sentenças de Pedro Lombardo*, dist. 39, q. 1, a. 1; ALEXANDRE DE HALES, *Suma teológica*, t. 2, n. 421-425). Tomás elabora seu tratado da C. influenciado por seu mestre Alberto Magno, que num primeiro momento concebeu a C. propriamente como um ato, visto que ela é a responsável pela conclusão de um silogismo (raciocínio dedutivo) da razão prática, no qual a proposição mais universal (premissa maior) é fornecida pela sindérese, que é o hábito natural dos princípios da ordem moral, a proposição intermediária (premissa menor) é formulada pela razão, que relaciona o princípio ao caso particular e, por sua vez, a conclusão do raciocínio é o ditame prático da C., ou seja, a obrigação moral do que se deve fazer ou não (cf. ALBERTO MAGNO, *Suma sobre as criaturas*, Parte II, q. 72, a. 1).

**Consciência como um ato.** Tomás explicita nos textos (cf. *Comentário aos Livros das Sentenças de Pedro Lombardo* II, dist. 24, q. 2, a. 4; *Questões disputadas sobre a verdade*, q. 17, a. 1; *Suma de teologia* I, q. 79, a. 13) o que significa dizer que a C. é um ato de aplicação de um conhecimento ou de um hábito de uma ciência a um caso particular. Ele apresenta de forma concisa na *Suma de teologia* basicamente a mesma explicação de que se utilizou nos artigos paralelos nas outras obras, demonstrando, a partir de uma análise do significado do termo e de seus usos na linguagem, que a C. é propriamente um ato em dois sentidos: primeiro, em razão do seu próprio nome, a C. quer dizer *conhecimento com um outro*, e isso requer um ato de aplicação de um conhecimento a alguma ℗coisa; segundo, o sentido de C. como um ato pode ser compreendido em razão daquilo que se atribui ao termo em seus usos na linguagem, ou seja, diz-se que a C. atesta, obriga, incita, e ainda acusa, desculpa ou reprova. Atestar (*testificari*) seria um primeiro modo de aplicação do conhecimento pela C., quando se reconhece que se fez algo ou não (C. psicológica); incitar (*instigare*) ou obrigar (*ligare*) seria um segundo modo de aplicação, quando se julga o que se deve ou não fazer, ou seja, a ciência é aplicada à ação como o que a dirige (C. antecedente); o terceiro modo de aplicação seria quando se examina pela C. se aquilo que se fez foi um bem ou não, quando se verifica se a ação realizada está em desacordo ou não com a ciência moral a partir da qual é examinada (C. consequente), e por isso se diz que a C. desculpa (*excusare*), acusa (*accusare*) ou mesmo reprova (*remordere*). Ora, todos esses modos compreendem uma aplicação atual da ciência àquilo que se faz; por essa razão, pode-se dizer que a C. é propriamente um ato e não um hábito ou mesmo uma potência. Ainda, no primeiro modo, em que a ciência é aplicada ao ato para atestar se ele foi feito ou não, trata-se de uma aplicação que depende de um ato particular do conhecimento sensível, como o da memória,

pela qual se recorda o que foi feito, ou do ℗sentido, pelo qual se percebe esse ato particular que é executado agora. Já a segunda e terceira formas de aplicação, pelas quais a C. dita o que deve ser feito ou examina aquilo que se fez, dependem do conhecimento intelectual, visto que o ato da C. aplica os hábitos operativos da razão ao caso particular, a saber, o hábito da sindérese, o hábito da sabedoria (*sapientia*), pelo qual é aperfeiçoada a razão superior (a respeito dos enunciados evidentes por si mesmos), e o hábito da ciência (*scientia*), pelo qual é aperfeiçoada a razão inferior (a respeito dos enunciados que precisam ser provados), quer todos esses hábitos sejam aplicados simultaneamente pela C., quer apenas um deles. Portanto, algum conhecimento se aplica a alguma ação de dois modos. Por um lado, na medida em que se considera se há ou houve um ato (C. psicológica); por outro, na medida em que se considera se um ato é bom ou mau (C. moral). Assim, de acordo com o primeiro modo de aplicação (C. psicológica), diz-se que há C. de um ato quando é sabido se ele foi ou não realizado; nesse caso, a C. atua como uma forma de testemunha, como acontece no uso comum ao se afirmar "de acordo com minha consciência, isto não foi feito" ou "não sei ou não soube se isto aconteceu ou acontecia". No segundo modo de aplicação (C. moral), pelo qual algum conhecimento é aplicado ao ato para julgar se é bom ou não, encontra-se um duplo sentido: um, em que, pelo hábito da ciência, alguém é orientado para algo que deve ou não realizar (C. moral antecedente); outro, em que, após a realização do ato, este é examinado conforme sua bondade em referência ao hábito da ciência (C. moral consequente).

**Consciência na estrutura da ação moral.** Tomás esclarece a atividade da C. considerando-a em relação a outros aspectos implicados na estrutura cognitiva e afetiva da ação moral, a saber, sindérese, livre-arbítrio, deliberação e ℗virtude da prudência (℗Moral). Nos artigos que tratam da ℗natureza e da falibilidade da C. (cf. *Comentário aos Livros das Sentenças de Pedro Lombardo* II, dist. 24, q. 2, a. 4; dist. 39, q. 3, a.

CONSCIÊNCIA

2; *Questões quodlibetais* III, a. 1; *Questões disputadas sobre a verdade*, q. 17, a. 2), procurando mostrar que a concepção de C. não se confunde com o conceito de *sindérese*, Tomás recorre à explicação do lugar do ato da C. na estrutura do silogismo prático (raciocínio dedutivo), afirmando que a C. é a responsável pela conclusão do raciocínio, isto é, por aplicar os princípios universais conhecidos pelo hábito natural da sindérese a um caso particular. Elucidativo é o exemplo do adultério: a sindérese propõe o princípio "todo mal deve ser evitado" (premissa maior); a razão superior afirma a proposição "o adultério é mau, pois é proibido pela lei divina", e/ou a razão inferior afirma "o adultério é mau, pois é injusto e desonesto" (premissa menor); já a conclusão desse raciocínio dedutivo, de que "este adultério aqui e agora deve ser evitado" por ser uma ação má, é um ato de aplicação da C., que relaciona as proposições (premissas) com o caso concreto de adultério. Na *Suma de teologia* (Ia, q. 79, a. 13), Tomás esclarece por que muitas vezes nos tratados algumas autoridades recorrentes identificam os termos C. e sindérese. Pelo fato de o hábito ser o princípio do ato, às vezes se atribui o nome de C. ao primeiro hábito natural, isto é, à sindérese, como acontece com Jerônimo comentando o texto do profeta Ezequiel e se referindo à sindérese como uma *centelha de C.* (*scintilla conscientiae*). Da mesma forma, Basílio denominava a C. Ppoder *natural de julgar* (*naturale judicatorium*) e Damasceno a designava como *a lei do nosso intelecto* (*lex intellectus nostri*). Portanto, essa identificação acontece pelo costume de tomar a causa (sindérese) e o efeito (C.) um pelo outro. Tomás também destaca que os termos C. e livre-arbítrio (*liberum arbitrium*), embora relacionados, têm atividades diferentes na estrutura da ação moral. Pode-se designar como juízo (*iudicium*) tanto a C. como a sindérese e o livre-arbítrio; no entanto, o juízo, como universal, pertence propriamente à sindérese, e, como particular, é atribuído à C. e, de certo modo, ao livre-arbítrio. Assim, o juízo da C. é a conclusão do raciocínio prático na ordem cognitiva, enquanto a escolha (*electio*), feita pelo livre-arbítrio, é a conclusão do raciocínio na ordem afetiva. Portanto, a C. não diz respeito à execução do ato, pois isso fica a cargo do julgamento do livre-arbítrio, que vincula o conhecimento ao Pdesejo, como no exemplo em que a C. sabe que não é lícito ter relações sexuais com certa Ppessoa, porém seu juízo, por algum vício ou Ppaixão, não se prolonga na ação (cf. *Questões disputadas sobre a verdade,* q. 17, a. 1, ad 4m). Dessa forma, o juízo pertence ao livre-arbítrio de um modo participativo, pois não cabe propriamente à vontade julgar, mas seguir aquilo que a razão julga como um bem. Segundo Léon Elders (1983), é possível afirmar que Tomás foi o único em sua época a dizer que a atividade da C. pertence unicamente à razão especulativa (*ex pura ratione*); mesmo Alberto Magno, que o influenciou, atribuía à C. um papel de comando, de um ditame, de um decreto da razão (*decretum rationis*). A C. também não se confunde com a deliberação (*consilium*), pois é um ato de aplicação a um caso particular, mas seu ato pode derivar da atividade da razão deliberativa, já que no domínio moral trata-se de coisas contingentes (PNecessidade e Contingência), de muita variedade e incerteza; por isso, a razão deve investigar por comparação o que devemos ou não fazer, mas a deliberação não tem em si força para obrigar a agir de certo modo. Pode-se dizer que o ato da C. se realiza num momento posterior à deliberação como atividade intelectual e antes da escolha como atividade volitiva (cf. *ibidem*, q. 17, a. 3, ad 2m; *Suma de teologia* I$^a$II$^{ae}$, q. 14, a. 1-6; ELDERS, 1983; LOTTIN, 1948). No que se refere à virtude da prudência, por ter uma função de aplicação na atividade da razão prática, também pode ser confundida com o juízo da C. Todavia, o ato da C. é a conclusão particular do raciocínio circunscrita ao âmbito cognitivo; já a prudência é responsável pela conclusão particular que se efetiva no curso da ação moral e que pressupõe não somente o domínio cognitivo (incluindo-se a atividade da sindérese, da deliberação e da C.), mas o domínio afetivo-volitivo (incluindo-se o ato da escolha do livre-arbítrio). Portanto, a prudência atua tanto na articulação do intelecto dos princípios universais (sindérese) com a ação singular como também na articulação entre o domínio do ☙fim último da vontade e as escolhas daquilo que se ordena a esse fim (cf. DEMAN, 1949; MCINERNY, 1997; NASCIMENTO, 1993).

**Consciência e obrigação moral.** A questão da C. errônea foi introduzida no pensamento cristão especialmente a partir de uma passagem da *Primeira Carta de São Paulo* aos *Coríntios* (10,23-30) que trata da idolatria, na qual o apóstolo instrui que os cristãos devem seguir a sua C. e comer carnes a convite de um infiel, embora devam respeitar a consciência dos que estejam objetivamente errados quanto à licitude desse ato por se tratar de carnes de animais que foram oferecidos em sacrifício aos deuses (cf. SPICQ, 1938; ELDERS, 1983). Assim, os tratados no período do pensamento medieval se ocuparam também de responder às questões sobre a falibilidade da C. e em que medida ela obriga a segui-la mesmo sendo errônea. Contra a maioria dos doutores medievais, que associavam a C. à sindérese e à voz de ☙Deus, não admitindo, portanto, o seu erro, Tomás afirma a sua falibilidade e defende que a C. errônea obriga sempre. Nesse aspecto, ele contraria a posição segundo a qual a C. errônea não obriga em alguns casos, como quando os atos são indiferentes, quer dizer, podem ser bons ou maus, dependendo das circunstâncias, obrigando somente quando os atos são intrinsecamente bons ou maus. A um só tempo, Tomás também contraria a posição de que a C. errônea não obriga em todos os casos, como é exemplificado no pensamento de Boaventura (cf. BOAVENTURA, *Comentário aos Livros das Sentenças de Pedro Lombardo*, dist. 39, a. 1, q. 3). Portanto, Tomás compreende que a C. errônea obriga em todos os casos, pois a vontade se torna má quando não escolhe seguir o que a razão julga ser o bem objetivo. Todavia, quanto à natureza de tal obrigação, observa que um ☙objeto essencialmente mau não obriga, a não ser por acidente ou de certa maneira, e que por seguir uma C. errônea nosso ato não se torna bom, mas pode ser em alguns casos desculpável

(*Comentário aos Livros das Sentenças de Pedro Lombardo* II, dist. 29, q. 3, a. 2-3; *Questões disputadas sobre a verdade*, q. 17, a. 2-5; *Suma de teologia* I$^a$II$^{ae}$, q. 19, a. 5-6). No sentido de resolver um possível conflito entre a C. e a lei (divina ou natural) ou entre a C. e as ordens de superiores, Tomás faz uma distinção entre "ser moralmente obrigado a fazer uma coisa" e "agir com retidão". Alguém que segue um conselho evangélico age corretamente, mas quem não o segue não quer dizer que peca, ou seja: agir de acordo com um conselho evangélico é moralmente bom, embora não seja obrigatório. Essa distinção ajuda a compreender melhor a questão quanto a uma C. errônea obrigar, pois o fato de que há uma obrigação não garante a retidão moral de um ato. Quando alguém estima em sua C. que certa ação, intrinsecamente má, é ordenada por Deus, se ele não a seguir, cometerá um pecado, pois estará contrariando a vontade divina. Certamente se pode retificar essa C. errônea, mas, enquanto ela prevalecer, ela obriga. Para Tomás, quando se conhece uma ☙verdade moral, não se pode mudar de mentalidade sem pecar, por exemplo, a verdade de que o adultério é algo mau. Cada ser humano é responsável por seus atos após o conhecimento que recebeu de Deus; esse conhecimento pode ser alcançado de modo natural (proporcionado pela sindérese), adquirido na experiência ou pela ☙revelação, ou infuso (cf. *Questões disputadas sobre a verdade*, q. 17, a. 4-5). É um dever conhecer a verdade moral fundada na doutrina da ☙Igreja (*ratio superior*) e aquela fundada na lei natural (*ratio inferior*), e, quando há um conflito entre as duas razões, deve prevalecer a doutrina da Igreja. Quanto aos atos indiferentes, deve-se obedecer à C. antes que às ordens de um superior, pois a C. exprime por si mesma a vontade de Deus; respectivamente, no que diz respeito à lei natural, as ordens divinas obrigam mais que aquelas dos seres humanos. Assim, a C. obriga mais que uma ordem de um superior, sendo mais grave o pecado de não seguir a sua C. que o de desobedecer a um superior. Segundo Tomás, é uma irracionalidade a posição daqueles que defendem que a C. não obriga, quer se tratando de atos indiferentes, quer se tratando de atos intrinsecamente bons ou maus. A vontade que discorda da razão ou da C. errônea é má de algum modo por causa do objeto, porém, não pelo fato de ele ser naturalmente bom ou mau, mas porque acidentalmente (*per accidens*) ou de certa maneira (*secundum quid*) ele é apreendido pela razão como bom para aceitá-lo ou mau para evitá-lo; se a razão apresenta um objeto como mau e a vontade adere, ele tem o aspecto de mal. Isso vale não somente para os atos indiferentes, mas para aqueles intrinsecamente bons ou maus, pois eles podem ser percebidos de um modo diferente do que são objetivamente, sob o aspecto de bem aparente ou de ℘mal aparente. Portanto, considerando de modo absoluto, toda vontade que discorda da razão ou da C. (correta ou errônea) é sempre má. Convém notar aqui a influência do vocabulário aristotélico na *Suma de teologia*, na qual a expressão *C. errônea* é substituída por *razão errônea*, e a noção de obrigação é substituída por aquela referente à distinção dos atos em bons e maus. No que se refere à questão de saber se, de algum modo, a C. errônea pode desculpar a vontade, Tomás parte da premissa de que a ignorância às vezes causa o involuntário, e como o bem e o mal moral estão no ato voluntário como voluntário, então a ignorância que causa o ato involuntário exclui o aspecto de bem ou de mal moral, como acontece no erro proveniente da ignorância de alguma circunstância em que não houve negligência. Por outro lado, também a ignorância pode não causar o involuntário, pois pode ser consequência direta do ato da vontade ou indireta por negligência da vontade, quando resulta da escolha da vontade em não querer saber o que deveria saber, em não querer aprender a lei moral. Portanto, quando a razão ou a C. erram por erro voluntário, tal erro não desculpa a vontade, pois esta concorda com a razão ou com a C. errônea em ser má. Tomás dá o seguinte exemplo: quando a razão errônea dita

que um homem deve se unir à mulher de outro, a vontade que concorda com essa razão errônea é má, porque tal erro provém da ignorância da lei de Deus que ele deveria conhecer. Por outro lado, se a razão de um homem erra ao acreditar que uma mulher num quarto escuro seja sua mulher, levando-o a ter relação sexual com ela, nesse caso, o ato é desculpável, de modo que a vontade não seja considerada má, pois a ignorância da circunstância causa o ato involuntário, e não por negligência (cf. *Suma de teologia* IªIIªᵉ, q. 6, a. 8; q. 19, a. 5-6). Cabe ainda ressaltar que, segundo Tomás, há uma diferença em agir por C. errônea e agir contra a C., isto é, quando não se segue na ação o que a C. conclui e defende; independentemente se tal conclusão é errada, diz-se que se age contra a C., como fica evidente no exemplo da "fornicação" (cf. *Questões disputadas sobre a verdade,* q. 17, a. 1, ad 4m). Nesse exemplo, a razão se põe a examinar, com base nos princípios, se fornicar com determinada mulher é lícito ou não e, enquanto se está especulando, julga-se isso um mal, mas, quando se começa a agir, acrescentam-se muitas circunstâncias a respeito do próprio ato, como, por exemplo, o ℘prazer da fornicação, por cuja concupiscência a razão é bloqueada de modo a fazer com que o ato da C. não se prolongue na escolha (livre-arbítrio). Portanto, aqui se diz que alguém erra pela escolha, pervertida por desejos, ou paixões ou vícios, e não pela C., pois se age contra a C.; diz-se também que se faz isso com má C., na medida em que o que foi feito não concorda com o juízo da ciência. Por outro lado, é dito que se age por C. errônea, quando acontece uma falha no raciocínio, de modo que a C. chegue a uma conclusão falsa a partir das premissas; por exemplo, o caso do herege que se recusa a fazer um juramento (cf. *Comentário aos Livros das Sentenças de Pedro Lombardo* II, dist. 39, q. 3, a. 1-2, solução; *Questões quodlibetais* III, a. 1, *solução*). Ora, nem todos possuem ℘fé, e a razão se engana algumas vezes em sua operação, como no caso da C. do herege, que se engana ao julgar que não deve jurar, ainda que por causa legítima, quando isso lhe é pedido. Portanto, ele erra não pelo erro da sindérese (premissa maior) que afirma que é mau tudo o que é contra a lei divina, mas pela falsidade da premissa menor, ao assentir que todo juramento, sem exceção, é contra a lei divina; por consequência, sua C. conclui erroneamente que seu juramento, nesse caso concreto, também seria uma ação má que deveria ser evitada.

**Bibliografia:** ALBERTO MAGNO. *Opera Omnia. Summa de Creaturis*: Pars secunda. De homine. T. 35. Paris: Edit. Borgnet, 1896. ALEXANDRE DE HALES. *Summa theologica*. Ed. Quaracchi, t. 2, 1928. BOAVENTURA. *Il libro Sententiarum*. T. 2. Florença: Ed. Quaracchi, 1885. CANCRINI, A. *Syneidesis*: il tema semantico della "con-scientia" nella Grecia antica. Roma: Edizioni dell'Ateneo, 1970. DAMASCENO. *De Fide Orthodoxa*: Versions of Burgundio and Cerbanus. E. M. Buytaert (ed.). Nova Iorque: Franciscan Institute publications, 1955. DE BELLOY, C. A verdade do agir, segundo Santo Tomás de Aquino. *Scintilla*, 13 (1), p. 43-70. ELDERS, L. La doctrine de la conscience de Saint Thomas d'Aquin. *Revue Thomiste*, 83, p. 533-557, 1983. GILSON, E. *Le thomisme*: introduction au système de Saint Thomas d'Aquin. Paris: Vrin, 1922 (ed. bras.: *O tomismo*: introdução à filosofia de Santo Tomás de Aquino. Trad. Juvenal Savian Filho. São Paulo: WMF Martins Fontes, 2024). LOTTIN, O. *Psychologie et morale aux XIIe et XIIIe siècles*. Tome II: problèmes de morale. Gembloux/Bélgique: Éditeur J. Duculot, 1948. MCINERNY, R. *Ethica Thomistica*: the Moral Philosophy of Thomas Aquinas. Washington: The Catholic University of America Press, 1997. NASCIMENTO, C. A. R. A prudência segundo Santo Tomás de Aquino. *Revista Síntese Nova Fase*, 20 (62), p. 365-385, 1993. POTTS, T. C. Conscience. In: KRETZMANN, N.; KENNY, A.; PINBORG, J. (eds.). *The Cambridge History of Later Medieval Philosophy*. Cambridge: Cambridge University Press, 1982, p. 687-704. SERTILLANGES, A. G. *La philosophie morale de saint Thomas D'Aquin*. Paris: F. Alcan, 1916. SPICQ, C. OP. La conscience dans le Nouveau Testament. *Revue Biblique*, XLVII (1), p. 50-80, 1938. THISELTON, A. *The First Epistle to the Corinthians*: a Commentary on the Greek Text. Michigan/Carlisle: Paternoster Press/Wm. B. Eerdmans Publishing Co., 2000. TORRELL, J.-P. *Initiation à Saint Thomas d'Aquin*.

Paris: Cerf, 2015. VERDES, L. A. La sineidesis en S. Pablo. *Studia moralia*, 32, p. 275-316, 1994. WESTEBERG, D. *Right Practical Reason*: Aristotle, action, and prudence in Aquinas. Oxford: Clarendon Press, 2002.

CARLOS ALBERTO ALBERTUNI

## CONTINGÊNCIA → *Ver* Necessidade e Contingência; Providência; Liberdade

## CORAGEM → *Ver* Suma; Virtude

## CORPO → *Ver* Matéria; Ser Humano; Pessoa

## CRIAÇÃO

**Definição e considerações gerais.** A contribuição do Aquinate na história da teologia da criação é considerável. A criação (C.) divina é afirmada em vários textos bíblicos (Gn 1–2; 2Mc 7,28), que foram os pontos de apoio de uma rica tradição de pensamento desenvolvida durante a Antiguidade e na época medieval. Para Santo Tomás, a C. é a produção de todo o Øuniverso "a partir do nada" (*ex nihilo*). "Criar" não significa para ØDeus transformar uma realidade já existente, como é o caso nas produções artesanais. A C. divina também não implica uma sucessão entre um "antes" e um "depois", como na mudança. Contudo, ela não é a passagem do nada ao Øser, como levaria a pensar a linguagem corrente (cf. *Suma contra os gentios* II, 17; *Questões disputadas sobre o poder divino*, q. 3, a. 2). A C. marca uma causalidade mais radical que todos os outros tipos de causalidade criados: criando o universo, Deus produz o ser/existir (*esse*) das criaturas, o qual é ato de sua forma, assim como da matéria primeira delas. Em relação à causalidade das criaturas, esta é apenas parcial, não atingindo senão um aspecto de seu efeito e não este em sua integralidade. Consequentemente, a doação de todo o ser que é a C. escapa do campo de compreensão de nossa experiência habitual e de nossa imaginação (cf. SERTILLANGES, 1945). A escolha das palavras e dos conceitos para significar a C. deve ser objeto de uma atenção minuciosa, a fim de manifestar corretamente sua singularidade entre todos os tipos de produções.

**Criação ativa e criação passiva.** Com os teólogos da primeira metade do século XIII, Tomás de Aquino desenvolve seu pensamento sobre a C. considerando o ato criador sob a dupla ℘relação entre o Criador (*creatio active sumpta*, "criação considerada em sentido ativo") e a criatura (*creatio passive sumpta*, "criação considerada em sentido passivo") (cf. *Suma de teologia* I, q. 45, a. 3). Considerada da parte de Deus (a "criação ativa"), a C. é a ação pela qual Deus produz continuamente a criatura. Ela é idêntica a seu ser e não lhe faz falta nenhuma mudança nem multiplicidade. A C. ativa é a obra própria da onipotência divina. Nesse sentido, criar escapa ao poder das criaturas, pois nenhuma delas poderia produzir o ser de coisa alguma. Além do mais, a C. é suscitada pela bondade divina, que é perfeitamente gratuita e não responde a nenhuma ℘necessidade. Assim, mesmo que Tomás de Aquino tenha sua fonte de inspiração no *Livro das causas* (*Liber de Causis*), ele estima, entretanto, indo ao encontro do neoplatonismo pagão, que "a emanação de todo ser" que é a C. (*emanatio totius esse*; cf. *Suma de teologia* I, q. 45, a. 1, Resp.) não é uma obra necessária da ℘natureza divina, mas a produção perfeitamente livre de sua ℘vontade. Do lado da criatura (a "criação passiva"), a C. não é uma ℘paixão, senão existiria alguma realidade anterior à C., que a "receberia" como a ℘matéria "recebe" a forma. Tomás de Aquino conclui, de tal constatação, esta tese surpreendente: "A criação não é, então, mutação, mas aquela dependência mesma do ser criado em relação ao princípio a partir do qual vem a ser. Trata-se, assim, de um gênero de relação" (*Non enim est creatio mutatio, sed ipsa dependentia esse creati ad principium a quo statuitur. Et sic est de genere relationis – Suma contra os gentios* II, 18). A C. é, pois, uma relação acidental que une a criatura

ao doador do ser (cf. *Questões disputadas sobre o poder divino*, q. 3, a. 3). Consequentemente, Tomás de Aquino estima que a ℘substância criada não se identifica à sua relação com o Criador, como pensavam, então, os franciscanos Alexandre de Hales e Boaventura de Bagnoreggio (cf. SIGNORET, 2018). Com efeito, uma relação acidental distingue-se da substância, que é seu sujeito, no qual ela existe e que ela qualifica. Como destacou Jean-Pierre Torrell (cf. 2017), essa definição de C. passiva como relação acidental é emblemática em relação ao modo próprio de Tomás pensar a condição da criatura. Segundo o Aquinate, a criatura é ao mesmo tempo radicalmente dependente de Deus por seu ser (*esse*) e, enquanto substância ontologicamente e enquanto conceitualmente distinta em sua dependência para com Deus, a criatura possui, por outro lado, certa autonomia. Pois, para Tomás de Aquino, Deus cria o ℘mundo dando a cada realidade substancial o ℘poder de exercer realmente o ser e o agir. A dependência radical de todas as coisas não nega a sua consistência, mas a fundamenta e a põe em valor.

**A criação e o começo do tempo.** A partir da metade do século XIII, uma vasta controvérsia opõe os filósofos e os teólogos latinos sobre a questão da ℘eternidade do mundo. A difusão no Ocidente das traduções de obras da Antiguidade, particularmente a *Física* de Aristóteles, aumenta a dificuldade de harmonizar a ℘fé cristã na C. no primeiro instante, com a tese defendida pelos filósofos gregos da eternidade do mundo (cf. DALES, 1990; NOONE, 1996). De maneira muito original, Tomás de Aquino faz a distinção, desde o seu *Comentário aos Livros das Sentenças de Pedro Lombardo* (cf. II, dist. 1, q. 1, a. 2, Resp.), entre a C. do mundo e o começo do ℘tempo. O dominicano se opõe, então, à posição largamente defendida pelos teólogos de seu tempo, segundo a qual a ideia de C. compreenderia necessariamente aquela de começo temporal. Para Tomás, C. e começo, mesmo que unidos na realidade, podem ser conceitualmente dissociados. Consequentemente, a afirmação da eternidade do mundo e a afirmação da eternidade da C. não se opõem: Deus poderia ter criado um mundo eterno, cuja ℘existência dependeria eternamente dele (cf. *A eternidade do mundo*). Nesse sentido, Tomás de Aquino estima que a C., no sentido estrito do termo, pode ser demonstrada pelo viés da análise metafísica, como o provam, inclusive, a seus olhos, os escritos do filósofo Avicena, no qual ele se inspira grandemente. Sob esse primeiro aspecto, a C. pode, sem problemas, ser chamada de "preâmbulo da fé" (*preambulum fidei*), ou seja, uma verdade revelada que pode igualmente ser descoberta pela ℘razão e que precede logicamente a afirmação dos artigos, que só podem ser conhecidos pela fé (cf. *Comentário aos Livros das Sentenças de Pedro Lombardo* III, dist. 24, a. 2, sol. 2; WIPPEL, 2008). Efetivamente, Tomás considera que o teólogo não pode apresentar uma prova do começo do tempo, cuja existência é tida como certa pela fé cristã. A razão humana pode somente mostrar a possibilidade e a forte conveniência racional de que o mundo tenha começado a existir no primeiro instante. Por fim, a eternidade do mundo também não pode ser objeto de uma demonstração. Assim, as teses de Aristóteles com relação à eternidade do movimento e da matéria primeira são apenas prováveis e não verdadeiramente conclusivas, como pensava o filósofo árabe Averróis (cf. *Comentário à Física de Aristóteles* II, 13; *Suma de teologia* I, q. 46, a. 1, Resp.). As abundantes reflexões de Tomás de Aquino sobre a C. e o começo do tempo são uma clara ilustração de seu princípio, segundo o qual a ℘filosofia e a ℘teologia não podem contradizer-se, mas estão de acordo em relação a uma mesma ℘verdade (cf. *Comentário ao Tratado sobre a Trindade de Boécio*, q. 2, a. 3). Para Tomás de Aquino, a fé na C. e o raciocínio filosófico sobre o começo do tempo não se opõem, contanto que os métodos da filosofia e da teologia sejam corretamente utilizados e harmonizados.

**Criação e conservação.** A doutrina tomasiana da C. também desenvolve uma rica reflexão sobre a conservação das criaturas no ser. Para Tomás de Aquino, o ser das criaturas deve ser continuamente mantido pela ação do *ipsum esse* (o ser mesmo; "o" ser). Com efeito, existe uma diferença entre os agentes que causam simplesmente o devir de uma realidade (*causa fieri*) e o agente que causa o próprio ser das ℘coisas (*causa essendi*) (cf. *Questões disputadas sobre o poder divino*, q. 5, a. 1). No primeiro caso, o efeito pode subsistir ao desaparecimento de sua ℘causa, do mesmo modo que a casa subsiste apesar do fim da atividade de seu construtor. No segundo caso, aquele do agente que é *causa essendi*, o efeito não pode perdurar no ser a não ser pela ação contínua de sua causa. Ora, as criaturas são ligadas ao Deus criador enquanto ele é a causa do ser delas. Na *Suma de teologia* I, Tomás resume seu pensamento sobre esse assunto afirmando: "o ser de qualquer criatura depende de Deus, de modo que as criaturas não podem subsistir em nenhum momento, mas voltariam para o nada, a menos que pela força da operação divina sejam conservadas no ser" (*dependet enim esse cujuslibet creaturae a Deo, ita quod nec ad momentum subsistere possent, sed in nihilum redigerentur, nisi operatione divinae virtutis conservarentur in esse, ibidem*, q. 104, a. 1, Resp.). A constatação da causação universal e contínua das criaturas pelo Criador fundamenta verdades teológicas muito importantes. A primeira é a da ubiquidade (*ubiquitas*) de Deus: como princípio de toda coisa, Deus é presente em toda parte no universo criado. Sua presença no mundo é tão extensa quanto sua ação. Assim, o ser divino é perfeitamente transcendente em relação às criaturas das quais ele é a origem, sem deixar de estar presente no íntimo do ser das mesmas (cf. *ibidem*, q. 8, a. 1-4). ℘Transcendência e intimidade (imanência) são duas propriedades indissociáveis do agir do Criador. Outra consequência da afirmação da causalidade criadora universal é a onisciência de Deus. Para Tomás de Aquino, todas as criaturas imitam por seu ser aquele do Criador. O ser divino é o modelo de todas as ℘essências criadas. Consequentemente, conhecendo-se a si mesmo, Deus possui um perfeito ℘conhecimento dos seres que ele produz pela C.: "[Deus] conhece tudo o mais que dele provém conhecendo-se a si mesmo, na medida em que seu próprio ser é o princípio universal e fontal de todo ser" (*Intelligit autem omnia alia a se intelligendo se ipsum, inquantum ipsius esse est universale et fontale principium omnis esse, As substâncias separadas*, cap. 14). Assim sendo, o conjunto dos seres criados está contido na própria essência de Deus: o Criador não apenas está presente em todas as coisas, mas as próprias criaturas estão presentes nele, de modo inteligível.

**A criação e a metafísica do ser** (*esse*). A C. é a "pedra angular" da ♀metafísica de Tomás de Aquino. De fato, Tomás julga que a análise do "ser como ser" supõe, no final das contas, conhecer a causalidade universal que o Criador exerce sobre ele. O estudo da estrutura do ♀ente (*ens*) manifesta que as criaturas não possuem o ser por si mesmas, em razão do que elas são por essência, mas seu ser participa do *ipsum esse subsistens* (o ser subsistente mesmo; "o" ser subsistente). Deus é a causa eficiente, exemplar e final de todo o ser das criaturas: toda realidade encontra nele sua fonte, seu modelo e seu cumprimento. Assim, somente a consideração de Deus como Criador justifica, em última análise, o ser limitado das criaturas e vem concluir o projeto de ciência metafísica, que fora iniciado pelos filósofos da Antiguidade. A teologia da C. de Tomás de Aquino implica, pois, uma rica concepção filosófica, que repousa na distinção entre o ser e a essência nas criaturas, assim como uma retomada muito pessoal dos temas da ♀participação e da ♀analogia do ser, já presentes na filosofia neoplatônica e aristotélica (cf. WIPPEL, 2000). A metafísica tomasiana se conclui com a contemplação do Deus criador: desse modo, ela permite que a razão filosófica coincida com a afirmação de uma verdade que é igualmente afirmada pela ♀revelação.

**Criação e Trindade.** O mistério da C. fica altamente esclarecido para Tomás de Aquino à luz da fé cristã na ♀Trindade. Como primeira obra divina *ad extra* (para fora), a C. é uma operação que Deus cumpre em virtude de sua essência, idêntica nas três ♀pessoas divinas.

Nesse sentido, a compreensão do aspecto unitário da operação criadora precede logicamente a consideração de suas notas propriamente trinitárias: "criar não é próprio de uma das pessoas [divinas], mas é comum a toda a Trindade" (*creare non est proprium alicui Personae, sed commune toti Trinitati, Suma de teologia* I, q. 45, a. 6, Resp.). Contudo, em conformidade com o Novo Testamento (cf. Jo 1,3), Tomás estima que as processões no seio da Trindade, que distinguem entre si as pessoas divinas, exercem uma real causalidade sobre a C.: "Dado que as processões das pessoas eternas são causa e razão de toda produção de criaturas, por isso mesmo convém dizer que, assim como a geração do Filho é razão de toda produção de criatura segundo se diz que o Pai a tudo fez no Filho, também se diz que o amor do Pai, que se volta para o Filho como a um objeto, é a razão na qual Deus prodigaliza todo efeito de amor às criaturas" (*Et quia processiones personarum aeternae sunt causa et ratio totius productionis creaturarum, ideo oportet quod sicut generatio Filii est ratio totius productionis creaturae secundum quod dicitur Pater in Filio omnia fecisse, ita etiam amor Patris tendens in Filium ut in objectum, sit ratio in qua Deus omnem effectum amoris creaturis largiatur, Comentário aos Livros das Sentenças de Pedro Lombardo* I, dist. 14, a. 1, a. 1, Resp.). A processão eterna do ♀Verbo explica em última instância a processão das criaturas na C. Além disso, a processão do ♀Espírito Santo, que é ♀amor, explica o motivo fundamental da C.: Deus criou o mundo para difundir sua bondade nas criaturas. Tomás de Aquino acrescenta a isso que a ♀Encarnação do Verbo e o envio do Espírito Santo são a causa e o modelo do retorno de toda C. para Deus. No final das contas, Tomás concebe o universo de maneira dinâmica, tendo como modelo a relação das pessoas divinas (cf. EMERY, 1995): as criaturas saem (*exitus*) de Deus e voltam (*reditus*) a ele, pela ação eterna e temporal das três pessoas divinas. A Trindade, a C. e a Encarnação redentora são profundamente ligadas, para Tomás de Aquino. Cada criatura é um vestígio (*vestigium*) da Trindade: por sua substância, o ser criado representa o princípio universal que é o ♀Pai. Por sua forma, a criatura se reporta ao Verbo, no qual se encontram as ♀ideias exemplares a partir das quais todas as coisas foram produzidas. Enquanto ordenada a outras realidades exteriores, a criatura traz os traços do Amor, que é o Espírito Santo (cf. *Suma de teologia* I, q. 45, a. 7). Assim, Tomás pode explicar a diversidade das criaturas como expressão da superabundância do ser e do amor trinitários, e não como a marca da degradação do divino, como pensavam os filósofos neoplatônicos (cf. *Suma contra os gentios* II, 45; *Suma de teologia* I, q. 47, a. 1). A diversidade das criaturas e sua união fundamental na "ordem do universo" (*ordo universi*) exprimem a dimensão profundamente trinitária da obra da C. (cf. *Suma contra os gentios* I, 78).

**Bibliografia:** DALES, R. C. *Medieval Discussions of the Eternity of the World.* Leiden/Nova Iorque: Brill, 1990. EMERY, G. *La Trinité créatrice, Trinité et création dans les commentaires aux Sentences de Thomas d'Aquin et de ses précurseurs Albert le Grand et Bonaventure.* Paris: Vrin, 1995. NOONE, T. B. The originality of St Thomas's position on the philosophers and creation. *The Thomist*, 60, p. 275-300, 1996. SERTILLANGES, A.-D. *L'idée de création et ses retentissements en philosophie.* Paris: Aubier, 1945. SIGNORET, L. La création passive dans le Commentaire des Sentences de saint Thomas d'Aquin (*In II Sent.*, d. 1, q. 1, a. 2): contribution à l'histoire d'un débat médiéval. *Revue des Sciences Philosophiques et Théologiques*, 102, p. 3-35, 2018. TORRELL, J.-P. *Saint Thomas d'Aquin, maître spirituel.* 4. ed. Paris/Friburgo: Cerf/Éditions Universitaires de Fribourg, 2017. WIPPEL, J. F. Philosophy and the preambles of faith in Thomas Aquinas. *Doctor communis*, 1-2, p. 38-61, 2008. _____. *The Metaphysical Thought of Thomas Aquinas.* Washington D. C.: Catholic University of America Press, 2000.

Luc Signoret, FMND
Tradução de André Luís Tavares, OP

# D

## DEMÔNIO/DIABO → *Ver* Anjos; Mal

## DESEJO

**Etimologia e histórico do termo.** O vocábulo provém do latim *desiderare/desidero,* cuja raiz é *sidus* (estrela), em sentido análogo ao termo *considerar* (*considerare*), isto é, *contemplar.* Nesse caso, os astros referem-se ao futuro, ou seja, significando distância temporal (donde o privativo *de-*). Já o termo latino *sidus* seria derivado, por sua vez, do tema *sid-*, significando *objetivo* (a ser conquistado), ou ainda algo análogo ao sentido da visão (*video*). Aristóteles abre a *Metafísica* (I, 1, 980a21) com a célebre tese de que todos os seres humanos desejam naturalmente conhecer. Em Sêneca e em outros autores estoicos, o D. pode significar uma congruência de emoções diversas em relação a um ℗objeto distante, algo equivalente ao português *saudade* (cf., por exemplo, SÊNECA, *Consolação a Márcia,* 18, 8). Agostinho muito tratou do D. carnal, enquanto Pseudo-Dionísio e outros neoplatônicos, como Proclo, voltaram-se para o D. pelo Bem, por uma espécie de conversão àquele do qual a criatura procede (cf. PROCLUS, *Elementos de teologia,* prop. 31). A própria expressão *desiderium naturale* (D. natural) encontra amparo em Proclo (*hè katá phúsin hóreksis, A providência,* 45, 1-5), é retomada em seguida por Pseudo-Dionísio (*Nomes divinos,* 3, 3) e difundida pela tradução latina de João Sarraceno (*Obras de Dionísio,* I, 142, 1), da qual se serviu o Aquinate para o seu comentário ao referido livro dionisiano. Já a base bíblica para o tema é sobretudo o Salmo 41(42),2-3, que compara o D. por ℗Deus à sede da corça em busca das águas.

**Uso do termo.** Para Tomás de Aquino, D. conota *lato sensu* o movimento (ou o apetite) do ℗sujeito a um objeto não possuído, de modo geral (o Bem como ℗fim) ou particular (os bens, como a ℗riqueza, o ℗prazer etc.). Em específico, o D. é a ℗paixão do apetite concupiscível que tende ao bem enquanto ausente. Às vezes, porém, o termo D. é tomado como sinônimo de concupiscência: "O efeito do amor, quando o objeto amado já é possuído, é prazer; quando, porém, ainda não é possuído, é desejo ou concupiscência" (*Suma de teologia* I$^a$II$^{ae}$, q. 25, a. 2, ad 1m). Por isso, o D. é comparado, com base no Salmo 41, ao apetite sensível provocado pela sede. Nessa perspectiva, afirma-se que há certa tensão no D. ao buscar se unir ao objeto desejado, apreendido como bom. Quando existe a união habitual da ℗alma humana ao bem, há ℗amor; quando alguém percebe a presença dessa união, dá-se a ℗alegria (*gaudium*). De fato, quando o objeto desejado está presente, há amor; quando ausente, provoca a concupiscência ou o D., com vistas a alcançar o repouso no deleite (cf. *ibidem,* q. 30, a. 2, Resp.). Seguindo Aristóteles, o Aquinate sustenta que há certa circularidade no movimento desejante. Nesse caso, o desejável (objeto) atrai o D. no sujeito pela complacência (amor), tendendo, então, para o objeto desejado (D.), para repousar na alegria (cf. *ibidem,* q. 26, a. 2, Resp.). Vale observar que Tomás de Aquino também usa o termo *concupiscência* em sentido forte, isto é, como certo ímpeto do D. ou *intensio desiderii,* ou seja, um veemente aumento na atração provocada pelo D. Por isso, o ℗pecado original é chamado por vezes de *concupiscência* (cf. STANCATO, 2011, p. 69). O D. se alia, além do mais, à ℗vontade para aspirar aos bens espirituais apresentados pelo ℗intelecto. O contrário do D. é chamado de fuga ou aversão, ou ainda acídia, quando se omite desejar os bens espirituais (cf. MANZANEDO, 2004, p. 141).

**Desejo natural.** Tomás de Aquino emprega com frequência a expressão D. *natural,* referindo-se ao D. próprio da ℗natureza, ou seja, da própria constituição do →ser, existente de modo inato e comum a todos. Esse D. natural parte do princípio geral de que todas as coisas tendem naturalmente à sua perfeição (cf. *Comentário à Segunda Carta aos Coríntios*, cap. 13, 2), isto é, ao cumprimento de sua própria finalidade. Por isso, há um D. (*lato sensu*) de todas as coisas de conservar o próprio ser: *omnia appetunt esse* (cf. *Suma de teologia* I, q. 63, a. 3, Resp.; *Suma contra os gentios* III, 3, 4). Ademais, os seres humanos possuem por natureza, graças à faculdade intelectiva, o D. de conhecer a →verdade ou, conforme Aristóteles, as →causas. É movido por esse D., provocado pela admiração, que o →ser humano começa a filosofar, isto é, a inquirir as causas nos efeitos (cf. *ibidem*, 25, 11; *Suma de teologia* I, q. 12, a. 1, Resp.). Ora, esse D. inato busca a sua própria determinação, ou seja, alcançar o fim ao qual é destinado, pois não há nada de inútil na natureza (por isso, o D. não pode ser vão). Se nos seres desprovidos de →razão esse D. é puramente natural, nos seres humanos é condicionado pelo próprio ser de natureza intelectual e suas respectivas implicações volitivas. Além disso, o D. humano não pode satisfazer-se apenas em seres finitos, pois o intelecto possui abertura infinita para o →conhecimento, ou seja, quanto mais conhece, mais deseja conhecer (cf. *Suma contra os gentios* III, 25, 13). Assim, a alma só pode encontrar repouso (paz) no Sumo Bem (infinito), embora se diga que em todo D. do bem (nas criaturas) está implícito o D. do Bem, como fim último. Por outro lado, pela própria dinâmica do D., se ele se volta apenas para os bens temporais (reais ou aparentes), sem transcendê-los, não encontrará a paz, provocando inquietação, sobretudo quando o D. é desordenado pelo →pecado, verdadeira *doença do D.* (cf. *Comentário ao Livro dos Nomes Divinos de Dionísio Pseudoareopagita* IV, 23). Nessa linha, Tomás de Aquino segue o apóstolo Paulo, segundo o qual a *cupiditas* (entendida como D. desordenado) é a raiz de todo →mal (1Tm 6,10).

**Desejo natural por Deus.** "Todos os desejos pressupõem o desejo do fim último, assim como todas as especulações pressupõem a especulação dos primeiros princípios" (*Questões disputadas sobre o mal*, q. 7, a. 10, ad 9m). Como se articulou, esse fim último não pode ser, senão, a posse da perfeição, a plenitude do ser. Ora, "a felicidade é o fim último que o ser humano naturalmente deseja" (*Suma contra os gentios* III, 48, 3). Pois bem, o repouso do D. só acontecerá na posse dessa →felicidade, por intermédio da atividade mais alta do ser humano, isto é, o conhecimento intelectivo, e direcionado ao objeto mais alto: a contemplação da →essência divina, o Sumo Bem. Nesse estado de peregrino na Terra, o D. não se aquieta sequer com o →hábito da →fé, exigindo a visão beatífica (*ex visione divina*) para ser finalmente saciado e, assim, alcançar a bem-aventurança (cf. *ibidem*, 63, 1). Além disso, esse D. natural por Deus se fundamenta na própria constituição da criatura, ou seja, todo ser criado tende naturalmente em direção ao Criador, conforme a perspectiva neoplatônica: "É próprio ao efeito que se converta pelo desejo à sua causa" (*Comentário ao Livro dos Nomes Divinos de Dionísio Pseudoareopagita* III, Prólogo). Por fim, vale observar que o debate acerca do D. natural de Deus levou a uma grande discussão, no séc. XX, acerca de como se configuraria o →sobrenatural. O problema é equacionado ao se aplicar a →metafísica da →participação, conforme o horizonte tomasiano: o ser humano atinge Deus de modo natural por semelhança ontológica (*attingere per similitudinem*), ao passo que atinge Deus por operação (*attingere per operationem*), cujo auge é cumprido no âmbito sobrenatural, pela →graça. Não há, pois, incongruência entre o D. natural por Deus e a gratuidade da graça (cf. FABRO, 2005, p. 313; RAMOS, 2016, p. 376). Antes, há uma íntima interpenetração entre a ordem natural e a sobrenatural, segundo o célebre princípio *gratia naturam perficit* ("a graça perfaz a natureza (leva-a à perfeição)" – cf. *Questões disputadas sobre o mal*, q. 2, a. 11, Resp.). Dessa perspectiva, o ser humano não é só *imago Dei* (imagem de Deus), mas *capax Dei* (capaz de Deus), pelo que pode conhecer e amar a Deus,

DEUS

perfazendo em si mesmo, auxiliado pela graça, a própria operação do D. natural por Deus.

**Bibliografia:** AERTSEN, J. A. Aquinas and the Human Desire for Knowledge. *American Catholic Philosophical Quarterly*, 79, p. 411-430, 2005. ARISTÓTELES. *Metafísica*. 2. ed. Trad. Marcelo Perine. São Paulo: Loyola, 2002. 3 v. COTTIER, G. Désir naturel de voir Dieu. *Gregorianum*, 78, p. 679-698, 1997. _____. *Le désir de Dieu sur les traces de saint Thomas*. Paris: Parole et Silence, 2002. DIONYSIUS (Ps.). *De divinis nominibus (secundum interpretationem Iohannis Saraceni)*. In: CHEVALLIER, P. (ed.). *Dionysiaca*: recueil donnant l'ensemble des traductions latines des ouvrages attribués au Denys de l'Aréopage. Bruges: Desclée de Brouwer, 1937. v. 1. DOCKX, S. Du désir naturel de voir l'essence divine selon Saint Thomas d'Aquin. *Archives de Philosophie*, 27, p. 49-96, 1964. FABRO, C. *La nozione metafisica di partecipazione secondo S. Tommaso d'Aquino*. Segni: EDIVI, 2005. FEINGOLD, L. *The Natural Desire to See God According to St. Thomas and His Interpreters*. Ave Maria: Sapientia Press Ave Maria University, 2010. HEINEN, W. *Die erkenntnistheoretische Bedeutung des desiderium naturale bei Thomas von Aquin*. Bonn: Scheur, 1927. KOSTKO, G. Desiderio naturale di Dio o della Beatitudine? *Angelicum*, 81 (3), p. 535-564, 2004. LAPORTA, J. Pour trouver le sens exact des termes *appetitus naturalis, desiderium naturale, amor naturalis* etc. chez Thomas d'Aquin. *Archives d'histoire doctrinale et littéraire du Moyen Âge*, 48, p. 37-95, 1973. MALLOY, C. J. Thomas on the Order of Love and Desire: a Development of Doctrine. *The Thomist*, 71, p. 65-87, 2007. MANZANEDO, M. F. El deseo y la aversión según Santo Tomás. *Studium*, 27, p. 189-233, 1987. _____. *Las pasiones según Santo Tomás*. Salamanca: San Esteban, 2004. NARDONE, M. Il problema del "Desiderium naturale videndi Deum" nell'ottica tomista della partecipazione secondo la prospettiva di Cornelio Fabro. *Sapienza*, 50, p. 399-416, 1997. PROCLO. *Tria opuscula de providentia* <Trois études sur la Providence>. Paris: Les Belles Lettres, 1979. _____. *Elementatio Theologica*. Translata a Guillelmo de Morbecca. Helmut Boese (ed.). Lovaina: University Press, 1987. RAMOS, F. A. O desejo de Deus sob a perspectiva tomista da metafísica da participação. *Lumen Veritatis*, 9, p.

313-388, 2016. ROSENTHAL, A. S. The Problem of the Desiderium Naturale in the Thomistic Tradition. *Verbum*, 6, p. 335-344, 2004. SÊNECA. *Moral Essays*. V. 2: De Consolatione ad Marciam [et al.]. Trans. John W. Basore. Loeb Classical Library 254. Cambridge: Harvard University Press, 1932. STANCATO, G. *Le concept de désir dans l'œuvre de Thomas d'Aquin*: analyse lexicographique et conceptuelle du desiderium. Paris: Vrin, 2011.

Felipe de Azevedo Ramos, EP

## DESTINO → *Ver* Providência; Escatologia (Novíssimos)

## DEUS

**O termo Deus.** Assumindo-se, unicamente por razões didáticas, a legitimidade de distinguir ao menos em alguma medida entre a vida pessoal ou "particular" de alguém e sua vida social ou "pública", parece legítimo distinguir também, *a fortiori*, entre um uso "particular" e um uso "público" de seu vocabulário. Alguém pode empregar, em dado contexto, um ou mais termos de maneira familiar, pressupondo a mesma compreensão por parte de seus interlocutores, ao passo que, em outro contexto, emprega seu vocabulário, sem pressupor a mesma compreensão por parte de seus interlocutores, de modo que se preocupa em explicitar o significado dos termos, tanto como as regras mediante as quais chega a conclusões determinadas. No caso do termo *Deus* (D.), observa-se que muitos debates devem-se a uma cacofonia semântica, e Tomás de Aquino percebeu esse fato, pois, sempre que se refere a D., principalmente ao justificar sua afirmação de que há Deus, dedica-se a estabelecer um terreno de compreensão comum com seus interlocutores, para somente ao final evocar com naturalidade o termo *D*. e afirmar que aquilo cujo ser foi demonstrado chama-se *D*.: *[id] quod omnes dicunt Deum* ([isso] a que todos chamam de Deus – *Suma de teologia* I, q. 2, a. 3).

**Emprego "privado" do termo Deus.** Com base nos textos mesmos de Tomás de Aquino e em testemunhos a respeito de seu caráter, sobretudo de sua vocação espiritual-intelectual (cf. TORRELL, 1999, p. 15-21; CHENU, 1954), parece coerente distinguir um emprego do termo *Deus* (D.) segundo seu vocabulário "particular" e segundo seu vocabulário "público". Duas obras nas quais aparece com maior visibilidade o emprego tomasiano "particular" do termo D. são o Comentário ao Símbolo dos apóstolos e o *Compêndio de teologia*, registros da sua maneira mais cotidiana de referir-se a D. segundo os costumes religiosos cristãos. As duas obras possuem estilo parecido, pois são conjuntos de expressões de fé e de explicações teológicas sucintas, algumas delas registradas ao modo de fórmulas breves, em geral tomadas da ℘Bíblia e dos ℘Pais da Igreja, com o objetivo de auxiliar a fixação de expressões da ℘fé, em benefício sobretudo dos iniciantes. É certo que o *Comentário* e o *Compêndio* também serão fontes para conhecer o emprego tomasiano "público" do termo D., mas outras obras prestam-se melhor a esse fim, eminentemente as duas ℘Sumas, a *Suma de teologia* e a *Suma contra os gentios* (não esquecendo que, a rigor, toda a obra de Tomás de Aquino tem D. por objeto e fim: ele sempre fala cristãmente de D., supondo que este inclua as concepções judaica e muçulmana de D., bem como a concepção dos filósofos quando se referem, por exemplo, à Ideia do Bem, ao Primeiro Motor e ao Uno).

Seja como for, no vocabulário "particular" do fiel cristão Tomás de Aquino, o termo D. designa diretamente aquele ser que, conforme adorado, expressado e anunciado pela fé cristã, criou o mundo e todos os entes visíveis e invisíveis (℘Criação; ℘Ser e ente), sem estar submetido, porém, a nenhuma ℘necessidade de criar, mas operante em ℘liberdade e gratuidade absolutas (℘Graça ; Poder divino). A fé no ato divino de criar com liberdade e gratuidade significava, a um só tempo crer em um interesse benévolo da parte de D. para com todos e cada um dos entes nos quais pensara desde toda a ℘eternidade. No entanto, se a fé cristã insistia, por um lado, no zelo de D. pela mais completa realização das potencialidades inscritas na ℘natureza de cada ente, ela também destacava, por outro lado, o ℘ser humano em meio ao conjunto dos entes, como um ente amado por D. com afeição singular; afinal, D. mesmo dotou o ser humano da possibilidade de entrar, se assim o quiser, em uma relação consciente, livre e amorosa com seu criador, tendo, por conseguinte, a vocação de cuidar da criação divina (℘Amor; ℘Beatitude; ℘Providência). Tomás de Aquino, por sua experiência espiritual e sua formação intelectual, mostrou-se logo consciente do quanto essas expressões de fé para designar cristãmente o ser divino faziam do D. de ℘Jesus Cristo uma divindade inusitada, imprevisível e nova em meio ao panteão dos deuses da Era Antiga. O D. de Tomás de Aquino, portanto, sendo o D. revelado por Jesus Cristo (℘Revelação; ℘Verbo), mostrava ter ℘conhecimento perfeito de cada criatura, cioso do bem de cada uma delas, e dava especial valor à ℘pessoa humana, oferecendo-lhe dons concebidos desde a eternidade e apresentados na ℘história de ℘liberdade do gênero humano (℘Amor; ℘Beatitude; ℘Pecado; ℘Pecado original; ℘Providência). No entanto, a fé de Tomás de Aquino não derivava de mera especulação, mas do dom oferecido por D. como *encontro* a um só tempo inteligente e amoroso com Jesus Cristo, rosto e ℘Verbo eterno do ℘Pai, atuante hoje e sempre na história por ter vencido a ℘morte mediante sua ressurreição (℘Escatologia/Novíssimos) e por ter enviado, junto com o Pai, o ℘Espírito Santo, advogado, consolador e renovador de tudo e de todos. É o mesmo Espírito Santo que, para conduzir os seres humanos ao conhecimento do Pai por meio de Jesus Cristo, faz arder o desejo de sentido no coração de todos os seres humanos, cristãos ou não (cf. 1Tm 2,4), pois o anúncio de Jesus era, como se costuma dizer, universalista, e não nacionalista, ou, como se diria hoje, identitário. A parte final do *Compêndio de teologia* é um dos textos em cuja escrita mais transparece a adesão inteligente e amorosa de Tomás de Aquino a D. Ela é dedicada à ℘esperança, mas, infelizmente, sua redação foi interrompida pela doença e morte de Tomás. Apesar dessa interrupção, o texto permite observar a vivacidade da fé "particular" de Tomás, a qual, como testemunha o conjunto de sua obra, não consistia em mera aceitação de dados revelados, mas, antes, em uma *adesão* pessoal, inteligente e amorosa ao próprio D. (cf. *Questões disputadas sobre a verdade*, q. 22, a. 11-12; *Suma contra os gentios* III, 26). É certo que sua adesão a Deus fez-se de acordo com conteúdos de fé, quer dizer, expressões cujo fim é registrar a imagem de D. transparente em seu Filho, no Espírito Santo. Com efeito, historicamente, a adesão a D. é sempre acompanhada de expressões da ℘essência ou ℘substância da fé. Do contrário, ter-se-ia de supor algo como uma fé "vazia" que permitiria encontrar o ser divino sem nenhum rosto (℘Teologia). Tais expressões são elaboradas por aqueles cuja fé reúne, em uma ℘comunidade, grupo de pessoas conscientes da razão da ℘existência dessa comunidade e o qual se denomina ℘*Igreja*, entendida essencialmente como comunidade dos que creem, mais do que como estrutura (℘Hierarquia). Cabe à Igreja, esposando o Espírito de Jesus, anunciar até o fim dos tempos (℘Escatologia) que Jesus, mesmo sendo divino, não se apegou à sua condição, mas "desceu" ao mundo para falar em caráter definitivo sobre D. (cf. Fl 2,6-11): o próprio D. empregava agora, em *primeira pessoa*, a linguagem humana e agia de maneira humanamente compreensível, autorrevelando-se e autodoando-se a fim de inaugurar o verdadeiro e definitivo tipo de relação com ele, ou, se se preferir, a nova e verdadeira fé, única a poder reorientar a humanidade e a resgatá-la de seu aprisionamento ao ℘pecado, a aspectos escravizantes da ℘lei antiga e à ignorância de D. A desorientação em que se encontrava a humanidade era consequência do ato ℘consciente e livre dos primeiros seres humanos que recusaram submeter-se integralmente ao desígnio manifestado por D. na criação (cf. Gn 1–3), o que, porém, não o impediu de decidir-se a salvar a mesma humanidade (℘Pecado Original;

℘Salvação). O Pai enviou, então, Jesus, que se encarnou no seio de ℘Maria, nasceu, cresceu e praticou livremente a fé judaica, até reivindicar para si o reconhecimento de *Filho de Deus*, ou, nas palavras do evangelista João, de *Filho Unigênito* de D., único a ser humano e divino, gerado, não criado (cf. Jo 3,16), ao passo que os outros humanos são filhos adotivos de D., criados sem identidade de natureza com ele, mas semelhantes a ele. A semelhança com D., por si só, já é outro sinal do especial amor divino pela humanidade, amor que, no entanto, não obriga nenhum indivíduo a corresponder-lhe, pois ele também procede da liberdade e gratuidade divinas, dom oferecido por D. para tirar cada pessoa das baixas regiões a que o pecado a faz chegar e elevá-la às alturas da comunhão com D. A semelhança com D. é também a raiz da dignidade de cada ser humano, pois, como característica exclusiva da criatura humana, ela implica que o simples fato de ser humano significa ter sido eleito por D. Essa era a razão de Jesus, em sua vida terrena, ter dirigido a toda a humanidade o convite a buscar o conhecimento do verdadeiro D. e a adorá-lo como D. de amor. Ele mesmo deu o mais sublime exemplo desse conhecimento e adoração ao amar a D. de maneira extremada, permanecendo-lhe fiel até o injusto e cruel fim de sua vida carnalmente visível na terra. Outro componente da missão do Filho de Deus foi manifestar a natureza íntima do único e verdadeiro D. como uma unidade e igualdade perfeita entre o princípio absoluto de tudo (ao qual, agora, podia-se chamar de Pai – cf. Mc 14,36; Gl 4, 6; Rm 8,15), seu Filho Unigênito (imagem do Pai, o próprio Jesus) e o amor vivido por ambos (ao qual se dá o nome de Espírito Santo). A revelação da intimidade *unitrina* de D. (℘Trindade) e da dignidade intrínseca de cada ser humano não esgotava, porém, a novidade do D. de Jesus Cristo, pois ela implicava ainda, por assim dizer, um "corolário" necessário: a concomitante valorização do conhecimento da natureza humana como meio de obter conhecimento adequado da natureza do próprio D. (cf. CATÃO, 2001; VASILIU, 2018). Com efeito, se a criação é obra de amor, e de um amor qualificado em relação aos seres humanos; e se, mesmo após a entrada do pecado no mundo por obra humana, D. continuou a amar o mundo e o gênero humano; então o anúncio cristão centra-se no ser humano, donde a necessidade de conhecê-lo para poder conhecer a D. Dito de outra maneira, sempre em obediência ao desígnio salvífico de D. (♀Salvação), há de se reconhecer a *originalidade do ser humano* em meio às demais criaturas, pois apenas a cada pessoa humana pode-se atribuir uma identidade subjetiva e inteiramente singular, capaz de responder consciente e livremente às iniciativas divinas. A encarnação de Jesus, nesse sentido, foi a máxima prova da necessidade de tal reconhecimento, pois ele se tornou humano verdadeiramente, não apenas em aparência. Seu agir, que era um agir *no* Espírito Santo, revelava, ao mesmo tempo, que o mistério insondável e principiador de tudo não era uma fonte "cega" ou marcada por algum determinismo, mas um Pai que se inclina até cada um de seus filhos. A centralidade do amor fazia ver, portanto, que os atos e ensinamentos de Jesus, compreendidos pelos cristãos da perspectiva da *ressurreição* do Filho de Deus, compunham para eles uma ♀experiência, a da *vida no Espírito de Jesus, face do Pai*. Donde o caráter central da inseparabilidade da compreensão de D. e da compreensão do ser humano para bem conhecer a novidade da mensagem de Jesus, que não veio ao mundo simplesmente para ensinar um ideal de perfeição humana, mas para buscar as pessoas concretas e elevá-las à comunhão com D.: "Ele não tinha a menor necessidade de que lhe dessem testemunho a respeito do ser humano, pois ele sabia o que há no ser humano" (Jo 2,25). Com o auxílio de termos mais modernos (e obviamente anacrônicos em relação à letra dos textos de Tomás de Aquino), pode-se exprimir a novidade da fé cristã, em espírito tomasiano, apontando-se para D. como *Realidade Transcendente* que fundamenta o mundo e o supera, sem, porém, ausentar-se dele, mas envolvendo-o amorosamente como único horizonte possível de sua realização e satisfação plenas. Em outras palavras, "o *Aonde* inabrangível da transcendência humana, que se realiza existencial e originariamente – não só de maneira teórica e meramente conceitual –, chama-se *Deus* e comunica-se existencial e historicamente ao ser humano como sua própria realização consumada, em amor indulgente. O ponto alto escatológico da autocomunicação histórica de D., no qual esta autocomunicação se manifesta de maneira irreversivelmente vitoriosa, chama-se *Jesus Cristo*" (RAHNER, 1984, p. 524; para uma análise crítica e ao mesmo tempo empenhada em "reaproveitar" o costume de propor fórmulas breves de fé para exprimir e divulgar a substância da fé em épocas históricas diferentes e com expressões novas, cf. RATZINGER, 1982, p. 127-139). A valorização tomasiana da originalidade do ser humano mostra-se admiravelmente "moderna": o ser humano transcende o seu mundo e os entes que o habitam porque sua ação, embora sempre parcialmente determinada por fatores históricos imponderáveis, não se submete total e necessariamente aos condicionamentos naturais e históricos, mas pode operar com eles, encontrando um modo de dar sentido, em primeira pessoa, à sua própria ação, e exercer, portanto, a liberdade de *autodeterminação*. Pelo exercício da liberdade, o ser humano tem uma dupla relação com D.: no que diz respeito ao seu ser (que só subsiste porque participa do ser divino), ele é apenas uma criatura que se põe diante de D. e reconhece sua total dependência para com ele; mas, no tocante ao seu agir (decorrente de possibilidades inscritas em seu ser, dom divino), pode relacionar-se com D. como com uma ♀pessoa ou um ♀sujeito, quer dizer, pode colocar-se diante de D. assim como se coloca diante de alguém com quem guarda semelhança. O ser humano pode, assim, diante de Deus, ser livremente quem é e quem consegue ser. Quando, por sua vez, D. oferece algum dom ao ser humano, ele *espera* respeitosamente por um acolhimento livre, limitando-se a atrair o ser humano a uma relação interpessoal e a inspirar o caminho para chegar a concretizá-la, caminho este que não é outro senão o seu próprio Filho

Jesus, no Espírito Santo. Esses dados parecem refletir-se na estrutura da *Suma de teologia* como expressão da fé de Tomás de Aquino na espera divina e na capacidade humana de autodeterminar-se: observa-se uma dinâmica entre a *revelatio* (movimento de autorrevelação divina), por um lado, e, por outro, a *ratio* (capacidade humana de análise e busca de compreensão do sentido de tudo o que se lhe apresenta), que permite à criatura, sem sofrer nenhum constrangimento por parte de D., responder com liberdade ao que ele oferece ou inspira, sobretudo em termos de retorno a ele (cf. PERSSON, 1958). Assim, na *Suma de teologia*, uma vez esclarecidas as condições de um discurso coerente sobre o ser divino (Primeira Parte), bem como as possibilidades inscritas na natureza humana para a prática de uma vida livre e virtuosa (Segunda Parte), apresenta-se o meio que pode conduzir à máxima realização do conhecimento de D. e da prática autêntica das →virtudes, o Cristo Jesus, caminho, →verdade e →vida (Terceira Parte). É preciso reconhecer, porém, que as vicissitudes históricas às quais se adaptaram diferentes formas de religiosidade na Era Moderna (determinada por fatores como, entre outros, o racionalismo, o cientificismo nascente, a desconfiança em relação às instituições eclesiásticas e as tentativas de justificar racionalmente o →ateísmo) contribuíram para o surgimento e fortalecimento, nos últimos três séculos, de formas da fé cristã, tanto católicas como protestantes, fundadas em oposições que separam, por exemplo, o pensar e o falar de D. do pensar e do falar do ser humano, a condição de criatura e o exercício da liberdade, a graça e a natureza, o →sobrenatural e o natural, o espírito e a matéria, o sagrado e o profano, a Igreja e o mundo etc. (cf. DELUMEAU; BILLON, 2004). Essa posição – de estrutura, no limite, gnóstico-maniqueísta, identificada e denunciada na atualidade (cf. DICASTÉRIO PARA UNIDADE DOS CRISTÃOS; FEDERAÇÃO LUTERANA, 1997; PAPA FRANCISCO, 2018) – torna bastante difícil imaginar que alguém, já no século XIII, fosse capaz de um pensamento avançado em termos antropológicos, religiosos, filosóficos e teológicos. No âmbito católico romano, deveu-se esperar pelo Concílio Vaticano II para superar tais oposições nada cristãs e, *a fortiori*, nada tomasianas (cf. DE LUBAC, 2000; 2021; 2003).

**Emprego "público" do termo Deus.** No tocante ao vocabulário "público" do mestre Tomás de Aquino, empregado em suas atividades de pesquisa, reflexão, ensino e →pregação, todas as suas obras dão testemunho de seu emprego do termo *D.*, mas as duas *Sumas* o fazem de maneira especial. É certo que *D.* continuava a designar o mesmo criador adorado e anunciado pela fé cristã, mas sendo tratado, agora, segundo as especificidades universitárias, quer dizer, tomando-se D. por →objeto de investigação sistemática, de acordo com as possibilidades da →razão, buscando-se obter a mais adequada e universal compreensão possível sobre ele, e ainda justificando rigorosamente as afirmações a seu respeito, bem como os meios empregados para obter tais afirmações segundo as regras argumentativas conhecidas e adotadas por todos aqueles que desenvolvem semelhante investigação (→Artigos de Fé; →Conhecimento; →Teologia). Assim, o tratamento acadêmico dado a D. como objeto de investigação racional não excluía nem relativizava o valor do sentido "privado" do uso do termo *D.*, apreendido na experiência de fé, mas o suprassumia, elevando-o a uma compreensão marcada de maior universalidade e cientificidade. Um bom exemplo do tratamento de D. segundo as especificidades universitárias era a investigação do que significava justamente chamá-lo de *criador*. Considerá-lo criador implicava considerá-lo um →ser, porque criar é dar ser, é trazer um ente à →existência. Todavia, não fazia sentido considerar D. "um" ser entre os demais, pois, para ser considerado criador, ele devia ser visto como condição do surgimento dos demais. Assim, em vez de pensá-lo como "um" ser, mostrava-se mais coerente pensá-lo como *o ser mesmo* ou como *o simplesmente ser*, de cuja →participação depende a subsistência de todos os seres criados. A Revelação bíblica confirma esse dado, pois, entre as poucas vezes nas quais D. se atribui um nome próprio, as duas principais são aquelas em que ele se apresenta como *Eu Sou Aquele Que Serei* e *Eu Sou* (Ex 3,14), perífrases interpretadas em termos tomasianos como indicativas da identidade entre *ser* e ⌀*essência* em D. (cf., adiante, o subitem "Ser e conhecimento do próprio Deus"). Por conseguinte, todos os entes (até mesmo os ⌀anjos que se rebelaram contra D.) devem ser considerados essencialmente bons, pois procedem de um criador bom que, ao decidir criar o mundo, com todos os entes visíveis e invisíveis, tinha por única razão sua autocomunicação ou o compartilhamento absolutamente gratuito (portanto, amoroso) de seu próprio ser, à espera de que as criaturas, desenvolvendo as possibilidades inscritas em suas essências, assemelhem-se a ele. Assemelhar-se a algo ou a alguém significa mais do que apenas ser segundo uma essência boa; o grau de ser do assemelhar-se é maior do que o de somente ser um ente. Por isso, o assemelhamento a D. significa, segundo Tomás, algo "maior" do que simplesmente "ser", e assemelhar-se a D. será, portanto, o motivo último da obra divina da criação (cf. *Comentário ao Livro dos Nomes Divinos de Dionísio Pseudoareopagita* IV, n. 409; 443-450; *Suma de teologia* I, q. 19-20). É nessa direção que Tomás interpreta o axioma neoplatônico segundo o qual *bonum diffusivum sui*, quer dizer, o bem é autodifusivo, pois não pode – porque não quer – conter-se em si mesmo, mas tende a "transbordar", a autodoar-se às criaturas por meio de sua autocomunicação (cf. JOSSUA, 1966, que oferece uma análise detalhada e pioneira da interpretação tomasiana do axioma neoplatônico; cf. CHENU, 1954, para uma posição distinta da de Jossua; e também PERSSON, 1958). O procedimento que se acaba de descrever como ilustração da abordagem universitária de D. consiste em uma análise puramente racional, sem recorrer a nenhuma ⌀autoridade como prova de suas conclusões, seja ela proveniente das Escrituras, dos Pais da Igreja, da própria Igreja, da experiência mesma de fé ou de outra fonte. O trabalho tomasiano, na busca de universalidade e cientificidade,

encontrava muitos elementos comuns com o de pensadores provenientes dos monoteísmos judeu e muçulmano. Obviamente, o monoteísmo de Tomás era cristão, um monoteísmo certamente original, porque elaborado a partir dos testemunhos da ressurreição de Jesus, sem ser, porém, um monoteísmo "particular" ou "atípico", como alguns teólogos e historiadores tentaram defini-lo sem se dar conta de que pensar algo com um monoteísmo particular ou atípico significa relativizá-lo como monoteísmo e cair em uma contradição em termos (cf. EMERY, 2001; THEOBALD, 1995; CATÃO, 2000). Por outro lado, o fato de cada um desses monoteísmos nomear diferentemente a Realidade Transcendente a que chamavam D. tornava inviável buscar um nome comum para designá-lo. O termo D. – de extenso campo semântico e proveniente da raiz indo-europeia *dei*, "brilhar fazendo aparecer as coisas" (cf. JOUSSET, 2009, p. 33) – terminou, assim, por ser o melhor termo comum entre eles.

**Deus: ser "desconhecido".** No conjunto da obra de Tomás de Aquino, é notável a onipresença do termo D., ausentando-se apenas em passagens que não o tinham diretamente por objeto ou que não requeriam referência a ele (embora até nesses casos se possa supor uma referência implícita a D. como *horizonte primeiro e último* de tudo). Mas é de fundamental relevância observar o *fato* inequívoco de que Tomás de Aquino, mesmo tratando explícita ou implicitamente de D. em praticamente cada página de sua obra, nunca fornece uma *definição* de D., quer dizer, um enunciado que, pela explicitação da essência de D., permitisse identificar o referente ao qual remete o termo D. Até mesmo predicados – que, no uso da língua, relacionam uma característica a um sujeito – Tomás não atribui diretamente a D. (⌀Atributos Divinos). Tal fato chamaria a atenção na obra de qualquer pensador, mas sobretudo na de um autor como Tomás de Aquino, que humildemente e repetidas vezes declara ter encontrado sua razão de viver na busca de D., a fim de conhecê-lo, amá-lo e transmitir seu conhecimento

# DEUS

para que outros também o amem (cf., por exemplo, *Suma contra os gentios* I, 2, Assumpta igitur). Homem formado na tradição beneditina, Tomás decide-se irrevogavelmente pela vida dominicana, na qual identificava reais condições de expandir-se, pois, caso permanecesse na Abadia de Monte Cassino, teria de lidar com ingerências políticas que o consumiriam no exercício do poder eclesiástico e do status de "homem de Igreja". De todo modo, a herança indelével do Patriarca São Bento, unida à experiência inovadora de São Domingos de Gusmão, forjou em Tomás de Aquino um radical *senso do sagrado*, permitindo-lhe desenvolver absoluta veneração pela intimidade da essência divina, que, embora se mostre quando vem ao encontro dos humanos, também se oculta e não admite nenhum tipo de dominação conceitual, nem mesmo quando os conceitos são expressões de fé ou nascem dela. Tomás respeitava incondicionalmente, assim, o véu que cobre a face divina, assim como fizeram os israelitas, no Monte Santo, ao verem a luz divina, sem, todavia, poder fixá-la (cf. Ex 33,20; Dt 5,24; Jo 1,18; Ap 1,16-17). Tal veneração e respeito traduzem-se em termos gnoseológicos, pela ausência de uma definição da essência do objeto de fé e de investigação de Tomás, que não ousava determinar diretamente algo como referente expresso de maneira inteiramente adequada e segura pelo termo D. A exemplo de Agostinho, com sua hesitação entre primeiro invocar, conhecer ou louvar a D. (cf. AGOSTINHO, *Confissões* I, 1), Tomás procede a uma "adequação metodológica" ao objeto inteiramente singular que é D. É certo, por outro lado, que Tomás concordava que se pode crer em D. e dele falar a partir da prática de uma fé sem maiores especulações; afinal, caso contrário, teria de concluir pela inautenticidade da fé de quem não possui conhecimento especulativo sobre D. ou simplesmente não se interessa por especulação, o que seria obviamente um absurdo (cf. *Suma contra os gentios* I, 4). Mas defendia também que a fé pode ser esclarecida por meio de investigação racional (ᵽTeologia; ᵽSuma), caso em que o crer e o falar de D. são instados

a explicitar e justificar racionalmente suas afirmações e seus modos de proceder. Nessa linha, Tomás distingue entre transmitir o conhecimento sobre D. por testemunho de fé, incitação à adesão a D. e atos religiosos similares, e transmitir o conhecimento de D. tal como ele é tratado filosófico-teologicamente, quer dizer, "em si mesmo", como princípio e fim de tudo, por exemplo, o que demanda o trabalho do pensamento para explicitar e justificar o sentido dessa afirmação (cf. *Suma de teologia* I, q. 2, Prólogo). Todavia, se é fato que Tomás não apresenta D. segundo um procedimento definitório, também é inegável que ele não se via impedido nem de investigar D. nem de discorrer sobre ele, associando-lhe mesmo características bastante determinadas. Ele o fará tanto de acordo com a ᵽRevelação como de acordo com a investigação racional, investigação esta que explorava dados revelados ou buscava conclusões de caráter exclusivamente científico-filosófico, atividade na qual encontrará coincidências com o trabalho de pensadores judeus e muçulmanos. Essa abordagem é visível já em sua obra de juventude *O ente e a essência*. Nesse opúsculo, interessava-lhe estudar a noção de essência e as relações dela com os entes e com as intenções lógicas; e, embora adotasse um vocabulário aristotélico, seu "esquema mental" ou sua "orientação filosófica", por assim dizer, era claramente de caráter neoplatônico, o que lhe permitiu chegar, *ao menos como hipótese*, à afirmação de uma ᵽcausa primeira e suprema como origem do mundo e de todos os entes, por processão ou emanação (ᵽCriação; ᵽVerbo; ᵽVida). A essa causa Tomás associará o nome D.; e, dito *grosso modo*, justificará sua afirmação da causa primeira e suprema defendendo a *necessidade* dessa afirmação para garantir a inteligibilidade da observação do mundo, que é sempre percebido mediante dados oferecidos pelos ᵽsentidos corpóreos, instrumentos fundamentais do conhecimento natural humano, com a atividade do ᵽintelecto à luz das ᵽideias eternas. Para chegar a afirmar a causa primeira e suprema, seu ponto de partida era a observação ou percepção sensível de que nenhum ente, no mundo ($\varphi$Vida; $\varphi$Matéria), mostra ser causa de si mesmo, mas ser causado sempre por outro. Tal observação identifica, então, uma série causal ou corrente de causas no mundo. Mas, se descrever o mundo dessa maneira é verdadeiro, então se deve supor uma causa primeira e suprema, origem da série causal constatada, causa transcendente ao mundo ($\varphi$Transcendência e transcendental), sem deixar, todavia, de ter vínculo causal com ele e de sustentá-lo segundo um ordenamento providencial ($\varphi$Providência). Caso não se afirme tal causa, a investigação reabre-se indefinidamente, continuando a buscar a origem que justificaria o que se observa no mundo (a série causal), sem, porém, chegar a nenhuma conclusão, falácia conhecida como *argumentum ad infinitum* (argumento aberto ao infinito [isto é, inconclusivo]), já identificada e denunciada, entre muitos outros, por autores como Platão (cf. PLATÃO, *Parmênides*, 132ab), Aristóteles (cf. ARISTÓTELES, *Segundos analíticos*, 72B5-18) e Sexto Empírico (cf. SEXTO EMPÍRICO, *Hipotiposes pirrônicas* I, 166-9). Em continuidade com essa problematização lógica, Tomás mostra saber que, se não se encontra ou se não se supõe a origem de uma série, sequer se pode falar de série. No caso do mundo e da série causal, seria não justificar a afirmação de tal série, mas, por outro lado, não falar dela equivaleria a contradizer o que parece uma evidência da observação. Por sua vez, tal causa, origem do mundo e dos entes que o habitam, tem de ser considerada *primeira e suprema*, pois não faz sentido pretender que ela também seja causada, afinal, como já dito, reabrir-se-ia indefinidamente a busca da origem da série causal (tal causa deve, então, ser pensada como primeira); também a causa não é parte do mundo, mas superior a ele, inteiramente distinta de tudo o que se observa no mundo, porque, do contrário, ela terá a mesma natureza dos entes causados (tal causa deve, então, ser pensada como suprema). Ora, se a "linhagem neoplatônica" (apenas para dar um exemplo mais recente nos tempos de Tomás, cf. AVICENA, *Metafísica do Shifã* VI, 1-2) afirmara tal causa primeira e suprema, a fim de evitar o absurdo de contrariar a evidência da observação, nisso foi seguida por Tomás de Aquino, que a tal causa associou o nome D. Tal associação, vista por um lado, pode parecer gratuita, pois, a rigor, nada justifica que a causa primeira e suprema, assim afirmada, corresponda ao que a fé cristã de Tomás chamava de D.; mas, na contrapartida, era perfeitamente legítimo que Tomás, em busca de exprimir com coerência o ser divino, rigorosamente desconhecido para o conhecimento natural humano, o associasse à causa primeira e suprema, considerando sobretudo os aspectos filosóficos que a investigação sobre D. pode obter sem o auxílio da Revelação. Analisado, porém, no detalhe, o procedimento filosófico tomasiano para considerar a causa primeira e suprema e D. não consistia em partir de uma ideia de ambos, buscando algum tipo de confirmação na observação ou no conhecimento material humano. Aliás, mais do que discorrer sobre a natureza da causa primeira e suprema ou D., Tomás procedia a uma *análise do mundo e dos entes que o habitam*, fazendo ver que a afirmação da causa primeira e suprema ou D. é condição de existência e de inteligibilidade do mundo ou dos entes. Ainda que encontrada e afirmada de modo indireto, a causa primeira e suprema, D., é, por assim dizer, Realidade Transcendente, cuja essência permanece escondida e desconhecida para o ser humano. O conhecimento natural, indiretamente e por negação, afirma, porém, elementos da essência da Realidade Transcendente (cf. *Suma de teologia* I, q. 13, a. 3; HUMBRECHT, 2006; NASCIMENTO, 2011, p. 24). Os termos empregados para designar essa Realidade Transcendente que fundamenta o mundo têm significação compreensível para os humanos, na medida em que se referem às criaturas. Quanto predicados de D., sabe-se que a afirmação é verdadeira, mas não se sabe como esses predicados dão-se na Realidade Transcendente. Essa é uma prova de que o conhecimento indireto ou negativo não corresponde a nada saber sobre seu objeto, mas a *saber o que a ele não faz sentido associar nem nele esperar encontrar com coerência racional*. Dizer o que não faz sentido atribuir a um ente é já um conhecimento desse ente. Entretanto, falar de *desconhecimento*, neste quadro, não é empregar um termo de sentido vago ou metafórico, mas preciso, pois, nos tempos de Tomás de Aquino, *conhecer* algo ou ter *ciência* de algo equivalia a adotar o modelo aristotélico de conhecimento (cf. MARRONE, 2008, p. 53-57; NASCIMENTO, 2019), considerado então o mais moderno e rigoroso, mesmo se essa valorização ocorresse prioritariamente nas Faculdades de Artes, pois, entre os teólogos, continuava a preferir-se o modelo platônico-agostiniano, modelos, aliás, aos quais Tomás de Aquino proporá uma possível unificação (cf. LIMA VAZ, 2001). Assim, conforme os *Segundos analíticos* I, 1-2, o modelo aristotélico de ciência exigia partir do que é mais conhecido para nós (algo percebido ou mais próximo da percepção sensorial), a fim de chegar ao que é menos conhecido para nós (por exemplo, as causas daquilo que é percebido). Uma vez identificado o *dado* a investigar, devia-se perguntar *por que* (é), *se* (é/ocorre) e *o que* (é), conforme se lê nos *Segundos analíticos* II, 1. Para desenvolver como exemplo apenas o último aspecto das questões aristotélicas (o *o que* (é)), essa tarefa corresponde a exprimir a essência do objeto investigado; desse ponto de vista, *O ente e a essência* trata rigorosamente D. como um *ser desconhecido*. Isso, porém, como já indicado anteriormente, não significa ignorância ou impossibilidade total de conhecimento sobre D. Já o discurso indireto que justifica uma afirmação sobre o mundo, ou, antes, sobre a observação do mundo, permite concluir, por exemplo, que da causa primeira e suprema ou de D. não se fala do mesmo modo como se fala dos outros entes, dado o caráter primeiro e supremo da causa ou D. Ainda, embora o conhecimento humano não permita obter propriamente ciência do que é a causa primeira e suprema ou a essência de D. (porque dele não é possível ter experiência sensível, nem, por conseguinte, formular uma definição de sua essência), o ser humano pode, contrapondo aos entes do mundo a causa ou o que se costuma chamar de D., saber algo sobre essa causa ou

sobre D., uma vez que negar algo de uma essência equivale a ter algum conhecimento dela. É assim que, na Primeira Parte da *Suma de teologia*, Tomás explicitará uma série de atributos associáveis de maneira indireta a D., como a simplicidade de seu ser (em seu ser não há composição nem de potência e ato nem de matéria e forma, como ocorre com absolutamente todos os outros entes, até os anjos), sua ℘eternidade, sua bondade etc. Numa palavra, da causa primeira e suprema, D., não se fala como se fosse "parte" do mundo ou ente do mundo. O recurso à Revelação e à fé proporciona um saber sobre D., mas propriamente revelado, sem explicitar cientificamente a essência divina. Tal saber permite referir-se a D. com atributos humanos (ele é bom, criador, misericordioso, e assim por diante), os quais se submetem, obviamente, ao condicionamento da linguagem humana. Assim, o conhecer D. e o falar dele encontravam-se, em Tomás, diante da necessidade de articular a lógica filosófica à experiência de fé como fonte de conhecimento sobre D. Tal necessidade já se explicitara na obra de muitos autores, dentre os quais se destaca Pedro Abelardo (1079-1142), de quem Tomás pode certamente ser visto como um herdeiro, embora evitasse, todavia, o que, na época, considerava-se um conjunto de equívocos do mestre dialético. Nesse espírito, suas duas ℘Sumas, a *Suma de teologia* e a *Suma contra os gentios*, conjugam rigor lógico, especulação (física, metafísica, teológica), vida espiritual, prática institucionalizada da fé e formulações dogmáticas oriundas da comunidade eclesial, com o fim de exprimir a ℘substância da fé, que é o próprio D. (℘Artigos de Fé). Nessas e em outras obras, Tomás imprimiu um caráter experiencial-existencial, devoto, santo (℘Piedade; ℘Graça), permitindo ver além da aparência das armações argumentativas privilegiadas na maioria das vezes em sua redação. Nesse aspecto, ressalvada sua extrema discrição, ele aproxima-se mais do estilo monástico de alguém como Bernardo de Claraval (1090-1153) e menos dos hábitos lógicos dos dialéticos do século XII. Testemunha que sua experiência de fé era uma vivência de natureza existencial, experiencial, algo que envolve o fiel em todas as dimensões que o constituem e se desenvolvem exponencialmente, se ele dá sua adesão a D. por meio do intelecto e da ℘vontade. Também não se tratava de simples prática que, como era comum em sua época, reproduzia-se espontaneamente, dado o contexto da cristandade medieval no qual a fé cristã mostrava-se um dado social estruturante da vida europeia, recebido e transmitido praticamente sem problematização reflexiva nos diversos estratos populacionais (cf. RAHNER, 1992). Em vez disso, Tomás de Aquino, no conjunto de seus escritos, dá inúmeras provas de haver-se distinguido da maioria de seus contemporâneos ao praticar, como se disse anteriormente, *em primeira pessoa* uma fé tematizada e refletida. Assim, sua autêntica experiência espiritual, sua especulação rigorosa e seu constante cuidado didático impediram, como dizia Jean Leclercq, que suas duas *Sumas* parecessem simplesmente "uma ostentação de orgulho humano e presunção intelectual" (LECLERCQ, 1990, p. 198-199), o que podia ter sido o caso. Ainda de acordo com Jean Leclercq, o interesse acentuado entre os cristãos dos séculos XII-XIII pelos mistérios da Encarnação e da Salvação, com consequências claras para a vida religiosa pessoal, comunitária e eclesial, levou a valorizar como ponto de partida da especulação racional, filosófico-teológica, a experiência de fé amorosa como adoração e adesão a Deus Encarnado, revelador da Trindade, o que, especificamente nos ambientes universitários, gerou maior consideração da fé como ato de amor em unidade com a especulação. Por essa razão, insiste Jean Leclerq, não se deve insistir demasiadamente na diferença de espírito e de vida dos meios escolásticos e dos meios monásticos (cf. *ibidem*, p. 202); e, se talvez pareça mais fácil imaginar que ambientes escolásticos passaram a cultivar e investigar também o conhecimento por amor, não se deve esquecer que muitos mosteiros, desde o século XII, procuravam unir sua vida religiosa, baseada no conhecimento por amor, à especulação, buscando um ideal de sabedoria marcado por

completude e ao qual chamavam, muitas vezes, de ℘filosofia (cf. *ibidem*).

**A fé como fonte de conhecimento sobre Deus.** Se, de um ponto de vista científico-filosófico, D. deve ser considerado desconhecido em razão da impossibilidade humana de definir sua essência, não se deve esquecer que a fé de Tomás de Aquino, sua experiência religiosa vivida como adesão ao mistério de D., permitia-lhe um conhecimento sobre D. como resultado de sua vivência pessoal (o encontro com o ser divino em uma relação dialógica) e comunitária (pelas práticas cristãs que exprimiam a relação interpessoal com D. e ofereciam meios de manifestar e cultivar essa relação, principalmente por meio da ℘Liturgia e dos ℘Sacramentos, no seio da comunidade cristã – ℘Igreja). A prática da fé constituía, assim, para Tomás, uma fonte de conhecimento sobre D., referente à sua experiência pessoal e eclesial, segundo os dados da revelação cristã. Deparava ele com conteúdos que, de algum modo, preenchiam seu conhecimento da essência de D. e permitiam-lhe falar sobre ele. Para Tomás de Aquino, assim, D., encontrado como *alguém* que estabelece relação com os seres humanos, não era apenas uma ideia ou um tema de especulação. Dado o caráter radicalmente religioso de sua vida, pode-se pensar que ele sequer tivesse interesse em escrever sobre D. caso não encontrasse na atividade da escrita e do ensino o gozo de esclarecer, intensificar e compartilhar sua fé. Assim, se a ℘teologia tomasiana possuía um inquestionável caráter universitário, científico, ela também se revestia daquela natureza vivencial que os historiadores da teologia identificam na *teologia monástica*, a qual tem certamente em Bernardo de Claraval, aqui já evocado, o seu representante mais conhecido. Tratava-se de esclarecer e perfazer o conhecimento de D. como atividade que produzia realização ou ℘prazer e em benefício da própria relação pessoal com D., à procura de novas formas de encontrá-lo e concebê-lo, permitindo que outros também se beneficiassem dessas formas. Aliás, esse tipo de saber sobre D. mostra o quão anacrônico é identificar uma separação estrita entre atividade filosófica e atividade teológica em autores como Tomás de Aquino, Boaventura e outros (℘Liberdade; cf. NOUZILLE, 2004, p. 286; GILSON, 2000). A esse respeito, Tomás fala com clareza na *Suma contra os gentios* I, 2; III, 2, quando mostra um sagrado temor diante da natureza suprema do ser divino e declara, ao mesmo tempo, *confiar* que o próprio D. o conduzia em sua busca, dando-lhe a *sabedoria* necessária e dele tendo ℘*piedade*. Como já aventado anteriormente, Tomás, em sua prática de fé e em sua atividade universitária de investigação racional, tinha o seu único e mesmo D. em vista. Essa unidade radical que considera como único e mesmo objeto o que é encontrado na fé e o que é tratado lógico-metafisicamente é claramente visível no Prólogo da questão 2 da Parte I da *Suma de teologia*: nele, Tomás enuncia o que implica a investigação racional de D. na Parte I. Ele indica uma tríplice, porém unificada, tarefa: (a) tratar do que se refere à essência divina; (b) tratar da distinção das Pessoas divinas no interior da essência; (c) tratar das criaturas visualizadas como procedentes de D. O único D. é tratado nessas três perspectivas em virtude de sua natureza mesma, pois ele é sempre o D. unitrino; tal abordagem não decorre de algo como uma opção metodológica de Tomás. Cabe aqui, aliás, um parêntese de natureza histórica para marcar a artificialidade do modo como a Primeira Parte da *Suma de teologia* foi subdividida em duas partes durante certo tempo e por alguns estudiosos, sobretudo tomistas e neotomistas (℘Tomismos). Falava-se das duas primeiras tarefas enunciadas por Tomás como se a primeira delas (a de investigar a essência divina – cf. questões 2-26) fosse um tratado independente da segunda (a de investigar a distinção das pessoas trinitárias – cf. questões 27-43). À primeira, chamavam de tratado *de deo uno* (sobre D. uno), e à segunda, de tratado *de deo trino* (sobre D. trino). Na realidade, o que faz Tomás de Aquino na primeira tarefa não é propriamente um "tratado sobre D. uno", mas uma demonstração do que cabe a D., considerado sob o aspecto de sua essência, ressaltando-se a precaução de como a

teologia deve proceder para ser racionalmente legítima: ela deve reconhecer que procede por discurso indireto sobre D., assim como é feito, ao menos por raciocínio hipotético, no capítulo IV de *O ente e a essência*. Agora, a teologia inicia por um exame crítico de seu proceder, ou seja, o *modo humano* de conhecer D. e falar sobre ele. Nas questões 2-26, Tomás de Aquino pretendeu compor um discurso sobre o que é comum às pessoas da Trindade, que ele tinha em mente. Vistas dessa perspectiva, essas questões preparam e justificam o discurso indireto, negativo, sobre a própria Trindade (cf. *Suma de teologia* I, q. 32, a. 1, ad 2m). Tomás demonstra acolher uma longa tradição na prática da teologia e da filosofia sobre D., a tradição a que se costuma chamar de ℘*mística* e aponta para D. como mistério absoluto que as pessoas podem encontrar singularmente e que pode ser, em certa medida, conhecido e expresso simbolicamente, indiretamente, negativamente, quer dizer, preservando-se sua natureza inefável, dificilmente exprimível de maneira idêntica àquela como é encontrada pelas pessoas na vida de fé (cf. LIMA VAZ, 2000; TORRELL, 1999; 2008; BRETON, 1996). Não é por acaso que uma das principais fontes do pensamento de Tomás de Aquino foi um dos principais representantes dessa tradição mística, Dionísio Pseudoareopagita, monge sírio da passagem do século V ao VI. No tocante mais diretamente aos conteúdos e às práticas da vida de fé de Tomás de Aquino, hoje os pesquisadores e interessados em geral têm o privilégio de contar com o inventário levantado por Jean-Pierre Torrell e publicado pela primeira vez em 1996, de valor unanimemente reconhecido pelos pesquisadores de Tomás de Aquino. Trata-se do livro *Santo Tomás de Aquino, mestre espiritual* (cf. TORRELL, 2008). Torrell redigiu para seu estudo uma Conclusão que sintetiza o conjunto de ideias-chave e fontes por ele encontradas no *corpus* tomasiano em matéria de prática da fé e espiritualidade, conjunto este que, como se observa sem dificuldade, testemunha quão numerosos e diversos eram os conteúdos que a vida de intimidade com D. fornecia a Tomás de Aquino como fonte de conhecimento, ao menos no que diz respeito ao conhecimento pessoal da fé. Antes de retomar a síntese feita por Torrell, podem-se evocar alguns traços do caráter de Tomás de Aquino destacados por G. K. Chesterton, na biografia por ele escrita com certa "liberdade" ou "licença literária", cujos dados os leitores podem confirmar, matizar ou mesmo recusar por meio da leitura de outro livro academicamente mais sólido, também de autoria de J. P. Torrell: *Iniciação a Santo Tomás de Aquino, sua pessoa e sua obra* (principalmente em sua segunda edição, revista e aumentada, de 2002; a tradução em português foi feita a partir da primeira edição, de 1993, e publicada no Brasil em 1999). Em todo caso, os dados levantados por Chesterton (cf. CHESTERTON, 2001, p. 302-321) e aqui evocados são confirmados na obra de iniciação a Tomás de Aquino escrita por Torrell: (1) Tomás sempre reconheceu a importância do cuidado com a vida física, e, em um registro, por assim dizer, "mundano", chegou mesmo a valorizar o chiste saudável, afirmando a necessidade de variar a vida com brincadeiras e até travessuras; (2) evidentemente, Tomás punha em primeiro plano o trabalho da inteligência, chegando a ser um *aristocrata intelectual*, sem ser um esnobe intelectual, mas a ênfase na inteligência não significava, para ele, desprezo dos afetos ($\wp$desejos; $\wp$paixões), o que teria tido a maior comprovação por seu pedido no momento da morte, a leitura do texto bíblico *Cântico dos Cânticos*, de conteúdo e expressão fortemente afetivos, por vezes mesmo sensuais; (3) Tomás mostrava sempre calma e alegria no cotidiano, frutos de uma satisfação que ele manifestava como amor à vida, em especial quando chegava à conclusão de algum argumento cujo fim era exprimir um dado de fé, o que leva Chesterton a insistir na importância dada por Tomás ao caráter afetivo-existencial que o trabalho da argumentação pode adquirir (a ponto de o escritor inglês dizer que Tomás, se vivesse nos inícios da Contemporaneidade, teria preferido a companhia dos ateus do começo do século XIX, ciosos do dever de argumentar, em vez da dos céticos do começo

do século XX, vazios e dogmáticos); (4) o cuidado com a argumentação (que em nada substituía ou diminuía o caráter existencial e pessoal da fé) certamente explica a distração sagrada de Tomás de Aquino, que vivia sempre compenetrado, perseguindo o sentido de alguma experiência, a conclusão de um argumento, e assim por diante; (5) Tomás possuía também verve literária, como se observa em diversos trechos de sua obra, quando passagens de beleza redacional são muitas vezes ocultadas pelo rigor dos argumentos, mas sobretudo pelos textos litúrgicos que redigiu, com destaque para o ofício da celebração de Corpus Christi. Numa palavra, como diz Chesterton, Tomás de Aquino irradiava tanto amor como alguém cujo traço principal identifica-se comumente com o amor, como Francisco de Assis (cf. *ibidem*, p. 318). Essas e outras características e práticas de Tomás de Aquino decorriam, segundo diversos testemunhos, de sua relação com D. O dominicano J.-P. Torrell, em um trabalho de grande significação para o tema da fé como fonte de conhecimento sobre D., resume as linhas mestras da espiritualidade de Tomás de Aquino em seis eixos. (I) A espiritualidade tomasiana é fundamentalmente *trinitária*, como a própria expressão apostólica e eclesial da fé cristã. Tomás adora, portanto, e honra cada pessoa divina segundo o aspecto próprio que a Revelação lhe atribuía. O Pai é o abismo insondável do qual tudo sai e para o qual tudo não somente tende a voltar, mas volta efetivamente; o Filho, como Verbo do Pai, preside a criação primeira, nele tudo é feito; e ele se encarna para realizar o desígnio da salvação; o Espírito Santo, amor do Pai e do Filho, rege a história da salvação, agindo no coração de todos para incitá-los a retornar ao Pai e ao Filho e também oferecendo meios para que tal retorno se efetive. É de prever, no entanto, que Tomás, ao enfatizar atributos, por assim dizer, específicos, de cada pessoa divina, não supõe nem insinua alguma diferença essencial entre elas ($\wp$Trindade). (II) A espiritualidade tomasiana crê na *deificação* do ser humano. Herança patrística, a deificação, no fundo, corresponde à ação da graça que, em absoluto respeito da liberdade dos humanos, os torna "deuses e filhos de D." (*Compêndio de teologia* I, 214), dando-lhes uma vida nova que desenvolve as possibilidades inscritas na natureza humana, de modo que cada pessoa se assemelhe o mais possível a D., obtendo uma vida feliz e o mais perfeita possível. A deificação, operada como ação divina na pessoa que livremente a ela se abre, afasta qualquer ênfase em uma espiritualidade de caráter prioritariamente moral-voluntarista, como se a salvação dependesse apenas da pessoa que crê. A liberdade da pessoa é claramente engajada, por seu intelecto, sua vontade e tudo o mais que a constitui; e ela certamente precisa esforçar-se por *seguir Cristo* até o fim de seus dias, mas a vida nova em D., cujo início é já nesta vida, é dada a ela não por mérito seu, e sim pela ação trinitária que nela opera depois de sua adesão a D. (III) Tomás pratica uma espiritualidade "objetiva", tendo precisamente por objeto a autodoação de D., o mistério mesmo de D. que vem ao encontro dos humanos porque os ama. Não se trata, pois, de um objeto produzido pelo pensamento, ao modo de uma ideia, por exemplo, mas de um objeto que se encontra, pois é ele que se doa por primeiro e ao qual os humanos só podem contemplar, sobretudo em sua busca da felicidade, cujo desejo arde no coração de todos. (IV) A espiritualidade tomasiana também é "realista", pois não se constrói sobre um "ideal" de humanidade ou de um "ser humano ideal", mas concebe a relação interpessoal com D. na constituição real do ser humano como unidade de Ↄcorpo e Ↄalma. Assim, embora haja em diferentes passagens da obra de Tomás admoestações a um cuidado e um discernimento em relação ao que vem do corpo, não há desprezo por ele. É "nele", ou melhor, é porque o possui, que a alma (sede do intelecto e da vontade) se move à adesão a D., donde também não haver na espiritualidade tomasiana um caráter "sobrenatural" (ↃNatureza) que separa carnal e vida espiritual. (V) A espiritualidade tomasiana favorece o *crescimento humano*, valorizando a natureza humana, ainda que ela tenha sido marcada pelo pecado e justamente

considerando as dificuldades dessa marca, a fraqueza do Ↄmal praticado livremente ou não etc. Nesse aspecto, interpretando-o da perspectiva da salvação operada por Jesus, Tomás não tece um elogio da morte do Salvador na cruz (como se a fé cristã fosse caracterizada essencialmente pelo sofrimento), mas, em vez disso, dá ênfase à ressurreição e à vida nova causada pelo conjunto da vida, morte e ressurreição de Jesus. Assim, se o sofrimento é inevitável à vida humana, seu sentido é transfigurado se ele é vivido no Espírito de Jesus. Tomás de Aquino, em matéria de vida espiritual, não era nem um epicurista nem um dolorista ou alguém fascinado pelo sofrimento, mas, muito ao contrário, pela Ↄalegria, pela afirmação da vida, pelo reconhecimento da natureza boa de todos os entes, e assim por diante (a respeito da associação entre cristianismo e sofrimento, tipicamente barroco-moderna, e não antigo-medieval, cf. DELUMEAU; BILLON, 2004). (VI) Por fim, a espiritualidade tomasiana é uma espiritualidade de comunhão, o que significa uma intensificação da natureza social do animal humano, que não pode desenvolver-se e realizar-se a não ser por meio de relações. O que faz Tomás de Aquino é traduzir, em termos espirituais, as diversas comunidades, civis ou religiosas, identificando a possibilidade de máxima realização para todas elas por meio de uma relação com o Corpo Místico de Cristo, a Igreja (e, no caso dos fiéis cristãos, uma participação direta nele). Pode-se dizer, assim, que a vida espiritual, segundo Tomás, não é assunto privado, mas ligado ao interesse de todos, é "público" (ↃComunidade) e visa estabelecer comunhão, o vínculo mais estreito e mais perfeito que podem criar os animais sociais, que são os humanos.

**Conhecimento negativo e analogia.** O conhecimento humano de D., como se costuma dizer na literatura teológica clássica, é sempre de caráter *negativo*, mesmo quando se atribuem a ele predicados provenientes da Revelação. A esse respeito, Tomás oferece uma formulação de grande impacto: "a Deus unimo-nos como unimo-nos a algo desconhecido" (*Deo quasi ignoto conjungimur, Suma contra os gentios* III, 49,

Cognoscit tamen). A citação do trecho inteiro certamente contribuirá para a compreensão da frase destacada acima: "E isso é o que há de mais elevado e perfeitíssimo de nosso conhecimento nesta vida, como diz Dionísio no livro *A teologia mística* [cap. I], já que a Deus unimo-nos como unimo-nos a algo desconhecido: isso ocorre quando, sobre ele [D.], conhecemos o que ele não é; por outro lado, o que ele é permanece desconhecido em profundidade" (*ibidem*). Redigida mais ou menos quinze anos antes da morte de Tomás (cf. TORRELL, 1999, p. 120), essa passagem revela uma das principais fontes de seu pensamento, Dionísio Pseudoareopagita, a quem Tomás de Aquino considerava uma autoridade santa, junto com João Damasceno, Agostinho de Hipona, Boécio, Máximo, o Confessor, entre outros. Aqui, Dionísio permite a Tomás acentuar quatro ideias fundamentais: (1) os seres humanos têm conhecimento de D., e uma forma desse conhecimento é típica da vida presente, a vida terrestre; (2) o ser humano une-se a D. assim como se une a algo desconhecido, o que significa unir-se a um objeto por conhecimento, afeto (℗Paixão) ou outro meio, mas ignorando o que o objeto é em sua essência; (3) conhece-se a D. ao saber o que ele não é, e não o que propriamente ele é, de maneira que saber o que D. não é ou não pode ser, embora seja um saber negativo, possui também um caráter positivo, pois consiste em um modo de conhecer que é algo diferente daquilo cuja atribuição a ele é recusada; (4) somente D. pode conhecer o que ele efetivamente é, e isso permanece, em sua profundidade, inacessível aos humanos na vida terrestre, mantendo-se, contudo, no horizonte deles como acessível por meio da experiência da beatitude (já neste mundo pela fé) na visão beatífica no mundo que há de vir. Na prática da fé, porém, que solicita todas as faculdades humanas (não apenas a razão, mas também a vontade e a percepção sensorial), encontrá-lo como a um desconhecido significará sempre, em primeiro lugar, não pensar que são compreendidos de maneira direta os predicados que a fé lhe atribui (no caso da fé cristã, por exemplo, diz-se que D. é bom,

criador, infinito, uno/simples, imaterial, amor, justiça, misericórdia, Pai, e assim por diante). Já no tocante àquilo que se apregoa filosófica ou racionalmente sobre D., resultante sempre da investigação do que nele não pode haver (como se faz nas questões 2-26 da Primeira Parte da *Suma de teologia*), o procedimento é aquele já evocado aqui, quer dizer, uma caracterização indireta, baseada na observação dos entes deste mundo e na conclusão da inadequação de atribuir a um ser divino aquilo que se observa nos entes (composição de matéria e forma, potência e ato, essência e existência, imperfeição, mal, ignorância ou cegueira intelectual, erro etc.). Quanto aos predicados recebidos com a Revelação, eles também obedecem a um procedimento indireto, mas sem a preocupação com dizer o que não convém atribuir a D., e, sim, com afirmar que D. é de maneira perfeita aquilo que se diz dele. Por exemplo, a fé cristã afirma que D. é Pai, embora o que signifique sua paternidade não é algo acessível diretamente aos humanos. O sentido de uma afirmação como essa é atribuir a D. o que de positivo observa-se na paternidade humana. Trata-se da ℗analogia como meio de falar de D., tal como Tomás esclarece, por exemplo, na *Suma de teologia* I, q. 13, a. 5. Dois pressupostos básicos revelam-se fundamentais para o procedimento analógico: (1) D. é um ser transcendente e, por isso, não se pode falar dele assim como se fala das criaturas; (2) D. é causa de tudo o que há, e isso leva à conclusão de que tudo o que se observa como perfeição no mundo também deve existir, de algum modo, em D., mas de maneira suprema e excelsa (o que, por conseguinte, leva a afirmar a bondade de tudo e a inexistência do mal como substância). Assim, dito *grosso modo*, o discurso analógico baseia-se no pensamento de que todo predicado atribuído a D. corresponde a algo que nele há efetivamente, mas de maneira suprema e excelsa. Afirmar, então, que D. é Pai ou que D. é amor implica saber que a paternidade ou o amor de D. não podem corresponder exatamente ao que se conhece, no mundo, sobre a paternidade e sobre o amor. Em D., a paternidade é infinitamente melhor do que a paternidade conhecida nesta vida. O mesmo vale para o amor. Na realidade, mais correto seria dizer que "D. é *como* um pai" ou "D. é *como* o amor", pretendendo-se, com isso, marcar que o que se considera de bom na paternidade ou no amor serve de base para pensar algo que D. deve ser em grau absoluto. Assim, esclarecido o discurso analógico, compreende-se melhor o que significa encontrar a D. como a um desconhecido: trata-se de encontrá-lo como um ser de quem não se sabe tudo, mas se sabe algo; um ser de cuja essência só se conhece uma ínfima dimensão, por via indireta ou negativa. Nenhuma dessas afirmações, porém, implica, nem da parte de Dionísio nem da parte de Tomás de Aquino, qualquer menosprezo ou desvalorização dos sentidos corpóreos ou cinco sentidos como fonte de conhecimento. Ao contrário, segundo uma metáfora empregada por Santo Agostinho, eles serão considerados "janelas" do ser humano para o conhecimento do que lhe é externo (cf. AGOSTINHO, *Sermão* 65, 4, 5), pois, por meio deles, o intelecto, habitado pelas formas eternas ou as ideias, ilumina os conteúdos que eles lhe apresentam, fazendo surgir conhecimento (cf. DE FINANCE, 1988).

**Agnosticismo, experiência e existência.** Se Tomás de Aquino tivesse mantido e fundamentado sua reflexão sobre D. estritamente no plano da essência, apenas apontando para a impossibilidade de apreender adequadamente o ser divino, como se falar da essência divina de modo indireto ou por via negativa significasse não dizer nada sobre ela, então teria sido, no máximo, um pensador agnóstico; afinal, por coerência, precisaria negar a possibilidade de resolver a questão da existência de saber se há algum ser supremo ou, como se designa em vocabulário moderno, um ente absoluto ou transcendente (⊘Transcendência e Transcendental), pois o conhecimento humano – cuja atividade sempre se inicia pela percepção sensível ou por "aquilo que é mais próximo de nós" – não é capaz de ter observação específica que permitisse chegar à essência de um ser supremo. Alguns dirão por isso que, ao limitar-se, por exemplo, à associação entre D. e a causa primeira e suprema, como

faz em *O ente e a essência*, Tomás de Aquino tornara a teologia vazia de conteúdo e sem interesse científico, pois, a rigor, aquela causa é incompreensível. No entanto, segundo o modo como Tomás chega até a causa primeira e suprema, esta não é vazia de conteúdo, e menos ainda uma simples ideia, pois, embora preserve o caráter transcendente da essência divina, Tomás defende que falar de causa primeira e suprema equivale a significar algo: aquilo que os entes pressupõem como origem. Referida à causa em si mesma, essa caracterização é negativa e indireta, pois significa apenas que a causa não é como os outros entes; referida aos outros entes, ela tem caráter positivo, pois significa a origem absoluta de tudo o que existe. Além disso, o caminho que leva até ela se inicia na percepção ou experiência sensível, a observação de que tudo é causado; e, porque todos os entes mostram-se causados, a essência mesma deles solicita a afirmação de uma causa primeira e suprema, incausada. Do contrário, a observação empírica parecerá equivocada ou ilegítima da perspectiva de uma análise racional. Por sua vez, D., associado por exemplo a essa causa, garante que a razão humana seja capaz de fazer afirmações sobre ele, sem cair em um vazio como aquele que seria provocado pela total falta de uma essência da qual partisse o discurso. Em vez disso, ela preenche a compreensão humana ao permitir-lhe indicar tudo o que não caberia admitir em um ser divino nem, portanto, atribuir a ele, o que já é um modo de falar da essência divina, identificando, no mínimo, o que não faz sentido ligar a ela. Insistindo no exemplo tomado do capítulo 3 de *O ente e a essência*, note-se que o que aí faz Tomás de Aquino é mostrar a falta de sentido ou de legitimidade racional em conceber um mundo sem D. ou sem uma causa primeira e suprema, ou ainda tratar D. ou a causa primeira e suprema como mais um ente entre os outros, quer dizer, causado. Para ser entendido como D., ele deve ser tratado como distinto de todos os entes, uma vez que apenas nessa condição ele permite concluir a busca por um princípio ou origem que justifique afirmar a existência de uma série causal no mundo. Para além dessa consideração de D. como transcendente ao mundo, haveria a opção – não aventada em *O ente e a essência* – de concebê-lo como imanente e defender um panteísmo ou um panenteísmo, mas ambos são considerados irracionais por Tomás de Aquino (cf., por exemplo, *Suma de teologia* I, q. 2, a. 1, ad 1m). Por fim, cabe dizer que a associação de D. à causa primeira e suprema esclarece ainda um aspecto metodológico do conhecer e do falar sobre D. segundo Tomás: se racionalmente não faz sentido considerá-lo um ente do mundo, então também religiosamente, seja qual for o "rosto" que se lhe dê (Deus de Abraão, Isaac e Jacó; Trindade; Alá), ele só é pensado com coerência racional se não for considerado "parte" do mundo, mas origem dele. Investigar sua essência, por sua vez, é algo factível apenas de modo indireto, princípio que Tomás de Aquino resume, mais uma vez, de maneira clara: "no tocante a D., não podemos saber o que ele é, mas o que ele não é; não podemos tratar de como ele é, mas, antes, de como ele não é" (*Suma de teologia* I, q. 3, Prólogo). Quanto ao risco de agnosticismo mencionado anteriormente, o *conhecimento indireto* ou *conhecimento do que D. não é* já é uma forma de superar tal risco, pois dizer o que ele não é equivale, como expresso há pouco, a declarar positivamente algo, quer dizer, limitar o conteúdo que preenche o conhecimento de sua essência, mesmo que indireta e negativamente, pois identifica um predicado que não faz sentido atribuir a ele. Por isso, o âmbito em que se move Tomás ao fundar sua teologia não é o de uma lógica da essência, mas do *ser*, pois parte da experiência sensível, analisa-a e toma-a como ponto de partida para chegar a outros níveis de conhecimento, envolvendo até objetos de caráter transcendente (cf. GILSON, 2006, Parte I, Capítulo IV; NODÉ-LANGLOIS, 2009). Como também evocado anteriormente, é sobre o mundo que Tomás fala diretamente ao tratar de D. como causa primeira e suprema e ao mostrar a falta de inteligibilidade do próprio mundo sem a afirmação de que D. é/existe. Isso, porém, não permite considerar Tomás de Aquino o inveterado "antiessencialista" e "antiplatônico" retratado por certos comentadores e intérpretes, sobretudo neotomistas e neoescolásticos. Uma leitura atenta de *O ente e a essência* já faz observar uma estrutura de pensamento neoplatônica, fundada na processão ou emanação dos entes a partir da origem absoluta. Nesse aspecto preciso, a posição do filósofo e historiador Étienne Gilson (1884-1978) é paradigmática, ainda que ele não fosse neotomista nem neoescolástico, porque, ao perseguir seu objetivo de enfatizar no núcleo da ⌀metafísica tomasiana o *primado do ato de ser* e de apresentar Tomás de Aquino como fiel seguidor da modernidade trazida pelo aristotelismo à Idade Média, Gilson insistiu de maneira exagerada no que considerava o "antiessencialismo" e o "antiplatonismo" de Tomás (cf., por exemplo, GILSON, 2022, Parte I, Capítulo IV). Alguns textos de elevada importância para refutar essas classificações de Tomás de Aquino encontram-se na *Suma de teologia* I, q. 84, a. 1, ad 1m; a. 5, Resp., nos quais se afirma explicitamente que a alma tem conhecimento intelectual dos entes materiais *por meio* das ideias eternas presentes no intelecto: no intelecto divino como princípio do conhecimento humano e no intelecto humano, participante da luz incriada (⌀Participação). Presentes no intelecto humano, as ideias não deixam de ser eternas, e não resultam de algum tipo de processo "indutivista". Esse texto é, sem dúvida, um modelo da união proposta por Tomás de Aquino entre o modelo aristotélico e o modelo platônico-agostiniano de conhecimento. No limite, ele interpreta Agostinho de modo a não haver conflito com Aristóteles.

**Vias para demonstrar a verdade da afirmação "Há Deus".** Será por uma valorização inquestionável do papel dos sentidos externos na atividade do conhecimento – em consonância com a exigência aristotélica de, para haver conhecimento, começar-se por aquilo que é mais próximo a nós (mais próximo à percepção sensorial) – que Tomás de Aquino buscará, na *Suma de teologia*, justificar de maneira detalhada a verdade da afirmação "Há D.". Essa justificação encontra-se na questão 2 da Primeira

Parte da *Suma de teologia* e é construída em três artigos: no artigo 1, Tomás analisa se a afirmação de que há D. é evidente, quer dizer, do tipo que se impõe imediatamente ao conhecimento humano como algo cujo contrário não poderia ser pensado ou se requer demonstração; no artigo 2, ele pergunta se é possível demonstrar a verdade da afirmação de que há D.; por fim, no artigo 3, busca por quais vias ou caminhos essa afirmação pode ser demonstrada. No tocante à evidência da afirmação de que há D. (artigo 1), alguns autores, como João Damasceno (675-749) e Anselmo de Cantuária (1093-1109), postularam-na com base (i) no desejo natural e evidente da felicidade, impresso no íntimo de todos os seres humanos, de modo que, sendo D. a felicidade, haveria dele certo conhecimento natural evidente em todas as pessoas; (ii) na afirmação de que um ser perfeito, tal como D. deve ser pensado, não pode carecer de ser fora do pensamento, pois, se carecesse, não seria perfeito; (iii) na necessidade de haver uma verdade primeira, que só poderia ser de caráter divino. Tomás discorda de que esses elementos garantam a evidência da afirmação de que há D., pois (i) a noção de felicidade é relativa (alguns a identificam com as ρriquezas; outros, com os prazeres etc.); (ii) a constatação de que a possibilidade de, na ordem do pensamento e do discurso, considerar-se verdadeira a conclusão segundo a qual se deve atribuir ser a algo perfeito não garante que haja tal algo perfeito fora do pensamento, quer dizer, na ordem extramental, na ordem das ρcoisas, pois pensamentos e discursos inteiramente válidos podem ser construídos a respeito de coisas que não existem efetivamente, e pretender defender que há algo somente com base no que é demonstrado em um raciocínio equivaleria, como se costuma dizer, a passar, sem legitimidade, da ordem lógica à ordem ontológica; (iii) ainda que seja evidente a necessidade da verdade em geral (pois negá-la já seria uma forma de pressupô-la, uma vez que a negação pretenderia ser considerada "verdadeira"), isso não leva a afirmar necessariamente uma verdade de caráter primeiro

(semelhante à causa primeira e suprema de que tratava *O ente e a essência* IV, 53). Ainda no artigo 1, Tomás esclarece, sempre de acordo com o modelo aristotélico de ciência exposto nos *Segundos analíticos*, que algo pode ser evidente em si e para nós (como a frase "O ser humano é um animal", na qual tanto o sujeito como o predicado são conhecidos de todos, bastando ouvi-los para entender imediatamente o sentido da frase) ou evidente em si e não para nós (como a frase "Coisas imateriais não ocupam lugar", que nem todos compreendem, mas apenas aqueles que conhecem o significado do sujeito – coisas imateriais – e do predicado – ocupar lugar). Assim, a afirmação "Há Deus" será do segundo tipo, pois somente os que entendem o significado do sujeito, D., e do predicado, ser/haver, podem considerá-la imediatamente compreensível. Habituados a falar de D., os humanos correm o risco de que o costume funcione como uma "segunda natureza", acrescentada por ρhábito à primeira natureza, fazendo considerar absurdo que se ponha em questão a evidência de que há D. Mas, tal como indicado anteriormente, no subitem "A fé como fonte de conhecimento sobre Deus", Tomás de Aquino, nas questões 2-26 da Primeira Parte da *Suma de teologia*, dedicou-se precisamente a esclarecer e justificar racionalmente os fundamentos do pensar D. e do falar sobre ele, razão pela qual, no artigo 1 da questão 2, ele se vê instado a mostrar que, embora a proposição "Há Deus" seja evidente em si (pois, para pensar D. com coerência, é preciso atribuir-lhe ser, e, mais do que isso, concebê-lo como idêntico ao ser), tal proposição não é evidente para nós, uma vez que nem todos conhecem, a rigor, o significado do termo D. nem do termos ser/haver. Evidencia-se aqui o interesse metodológico de Tomás de Aquino, pois, como também já enfatizado neste verbete, mais do que falar diretamente de D., todos os artigos da questão 2 tratam das estruturas do conhecimento humano na busca de exprimir o ser transcendente de D., de quem só se pode falar de modo indireto e negativo. No artigo 2, ao examinar a possibilidade de demonstrar a verdade da afirmação "Há Deus", Tomás de Aquino responderá afirmativamente, ainda que "Há Deus" seja uma proposição evidente em si, mas não para nós. Falar de *demonstração* já remete à atividade de justificar racionalmente conclusões obtidas a partir de verdades mais conhecidas segundo uma lógica que vincula termos, proposições e raciocínios, mas não equivale a *conhecer*, no sentido estrito do termo (o que, aliás, em se tratando de D., só será possível aos humanos na visão beatífica, pois a essência divina permanece desconhecida para eles na vida terrestre, como já enfatizado anteriormente). A demonstração da verdade da afirmação de que há D. será feita, portanto, com base naqueles que podem ser considerados efeitos de D. (⊙Causa). Um dos melhores exemplos desse tipo de demonstração já foi dado, ao menos por hipótese, no opúsculo *O ente e a essência*: os entes, mergulhados na série causal observada na Natureza, são considerados efeitos da causa primeira e suprema, pois, se não forem vistos como *efeitos* de uma origem absoluta, sequer fará sentido falar em série causal. Essa visão da demonstração será também um dos motivos para que, no artigo 2, Tomás de Aquino ainda insista que a afirmação "Há Deus" não pode ser reduzida a uma verdade de fé, pois a razão pode chegar sozinha a mostrar a verdade da afirmação do ser de D. Uma interpretação de caráter mais hermenêutico do que analítico pareceria permitir dizer que a análise tomasiana, no artigo 2, leva a pensar que o trabalho da razão é coroado ou levado à plenitude pela fé, a qual é um ato da própria razão elevada pela graça divina. Dessa perspectiva, a fé não iniciaria uma vida "diferente" ou "nova" nos fiéis, nem seria "sobrenatural", como se o termo *sobrenatural* devesse ser entendido por oposição ao que é *natural* (⊙Natureza), mas desenvolve ou faz desabrochar o que já está inscrito no seio mesmo da razão como sua aspiração. Isso não termina em uma concepção racionalista da fé, pois, ainda que a razão, no ato de crer, tenha prioridade como causa formal e final, a vontade tem prioridade como causa eficiente, levando a querer

o que a razão mostra como um bem (cf. *Questões disputadas sobre a verdade*, q. 22, a. 11-12; *Suma contra os gentios* III, 26; cf. também LIMA VAZ, 1999, p. 199-240). No tocante às vias ou caminhos pelos quais se pode demonstrar a verdade da afirmação "Há Deus", Tomás propõe cinco no artigo 3. (I) A primeira via parte da constatação de que todos os entes do mundo possuem movimento, quer dizer, mudam, alteram-se, ou, mais precisamente, segundo o vocabulário da *Física* e da *Metafísica* de Aristóteles, passam da potência (uma possibilidade de ser inscrita na natureza de um ente) ao ato, ou seja, o desenvolvimento e a realização dessa potência (que pode corresponder à possibilidade de simplesmente vir a *ser* ou à possibilidade de *ser algo*, assim como uma semente pode simplesmente surgir – e talvez definhar segundo as circunstâncias da vida –, como também tornar-se uma planta). *Mover* e *ser movido*, aqui, significam mais do que o sentido ao qual os leitores estão acostumados com base na física moderna. O modelo newtoniano, por exemplo, pretenderá contradizer a primeira via em função do princípio de inércia, mas ater-se a esse registro é não considerar o sentido em que Tomás falava de *movimento*, *princípio* e *causa*. Guardadas as devidas proporções, algo semelhante ocorre com as outras quatro vias. A respeito da causalidade (segunda via), dir-se-á que, no mundo físico, constata-se apenas uma sequência de dados, e nada mais; ou no tocante à noção de finalidade (quinta via), responde-se que ela não faz parte do mecanicismo natural, embora ela tenha sido recuperada em biologia. Manter o debate nesse registro significa, todavia, reduzir drasticamente não apenas o campo semântico, mas também conceitual de Tomás de Aquino. Seu horizonte metafísico o faz pensar na causa ou no princípio, antes de tudo, como a fonte do ser de cada ente e do modo de ser de cada ente. Donde, na linha de Aristóteles, ele insistir que nada mostra poder ser em potência e em ato ao mesmo tempo e sob o mesmo aspecto: uma semente é apenas semente em ato, embora já seja árvore em potência; mas pode ser em ato, ao mesmo tempo, sob aspectos diferentes como ser semente e ser úmida. Nada, por conseguinte, mostra poder ser movido (principiado, originado) por si mesmo, pois teria de ser em ato para causar o movimento de atualização da sua potência de vir a ser. Em outras palavras, teria de ser para causar seu próprio ser, o que é claramente absurdo. Por conseguinte, deve-se dizer que tudo o que se move é movido por outro, afirmando-se necessariamente, por conseguinte, que há um primeiro movente ou primeiro motor, o qual não é movido por nada. Caso não se considere verdadeira a afirmação desse primeiro motor na origem de todo movimento, o que se põe em dúvida é a constatação do próprio movimento, que, no entanto, é evidente. Ao primeiro movente ou primeiro motor, ou a "isso" (*hoc*, pronome demonstrativo neutro, na redação de Tomás), "todos entendem por Deus" (*et hoc omnes intelligunt Deum*). A segunda, terceira e quarta vias têm uma estrutura diferente da primeira: elas não se iniciam diretamente por uma constatação, mas por uma noção, *ratio*. (II) A segunda via, estruturalmente idêntica à primeira, conduz à conclusão pela verdade da afirmação de que há D. ao tratá-lo como causa primeira e suprema de todos os entes do mundo, pois todo ente mostra-se causado por outro. Na primeira via, D. aparece como origem do movimento observado no mundo; na segunda, como origem absoluta, quer dizer, origem ou causa primeira e suprema de todos os entes, ao modo de *O ente e a essência*. Assim, é possível dizer que, sem desprezar a observação, mas pressupondo-a, a segunda via tem um caráter eminentemente metafísico, enquanto a primeira é de caráter, digamos, eminentemente "empírico". Todavia, ao falar de causa primeira, Tomás remete a algo cujo conteúdo é determinado ou preenchido indiretamente, e não ao modo de uma causa formal. Assim, na contrapartida, mais do que provar uma noção metafísica, ele parece deduzir uma exigência posta pela própria razão quando ela procede à análise do mundo tendo por ponto de partida ideias como a de causa. Em outras palavras, desconhecer a

causa primeira e suprema equivaleria a desconhecer o *ser*, pois, tomada por verdadeira a afirmação do mundo, deve-se afirmar D., o ser por excelência. (III) A terceira via, pressupondo certamente a observação de que os entes podem ser ou não ser – são possíveis, ou seja, não contêm em si mesmos o princípio que os faz vir a ser – chega à afirmação de algo necessário como fundamento de todos os possíveis, pois, do contrário, nada explicaria que haja entes possíveis. A esse ser necessário chama-se D. (IV) A quarta via, por sua vez, parte da afirmação de que, no mundo, há uma gradação de perfeições, de modo que a existência de entes menos perfeitos solicita a afirmação de um ser perfeito, absoluto, fundamento de tudo o que é mais ou menos perfeito e modelo de perfeição. A ele, como diz Tomás, todos chamam D. A especificidade da quarta via parece vir de sua generalidade, pois, mais do que apenas demonstrar a verdade da afirmação de que há D., ela parece exprimir o modo natural humano de pensar, o qual opera por comparação e pressupõe um "padrão" real último, sendo, aliás, uma expressão do pensar teológico, pois este vê o mundo como reflexo de D. (V) A quinta via, por fim, retoma a estratégia de ter por ponto de partida o que se observa: tudo, no mundo, tende a um fim, e não por acaso, mas por uma *intentio*, um desígnio. A prova de tal desígnio é que, apesar de entender-se com facilidade que seres humanos tendam a um fim, porque podem determiná-lo e querê-lo para si mesmos, nada fácil é, permanecendo no âmbito da Natureza, entender que entes não racionais também busquem um fim, destituídos que são de razão e vontade. Se o fazem, é porque um ser transcendente ao mundo fixou tal fim. Ser é sempre ser em função de um bem, um *bonum*, e, dessa perspectiva, a quinta via perpassa todas as outras, pois o ser transcendente ao qual se chama D. revela-se o bem supremo que complementa o significado de um primeiro movente, de uma causa primeira, de um ser necessário e de um ser absoluto. Como *maximum bonum* ou bem supremo, ele polariza o ser e o agir.

**Ser e conhecimento do próprio Deus.**
A valorização tomasiana dos sentidos corpóreos, destacados como ponto de partida do conhecimento (sem, porém, esquecer que a capacidade cognitiva humana é participação no intelecto divino, como se lê na q. 84, a. 5, da Primeira Parte da *Suma de teologia*; cf. também LIMA VAZ, 2001), permitiu a Tomás de Aquino articular ou mesmo unificar as duas tradições filosóficas representadas por Agostinho de Hipona e Aristóteles, bem como a tradição bíblica, na edificação de seu saber sobre D., sobre o ser humano e sobre o mundo. Diante da convicção generalizada em sua época, segundo a qual havia D., ser supremo – convicção reconhecida por todos, judeus, cristãos e muçulmanos, ao lado do que havia sido transmitido por filósofos, teólogos, juristas e poetas antigos –, Tomás de Aquino discordou radicalmente desse dado de seu contexto histórico e negou que a afirmação de que há D. podia ser comprovada a partir da *ideia* que dele se fazia (cf. CATÃO, 2011; 2001). No entanto, embora sempre cioso dos limites da razão, Tomás concebia o conhecimento humano como atividade cujas raízes estão fincadas nos dados obtidos por meio dos *sentidos corpóreos* e, ao mesmo tempo, estava convencido da possibilidade de conhecer algo mais a respeito do *ser* de D., até mesmo no tocante a seu conhecimento do mundo, uma vez que D. não possui os sentidos corpóreos (♀Conhecimento, subitem "Ciência divina"). Em todo caso, não faz sentido atribuir a D. um conhecimento que implique o uso dos cinco sentidos externos, "conhecimento desta vida", como dizia Dionísio Pseudoareopagita; afinal, o conhecimento resultante do uso dos cinco sentidos implica corporeidade, espacialidade, temporalidade etc., características marcadas por materialidade (♀Matéria), limitação e imperfeição, e, portanto, incompatíveis com a natureza de um ser primeiro e supremo, necessário, absoluto, perfeito. Tratando primeiramente do ser de D., as cinco vias já permitem, por simples contraposição com os entes do mundo, negar de D. aquilo que os entes são, ou afirmar que D. é de maneira excelente, suprema, o que eles

têm de perfeição. Tal procedimento permite concluir, pelo menos, que não cabe atribuir a D. a composição de potência e ato nem nenhuma outra composição (cf. *Suma de teologia* I, q. 3), pois, para ser a causa primeira e suprema, primeiro movente, ser necessário, ser absoluto e regente do ♀universo, ele deve ser pensado como ser simples, uno, perfeito, sem passagem de potência a ato em nenhum aspecto de seu ser. Por conseguinte, é um ser puro e simples, e seu *ser é o que ele é.* Seu ser é o mesmo que sua essência, perfeita e eternamente; ele é o que é no modo como é, sem ser causado por nenhum outro nem tendo alguma atualização a efetivar, e menos ainda dependendo de outro para ser. Ora, ainda que o ser humano não conheça a essência divina a não ser de maneira indireta e não por meio de definição, ele pode, por contraposição consigo e com os outros entes, ao menos afirmar algo que é plenamente aquilo que é (cf. *ibidem*, q. 3, a. 4). Desses dados decorrem elementos que permitem pensar o conhecimento de D. ou o conhecimento que tem D., sobretudo no tocante ao mundo físico, uma vez que D. não é corpóreo. Além disso, a identidade entre essência e ser em D., quer dizer, a afirmação de que D. é como autorrealização perfeita do próprio ser acarreta que todo conhecimento divino certamente ocorre segundo tal identidade, sem passagem de potência a ato. Assim, independentemente de atribuir imaterialidade e incorporeidade a D., deve-se lembrar que conhecer é possuir ou ser, de algum modo, o objeto conhecido, sem, evidentemente, que ele seja transportado materialmente para o interior da mente de quem conhece (♀Espécie; ♀Universais). Ora, na perfeição de D., quer dizer, no ser absoluto, se conhecer é possuir ou ser o objeto conhecido, *D. a tudo conhece conhecendo-se a si mesmo,* conhecendo sua própria essência, a qual, em sua infinitude, é também a sede das ideias que operam como exemplares dos entes do mundo. Se nele essência e ser coincidem, então seu conhecimento – ou melhor, o que se pode pensar que, nele, seja algo como o conhecimento humano, mas em grau excelente e supremo – também coincide com sua essência e seu ser, donde os "nomes próprios", em sentido metafísico, que Tomás de Aquino atribui a D. em correlação com os nomes que D. atribuíra a si mesmo no livro do Êxodo: metafisicamente, D. é *ipsum esse subsistens*, o ser subsistente mesmo (ser que subsiste independentemente do que quer que seja), e *qui est*, aquele que é (cf. *Suma de teologia* I, q. 13, a. 11). Pode-se dizer, portanto, que o "único objeto" do conhecimento que tem D. é ele mesmo (cf. *Suma contra os gentios* I, 47-48; *Questões disputadas sobre a verdade*, q. 2, a. 2, Resp.; *Suma de teologia* I, 14, 3, Resp.). Essa afirmação não permite deduzir que D. não conheça nada mais do que a si mesmo. Trata-se exatamente do contrário: ele a *tudo* conhece porque é *causa* de tudo; e, conhecendo a si mesmo, conhece o que não é ele, pois os entes, efeitos seus, são pensados por ele e nele preexistem pela exemplaridade das ideias nele subsistentes (cf. *Suma de teologia* I, 14, 5, Resp.). Por fim, à possível objeção segundo a qual D., conhecendo tudo ao conhecer a si mesmo, só conheceria ideias ou universais, mas não os singulares, responde-se também por recurso à identidade entre essência e ser em D.; afinal, como origem suprema, D. "chega" a todos e cada um dos entes ao conceber desde a eternidade a essência de todos eles (exemplaridade da ideia de cada ente) e ao dar a cada um o respectivo ato de ser, o ser por participação no próprio ser divino (cf. *Questões disputadas sobre a verdade*, q. 2, a. 4; *Suma contra os gentios* I, 63). Em suma, D. é puro ser ou o *ser mesmo* (*ipsum esse*), *ato puro* (*actus purus*) de absoluta simplicidade; e cada ente é e só pode ser por participação no ser de D.

**Debates.** Já no século XIII, como no final da Idade Média e no início da Modernidade, surgiram debates a respeito do sentido e da relevância do pensamento de Tomás de Aquino (cf. LEVERING; PLESTED, 2021). Alguns deles referiam-se à sua concepção de D., especificamente às *cinco vias* para provar a verdade da proposição "Deus é" ou "Há Deus". Note-se, a propósito, que neste verbete sempre se reproduziu a formulação tomasiana repetida várias vezes no texto original, desde o título até o final

do artigo 3 da questão 2 da *Primeira Parte*: trata-se de demonstrar a verdade da *afirmação* "Deus é" ou "Há Deus", sem a pretensão de mostrar ou provar que há um D. do mesmo modo como se prova que há outros entes. Grande é o conjunto de filósofos que retomaram, seja para subscrever, seja para rejeitar, seja para reelaborar o pensamento tomasiano sobre Deus. Destacam-se, sem dúvida, Guilherme de Ockham, Mestre Eckhart, Descartes, Malebranche, Espinosa, Kant, Hegel e tantos outros. Precisamente a respeito das cinco vias, um debate do século XVI, mesmo não sendo dos mais complexos nem dos mais instigantes, permitiu lançar luz sobre o porquê da elaboração do conjunto delas. Tratava-se de perguntar se poder-se-ia reduzi-las à segunda, uma vez que todas operam com a experiência da causalidade e a noção de causa. O dominicano Domingo Bañez (1528-1604), por exemplo, considerava a segunda via, ou, melhor dizendo, a noção de causa, ordenadora ou estruturadora (*ordo*) das outras quatro (cf. BAÑEZ, *In Primam Partem Summae theologiae*, q. II, art. 3 – *apud* GILSON, 2022, nota de rodapé 77 do capítulo II da Parte I). Com efeito, sob um ponto de vista lógico, não é difícil constatar que a estrutura argumentativa é muito semelhante, senão idêntica, nas cinco vias. No entanto, há que se considerar um dado óbvio: o próprio Tomás de Aquino foi certamente o primeiro a ter consciência desse dado, mas, ainda assim, preferiu compor cinco vias, e não apenas uma. Talvez tenha ele desejado expressamente que, com um mesmo tipo de argumento, enfatizassem-se diferentes aspectos conceituais, de ordem físico-metafísica, em cada uma das vias, para além da montagem lógica das mesmas. Ademais, talvez seja até possível identificar uma diferença na maneira de escolher as premissas ou os pontos de partida dos raciocínios de cada via. A segunda, a terceira e a quarta pressupõem a observação empírica como fonte de suas premissas (o que, aliás, também era exigência do modelo aristotélico de ciência), mas não iniciam propriamente por uma referência à percepção, e sim pela análise de uma noção, revelando um caráter predominantemente metafísico, e não físico como ocorre na primeira e quinta vias (embora também estas tenham um alcance metafísico óbvio). Por fim, como apontam estudiosos da obra tomasiana, haveria razões históricas para que Tomás distinguisse as cinco vias: uma dessas razões vinha do dado histórico de que filósofos anteriores a Tomás ou contemporâneos a ele eram favoráveis à primeira via, mas opunham-se ao mesmo tempo à segunda. Tal parece ter sido o caso de Averróis (1126-1198), segundo a interpretação de Étienne Gilson (cf. GILSON, 1963, p. 68). Todavia, mesmo consideradas estruturalmente semelhantes ou logicamente idênticas, isso não atinge a legitimidade e a autonomia de cada via, mas leva a observar uma complementaridade entre elas, até porque estrutura lógica semelhante ou idêntica não é sinônimo de identidade de conteúdo. Também na Contemporaneidade muito se debateu e ainda se debate sobre as cinco vias em trabalhos de grande significação histórica e filosófica, como se pode observar em ARNOULD, 2003; ARP, 2016; BARBELLION, 1999; KENNY, 1981. Uma história ricamente documentada da recepção das cinco vias até o século XVII é dada por AGOSTINI, 2016. No início do século XX, elaborou-se uma das mais contundentes críticas ao modelo ou hábito mental de operar com a ideia de causa primeira, a qual, embora não endereçada diretamente a Tomás, atinge-o obviamente, assim como ao seu trabalho filosófico de elaboração e justificação das cinco vias. Trata-se da crítica do filósofo e matemático Bertrand Russell (1872-1970), que pretendeu provar o caráter falacioso de raciocínios cujo objetivo é justificar conclusões que pressupõem uma causa para o universo. Em seu opúsculo *Por que não sou cristão*, nascido de uma conferência de 1927, afirma Russell que, se tudo tem uma causa, D. mesmo seria causado, deixando de ser a causa propriamente primeira, o que torna desnecessário e mesmo ilegítimo procurar por tal causa. Mais do que isso, seria perfeitamente legítimo afirmar que algo pode existir sem causa, e esse algo pode ser tanto D. como o mundo (cf.

RUSSELL, 2011). Da perspectiva do pensamento tomasiano, haveria diferentes maneiras de responder à crítica russelliana, explorando aspectos distintos. Por exemplo – e de modo bastante simples –, é legítimo dizer que a crítica de Russell não atinge a afirmação de que há D., como ele mesmo o reconhece; mas, se se justificar que faz sentido atribuir eternidade, perfeição etc. a um ser divino, será então uma conclusão necessária tratá-lo como causa primeira, e não como algo causado, o que põe a crítica russelliana em xeque. Ademais, D. e o mundo podem ser considerados incausados no tempo ou eternos, e a coeternidade de ambos é uma hipótese considerada não contraditória por Tomás de Aquino (cf. *Suma de teologia* I, q. 46), o que mais uma vez, no tocante à crítica de Russell, deixa intacta a ideia de causa primeira, pois a razão pode demonstrar a afirmação de que o mundo, para ser inteligível, solicita ser visto como realidade criada, mesmo que a sua criação seja eterna. É verdade que a razão, sozinha, não consegue resolver, com base apenas no que está a seu alcance, a questão de saber se o mundo é criado eternamente ou se foi criado com um começo temporal (pois não há nem nunca poderá haver percepção sensorial que permita decidir entre essas duas possibilidades). Trata-se do que se costuma denominar problemática da afirmação da eternidade do mundo ou da sua criação no tempo, para a qual Tomás levantou argumentos estritamente filosóficos (cf. *Suma contra os gentios* I, 44; II, 16; *Compêndio de teologia* 68). O que o fará "optar" pela afirmação da criação do mundo no tempo será o dado da Revelação bíblica, pois, se racionalmente a questão leva a respostas diferentes e igualmente justificáveis, e se há um dado revelado que ensina uma dessas respostas, então há um motivo para optar por ela, um dado a mais em seu favor, revelado e garantido pela autoridade divina diante de uma controvérsia naturalmente indiscernível. Mas uma resposta tomasiana propriamente técnica a Russell consistiria em identificar um erro no raciocínio do filósofo e matemático: ao generalizar a atribuição da ideia de causa primeira igualmente aos entes e a D. ou à própria causa primeira, Russell não respeita o dado fundamental do raciocínio tomasiano, segundo o qual o argumento para demonstrar a verdade da afirmação da causa primeira só é válido e só faz sentido quando aplicado a D., ser transcendente. Russell não respeita o dado fundamental do pensamento de Tomás de Aquino, que só chega a afirmar a causa primeira, como insistido neste verbete, por uma análise do próprio mundo sensível, que reclama tal afirmação. Pode-se dizer, nesse sentido, que, *mutatis mutandis*, equívocos semelhantes ao de Russell parecem identificáveis em pensadores como Hegel, Marx, Feuerbach, Sartre, entre outros. Na contrapartida, porém, muitos pensadores dos séculos XIX-XXI puseram-se na linha e no espírito do trabalho de Tomás de Aquino, retomando a necessidade da afirmação de que há D.; e exemplos poderiam vir de todas as "linhas" filosóficas. Apenas para mencionar alguns, pense-se em Edith Stein (1891-1942) e Roman Ingarden (1893-1970), representantes da fenomenologia husserliana, em Karl Jaspers (1883-1969) e Gabriel Marcel (1889-1973), representantes do existencialismo, Gertrude E. M. Anscombe (1919-2001) e Anthony Kenny (1931-), representantes do que se costuma chamar de "filosofia analítica", Charles Taylor (1931-) e Alasdair Macintyre (1929), representantes da denominada "filosofia da cultura", e muitos outros. Um exemplo particularmente notável para os séculos XX e XXI, sobretudo por centrar-se no diálogo da filosofia e da teologia com as ciências, vem do alemão Karl Rahner (1904-1984). Conhecendo em profundidade e com rigor o pensamento tomasiano, e em continuidade com o que se poderia chamar de pensamento existencial-transcendental, Rahner reabilita em grande parte a gnoseologia e a metafísica de Tomás de Aquino, exprimindo-as em continuidade com sensibilidades e exigências científico-filosóficas contemporâneas. Ao tratar da natureza do conhecimento em um texto cujo título é bastante sugestivo ("Ciência como confissão?"), Rahner parte de um dado unânime no século XX (e XXI, se se quiser) sob a perspectiva tanto teórica

como histórica e cujas bases foram lançadas já no século XIX: o que se costuma chamar de "mundo" não é algo unívoco nem óbvio ou evidente, porque, mesmo nas características mais elementares a ele atribuídas por pensadores e cientistas os mais diversos, a concepção de "mundo", sua configuração, sua imagem ou o que quer que se pretenda acionar para exprimi-lo, depende sempre do modo como o olhar de cada sujeito é formado para vê-lo. Uma prova desse fato é que o "mundo" pode ser tomado por um conjunto de coisas independentes entre si, com um funcionamento semelhante ao de uma máquina, como pensava Descartes, ou como um conjunto de partes correlacionadas, com um funcionamento interdependente e interligado de todas elas, ao modo de um organismo ou de um corpo vivo, como queria Whitehead. Ambas as visões do "mundo" são *construídas* e determinam os olhares subjetivos para ele, tomando-se o termo *subjetivo*, aqui, não como sinônimo de algo típico da opinião, mas como referência às subjetividades individuais e coletivas, as quais sempre percebem os objetos de conhecimento com tudo que já as forma previamente, por mais que elas se deixem interpelar pelas estruturas dos próprios objetos. Assim, definitivamente, ninguém "descobre" o "mundo" de maneira direta, porque todos os sujeitos são precedidos por concepções já elaboradas pelos grupos sociais em que nascem. A esse fenômeno Rahner chamava de *lei prévia* que faz o "mundo" ser o resultado de dados formulados antes mesmo de haver experiência das coisas por parte dos sujeitos. Há, pois, uma *história* que precede a todos os indivíduos e grupos; e, mais do que isso, indivíduos e grupos mostram-se constituídos por *historicidade*, em vez de serem naturezas puras que se desenvolvem ao entrar no "mundo" como se partissem de algum grau zero. No entanto, tais concepções são elaboradas sobre uma base que não pode ser explicada com a mesma clareza e certeza com que se crê poder explicar as coisas do "mundo". Essa base, diversamente constituída segundo os tempos e lugares, é condição para haver conhecimento, e, ainda que nem todos prestem atenção nela, ela contém um conjunto de elementos com os quais se opera para dizer-se conhecer algo de maneira justificada. No caso atual (ou do século XX, quando escrevia Rahner), essa base inclui, por exemplo, a crença na existência da realidade ou ao menos o compromisso com essa crença, a crença no funcionamento do princípio de não contradição, a crença na existência de semelhanças e diferenças, de relações em geral entre as coisas, a crença na possibilidade de explicar ou ao menos descrever o conhecimento que se tem do "mundo" etc. É, porém, absolutamente impossível ao ser humano avançar com sua investigação para além dessa base, quer dizer, dessas crenças básicas; elas são objeto de confiança, não de demonstração, e é justamente por isso que podem ser base de conhecimento. Como tal, essa base pode ser percebida, constatada, mas não dominada conceitualmente: se o pensamento funciona, é porque ele mesmo já aceitou tal base, ainda que atematicamente (quer dizer, sem autorreflexão), e entrou no nível das construções de visões de mundo (construções não arbitrárias, como insiste Rahner ao falar do encontro de elementos provenientes da subjetividade com elementos provenientes da objetividade). Ora, a base de conhecimento – seja qual for a configuração que se dê ao conhecimento mesmo ou ao seu resultado, o "mundo" – mostra-se *suprarracional*, no sentido de não poder ser esquadrinhada conceitual ou quantitativamente, mesmo sendo pressuposta pela atividade cognitiva de todos que entram na história e mesmo podendo ser percebida de maneira indireta por eles, ao modo de algo desconhecido. Há, pois, sob a superfície do conhecimento racional, um *abismo sem fundo*, impossível de ser sondado por estratégias cognitivas de origem histórica e, portanto, situada, limitada e provisória. Na contrapartida, essa constatação abre ao ser humano um *horizonte infinito* de questões e possibilidades, pois nada do que é humano está definitivamente dado nem pode pretender sê-lo, uma vez que a historicidade constitui todos os humanos. Ora, se o conhecimento exprime o "mundo", e

se na raiz do conhecimento há um abismo de incertezas ou de elementos não domináveis conceitualmente, então é legítimo pensar que o próprio "mundo" é sustentado por algo incomensurável, inqualificável, indefinível, inanalisável, incontrolável: o mundo revela-se envolvido por um mistério, o *mystérion* grego traduzido logo cedo, na era cristã, por *sacramentum*, e, quando uma pessoa humana é tomada de curiosidade (uma forma de desejo) por esse mistério, chegando a amá-lo ou a ter afeição por ele (ainda que ele seja desconhecido em sua profundidade), chega à possibilidade de nomeá-lo *D.*, reconhecendo-o como fonte absoluta do sentido de tudo e sob cuja luz tudo aparece (cf. RAHNER, 1956). Como, em geral, a adesão a D. é dada ao mesmo tempo em que se analisam as expressões empregadas pelas religiões com o fim de exprimir a natureza do ser divino em que acreditam, a pessoa poderá associar, então, a D. um rosto preciso, até chegar a um conhecimento por experiência. Unindo-se o trabalho teológico tipicamente medieval de Santo Tomás ao trabalho teológico tipicamente contemporâneo de Rahner, parece legítimo concluir que, independentemente das concepções adotadas de ciência, religião, filosofia, teologia, arte, técnica, e assim por diante, só se pode pensar D. e o "mundo", bem como falar com coerência de ambos, se *não se trata Deus como parte do "mundo", mas como pressuposto do "mundo"*.

**Bibliografia:** AGOSTINI, I. *La démonstration de l'existence de Dieu*: les conclusions des cinq voies de Thomas d'Aquin et la preuve a priori dans le thomisme du XVIIème siècle. Turnhout: Brepols, 2016. ARNOULD, J. Épreuve et preuves de l'existence de Dieu ou l'actualité de la théologie naturelle. In: ROUSSEAU, D.; MORVAN, M. *La preuve*. Paris: Odile Jacob, 2003, p. 15-38. ARP, R. (ed.). *Revisiting Aquinas' Proofs for the Existence of God*. Leiden: Brill, 2016. BARBELLION, S.-M. *Les "preuves" de l'existence de Dieu*: pour une relecture des cinq voies de Saint Thomas d'Aquin. Paris: Cerf, 1999. BRETON, S. *Philosophie et mystique*: existence et surexistence. Grenoble: Jérôme Millon, 1996. CATÃO, F. *A Trindade*: uma aventura teológica. São Paulo:

Paulinas, 2000. _____. *Falar de Deus*: considerações sobre os fundamentos da reflexão cristã. São Paulo: Paulinas, 2001. _____. *Deus*. São Paulo: WMF Martins Fontes, 2011 (Col. Filosofias: o prazer do pensar). CHENU, M.-D. *Introduction à l'étude de Saint Thomas d'Aquin*. Paris: Le Saulchoir, 1954. CHESTERTON, G. K. *São Tomás de Aquino*: as complexidades da razão. Trad. Adail U. Sobral e Maria Stela Gonçalves. Rio de Janeiro: Ediouro, 2001. COLLINGWOOD, R. G. ET ALII. *An autobiography and other writings*: with essays on Collingwood's life and work. Ed. D. Boucher e T. Smith. Oxford: Oxford University Press, 2017. DE ANDIA, Y. (coord.). *Denys l'Aréopagite*: tradition et métamorphoses. Paris: Vrin, 2006. DE FINANCE, J. *Le sensible et Dieu*: en marge de mon vieux catéchisme. Roma/Paris: PUG/Beauchesne, 1988. DE LIBERA, A. *A filosofia medieval*. Trad. Nicolás Nyimi Campanário e Yvone M. C. T. Silva. São Paulo: Loyola, 1998. DE LUBAC, H. *Le mystère du Surnaturel*. Paris: Cerf, 2000. _____. *Catholicisme*: les aspects sociaux du dogme. Paris: Cerf, 2003. _____. *Surnaturel*: études historiques. Paris: Cerf, 2021. DELUMEAU, J.; BILLON, G. *Jésus et sa Passion*. Paris: Desclée de Brouwer, 2004. DICASTÉRIO PARA UNIDADE DOS CRISTÃOS; FEDERAÇÃO LUTERANA. *Declaração conjunta sobre a doutrina da justificação*. s/t. São Leopoldo/São Paulo: Sinodal/Paulinas, 1997. EMERY, G. Questions adressées au monothéisme par la théologie trinitaire. In: EMERY, G.; GISEL, P. (eds.). *Le christianisme est-il un monothéisme?* Genebra: Labor et Fides, 2001, p. 24-37. EWBANK, M. B. Diverse Orderings of Dionisius Triplex Via by St. Thomas Aquinas. *Mediaeval Studies*, 52, p. 82-104, 1990. GAUTHIER, R.-A. Préface. In: TOMÁS DE AQUINO. *Sentencia libri de anima*. Ed. Leonina. Roma/Paris: Comissio Leonina/Vrin, 1984, p. 1*-294*. GILSON, E. *Elements of Christian Philosophy*. Nova York: New American Library, 1963. _____. *La théologie mystique de Saint Bernard*. Paris: Vrin, 2000. _____. *O tomismo*: introdução à filosofia de Santo Tomás de Aquino. Trad. Juvenal Savian Filho. São Paulo: WMF Martins Fontes, 2024. HUMBRECHT, T.-D. *Théologie négative et Noms Divins chez Saint Thomas d'Aquin*. Paris: Vrin, 2006. JOSSUA, J.-P. L'axiome "bonum diffusivum sui" chez Saint Thomas d'Aquin. *Revue des sciences religieuses*, 40 (2), p. 127-153, 1966. JOUSSET, D. *Le vocabulaire théologique en philosophie*. Paris: Ellipses, 2009. JUNQUEIRA SMITH, P. (org.). *Dez provas da existência de Deus*. Trad. Plínio J. Smith. São

Paulo: Alameda, 2006. KENNY, A. *The five ways*: Saint Thomas Aquinas' Proofs of God's Existence. Notre Dame: University of Notre Dame, 1981. LECLERCQ, J. *L'amour des lettres et le désir de Dieu*: initiation aux auteurs monastiques du Moyen Âge. Paris: Cerf, 1990. LEVERING, M.; PLESTED, M. *The Oxford Handbook of the Reception of Aquinas*. Oxford: Oxford University Press, 2021. LIMA VAZ, H. C. A ética medieval: Tomás de Aquino. In: _____. *Introdução à Ética filosófica 1*. São Paulo: Loyola, 1999 (Col. Escritos de Filosofia, v. IV). _____. *Experiência mística e filosofia na tradição ocidental*. São Paulo: Loyola, 2000. _____. A metafísica da ideia em Tomás de Aquino. *Síntese*, 28 (90), p. 5-16, 2001. MARRONE, S. P. A filosofia medieval em seu contexto. In: MCGRADE, A. (org.). *Filosofia medieval*. Trad. André Oídes. Aparecida: Ideias & Letras, 2008, p. 27-70. MONGEAU, G. *Embracing Wisdom*. Toronto: Pontifical Institute of Mediaeval Studies, 2015. NASCIMENTO, C. A. R. Introdução à leitura do Comentário de Tomás de Aquino ao Tratado da Trindade de Boécio, questões 5 e 6: divisão e modo de proceder das ciências teóricas. In: TOMÁS DE AQUINO. *Comentário ao Tratado da Trindade de Boécio – Questões 5 e 6*. Trad. Carlos Arthur Ribeiro do Nascimento. São Paulo: Unesp, 1998, p. 11-57. _____. Metafísica negativa em Tomás de Aquino. *Mediaevalia*, 23, p. 249-258, 2004. _____. Santo Tomás de Aquino e o conhecimento negativo de Deus. *Interações*, 3, p. 61-77, 2008. _____. *Um mestre no ofício*: Tomás de Aquino. São Paulo: Paulus, 2011. _____. As duas faces da ciência de acordo com Tomás de Aquino. *Trans/Form/Ação*, 42, p. 57-74, 2019. NODÉ-LANGLOIS, M. Dieu. In: _____. *Le vocabulaire de Saint Thomas d'Aquin*. Paris: Ellipses, 2009, p. 44-54. NOUZILLE, P. Bernard de Claraval. In: LACOSTE, J.-Y. *Dicionário Crítico de Teologia*. Vários tradutores. São Paulo: Loyola, 2004, p. 285-289. PAPA FRANCISCO. Exortação *Gaudete et exsultate*, sobre a chamada à santidade no mundo atual. Disponível em: <https://www.vatican.va/content/francesco/pt/apost_exhortations/documents/papa-francesco_esortazione-ap_20180319_gaudete-et-exsultate.html> (Acesso em: 25 jul. 2022). PERSSON, P.-E. Le plan de la Somme théologique et le rapport Ratio-Revelatio. *Revue philosophique de Louvain*, 56, p. 535-572, 1958. RAHNER, K. Wissenschaft als "Konfession"? In: _____. *Schriften zur Theologie*: zur Theologie des geistlichen Lebens. Einsiedeln: Benziger, 1956, p.

455-472. \_\_\_\_. *Curso fundamental da fé*: introdução ao conceito de cristianismo. Trad. Alberto Costa. São Paulo: Paulinas, 1984. \_\_\_\_. Elementos de espiritualidade na Igreja do futuro. In: GOFFI, T.; SECONDIN, B. (orgs.). *Problemas e perspectivas de espiritualidade*. Trad. José Maria de Almeida. São Paulo: Loyola, 1992, p. 361-369. RATZINGER, J. *Theologische Prinzipienlehre*: Bausteine zur Fundamentaltheologie. Munique: Wewel, 1982. RUSSELL, B. *Por que não sou cristão*. Trad. Ana Ban. Porto Alegre: L&PM, 2011. SAVIAN FILHO, J. A Realidade Primeira a que todos chamam "Deus". In: \_\_\_\_. *Fé e razão*: uma questão atual? São Paulo: Loyola, 2005, p. 39-75. \_\_\_\_. Estrutura, tema ou contexto: em que concentrar o trabalho do historiador da filosofia, especialmente do medievalista? *Trans/Form/Ação*, 42, p. 13-30, 2019. THEOBALD, C. *Le christianisme comme style*. Paris: Cerf, 1984. 2 v. \_\_\_\_. L'épître aux Hebreux dans la théologie de la foi de Saint Thomas au Concile Vatican I. In: VV.AA. *Comme une ancre jetée vers l'avenir*. Paris: Centre Sèvres/Mediasèvres, 1995, p. 19-35 (Col. Atelier de théologie du Centre Sèvres). TORRELL, J.-P. *Iniciação a Santo Tomás de Aquino*: sua pessoa e obra. Trad. Luiz Paulo Rouanet. São Paulo: Loyola, 1999. \_\_\_\_. *Santo Tomás de Aquino, mestre espiritual*. Trad. J. Pereira. São Paulo: Loyola, 2008. TRÉMOLIÈRES, F. Mystique/Mysticisme. In: AZRIA, R.; HERVIEU-LÉGER, D. (coords.). *Dictionnaire des faits religieux*. Paris: PUF, 2010, p. 770-779. VAN GEEST, P. (org.). *Aquinas as Authority*. Lovaina: Peeters, 2002. VASILIU, A. Images de soi dans l'Antiquité Tardive. Paris: Vrin, 2012. \_\_\_\_. *Penser Dieu*: noétique et métaphysique dans l'Antiquité Tardive. Paris: Vrin, 2018.

Juvenal Savian Filho

# DIREITO

**Duas acepções de Direito: o justo e a lei.** Direito (D.), para Tomás de Aquino, tem duas acepções principais: aquilo que é a coisa justa mesma, a *res iusta*, que é o ℗objeto da ℗virtude da ℗justiça (*obiectum iustitiae*), e, por outro lado, a *regra* de ação, que está contida na *lei* ou em algo análogo à lei como o costume ou qualquer tipo de contrato. Para entender essa dupla acepção principal é preciso, antes de qualquer

coisa, distingui-la das duas principais acepções de D. usadas contemporaneamente, a saber, o D. como D. *objetivo* e o D. como D. *subjetivo*. A origem dessa distinção, tal como atualmente usada por filósofos e juristas, é posterior à obra tomasiana, mas, sem o conhecimento dela, seria fácil como que projetá-la anacronicamente, não apenas por uma possível confusão, mas também por não compreender que essa distinção atual, de algum modo, ainda que remotamente, tem algumas de suas primeiras formulações na obra de Tomás. D. objetivo, no uso contemporâneo da expressão, se aproxima da acepção tomasiana de D. como *regra* ou *lei*. Desse modo, um dispositivo legal como "Não matarás" é o D. objetivo, e conhecer o D. quer dizer conhecer algo como uma proposição normativa dada de modo explícito ou implícito em algum tipo de ordenamento, seja um ordenamento humano escrito ou costumeiro, seja um ordenamento racional humano ou divino. Por outro lado, ao D. subjetivo dos contemporâneos, não encontramos nada de exatamente correspondente na obra tomasiana: D. subjetivo é o D. que um ℗sujeito tem – a ℗pessoa é a portadora de uma *faculdade* para fazer algo licitamente; o D., assim entendido, é uma *permissão* ou uma ℗*liberdade* de algum modo exigível perante outros. Assim entendido, podemos dizer que alguém tem D. à ℗vida, D. à saúde, D. à livre manifestação do pensamento etc., que há algo como *Direitos Humanos*; ou seja, um sistema de D. subjetivos é um sistema de liberdades institucionalmente protegidas. Essa acepção atual teve origem numa época posterior em que o conceito de liberdade subjetiva abstrata passou a ser, para a determinação da juridicidade, mais relevante que o conceito de igualdade (aritmética ou proporcional) real de ações pessoais livres. Mas, como já salientamos, essa concepção subjetiva de D., como ficará mais claro a seguir, de algum modo se fundou no D. como aquilo que é justo.

**O Direito como a lei.** Uma das partes mais célebres da *Suma de teologia* é conhecida como o tratado da lei (cf. *Suma de teologia* I[ae]II[ae], q. 90-108). Nesse conjunto de questões, Tomás de Aquino, depois de expor o conceito definicional de lei,

DIREITO

passa a apresentar a divisão desse conceito em seus tipos principais e a tratá-los isoladamente. São quatro as características do conceito universal de lei, isto é, todos os tipos de lei, ainda que de diferentes modos, têm essas características. Em primeiro lugar (cf. *ibidem*, q. 90, a. 1), contrariando qualquer concepção legal voluntarista, a lei é apresentada como sendo algo racional (*aliquid rationis*), ou seja, a lei é precipuamente um conteúdo do ℘intelecto, não da ℘vontade; se há uma participação da vontade, isso se dá posteriormente e dentro dos limites determinados pelo intelecto: podemos chamar essa concepção de intelectualista. Aqui, como em diversos outros assuntos, ao ℘desejo (nesse caso, a vontade, que é o desejo racional) somente pode apetecer aquilo que já foi apresentado por uma faculdade *apreensiva* (nesse caso, o intelecto ou a ℘razão). A segunda característica do conceito de lei (cf. *ibidem*, q. 90, a. 2) é determinante do *conteúdo* apropriado ao tratamento legal, a saber, o bem comum (*bonum commune*). Decerto que esse bem comum varia a depender da esfera de concernidos: pode ser o bem comum de um determinado povo, o bem comum de uma associação ainda mais abrangente ou até mesmo o bem comum de toda a ℘criação divina. Aqui o relevante é que o bem contido numa lei, ainda que um bem privado, só seja devidamente legal se repercutir sobre o bem do todo (sendo esse todo considerado em relação às diversas ordens possíveis). A terceira característica (cf. *ibidem*, q. 90, a. 3) é acerca da *competência* jurídica para legislar: só pode ser verdadeiramente lei aquela que foi posta por ou tem sua origem naquele que tem o ℘poder para governar, seja esse governante um humano ou a própria divindade criadora. A quarta e última característica principal da definição (cf. *ibidem*, q. 90, a. 4) é a *promulgação* da regra. Não basta que haja uma regra racional cujo conteúdo é o bem comum e originada daquele que tem o poder legítimo de gestão, mas é preciso que dessa regra seja dada ciência aos seus destinatários, ou seja: aqueles que estão legitimamente submetidos à lei têm de ter conhecimento prévio da regra aplicável à sua conduta. Essa

promulgação, a depender do tipo de lei, pode ser feita mediante os mais diversos modos: por escrito, pela oralidade, pelo costume, pela representação necessária da razão natural, pela ℘Revelação divina etc. Depois da apresentação do conceito universal de lei, Tomás de Aquino faz a divisão da lei em diversos tipos, a saber: lei eterna, lei natural, lei positiva divina antiga, lei positiva divina nova, lei positiva humana e a chamada lei do ℘pecado (cf. *ibidem*, q. 91, a. 1-6). Passemos por cada uma dessas divisões. A lei eterna (cf. *ibidem*, q. 93, a. 1-6) consiste na unidade ordenadora das noções eternas de todas as coisas (cf. *Suma de teologia* I, q. 15, a. 1-3), uma vez que tais noções existem na mente divina independentemente até do ato de criação do ℘mundo. Cada coisa possível de ser criada, e não somente as efetivamente criadas, tem na mente divina uma noção de sua ℘natureza; é isso que Tomás de Aquino, segundo a recepção agostiniana da doutrina platônica das formas, denomina ℘*ideia*. A lei eterna é um princípio de unidade e harmonização dessas diversas ideias eternas. Depois da lei eterna e, segundo a concepção tomasiana intrinsecamente ligada a ela, vem a lei natural (cf. *Suma de teologia* I<sup>a</sup>II<sup>ae</sup>, q. 94, a. 1-6). As inclinações naturais das coisas criadas procedem de suas respectivas naturezas; essas naturezas das coisas são participações das ideias e da lei eterna, mas há um modo especial de ℘participação da lei eterna exclusivo das criaturas racionais. Essas criaturas não apenas agem e sofrem ação segundo uma regra eterna, mas também são, e isso com fundamento na sua natureza racional, capazes de representar essa regra. Essa representação intelectual da regra contida na inclinação natural é um modo assinalado de participação da lei eterna; daí a lei natural ser definida como *participação da lei eterna na criatura racional*, ainda que todas as criaturas (racionais e irracionais) participem da lei eterna no modo geral. Assim, podemos dizer que toda criatura, por ter uma natureza e inclinações naturais fundadas nessa natureza, tem nela mesma uma participação da lei eterna, mas nem toda criatura tem em si uma lei natural em sentido próprio, pois só as racionais, isto é, as capazes de apreender intelectualmente a regra natural, podem portar uma lei, que é algo da razão. A seguir, Tomás trata da lei positiva humana e divina. A positivação é um ato da inteligência e da vontade do legislador, não algo que emerge na natureza (criadora ou criada) da Ⴔcoisa mesma. Desse modo, a lei positiva divina é a lei posta pela vontade racional livre de ⴔDeus, não algo que lhe seja meramente natural. Tomás de Aquino, seguindo a tradição cristã comum, distingue dois tipos de lei positiva divina: a antiga e a nova. A lei antiga (cf. *ibidem*, q. 98-105) consiste nos preceitos morais, cerimoniais e judiciais do Antigo Testamento. Nessa lei, Deus declara o que está contido na lei natural (os preceitos morais, sobretudo o decálogo) ou institui regras específicas reveladas (os preceitos cerimoniais e os preceitos judiciais) para seu povo escolhido, o povo israelita. A lei nova (cf. *ibidem*, q. 106-108) é a lei evangélica concebida como aperfeiçoamento e plenitude da Revelação divina. Num sentido mais comum, é o conjunto dos novos preceitos contidos no Evangelho; em um sentido mais profundo a lei nova coincide com a moção mesma da Ⴔgraça divina no coração do Ⴔser humano renovado. Ainda na esfera da lei positiva, há a humana (cf. *ibidem*, q. 95-97); essa concepção de lei é a que mais se aproxima da concepção comum atual. É a lei acerca do bem comum de um determinado povo histórico posta por seu governante legítimo ou até mesmo posta livremente pelo todo da multidão mediante seus usos e costumes históricos. Por último, há a chamada lei do Ⴔpecado (cf. *ibidem*, q. 91, a. 6), que consiste num efeito do decreto divino penal condenatório cujo fundamento é a culpa pelo ato do pecado original. A lei do pecado reflete conceitualmente a marca da concepção cristã do pecado original no regime legal desordenado desde a lei natural até as leis positivas.

**O Direito como o justo.** A concepção de D. como aquilo que é o justo (*ius* ou *iustum*) ou como a coisa justa (que é o objeto da justiça) é a mais afastada da concepção contemporânea comum (cf. *Suma de teologia* II$^a$II$^{ae}$, q. 57, a. 1). Pode parecer paradoxal, mas aqui o D. é o *devido*.

O ponto de partida real é uma multiplicidade de *pessoas*, isto é, uma multiplicidade de sujeitos racionais e livres cuja ação é determinada por um princípio da vontade racional. Essa ação, como ação de uma pessoa relativamente a outra, é um elemento mediador; dito de outra maneira, a relação real interpessoal se dá mediante a ação. As ações têm como princípio a vontade racional, mas essa vontade pode ou não operar segundo a Ⴔjustiça. Se a vontade é justa ou pelo menos opera segundo os princípios da justiça, ainda que sem o modo da virtude da justiça, então a ação derivada dessa vontade é justa. Essa ação justa é uma coisa justa, isto é, não apenas algo real no mundo, mas uma obra racional (*opus rationis*), de acordo com um princípio de justiça. Em outras palavras, aquilo que é feito é aquilo que é devido ou aquilo que é reto. Essa ação assim é portadora de uma retidão (*rectitudo*): o D. como o justo é exatamente essa *ação devida*. Se é, é o que deve ser; se não é, também deve ser. Ressalte-se que o D. nessa acepção não é um sistema de regras, mas um sistema de ações efetivas ou possíveis conformes à justiça. Esse sistema de ação pode ser considerado em diversas esferas e daí decorre uma das mais importantes divisões do D. Como esfera mais perfeita, aquela em que se realiza de modo mais bem desenvolvido a igualdade, está a cidade ou a pólis: o tipo de D. que se dá entre os cidadãos da mesma pólis é o D. político (cf. *ibidem*, q. 57, a. 4). Por outro lado, há a esfera doméstica ou econômica (no sentido antigo do termo) em que as relações, ainda que se deem entre Ⴔentes racionais, não são concebidas como relações de igualdade; essas relações desiguais domésticas são de três tipos: a relação de marido e esposa, a relação de pai e filhos e a relação de senhor e escravo. Ainda que haja nesses casos uma certa retidão a ser observada na práxis, não há a possibilidade, segundo a concepção tradicional antiga, de se encontrar uma igualdade perfeita. Outro caso de relação desigual se dá na relação reta do ser humano com a divindade, daí o D. divino (*fas*) não ser nem doméstico nem político, mas, quanto à desigualdade, mais próximo do primeiro tipo (cf. *ibidem*, q. 57, a. 1, ad 3m).

Entretanto, a mais célebre divisão do D. é aquela entre D. natural e D. positivo (cf. *ibidem*, q. 57, a. 2). Como se trata aqui da retidão mesma das ações, um D. é chamado *natural* se a fonte da retidão é a natureza mesma das coisas, e um D. é chamado *positivo* se a fonte de sua retidão é um ato da vontade racional resultante de um processo de deliberação e decisão; daí um D. positivo ser um D. posto pela vontade de alguém. Seguindo uma distinção já apresentada no D. romano clássico (cf. *Comentário à Ética nicomaqueia de Aristóteles* V, 12), Tomás de Aquino não apenas faz a distinção entre D. natural e D. positivo, mas introduz um terceiro tipo, o D. das gentes (cf. *Suma de teologia* II$^a$II$^{ae}$, q. 57, a. 3). Posteriormente, esse D. das gentes será considerado como um D. positivo entre as nações, algo próximo do atual D. internacional, mas, na obra tomasiana, trata-se de um tipo de D. natural (em sua concepção mais ampla). Se, por um lado, o D. natural é aquele que o ser humano tem em comum com todos os animais, o D. das gentes é aquele D. natural que emerge exclusivamente da natureza das coisas racionais; daí ser comum a todos os povos exatamente por emanar da razão natural mesma. Desse modo, podemos distinguir com clareza as concepções tomasianas do D. como o justo e do D. como regra ou lei. Como dissemos anteriormente, ainda que não haja uma concepção tomasiana de D. subjetivo, essa elaboração posterior encontra fundamentos no D. como ação justa. Ainda que, na concepção moderna, não se trate principalmente de um sistema de ações, mas de um sistema de liberdades ou um sistema de permissões para agir, essa última concepção se enraíza numa visão do D. para além da mera regra, isto é, como algo emergente da natureza mesma das coisas, tal como conceberam os jusnaturalistas acerca dos chamados D. *naturais* modernos.

**Bibliografia:** AGOSTINHO. *A Cidade de Deus*. Trad. J. Dias Pereira. Lisboa: Calouste Gulbenkian, 2016. 3 v. _____. *O livre-arbítrio*. Trad. Nair de Assis Oliveira. São Paulo: Paulus, 1995. ARISTÓTELES. *Política*. Trad. Mário da Gama Kury. Brasília: Editora da Universidade de Brasília, 1989. _____. *Ética a Nicômacos*. Trad. Mário da Gama Kury. Brasília: Editora da Universidade de Brasília, 1985. BOBBIO, N. *A era dos direitos*. Rio de Janeiro: Elsevier, 2004. BRAGUE, R. *A lei de Deus*: história filosófica de uma aliança. São Paulo: Loyola, 2009. CÍCERO. *Dos deveres*. Lisboa: Edições 70, 2017. _____. *On The Republic. On the Laws*. Trad. C. W. Keyes. Cambridge: Harvard University, 1928. COMISSÃO TEOLÓGICA INTERNACIONAL. *Em busca de uma ética universal*: novo olhar sobre a lei natural. Porto: Paulinas, 2009. FINNIS, J. *Aquinas*: Moral, Political and Legal Theory. Nova Iorque: Oxford University Press, 1998. _____. *Natural Law and Natural Rights*. Nova Iorque: Oxford University Press, 1980. GILSON, E. *Le thomisme*: introduction à la philosophie de Saint Thomas d'Aquin. Paris: Vrin, 2010 (ed. bras.: *O tomismo*: introdução à filosofia de Santo Tomás de Aquino. Trad. Juvenal Savian Filho. São Paulo: WMF Martins Fontes, 2024). GRISEZ, G. O primeiro princípio da razão prática (1965). *Direito GV*, 3 (2), p. 179-218, 2007. HOOKER, R. *Of the Laws of Ecclesiastical Polity*. Oxford: Oxford University Press, 2013. ISIDORO DE SEVILHA. *Etimologías*. Madri: Biblioteca de Autores Cristianos, 1982. 2 v. LOTTIN, O. *Principes de morale*. Lovaina: Mont César, 1946. 2 v. MARITAIN, J. *O homem e o Estado*. Rio de Janeiro: Agir, 1947. PLATÃO. *A República*. Trad. Anna Lia Amaral de Almeida Prado. São Paulo: Martins Fontes, 2014. _____. *Górgias*. Trad. Manuel de Oliveira Pulquério. Lisboa: Edições 70, 2011. RHONHEIMER, M. *Natural Law and Practical Reason*: a Thomist View of Moral Autonomy. Trad. Gerald Malsbary. Nova Iorque: Fordham University, 2000. SOTO, D. *De la justicia y del Derecho en diez libros*. Trad. Marcelino González Ordóñez. Madri: Fundación Ignacio Larramendi, 2012. SUÁREZ, F. *Tratado de las leyes y de Dios legislador*. Madri: Instituto de Estudios Políticos, 1967-1968. 6 v. VILLEY, M. *Questões de Tomás de Aquino sobre Direito e política*. São Paulo: Martins Fontes, 2014. VITÓRIA, F. *Os índios e o Direito da guerra*. Trad. Ciro Mioranza. Ijuí: Unijuí, 2006.

PEDRO MONTICELLI

# E

**EDUCAÇÃO → *Ver* Bíblia; Casamento; Liturgia; Magistério; Religião**

## ENCARNAÇÃO

**O Filho de Deus fez-se carne.** O vocábulo *encarnação* (E.) foi formado bastante cedo pelos cristãos, sobre a base de vários textos bíblicos, principalmente Jo 1,14 ("E o Verbo *tornou-se carne*"), mas também, por exemplo, 1Tm 3,16 ("Cristo Jesus *manifestou-se* na *carne*") e 1Jo 4,2 ("ℒJesus Cristo *vindo na carne*"). Nesse contexto, o termo *carne* significa a ℒnatureza humana completa (um ℒcorpo animado por uma ℒalma racional) que o Filho de Deus assumiu na unidade de sua própria ℒpessoa divina. Em si, o termo E. significa a *ação* pela qual a ℒTrindade uniu uma natureza humana à pessoa do Filho; por extensão, ele designa o estado estável de união da natureza divina e da natureza humana no Filho encarnado. A E. é um mistério de ℒfé em sentido estrito. A epistemologia e o método teológico adequados para abordar a E. são muito parecidos, senão os mesmos, com aqueles que se aplicam à Trindade, porém com esta especificidade: dado que a E. não é ℒeterna, mas cumpriu-se no ℒtempo, ela pertence ao que Tomás de Aquino chama de *dispensação* (*dispensatio*), quer dizer, as disposições que ℒDeus designou, em sua sabedoria e ℒamor, para a ℒsalvação dos humanos. A E. é onipresente na obra teológica de Tomás de Aquino. As principais ocorrências se encontram em: *Comentário aos Livros das Sentenças de Pedro Lombardo* III, distinções 1-22; *Suma contra os gentios* IV, 27-55; *Compêndio de teologia* I, caps. 199-245; *Suma de teologia* III, q. 1-26 (ou, mais amplamente, q. 1-59); *Questão disputada sobre a união do Verbo encarnado*; *Comentário ao Evangelho de João*; *Comentários às Epístolas de Paulo*. Para esclarecer a E., Tomás de Aquino explora, além da ℒBíblia, outras numerosas fontes: o *Símbolo dos apóstolos*, a ℒliturgia, vários ℒPadres da Igreja (latinos e gregos, especialmente Agostinho e Leão Magno, mas também Cirilo de Alexandria e João Damasceno), os textos dos concílios, bem como muitos escritos cristológicos latinos dos séculos XI, XII e XIII. O papel determinante da Bíblia e dos Padres da Igreja é bastante visível na *Suma contra os gentios*. Como mostrou Morard (2005), um lugar central é dado aos concílios e às atas dos concílios das quais Tomás de Aquino tinha um conhecimento direto e de primeira mão (conhecimento, aliás, bem melhor que o de seus contemporâneos latinos), em particular os concílios de Éfeso (431), Calcedônia (451), Constantinopla II (553) e Constantinopla III (680-681). No tocante à humanidade do Filho encarnado (a alma, o corpo e a união deles), a ℒteologia tomasiana caracteriza-se igualmente pela influência da antropologia de Aristóteles. Como mostrou Wawrykow (2005), a cada vez que Tomás de Aquino expôs o mistério da E., deu à sua exposição uma estrutura um pouco diferente. As explicações que vêm a seguir baseiam-se principalmente na *Suma de teologia*.

**Conveniência e motivo da encarnação.** A E. pela qual o Filho de Deus tornou-se homem tomando uma natureza humana é obra divina absolutamente livre e gratuita, proveniente da pura bondade de Deus (cf. *Suma de teologia* III, q. 1, a. 1). A E. não se impunha a Deus: ela não era necessária, a menos que tomemos o termo *necessária* no sentido de "o melhor meio" ou "mais adequado meio", concebido livremente e escolhido por Deus para operar a salvação do gênero humano (cf. *ibidem*, q. 1, a. 2). Para Tomás de Aquino (que, nesse ponto, distingue-se tanto de Alberto Magno como de Duns Scotus), o motivo da E. foi trazer o remédio para o ℒpecado (o ℒpecado original principalmente, e, por conseguinte, os pecados atuais): seguindo o testemunho bíblico, *é mais conveniente* afirmar

ENCARNAÇÃO

que, se o →ser humano não tivesse pecado, o Filho de Deus não teria encarnado (cf. *ibidem*, q. 1, a. 3-4). Dito positivamente, isso significa que o motivo da E. não é a perfeição do →universo, nem o acabamento da →criação; o motivo é soteriológico (→Salvação; →Escatologia): nossa salvação. Ainda, não foi o →Pai que se encarnou, nem o →Espírito Santo, mas somente a pessoa do Filho: Tomás de Aquino vê a conveniência disso na propriedade pessoal do Filho significada pelo nome *Verbo*. Afinal, o →Verbo possui uma afinidade (conveniência) com o →mundo criado: o ser humano é, assim, restaurado pelo mesmo Verbo pelo qual foi inicialmente criado; e o Verbo possui uma afinidade especial com o ser humano, na medida em que a perfeição da natureza humana consiste na sabedoria (→Conhecimento; →Teologia), que é uma →participação no Verbo (cf. *ibidem*, q. 3, a. 8). Nesse sentido, o Verbo encarnado realiza a *redenção* e *salvação* dos humanos e os conduz ao conhecimento do Pai.

**A união hipostática.** Na linha de Cirilo de Alexandria e do Concílio de Éfeso, Tomás de Aquino expõe a E. em termos de *união hipostática* ou de *união segundo a hipóstase* (nesse contexto, *hipostático* e *pessoal* são equivalentes, bem como *hipóstase* e *pessoa*). Tomás de Aquino fala igualmente de união *na pessoa* ou união *segundo o supósito* – o termo *supósito* designa a substância individual e equivale aqui a *pessoa* ou *hipóstase* (cf. *Suma de teologia* I, q. 29, a. 2). No prolongamento dessas fontes patrísticas e conciliares, Tomás de Aquino dedica-se a mostrar que a E. não é uma adoção, pois Cristo Jesus é o Filho de Deus *por natureza*. Tomás de Aquino exclui também o monofisismo, explicando que a união de Deus e do humano em Cristo fez-se sem modificar a natureza divina imutável, e que ela se fez preservando a plena integridade da natureza humana. A E. não se fez na natureza, mas *na pessoa*. Na maioria de suas obras, é ao nestorianismo (corrente cristã que identifica duas hipóstases ou dois supósitos unidos acidentalmente em Cristo) que Tomás de Aquino opõe-se de maneira mais demorada: a E. não é a união de uma

pessoa divina e uma pessoa humana. Em vez disso, encarnando-se, a pessoa divina do Filho assumiu a natureza humana na unidade de sua pessoa divina, de tal modo que Cristo é uma única pessoa, uma única hipóstase ou um só supósito. Os escritos de Tomás de Aquino mostram que sua posição fortaleceu-se mais e mais no seguinte ponto: afirmar duas hipóstases em Cristo ou afirmar uma união acidental da humanidade (alma e corpo) com o Verbo não são simples opiniões, mas →heresias; e afirmar que a humanidade foi assumida de tal modo que essa humanidade subsiste na única pessoa do Filho também não é uma opinião, mas a doutrina da fé católica (cf. *Suma de teologia* III, q. 2, a. 6). Encarnando-se, o Filho não assumiu uma pessoa humana, mas uma *natureza humana*. É no Filho e pelo Filho que, desde o primeiro instante de sua concepção, a natureza humana recebe o →ser, ser como a humanidade de uma pessoa. Essa humanidade é personalizada na e pela pessoa divina do Filho (cf. *ibidem*, q. 2, a. 2, ad 2m e ad 3m; q. 2, a. 5, ad 1m, q. 4, a. 2, ad 2m). No mesmo sentido, seguindo um vocabulário originado no pensamento de Santo Agostinho, Tomás de Aquino designa também a união hipostática pela expressão *graça de união* (*gratia unionis*): o ser pessoal (*esse personale*) do Filho de Deus foi dado gratuitamente à natureza humana na pessoa encarnada do Filho, que é o termo da E. (cf. *ibidem*, q. 6, a. 6; *Comentário ao Evangelho de João,* cap. 3, lição 6). Ao ser eterno (*esse aeternum*) da *pessoa* do Filho subordinou-se o →ser da natureza humana (*esse hominis*, cf. *ibidem*, q. 17, q. 2, a. 2, ad 2m). Dado que a humanidade de Cristo, composta de uma alma intelectiva e de um corpo animado por essa alma, foi assumida pelo Filho de Deus desde o primeiro instante de sua concepção, então a E. de Cristo é a sua concepção no seio da Virgem →Maria (cf. *ibidem*, q. 2, a. 6; q. 33-35; *Compêndio de teologia* I, cap. 246). A ação de assumir a natureza humana foi operada pela força de toda a Trindade (a Trindade é o princípio da ação), mas a pessoa do Filho é o termo (*terminus*) dessa assunção (cf. *Suma de teologia*

III, q. 3, a. 1): "As três pessoas fizeram que a natureza humana se unisse à única pessoa do Filho" (*Tres enim personae fecerunt ut humana natura uniretur uni personae Filii, ibidem*, q. 3, a. 4). O sentido especialmente forte da *unidade* da pessoa de Cristo permite a Tomás de Aquino oferecer uma explicação aprofundada da *comunicação dos idiomas* ou *comunicação das propriedades* (cf. *ibidem*, q. 16; cf. q. 3, a. 6, ad 3m), por exemplo: dado que este homem é Deus, Deus sofreu e morreu (cf. *Suma contra os gentios* IV, 34). Em resumo, Cristo tem uma única existência pessoal (*esse personale*), que é o ℗ser ou subsistência (*subsistentia*) de sua pessoa divina (cf. *Suma de teologia* III, q. 17, a. 2). Assim também, Cristo tem uma única filiação, a filiação natural divina (cf. *ibidem*, q. 23, a. 4). Ontologicamente, a união hipostática consiste em uma ℗relação real, na natureza humana, com a natureza divina (cf. *ibidem*, q. 2, a. 7).

**A humanidade de Cristo.** Como mostrou Gondreau (2005), Tomás de Aquino acentua fortemente a plena integridade ontológica e histórica da humanidade de Cristo. Tomás exclui todas as formas de heresias que negam o verdadeiro corpo de Cristo (docetismo, gnosticismo) ou que negam a realidade de sua alma intelectiva humana (arianismo, apolinarismo). De um lado, o Filho de Deus assumiu as fraquezas do corpo e da alma (cf. *ibidem*, q. 14-15), exceto o pecado e tudo o que conduz ao pecado, pois Cristo era absolutamente sem pecado. Assim, ele *voluntariamente* tomou um corpo submisso à passibilidade, ao sofrimento e à morte. Assim também, ele tomou uma alma submissa às paixões inocentes (℗tristeza, cólera etc.) e ao sofrimento. Por outro lado, em razão da união hipostática, a alma de Cristo foi repleta da ℗graça e do *conhecimento* desde o primeiro instante de sua concepção: encarnando-se, o Filho enviou à sua humanidade a plenitude do Espírito Santo (cf. *ibidem*, q. 7, a. 13). A humanidade de Cristo possui a graça, os ℗carismas, as ℗virtudes e os dons do Espírito Santo com uma total perfeição intensiva e extensiva (cf. *ibidem*, q. 7-8). A graça de que

Cristo foi repleto para si mesmo (graça pessoal) é essencialmente idêntica à graça da qual ele foi repleto como Cabeça da ℗Igreja (graça capital): Cristo recebeu a graça para si mesmo a fim de que essa graça jorrasse sobre os membros de seu corpo que é a Igreja (cf. *ibidem*, q. 8, a. 5; cf. q. 48, a. 1). De maneira semelhante, em razão da união hipostática e do dom do Espírito Santo, a humanidade de Cristo recebeu a plenitude do conhecimento (cf. *ibidem*, q. 9-11): a visão beatífica (à qual Cristo tinha a missão de conduzir os outros seres humanos) e a ciência infusa (conhecimento dado diretamente por Deus). Na *Suma de teologia*, diferentemente de suas obras anteriores e de um modo inovador na história da teologia, Tomás reconhece também que a alma de Cristo possuiu uma *ciência adquirida por experiência*, de acordo com a qual Cristo progrediu (cf. *ibidem*, q. 9, a. 4; q. 12). A natureza humana de Cristo pode ser, assim, considerada sob dois aspectos: (a) segundo sua especificidade, ela é idêntica em Cristo e em nós; (b) segundo o que ela possui em virtude da união hipostática, a natureza humana está em Cristo de maneira mais elevada do que em nós (cf. *ibidem*, q. 15, a. 3, ad 1m). É segundo sua humanidade *santa* e *passível* que Cristo é mediador entre Deus e os humanos (cf. *ibidem*, q. 26).

**O agir humano de Cristo.** Assim como Cristo tem um conhecimento humano, ele também tem uma vontade humana, pois a ℗vontade é uma propriedade da natureza humana. Na linha do ensinamento do Concílio de Constantinopla III, Tomás de Aquino afirma em Cristo *duas vontades naturais* (divina e humana) e *duas operações naturais* (divina e humana) (cf. *ibidem*, q. 18-19). Seguindo Santo Atanásio e São Cirilo de Alexandria, cujo ensinamento foi transmitido por São João Damasceno, Tomás de Aquino ensina que, em virtude da união hipostática, a humanidade de Cristo é o instrumento (*organon, instrumentum*) de sua divindade (cf. *ibidem*, q. 7, a. 1, ad 3m; q. 8, a. 1, ad 1m; q. 18, a. 1, ad 2m; q. 19, a. 1; q. 48, a. 6), de tal maneira que a operação da natureza humana

## ESCATOLOGIA (NOVÍSSIMOS)

de Cristo, *como instrumento da divindade*, não é outra coisa senão a operação de sua natureza divina (cf. *ibidem*, q. 19, a. 1, ad 2m). O agir humano de Cristo é ℘causa eficiente instrumental da salvação (*causa eficiente instrumental do dom do Espírito Santo*). Tal ensinamento atribui grande valor (*eficiência*) ao agir humano de Cristo. Tudo o que Cristo recebeu, tudo o que sofreu e tudo o que fez exerce uma eficiência instrumental para a salvação (cf. *ibidem*, q. 48, a. 6). Na *Suma de teologia*, depois de ter estudado o *mistério da E.* propriamente dito (cf. *ibidem*, q. 1-26), Tomás faz ainda outra inovação ao desenvolver um longo conjunto de questões sobre tudo o que Cristo fez e sofreu em sua natureza humana (cf. *ibidem*, q. 27-59).

**Bibliografia:** CATÃO, F. *Salut et rédemption chez Thomas d'Aquin*. Paris: Aubier, 1965. (Col. "Théologie" 62). DURAND, E. *L'offre universelle du salut en Christ*. Paris: Cerf, 2012. EMERY, G. En Lui habite toute la plénitude de la divinité corporellement (Col 2,9). *Nova et Vetera*, 91, p. 357-391, 2016. _____. Kenosis, Christ, and the Trinity in Thomas Aquinas. *Nova et Vetera* (English Edition), 17, p. 839-869, 2019. GONDREAU, P. The Humanity of Christ, the Incarnate Word. In: VAN NIEUWENHOVE, R.; WAWRYKOW, J. (eds.). *The Theology of Thomas Aquinas*. Notre Dame: Notre Dame University Press, 2005, p. 252-276. LEGGE, D. *The Trinitarian Christology of St Thomas Aquinas*. Oxford: Oxford University Press, 2017. LEROY, M.-V. L'union selon l'hypostase d'après S. Thomas d'Aquin. *Revue Thomiste*, 74, p. 205-243, 1974. MARGELIDON, P.-M. *Jésus Sauveur, Christologie*. Paris: Parole et Silence, 2014. MORARD, M. Thomas d'Aquin lecteur des conciles. *Archivum Franciscanum Historicum*, 98, p. 211-365, 2005. TORRELL, J.-P. *Encyclopédie Jésus le Christ chez saint Thomas d'Aquin*. Paris: Cerf, 2008. WAWRYKOW, J. Hypostatic Union. In: VAN NIEUWENHOVE, R.; WAWRYKOW, J. (eds.). *The Theology of Thomas Aquinas*. Notre Dame: Notre Dame University Press, 2005, p. 222-251. WHITE, T. J. *The Incarnate Lord*: a Thomistic Study in Christology. Washington: The Catholic University of America Press, 2015.

GILLES EMERY, OP
TRADUÇÃO DE JUVENAL SAVIAN FILHO

**ENSINO** → *Ver* Bíblia; Liturgia; Magistério

**ENTE** → *Ver* Ser e Ente

## ESCATOLOGIA (NOVÍSSIMOS)

**Etimologia e termos conexos.** O termo grego *éschatos*, que é a raiz etimológica do vocábulo *escatologia* (E.), significa literalmente algo fronteiriço, extremo, e, por isso mesmo, em uso cristão, a doutrina sobre as últimas coisas (a morte, o fim dos tempos, o Juízo). Tomás de Aquino não emprega o termo E., cujo uso em teologia tem uma origem controversa: embora pareça ter sido cunhado apenas no século XIX, por Karl Gottlieb Brestchneider (cf. CARMIGNAC, 1979), há quem o identifique já no século XVII, quando teria sido divulgado por Friedrich Schleiermacher (cf. GRESHAKE, 2004) ou ainda por Abraham Calov (cf. LEUBA, 1994). Quanto a Santo Tomás, que falava dos *novíssimos* ou das coisas mais novas na ordem do tempo (*res novissimae*), os temas escatológicos por ele estudados referem-se ao juízo (*judicium*) depois da morte, às sentenças, isto é, o paraíso (*paradisus*), o purgatório (*purgatorium*) e o inferno (*infernum*), às penas (*poenae*) conexas a esses estados e à ressurreição dos ℘corpos (*resurrectio corporum*).

**Morte e juízo.** A vida humana depois da morte é marcada imediatamente por um julgamento definitivo. Pode-se distinguir aqui um juízo particular e um universal ou coletivo: "como todo ser humano é ℘pessoa singular e, ao mesmo tempo, é parte de todo o gênero humano, segue-se um duplo juízo: um particular, que se faz após a morte [...]; outro juízo diz respeito ao que pertence à pessoa como parte de todo o gênero humano [...], donde um juízo universal de todo o gênero humano, por meio da separação universal entre os bons e os maus" (*Comentário aos Livros das Sentenças de Pedro Lombardo* IV, dist. 47, q. 1, a. 1, qc. 1, ad 1m). Desse modo, o juízo termina com uma sentença, que pode ser ou a visão beatífica ou a purgação dos ℘pecados, necessária à visão de ℘Deus, ou a condenação eterna. Embora permeadas de elementos típicos do imaginário medieval, do qual Dante é a melhor ilustração, as fontes bíblicas e patrísticas da E. desenvolvida por Tomás estão presentes nas passagens das mais variadas obras em que ele trata do assunto; e é a essas fontes que se deve recorrer para alcançar a serenidade especulativa que a E. cristã exige. O maior recurso que se tem nessa direção é a *Corrente de Ouro*. Observe-se, por exemplo, a seleção patrística relativa ao chamado *discurso escatológico* de Mt 24–25. Além do próprio discurso evangélico escatológico, as passagens patrísticas selecionadas vão de Orígenes a Rábano Mauro. Orígenes enfatiza um aspecto fundamental da doutrina escatológica: ela não consiste somente na verdade suficiente para a ℘salvação do ℘ser humano, mas exerce também função pedagógica ou moral. Segundo Tomás, Orígenes mostra que, anteriormente ao desfecho do discurso escatológico de Mt 25,46, o Senhor, em primeiro lugar, adverte, dizendo "vinde benditos" (Mt 25,34), para depois afirmar "apartai-vos, malditos" (Mt 25,41); afinal, é próprio do bom Deus recordar as ações boas dos bons antes das más ações dos maus. Nessa passagem, nomeia-se primeiro a pena dos maus, e, na sequência, a vida dos justos, para que evitemos primeiro os ℘males (que são causa de temor) e, depois, ambicionemos os bens (que são causa da honra) (cf. *Corrente de Ouro, Evangelho de Mateus*, lição 4, 5, 46).

**Infernos.** O termo *inferno*, em sentido amplo, deriva de *inferus* (profundeza) e significa o que está abaixo do Paraíso. Na E. contemporânea, de acordo com a ℘fé da ℘Igreja, abaixo do Paraíso estão o Purgatório e o Inferno em sentido estrito. Os textos herdados por Santo Tomás tratavam também da morada dos santos patriarcas do Antigo Testamento, assim como das crianças que morriam sem o batismo. Surge daí a doutrina dos *quatro infernos*: o inferno dos patriarcas, o Purgatório, o Limbo e o Inferno propriamente dito. Essas *moradas*, como se vê, não indicavam condenação eterna, a não ser no último caso. É assim que Santo Tomás se refere ao tema na *Suma de teologia*, sobretudo quando trata da descida de Cristo aos infernos (cf. especialmente III, q. 52, mas também q. 49, a. 2 e 6).

**Paraíso.** O termo *paradisus* provém do grego *parádeisos*, cujo significado literal é jardim. A tradição bíblica refere-se a paraíso terrestre e a paraíso celeste. Essa imagem de jardim está associada à ideia de serenidade. Nesse sentido, o paraíso terrestre é prefiguração do paraíso celeste. "De acordo com isso, não é apropriado atribuir termos diferentes às palavras *céu* e *paraíso*, mas acreditar que eles designam uma e a mesma coisa, a saber, a glória dos santos, embora numa relação diferente. O céu encerra a ideia de elevação luminosa; o paraíso, de doçura deliciosa. Os dois estão unidos nos santos e nos ℘anjos que veem Deus, porque há neles uma clareza superior na qual veem Deus e uma doçura extrema na qual desfrutam de Deus" (*Comentário à Segunda Carta de Paulo aos Coríntios* 12,2). A visão beatífica é, pois, o ℘fim da ℘esperança cristã. Enquanto ℘virtude teologal, isto é, dom de Deus, a esperança tem como objeto próprio e principal a ℘beatitude eterna. Paulo afirma em Rm 8,24-25 que é "na esperança que fomos salvos. Ora, aquilo que se tem diante dos olhos não é objeto de esperança: como pode alguém esperar o que está vendo? Mas, se esperamos o que não vemos, é porque o aguardamos com perseverança". A vida depois da morte para os que se salvam é, pois, a vida feliz eterna, a qual consiste na visão de Deus. A *visio Dei* (visão de Deus) ou *visio beata* (visão beatífica) é operação de perfeição máxima (*perfectissima operatio*), conforme o *Comentário aos Livros das Sentenças de Pedro Lombardo* II, dist. 4, q. 1, a. 1) para os entes dotados de inteligência.

**Purgatório.** O purgatório é um estado provisório daqueles que, em razão de suas faltas, não podem entrar na visão beatífica já no momento da morte: "nele há trevas como deficiência na visão de Deus, mas não como deficiência da ℘graça, embora haja pena dos sentidos aí; a isso se chama purgatório" (*Comentário aos Livros das Sentenças de Pedro Lombardo* III, dist. 22, q. 2, a. 1, qc. 2c). Com base bíblica explicitada mais recentemente e reelaborações teológicas

# ESCATOLOGIA (NOVÍSSIMOS)

de diversos tipos (cf. BOURGEOIS, 2004), a doutrina do purgatório tem história polêmica. Tomás sustenta essa doutrina, sem, porém, desconhecer a polêmica, relativa precisamente, no seu caso, à Igreja do Oriente: ao referir-se à concepção da →Eucaristia, Tomás afirma que os orientais enfraquecem "o poder desse →sacramento, que normalmente é oferecido na Igreja para os vivos e para os mortos, ao sustentar que não há purgatório; pois, se assim fosse, esse sacramento seria inútil para o falecido. Afinal, é inútil para os que estão no inferno, onde não há redenção, nem para os que estão na glória e não precisam de nossos votos" (*Contra os erros dos gregos* II, Prólogo; cf. *As razões da fé*). Não obstante o tom apologético desse opúsculo, Tomás segue a argumentação a favor do purgatório com base nas →autoridades cristãs, na →Sagrada Escritura e nos Padres, atitude fundamental para a superação dos equívocos, dado que essas autoridades são comuns aos cristãos do Ocidente e do Oriente.

**Predestinação.** Tema polêmico da doutrina cristã, a predestinação (*praedestinatio*) é tratada por Tomás especialmente na *Suma de teologia* I, q. 23. Os seres humanos são predestinados por Deus, porque se ordenam ao fim natural e ao fim sobrenatural. No primeiro caso, a finalidade é alcançada pela própria natureza; o fim sobrenatural, no entanto, há de ser atingido sob a ação de Deus. Ora, o conhecimento dessa ação divina "preexiste" em Deus, consistindo em sua →Providência e em sua →eternidade, donde a razão de denominar-se predestinação. A predestinação é, pois, "certo porquê que existe na mente divina e ordena alguns à salvação eterna" (*quaedam ratio ordinis aliquorum in salutem aeternam, in mente divina existens, ibidem,* a. 2). Contudo, os predestinados são eleitos por Deus não em virtude de seus méritos, pois a presciência dos méritos não é →causa da predestinação, uma vez que nada pode determinar algum efeito na →vontade divina (cf. *ibidem,* a. 5); e não somente a predestinação é certa, mas também o número dos predestinados, porque esse conhecimento não pode escapar à ciência divina. É importante notar, entretanto, que a predestinação, segundo Tomás, não se refere à condenação eterna: ela é somente positiva, ou seja, é predestinação para a →felicidade ou beatitude. Esse é um elemento original da E. tomasiana. De todo modo, a base doutrinal da predestinação é o próprio Evangelho. A parábola do trabalhador que recebe seu pagamento integral no final de seu dia, ainda que tenha começado a trabalhar nas últimas horas, indica que Deus quer a salvação de todos, e a todos a oferece; todavia, seus meios de salvar são múltiplos, e nada pode determinar o modo como ele salva as criaturas.

**Ressurreição.** A vida de Cristo não somente é modelo da vida cristã, mas também itinerário que culmina na ressurreição; por isso mesmo, Cristo é a causa da nossa ressurreição. Por outro lado, a →alma humana imortal (→Imortalidade) é substância incompleta quando não unida ao corpo. Essa é a base antropológica da ressurreição humana que se plenifica na teologia da ressurreição dos corpos. Cada alma humana retomará a quantidade de →matéria necessária para tornar-se novamente a substância humana completa. Trata-se, pois, de uma ressurreição para uma vida incorruptível, uma vez que, nessa situação, a matéria não tem mais as propriedades que lhe são inerentes em sua situação natural, isto é, corruptibilidade, espacialidade e impenetrabilidade (cf., por exemplo, *Suma de teologia* III, q. 53-56; *Compêndio de teologia* III, capítulos 95-110).

**Bibliografia:** BRETSCHNEIDER, K. G. *Systematische Entwicklung aller in der Dogmatik vorkommenden Begriffe.* Leipzig: Johan Ambrosius Barth, 1825. CARMIGNAC, J. *Le mirage de l'Eschatologie. Royauté, Regne de Dieu… sans Eschatologie.* Paris: Letouzey et Ané, 1979. DEFERRARI, R. J. *A Lexicon of Saint Thomas.* Fitzwilliam: Loreto Publications, 2004. GRESHAKE, G. Escatologia. In: LACOSTE, J.-Y. et all. *Dicionário Crítico de Teologia.* São Paulo: Loyola, 2004. LE GOFF, J. *A bolsa e a vida.* São Paulo: Brasiliense, 1998. _____. *La naissance du purgatoire.* Paris: Gallimard, 1981. LEUBA, J.-L. *Temps et Eschatologie.* Paris: Cerf, 1994. MARGELIDON, Ph.-M.;

FLOUCAT, Y. *Dictionnaire de philosophie et de théologie thomistes.* Paris: Parole et Silence, 2011. MONDIN, B. *Dizionario enciclopedico del pensiero di San Tommaso d'Aquino.* Bolonha: Edizioni Studio Domenicano, 1991.

CARLOS FREDERICO CALVET DA SILVEIRA

## ESCOLÁSTICA COLONIAL

**Nomenclatura.** Tomada em si, a expressão *Escolástica colonial* ou *Scholastica Colonialis* (Ec.) se refere a um projeto de investigação da história da filosofia que tem como campo de interesse a recepção e o desenvolvimento da escolástica barroca na América Latina, do século XVI ao início do século XIX, tendo como limite aproximado os processos de independência na América Espanhola e na América Portuguesa a partir de 1809-1810. O projeto, mais simplesmente, cobre o período colonial e vice-reinal da história da América Latina e busca descrever, bem como interpretar a filosofia escolástica que o envolve, com especial enfoque na sua adoção em instituições de formação superior (conventos, seminários, universidades etc.), na perspectiva do ensino e da formulação escrita e documentada de ideias filosóficas, teológicas e jurídicas. O uso do adjetivo *colonialis* constituiu um neologismo em latim, em opção consciente para destacar um significado (ao menos em parte) diferente do adjetivo *colonicus, a, um*, que poderia levar a expressão composta a entendimentos equivocados – a saber, associações tanto com o centro urbano antigo e medieval, que foi a cidade de Colônia (Alemanha), como com a mera figura do colono ligado à terra ou do colonizador de uma terra ou de um território. Ec. deveria designar, pois, um longo período de recepção, reconfiguração e desdobramento de ideias da escolástica medieval na escolástica pré-moderna (pensamento escolástico mais puro) e na escolástica moderna (pensamento escolástico eclético e comparado com ou mesmo vinculado à filosofia moderna), na perspectiva de seu translado para regiões das Américas dominadas politicamente pela Espanha e por Portugal e de sua adoção e seu ensino, aí, em instituições católicas, desde a expansão marítima e dos "descobrimentos" pelos dois países até o limite cronológico anteriormente mencionado. Nesses séculos, tendo passado por processos de domínio e colonização, as terras conquistadas pelas duas potências ibéricas permaneceram de modos distintos, em sentido macropolítico, explicitamente dependentes de e controladas por um poder central europeu, geralmente monárquico ou imperial, ou seja, pelo país que conquistou territórios e nações americanas, influenciando, então, culturalmente os seus diversificados povos. Partindo da descrição de projetos anteriores – de Walter Redmond, Mauricio Beuchot, Celina Ana Lértora Mendoza, José Carlos Ballón Vargas [et al.] –, a Ec. tem por objetivo, a longo prazo e de forma exaustiva, completar e mesmo reescrever inventários e catálogos de manuscritos e obras impressas, sobretudo dos materiais produzidos e conservados nas instituições coloniais latino-americanas, que são o registro do pensamento escolástico colonial. Ademais, o projeto tem em vista a edição, ou ao menos a disponibilização digital, de textos escolásticos coloniais e a análise conceitual de seus principais campos, problemas e conteúdos – seja no tocante a assuntos globais e especulativos, seja no que diz respeito a questões próprias e locais do "Novo Mundo". Desde o começo, a Ec. foi entendida como um projeto integrado de investigação, contando com grupos de pesquisadores na América Latina (sobretudo no Brasil, onde o projeto surgiu, no Peru e no Chile) e na Europa (sobretudo em Portugal e na Espanha). A esfera conceitual do projeto é a de especialistas em história da filosofia medieval e história da escolástica pré-moderna. Desde 2010, o projeto recebe respaldo científico da Société Internationale pour l'Étude de la Philosophie Médiévale (SIEPM). Se o tomismo é uma linha central do pensamento teológico e filosófico da EC até aqui caracterizada, isso se deve em grande medida ao fato de que a escolástica "segunda" e reconfigurada a partir do século

XVI, em especial desde os centros universitários ibéricos, é ela mesma profundamente marcada pela recepção e pelo estudo da obra de Tomás de Aquino e, no mesmo passo, pelo esforço coletivo de intelectuais católicos em cunhar uma teologia e uma filosofia "tomista" ou da "escola tomista" – analogamente, o restabelecimento criativo das tradições antigas e medievais levou os intelectuais franciscanos a cunharem uma teologia e uma filosofia "scotista" ou da "escola scotista". De fato, no Velho Mundo, a partir do século XVI, consolidou-se a percepção de que a síntese teológica produzida por Tomás de Aquino, erguida sobre base filosófica sólida e predominantemente aristotélica, tinha o poder de ser apresentada como doutrina suficientemente comum para o ensino da fé católica – em 1567, ademais, Pio V declararia Tomás de Aquino "Doutor da Igreja". Assim, sobretudo em cátedras universitárias reservadas aos mestres dominicanos e, depois, aos mestres jesuítas – bem como nos "colégios superiores" das Ordens –, de modo geral a obra teológica fundamental comentada e tomada como base para a *lectio* ou a aula expositiva não consistiu mais nas *Sentenças* de Pedro Lombardo, mas na *Suma de teologia* de Tomás de Aquino. Impulsos decisivos foram dados por Tomás de Vio, o Cardeal Caetano, OP (1469-1534), que, além de um renomado comentário de 1495 a *O ente e a essência*, foi o autor de um comentário completo à *Suma de teologia*, fixando-a como "livro-texto teológico" dos séculos seguintes, a ser estudado como ponto de partida e tido como guia teológico fundamental. Os comentários de Caetano à *Suma de teologia* I, I$^a$II$^{ae}$, II$^a$II$^{ae}$ e III foram concluídos, respectivamente, em 1507, 1511, 1516 e 1522 – o mesmo Caetano, como mestre-geral da Ordem dos Pregadores a partir de 1508, incentivaria os trabalhos missionários na América, sendo o responsável pelo envio dos primeiros frades dominicanos que em 1510 chegaram à Ilha Espanhola (hoje República Dominicana e República do Haiti), onde o Frei Pedro de Córdoba fundou um convento. A propósito da recepção do legado tomasiano, Francisco Silvestre de Ferrara, OP (1474-1528),

publicou em 1516 o seu comentário à *Suma contra os gentios*. Um pouco antes, em 1510, o alemão Konrad Köllin, OP (1476-1536), começou em Heidelberg um comentário linha-a-linha à Primeira Parte da Parte Segunda da *Suma de teologia* – fortemente dependente dos comentários de João Capréolo, OP (*ca.* 1380-1444), encontrados em suas *Defesas da teologia de Santo Tomás de Aquino* (*Defensiones theologiae Divi Thomae Aquinatis*), com as quais o "Príncipe dos Tomistas", na função de professor, deu início ao reavivamento do tomismo em Paris. O comentário de Köllin, em 1512, tornar-se-ia uma apresentação comentada (*expositio*) da Primeira Parte da Parte Segunda da *Suma de teologia*, publicada em Colônia, onde ele atuava como regente do centro de estudos dos dominicanos. Cabe mencionar ainda que o belga Peter Crockaert, OP (*ca.* 1465-1514), adotou para os seus cursos universitários, em Paris, a partir de 1509, a *Suma de teologia* em vez das *Sentenças* de Pedro Lombardo. Em 1512, Crockaert organizou, juntamente com seu aluno e discípulo Francisco de Vitoria, uma edição da II$^a$II$^{ae}$. Desde a sua admissão como catedrático da Faculdade de Teologia da Universidade de Salamanca, na segunda metade de 1526, o dominicano espanhol Francisco de Vitoria (1483-1546) – a primeira grande figura e virtual fundador da Escola de Salamanca, teórico do ρdireito natural clássico-tomista e precursor da teoria do direito público internacional –, também ratificou o papel da *Suma de teologia* de Tomás de Aquino como base da formação teológica e escreveu comentários sobre ela. Em particular, Vitoria teve o mérito de conjugar ao legado tomista medieval a atenção às tradições patrísticas, humanístico-renascentistas e canônico-civil-jurídicas do Ocidente, bem como, com esse aparato teórico tomista, de pensar teológica e filosoficamente a "descoberta" do "Novo Mundo". Da pena do escolástico tomista Francisco de Vitoria saíram alguns dos primeiros tratados teológico-filosóficos – de cunho antropológico, normativo e político – relativos às terras americanas conquistadas e protocolonizadas pelos espanhóis:

a *Exposição primeira sobre os índios recentemente descobertos* (*De indis recenter inventis relectio prior*) e a *Exposição segunda sobre os indígenas recentemente descobertos* (*De indis recenter inventis relectio posterior*, também conhecida como *O direito de guerra* (*De iure belli*)), dos anos 1538-1539, que tratam dos títulos de conquista dos territórios do Novo Mundo pelos espanhóis e das alegações de guerras justas contra os povos ameríndios em razão de injúrias cometidas. Em um período contemporâneo ao de Vitoria, Bartolomeu de Las Casas (*ca*. 1484-1566), que se tornou frade dominicano – a sua profissão religiosa ocorreu em 1523 – e estudou o pensamento de Tomás de Aquino por primeiro no Caribe (no Convento dos Dominicanos em Santo Domingo), relacionou com força crítica o pensamento do Doutor Angélico a outros problemas concretos do governo das Índias, como, por exemplo, o injusto sistema de concessão de terras e exploração econômica das *encomiendas* e as práticas de catequese e evangelização associadas ao confinamento e trabalho forçado dos indígenas. Nesse sentido, a Ꝓpregação pacífica do Evangelho – pela natural persuasão do entendimento e pela atração da Ꝓvontade *via* prática do bem, ou, em resumo, pela verdade da Ꝓfé e pelo bem que ela é e anuncia –, exposta no *Único modo de atrair todos os povos à verdadeira religião*, de Las Casas, é calcada na defesa tomasiana da voluntariedade da adesão à fé proclamada (cf., por exemplo, *Suma de teologia* II<sup>a</sup>II<sup>ae</sup>, q. 10, a. 8, "Se os infiéis devem ser compelidos à fé"). Ademais, Las Casas – não sem familiaridade com os textos dos tomistas de Salamanca inspirados por Francisco de Vitoria, que polemizavam sobre os temas da conquista, do domínio (*dominium*), da escravidão, da guerra justa e dos direitos naturais dos indivíduos e dos povos – fez prevalecer, em oposição à defesa conceitual da conquista pelo império espanhol feita por Juan Ginés de Sepúlveda (1490-1573), uma ética cristã de cunho tomista, fundada no reconhecimento da universalidade do Ꝓser humano e de seus direitos como digna imagem de ꝒDeus e criatura dotada de Ꝓrazão e de vontade – e,

nisso, de ação livre (cf., por exemplo, *Suma de teologia* I, q. 82, a. 1, ad 3m; I<sup>a</sup>II<sup>ae</sup>, q. 1, a. 1-2; q. 6, a. 1-2).

**Filosofia ocidental transplantada e/ou miscigenada.** Como categoria historiográfica que se liga, pois, à "Segunda" Escolástica e à Escolástica "Barroca" – termo este utilizado não na perspectiva das artes, mas da percepção conjunta da renovação das tradições cristãs patrísticas e medievais, da fragmentação religiosa provocada pelas reformas protestantes, do novo entendimento do mundo e suas partes e da necessidade de encontrar novas linguagens e sínteses para a Ꝓverdade cristã, bem como respostas a novos problemas da existência humana (a percepção do novo *com* a tradição clássico-patrístico-medieval, portanto) –, a Ec. investiga a filosofia ocidental transplantada e, em alguns aspectos, miscigenada nas Américas, e não as filosofias pré-colombianas. Ligada intimamente à escolástica católica europeia, sobretudo a ibérica, a Ec. ensinada e produzida em conventos, mosteiros, colégios, seminários e universidades traz o matiz de formação e de teorias proveniente de universidades como Salamanca e Alcalá de Henares na Espanha e Coimbra e Évora em Portugal. Pensadores da Ꝓfilosofia e da Ꝓteologia, pois, que ensinaram ou fizeram a sua formação nas jovens instituições católicas coloniais, repercutiram amplamente a recepção do pensamento de Tomás de Aquino nas instituições da Espanha e de Portugal e nas Ordens religiosas em geral, especialmente na Ordem dos Pregadores e na Sociedade de Jesus. Nesse sentido, cabe ter em vista que a Universidade Nacional Mayor de San Marcos, em Lima – em sua fundação, denominada Real Universidad de la Ciudad de los Reyes –, primeira universidade no Hemisfério Sul, foi fundada em 12 de maio de 1551, ao passo que em 21 de setembro de 1551 a Real y Pontificia Universidad de México abriu as suas portas. Tendo estudado em Alcalá de Henares e Salamanca, o frade agostiniano Alonso de la Vera Cruz (*ca*. 1504-1584), já no convento de San Juan Bautista de Tiripetío, fundado por ele mesmo no México em 1540 e, depois, como catedrático na Universidad de México em 1553, foi presumivelmente a primeira pessoa a ensinar filosofia no Novo Mundo – as suas obras sobre lógica, *Recognitio summularum* (*Investigação das súmulas [de lógica]*) e *Dialectica resolutio* (*Análise dialética* ou *Análise dos temas da lógica*), ambas de 1554, e, em seguida, a obra sobre Filosofia da Natureza, *Physica speculatio* (*Exploração da filosofia da natureza*) (1557), foram as primeiras obras filosóficas escritas nas Américas. O curso de Filosofia de Vera Cruz se guiava pelo programa curricular da Universidade de Salamanca. Mantém-se próximo das *Súmulas* de Domingo de Soto, OP (1494-1560), e, sobretudo em temas lógico-metafísicos, como o da natureza dos universais, adota a visão tomista. O próprio Vera Cruz assumiu, na universidade mexicana, de 1553-1557, a cátedra "Prima" de teologia, focada na lição da *Suma de teologia* de Tomás de Aquino – a sua exposição teológica ou *Relectio de dominio infidelium et iusto bello* (*Exposição sobre o domínio dos infiéis e sobre a guerra justa*) (que toma como ponto de partida a Questão 62 da II$^a$II$^{ae}$, sobre a restituição), pronunciada em 1553 e posteriormente publicada, é um testemunho escrito de suas atividades docentes naquela mesma cátedra.

**A história da Escolástica colonial como história de ideias filosóficas.** A história da Ec. como história de ideias filosóficas não equivale a versões ou variações do tomismo – seja lembrado que a lógica do franciscano Jerónimo Valera (1568-1625), a saber, os *Comentários e questões a toda a lógica de Aristóteles e do Doutor Sutil João Duns Scotus* (*Commentarii ac quaestiones in universam Aristotelis ac Subtilis Doctoris Ioannis Duns Scoti logicam*), foi a primeira obra filosófica publicada na América do Sul, em 1610, em Lima. Caso sejam enfocados os diferentes materiais teológicos e filosóficos produzidos a partir de centros de formação superior, sobretudo nos cursos de Artes (no curso filosófico) e nas faculdades de teologia – lembrando-se de que, em sua maior parte, os teólogos e filósofos coloniais eram membros de

Ordens religiosas –, nota-se, *grosso modo*, como de resto também na Europa, que os franciscanos se orientaram prioritariamente por João Duns Scotus, ao passo que Tomás de Aquino serviu de referência aos beneditinos, agostinianos, dominicanos e jesuítas (neste último caso, de forma caracteristicamente eclética). Nesse sentido, pode-se compreender que, em filosofia teórica, focada no curso trienal de Lógica, Filosofia da Natureza e Metafísica (curso filosófico trienal – *cursus philosophicus [triennalis]*), buscava-se uma exposição das obras de Aristóteles sob a orientação (*ad mentem* ou segundo o espírito) de Scotus ou de Tomás de Aquino. Tais exposições compreensivas, às vezes manualísticas e por vezes verdadeiramente sistemáticas, tiveram como modelos, sobretudo nos séculos XVII e XVIII, exposições magisteriais e mesmo obras coletivas dos *Salmanticenses*, dos *Complutenses* e dos *Conimbricenses* – no caso do *Cursus Conimbricensis* (1592-1606), que em si foi um curso filosófico montado pelos jesuítas de Coimbra e que abarcava também escritos de Aristóteles sobre a ética, a influência do currículo (da *Ratio Studiorum*) da Sociedade de Jesus era explícita. Assim, as obras produzidas combinavam tanto o interesse de explanar o pensamento de Aristóteles como – ao que tudo indica, de modo principal e crescente – o de explanar as elaborações das mentes condutoras das tradições filosóficas. Isso abria espaço para debates e distinções teóricas entre autores e "escolas", modificando de forma significativa o que de resto seria a mera ordem textual de exposição e criando um tipo de filosofia teórica sistemática que seria identificável como "curso filosófico tomista" (*cursus philosophicus thomisticus*, formulado mais comumente entre os dominicanos e os jesuítas) ou "scotista" (*scotisticus*, em regra proposto pelos franciscanos). Tenha-se em mente ainda que, no Brasil colonial, o pensamento tomista, herdeiro em especial dos teólogos formados nas Universidades de Coimbra e Évora, fez-se amplamente presente nos colégios jesuítas, cujo currículo de artes se guiava pelos ditames do *Curso Conimbricense* – entre os colégios fundados pelos jesuítas, podem ser citados o da

Bahia (1553), o de São Paulo (1554), o do Rio de Janeiro (1567) e o do Maranhão (1622, em São Luís). Além disso, toda atividade de ensino realizada em colégios jesuítas se orientava, em pedagogia, didática e conteúdos, pelo programa da *Ratio Studiorum*, oficialmente promulgada em 1599. O programa se comprometia, ademais, com o ensino de Aristóteles em Filosofia e, em Teologia, de Tomás de Aquino.

**Filosofia "tomista".** No *cursus philosophicus*, mestres de Artes com orientação tomista ou scotista formularam exposições e tratados de lógica formal ou "menor", na ótica da lógica terminista vagamente ligada a obras medievais como as *Súmulas lógicas* (*Summulae logicales*) de Pedro Hispano e mais diretamente ligada ao modelo escolástico pós-renascentista de *Súmulas dialéticas* (*Summulae dialecticae*) ordenadas pelo mestre salmantino Domingo de Soto. Na lógica "maior", seguia-se a tradição de exposições e comentários filosóficos focados em todas ou em algumas das obras do *Órganon* de Aristóteles – dependendo da amplitude dos assuntos já anteriormente tratados, na lógica menor, sobre termos (na base mental de apreensões), proposições (na base mental de composição e divisão contendo juízos) e argumentos (na base mental de raciocínios inferenciais). Essas exposições remetiam o mais das vezes à *Isagoge* de Porfírio, às *Categorias*, ao tratado *A interpretação* (*Perihermeneias*) e aos *Segundos analíticos*, de Aristóteles; e, em alguns casos, ainda às *Refutações sofísticas* e aos *Tópicos*, também do Estagirita. Seguindo tendências principais de orientação das Ordens religiosas, posições tomistas ou scotistas se destacavam também na opção de conteúdos, de teorias, de disputas e de sistematização na segunda parte (Filosofia da Natureza, com destaque para os oito Livros da *Física* e para os três livros sobre *A alma*) e na terceira parte (Metafísica) do curso filosófico. Na Lógica, ganham destaque, por exemplo, a disputa acerca do objeto da lógica como ciência e, por conseguinte, o entendimento acerca do tipo de entidade que os objetos lógicos são – a saber, entes de razão (*entia rationis*). Salienta-se, a partir disso, a inserção de debates sobre a teoria das distinções (real, de razão e formal, esta última contestada por tomistas e defendida por scotistas). Tais debates lógico-metafísicos ainda ocupavam um papel importante, por exemplo, no *Tratado primeiro – Lógica ou filosofia racional* (*Tractatus primus – De logica sive philosophia rationali*) da *Filosofia platônica ou curso filosófico*, *que inclui filosofia racional, natural e transnatural, quer dizer, lógica, física e metafísica* (*Philosophia platonica seu cursus philosophicus, rationalem, naturalem, et transnaturalem philosophiam, sive logicam, physicam et metaphysicam, complectens*), ditado no Rio de Janeiro, em 1748, pelo monge beneditino Gaspar da Madre de Deus (1715-1800) e conservado em manuscrito. Grande número de cursos filosóficos "tomistas" poderia ser mencionado. Em certa medida, já Antonio Rubio, SJ (1548-1615), com base em seus dezesseis anos de ensino de Filosofia e Teologia no México, no Colegio de San Pedro y San Pablo, escrevera um curso bastante próximo às ideias e interpretações de Tomás de Aquino em seus amplos *Comentários a toda a dialética de Aristóteles* (*Commentarii in universam Aristotelis dialecticam*), publicados por primeiro em 1603. Por sua vez, os comentários abreviados e didaticamente concebidos de Antonio Rubio à lógica de Aristóteles já são publicados na edição de 1606 como *Logica mexicana*. A *Logica mexicana* obteve a notoriedade de um manual internacional de lógica, tornando-se, por exemplo, o livro-texto da disciplina na Universidade de Alcalá de Henares (Espanha) e na Universidade de Córdoba (Argentina). Além disso, exemplo importante de uma recepção criativa e eclética da escolástica barroca no pensamento latino-americano de então é a obra do peruano Juan de Espinosa Medrano (ca. 1632-1688), "El Lunarejo", professor de Filosofia e Teologia no Seminário de San Antonio Abad del Cusco, fundado em 1598. Debates lógicos e metafísicos importantes se sobressaem na sua *Filosofia tomista ou Curso filosófico* (*Philosophia thomistica seu Cursus philosophicus* – Roma, 1688), com destaque para a sua defesa tomista da realidade de entidades não particulares (universais) contra novas tendências nominalistas entre

ESCOLÁSTICA COLONIAL

escolásticos ibéricos, independentemente de Espinosa Medrano conectar a essa defesa uma apologia do realismo platônico sobre as ₽ideias, assimilando-o à noção aristotélico-escolástica de *essência* na realidade extramental: em suma, os *universais* peripatéticos são ₽entes essenciais reais, imutáveis, não temporais e não espaciais, diferindo das ₽coisas individuais concretas e também de Deus, e nesse escopo as ideias platônicas lhes são em tudo semelhantes, deixando em segundo plano o debate sobre a sua ₽existência separada.

**Teologia "tomista".** Naturalmente, a formação teológica em centros de estudo das Ordens (*studia*), colégios superiores e universidades se nutriu amplamente do modelo dos escolásticos ibéricos de tomar a *Suma de teologia* como base do estudo e do ensino – os franciscanos fizeram algo parecido com as obras teológicas de Scotus. A partir das cátedras das faculdades de teologia, constituíram-se modos característicos de estudo e exposição da *Suma*, como as disputas sobre itens controversos da *Suma de teologia* I (cf., por exemplo, o *Tomo primeiro das disputas teológicas sobre a Primeira Parte [da Suma de teologia] de Santo Tomás, referente ao Deus Uno [Disputationum theologicarum, in Primam Partem Divi Thomae, Tomus Primus, de Deo uno* – 1663], de Leonardo Peñafiel, SJ [1597-1657], que nasceu e atuou no vice-reino do Peru); ou ainda os comentários, as interpretações e as exposições de blocos temáticos da IªIIªᵉ e da IIªIIªᵉ (por exemplo, tendo como contexto a IªIIªᵉ, q. 6-48, o *Tratado sobre os atos humanos [Tractatus de actibus humanis* – 1759], de Jacinto Antonio Buenaventura, OP [1731-1785], ou, tendo como contexto a IIªIIªᵉ, q. 57-122, o *A justiça e o direito [De iustitia et iure* – ca. 1762], de Juan Antonio Ferraro, SJ [1717-?]); ou os temas da *Suma de teologia* III, sobre os quais constam muitos tratados sobre a ₽encarnação, as perfeições de ₽Jesus Cristo e os ₽sacramentos (sob o nome de Juan Amorillo, OSA, no final do século XVI, no México. Consta na Biblioteca Nacional do México um manuscrito com tratados sobre a encarnação,

a ₽graça e os sacramentos; do limense Juan Pérez de Menacho, SJ (1565-1626); restariam em manuscritos dos primeiros anos do século XVII, preservados na Biblioteca Nacional da Colômbia, três comentários a temas da Terceira Parte da *Suma de teologia*, como sobre a ₽Eucaristia (III, q. 72-84). Um único (e notável) autor como José de Aguilar, SJ (1652-1708), além do seu próprio *Cursus philosophicus* completo, ditado em Lima e publicado em Sevilha, em 1701, conseguiu produzir uma impressionante quantidade de escritos sobre conteúdos da *Suma de teologia* I, publicados postumamente, em 1731, em Córdoba (Espanha), com o título de *Tratados póstumos sobre a Primeira Parte [da Suma de teologia] de Santo Tomás [Tractationes posthumae in Primam Partem Divi Thomae]*, volumes I-V. É difícil superestimar a importância que a IIªIIªᵉ de Tomás de Aquino exerceu na literatura polêmica e de ética aplicada do período colonial latino-americano, sobretudo nos séculos XVI e XVII, bem como nas cátedras referentes à teologia moral. Isso remete a temas tão distintos, a saber, a justiça de comutações e contratos em geral e aquela que se aplica ao comércio de escravos e à restituição (por exemplo, segundo três cabeçalhos ou diretrizes [*capita*] como a coisa injustamente recebida, a injusta recepção e a participação na recepção injusta; cf., entre outros, Tomás de Mercado, OP (1223-1575), *Suma de tratos e contratos (Suma de tratos y contratos* – 1571) II, 21, e Epifanio de Moirans, OFMCap. (1644-1689), *Servos livres ou justa defesa da liberdade natural dos escravizados [Servi liberi seu naturalis mancipiorum libertatis iusta defensio]* XII, n. 122), e como a doutrina formal do direito natural, civil-positivo e dos povos, da lei e da justiça particular (distributiva, comutativa e, aqui, em especial a corretiva e punitiva). Em diversos contextos institucionais coloniais, em filosofia e teologia teóricas (metafísica e dogmática), criou-se uma cultura de verdadeira disputa pela interpretação fiel de Tomás de Aquino, filtrada por séculos de recepção e comentários. Isso se destaca nas instituições coloniais do vice-reino de Nova

Granada. Na Universidade Tomística ou Santo Tomás (fundada pelos dominicanos em 1580) e depois no Colegio Mayor de Nuestra Señora del Rosario (fundado pelos dominicanos em 1653), as *artes* seguiam a doutrina de Tomás de Aquino. O mesmo é verdadeiro acerca das artes e do curso de teologia na Universidad Javeriana, fundada em 1623 pelos jesuítas. No Colegio Mayor de San Bartolomé (fundado em 1604, em Bogotá, Colômbia, também pelos padres da Companhia de Jesus), as obras de Tomás de Aquino eram a parte essencial da *Ratio Studiorum*. Assim, pois, Martín de Eusa SJ (1631?–1693), que atuou como professor na Universidad Javeriana de 1661 a 1680 e foi por duas vezes reitor do Colegio Mayor de San Bartolomé, deixou um registro de seus cursos sobre teologia moral *ad mentem Thomae* na sua *Controvérsia sobre a necessária restituição pelas injúrias e pelos danos, em todos os gêneros de bens humanos* (*Controversia de restitutione necessaria pro iniuriis et damnis in omnibus humanorum bonorum generibus*). Nessa obra, ele sintetiza as doutrinas de uma grande quantidade de autores escolástico-barrocos que escreveram comentários sobre o tema da restituição, como exposto por Tomás de Aquino na II$^a$II$^{ae}$, q. 62, a. 1-8, com especial apreço pela obra de Juan de Lugo SJ (1583–1660, particularmente as *Disputas sobre a justiça e o direito* [*Disputationes de iustitia et iure*], de 1642). O jesuíta Juan Martínez de Ripalda (1641–1707), em uma fase de consolidação do curso filosófico no Colegio Mayor de San Bartolomé e na Universidade Javeriana, projetou explicitar – contrastando os pontos de vista da escola dos scotistas (*scotistarum schola*) e dos nominalistas (*nominales*) com os da escola dos tomistas (*thomistarum schola*) – a verdadeira doutrina tomista em seu *Uso e abuso do ensinamento de Santo Tomás* (*De usu et abusu doctrinae Divi Thomae* – 1704), segundo vários enfoques: o objeto da metafísica, a intelecção humana, a ρliberdade da vontade e as ações divinas. Em disputa estava também onde se encontraria em Nova Granada a bandeira da herança tomista mais ortodoxa e, no mesmo passo, a filosofia que oferecesse o espírito próprio de Aristóteles (*mens propria Aristotelis*).

**Desaparecimento.** A Ec., tal como aqui caracterizada, especialmente em e a partir de sua base filosófica, desaparece, na prática, no início do século XIX. Isso se deve em parte pela sua substituição, como orientação pura ou eclética de ensino filosófico, pela filosofia iluminista e modernista – em boa medida, antiescolástica. Pensadores escolásticos ecléticos do período posterior à expulsão dos jesuítas (1767), como o franciscano José Elias del Carmen Pereira (1760-1825), docente na Universidade de Córdoba (Argentina) e autor de uma *Física geral* (*Physica generalis* – 1784), bem ilustram essa transição científico-filosófica. Para essa transição, em especial na Filosofia e nas ciências da natureza, bem valeria contrastar a obra de Del Carmen Pereira com a *Física segundo o espírito de Aristóteles* (*Physica ad Aristotelis mentem* – 1758), de Juan Bautista Aguirre, SJ (1725-1786), catedrático da Pontifícia Universidad de San Gregorio Magno, fundada em 1622, em Quito (Equador).

**Bibliografia:** ALONSO DE LA VERA CRUZ. *De dominio infidelium et iusto bello*: sobre el dominio de los infieles y la guerra justa. Trad. R. Heredia Correa. México: Universidad Nacional Autónoma de México, 2007. BALLÓN VARGAS, J. C. (ed.). *La complicada historia del pensamiento filosófico peruano, siglos XVII y XVIII* (Selección de textos, notas y estudios). Lima: Universidad Científica del Sur-Universidad Nacional Mayor de San Marcos/Ediciones del Vicerrectorado Académico, 2011. t. I-II. BARTOLOMEU DE LAS CASAS. *Obras completas I*: único modo de atrair todos os povos à verdadeira religião. Coord. Carlos Josaphat. Trad. Noelia Gigli e Hélio Lucas. São Paulo: Paulus, 2005. BELDA PLANS, J. *La Escuela de Salamanca*. Madri: Biblioteca de Autores Cristianos, 2000. BEUCHOT, M. *Historia de la filosofía en el México colonial*. Barcelona: Herder, 1996. CAETANO. *Commentary on Being and Essence* (In: *De Ente et Essentia* d. Thomae Aquinatis). Trans. L. H. Kendzierski and F. C. Wade. Milwaukee: Marquette University Press, 1964 (*Comentário ao Do ente e da essência*. Trad. Lucas D. T. de

Aquino; Pablo Cânovas. Brasília: Contra errores, 2022). CULLETON, A. S. Antecedentes a la investigación filosófico-historiográfica de la escolástica colonial: la contribución de Celina Lértora Mendoza. *Cauriensia*, VI, p. 23-35, 2011. DEL REY FAJARDO, J. *Catedráticos jesuitas de la Javeriana colonial.* Bogotá: Centro Editorial Javeriano, 2002. DEL REY FAJARDO, J.; MARQUÍNEZ ARGOTE, G. *La enseñanza de la filosofía en la Universidad Javeriana colonial (1623-1767).* Bogotá: Editorial Pontificia Universidad Javeriana, 2010. EGUIGUREN, L. A. *Historia de la Universidad de San Marcos* – t. I: la Universidad en el siglo XVI (v. I: Narración; v. II: Las constituciones de la Universidad y otros documentos). Lima: Imprenta Santa María, 1951. EPIFANIO DE MOIRANS. *Siervos libres*: una propuesta antiesclavista a finales del siglo XVII / *Servi liberi seu naturalis mancipiorum libertatis iusta defensio* (Corpus Hispanorum de Pace, Segunda Serie – v. 14). Ed. M. A. Pena González. Madri: Consejo Superior de Investigaciones Científicas, 2007. FRANCISCO DE VITORIA. *Comentarios a la* Secunda Secundae *de Tomás de Aquino.* Ed. V. Beltrán de Heredia. Salamanca: Biblioteca de Teologos Españoles, 1932-1935. v. 1-5; 1952. v. 6. _____. De la potestad civil (*De potestate civili*); De los índios recientemente descubiertos (relección primera) (*De indis recenter inventis relectio prior*); De los índios recientemente descubiertos (relección segunda) (*De indis recenter inventis relectio posterior*). In: URDANOZ, T. (ed.). *Obras de Francisco de Vitoria*: relecciones teologicas. Madri: Biblioteca de Autores Cristianos, 1960, p. 149-195, 641-726, 811-858. FUERTES HERREROS, J. L. La estructura de los saberes en la primera Escuela de Salamanca. *Cauriensia*, 6, p. 103-145, 2011. GASPAR DA MADRE DE DEUS. *Philosophia platonica seu cursus philosophicus, rationalem, naturalem, et transnaturalem philosophiam, sive logicam, physicam et metaphysicam, complectens.* Rio de Janeiro, 1748 (manuscrito). GIACON, C. *La Seconda Scolastica I*: i grandi commentatori di San Tommaso. Milão: Fratelli Bocca, 1944. _____. *La Seconda Scolastica II*: precedenze teoretiche ai problemi giuridici. Milão: Fratelli Bocca, 1946. _____. *La Seconda Scolastica III*: i problemi giuridico-politici III. Milão: Fratelli Bocca, 1950. HÖFFNER, J. *Kolonialismus und Evangelium*: spanische Kolonialethik im Goldenen Zeitalter. 2. ed. Trier: Paulinus, 1969. HYERONIMUS VALERA. *Com-*

*mentarii ac quaestiones in universam Aristotelis ac subtilissimi Doctoris Ioannis Duns Scoti logicam.* Lima: Apud Franciscum a Canto, 1610. JUAN BAUTISTA AGUIRRE. *Fisica de Juan Bautista Aguirre* [Physica ad Aristotelis mentem]. Estudio introductorio Dr. J. Terán Dutari, SJ. Trad. L. F. Yépez. Quito: Pontificia Universidad Católica del Ecuador-Banco Central del Ecuador, 1982. JUAN MARTÍNEZ DE RIPALDA, SJ. *De usu et abusu doctrinae Divi Thomae, pro Xaveriana Academia Collegii Sanctafidensis in Novo Regno Granatensi.* Leodii: apud Guiliemum Henricum Streel, 1704 (reeditado em: JUAN MARTÍNEZ DE RIPALDA, SJ [1641-1704]. *De usu et abusu doctrinae Divi Thomae.* Bogotá: Biblioteca Virtual del Pensamiento Filosófico en Colombia, 2002). LEINSLE, U. G. Die Scholastik der Neuzeit bis zur Aufklärung. In: CORETH, E.; NEIDL, W. M.; PFLIGERSDORFFER, G. (Hrsg.). *Christliche Philosophie im katholischen Denken des 19. und 20. Jahrhunderts.* Band 2: Rückgriff auf scholastisches Erbe. Graz/Viena/Colônia: Verlag Styria, 1988, p. 54-69. _____. *Introduction to Scholastic Theology.* Trans. M. J. Miller. Washington, D. C.: Catholic University of America Press, 2010. LÉRTORA MENDOZA, C. A. *Fuentes para el estudio de las ciencias exactas en Colombia.* Santa Fe de Bogotá: Academia Colombiana de Ciencias Exactas, Fisicas y Naturales, 1995. _____. Filosofía en Córdoba colonial: bibliografia y bibliotecas. In: ASPELL, M.; PAGE, C. A. (eds.). *La Biblioteca Jesuítica de la Universidad Nacional de Córdoba.* Córdoba: Ed. Eudecor, 2000, p. 103-122. _____. *La enseñanza jesuita de la física en Nueva España.* Buenos Aires: Ediciones FEPAI, 2006. MARGUTTI, P. *História da filosofia do Brasil*: o período colonial (1500-1822). São Paulo: Loyola, 2013. MARQUES, L. Habemus cursum philosophicum. *Síntese*, 47, p. 165-178, 2020. MARTÍN DE EUSSA, SJ [1631-1693]. *Controversia de restitutione necessaria pro injuriis et damnis in omnibus humanorum bonorum generibus.* Ed. Manuel Domínguez Miranda. Bogotá: Pontificia Universidad Javeriana-Instituto Pensar, 2002 (Biblioteca Virtual del Pensamiento Filosófico en Colombia, v. I, t. VIII, obra n. 20). PICH, R. H. Antecedentes à investigação filosófico-historiográfica da Escolástica Colonial: a contribuição de Mauricio Beuchot. *Cauriensia*, VI, p. 37-64, 2011. _____. Recepção e desenvolvimento da Escolástica Barroca na América Latina, séculos 16-18:

notas sobre a contribuição de Walter Bernard Redmond. *Scripta mediaevalia*, 4 (2), p. 81-101, 2011. PICH, R. H.; CULLETON, A. S. (eds.). *Scholastica colonialis: Reception and Development of Baroque Scholasticism in Latin America, 16th-18th Centuries*. Barcelona-Roma: FIDEM-Brepols, 2016. PINZÓN GARZÓN, R. *La filosofía en Colombia:* bibliografía de los siglos XVI, XVII, XVIII. 1ª parte. Bogotá: Universidad de Santo Tomás, 1987. PONCELA GONZÁLEZ, A. Aristóteles y los Jesuitas: la génesis corporativa de los *Cursus philosophicus. Cauriensia*, 6, p. 65-101, 2011. REDMOND, W. B. *Bibliography of the Philosophy in the Iberian Colonies of America*. Haia: Nijhoff, 1972. \_\_\_\_\_. Lógica y ciencia en la *Logica mexicana* de Rubio. *Quipu: Revista Latinoamericana de Historia de las Ciencias y la Tecnologia*, 1 (1), p. 55-82, 1984. \_\_\_\_\_. *La lógica en el Virreinato del Perú:* a través de las obras de Juan Espinoza Medrano (1688) e Isidoro de Celis (1787). Lima: Fondo de Cultura Económica, 1998. \_\_\_\_\_. *La lógica del Siglo de Oro:* una introducción histórica a la lógica. Pamplona: Eunsa, 2002. REDMOND, W. B.; BEUCHOT, M. *Pensamiento y realidad en Fray Alonso de la Vera Cruz*. México: Universidad Nacional Autónoma de México, 1987. SARANYANA, J. I. [et al.] (dir.). *Teología en América Latina:* desde los orígenes a la Guerra de Sucesión (1493-1715). Madri/Frankfurt am Main: Iberoamericana/Vervuert, 1999. v. 1. SCHMIDINGER, H. M. "Scholastik" und "Neuscholastik": Geschichte zweier Begriffe. In: CORETH, E.; NEIDL, W. M.; PFLIGERSDORFFER, G. (Hrsg.). *Christliche Philosophie im katholischen Denken des 19. und 20. Jahrhunderts*. Band 2: Rückgriff auf scholastisches Erbe. Graz/Viena/Colônia: Verlag Styria, 1988, p. 23-53. TOMÁS DE MERCADO. *Suma de tratos y contratos [1571]*. Sevilha: Hernando Díaz, 1587. TRENTMAN, J. A. Scholasticism in the Seventeenth Century. In: KRETZMANN, N.; KENNY, A.; PINBORG, J. (eds.). *The Cambridge History of Later Medieval Philosophy*: from the Rediscovery of Aristotle to the Disintegration of Scholasticism 1100-1600. Cambridge: Cambridge University Press, 1982, p. 818-837. URDANOZ, T. Introducción biográfica. In: FRANCISCO DE VITORIA. *Obras de Francisco de Vitoria*: relecciones teologicas. Madri: Biblioteca de Autores Cristianos, 1960, p. 1-107.

ROBERTO HOFMEISTER PICH

## ESCRAVIDÃO → *Ver* Escolástica Colonial; Natureza; Poder

## ESCRITURAS → *Ver* Bíblia; Teologia

## ESPÉCIE

**Pluralidade semântica.** O termo latino *species* apresenta diferentes significados no vocabulário tomasiano e é de difícil tradução nas línguas modernas, não somente pela complexidade das transposições semânticas, mas justamente pelas variações de seu significado em diferentes contextos da obra de Tomás de Aquino. É possível, por exemplo, traduzi-lo por *forma*, com base na sinonímia estabelecida por Tomás em textos como o *Comentário aos Livros das Sentenças de Pedro Lombardo* I, dist. 27, 2, 3, ou no *Comentário à Ética nicomaqueia de Aristóteles* I, 9, 107. Também parece possível traduzir por ℘*natureza* ou ao menos associá-lo ao termo natureza, tomando por base textos como a *Suma contra os gentios* I, 48; II, 45. Há ainda a possibilidade de o traduzir por *determinante*, quer dizer, aquilo que funda o caráter formal, um grau determinado de ser, como se observa, entre outros textos, na *Suma contra os gentios* II, 95, e nas *Questões disputadas sobre a verdade*, q. 21, a. 1. O termo também pode ser associado às intenções lógicas, tema clássico tratado em *O ente e a essência* III, 16. Haveria ainda outros significados, mas não é o caso de registrar todos aqui. Para um panorama dessa multiplicidade de significados, é ainda útil, embora certamente datado, o resumo apresentado como Apêndice em MARTY, 1962, p. 282-288. Ora, justamente pela diversidade semântica e pela dificuldade de expressão, *species* será aqui, por assim dizer, simplesmente transliterado como *espécie* (E.) e receberá um tratamento prioritariamente, senão exclusivamente, lógico-gnoseológico. É em continuidade com o vocabulário aristotélico, tal como traduzido por Boécio de Roma (475-525) nos textos que os editores críticos chamaram de *opuscula sacra* (cf. BOÉCIO, 2005), que Tomás de Aquino emprega E., mas já com aportes semânticos feitos ao termo por diversos autores, sobretudo neoplatônicos, ao longo dos séculos que separam Tomás de Boécio. Pense-se, por exemplo, na ℘metafísica de Avicena, autor, aliás, mais citado do que Aristóteles naquele que pode ser considerado o compêndio de metafísica por excelência de Tomás, seu texto de juventude *O ente e a essência*. Seja como for, é a partir do léxico das *Categorias* e da *Metafísica* de Aristóteles, organizado por Boécio na passagem do século V ao VI, que Tomás empregará *E.*, e, evidentemente, em correlação direta com outros termos, a fim de exprimir as bases tanto da lógica, da gnosesologia e da metafísica do Estagirita como da sua própria: *definição, diferença, essência, gênero* e *predicado*. Em linhas gerais, Aristóteles – segundo sua análise bastante particular (cf. LIMA VAZ, 2012, p. 115-130; OWEN, 2005) – reinterpretara o pensamento platônico que identificava um ordenamento em tudo o que existe e descrevia tal ordenamento como uma divisão de ℘entes em gêneros e E.: se o *ente* é algo singular, algo que existe, as *E.* são conjuntos de entes; e os *gêneros*, por sua vez, conjuntos de E. O que agrupa os indivíduos em uma mesma E. é o compartilhamento da mesma ℘essência ou natureza, quer dizer, a dimensão inteligível (cognoscível de maneira intelectual, não sensível) de cada ente, dimensão essa que, unida à ℘matéria, faz existir tudo o que há na ordem das ℘coisas. A *definição*, por sua vez, é o enunciado que exprime a essência de uma E.; e o *predicado* é o que linguisticamente pode ser atribuído a um ℘sujeito de maneira acidental ou contingente ("Sócrates é grego") ou de maneira essencial ("Sócrates é ser humano") (℘Necessidade e Contingência; ℘Ser e Ente; ℘Essência e Substância). A definição de uma E. exprime, está claro, a distinção dela em relação a outras E. e, ao mesmo tempo, o que uma E. tem em comum com outras (a essência no nível da E., acima do nível dos indivíduos – o gênero), bem como aquilo que cada E. tem de particular, sua *diferença específica*. Esse vocabulário de caráter lógico-gnoseológio e metafísico permite supor que a realidade, segundo a tradição platônico-aristotélica, pretende-se retratada "realmente" pelo ordenamento inteligível expresso pelos respectivos termos. Assim, diferença específica, essência, E. e gênero corresponderão a classificações dos entes segundo o ℘ser próprio de cada um. No fim da Antiguidade e início da Idade Média (cf. PORFÍRIO, 1998; BOÉCIO, 2005), o uso desse vocabulário permitirá ainda perguntar se tais gêneros e E. de entes subsistem, quer dizer, se são algo em si mesmos, ou se existem apenas unidos a entes singulares, ou, ainda, se não passam de meros dispositivos intelectuais para organizar a maneira humana de referir-se àquilo que é percebido (℘Universais; ℘Conhecimento). O pensamento de Tomás de Aquino serve-se desse vocabulário, mas amplia seu campo semântico (e o caso do termo E. é sintomático). Nesse contexto, seria bastante elucidativa a análise metafísica da natureza dos ℘anjos, porque, não possuindo ℘matéria, eles não se submetem a um ℘princípio de individuação, tal como se dá com os entes da Natureza. Eles são puras essências às quais, necessariamente, acrescenta-se por intervenção divina um ato de existir (cf. *O ente e a essência* IV); eles são puros ℘intelectos, entes dotados apenas de seus constitutivos formais, o que faz cada anjo constituir uma E. Todavia, no presente verbete, não se tratará da natureza angélica, pois os leitores encontrarão um verbete dedicado especificamente aos anjos neste dicionário. Tomando uma direção completamente diversa, convém alertar para o fato de que se afirmou, com grande recorrência, nos estudos de Aristóteles e Tomás, que ambos falaram de *gêneros supremos* para designar *gêneros do ente*, quer dizer, daquilo do qual o *ente* pode ser predicado (cf. por exemplo, GREDT, 1926). Todavia, nem em Aristóteles nem em Tomás de Aquino o ser ou o ente é um gênero, assim como também o ser ou o ente não pertence a nenhum gênero; o que há é uma continuidade de Tomás com Aristóteles e sua conhecida expressão segundo a qual o ente é um *pollakós legómenon*, isto é, algo que se diz de diferentes modos, as categorias. Em lógica, segundo Tomás, a E. designa o universal inferior ao universal *gênero* (cf., por exemplo, *Comentário aos Livros das Sentenças de Pedro Lombardo* I, dist. 2, q. 1, a. 3): o gênero dos animais pertence ao gênero dos seres vivos; e a E. humana pertence ao gênero dos animais, pois ela é identificada quando se verifica a racionalidade característica de alguns animais, levando-a a ser classificada, portanto, dentro do gênero animal, que já se encontra no gênero dos seres vivos. Em ℘moral, por sua vez, também se faz uma classificação dos atos livres análoga à classificação lógica: os atos humanos, em seu conjunto, compõem o gênero; e os atos conformes ou não ao bem compõem as E. (atos bons e maus – cf., por exemplo, *Suma de teologia* I, q. 48, a. 1, ad 2m).

**Significado gnoseológico.** No contexto do conhecimento humano (sensorial e intelectual), Tomás usa três palavras com a mesma referência: *espécie, semelhança* e ℘*intenção*. Dado que tanto os ℘sentidos como o intelecto, em si mesmos, são puras capacidades de ℘conhecimento, devem receber alguma determinação que os faça passar do estado potencial ao ato de conhecer. Essa determinação é a E. (*species*), palavra usada para traduzir o termo grego *eîdos*, comum em Platão e Aristóteles. Poderíamos talvez traduzi-la por *especificação*, mais do que por E.; e a especificação designaria uma semelhança (*similitudo*) da coisa. Trata-se do mesmo em três modos de ser ou existir: o *modo de ser da coisa*, o *modo de conhecer a coisa* e o *modo de exprimir a coisa* conhecida (*modus essendi, modus cognoscendi, modus dicendi*). Os dois primeiros se relacionam com a concepção aviceniana da essência neutra ou isolada, que inclui todos e somente os traços que a definem, não incluindo em si mesma nem a singularidade (que a acompanha nas coisas) nem a universalidade (que a acompanha no conhecimento intelectual humano). Essa semelhança é *intencional*, quer dizer, remete à própria coisa, da qual ela proveio por meio da abstração ou iluminação do intelecto agente, a partir ou sobre as figurações (*phantasmata*) presentes na memória. Quer dizer, o intelecto agente é uma capacidade de extrair (*abstrahere*) o universal contido potencialmente no singular ou de pô-lo às claras, isto é, iluminá-lo. Ao fazer isso, leva a refletir-se (*resultat*) no intelecto possível ou passivo (recipiente) uma especificação, de acordo com a qual esse intelecto passa ao ato produzindo um ℘verbo mental (conceito ou proposição) que remete à coisa e por meio do qual esta é conhecida. Tomás aplica com mais propriedade os termos *semelhança* e *intenção* ao conceito ou *verbo* mental, e menos E. A distinção entre E. "impressa" (a E.) e E. "expressa" (o conceito) não provém de Tomás, mas de seus intérpretes ou comentadores. O conceito é também denominado *noção* ou *aspecto* conforme o contexto. É o conceito ou verbo mental que é expresso pela definição ou a proposição.

**Espécie e ideia: metafísica do conhecimento.** Uma via de acesso à metafísica tomasiana do conhecimento, na qual o Verbo (segunda ℘pessoa da ℘Trindade) explicita-se como paradigma ou modelo presente na mente divina e refletido analogamente (℘Analogia) no conhecimento das criaturas inteligentes, dos anjos e dos humanos, seria a análise feita por Tomás de Aquino do conhecimento angélico, recurso de enorme interesse para conhecer sua metafísica da ℘ideia ou metafísica pura do conhecimento (cf. *Suma de teologia* I, q. 54-58). O que mais interessa, aqui, porém, é insistir na abordagem do conhecimento intelectual humano em relação com o verbo mental de que se deu uma visão sintética no item anterior. Para tanto, as fontes, por assim dizer, mais maduras e diretas são as questões 79 e 84-89 da *Suma de teologia* I. Nesses textos, opera-se, como afirma Lima Vaz, uma síntese original dos dois grandes modelos explicativos da natureza do conhecimento na época, o modelo aristotélico, com maior destaque nas Faculdades de Artes, e o modelo platônico-agostiniano, preferido dos teólogos, embora tais modelos, como hoje se

ESPÉCIE

bem sabe, viviam em uma complexa interpenetração conceitual e lexical nutrida também pela influência decisiva dos pensamentos árabe e judeu. Como bem exprime Henrique Cláudio de Lima Vaz, "correndo o risco de alguma simplificação, podemos dizer que Tomás de Aquino opera organicamente a junção dos dois modelos, ao pensá-los segundo uma dialética da imanência e da ℘transcendência, desdobrando-se justamente no terreno especulativo da metafísica da Ideia" (LIMA VAZ, 2001, p. 14). Como dito anteriormente, o modelo gnoseológico aristotélico, expresso principalmente no *Comentário ao De Anima de Aristóteles* III, é contraposto ao platônico, sobretudo na *Suma de teologia* I, q. 76, a. 1 e na *Suma contra os gentios* III, 69, trechos em que Tomás insiste na autonomia de cada ente, uma vez que "a ação segue o ser" (*operari sequitur esse*). Consequentemente, o ato da intelecção humana é marcado por uma causalidade (℘Causa) ativa por parte de quem conhece, o cognoscente, e não somente receptiva, pois o cognoscente inteligge a forma do que é conhecido, sendo responsável não apenas pela causalidade eficiente do ato de conhecer, mas também pela causalidade formal, a especificação do *eîdos* ou da *species* (razão pela qual – ao que tudo indica, acertadamente e em sentido contrário ao sustentado por uma das maiores autoridades no assunto à época, o jesuíta Pierre Rousselot, que em 1908 publicara *A teoria da inteligência segundo Tomás de Aquino* [cf. ROUSSELOT, 1999] –, Étienne Gilson tratará a E. não como imagem, representação ou o que quer que a valha, pois, nesses casos, criar-se-ia o ainda mais espinhoso problema de saber o que garantiria a correspondência efetiva entre a coisa tal como conhecida e a coisa em si. Gilson definirá a E. como a *coisa mesma*, mas a coisa mesma sob a forma de *coisa conhecida* – cf. GILSON, 2006, p. 276-277). Ora, aqui parece útil evocar que não se deve esquecer do elemento fortemente platônico no pensamento tomasiano ao descrever o intelecto como habitado por E. imateriais e inteligíveis, *pelas quais* o intelecto,

que é imaterial, conhece o que é material (cf., por exemplo, *Suma de teologia* I, q. 84, a. 1, ad 1m) – a esse respeito, vale considerar estudos atuais que põem em questão a concepção de abstração como simples extração do universal a partir de particulares (cf. CORY, 2013, 2015, 2015a) ou mesmo que negam um conhecimento abstrativo em Tomás (cf. POUIVET, 2014). Transpondo-se, assim, a psicologia tomasiana do conhecimento de um plano meramente imanente (de tipo aristotélico, por assim dizer) a um plano transcendente (diga-se, de tipo platônico), o que justifica tal transposição é a estrutura analógica do ato, como já afirmado aqui, bem como sua referência à identidade na diferença da intelecção e da ideia no absoluto, quer dizer, em ℘Deus (a esse respeito, cf. a análise de LIMA VAZ, 2001, p. 14-16). A perfeição do ato intelectivo divino é, obviamente, infinita; já no caso da intelecção humana, por analogia, ela é concebida segundo a limitação imposta pela finitude: a passagem da potência intelectiva a seu ato "perfeito", o conhecimento ou o elemento eidético, ocorre na expressão da E. inteligível, presença, por assim dizer, intencional do ℘objeto no sujeito como *mediação* (cf. *ibidem*, p. 15). Na *Suma de teologia* I, q. 85, a. 2, Resp., Tomás refere-se à E. como *quo intelligit intellectus* ("[aquilo] pelo que o intelecto inteligge/entende"), e, no *Comentário ao Evangelho de João* I, 1, fala claramente de algo *in quo* ("no qual" o intelecto inteligge/entende); daí a *identidade intencional* entre a coisa conhecida e a pessoa cognoscente no ato de conhecer intelectualmente. Por conseguinte, Tomás assume – justamente ao conciliar as duas "tradições" a ele transmitidas, platônica e aristotélica – o princípio expresso por Aristóteles no *De Anima* III, 430a4, e por ele mesmo, Tomás, no livro II, capítulo 59 da *Suma contra os gentios*: *intellectus in actu est intellectum in actu* ("o intelecto em ato é o inteligido em ato"; "aquilo que o intelecto inteligge é o próprio intelecto em ato"). Em síntese, a E. e o conceito participam da ideia-exemplar na mente divina, e o conceito é *verbum*, o que significa que o intelecto, graças à determinação da E., tem caráter ativo, realizando analogamente o modelo da ℗criação do mundo: a E. é ato de quem conhece, e ela não é mera impressão de uma imagem, como se se tratasse de um "carimbo" em uma *tabula rasa* (concepção à qual aderiu grande parte, senão a maioria, dos tomistas e neotomistas, por influência dos debates modernos entre racionalistas e empiristas). Como imagem do Verbo de Deus, em quem tudo foi criado, o intelecto humano transcende, nela, seu caráter finito, a fim de exprimir o ser universal e sua ideia, ou, se se preferir, a "Ideia do ser" (cf. LIMA VAZ, 2001, p. 15), chegando ao grau máximo a que naturalmente tende a sabedoria intelectual humana (cf. *Suma contra os gentios* I, 1), exceção feita do conhecimento perfeito que o intelecto humano, por ℗graça, pode ter, *em Deus mesmo*, de tudo o que há: sabedoria do conhecimento de Deus *por experiência* (cf. *Suma de teologia* II$^a$II$^{ae}$, q. 97, a. 2, ad 2m; ℗Teologia).

**Bibliografia:** BOÉCIO. *Escritos (Opuscula sacra)*. Trad., estudos e notas de Juvenal Savian Filho. São Paulo: Martins Fontes, 2005. CORY, TH. S. Averrois and Aquinas on the Agent Intellect's Causation of the Intelligible. *Recherches de Théologie et Philosophie Médiévales*, 82, p. 1-60, 2015. _____. Rethinking Abstractionism: Aquinas's Intellectual Light and Some Arabic Sources. *Journal of the History of Philosophy*, 53 (4), p. 607-646, 2015a. _____. What is an Intellectual "Turn"? The *Liber de Causis*, Avicenna and Aquinas's Turn to Phantasms. *Tópicos: Revista de Filosofia*, 45, p. 129-162, 2013. DE FINANCE, J. Les degrés de l'être chez Saint Thomas d'Aquin. *Analecta husserliana*, XI, p. 51-57, 1981. GILSON, E. *Le thomisme*: introduction à la philosophie de Saint Thomas d'Aquin. Paris: Vrin, 2006 (ed. bras.: *O tomismo*: introdução à filosofia de Santo Tomás de Aquino. Trad. Juvenal Savian Filho. São Paulo: WMF Martins Fontes, 2024). GREDT, J. *Elementa philosophiae aristotelico-thomisticae*. Friburgo na Brisgóvia: Herder, 1926. HAYEN, A. *L'intentionnel selon Saint Thomas*. Bruxelas/Paris: Desclée de Brouwer, 1954. HEINZMANN, R. *Thomas von Aquin*: eine Einführung in sein Denken. Stuttgart: W. Kohlhammer, 1994. HENLE, R. J. Santo Tomás e o platonismo. In: TOMÁS DE AQUINO. *Suma de teologia. Primeira Parte, Questões 84-89*. Trad. Carlos Arthur Ribeiro do Nascimento. Uberlândia: EDUFU, 2004, p. 52-71. KRETZMANN, N.; STUMP, E. (orgs.). *Tomás de Aquino*. Trad. Andrey Ivanov. Aparecida: Ideias & Letras, 2019. LAMBERT, R. T. A Textual Study of Aquinas' Comparison of the Intellect to Prime Matter. *The New Scholasticism*, 56 (1), p. 80-99, 1982. LANDIM FILHO, R. Conceito e objeto em Tomás de Aquino. *Analytica*, 14 (2), p. 65-88, 2010. LIMA VAZ, H. C. *Contemplação e dialética nos diálogos platônicos*. Trad. Juvenal Savian Filho. São Paulo: Loyola, 2012. _____. A metafísica da Ideia em Tomás de Aquino. *Síntese*, 28 (90), p. 5-16, 2001. _____. Presença de Tomás de Aquino no horizonte filosófico do século XXI. *Síntese*, 25 (80), p. 19-42, 1998. MARTY, F. *La perfection de l'homme selon Saint Thomas d'Aquin*: ses fondements ontologiques et leur vérification dans l'ordre actuel. Roma: PUG, 1962 (Col. "Analecta Gregoriana" 123). NASCIMENTO, C. A. R. Tomás de Aquino e a metafísica. *Revista filosófica de Coimbra*, 52, p. 233-254, 2017. OWEN, G. E. L. O platonismo de Aristóteles. In: ZINGANO, M. (org.). *Sobre a metafísica de Aristóteles*. Vários tradutores. São Paulo: Odysseus, 2005, p. 205-234. PORFÍRIO. *Isagoge*. Trad. Alain de Libera e Alain-Philippe Segonds. Paris: Vrin, 1998. POUIVET, R. *Après Wittgenstein, Saint Thomas*. Paris: PUF, 2014. ROUSSELOT, P. *A teoria da inteligência segundo Tomás de Aquino*. Trad. Paulo Meneses. São Paulo: Loyola, 1999. SPRUIT, L. *Species intelligibilis*: from perception to knowledge. Leiden: E. J. Brill, 1994. 2 v., especialmente, v. 1, p. 156-174. TOMÁS DE AQUINO. *Suma de teologia. Primeira Parte, Questões 84-89*. Trad. Carlos Arthur Ribeiro do Nascimento. Uberlândia: EDUFU, 2004.

JUVENAL SAVIAN FILHO

# ESPERANÇA

O tratamento dado ao tema da esperança (E.) teve uma grande evoluçõo na metade do século XIII. Pedro Lombardo havia sistematizado algumas questões a partir dos ensinamentos de Santo Agostinho, particularmente de sua obra *Enchiridion*, um pequeno tratado sobre a ℗fé, a E. e a ℗caridade. Os principais pontos que os teólogos medievais procuram especificar são o caráter virtuoso da E., seu →objeto próprio, o tipo de certeza que lhe corresponde, o →sujeito dessa →virtude e sua relação com a fé e a caridade. Santo Tomás trata particularmente da E. em seu *Comentário aos Livros das Sentenças de Pedro Lombardo* (na dist. 26, livro III, composto por duas questões com cinco artigos cada), na *Questão sobre a esperança* (*Questões disputadas sobre as* virtudes, q. 4) e na *Suma de teologia* (IaIIae, q. 40, para o sentimento e a E., e II$^a$II$^{ae}$, q. 17-22, para a E. como virtude teologal). Nesta última obra, na qual encontramos seu pensamento maduro, o escrito sobre a E. teologal se estrutura de acordo com o esquema já utilizado para a virtude da fé: a E. em si mesma (q. 17 e 18, com 12 artigos no total), o dom do temor (q. 19, com 12 artigos), os →pecados contrários de desesperança e presunção (q. 20 e 21, com quatro artigos cada uma) e os preceitos que lhe são correspondentes (q. 22, com dois artigos). Menção especial merece o *Compêndio de teologia*, estruturado segundo a ordem das virtudes teologais; a obra foi interrompida no capítulo 10 da segunda parte, dedicada à E. cristã em relação aos pedidos do Pai-Nosso.

**A esperança como emoção** (*passio*). Para Santo Tomás, a E. é acima de tudo uma emoção da dimensão irascível, a agressividade, e seu objeto é um bem ausente (quer dizer, futuro, posto que não se espera o que já se possui) e difícil de alcançar (diferentemente do simples desejo); por isso, implica certa tensão da →alma em vista desse bem: "A esperança, com efeito, acrescenta ao desejo certo esforço e elevação do ânimo para conseguir o bem árduo" (*Suma de teologia* I$^a$II$^{ae}$, q. 25, a. 1, Resp.). Além disso, o bem esperado deve ser considerado possível de se alcançar, seja por nossas próprias forças, seja com a ajuda de outro (cf. *ibidem*, q. 40, a. 7, Resp.), caso contrário não seria E., mas desesperança (cf. *ibidem*, q. 40, a. 4, ad 3m). A E., como o →amor ou o desejo, é uma das atitudes mais simples e primárias dos seres vivos, mas não é por si mesma uma virtude. O ímpeto autêntico da E. natural deve ser assumido em conexão com a magnanimidade, com o apoio da humildade, que a protege da presunção (cf.

*Suma de teologia* II$^a$II$^{ae}$, q. 129, a. 1, ad 2m e a. 6, Resp.; q. 161, a. 2, Resp.). Uma vez que o tema será retomado no tratamento das virtudes teologais, é interessante notar que o amor pode ser, sob diferentes aspectos, →causa e, ao mesmo tempo, efeito da E. (cf. *Suma de teologia* I$^a$II$^{ae}$, q. 40, a. 7).

**A esperança como virtude.** A firmeza na direção do bem torna-se E. somente quando é obra de →Deus e se dirige para ele, isto é, quando é virtude teologal. Santo Tomás funda o caráter virtuoso da E. teologal no fato de que, por seu próprio ato, ela alcança a Deus como regra transcendente (→Transcendência e Transcendental) e última de sua ação, dado que esperamos um bem fundamentados em seu auxílio: "Quando esperamos por algo como alcançável graças à ajuda divina, nossa esperança chega até Deus mesmo, em cujo auxílio nos apoiamos. Por isso, é evidente que a esperança é virtude: torna bom o ato do ser humano e se ajusta à regra adequada" (*Suma de teologia* II$^a$II$^{ae}$, q. 17, a. 1, Resp.). Pela E. o →ser humano tende a Deus como possível de ser alcançado, precisamente porque tende previamente a Deus e conta com ele como ajuda. Dito de outra maneira, aquele que espera tem a Deus, a quem todavia não possui, porque já conta com seu auxílio. (cf. *Suma de teologia* II$^a$II$^{ae}$, q. 17, a. 1, ad 3m). Essa análise permite compreender por que o ato próprio da E. – esperar a posse beatífica de Deus pelo auxílio onipotente de sua →graça – é denominado *expectare*: "Não se diz que o que alguém espera alcançar por seu próprio poder se trate de um esperar com expectativa (*expectare*), mas apenas de espera. Porém, propriamente falando, diz-se esperar com expectativa (*expectare*) do que se espera pelo auxílio alheio, de modo que *ex-spectare* implica fixar o olhar em outro (*ex alio spectare*), ou seja, na medida em que a potência apreensiva, de agora em diante, não só visa ao bem que pretende alcançar, mas também àquele por cujo poder espera consegui-lo" (*Suma de teologia* I$^a$II$^{ae}$, q. 40, a. 2, ad 1m). O que é peculiar e mais próprio do *expectare* não é a tendência ou o impulso para o bem esperado, mas o movimento em direção àquele de quem se recebe o auxílio para poder alcançá-lo. Obviamente ambos os aspectos são constitutivos da E. teologal. O impulso para Deus como bem é o principal e está psicologicamente em primeiro lugar; no entanto, não deixa de ser imperfeito: alcança a Deus somente de modo intencional. Em contrapartida, a relação de confiança em Deus como auxílio para alcançar envolve uma inerência atual e um contato espiritual com ele, em quem se apoia (*innititur*) (cf. *Questões disputadas sobre as virtudes*, q. 4, a. 1, ad 4m; *Suma de teologia* II$^a$II$^{ae}$, q. 17, a. 1, ad 3m). Nesse ponto, como observaram alguns estudiosos, houve uma evolução no pensamento de Santo Tomás a partir da influência de São Boaventura. A tendência para a bem-aventurança futura (♀Beatitude; ♀Escatologia) não é mais o que constitui diretamente a E. como virtude, conforme o que ele sustentou no *Comentário aos Livros das Sentenças de Pedro Lombardo* (cf. III, dist. 26, q. 2, a. 2, Resp.); o ato da E. é bom e perfeito, uma vez que se apoia na ajuda divina, ainda que mantenha certa imperfeição na medida em que não tem ainda a posse de Deus (cf. *Suma de teologia* II$^a$II$^{ae}$, q. 17, a. 1, ad 3m). De todo modo, a bem-aventurança continua desempenhando um papel fundamental como causa final, coordenada com o sustento do auxílio divino que conserva a prioridade como causa eficiente (cf. *Suma de teologia* I$^a$II$^{ae}$, q. 17, a 5, Resp.). Continuando a análise, tanto da causa final como da causa eficiente (na *Suma de teologia* ele não utiliza, como na *Questão sobre a esperança*, o vocabulário de objeto material e objeto formal, que seria mais próprio das potências cognoscitivas), cabe distinguir um elemento principal e outros secundários. Com relação à causa final, podem ser indicados objetos secundários que são fins intermediários. Nesse sentido, Santo Tomás afirma que podem ser esperados outros bens, obviamente subordinados à bem-aventurança (cf. *Suma de teologia* II$^a$II$^{ae}$, 17, a. 2, ad 2m). Em primeiro lugar, relaciona-se tudo o que está, de algum modo, incluído na própria bem-aventurança: a glorificação do ♀corpo, a associação com amigos e também a bem-aventurança dos outros (cf. *Comentário à*

*Carta aos Hebreus*, cap. 11, lição 1). Por outro lado, ao pretender um fim, deseja-se também os meios que conduzem a ele. Portanto, podem ser também objeto de E. os bens espirituais e até materiais, na medida em que nos ajudam a alcançar a bem-aventurança. Pela mesma razão, eles podem ser pedidos a Deus em ♀oração, que é *interpretativa spei* (*Suma de teologia* II$^a$II$^{ae}$, q. 17, a. 4, argumento inicial 3): "A esperança não apenas faz tender a Deus, mas, por meio da ajuda do próprio Deus, permite evitar o ♀mal e alcançar o bem; portanto, quem espera em Deus, acredita que irá receber todo bem e evitar todos os males" (*Comentário aos Livros das Sentenças de Pedro Lombardo* III, dist. 27, q. 2, a. 2, ad 2m). Um ponto debatido, e às vezes objeto de mal-entendidos, consiste em saber se é possível esperar a bem-aventurança eterna para outros. A frase de Santo Agostinho, que está na origem da questão, deve ser entendida no sentido de que apenas se espera aquilo que nos afeta pessoalmente de algum modo, pelo que também podemos esperar para outros, na medida em que, por algum vínculo, o consideremos de alguma maneira um bem nosso (cf. *Suma de teologia* II$^a$II$^{ae}$, q. 17, a. 3, Resp.). Com relação à causa eficiente, isto é, o auxílio divino, também podem ser indicadas algumas causas segundas, que têm caráter instrumental, e podem, então, ser incluídas como motivos secundários da E. (cf. *ibidem*, q. 17, a. 4, Resp.; I, q. 23, a. 8). Desse modo, todas as dimensões da ♀vida humana são integradas na finalidade teologal como caminho para a bem-aventurança. Como mostra a própria organização da segunda parte da *Suma de teologia*, a conjugação harmoniosa de todas as virtudes morais e as condições de cada estado particular de vida estão subordinadas a essa orientação geral, na qual a E., juntamente com as demais virtudes teologais, tem um papel decisivo.

**A esperança e as demais virtudes teologais.** Santo Tomás insiste repetidamente na conexão entre as três virtudes teologais, a fé, a E. e a caridade. Assim como as faculdades que elas aperfeiçoam, a realidade e os atos de cada uma delas são complementares em relação ao

ESPERANÇA

único Ɵfim, a união com Deus. Na *Suma de teologia*, ele as distingue pela formalidade de seus atos e objetos, mas não segue a distinção presente no *Comentário aos Livros das Sentenças de Pedro Lombardo*, entre *primum verum, primum arduum* e *summum bonum* (cf. III, dist. 26, q. 2, a. 3, qc. 1, ad 1m). Sem a virtude da fé não pode haver E., já que a fé nos dá acesso ao objeto e motivo da E. No que diz respeito à caridade, ambas – E. e caridade – têm sua sede na Ɵvontade; e têm como objeto o bem divino: o bem divino é objeto da caridade, na medida em que é amado por si mesmo, e é objeto da E., uma vez que é um bem a ser alcançado (cf. *Suma de teologia* II$^a$II$^{ae}$, q. 17, a. 8). Por outro lado, "como a esperança é a preparação do ser humano para o verdadeiro amor de Deus, assim, em contrapartida, o ser humano se consolida na esperança mediante a caridade" (*Suma contra os gentios* III, 153). A imperfeição da E. deve ser bem compreendida. Como *viator* ou peregrino na terra, o ser humano tende à bem-aventurança e a deseja como um bem a ser alcançado. Por si só isso não implica nenhum tipo de egoísmo ou amor desordenado por si mesmo. É simplesmente uma consequência da condição de criatura que, por seu dinamismo natural, busca sua perfeição. Caso contrário, a E. não poderia ser uma virtude teologal nem poderia ser aperfeiçoada pela caridade. Com efeito, "quando a caridade aparece, a esperança se torna mais perfeita, pois esperamos sobretudo dos amigos" (*Suma de teologia* II$^a$II$^{ae}$, q. 17, a. 8, Resp.). Toda a Ɵmoral de Santo Tomás se funda nesse modo de compreender a bem-aventurança. "De Deus não se pode esperar um bem menor do que ele mesmo [...] por isso, o objeto próprio e principal da esperança é a bem-aventurança eterna" (*ibidem*, q. 17, a. 2 Resp.).

**Sujeito da esperança.** A virtude teologal da E. se encontra no desejo superior ou vontade como em seu próprio sujeito imediato (cf. *ibidem*, q. 18, a. 1). Santo Tomás esclarece esse aspecto em relação à posição de alguns contemporâneos, em particular, entre os franciscanos, que sustentavam a existência de um irascível espiritual (cf. *Comentário aos Livros*

*das Sentenças de Pedro Lombardo* III, dist. 26, q. 1, a. 5, ad 3m). Por sua própria Ɵnatureza, a E. é uma virtude do *homo viator*, isto é, do ser humano como aquele que está a caminho da bem-aventurança eterna. Nem os bem-aventurados nem os condenados, portanto, podem ser sujeitos dessa virtude, isto é, terem-na (cf. *Suma de teologia* II$^a$II$^{ae}$, q. 18, a. 2 e 3). No caso de ƟJesus Cristo, explica Santo Tomás, "embora possuísse a visão de Deus, e, por isso mesmo, fosse bem-aventurado em relação ao gozo divino, ele era, não obstante, ao mesmo tempo, *viator* pela passibilidade da natureza humana que, todavia, tinha consigo. Por essa razão, ele podia esperar a glória da impassibilidade e da Ɵimortalidade, mas não por ter a virtude da esperança, cujo objeto principal não é a glória do corpo, mas a fruição divina" (*ibidem*, q. 18, a. 2, ad 1m). A E. participa da certeza incondicional da fé (cf. *ibidem*, q. 18, a. 4, Resp.) e se apoia, acima de tudo, na onipotência e na Ɵmisericórdia divinas, pelo que "quem não tem a graça pode consegui-la e, assim, alcançar a Ɵvida eterna. E aquele que tem fé tem certeza da onipotência de Deus e de sua misericórdia" (*ibidem*, q. 18, a. 4, ad 2m). Esse tema foi debatido entre os escolásticos do século XVI, em controvérsia com o protestantismo no que se refere à certeza pessoal da Ɵsalvação eterna. Convém recordar que a certeza da E. não se dá por meio do juízo do Ɵintelecto, mas por tendência ou inclinação. Essa inclinação ou tendência adquire firmeza e determinação para o bem de acordo com o motivo em que se baseia, isto é, a onipotência e a misericórdia divinas (cf. *ibidem*, q. 18, a. 4, ad 2m). Nos comentários bíblicos, encontramos outras características da E., por exemplo: a retidão e a firmeza (cf. *Comentário aos Salmos*, 30, n. 1), a segurança (cf. *Comentário à Carta aos Hebreus*, cap. 6, lição 4) ou a grandeza e a veemência: "Quem espera algo com veemência suporta por esse motivo, de boa vontade, até coisas difíceis e amargas, como o enfermo que espera tão veementemente a saúde, que bebe, de boa vontade, o remédio amargo para ser curado por ele [...] Um sinal da esperança veemente que temos por causa de Cristo é que nos glorificamos não apenas pela esperança da glória futura, mas também pelos males que padecemos por causa dela" (*Comentário à Carta de São Paulo aos* Romanos, cap. 5, lição 1).

**O dom do temor e a bem-aventurança dos pobres de espírito.** Como no estudo das outras virtudes, Santo Tomás indica para a E. um dom do ♀Espírito Santo que perfaz, o dom do temor, que tem também uma relação com a virtude da temperança. Do ponto de vista psicológico, a E. e o temor se relacionam, pois são movimentos complementares. No âmbito do sensível, ambos se encontram no irascível, mas com objetos opostos: teme-se perder o que se espera, e espera-se evitar o que se teme (cf. *Suma de teologia* I^aII^ae, q. 40, a. 4, ad 1m). Após distinguir vários tipos de temor, Santo Tomás afirma que o temor filial conduz a virtude da E. à perfeição, pois faz com que nos abandonemos mais profundamente a Deus para não nos privarmos de seu auxílio (cf. *Suma de teologia* II^aII^ae, q. 19, a. 9, ad 1m). Ao dom do temor corresponde a bem-aventurança dos pobres de espírito, pois "ao submeter-se a Deus, o ser humano deixa de buscar a grandeza em si mesmo ou em algo que não seja Deus" (*ibidem*, q. 19, a. 12, Resp.).

**Vícios contrários.** Existem dois vícios contrários à E.: o desespero e a presunção. O desespero, fundado em uma falsa apreciação de Deus (cf. *ibidem*, q. 20, a. 1, Resp.), tem uma gravidade particular. Ainda que os pecados contra as outras duas virtudes teologais, a infidelidade e o ódio a Deus, sejam em si mais graves, o desespero pode ser mais perigoso, porque favorece outros vícios e leva a se afastar das boas obras (cf. *ibidem*, q. 20, a. 3, Resp.). Santo Tomás destaca que o desespero se origina especialmente a partir da acídia (cf. *ibidem*, q. 20, a. 4, Resp.), uma espécie de ♀tristeza com relação ao bem divino que paralisa e desanima (cf. *Suma de teologia* I^aII^ae, q. 35, a. 8; *Questões disputadas sobre o mal*, q. 11). A presunção é o outro vício contrário à E., nesse caso, por excessiva imoderação no esperar. Pode apresentar-se de duas maneiras: quando se tende a um bem como possível, confiando excessivamente nas próprias forças, ou quando se busca a ajuda de Deus, mas sem os meios ordenados por ele. Esta última constitui um pecado contra o Espírito Santo, uma vez que se abandona ou se despreza a ajuda de Deus, pela qual o ser humano se afasta do pecado (cf. *Suma de teologia* II^aII^ae, q. 21, a. 1, Resp.). A raiz da presunção pode estar na vanglória ou diretamente no orgulho, quando alguém tem a si em tão alta conta a ponto de considerar que, mesmo pecando, Deus não há de puni-lo nem excluí-lo da glória (cf. *ibidem*, q. 21, a. 4, Resp.).

**A revelação da esperança.** Na última questão do tratado sobre a E. na *Suma de teologia*, Santo Tomás versa sobre os preceitos mencionados na ♀Sagrada Escritura. Não se trata de buscar o fundamento bíblico para o caráter obrigatório de determinados atos referentes a essa virtude, mas o modo pelo qual ela foi ensinada por Deus na economia da ♀Revelação. Santo Tomás observa que a E., como a fé, não se ensina com preceitos. A E. foi revelada por meio de promessas. "Portanto, todas as promessas contidas na lei são incentivos para a esperança" (*Suma de teologia* II^aII^ae, q. 22, a. 1, Resp.). No Novo Testamento, *ad consummationem spei*, quer dizer, para a consumação da E., o Senhor nos ensinou o Pai-Nosso: "Foi conveniente que Cristo nos tenha apresentado a fonte mesma da esperança, ensinando-nos um modo de orar que estimula a nossa esperança em Deus, uma vez que ele mesmo nos ensina o que lhe devemos pedir" (*Compêndio de teologia*, cap. 3).

**Bibliografia:** AGOSTINHO. Enchiridion de fide, spe et caritate. In: _____. *Aurelii Augustini Opera. Corpus Christianorum Latinorum* 46. Turnhout: Brépols, 1969, p. 49-114. BERNARD, Ch. *Théologie de l'espérance selon saint Thomas d'Aquin*. Paris: Vrin 1963. ESCALLADA TIJERO, A. Introducción a las cuestiones 17 a 22. In: TOMÁS DE AQUINO. *Suma de teología* III. Madri: Biblioteca de Autores Cristianos, 1990. HAMONIC, Th.-M. Dieu peut-il être légitimement convoité? *Revue thomiste*, XCII, p. 239-266, 1992. JOSAPHAT, C. *Paradigma teológico de Tomás de Aquino*. São Paulo: Paulus,

2012. LABOURDETTE, M. *L'espérance*: "Grand cours" de théologie morale. Paris: Parole et Silence, 2012. t. 9. PIEPER, J. *Las virtudes fundamentales*. Madri: Rial, 1980. PINCKAERS, S. La nature vertueuse de l'espérance. In: _____. *Le renouveau de la morale*. Paris: Téqui, 1979, p. 178-220. _____. Peut-on espérer pour les autres. In: _____. *Le renouveau de la morale*. Paris: Téqui, 1979a, p. 241-255. RAMÍREZ, S. *La esencia de la esperanza cristiana*. Madri: Punta Europa, 1960. URDANOZ, T. Introducción a las cuestiones del tratado sobre la Esperanza. In: TOMÁS DE AQUINO. *Suma teológica*. Madri: Biblioteca de Autores Cristianos, 1959. t. VIII.

JAVIER POSE, OP
TRADUÇÃO DE CLIO TRICARICO

## ESPÍRITO SANTO

O Espírito Santo ou o Amor pessoal na Trindade. Seguindo Santo Agostinho (cf. *A Trindade* V, 11, 12; XV, 19, 37), Tomás de Aquino considera que, na ♀Sagrada Escritura, a ♀pessoa que procede como o ♀Amor do ♀Pai e do Filho é convenientemente chamada *Espírito Santo* (ES.) por três razões: primeiramente porque essa pessoa é *comum* ao Pai e ao Filho (o Pai é *espírito* e *santo*, e o Filho também é *espírito* e *santo*); em segundo lugar, porque o substantivo *espírito* ("sopro", "respiração", "vento") significa uma impulsão e uma moção: ora, é próprio do amor mover e impulsionar a vontade de quem ama rumo a quem é amado; em terceiro lugar, dado que o adjetivo *santo* concerne ao que se refere a Deus (com uma nota de pureza e de consagração a Deus), e posto que o ES. procede como o Amor pelo qual Deus ama-se a si mesmo, a pessoa do Espírito é convenientemente chamada *Espírito Santo* (cf. *Suma contra os gentios* IV, 19; *Compêndio de teologia* I, 47; *Suma de teologia* I, q. 36, a. 1). Essas explicações pressupõem que o ES. é o Amor pessoal do Pai e do Filho. A esse respeito, o pensamento de Santo Tomás de Aquino evoluiu. Em seu primeiro ensinamento, a partir de uma reflexão sobre a perfeição da natureza e do amor de Deus criador (cf. *Comentário aos Livros das Sentenças de Pedro Lombardo* I, dist. 10, q. 1, a. 1), Tomás considera o ES. como um *ato* de amor (ato subsistente de amor que procede do Pai e do Filho, cf. *Comentário aos Livros das Sentenças de Pedro Lombardo* I, dist. 32, q. 1, a. 1, ad 2m e ad 3m). Posteriormente, a partir da *Suma contra os gentios*, ele elabora sua compreensão do ES. em um paralelo mais estreito com a geração do Filho como ♀Verbo, pois uma natureza intelectual ou espiritual possui duas operações imanentes: o conhecimento e a vontade. A operação de conhecimento intelectual tem por termo um *verbo* produzido pelo ♀intelecto (é nesse verbo que a realidade é conhecida); da formação do verbo decorre, na natureza intelectual, a inclinação ao seu agir próprio: essa inclinação é a vontade. Ora, todo ato de vontade enraíza-se no amor, e o amor de Deus é fecundo: no ato pelo qual Deus quer-se a si mesmo e se ama, "Deus é, em sua vontade, como quem é amado está em quem ama" (*Deus [est] in sua voluntate ut amatum in amante* – *Suma contra os gentios* IV, 19; cf. *Compêndio de teologia* I, cap. 48). É assim que o ES. procede do Pai e de seu Verbo como o *Amor em pessoa*. Eis a analogia: "Assim como em quem intelige procede (*provenit*) uma certa concepção intelectual da ♀coisa inteligida, que se chama verbo (*verbum*), assim também em quem ama alguma coisa procede (*provenit*) no seu afeto, uma por assim dizer impressão da coisa amada (*quaedam impressio, ut ita loquar, rei amatae*), que nos leva a dizer que a coisa amada está em quem ama (*amatum dicitur esse in amante*) como a coisa inteligida está em quem intelige. De modo que quem se intelige e se ama a si mesmo está em si mesmo, não só por identidade de ser, mas ainda como o que é inteligido está em quem intelige, e como quem é amado está em quem ama" (*Suma de teologia* I, q. 37, a. 1). Essa analogia requer ao menos cinco precisões. Primeiro, quando Tomás de Aquino afirma que o ES. é o Amor, o termo *amor* não designa o amor essencial (o amor comum às três pessoas divinas), nem o ato de amar (pois esse ato de amar é o ato do Pai e do Filho), mas, em razão da pobreza de nosso vocabulário e por uma, digamos, acomodação da linguagem, o termo *amor* designa a realidade que procede ao modo do amor, quer dizer, "o Amor que procede" (*amor procedens – ibidem*). Segundo, posto que em Deus o amor não é um acidente, mas uma realidade que subsiste, o ES. é uma pessoa divina que subsiste: o Espírito é o *Amor subsistente* (*amor subsistens – ibidem*, q. 43, a. 2; cf. q. 27, a. 1, ad 2m). Terceiro, em conformidade com seu ensinamento sobre a ⊘Trindade e com sua concepção relacional da pessoa divina, Tomás de Aquino explica que o ES. (o Amor pessoal) é uma ⊘*relação subsistente*. O ES., Amor pessoal, é constituído como pessoa divina por sua relação de origem com o Pai e o Filho (cf. *Suma de teologia* I, q. 40, a. 1-4). Quarto, Tomás de Aquino emprega muito esmero em mostrar que a processão do ES. (processão imanente) distingue-se realmente da processão do Verbo. Se o Verbo procede ao modo de semelhança (o Verbo é eternamente concebido pelo Pai como a expressão de todo o ser do Pai), o ES. procede ao modo de ímpeto vital (*vitalis motio*) ou impulsão (*impulsio – Suma de teologia* I, q. 27, a. 4), quer dizer, ao modo dinâmico segundo o qual o ser amado está presente em quem ama. Isso implica necessariamente que o Espírito procede do Verbo (cf. *Suma de teologia* I, q. 27, ad 3m: "é da essência do amor proceder da concepção do intelecto"). Há, pois, entre o Verbo e o Amor, um ordenamento de origem: é esse ordenamento (*ordo*) que verifica a distinção real do Filho e do ES. Apoiando-se sobre a doutrina da distinção das pessoas divinas apenas pela "oposição relativa segundo a origem" (*oppositio relativa secundum originem – Suma contra os gentios* IV, 24; cf. *Suma de teologia* I, q. 40, a. 2), Tomás é muito firme neste ponto: se o ES. não procedesse do Filho, ele não se distinguiria realmente do Filho (cf. *Suma de teologia* I, q. 36, a. 2). O Amor procede do Verbo (cf. *ibidem*). Tomás precisa que é do Pai que o Filho recebe o seu ser princípio, com o Pai, do ES.: é preciso sustentar que (1) o ES. procede do Pai e do Filho (*a Patre et Filio*) e (2) o ES. procede do Pai pelo Filho (*a Patre per Filium – Suma de teologia* I, q. 36, a. 3). No entanto, qualquer que seja a maneira pela qual se encara a processão do ES., é preciso sustentar que "o Pai e o Filho são um único princípio do ES." (*Pater et Filius sunt unum principium Spiritus Sancti – Suma de teologia* I, q. 36, a. 4). Quinto, as explicações de Tomás de Aquino sobre o ES. como Amor implicam que o ES. é o Amor mútuo (*amor mutuus*) do Pai e do Filho, ou seja, o Amor que procede do Pai e do Filho (cf. *Suma de teologia* I, q. 37, a. 1, ad 3m; q. 37, a. 2).

**O Espírito Santo é a comunhão do Pai e do Filho.** O ES. procede como "o Amor, a Comunhão e o Vínculo do Pai e do Filho" (*amor et communio et nexus Patris et Filii – Questões disputadas sobre o poder divino*, q. 10, a. 5, ad 11m), de tal modo que a comunhão do Pai e do Filho não pode ser pensada sem a processão do ES. (cf. *ibidem*). O ES. é a "comunidade do Pai e do Filho" (*est communitas Patris et Filii – Comentário aos Livros das Sentenças de Pedro Lombardo* I, dist. 10, q. 1, a. 4, ad 1m): procedendo como o Amor do Pai e do Filho, o ES. é, em pessoa, "a união do Pai e do Filho" (*unio Patris et Filii – Comentário aos Livros das Sentenças de Pedro Lombardo* I, dist. 10, q. 1, a. 3; cf. dist. 32, q. 1, a. 1, ad 4m), "o vínculo ou a união daquele que ama e daquele que é amado" (*vinculum vel unio amantis et amati – Comentário aos Livros das Sentenças de Pedro Lombardo* I, dist. 10, q. 1, a. 3, ad 1m), quer dizer, "o Amor que une os dois" (*amor unitivus duorum – Suma de teologia* I, q. 36, a. 4, ad 1m; cf. q. 37, q. 1, ad 3m). Tomás de Aquino desenvolve aqui a herança agostiniana. A comunhão trinitária é a comunhão do Pai e do Filho no ES.: Tomás fala de "três pessoas unidas por uma sociedade de amor que é o ES" (*tres personas unitas societate quadam amoris, qui est Spiritus Sanctus – Comentário aos Livros das Sentenças de Pedro Lombardo* I, dist. 24, q. 2, a. 1). É por isso que, quando o ES. é dado aos seres humanos na graça e na caridade, ele os faz participar da comunhão trinitária (cf. *Comentário sobre o Evangelho de João*, cap. 17, lição 3 e lição 5).

**O Espírito Santo como Dom.** Na *Suma de teologia*, a seção dedicada ao ES. examina sucessivamente três nomes pelos quais nós o significamos: *Espírito Santo* (I, q. 36), *Amor* (q. 37) e *Dom* (q. 38). Tomás de Aquino afirma que *Dom* (*donum*) é um nome *próprio* do ES. Uma precisão prévia impõe-se aqui: em Santo Tomás, o ES. não é apresentado como o Dom que o Pai faria ao Filho e que o Filho faria ao Pai; quando o ES. é designado como Dom, trata-se do Dom cujos beneficiados são as criaturas racionais (anjos e humanos). A explicação do termo *Dom* compreende duas etapas. Na primeira, Tomás de Aquino mostra que *Dom* é um *nome pessoal*. Isso implica três aspectos. Primeiro, o dom é relativo (*dom* é um nome de relação) por comportar uma relação de origem com referência ao doador (o Pai e o Filho são os Doadores do ES.). Segundo, embora o ES. seja dado às criaturas racionais apenas no tempo, ele é *Dom* desde toda a eternidade por possuir eternamente uma "aptidão para ser dado" (*Suma de teologia* I, q. 38, a. 1). Terceiro, se se afirma que o ES. é o Dom, isso implica que a criatura racional é capaz de receber uma pessoa divina incriada! Dito de outra maneira, a teologia do ES. como Dom implica que a criatura racional seja capaz de ser elevada pela graça para participar do Verbo e do Amor, recebendo o Dom divino (cf. *ibidem*). Na segunda etapa, Tomás de Aquino estabelece que o nome *Dom* é um *nome próprio do ES*. Ele precisa inicialmente a razão de um verdadeiro dom: "A razão da doação gratuita é o amor, pois damos algo gratuitamente a quem queremos bem; e, portanto, a primeira coisa que lhe damos é esse amor pelo qual lhe queremos bem" (*Suma de teologia* I, q. 38, a. 2). Seguindo Guilherme de Auxerre (cf. *Summa aurea*, Lib. I, tract. III, ch. II) e na linha de Santo Agostinho (cf. *A Trindade* XV, 18, 32), Tomás explica que o Espírito é o Dom porque ele é o Amor em pessoa: "Porque o ES. procede como Amor, procede como dom primeiro (*donum primum*)" (*Suma de teologia* I, q. 38, a. 2). O Espírito é o Dom no qual são dados todos os dons (cf. *ibidem*).

**O Espírito Santo e a economia universal da criação.** A ação do ES. é universal. "O Pai e o Filho amam-se a si e a nós pelo ES. ou pelo Amor procedente" (*Suma de teologia* I, q. 37, a. 2): é pelo *mesmo amor* que o Pai e o Filho amam-*se a si mesmos* e nos amam *a nós*! "Assim como o Pai se diz a si e a toda criatura pelo Verbo que gerou, enquanto o Verbo gerado suficientemente representa o Pai e toda criatura, assim ama-se a si e a toda criatura pelo ES. enquanto este procede como Amor da bondade primeira, segundo a qual o Pai ama a si e a toda criatura" (*ibidem*, ad 3m; cf. q. 45, a. 6). É por meio do tema do *Amor* que Tomás de Aquino dá conta sistematicamente de toda a obra que a Sagrada Escritura atribui ao ES. Isso concerne, de início, à ação do ES. na ordem da natureza: sendo o ES. o amor pessoal na Trindade, ele é "o princípio da criação das coisas" (*principium creationis rerum* – *Suma contra os gentios* IV, 20). Tomás atribui assim ao ES. a criação, o exercício da Providência Divina (o "governo" de Deus, que conduz os entes criados ao Ꝅfim deles), o Senhorio e o dom de toda vida (cf. *ibidem*).

**O Espírito Santo e a vida da graça.** Em um grau superior, a obra do ES. concerne a todo o domínio da graça. Em sua *missão* (ꝒTrindade), "o próprio ES. é dado" (*Suma de teologia* I, q. 43, a. 3), de modo que o ser humano que recebe o ES. "goze da própria Pessoa divina" (*ibidem*, ad 1m). "E sendo o Espírito Santo Amor, a alma com ele se assimila pelo dom da caridade. Por onde, relativamente ao dom da caridade é que se considera a missão do ES." (*Suma de teologia* I, q. 43, a. 5, ad 2m). A caridade é "uma certa participação do ES." (*Suma de teologia* II$^a$II$^{ae}$, q. 23, a. 3, ad 3m), e "pela caridade o ES. habita em nós" (*ibidem*, q. 24, a. 11). Esse ensinamento encontra-se na doutrina da imagem de Deus, pois a imagem é uma participação nos atos imanentes da Trindade: "Considera-se a imagem divina no ser humano quanto ao verbo concebido a respeito do conhecimento de Deus e ao amor, daí derivado" (*Suma de teologia* I, q. 93, a. 8). Pela caridade que anima a fé e a esperança, o ES. faz de nós *filhos de Deus* (*filii*

*Dei – Suma contra os gentios* IV, 21) et *amigos de Deus* (*Dei amici, ibidem*). Mais ainda, "pelo ES., não somente Deus está em nós (*Deus in nobis*), mas nós também estamos em Deus (*etiam nos in Deo*)" (*ibidem*). O ES. revela aos seres humanos os mistérios divinos, inspira os profetas, fornece aos humanos todos os dons divinos da graça, torna os santos capazes de cumprir o bem, perdoa os pecados, purifica-nos e conduz-nos à ۹beatitude (cf. *ibidem*). Tomás de Aquino explica ainda que o ES., por ser pessoalmente o Amor divino, faz de nós contempladores de Deus (*Dei contemplatores*), fornece-nos a consolação, possibilita-nos cumprir os mandamentos de Deus, move-nos e inclina-nos a bem agir, dando-nos a verdadeira ۹liberdade (cf. *Suma contra os gentios* IV, 22). "O que há de principal (*potissimum*) na lei do Novo Testamento e aquilo em que consiste toda a sua virtude (*tota virtus eius*) é a graça do ES." (*Suma de teologia* I$^a$II$^{ae}$, q. 106, a. 1). Um lugar especial ocupam os sete dons do ES.: eles dispõem a alma a obedecer ao ES. e a seguir prontamente "o instinto e a moção do ES." (*instinctus et motio Spiritus Sancti – ibidem*, q. 68, a. 2). Os sete dons são "uma semelhança participada do ES." (*Suma de teologia* II$^a$II$^{ae}$, q. 9, ad 1m). Para Tomás de Aquino, "os sete dons são necessários à salvação" (*Suma de teologia* I$^a$II$^{ae}$, q. 68, a. 3, ad 1m). O ES. está na raiz de toda ação santa dos seres humanos e na raiz do mérito: "A obra meritória, na medida em que procede da graça do ES., é condignamente meritória da vida eterna, porque o valor do mérito se funda no poder do ES." (*ibidem*, q. 114, a. 3). Em resumo: o ES. é propriamente enviado aos seres humanos como "o Dom da santificação" (*sanctificationis donum – Suma de teologia* I, q. 43, a. 7).

**O Espírito Santo e o Cristo, a Igreja, os sacramentos e a escatologia.** A obra da ۹graça do Espírito observa-se em particular em Cristo. Por um lado, Cristo, em sua humanidade, é o primeiro *beneficiário* do ES.: "Desde o princípio da sua concepção, Cristo teve a plenitude da graça do ES." (*Suma de teologia* III, q. 39, a. 2). Dito de outra maneira, no instante mesmo de sua concepção no seio da Virgem ۹Maria, a alma humana de Cristo recebeu uma "missão invisível" do ES., que a preencheu superabundantemente da plenitude da graça, de todas as virtudes infusas, de todos os dons do ES. e de todos os carismas (cf. *Suma de teologia* I, q. 43, a. 7, ad 6m; *Suma de teologia* III, q. 7). Assim, o agir de Cristo era perfeitamente movido pelo ES. (cf. *ibidem*, q. 7, a. 5). O batismo e a transfiguração de Cristo são a manifestação visível (missão visível do ES) dessa plenitude de graça que Cristo possuía para fornecer-nos a salvação pela regeneração espiritual e por seu ensino (cf. *ibidem*, q. 39 e q. 45). Essa presença do ES. encontra seu ponto culminante na ۹Paixão de Cristo: "A causa pela qual Cristo derramou o seu sangue foi o ES.: é por moção e instinto do ES. (*cuius motu et instinctu*), quer dizer, pela caridade de Deus e do próximo, que Cristo realizou isso" (*Comentário à Epístola aos Hebreus*, cap. 9, lição 9). Por outro lado, Cristo, em sua humanidade, é o *doador* do ES. Pela causalidade eficiente instrumental da sua ação humana (۹Encarnação; ۹Salvação), Cristo dá o ES. (cf. *ibidem*, q. 8, a. 1, ad 1m; q. 19, a. 1). Pelas missões visíveis do ES., os apóstolos receberam o ES. em abundância para semear a ۹Igreja por meio da ۹pregação da ۹fé e dos ۹sacramentos (cf. *Suma de teologia* I, q. 43, a. 7); e pela caridade que ele expande em nossos corações, o ES. *habita* a Igreja e *conduz* o seu agir. Aquilo que a alma é para o corpo do ۹ser humano, o ES. é para a Igreja (o ES. anima, vivifica e move a Igreja): "A Igreja Católica é um só corpo com muitos membros; a alma que vivifica esse corpo é o Espírito Santo" (*Comentário ao Símbolo dos Apóstolos*, a. 9, início). Santo Tomás explica também que o ES., "que invisivelmente vivifica e une a Igreja", é como "o coração" (*cor*) da Igreja (*Suma de teologia* III, q. 8, a. 1, ad 3m). O ES. preserva a Igreja de todo erro no que concerne à fé e no que é necessário à ۹salvação (cf. *Questões quodlibetais* IX, q. 8). Para Tomás, professar "Creio na Igreja" significa "Creio no ES., que santifica a Igreja" (*Suma de teologia* I$^a$II$^{ae}$, q. 1, a. 9, ad 5m). O ES. suscita

ESSÊNCIA E SUBSTÂNCIA

e anima a pregação da Igreja; e os sacramentos "tiram sua eficácia da paixão de Cristo e do ES." (*Suma de teologia* III, q. 66, a. 11, ad 1m). No centro do organismo sacramental, a Eucaristia fornece a unidade da Igreja pelo dom do ES.: "Quem come e bebe espiritualmente [a carne e o sangue de Cristo] é feito participante do ES. (*fit particeps Spiritus Sancti*), por meio de quem (*per quem*) estamos unidos a Cristo pela união da fé e da caridade (*unione fidei et caritatis*) e por quem (*per quem*) nos tornamos membros da Igreja" (*efficimur membra Ecclesiae – Comentário ao Evangelho de João*, cap. 6, lição 7). Enfim, o ES. encontra-se no centro da ℘escatologia: por um lado, a entrada na beatitude final faz-se por uma *missão invisível* do Filho e do ES. (*ad beatos est facta missio invisibilis in ipso principio beatitudinis, Suma de teologia* I, q. 43, a. 6, ad 3m); por outro, o ES. fornece a ressurreição gloriosa, dando aos santos participar da ressurreição de Cristo (nós ressuscitaremos "pelo poder do ES. que habita em nós", *Comentário à Epístola aos Romanos*, cap. 8, lição 2).

**Bibliografia:** AGOSTINHO DE HIPONA. *A Trindade.* Trad. Agustinho Belmonte. São Paulo: Paulus, 1994. BOURASSA, F. L'Esprit Saint, "Communion" du Père et du Fils. *Science et Esprit*, 29, p. 251-281, 1977, e 30, p. 5-37, 1978. CHARDONNENS, D. La procession du Saint-Esprit, Amour et Don, et son implication dans l'économie trinitaire de la grâce. *Teresianum*, 67, p. 9-43, 2016. EMERY, G. Holy Spirit. In: MCCOSKER, P.; TURNER, D. (eds.). *The Cambridge Companion to the Summa Theologiae.* Cambridge: Cambridge University Press, 2016, p. 129-141. _____. The Holy Spirit in Aquinas's Commentary on Romans. In: LEVERING, M.; DAUPHINAIS, M. (eds.). *Reading Romans with St. Thomas Aquinas.* Washington D.C.: The Catholic University of America Press, 2012, p. 127-162. _____. *The Trinitarian Theology of Saint Thomas Aquinas.* Trad. F. A. Murphy. Oxford: Oxford University Press, 2007. _____. Missions invisibles et missions visibles: le Christ et son Esprit. *Revue Thomiste*, 106, p. 51-99, 2006. KEATY, A. W. The Holy Spirit Proceeding as Mutual Love: an Interpretation of Aquinas' *Summa Theologiae* I, 37. *Angelicum*, 77, p. 533-557, 2000. LEGGE, D. *The Trinitarian Christology of St Thomas Aquinas.* Oxford: Oxford

University Press, 2017. TORRELL, J.-P. *Santo Tomás de Aquino mestre espiritual.* São Paulo: Loyola, 2017.

GILLES EMERY, OP
TRADUÇÃO DE JUVENAL SAVIAN FILHO

## ESSÊNCIA E SUBSTÂNCIA

**A essência e seu conhecimento.** Essência (E.), para Tomás de Aquino, é "o que é significado pela definição da coisa" (*O ente e a essência*, cap. 2). Em outras palavras, a E. é a contrapartida real da definição a ser produzida pelo ℘intelecto, de modo que uma definição real teria a pretensão de exprimir uma determinada E. Além de Aristóteles, exerceram influência marcante nas considerações de Tomás de Aquino a respeito da E. autores como Boécio, Avicena (Ibn Sina) e Averróis (Ibn Rushd). Observa-se, na relação entre E. e ser (*esse*), a influência direta da distinção boeciana entre ℘ser (*esse*) e o que é (*id quod est*), além da teoria aviceniana da indiferença da E. No tratado *O ente e a essência*, Tomás se dedica a analisar como ocorre a composição entre ser e E. nas substâncias simples, nas substâncias compostas e nos acidentes. As noções de ℘ente, ser e E., embora de uma mesma origem etimológica, apresentam significado bem diverso. ℘Ente, aquilo que é, é o conceito mais genérico, podendo significar entes dotados de E. e entes privativos, como a cegueira (cf. *ibidem*, cap. 1). E. corresponde apenas ao ente tomado no sentido categorial, em que se divide em substância e acidentes. Por fim, ser apresenta o sentido de ato de ser, de modo que um determinado ente categorial, para ser, precisa possuir E. e ser. No caso da substância simples, há que se distinguir ℘Deus das demais formas puras: as inteligências (℘Anjos) e as ℘almas. No caso de Deus, a E. consiste no próprio ato de ser, ao passo que, nos demais entes, ser e E. são distintos. No caso dos anjos e da alma humana separada, não há identidade entre E. e ser. Contudo, ao longo de sua obra, Tomás de Aquino parte do pressuposto de que a E. da ℘coisa sensível é o objeto próprio do intelecto humano. Nesse sentido, formas imateriais não podem ser conhecidas diretamente, mas apenas indiretamente e por meio do conhecimento a partir das coisas sensíveis.

**Quididade, essência da espécie e essência do indivíduo.** Devem observar-se três sentidos principais de E. O primeiro é o de quididade, segundo o qual a E. é tomada a partir da forma do todo (cf. *Comentário aos Livros das Sentenças de Pedro Lombardo* I, dist. 23, q. 1, a. 1; cf. *Comentário à Metafísica de Aristóteles* VII, 2; *Comentário ao De Trinitate de Boécio*). Nesse contexto, dentro da tradição escolástica, quididade abrevia a expressão latina *quod quid erat esse* (o que algo era ser), que traduz a expressão aristotélica *tò tì èn eînai*; trata-se de uma consideração abstrata da E., isto é, equivalente à definição, independentemente do ser intelectual da espécie ou do ser concreto do indivíduo. Há ainda dois outros sentidos de E.: a E. universal da espécie, tomada a partir da expressão *quid est* (o que é; em grego, *tì estí*), além de uma consideração da E. individual, tomada a partir da expressão *hoc aliquid* (este algo; em grego, *tóde tì*, embora a expressão *hoc aliquid* não designe diretamente o indivíduo, mas o fato de que ele é determinado, tem uma essência). Os dois últimos sentidos são articulados por Tomás de Aquino no tratado *O ente e a essência*, particularmente na sua explicação sobre a relação entre as intenções lógicas (os predicáveis de Porfírio) e as substâncias compostas. Dito de outro modo, a E. universal corresponde à definição universal da espécie, ao passo que a E. individual trata da substância individual composta de forma e matéria assinalada. No caso da E. universal, a mesma envolve não apenas a forma, mas também a matéria dita comum, ou seja, a matéria que não é delimitada por um aqui e agora, mas uma consideração abstrata sobre o tipo de matéria que acompanha uma determinada forma específica. No caso das substâncias separadas, as formas são subsistentes, e não há vários indivíduos da mesma espécie.

**Essência das substâncias naturais.** Ao tratar da E. das substâncias naturais, Tomás vê-se obrigado a esclarecer como a E. de uma espécie universal pode incluir a matéria, que seria individualizante. A razão principal é que matéria é considerada aí como não assinalada, ou seja, sem considerar as dimensões determinadas que caracterizam uma porção individual de matéria. Assim, a E. de ser humano envolve carne e osso, mas não necessariamente tais carnes e tais ossos que pertencem a Sócrates ou a Parmênides. Tomás de Aquino considera haver uma relação entre a estrutura definicional e o composto hilemórfico na realidade. Nesse sentido, tanto a espécie como o gênero e a diferença significam o mesmo todo de forma e matéria, que integram a E. do indivíduo. Contudo, o gênero se relaciona com o todo hilemórfico do indivíduo mais propriamente por meio da matéria, ao passo que a diferença se relaciona mais propriamente por meio da forma; e, por fim, a espécie designa explicitamente o todo de forma e matéria. Ademais, a E. correspondente à espécie e a E. correspondente ao gênero diferenciam-se como o determinado em relação ao indeterminado. Isso é importante para indicar que não há uma multiplicidade de E. nos indivíduos; assim, por exemplo, em Sócrates, a E. específica humana e a E. genérica animal não são duas E. distintas, mas dois modos distintos de tomar a mesma E. que está em Sócrates. Tomás de Aquino argumenta desse modo tendo em vista que a E. das substâncias compostas consiste tanto na forma como na matéria, rejeitando, assim, a posição oposta, atribuída aos platônicos, segundo a qual a E. consistiria apenas na forma – deve-se observar, no entanto, que Platão era conhecido apenas indiretamente, sobretudo por meio da doxografia aristotélica.

**Substância primeira e substância segunda.** Por fim, Tomás de Aquino admite a distinção corrente entre substância primeira e substância segunda (cf. *Suma de teologia* I, q. 29, a. 1, arg. 2), de modo a corresponder, respectivamente, ao ente individual e à espécie. A substância primeira é a substância em sentido estrito, ao passo que a substância segunda, como espécie e gênero, fica a depender da substância primeira

ETERNIDADE

(cf. *Comentário aos Livros sobre as Sentenças de Pedro Lombardo* I, dist. 23, q. 1, a. 1). A substância é a primeira entre todos os tipos de ente também do ponto de vista definicional (cf. *Comentário à Metafísica de Aristóteles* VII, 1), pois a E. é propriamente dita das substâncias, e apenas de um modo derivado dos acidentes (cf. *O ente e a essência*, cap. 6). Ou seja, Tomás segue a ontologia aristotélica segundo a qual o mundo natural é constituído por substâncias em primeiro lugar, às quais inerem os diversos acidentes. Pode-se observar também que, assim como a E. é a contrapartida real da definição mental, assim também as definições substanciais são independentes de considerações acidentais, ao passo que as definições de acidentes contêm em si uma referência a um tipo de substância.

**Bibliografia:** DE LIBERA, A. *La querelle des universaux*: de Platon à la fin du Moyen Âge. Paris: Seuil, 1996. EDWARDS, S. The Realism of Aquinas. *The New Scholasticism*, 59 (1), p. 79-101, 1985. KENNY, A. *Aquinas on being*. Oxford: Oxford University Press, 2002. OLIVEIRA DA SILVA, M. A. Tomás de Aquino e a essência absolutamente considerada. *Kriterion: Revista de Filosofia*, 56 (131), p. 95-105, 2015. OWENS, J. Unity and Essence in St. Thomas Aquinas. *Mediaeval Studies*, 23, p. 240-259, 1961.

Marco Aurélio Oliveira da Silva

# ETERNIDADE

**Definição de eternidade.** Tomás de Aquino retoma a definição de eternidade (E.) dada por Boécio de Roma: "eternidade é a posse totalmente simultânea e perfeita de uma vida ilimitada" (*aeternitas est interminabilis vitae tota simul et perfecta possessio*, *Suma de teologia* I, q. 10, a. 1). Podemos entender a E. como atemporalidade, ou seja, a ausência de sucessão temporal, diferentemente da sempiternidade, que designa uma existência temporal sem início ou fim. Concebê-la como atemporalidade, portanto, implica afirmar que a vida de um ser eterno não comporta sucessão, duração ou

limites: analogamente, diríamos que um ponto não tem extensão determinada, ou um número não é temporal. Com efeito, uma existência eterna não comporta divisões como *passado*, *presente ou futuro*, tampouco a sucessão *antes e depois*. Nesse sentido estrito, não se pode dizer que um ser eterno existiu ou existirá, mas que simplesmente *existe*, tomando aqui o tempo presente como atemporal. Desse modo, a marca da E. é a simultaneidade: a partir do ponto de vista atemporal, os eventos não se organizam em uma série sucessiva, mas se apresentam em um *instante* sem duração. Cabe dizer, então, que a E. pode ser entendida como a negação do tempo, o qual se define como o "número do movimento segundo o antes e o depois" (*numerus motus secundum prius et posterius*, ARISTÓTELES, *Física* IV, 12). Assim concebido, o tempo nada mais é que o caráter mensurável do movimento diante de uma racionalidade que o percebe e o delimita em seus instantes iniciais e finais. Pode-se dizer, da mesma maneira, que a mudança é condição de possibilidade da passagem do tempo, e a imutabilidade é condição de possibilidade da atemporalidade (*ratio aeternitatis consequitur immutabilitatem, sicut ratio temporis consequitur motum, Suma de teologia* I, q. 10, a. 1). Em suma, um ser eterno exclui toda possibilidade de mudança e movimento. Por essa razão, a E. é a expressão do *esse divinum*. Distingue-se do tempo e da E. o evo (*aevum*): enquanto o tempo possui necessariamente um antes e um depois, e a E. é, por definição, destituída desses limites, o evo não é formado a partir do antes e do depois, mas pode ser acompanhado por eles (cf. *Suma de teologia* I, q. 10, a. 5). O sujeito de medida do evo é essencialmente imutável, sem que possamos distinguir em seu ser um antes ou um depois. Assim, o evo se aplica aos seres incorruptíveis que podem sofrer mudança acidental, como o movimento local, no caso das esferas celestes, ou a mudança da vontade, no caso dos anjos. Em suma, o evo é algo como uma medida intermediária entre o tempo e a E.

**Eternidade de Deus.** A E. de Deus é uma consequência direta de seu ser imutável e somente ele é eterno em sentido próprio (*Suma de teologia* I, q. 10, a. 2 e 3). A E. divina é também um corolário da terceira via (*ibidem*, q. 2, a. 3): dado que Deus é necessariamente e não houve um tempo em que Deus *veio a ser*, mas é pura e simplesmente. Diferentemente dos seres criados, quando dizemos que Deus *é*, este verbo não deve ser entendido no presente, como se seu ser se estendesse no espaço e no tempo. Deve-se compreender, no entanto, que seu ser imutável (simples, ato puro) não o impede de interagir com o ℘mundo mutável: Deus age sobre seres finitos circunscritos no tempo. Com efeito, duas consequências podem ser derivadas da E. divina: (i) Deus é atemporal e assume relações causais com entidades temporais; (ii) tanto o ℘intelecto divino como sua ℘vontade não comportam distinções temporais (antes-depois, passado-futuro), não podendo, portanto, relacionar-se temporalmente com estados de coisas. Assim, dado que um ser eterno, por definição, não pode ser no tempo, pareceria inconsistente dizer que, por um lado, um ser eterno possa *agir* no tempo e, por outro, que uma ação temporal não implicaria por sua vez a temporalidade do próprio agente. De fato, dois célebres problemas filosófico-teológicos se relacionam diretamente com essas implicações: o primeiro diz respeito ao conflito com a liberdade das criaturas livres e envolve a doutrina da ℘predestinação; o segundo parece eliminar a possibilidade de eventos contingentes (não submetidos à necessidade) ao se relacionar com a onisciência divina (℘Necessidade e Contingência). É uma doutrina cristã que Deus predestina todos os humanos que serão salvos e permite que alguns se percam por sua própria culpa. Ora, tal doutrina parece implicar que Deus predestina temporalmente *antes* que se possa atingir o ℘destino final. Isso torna imediatamente problemático entender como criaturas livres podem ter alguma influência sobre seu destino. Se sua ℘liberdade é incompatível com a predestinação, qual pode ser a relevância da liberdade a elas concedida? Além disso, se Deus é eterno, então seu intelecto não opera como os nossos intelectos (submetidos a mudanças e à sucessão temporal). Dito de outro modo, atividades mentais que essencialmente envolvem tempo (seja porque se dão a partir de uma referência no tempo, seja porque levam tempo) não se aplicam a Deus, tais como rememorar, antecipar, esperar e raciocinar. Resta saber se *conhecer* é uma dessas atividades; ou seja, a questão que se coloca é: conhecer eventos temporais implica conhecê-los temporalmente? Se Deus é onisciente, parece necessário que ele conheça todos os estados de coisas, incluindo aqueles futuros e contingentes: amanhã haverá uma batalha naval, Deus sabe que amanhã haverá uma batalha naval. Isso aparentemente significa que deve ser verdadeiro *agora* que tal evento ocorrerá. Nesse caso, concluiríamos que eventos contingentes estariam determinados quanto ao seu valor de ℘verdade *antes* de sua atualização, pois é impossível que Deus conheça um evento falso (℘Necessidade e Contingência). Em ambos os casos, esses ℘atributos divinos introduzem dificuldades filosóficas que ameaçam nossa compreensão das leis naturais e de nós mesmos como seres morais. Essas inconsistências (liberdade versus predestinação, onisciência versus contingência) serão compatibilizadas graças à definição de E. como atemporalidade: se Deus não é uma entidade submetida ao tempo, então ele não conhece os estados de coisas temporalmente, mas ordenados *sem sucessão* – analogamente à percepção imediata de uma série numérica em sua totalidade. Uma célebre ilustração (cf. *Suma de teologia* I, q. 14, a. 13, ad 3m; e *Suma contra os gentios* I, 67) nos permite compreender melhor a visão eterna que Deus teria dos eventos mundanos; nela, a sucessão temporal é representada em uma imagem na qual viajantes estão percorrendo um caminho, de modo que um observador posicionado no nível da via somente poderá percebê-los em uma sucessão segundo o antes e o depois. No entanto, diante do mesmo cenário, um observador posicionado no alto de uma colina poderá ver todos os viajantes de uma só vez. Da mesma maneira, Deus se encontra "acima" do tempo, fazendo com que a totalidade dos eventos/momentos mundanos seja "presente" a ele. Segundo Tomás de Áquino, devemos, então, tomar a perspectiva divina como eterna e, portanto, alheia às divisões temporais. Nesse sentido, Deus não tem rigorosamente uma ρpresciência, pois isso requer um ponto de vista temporal. Por ser eterno e, portanto, atemporal, os eventos futuros não são precisamente *futuros* para ele: Deus conhece todos os eventos, incluindo os eventos contingentes futuros, como se fossem simultaneamente dados. Desse modo, Deus tem conhecimento necessário dos futuros contingentes sem eliminar a sua contingência e predestina os seres humanos sem determinar suas ações. O atributo da E. desfaz, assim, a inconsistência inerente à ideia de um Deus onisciente, imutável e temporal.

**Eternidade do mundo.** O problema da E. do mundo foi muito debatido na filosofia ocidental, atingindo uma amplitude particular entre os séculos XII e XIV, com antecedentes gregos e árabes. Essas discussões tratam sobretudo da compatibilidade dos conceitos de E. e ρcriação. Quando Tomás de Aquino se debruça sobre o problema da E. do mundo, ele precisa dar conta de uma série de influências que contribuem para a sua complexidade no século XIII, principalmente, no que se refere aos *Livros das Sentenças* de Pedro Lombardo, texto fundamental para a faculdade de teologia que contém uma distinção diretamente relacionada à questão da criação do mundo (II, dist. 1), e à *Física* de Aristóteles, especialmente o livro VIII, cujos argumentos procuram derivar a E. do mundo da E. do movimento, tratando da impossibilidade de séries infinitas de moventes e movidos. Além disso, o Concílio de Latrão de 1215 declarara como ρartigo de fé o início temporal do mundo. A questão será debatida em um contexto de oposições doutrinais nas faculdades de artes e de teologia que culminará nas condenações de 1270 e 1277 por Tempier. Essencialmente, o debate procura decidir se o início do mundo pode ser racionalmente demonstrado ou deve ser aceito pela doutrina revelada. Segundo a teoria da causalidade aristotélica, para toda ρcausa suficiente, a partir do

momento em que ela *é*, seu efeito também deve ser. Ora, se Deus é causa suficiente do mundo e existe eternamente, então parece ser o caso que o mundo deve existir desde sempre. No entanto, cabe investigar se um ser necessário causa eternamente seus efeitos, na medida em que ele age segundo sua vontade livre, a qual é livre e não causada. Segundo Tomás, devemos admitir que um ser todo-poderoso, eterno e imutável tenha *escolhido* criar o mundo e com ele o tempo. O início do mundo no tempo não pode, com efeito, ser deduzido nem da própria consideração do mundo nem da vontade divina. Nesse caso, o problema da E. do mundo diz respeito a uma compreensão temporal sem limites, e não precisamente à definição de E. como atemporalidade exposta anteriormente, a qual se aplica somente a Deus. Toda a dificuldade advém da questão de saber se a ideia de algo *criado por Deus* e o conceito de E. (sem início) são compatíveis. Com efeito, a tese da E. do mundo opõe a tradição cristã à ρfilosofia grega, representando, para Tomás de Aquino, um ponto de tensão com o aristotelismo. De um lado, como dissemos, Aristóteles conclui na *Física* a impossibilidade de explicar o início absoluto do movimento, de modo que o mundo não possui um início no tempo. De outro lado, os cristãos devem aceitar a doutrina exposta nas Escrituras, segundo a qual, "no princípio, Deus criou o ρcéu e a terra" (Gênesis 1,1). Tomás dedica um tratado especialmente a essa controvérsia, seu *A eternidade do mundo* (1270). Nele, defende uma posição aparentemente paradoxal: ainda que aprendamos pela ρfé que o mundo foi criado e que, portanto, há nele um início, nenhum argumento permite estabelecê-lo demonstrativamente. Em contrapartida, parece ser possível mostrar que Deus poderia ter criado um mundo eterno, se assim o desejasse. Ainda que Tomás de Aquino entenda a criação como uma relação de dependência causal do criado em relação a Deus, a ideia de *ser criado* não é vista como incompatível com a ausência de princípio temporal. O núcleo da sua solução consiste em argumentar que o mundo depende de Deus como seu princípio causal ao mesmo tempo em que o ser divino não o antecede no tempo, embora o anteceda como causa. Assim como a E. do mundo não é demonstrável, sua não E. tampouco o é, na medida em que essa ideia não envolve nenhuma impossibilidade. As argumentações a favor e contra a E. do mundo, embora prováveis, não podem ter sua verdade garantida pela via racional. Filosoficamente, devemos nos limitar ao plano da possibilidade e criticar a identificação da criação com um início. Segundo Tomás, a criação *ex nihilo* significa apenas que, do ponto de vista ontológico, o mundo depende totalmente de Deus, mas isso não implica um início temporal, pois uma causa não precede necessariamente seu efeito quanto à duração, mas pode ser simultânea a ele. Uma criação eterna, portanto, é concebível. Não haveria, assim, argumentos que possam suficientemente decidir a questão a favor de um começo para a criação ou a favor da necessidade de sua E. Tomás procurou incrementar a discussão por meio de uma análise filosófica do conceito de criação, mostrando que este deve ser essencialmente analisado a partir da sua *dependência causal*, e não pela ideia de *início*. Nas palavras de Tomás, "pertence à noção de *eternidade* não possuir um princípio de duração, enquanto pertence à noção de *criação* possuir um princípio de origem – e não de duração, a menos que a criação seja entendida como a fé a entende" (*de ratione aeterni est non habere durationis principium; de ratione vero creationis habere principium originis, non autem durationis; nisi accipiendo creationem ut accipit fides – Questões disputadas sobre o poder divino* 3, 14, *sed contra* 8). Com isso, Tomás se opõe notavelmente a Boaventura, defensor da ideia de que um mundo eterno criado contém uma contradição, já que a criação *ex nihilo* necessariamente implica um início no tempo e deve ser analisada como a passagem do não ser para o ☉ser (*Comentário aos Livros das Sentenças de Pedro Lombardo* II, dist. 1, p. 1, a. 1, q. 2). Convém notar também que a solução de Tomás foi em grande medida preparada por Maimônides, que distinguiu em seu *Guia dos Perplexos* as teses que podem ser

racionalmente estabelecidas (demonstração) daquelas que devem ser aceitas pela ☉fé e a ☉revelação (cf. *Guia dos Perplexos*, parte II, cap. 15). Nesse sentido, a posição de Aristóteles segundo a qual o mundo sempre existiu, contrariamente ao que acreditariam seus seguidores, não consiste na conclusão de demonstrações, mas deve ser considerada como o próprio Estagirita a concebe: o resultado possível de meros argumentos dialéticos.

**Bibliografia:** DALES, R. C.; ARGERAMI, O. (eds.). *Medieval Latin Texts on the Eternity of the World*. Leiden: E. J. Brill, 1991. GEACH, P. *Providence and Evil*. Cambridge: Cambridge University Press, 1977. KENNY, A. Divine Foreknowledge and Human Freedom. In: _____. *Aquinas*: a Collection of Critical Essays. Notre Dame: University of Notre Dame Press, 1976, p. 255-270. STUMP, E.; KRETZMAN, N. Eternity. *The Journal of Philosophy LXXVIII*, 8, p. 429-458, 1981. WIPPEL, J. F. Thomas Aquinas on the Possibility of the Eternal Creation. In: _____. *Metaphysical Themes in Thomas Aquinas*. Washington D. C.: The Catholic University of America Press, 1984, p. 191-214. WISSINK, J. B. M. *The Eternity of the World in the Thought of Thomas Aquinas and his Contemporaries*. Leiden: E. J. Brill, 1990.

Ana Rieger Schmidt

# EUCARISTIA

**Eucaristia como sacramento.** A eucaristia (E.) é um ☉sacramento. Sacramentos são signos que existem para que o ☉ser humano reconheça algo desconhecido por meio de algo conhecido, mais especificamente, para que ele conheça algo espiritual e inteligível por meio do que é sensível. Eles significam a ☉causa da santificação (a paixão de Cristo), a sua forma (a ☉graça) e o seu ☉fim (a ☉vida eterna) (cf. *Suma de teologia* III, q. 60, a. 1-3). Além disso, os sacramentos causam aquilo que significam, isto é, a graça e a justificação (cf. *ibidem*, q. 62, a. 1; q. 64, a. 1). Como a graça e a justificação do ser humano estão no poder de ☉Deus, os sacramentos só podem ser determinados por

EUCARISTIA

ele, isto é, não cabe aos seres humanos determinar as coisas e as palavras por meio das quais recebem a graça e são justificados (cf. *ibidem*, q. 60, a. 5-6). Dentre os sacramentos, a E. é o principal, por três razões. Primeiro, porque nela Cristo está presente substancialmente, enquanto nos outros sacramentos está somente por certa participação. Segundo, porque os outros sacramentos estão ordenados para ela como para um fim: o sacramento da Ordem visa à consagração da E., o Batismo e a Confirmação preparam para recepção da E., a Penitência e a Extrema-unção também preparam ao seu modo para a recepção da E., e o Matrimônio simboliza a E., isto é, a união de Cristo com a Igreja. Terceiro, pelo rito, pois os outros sacramentos terminam com a E. (cf. *ibidem*, q. 65, a. 3). Ela é, portanto, a consumação e o fim de todos sacramentos. Para a salvação, é necessária a união com o corpo místico de Cristo, que se dá por meio da E., mas não é necessária a recepção atual da E., pois pelo desejo de recebê-la já estamos de certo modo unidos ao corpo místico de Cristo. Assim, o ser humano já participa de alguma forma da E. no Batismo, pois neste já está presente o desejo de recebê-la, mesmo no Batismo de crianças, pois por meio da intenção da Igreja elas já desejam a E. (cf. *ibidem*, q. 73, a. 3). A E. possui vários nomes segundo suas diversas significações. É chamada *sacrifício* na medida em que celebra a paixão de Cristo, o verdadeiro sacrifício. É chamada *comunhão* ou *synaxis* na medida em que por meio dela nos comunicamos com Cristo, participando de sua carne e de sua divindade, e nos comunicamos uns com os outros, unindo-nos uns aos outros. É chamada *viático* uma vez que prefigura a fruição de Deus na vida eterna e nos oferece a via para obtê-la. É chamada *eucaristia*, isto é, boa graça, porque *a graça de Deus é a vida eterna* ou porque realmente contém Cristo, que é a graça plena. Também é chamada *metalepsis* em grego, isto é, assunção, pois por meio dela assumimos a divindade do Filho.

**Eucaristia como alimento.** A E. foi convenientemente instituída na Última Ceia; esse sacramento foi prefigurado no Antigo Testamento principalmente pelo cordeiro pascal (cf. *ibidem*, q. 73, a. 4-6). Como há certa correspondência entre a vida espiritual e a vida corporal, os sacramentos espelham a vida corporal; assim, a E. é na vida espiritual aquilo que é o alimento na vida corporal, nutrindo e sustentando a vida espiritual: ela é alimento ou refeição espiritual (cf. *ibidem*, q. 65, a. 1; q. 73, a. 1). A matéria desse sacramento é pão e vinho; o pão deve ser de trigo, mas não é necessário que seja pão ázimo, podendo ser fermentado. O vinho deve ser de videira, misturado com água em quantidade razoável, embora isso não seja estritamente necessário para a validade do sacramento (cf. *ibidem*, q. 74, a. 1-8). Sabemos que o corpo de Cristo e o seu sangue estão verdadeiramente presentes nesse sacramento não pelos sentidos, mas pela fé nas palavras de Cristo: "isto é o meu corpo" e "este é o cálice do meu sangue". Essas palavras são aceitas como verdadeiras, na medida em que se crê na autoridade divina de Cristo. A conveniência dessa presença real pode ser mostrada do seguinte modo. Em primeiro lugar, os sacrifícios da Antiga Lei só prefiguravam e significavam o sacrifício da paixão de Cristo; era preciso, portanto, que o sacrifício instituído na Nova Lei contivesse realmente a coisa sacrificada, isto é, Cristo, pois se ele consistisse apenas numa figura ou num signo, não seria mais perfeito do que os da Antiga Lei. E nem mesmo estes teriam um significado real, pois nenhuma virtude de um sacrifício real lhes seria comunicada. Em segundo lugar, é próprio da amizade a convivência corporal com os amigos; assim, a permanência corporal de Cristo nesse sacramento é sinal de seu amor máximo por nós. Por fim, assim como Cristo mostrava de modo invisível sua divindade em sua humanidade, da mesma maneira ele mostra de modo invisível sua carne nesse sacramento. A substância do pão e a do vinho não permanecem depois da consagração, pois a substância do pão é convertida no corpo de Cristo e a do vinho no sangue de Cristo. Ora, o que se converte em outro não permanece (cf. *ibidem*, q. 75, a. 1-2). A conversão das substâncias do pão e do vinho nas substâncias do corpo e do sangue de Cristo não é natural, mas totalmente sobrenatural. Segundo Tomás de Aquino, a conversão segundo as leis naturais só se dá por meio da sucessão de formas num mesmo substrato, mas Deus pode converter uma substância inteiramente em outra. Assim, a conversão do pão e do vinho em corpo e sangue de Cristo não é uma simples mudança de formas numa ℘matéria, mas uma transformação de uma substância em outra; por isso, é denominada *transubstanciação*. Depois da consagração, os acidentes do pão e do vinho permanecem, como é evidente aos sentidos, mas a conversão é instantânea (cf. *ibidem*, q. 75, a. 4-6). Nesse sacramento está presente todo o Cristo, isto é, seu corpo inteiro com ossos, nervos etc., e, por concomitância, sua ℘alma e sua divindade. Cristo está inteiramente presente tanto na espécie do pão como na espécie do vinho, e está por inteiro em qualquer parte da espécie do pão. Como nesse sacramento a conversão termina numa substância e não na extensão dela, a substância do pão desaparece, mas sua quantidade extensa permanece. Como um corpo está num lugar segundo sua quantidade extensa, e como o corpo de Cristo não está nesse sacramento segundo sua extensão, ele não está no pão localmente. Como Cristo não está localmente nesse sacramento, permanece em si imóvel no sacramento mesmo, mas se move acidentalmente, com o movimento da espécie na qual está; também é em si imutável em relação a qualquer outra mudança. Assim, Cristo só deixa de ser nesse sacramento porque a espécie pão ou a espécie vinho deixam de existir; Cristo mesmo não sofre nenhuma mudança. Como uma substância não pode ser conhecida pelos sentidos e como o corpo de Cristo está nesse sacramento ao modo de substância, ele não pode ser percebido pelos olhos corporais, mas pode ser reconhecido nesta vida pela fé (cf. *ibidem*, q. 76, a. 1-7). Os acidentes do pão e do vinho que permanecem depois da consagração não estão na substância do pão e do vinho, nem estão na substância do pão e do corpo de Cristo: eles permanecem sem uma substância subjacente. Estão na quantidade extensa do pão e do vinho como se ela fosse a substância subjacente, ainda que ela seja um acidente. Os acidentes do pão e do vinho continuam a produzir os efeitos exteriores que lhes são próprios depois da consagração. Eles são corruptíveis depois da consagração, e deles podem ser geradas novas substâncias, não da matéria do pão e do vinho, nem da matéria do corpo e do sangue de Cristo, mas de sua quantidade extensa; eles alimentam o corpo e podem ser partidos (cf. *ibidem*, q. 77, a. 1-7). A forma desse sacramento consiste nas palavras "isto é o meu corpo" e "este é o cálice de meu sangue, do novo e eterno testamento, mistério da fé, que é derramado por vós e por muitos", proferidas pelo sacerdote na ℘pessoa de Cristo. Assim, basta que o sacerdote pronuncie essas palavras com a intenção de realizar esse sacramento para que ele seja concluído, mesmo que outras palavras sejam omitidas. Há nas palavras da forma desse sacramento uma virtude criada que realiza a conversão desse sacramento, mas essa é uma virtude instrumental, pois a ação principal é de Deus. A locução "isto é meu corpo" não só significa, mas também realiza a conversão do pão em corpo de Cristo, assim como um conceito do ℘intelecto prático não só significa a coisa feita, mas a realiza. Desse modo, a verdade dessa locução não supõe a coisa significada, mas a realiza (cf. *ibidem*, q. 78, a. 1-5).

**Eucaristia, graça e glória.** Como na E. Cristo está sacramentalmente presente, ele confere a graça por si mesmo. A E. é suficiente para se conseguir a glória eterna, mas não imediatamente, nem para aqueles que a recebem de modo inconveniente. Aquele que a recebe tendo consciência de um pecado mortal não consegue a remissão de seus ℘pecados, pelo contrário, agrava a sua situação. A remissão dos pecados pode se dar, no entanto, naquele que, mesmo tendo um pecado mortal, deseja comungar, mas não o faz, ou naquele que não tem consciência do pecado. A E. realiza a remissão dos pecados veniais; realiza a remissão da pena do pecado, não de modo absoluto, mas na medida da devoção do que a recebe. Além disso, tem a virtude de preservar o ser humano de pecados futuros, mas não retira dele a possibilidade de pecar. Ela é benéfica não só para aqueles que a recebem, mas também para outros, na medida em que também é um sacrifício oferecido para a salvação de muitos. Pecados veniais passados não impedem os efeitos desse sacramento naquele que o recebe devotamente, enquanto pecados veniais no momento da recepção do sacramento impedem seu efeito atual, que é a restauração da doçura espiritual, mas não impedem o aumento do ₽hábito da ₽caridade (cf. *ibidem*, q. 79, a. 1-8). Há dois modos de receber a E.: sacramentalmente, quando alguém a recebe, mas está impedido de receber seu efeito, e espiritualmente, quando alguém recebe o sacramento e seu efeito, que é a união com Cristo pela fé e pela caridade. O pecador pode receber sacramentalmente o corpo de Cristo, já que o corpo de Cristo não desaparece ao ser tocado pelos lábios do pecador; mas aquele que recebe esse sacramento em pecado mortal incorre em outro pecado mortal, pois comete um sacrilégio contra o sacramento. O sacerdote deve negar o corpo de Cristo ao pecador manifesto publicamente, mas não deve negar ao pecador oculto, podendo este, entretanto, ser advertido a não receber o sacramento antes da penitência (cf. *ibidem*, q. 80, a. 1-6). Como a comunhão espiritual inclui o desejo de comungar, não se pode deixar de comungar para sempre. É conveniente que os fiéis recebam somente o corpo de Cristo, quando há o risco de derramamento do sangue de Cristo, mas isso não é conveniente para o sacerdote que realiza a consagração (cf. *ibidem*, q. 80, a. 11-12). Como Deus é o autor principal do efeito interior do sacramento, um ser humano só pode participar da realização de um sacramento como um instrumento (cf. *ibidem*, q. 64, a. 1-2). Assim, como Deus é causa principal da E., um ser humano só pode participar da consagração na pessoa de Cristo e se for autorizado por ele; apenas o sacerdote, portanto, pode consagrar esse sacramento, pois só a ele foi dada essa faculdade (cf. *ibidem*, q. 82, a. 1). O mau sacerdote pode consagrar a E., pois não o faz por virtude própria, mas como

instrumento de Cristo, em cujo nome consagra (cf. *ibidem*, q. 64, a. 5-6; q. 82, a. 5). Assim, esse sacramento consagrado por um mau sacerdote não é menos válido do que o consagrado por um bom sacerdote. Heréticos, cismáticos e excomungados, que pela ordenação sacerdotal receberam a faculdade de consagrar, podem consagrar a E., que se torna verdadeiramente corpo e sangue de Cristo, mas, enquanto estiverem separados da Igreja, não fazem um uso correto dessa faculdade e pecam; o mesmo vale para o sacerdote degradado. Não é permitido receber a comunhão dos sacerdotes heréticos, cismáticos ou excomungados reconhecidos como tais por uma sentença da Igreja (cf. *ibidem*, q. 82, a. 6-9).

**Síntese.** A concepção de Tomás de Aquino sobre a E. pode ser exposta da seguinte maneira: o bem tende por si a se comunicar e, por isso, Deus, o bem supremo, comunica o seu próprio ₽ser às criaturas. E o faz, primeiro, pela própria ₽criação; segundo, pela ₽encarnação do ₽Verbo Divino no ser humano Jesus de Nazaré; e terceiro, por meio dos sacramentos, pelos quais o Verbo encarnado permanece no ₽mundo depois da ascensão de Jesus e continua a comunicar seu ser aos seres humanos. Como o ser humano não é só espírito, mas é essencialmente também ₽corpo, a comunicação sacramental do ser divino se dá não só de modo espiritual, mas também corporal. Assim, na E. Deus comunica seu ser para os seres humanos de um modo não só espiritual, mas também corporal. Por intermédio da E. o ser humano pode unir-se inteiramente, em corpo e alma, a Deus. Essa presença de Deus, do Verbo encarnado, na E. não é meramente simbólica, mas real. Se fosse meramente simbólica, a união do ser humano inteiro com Deus não poderia ser iniciada já nesta vida, mas apenas esperada para a vida futura. Entretanto, deixar de comunicar seu ser aos seres humanos tanto quanto possível já nesta vida não é algo que convém ao bem máximo; desse modo, a presença do Verbo Divino encarnado na E. não é só simbólica e espiritual, mas também real e corpórea. Aqueles que negam esse fato por julgá-lo impossível deveriam negar também a encarnação do Verbo

Divino no ser humano Jesus, pois a presença real do Verbo em um ser humano não é menos misteriosa do que a presença real do corpo e do sangue de Cristo sob as espécies do pão e do vinho, e a iniciativa e a ação nos dois casos são de Deus.

**Bibliografia:** ADAMS, M. M. *Some Later Medieval Theories of the Eucharist*: Thomas Aquinas, Gilles de Rome, Duns Scotus and William of Ockham. Oxford: Oxford University Press, 2010. GY, P.-M. Avancées du traité de l'eucharistie de S. Thomas dans la "Somme" par rapport aux "Sentences". *Revue des sciences philosophiques et théologiques*, 77 (2), p. 219-228, 1993. IMBACH, R. Le traité de l'Eucharistie de Thomas d'Aquin et les averroïstes. *Revue des sciences philosophiques et théologiques*, 77 (2), p. 175-194, 1993. MANGENOT, E. Eucharistie. In: VACANT, A.; MANGENOT, E.; AMANN, E. (eds.). *Dictionnaire de théologie catholique*. Paris, 1908. v. V, p. 1, col. 1302; v. II, p. 2, col. 1326. ROSIER--CATACH, I. *La parole efficace*: signe, rituel, sacré. Paris: Seuil, 2004. TÜCK, J.-H. *Gabe der Gegenwart*: Theologie und Dichtung der Eucharistie bei Thomas von Aquin. Friburgo: Herder, 2014. URFELS, F. Le sacrifice eucharistique dans la Somme de Théologie. *Nouvelle Revue Théologique*, 133 (3), p. 374-388, 2011. WEBER, É.-H. L'incidence du traité de l'eucharistie sur la métaphysique de S. Thomas D'Aquin. *Revue des sciences philosophiques et théologiques*, 77 (2), p. 195-218, 1993.

CÉSAR RIBAS CEZAR

## EXISTÊNCIA → *Ver* Ser e Ente; Essência e Substância

## EXTRAÇÃO VOLUNTÁRIA DO FETO HUMANO

**Léxico.** O termo *aborto* (A.), de origem latina, *abortus*, usado na Antiguidade Clássica, é praticamente ausente nas obras de Tomás: aparece apenas sete vezes. Portanto, a não ser pelas breves passagens de dois comentários de livros do Novo Testamento e pelo *Comentário aos Livros das Sentenças de Pedro Lombardo*, o termo não revela importância no seu vocabu-

lário. Contudo, a extração do feto humano do ventre materno é considerada em geral, por Tomás, um ρpecado grave contra a Natureza, embora menos grave do que o homicídio (*tamen est minus quam homicidium, Comentário aos Livros das Sentenças de Pedro Lombardo* IV, dist. 31, q. 2, a. 3). Na verdade, essa qualificação do A. como ato menos grave do que o homicídio se elucida por sua compreensão do momento da formação da ρnatureza humana no seio materno e, principalmente, por sua concepção da ρvida. Segundo as parcas informações biológicas daquele tempo, o termo A. podia ter um sentido mais geral ou mais restrito, conforme se referisse ao objeto desse ato. Assim, o A., em sentido restrito, designava o ato praticado contra o feto (*foetus, fetus*), que, na espécie humana, correspondia ao sujeito humano já formado. Em sentido lato, o A. referia-se ao embrião (*embryo* ou *embryum*), que, consoante os conhecimentos da época, não se constituía ainda na matéria do ρcorpo humano, de maneira que, praticado nesse estágio, era considerado *minus quam homicidium* (menos do que um homicídio). Comentando a afirmação aristotélica segundo a qual "o embrião é mais animal do que ser humano", Tomás assevera: "deve-se dizer que o embrião tem primeiramente uma alma apenas sensitiva" (*Suma de teologia* I, q. 76, a. 3, ad 3m).

**Doutrina.** Tomás recebeu dos ρPais da Igreja a doutrina cristã profundamente contrária ao A. Essa tradição talvez tenha sido suficiente para que ele considerasse que esse "ponto pacífico" não necessitasse de maiores esclarecimentos. Contudo, pela revisão dos termos relacionados ao A., tal como anteriormente apontados, pode-se elucidar o pensamento de Tomás a esse respeito. O que se chamava de embrião à época, embora se tratasse de um ser vivente, não possuía a forma substancial própria da essência humana. A passagem mais importante para ilustrar a visão da geração humana em Santo Tomás pode ser lida na *Suma contra os gentios* III, 22: "Entretanto, dão-se certos graus nos atos das formas. Com efeito, a matéria-prima está em potência, em primeiro lugar para a forma do elemento. Existente sob a forma do elemento,

EXTRAÇÃO VOLUNTÁRIA DO FETO HUMANO

está em potência para a forma do misto: por causa disso os elementos são a matéria do misto. Sob a forma considerada do misto, porém, está em potência para a alma vegetal, pois a alma de tal corpo é ato. Igualmente, a alma vegetal está em potência para a sensitiva, e a sensitiva para a intelectiva. Mostra isso o processo da geração, pois, na geração, primeiramente, o feto é vivo por vida de planta, depois por vida de animal, finalmente por vida de ser humano". Aqui Tomás não faz distinção entre os termos embrião e feto, mas mostra claramente que a vida humana só é tal por um processo de geração de distintas formas substanciais. Sendo a alma a forma substancial dos viventes, princípio animador da vida, Tomás defende que a alma humana só é recebida pelo corpo em gestação depois de algumas semanas da geração no seio materno. Isso se deve à concepção aristotélica de que a mudança substancial de um ente, isto é, sua geração ou sua corrupção (geração e morte nos viventes) só pode ocorrer quando a matéria está fisicamente bem-disposta, próxima à natureza corpórea da espécie a ser gerada. Desse modo, segundo os conhecimentos biológicos de então, o embrião humano não tinha todas as características fundamentais do ser humano. Só quando atingisse essa disposição física é que a alma racional humana poderia ser recebida. Isso aconteceria no quadragésimo sexto dia para o sexo masculino e no nonagésimo dia para o feminino: "a concepção e a formação do corpo humano ocorrem em quarenta e cinco dias, da seguinte forma: durante os primeiros seis dias após a concepção, o corpo humano se assemelha a uma massa de leite; nos nove dias seguintes, assume a consistência de sangue; nos doze dias subsequentes, a carne se torna mais firme; e nos dezoito dias que faltam completa-se sua formação até os menores traços de todos os seus membros. Esses números – seis, nove, doze e dezoito –, somados, dão o número quarenta e cinco, ao qual é suficiente adicionar um, por causa do sacramento da unidade, para chegar a quarenta e seis" (*Comentário ao Evangelho de João*, cap. 2, l. 3, 409). Para mulheres, esse processo terminaria no nonagésimo dia (*feminae autem usque ad nonagesimum*, *Comentário aos Livros das Sentenças de Pedro Lombardo* III, dist. 3, q. 1; q. 5, a. 2). Fabrizio Amerini, numa obra que estuda detalhadamente a questão, resume o tema nestes termos: "o embrião recebe a alma racional, portanto, humana, somente após os órgãos primários fundamentais (acima de tudo, o coração e o cérebro) serem formados. No entanto, pode-se dizer com segurança que o embrião recém-concebido está vivo e já possui alguma forma de alma, a saber, a vegetativa" (2013, p. 78). O princípio é válido e a aparente controvérsia se resolve com as informações da genética moderna, para a qual, já na concepção, o embrião está constituído da matéria própria do ser humano; e ainda mais: está constituído até com as características pessoais de um ser humano, sendo, portanto, matéria suficientemente disposta para a informação com a alma racional, conforme as exigências dos princípios aristotélicos e tomasianos. Portanto, se o *feticídio* é considerado um crime, porque seria o A. voluntário de um ser humano, com as novas informações científicas, essa datação retrocede ao momento mesmo da concepção pelas razões de princípio aqui citadas. Enfim, ao condenar o homicídio, Tomás o aplica ao caso do *feto animado* nos seguintes termos: "Deve-se dizer que quem fere uma mulher grávida pratica uma ação ilícita. Portanto, se daí resultar a morte da mulher ou do feto já animado, não se escapará ao crime de homicídio" (*Suma de teologia* II$^a$II$^{ae}$, q. 64, a. 8, ad 2m).

**Bibliografia:** AMERINI, F. *Aquinas on the Beginning and End of Human Life*. Trad. Mark Henninger. Cambridge-Londres: Harvard University Press, 2013. DEFERRARI, R. J. *A Lexicon of Saint Thomas*. Fitzwilliam: Loreto Publications, 2004. MARGELIDON, Ph.-M.; FLOUCAT, Y. *Dictionnaire de philosophie et de théologie thomistes*. Paris: Parole et Silence, 2011. MONDIN, B. *Dizionario enciclopedico del pensiero di San Tommaso d'Aquino*. Bolonha: Edizioni Studio Domenicano, 1991.

CARLOS FREDERICO CALVET DA SILVEIRA

# F

## FÉ

**A fé e seu objeto.** Ao se perguntar sobre quantas e quais são as ⍴virtudes teologais e qual sua ordem, Tomás de Aquino relembra a conhecida frase de São Paulo: "Agora permanecem estas três – a fé, a esperança e a caridade" (cf. 1 Coríntios 13,13 e *Suma de teologia* I$^a$II$^{ae}$, q. 62, a. 3, *sed contra*; a. 4, *sed contra*). O estudo dessas virtudes constitui o início da II$^a$II$^{ae}$, sendo dedicadas à fé (F.) as dezesseis primeiras questões. Nelas, Tomás procede em quatro tópicos, conforme o programa estabelecido no Prólogo da II$^a$II$^{ae}$: a F. em si mesma (q. 1-7), os dons do ⍴Espírito Santo a ela correspondentes (q. 8-9), os ⍴pecados contra a F. (q. 10-15) e os preceitos da ⍴Sagrada Escritura sobre a F. (q. 16). Quanto à F. em si mesma, Tomás segue a ordem que, a seu ver, se impõe no estudo de uma virtude, isto é: seu ⍴objeto (q. 1), seus atos (interiores e exteriores) (q. 2 e 3) e a própria virtude da F. (q. 4-7). Nestas quatro últimas questões, Tomás examina a virtude da F. em si mesma (q. 4), seus ⍴sujeitos, ou seja, quem tem F. (q. 5), suas ⍴causas (q. 6) e seus efeitos (q. 7). O fato de Tomás começar com o objeto da F., além de corresponder a um procedimento lógico geral (objeto, ato, habilitação/faculdade, quer dizer, *habitus*), põe em relevo a condescendência ou o ⍴amor de ⍴Deus que vem ao encontro do ⍴ser humano, aceitando os condicionamentos próprios deste. O objeto da F. é o próprio Deus que se autorrevela, ou, nos termos de Tomás, a *veritas prima revelans*, primeira verdade que revela, pois Deus é visado como a própria ⍴verdade, fonte de todo e qualquer ⍴conhecimento e verdade, assim como ele é o ser subsistente, fonte de todo e qualquer ⍴ser participado ( ⍴Participação). Santo Tomás distingue dois aspectos do objeto da F.: aquilo em que se crê considerado sem mais e o aspecto preciso pelo qual se crê. O primeiro é o que ele chama de objeto material e o segundo é denominado aspecto formal do objeto. O objeto material da F. inclui não somente Deus, mas também outros elementos, os quais, no entanto, só são objetos de F. à medida que remetem a Deus, quer dizer, se apresentam como ordenados a encaminhar o ser humano para a fruição de Deus. Mais importante ainda: nada disso é aceito pela F. ou esta não lhe dá seu assentimento senão porque foi revelado por Deus; em outras palavras, é a verdade primeira que garante sua verdade. Assim, o objeto da F. é absolutamente simples, pois se trata do próprio Deus. No entanto, o que é conhecido está no cognoscente de acordo com o modo do cognoscente. Ora, o ⍴intelecto humano conhece a verdade por meio de proposições que afirmam ou negam. Consequentemente, o que é conhecido como objeto de F. pelo ser humano se exprime por meio de enunciados compostos pelo próprio ser humano, para conhecer o conteúdo mesmo ao qual tais enunciados se referem. Nenhum desses enunciados pode ser falso, pois se apoia na própria verdade primeira. Assim sendo, tais enunciados são absolutamente certos, embora inevidentes. Com efeito, o intelecto humano pode assentir a um enunciado quando este se impõe por si mesmo, quer dizer, quando é evidente, seja por si mesmo (como no caso dos axiomas), seja porque é provado por demonstração ou experimento. O intelecto humano pode assentir a um enunciado por uma escolha da ⍴vontade que se inclina para uma das proposições contrárias; é o que se dá na opinião e na suspeita. Em ambas se adere a uma das proposições, mas com dúvida, pois não se tem certeza de que a contrária não é verdadeira. Na opinião, o intelecto se baseia em razões prováveis e, na suspeita, em indícios. Na F., ao contrário, há certeza, porque ela se baseia na verdade divina, mas não há evidência: há certeza porque o testemunho de Deus não pode ser

FÉ

falso, mas isso não permite que o cognoscente tenha evidência imediata ou mediata da verdade do enunciado. Essa inevidência do objeto de F. não é, porém, algo irracional ou ininteligível. É possível aduzir razões para justificar como crível ou como algo que se deve crer aquilo que é proposto como objeto de F. Uma vez aceito como objeto de F., pode-se raciocinar sobre esses enunciados e organizá-los, considerando sua maior ou menor inevidência e as relações ou articulações entre eles. Daí serem chamados de ⊃artigos de fé e serem reunidos em símbolos da F., ou seja, resumos dos enunciados da F. O mais conhecido é o denominado Símbolo dos apóstolos ou Credo. Um aspecto importante dos artigos de fé consiste em sua relação com a história da ⊃salvação, no decorrer da qual a ⊃revelação divina se desenvolveu, mantendo, no entanto, o mesmo conteúdo. Como lembrou M.-D. Chenu (1969, p. 59), Santo Tomás recorre à comparação dos artigos de fé com os princípios evidentes por si mesmos proposta por Guilherme de Auxerre (†1231) na *Suma Aurea*. Assim como os princípios evidentes por si mesmos estão uns implícitos em outros e acabam se reduzindo ao princípio de não contradição, os artigos de fé estão contidos implicitamente em outros e afinal se reduzem à crença de que há um Deus e de que ele é providente (⊃Providência) (Hebreus 11,6). Desse modo, "quanto à substância dos artigos de fé não se deu aumento deles na sucessão dos tempos porque o que quer que acreditaram os que vieram depois estava contido na F. dos Pais, embora implicitamente. Quanto à explicação, cresceu o número dos artigos porque algo foi conhecido explicitamente pelos que vieram depois, que não era conhecido explicitamente pelos que vieram antes" (*Suma de teologia* II$^a$II$^{ae}$, q. 1, a. 7).

**O ato de fé.** Quanto ao ato de F., Tomás o distingue em ato interior e ato exterior, diferenciação esta proveniente de São Paulo (Romanos 10,9). O ato interior é definido por meio de uma fórmula de Santo Agostinho: "crer é cogitar com assentimento" (cf. *Sobre a predestinação dos*

*santos*, cap. 2, difundida por uma anotação marginal aos *Livros das Sentenças de Pedro Lombardo* III, cap. 9, dist. 23). Santo Tomás distingue ainda duas acepções do cogitar: uma geral, equivalendo a qualquer consideração efetiva do intelecto, e outra mais restrita, consistindo numa consideração do intelecto com alguma inquirição, antes de atingir a perfeição pela certeza da evidência. Nesse segundo sentido, a cogitação é uma deliberação que ainda não chegou à perfeição da plena evidência da verdade. Essa deliberação se subdivide em duas, conforme se trate de universais ou de particulares; neste último sentido, ela é a atividade própria do sentido interior denominado deliberativa (estimativa nos animais). A deliberação sobre universais cabe ao intelecto. Aplicando essas distinções à fórmula agostiniana, Tomás considera que em sua acepção geral cogitar com assentimento não é próprio do ato de crer porque isso se dá também no ato de considerar aquilo de que se tem evidência imediata (axiomas) ou mediata (conclusão demonstrada). Se cogitar com assentimento for tomado no sentido de deliberação do intelecto, então expressa o que é o ato de crer. A propósito do ato de F., portanto, Tomás retoma a sua posição entre os atos do intelecto, como já tinha feito ao tratar do objeto da F. Dos atos do intelecto, alguns têm assentimento firme, sem cogitação, como acontece na ciência e intelecção dos princípios ou axiomas. Esses atos são considerações formadas, isto é, completas. Por outro lado, certos atos do intelecto têm uma cogitação informe, sem assentimento firme, quer não se inclinem para nenhuma das partes contrárias, como se dá na dúvida, quer se inclinem mais para uma, com base em algum indício como acontece na suspeita, quer ainda haja adesão a uma parte, mas com temor de que a contrária seja verdadeira, o que se dá na opinião. Ora, o ato de F., crer, tem adesão firme a uma das partes contrárias. Nisso aquele que crê se assemelha ao que sabe ou entende; mas seu conhecimento não é perfeito ou acabado pela evidência manifesta, no que se assemelha com quem duvida, suspeita ou opina. Assim, é próprio de quem crê que cogite com assentimento e, desse modo, o ato de crer se distingue de todos os atos do intelecto a respeito do verdadeiro ou falso. Tomás esclarece ainda que essa cogitação não é uma inquirição da ℗razão natural para demonstrar o que é crido, mas sim uma inquirição daquilo pelo que alguém é induzido a crer, porque foi dito por Deus e confirmado pelos ℗milagres. Insiste ainda que o intelecto daquele que crê é determinado em um só sentido, não pela razão, mas pela vontade; dito de outro modo, o assentimento do intelecto é determinado pela moção da vontade. Essa característica própria do ato de F. é posta em relevo mostrando seu caráter inteiramente teologal. Tomás parte, também aqui, de uma distinção de Santo Agostinho, no *Sermão 144*, cap. 22, em que ele afirma *credere Deum*, *credere Deo*, *credere in Deum*, quer dizer, Deus é o objeto da F. (crer Deus), seu motivo (crer a Deus) e seu ℗fim (crer em Deus). Como a F. é um ato de assentimento do intelecto movido pela vontade, o objeto da F. pode ser considerado da parte do intelecto ou da parte da vontade que o move. Quanto apenas ao intelecto, há ainda uma dupla consideração do objeto da F.: o objeto material da F. (e assim o ato de F. é *crer Deus* porque nada é proposto para crer senão por sua referência a Deus); o aspecto formal do objeto da F. (o motivo ou causa por que se assente a tal verdade apresentada como crível, isto é, passível de ser crida, de maneira que, então, o objeto da F. é *crer a Deus*, objeto formal da F. como verdade primeira à qual se adere e por cuja causa se dá assentimento ao que é crido). Além disso, da perspectiva do intelecto movido pela vontade, o objeto de F. mostra que a verdade primeira se refere à vontade como seu fim (visar ao fim é o modo de apreensão típico da vontade), o que faz, então, chamar o ato de F. de *crer em Deus*.

**A fé como virtude.** Na consideração da própria virtude da F., Tomás inicia, como era tradicional, com o que é dito em Hebreus 11,1: "a fé é a substância das coisas a esperar, a prova do que não se vê". Observa ele que alguns pensadores, como Hugo de São Vitor (c. 1090-1141) e Alexandre de Hales (c. 1185-1245), não tomam esse enunciado como uma definição de F., mas afirma que, se bem considerada, a proposição menciona tudo pelo que a F. pode ser definida, embora não ordenado ao modo de definição. Será necessária uma longa exposição para demonstrá-lo, que terminará com a reformulação da definição. Com efeito, as habilitações são conhecidas por seus atos, e estes por seus objetos. Ora, a F. é uma habilitação, devendo ser definida, portanto, pelo seu ato, que, por sua vez, refere-se ao seu objeto próprio. O ato da F. é crer, ato do intelecto determinado pelo comando da vontade a aderir a uma de duas posições contrárias. Assim, o ato de F. tem referência ao objeto da vontade (bem e fim) e ao objeto do intelecto (verdadeiro); mas a F. é uma virtude teologal e, como tal, tem a mesma realidade (Deus) como objeto e fim. Portanto, o objeto e o fim da F. devem lhe corresponder proporcionalmente. O objeto da F. é a verdade primeira (na medida em que é inevidente) e aquilo a que se adere por causa dela. Por isso, a própria verdade primeira refere-se ao ato de F. ao modo de fim, sob o aspecto de ℗coisa inevidente – o que cabe à noção de coisa esperada, de acordo com o que diz o apóstolo (Romanos 9,25): "o que não vemos, esperamos". Com efeito, ver a verdade é possuí-la; ora, alguém não espera o que já tem e a ℗esperança, portanto, é do que não se tem. Assim, a relação do ato da F. com o fim, que é objeto da vontade, é expressa do seguinte modo: "A fé é a substância das coisas a serem esperadas". Essa expressão é melhor entendida se se tem em mente que, na língua filosófico-teológica dos tempos de Tomás, a substância era entendida como o começo efetivamente primeiro de algo, principalmente nos casos em que tudo o que decorre da substância é visualizado como virtualmente contido nela como seu primeiro princípio. Por exemplo, os primeiros princípios indemonstráveis são a substância da ciência (℗Conhecimento), porque, em nós, o que há concernente à ciência em primeiro lugar são tais princípios – neles está contida virtualmente toda a ciência. Desse modo, a F. é a substância das coisas a esperar, porque, em nós, o começo das coisas a esperar acontece pelo assentimento da F., que contém virtualmente todas as coisas a esperar. Com efeito, esperamos ser beatificados pelo fato de que veremos com visão desimpedida a verdade a que aderimos pela F. (*Suma de teologia* I<sup>a</sup>II<sup>ae</sup>, q. 3, a. 8, sobre a felicidade). A relação do ato de F. com o objeto do intelecto (na medida em que é objeto de F.) é expressa pelo "argumento do que não aparece". Nessa relação, toma-se o argumento pelo efeito do argumento; de fato, pelo argumento, o intelecto é levado a aderir a algo verdadeiro. Consequentemente, a própria adesão firme do intelecto à verdade da F. não evidente é chamada aqui de argumento. Donde outra versão dessa perspectiva é admitida como *convicção*, porque, pela autoridade divina, o intelecto de quem crê é convencido a assentir ao que não vê. Desse modo, se se pretende chegar por essas palavras a uma definição da F., ela pode ser chamada de uma habilitação da mente pela qual começa em nós a vida eterna (ꝒEscatologia), fazendo o intelecto assentir ao que não aparece. Com isso, percebe-se que a F. é distinta de tudo o mais que cabe ao intelecto: (i) pelo fato de ser chamada de *argumento*, a F. distingue-se da opinião, da suspeita e da dúvida, pelas quais não há primeira adesão firme do intelecto a algo; (ii) pelo fato de referir-se ao "que não aparece", a F. distingue-se da ciência e do intelecto, pelos quais algo se torna aparente; e, pelo fato de ser chamada de "substância das coisas a esperar", a virtude da F. distingue-se da F. tomada de modo geral, que não se ordena à Ꝓbeatitude esperada. Quaisquer outras definições de F. são explicações daquela que o Apóstolo estabeleceu. Com efeito, o que se encontra nas palavras de Agostinho ("a fé é a virtude pela qual é crido o que não se vê", *Tratados sobre João*, trat. 4, 79), de João Damasceno ("a fé é um consentimento sem inquietação", *Sobre a fé ortodoxa*, Liv. 4, cap. II) e de outros como Hugo de São Vitor ("a fé é uma certeza do ânimo sobre o ausente, acima da opinião e abaixo da ciência", *Sobre os sacramentos*, Liv. I,

parte X, c. 2), é o mesmo que o Apóstolo chama de "argumento do que não aparece". O que diz Dionísio ("a fé é o fundamento permanente dos que creem, colocando-os na verdade e colocando a verdade neles", *Nomes divinos*, cap. 7), por sua vez, vai ao encontro da concepção de F. como "substância das coisas a esperar".

**Pecados contra a fé.** Depois de ter falado da fé em si mesma (II<sup>a</sup>II<sup>ae</sup>, q. 1-7) e dos dons do Espírito Santo que a enriquecem, inteligência e ciência (q. 8-9), Santo Tomás aborda os pecados contra a fé nas questões 10-15. Essas questões são divididas em três grupos: 1) pecados contra a fé em seu ato interior e próprio – infidelidade (q. 10-12); 2) contra a confissão ou profissão de fé – blasfêmia (q. 13-14); contra a fé iluminada pelos dons de inteligência e ciência – cegueira espiritual e embotamento espiritual (q. 15). As questões sobre a infidelidade a estudam em geral (q. 10) e duas formas particulares, a Ꝓheresia (q. 11) e a apostasia (q. 12). Por sua vez, as questões sobre a blasfêmia a estudam em geral (q. 13) e a blasfêmia contra o Espírito Santo, isto é, a não aceitação do dom de Deus, fechando-se em si mesmo. A última questão (15) trata da não percepção do que Deus oferece ou manifesta, isto é, não se tem o senso de Deus e o senso do pecado. Esses artigos contêm inúmeros pontos importantes sobre o que seria o aspecto negativo em relação à fé. Comportam também aspectos a serem relativizados ou desconsiderados, sobretudo, quanto à atitude diante dos infiéis e hereges, por estarem condicionados pela situação histórica de Tomás de Aquino num regime de cristandade não mais vigente na sociedade pluralista da atualidade.

**Bibliografia:** AGOSTINHO. Sermão 144. In: _____. *Obras completas*. Sermones 117-183, v. 23. Madri: Biblioteca de Autores Cristianos, 1970. _____. Tratados sobre el evangelio de san Juan. In: _____. *Obras completas*. v. 13. Madri: Biblioteca de Autores Cristianos, 1980. BERNARD, R. Renseignements techniques. In: _____. *Saint Thomas d'Aquin, Somme Théologique* II<sup>a</sup>II<sup>ae</sup>, questions 1-7, v. 1. Paris: Desclée et cie, 1941, p.

308-444. CHENU, M.-D. *La theologie comme science au XIIIe siècle*. 3. ed. Paris: J. Vrin, 1969. DIONÍSIO PSEUDOA-REOPAGITA. *Nomes divinos*. Trad. Bento Silva Santos. São Paulo: Attar, 2004. GUILHERME DE AUXERRE. *Summa aurea*. Ed. Jean Ribaillier. Paris: CNRS, 1982. HUGO DE SÃO VÍTOR. *De sacramentis vitae christianae*. Paris: Patrologia Migne (Série latina, v. 176). JOÃO DAMASCENO. *Expositio accurata fidei orthodoxae*. Paris: Patrologia Migne (Série grega, v. 94). LABOURDETTE, M.-M. La vie théologale selon saint Thomas: l'objet de la foi. *Revue Thomiste*, 58, p. 597-622, 1958. \_\_\_\_\_. La vie théologale selon saint Thomas: l'affection dans la foi. *Revue Thomiste*, 60, p. 364-380, 1960. OLIVEIRA, C. J. P. *Paradigma teológico de Tomás de Aquino*. São Paulo: Paulus, 2012.

Carlos Arthur Ribeiro do Nascimento

## FELICIDADE → *Ver* Beatitude

## FILHO (DEUS FILHO) → *Ver* Jesus Cristo

## FILOSOFIA

**Filósofos teólogos.** Fazem parte tanto do vocabulário usual como do erudito as expressões *filosofia medieval* e *filósofo medieval*. Ora, os nomes mais conhecidos daqueles que são chamados de filósofos medievais e que supostamente faziam filosofia (F.) na época de Tomás de Aquino eram todos professores da faculdade de Ɵteologia, inclusive o próprio Tomás, e se consideravam mestres do ensinamento cristão, a Sagrada doutrina. Para eles, falar simplesmente de *filósofos* significava falar ou de Ɵpagãos (que não tinham conhecido o cristianismo, como era o caso do assim chamado *o* filósofo por antonomásia, Aristóteles) ou de infiéis (adeptos de outra fé que não a cristã, como Avicena, Averróis, Maimônides e Ibn Gabirol ou Avicebron, sendo os dois primeiros muçulmanos, e os dois últimos, judeus. Isso quer dizer que não faria sentido falar de *filósofos cristãos* na Idade Média? Para responder a essa questão, é preciso conhecer a atitude dos mestres da faculdade de teologia em relação à F.

**Filosofia segundo Tomás.** Para Tomás e os pensadores do século XIII em geral, a F. abarca todo o conhecimento científico teórico (Ɵmetafísica ou F. primeira e teologia; matemática; e física ou F. da natureza), prático (ética, economia e Ɵpolítica) e produtivo (técnica e artes). Todos concediam que os filósofos conheceram algumas Ɵverdades, uns mais, outros menos; de toda maneira, o que disseram de verdadeiro devia ser tomado conforme a recomendação de Santo Agostinho (cf. *Sobre a doutrina cristã*, II, 40, 60-61). O limite ou a falha dos filósofos foi principalmente em pretender conduzir os humanos ao seu próprio Ɵfim, a Ɵfelicidade. De fato, se esta consiste na contemplação do próprio ƟDeus, tal fim é por definição inatingível apenas pelas capacidades ou recursos exclusivamente humanos. É por isso que a *Suma de teologia* (Ia, q. 1, a. 1) tem seu início com a pergunta: "é necessário, além das disciplinas filosóficas, ter-se outra doutrina?". A resposta é afirmativa tanto porque a meta da Ɵvida humana excede a capacidade da Ɵrazão como porque o que é possível conhecer sobre Deus apenas com os recursos da razão "só é obtido por poucos, mediante um longo tempo e com mistura de muitos erros". No entanto, dado que nosso Ɵintelecto é conduzido mais facilmente àquilo que o ultrapassa por meio do que é conhecido pela razão natural, a doutrina sagrada se serve de algo que é estudado por meio da razão natural para tornar mais manifesto o que é transmitido por ela mesma. Certamente, a dosagem de uso da F. ou de suas elaborações no interior da Sagrada doutrina variava desde uma razoável desconfiança até uma legitimação plena. É o que exprimia a metáfora do vinho e da água na versão de Boaventura e Tomás de Aquino. Diz Boaventura: "Não se deve misturar tanta água da filosofia no vinho da ƟSagrada Escritura, de modo que o vinho se transforme em água; seria um péssimo Ɵmilagre, pois lemos que Cristo transformou a água em vinho, e não o contrário. A partir disso, fica claro aos que creem que a Ɵfé não pode ser provada pela razão, mas pela Escritura e pelos milagres.

Até mesmo na Igreja primitiva queimavam os livros de filosofia (Atos 19,19). Com efeito, os pães não devem ser transformados em pedras (Mt 4,3; Lc 4,3)" (BOAVENTURA, *Collationes in Hexaemeron*, p. 546). Tomás, por sua vez, menciona o seguinte argumento: "A sabedoria secular é significada frequentemente, na Escritura, pela água; mas a divina, pelo vinho. Ora, em Isaías 1,21 são criticados os taberneiros que misturam água no vinho. Logo, devem ser criticados os docentes que misturam os ensinamentos filosóficos na Sagrada doutrina. E responde: Deve-se dizer que não convém tirar argumento a partir de expressões metafóricas, como diz o Mestre das Sentenças, Liv. III, dist. 11, cap. 2, n. 4, e como Dionísio diz na Carta a Tito (Carta 9, §1), ou seja, que a teologia simbólica não é argumentativa, e sobretudo dado que esta explicação não é de nenhum autor. No entanto, pode ser dito que, quando um de dois passa ao domínio do outro, não se considera mistura, mas quando ambos são alterados em sua ρnatureza; donde aqueles que se servem de ensinamentos filosóficos na Sagrada doutrina, reconduzindo-os à deferência da fé, não misturam água no vinho, mas transformam a água em vinho" (*Comentário ao Tratado sobre a Trindade de Boécio*, q. 2, a. 3, argumento inicial 5 e ad 5m). De fato, os mestres da faculdade de teologia não podiam encontrar nos textos filosóficos de que dispunham conceitos, teses ou argumentos que pudessem simplesmente usar. Assim, os textos filosóficos eram interpretados no sentido que interessava aos autores que os citavam; uma outra possibilidade consistia em formular conceitos, teses e argumentos filosóficos adequados ao uso teológico. Segundo Tomás, tais conceitos, teses e argumentos são teológicos por causa de seu uso ou exercício, permanecendo, no entanto, filosóficos quanto ao seu teor próprio, justamente para terem serventia. A F. não é apenas um conjunto de ciências, mas também uma sabedoria, porque se ocupa, tanto da perspectiva teórica como da prática, com o que é de significação última: as ρcausas

primeiras (teologia) e as escolhas humanas singulares (prudência). Nesse sentido, Tomás fala de três sabedorias: a teologia filosófica, a teologia da Escritura e a sabedoria ou dom do ρEspírito Santo. As três não se opõem, mas se coordenam: a teologia filosófica, como ponto culminante da metafísica, abre o caminho para a teologia da Escritura, que tira seus princípios da ρrevelação divina contida em sua fonte primeira, as Escrituras. Ambas dispõem o ser humano para o ρconhecimento experiencial de Deus, dom do Espírito Santo. Na Faculdade de Artes da Universidade de Paris, houve contemporaneamente a Tomás de Aquino uma prevalência da F. como sabedoria de vida. Ao menos várias teses das condenações do bispo de Paris, Étienne Tempier, em 10 de dezembro de 1270 e 7 de março de 1277, refletem tal concepção da F.; os nomes mais conhecidos e que teriam sido visados por tais condenações seriam Siger de Brabante (1252-c. 1281/4) e Boécio de Dácia (†1275). Tomás de Aquino se ocupou em refutar pelo menos duas teses defendidas por estes: a da ρeternidade do ρmundo e a da separação e unicidade do intelecto de todos os humanos.

**Bibliografia:** AGOSTINHO DE HIPONA. *A doutrina cristã*. Trad. Nair A. Oliveira. São Paulo: Paulus, 2011. BOAVENTURA DE BAGNOREGIO. Collationes in Hexaemeron. In: _____. *Obras de San Buenaventura*. Ed. bilingue. Madri: Biblioteca de Autores Cristianos, 1947. t. III, XIX, 15. BRAGUE, R. Sentido e valor da filosofia nas três culturas medievais. In: _____. *Mediante a Idade Média*. São Paulo: Loyola, 2010, p. 67-86. DOMANSKI, J. *La philosophie, théorie ou manière de vivre*. Paris: Editions Universitaires, 1996. SOLÈRE, J.-L. La philosophie des théologiens. In: SOLÈRE, J.-L.; KALUZA, Z. (eds.). *La servante et la consolatrice*. Paris: J. Vrin, 2002, p. 1-43.

Carlos Arthur Ribeiro do Nascimento

## FIM/FINALIDADE → *Ver* Criação; Deus; Moral

# G

## GÊNERO → *Ver* Espécie

## GRAÇA

**Léxico fundamental.** Do latim *gratia*, que traduz o grego *kháris*, a palavra *graça* (G.), no grego profano, indica quatro vertentes de sentido: encanto da ℘beleza, favor, benefício, reconhecimento. Em hebraico, termos equivalentes a *graça* são *hen* (da raiz *hnn*, "olhar que se debruça", com o significado de inclinar-*se até alguém, demonstrar benevolência*, traduzido na *Septuaginta* como *kháris* – cf. Gn 6,8) e *hésed* (traduzido na *Septuaginta* como *éleos*, ℘misericórdia, ℘piedade, compaixão – cf. Ex 34,6; Dt 5,10 e 7,9.12). Fílon de Alexandria, principal representante do judaísmo helenístico, assinala que tudo é *kháris*, todas as ℘coisas são G., a ℘criação se origina da bondade e G. de ℘Deus, a qual desce dele até o ℘ser humano. Já na literatura sapiencial (℘Bíblia), *kháris* tem o sentido de ℘justiça, recompensa dos eleitos no fim dos tempos (cf. Sb 3,9 e 4,15; Eclo 32,16). No judaísmo da diáspora, a G. de Deus, dada a Israel, é identificada com a Lei (a *Torá* ou o *Pentateuco*, segundo a denominação cristã), que é sabedoria e Revelação de Deus. Por isso, na cultura judaica em geral, *kháris*, *hésed* e *Torá* são termos equivalentes. No caso dos Evangelhos, o termo *kháris* pouco comparece: encontra-se em algumas passagens de *Lucas* (Lc 1,30; 2,40.52; 4,22; 6,32) e no Prólogo do *Evangelho de João* (Jo 1,14.16-17); porém, *kháris* é um termo central em Paulo Apóstolo, tendo o sentido da G. de ℘Jesus Cristo. Em Paulo, Cristo substitui a Lei; afinal, Paulo opõe a G. de Cristo à G. da *Torá*. Em 1Cor 1,30, ele sintetiza a referência a Cristo, dizendo: "o qual se tornou para nós, da parte de Deus, sabedoria, justiça, santificação e redenção", termos identificados no Cristo-graça. A G. unida à paz exprime a saudação no início e no final das cartas paulinas (Rm, 1Cor, 2Cor, Gl, Fl, 1Ts, 2Ts) ou é associada a agradecimento (1Cor 1,4; 2Cor 4,15).

**Carisma e graça. A Patrística e a Idade Média cristã.** Os ℘carismas ou graças, entendidos como dons concedidos gratuitamente a pessoas para a edificação da comunidade cristã, encontram-se em Paulo (1Cor 12,4-31; Rm 12,6-8; Ef 4,11), bem como em Pedro (1Pd 4,10). A ℘teologia latina medieval chamará esse dom de *gratia gratis data* (G. gratuitamente dada), distinguindo-a da *gratia gratum faciens* (G. que torna agradável, santo e semelhante a Deus, quer dizer, a G. que justifica, G. da justificação, ou, simplesmente, *justificação*), à qual o Concílio de Trento (1545-1563) chamará de *graça santificante*. A teologia chamará o benefício ou dom de Deus no ser humano de *gratia creata* (G. criada), um efeito da *gratia increata* (G. incriada), que é o próprio Deus ℘Trindade. Os ℘Pais da Igreja se servem dos termos *kháris* e *gratia* para designar de maneira geral o *favor divino* e o conjunto de *benefícios* que Deus concede aos humanos, particularmente a economia da ℘salvação (a obra redentora de Cristo), o batismo, o martírio e a virgindade. A ideia fundamental consiste na salvação que Deus comunica *gratuitamente* aos humanos em Cristo. Na teologia patrística, a temática da G. concerne à ℘natureza mesma de Deus, que é bom, misericordioso, justo, fiel, assim como ao significado da economia da salvação, e ao ℘destino do ser humano. A doutrina da G. recebe enorme clarificação com Santo Agostinho durante a polêmica contra os donatistas e pelagianos. Pelágio recusa a doutrina da transmissão do ℘pecado original; a natureza humana teria permanecido intacta após o pecado de Adão. Pelágio nega, assim, a ℘necessidade da G., bem como a sua gratuidade, para a salvação e a plena realização dos humanos; a G. dependeria dos méritos do livre-arbítrio. Agostinho, ao contrário, esclarece a relação entre a natureza (*natura*) humana e a G. (*gratia*), afirmando que a natureza humana foi de tal modo corrompida pelo pecado de Adão que somente a G. interior (a G. de Cristo), cooperante com o livre-arbítrio humano (a capacidade de escolha do bem; a própria Ꝑvontade), faz com que ele consiga realizar a Ꝑliberdade (o Ꝑamor do bem, a vontade orientada ao bem – cf. SESBOUÉ, 2003; GRAZIA, 2007). Os teólogos latinos medievais seguem duas orientações de pensamento distintas. Uma, platônico-agostiniana; outra, aristotélica. Essa segunda abordagem tem início no século XII, e seu apogeu se dá no século XIII, com a intensificação dos estudos de Aristóteles, graças a novas perspectivas e, sobretudo, a obras inéditas introduzidas no Ocidente por traduções diretas da língua grega ou por meio da língua árabe, além de obras de intelectuais muçulmanos. Os teólogos do período perguntam, com efeito, se a G. é substância, acidente, forma, qualidade, habilitação ou hábito, ato etc. Entre os mais destacados está, sem dúvida, Tomás de Aquino. Seu estudo da G. se encontra, segundo a cronologia, no *Comentário aos Livros das Sentenças de Pedro Lombardo* II, dist. 26-29, na *Suma contra os gentios* III, 147-163, nas *Questões disputadas sobre a verdade* q. 27-29) e na *Suma de teologia* IªIIae, 109-114; III, 7-8). Esse tema alcança seu maior desenvolvimento na segunda parte da *Suma de teologia*, que trata do movimento da criatura racional para Deus (cf. Prólogo), mais precisamente, na primeira seção da Segunda Parte, onde se considera o princípio exterior dos atos humanos, que é Deus, na medida em que ele nos ajuda por meio da G. a agir retamente (cf. *ibidem*, 109, Prólogo). O estudo se articula na *Suma de teologia* IªIIae, 109-114, em seis questões. Dessas, três consideram a G. em si mesma: a necessidade da G. (q. 109), a sua essência (q. 110) e a divisão da G. (q. 111); três estudam os elementos extrínsecos da G.: a Ꝑcausa da G. (q. 112), a justificação (q. 113) e o mérito (q. 114).

**Necessidade da graça.** A questão sobre a necessidade da G. na *Suma de teologia* IªIIae, q. 109, é dividida em dez artigos, a saber, se a G. é necessária: para conhecer alguma Ꝑverdade (a. 1), para querer e fazer algum bem (a. 2), para amar a Deus sobre todas as coisas (a. 3), para observar os preceitos da lei (a. 4), para merecer a Ꝑvida eterna (a. 5 – cf. também ꝐEscatologia [Novíssimos]), para preparar-se para a G. (a. 6), para ressurgir do pecado (a. 7), para evitar o pecado (a. 8-9) e para perseverar no bem (a. 10). Esses artigos podem ser divididos em um primeiro bloco, no qual Tomás considera o ser humano sem a G. (a. 1-8), e em um segundo bloco, sobre o ser humano com a G. (a. 9-10). No primeiro bloco, considera o ser humano para fazer o bem (a. 1-6) e para evitar o Ꝑmal (a. 7-8). Para fazer o bem, contribuem o Ꝑintelecto e a vontade (a. 1-2); o bem, objeto próprio da vontade, é considerado em geral no a. 2, e em particular nos a. 3-6. Para evitar o mal, trata-se de evitar o pecado já cometido ou evitar o pecado futuro (a. 7-8). No segundo bloco, Tomás procura saber se o humano em estado de G. ainda necessita de G. ulteriores para fazer o bem e evitar o mal, ou para perseverar no bem (a. 9-10). Em toda a questão, os artigos 1 e 2 são os principais, pois neles Tomás expõe os princípios que depois aplicará nas soluções dos artigos restantes. Primeiro ele considera o intelecto de um humano *sem* a G. em relação ao seu objeto próprio, que é a verdade. Faz aqui duas distinções. A primeira diz respeito à necessidade do auxílio divino para o uso (*usus*) ou ato do intelecto para conhecer a verdade. Tomás faz uma analogia com o *movimento* nas coisas corporais: qualquer uso implica um movimento; tomando *movimento* em sentido amplo, inteligir e querer são ditos certos movimentos; afinal, assim como o movimento nas coisas corporais requer não apenas a própria forma, que é princípio de movimento ou de ação, mas também a moção do primeiro motor corporal, assim também todos os movimentos corporais e espirituais dependem do primeiro motor, que é Deus. Por isso, a ação do intelecto e de qualquer ♀ente criado depende de Deus de dois modos: de um modo, na medida em que tem dele mesmo a forma pela qual age, e de outro modo, na medida em que é movido por ele para agir. A segunda distinção se refere ao intelecto humano como algo que tem uma forma, uma luz natural, por si suficiente para conhecer em certa medida a dimensão inteligível da criação, aquela a cujo conhecimento o ser humano pode chegar iniciando pela experiência sensível, embora não conheça os inteligíveis mais profundos se não for aperfeiçoado por uma forma acrescentada à natureza: a luz da G. (cf. *ibidem*, q. 109, a. 1). Em seguida, Tomás considera a vontade do ser humano sem a G. em relação ao seu objeto próprio, o bem em geral. Traz novamente duas distinções. A primeira refere-se ao humano no estado de natureza íntegra – como foi no caso de nosso primeiro pai, Adão, antes do pecado –, que pode, com as suas potências naturais, querer e fazer o bem proporcionado à sua natureza, o bem da ♀virtude adquirida (o bem natural), mas não o bem que a excede, o bem da virtude infusa (o bem sobrenatural); necessita, pois, de uma força acrescentada gratuitamente às potências naturais para querer e realizar o bem sobrenatural. A segunda se refere ao humano no estado de natureza corrompida, *post peccatum* (posterior ao pecado [das origens]), que é deficiente naquilo que pode segundo a sua natureza e não pode fazer todo o bem por suas potências naturais. No entanto, como a natureza humana não é completamente corrompida pelo pecado, o humano pode realizar algum bem natural, como construir casas, plantar vinhas etc., mas não todo bem conatural a si; necessita de uma força acrescentada gratuitamente para duas coisas: para que a sua natureza seja curada e para realizar o bem sobrenatural (cf. *ibidem*, q. 109, a. 2). Tomás examina as potências naturais do ser humano (as potências do livre-arbítrio: o intelecto e a vontade) para querer e fazer o bem em particular. Os artigos 3 e 4 concernem a certos bens conaturais: o amor a Deus sobre todas as coisas

e a observância dos preceitos da Lei. No estado de natureza corrompida, o ser humano não pode amar a Deus sobre todas as coisas e sobre si mesmo, pois, em virtude da corrupção da natureza, procura um bem particular. Portanto, tem necessidade da G. que cura a natureza (cf. *ibidem*, q. 109, a. 3). O amor a Deus se divide em natural e sobrenatural: o amor natural ama a Deus como princípio e ♀fim do bem natural, e o amor sobrenatural ou ♀caridade ama a Deus como princípio da G. e ♀objeto da nossa bem-aventurança (cf. *ibidem*, ad 1m; ♀Beatitude). Por outro lado, os mandamentos (preceitos) da Lei podem ser cumpridos quanto à substância e quanto ao modo de agir: quanto à substância, é cumprida a substância do mandamento (por exemplo: dar esmolas); quanto ao modo de agir, é cumprido o preceito pela caridade (por exemplo: dar esmolas por amor a Deus). Desse segundo modo, o ser humano, tanto no estado de natureza íntegra quanto no estado de natureza corrompida, necessita da G. para cumprir os mandamentos (cf. *ibidem*, q. 109, a. 4). Os artigos 5 e 6 concernem a certos bens sobrenaturais: o mérito da vida eterna e a preparação para a G. A vida eterna é um fim que transcende a natureza humana, sem proporção com ela. O ser humano, por suas potências naturais, não pode merecer a vida eterna; para isso, tem necessidade da G. como meio para conseguir esse fim (cf. *ibidem*, q. 109, a. 5). Por outro lado, a preparação da vontade humana para o bem é dupla: uma é a preparação da vontade para agir bem e para fruir de Deus, e outra é a preparação da vontade para conseguir a G. habitual ou G. de santificação (a G. *como forma*, chamada modernamente de G. *santificante*). Para esses dois modos, o ser humano necessita do auxílio divino. A preparação para a G. habitual não é senão a conversão, o voltar-se (*converti*) do ser humano para Deus; essa preparação depende do auxílio de Deus, que move o ser humano interiormente e o chama ou atrai para si (a G. *como moção*, chamada modernamente de G. *atual*) (cf. *ibidem*, q. 109, a. 6). A reparação do pecado diz respeito ao estado de natureza corrompida, pois ressurgir do pecado é ser um humano reparado no tocante ao que, pecando, perdeu. Ela implica a reparação de uma tríplice perda: (1) a mácula do pecado, (2) a desordem da natureza humana e (3) o reato da pena eterna. A mácula resulta da privação da beleza da G. (*decor gratiae*) pela deformidade do pecado. A natureza humana é desordenada pela vontade humana não submetida a Deus. O reato da pena eterna, por sua vez, é aquilo no qual se incorre pelo pecado mortal. Nenhuma dessas três perdas pode ser reparada sem a G. habitual: a beleza da G., proveniente da iluminação divina, é reparada na ♀alma pela restituição da forma perdida, a luz da G.; a ordem da natureza humana é reparada na medida em que Deus atrai a vontade do ser humano para si; e o reato da pena eterna só pode ser absolvido por Deus, juiz do ser humano e contra quem a ofensa é cometida (cf. *ibidem*, q. 109, a. 7). Tomás estuda as potências naturais do ser humano *com a G.* para fazer o bem e evitar o pecado, e o fato de o ser humano, nessa condição, necessitar de que Deus lhe dê a *perseverança*. A perseverança é dita, com efeito, de três modos: (1) uma habilitação da mente (*habitus mentis*) que fortalece o ser humano para que não se afaste do que está de acordo com a virtude devido às ♀tristezas que surgem; (2) uma habilitação (*habitus*) na qual o ser humano tem o propósito de perseverar no bem até o fim da ♀vida; e (3) a continuação no bem até o fim da vida (a perseverança final). Em (1) e (2), a perseverança é infusa juntamente com a G. Em (3), o ser humano não necessita de nenhuma outra G. habitual, mas do auxílio divino que o dirige e protege contra o ímpeto das tentações. Por isso alguém em estado de G. tem necessidade de pedir a Deus o dom da perseverança para que seja protegido do pecado até o fim da vida (cf. *ibidem*, q. 109, a. 10).

**Essência ou natureza da graça.** O problema da essência ou natureza da G. é abordado na *Suma de teologia* (IaIIae, q. 110), em quatro artigos, a saber, se a G.: põe algo na alma (a. 1), é uma qualidade (a. 2), difere da virtude infusa (a. 3), está na essência da alma ou em alguma de suas potências (a. 4). Tomás de Aquino considera que a G. põe algo sobrenatural e criado na alma. Começa assim pela exposição dos sentidos da palavra *gratia*: (1) amor a alguém, (2) dom gratuitamente dado, e (3) agradecimento por um benefício gratuitamente dado. Desses três sentidos: (2) decorre de (1), e (3) decorre de (2). Em (2) e (3), é manifesto que a G. põe algo naquele que a recebe: primeiro, um dom gratuitamente dado, e, depois, um reconhecimento desse dom. O dom gratuitamente dado é um dom sobrenatural e criado, pois se Deus, por um amor geral, dá a todas as coisas o ser natural, por um amor especial, causa no ser humano um bem, uma ♀participação na sua vida e no seu ♀ser, que é acompanhado de um reconhecimento desse dom (cf. *ibidem*, q. 110, a. 1). Donde a ♀pessoa ser grata e estar na G. de (ser agradável a) Deus (cf. *ibidem*, ad 1m). Sendo o dom da G. algo criado na alma, deve se reduzir a um dos dez predicamentos ou categorias em que o ente criado se divide. Como algo sobrenatural, esse dom não pode ser substância ou forma substancial, mas forma acidental da alma, pois, o que é substancialmente em Deus, encontra-se acidentalmente na alma (cf. *ibidem*, ad 2m). Como algo criado na alma, esse dom é um efeito da vontade gratuita de Deus. O ser humano, porém, é ajudado pela vontade gratuita de Deus de dois modos. (1) Na medida em que a alma humana é movida por Deus para conhecer, querer ou fazer algo, e esse efeito gratuito no ser humano é certo movimento da alma (a G. como moção). (2) Na medida em que um dom habitual é infuso na alma. Deus infunde, naqueles que move, algumas formas ou qualidades sobrenaturais para que consigam o bem sobrenatural (a G. como forma, isto é, a G. habitual), e esse dom da G. é certa qualidade (cf. *ibidem*, q. 110, a. 2). Sendo a G. um dom habitual, é preciso saber se difere da virtude. Enquanto as virtudes adquiridas por atos humanos são de ordem natural, as virtudes infusas por Deus no ser humano são de ordem sobrenatural. Portanto, a questão concerne à distinção entre a G. habitual e as virtudes infusas. Assim como a luz natural da ℘razão é algo além das virtudes adquiridas, as quais são ditas em relação a essa luz natural, assim também a luz da G., que é participação na natureza divina, é algo além das virtudes infusas, as quais derivam dessa luz, são efeitos da G. (cf. *ibidem*, q. 110, a. 3). A G. se reduz à primeira espécie da qualidade (*dispositio ou habitus*), e por isso na alma a G. é certa habilitação (*habitudo quaedam*) que se pressupõe às virtudes infusas como seu princípio e raiz (cf. *ibidem*, ad 3m). Sendo o dom da G. uma qualidade acidental, requer um ℘sujeito. Pois, se a G. difere da virtude, o sujeito da G. não pode ser alguma das potências da alma. Assim como a G. é anterior à virtude, seu sujeito deve ser anterior às potências; deve ser, portanto, a própria essência da alma. Pela natureza da sua alma, o ser humano participa da natureza divina, do ser divino, por certa regeneração ou recriação (purificação do pecado original) (cf. *ibidem*, q. 110, a. 4).

**Divisão.** Na *Suma de teologia* (IaIIae, q. 111), Tomás apresenta, em cinco artigos, a seguinte divisão: G. gratuitamente dada e G. habitual (a. 1), G. operante e G. cooperante (a. 2) e G. preveniente e G. subsequente (a. 3); a divisão da G. gratuitamente dada (a. 4) e a comparação entre a G. habitual e a G. gratuitamente dada (a. 5). Tomás de Aquino não apresenta um estudo completo das divisões da G., mas apenas das divisões mais usuais. Tomás explica essa divisão com o seguinte argumento: a ordem das coisas consiste em que alguns sejam reconduzidos a Deus por outros, e a G. é ordenada a reconduzir o ser humano a Deus; logo, a G. age com certa ordem. Donde vir a divisão em *gratia gratum faciens* e *gratia gratis data*. A G. pela qual o ser humano é justificado (considerado justo e salvo – ℘Salvação) e unido a Deus é chamada de *gratia gratum faciens* (a G. que torna agradável a Deus, a G. habitual). Ao passo que a G. pela qual um ser humano coopera para que outro seja reconduzido a Deus é chamada de *gratia gratis data* (a G. gratuitamente dada, os "carismas" na terminologia moderna); essa é concedida ao ser humano acima da faculdade natural e do mérito pessoal para que coopere na justificação de outro; ela é concedida para o bem da comunidade (cf. 1Cor 12,7) (cf. *ibidem*, q. 111, a. 1). Em seguida vem a divisão em *gratia operans* e *gratia cooperans*. No que se refere à G. como moção, quando a G. opera no livre-arbítrio do ser humano, é chamada de G. operante, mas, quando a G. e o livre-arbítrio cooperam, é chamada de G. cooperante. Pois a operação de algum efeito não se atribui ao movido, mas ao motor: quando Deus é o motor e o livre-arbítrio é apenas movido, a G. é operante, mas, quando Deus é o motor e o livre-arbítrio é motor e movido, a operação se atribui a Deus e ao livre-arbítrio, a G. é cooperante. No que se refere à G. como forma (a G. habitual), seu efeito é duplo, assim como o de toda forma: ela dá o ser divino à alma, isto é, cura ou justifica a alma, torna-a agradável a Deus, e assim é chamada de G. operante, ou ela é o princípio da operação, o princípio da ação meritória, que também procede do livre-arbítrio, e assim é chamada de G. cooperante (cf. *ibidem*, q. 111, a. 2). Segue a divisão em *gratia praeveniens* e *gratia subsequens*. Essa divisão também se aplica à G. como moção e como forma. Os efeitos da G. no ser humano são cinco: (1) cura a alma, (2) faz querer o bem, (3) faz realizar de modo eficaz o bem querido, (4) faz perseverar no bem e (5) conduz à glória. A G. se dirá preveniente ou subsequente em relação a esses cinco efeitos. Na medida em que causa o primeiro efeito, que é curar a alma, é chamada de G. preveniente, e na medida em que causa o segundo efeito, que é querer o bem, é chamada de G. subsequente em relação ao primeiro efeito. Portanto, assim como um efeito é posterior a outro e anterior a um terceiro, assim a G. é chamada de preveniente ou subsequente de acordo com o mesmo efeito em relação a outros diversos (cf. *ibidem*, q. 111, a. 3). Tomás aborda a divisão da G. gratuitamente dada. Ele o faz com base em 1Cor 12,8. Essa G. é ordenada a que um ser humano coopere com outro para que seja reconduzido a Deus. Mas um ser humano não

GRAÇA

pode operar movendo outro interiormente (o que somente Deus faz), por isso precisa da persuasão exterior. Isso requer três condições: (1) o ℘conhecimento das verdades divinas (ao qual se referem a ℘fé, a palavra de sabedoria e a palavra de conhecimento), (2) a confirmação dessas verdades (à qual se referem o dom da cura, o poder de fazer milagres, a profecia e o discernimento dos espíritos) e (3) a expressão dessas verdades (à qual pertencem a diversidade de línguas e a interpretação das línguas) (cf. ibidem, q. 111, a. 4). Por outro lado, Tomás compara a G. gratuitamente dada à G. habitual. Ele procede a partir de 1Cor 12,31. Cada virtude é, com efeito, tanto mais excelente quanto mais se ordena ao maior bem; e o fim é sempre melhor que os meios. A G. habitual ordena o ser humano imediatamente à união com o fim último, ao passo que a G. gratuitamente dada o ordena a certas coisas que preparam para esse fim. Donde a G. habitual ser mais excelente que a G. gratuitamente dada (cf. ibidem, q. 111, a. 5).

**Causa.** Após considerar a G. em si mesma, Tomás de Aquino considera os seus elementos extrínsecos: a ℘causa da G. e os efeitos da G., e em primeiro lugar a causa da G. na Suma de teologia (IaIIae, q. 112), em cinco artigos: Deus como causa da G. (a. 1) e suas consequências: a preparação ou disposição para a G. (a. 2), a conexão entre a preparação para a G. e a sua consecução (a. 3), a maior ou menor perfeição da G. (a. 4) e a incognoscibilidade da G. para o ser humano (a. 5 – ℘Deus). De duas maneiras, Tomás demonstra que Deus é a causa eficiente da G. De um lado, da parte da G., e de outro, da parte do efeito da G. Da parte da G., a própria G. é certa participação na natureza divina (certa deificação). É impossível que alguma criatura cause a G. (a não ser Deus, a quem pertence essa natureza). Da parte do efeito da G., o primeiro efeito que a G. comunica ao ser humano é a sua deificação, e somente Deus pode deificar, comunicando uma união com a natureza divina por certa participação de semelhança (cf. ibidem, q. 112, a. 1). Tomás não menciona aqui Cristo

como causa eficiente meritória da G., nem a humanidade de Cristo e os ℘sacramentos como causas eficientes instrumentais. Essa lacuna no tratamento da G. será preenchida na terceira parte da Suma de teologia (q. 48, a. 1-6; q. 62, a. 1-5; q. 64, a. 3-4), inteiramente dedicada a Cristo e aos sacramentos. Uma consequência da G. é a preparação ou disposição para a G. Tomás relembra os dois modos da G.: o dom habitual de Deus (a G. como forma, isto é, a G. habitual) e o auxílio de Deus que move a alma para o bem (a G. como moção). A G. habitual é uma forma sobrenatural, requer uma preparação ou disposição do sujeito, pois nenhuma forma pode existir senão numa ℘matéria disposta, ao passo que a G. que move a alma para o bem não requer nenhuma preparação, pois qualquer preparação que possa existir no ser humano provém dessa mesma G. Esse movimento bom do livre-arbítrio, pelo qual alguém se prepara para receber a G. habitual, provém de uma dupla causa: de Deus como o motor e do livre-arbítrio como motor e movido, um ato do livre-arbítrio movido pela G. divina (cf. Suma de teologia IaIIae, q. 112, a. 2). Outra característica da G. é a sua incognoscibilidade para o ser humano. De três maneiras o ser humano pode conhecer uma coisa: (1) por revelação, e dessa maneira pode saber que está em G., (2) por si mesma e com alguma certeza, e dessa maneira não pode saber que está em G., e (3) por alguns signos ou sinais que lhe permitem conjecturar, e dessa maneira pode saber que está em G. Em (2), o princípio e o fim (as causas eficiente e final) da G. transcendem todo conhecimento humano e a sua presença no ser humano (seu efeito) é sobrenatural, logo, inacessível à razão. Em (3), alguém pode saber que está em G. por meio de três sinais: enquanto percebe que se deleita em Deus e nas coisas divinas, despreza as coisas do ℘mundo e não é consciente de algum pecado mortal (o testemunho da boa consciência) (cf. ibidem, q. 112, a. 5).

**Justificação.** Tomás de Aquino estuda os efeitos da G. e inicia pela justificação (℘Salvação), efeito da G. operante. A questão é dividida na *Suma de teologia* (IaIIae, q. 113) em dois blocos: a definição de justificação (a. 1-8) e suas propriedades (a. 9-10). O primeiro bloco começa com a noção de justificação (a. 1) e se estende na análise dos elementos que a integram e sua ordem: a infusão da G. (a. 2), o movimento do livre-arbítrio (a. 3-5), a remissão dos pecados (a. 6), a ordem temporal desses elementos (a. 7) e a ordem natural desses elementos (a. 8). O segundo bloco põe em relevo a excelência da justificação (a. 9) e que a justificação não é obra milagrosa (a. 10). A noção de justificação inclui a remissão dos pecados, pois a justificação, no sentido ativo, é a ação de Deus que justifica (torna justo, santifica, deifica) e, no sentido passivo, é um movimento para a justiça (tal como o movimento de aquecimento para o calor), que pode ser tomado de dois modos. (1) Enquanto implica uma retidão da ordem no próprio ato do ser humano em suas relações com os outros, seja em suas relações com os outros seres humanos, seja em relação ao bem comum de muitos. No primeiro caso, trata-se de justiça individual e no segundo, de justiça legal. (2) Enquanto implica uma retidão da ordem na disposição interior do ser humano na medida em que as potências inferiores estão submetidas à razão, e a razão, a Deus. Nesse caso, é chamada de justiça *metaforicamente*, que se pode encontrar no ser humano de dois modos. (2.1.) A modo de simples geração, o movimento que vai da privação à forma, caso daqueles em que o pecado não precedeu a justificação; e assim se fala da justificação dos primeiros pais antes do pecado e da justificação de Cristo. (2.2.) A modo do movimento que vai de um contrário a outro, tal como a transformação do estado de injustiça no estado de justiça, caso da justificação do ímpio (do pecador). Como o movimento recebe o nome do termo ao qual tende (*terminus ad quem*), e não do termo do qual parte (*terminus a quo*), a transformação pela qual alguém sai do estado de injustiça, pela remissão dos pecados (e consegue a justiça), recebe o nome do termo ao qual tende, e é chamada de justificação do ímpio (cf. *Suma de*

*teologia* I$^a$II$^{ae}$, q. 113, a. 1). Tomás enumera os elementos que integram a noção de justificação, começando pela infusão da G. habitual. O perdão de Deus ao ser humano que o ofendeu (a remissão dos pecados) supõe em Deus o amor e a benevolência para com o pecador. O efeito do amor divino no pecador é a G. habitual que o torna agradável a Deus. Donde a remissão dos pecados não Ópoder ser compreendida senão com a infusão da G. (cf. *ibidem*, q. 113, a. 2). Os outros elementos concernem à cooperação do ser humano na justificação. A justificação do ímpio requer, com efeito, o movimento do livre-arbítrio. Deus movendo o ser humano (infundindo a G. na alma) move ao mesmo tempo o livre-arbítrio para aceitar o dom da G. (cf. *ibidem*, q. 113, a. 3). Para os que não são capazes do movimento do livre-arbítrio (as crianças, os loucos e os dementes), Deus os move para a justiça simplesmente com a G. (cf. *ibidem*, ad 1m). O movimento do livre-arbítrio nos adultos dotados do uso da razão se faz por meio da fé e da caridade e, também, por meio da aversão ao pecado. Pois a justificação requer um movimento da alma de conversão a Deus como objeto da bem-aventurança e causa da justificação (cf. *ibidem*, q. 113, a. 4). A primeira conversão a Deus se faz pelo movimento da fé, que não se completa sem o movimento da caridade (o amor a Deus) (cf. *ibidem*, ad 1-2m). A justificação também requer um duplo movimento do livre-arbítrio: um movimento de desejo de justiça e de amor a Deus, e outro de aversão ao pecado (a dor de contrição dos pecados) (cf. *ibidem*, q. 113, a. 5). O movimento de justificação se consuma na remissão dos pecados; é chamada de justificação a própria remissão dos pecados, uma vez que todo movimento se especifica e se define pelo termo ao qual tende (cf. *ibidem*, q. 113, a. 6). Resta determinar a ordem desses quatro elementos (a infusão da G., o movimento do livre-arbítrio por meio da fé e da caridade, o movimento do livre-arbítrio por meio da aversão ao pecado e da remissão dos pecados). Na ordem do tempo, todos esses elementos se dão instantaneamente e sem sucessão. Isso decorre, primeiramente, do poder infinito de Deus que, para infundir a forma (a G. habitual) na alma, não necessita de tempo para dispor ou preparar a matéria (o sujeito) na qual se imprime a forma (cf. *ibidem*, q. 113, a. 7). Em segundo lugar, decorre do livre-arbítrio do ser humano, cujo movimento simultaneamente detesta o pecado e se converte a Deus (cf. *ibidem*, ad 1m). Na ordem da causalidade e da natureza, um elemento é anterior a outro. Pois, em todo movimento, primeiro vem a moção do motor (que no caso da justificação do ímpio é a moção de Deus, a infusão da G.) e, em seguida, a disposição da matéria ou a moção do movido (o duplo movimento do livre-arbítrio por meio da fé e da caridade e, em virtude disso, da aversão ao pecado), por último, o fim ou termo do movimento, em que termina a moção do motor (a remissão dos pecados) (cf. *ibidem*, q. 113, a. 8).

**Mérito.** Se a justificação do ímpio é o efeito da G. operante, o mérito (⚥Salvação) é o efeito da G. cooperante. Tomás de Aquino divide a questão na *Suma de teologia* (IaIIae, q. 114) em dois blocos: a possibilidade do mérito do ser humano diante de Deus (a. 1) e os bens do mérito: os bens sobrenaturais, a vida eterna e a G. (a. 2-9) e os bens temporais (a. 10.). O ser humano, por seus atos, pode merecer algo de Deus. O mérito se refere à recompensa, e entre o mérito e o prêmio ou a recompensa deve haver certa proporção, adequação, igualdade. Há uma justiça pura e simplesmente entre pessoas nas quais se dá igualdade pura e simplesmente (como entre o empregado e seu empregador), podendo-se falar de mérito pura e simplesmente. Há uma justiça sob certo aspecto (*secundum quid*) entre pessoas nas quais não se dá igualdade pura e simplesmente (como entre o filho e seu pai, e entre o servo e seu senhor), podendo-se falar apenas de mérito sob certo aspecto. Entre Deus e o ser humano se dá a maior desigualdade, pois distam infinitamente. Assim, a justiça entre eles se assemelha à justiça sob certo aspecto, é uma justiça proporcional, e todo bem que há no ser humano vem de Deus.

Por isso o mérito do ser humano diante de Deus não se dá senão pressupondo a ordenação divina, de tal modo que o ser humano consegue de Deus, como recompensa por seu ato, aquilo para o qual Deus lhe deu forças para agir. Pois, diferentemente das coisas naturais que conseguem por seus movimentos aquilo para o qual são ordenadas por Deus, o ser humano move a si mesmo pelo livre-arbítrio. Donde seu ato possuir a noção de mérito (cf. *Suma de teologia* I$^a$II$^{ae}$, q. 114, a. 1). Tomás considera os bens sobrenaturais do mérito, a vida eterna e a G., e em primeiro lugar a vida eterna. O ser humano não pode merecer a vida eterna sem a G. A vida eterna é um bem sobrenatural, e os atos humanos são naturais; entre o natural e o sobrenatural não há proporção nem adequação; e um ato não pode exceder a proporção da potência que é o princípio deste ato. Por isso, a natureza criada não é princípio suficiente de um ato que mereça a vida eterna, a não ser que lhe seja acrescentado um dom sobrenatural, a G. O ser humano, no estado de natureza corrompida, existindo sob o pecado, é impedido pelo próprio pecado de merecer a vida eterna, a não ser que antes se reconcilie com Deus e o pecado seja afastado pela G. habitual (cf. *ibidem*, q. 114, a. 2). Por outro lado, Tomás considera que o ser humano, em estado de G., pode merecer por condignidade (*ex condigno*) a vida eterna. A obra meritória do ser humano pode ser considerada, pois, de dois modos: (1) de acordo com a substância da obra e na medida em que procede do livre-arbítrio, e (2) na medida em que procede da G. do ⚥Espírito Santo. Em (1), não pode haver proporção ou condignidade (*condignitas*) com a recompensa (a vida eterna) em virtude da maior desigualdade. Mas há congruência (*congruitas*) em virtude de certa proporcionalidade, pois, quando o ser humano age de acordo com as suas potências, Deus o recompensa de acordo com a excelência do seu poder. Em (2), a obra do ser humano merece por condignidade a vida eterna, porque se considera o valor do mérito de acordo com o poder do Espírito Santo, que move para a vida eterna. Quer dizer, considera-se o valor da obra de acordo com a dignidade da G., pela qual o ser humano, participando da natureza divina, é adotado como filho de Deus (cf. *ibidem*, q. 114, a. 3). O mérito da vida eterna, além da G. habitual, requer a caridade. O ato humano possui a noção de mérito de dois modos. (1) Por ordenação divina, na medida em que os atos merecem o bem para o qual o ser humano está ordenado por Deus, que é a vida eterna e consiste na fruição de Deus. O movimento da alma humana para a fruição de Deus é o ato próprio da caridade, pelo qual todos os atos das outras virtudes, na medida em que são imperados pela caridade, ordenam-se para esse fim. (2) Por parte do livre-arbítrio, na medida em que o ser humano pode agir por si mesmo e voluntariamente. Como o que fazemos por amor fazemos com maior voluntariedade, atribui-se o mérito principalmente à caridade (cf. *ibidem*, q. 114, a. 4). O outro bem sobrenatural do mérito é a G. Tomás estuda a G. inicial, a G. posterior e a G. de perseverança. O ser humano não pode merecer para si a G. inicial. O dom da G. pode ser considerado, com efeito, de duas maneiras. (1) Segundo a noção de dom gratuito, pois o mérito repugna a G., se o dom fosse merecido, não seria gratuitamente dado. (2) Segundo a natureza da coisa que é dada, pois a G. não é objeto do mérito, ou porque os atos humanos, que são naturais, não possuem nenhuma proporção com a G., que é sobrenatural, ou porque o ser humano, no estado de natureza corrompida, tem um impedimento para merecer a G., que é o próprio pecado. As obras posteriores à G. inicial não podem merecê-la, porque são efeitos dessa G. (cf. *ibidem*, q. 114, a. 5). No que diz respeito à G. de perseverança, não pode ser merecida pelo ser humano. Pois a perseverança no bem é dupla. (1) A perseverança da glória (a posse da glória), que, para o movimento do livre-arbítrio dirigido por Deus motor, se compara a um termo, objeto do mérito humano. (2) A perseverança nesta vida, que não é objeto do mérito, pois depende da moção divina, e para o movimento do livre-arbítrio se compara a

um princípio. Deus concede gratuitamente a perseverança nesta vida a todo aquele a quem concede (cf. *ibidem*, q. 114, a. 9). Tomás considera também os bens temporais do mérito. Esses bens podem ser de dois tipos: (1) como úteis para as obras virtuosas que nos conduzem à vida eterna, são bens pura e simplesmente do ser humano e, portanto, objetos pura e simplesmente do mérito; (2) em si mesmos, como bens sob certo aspecto (*secundum quid*) e, portanto, como objetos sob certo aspecto do mérito. Os seres humanos são movidos por Deus a certos atos por algum tempo, nos quais conseguem, com o favor de Deus (*Deo favente*), seu propósito. Assim como na ordem sobrenatural a vida eterna é o prêmio das obras de justiça postas sob a moção divina, assim também na ordem natural os bens temporais são o prêmio das boas obras postas sob a moção divina (cf. *ibidem*, q. 114, a. 10).

**Graça de Cristo.** A composição da *Suma de teologia* obedece ao esquema *exitus-reditus* (saída-retorno), segundo o qual o movimento de "saída" de todas as coisas a partir de Deus é tratado na Primeira Parte (q. 44-119), enquanto o movimento de "retorno" da criatura racional para Deus é tratado na Segunda e Terceira Partes, pois na Segunda analisam-se, de modo geral, os meios pelos quais o ser humano pode, com o auxílio de Deus, alcançar a vida mais virtuosa possível, ao passo que na Terceira Parte se estuda concretamente o retorno do ser humano a Deus por meio de Cristo, caminho de Salvação e realização humana plena. Tomás de Aquino considera o que foi assumido pelo Filho de Deus na natureza humana, na *Suma de teologia* (III, q. 7-15), em nove questões. O estudo é dividido em dois blocos. O primeiro bloco trata do que pertence às perfeições de Cristo: a G. de Cristo (q. 7-8), sua ciência (q. 9-12) e seu poder (q. 13). E o segundo bloco, do que pertence às deficiências da natureza humana: as deficiências do corpo (q. 14) e as deficiências da alma (q. 15). Tomás trata da G. pessoal de Cristo na *Suma de teologia* (III, q. 7), em treze artigos, a saber, se em Cristo:

houve a G. habitual (a. 1), houve virtudes (a. 2), houve a fé (a. 3), houve a φesperança (a. 4), houve as perfeições das potências da alma (a. 5), houve o dom do temor (a. 6), houve as G. gratuitamente dadas (a. 7), houve o dom da profecia (a. 8), houve a plenitude da G. (a. 9); se a plenitude da G. é própria de Cristo (a. 10), se a G. de Cristo é infinita (a. 11), se a G. de Cristo pode ser aumentada (a. 12) e se a G. de Cristo é uma consequência da união hipostática (a. 13). Tomás afirma que houve em Cristo a G. habitual, por três razões. (1) Por razão da união hipostática (a união da alma de Cristo com a pessoa do Filho – φJesus Cristo). Pois quanto mais o sujeito está próximo da causa que nele influi, tanto mais participa de sua influência. A alma de Cristo, pela união hipostática, estava mais próxima da causa, que é Deus, e participava do seu influxo da G. Portanto, houve em Cristo o influxo da G. divina. (2) Por razão da excelência da alma de Cristo. Essa alma devia alcançar mais proximamente a Deus pelo conhecimento e pelo amor. Portanto, era preciso elevar a natureza humana pela G. (3) Por razão da φrelação de Cristo com o gênero humano. Pois Cristo, enquanto ser humano, é mediador entre Deus e a humanidade (cf. 1Tm 2,5). Assim, era preciso que Cristo possuísse a G., que também refluísse para os outros (cf. *Suma de teologia* III, q. 7, a. 1). Tomás acrescenta que, na união hipostática, permanecem distintas as duas naturezas, divina e humana. Essa distinção fundamenta a necessidade de pôr a G. habitual em Cristo, porque não sendo a alma de Cristo divina por sua essência, era preciso que se tornasse divina por participação, o que não se dá sem a G. (cf. *ibidem*, ad 1m). Além da G. habitual, houve em Cristo G. gratuitamente dadas (dons do Espírito Santo, os chamados "carismas"). Essas G. são ordenadas à manifestação da fé e da doutrina espiritual. Cristo é o primeiro e principal Doutor da doutrina espiritual. Portanto, houve em Cristo todas as G. gratuitamente dadas (cf. *ibidem*, q. 7, a. 7). Depois de demonstrar que houve a G. habitual em Cristo, juntamente com todas as virtudes, as perfeições das potências da alma e as G. gratuitamente dadas, Tomás estuda três propriedades da G. habitual de Cristo: a plenitude, a infinitude e a inaumentabilidade. No que tange à plenitude, é possível falar de dois modos de plenitude da G. de Cristo: a plenitude intensiva, o modo perfeitíssimo com que Cristo possuiu a G., pois a alma de Cristo está mais intimamente unida a Deus, recebe dele ao máximo o influxo da G. e transfere a G. para os outros; e a plenitude extensiva, o modo com que Cristo possuiu a G. como virtude (*virtus*), enquanto princípio a partir do qual se estende a G. a todos os seus efeitos (virtudes, dons etc.) (cf. *ibidem*, q. 7, a. 9). No que tange à infinitude, Tomás distingue em Cristo uma dupla G.: a G. da união hipostática, que é infinita, pois a pessoa do Filho é infinita; e a G. habitual, que pode ser considerada de dois modos: (1) na coisa, é algo criado, possui uma capacidade finita, porque está na alma de Cristo como em seu sujeito; (2) na noção, é inteligida como infinita, não limitada, não dada a Cristo segundo alguma medida (cf. *ibidem*, q. 7, a. 11). No que tange à inaumentabilidade, a G. de Cristo não pode ser aumentada da parte da própria G., pois a G. de Cristo alcança na pessoa a suma medida da G., e da parte do sujeito, porque, desde o primeiro instante de sua concepção, Cristo foi verdadeira e plenamente possuidor da visão beatífica (*comprehensor*) (cf. *ibidem*, q. 7, a. 12; cf. q. 15, a. 10). A G. da união hipostática precede, em Cristo, a G. habitual, não no tempo, mas na natureza ou no entendimento, por três razões. (1) Por razão da anterioridade do princípio. Enquanto o princípio da união é a pessoa do Filho, que assume a natureza humana, o princípio da G. habitual, que é dada com a caridade, é o Espírito Santo. Assim como, na natureza, a missão do Filho é anterior à missão do Espírito, assim também a união pessoal é anterior à G. habitual. (2) Por razão da anterioridade da causa. A G. é causada, com efeito, no ser humano pela presença de Deus, e a presença de Deus em Cristo se dá pela união hipostática. Donde a G. habitual se seguir a essa união. (3) Por razão da finalidade da G. Pois a G. é ordenada à boa ação, e a ação, assim como a G., pressupõe uma hipóstase (um supósito e um *ρ*indivíduo) que age. Mas a hipóstase do Filho não é pressuposta na natureza humana antes da união hipostática. Portanto, a G. da união precede, no entendimento, a G. habitual (cf. *ibidem*, q. 7, a. 13).

**Bibliografia:** ALFARO, J. *Lo natural y lo sobrenatural*: estudio histórico desde santo Tomás hasta Cayetano (1274-1534). Madri: CSIC, 1952. AUER, J. *Die Entwicklung der Gnadenlehre in der Hochscholastik. 2. Teil: Das Wirken der Gnade*. Friburgo: Herder, 1951, p. 202-255. BOUILLARD, H. *Conversion et grâce chez S. Thomas d'Aquin*: étude historique. Paris: Aubier, 1944. EITENMILLER, M. Grace as Participation according to St. Thomas Aquinas. *New Blackfriars*, 98 (1078), p. 689-708, 2017. LONERGAN, B. J. F. *Grace and freedom*: operative grace in the thought of St. Thomas Aquinas. Londres: Darton, Longman & Todd, 1971. RUINI, C. *La trascendenza della grazia nella teologia di San Tommaso d'Aquino*. Roma: Università Gregoriana Editrice, 1971 (Analecta Gregoriana, v. 180). SESBOÜÉ, B. (ed.). *História dos dogmas*: o homem e sua salvação (séculos V-XVII). São Paulo: Loyola, 2003. t. 2. SPEZZANO, D. *The Glory of God's Grace*: Deification According to St. Thomas Aquinas. Florida: Sapientia Press of Ave Maria University, 2015. STUDER, B. Grazia. In: DI BERARDINO, A. (ed.). *Nuovo dizionario patristico e di antichità cristiane*. Gênova/Milão: Marietti, 2007, p. 2420-2432. TORRELL, J.-P. Nature et grâce chez Thomas d'Aquin. *Revue Thomiste*, CI, p. 167-202, 2001. VAN ROO, W. A. *Grace and Original Justice According to St. Thomas*. Roma: Gregorian University Press, 1955 (Analecta Gregoriana, v. 75). WAWRYKOW, J. P. *God's Grace and Human Action*: "Merit" in the Theology of Thomas Aquinas. Notre Dame: Univ. of Notre Dame Press, 1995.

ANDREY IVANOV

# H

## HÁBITO

**Etimologia e uso do termo.** Hábito (H.) na visão de Aquino é um termo análogo ($\mathcal{P}$Analogia) que, no sentido mais geral, significa uma qualidade que uma $\mathcal{P}$pessoa possui complementarmente às suas propriedades básicas e características essenciais que modificam tanto o seu $\mathcal{P}$ser como suas potências operativas. Nos comentários medievais das obras de Aristóteles, a palavra latina *habitus* traduzia o grego *héxis* e estava enraizada na palavra latina *habere*, "ter". O conceito de *ter* é mais forte que "tomar emprestado" ou "usar", mas é mais fraco que "ser". Em contraste, no grego *diáthesis*, traduzido em latim como *dispositio*, é uma disposição ou uma qualidade superficialmente acrescida à faculdade ou potência da natureza de alguém. A *diáthesis/dispositio* é uma condição menos permanente e mais facilmente mutável, enquanto *héxis/habitus* é uma modificação mais duradoura, não facilmente alterada (cf. ARISTÓTELES, *Categorias* VI, 8b25-9a13; 15b18-32). A compreensão madura de Tomás de Aquino desses conceitos foi muito influenciada pelas traduções de Guilherme de Moerbeke dos comentários neoplatônicos de Simplício, no século VI, sobre as *Categorias* [*Predicamenta*], o *Tratado da interpretação* [*Super de Interpretatione*], o *Tratado sobre o céu* e o *Tratado sobre a alma*, de Aristóteles. Tomás de Aquino também teve influências teológicas que o ajudaram a estruturar e aprofundar sua compreensão do *habitus*. Um *locus* para a $\mathcal{P}$teologia medieval do *habitus* foi dado pela Vulgata de Filipenses 2,7: *et habitu inventus ut homo* ("e quanto ao hábito, veio como homem"), referindo-se a $\mathcal{P}$Jesus Cristo ao assumir a natureza humana. Para entender esse texto, Pedro Lombardo, Boaventura, Alberto Magno e Tomás de Aquino empregaram a discussão de Agostinho na questão 73 das *Oitenta e três questões diversas*. Agostinho fornece duas taxonomias e uma análise incisiva para *habitus* em Tomás (cf. *Comentário à Epístola de Paulo aos Filipenses* 2, l, 2; *Suma de teologia* I$^a$II$^{ae}$, q. 49, a. 1, argumento inicial 1). Além disso, Máximo, o Confessor, e Dionísio Pseudoareopagita ajudaram Tomás a apreender a diferença entre o *habitus* angélico e o humano (cf. *Comentário aos Livros das Sentenças de Pedro Lombardo* III, dist. 14, q. 1, a. 1, qc. 2, argumento inicial 1, e *Suma de teologia* I$^a$II$^{ae}$, q. 50, a. 6 [e em outros lugares]; especificamente quanto a Máximo, cf. *Comentário sobre a Hierarquia Celeste de Dionísio*, 7). Há uma ampla disputa entre os estudiosos de como *habitus* deveria ser traduzido para as línguas modernas. S. Pinckaers e seus seguidores não traduzem o termo latino, argumentando que a palavra francesa *habitude* indica um "automatismo" mecânico e, consequentemente, está fora da dimensão moral transmitida pelo *habitus* de Aquino. Enquanto isso, Anthony Kenny confusamente verteu *habitus* em "disposição" e *dispositio* em "estado" (ver sua tradução de 1964 de *Suma de teologia* I$^a$II$^{ae}$, q. 49-54). Outros preferem transformar a *héxis* de Aristóteles em "estado de caráter", assim como também há a possibilidade de traduzi-la por "habilitação" ou "habilidade desenvolvida". O presente verbete mantém a palavra *hábito* do português, pois, como veremos, o *habitus* é um conceito análogo e polivalente que inclui as qualidades que surgem de causas não escolhidas, bem como da escolha moral.

**Definição de hábito e animais não humanos.** Tendo tratado os H. de modo fragmentado em seus trabalhos anteriores (*Comentário aos Livros das Sentenças de Pedro Lombardo* III, dist. 14, q. 1, a. 1, 2-3; dist. 23, q. 1; *Questões disputadas sobre a verdade*, q. 10, a. 9; *ibidem*, q. 12, a. 1; q. 14, a. 9), o chamado "tratado sobre os hábitos" de Aquino, em *Suma de teologia* I$^a$II$^{ae}$, q. 49-54, constitui sua contribuição mais madura para o tópico e continua sendo uma das análises mais completas e sofisticadas já escritas sobre os H. Tomás de Aquino adota a definição aristotélica básica de *héxis*/H.: "uma disposição pela qual seu possuidor está bem ou maldisposto, quer em si mesmo, quer em relação ao outro, como na saúde, que é um hábito" (ARISTÓTELES, *Metafísica* V, 20, 1022b10-12; cf. *Comentário à Metafísica de Aristóteles* V, 20, 5ss). Tomás de Aquino explica a analogia dos H. de saúde (cf. ARISTÓTELES, *Categorias* VI, 8b36-7): a saúde é uma qualidade do ₽corpo, uma disposição das partes em relação à ₽natureza do ₽sujeito (cf. *Comentário à Metafísica de Aristóteles* V, 20, 7; *Comentário à Física de Aristóteles* II, 7, 11, 6). Conforme Simplício, H. podem ser entendidos como "disposições perfeitas" (cf. *Suma de teologia* I$^a$II$^{ae}$, q. 49, a. 1, ad 3m); como perfeitas, são qualidades "difíceis de mudar" (ARISTÓTELES, *Metafísica* VII, 12, 1038a9-18; cf. *Comentário à Metafísica de Aristóteles* VII, 12, 1551-4; *Suma de teologia* I$^a$II$^{ae}$, q. 49, a. 2, ad 3m). Se "a natureza é o primeiro objeto de consideração em uma coisa", segue-se que "o hábito é colocado na primeira espécie da qualidade", dentre as enumeradas por Aristóteles em *Metafísica* V, 20 (cf. *ibidem*, q. 49, a. 2). Alguns seres, por sua própria natureza, não podem ter H. O primeiro é ₽Deus. Como "hábito" é uma qualidade existente como "o meio entre a potencialidade e o ato", os H. são mais perfeitos que a potência, mas menos perfeitos que a pura atualidade (*Suma de teologia* I, q. 14, a. 1, argumento inicial 1). Mas Deus é puro ato, sendo ele mesmo (cf. *ibidem*, q. 44, a. 1), pura forma, sem potencialidade alguma (cf. *ibidem*, q. 12, a. 1, ad 2m). Deus é "infinito, compreendendo em si mesmo toda a plenitude da perfeição de todo ser. Ele não pode adquirir nada de novo" (*ibidem*, q. 9, a. 1). Consequentemente, Deus não "tem" o ₽conhecimento como uma posse acrescida à sua natureza: "o conhecimento não é uma qualidade de Deus, nem um hábito; mas substância e ato puro" (*ibidem*, ad 1m). Deus não "tem" ₽amor; ele "é" amor (1Jo 4,16). Em suma, Deus não possui H. Coisas inanimadas também não podem ter H. Sua luta natural pelo bem (cf. *Questões disputadas sobre a verdade*,

q. 22, a. 1), que inclui algum tipo de "apetite natural" (₽Desejo) e "amor natural" (*Suma de teologia* I$^a$II$^{ae}$, q. 26, a. 1), é recebida de um agente anterior: sem uma ₽alma, elas não têm forma interna, nem princípio intrínseco de movimento (ver *Questões disputadas sobre o poder divino*, q. 3, a. 11, ad 5m; *Comentário à Física de Aristóteles* VIII, 8, 7). Consequentemente, as coisas inanimadas não podem habituar-se a mover-se a si próprias de maneira alguma: "a pedra, que por natureza se move para baixo, não pode habituar-se a se mover para cima, nem mesmo se alguém tentar treiná-la jogando-a dez mil vezes para cima" (*Ética nicomaqueia* II, 1, 1103$^a$21-22; cf. *Comentário à Ética nicomaqueia de Aristóteles* II, 1, 4, 248). Criaturas animadas, como os animais não humanos e plantas, em uma extensão muito menor, podem ser treinadas. Os animais não evidenciam atividade autorreflexiva – tentando moldar suas próprias emoções, imaginação, comportamento etc., como tal –, mas um animal pode "habituar-se" e melhorar seu comportamento: uma mãe pássaro treina seus filhotes para voar (cf. *Suma de teologia* I, q. 101, a. 2, ad 2m). Mais importante, os seres humanos podem treinar os comportamentos dos animais: "assim, é possível admitir a existência de hábitos em animais irracionais" (*Suma de teologia* I$^a$II$^{ae}$, q. 50, a. 3, ad 2m). Pode-se chamar isso de disposição não voluntária de H. Para os seres humanos, a questão é mais complexa.

**Disposições e hábitos humanos e angélicos.** Os seres humanos possuem uma série de disposições/H. integrados, devido à sua natureza "composta" de corpo e alma. A lista a seguir resulta na distinção deles por seus princípios ativos (cf. *Suma de teologia* I$^a$II$^{ae}$, q. 54, a. 2): [1] A natureza específica de uma criatura é a fonte de algumas disposições/H. inatos. Para os seres humanos, a *syndéresis* é um "hábito natural" que inclina uma pessoa a apreender os princípios universais da lei natural (cf. *Questões disputadas sobre a verdade*, q. 16, a. 1, c.; *Suma de teologia* I, q. 79, a. 12), mesmo sem a investigação da ₽razão (cf. *Suma de teologia* I, q. 79,

HÁBITO

a. 13). Esse "primeiro hábito natural" existe na alma "de acordo com o seu início" e é ativado pela experiência (cf. *Suma de teologia* I$^a$II$^{ae}$, q. 51, a. 1). Parece que os instintos (*instinctus*) também constituem H./disposições naturais: inclinações para agir por conta de pertencerem a uma espécie, assim como instintos para a ϱfelicidade, altruísmo e até ϱreligião (cf., respectivamente, *Suma de teologia* I, q. 19, a. 10; *Suma contra os gentios* III, 117, 6; *ibidem*, 119, 7). [2] A natureza individual, isto é, a composição corporal ou o temperamento único (*complexio*) de uma pessoa, também fornece inclinações básicas não escolhidas. Existem quatro temperamentos básicos que envolvem as disposições emocional-operacionais, totalmente atribuíveis a causas físicas: "os fleumáticos são naturalmente calmos; os coléricos, irascíveis; os melancólicos, tristes; os sanguíneos [pessoas], joviais" (*Comentário à Ética nicomaqueia de Aristóteles* III, 12, 1). Tomás de Aquino chama uma inclinação derivada da *complexio* de uma pessoa de "hábito natural": uma disposição inata para a operação causada pela natureza corporal de uma pessoa (cf. *Suma de teologia* I$^a$II$^{ae}$, q. 46, a. 5; *Comentário à Ética nicomaqueia de Aristóteles* VI, 11, 2). [3] O costume (*consuetudo*), uma vez enraizado na alma, existe como H./disposição: "[é] agradável na medida em que se torna natural, pois o costume é como uma segunda natureza" (*Suma de teologia* I$^a$II$^{ae}$, q. 32, a. 2, ad 3m; cf. ARISTÓTELES, *A memória e a reminiscência*, 2, 452a28). Essas disposições são muitas vezes qualidades adquiridas e não voluntárias, pois os costumes surgem frequentemente das escolhas de outros: "Os costumes, especialmente aqueles que vêm da infância, passam a ter a força de natureza. Consequentemente, uma alma se apega fortemente àquelas coisas em que foi imbuída desde a infância, como se fossem naturais e por si conhecidas" (*Suma contra os gentios* I, 11, 1). A sociedade pode ter costumes e H., com possíveis efeitos altamente negativos: "os preceitos secundários da lei natural podem ser removidos dos corações dos seres humanos […] por conta de costumes maus e hábitos corruptos" (*Suma de teologia* I$^a$II$^{ae}$, q. 94, a. 6).

[4] Os H. na parte mais elevada da alma, o ϱintelecto e a ϱvontade, podem ser adquiridos a partir da escolha individual. Como dizem Agostinho e Averróis, é da *ratio* ou noção do H. o apenas *inclinar* seu possuidor: não força a ação; pode-se resistir ou aderir livremente às inclinações (cf. *ibidem*, q. 49, a. 3, *sed contra*; cf. AGOSTINHO, *A bondade do matrimônio*, c. 21; AVERRÓIS, *Comentário ao De Anima de Aristóteles*, 18). Por esses H. serem questão de escolha, "o hábito é sobretudo encontrado na alma", pois, "mesmo pela própria natureza do hábito, é evidente que está relacionado principalmente à vontade" (*Suma de teologia* I$^a$II$^{ae}$, q. 50, a. 2; *ibidem*, a. 5). Os ϱanjos têm esses H., "uma vez que existem em potência em relação ao ato puro" (*ibidem*, q. 50, a. 6). Os H. angélicos são, portanto, "perfeições habituais por meio das espécies ou determinações inteligíveis em relação à sua própria operação" (*ibidem*). [5] A habituação voluntária envolve moldar as potências de alguém à luz da razão para escolher objetos particulares e agir em direção a um fim (cf. *Questões disputadas sobre as virtudes*, q. 1, a. 12, ad 19m). Os H. voluntários incluem habilidades, por exemplo, artísticas ou mecânicas, e as virtudes naturais – todas adquiridas por meio da prática correta (cf. *Comentário à Ética nicomaqueia de Aristóteles* II, 1, 6) e direcionadas a bons objetos alcançáveis pelo poder natural (cf. *Suma de teologia* I$^a$II$^{ae}$, q. 62, a. 2). As virtudes intelectuais são H. totalmente voluntários que aperfeiçoam o intelecto, para que ele apreenda com facilidade, rapidez e prazer a ϱverdade prática ou especulativa (cf. *ibidem*, q. 56, a. 3, ad 2m). As potências apetitivas sensíveis – apetite concupiscível e irascível – também podem ser lugar de ϱvirtude, na medida em que podem participar da razão (cf. *ibidem*, q. 50, a. 5). [6] Alguns H. são infusos por Deus no intelecto e na vontade, que são ativados pela criatura: estes são a ϱgraça infusa e as virtudes teologais infusas. Visto que "a graça perfaz a natureza de acordo com o modo da natureza" (*Suma de teologia* I, q. 62, a. 5), H. sobrenaturais infusos elevam, purificam e vivificam nossos H. naturais (cf. *Suma de teologia* I$^a$II$^{ae}$, q. 62, a. 2,

ad 1m). Diferentemente dos outros H. [1-5], os H. infusos são direcionados a um objeto sobrenatural, a Santíssima ℗Trindade, o ℗fim último e supremo, superando nossa razão (cf. *ibidem*, Resp.). Os anjos em graça possuem o H. infuso da ℗caridade, conhecimento e sabedoria infusos (cf. *Suma de teologia* I, q. 60, a. 1, ad 3m; *ibidem*, q. 62, a. 6), enquanto os humanos em graça na terra possuem infusas a ℗fé, a ℗esperança e a caridade (cf. *Suma de teologia* I^aII^ae, q. 62, a. 3, bem como virtudes cardeais infusas (cf. *Suma de teologia* I^aII^ae, q. 63, a. 3-4). [7] Finalmente, alguns H. são como instintos sobrenaturais: participações infusas na ação de Deus, chamados de os sete "dons do ℗Espírito Santo" (cf. Is 11,1-3; *Suma de teologia* I^aII^ae, q. 68, a. 1). Pelos dons, a pessoa pode operar sob a inspiração de Deus, de modo divino e heroico (cf. *Comentário ao Evangelho de Mateus* 5,2, 410). Por exemplo, "para conhecer as coisas invisíveis de Deus, é por um modo humano que isso se dá: e esse entendimento refere-se à virtude da fé; mas conhecer essas coisas claramente e de um modo sobre-humano pertence ao dom do entendimento" (*Comentário à Epístola de São Paulo aos Gálatas* 5, 6, 329).

**Aumento, diminuição e perda dos hábitos.** Na medida em que os H. são adequados (*conveniens*) à natureza do agente, eles são bons; e na medida em que não são adequados à natureza e a corrompem de um determinado modo, são maus (cf. *Suma de teologia* I^aII^ae, q. 54, a. 3, c. e ad 2m). A adequação ou inadequação dos H. voluntários depende, sobretudo, de seu ℗objeto, enquanto medido pela natureza e pela razão: a vontade de alguém é orientada por seus H.; os H. são especificados por seus objetos; e os objetos são moldados pelo modo de alguém querer em relação à razão (cf. *ibidem*, q. 54, a. 2, ad 1m). Bons H. são perfeições que auxiliam o funcionamento próprio da natureza (cf. ARISTÓTELES, *Física* VII, 3, 246a11-13; *Suma de teologia* I^aII^ae, q. 49, a. 4, *sed contra*). Tomás de Aquino adota a compreensão de Cícero da virtude moral como "um hábito no modo da [segunda] natureza em harmonia com a razão" (CÍCERO, *De Inventione* II, c. 53, n.

159; cf. *Questões disputadas sobre a verdade*, q. 1, a. 5, ad 13m; *Suma de teologia* I^aII^ae, q. 56, a. 5). Os bons H., portanto, são qualidades que dispõem corretamente uma pessoa a realizar ações mais perfeitas com facilidade, rapidez, habilidade e prazer (cf. *Suma de teologia* I^aII^ae, q. 49, a. 4, c.; ARISTÓTELES, *Ética nicomaqueia* II, 2, 1104b3; *Comentário à Ética nicomaqueia de Aristóteles* II, 3, 265-9). Por outro lado, quando a vontade consistentemente escolhe um bem inadequado e desordenado, fica mais fraca e é mais escravizada ao que escolheu (*Suma de teologia* III, q. 87, a. 2, ad 3m). Na próxima ℗vida, o aspecto formal dos H. será levado à perfeição e permanecerá perfeito na pessoa bem-aventurada (cf. *Suma de teologia* I^aII^ae, q. 67, a. 1). No entanto, H. imperfeitos nesta vida podem ser aumentados tanto no que diz respeito ao H. como ao possuidor (cf. *ibidem*, q. 51, a. 1). Os H. em si podem ser intensificados tanto intensivamente como extensivamente: intensivamente, como quando a prudência natural é levada à perfeição pelo dom do conselho (cf. *Suma de teologia* II^aII^ae, q. 52, a. 1, ad 1m); extensivamente, aplicando-se a um número maior de sujeitos, como quando mais pessoas recebem o H. da fé. Os possuidores de H. podem aumentar alguns de seus H. de maneira intensiva e extensiva: intensivamente, ao participar do H. em maior grau, como quando a caridade torna alguém mais fervoroso (cf. *ibidem*, q. 24, a. 4, ad 3m); extensivamente, quando mais partes do indivíduo participam do H., como quando a visão beatífica transborda da alma para o corpo (cf. *Suma de teologia* I^aII^ae, q. 4, a. 5-6). Um H. se perde quando um H. substitui outro, isto é, quando uma forma toma o lugar do seu contrário (cf. *ibidem*, q. 53, a. 1). Assim: "é claro que a razão falsa pode corromper o hábito da opinião verdadeira ou mesmo da ciência" (*ibidem*). Na medida em que o sujeito está menos adequado a um H., ele pode participar menos do H., como quando uma pessoa moderadamente doente participa menos da saúde. Extensivamente, um H. pode ser acidentalmente diminuído quando menos pessoas participam dele. Intensivamente, um

H. pode ser diminuído quando seu ato é realizado com menor intensidade ou de maneira imprópria, por exemplo, negligentemente (cf. *ibidem*, q. 52, a. 3, *sed contra*; Aristóteles, *Ética nicomaqueia* II, 2, 1104a29). Finalmente, a cessação pode diminuir ou mesmo destruir completamente um H.: "quando uma pessoa cessa o uso de seus hábitos intelectuais, surgem fantasias imoderadas [...] tornando uma pessoa menos apta a julgar corretamente" (*Suma de teologia* I$^a$II$^{ae}$, q. 53, a. 3).

**Bibliografia:** ARISTOTLE. *The Complete Works of Aristotle*: the Revised Oxford Translation. Ed. J. Barnes. Princeton/Nova Jérsei: Princeton University Press, 1984. v. I and II. BERGAMO, P. Habitus. In: _____. *In opera Sancti Thomae Aquinatis index, seu, Tabula Aurea*. Editio fototypica. Roma: Editiones Paulinae, 1960; reprint of ed. Vives, 1880, p. 456-459. BOLAND, V. Aquinas and Simplicius on Dispositions: a Question in Fundamental Moral Theory. *New Blackfriars*, 82 (968), p. 467-478, 2001. BOURKE, V. The Role of Habitus in the Thomistic Metaphysics of Potency and Act. In: BRENNAN, R. E. (ed.). *Essays in Thomism*. Nova Iorque: Sheed and Ward, 1942, p. 103-109. FAUCHER, N.; ROQUES, M. (eds.). *The Ontology, Psychology and Axiology of Habits*. Nova Iorque: Springer, 2019. MONDIN, B. Abitudo/Abitudine. In: _____. *Dizionario enciclopedico del pensiero di san Tommaso d'Aquino*. Bolonha: Edizioni Studio Domenicano, 2000, p. 21-22. PINCKAERS, S. La vertu est tout autre chose qu'une habitude. *Nouvelle Revue Théologique*, 82, p. 387-403, 1960. _____. Virtue is not a Habit. *Cross Currents*, 12, p. 65-81, 1962. PORTER, J. Why Are the Habits Necessary? An Inquiry into Aquinas's Moral Psychology. In: PASNAU, R. (ed.). *Oxford Studies in Medieval Philosophy*. Oxford: Oxford University Press, 2013. v. 1., p. 113-135. RAMIREZ, J. M. *De habitibus in commune*. Madri: Instituto de Filosofia Luis Vives, 1973. 2 v. RAVAISSON, F. *Of Habit*. Trad. Clare Carlisle and Mark Sinclair. Londres: Continuum, 2008. SPARROW, T.; HUTCHINSON, A. (eds.). *A History of Habit*: From Aristotle to Bourdieu. Nova Iorque: Lexington Books, 2013. SULLIVAN, E. *Habits and Holiness*: Ethics, Theology and Biopsychology. Washington: The Catholic University of America Press, 2021. VV.AA. *Habits in Mind*: Integrating Theology, Philosophy, and the Cognitive Science of Virtue, Emotion, and Character Formation. Leiden-Boston: Brill, 2017.

Ezra Sullivan, OP
Tradução de José Eduardo Levy Junior

# HERESIA

**Aspectos gerais.** Tomás de Aquino registra na Parte II da Segunda Parte da *Suma de teologia* uma análise de particularidades da ação humana, especificamente ⊘virtudes e vícios (⊘Pecado), dons espirituais ou ⊘carismas (⊘Graça), tipos de ⊘vida (ativa ou contemplativa), estados e ofícios. Ele completa, por assim dizer, sua ética filosófico-religiosa (⊘Moral; ⊘Liberdade; ⊘Necessidade e Contingência). É nesse contexto que a heresia (H.) é apresentada e situada em relação à ⊘fé e à incredulidade. Assim, para compreender o que Tomás de Aquino considerou H. e como a distinguiu da apostasia, da blasfêmia, da ignorância e do cisma, é preciso, em primeiro lugar, compreender como ele concebeu a fé e a incredulidade, tal como apresentadas nas questões 1 a 16 da Parte II da Segunda Parte da *Suma de teologia*. Logo no primeiro artigo da décima questão (cf. II$^a$II$^{ae}$, q. 10, a. 1), Tomás de Aquino descreve a incredulidade como ⊘pecado oposto à fé, a primeira das três virtudes teologais, junto com a ⊘esperança e a ⊘caridade (cf. *ibidem*, q. 1 e a. 4-7). A fé é, por um lado, assentimento explícito e voluntário do ⊘intelecto àquilo mesmo em que se crê. Trata-se da fé, digamos, "subjetiva" (⊘Sujeito), quer dizer, a fé como ato movido pelo seu ⊘objeto próprio, ⊘Deus. Por outro lado, a fé é assentimento também explícito e voluntário a uma série de proposições ou artigos que exprimem o que é Deus e tudo o que a ele se refere. Trata-se da fé, digamos, "objetiva", intelecção ou conhecimento que explicita a adesão subjetiva a Deus (cf. *ibidem*, q. 1, a. 4 e 6). Ora, se a fé é voluntária (⊘Vontade), também o é a incredulidade, cuja manifestação pode dar-se como negação ou como recusa da fé (cf. *ibidem*, q. 10, a. 1). Ademais, se a fé objetiva é conhecimento e intelecção, e se a incredulidade dela se desvia, então as espécies de incredulidade descritas por Tomás de Aquino são definidas em função da ausência ou desconhecimento da fé (ignorância), da oposição ou rejeição aos preceitos ou ao entendimento comum dos ℘artigos de fé contidos na ℘Sagrada Escritura, nos símbolos e nos concílios (H. e apostasia), e, finalmente, dos discursos contrários à confissão de fé (blasfêmia). Isso se sustenta porque, segundo o Aquinate, várias espécies de vícios podem opor-se a uma mesma virtude, e tal diversidade pode ser considerada quer em sua relação diferenciada com a virtude, quer na corrupção das condições requeridas para a virtude (cf. *ibidem*, q. 10, a. 5). Nesse sentido, ℘pagãos, judeus e hereges seriam contados entre aqueles que incorrem em incredulidade (cf. *ibidem*). Os cismáticos não são citados entre eles, pois a distinção entre H. e cisma reside no fato de o segundo não ser uma espécie de incredulidade (cf. *ibidem*, q. 39), porque não constitui ausência ou rejeição da fé propriamente dita.

**Heresia e hereges.** Tomás de Aquino sustenta que o assentimento dado pelo intelecto no ato de fé resulta de dois movimentos: um, que provém do próprio ℘objeto ou ℘substância da fé (a verdade primeira – ℘Verdade), e outro, que decorre de um ato humano de escolha, levando o intelecto a mover-se voluntariamente em direção ao objeto ou substância da fé (cf. *ibidem*, q. 1, a. 4). De acordo com essa formulação, já é possível encontrar o princípio central que orienta a análise tomasiana da H.: a relação com a verdade e o ato de escolha. Se o termo *heresia* remete a uma doutrina ou opinião, ele retrata também uma escolha decorrente do ato de direcionar o intelecto para um fim, pois a vontade – raiz da escolha – move o intelecto para o bem que é próprio a ele, a verdade. Segundo Tomás de Aquino, portanto, a H. corresponde a um ato do intelecto movido pela vontade fixada em um entendimento e uma proposição equivocados e corrompidos da fé cristã. Dessa perspectiva, a H. é uma espécie de incredulidade (cf. *ibidem*, q. 11, a. 1) por

ser adesão voluntária a dados incongruentes com a verdade da fé objetivamente elaborada pela ℘comunidade dos que creem (℘Igreja); a pessoa herética não incorre em pecado de incredulidade porque lhe falta fé, mas porque escolhe seguir opiniões equivocadas, novas ou fundadas em seu próprio juízo, sem vínculo com a comunidade. Tomás de Aquino recorre à autoridade de Santo Agostinho para caracterizar os hereges como obstinados (cf. *ibidem*, q. 11, a. 2): só há H. quando há exposição de uma opinião contrária a uma verdade de fé; e só há hereges quando, apesar de admoestados a respeito do equívoco de sua opinião doutrinária, eles oferecem resistência obstinada e recusam-se a reformar sua crença, persistindo no erro. Não pode ser considerado herege, portanto, quem sustenta uma opinião errônea sem obstinação, o que permite identificar certo aspecto, digamos, "positivo" na existência dos hereges, uma vez que eles trazem à tona a exigência de desenvolvimento, exposição e explicitação da doutrina cristã (℘Teologia) (cf. *ibidem*, q. 11, a. 2, ad 3m; *ibidem*, q. 5, a. 3). Tomás cita Ario e Macedônio como exemplos dessa exigência, defendendo que, por causa do arianismo, foi necessário, no *Credo* ou *Símbolo dos Apóstolos*, incluir um artigo sobre a ℘pessoa do ℘Filho, bem como outro sobre a pessoa do ℘Espírito Santo, a fim de esclarecer a onipotência e ℘eternidade do ℘Pai, nas quais Ario e Macedônio acreditavam, embora negassem, respectivamente, a consubstancialidade e a coigualdade do Filho e do Espírito Santo (cf. IIᵃIIᵃᵉ, q. 1, a. 8; cf. também KRAZCZOR, 2001). A H. permite, assim, que a fé seja testada, se fortaleça e se torne mais precisa, como aliás se afirma em 1Cor 11,19, onde se lê que na comunidade cristã convém haver H. ("divisões" ou "debates doutrinários" – *hairéseis*, em grego –, a fim de poder reconhecer-se aqueles que são verdadeiramente fiéis (*dóximoi*). A conveniência de haver debates doutrinários não permite levar à conclusão de que a existência de H. seja algo bom em si mesmo, e sim, como costuma dizer Tomás de Aquino, um mal permitido por Deus, do qual ele pode tirar um bem (cf. *Suma de teologia* I, q. 2, ad 1m). Nesse sentido, cumpriria identificar no cristianismo um *éthos* da verdade (cf. RAHNER, 1964; SAVIAN FILHO, 2018) e entender o fenômeno da H. sob a perspectiva própria da fé, a qual exige um trabalho constante de esclarecimento das suas expressões, sempre em busca de fidelidade à sua substância, o mistério divino mesmo. A tensão positiva entre experiência e expressão, ou entre o encontro pessoal com a substância da fé (fé subjetiva) e as expressões objetivas da adesão a essa substância (fé objetiva), decorre da própria condição humana (⍴Ser Humano), cuja aparelhagem cognitivo-significante, ao falar de Deus ou ao exprimir o encontro pessoal com ele, é claramente limitada. A esse respeito, aliás, como insistia Tomás de Aquino, de Deus não se pode saber o que ele é, mas o que ele não é (cf. *Suma de teologia* I, q. 3). Assim, os hereges especificamente cristãos (não os pagãos e os judeus) mostram viver uma ambiguidade exprimível pela correlação entre um *todo* e suas *partes* (correlação precisamente expressa, aliás, no vocabulário empregado por Tomás de Aquino nas questões 1-16 da Segunda Parte da Parte Segunda): os hereges aceitam, por um lado, o *todo* ou a unidade do mistério divino (pela fé subjetiva que os faz conservar o nome de cristãos), mas escolhem, por outro lado, apenas *parte* ou *partes* das expressões de fé elaboradas eclesialmente (apenas parte da fé objetiva). Seria possível perguntar, obviamente, se essa ambiguidade não atinge e prejudica a profundidade da dimensão subjetiva da adesão a Deus, visto que a negação ou a recusa de um aspecto da fé objetiva pode significar uma contradição da própria autoridade formal de Deus, que se autorrevela. No entanto, também convém considerar que, na prática, atos propriamente heréticos não visam chegar a essa profundidade, mas, ao contrário, em nome de uma lealdade à profundidade do encontro com Deus (lealdade esta que pode ser desejada honestamente pelos hereges), visam a formulações diferentes daquelas aceitas como ortodoxas (⍴Artigos de Fé; ⍴Autoridade; ⍴Igreja; ⍴Magistério). Além disso, o descompasso na articulação das expressões da fé com a fidelidade à substância da fé não se mostra um

fenômeno exclusivo dos hereges declarados. No limite, mesmo cristãos que não têm o objetivo de pôr-se em desacordo com expressões ortodoxas podem, não refletidamente, incorrer em H., negando, sem o saber, algum aspecto do todo ou da unidade da fé (todo ou unidade estes que, epistemologicamente falando, não são percebidos senão parcialmente ou por perfis). Hoje, por exemplo, é possível identificar o risco de monofisismo em diferentes formas de discurso cristão que se referem a Jesus apenas como Deus (quer dizer, que o exprimem apenas como ser divino, negligenciando sua ⍴natureza humana). O mesmo risco, aliás, é contido em discursos que, no sentido contrário, negligenciam a divindade de Jesus e acentuam apenas sua humanidade, reduzindo-o a mero modelo ético-político (cf. RAHNER, 1984; CATÃO, 2001; RATZINGER, 2007; KÖSTENBERGER; KRUGER; MARSHALL, 2010).

**Heresia e justiça.** Se a caracterização histórica dos hereges pode ser encontrada já em autores cristãos anteriores a Tomás de Aquino, a compreensão tomasiana da ⍴justiça a ser feita em relação aos hereges traz a marca específica de sua época. No seu dizer, cabia à Igreja ter ⍴misericórdia, admoestar os hereges e esperar pela sua conversão. No entanto, se os hereges continuassem na obstinação, era papel da Igreja fazer justiça para o bem da comunidade dos fiéis. Seu maior ato de justiça consistia na excomunhão, pois, em se tratando realmente de hereges, quer dizer, de pessoas obstinadas em um dos mais graves pecados (a corrupção da fé), eles ofereciam o risco de prejudicar a comunidade ao obter seguidores e levá-los à morte espiritual por meio de uma fé equivocada. A excomunhão eclesial aparecia, então, a Tomás, como um dever da Igreja. No entanto, a excomunhão não se mostrava suficiente, pois a presença dos hereges podia continuar a ser uma ameaça à fé verdadeira, razão pela qual o Aquinate defenderá que, em função do dano causado à vida social, a Igreja devia solicitar que o ⍴poder temporal também fizesse justiça, aplicando até a pena de morte (cf. *Suma de teologia* II$^a$II$^{ae}$, q. 11, a. 3). É nesse aspecto preciso, ao defender a colaboração entre o poder espiritual e o poder temporal, que Tomás de Aquino não se mostra sozinho, pois o ano de 1230 marcou uma mudança no tratamento das H. A disseminação do catarismo, fundado em uma forma de dualismo ontológico-ético semelhante ao dos maniqueus, levara à adoção de novos procedimentos para a inquirição e penalização de hereges; e a pena de morte passou a ser decretada pelo poder secular, algo ocorrido anteriormente apenas no caso de Prisciliano de Ávila, declarado herege (por magia e maniqueísmo) por bispos hispânicos, em torno do ano 387, e condenado à pena capital pelo Imperador Máximo. Com efeito, no século XIII, a Ordem dos Pregadores, formalizada por Honório III durante o período de maior combate aos cátaros, assumiu por missão o cultivo intelectual e a luta contra a H. por meio da prática da Øpregação. A partir de 1230, com o fim da Cruzada Albigense (c. 1209-1229), houve a ampliação do uso do método inquisitorial e a divulgação de tratados e sermões anti-heréticos produzidos por dominicanos comissionados como inquisidores por Gregório IX, dentre os quais se destacam, por exemplo, Moneta de Cremona, com seu *Contra os cátaros e os valdenses* (1244), e Humberto de Romans, com *A formação dos pregadores* (1266). Ambos insistiam na obstinação como marca dos hereges, bem como na importância de recorrer ao uso da espada nas ocasiões em que a palavra não fosse suficiente para erradicar a H. (cf. AMES, 2009). Seguindo a disposição de Inocêncio III, que em 1199 assimilou a H. ao crime de lesa-majestade, implicando pena de morte (cf. OLS, 1981), diversas legislações imperiais e reais foram proclamadas contra a H., a blasfêmia, o adultério, os jogos de azar e a prostituição (cf. KERR, 2009), tais como as leis de Frederico II (1231) e de Luís IX (1254). Em resumo, após 1230, o serviço à dupla estratégia, espiritual-temporal, de lutar contra a H. passou a ser uma das maiores linhas de atuação da Ordem dos Pregadores, à qual Tomás de Aquino se uniu em 1209. Não é de estranhar, portanto, que a colaboração entre os dois poderes apareça em sua obra como base para conceber a justiça

devida aos hereges. Também não é por acaso que ele exponha a gravidade do pecado no qual pagãos, judeus e hereges incorrem quando resistem à fé, chegando a situar os maniqueus como os piores de todos (cf. *Suma de teologia* II$^a$II$^{ae}$, q. 10, a. 6). Essa maneira de classificar os maniqueus, bem como diferentes passagens nas quais Tomás de Aquino revela especificidades em sua análise do problema da origem do mal (cf. *Suma de teologia* I, q. 8, a. 3; 48-49, por exemplo) são um sinal claro de que ele conhecia as discussões filosófico-teológico-éticas ligadas ao catarismo, bem como as implicações da ressurgência do dualismo maniqueísta no sul da França e na Itália após séculos em que ele parecia ter sido vencido, sobretudo graças aos trabalhos de Santo Agostinho.

**Apostasia.** Se a H. é uma espécie de incredulidade pela resistência a aspectos da fé ou pela adesão a preceitos equivocados, a apostasia é uma espécie de incredulidade vinculada à resistência à totalidade da fé após sua adoção. O tema é discutido em dois artigos da questão 12, nos quais Tomás de Aquino define a apostasia como a incredulidade daqueles que, após terem recebido a fé, deixam de crer (fé objetiva), podendo chegar a um distanciamento em relação ao próprio Deus (fé subjetiva). Pode-se cometer apostasia de três formas. Em primeiro lugar, ao se desistir da vida consagrada com a qual alguém se comprometeu, pois uma das formas de adesão a Deus é expressa pelo pertencimento a algum tipo de consagração ou vida religiosa consagrada. Em segundo lugar, pela recusa a submeter-se aos mandamentos, uma vez que a união entre o ser humano e Deus também é expressa pelo desejo de seguir os mandamentos. Por fim, pela recusa da própria fé, que é a união mais íntima entre o ser humano e Deus. Assim, se no primeiro e segundo casos (ligados à fé objetiva) ainda há a possibilidade de união com Deus, a despeito da recusa de aspectos específicos da vida religiosa ou do enfraquecimento e rebelião da mente contra os mandamentos, no terceiro caso (ligado à fé subjetiva) há um verdadeiro rompimento com Deus pela negação da fé mesma como adesão pessoal. A esse grau de apostasia com maior gravidade Tomás de Aquino deu o nome de *perfídia*. Tal análise da apostasia parece apontar para uma diferença da ética tomasiana em relação às chamadas "éticas da intenção" (como a de Pedro Abelardo, por exemplo), pois, em muitos casos, como dirá Tomás, a ⍉intenção não é suficiente para determinar o sentido de uma ação, até porque pode haver ações erradas em si mesmas, independentemente da intenção. No caso específico da apostasia, Tomás de Aquino sustenta que pertence à fé não só aquilo em que o coração deveria acreditar, mas também palavras e ações que dão testemunho da fé interior (cf. *Suma de teologia* II$^a$II$^{ae}$, q. 12, a. 1; cf. também KERR, 2009). No entanto, tal como insistia Tomás de Aquino, a necessidade de relativizar o grau de atribuição de obstinação às atitudes classificadas como heréticas (ou, por conseguinte, como apóstatas) leva a concluir que a disciplina atual da Igreja, orientada pelo Código de Direito Canônico de 1983, possui um caráter tomasiano ao legislar sobre a possibilidade de dispensa dos votos religiosos na vida consagrada e do exercício do próprio ⍉ministério sacerdotal.

**Blasfêmia e blasfêmia contra o Espírito Santo.** Se confessar a fé é um ato de fé, contradizê-la também será uma espécie de incredulidade, que Tomás de Aquino associa à blasfêmia. As questões 13 e 14 abordam esse pecado tanto de forma geral como especificamente contra o Espírito Santo. De maneira geral, a blasfêmia é um tipo de incredulidade que ou atribui a Deus algo que não lhe convém ou nega algo que conviria atribuir-lhe. Assim entendida, a blasfêmia implica malícia ou menosprezo voluntário pela excelência da bondade que é própria da essência divina, menosprezo este que pode ocorrer de dois modos: como opinião no intelecto, configurando uma "blasfêmia de coração", ou como opinião unida a ⍉paixões e expressa em discursos que exteriorizam uma oposição à confissão de fé. Como no caso da H., também aqui a falsidade é um ato de recusa da fé, já que existe blasfêmia quando se afirma ou se nega falsamente algo sobre Deus.

De maneira menos geral, a blasfêmia dirige-se contra o Espírito Santo e pode ser entendida de dois modos, em função do sentido em que se fala de *Espírito Santo*. Essa expressão pode designar tanto a ⍉Trindade inteira, considerada em sua totalidade, porque cada uma de suas pessoas é santa, como também a terceira pessoa da Trindade, o Espírito Santo, assim chamado por antonomásia. Peca-se, então, contra o Espírito Santo quando se entende por *Espírito Santo* a ⍉essência que convém a toda a Trindade; mas peca-se também contra o Espírito Santo quando se peca contra a terceira pessoa trinitária (cf. *Suma de teologia* II$^a$II$^{ae}$, q. 14, a. 1). A importância dessa precisão vem da necessidade de distinguir entre a blasfêmia contra o Filho do Homem, quer dizer, Jesus, o Salvador (⍉Salvação), ⍉Verbo encarnado, e a blasfêmia contra o Espírito Santo unido a Jesus. Com efeito, a natureza humana do agir de Jesus foi qualificada pela presença do Espírito Santo, a quem Jesus, em sua vontade humana livre, aderiu incondicionalmente. Ora, dizer que o agir de Jesus não passava de um agir humano é uma blasfêmia contra o Filho do Homem, e os judeus que negaram a união de Jesus ao Espírito Santo teriam cometido, segundo Tomás de Aquino, essa blasfêmia. Por sua vez, aqueles judeus que consideravam o agir de Jesus movido não pelo Espírito Santo, mas por ⍉demônios, blasfemaram também contra o Espírito Santo. Especificamente, a blasfêmia ou o pecado contra o Espírito Santo consiste em negar-se a atribuir a Deus a bondade que só do Espírito Santo pode provir. É certo que toda a Trindade é boa e santa, e que toda ação divina é ação da Trindade inteira (exceto o ato da ⍉Encarnação, embora o Pai e o Espírito Santo acompanhassem a pessoa de Jesus nesse ato), mas é possível atribuir ações específicas a cada uma das pessoas da Trindade, como a ⍉criação ao Pai e a sabedoria ao Filho. Nessa perspectiva, diz-se que cabe ao Espírito Santo infundir a bondade que opera em todas as coisas e conduz todas as coisas ao Pai por meio do Filho. Pecar contra o Espírito Santo, assim, é não atribuir tal bondade a ele, e, no limite, associá-la a demônios. Tal pecado ocorre em razão do desprezo por aquilo que poderia remover ou impedir a escolha do ℘mal, seja por desespero, presunção, impenitência, obstinação, resistência à verdade ou ainda inveja espiritual. Essa espécie de blasfêmia é um tipo de pecado que não pode ser perdoado, pois quem peca com malícia ou menosprezo voluntário pela bondade divina, e não por fraqueza ou ignorância, não tem justificativa (cf. *ibidem*, q. 14, a. 3).

**Ignorância.** Se ao blasfemar incorre-se em pecado por malícia, o que produz um pecado imperdoável, o mesmo não ocorre com a ignorância. Em momentos distintos de sua obra, Tomás de Aquino referiu-se à ignorância em relação com a incredulidade. Mas convém destacar que, em primeiro lugar, Tomás de Aquino tratou da ignorância como fator diferenciador dos pecados, tal qual a malícia e a fraqueza. Assim, a ignorância pode ser considerada uma circunstância que causa o pecado ou o torna menos grave (cf. *Suma de teologia* I$^a$II$^{ae}$, q. 76). Em segundo lugar, a ignorância pode ser considerada um estado no qual se encontram os incrédulos, sobretudo os pagãos, quer por não verem ou não saberem sobre as coisas da fé, quer por não acreditarem nelas (cf. *Suma de teologia* II$^a$II$^{ae}$, q. 1, a. 5). Nesse sentido, a ignorância é considerada mais uma consequência do pecado original do que um pecado propriamente dito, já que essa incredulidade não decorre de oposição à fé, mas de seu desconhecimento (cf. *ibidem*, q. 10, a. 1). Nesse caso, a ignorância é apenas causa indireta da ação pecaminosa, já que o incrédulo não crê por ser ignorante (cf. *Suma de teologia* I$^a$II$^{ae}$, q. 76, a. 1).

**Cisma.** Finalmente, na questão 39 da Parte II da Segunda Parte da *Suma de teologia*, Tomás retoma a distinção agostiniana entre H. e cisma: "cismático é alguém que mantém a mesma fé e pratica a mesma adoração que os demais, mas tem prazer na mera desunião da comunidade, ao passo que um herege é alguém que sustenta outra fé, distinta daquela da Igreja Católica" (II$^a$II$^{ae}$, q. 39, a. 1, *sed contra*). A distinção entre H. e cisma está, portanto, naquilo a que

essencial e diretamente se opõem: enquanto a H. se opõe à fé, o cisma contraria a unidade da Igreja e o ℘ministério papal (℘Hierarquia). Dito de outro modo, se H. é um pecado contra a fé, cisma é um vício contra a paz, que afeta a unidade da Igreja e, portanto, se opõe à virtude teológica da caridade. Pelo fato de a fé e a caridade serem virtudes diferentes, e de a fé ser pressuposta pela caridade, é possível afirmar que todo herege é cismático, ainda que nem todo cismático seja herege. Entretanto, o cisma pode ser considerado um caminho para a H., pela ausência de caridade. Tomás de Aquino apresenta o cisma, assim, como um tipo específico de pecado e defende que cismáticos são os que intencionalmente se separam da unidade eclesial, tanto pelo rompimento da conexão e comunhão mútuas com os demais membros da comunidade como pela insubmissão ao papa, cujo papel é encaminhar a Igreja à ação interior de Cristo, sua verdadeira cabeça, que, por meio do ℘Espírito Santo, consagra a comunidade dos que creem e nela imprime seu selo e sua imagem (cf. *Contra os erros dos gregos*; cf. também CONGAR, 1963).

**Bibliografia:** AMES, C. *Righteous persecution*: Inquisition, Dominicans, and the Christianity in the Middle Ages. Pensilvânia: University of Pensilvania Press, 2009. CATÃO, F. *Falar de Deus*. São Paulo: Paulinas, 2001. CONGAR, Y. *Sainte Église*: études et approches ecclésiologiques. Paris: Cerf, 1963. DAVIES, B. *Thomas Aquinas's* Summa Theologiae: a Guide and Commentary. Oxford: Oxford University Press, 2014. KACZOR, C. Thomas Aquinas on the Development of Doctrine. *Theological Studies*, 62, p. 283-302, 2001. KERR, F. *Thomas Aquinas*: a Very Short Introduction. Oxford: Oxford University Press, 2009. KÖSTENBERGER, A. J.; KRUGER, M. J.; MARSHALL, I. H. *The Heresy of Orthodoxy*: How Contemporary Culture's Fascination with Diversity Has Reshaped Our Understanding of Early Christianity. Illinois: Crossway, 2010. OLS, D. La spiritualité des inquisiteurs. *Angelicum*, 58 (2), p. 181-209, 1981. RAHNER, K. *Curso fundamental da fé*. Trad. Alberto Costa. São Paulo: Paulinas, 1984. _____. ¿Qué es herejía? In: _____. *Escritos de Teología*. Trad. Jesús Aguirre. Madri: Taurus, 1964. v. 5, p. 513-560.

HIERARQUIA

RATZINGER, J. *Fé, verdade, tolerância*: o cristianismo e as grandes religiões do mundo. Trad. Gertrud B. Simão [et al.]. Lisboa: Universidade Católica Editora, 2007. SAVIAN FILHO, J. Nota para estudos teórico-históricos do fenômeno da heresia. *Antíteses*, 11 (21), p. 461-470, 2018. ZERNER, M. (org.). *Inventar a heresia?* Discursos polêmicos e poderes antes da Inquisição. Trad. Néri de Barros Almeida [et al.]. Campinas: Editora UNICAMP, 2009. _____. *La Croisade albigeoise*. Paris: Éditions Gallimard, 1979.

Rossana Pinheiro-Jones

# HIERARQUIA

**Etimologia e termos conexos.** O termo latino *hierarchia* é uma composição de dois termos gregos, conforme reconhece o próprio Tomás de Aquino: "*hierarquia* se diz como governo sagrado, provindo de *hieron*, que é sagrado, e *archon*, que é governo" (*Comentário aos Livros das Sentenças de Pedro Lombardo* II, dist. 9, q. 1, a. 1, Resp.). Em linhas gerais, então, a hierarquia (H.) pode ser definida como o governo em que uma multidão está sob a regência de alguém sagrado. O conceito aplica-se tanto ao governo divino sobre as criaturas como ao governo da ⱣIgreja sobre os fiéis, sem exclusão do governo político do chefe de Estado sobre os cidadãos. Como se trata de um governo, o conceito se explicita principalmente por meio das noções de poder hierárquico (*potestas hierarchica*), ação hierárquica (*actio hierarchica*) e força hierárquica (*virtus hierarchica*), e os principais tipos de H. abordados por Tomás são a H. celeste e a H. eclesiástica. Por outro lado, o conceito de H. está intimamente subordinado ao de *ordem*, que consiste na disposição ou na relação existente entre coisas diversas segundo certo princípio (*arché*) e certa racionalidade. Há tantos tipos de ordem quantos forem os tipos de relações entre as Ᵽcoisas: "De fato, como a relação que existe nas coisas consiste em certa ordem de uma com a outra, é necessário que quantas forem essas relações, tantos serão os sentidos em que ocorre de uma coisa ordenar-se a outra" (*Comentário à*

*Metafísica de Aristóteles* V, 17, 4). Nesse sentido é que se pode dizer que o conceito de ordem é mais amplo que o de H.

**A herança doutrinal e teológica.** A doutrina da H. dos Ᵽentes recebeu formulações filosóficas sobretudo na escola neoplatônica pagã e cristã. Proclo e o Pseudo-Dionísio são os pensadores que mais influenciaram Tomás nesse quesito. A formulação propriamente teológica, por outro lado, encontra suas raízes na própria ⱣSagrada Escritura, seja no Antigo, seja no Novo Testamento. Efetivamente, tanto Dionísio Pseudoareopagita como Proclo são fontes abundantemente citadas no conjunto das obras tomasianas. Merece uma consideração especial o *Comentário ao Livro das Causas*. Nessa obra de maturidade, percebemos o valor que esses autores tiveram em toda a reflexão filosófica e teológica de Tomás. O *Livro das Causas* é de autor desconhecido, tendo sido atribuído a Aristóteles até a época de Tomás de Aquino, mas o Angélico percebeu, graças à tradução dos *Elementos de Teologia* de Proclo, feita por Guilherme de Moerbeke, tratar-se de um resumo (provavelmente feito por algum árabe medieval) dos *Elementos de teologia*, de Proclo. Esse opúsculo trata das primeiras Ᵽcausas das coisas, que estão constituídas em três ordens, e da distinção e da dependência dessas causas entre si. O *Comentário* de Santo Tomás, de 1272, segue passo a passo as proposições em que a obra se divide, perfazendo trinta e duas. Na lição VI, vê-se claramente a relação que Tomás estabelece entre a filosofia presente nos textos de Dionísio Pseudoareopagita e o pensamento de Proclo: "Por tal motivo Dionísio [isto é, o Pseudoareopagita] afirma, no segundo capítulo da *Hierarquia celeste*, que as negações aplicadas aos Ᵽatributos divinos são verdadeiras, enquanto as afirmações são incompletas ou inconvenientes. Essa mesma proposição é formulada por Proclo nos seguintes termos, na proposição CXXIII de seu livro: não obstante tudo aquilo que o próprio ente, por sua união suprassubstancial, tem de inefável e incógnito para todos os entes segundos, ele pode ser captado e conhecido pelos entes que dele participam: o primeiro ente só é absolutamente ignoto se não for participável". Embora essa passagem se refira especificamente ao modo como se atribuem predicados a ♀Deus a partir das criaturas, numa autêntica "teologia negativa" típica do neoplatonismo, o princípio que rege toda a obra é aquele que dá fundamento a toda e qualquer H. explicada por Tomás. As H. nada mais são do que níveis de ♀participação no ♀ser, isto é, na perfeição divina, a qual, para nós, é inefável, mas cognoscível por meio das várias ordens pelas quais Deus mostra a sua obra e governa o ♀universo. Efetivamente, a interpretação de Tomás sobre a H. dos entes no universo está intimamente ligada à sua visão do ser (*esse*) e, sob essa ótica, ele concebe sua leitura de Proclo e do *Livro das Causas*: "o argumento de Tomás de Aquino que parte dos entes para chegar ao *ipsum esse* (o ser mesmo) como causa de todas as coisas está estruturalmente em paralelo com o argumento de Proclo de que todas as coisas são participantes do uno como primeiro princípio. Para Proclo, a perfeição comum a todas as coisas, pela qual elas existem, é o uno; para Tomás de Aquino, é o *esse*" (PERL, 2019, p. 707).

**A hierarquia dos anjos.** Na questão 108 da Primeira Parte da *Suma de teologia*, Tomás trata da organização e da H. dos anjos em oito artigos, nos quais ele expõe sua doutrina como síntese de uma longa tradição filosófica, teológica e bíblica. Os ♀anjos não pertencem à mesma H., pois todo governo supõe dois elementos: o governante e a multidão organizada sob seu governo. Ora, Deus é o governante de toda criatura e, portanto, também dos anjos. Em relação a estes, é necessário distinguir, conforme a ♀criação e o governo divino, três H., subdivididas por ordens, dado que a razão de uma H. é justamente a diversidade de ordens ou de disposição dos indivíduos. Também nesse caso há três ordens em cada H., perfazendo, portanto, o número de nove ordens de anjos. O argumento e os fundamentos da tríplice ordem baseiam-se no princípio de que toda multidão perfeita tem princípio, meio e fim, de modo que, em razão das funções e atividades exer-

cidas, cada H. divide-se nas ordens superior, média e inferior. Por outro lado, há muitos anjos em cada ordem, e cada anjo é, ao mesmo tempo, um ♀indivíduo e uma espécie, ou seja, cada anjo esgota nele mesmo a perfeição de uma espécie, diferentemente do que ocorre, por exemplo, com o ♀ser humano, cuja espécie tem inúmeros indivíduos e nenhum indivíduo tem todas as perfeições da espécie humana. Isso confere ao anjo um grau superior de perfeição ontológica relativamente às criaturas corpóreas, incluindo o ser humano. A distinção entre H. e ordens é natural nos anjos, porque, como se disse, a ordem de um governo é determinada pelo fim, e o fim dos anjos pode ser entendido de dois modos: segundo a capacidade de sua ♀natureza, pela qual os anjos conhecem e amam a Deus por suas capacidades naturais, ou consoante a ♀graça, pela qual se distinguem de forma acabada de acordo com seus dons. No artigo 5, Tomás aborda a participação dos anjos no ser e a relaciona aos nomes das ordens angélicas, dado que os nomes indicam propriedades. Assim, algo pode encontrar-se de três maneiras nas coisas ordenadas: (i) por propriedade, quando se trata de algo adequado e decorrente da natureza da coisa; (ii) por excesso, quando o atributo é insuficiente e deve ser compensado pelo uso superlativo; (iii) por participação, quando o conteúdo não pertence totalmente à coisa. Na verdade, nas ordens angélicas, todas as perfeições são comuns a todos os anjos e estão mais abundantemente nos superiores do que nos inferiores. Porém, nessas perfeições há graus: atribui-se perfeição superior à ordem superior por propriedade e à inferior por participação; inversamente, uma inferior é atribuída à inferior por propriedade e à superior por excesso. A partir desses níveis de perfeição e com o auxílio das Escrituras e dos ♀Padres, o artigo 6 passa a justificar os nomes das ordens, que seguem três critérios: 1) a apreensão das noções das coisas no próprio Deus; 2) as causas universais; 3) os efeitos particulares. Desse modo, à primeira H. pertence a consideração do fim; à intermediária, a disposição geral das ações; à última, a aplicação das disposições ao efeito. A partir dessa divisão, pertencem (1) à primeira H. os Serafins, os Querubins e os Tronos; (2) à intermediária, as Dominações, as ℘Virtudes e as Potestades; (3) à última, os Principados, os Arcanjos e os Anjos. Tomás completa a questão 108 com dois artigos relacionados à ℘escatologia. Primeiro defende que as ordens permanecerão depois do dia do juízo, porque os graus angélicos derivam de suas naturezas e, portanto, permanecem depois do juízo. Em seguida, defende que os seres humanos podem ser elevados às ordens angélicas, pelo dom da graça. Contudo, embora pacificada em Tomás, essa H. não está tão bem delineada, seja na Escritura, seja nos escritos dos Pais da Igreja. Em seu *Comentário à Carta de Paulo aos Efésios*, cap. 1, l. 7, depois de registrar os elementos fundamentais dessas discordâncias, Tomás elabora a síntese das H., acima exposta, esclarecendo, então, as funções das distintas ordens. Uma passagem dessa lição merece ser conhecida diretamente: "Na verdade, os Serafins tomam seu nome de 'ardor', pois estão unidos a Deus pelo ℘amor; os Querubins são chamados de 'radiantes', porque contemplam de maneira supereminente os mistérios divinos; os Tronos têm esse nome porque Deus exerce seus julgamentos por meio deles. O Apóstolo não menciona aqui essas três ordens. À H. intermediária pertence a administração das coisas em sua relação com as causas universais. As ordens que a compõem são designadas por nomes que se referem ao ℘poder, visto que as causas universais estão por virtude e poder nas coisas inferiores e particulares. As Potestades têm o governo universal e abrangem três ordens: algumas governam por comando; outras ordenam a aplicação do comando; outras determinam como executar o comando. A primeira dessas atribuições pertence às Dominações, as quais, diz Dionísio (*Hierarquias celestes*, VIII), estão livres de qualquer submissão e não são enviadas a ministérios externos, mas comandam aqueles que são enviados; a segunda pertence às Virtudes que fornecem os meios para cumprir a missão; a terceira, às Potestades

propriamente, que executam o comando. À H. inferior pertence a administração das coisas em sua relação com seus efeitos especiais. Essas ordens são, portanto, designadas por nomes que se lhes relacionam. Os chamados de Anjos realizam aquilo que diz respeito à ℘salvação de indivíduos; os Arcanjos são aqueles que realizam o que diz respeito à salvação e utilidade dos grandes; e os Principados, aqueles que presidem cada província".

**A hierarquia eclesiástica.** A H. eclesiástica imita a celeste ou dos anjos; aplica-se também aqui o princípio neoplatônico de participação dos textos de Dionísio. Nesse sentido, é importante notar a breve comparação de Tomás entre as duas H. na Primeira Parte da *Suma de teologia*, q. 106, a. 3, ad 1m: "Deve-se dizer que a hierarquia eclesiástica imita de alguma maneira a celeste, mas não tem com ela uma semelhança perfeita. [...] Na hierarquia eclesiástica, pelo contrário, é possível que aqueles mais próximos a Deus pela ℘santidade estejam num grau ínfimo". Três são os princípios pelos quais Tomás de Aquino distingue a diversidade de estados e de ofícios na Igreja, os quais são a base da H. eclesiástica: 1) a perfeição da Igreja, da qual deriva a sua diversidade; 2) a efetivação das atividades eclesiais, da qual derivam as funções na Igreja; e 3) a dignidade ou beleza da Igreja, da qual deriva a sua ordem. A estrutura fundamental da Igreja tem sua base hierárquica no ℘sacramento da Ordem. Embora Tomás não tenha explicitado suficientemente a sacramentalidade do episcopado como o fará a ℘teologia contemporânea e, especialmente, o Concílio Vaticano II, no opúsculo *A perfeição da vida espiritual*, capítulo 23, ele admite que "existem três ordens na hierarquia eclesiástica: a dos bispos, a dos presbíteros e a dos diáconos" (*tres esse ordines ecclesiasticae hierarchiae: scilicet episcoporum, presbyterorum et diaconorum*). Também afirma que a ordem episcopal é a mais perfeita (*ordo igitur episcoporum perfectissimus est*, cap. 17). A H. eclesiástica é totalmente estruturada com base no sacramento da Ordem (℘Sacerdócio). O papa, como bispo de Roma, pertence à

H. episcopal. Contudo, como sumo pontífice, ele tem o primado sobre todos os bispos, por escolha do próprio Cristo. Essa doutrina já está fundamentada em Tomás, na autoridade da Escritura e dos padres, embora, em sua época, ela ganhe inevitáveis contornos jurídicos, os quais, com o tempo, ficarão mais acentuados do que o papel sacramental do pontífice. No opúsculo *Contra os erros dos gregos*, Tomás aborda o problema dentro do contexto da polêmica com a Igreja Oriental. Segundo Mondin (1991), apresentam-se aí cinco importantes teses relativas à função e à posição do papa na Igreja: 1) o pontífice romano é o primeiro e o maior entre todos os bispos; 2) o pontífice romano goza de um primado universal sobre a Igreja de Cristo; 3) o papa tem a plenitude do poder na Igreja; 4) o papa tem o mesmo poder que foi conferido a Pedro; 5) compete ao papa definir o que se relaciona com a 🔗fé. Não obstante, isso não quer dizer que o papa seja um "bispo universal". Cada bispo é sucessor dos apóstolos e tem jurisdição em sua diocese. Trata-se uma vez mais do esquema dionisiano de uma mediação hierárquica do poder que emana de Cristo para a sua Igreja. Yves Congar ressalta a abordagem notável de Tomás a esse respeito: "no *Contra Errores Graecorum*, [Tomás] descreve que o papel do papa é submeter a Igreja à ação interior de Cristo, o qual, por meio do seu 🔗Espírito Santo, consagra-lhe a sua Igreja, imprimindo nela seu selo e imagem – e isso, novamente, afeta todo o governo espiritual da hierarquia" (CONGAR, 1960, p. 116).

**Bibliografia:** COLSON, J. *L'évêque dans les communautés primitives*. Paris: Cerf, 1951. (Col. "Unam Sanctam" 21). CONGAR, Y. *The Mystery of the Church*. Baltimore: Halicon Press, 1960. DEFERRARI, R. J. *A Lexicon of Saint Thomas*. Fitzwilliam: Loreto Publications, 2004. LUSCOMBE, D. E. Hierarquia. In: MCGRADE, A. S. *Filosofia Medieval*. Aparecida: Ideias & Letras, 2008, p. 84-95. MARGELIDON, Ph.-M.; FLOUCAT, Y. *Dictionnaire de philosophie et de théologie thomistes*. Paris: Parole et Silence, 2011. MONDIN, B. *Dizionario enciclopedico del pensiero di San Tommaso d'Aquino*. Bolonha: Edizioni Studio Domenicano, 1991. PERL, E.

D. Lessened by Addition: Procession by Diminution in Proclus and Aquinas. *The Review of Metaphysics*, 72 (4), p. 685-716, 2019.

CARLOS FREDERICO CALVET DA SILVEIRA

## HISTÓRIA

**Passado e análise histórico-crítica.** Seria inútil, além de anacrônico, procurar em Santo Tomás uma reflexão sobre o sentido da História (H.) nos termos aos quais a cultura ocidental está habituada desde o século XVIII, quando nasceu e se afirmou a moderna "Filosofia da História", que teve em Hegel um de seus maiores expoentes. Isso não significa, no entanto, que a consideração histórica seja ausente em seu pensamento ou, menos ainda, que ela seja desprovida de relevância para ele. Essa dimensão pode ser apreendida em uma dupla perspectiva, ou melhor, em dois níveis. O primeiro diz respeito à atenção ao passado da 🔗Filosofia ou à sua H., atenção esta sempre em função de um objetivo teórico e tendo como modelo as referências feitas por Aristóteles a pensadores mais antigos, em particular nos capítulos iniciais do Livro I da *Metafísica*. O segundo nível é ligado à concepção cristã de H., entendida como "História da 🔗Salvação", que encontra em Santo Agostinho a sua formulação mais completa e elevada, à qual remete claramente Santo Tomás. O primeiro nível poderia ser definido, em termos modernos, como "histórico-filosófico". O Aquinate teve o cuidado de ampliar, à luz dos conhecimentos de sua época, o arcabouço histórico e doutrinário oferecido outrora por Aristóteles. Para dar apenas um exemplo, pode-se lembrar que, em *Metafísica* I, 3, 983b (parágrafo 38 da tradução latina de Guilherme de Moerbeke), Aristóteles tinha assim apresentado a posição de Tales de Mileto a respeito do princípio material: "Tales, iniciador dessa filosofia, diz que <o princípio> é a água. A partir disso, afirma também que a terra é situada sobre a água". Ao ilustrar sua 🔗causa material, Tomás, por sua vez, retoma antes de tudo o esquema seguido por Aristóteles para, depois, qualificar a filosofia de Tales como "especulativa", explicitando que ele foi o precursor (*princeps*) dessa filosofia, "porque, dos sete sábios que vieram depois dos poetas-teólogos, foi o único a se dedicar ao exame das causas das coisas, enquanto todos os outros se ocupavam de temas morais" (*Comentário à Metafísica de Aristóteles* I, 4, n. 9). Tomás elenca os sete sábios, com a indicação da cidade de origem e do período em que nasceram, para destacar ainda que Tales foi o primeiro a estudar "as ℘naturezas das coisas" e a confiar os seus "debates" ao registro escrito. Nesse ponto, Tomás de Aquino toma o cuidado de evitar que o leitor possa confundir-se quanto ao uso correto do termo *filosofia*: "Não deve parecer inconveniente se <Aristóteles> expõe aqui as opiniões daqueles que trataram apenas de ciência da Natureza porque, para os antigos que não conheceram nenhuma substância senão a corpórea e móvel, convinha que a filosofia primeira fosse ciência da Natureza, como é dito no livro IV <da *Metafísica*>" (*ibidem*, n. 10). Quanto à afirmação de que a terra é situada sobre a água, trata-se de uma consequência do princípio do qual partia Tales (cf. *ibidem*). Não se trata, porém, de pensar que o trabalho de Tomás consiste apenas em agregar novidades e informações: seu olhar retrospectivo visa a uma melhor compreensão de um tema teórico (que, neste exemplo, trata-se da doutrina das quatro causas). Tampouco consiste somente em um compromisso ocasional – e, por assim dizer, profissional – que se esgotaria no trabalho de *commentator* (comentador em primeira pessoa). Com efeito, Tomás mostra ter entendido plenamente o projeto aristotélico que vê a referência a pensadores anteriores não como um estudo suficiente por si, mas como um suporte eficaz, embora não decisivo, para a investigação especulativa, cujo objetivo é a chegada à verdade. Aqui estamos nos antípodas do historicismo moderno, uma vez que, para Tomás, "o ℘intelecto está acima do tempo, que é o número do movimento das coisas corporais" (*Suma de teologia* I, q. 85, a. 4, ad 1m). Não surpreende, assim, que o Aquinate recorra ao mesmo projeto

aristotélico no seu próprio tratamento autônomo de outro tema de considerável densidade doutrinária: o das "substâncias separadas". O opúsculo de mesmo título, que restou inacabado e remonta provavelmente ao mesmo período do *Comentário à Metafísica de Aristóteles* (1267-1268), apresenta uma primeira parte, de caráter histórico e na qual são mencionadas e avaliadas as posições (*opiniones*) sustentadas por pensadores precedentes, e uma segunda parte, de caráter mais propriamente teórico. São dois os propósitos dessa análise histórico-crítica: em primeiro lugar, evidenciar que, salvo raras exceções, é uma convicção geral a ideia de que entre ℘Deus e o ℘mundo das substâncias corpóreas deve haver substâncias espirituais, chamadas de ℘anjos na religião cristã; em segundo lugar, trazer à tona, a partir da refutação de opiniões errôneas, a verdadeira natureza de um ser separado da ℘matéria, bem como as atividades e as tarefas que Deus confia aos anjos na economia do universo do qual eles fazem parte (cf. TOGNOLO, 1982). Eis uma passagem que exprime as opiniões de antigos filósofos acerca das substâncias separadas, no primeiro dos vinte capítulos em que se divide essa obra, extraído pontualmente do Livro I da *Metafísica*: "Os primeiros filósofos, os naturalistas, pensavam que existissem apenas os corpos, na medida em que colocavam como princípios das coisas elementos de natureza corpórea; o princípio poderia consistir em um elemento único ou em muitos elementos. No caso de um único elemento, pensava-se na água, como fez Tales de Mileto, ou no ar, como fez Diógenes, ou no fogo, como Hipaso, ou no vapor, como Heráclito. No caso de muitos elementos, pensava-se ou em número finito, como fazia Empédocles com os quatro elementos, junto dos quais apareciam dois princípios do devir (a ℘amizade e a discórdia), ou em um número infinito, como fizeram Demócrito e Anaxágoras [...]. Quisemos dizer isso porque, para todos eles e para os seus seguidores, pareceu não existir nenhuma daquelas substâncias incorpóreas que chamamos de anjos" (*As substâncias separadas*, cap. 1). As opiniões desses primeiros filósofos foram refutadas por Anaxágoras e, sobretudo, por Platão, como destacou Aristóteles; após reconhecer isso, Tomás procede por conta própria, apresentando a posição de Aristóteles e de Avicena sobre o "número das substâncias separadas" (cap. 2), para depois examinar os pontos de concordância e divergência entre Platão e Aristóteles (cap. III-IV) e deter-se "na essência das substâncias separadas segundo Avicebron" (cap. V-VIII).

"**História da Salvação**". O segundo nível de consideração histórica no pensamento de Tomás de Aquino refere-se à presença, em seu pensamento, da visão da H. como *historia salutis* (H. da salvação), cujos momentos fortes, depois da ℘criação e expulsão de Adão e Eva do Paraíso terrestre após o ℘pecado original, são representados pela ℘encarnação do ℘Verbo, sua Paixão, Morte e Ressureição, com a afirmação progressiva do *Regnum Dei* (o Reino de Deus), que se completará com o fim dos tempos e o juízo universal. Essa perspectiva faz-se ver, por exemplo, no sermão *Veniet desideratus* (Virá o desejado), composto para o primeiro domingo do Advento (em data desconhecida) e inspirado em um versículo do profeta Ageu (2,8), lido em chave messiânica: "Virá o desejado de todos os povos e encherá esta casa de glória". No início do sermão, Tomás se refere à *Carta 190* de Santo Agostinho e à *Carta aos Hebreus* (11,6) para enfatizar que em todos os tempos após a queda foi necessária a ℘fé na reparação, uma vez que nem a doença do pecado original nem a do pecado atual tiveram outro remédio. Por isso, todos os santos, desde a origem do mundo, sempre esperaram e desejaram a vinda do Salvador. São três os motivos que tornam necessário esse acontecimento central na H. da humanidade: primeiro, porque o mundo era imperfeito em muitos aspectos, faltando-lhe, em particular, a união real por essência entre o ser humano e Deus, uma vez que toda realidade é perfeita quando se junta ao seu ℘fim; ora, a criatura será perfeitíssima quando estará unida ao seu criador; segundo, porque o ser humano foi destituído de sua honra de modo vil; terceiro, porque Deus tinha sido ofendido

de maneira excepcional pelo ser humano, vindo para atribuir ao universo um altíssimo grau de dignidade e reconduzir o ser humano à condição própria de ser humano, a fim de eliminar a ofensa por ele feita a Deus. A mudança radical induzida na H. da humanidade pela vinda do Salvador é apreendida sobretudo na ilustração do segundo dos três motivos anteriormente elencados: o ℘Filho de Deus veio para reunir os dispersos e reconduzi-los à condição própria do ser humano ou ao culto da única ℘religião. Com efeito, os seres humanos estavam submetidos a vários reis, faziam uso de leis diferentes e eram corrompidos por diversos erros. ℘Jesus Cristo veio, então, para ser o único rei, tendo um domínio universal, um império universal, um reino eterno. Além disso, veio para que houvesse uma única ℘lei. Na verdade, a lei de Moisés foi dada especificamente para alguns, uma vez que não obrigava a todos; era carnal nas promessas, porque prometia ℘coisas carnais; era penal nas punições, porque infligia penas (como o "olho por olho, dente por dente", de Ex 21,24). Visto que essa era uma lei imperfeita, outro legislador teve de vir com uma lei geral dada a todos: "Pregue o Evangelho a toda criatura" (Mc 16,5). Além disso, Jesus veio para ser o único juiz de todas as coisas, detentor de uma autoridade grande a ponto de poder emitir qualquer julgamento; e assim era ele, uma vez que "o ℘Pai entregou todo julgamento ao Filho" (Jo 5,22).

**História não linear e retorno à origem.** Mas, em Tomás, a H. não é apenas sucessão temporal, semelhante a um rio que corre inescapavelmente em direção à foz. Na medida em que tem o seu centro na Encarnação, a H. é também ruptura do fluxo do ℘tempo, subversão daquela dimensão temporal dentro da qual se coloca todo ℘ser criado e da qual todo descendente de Adão tem plena e dramática consciência. Desse ponto de vista, é significativo, por exemplo, o Prólogo do Livro III do *Comentário aos Livros das Sentenças de Pedro Lombardo*, que parte de um versículo do *Qohelet* ou Eclesiastes (1,7): "Os rios voltarão ao lugar em que nasceram para recomeçar um novo curso". O retorno

HISTÓRIA

dos rios ao seu lugar de origem é visto como uma figura do mistério da Encarnação, e os rios representam "as bondades naturais que Deus introduziu nas criaturas, como a ℘existência, a ℘vida, a inteligência e coisas semelhantes". Ora, "nas outras criaturas esses rios estão separados; no ser humano, porém, em certo sentido, estão todos reunidos; com efeito, o ser humano é o horizonte e a fronteira da natureza espiritual e da natureza física; situado, portanto, como que no meio do caminho entre as duas, ele participa de ambas as bondades: as espirituais e as físicas. [...] Consequentemente, quando a natureza humana se uniu a Deus por meio da Encarnação do ℘Verbo, todos os rios das bondades naturais inverteram o curso, retornando ao seu princípio, de modo que se pode dizer o que está escrito: 'As águas regressaram ao seu leito e começaram a correr novamente'. Por isso, também aqui continua: 'para recomeçar um novo curso', o que ressalta o fruto da Encarnação. Com efeito, Deus mesmo, que fez afluir os bens naturais – visto que estes, em certo sentido, retornaram a ele com a assunção da natureza humana não somente como Deus, mas como Deus e ser humano –, fez afluir os rios da ℘graça em abundância para os seres humanos" (*Comentário aos Livros das Sentenças de Pedro Lombardo* III, Prólogo). A Encarnação é, portanto, o acontecimento decisivo da H., mas não exaustivo em si: a H. poderá chegar ao seu cumprimento graças às ℘virtudes e aos dons conferidos por Cristo como Deus-homem; o ℘ser humano tem o dever de fazer bom uso dessas virtudes e desses dons para dar plena efetivação ao novo curso do tempo, de modo a fazer os rios correrem novamente para a foz.

**Bibliografia:** ARIAS REYERO, M. Historia y Teología: la interpretación de la Escritura en Santo Tomàs. *Salmanticensis*, XXII, p. 499-526, 1975. DOMAŃSKI, J. The Aristotelian Paradigm of Science versus History: Two Examples from the 13th Century. *Przegląd Tomistyczny*, VIII p. 287-300, 2000 (com referência a Santo Tomás e a Vincent de Beauvais). MONDIN, B. Storia/Storicità. In: _____. *Dizionario enciclopedico del pensiero di San Tommaso d'Aquino*. 2. ed. II revista e corrigida. Bolonha: Edizioni Studio Domenicano, 2000, p. 650-653. NASCIMENTO, C. A. R. Tomás de Aquino e a história da filosofia grega. *Cadernos de História e Filosofia da Ciência* [UNICAMP], s. III, VII (2), p. 253-261, 1997. PANELLA, E. La *Lex nova* tra storia ed ermeneutica: le occasioni dell'esegesi di S. Tommaso d'Aquino. *Memorie Domenicane*, VI, p. 11-106, 1975. PASQUIER, C. Saint Thomas et l'eschatologie millénariste. *Revue Thomiste*, CXVII, 1, p. 5-54; 2, p. 179-212, 2017. PIAIA, G. *Entre história e imaginário*: o passado da Filosofia na Idade Média. Trad. de M. R. N. Costa e L. A. De Boni. Porto Alegre: EDIPUCRS, 2006, p. 117-119 e 203-205. SECKLER, M. *Le salut et l'histoire*: la pensée de Thomas d'Aquin sur la Théologie de l'histoire. Paris: Cerf, 1967. TOGNOLO, A. Premessa. In: TOMMASO D'AQUINO. *L'uomo e l'universo*: opuscoli filosofici. A. Tognolo (ed.). Milão: Rusconi, 1982. TORRELL, J.-P. Saint Thomas et l'histoire: état de la question et pistes de recherche. *Revue Thomiste*, CV (3), p. 355-410, 2005 (artigo retomado em: _____. *Nouvelles Recherches Thomasiennes*. Paris: J. Vrin, 2008, p. 131-175).

GREGORIO PIAIA
TRADUÇÃO DE CLIO TRICARICO

## HOMOAFETIVIDADE/HOMOSSEXUALIDADE → *Ver* Natureza

# I

**IDEIAS → *Ver* Conhecimento; Universais**

## IGREJA

**Ausência de uma "eclesiologia".** Dentre os títulos honoríficos atribuídos a Tomás de Aquino, um dos mais conhecidos é o de *Doutor Angélico*, veiculado desde o século XV. Mas já desde o século XIV, como atesta Ptolomeu de Lucca, o santo dominicano era chamado *Doutor Comum de toda a Igreja* pelos Mestres da Universidade de Paris, então centro intelectual da cristandade. Enfim, em 1568, o Papa São Pio V, confrade de Tomás, declara-o *Doutor da Igreja*, máximo reconhecimento dado a quem produz uma obra de impacto universal no catolicismo. Contudo, apesar das muitas honrarias que lhe foram feitas pela Igreja (I.) e por suas instituições, causa certa surpresa descobrir que Tomás de Aquino não escreveu nenhuma obra específica de "eclesiologia". O próprio uso desse termo, para referir-se a seu pensamento sobre a I., constitui um anacronismo histórico e teológico, pois nem do ponto de vista da época nem do das problemáticas teológicas nas quais se envolveu Tomás podia-se falar de "eclesiologia" (termo contemporâneo, aliás, embora remeta a conteúdos de debates da Idade Moderna). Esse tema ganha ainda mais interesse se se tem em mente que estudiosos dos textos propriamente tomasianos defenderão que, embora possua evidentemente concepções sobre a I., Tomás nunca compôs um conjunto sistemático de textos, em nenhuma obra, para tratar dela, donde não apenas a negação de uma "eclesiologia" em Tomás, mas mesmo da possibilidade de qualquer "eclesiologia" nele (cf. o clássico artigo de CONGAR, 1940): explorar notas da I. é uma coisa, e Tomás o faz muito bem; outra coisa é querer sistematizar essas notas e criar uma visão sistemática sobre a I., como se tal visão correspondesse a algo como uma ordem natural dos conceitos quando se trata de falar da I. Pois o cardeal jesuíta Charles Journet, já nos anos 1950, tentou essa proeza, talvez em reação ao texto acadêmico de Congar; assim, preocupado com a necessidade de reagir ao protestantismo e valendo-se de leituras de Santo Tomás feitas por Jacques Maritain, escreveu ele uma obra intitulada *A aurora de uma teologia da Igreja*, título atraente e aparentemente prevenido contra todo anacronismo histórico e teológico, mas cujo conteúdo não confirma tal aparência (cf. JOURNET, 2000). Seja como for, não há (nem poderia haver, dado seu contexto) nos textos mesmos de Santo Tomás nada semelhante à disciplina hoje nomeada "eclesiologia".

**Elementos históricos.** Não foi preocupação dos escolásticos produzir um estudo como um "tratado sobre a Igreja" (ou *De ecclesia*), por uma razão muito simples: entre os séculos VIII-IX e XIV, dentro da esfera cultural da I., o conteúdo essencial da fé cristã parecia à opinião pública um dado mais ou menos óbvio e mesmo seguro (cf. RAHNER, 1992, p. 364). Ora, as raízes de algo como a "aurora de uma teologia sistemática da Igreja" ou de uma "eclesiologia" (constituída aos poucos como disciplina ou reflexão sistemática) fortalecem-se apenas nos séculos XIV-XV, quando um caráter apologético marcar fortemente a reflexão, o discurso e a ação cristãos. Em 1926, ao editar a obra *De regimine christiano* [O governo cristão], do agostiniano Tiago de Viterbo (1255-1307), Henri-Xavier Arquillière definiu esse escrito como o mais antigo "tratado" sobre a I., quer dizer, texto sistemático sobre a natureza da I. Somente cerca de 150 anos depois do texto de Tiago, o cardeal dominicano João de Torquemada (1388-1468) publicará sua *Summa ecclesiastica* (Suma sobre a Igreja) ou *Summa de ecclesiastica potestate* [Suma sobre o poder da Igreja], que, a despeito da obra de Tiago de Viterbo, será considerada por muito tempo o primeiro tratado "eclesiológico".

O texto de Torquemada foi mais difundido do que aquele do teólogo agostiniano. Há, no entanto, algo específico no conteúdo dessas obras que as faz serem vistas como os primeiros tratados "eclesiológicos": nelas, não apenas se busca definir o que é a I., algo já realizado nos primeiros séculos, mas se disserta sobre as características distintivas e a organização da I. como instituição. Assim, desponta no horizonte teológico cristão uma concepção de I. elaborada, por exemplo, a partir de controvérsias entre autoridades eclesiásticas e temporais, como o rei francês Felipe IV (Felipe, o Belo), além das discussões acerca do alcance da autoridade dos concílios e dos papas (debate conhecido também como *conciliarismo*), para nos limitarmos a questões inerentes aos momentos históricos em que viveram Tiago de Viterbo e João de Torquemada, respectivamente. Nos tempos da Reforma e da Contrarreforma, surge uma esperada reação dos teólogos católicos ante a recusa, por parte dos protestantes, da I. institucional e visível como meio de se transmitir a ⊘salvação. Esta pertenceria à ordem da ⊘relação subjetiva de cada pessoa com Deus, relativizando-se a importância da I. Ora, quando a instituição eclesial católica se viu drasticamente questionada, os teólogos foram desafiados a aprofundar e a expor a sua compreensão do que é I. Com isso, podemos concluir que os tratados sobre a I. nascem de uma apologética como muitos outros. Compreendida como parte do pensamento teológico que demonstra e defende o cristianismo, a apologética existe desde primórdios deste, destacando-se nesse âmbito Justino, Clemente de Alexandria, Tertuliano, dentre outros autores. Os tratados de "eclesiologia" decorrem, assim, da apologética desenvolvida em algumas regiões e por alguns autores da Baixa Idade Média. Os elementos históricos anteriormente mencionados nos ajudam a responder à primeira pergunta apresentada. Por hipótese (afinal, somente um trabalho histórico e historiográfico de muito maior fôlego poderia confirmar ou recusar esse dado), parece possível dizer que Santo Tomás não confeccionou um tratado sobre a I. porque não se apresentava em seus dias a necessidade de uma defesa da I. em seu aspecto institucional, com uma estrutura hierárquica (⊘Hierarquia), com um caráter útil à transmissão da salvação etc. Como lemos no primeiro capítulo da *Suma contra os gentios*, Tomás considerava seu dever a exposição da ⊘verdade em vista de evitar-se e mesmo se corrigir o erro. Já na abertura da *Suma de teologia*, ele assume uma função didática, visando, nas suas próprias palavras, aos iniciantes. Todavia, soa estranho pensar que o Doutor Comum da Igreja não possuía uma eclesiologia, isto é, uma visão da I., embora não em um sentido apologético, que lhe seria totalmente anacrônico.

**Uma "eclesiologia" dispersa. Primeiros elementos.** Parece possível afirmar, então, que Tomás, sem motivos apologéticos, vivia de tal maneira imerso na vida em Cristo (a qual, para ele, como para seus contemporâneos, tomava forma no Corpo Místico de Cristo, na I. em sua totalidade, vista como manifestação da vida cristã), que seu pensamento "eclesiológico" subjaz a todos os seus textos teológicos. Segundo o *Index Thomisticus*, o termo *Ecclesia*, com suas variações, aparece mais de seis mil vezes na obra de Tomás. Esse é um índice material que leva a concluir pela importância da I. para o Doutor Comum. Se, portanto, sem entrar em debates históricos, definirmos a eclesiologia como a parte da ⊘teologia que estuda a I. à luz da ⊘fé, em seu ⊘ser e em seu agir, podemos encontrar nos textos de Tomás elementos de uma "eclesiologia dispersa". Ao menos três aspectos de uma "eclesiologia" tomasiana podem ser encontrados: (i) a perspectiva, ao mesmo tempo, teocêntrica e moral; (ii) a unidade entre os mistérios de Cristo e da I.; (iii) a unidade entre os elementos externos e internos ou espirituais da I. Um primeiro texto significativo é o *Comentário ao Símbolo dos apóstolos*. O texto do *Credo* escolhido por Tomás não é o *Símbolo Niceno-Constantinopolitano* (conhecido também como *Symbolum Patrum* ou Símbolo dos ⊘Pais [da Igreja]), mas o dito *Symbolum Apostolorum* ou Credo dos Apóstolos (⊘Artigos de Fé). Contudo, Tomás não deixa de recorrer ao primeiro em sua exposição. À I., Tomás reserva o artigo 9, no qual lemos: "No ser humano, como o sabemos, há uma alma e um corpo, mas seus membros são diversos. Do mesmo modo, a Igreja Católica constitui um único corpo e possui diversos membros. Ora, a alma que vivifica o corpo da Igreja é o Espírito Santo. É por isso que, após termos apresentado nossa fé no Espírito Santo, é-nos ordenado crer na Santa Igreja Católica. [...] É importante saber que *Igreja* significa *assembleia*. Por isso, a Santa Igreja é o mesmo que a assembleia dos fiéis, e cada cristão é como membro dessa Igreja". A partir dessa comparação com o ρser humano, Tomás mostra que a I. possui um ρcorpo e uma ρalma. Se o corpo é o Cristo, sua alma é o ρEspírito Santo. Temos aqui um primeiro traço da eclesiologia de Santo Tomás: ela é essencialmente teocêntrica, cristológico-pneumatológica; seu mistério está unido ao de Cristo, na força do Espírito Santo. Os membros da I., como os membros de um corpo vivo, são unidos à cabeça, o Cristo, e animados pelo Espírito. Todavia, aqueles que fazem parte da I. não deixam de ser eles mesmos, não perdem sua ρliberdade de ρpessoas, mas reúnem-se misteriosamente no corpo eclesial. O Espírito Santo, alma da I., age ao mesmo tempo em todos e em cada um dos membros da I., interiormente. A esse primeiro elemento que lemos no comentário é preciso associar aquele que vem em seguida: as virtudes teologais. Assim, ao tratar da primeira das quatro qualidades ou notas da I., Santo Tomás escreverá: "A unidade da Igreja resulta de três elementos: em primeiro lugar, a unidade da fé. Todos os cristãos, que fazem parte do Corpo da Igreja, creem nas mesmas verdades. [...] Em segundo lugar, a unidade da esperança. Todos os cristãos estão firmes na mesma esperança de chegar à ρvida eterna. [...] Em terceiro lugar, a unidade da caridade. Todos os cristãos estão unidos no ρamor de Deus e no amor mútuo, que os une uns aos outros." Assim, na mesma dinâmica da ρgraça que vem do Espírito, a unidade eclesial está intimamente relacionada às virtudes teologais: à fé, que nos faz ver como Deus vê; à ρesperança, que nos faz esperar em Deus; à ρcaridade, que nos faz amar como Deus ama. A I. aparece, pois, como uma participação

na vida divina. Quem dá unidade à I. é o próprio Deus, ρfim último de todos os humanos e ainda mais claramente daqueles que vivem as virtudes da fé, da esperança e da caridade.

**A Igreja na *Suma de teologia*.** A organização da *Suma de teologia* permite tirar outra conclusão eclesiológica relevante: se, como propôs Marie-Dominique Chenu (1939), a *Suma* obedece a uma organização de tipo, digamos, "neoplatônico", cujo modelo é o *exitus-reditus* (saída-retorno: tudo sai de Deus e para ele retorna; e, no caso de Santo Tomás, tudo retorna por meio de Cristo, no Espírito Santo), podemos afirmar que a Segunda Parte da obra pressupõe o que, para Tomás, é a I. Sua "eclesiologia" confirmar-se-ia, então, como teocêntrica e moral (teocêntrica porque o Pai providenciou a reunião cristológico-pneumatológica dos que creem e moral porque ligada à prática das virtudes não apenas com valor jurídico-social, mas como manifestações da vida no Espírito). Sendo o Corpo Místico de Cristo pela ação do Espírito Santo, a I. só tem sentido se é intimamente vinculada a Deus, de modo que, com base no texto da *Suma de teologia* I$^a$II$^{ae}$, q. 102, a. 4, ad 8m e ad 9m, parece legítimo sintetizar a concepção tomasiana de I. com a expressão *comunidade dos que creem* (*fideles*): comunidade de pessoas que aderem a Deus, fazem dele o centro de suas vidas e esforçam-se para conformar-se a ele segundo a dinâmica das virtudes teologais: fé, esperança e caridade. Tomás insiste, por outro lado, que cada cristão é *como* um membro da I. O comparativo *como* (*sicut*) deve-se ao fato de que o termo *membro*, no latim de Santo Tomás, significava a parte de um corpo material. Percebe-se, nesse ponto, uma das ideias mais características do pensamento tomasiano no tocante à ρcriação em geral: uma total dependência da criatura para com seu Criador, acompanhada, simultaneamente, de uma total liberdade, pois Deus respeita a consistência e a consciência próprias de cada ρnatureza, especialmente a do ser humano e a dos ρanjos. Esse binômio dependência-liberdade, que se manifesta claramente pela entrada livre do ser humano na I., é enfatizado no Prólogo da parte I$^a$II$^{ae}$ da *Suma de teologia*: "Afirma Damasceno que o ser humano é criado à imagem de Deus, no sentido de que o termo *imagem* significa o que é dotado de intelecto, de livre-arbítrio e revestido por si de poder". Assim, só uma pessoa humana ou um anjo, substâncias inteligentes e livres, podem viver propriamente as virtudes. Somente pessoas livres podem compor a *comunidade dos que creem*.

**A Igreja no Comentário a Pedro Lombardo.** A "eclesiologia" tomasiana é, como já aqui mencionado, essencialmente cristológica. Há uma unidade intrínseca entre os mistérios de Cristo e a I. Isso vai contra toda perspectiva do que se poderia chamar de *arianismo eclesiológico* (algo que se observa ainda hoje), o qual distancia o mistério da I. daquele de Cristo. Tal caráter eclesiológico da I. observa-se já em um texto do jovem Tomás de Aquino, bacharel em Paris (1251/2-1256): o *Comentário aos Livros da Sentenças de Pedro Lombardo*, especificamente o quarto livro. Na distinção 49, lê-se: "Ora, no Cristo, o bem espiritual não existe como parte, mas sim em totalidade e integralmente. Ele próprio é também todo o bem da Igreja, e ele e os outros [membros], unidos, não são maiores do que ele sozinho. Falando, assim, de Igreja, ela não designa somente a esposa, mas o esposo e a esposa, pois a união espiritual faz de ambos uma única realidade" (IV, dist. 49, q. 4, a. 3, ad 4m). Graças à sua encarnação, Cristo se torna a cabeça de toda a Criação. Ele realiza em si a plenitude da graça, analogamente ao arquétipo do ser humano em Platão, mas com a diferença de que ele tem em si a *plenitude* do que é o ser humano e do que é o ser divino. Já todas as pessoas que recebem a graça divina, recebem-na numa relação de dependência com Cristo.

**Uma "eclesiologia" madura.** Retornando à *Suma de teologia*, da qual já exploramos o que seria um pano de fundo ou uma constante "eclesiológica" pressuposta pelos textos teológicos de Tomás, observamos que, no pensamento maduro por ele expresso nessa obra, duas questões contêm aspectos "eclesiológicos" explícitos: a questão 7 da parte III (A graça de Cristo como ser humano singular) e a questão 8 também da Parte III (A graça de Cristo como cabeça da Igreja). A imagem do corpo provém obviamente de São Paulo (cf. 1Cor 12) e não é uma simples metáfora sociológica para Tomás (como também não era para São Paulo) porque sua essência é cristológica: nenhum membro de um corpo pode manter-se vivo, se não estiver unido à cabeça; o mesmo vale para os membros do Corpo Místico de Cristo, a I. O termo *Igreja* designa, então, tanto a *Esposa*, a comunidade dos que creem, como o próprio Cristo, sua cabeça, da qual aquela tudo recebe. O apóstolo Paulo, na Carta aos Efésios, exorta os maridos a amar suas esposas como a si mesmos, como a seus próprios corpos (cf. Ef 5,28); e acrescenta: "É grande este mistério: refiro-me à relação entre Cristo e a sua Igreja" (Ef 5,32). A união íntima dos esposos, que os torna um só corpo, reflete aquela união entre Cristo e sua I. Essa união íntima faz com que a I. exista no tempo como mistério inseparável de Cristo (e depois continue na glória eterna). Por fim, podemos discernir outro elemento importante de uma "eclesiologia" tomasiana: não há, para ele, como ocorre depois da Modernidade, uma separação entre o que se chama de "I. institucional" e de I. como "forma do Corpo Místico de Cristo". Não se encontra tal problemática em sua obra. Projetá-la nos seus textos seria outro anacronismo. Na questão dedicada ao *cisma* (cf. *Suma de teologia* II$^a$II$^{ae}$, q. 39) (Heresia), Tomás passa naturalmente dos elementos espirituais aos visíveis, pois os considera, na realidade da I., sob a mesma perspectiva: "Chamam-se, portanto, cismáticos propriamente ditos aqueles que por si mesmos e intencionalmente se separam da unidade da Igreja, que é a unidade principal. [...] Ora, pode-se considerar a unidade da Igreja de duas maneiras: na conexão ou na comunhão recíproca dos membros da Igreja entre si; e, além disso, na ordenação de todos os membros da Igreja a uma única cabeça. [...] Ora, a Cabeça é o próprio Cristo, do qual o Soberano Pontífice faz as vezes na Igreja. Por isso chamam-se de cismáticos aqueles que não querem submeter-se ao Soberano Pontífice e recusam a comunhão com os membros da Igreja a ele submetidos" (*Suma de teologia* III, q. 39, a. 1, Resp.). Para usar essa expressão, que também é anacrônica porque recente, o *caráter institucional* da I. é inseparável, segundo Tomás, de sua essência de *mistério* a serviço da salvação. A unidade eclesial, como se lê, é considerada sob dois aspectos: a comunhão entre os fiéis (aspecto visível) e a comunhão dos membros do corpo eclesial com sua Cabeça, Cristo (aspecto espiritual). Desse ponto de vista, se o Soberano Pontífice faz as vezes de Cristo-Cabeça, uma insubmissão ao sucessor de Pedro não constitui um cisma somente no plano visível ou institucional, mas também no *espiritual*. Esses elementos, reunidos, indicam o que poderia ser a "eclesiologia" tomasiana desse homem que foi confiado aos cuidados dos monges de Monte Cassino aos cinco anos de idade, que foi atraído na adolescência pela vida proposta por São Domingos, que obedeceu generosamente, mas não cegamente, aos superiores de sua Ordem e às autoridades da I. Traindo sua discrição, o santo doutor se reconheceu, como num espelho, nas palavras de Santo Hilário de Poitiers, citadas no segundo capítulo da *Suma contra os gentios*: "a principal tarefa de minha vida, à qual me sinto obrigado em consciência perante Deus, é que todas as minhas palavras e todos os meus sentimentos falem dele". A I., segundo Tomás, só tem sentido se fizer a mesma coisa.

**Bibliografia:** BROUTIN, P. Église. In: VV.AA. *Dictionnaire de Spiritualité*. Paris: Beauchesne, 1932. t. IV. Parte 1, col. 370-479. CATÃO, F. *A Igreja sem fronteiras*: ensaio pastoral. São Paulo: Duas Cidades, 1965. CHENU, M.-D. Le plan de la Somme théologique de Saint Thomas. *Revue Thomiste*, 47, p. 93-107, 1939. CONGAR, Y. *Introdução ao mistério da Igreja*. São Paulo: Herder, 1966. _____. L'idée de l'Église selon S. Thomas d'Aquin. *Revue des sciences philosophiques et théologiques*, 29, p. 31-58, 1940. DE LA SOUJEOLE, B.-D. *Introduction au mystère de l'Église*. Paris: Parole et Silence, 2006. JOURNET, C. *L'aurore d'une théologie de l'Eglise*. Paris: Parole et Silence, 2000. RAHNER, K. Elementos de espiritualidade na Igreja do futuro. In: GOFFI, T.; SECONDIN, B. (orgs.). *Problemas e perspectivas da espiritualidade*. Trad. José Maria de Almeida. São Paulo: Loyola, 1992, p. 361-369. SINISCALCO, P. Igreja e Império. In: BERARDINO, A. *Dicionário Patrístico e de Antiguidades Cristãs*. Petrópolis/São Paulo: Vozes/ Paulus, 2002, p. 702-704. TORRELL, J.-P. *Initiation à saint Thomas d'Aquin*. Paris: Cerf, 2015. _____. Yves Congar et l'Ecclésiologie de Saint Thomas d'Aquin. *Revue des sciences philosophiques et théologiques*, 82 (2), p. 201-242, 1998.

ANDRÉ LUÍS TAVARES, OP
JUVENAL SAVIAN FILHO

## IMAGEM → *Ver* Alegria; Beleza; Espécie; Igreja; Pessoa; Trindade

## IMANÊNCIA → *Ver* Deus; Espécie; Natureza; Matéria

## IMORTALIDADE

**O tema da imortalidade na obra tomasiana.** Tomás de Aquino abordou o tema da alma humana em vários escritos durante a sua carreira acadêmica. Se percorrermos a série de suas obras em sentido cronológico, veremos que o tema da ♀alma e, especificamente, o tema da imortalidade (I.) foram tratados no *Comentário aos Livros das Sentenças de Pedro Lombardo* (escrito entre 1252 e 1256), dist. 19; na *Suma contra os gentios* (1260-1265), liv. II, capítulos 79-81; e na *Questão disputada sobre a alma* (1265-1266), questão 14, da série de 21. Por fim, as questões 75 e 76 da Primeira Parte da *Suma de teologia* tratam do tema da ♀natureza da alma humana e sua união com o ♀corpo, sendo a I. o assunto do artigo sexto da questão 75; a redação dessa parte da *Suma* é contemporânea ao *Comentário ao De Anima de Aristóteles* (cf. TORRELL, 1999), o que não significa que nas obras anteriores Tomás de Aquino não fosse consciente do tratamento aristotélico dado ao tema da alma. Do ponto de vista de Tomás de Aquino, pode-se falar em I., distinguindo-se dois aspectos na questão: a I. da alma e a I. do composto, isto é, do ♀ser

IMORTALIDADE

humano individual, composto de corpo e alma. Em primeiro lugar, é tratada a questão da I. natural da alma humana. Com base no pensamento aristotélico, Tomás de Aquino adota a noção segundo a qual a alma, como primeiro princípio dos seres vivos, é forma (→Ente e ser; →Essência e substância). A alma humana, no entanto, diferente da alma dos demais seres vivos, é também substância de pleno direito, embora não completa *in specie* (na →espécie), pois somente vem a ser pela sua união ao corpo humano. Em segundo lugar, a I. do composto, isto é, do ser humano individual, equivale à ressurreição, pois o corpo humano, não sendo naturalmente imortal, precisa ser ressuscitado para que a alma, após a existência terrena, possa voltar a ter →ser completo *in specie*. A ressurreição não é, contudo, uma →verdade filosófica demonstrável e sim um →artigo de fé. As provas sobre a I. da alma, um tema clássico na →filosofia desde Platão, inscrevem-se, portanto, no contexto do esforço por inteligir essa verdade de →fé. A argumentação de Tomás de Aquino, nesse sentido, procura mostrar que a ressurreição não apenas é uma noção compatível com a noção de alma imortal, tal como pode ser concluída a partir da filosofia, mas que parece mesmo ser exigida por esta. A prova filosófica da I. natural da alma humana, por sua vez, não era (e ainda não é) uma unanimidade nem entre os teólogos cristãos nem entre os filósofos, uma vez que tanto os pensadores antigos como os cristãos associavam a I. à →eternidade de →Deus (ou dos deuses, no caso dos antigos gregos). Étienne Gilson, por exemplo, diz, em *O →ateísmo difícil*, que "a equivalência das duas noções (isto é, divindade e I.) era tão absoluta que muitos dos primeiros teólogos cristãos se levantaram contra a doutrina, nova para eles, de que a alma humana fosse *naturalmente* imortal". Talvez seja essa uma das razões pelas quais a →teologia cristã tenha simpatizado desde muito cedo com o platonismo em suas diversas manifestações, pois nessa filosofia há a possibilidade de uma noção de alma que admite não só a sobrevivência da alma humana após a →morte do corpo como também o crescimento espiritual de cada ser humano individual, o que eventualmente o qualificaria para a I. também do corpo. É, portanto, num contexto definido pela noção platônico-agostiniana-dionisiana de alma que Tomás de Aquino procura uma resposta para a questão da I. já no século XIII; nessa busca procura levar em conta o tratado aristotélico sobre a alma, o *De Anima*, como já faziam os pensadores imediatamente anteriores a ele; tal tratado é, a essa altura, elevado ao *status* de verdade científica sobre o assunto.

**Imortalidade e natureza da alma.** A discussão sobre a I., ou incorruptibilidade como Tomás de Aquino prefere chamar, insere-se, portanto, no quadro mais amplo da reflexão sobre a natureza da alma. De acordo com o trabalho de Oguejiofor (2001), podemos contar em torno de vinte e dois argumentos diferentes a favor da I. da alma humana, desenvolvidos de modo mais detalhado em algumas obras do que em outras, embora sempre presentes, desde o *Comentário aos Livros das Sentenças de Pedro Lombardo* até a *Suma de teologia*, obra na qual eles se apresentam em sua forma mais sintética e amadurecida, como são em geral tratados todos os temas nessa obra. Na *Suma de teologia*, o tema da I. é discutido precisamente no artigo sexto da questão 75 da Primeira Parte. Entretanto, para uma correta apreciação do argumento é preciso fazer todo o percurso dessa questão, na qual os passos dos argumentos compõem uma cadeia habilmente construída. Dessa forma vemos, no primeiro artigo, Tomás de Aquino estabelecer a imaterialidade absoluta da alma humana recorrendo à noção de alma como forma, presente no tratado aristotélico *De Anima*. Aristóteles exemplificara a sua teoria hilemórfica afirmando várias vezes que, no ser humano, o corpo é →matéria e a alma é forma – já em *O ente e a essência*, Tomás de Aquino mostra conhecimento dessa ideia. Aristóteles concebia a alma como forma do corpo orgânico potencialmente vivo; ora, como toda forma, a alma é ato; portanto, é imaterial. Nesse estágio, Tomás ainda se está referindo à alma em geral, comum ao ser humano, aos outros animais e mesmo às plantas. No artigo segundo, todavia, ao perguntar se a alma é subsistente, já se refere especificamente à alma humana. A questão é de suma importância, pois, por fidelidade ao hilemorfismo aristotélico, ou seja, tomando a alma como forma do corpo, seríamos levados a concluir que a alma é mortal, uma vez que a forma dos entes materiais não pode subsistir separada da matéria. A estratégia de Tomás de Aquino, nesse ponto, é apelar para a capacidade de intelecção da alma humana, isto é, a capacidade que temos de conhecer universalmente por abstração – retomaremos esse tema mais adiante. Segundo Tomás, essa capacidade é algo que a alma humana possui por si, sendo independente do corpo ao qual está unida; isso implica admitir que ela não é ato de nenhum órgão corporal. O pensamento humano é, em última análise, imaterial, e a capacidade de "produzi-lo" tem de ser imaterial também. Nos artigos seguintes, 3 e 4, Tomás de Aquino esclarece dois pontos essenciais: (i) o que foi provado para a alma humana não vale para a alma em geral, pois nem toda alma é forma subsistente (apenas a alma humana o é, justamente por ser racional); (ii) isso não significa que o ser humano é a sua alma: o ser humano é uma substância composta por um corpo determinado (o corpo humano) e sua alma; a alma, por sua vez, é, ao mesmo tempo, a forma substancial em relação a esse corpo e uma substância por si mesma, uma substância *sui generis*, por não ser composta de matéria e forma (artigo 5).

**Incorruptibilidade da alma humana.** No artigo sexto da questão 75, Tomás de Aquino trata especificamente do problema da I. da alma humana, no qual, como já dissemos, não fala de I., mas de incorruptibilidade, o que é tecnicamente a mesma coisa, mas tem por objetivo discutir a questão nos termos da teoria aristotélica sobre a alma. A questão trata, portanto, de determinar se a alma humana é corruptível. Os argumentos iniciais afirmam que sim: a tese defendida por Tomás de Aquino é que a alma humana não é corruptível (ou seja, é incorruptível, imortal). Partindo do que ficou estabelecido nos artigos anteriores, Tomás procurará mostrar que a teoria aristotélica da alma como forma do

corpo não apenas é compatível com a noção de alma imortal, mas também fornece ela mesma as ferramentas necessárias para uma prova filosófica da I. da alma humana. Antes, porém, na forma de argumentos contrários à tese ou de argumentos a favor da tese contrária, isto é, da mortalidade da alma humana, apresentam-se duas conhecidas passagens bíblicas. Na primeira passagem, lemos que "um ser humano, como tudo que respira, nada tem de superior a um equino", isto é, a um animal irracional e, por isso, "a morte é semelhante para ambos" (Eclesiastes 3,19); na outra passagem, afirma-se que "viemos do nada e, após nossa existência, será como se não tivéssemos existido" (Sabedoria 2,2), corroborando a passagem do início do livro do *Gênesis*, segundo a qual "todos viemos do pó e ao pó retornaremos" (1,24). Em outro argumento contrário, alude-se à dependência do pensamento em relação aos ρsentidos, uma vez que sem as imagens (fantasmas) não há pensamento e sem os sentidos do corpo não há imagens; logo, sem o corpo não há pensamento. Esse último argumento combate um ponto central do argumento de Tomás sobre a I., que é a posse, pela alma, de uma operação que não depende do corpo. Passando à resposta, Tomás de Aquino apresenta três argumentos. O principal deles pode ser resumido da seguinte maneira. Ao relacionar o par geração-corrupção ao par vir a ser-deixar de ser, conclui-se que a geração e a corrupção do que quer que seja consistem no seu modo de ser. Assim, o que vem a ser por si pode corromper-se apenas por si, bem como o que é gerado por acidente também deixa acidentalmente de ser. Tanto os acidentes como as formas materiais (as almas dos animais irracionais) deixam de ser assim que o composto do qual participam deixa de ser. A alma humana, no entanto, é subsistente, como foi mostrado e, desse modo, só pode deixar de ser por si, não se corrompendo com a morte do corpo ao qual está unida. Sendo uma forma subsistente (sem matéria), como dissemos, a sua corrupção por si é impossível, pois se trata de uma substância que é somente forma. Dito de outro modo, podemos dizer que a corrupção de algo, o deixar

IMORTALIDADE

de ser de algo, é a separação entre sua forma e sua matéria; mas a forma não pode ser separada de si mesma e, portanto, é impossível para uma forma subsistente (tal como é a alma humana) deixar de ser ou corromper-se. Nos termos da teoria aristotélica sobre a alma, essas são as razões filosóficas pelas quais a alma humana não pode ser corrompida, isto é aniquilada, exceto obviamente pelo poder absoluto de Deus (um tema que não é abordado aqui). Trata-se de uma prova metafísica e não de uma demonstração científica da I. da alma e menos ainda da ressurreição do corpo. Por meio desses argumentos é possível mostrar a compatibilidade entre a noção de alma imortal, herdada de séculos de reflexão agostiniano-dionisiana, e o tratamento científico dado pela teoria aristotélica da alma. Por essa razão, nos artigos da questão seguinte (76), sobre a união entre corpo e alma, predomina uma crítica à noção platônica de alma como motor do corpo. No segundo argumento, da q. 75, a. 6, Tomás de Aquino afirma que, mesmo que a alma humana fosse composta como qualquer substância hilemórfica (o que já rejeitara anteriormente, embora fosse, ao que parece, uma posição fortemente defendida), ela ainda teria de ser incorruptível, pois algo também pode corromper-se por abrigar em sua essência princípios contrários (quente-frio; seco-úmido) que em algum momento entram em colapso levando ao fim a ρexistência do composto. Ora, isso não poderia ocorrer com a alma humana, uma vez que as noções contrárias coexistem no "interior" da alma sem se destruir, isto é, no pensamento. Trata-se de um argumento utilizado muitas vezes por Tomás, com base na obra *O céu*, na qual Aristóteles diz que os corpos celestes, apesar de serem substâncias materiais hilemórficas, são ditos incorruptíveis por não conter em sua essência elementos contrários – são compostos apenas pelo éter, a quinta essência. Por fim, há um argumento que parece ter uma força menor, já que o próprio Tomás de Aquino o classifica como um "sinal" que, na verdade, é uma coleção de proposições alinhadas em torno de uma visão teleológica da natureza. Conforme o argumento,

tudo o que é deseja continuar sendo segundo o modo como é, e em toda criatura cognoscente tal ρdesejo depende do modo como conhece; ora, o ser humano conhece pelo sentido e pelo ρintelecto, pelo qual conhece universalmente (o que é sempre), enquanto os animais irracionais conhecem apenas pelos sentidos (o que é aqui e agora). Assim, como é capaz de conhecer o que é sempre, o intelecto deseja ser sempre, ou, dito de outro modo, por ser capaz de conceber o interminável, o ser humano deseja viver interminavelmente, e esse desejo é natural, uma vez que deriva de sua natureza intelectual. Por último, um desejo natural não pode ser em vão (o princípio teleológico) e, por essa razão, o desejo de viver para sempre que há em nós (uma constatação, diríamos, empírica) é uma indicação (mas talvez não uma prova) de que a alma humana é incorruptível, isto é, imortal. Muitos outros argumentos foram utilizados em outras obras de Tomás de Aquino para provar a I. da alma humana, sempre dentro do quadro da filosofia aristotélica e tendo como fundamento principal a racionalidade do ser humano. Como dissemos, alguns são elaborados com mais profundidade do que aqueles relacionados ao tema na *Suma de teologia*; mas o tratamento dado na *Suma* é o mais maduro e definitivo, o que também acontece geralmente. Tal é a conclusão dos estudiosos que indagam por que exatamente esses argumentos foram escolhidos para mostrar, quiçá provar filosoficamente, a I. da alma humana.

**Alma humana e substância.** Foge ao escopo deste verbete oferecer uma apresentação exaustiva dos demais argumentos, trabalho, aliás, já realizado na excelente obra de Oguejiofor (2001). Todavia, é preciso acrescentar que o argumento de Tomás de Aquino está assente em uma noção *sui generis* de alma humana, a qual pretende combinar a I. admitida por todos os pensadores cristãos, geralmente com um fundamento de origem platônica, com a teoria científica da alma de Aristóteles, presente no tratado *De Anima*, que havia cem anos aportara no meio escolar latino e inquietava a todos. Para compreender essa síntese, é fundamental ter em conta o modo como Tomás de Aquino entende a ordem da natureza, algo que não apenas está pressuposto nessa e em muitas outras questões, mas que também compõe a própria estrutura da *Suma de teologia*. Uma boa apresentação dessa ordem, entretanto, já se encontra em *O ente e a essência*, praticamente a primeira obra escrita por Tomás de Aquino, na qual, no capítulo VI, são apresentados os três modos de haver essência nas substâncias, referindo-se a Deus, "cuja essência é seu próprio ser", às substâncias intelectuais criadas, "nas quais o ser é outro que a essência delas", e às substâncias compostas de matéria e forma, "cuja natureza é recebida na matéria assinalada" (*O ente e a essência*, V). Sobre a alma humana, substância intelectual, Tomás afirma no capítulo IV: "da alma e do corpo resulta um ser composto, embora esse ser, na medida em que é da alma, não seja dependente do corpo" (*ibidem*, IV, 58). É justamente por se situar no limite entre o espiritual e o corporal, como última substância intelectual, que a alma humana só pode vir a ser na matéria, por criação por ocasião da geração (própria das formas materiais); mas ela não depende dessa mesma matéria ser, já que é por si só (do que é prova a sua capacidade de inteligir): é uma substância de pleno direito. Assim, a alma humana não é eterna nem preexiste antes da sua união com o corpo; ela vem a ser na exata ocasião de sua união com o corpo. Conquanto o tema da I. da alma seja bem antigo na história da filosofia e vários argumentos em sua defesa tenham sido apresentados desde Platão, o tipo específico de I. exigido pela fé cristã, isto é, a ressurreição, que poderíamos definir como a I. do composto de alma e corpo, não foi tema de muito debate entre os pensadores cristãos, pelo menos não tanto como a ℗encarnação ou a ℗Trindade, outros artigos de fé para os quais não se admite prova filosófica. Quanto a isso, Tomás de Aquino não se limita apenas a afirmar que se trata de artigo de fé. Ainda que o corpo individual seja reunido à alma individual por obra da ℗graça divina, é preciso afirmar que o tema não é de todo insondável pela nossa ℗razão, na medida em que cada alma humana já

traz, em sua natureza, a incorruptibilidade que lhe permite viver para sempre. Ao comentar os textos do Novo Testamento que falam da ressurreição, essa convicção de fundo lhe permite inserir também a ressurreição na estrutura do ℗mundo criado por Deus, por absoluta bondade e ℗liberdade divinas. Uma vez afirmado que a crença na ressurreição futura é uma verdade de fé (cf. *Suma contra os gentios* IV, 79, 4) e que se deve à ressurreição de ℗Jesus Cristo como ℗causa eficiente (cf. *Suma de teologia* III, q. 56, a. 1), Tomás de Aquino prossegue na reflexão mostrando que a natureza da alma com base na teoria aristotélica (cf. *Suma de teologia* I, q. 75, a. 6) não apenas suporta a possibilidade da ressurreição futura do corpo como até mesmo a exige (cf. *Suma contra os gentios* IV, 79, 10). Não se trata, na perspectiva de Tomás de Aquino, de manobrar o texto aristotélico a fim de produzir uma prova da ressurreição sem a ajuda da fé, mas sim de levar o texto filosófico até o seu limite e ultrapassá-lo, mostrando, enfim, que a crença na ressurreição futura do corpo não apenas é razoável como se acomoda perfeitamente ao estatuto científico da alma.

**Alma e corpo na ressurreição.** Vimos que a peculiaridade do ser humano, ao participar da vida da matéria e da vida do espírito, sendo composto de corpo e alma, implica necessariamente a I. da alma, na medida em que esta é forma do corpo, mas forma subsistente (não uma forma material como as formas dos demais ℗entes do mundo material), capaz de uma atividade independente do corpo, o conhecimento intelectual. Por outro lado, a união da alma humana com o corpo, isto é, com a matéria, é necessária à existência do composto (a união se dá para o bem da alma e não como punição); isso tem como consequência o fato de que a alma, enquanto subsistir separada do corpo, após a morte, existirá num estado contrário à sua natureza, que não lhe é próprio. A alma humana, assim separada, anseia pelo corpo, sem o qual pode conhecer apenas imperfeitamente (cf. *Suma de teologia* I, q. 89, a. 1). Não é esse anseio, no entanto, a causa da ressurreição e sim a ressurreição de Cristo. No comentário ao

IMORTALIDADE

trecho da *Carta aos Coríntios* 15,12-19 (lição 2), Paulo diz: "se pregamos a ressurreição de Cristo, como alguns podem dizer que não há ressurreição dos mortos? Pois se não há ressurreição dos mortos, Cristo também não ressuscitou, e se Cristo não ressuscitou, vã é a nossa fé". Tomás de Aquino explica as palavras do apóstolo dizendo que o trecho em questão mostra tanto que a ressurreição dos mortos é um dogma de fé como também que a ressurreição de Cristo é causa eficiente da ressurreição dos mortos. Mais adiante, Paulo afirma que "se esperamos em Cristo somente nesta vida, somos os mais miseráveis de todos os seres humanos" (*Coríntios* 15,19). Em sua exposição sobre esse trecho, Tomás de Aquino começa por considerar argumentos contrários à tese, segundo os quais isso não seria universal, tanto em razão de que pode haver a I. da alma sem a ressurreição como pelo fato de que os não cristãos, pecadores ou justos, também sofrem grandes tribulações. O primeiro ponto é refutado por Tomás com a afirmação de que, sem a ressurreição, dificilmente se sustenta a I. da alma, pois esta é naturalmente unida ao corpo; sua separação dele, pela morte, é acidental, porque a alma sem o corpo seria imperfeita. Durar nesse estado para sempre seria, portanto, contra a sua natureza. Além disso, em oposição a outro tipo de sobrevivência da alma que não seria ressurreição (a reencarnação), Tomás afirma que a alma é *parte* do ser humano, não é o ser humano todo (minha alma não sou eu). Por isso, ainda que sobrevivesse à morte do corpo para viver outra vida, tal alma não consistiria num Ↄindivíduo e, como o desejo de Ↄsalvação é um desejo natural do indivíduo, tal desejo seria frustrado se a alma subsistisse sem o seu corpo próprio. Com relação ao segundo ponto, embora se possa admitir que alguns filósofos, mesmo sem acreditar na ressurreição, possam ter vivido de acordo com a Ↄjustiça e tenham sofrido tribulações por causa disso, os cristãos seriam mais infelizes do que eles se vivessem exatamente do mesmo modo por causa da fé na ressurreição,

e, afinal, não houvesse a ressurreição, pois isso equivaleria a um engano, e viver em função de um engano é a maior infelicidade. Essas reflexões nos mostram, portanto, que o esforço de Tomás de Aquino no desenvolvimento das provas filosóficas da I. da alma tem uma estreita conexão com o seu objetivo de desenvolver a teologia da ressurreição, a I. do composto, quer dizer, do ser humano em sua unidade corpo-alma.

**Bibliografia:** GILSON, E. *L'athéisme difficile*. Paris: Vrin, 1979. _____. *Le thomisme*. Paris: Vrin, 1986 (ed. bras.: *O tomismo*: introdução à filosofia de Santo Tomás de Aquino. Trad. Juvenal Savian Filho. São Paulo: WMF Martins Fontes, 2024). OGUEJIOFOR, J. O. *The philosophical significance of immortality in Thomas Aquinas*. Nova Iorque: United Press of America, 2001. PASNAU, R. *The treatise on human nature: Summa Theologiae* I^a 75-89. Indianápolis: Hackett, 2002. _____. *Thomas Aquinas on human nature*. Cambridge: Cambridge University Press, 2004. PEGIS, A. C. *St. Thomas and the problem of the soul in 13th. century*. Toronto: Pontifical Institute for Medieval Studies, 1934. TORRELL, J.-P. *Iniciação a Santo Tomás de Aquino*: sua pessoa e sua obra. São Paulo: Loyola, 1999.

Anselmo Tadeu Ferreira

**INDIVÍDUO** → *Ver* Princípio de Individuação; Pessoa; Ser Humano

**INFERNO** → *Ver* Escatologia (Novíssimos)

**INQUISIÇÃO** → *Ver* Heresia

**INTELECTO** → *Ver* Conhecimento; Ideias; Razão; Universais

**INTENÇÃO** → *Ver* Conhecimento; Princípio de Individuação →Tomismos → Universais → Verbo

# J

## JESUS CRISTO

**O ungido do Senhor.** O termo grego *cristos* significa *ungido* e corresponde a *messias* em hebraico. No Primeiro Testamento, ungem-se os profetas, reis e sacerdotes; e Tomás de Aquino retoma o ensinamento cristão comum de que Jesus Cristo (JC.), como ♀ser humano, reúne os três atributos (cf. *Comentário aos Salmos* 44,8; *Comentário ao Evangelho de Mateus* 16,16). No Primeiro Testamento, o termo *ungido* ou *ungido do Senhor* aparece pela primeira vez na boca de alguns e de maneira mais recorrente nos livros de Samuel, nos quais é aplicado a um homem ungido como rei, em quem o Espírito de Deus está presente de maneira especial e em torno a quem se concentra a ação de ♀Deus junto aos seres humanos. Esse caráter único e universal do Messias é manifesto plenamente em Jesus; os apóstolos o reconhecerão ao confessar Jesus como Cristo, e ele será tanto o motivo principal da condenação de Jesus por parte do Sinédrio como o objeto da ♀pregação apostólica. Os termos neotestamentários aos quais Tomás de Aquino recorre preferencialmente para referir--se a Jesus como Cristo são *cabeça* (cf. *Suma de teologia* III, q. 8), *mediador* (cf. *ibidem*, q. 26) e ainda *autor da salvação* (cf. *Suma de teologia* I, q. 43; Iª-IIᵃᵉ, q. 114). Nos livros de Samuel, o ungido vai tornar-se também Filho de Deus de maneira especial; segundo Tomás de Aquino, JC., como ser humano, não gozará de uma filiação divina adotiva por ♀graça, mas de uma filiação *natural*, única e eterna, a qual produz convenientemente o efeito da graça habitual em sua humanidade (cf. *Suma de teologia* III, q. 23, a. 4). Por isso, ainda que em certas ocasiões ele tenha sido ungido por algumas ♀mulheres (cf. Mt 26,7; Mc 14,3; Lc 7,37; Jo 12,3), JC. não é ungido por seres humanos, mas pelo ♀Espírito Santo (cf. *Comentário aos Salmos* 44,8; *Comentário ao Evangelho de Mateus* 16,16).

**Obras em que Santo Tomás trata de Jesus Cristo.** Nossa apresentação aqui será centrada na *Suma de teologia*, na qual se encontra o tratamento mais maduro e extenso de Santo Tomás sobre JC. Antes, porém, propomos um breve panorama dos outros lugares da obra de Tomás nos quais se pode estudar sua cristologia. Como bacharel dos *Livros das Sentenças* de Pedro Lombardo, Tomás de Aquino comentou as distinções problematizadas na cristologia do terceiro livro. Suas questões disputadas também incluem importantes discussões sobre a Encarnação (cf. *Questão disputada sobre a unidade do Verbo*) e a graça de JC. (cf. *Questões disputadas sobre a verdade*, q. 29). Uma parte considerável do livro IV da *Suma contra os gentios* dedica-se a apresentar a cristologia ortodoxa por meio da refutação de ♀heresias importantes como o arianismo (segundo o qual, Deus Filho fora criado pelo ♀Pai), o sabelianismo (que nega a distinção entre as ♀pessoas da Trindade), o apolinarismo (que nega a existência de uma ♀alma humana em JC), o nestorianismo (que afirma duas pessoas separadas em JC) e o eutiquianismo (que aceita apenas uma ♀natureza em JC). Uma abordagem similar, quer dizer, heresiográfica, encontra-se no livro I do *Compêndio de teologia* e no *Comentário ao Símbolo dos apóstolos*. Os comentários bíblicos de Tomás são também muito ricos em matéria cristológica, especialmente o comentário ao Evangelho de João e às cartas de Paulo. Sua abordagem global do *corpus* paulino consiste em lê-lo como um *ensino sobre a graça de JC.*, no qual cada carta enfoca um diferente aspecto da graça. Finalmente, pode-se encontrar nos escritos devocionais de Tomás um tratamento piedoso-afetivo e, ao mesmo tempo, doutrinalmente rigoroso da pessoa de JC. Seus textos poéticos para a festa de Corpus Christi destacam-se, nesse sentido, como exemplos de sua devoção cristocêntrica na linha da tradição dominicana.

**Lugar de Jesus Cristo na *Suma de teologia*.** O estudo sistemático de JC na *Suma de teologia* aparece na última parte (Terceira Parte) como "a consumação de toda a obra teológica" (Prólogo). A razão disso é que a *Suma* não segue a ordem do descobrimento da ρverdade, mas, supondo verdades já conhecidas, segue a ordem da exposição mais conveniente ao ensino e ao aprendizado: para compreender sistematicamente JC., o Deus Homem, é preciso estudar antes Deus (Primeira Parte) e o ser humano (Segunda Parte), ou, ainda, convém estudar o modelo (Deus) e aquele que se realiza à imagem desse modelo (o ser humano), antes de estudar aquele que conduz a essa realização (cf. *Suma de teologia* III, Prólogo). O fato de cada parte terminada dessa obra concluir por uma menção a JC., tomada de Rm 9,5, parece confirmar que tudo, nela, aponta para o mistério crístico (cf. *Suma de teologia* I, q. 119, a. 2, 4; *Suma de teologia* II$^a$II$^{ae}$, q. 189, a. 10, 3). Também se pode dizer que, depois de estudar Deus em si mesmo, a *Suma* estuda o modo da presença divina comum a todas as criaturas e, por conseguinte, o modo especial de presença que se dá naqueles que são santificados pela graça, culminando com o modo único de presença divina que se dá em JC. Mas, a bem da verdade, há desenvolvimentos cristológicos importantíssimos antes de se chegar à Terceira Parte. O principal entre eles encontra-se, aliás, ao final do tratamento sobre a ρTrindade. Ao estudar as missões divinas, Santo Tomás diz que o Filho é enviado visivelmente como autor da santificação (cf. Hb 5,9): JC. vem operar e comunicar a obra santificadora das missões invisíveis. Uma leitura trinitária mostra ser conveniente que, junto com o Pai, aquele que é princípio do Espírito Santo na ρeternidade chegue também a ser princípio, no ρtempo, da obra da graça apropriada ao Espírito Santo. Nesse sentido, já ao tratar da graça na Segunda Parte, Tomás assinala que JC. é ρcausa dela como objeto de nossa ρfé (cf. *Suma de teologia* I$^a$II$^{ae}$, q. 113, a. 4, 3), como instrumento (cf. *ibidem*, q. 112, a. 1, 1-2) e por seus méritos (cf. *ibidem*, q. 114, a. 6). A Terceira Parte supõe,

então, esclarecendo-a, a doutrina das missões divinas e é esclarecida por ela. Em seu primeiro artigo, indica que Deus faz-se humano para comunicar-se de maneira máxima com as criaturas (cf. *Suma de teologia* III, q. 1, a. 1, Resp.): a união máxima com Deus, dada em JC. – missão visível do Filho –, é indissociável da união com Deus por graça, que se realiza maximamente na bem-aventurança – missões invisíveis do Filho e do Espírito Santo (cf. *Suma contra os gentios*, IV, 54, 2; *Compêndio de teologia* 1, cap. 201). Como mostrará a Terceira Parte, a cristologia de Tomás realmente *completa* o trabalho de sua ρteologia: a apresentação do Deus Trino é completada pela análise da vida humana do Filho do Pai, pleno do Espírito Santo; o tratamento da sua humanidade é completado pela identificação de JC. como cabeça de toda a humanidade; a exposição sobre a graça é completada repensando toda a graça como procedente de JC. e como aquela que configura nós todos a ele; e o tratado sobre as virtudes é completado pela indicação de JC. como o modelo de todas as ρvirtudes. Se entendermos corretamente a cristologia de Tomás, encontraremos JC. presente, explícita ou implicitamente, em cada página de sua obra.

**A cristologia da Terceira Parte.** Dado que Santo Tomás se propôs a tratar na Terceira Parte do "Salvador e de seus benefícios outorgados ao gênero humano" (*Suma de teologia* III, Prólogo), essa parte da *Suma* devia estudar JC. em si mesmo, os ρsacramentos e "o fim da vida imortal" (*ibidem*, Prólogo). Na primeira dessas seções (cf. *ibidem*, q. 1-59), a única concluída inteiramente, estuda-se a conveniência da Encarnação (q. 1), o modo da união encarnada (q. 2-6), o que é assumido com a natureza humana (q. 7-15), as consequências dessa união em JC. mesmo e em suas relações com Deus e conosco (q. 16-26), os mistérios de sua entrada no ρmundo (q. 27-39), os mistérios de seu progresso em sua vida terrena (q. 40-45), os mistérios de sua saída deste mundo (q. 46-52) e os mistérios de sua exaltação depois desta ρvida (q. 53-59). Embora essa parte da *Suma* contenha ecos da cristologia contemporânea a Tomás, tal como registrada nas sumas e questões disputadas, ela é construída com inovações cruciais (para uma visão das primeiras 26 questões, cf. o verbete ℘Encarnação; para as últimas questões, cf. o verbete ℘Salvação). Concentremo-nos aqui, em primeiro lugar, no conjunto das questões 27-59, tratamento extenso da vida adulta de JC. (abordagem singular para o tempo de Tomás); em segundo lugar, no agudo interesse de Tomás pelas definições dos concílios cristológicos primevos; e, em terceiro lugar, no tratamento de JC. como cabeça (q. 8), o que delineia sua ℘soteriologia e seu pensamento sobre a ℘Igreja.

**Os mistérios da vida de Jesus Cristo.** Tomás de Aquino foi o primeiro teólogo a propor um tratamento orgânico do conjunto de tudo aquilo que JC. fez e experimentou (*fecit vel passus est*) em sua vida terrena (cf. *Suma de teologia* III, Prólogo; *ibidem*, q. 27, Prólogo). Ele não pretendeu escrever uma biografia de JC., mas deter-se nos eventos centrais da história da salvação. Trata-se, na verdade, de uma seção de sua cristologia que não foi muito seguida pelos teólogos durante bastante tempo e que só recentemente foi posta em destaque. Nessa longa seção de sua cristologia, percebe-se seu interesse por interrogar a ℘Bíblia, em diálogo constante com os ℘Padres da Igreja, combinando, assim, o interesse dogmático e soteriológico dos Padres da Igreja com o espírito investigativo da Escolástica. Poder-se-ia dizer que essa seção da Terceira Parte coroa aquilo que Santo Tomás fizera em seus comentários bíblicos e em sua *Corrente de ouro* (explicação dos quatro Evangelhos). Ainda que seja fácil, nessas páginas, perceber Tomás de Aquino como leitor orante da Palavra de Deus e transmissor do que contemplou, há nelas uma sólida estrutura teológica e um constante recurso à argumentação. Tomás permite a convivência de interpretações distintas e nem sempre harmônicas. Isso é coerente com a argumentação por conveniência, a qual não apenas é evocada com frequência, mas subjaz a tudo o que é mistério na vida de JC.: como a ℘razão não esgota o mistério, ela também não pode demonstrá-lo com ℘necessidade; e como o mistério não apaga a razão, ela descobre e mostra as conexões entre as verdades nas quais se crê. Por fim, tudo o que foi realizado por JC. em sua vida terrena é obra de salvação: como exemplar segundo o qual Deus nos salva, como ℘Revelação, como causador instrumental da graça, como merecedor da graça e como modelo do que temos de fazer para cooperar com nossa salvação, já que "cada ação de Cristo é um ensinamento para nós" (*Comentário ao Evangelho de João* 11, lição 6, n. 1555; cf. 1Pd 2,21). Esse conjunto de causalidades soteriológicas operadas por todos os mistérios de Cristo mostra claramente a sabedoria que reside em estudá-las como complemento importantíssimo das verdades centrais da Encarnação e da Páscoa de Cristo.

**Ortodoxia conciliar.** Uma das maiores preocupações de Tomás em seu tratamento da Encarnação é manter-se fiel ao ensino dos Padres da Igreja contra as heresias ocidentais. Como já observamos, essa motivação fornece uma estrutura a alguns de seus desenvolvimentos cristológicos. Pesquisadores recentes mostraram que tal preocupação inclui mesmo a redescoberta e o emprego de textos conciliares que permaneceram por muito tempo desconhecidos no Ocidente. Isso se observa sobretudo nos escritos maduros de Tomás sobre JC., nos quais ele aplica meticulosamente a gramática da cristologia da ortodoxia cristológica. A segunda questão da Terceira Parte, por exemplo, inclui uma abundância de citações das atas dos concílios de Éfeso, Calcedônia e Constantinopla II. Ele esclarece, primeiro, a confusão cometida por aqueles – provavelmente Guilherme de Champeaux e João de Cornwall – que entendiam a união da divindade e da humanidade em JC. como resultante em uma *pessoa*, mas com duas *hipóstases* ou *substâncias*, e refere-se não somente a Boécio (para explicar que *pessoa* significa simplesmente uma hipóstase de natureza racional), mas também a Éfeso e Constantinopla II, que, nos textos latinos aos quais Tomás teve acesso, condenam aqueles que falam de duas pessoas ou duas subsistências em JC. (cf. *Suma de teologia* III, q. 2, a. 3, Resp. – Tomás explica que *subsistência* e *hipóstase* são equivalentes). Segundo, ele aplica a mesma clareza conciliar à cristologia um tanto quanto obscura dos *Livros das Sentenças* de Pedro Lombardo, na qual três *opiniões* sobre a Encarnação são simplesmente postas lado a lado (cf. *Livro das Sentenças* III, dist. 6): (i) a união do ℗corpo e da alma de JC. formou uma hipóstase humana completa que foi assumida pela divina hipóstase do ℗Verbo e continua a subsistir como uma hipóstase humana (teoria do *homo assumptus*, "homem que foi assumido"); (ii) a pessoa do Verbo assumiu a humanidade, em corpo e alma, de modo que uma pessoa divina subsiste agora em duas naturezas (união pessoal ou hipostática); (iii) a pessoa do Verbo simplesmente assumiu a roupagem externa ou o *habitus* do corpo e da alma humanos, de modo que a união da divindade e da humanidade na Encarnação seria acidental, e não hipostática. Enquanto no início de sua carreira Tomás apenas reconhece o caráter problemático da primeira e da terceira opinião, na *Suma de teologia*, munido dos textos conciliares então recém-descobertos, ele é o primeiro a afirmar claramente: "Está claro que a segunda das três opiniões mencionadas pelo Mestre [Pedro Lombardo], aquela que defende uma hipóstase de Deus e homem, não deve ser chamada uma opinião, mas um ℗artigo da fé católica. Igualmente, a primeira posição, que afirma duas hipóstases, e a terceira, que defende uma união acidental, não devem ser consideradas opiniões, mas heresias condenadas pela Igreja nos concílios" (*Suma de teologia* III, q. 2, a. 6, Resp.).

**Jesus Cristo cabeça da Igreja.** Todo estudo da cristologia de Santo Tomás será incompleto se não explorar o papel de JC. em relação aos membros de seu corpo, a Igreja. Tomás afirma, na questão 7 da Terceira Parte, que a humanidade de JC., como a nossa, é santificada pela graça habitual. Ele distingue, ao menos conceitualmente, entre essa graça pessoal e a graça de JC. *como cabeça da Igreja*, o que a tradição teológica posterior chamará de *graça capital*, discutida na questão 8, de significância central para entender a eclesiologia de Tomás, sua soteriologia e sua espiritualidade cristocêntrica. Ele parte de uma afirmação-chave que o distingue de seus predecessores escolásticos: enquanto estes dão

à humanidade de JC. apenas o papel de um dispositivo para o dom da graça (por seu ensinamento, seu exemplo e seu merecimento da graça para nós), Tomás, apoiando-se em Cirilo de Alexandria e João Damasceno, afirma que, embora seja Deus – Pai, Filho, Espírito Santo – quem dê a graça *por autoridade* (*auctoritative*), convém dizer que a humanidade de JC., em verdade, dá *instrumentalmente* (*instrumentaliter*) a graça (cf. *ibidem*, a. 1, ad 1m). Essa modificação pode parecer pequena, mas ela habilita o Tomás de Aquino maduro a reconsiderar a Igreja, as virtudes e toda a vida da graça em termos cristocêntricos. Ele cita repetidas vezes João 1,16 ("recebemos tudo de sua plenitude") para estabelecer que toda graça é um transbordamento da plenitude pessoal da graça de JC. (cf. *ibidem*, q. 7, a. 1, Resp.; q. 8, a. 1, Resp.; q. 27, a. 5, ad 1m; q. 39, a. 6, argumento inicial 4; q. 69, a. 4, Resp.; cf. também *Comentário à Carta de Paulo aos Romanos* 5, lição 5, n. 433). Portanto, a Igreja não é somente a ℗comunidade daqueles que são salvos por JC.; ela é animada pela própria graça de JC.: "A Igreja é a plenitude de Cristo, quer dizer, assim como tudo o que é virtualmente (*virtute*) em Cristo é de algum modo plenificado nos membros da mesma Igreja, assim também todos os sentidos espirituais, os dons e tudo o que pode haver na Igreja – e que é de maneira superabundante em Cristo – derivam dele mesmo para os membros da Igreja e perfazem-se neles" (*Comentário à Carta de Paulo aos Efésios* 1,8, 71). JC. é o "princípio universal de toda a Igreja" (*Suma de teologia* III, q. 8, a. 1, argumento inicial 3), e, como tal, é o protótipo ou o modelo para os santos. Isso não significa que JC. é apenas um modelo para seguirmos por nossos próprios esforços: porque toda graça nos vem por meio da humanidade de JC., toda graça conforma-nos de algum modo a ele. Assim, por exemplo, a vida da alma e a ressurreição do corpo são modelados segundo a ressurreição do próprio JC. (cf. *ibidem*, q. 56, a. 1, ad 3m; a. 2, Resp.). Com efeito, a verdadeira graça da união mesma provê o protótipo do ℗destino dos membros de JC. (*ibidem*, q. 24, a. 2, Resp.; a. 3, Resp.).

A vida cristã, assim, toma a forma da vida de JC., e os membros são conformados (ontológica e moralmente) à cabeça.

**Bibliografia:** BARNES, C. L. Thomas Aquinas's Chalcedonian Christology and its Influence on Later Scholastics. *The Thomist*, 70, p. 189-217, 2014. CATÃO, F. O Jesus de Tomás de Aquino. In: SOUZA NETTO, F. B. *Jesus*: anúncio e reflexão. Campinas: IFCH/Unicamp, 2002, p. 15-36. _____. *Salut et Rédemption chez Saint Thomas d'Aquin*: l'acte sauver du Christ. Paris: Aubier, 1962. DURAND, E. *L'offre universelle du salut en Christ*. Paris: Cerf, 2012. EMERY, K.; WAWRYKOW, J. (eds.). *Christ among the Medieval Dominicans*: Representations of Christ in the Texts and Images of the Order of Preachers. Notre Dame: University of Notre Dame Press, 1998. GAINE, S. *Did the Saviour See the Father?* Christ, Salvation, and the Vision of God. Londres: T & T Clark, 2015. KLIMCZAK, P. *Christus Magister*: le Christ Maître dans les commentaires évangéliques de saint Thomas d'Aquin. Friburgo: Academic Press Fribourg, 2013. LEGGE, D. *The Trinitarian Christology of St. Thomas Aquinas*. Oxford: Oxford University Press, 2017. MORARD, M. *Thomas d'Aquin, lecteur des conciles*. Grottaferrata: Collegio S. Bonaventura, 2005. TORRELL, J.-P. *Christ and Spirituality in St Thomas Aquinas*. Trad. B. Blankenhorn. Washington D. C.: Catholic University of America Press, 2011. _____. *Encyclopédie Jésus le Christ chez Saint Thomas d'Aquin*. Paris: Cerf, 2008. _____. *Le Christ en ses mystères*. Paris: Desclée, 1999. 2 v. TSCHIPKE, T. *L'humanité du Christ comme instrument de salut de la divinité*. Trad. P. Secretan. Friburgo: Academic Press Fribourg, 2003. WÉBER, E.-H. *Le Christ selon saint Thomas d'Aquin*. Paris: Desclée, 1988. WHITE, T. J. *The Incarnate Lord*: a Thomistic Study in Christology. Washington: Catholic University of America Press, 2015.

Conor McDonough, OP

John Emery, OP

Tradução de Juvenal Savian Filho

## JUSTIÇA

**Duas acepções de justiça: a própria e a metafórica.** O termo justiça (J.), para Tomás de Aquino, tem grande importância tanto filosófica como teológica (cf. *Suma de teologia* II$^a$II$^{ae}$, q. 58-81, e *Comentário à Ética nicomaqueia de Aristóteles* V). A primeira distinção necessária para compreendermos essa dupla importância é a distinção de J. em sentido próprio e em sentido impróprio ou metafórico (cf. *Suma de teologia* II$^a$II$^{ae}$, q. 58, a. 2). Comecemos pelo sentido metafórico, que, além de ter um uso mais geral, é o mais importante do ponto de vista teológico cristão. Aqui, J. equivale a retidão – algo justo é o mesmo que algo reto; e isso pode ser aplicado a qualquer esfera do real, inclusive à ordem e à regularidade da ⌀Natureza como uma J. cósmica. Na obra tomasiana, no entanto, o uso mais destacado dessa acepção se dá na esfera da doutrina da ⌀graça. Segundo a concepção da ⌀revelação cristã, o casal ancestral, nossos primeiros pais, foi não apenas criado na perfeição da natureza, mas foi posto, no ato mesmo da ⌀criação, em estado de graça. Esse estado de graça é chamado também de estado de J. original, pois a natureza do ⌀ser humano era reta em todos os seus aspectos, a saber, em sua ⌀alma racional, em seu corpo animal e também nas relações entre ⌀corpo e alma. O estado paradisíaco de J. original é aquele em que é possível não pecar, pois o ser humano iluminado pela graça tem o ⌀poder para querer e fazer o bem. Entretanto, esse não é ainda o estado de glória, em que há a plenitude da graça e em que é impossível pecar. O ato do ⌀pecado original é, pois, no início da ⌀história da humanidade, o ato em que pela primeira vez se deu a anteposição de um bem menor (si mesmo) a um bem maior (⌀Deus). Esse ato trouxe como consequência penal a perda da graça justificante e, com isso, a saída do estado de J. original. Passa a haver na esfera humana uma privação da ordem primitiva, fonte da desordem da natureza humana e de tudo que decorre dessa natureza nos mais variados âmbitos da ⌀vida humana pessoal e social. Essa é a condição de injustiça e, por se tratar de uma privação (uma negação relativa), requer uma justificação ou retificação da natureza humana (cf. *Suma de teologia* IªIIªᵉ, q. 113, a. 1-10). A expressão exata retirada da longa tradição de exegese da obra paulina é "justificação do ímpio": o ser humano apóstata e ímpio carece de uma infusão da graça justificante para que sua natureza humana seja ordenada; o ser humano carece de ser renovado na graça. Se isso ocorre, como aplicação dos méritos de ℘Jesus Cristo na obra da redenção, então historicamente há a retificação da parte intelectual e volitiva, possibilitando a prática de obras boas com boas intenções e escatologicamente (℘Escatologia) há a possibilidade da justificação de toda a natureza humana; primeiro a justificação do ímpio, depois a glorificação do justo. Desse modo, podemos notar a grande importância da J. em sentido metafórico para o núcleo tanto da antropologia teológica tomasiana como de sua soteriologia. O ser humano justo, nessa acepção, opõe-se ao pecador: é o ser humano santo em seus diversos graus possíveis históricos e escatológicos. A J. pela graça divina aqui é a condição que possibilita nesta vida o mérito da ℘vida eterna ou a própria condição definitiva dessa vida plena. Por outro lado, como adiantamos acima, há outra acepção de J., a saber, aquela em sentido próprio, na qual seu uso é bem mais restrito, aplicando-se mais tecnicamente a uma das principais virtudes morais ao lado da prudência, da fortaleza e da temperança.

**Justiça como virtude moral.** Seguindo a tradição clássica aristotélica, para Tomás de Aquino, ℘virtudes morais consistem em ℘hábitos que levam à perfeição as potências da alma humana, sendo que cada uma das virtudes cardeais (prudência, J., fortaleza e temperança) leva uma potência à perfeição. As potências atuam como princípios de ℘conhecimentos práticos, de ações e ℘paixões ou afecções. A ℘prudência torna bom o ℘intelecto prático para bem deliberar, decidir e preceituar acerca daquilo que deve ser praticado. A fortaleza e a temperança (℘Virtude) aperfeiçoam respectivamente a agressividade e o ℘desejo. E, por fim, a J. é o hábito que torna melhor a potência da ℘vontade (ou também chamada desejo racional) para agir exteriormente visando a outrem. Das potências aperfeiçoáveis por virtudes morais, a vontade é aquela mais diretamente atuante como princípio eficiente da ação humana, podendo ser justa ou injusta, mas igualmente ℘causa de ações exteriores. Essas ações exteriores relativas a outras pessoas são denominadas ℘matéria da J. por ser nesse sentido que a J. imprime sua forma virtuosa como uma obra final. A potência da vontade é o ℘sujeito da J. por ser aquilo que subjaz a esse hábito ou aquilo que o porta. O ser humano justo é aquele cuja vontade, aperfeiçoada pela virtude da J., pratica ações cuja forma consiste no ℘objeto da J., a saber, o ℘direito, o justo ou o reto. Entretanto, é possível que alguém, mesmo não sendo justo, pratique obras segundo a J. Quando isso ocorre, diz-se que a ação é justa, mas sua causa (a vontade de alguém) não se deu segundo o modo da virtude. O contrário também é possível, isto é, que alguém seja justo, mas que ocasionalmente pratique uma obra injusta. Desse modo, podemos destacar ainda outra acepção derivada de J. como virtude, a saber, a J. como mera retidão da ação exterior, sendo a propriedade de uma ação praticável costumeiramente pelo ser humano justo.

**Divisão da virtude da justiça.** A J. como virtude tem divisões relevantes tanto para a ℘filosofia prática tomasiana como para sua ℘teologia moral. A primeira divisão é a que leva em consideração o sujeito destinatário do ato de J. (cf. *Suma de teologia* IIªIIªᵉ, q. 58, a. 7, e *Comentário à Ética nicomaqueia de Aristóteles* V, 2-3). Se a ℘pessoa a quem é direcionada a ação é uma pessoa privada, então a J. que aperfeiçoa a vontade do agente é chamada de J. especial ou particular. Por outro lado, se aquele ao qual o justo é o todo da ℘comunidade política, então essa J. é chamada J. geral ou legal. Comecemos por explicar o uso aqui do termo *legal*. Com base na tradição aristotélica, Tomás de Aquino explica a concepção de J. legal não só a partir da ℘lei, mas antes do conteúdo da lei, que é o bem comum. A J. geral ou legal não tem em vista um bem de uma pessoa privada, mas o bem comum do todo da multidão política. Desse modo, a ação é justa do ponto de vista da J. legal se se retira do bem privado tudo aquilo e apenas aquilo que é devido para sustentar o bem comum das pessoas vivendo numa determinada ordem social. A matéria dessa J. coincide com tudo aquilo que repercute sobre o bem comum, ou seja, coincide com o conteúdo da lei política. De certo modo, é o inverso do que acontece na chamada J. especial. Aqui, o bem a ser considerado é sempre o bem particular de uma pessoa particular, pois fazer o justo é manter, promover ou restituir esse bem. Na esfera da J. particular, no entanto, há uma das mais célebres divisões da teoria da J., em J. distributiva e J. comutativa (cf. *Suma de teologia* II$^a$II$^{ae}$, q. 61, a. 1-4, e *Comentário à Ética nicomaqueia de Aristóteles* V, 4). Nos dois casos, a pessoa destinatária da ação é uma pessoa privada, mas a diferença consiste no sujeito agente. No caso da J. distributiva é o todo da comunidade política (ou qualquer outra análoga a ela), que, por intermédio do governante (a pessoa pública), distribui o montante do bem comum em partes destinadas aos membros particulares da comunidade segundo um critério de mérito (igualdade proporcional ou geométrica), a partir do regime da constituição política vigente. Assim, o pecado contra a J. distributiva é a acepção de pessoas (cf. *Suma de teologia* II$^a$II$^{ae}$, q. 63, a. 1-4), ou seja, a distinção de uma pessoa em relação a outra sem um fundamento conforme aos princípios constitucionais jurídicos e políticos. Por outro lado, na J. comutativa, a operação se dá entre duas pessoas particulares considerando seus respectivos bens privados. Há uma igualdade aritmética na determinação desse modo de retidão; a relação não se dá do todo à parte, mas de parte a parte na comunidade. Daí decorrem os mais variados tipos de pecado contra a J. comutativa (cf. *Suma de teologia* II$^a$II$^{ae}$, q. 64-78), desde o homicídio, passando pela fraude mercantil, até os crimes contra a honra pessoal.

**Bibliografia:** AGOSTINHO. *O livre-arbítrio*. Trad. Nair de Assis Oliveira. São Paulo: Paulus, 1995. _____. *A Cidade de Deus*. Trad. J. Dias Pereira. Lisboa: Calouste Gulbenkian, 2016. 3 v. ARISTÓTELES. *Ética a Nicômacos*. Trad. Mário da Gama Kury. Brasília: Editora da UnB, 1985. _____. *Política*. Trad. Mário da Gama Kury. Brasília: Editora da UnB, 1989. BOBBIO, N. *A era dos Direitos*. Rio de Janeiro: Elsevier, 2004. CÍCERO. *On The Republic. On the Laws*. Trad. C. W. Keyes. Cambridge: Harvard University, 1928. _____. *Dos deveres*. Lisboa: Edições 70, 2017. FINNIS, J. *Aquinas:* Moral, Political and Legal Theory. Nova Iorque: Oxford University, 1998. GILSON, E. *Le thomisme*: introduction à la philosophie de Saint Thomas d'Aquin. Paris: Vrin, 2010 (ed. bras.: *O tomismo*: introdução à filosofia de Santo Tomás de Aquino. Trad. Juvenal Savian Filho. São Paulo: WMF Martins Fontes, 2024). ISIDORO DE SEVILHA. *Etimologías*. Madri: Biblioteca de Autores Cristianos, 1982. 2 v. LAS CASAS, B. *Liberdade e justiça para os povos da América*: oito tratados impressos em Sevilha em 1552. São Paulo: Paulus, 2010. LOTTIN, O. *Principes de morale*. Lovaina: Mont César, 1946. 2 v. MACINTYRE, A. *Justiça de quem? Qual racionalidade?* São Paulo: Loyola, 1991. MARITAIN, J. *O homem e o Estado*. Rio de Janeiro: Agir, 1947. PAULO DE TARSO. Epístola aos Romanos. Trad. Calisto Vendrame. In: GORGULHO, G. S.; STORNIOLO, I.; ANDERSON, A. F. (orgs.). *Bíblia de Jerusalém*. São Paulo: Paulus, 2002. PIEPER, J. *Virtudes fundamentais*. Lisboa: Aster, 1960. PLATÃO. *Górgias*. Trad. Manuel de Oliveira Pulquério. Lisboa: Edições 70, 2011. _____. *A República*. Trad. Anna Lia Amaral de Almeida Prado. São Paulo: Martins Fontes, 2014. SERTILLANGES, A-D. *La philosophie morale de Saint Thomas d'Aquin*. Paris: Félix Alcan, 1922. SOTO, D. *De la justicia y del Derecho en diez libros*. Trad. Marcelino González Ordóñez. Madri: Fundación Ignacio Larramendi, 2012. SUÁREZ, F. *Tratado de las leyes y de Dios legislador*. Madri: Instituto de Estudios Políticos, 1967-1968. 6 v.

PEDRO MONTICELLI

# L

**LEI → *Ver* Direito; Justiça; Moral**

**LEITURA → *Ver* Bíblia; Pregação**

## LIBERDADE

**Definição geral.** A liberdade (L.) ocupa um lugar privilegiado no pensamento ético e metafísico de Santo Tomás de Aquino. O Ꝑser humano como imagem de ꝐDeus (na posse da inteligência e da vontade) é capaz de escolher e realizar a sua vida, da qual a completude final para o cristão não é outra coisa senão a visão de Deus, seu criador e recriador. O princípio pelo qual "todo Ꝑser age em vista de um fim" será indispensável para se pensar o operar humano, na medida em que o ser humano age em vista de um Ꝑfim, de um bem que o transcende. A Ꝑvontade (*voluntas*) tem um papel de destaque na reflexão de Tomás de Aquino sobre a L., pois, como princípio de nossas escolhas, ela definirá o livre-arbítrio, pensado como uma potência ou capacidade para agir. A vontade guarda a dupla função de optar pelo fim ou pelos meios que a ele conduzem, sendo, pois, escolha livre, não necessária e isenta de qualquer coação. O livre-arbítrio tem um dinamismo próprio, inscrito na inteligência e na inclinação da vontade, voltada naturalmente para o bem tomado universalmente em contraste com os bens concretos que se apresentam para a escolha voluntária. Tomás reconhece que a L. implica uma dupla dimensão para o ser humano: por um lado, pensada como escolha de bens particulares, sendo entendida como *livre-arbítrio*, e, por outro, visualizada quanto ao seu progresso e crescimento, como capacidade de realizar-se plenamente em direção ao ser transcendente. Esse duplo aspecto mostra que o ser humano é dotado de livre-arbítrio precisamente para conquistar a plena L. A criatura feita à imagem e semelhança de Deus é chamada a realizar-se pela L. e pelo Ꝑamor. Nesse sentido, a L. cristã será pensada a partir de um itinerário percorrido pelo ser humano que o leva a Deus, um drama inscrito na livre decisão que se abre ou deve se abrir ao acolhimento do dom divino, expressão de um amor que vem ao encontro do ser humano. O ser humano é criatura de Deus e um dos polos de uma Ꝑrelação da qual o outro termo é Deus. Para o teólogo Tomás de Aquino, a imagem paulina da criatura nova, o ser humano novo, determinado pelo espírito e não pela carne, comunica o sentido da L. e da existência humana. A relação com o princípio transcendente funda a autonomia da criatura.

**Fontes.** Para elaborar o seu pensamento sobre a L., Tomás se vale das fontes escriturísticas, da mensagem paulina, dos ꝐPadres da Igreja (que conhece ao comentar as *Sentenças* de Pedro Lombardo, como bacharel e depois mestre em ꝐTeologia) e também dos escritos filosóficos da tradição greco-árabe, que, ao longo dos séculos XII e XIII, propiciaram uma nova concepção de mundo e ser humano aos latinos. A preocupação com assuntos éticos esteve presente para Tomás desde os primeiros anos de sua vida universitária, ainda no centro geral de estudos de Colônia (1248-1252), onde, sob a orientação de Alberto Magno, a *Ética nicomaqueia* foi objeto de estudo e reflexão. Tomás comentou esse texto de Aristóteles muito provavelmente no momento em que redigia a segunda parte da *Suma de teologia* (cf. PORRO, 2014, p. 263), certamente interessado nos conceitos de *proairesis* (escolha deliberada) e de *areté* (excelência), ambos de grande importância para a reflexão sobre a Ꝑmoral e a L. Todo o debate da escolástica medieval latina sobre a Ꝑnatureza e a constituição do livre-arbítrio (século XII e parte do XIV) – da conjugação de uma Ꝑrazão (*arbitrium*) que orienta a escolha (*electio*) da vontade e do fato de tal escolha ser livre (*liberum*) – parte do quadro conceitual estabelecido por Pedro Lombardo em suas *Sentenças*, obra que se tornou um manual de formação teológica na universidade medieval. O mestre lombardo havia compreendido a natureza do livre-arbítrio na sua constituição conjunta de razão e vontade: "O livre-arbítrio é uma faculdade da razão e da vontade [...] e se diz livre, quanto à vontade, que pode orientar-se para qualquer das duas alternativas, e arbítrio, quanto à razão" (*Comentário aos Livros das Sentenças de Pedro Lombardo* II, dist. 24, cap. 3). Tal definição reconhece para a L. o papel inequívoco da vontade, pois, na medida em que é livre, pode orientar-se voluntariamente para aquilo que se lhe apresenta como bom ou mau. O componente racional "consiste nessa capacidade de julgar" (PORRO, 2014, p. 183). Nessa mesma distinção 24, Pedro Lombardo passa em revista a definição dos *teólogos* e dos *filósofos* dentro da tradição cristã, fazendo ressaltar uma grande variedade de definições e nuances, que serão absorvidas e reformuladas por Tomás de Aquino já no quadro de uma teoria do agir ético. Quanto aos *teólogos*, ele lista Anselmo de Cantuária e Bernardo de Claraval, cuja inspiração vem de Agostinho, para quem o peso do livre-arbítrio recai sobre a noção de vontade, definindo-nos como seres morais ao determinar nossas ações e afetos, de forma que nada está no poder da vontade senão aquilo que lhe pertence. Anselmo de Cantuária, citado mais de vinte vezes nas *Questões disputadas sobre a verdade*, define a L. de escolha (*libertas arbitrium*) como o "poder de conservar a retidão da vontade por causa de si mesma" (*A liberdade de arbítrio*, 3), isto é, a necessidade de conservar a adesão da vontade àquilo que ela deve querer, de identificar o seu querer com o querer de Deus, distinto do livre-arbítrio, ao qual compete a escolha entre alternativas. Ainda que a definição de L. aplique-se a Deus e às criaturas, ela não se atribui igualmente a ambos, pois, segundo Anselmo, uma é a L. de Deus, proveniente dele mesmo, e outra, a L. recebida pelas criaturas. São Bernardo, por sua vez, considera o livre-arbítrio conjuntamente com a Ⓟgraça para ressaltar a

noção de Ⓟsalvação humana, na medida em que o ser humano coopera livremente com a graça de Deus, fazendo do livre-arbítrio o consenso voluntário daquele que o recebe: "o consentimento voluntário é uma disposição (*habitus*) do espírito, livre em relação a si mesmo. Nada o constrange ou o coage. Ele pertence à vontade e não à necessidade" (*Livro sobre a graça e o livre-arbítrio* I, 2). Como Anselmo, Bernardo falará da divisão da L., a qual marcará a discussão posterior na Idade Média: L. do Ⓟpecado, da infelicidade e da Ⓟnecessidade. A primeira é conhecida como L. da graça (*libertas gratiae*), que depende da obra redentora de ⓅJesus Cristo; a segunda, como L. da glória (*libertas gloriae*) ou da pátria celeste, da qual gozam os eleitos diante de Deus; e a última é a L. da natureza (*libertas naturae*), tanto divina como humana, que consiste justamente no livre-arbítrio, isto é, na capacidade de distinguir e avaliar o bem e o Ⓟmal. Quanto aos *filósofos*, Pedro Abelardo relembra a definição de Boécio, na qual o arbítrio é considerado como um juízo sobre a vontade, fazendo da razão a nossa capacidade de julgar e examinar aquilo que pertence ao domínio de nossas ações. Todas as vezes que somos levados pela imaginação ou pelos sentimentos a responder prontamente ao seu chamado, dirá Boécio, cabe à razão avaliar e julgar o melhor a fazer: "por essa razão o livre-arbítrio não está na vontade, mas no juízo da vontade" (BOÉCIO, *Comentário ao Perì Hermeneías,* Prólogo, 3 – PL 64, cols. 492-493). Abelardo concorda com a posição de Boécio ao afirmar que "quando os filósofos definiram o livre-arbítrio, chamaram-no de um livre juízo da vontade" (ABELARDO, *Teologia* III, 87), entendendo *arbitrium* como a deliberação ou o juízo da Ⓟalma com o qual o agente escolhe, dentre alternativas, a posição a tomar; tal juízo é livre quando não é coagido por nenhuma necessidade natural a realizar o que se propõe, conservando o poder de fazê-lo ou não. O ponto distintivo está na afirmação de Abelardo de que tal definição não se aplica inteiramente a Deus, mas apenas àqueles que podem mudar a sua vontade para coisas contrárias (cf. *ibidem*, IV, 88). Deus, os Ⓟanjos confirmados e os eleitos possuem o livre-arbítrio na medida em que sua escolha coincide com a noção de fazer o bem pelo próprio bem.

**Liberdade na *Suma de teologia*.** A discussão acerca da L. humana aparece em quatro textos principais da obra de Tomás: no *Comentário aos Livros das Sentenças de Pedro Lombardo* (dist. 24, q. 1, a. 2); nas *Questões disputadas sobre a verdade* (q. 24); nas *Questões disputadas sobre o mal* (q. 6); e na *Suma de teologia* (I, q. 83, e I\u00aaII\u00aae, q. 13), da qual a Primeira Parte foi redigida em Roma entre 1265-1268 e a Segunda Parte em Paris, entre 1271-1272. A exposição definitiva sobre o assunto ocorre nesta última obra (I), na questão 83, intitulada *Sobre o livre-arbítrio* (*De libero arbitrio*), a partir de uma reflexão de caráter antropológico e já numa orientação ética primordial; seu complemento se dá na *Suma* (IaIIae), principalmente na questão 13, intitulada *Sobre a escolha* (*de electione*), já no âmbito da ação propriamente dita, na qual a vontade é considerada como o desejo racional do bem, própria do exercício da L. que se efetiva entre a razão e a inclinação do desejo diante de bens concretos. O princípio exterior, da parte de Deus, que esclarece o ser humano sobre o que ele deve querer e fazer, bem como o ajuda a querer o bem, é o "auxílio da graça" (*Suma de teologia* I\u00aaII\u00aae, q. 109). A questão 83 pertence ao grupo de questões que estudam a criatura racional dotada de alma e corpo (cf. *Suma de teologia* I, q. 75-89), sobretudo em sua constituição de entendimento e vontade. O ser humano será considerado segundo sua *natureza*. Ao estudá-lo, Tomás oferece-nos um verdadeiro *tratado da alma humana*, com a finalidade de dimensionar a grandeza do ser humano e de situá-lo no universo das criaturas espirituais. A questão 83 apresenta quatro artigos que investigam se o ser humano tem livre-arbítrio (a. 1) e se este é uma potência distinta da inteligência e da vontade (a. 2-4). Os argumentos contrários à L. humana são variados e dos mais diferentes matizes, sendo que nessa mesma questão são listados em número de cinco, consistindo em vinte nas *Questões disputadas sobre a verdade* e

vinte e quatro nas *Questões disputadas sobre o mal*. Encontramos desde argumentos de origem bíblica, presentes entre as autoridades dos teólogos, que afirmam a preponderância da presciência, da predestinação e da graça divinas em relação ao livre-arbítrio humano, até argumentos propriamente filosóficos, reconhecendo certo necessitarismo da razão e da vontade no domínio do ato humano, como aqueles que apontam para o condicionamento do ser humano na ordem social ou política. Esses argumentos contrários presentes na questão 83 são assim indicados: 1) o ser humano é impotente para fazer o bem que deseja (cf. Rm 7,19); 2) uma vez admitida a predestinação divina, o querer não pertence propriamente ao ser humano; 3) é Deus que opera no ser humano o querer e o fazer; 4) o ser humano não é senhor de suas ações: "não pertence ao ser humano o seu caminho, nem é dado ao ser humano que caminha dirigir os seus passos" (Jr 10,23); 5) diante dos costumes, estabelecidos por certo *éthos* ou "cultura", somos levados a pensar que agimos necessariamente. A tarefa de Tomás ao falar sobre a L. humana (diga-se de passagem, tarefa nada pequena diante da extensão das discussões já travadas pela filosofia anterior) era direcionada em grande parte a confirmar a sua existência e a rebater os argumentos daqueles que, fatalistas ou deterministas, ou mesmo céticos, refutavam com veemência a presença da L. Negar a L. é algo que vai de encontro à revelação divina e um erro em oposição à razão. Nas *Questões disputadas sobre o mal* (q. 6), Tomás afirma que a defesa da ação necessária, proclamada pelos deterministas e fatalistas, rompe com a racionalidade do ato moral, é contrária à fé e subverte a filosofia moral, ideia essa presente no pensamento de alguns filósofos (*philosophi*) defensores de tais posições condenáveis (*opniones haereticae*), bem como expressam doutrinas contrárias à Filosofia (*extraneas philosophiae opiniones*). Tomás de Aquino apontará um caminho seguro para o reconhecimento da L. A construção afirmativa do livre-arbítrio tem seu lugar no artigo primeiro da questão 83, a partir do argumento em sentido contrário, extraído do Antigo Testamento: "Segundo o Eclesiastes 'Deus criou o ser humano no começo e o deixou na mão de seu conselho', isto é, de seu livre-arbítrio, diz a Glosa" (*Suma de teologia* I, q. 83, a. 1, *sed contra*). Essa referência ao livre-arbítrio parece apontar para a capacidade (interior) que o ser humano possui de tomar decisões, o que corresponderia ao domínio de suas próprias ações. De um modo mais direto, Tomás de Aquino é levado a reconhecer a existência do livre-arbítrio a partir da afirmação da vida moral, pois sem ele "os conselhos, as exortações, os preceitos, as proibições, as recompensas e os castigos seriam vãos" (*ibidem*, a. 1, Resp.). A L. se apresenta, portanto, como parte essencial da moralidade. Isso pode ser comprovado na consideração do ato livre, pelo modo de ação que corresponde ao ser humano, o que se torna mais claro quando comparado às outras criaturas. Há seres que agem sem julgamento (seres inanimados); outros que agem com julgamento, mas não são livres (animais). Deve-se admitir que os animais possuem, cada um segundo sua constituição natural, uma espécie de "conhecimento" que funciona tal como um julgamento; por exemplo, a ovelha que foge ao avistar o lobo. Por fim, há a criatura humana que age segundo um julgamento, pelo qual procura ou evita aquilo que deve. Esse julgamento (livre) pertence à capacidade cognoscitiva, cabendo à razão (em seu uso prático) o exercício próprio da comparação (*collatio*) entre as diversas possibilidades que se apresentam. Não se trata de um julgamento da esfera especulativa, mas da decisão prática, que não é outra coisa senão o juízo que orienta a escolha (*iudicium electionis*). A operação da razão se abre para a esfera do que é contingente, de modo que ela se apresenta diante do que é diverso (*se habet ad diversa*) e não é determinada a uma só ℘coisa (*ad unum*). Deve-se notar que, para Tomás, a ação humana é aquela (1) em que o ser humano tem o domínio de sua ação, pela conjugação (e não pela composição) de razão e vontade, e (2) que procede de uma vontade deliberada, o que permite ao mestre dominicano dizer que o li-

vre-arbítrio é a faculdade da vontade e da razão (cf. *Suma de teologia* I$^a$II$^{ae}$, q. 1, a. 1). Ademais, os atos humanos são reconhecidos como voluntários por terem o princípio de seu movimento em si mesmos (*in agente*) e em vista de um fim, o que pressupõe que esse fim seja conhecido. A despeito da ação humana livre, Tomás relembra, em diversas passagens de sua obra, mas especialmente nessa questão 83 (cf. *Suma de teologia* I, a. 1, argumento inicial 3), o adágio de Aristóteles, assim traduzido em seu latim: *liberum est quod causa sui est* (é livre o que é causa de si). A noção de *causa sui* – causa de si – é entendida no domínio amplo da L. e de seu dinamismo psicológico. Ser livre é ser ℘causa de seu próprio movimento, pois o ser humano livre se move a si mesmo para agir: fazemos livremente aquilo que fazemos por nós mesmos, isto é, voluntariamente. Trata-se de uma atividade que emana da vontade como sua própria causa, do próprio ser humano e não de algo exterior. O ato livre é reconhecido mediante a presença do julgamento, que como tal pertence à capacidade cognoscitiva do ser humano, em outras palavras, à sua razão. O livre-arbítrio é, portanto, uma potência (capacidade) da alma (cf. *ibidem*, q. 83, a. 2) e não um ℘hábito, pois, de conformidade com este, o ser humano seria inclinado naturalmente para certos objetos. Trata-se de uma potência desejante (*ibidem*, a. 3), cujo ato próprio é a escolha (*electio*). Tomás relembra a definição de *electio* ou escolha como "o desejo das coisas que estão em nosso poder", de acordo com as palavras de Aristóteles na *Ética nicomaqueia* (III, 5, 1113a, 9-12). É em dois momentos que a escolha será considerada: primeiro, e previamente à escolha, ocorre a deliberação (*consilium*), pela qual o ser humano pondera, compara e julga aquilo que de melhor pode ser estabelecido para determinada ação; segundo, há a possibilidade de aceitar ou rejeitar aquilo que é julgado. O primeiro momento diz respeito à faculdade cognitiva; o segundo, à capacidade desejante. Toda escolha recai sobre os meios pelos quais (sempre em poder do agente) se pode alcançar o fim desejado, como o médico que, para alcançar a saúde (fim da medicina), procura os melhores meios para obter a cura do paciente. Essa dupla constituição permite a Tomás relembrar outra passagem da *Ética* de Aristóteles, que faz da escolha "ou um ϱintelecto que deseja, ou um desejo que julga". O julgamento implicado no exercício do livre-arbítrio é pensado como a conclusão daquilo que é determinado pela razão, cabendo à vontade aceitar ou não tal determinação. Nesse sentido, a escolha recai, em sua determinação última, sobre a potência desejante. Deve-se ressaltar que o livre-arbítrio, para Tomás, apresenta o concurso (inter-relacionado) de razão e vontade, mas como a escolha dirige-se a um bem particular, ela deve ser entendida como um movimento desejante. O livre-arbítrio pertence à vontade. A vontade move a inteligência, e a inteligência guia a vontade. O ato do livre-arbítrio é essencialmente um ato da vontade que quer e não da razão que julga.

**Inteligência e vontade.** Ao considerar a escolha como o constituinte fundamental do ato humano, a questão 13 da Primeira Parte da Parte Segunda da *Suma de teologia* demarca com precisão o papel desempenhado pela razão e pela vontade: a razão precede a vontade e ordena o ato; a vontade tende para um fim que é indicado pela razão (cf. *Suma de teologia* I³II^ae, q. 13, a. 1). Valendo-se da analogia da relação entre matéria e forma, Tomás afirma que o ato humano livre pertence materialmente à vontade e formalmente à razão. Uma dupla constituição que, uma vez mais, faz Tomás relembrar Aristóteles, para quem na escolha há a presença de uma inteligência desejante e de um desejo inteligente. Assim, a escolha – entendida como a preferência de uma coisa em relação a outro – não pode ser a manifestação de qualquer desejo, mas daquele que possui certo discernimento. Os animais irracionais não escolhem, pois são determinados "só para uma coisa" (*ad unum*), o que se explica pelo desejo sensitivo, por meio do qual esses seres são determinados segundo a sua ordem natural, muito distinta da vontade humana. O ser humano pode manter-se independente em relação às coisas externas, pois fixa para si mesmo sua própria orientação, na medida em que conhece seu fim e os meios para alcançá-lo. A vontade humana, diz Tomás de Aquino, tende de modo determinado ao bem universal – entendido como a ϱfelicidade (todo ser humano deseja ser feliz), do mesmo modo que a inteligência adere aos primeiros princípios –, mas permanece indeterminada em relação aos bens particulares (cf. *Suma de teologia* I³II^ae, q. 13, a. 2). A vontade, definida como uma tendência para algo, é colocada em presença de um ϱobjeto oferecido pela inteligência, que determinará a especificação de seu ato, cabendo à vontade a determinação na dimensão de seu exercício, aceitando ou recusando o que lhe é proposto. Temos aqui a conhecida distinção entre L. de especificação e L. de exercício. O ato da escolha é livre, seja quanto à L. de especificação, seja quanto à L. de exercício e, em ambas, trata-se de uma livre decisão (cf. KLUXEN, 2005, p. 298). O ser humano possui a L. de forma inalienável, de modo que pode decidir sobre o que deve ou não fazer, sobre o que deve aceitar ou rejeitar. Assim, a ação humana não é necessária, mas livre: *libertas a coactione,* liberdade de toda coerção. Essa afirmação defende a moralidade de nossas ações, naquilo que há de mais intrínseco em sua constituição: a possibilidade de serem louvadas ou censuradas. O ser humano é livre por seu *arbitrium* ou arbítrio, diz Tomás, e por livre-arbítrio deve ser entendida a capacidade do julgamento racional; o livre-arbítrio é, portanto, um livre julgamento racional. Em outras palavras, podemos dizer que a vontade é livre na sua escolha se o julgamento prático (*iudicium electionis*) for livre. No entanto, trata-se essencialmente de um ato da vontade quando, mediante a deliberação, é escolhido aquilo que for mais conveniente. A natureza racional tem em si mesma o princípio de seu movimento: ela é causa do movimento, ainda que não seja a causa primeira. Em nenhum momento isso representa uma violência ou coação à vontade, pois de Deus procede todo movimento, quer da vontade, quer da Natureza, "como um primeiro motor" (*Suma de teologia* I³II^ae, q. 6, a. 1). Uma passagem da questão 83 é ilustrativa: "Deus é causa primeira, movendo as causas naturais e as causas voluntárias. Assim como, ao mover as coisas naturais, ele não impede que seus atos sejam naturais, ao mover as causas voluntárias não impede que seus atos sejam voluntários. Pelo contrário, é isso que ele faz neles, pois Deus opera em cada um segundo a natureza que lhe é própria" (*Suma de teologia* I, q. 83, a. 1, ad 3m). O dinamismo da vontade provém dessa influência causal divina, "que se adapta às estruturas das faculdades criadas" (ELDERS, 2011, p. 35), de modo que esse movimento da vontade emana dela própria. O "primeiro motor", longe de representar qualquer violência exterior, a qual minimizaria ou anularia a L. da vontade, permite que ela exerça aquilo que lhe é próprio: o agir livre. A ação efetiva e transcendente de Deus exercida sobre o livre-arbítrio do ser humano é, portanto, "um influxo íntimo e eficaz de Deus" (JOSAPHAT, 2012, p. 350).

**Liberdade e graça.** O livre-arbítrio pode diminuir-se diante de uma escolha má por omissão, negligência ou descuido do bem, de modo que o poder pecar acarreta um apequenamento no ser humano, incapacitando-o de realizar o "bem que ele quer" (Rm 7,15). Se é possível escolher por nós mesmos, ao fazer valer o livre-arbítrio de modo que a vontade se porte de maneira indiferente ante os bens que lhe são apresentados, a qualidade dessas mesmas ações não pode ser garantida; desse modo, falar da grandeza da L. é, paradoxalmente, considerar o risco do fracasso. A natureza humana só pode querer e fazer o bem com o auxílio da graça, uma vez que, após o pecado, há certo impedimento para a realização do bem pela corrupção da natureza: "portanto, deve-se dizer que o ser humano é senhor de seus atos, tanto do querer como do não querer, porque sua razão delibera e pode inclinar-se a uma ou outra parte. Mas se ele é senhor de deliberar ou não deliberar, isso se deve a uma deliberação precedente. E, como não se pode ir ao infinito, é preciso no fim reconhecer que o livre-arbítrio humano é movido por algum princípio exterior, acima da mente

humana, isto é, Deus, como o próprio filósofo o demonstra. Portanto, a mente humana, mesmo sã, não possui um tal domínio de seus atos que não necessite ser movida por Deus. Com maior razão, o livre-arbítrio enfermo, depois do pecado, está impedido de fazer o bem pela corrupção do pecado" (*Suma de teologia* I$^a$II$^{ae}$, q. 109, a. 1, ad 1m). Trata-se de pensar o acordo da interioridade da ação humana (na sua dinâmica entre inteligência e vontade) com a exterioridade da ação divina, criadora e governante, sem a qual a primeira seria impotente para alcançar o bem após o pecado (cf. CORBIN, 1992, p. 41); acordo no qual os dons da graça são acrescentados à natureza, de tal modo que a tornam mais perfeita. O estado doloroso e de incompletude no qual a criatura é lançada tem na graça o seu remédio (cf. TORRELL, 2008, p. 121). A doutrina da graça em Tomás de Aquino, à luz da mensagem paulina (cf. Gl 4,6 e Rm 8,15-16), é ligada ao tema do espírito como princípio de filiação divina do ser humano. A "libertação vinda do espírito" torna eficiente o conhecimento do bem, e naquilo que diz respeito ao livre-arbítrio, torna-o eficiente para o bem. A plena realização do livre-arbítrio é conquista da própria perfeição espiritual, fundamentada no amor a Deus. Aqueles que agem pelo espírito de Deus são verdadeira e perfeitamente livres: "onde está o espírito do Senhor, aí está a liberdade" (2Cor 3,17). A *Suma contra os gentios* sintetiza essa ideia: "E, como é livre aquele que é causa de si mesmo, fazemos livremente aquilo que fazemos por nós mesmos, a saber: o que fazemos voluntariamente. Mas o que fazemos contra a vontade, isso fazemos servilmente; [...] Mas o Espírito Santo, ao nos constituir amigos de Deus, de tal modo nos inclina a agir que nos faz agir voluntariamente. Portanto, os filhos de Deus são induzidos a agir pelo Espírito Santo livremente por amor, não servilmente pelo temor" (IV, 22). Essa passagem retoma a noção de *causa sui*, causa de si, e a coloca num contexto teológico, mais propriamente evangélico, no qual a ação íntima de Deus aparece como a causa da L., distante de

# LITURGIA

toda coação ou imposição. Pode-se falar de uma libertação vinda do espírito que torna eficaz o conhecimento e a prática do bem. Aquilo que é pensado como fruto de uma relação social ou econômica, como na referência do texto de Aristóteles (cf. *Metafísica* II, 982b), no qual o escravo vive e trabalha para o outro, é aqui considerado em direção da mensagem paulina (Rm 6,20-23): como escravo, o ser humano era livre da justiça e, como escravo da justiça, ele é livre do pecado. Essa compreensão teológica da L. faz da vontade da criatura, eficaz pelo amor, idêntica à vontade de Deus. Essa identidade, para Tomás, entre o querer humano, sob a ação do espírito, e o querer divino pode ser resumida na definição de Anselmo de Cantuária a respeito da vontade justa da criatura: "aquela que quer o que Deus quer que ela queira" (*A liberdade de arbítrio*, 8), uma duplicação do querer da criatura que reconhece a Deus.

**Bibliografia:** ABELARDO. *Theologia scholarium*. Paris: Patrologia Migne (Série latina, v. 178). ANSELMO DE CANTUÁRIA. *Diálogos filosóficos*: a verdade, a liberdade de escolha e a queda do diabo. Trad. Paula Oliveira e Silva. Porto: Afrontamento, 2012. ARISTÓTELES. *Ethica Nicomachea* I 13-III 8: Tratado da virtude moral. Trad. Marco Zingano. São Paulo: Odysseus, 2008. BERNARDO DE CLARAVAL. *La grace et le libre arbitre*. Trad. Francoise Callerot [et al.]. Paris: Éditions du Cerf, 2010. BOÉCIO. *Super Libri Perihermeneias*. Paris: Patrologia Migne (Série latina, v. 64). CORBIN, M. *Du libre arbitre selon S. Thomas D'Aquin*. Paris: Institut Catholique de Paris, 1992. ELDERS, L. *La vie morale selon Thomas d'Aquin*: une éthique des vertus. Paris: Éditions Parole et Silence, 2011. JOSAPHAT, C. *Paradigma teológico de Tomás de Aquino*. São Paulo: Paulus, 2012. KLUXEN, W. *L'etica filosofica di Tommaso d'Aquino*. Trad. Carmelo Figna. Milão: Vita e Pensiero, 2005. PEDRO LOMBARDO. *Les quatres livres des sentences*. Trad. Marc Ozilou. Paris: Éditions du Cerf, 2012. PORRO, P. *Tomás de Aquino*: um perfil histórico-filosófico. São Paulo: Loyola, 2014. _____. Trasformazioni medievali della libertà/I. Alla ricerca di una definizione del libero arbitrio. In: DE CARO, M. [et al.]. *Libero arbitrio*: storia di una controversia filosofica. Roma: Carocci, 2014. TORRELL, J.-P. Nature et grâce chez Thomas d'Aquin. In: _____. *Nouvelles recherches thomasiennes*. Paris: Vrin, 2008, p. 99-130.

PAULO MARTINES

## LITURGIA

**Contexto litúrgico e citações da liturgia.** Embora Tomás de Aquino nunca use a palavra *liturgia* (L.) – os escritores latinos da Idade Média geralmente falavam em *divinum officium* (ofício divino) ou *ecclesiasticum officium* (ofício eclesiástico) – a L. da Igreja permeou sua vida e seus escritos. Como frade e sacerdote dominicano, Tomás tinha a obrigação e o privilégio de recitar as horas canônicas do Ofício Divino e celebrar a Eucaristia de acordo com o rito da Ordem dos Pregadores padronizado em meados do século XIII. Longe de ser uma mera obrigação, a L. era uma fonte fecunda para a meditação de Tomás de Aquino sobre a fé cristã. Como Yves Congar apontou, Aquino *amava* recitar certos textos litúrgicos (particularmente aqueles relacionados à misericórdia divina) e buscar apoio para a doutrina cristã nas práticas litúrgicas da Igreja (cf. CONGAR, 1948, 1962). Tomás vale-se da L. da Igreja tanto em sentido geral como em modos altamente específicos. Como observou Liam Walsh, Tomás trata os ritos sacramentais da Igreja segundo o modo como encara a *auctoritas* (Autoridade) ou as *auctoristates* (autoridades), considerando o *usus* (uso) ou a *consuetudo Ecclesiae* (costume da Igreja) como guia seguro para a prática humana correta, pois a Igreja, guiada pelo Espírito Santo, não pode errar. Além desse sentido geral da L. da Igreja como tal, Tomás cita uma grande variedade de textos litúrgicos e, com frequência, faz referências a atos litúrgicos específicos. Por exemplo, Tomás faz muitas referências a duas coletas litúrgicas que falam que é "próprio de Deus ser misericordioso e perdoar" e que Deus mostra sua onipotência "em perdoar e ser misericordioso" (cf. *Comentário aos Livros das Sentenças de Pedro Lombardo* IV, dist. 46, q. 2, a. 1, qc. 3, argumento inicial 1; *ibidem*, dist. 46, q. 2, a. 2, qc. 1, *sed contra* 2; *Suma de teologia* I, q. 25, a. 3, argumento inicial 3; *Suma de teologia* I^aII^ae, q. 113, a. 9, *sed contra*; *Suma de teologia* II^aII^ae, q. 21, a. 2, Resp.; *ibidem*, q. 30, a. 4, Resp.). Ele cita essas orações numa variedade de contextos dentro da argumentação escolástica, em "argumentos contrários", "sed contras" e "respostas", fazendo uso desses diferentes contextos para trazer nuances dos textos litúrgicos e sua relevância para as questões às quais ele se dirige (cf. SMITH, 2018). O uso de orações litúrgicas da missa e do Ofício divino por Tomás (coletas, orações sobre as oferendas, orações pós-comunhão e bênçãos sobre o povo) ilustra a amplitude de contextos em que ele apela à L. Menciona ao menos vinte e três orações litúrgicas distintas retiradas de todo o ano litúrgico e das cerimônias da L. dominicana medieval. Essas referências ocorrem em escritos que abrangem a carreira acadêmica de Tomás, desde o começo de seu percurso, com o comentário sobre Jeremias (escrito antes de 1252), até o final, com o comentário aos Salmos e a Terceira Parte da *Suma de teologia*. Tomás refere-se a orações litúrgicas mais frequentemente na *Suma de teologia* (dezenove vezes) e no *Comentário aos Livros das Sentenças de Pedro Lombardo* (dezoito vezes), além de haver nove referências em seus comentários das Escrituras e duas referências em questões quodlibetais e disputadas. Dada a relativa frequência em seus escritos, é significativo que Tomás, aparentemente, nunca se refira a uma coleta litúrgica na *Suma contra os gentios*. Além de quinze lugares em que parece citar implicitamente uma ℘oração ou em que faz uso de uma descrição vaga como "diz-se que", Tomás faz trinta e três referências a orações especificamente como textos litúrgicos que são rezados pela Igreja, em contraste à preferência de outros autores medievais que associam os textos litúrgicos a São Gregório Magno. Isso sugere que ele enfatiza a natureza eclesial dos textos litúrgicos que representam a autoridade da Igreja, em vez da ℘autoridade de um santo particular (cf. SMITH, 2015). Tomás recorre à L. para abordar uma variedade de questões

teológicas. No caso das orações litúrgicas, recorre mais frequentemente a esses textos no contexto da discussão do ℘sacramento da Eucaristia (doze vezes), dos ℘atributos divinos da onipotência e da misericórdia (dez vezes) e da ℘escatologia (nove vezes). Além desses contextos, ele apresenta orações litúrgicas três vezes para discutir o ℘pecado e a oração, duas vezes para discutir a angelologia e a cristologia, e uma vez para discutir a ℘caridade, a ℘graça e a ℘alegria (para referências específicas, cf. SMITH, 2018, p. 786). As citações frequentes que faz da L. no contexto da discussão da ℘teologia sacramental revelam uma atenção cuidadosa ao gênero litúrgico e ao contexto do sacramento da Eucaristia. As citações de Tomás da L. no contexto da escatologia muitas vezes revelam um desejo de explicar o significado da frequente prática eclesial de orar pelos mortos, ao oferecer, assim, suas explicações tanto de caráter dogmático como litúrgico. O interesse especial de Tomás em usar as orações litúrgicas para falar sobre a misericórdia e a onipotência divinas sugere que permitiu à sua criatividade teológica ser formada pela L. por ele rezada todos os dias, expressando particularmente seus pensamentos sobre a misericórdia de Deus em um modo que fosse repleto pelo testemunho da L. Além de citar a L. em contextos litúrgicos e sacramentais, ele pode encontrar um testemunho frutífero da fé da Igreja em uma variedade de tópicos teológicos que vão (na terminologia contemporânea) da dogmática à teologia moral.

**Teologia da liturgia (virtude da religião e teologia sacramental).** Além de sua citação da L. em si, Tomás fornece um robusto quadro teológico para a compreensão da L., tanto em conexão com a ℘virtude da ℘religião como no contexto da teologia sacramental. Ele considera a virtude da religião uma parte potencial da ℘justiça: nunca se pode render a Deus tanto quanto lhe é devido e, ainda assim, por meio da adoração a Deus, oferecemos-lhe algo em vez de nada: "Prestamos honra e reverência a Deus, não por ele (porque ele é cheio de glória à qual nenhuma criatura pode acrescentar nada),

LITURGIA

mas por nós mesmos, porque, pelo próprio fato de reverenciarmos e honrarmos a Deus, nossa mente está sujeita a ele, consistindo nisso a sua perfeição" (*Suma de teologia* II$^a$II$^{ae}$, q. 81, a. 7, Resp.). Uma vez que, como seres humanos, experimentamos coisas fora de nós mesmos por meio de nossos sentidos, a adoração a Deus tem aspectos externos e internos. O amor interno a Deus é o ato mais elevado da religião e, entretanto, sua manifestação externa é essencial e auxilia o indivíduo a crescer em devoção interna. Para Tomás, o uso do corpo e da voz na adoração a Deus ajuda a despertar a devoção no coração do fiel e permite servir a Deus "com tudo o que ele tem de Deus, ou seja, não só com a mente, mas também com o corpo" (*ibidem*, q. 83, a. 12, Resp.). A L. como culto público externo responde à nossa necessidade de adorar a Deus não apenas como espíritos, mas como seres humanos encarnados que vivem em sociedade. Ao longo de sua discussão sobre os atos de religião (devoção, oração, adoração, sacrifícios, oblações, dízimos, votos e juramentos), Tomás frequentemente oferece princípios que nos ajudam a compreender a natureza do culto público. Por exemplo, oferece uma sólida sabedoria pastoral sobre o princípio de que a oração não deve ser tão longa a ponto de causar desânimo: "Do mesmo modo que devemos julgar assim em relação às orações particulares, considerando a atenção daquele que ora, o mesmo procede nas orações públicas, em que devemos julgar do mesmo modo, considerando a devoção do povo" (*ibidem*, q. 83, a. 14, Resp.). Em outro lugar, Tomás afirma que "foi apropriadamente instituído que o canto deve ser utilizado nos louvores divinos, para que as almas dos fracos possam ser mais estimuladas à devoção", embora ele faça uma importante distinção para os dominicanos, pois "é mais nobre levar os seres humanos à devoção por meio do ensino e da pregação do que por meio do canto" (*ibidem*, q. 91, a. 2, Resp. e ad 3m). Ele também oferece reflexões importantes sobre a L. no contexto dos sacramentos da Igreja. Baseando-se em Santo Agostinho e na tradição escolástica anterior, define o sacramento como um "sinal

de uma coisa sagrada à medida que santifica os seres humanos" (*Suma de teologia* III, q. 60, a. 2, Resp.). Por serem sinais, os sacramentos fazem uso de palavras externas, ações e coisas que são especificadas por Jesus Cristo e sua Igreja. Tomás reconhece que a Igreja permite certa diversidade na prática sacramental (cf. SMITH, 2015a): "Nas formas sacramentais, certas palavras são inseridas por alguns, mas não são inseridas por outros; assim, os latinos batizam sob a forma 'Eu te batizo em nome do Pai e do Filho e do Espírito Santo', enquanto os gregos usam a forma 'O servo de Cristo, N., é batizado no nome do Pai' etc. No entanto, ambos conferem validamente o sacramento" (*Suma de teologia* III, q. 60, a. 8, *sed contra*). O entendimento de Tomás dos sacramentos ressalta a importância de sua matéria e forma (ou seja, palavras externas, ações e coisas), mas também reconhece a importância de seu contexto litúrgico mais amplo. Além de seu tratamento da matéria e forma da Eucaristia, por exemplo, Tomás oferece uma longa explicação das outras palavras e dos atos realizados na celebração eucarística, desde a entrada do sacerdote até a despedida do povo (cf. *ibidem*, q. 83, a. 4 e 5). Para Tomás, a solenidade com que se celebra a L. ajuda o fiel a entrar nos mistérios divinos com maior devoção: "todo o mistério da nossa salvação está compreendido neste sacramento [a Eucaristia]; por isso é realizado com maior solenidade que os outros sacramentos" (*ibidem*, q. 83, a. 4, Resp.).

**Composições litúrgicas.** Assim como foi formado pela L. da Igreja, Tomás foi chamado a contribuir para o seu desenvolvimento. Quando criança no mosteiro beneditino de Monte Cassino e posteriormente como estudante na Universidade de Nápoles, pode ter sido introduzido aos princípios da composição poética ao longo de sua educação (cf. MURRAY, 2013, p. 160-162). Como um jovem dominicano em Paris, ele viveu em um contexto de criatividade litúrgica, à medida que os frades desenvolviam sua própria tradição litúrgica, que incluía várias sequências recém-compostas para a missa. Posteriormente, durante sua residência em Orvietto, no início da década de 1260, Tomás foi convidado por Urbano IV para compor textos para a missa e o ofício da Festa de Corpus Christi (Corpo de Cristo). Ele parece ter produzido duas versões: primeiro, uma provisória e intitulada *Sapientia edificavit* [A sabedoria edificou] e, depois, uma versão revisada intitulada *Sacerdos in eternum* [Sacerdote para sempre], que foi a base para a celebração da festa até o final do século XX (cf. WALTERS, 2006, p. 33-36). As composições de Tomás para a festa incluem a antífona *O sacrum convivium* (Oh, sagrado convívio!), a sequência *Lauda Sion* [Louva, Sion] e o hino *Pange Lingua* [Aclama, oh, minha língua], que contém seus versos finais começando com *Tantum ergo sacramentum* [Tão grande sacramento]. Em muitos casos, Tomás recorreu a cantos anteriores, mantendo as melodias e métricas, mas compondo novas letras que celebram e explicam os mistérios da Eucaristia. Além dos textos poéticos, compôs textos em prosa para a leitura das Matinas que fornecem uma exposição escolástica da teologia eucarística. Na L. contemporânea, certos textos de Aquino ainda são usados para a Festa de Corpus Christi, bem como seus hinos e orações também são utilizados na bênção do Santíssimo Sacramento. Além de suas composições litúrgicas, Tomás compôs orações devocionais profundamente marcadas pelo vocabulário litúrgico, como o *Adoro te devote* [Adoro-te devotamente] e o *Concede mihi* [Concede-me], oração para a sábia ordenação da vida), orações essas que permanecem populares na devoção pública e privada (cf. MURRAY, 2013, p. 31-79; p. 239-259).

**Influência.** As perspectivas de Tomás de Aquino sobre a L. tiveram uma profunda influência nos desenvolvimentos teológicos e litúrgicos subsequentes. Além da influência incalculável sobre os pensadores de seu tempo e posteriores, ele foi amplamente utilizado nos textos magisteriais ulteriores. Por exemplo, seu breve tratado *Sobre os artigos de fé e os sacramentos da Igreja* serviu de base para o Decreto para os Armênios sobre os sete sacramentos emitido no Concílio de Florença em 1439 (cf. DENZINGER; HÜNERMANN, 2012, §1310-27). Em razão da crescente influência de Tomás de Aquino a partir do início do período moderno, seus ensinamentos tiveram uma profunda influência na articulação da teologia sacramental e litúrgica no Concílio de Trento (cf. WALZ, 1961), no Catecismo Romano, no Concílio Vaticano II (cf. SMITH, 2015b) e no Catecismo da Igreja Católica.

**Bibliografia:** CONGAR, Y. Faits, problèmes et réflexions à propos du pouvoir d'ordre et des rapports entre le presbytérat et l'épiscopat. *La Maison-Dieu*, 14, p. 107-28, 1948. _____. La miséricorde, attribut souverain de Dieu. In: _____. *Les voies du Dieu vivant*: théologie et vie spirituelle. Paris: Éditions du Cerf, 1962, p. 61-74. DENZINGER, H.; HÜNERMANN, P. [et al.]. *Enchiridion Symbolorum Definitionum et Declarationum de Rebus Fidei et Morum*. Forty-Third Edition [Latin-English]. São Francisco: Ignatius Press, 2012. MURRAY, P. *Aquinas at Prayer*: the Bible, Mysticism and Poetry. Londres: Bloomsbury, 2013. ROSIER CATACH, I. *La parole eficace*: signe, rituel, sacré. Paris: Seuil, 2004. SMITH, I. *In Collecta Dicitur*: the Oration as a Theological Authority for Thomas Aquinas. S.T.L. Thesis. Pontifical Faculty of the Immaculate Conception, 2015. _____. Liturgical Irenicism and the Unity of the Church. *New Blackfriars*, 96, p. 3-11, 2015a. _____. Vagaggini and Congar on the Liturgy and Theology. *Questions Liturgiques*, 96, p. 191-221, 2015b. _____. Liturgical Prayer and the Theology of Mercy in Thomas Aquinas and Pope Francis. *Theological Studies*, 79, p. 782-800, 2018. WALSH, L. Liturgy in the Theology of St. Thomas. *The Thomist*, 38, p. 557-83, 1974. WALTERS, B.; CORRIGAN, V.; RICKETTS, P. *The Feast of Corpus Christi*. University Park/Pensilvânia: Penn State University Press, 2006. WALZ, A. *I Domenicani al Concilio di Trento*. Roma: Herder, 1961.

INNOCENT SMITH, OP
TRADUÇÃO DE JOSÉ EDUARDO LEVY JUNIOR

## LIVRE-ARBÍTRIO → *Ver* Liberdade

# M

## MAGISTÉRIO

**Etimologia e termos conexos.** O termo magistério (M.) não é de uso frequente na Antiguidade clássica latina; ao contrário, no latim cristão, indica a atividade de quem ensina, múnus presente na ＄Igreja desde os seus primórdios, às vezes ligado aos ＄carismas, às vezes à ＄autoridade reconhecida na Igreja. A tradução latina do versículo de Mateus 23,10 verte *didáskalos* em *magister*: "Um só é o vosso mestre, o Cristo" (*Magister vester unus est Cristo*). É desse *magistério* de ＄Jesus Cristo que o termo ganha novos sentidos no latim cristão: "*Magisterium* tem inicialmente o sentido de posição e de autoridade de quem é chefe. E guardou por muito tempo esse sentido. Aplicado ao Cristo, aos pastores da Igreja, *magisterium* designa o 'poder' que lhes foi conferido para que sejam ministros da ＄salvação" (CONGAR, 1976, p. 87). Etimologicamente, *magisterium* deriva do advérbio *magis* (mais), indicando quem detém um ＄conhecimento superior. Efetivamente, a atividade magisterial consiste na forma mais alta de ensino, de modo que o grau mais alto do M. é aquele que tem a mais alta ciência, consistindo também em um ministério, ou seja, no ＄poder de ensino que pertence de direito à hierarquia (＄Carisma). Ora, não somente a ＄teologia é a ciência mais alta, mas a própria ＄revelação é o conhecimento mais alto que a humanidade pode atingir. Dado, contudo, que a revelação divina é o ensinamento do próprio ＄Deus, quem recebeu de Deus o mandato para a guardar e entregar (tradição) aos outros é quem tem o maior M. Nesse sentido, Tomás entende por M. aquela autoridade de pensamento que regula a investigação teológica. Por outro lado, na medida em que o M. pertence à atividade própria do ＄sacramento da Ordem, ele se associa ao conceito de ＄hierarquia. No *Comentário aos Livros das Sentenças de Pedro Lombardo* II, dist. 9, q. 1, a. 1, Tomás oferece-nos sua própria etimologia do termo de origem grega: "Hierarquia equivale a uma espécie de principado sagrado <*sacer principatus*>, como indicam os termos *hierón*, isto é, sagrado, e *archón*, isto é, princípio".

**Origem e natureza.** Tomás distingue, nas *Questões quodlibetais* III, q. IV, a. 1, dois tipos básicos de M., a cátedra magisterial e a cátedra pontifical (M. eclesiástico); essa distinção se fundamenta em três argumentos: (i) à cátedra magisterial é concedida a liberdade de ensino a quem já tem o conhecimento eminente (*eminentia scientiae*), de modo que nada se lhe acrescenta; ao M. pontifical acrescenta-se a eminência do poder (*eminentia potestatis*), a qual não está previamente em quem a recebe; (ii) a eminência da cátedra magisterial é relacionada ao próprio mestre; a eminência da cátedra pontifical diz respeito à relação com o outro; (iii) a ciência eminente é a propriedade da cátedra magisterial, enquanto a ＄caridade excelente é a propriedade da cátedra pontifical. A cátedra pontifical ou M. eclesiástico funda-se no poder de ensinar, conferido por Cristo à Igreja. Uma importante passagem da *Suma* insiste na excelência da atividade magisterial: "Assim, uma coisa é possuída mais perfeitamente por aquele que a pode comunicar do que por aquele que não pode. Por exemplo, é mais perfeitamente quente o que pode aquecer do que o que não pode. E mais perfeitamente sabe o que pode ensinar do que o que não pode. E quem mais perfeitamente pode comunicar um dom está em um grau mais perfeito. Por exemplo, quem pode ensinar uma ciência mais elevada está em um grau mais eminente do M. De acordo com essa semelhança, é preciso considerar a diversidade de graus ou ordens segundo as diferentes funções e atividades" (*Suma de teologia* I, q. 108, a. 2, ad 2m). Por tudo isso, o M. eclesiástico torna-se, paulatinamente, ao longo dos séculos, uma instituição explícita da dignidade eclesiástica e de sua hierarquia. Contudo, conforme Congar, o termo *magistério* não tem em Tomás de Aquino o sentido jurídico que assume a partir do século XIX, embora seja o próprio teólogo francês a reconhecer que Tomás foi o primeiro a apresentar claramente a distinção entre o M. eclesiástico e o M. dos doutos (cf. CONGAR, 1976a). Para prová-lo, cita um trecho do *Comentário aos Livros das Sentenças de Pedro Lombardo*: "[isso] concerne duplamente ao ensinar a Sagrada Escritura. De um modo, provém do ofício da pregação, assim como quem prega, ensina; não convém, então, a alguém pregar a não ser que tenha o ofício da pregação ou em virtude da autoridade de quem tem [o ofício da] pregação, tal como se diz em Rm 10,15: 'como pregarão se não forem enviados?' De outro modo, provém do ofício do magistério, assim como os mestres em teologia ensinam" (*Comentário aos Livros das Sentenças de Pedro Lombardo* IV, dist. 19, q. 2, a. 2, qc. 2, ad 4m). Essa é a mesma distinção, citada anteriormente, entre cátedra magisterial e cátedra pontifical. Tomás reconhece a distinção, mas a noção de M. eclesiástico é ligada à ideia patrística de autoridade, e sua natureza é mais ministerial do que jurídica, mesmo quando se admite uma hierarquia dos ministérios.

**Magistério e ministério.** A associação entre M. e ministério aparece em múltiplas passagens da obra de Santo Tomás. Na *Corrente de Ouro, Evangelho de Mateus*, capítulo 23, lição 2, são apresentados mais de vinte trechos dos Padres que abordaram o versículo "um só é o vosso Mestre, o Cristo". O trecho citado de Orígenes associa justamente o M. de Cristo ao seu ministério: "E, se alguém oferece a palavra divina, sabendo que Cristo produz frutos nele, não se proclama abertamente como mestre, mas sim como ministro. Por isso segue-se: 'O que entre vós for o maior, será vosso servo', porque o próprio Cristo, sendo verdadeiramente mestre, apresentou-se como ministro" (p. 700). As razões da existência da hierarquia eclesiástica

são apresentadas na *Suma de teologia* II$^a$II$^{ae}$, q. 183, a. 3; são elas a perfeição, a necessidade de ação e a dignidade ou o decoro da Igreja: "Em função desses três elementos, pode-se reconhecer entre os fiéis uma tríplice diversidade. A primeira é relativa à perfeição. É o que faz a diferença entre os estados, por serem uns mais perfeitos do que outros. A segunda se refere à ação, e é a diversidade que há nos ofícios, pois se diz que desempenham ofícios distintos os que são destinados a atividades diversas. A terceira diz respeito à beleza da Igreja. E é a dos graus, segundo a qual, num mesmo estado ou no mesmo ofício, se encontram superiores e inferiores". Contudo, essa superioridade está sempre ligada à caridade, que é o critério máximo de perfeição na Igreja. Dessa forma, entende-se bem que o M. eclesiástico tem sua autoridade tomada do grau de caridade. Por isso, diz-se por exemplo, em referência à autoridade e ao M. papal, que ele é o primeiro na caridade. A função dos ministros e do M. é eminentemente espiritual: "os ministros da Igreja devem dedicar-se mais em promover o bem espiritual do povo do que em receber os bens temporais" (*Suma de teologia* II$^a$II$^{ae}$, q. 87, a. 1, ad 5m).

**Bibliografia:** CONGAR, Y. Pour une histoire sémantique du terme "magisterium". *Revue des sciences philosophiques et théologiques*, 60, p. 85-98, 1976. _____. Bref historique des formes du "magistère" et de ses relations avec les docteurs. *Revue des sciences philosophiques et théologiques*, 60, p. 99-112, 1976a. DEFERRARI, R. J. *A Lexicon of Saint Thomas*. Fitzwilliam: Loreto Publications, 2004. GILSON, E. *Le thomisme*: introduction à la philosophie de Saint Thomas d'Aquin. Paris: Vrin, 2010 (ed. bras.: *O tomismo*: introdução à filosofia de Santo Tomás de Aquino. Trad. Juvenal Savian Filho. São Paulo: WMF Martins Fontes, 2024). MARGELIDON, Ph.-M.; FLOUCAT, Y. *Dictionnaire de Philosophie et de Théologie Thomistes*. Paris: Éditions Parole et Silence, 2011. MONDIN, B. *Dizionario enciclopedico del pensiero di San Tommaso d'Aquino*. Bolonha: Edizioni Studio Domenicano, 1991.

CARLOS FREDERICO CALVET DA SILVEIRA

# MAL

**Etimologia e termos conexos.** O substantivo latino *malum* é de uso antigo no pensamento cristão e de etimologia incerta na própria língua latina, que, no período clássico, usava somente o adjetivo *malus*. Como um dos temas mais complexos da ϸteologia tomista, o termo possui nela múltiplos sentidos, tendo recebido tratamento especial de Santo Tomás nas disputas acadêmicas que deram origem justamente às *Questões disputadas sobre o mal*. O termo ϸ*pecado* refere-se a um tipo específico de mal (M.), o M. moral de culpa. *Peccatum* é um termo latino clássico, derivado do verbo *pecco, are*, que significa falta, culpa. Amplamente usado na tradição cristã desde o Novo Testamento, o termo é tradução do grego *hamartía*, conforme a passagem de 1Jo 1,8, citada na *Suma de teologia*: "Se dissermos 'não temos pecado', enganamo-nos" (*si dixerimus quia peccatum [hamartían] non habemus, nos ipsos seducimus*, I$^a$II$^{ae}$, q. 59, a. 3, Resp.). Para esclarecer o conceito de M., uma distinção analógica surge no início do corpo do artigo 1 da *Questão disputada sobre o mal I*: "como o branco, também o mal se diz de dois modos. Pois, de um modo, quando se diz branco, pode entender-se o que é sujeito da brancura; de outro modo, branco se diz do que é branco como branco, ou seja, do acidente mesmo. E, semelhantemente, o M. pode entender-se, de um modo, como o que é sujeito do M., e nesse sentido é algo; de outro modo, pode-se entender como o próprio M., e nesse sentido não é algo, mas sim a privação mesma de algum bem particular". A tradicional definição de M. como ausência do bem remonta, assim, à ciência da predicação: um termo pode significar o ϸsujeito que tem tal predicado ou o predicado mesmo. Ora, o M., entendido no primeiro sentido, significa somente um ente: um sujeito, que, em si mesmo é bom, porque todo ente é bom pelo simples fato de ser. Logo, o sujeito do M. é um bem, um ente bom. A consequência imediata disso é que o M., como predicado, nada tem de real: o que se predica, como tal, no segundo sentido, é a ausência de um bem.

**O mal e o pecado.** Como dissemos, o pecado é um tipo especial de M., conforme se lê na *Suma*: "o mal é mais amplo do que o pecado, assim como o bem é mais amplo do que a retidão. Toda privação de bem, no que quer que seja, constitui a noção de mal, mas o pecado consiste propriamente no ato que se realiza por causa de algum fim, embora não tenha a devida ordenação para esse fim" (*Suma de teologia* I$^a$II$^{ae}$, q. 21, a. 1, Resp.). Fica patente que se podem distinguir diversos tipos de M. em proporção à ausência de bem ou de ϸser: (1) M. metafísico, (2) M. físico e (3) M. moral. (1) Por M. metafísico, entende-se o M. em si: ele não pode existir como tal, pois, dado que M. é ausência de bem, e se bem é ser, M. é ausência de ser; por conseguinte, o M. só existe em um sujeito bom por natureza. Na questão 49 da *Suma de teologia* I, Tomás dedica o artigo 3 a essa importante discussão: "não há um mal supremo que seja a causa dos males", uma vez que não pode haver um primeiro princípio do M. como há um primeiro princípio do bem; isso se dá por três razões: (i) o primeiro princípio dos bens é o bem por essência, que se identifica com o ser, ou seja, tudo aquilo que é é bom; (ii) "se o mal fosse completo, ele se destruiria a si mesmo" (Aristóteles), pois, suprimindo todo bem, suprimiria todo M., dado que o M. tem o bem como sujeito; (iii) o M. não causa senão por acidente, logo, não pode ser causa primeira, pois o acidente é posterior ao que é por si. (2) O M. físico se reduz à lei da natureza material, isto é, ao que está em contínua mudança, sendo, desse modo, subordinado às leis físicas, que, por sua vez, são boas em si mesmas, pois visam à ordem do ϸuniverso. Nesse sentido, pode-se dizer que o M. físico pode ser tal em relação a determinado indivíduo; contudo, na ordem cósmica universal, constitui um bem. (3) O M. moral é o M. em sentido próprio, como o entende Tomás, pois depende da decisão voluntária; ele se distingue em M. de pena e M. de culpa. O M. de pena é a punição corretiva aplicada a quem agiu mal. Os autores do M. de pena são os seres inteligentes e livres que, para corrigir alguma criatura, aplicam-lhe alguma punição. Assim, ℘Deus mesmo pode ser autor de algum M. de pena. O M. de pena constitui-se em um M. na medida em que toda punição é privação de certo bem. O M. de culpa, por sua vez, é o M. em sentido propriíssimo, que pode receber o nome de pecado, o qual, "conforme se diz propriamente nos assuntos morais, tem a noção de culpa e provém disto: a vontade falha em relação ao fim devido e, pelo fato de tender a um fim indevido" (*Questões disputadas sobre o mal*, q. 3, a. 1). Por conseguinte, somente as criaturas livres (dotadas de ℘vontade) são autoras do M. de culpa.

**A causa do mal e o maligno.** Dadas as premissas anteriores, deve-se dizer que o bem é a ℘causa do M., ainda que se devam fazer certas ressalvas. No artigo 3 da primeira das *Questões disputadas sobre o mal*, Tomás conclui que há dois modos pelos quais o M. é causado pelo bem: (i) por deficiência do bem; e (ii) por acidente. Essas duas circunstâncias podem ser relacionadas tanto ao M. natural como ao M. moral. No âmbito natural, a causa do M. por deficiência do bem é explicada por ser a incompletude inerente à Natureza: ela se transforma para atingir sua plenitude natural (℘Vida). Dado que há sempre certa ℘contingência na causalidade natural, pode ocorrer algum defeito nos ℘entes gerados; desse modo, também se pode dizer que a Natureza causa o M. *per accidens* (por acidente), uma vez que a geração de um ente acarreta o efeito colateral da destruição de um terceiro, ou seja, sua corrupção. Por exemplo, para que nasça um novo vivente, algo se corrompe, o grão deixa de ser grão para se tornar trigo, e assim por diante. Isso é acidental, porque a Natureza por si age pela lei do universo, que é o bem a que visa. Já no âmbito moral, o M. por acidente pode ser causado por um agente inteligente quando busca um bem relativo, e não um bem em si mesmo. Por exemplo, ao buscar o ℘prazer atinente ao adultério, o adúltero busca um bem relativo e contrário ao bem de sua natureza, porque exclui a ordem da razão e a ℘lei divina. O mesmo se dá por deficiência do bem: um bem relativo, embora apreendido como bom, é, na ordem absoluta, deficiente. Pode-se aplicar aqui o mesmo caso anterior do adultério. O Maligno também pode ser causa do M., ainda que acidentalmente. Entende-se por maligno a criatura espiritual decaída e condenada por toda a ℘eternidade, isto é, o demônio. Trata-se aqui de explicar em que sentido o demônio pode ser causa do M. Na questão 114 da *Suma de teologia* I, quando trata do governo divino das ℘coisas, Tomás dedica cinco artigos ao tema. O artigo 1 afirma que os seres humanos são combatidos pelos demônios; o combate procede da maldade dos demônios que, por usurpação de sua semelhança ao ℘poder divino, se esforçam para impedir o progresso do ℘ser humano. Já o segundo artigo argumenta que "tentar é próprio do diabo", porque tentar é experimentar alguma coisa, e se experimenta algo para adquirir ciência ou com outro ℘fim, bom ou mau. Contudo, afirma o terceiro: "nem todos os pecados procedem da tentação do diabo", porque o demônio pode ser considerado causa de todos os pecados, não o responsável pelo pecado humano em si, dado que instigou o primeiro ser humano a pecar. O quarto artigo alega que os demônios podem seduzir os seres humanos por meio de ℘milagres, entendidos em sentido amplo: como somente Deus faz milagres, trata-se aqui apenas de algum feito que ultrapassa o ℘conhecimento humano. Nesse sentido, até mesmo o ser humano, quando faz alguma coisa que ultrapassa o conhecimento, parece ter operado um milagre. Finalmente, o quinto artigo esclarece que o demônio, vencido por alguém, desiste do combate contra essa pessoa, pois a clemência de Deus não permite que ele volte a combatê-la indefinidamente; de outro lado, por astúcia, o diabo também evita ser vencido com frequência. Logo, também aqui a força do M., por meio do Maligno, é severamente limitada em relação ao ser humano, o qual sempre peca por livre adesão de sua vontade.

**O poder do mal.** Na *Suma de teologia* I, q. 48, a. 4, Tomás sustenta que o M. não destrói totalmente o bem. Oferece-nos, então, duas justificativas para essa tese: (i) pode-se considerar o poder do M. em relação ao bem sob três aspectos: um, no qual ele é totalmente supresso pelo M.; outro, no qual o bem não pode ser supresso nem diminuído; e outro, ainda, no qual o bem pode ser diminuído, mas não supresso. Deste último caso, segue a segunda justificativa: (ii) a aptidão para agir. A aptidão a agir necessita de certas disposições que preparam para o ato; essas disposições podem ser diminuídas, embora a aptidão mesma permaneça sempre. A partir dessas premissas, explica-se a doutrina tradicional segundo a qual Deus tira do M. o bem. Efetivamente, o M., no âmbito da ℗providência divina, é ocasião para que Deus reconduza o pecador a seu ℗amor, isto é, ao plano por ele traçado para a sua ℗felicidade. Ademais, como todo M. está num sujeito que é bom, para se suprimir o M., deve-se suprimir o bem no qual o M. se apoia: "por exemplo, não existiria a paciência dos justos sem a malignidade dos perseguidores; nem haveria lugar para a ℗justiça punitiva, se não existissem os delitos. E nas coisas naturais não haveria geração de um se não existisse a corrupção de outro. Logo, se a divina providência excluísse totalmente o mal do universo criado, seria preciso diminuir a quantidade de bens" (*Suma contra os gentios* III, 71, 5). Ora, esse seria o caso da liberdade humana: se o M. moral é fruto da ℗liberdade, pode-se concluir que, para suprimir totalmente o M., dever-se-ia suprimir a liberdade. Vê-se, então, que a liberdade é dom maior, dado por Deus. Contudo, por ser onipotente e providente, Deus tira do M. o bem. Esse é o sentido da impactante sentença da *Suma contra os gentios* com a qual foi concluído o parágrafo anterior: "O bem é mais *poderoso* na bondade do que o mal na maldade".

**Bibliografia:** DEFERRARI, R. J. *A Lexicon of Saint Thomas*. Fitzwilliam: Loreto Publications, 2004. MARGELIDON, Ph.-M.; FLOUCAT, Y. *Dictionnaire de philosophie et de théologie thomistes*. Paris: Parole et Silence, 2011. MONDIN, B. *Dizionario enciclopedico del pensiero di San Tommaso d'Aquino*. Bolonha: Edizioni Studio Domenicano, 1991. PIRES, C. *Inteligência e*

*pecado em Santo Tomás de Aquino*. Rio de Janeiro: Angelicum, 2002.

CARLOS FREDERICO CALVET DA SILVEIRA

## MARIA

**Os nomes e títulos de Maria.** Consoante a etimologia herdada por Tomás dos ℗Padres, especialmente de Beda (citado na *Corrente de Ouro*), o nome *Maria* (M.) significa *estrela do mar*. No capítulo 2 do *Comentário à Ave-Maria*, Tomás reproduz e assume esse sentido, que se tornará um dos títulos marianos: "eis por que lhe convém o nome 'Maria', que se interpreta *Estrela do mar*, porque, assim como pela estrela do mar os navegantes são guiados ao porto, do mesmo modo os cristãos são dirigidos por Maria à glória". Contudo, sabe-se hoje que esse título não tem fundo histórico, pois parece originar-se de uma alteração da expressão *stilla maris*, gota do mar, com a qual Jerônimo traduzira o termo hebraico *myriam* (que, literalmente, pode significar tanto a bem-amada como aquela que é uma dádiva). Seja como for, sua etimologia, embora muito investigada, não é conhecida até agora. O termo *virgem* não é menos polêmico, sobretudo como tradução de Is 7,14, pois "uma *virgem* conceberá" é uma tradução da interpretação grega que usa *parthénos* (virgem), ao passo que o termo hebraico era *almah* (moça em idade de ter filhos), enquanto *virgem* seria *bethula*. Tomás é consciente da controvérsia etimológica, porém confirma o sentido tradicional do termo. Entendendo *almah* (em latim, *alma*) como virgem, diz ele: "emprega-se entre nós mais *virgem* do que *moça*, porque *alma* significa virgem, segundo a origem da palavra, e até mesmo virgindade conservada, que exclui qualquer ℗mal. Mas esse [virgem] é o sentido de *bethula*, segundo o modo posterior de falar" (*Comentário ao Livro de Isaías* 7, lição 2). Contudo, mais importante é o uso do termo *virgem*, que no Antigo Testamento tem função tipológica: as virgens são associadas às cidades, especialmente a Jerusalém. De igual modo, M. será o tipo da nova Jerusalém que é a ℘Igreja. *Mãe de Deus* é um dos principais apelativos de Tomás para se referir à M., mãe de ℘Jesus. *Mater Dei* traduz o termo da definição conciliar *theotókos* e é título por excelência de M.: "a razão pela qual uma ℘mulher é mãe de alguém é por tê-lo concebido e gerado. Donde se segue que a Bem-aventurada Virgem pode ser chamada com propriedade Mãe de Deus" (*Suma de teologia* III, q. 35, a. 4, Resp.). *Beata Virgo*, isto é, Bem-aventurada Virgem é o termo que enuncia a glória de M. Essa bem-aventurança é a ℘beatitude perfeita alcançada pela ℘graça e consiste na visão de ℘Deus: "está fora de dúvida que a bem-aventurada Virgem recebeu de modo eminente o dom da sabedoria, a graça dos ℘milagres e o dom da ℘profecia, como os possuía Cristo" (*ibidem*, q. 27, a. 5, ad 3m).

**A herança doutrinal e teológica.** Na terceira parte da *Suma de teologia*, da questão 27 em diante, Tomás trata explicitamente de M., ainda que no contexto do tratado da ℘vida de Cristo, cuja fonte são os Evangelhos, sobretudo Lucas. O primeiro tema abordado relativo a Virgem é a ℘santidade. M. nasceu santa; sua ℘alma foi santificada no seio materno, graças aos méritos de Cristo, que é redentor de todos e também de sua própria mãe. Em vista da maternidade divina, M. recebeu a plenitude das graças; por isso é *tota pulchra* e *plena gratiae*: "a Bem-aventurada Virgem Maria obteve tal plenitude de graça que se tornou a mais próxima do autor da graça, a ponto de acolher em si aquele que é cheio de toda graça; e, dando-o à luz, fez com que, de alguma maneira, a graça derivasse para todos" (*ibidem*, q. 27, a. 5, Resp.). Essa passagem importantíssima se liga a toda a tradição cristã, especialmente a patrística, que vê em M. o tipo da Igreja. Efetivamente, é a partir da *plenitudo gratiae* que o tratado da Virgem se desenvolve, como defende Hütter: "Tomás demonstra bem como a ℘fé da Igreja move-se da plenitude da graça à sua divina maternidade e de sua maternidade à sua assunção ao céu" (2015, p. 404, tradução do autor). A *plenitudo gratiae*, privilégio de M., funda-se no argumento de que aquilo que está mais próximo do princípio, participa (℘Participação) mais de seu efeito

(*quanto aliquid magis appropinquat principio in quolibet genere, tanto magis participat effectum illius principii*), conforme o artigo 5 citado. O que decorre daí são as questões relativas à virgindade perpétua, à imunidade de culpa, à maternidade divina, à assunção, à glorificação e à controvertida imaculada concepção de M. Sua virgindade é tratada segundo três momentos: antes do parto, durante e após o parto de Jesus. Profetizada por Isaías, a virgindade antes do parto é teologicamente justificada por quatro argumentos: a dignidade do ℘Pai; a dignidade do ℘Filho; a dignidade da humanidade de Cristo; e a finalidade da ℘encarnação. Em todos esses argumentos, trata-se de mostrar que a incorruptibilidade do ℘corpo de M. revela-se como privilégio relacionado à economia da ℘salvação, da qual ela participa como criatura e Mãe do Filho de Deus. Por isso mesmo, também do ponto de vista espiritual, M. é preservada de toda culpa e de qualquer inclinação ao mal. M. teve tal afinidade com Cristo que, como sua Mãe, não podia ter mancha alguma. Segundo Tomás, Deus habitou-a em sua alma e em seu seio, mas a sabedoria não entraria numa alma perversa nem habitaria num corpo pecaminoso, conforme escrito no Livro da Sabedoria. M., como Mãe de Cristo, é Mãe de Deus. Na *Suma de teologia* III, q. 35, a. 4, ad 1m, observa-se que "mesmo que a ℘Sagrada Escritura não afirme explicitamente que a Bem-aventurada Virgem é Mãe de Deus, nela se afirma explicitamente que 'Jesus Cristo é verdadeiro Deus', como está claro na *Primeira Carta de João*, e que a Bem-aventurada é 'Mãe de Jesus Cristo', como está claro no *Evangelho de Mateus*" (*licet non inveniatur expresse in Scriptura dictum quod beata virgo sit mater Dei, invenitur tamen expresse in Scriptura quod Iesus Christus est verus Deus, ut patet I Io 5, 20; et quod beata virgo est mater Iesu Christi, ut patet Mt 1,18*). Esse dogma, definido pelo Concílio de Éfeso em 431, merece, contudo, um tratamento teológico, porque, entre outros motivos, está intimamente ligado ao mistério da encarnação. A transmissão da ℘natureza é o ℘fim da geração e, nesse sentido, M. transmite a Jesus a natureza humana. A natureza, porém, concretiza-se num ♀sujeito que é individual – nesse caso, ♀pessoa –, porquanto ser concebido e nascer diz respeito não à natureza abstratamente considerada, mas à pessoa concreta. Daí o sentido do dogma que define M. como Mãe de Jesus, quer dizer, Mãe de Deus, dado que Jesus é uma só pessoa divino-humana, o segundo da ♀Trindade (♀Jesus Cristo). Daí decorre também que M. é Mãe de Deus, porque o termo *Deus* às vezes significa as três pessoas, às vezes apenas uma pessoa em particular, razão pela qual M. é Mãe de Deus como Mãe de uma das pessoas divinas, Jesus Cristo: "[neste caso], o termo *Deus* supõe somente a pessoa encarnada do Filho" (*Suma de teologia* III, q. 35, a. 5, Resp.). A assunção de M. e sua glória são citadas apenas circunstancialmente por Tomás em suas obras. Sobre a assunção, ele admite que M. está na glória corporalmente, como Jesus Cristo, e até outros santos poderiam estar: "o corpo que o próprio Cristo tem, ou a Virgem Maria ou outros santos, se os há, que tenham entrado na glória corporalmente" (*ibidem*, q. 83, a. 5, ad 8m). E também: "Agostinho prova com razões que a Virgem foi assunta ao céu em corpo" (*ibidem*, q. 27, a. 1, Resp.). A glória de M. não é considerada por Tomás, a não ser ocasionalmente, em seu *Comentário à Ave-Maria*, a. 1: "Grande coisa, de fato, é que um santo tenha recebido graça suficiente de modo a servir à salvação de muitos. Mais grandioso seria, porém, se tivesse recebido o bastante para a salvação do mundo inteiro. Ora, tal plenitude há em Cristo e na Bem-aventurada Virgem Maria. Em todo perigo, portanto, podes obter a salvação por essa Virgem gloriosa". Eis aqui a passagem em que Tomás atribui o termo gloriosa a M., pois geralmente o substitui pelo termo bem-aventurada. Contudo, não há uma ♀teologia especial sobre a glória de M., somente as questões sobre escatologia (♀Escatologia) que se aplicam também à Virgem. A intercessão é faculdade dos ministros de Deus – dos sacerdotes, dos santos e, de modo especial, de M. –, sendo a capacidade que, por si mesma, é graça divina, constituindo o intercessor em certo canal para

a graça: "assim os ministros de Deus podem conferir a divina graça a algum pecador, por meio de preces, mas não sendo efetivamente a causa [da graça]" (*Questões disputadas sobre a verdade*, q. 27, a. 3, ad 15m).

**Culto.** O culto a M. é chamado de *hiperdulia*. Derivado do termo grego *douléia*, submissão, *hyperdouléia* significa uma honra que se presta a quem está excelentemente próximo de Deus e é aplicada especificamente à Mãe de Deus, distinguindo-se do culto aos santos, da dulia e do culto a Deus (a latria ou adoração). Dito de outro modo, o culto a Deus é latria, isto é, adoração, enquanto o culto a Mãe consiste apenas na hiperdulia, veneração excelente e especial: "porque a Virgem beata é por si uma pessoa agente, se lhe deve honra por si: contudo, é venerada por uma veneração distinta da veneração ao Filho. Ela não pode, pois, ser venerada por latria, mas somente por dulia. No entanto, porque ela não é honrada somente por si mesma, mas em razão de seu Filho, não pode ser venerada senão enquanto está em relação com o Filho, como Mãe de Deus; e assim, na medida em que se liga a Cristo, ela é honrada por hiperdulia" (*Comentário aos Livros das Sentenças de Pedro Lombardo* III, dist. 9, q. 1, a. 2, qc., 3, Resp.). A passagem das Bodas de Caná em Jo 2 oferece a Tomás a oportunidade de mostrar M. como intercessora, mediadora junto a Cristo: "em sentido místico, isto é, nas núpcias espirituais, está presente a Mãe de Jesus, virgem beata, como conselheira nupcial, porque, por sua intercessão, nos unimos a Cristo pela graça".

**Controvérsias.** M. foi santificada no ventre materno e não haveria outro testemunho a respeito disso na Escritura. Contudo, Tomás baseia-se na ♀autoridade de Agostinho para fazer uma ♀analogia entre a sua assunção e a sua santificação no seio materno. Assim como Agostinho defendeu que M. fora assunta ao ♀céu em corpo, sem base na Escritura canônica, também se pode defender sua santificação no seio materno. Essa é a base do argumento do artigo 1 da questão 27 da III parte da *Suma*. Efetivamente, "aquela que gerou o Unigênito do Pai, cheio de graça e de verdade, recebeu maiores privilégios de graça que as demais mulheres", e este é o anúncio do anjo: *Ave, gratia plena*! Com base em seu conhecimento de que a animação humana ocorria apenas aos três meses, Tomás defende que a santificação de M. ocorreu depois da sua animação: "Também na Santa Virgem primeiro existiu o corpo e, depois, o espírito; pois foi primeiro concebida carnalmente e, depois, santificada no seu espírito" (*Suma de teologia* III, q. 27, a. 1, ad 1m). É importante notar que o dogma da Imaculada Conceição de Maria foi definido apenas em 1854, por Pio IX, e que, na época de Tomás, tratava-se de uma questão controversa. Duns Scotus será o teólogo que, diferindo da visão tomasiana, oferecerá os fundamentos teológicos para o que séculos mais tarde virá a ser definido dogmaticamente (cf. DUNS SCOTUS. *Questões sobre as Sentenças: Ordinatio* I, dist. 3, q. 1, n. 1-9, ed. Vivès tomo XIV, p. 159-176; *Reportata parisiensis* III, dist. 3, q. 1, n. 1-3, ed. Vivès, tomo XXI, p. 264-267; cf. também ZICCARDI, 2013; VOS, 2018). Em uma direção análoga vai o acréscimo feito por Santo Tomás na resposta ao segundo argumento inicial do artigo 2 da questão citada anteiormente: "Embora não celebre a Igreja Romana a Conceição da Santa Virgem, tolera, contudo, o costume de certas igrejas celebrarem essa festividade. Por isso, não deve essa celebração ser totalmente reprovada. No entanto, o fato de ser celebrada a festa da Conceição não significa que a Virgem foi santa na sua Conceição, mas sim que, por se lhe ignorar o tempo da santificação, celebram a festa de sua santificação, dê preferência à festa de sua conceição, no dia da conceição" (*ibidem* III, q. 27, a. 2, ad 2m). Daí, três coisas ficam claras no tocante à posição tomasiana diante das controvérsias marianas: (i) o costume da festa da Conceição já presente na época de Tomás, ainda que restrito; (ii) a santificação de M.; e (iii) a ignorância do momento dessa santificação no seio materno.

**Bibliografia:** DEFERRARI, R. J. *A Lexicon of Saint Thomas*. Fitzwilliam: Loreto Publications, 2004. DUNS SCOTUS. *Duns Scoti opera omnia*. Paris: Vivès, 1894.

HÜTTER, R. The Assumption of the Blessed Virgin Mary into Heaven: Faith, Dogma and Escathology. *Nova et Vetera*, English Edition, 13 (2), p. 399-418, 2015. MARGELIDON, Ph.-M.; FLOUCAT, Y. *Dictionnaire de Philosophie et de Théologie Thomistes*. Paris: Éditions Parole et Silence, 2011. MONDIN, B. *Dizionario enciclopedico del pensiero di San Tommaso d'Aquino*. Bolonha: Edizioni Studio Domenicano, 1991. PEDRO LOMBARDO. *The Sentences*. Trad. Giulio Silano. Toronto: Pontifical Institute of Mediaeval Studies, 2007-2010. 4 v. VACANT, A.; MANGENOT, E. (ed.). *Dictionnaire de Théologie Catholique*. Paris: Letouzey et Ané, 1946. t. XV. VAN DEN BORN, A. (org.). *Dicionário Enciclopédico da Bíblia*. Petrópolis: Vozes, 2004. VOS, A. *The Theology of John Duns Scotus*. Leiden: Brill, 2018. ZICCARDI, M. J. *Blessed John Scotus*: the Case for the Existence of God and the Immaculate Conception. Nova Iorque: M. Ziccardi, 2013.

CARLOS FREDERICO CALVET DA SILVEIRA

## MATÉRIA

**O sentido geral de matéria.** Os textos mais apropriados para se entender a noção de matéria (M.) em Tomás de Aquino são aqueles nos quais o autor a investiga em dupla direção, cosmológica e metafísica, como ocorre no gênero literário do *Hexamerão*, "obra dos seis dias". Tal se observa na *Suma de teologia* I (q. 64-75) e no *Comentário aos Livros das Sentenças de Pedro Lombardo* II (dist. 12-18). Esses textos são especiais, pois não se constituem como comentários às obras de Aristóteles; ainda que nos comentários Tomás também seja autêntico e original em algumas partes, a semântica dos termos está vinculada, em alguma medida, ao pensamento do Estagirita. A leitura da noção de M. em Tomás, à luz do aristotelismo, como empreendida pela escola de River Forest – nomeadamente James A. Weisheipl (1955; 1982), William A. Wallace (1974; 1984) e Benedict M. Ashley (1991; 2006) –, mesmo sendo bastante razoável, inclina-se a não perceber a originalidade de Tomás, sobretudo quanto à natureza da potência que compõe a definição de M. como

MATÉRIA

*ente em potência* (*ens in potentia*, *Suma de teologia* I, q. 66, a. 1, ad 3m). Livre do espectro do aristotelismo, a noção de potência, entendida a partir da cosmologia e da ♀metafísica de Tomás, recebe um brilho novo e aponta para um horizonte longínquo que, no limite, resulta na operação criadora de ♀Deus, como bem notou Étienne Gilson (1989), que, aliás, reconhece explicitamente o pioneirismo e a importância singular da leitura de Marie-Dominique Chenu (1959) sobre essa noção nas obras tomasianas. Em sentido geral, a potência refere-se à criatura, uma vez que, conforme Tomás, é o modo metafísico de analisar a constituição de tudo o que não se identifica com o ♀ser ou ato de ser, isto é, o ♀ente criado. Como a criatura é dita de duas maneiras, imaterial e material, a metafísica se ocupa da primeira maneira e a cosmologia, da segunda, muito embora no texto de Tomás os dois estudos sempre apareçam interligados e, às vezes, um ultrapasse os limites de sua investigação, adentrando no terreno do outro.

**A matéria cósmica.** Para a cosmologia, o cosmo (mundo/universo) deve ser investigado como um ente (*ens*). Nesse sentido, o cosmo é compreendido com o auxílio das características encontradas nas ♀coisas que tocam a percepção. Dentre essas características, destacam-se a forma e a M. Pelo viés da cosmologia, pode ser dito que o cosmo possui uma forma que lhe assegura a unidade, uma vez que o todo é constituído de partes heterogêneas (cf. *Suma contra os gentios* II, 58, 5). O próprio Tomás afirma que "o cosmo tem uma forma na matéria" (*mundus habet formam in matéria*, *Suma de teologia* I, q. 47, a. 4, argumento inicial 3). Ademais, a forma cósmica é o princípio interno que ordena a M. total presente no cosmo, "o cosmo consta de sua matéria total" (*mundus constat ex sua tota materia*, *ibidem*, q. 47, a. 4, ad 3m). Como *total*, a potencialidade da M. cósmica encontra-se atualizada, pois está aqui e agora (*hic et nunc*) enformada pela forma cósmica, que é o ato da M. cósmica. A noção de M. total em ato deve ser admitida por todos os cosmólogos que assumem o geocentrismo, a unidade e sobretudo

a finitude cósmica. Na Grécia Antiga, segundo Tomás, ao menos cinco autores postularam essa noção: Anaximandro, Anaxágoras, Empédocles, Platão e Aristóteles (cf. *Comentário ao O céu de Aristóteles* II, lição 20, n. 3). A potencialidade da M., para os autores mencionados, deve ser dita no âmbito das partes essenciais do cosmo, ou seja, os céus e os quatro elementos. Entretanto, além da potencialidade dita para as partes essenciais do cosmo, na perspectiva grega, aos olhos de Tomás a M. cósmica, ela mesma, embora esteja em ato, resguarda potencialidade em sua natureza. Isso equivale a afirmar que a M. total é efeito da causalidade (♀Causa) de Deus, é criada: "se criar, pois, só cabe a Deus, é necessário que tudo tenha sido produzido imediatamente pela causalidade divina e que não possa ter ocorrido senão pelo modo de criação" (*si enim solius Dei creare est, ab ipso immediate producta esse oportet quaecumque a sua causa produci non possunt nisi per modum creationis*), o que inclui "todas as substâncias separadas" (*omnes substantiae separatae*) (os ♀anjos) e "toda a matéria corpórea" (*omnis materia corporalis*, *Suma contra os gentios* II, 22, 2). É preciso registrar, além disso, que a investigação metafísica de Tomás a respeito da M. total considera-a mediante a hipótese de, supostamente, haver, no instante da ♀criação, um "estado" da M. total sem ♀tempo, algo que Tomás apresenta pela expressão M. informe: "a matéria informe é uma pela unidade da ordem" (*materia informis est una unitate ordinis*, *Suma de teologia* I, q. 66, a. 2, ad 1m). Se a referência é a causalidade divina, a M. informe (a M. total sem tempo) consiste na potencialidade entendida como "primeiro princípio passivo" (*primum principium passivum*, *ibidem*, q. 44, a. 2, ad 2m), que unifica materialmente todos os entes naturais viabilizando uma *imago mundi* (imagem do mundo) cosmológica, a cosmografia. Há ainda outro modo pelo qual Tomás se refere à M. total: *potência obediencial* (*potentia obedientialis*, *Questões disputadas sobre as virtudes*, q. 1, a. 10, ad 13m). A expressão diz respeito à totalidade de algo, à sua constituição substancial, ou, ainda, à ρnatureza da coisa, que possui, por um lado, a M. determinada como um dos constituintes no caso da coisa mista, por exemplo, o gato, e, por outro lado, a matéria-prima, no caso dos corpos simples, céus e elementos. Tomás inicia as *Questões disputadas sobre as virtudes* (q. 1, a. 10, ad 13m) afirmando que há diferença e ordem nas potências ativas das causas eficientes segundas e nas instâncias da potência passiva do efeito. É pela operação divina que as diferenças das potências ativas das causas eficientes segundas e das instâncias da potência passiva do efeito são unificadas e ordenadas. Nesse contexto, Tomás evoca o caso da locomoção dos elementos água e terra. Em primeiro lugar, explica Tomás, há uma instância da potência passiva (*aliqua potentia*) nesses elementos que viabiliza ao fogo mover (em sentido amplo, quer dizer, modificar) a água e a terra. Em segundo lugar, há outra instância da potência passiva (*et alius*) na água e na terra pela qual elas são locomovidas pelo corpo celeste. Por fim, há ainda outra instância mais profunda da potência passiva (*et ulterius alius*) pela qual a água e a terra podem ser naturalmente movidas por Deus. Aliás, a instância mais interna da potência passiva da água e da terra (*et ulterius alius*) não pode ser originada nem pela natureza, seja fogo, seja corpo celeste, nem por uma causa supranatural segunda, o anjo: é consequência imediata da operação de criação, razão pela qual uma das questões da *Suma* é justamente "Sobre a mudança das criaturas por Deus" (*De mutatione creaturarum a Deo, Suma de teologia* I, q. 105, Prólogo). A criatura, nesse caso, é o cosmo concebido como uma entidade que, além da forma, possui a M. total.

**Matéria celeste e sublunar**. A distinção entre a M. celeste e a M. sublunar aparece na abordagem da cosmologia. No estudo da metafísica, a M. é entendida simplesmente como potencialidade, e tanto os corpos celestes como os quatro elementos são criados na instituição do cosmo. Nesse sentido, essas duas partes constituintes do cosmo são compostas de M. e forma. Os dois componentes da composição,

conforme Tomás, são efeitos da causalidade de Deus: "Deus, simultaneamente, ao conferir o ser, produz aquilo que recebe o ser e, assim, não é necessário que opere a partir de algo preexistente" (*Deus simul dans esse, producit id quod esse recipit: et sic non oportet quod agat ex aliquo praeexistenti, Questões disputadas sobre o poder divino*, q. 3, a. 1, ad 17m). Não há, portanto, operação da natureza quando o conjunto dos corpos celestes, o céu, e os elementos como espécies passam a existir. Por um lado, no caso do céu, Tomás diz que houve "a impressão da forma celeste na matéria informe, no princípio ainda não existente anteriormente no tempo, mas só na origem" (*impressio formae caelestis in materiam informem, non prius existentem tempore, sed origine tantum, Suma de teologia* I, q. 69, a. 1, Resp.). Por outro lado, com relação aos elementos, o autor afirma similarmente que houve "a impressão das formas dos elementos na matéria informe, precedente, não no tempo, mas na origem" (*impressio formarum elementarium in materiam informem, non tempore, sed origine praecedentem, ibidem*). Por conseguinte, com a mesma operação, Deus cria a matéria-prima (*materia informis*) e imprime as formas dos corpos que não possuem outros corpos em sua constituição: os corpos simples. Assim sendo, à luz da metafísica, não há distinção entre uma suposta matéria-prima celeste e a sublunar. Como Tomás exclui a noção de tempo, a *impressão* não consiste em uma operação natural ou artística, nem mesmo se trata do emprego metafórico do termo. Pode-se dizer que, nesse contexto, o discurso especulativo encontra-se no limite de sua capacidade discursiva no tópico que abrange a origem metafísica dos corpos simples, da natureza e da M. Ademais, ao atribuir a criação e sobretudo a formação dos corpos simples à divindade, Tomás está se comprometendo com a tese segundo a qual a primeira distinção entre os entes naturais, nomeadamente os corpos simples, também compete exclusivamente à divindade, o que inclui a configuração do cosmo (a cosmografia), bem como a distinção entre M. celeste e

MATÉRIA

M. sublunar. Quanto à cosmografia, não só os corpos simples, mas também as esferas, celestes e sublunares, são efeitos da operação divina. No caso das esferas sublunares, os primeiros a vir a ser, ou seja, os primeiros elementos, não são gerados; eles dizem respeito ao conjunto de certa quantidade de entes que formam as esferas, que começam a existir exclusivamente por criação. A reposição de elementos para determinada esfera sublunar é obra da natureza, mas a totalidade da esfera é obra da criação. No que tange à distinção entre M. celeste e M. sublunar, Tomás sustenta que ela pode ser abordada das perspectivas formal e material, sendo a divindade a causa primeira da primeira distinção das coisas nos dois registros (cf. *ibidem*, q. 47). A distinção material está subordinada à formal: "a matéria existe por causa da forma, a distinção material existe por causa da formal" (*cum autem materia sit propter formam, distinctio materialis est propter formalem, ibidem*, q. 47, a. 2, Resp.). Como a matéria-prima é a mesma para os corpos simples (*materia informis est una unitate ordinis*, cf. *ibidem*, q. 66, a. 2, ad 1m), é preciso admitir que, na impressão das formas dos corpos simples, a divindade também diferencia a M. celeste e a M. sublunar conferindo-lhes aptidões segundas distintas em vista das formas: "primeiro é feita a matéria corpórea e, em seguida, ela é distinta pelas formas" (*prius facta est materia corporalis, et deinde per formas distincta, Comentário aos Livros das Sentenças de Pedro Lombardo* II, dist. 12, a. 2, ad 2m). A M. celeste, após a criação, possui aptidão apenas para o lugar, dada a nobreza da forma celeste. A M. sublunar, por seu turno, possui aptidão para o lugar, a quantidade, a qualidade e para a geração e corrupção, dada a inferioridade das formas elementares. Nota-se, portanto, que, para Tomás, a M. por ela mesma – até a M. celeste, tal como se encontra em Aristóteles – é de tal modo subordinada à forma, que esta não só a determina, mas também a diferencia. Essa constatação não é desprovida de importantes implicações cosmológicas e metafísicas, pois, no contexto do movimento dos corpos

simples, a M., celeste ou terrestre, não importa, é absolutamente neutra. Mesmo a M. celeste, o éter ou a quinta essência, tão enfatizada por Aristóteles no quesito preciso do movimento e velocidade celestes (cf. *Comentário a O céu de Aristóteles* II, lições 1-3), é rebaixada por Tomás a uma total condição de neutralidade. Embora considere seriamente a concepção de éter de Aristóteles, a noção de M. celeste de Tomás possui nuanças próprias em razão de sua metafísica, na qual, quanto mais elevado, menos material e mais formal é o corpo, pois recebe mais ρser (*esse*): "no cosmo os corpos que estão sobre nós estão ordenados na medida em que são menos materiais" (*in universo ordinantur corpora super nos, secundum quod minus sunt materialia, Comentário aos Livros das Sentenças de Pedro Lombardo* II, dist. 14, q. 1, a. 1, ad 2m). E noutra passagem, ainda escreve: "um corpo deve ser mais elevado na medida em que é mais formal" (*corpus tanto debeat esse superius quanto formalius, Questões disputadas sobre o poder divino*, q. 4, a. 1, ad 5m). Quanto maior a esfera do corpo celeste, menos M. celeste possui. O menor grau de materialidade encontra-se na décima esfera, o último céu, acima da esfera das estrelas, que divide o cosmo em material e imaterial. Tomás admite que há *propriedades* mais sutis constituindo a M. de cada esfera numa escala ascendente: "por água [Pedro Lombardo] havia entendido a matéria-prima de cuja parte sútil foi feita a água situada sobre os céus" (*quod per aquas intelligitur prima materia, de cujus subtiliori parte factae sunt aquae quae super caelos sunt, Comentário aos Livros das Sentenças de Pedro Lombardo* II, dist. 14, q. 1, a. 1, Resp.). Assim como ocorre entre os quatro elementos sublunares, dos quais o fogo é o menos material, também na região superior do cosmo, ou seja, da esfera da lua para cima, o corpo mais elevado é mais formal e menos material (cf. *Suma de teologia* I, q. 67, a. 3, ad 1m). Portanto, a quantidade máxima de M. encontra-se na Terra, que é estritamente material, e a quantidade mínima de M. encontra-se no décimo céu, que é quase imaterial.

**Bibliografia:** ASHLEY, B. M. The River Forest School and the Philosophy of Nature Today. In: LONG, R. J. (ed.). *Philosophy and the God of Abraham*: Essays in Memory of James A. Weisheipl. Toronto: Pontifical Institute of Mediaeval Studies, 1991, p. 1-15. _____. *The Way toward Wisdom*: an Interdisciplinary and Intercultural Introduction to Metaphysics. Notre Dame: University of Notre Dame Press, 2006. CHENU, M-D. *Saint Thomas d'Aquin et la théologie*. Paris: Les Editions du Seuil, 1959. GILSON, E. Le Moyen Age et la Nature. In: _____. *L'esprit de la Philosophie Médiévale*. Paris: Vrin, 1989. LITT, T. *Les corps célestes dans l'Univers de Saint Thomas d'Aquin*. Lovaina; Paris: Publicações Universitaires; Nauwelaerts, 1963. WALLACE, W. A. Aquinas on the Temporal Relation between Cause and Effect. *The Review of Metaphysics*, 27 (3), p. 569-584, 1974. _____. The Intelligibility of Nature: a Neo--Aristotelian View. *The Review of Metaphysics*, 38 (1), p. 33-56, 1984. WEISHEIPL, J. A. *Nature and Gravitation*. River Forest: Albertus Magnus Lyceum, 1955. _____. Aristotle's Concept of Nature: Avicenna and Aquinas. In: ROGERS, L. D. (ed.). *Approaches to Nature in the Middle Ages*. Binghamton/Nova Iorque: Center of Medieval & Early Renaissance Studies, 1982, p. 137-160.

EVANIEL BRÁS DOS SANTOS

## METAFÍSICA → *Ver* Conhecimento; Teologia

## MILAGRE

**Origem do termo.** Para Tomás de Aquino, a noção de milagre (M.) (*miraculum*) está intimamente ligada à admiração (*admiratio*), de acordo com as formas latinas *miror/mirando* (cf. *Suma de teologia* I, q. 105, a. 7, Resp.; *Questões disputadas sobre o poder divino*, q. 6, a. 2, Resp.). O nexo entre os dois conceitos não se resume apenas à etimologia, mas, antes de tudo, aos efeitos análogos que tanto o M. como a admiração produzem no ᴑser humano, no sentido de buscar a ᴑcausa das ᴑcoisas. Por essa razão, o Angélico afirma: "Costuma-se chamar de milagres aquelas coisas que se fazem, às vezes,

fora da ordem estabelecida comumente nas coisas, pois admiramos algo quando, vendo o efeito, ignoramos a causa" (*Suma contra os gentios* III, 101).

**Características principais.** O M. se caracteriza pela maior desproporcionalidade entre os eventos naturais e a possibilidade de explicação. Intuitivamente, o espírito apreende essa desproporção e postula a causa e respectivo ᴑpoder extraordinariamente grande para realizar tal fenômeno. Dessa forma, o M. propriamente dito só é atribuído diretamente a ᴑDeus como Causa Primeira, graças aos efeitos desproporcionais à comum atuação dos seres criados. Tomás de Aquino considera que o M. envolve ao menos três características principais: (i) o M. é uma ação dependente somente de Deus; (ii) o M. deve superar a ordem natural das coisas; e (iii) é necessário que tal ação tenha aparência incomum e que não siga um desenvolvimento ordinário e usual (cf. *Suma de teologia* I$^a$II$^{ae}$, q. 113, a. 10, Resp.).

**Inspiração agostiniana.** A mais detalhada exposição tomasiana sobre o M. encontra-se nas *Questões disputadas sobre o poder divino*, q. 6. Nessa questão, ele assume uma reflexão antiga sobre a temática, de inspiração prevalentemente agostiniana. Contudo, Tomás sente a necessidade de adaptar ou modificar alguns conceitos de Agostinho, incompatíveis com a doutrina aristotélica da causalidade. Para o Hiponense, os M. de ᴑJesus Cristo incitam a mente humana a conhecer a Deus por meio deles. Como Deus é uma realidade imperceptível pelos ᴑsentidos, ele governa o ᴑmundo de forma invisível por meio de M. cotidianos, que passam despercebidos para a maioria dos seres humanos: o M. da ᴑvida, por exemplo, contido na simples semente que germina. Desse modo, Agostinho considera que Deus reservou para si a realização de obras fora do curso dos acontecimentos naturais, para que aqueles que as contemplassem se admirassem com os seus efeitos insólitos. A clássica definição agostiniana de M. é citada por Tomás apenas em argumentos, para depois realizar as devidas apreciações:

MILAGRE

"Algo difícil e insólito, que ultrapassa os poderes da natureza e a esperança de quem o admira" (*Suma de teologia* I, q. 105, a. 7, argumento inicial 2; *Questões disputadas sobre o poder divino*, q. 6, a. 2, argumento inicial 1). O primeiro esclarecimento tomasiano refere-se ao aspecto difícil (ou árduo) atribuído ao M. Este não deve ser compreendido apenas em função de sua magnitude, mas também por ultrapassar a intrínseca capacidade de produção pela natureza. Por essa razão, o Angélico argumenta que até um pequeno evento oriundo diretamente da causalidade divina e irrealizável pela natureza deve ser considerado como um fato difícil. O aspecto insólito é entendido principalmente pelo desvio do curso ordinário da natureza, e não apenas em função de sua aparição pouco frequente, pois o M. não é simplesmente aquilo que é raro ou extraordinário (cf. *Suma de teologia* I, q. 105, a. 7).

**Milagre e potência obediencial.** Uma das principais dificuldades da definição agostiniana é que ela não evidencia alguns dos problemas centrais da temática do M. O primeiro deles é se o M. representa uma interrupção ou violação das leis da natureza. Em muitas de suas obras, Agostinho hesitará em oferecer resposta definitiva. Todavia, em *A Cidade de Deus* (XXI, 8, 2), ele julga inconveniente caracterizar o M. como *contra naturam*, pois, na realidade, "milagres não são contrários à natureza, mas apenas contrários ao que nós sabemos sobre a natureza". Nesse particular, Tomás se distancia da posição agostiniana, fazendo uso da doutrina da causalidade, ao afirmar que o problema não está necessariamente no desconhecimento das leis mais intrínsecas que regem a natureza, mas na atuação do agente do qual depende a ação natural (cf. *Suma de teologia* I, q. 105, a. 6, ad 1m). Para esclarecimento da matéria, o Aquinate recorre à doutrina da potência obediencial (*potentia oboedientialis*). Ora, a capacidade da natureza pode ser entendida de dois modos: (i) quando um determinado evento ocorre segundo sua potência natural (*secundum potentiam naturalem*), ou seja, conforme a conveniência

de sua natureza e sua respectiva realização; e (ii) segundo sua potência obediencial (*secundum potentia oboedientialis*), isto é, quando a natureza recebe a possibilidade de realizar algo que supera a sua intrínseca capacidade (cf. *Comentário aos Livros das Sentenças de Pedro Lombardo* III, dist. 1, q. 1, a. 3, ad 4m).

**Os três graus do milagre.** O M. propriamente dito ultrapassa o poder da natureza em três graus. O primeiro e mais importante ocorre em função da substância, pois o M. é fruto direto da causalidade divina, excedendo absolutamente a capacidade da natureza: "Têm o sumo grau entre os milagres aqueles nos quais é feito por Deus algo que a natureza não pode fazer jamais; por exemplo, dois corpos estarem simultaneamente no mesmo lugar, que o sol retroceda ou fique parado, que o mar dividido dê caminho aos que passam" (*Suma contra os gentios* III, 101). O segundo grau do M. é aquele que a natureza pode fazer, mas não segundo a sua ordem natural, como um cego ver ou um manco caminhar; tal M. seria maior quanto mais remoto da ordem natural. O último ocorre segundo a operação da natureza, mas sem a intervenção de princípios naturais. Por exemplo, a cura de uma febre, curável por vias naturais, mas ocorrida por uma direta ação de Deus; ou quando há chuva sem relação direta com os fenômenos naturais (cf. *ibidem*). Em síntese, "o milagre ocorre não quando Deus intervém no mundo – Deus está sempre agindo no mundo –, mas quando *apenas* Deus está agindo no mundo" (MCCABE, 2000, p. 620).

**Milagre e admiração.** Tomás ressalta o papel da admiração numa situação miraculosa. Em primeiro lugar, recorde-se que a admiração significa uma forma de assombro diante do que se desconhece a causa ou do que se ignora a sua natureza ou proveniência. O Aquinate argumenta, entretanto, que há causas ocultas para alguns, cujos efeitos lhes provocam admiração, enquanto para outros indivíduos aquela mesma causa não é oculta, o que não lhes causa admiração. Para ressaltar o aspecto subjetivo do M., frequente em Agostinho, Tomás oferece o seguinte exemplo: o ferro, unindo-se ao ímã, causaria admiração naquele que ignora seu poder de atração magnética, levando-o a considerar aquele fenômeno como um M. (cf. *Questões disputadas sobre o poder divino*, q. 6, a. 2, Resp.). Já o problema oposto (a falta de admiração) é ressaltado com o exemplo do eclipse solar. O astrônomo, nesse caso, não se admiraria ao testemunhar esse evento, pois já conhece a sua causa. Em contrapartida, quem desconhecesse as raízes do fenômeno poderia considerá-lo miraculoso (cf. *Suma contra os Gentios* III, 101, 1). Assim, o Aquinate distingue fenômenos que causam admiração por si mesmos (*admiratio secundum se*) daqueles cujos efeitos da admiração dependem do observador (*admiratio quoad nos*) (cf. *Questões disputadas sobre o poder divino*, q. 6, a. 2, Resp.). Nesse sentido, o M. propriamente dito é considerado admirável em si mesmo (*secundum se*); sua causa é oculta para todos. O Aquinate afirma ainda que, para um evento ser considerado M., a causa deve estar oculta a todos, porque é divina, despertando, ademais, plena e comum admiração. Por isso, atribui-se a Deus o acontecimento cujas causas são desconhecidas por todos, reputando-se, nesse caso, um M. (cf. *Suma de teologia* I, q. 105, a. 7, Resp.).

**Milagre e causalidade divina.** A causa mais oculta e mais remota (*occultíssima et remotíssima*) aos nossos sentidos é a causa divina, que age de modo secretíssimo em todas as coisas (*omnibus secretissime operatur*); ela nos é também admirável. Por tal motivo, os efeitos só podem ser considerados efetivamente miraculosos quando produzidos exclusivamente pela potência de Deus nas coisas, em particular, quando estas têm uma tendência natural ao efeito oposto ou um modo diverso de operar. Por outro lado, as coisas que são produzidas pela natureza, e nos parecem ocultas, não podem ser consideradas miraculosas; são simplesmente denominadas eventos extraordinários ou admiráveis (cf. *Questões disputadas sobre o poder divino*, q. 6, a. 2, Resp.).

**Bibliografia:** AGOSTINHO. *A cidade de Deus*. Petrópolis: Vozes, 2012. BYNUM, C. W. Wonder. *American Historical Review*, 102, p. 1-26, 1997. CAREY, T. Aquinas (and Hume) on Miracles: Some Thoughts. *Think*, 5, p. 97-107, 2007. CATES, D. F. *Aquinas on the Emotions*. Washington: Georgetown University Press, 2009. CORNER, D. *The Philosophy of Miracles*. Londres: Continuum, 2007. DASTON, L.; PARK, K. *Wonders and the Order of Nature, 1150-1750*. Nova Iorque: Zone Books, 1998. DAVIES, B. *The Thought of Thomas Aquinas*. Oxford: Oxford University Press, 1992. DECKARD, M. F.; LOSONCZI, P. *Philosophy Begins in Wonder*. Cambridge: James Clarke, 2011. GOODICH, M. *Miracles and Wonders*: the Development of the Concept of Miracle, 1150-1350. Londres: Routledge, 2007. KOVACS, D. Overall and Aquinas on Miracles. *Dialogue*, 55, p. 151-160, 2016. MCCABE, H. God, Evil, and Divine Responsibility. In: DAVIES, B. (ed.). *Philosophy of Religion*: a Guide and Anthology. Oxford: Oxford University Press, 2000, p. 614-624. POULIOT, F. *La doctrine du miracle chez Thomas d'Aquin*: Deus in omnibus intime operatur. Paris: Vrin, 2005. RUBENSTEIN, M. *Strange Wonder*: the Closure of Metaphysics and the Opening of Awe. Nova Iorque: Columbia University Press, 2008. TWELFTREE, G. H. *The Cambridge Companion to Miracles*. Cambridge: Cambridge University Press, 2011. WARD, B. *Miracles and the Medieval Mind*: Theory, Record, and Event, 1000-1215. Filadélfia: University of Pennsylvania Press, 1987. WEDDLE, D. L. *Miracles*: Wonder and Meaning in World Religions. Nova Iorque: New York University Press, 2016.

INÁCIO DE ARAÚJO ALMEIDA, EP

## MINISTÉRIO → *Ver* Carisma; Hierarquia

## MISERICÓRDIA

**Significado fundamental.** A misericórdia (M.) é a expressão do ℗amor que visa à reabilitação de alguém que sofre. Predicada do ℗ser humano, ela é um efeito da ℗virtude infusa da ℗caridade; predicada de ℗Deus, é o atributo que responde pelo transbordamento gratuito do seu amor criador e redentor para além de sua ℗justiça.

**A misericórdia no ser humano.** Assim como a ℗alegria e a paz, a M. é um efeito interior do ato principal da caridade. Na *Suma de teologia*, a posição que a questão dedicada à M. ocupa nas questões sobre a caridade revela sua centralidade, nem sempre reconhecida pelos intérpretes de Tomás de Aquino. Entre as fontes usadas no desenvolvimento do conceito na *Suma de teologia* incluem-se Gregório Magno, João Damasceno e, com destaque, Aristóteles e Agostinho. Do último, é aproveitada a seguinte definição: "a misericórdia é a compaixão que o nosso coração experimenta pela miséria alheia, que nos leva a socorrê-la, se o pudermos" (*A Cidade de Deus*, IX, 5, tal como citada na *Suma de teologia* II$^a$II$^{ae}$, q. 30, a. 1: *misericordia est alienae miseriae in nostro corde compassio, qua utique, si possumus, subvenire compellimur*). O primeiro passo é compreender no que consiste a *miséria* que é digna de compaixão. Em Aristóteles, quem é digno de compaixão sofre um mal grave e imerecido, ou ao menos encontra-se numa situação lamentável que não foi causada por seus atos vis – se o tivesse sido, a situação seria merecedora de reprovação, não de compaixão ou piedade. Por outro lado, o cristianismo ensina que mesmo aquele que chega à miséria por causa de suas próprias ações más deve ser objeto de compaixão. Para resolver essa tensão, Tomás de Aquino procede a uma engenhosa apresentação dos modos de funcionamento de nossa vontade. A miséria é o oposto da felicidade, que consiste em possuir o que se *quer*. Tomás de Aquino cita, uma vez mais, Agostinho: "Feliz é quem tem tudo o que quer e nada quer de mau" (*Sobre a Trindade*, XIII, 5, citação feita na *Suma de teologia* II$^a$II$^{ae}$, q. 30, a. 1). A miséria, em contraste, é sofrer o que não se *quer*. A análise passa, então, a concentrar-se sobre o *querer*. "De três modos alguém quer alguma coisa. Primeiro, pelo desejo natural: assim todos os seres humanos querem ser e viver. Segundo, um ser humano quer algo por escolha deliberada [*per electionem ex aliqua praemeditatione*]. Terceiro, um ser humano quer algo não em si, mas na sua causa, como, por exemplo, quando alguém quer comer o que lhe faz mal, caso em que dizemos que, de certo modo, ele quer ficar doente" (*ibidem*, q. 30, a. 1). Com isso, a miséria que frustra o desejo e

que, portanto, pode ser qualificada como apta a ser digna de compaixão é (i) aquela que é grave a ponto de minar o ser e a vida, ou (ii) a que acontece ao acaso (infortúnio), contrariando a escolha, ou ainda (iii) a que inviabiliza o fim último do agente, embora ele mesmo possa ter dado causa a isso. Nesse ponto ocorre uma certa modificação do requisito aristotélico de que o mal objeto de compaixão seja imerecido. O fim último do ser humano, para Tomás de Aquino, é a união com Deus, a felicidade perfeita. A consumação desse fim não é possível na vida terrena, mas a ordenação desta vida a ele é, e o é por meio das virtudes teologais da fé, da esperança e da caridade. Como, no entanto, o pecado mortal põe em risco a permanência dessas virtudes no ser humano, o pecador estaria desejando exatamente se afastar de Deus, de seu bem supremo, e, desse modo, seria merecedor de reprovação e não de M. Ocorre que, assim como quem quer comer algo nocivo não quer, no fundo, ficar doente, mas obter um prazer específico (embora comer algo nocivo seja a causa de ficar doente), de maneira semelhante há um aspecto involuntário no ato do pecado, que diz respeito à miséria profunda que ele acaba causando. No caso do ato mau em si, o pecado é voluntário e, como tal, digno de reprovação e punição; mas o pecado também tem um aspecto de pena, e essa pena terrível que o acompanha – a perda da felicidade perfeita, que todos querem, mesmo os pecadores – tem algo que é contrário à vontade do pecador, e, por isso, este passa a ser digno de M. (cf. *ibidem*, q. 30, a. 1, ad 1m). Assim, a condição, presente em Aristóteles, de que o mal seja *imerecido* combina-se, em Tomás de Aquino, com a tradição cristã, segundo a qual o pecador – que pela sua postura desorientada põe em risco a própria felicidade – é objeto por excelência da M. É significativo que Tomás de Aquino conclua a análise desse ponto com a citação de Mateus 9,36: "Jesus, vendo as multidões, teve compaixão delas, porque estavam cansadas e abatidas, como ovelhas sem pastor" (para uma leitura que destaca o papel das fontes de Tomás de Aquino no ponto, sobretudo Aristóteles e Agostinho, cf. KEATY, 2005).

**A misericórdia como virtude.** Ao ingrediente da compaixão (*compassio*) deve-se a qualificação da M. como uma espécie de ℘tristeza e, por isso, esse elemento se encontra somente na M. que o ser humano é capaz de ter. Outro elemento, ligado ao amor, é comum à M. divina. O espelhamento da dor do outro em si mesmo ocorre de duas maneiras: pela união afetiva (*secundum unionem affectus*) e pela união real (*secundum unionem realem*). A união afetiva é produzida pelo amor que se tem por um amigo a ponto de se tomar o mal que o aflige como se fosse um mal para si mesmo. A união real é aquela em que o mal que aflige alguns, em posição semelhante à nossa, é tomado como extensivo a nós. "Eis a razão de os velhos e os sábios, que pensam nos males que lhes podem sobrevir, e também os fracos e os temerosos, serem mais misericordiosos. Ao contrário, os que se consideram felizes e fortes o suficiente para se julgarem livres de qualquer mal não se compadecem do mesmo modo" (*Suma de teologia* II^aII^ae, q. 30, a. 2). Tanto para Tomás de Aquino como para Aristóteles, mesmo a ℘pessoa virtuosa não está imune à miséria e ao infortúnio. Quem pensa estar imune não passa, para Aristóteles, de um insolente (cf. *Retórica*, II, 8, 1385b30). Obviamente, deve ser admitida alguma variação no rol e no tipo de bens que o ser humano *feliz* tem, e do qual o *miserável* está privado, quando se compara o mundo grego de Aristóteles e o mundo cristão de Tomás de Aquino. Miserável, para este, não é tanto o pobre, o desafortunado privado de bens temporais ou o doente, mas o pecador, que se priva de bens espirituais. "Deve-se saber que, conforme é dito em Provérbios 14 [34], *o pecado faz os povos miseráveis*. Com efeito, assim como não é verdadeiramente feliz quem abunda em riqueza, deleita-se em prazeres e investe-se de honrarias, mas quem se alegra em Deus, do mesmo modo não é miserável quem é pobre, desafortunado, débil e doente, mas quem é pecador" (*Comentário aos Salmos*, Salmo 50, versículo 3). O reconhecimento da vulnerabilidade de si nos outros, causa da chamada *união real*,

implica a classificação da M. como uma ℘paixão, em que o interesse pelo outro é sobretudo gatilho para a constatação de algo importante sobre si mesmo mais que sobre o outro. Daí a *união real* poder ser associada à *compaixão*, entendida como condição necessária, embora não suficiente, da M. humana. A tristeza que sinto, nesse caso, é uma reação sensível interior desencadeada, sim, pela miséria alheia, mas desencadeada em mim porque a miséria alheia revela a *minha* própria vulnerabilidade. Por isso, se a M. é simplesmente um movimento do desejo sensitivo, ela não é uma *virtude*, mas meramente uma paixão. Se, porém, ela é um movimento do desejo intelectual (*união afetiva, amor de ℘amizade*), segundo o qual a miséria alheia é, por si mesma, tomada como um mal, então, esse movimento, por ser conforme a ℘razão, pode regular também o movimento do desejo sensitivo (*Suma de teologia* II^aII^ae, q. 30, a. 3). A consequente concatenação entre *união real* (compaixão – primeira condição necessária) e *união afetiva* (amor – segunda condição necessária) é o que parece estar por trás da admissão de que a M. é também uma *virtude* (para uma visão crítica de interpretações que subvalorizam o papel da compaixão na M., vendo-a como tentativa vã de o ser humano se colocar no lugar de Deus, cf. MINER, 2015). É sobretudo da M. que emanarão dois importantes efeitos exteriores: a esmola e a correção fraterna (cf. *Suma de teologia* II^aII^ae, q. 32 e q. 33).

**A misericórdia divina.** No início da Primeira Parte da *Suma de teologia*, Tomás de Aquino examina o ℘intelecto e a vontade divinos. O aparato conceitual envolvido é predominantemente aristotélico. Explorando a simetria meramente metodológica existente entre os atributos humanos e os divinos (℘Atributos Divinos), uma vez que sabemos melhor e primeiro aquilo que é *mais conhecido para nós*, ele analisa o *amor* divino (que, em nós, é uma paixão, mas não em Deus) e o significado, quando predicada de Deus, da *justiça* (que em nós é uma virtude da vontade referente mais às ações que às emoções). Se a justiça é

MORAL

dar a cada um o que lhe é devido, e se Deus não deve nada a ninguém, o sentido do termo só pode dizer respeito a algo que Deus dá a si próprio e que é devido à sua honra e grandeza: que seja realizado nas coisas tudo segundo a sua sabedoria e vontade, para a manifestação de sua bondade (cf. *Suma de teologia* I, q. 21, a. 1, ad 3m). Por essa razão, a justiça de Deus também pode ser chamada de ◊verdade (como *adequação entre intelecto e ◊coisa*, no caso, da coisa ao intelecto divino), pois ela "estabelece nas coisas uma ordem de acordo com a razão de sua sabedoria, que é a sua ◊lei" (*ibidem*, q. 21, a. 2). Há algo, porém, que ultrapassa a justiça de Deus e, de certo modo, a antecede: é a M. divina. Ela *ultrapassa* a justiça porque, pelo perdão, Deus veicula um amor que repara nossas mais íntimas falhas e imperfeições, sem que o mereçamos (cf. *ibidem*, q. 21, a. 3, ad 2m). E a M. também *antecede* a justiça, num sentido muito especial. Toda a ◊criação é feita do nada. Pode-se, como vimos, falar em *justiça* de Deus na medida em que as coisas são criadas de acordo com a sabedoria e a bondade divinas. Contudo, apesar de salvaguardada a noção de justiça como a proporção devida às coisas no intelecto divino, a passagem do *não ser* para o ◊*ser* exige um impulso que não é encontrado nessa proporção. É, portanto, na passagem do nada para o ser que brilha a noção de M. divina (cf. *ibidem*, q. 21, a. 4, ad 4m). Tomás de Aquino é ainda mais didático neste ponto: ter mãos é devido ao ser humano em razão de sua ◊alma racional; ter uma alma racional é-lhe devido para que seja um ser humano; e ele *ser* um ser humano ocorre por causa da bondade divina, sob o aspecto de M. (sua *ratio*, quer dizer, o que constitui sua noção), raiz primeira de toda obra de Deus (cf. *ibidem*, q. 21, a. 4; para uma rica discussão sobre amor criador e amor redentor, cf. CESSARIO; CUDDY, 2016; DAUPHINAIS, 2016). Quando Tomás de Aquino indaga se a M. humana é a maior das virtudes e, ao responder negativamente, atribui esse título à caridade, ele concede, porém, que a M. pode, sim, ser considerada a maior das virtudes, não em nós, mas quando referida a Deus: "Em si mesma, a misericórdia é a maior das virtudes, porque é próprio dela o repartir-se com os outros e, o que é mais, socorrer-lhes as deficiências. Isso é muitíssimo próprio do que é superior. Ser misericordioso é próprio de Deus, e é pela misericórdia que ele manifesta ao máximo sua onipotência" (*Suma de teologia* II$^a$II$^{ae}$, q. 30, a. 4). A M. é o âmago misterioso do amor divino, criador e redentor. Assim como para Agostinho, também para Tomás de Aquino M. é um dos nomes de Deus.

**Bibliografia:** AGOSTINHO. *A Cidade de Deus*. Trad. J. Dias Pereira. 2. ed. Lisboa: Calouste Gulbenkian, 2000. ARISTÓTELES. *Ética a Nicômaco*. Trad. Leonel Vallandro e Gerd Bornheim da versão inglesa de W. D. Ross. São Paulo: Abril Cultural, 1984. _____. *Rhetoric*. Translated by W. R. Roberts. The complete Works of Aristotle. J. Barnes (ed.). Princeton, Nova Jérsei: Princeton University Press, 1995. v. II. CESSARIO, R.; CUDDY, C. Mercy in Aquinas: Help from the Commentatorial Tradition. *The Thomist*, 80, p. 329-339, 2016. DAUPHINAIS, M. The Difference Divine Mercy makes in Aquinas's Exegesis. *The Thomist*, 80, p. 341-353, 2016. KEATY, A. The Christian Virtue of Mercy: Aquinas' Transformation of Aristotelian Pity. *Heythrop Journal*, 46 (2), p. 181-198, 2005. MINER, R. C. The Difficulties of Mercy: Reading Thomas Aquinas on Misericordia. *Studies in Christian Ethics*, 28 (1), p. 70-85, 2015. NOVAES FILHO, M. A. *A razão em exercício*: estudos sobre a filosofia de Agostinho. São Paulo: Discurso Editorial, 2007.

RAFAEL KOERIG GESSINGER

## MÍSTICA → *Ver* Amor; Caridade; Conhecimento; Deus; Piedade; Teologia

## MORAL

**Definição geral.** No pensamento de Tomás de Aquino, a moral (M.) é considerada, na dimensão da ◊virtude, uma habilitação para agir bem, segundo o duplo entendimento aristotélico: como ◊hábito do caráter ou da inteligência. As elaborações de Tomás de Aquino referentes à M. são articuladas pela ideia na qual o ℗ser humano, criado à imagem e semelhança de ℗Deus, é um agente racional e livre (℗Liberdade) e, como ser inteligente, o fim de sua operação é constituído pelo que ele próprio se propõe a fazer. A ação do ser humano pelo uso da ℗razão se torna ação humana, no sentido de que, para Tomás de Aquino, toda ação virtuosa é impregnada pelo exercício da razão; mesmo as nossas espontaneidades advindas dos ℗sentidos participam da dignidade da razão e do valor do ser humano, dado que as virtudes da temperança e da força têm sua sede nas potências emotivas do desejo sensitivo. De tal investigação no âmbito da M. não está ausente a espiritualidade evangélica (cf. CHENU, 1957, p. 138), a escuta silenciosa dos Evangelhos, que reconhece Deus como "luz" e fonte de discernimento de toda ação, conforme indicado na ideia de ℗participação da criatura racional na ℗lei eterna, na qual a razão natural não seria mais do que a impressão da luz divina em nós. Não se trata de uma M. de convenções ou de um catálogo de interdições e conhecimentos práticos; nesse sentido, longe está o pensamento de Tomás dos diversos tomismos presentes ao longo do século XX, sobretudo dos círculos eclesiásticos, que definem *teses* pelas quais o pensamento de Tomás deveria ser corretamente entendido. A filosofia moral de Tomás de Aquino, entre outras no século que a vê nascer, se instaura como uma forma de racionalidade e de conceitualização da organização humano-religiosa. Mesmo seu aristotelismo não é "puro" nem isolado, sofrendo influências decisivas das fontes neoplatônicas (entre outras, Dionísio Pseudoareopagita e o anônimo *Livro das Causas*) e dos filósofos de língua árabe (como Avicena e Averróis), expressão de um "esforço intelectual" (GILSON, 1969, p. 34) que não o faz seguir passivamente nenhum autor do legado teológico e filosófico do qual é herdeiro. Os temas de ℗filosofia moral recebem um tratamento extenso e pormenorizado, e já plenamente elaborados, na segunda parte da *Suma de teologia*, bem como em dois conjuntos de textos que lhe são paralelos: 1) nas chamadas questões disputadas que levam o título de *Questão disputada sobre a caridade, Questão disputada sobre a correção fraterna, Questão disputada sobre a esperança; Questões disputadas sobre as virtudes; Questões disputadas sobre o mal*; e 2) no *Comentário à Ética nicomaqueia de Aristóteles*. Esse conjunto de textos retém o essencial sobre o que Tomás escreveu sobre a M. Do *Comentário à Ética nicomaqueia de Aristóteles* deve ser destacada a noção de ordem no domínio da ação humana e a natureza da filosofia moral (se especulativa ou prática), temas que aparecem logo em suas páginas iniciais (lição 1-3), referentes ao proêmio da *Ética nicomaqueia* (I, 1, 1094a-1095a-14). O termo *sententia* (sentença ou explicação), presente no título desse comentário, nada mais indica do que uma "explicação sumária e de caráter doutrinal" (TORRELL, 2004, p. 265), distante, assim, de uma *expositio* (apresentação comentada), esta sim um comentário pormenorizado de caráter exegético. Reconheceu-se, desde o trabalho crítico de Gauthier (cf. 1969, p. 178), que o *Comentário à Ética nicomaqueia de Aristóteles* serviu de base para preparar, ou mesmo aprofundar, a segunda parte da *Suma de teologia*, mas Doig mostrou de modo bem documentado que partes desse comentário são posteriores ao texto da *Suma* (cf. 2001, p. 193-230). A prudência como sabedoria prática ocupará um lugar de destaque na reflexão de Tomás de Aquino sobre o assunto da filosofia moral, pois a sua posse implica a "retidão do desejo", isto é, a orientação do ℗desejo para o encontro da meta como fim da ação humana, sendo própria do agente moral uma racionalidade que intelige significados e deseja bens.

**Filosofia moral.** A tarefa do sábio, diz Tomás nas primeiras linhas do *Comentário à Ética nicomaqueia de Aristóteles* (I, 1), é ordenar; e cabe à sabedoria, a mais alta perfeição da razão, ocupar-se com a ordem: *sapientis est ordinare* (o ordenamento é próprio do sábio). De um modo geral, essa frase de origem aristotélica aponta a missão e os deveres do sábio no âmbito do ℗conhecimento ou da ação moral, sendo o seu ofício estabelecer a ordem. Ao referir-se a essa

MORAL

expressão no início da *Suma contra os gentios* (I, 1-2), Tomás confirma a ideia de que o sábio é aquele que ordena retamente as ℗coisas e as governa bem, e que seu ofício (como sábio) é empregar todo seu esforço para falar de Deus, por meio de suas palavras e sentidos. Na *Suma de teologia* (I, q. 1, a. 6, ad 3m), ele reconhece dois tipos de sabedoria: uma que se adquire pelo estudo e outra que encontra sua fonte no ℗amor. No *Comentário à Ética nicomaqueia de Aristóteles*, no entanto, a noção de ordem está relacionada ao plano da ação. A primeira referência ao conceito de ordem a situa como perfeição, entendida como termo da razão. Tomás especifica dois modos pelos quais podemos entender a noção de ordem: primeiro, como as partes de um todo que estão ordenadas entre si; segundo, como a ordenação das partes entre si que estão direcionadas ao fim. Para o último caso, vale-se de um exemplo tomado da *Metafísica* de Aristóteles (cf. livro XII, 12, 1075a 13), no qual o comandante de um exército fornece o ordenamento do todo (de seus comandados), expressão daquilo que é bom e excelente. A razão reconhece ou institui a ordem nas coisas de quatro modos diferentes: num primeiro sentido, a razão limita-se a reconhecer determinada ordem, que é própria das coisas naturais; o segundo sentido refere-se à ordem instituída pela própria razão no âmbito dos conceitos e da linguagem propriamente dita; um terceiro tipo consiste na ordem determinada pela razão no domínio da operação da ℗vontade; e, por fim, há a ordem que a razão estabelece nas coisas exteriores, na medida em que é ℗causa dos artefatos. Essa especificação do trabalho racional permite ao Aquinate uma primeira divisão do saber em filosofia natural, filosofia racional, filosofia moral e artes (cf. *Comentário à Ética nicomaqueia de Aristóteles* I, 1). A filosofia moral está, ao se considerar a noção de ordem, sob o signo da racionalidade. Assim como no exército as ações individuais dos comandados seguem o fim estabelecido pelo seu comandante, também há na filosofia moral a boa ordem das ações da criatura racional em vista de seu fim, uma ordem que será especificada pela sua ℗natureza. Considerando o exemplo tomado da *Metafísica*, a ordem correta das ações humanas é pensada segundo a determinação de seu fim, que é determinado pelo "comandante" Deus. Uma passagem da *Suma de teologia* pode ser lida em paralelo com a passagem do *Comentário*: "a verdade da vida é tomada em sentido particular, segundo o qual o ser humano realiza na vida aquilo que foi ordenado pelo ℗intelecto divino" (I, q. 16, a. 4, ad 3m). Para ordenar a um fim, é preciso tomar do mesmo fim a regra de ordem, de modo que cada coisa esteja bem-disposta ao ser ordenada convenientemente ao seu fim, uma vez que o fim é o bem de cada uma delas (cf. *Suma contra os gentios* I, 1). Expressões como *ordo, ordinatio, inordinatio*, sinônimas de ordenamento, são recorrentes no vocabulário de Tomás. O ponto a ser destacado é que essas expressões apresentam um forte conteúdo ético, pois, ao destacar o papel central da inteligência como ordenadora do real, reconhecem-se os diferentes tipos de ordem que ela estabelece segundo o exercício conjugado de suas funções teóricas e práticas. No *Comentário* aparece com frequência o termo *ordinatio rationis* (ordenamento da razão) com o sentido de que a razão estabelece o princípio geral de ordem em todas as instâncias do agir humano. A expressão *ordinatio rationis practica* (ordenamento prático da razão) ou *ordinatio practica* (ordenamento prático), por sua vez, implica a conjugação de razão e vontade, a fim de estabelecer uma orientação ou ordem que é transmitida às outras potências suscetíveis de interiorizar a orientação racional. A noção de *imperium* (ordem) é um bom exemplo dessa *ordinatio* ou ordenamento: em termos teológicos, a exegese do versículo do *Cântico dos Cânticos* (*ordinavit in me caritate*, Ct 2,4) era moeda corrente na reflexão desde Ambrósio e Agostinho, principalmente para se falar da ℗caridade evangélica; os comentários bíblicos de Tomás, especialmente sobre a *Epístola aos Romanos* (cf. *Comentário à Carta de Paulo aos Romanos* 13, lição 2), apontam como o Deus da ℗Revelação bíblica fez tudo com ordem e segundo a ordem (cf. PINTO DE OLIVEIRA, 1993, p. 287-288). Ao estabelecer os quatro modos pelos quais a razão estabelece ou reconhece a ordem no seu modo de operar, pode-se falar da distinção da razão em especulativa e prática, a partir da noção de finalidade: o verdadeiro é o fim da especulação, do qual faz emergir a doutrina; e a ordenação da verdade à operação é própria da arte, que é a reta razão do que é matéria de produção. No âmbito da ação humana, "a prudência, que está na razão prática como a arte, é ordenada à escolha, e o seu ato é a execução" (*Comentário à Ética nicomaqueia de Aristóteles* I, 1). A razão considerada absolutamente é aquela que puramente contempla e estabelece a ordem, e seu escopo é o conhecimento do verdadeiro. Já a razão considerada na perspectiva da natureza humana, desejosa e capaz de atividade, ao estender-se para fora de si, impõe uma ordem de modo que seu conhecer vise a certo fim. Pode-se dizer que o fim da razão, nesse caso, não é o seu próprio ato, mas algo externo. Essa distinção estabelecida por Tomás não é uma distinção da própria faculdade, mas uma diversidade da disposição (*habitus*) e do ato (*actus*) com relação aos diferentes escopos e diferentes âmbitos da ação. Para que o conhecer seja produtivo, é requerida uma real subordinação à obra; trata-se do poder de produzir. As artes mecânicas têm como objeto e fim algo produzido na realidade material, em sentido pleno de uma produção. Essas artes mecânicas separam-se das chamadas artes liberais, pois estas, diz Tomás de Aquino, "implicam não só conhecimento, mas também certa obra que procede imediatamente da razão, como elaborar uma construção gramatical, formar um silogismo ou um discurso, enumerar, medir, compor uma melodia e calcular o curso dos astros" (*Comentário ao Tratado sobre a Trindade de Boécio*, q. 5, a. 1, ad 3m). O saber prático contém parte de um saber especulativo completado por uma *práxis da ação*, um autêntico saber das regras ligado intrinsecamente à obra e à sua singularidade, tal como a aplicação no singular dos axiomas mais gerais. Desse modo, o saber produtivo pode entrar em relação

de subordinação com aquilo que é contemplado (cf. *Comentário à Ética nicomaqueia de Aristóteles* VI, 1). A situação específica da medicina nos permite pensar a relação entre o especulativo e o produtivo. A medicina pode ser teórica e prática, e a razão dessa divisão se dá pela ideia de proximidade e afastamento da operação. Chama-se *prática* quando prescreve certos remédios específicos para determinadas doenças (modo de operar em vista da cura, relativo à proximidade); chama-se *teórica* quando ensina os princípios pelos quais o ente humano se orienta na operação. As artes em sua concretude material não alcançam um conhecimento necessário e geral da essência, próprio do saber especulativo. O saber das artes permanece estritamente dependente do conhecimento do singular, implicando o contato direto com as coisas, que, por sua natureza, formam uma experiência concreta. A prudência pertence ao domínio da razão prática, pois cabe ao prudente a capacidade de bem deliberar, de escolher os meios em vista de certo fim, donde a definição clássica de prudência, de origem aristotélica, como *recta ratio agibilium*, a reta ordenação do que é matéria de ação, o justo agenciamento daquilo que há de ser feito (cf. *Suma de teologia* II$^a$II$^{ae}$, q. 47, a. 2). A prudência é uma sabedoria prática relacionada às coisas humanas. Ao examinar a natureza da virtude da prudência com mais detalhes (cf. *Comentário à Ética nicomaqueia de Aristóteles* VI, 4), Tomás dirá que a prudência não é ciência como os hábitos demonstrativos acerca do necessário, nem arte, um hábito produtivo regulado pela razão, mas um hábito ativo regulado pela reta razão (*cum ratione*), seguindo aqui o "passo" de Aristóteles, no qual o agir moral não é somente agir segundo razões, mas com razão, na "medida em que esta funciona como um princípio interno do agente" (ZINGANO, 2007, p. 366). Prudência e arte pertencem à razão prática, a um conhecimento de coisas contingentes e operáveis por nós, com a distinção de que a primeira diz respeito aos atos que devem ser feitos e que permanecem no agente, e a segunda diz respeito às coisas que devem ser produzidas,

MORAL

ao que é realizado na matéria exterior. A questão de fundo se reduz aqui à diferença entre o *agere* (agir imanente) e o *facere* (obra transformadora). No operar há uma determinação de que a ♀natureza, tomada em si mesma, é capaz de agir sem abandonar aquilo que lhe é próprio, aquilo que é seu. Mas o agir não surge naturalmente: provém de um desejo guiado pela razão, a vontade (cf. BROCK, 2000, p. 86). Esse agir voluntário é propriamente humano, guiado pela razão, devendo distinguir a operação humana (ato humano) da operação natural (ato do ser humano). O agir humano tem, assim, uma grande variedade de conteúdos e se diversifica segundo as circunstâncias. O agir se consubstancia na alternativa que se coloca à vontade, aquela de agir ou não e de agir de um modo ou de outro; a sua decisão pertence a todo saber relativo à ação. Ainda que se possa falar de uma regra geral da ação – faça o que é conveniente (o que é um bem), evite o ♀mal (o que é nocivo) –, ela não é suficiente para a decisão singular e concreta, pois somente na consideração particular do conteúdo da ação pelo agente é que se realiza o saber da ação como *recta ratio agibilium*, a reta determinação do que deve ser feito. O ato volitivo está ligado ao conteúdo da situação presente; é o ato de uma ♀ação concreta situada no espaço e no tempo. Tal saber da ação que se realiza de uma forma prudencial indica uma *individuação* (cf. KLUXEN, 2005, p. 86), exprime o concretamente individual como ato real; em outras palavras, a referência ao exercício do ato é substancial e não acidental. O ato da razão no domínio do agir deve ser entendido de tal modo que efetivamente torne prática a razão; esta é prática não como razão em geral (absolutamente falando), mas na medida em que é uma faculdade inserida numa natureza capaz de atividade e dotada de uma faculdade desiderativa. A inclinação do desejo pressupõe um conhecer que lhe apresente os fins para os quais se pode mover, mas é somente pela efetiva tendência do querer para o fim, mediada pela reflexão sobre os meios (*consilium*) e pelo juízo conclusivo (*iudicium*), que se chega à determinação da

decisão decisão ou escolha (*electio*) e à execução (*usus*) do que foi deliberado e escolhido. A ação assim pensada não é considerada na esfera do conhecer, pela correta dedução de uma premissa geral, mas está estritamente ligada à justeza do desejo pressuposto, à adequação ao fim desejado, à justa disposição do agente, o que pressupõe uma virtude moral. A *recta ratio agibilium* é, afinal, o exame que termina no julgamento e escolha, em diversas circunstâncias, o justo meio para alcançar o fim e guiar o impulso do desejo. Tomás diz expressamente na lição três do *Comentário* que o fim da ciência moral "não é só o conhecimento (*non est sola cognitio*), mas é a ação humana, como o é em todas as ciências práticas" (*Comentário à Ética nicomaqueia de Aristóteles* III, 20). Poder-se-ia dizer que a M. é uma ciência *teórico-prática* (cf. ELDERS, 2005, p. 18) que estuda os atos humanos do ponto de vista de sua ordenação ao fim último. A preocupação com o ser humano, seja no conjunto de suas ações ordenadas a certo fim, seja no seu desejo de viver bem, conduz a reflexão propriamente moral de Tomás de Aquino. Este relembra a ideia de que o ser humano é um animal social, dependente de outros para a sua sobrevivência – é "por natureza um animal social" (*Comentário à Ética nicomaqueia de Aristóteles* I, 1); ele necessita, portanto, de muitas coisas para sobreviver, não podendo obtê-las por si mesmo. Pela linguagem, expressamos nossas emoções e necessidades; também pela linguagem transmitimos nossas ideias acerca do mundo em que vivemos, dos nossos projetos e da necessidade de haver uma cooperação entre os seres humanos para suprir suas necessidades mais elementares (cf. *Do Reino* I, 2). Cooperar é um traço humano que implica a vida em coletividade. A divisão da filosofia moral é tripla: 1) individual ou monástica, voltada à investigação das atividades de um ser humano particular ordenadas a seu fim; 2) familiar ou doméstica, dirigida a atividades ou a ações da sociedade familiar; e 3) política, direcionada a atividades ou a ações da sociedade cívica (cf. *Comentário à Ética nicomaqueia de Aristóteles* I, 1). O tema da finalidade moral do agente racional será estudado em grande parte na dimensão monástica, aparecendo as dimensões doméstica e política no que concerne à prudência e à justiça. O verdadeiro lugar da reflexão moral, da determinação da ação prudencial, será situado no âmbito dessa M. individual, mas há referência também às duas outras dimensões. Isso se depreende da consideração da ação humana e do papel da sabedoria prática, cabendo ao ser humano, em sua existência pessoal, assumir "o domínio de si, a coragem e a prudência" (WEIL, 1969, p. 141).

Por fim, cabe explicitar que o presente verbete expõe principalmente o arcabouço da ação humana (ética, moral) que Tomás de Aquino inserirá no tratamento do agir humano, em perspectiva teológica, na Parte II da *Suma teológica* (cf. ELDERS, 2005; NASCIMENTO, 2004; PINTO DE OLIVEIRA, 2016).

**Bibliografia:** BROCK, S. L. *Acción y conducta*: Tomás de Aquino y la teoría de la acción. Trad. David Chiner. Barcelona: Herder, 2000. CHENU, M. D. *Saint Thomas d'Aquin et la théologie*. Paris: Éditions du Seuil, 1957. DOIG, J. C. *Aquina's Philosophical Commentary on the Ethics*: a Historical Perspective. Boston: Kluwer Academic Publischers, 2001. ELDERS, L. J. *L'éthique de Saint Thomas d'Aquin*: une lecture de la *Secunda Pars* de la *Somme de Théologie*. Paris: L'Harmattan, 2005. _____. St. Thomas Aquinas' Commentary on the Nicomachean Ethics. In: ELDERS, L. J.; HEDWUING, K. (eds.). *The Ethics of St. Thomas Aquinas*. Cidade do Vaticano: Libreria Editrice Vaticana, 1984, p. 9-49. GAUTHIER, R. A. Praefatio. In: TOMÁS DE AQUINO. *Sancti Thomae de Aquino Opera Omnia*. T. 47. Roma: Leonina Commissio, 1969. GILSON, E. *Le Thomisme*: introduction à la philosophie de saint Thomas d'Aquin. 6. ed. Paris: Vrin, 1969 (ed. bras.: *O tomismo*: introdução à filosofia de Santo Tomás de Aquino. Trad. Juvenal Savian Filho. São Paulo: WMF Martins Fontes, 2024). KLUXEN, W. *L'etica filosofica di Tommaso d'Aquino*. Milão: Vita e pensiero, 2005. LIMA VAZ, H. C. *Escritos de Filosofia IV*: introdução à ética filosófica I. São Paulo: Loyola, 1999. NASCIMENTO, C. A. R. A moral de Santo Tomás de Aquino: a segunda parte da Suma de teologia. In: COSTA, M. R. N.; DE BONI (orgs.). *A ética medieval face aos desafios da Contemporaneidade*. Porto Alegre: EDIPUCRS, 2004, p. 265-274. _____. A prudência segundo Santo Tomás de Aquino. *Síntese nova fase*, 20 (62), p. 365-385, 1993. PINTO DE OLIVEIRA, C. J. Originalidade da moral proposta por Santo Tomás. In: CONTREIRA, L. (org.). *Fogo amigo sobre o velho frade*. São Paulo: Parábola, 2016, p. 271-282. _____. *Ordo rationis, ordo amoris*: la notion d'ordre au centre de l'universe éthique de S. Thomas. In: _____. (ed.). *Ordo Sapientia et amoris*: image e message de saint Thomas d'Aquin à travers les récentes études historiques, herméneutiques et doctrinales. Hommage au professeur J.-P. Torrell. Friburgo: Éditions Universitaires de Fribourg, 1993, p. 285-302. TORRELL, J.-P. *Iniciação a Santo Tomás de Aquino*. 2. ed. São Paulo: Loyola, 2004. WEIL, E. *Philosophie Morale*. Paris: Vrin, 1969. ZINGANO, M. Agir *secundum* rationem ou *cum ratione*? In: _____. *Estudos de ética antiga*. São Paulo: Discurso editorial, 2007.

PAULO MARTINES

## MORTE → *Ver* Escatologia (Novíssimos)

## MULHER

**A mulher na *Suma de teologia*.** A mulher (M.) não é um tema sobre o qual Tomás de Aquino tenha dedicado um tratado específico. Otto Hermann Pesch (1992) atribui isso ao fato de Tomás ter ingressado muito cedo em espaços masculinos de vida religiosa – aos cinco anos foi estudar em Monte Cassino –, entrando depois para a Ordem dos Pregadores, à qual permaneceu vinculado até a sua morte. Isso explicaria por que, na concepção do especialista alemão, Tomás não teria sido original quando escreveu sobre o tema. Na *Suma de teologia* I, no entanto, é possível encontrar questões que se referem à M. como obra da ⱣⱣcriação divina, parte integrante da preservação da espécie e geração da prole. Também há elementos sobre o feminino nas questões relacionadas aos ⱣⱣpecados (luxúria, soberba) e aos ⱣⱣsacramentos. Além disso, há menções a M. bíblicas, como Eva e ⱣMaria. O termo latino *mulier* (mulher) e suas ocorrências declinadas aparecem pelo menos 374 vezes; o

MULHER

termo *uxor* (M., esposa), 190 vezes; e *femina* (M., fêmea), 96. Outras palavras remetem a temas e abordagens relacionados à M.: virgem, filha, viúva, mãe, irmã, santa, prostituta. Nos títulos das questões e nos artigos da *Suma* encontram-se pelo menos dez ocorrências. Para efeito de comparação, o vocábulo correspondente a homem pode ser encontrado em 144 títulos na mesma obra. Das dez menções à M., cinco compõem a estrutura da questão 92 da Primeira Parte, *A produção da mulher*. Essa questão, inserida no conjunto das questões sobre as origens do ser humano, é dividida em quatro artigos: 1) se a M. deveria ser produzida na origem das Ɵcoisas; 2) se deveria ter sido feita do homem; 3) se deveria ser formada da costela do homem; e 4) se foi imediatamente formada por ƟDeus. Para apresentar seus argumentos, o teólogo usa como referências tanto textos bíblicos como Atos dos Apóstolos, Gênesis e Levítico; tratados pastorais, como *A moral*, de Gregório Magno; e obras de filosofia não cristã, como *A geração dos animais*, *Física* e *Ética*, de Aristóteles. Cita também Agostinho de Hipona, *A Trindade*. O mote central da argumentação de Tomás de Aquino na questão 92 é a superioridade intelectual do homem em relação à M. Além disso, o teólogo afirma que M. são geradas quando há fraqueza na potência ativa (sêmen), má disposição da Ɵmatéria ou algum fator externo, como ventos úmidos vindos do sul. As temáticas da criação, da geração da prole e do desenvolvimento humano (quanto ao Ɵintelecto e ao Ɵcorpo) também são abordadas nas questões 99, 118 e 119 da Primeira Parte. Nelas, Tomás de Aquino pergunta se no estado de inocência (ou seja, antes do pecado original) teriam nascido M. (cf. q. 99, a. 2). A resposta dada pelo dominicano é que a diversidade dos sexos pertence à perfeição da natureza humana e, por isso, teriam sido geradas M. antes do pecado original. O teólogo também questiona quais características são transmitidas pelo sêmen (cf. q. 118, a. 1; q. 119, a. 2). A respeito da questão de saber se a mulher deveria ser formada da costela do homem, Tomás, defendendo implicitamente uma igualdade de valor entre mulher e homem, afirma que a mulher não poderia ser formada da cabeça do homem, porque não deveria dominá-lo, nem do pé do homem, porque não deveria ser tratada por ele como uma escrava. Há, ainda, na *Suma de teologia* um conjunto de dezenove questões ($I^aII^{ae}$, q. 71-89) nas quais Tomás de Aquino escreveu sobre os vícios e os pecados. Nesse conjunto de questões, o teólogo questiona sobre a transmissão do pecado original. O argumento é que a transmissão se dá pela potência ativa, que está no homem. Portanto, se apenas a M. tivesse pecado, não haveria transmissão. Porém, em outras questões, o teólogo retoma a temática do modo e da forma de transmissão do pecado e das penas do pecado original (cf. *Suma de teologia* $II^aII^{ae}$, q. 162-165). Tomás de Aquino afirma que a relação entre a serpente e a M., no pecado, se dá pela sensualidade da primeira e a razão inferior da segunda, que representa o Ɵprazer. A razão superior, para o teólogo, é representada pelo homem, que consente no pecado. Tomás de Aquino também especifica práticas de homens e de M. quando aborda o pecado da luxúria, da qual define seis espécies: simples fornicação, adultério, incesto, estupro, rapto e vício contra a Ɵnatureza (cf. *ibidem*, q. 154). Para o teólogo esse pecado está diretamente relacionado à matéria (que se refere à M.); por essa razão, as espécies de luxúria são definidas dessa forma. Outro tema que envolve a M. é o da relação da fêmea/M. com os rituais religiosos, abordado em diferentes questões na *Suma de teologia*. Usamos esse binômio, pois Tomás de Aquino escreveu tanto sobre o uso de fêmeas em rituais de sacrifício como sobre a possibilidade ou não de uma M. batizar alguém. Segundo o teólogo, apenas machos eram oferecidos porque "a fêmea é um animal imperfeito" (*Suma de teologia* $I^aII^{ae}$, q. 102, a. 3). Na questão sobre o Batismo, o teólogo condiciona a possibilidade de batizados serem realizados por M. apenas na ausência de algum homem e em caso de necessidade – embora não especifique no que consistiria essa necessidade (cf. *Suma de teologia* III, q. 67, a. 4). A questão, na verdade, inicia com a negação dessa possibilidade; no argumento em sentido contrário, ou seja, quando passa a afirmar que é possível que M. batizem, Tomás de Aquino cita como referência uma decretal do papa Urbano, inserida no *Decreto*, de Graciano. Outra referência citada pelo teólogo é o da Primeira Carta aos Coríntios (1Cor 11,3), que reafirma que o homem é a cabeça da M. Essa temática está muito presente na Terceira Parte da *Suma de teologia*, principalmente, quando Tomás de Aquino dedica um conjunto de questões a Virgem (cf. *Suma de teologia* III, q. 27-37). Na questão 37, sobre a circuncisão, o teólogo questiona se foi conveniente que Maria se apresentasse ao templo para ser purificada (cf. a. 4). Para Tomás de Aquino, Maria respeitou todos os preceitos legais ao esperar os sete dias (porque deu à luz um homem; se fosse M., seriam quatorze dias) como demonstração de humildade e obediência. Com relação aos preceitos judiciais, Tomás de Aquino trata de temáticas relacionadas às M. quando aborda o que define como "preceitos que pertencem à convivência doméstica" (*Suma de teologia* I$^a$II$^{ae}$, q. 105, a. 4). Nesse tema, são examinadas a condição de esposa e as possibilidades de ruptura da fidelidade do Matrimônio por causa do adultério.

**Natureza da mulher.** A partir desse levantamento das formas de ocorrência e das repetições de temáticas relacionadas direta ou indiretamente às M. na *Suma de teologia*, é possível afirmar que Tomás de Aquino considerava a diversidade de estatutos pelos quais as M. poderiam ser identificadas. Também é importante ressaltar que há menção da M. como ☉ser da criação e o que seria da "natureza" das M., principalmente após o pecado original. Há menção à fêmea, quando o teólogo considera princípios de conservação da espécie e da realização de sacrifícios. Quando trata da Virgem é sempre em relação à participação na geração do ☉Verbo encarnado. Em todas essas situações, é possível afirmar que a M. na *Suma* aparece de forma relacional, subordinada ao homem (como criatura, como animal, como esposo, como divindade). É também uma relação de hierarquia, quando, por exemplo, da possibilidade de as M. batizarem alguém apenas se algum homem não estiver presente e/ou não puder fazê-lo. Por fim, na Terceira Parte da *Suma de teologia* há uma questão na qual o teólogo discute se a proposição "Deus é homem" é verdadeira, ao que responde, em doze artigos, que sim (cf. *Suma de teologia* III, q. 16). Note-se, porém, que o termo latino empregado por Tomás é *homo*, o qual designa a natureza humana, e não *vir*, que se refere ao homem especificamente, ao macho. Todos esses elementos podem ser encontrados nas obras e autoridades citadas pelo teólogo, o que reforça o argumento da não originalidade apresentado por Pesch (1992). Grande parte do que sabemos sobre a M. na Idade Média guarda, ainda, essa relação com a documentação produzida majoritariamente por homens. Essa temática é amplamente tratada na historiografia como expressão da misoginia, principalmente dos homens da ☉Igreja, na Idade Média (cf. BLOCH, 1995; BROWN, 1990; BYNUM, 1984; DELUMEAU, 1992; DEVER, 1996; DUBY, 2001; KARRAS, 2012; PILOSU, 1995; TEIXEIRA, 2015). Predomina, entre historiadores e historiadoras, o consenso de que os homens tinham medo, principalmente quando as M. tomavam a palavra; por isso julgavam necessário limitar, controlar, custodiar ou mesmo impedir o acesso (cf. BARREIRO, 2019; BENEDETTI, 2017; ROUCHE e HEUCLIN, 1990; MADERO, 1999).

**Bibliografia:** BARREIRO, C. N. "Just because I am a woman…": possibilidades de autoria para mulheres escritoras (século XIV). 2019. 171f. Dissertação (Mestrado em História) – Programa de Pós-graduação em História, Universidade Federal do Rio Grande do Sul, Porto Alegre, 2019. BENEDETTI, M. *Condannate al silenzio:* le eretiche medievali. Milão: Mimesis, 2017. BLOCH, R. H. *Misoginia medieval:* e a invenção do amor romântico ocidental. Rio de Janeiro: Ed. 34, 1995. BROWN, P. *Corpo e sociedade:* o homem, a mulher e a renúncia sexual no início do cristianismo. Rio de Janeiro: Jorge Zahar Editor, 1990. BYNUM, C. W. *Jesus as Mother:* Studies in the Spirituality of the High Middle Ages. Berkeley-Los Angeles-Londres: University of California

MULHER

(Los Angeles), 1984. DELUMEAU, J. (ed.). *La religion de ma mère:* le rôle des femmes dans la transmission de la foi. Paris: Cerf, 1992. DEVER, V. M. Aquinas on the Practice of Prostitution. *Essays in Medieval Studies*, 13, p. 39-50, 1996. DUBY, G. *Eva e os padres:* damas do século XII. São Paulo: Companhia das Letras, 2001. DUBY, G.; PERROT, M. *Storia delle donne in Occidente:* il medioevo. Ed. C. Klapisch-Zuber. Roma-Bari: Laterza, 1990. v. II. KARRAS, R. M. *Unmarriages:* Women, Men, and Sexual Unions in the Middle Ages. Filadélfia: University of Pennsylvania Press, 2012. PILOSU, M. *A mulher, a luxúria e a Igreja na Idade Média.* Lisboa: Estampa, 1995. MADERO, M. Savoirs féminins et construction de la vérité: les femmes dans la preuve testimoniale em Castille au XIIIe siècle. *Crime, Histoire & Sociétés/Crime, History & Societies* [En ligne], 3 (2), p. 5-21, 1999. PESCH, O. H. *Tomás de Aquino:* límite y grandeza de una teología medieval. Vários tradutores. Madri: Herder, 1992. ROUCHE, M.; HEUCLIN, J. (eds.). *La femme au Moyen Âge.* Maubeuge: Ville de Maubeuge, 1990. TEIXEIRA, I. S. Aquinas' *Summae Theologiae* and the moral instruction in the 13th century. *Acta Scientiarum. Education*, 37 (3), p. 247-257, 2015.

IGOR SALOMÃO TEIXEIRA

**MUNDO** → *Ver* Matéria

# N

## NATUREZA

**Léxico lógico-metafísico.** Santo Tomás teve várias ocasiões de se pronunciar sobre o conceito de natureza (N.), sobretudo ao tratar da ᴓTrindade divina e da ᴓEncarnação do ᴓVerbo, segundo as formulações dos quatro primeiros concílios ecumênicos, cujas atas ele estudou durante sua estadia em Roma (1265-1268) e nas quais são empregados tanto o conceito de N. como o de ᴓpessoa. Para observar o emprego tomasiano de *natureza*, podem citar-se o *Comentário aos Livros das Sentenças de Pedro Lombardo* III, dist. 5, q. 1, a. 2, a *Suma contra os gentios* IV, 31, e a *Suma de teologia* I, q. 29, a. 1, ad 4m; q. 115, a. 2; IIIª, q. 2, a. 1. Tomás tratou do conceito de N. desde ao abordar a noção de ᴓessência já na sua obra da juventude, *O ente e a essência* (1252-1253), até os comentários do segundo período de ensino em Paris (1268-1272) e Nápoles (1273), com o *Comentário à Física de Aristóteles* II, 1, e o *Comentário à Metafísica de Aristóteles* V, 5. O texto da *Suma de teologia* III, q. 2, a. 1, oferece um bom resumo: "Deve-se saber que o termo *natureza* é dito ou tomado a partir de *o que deve nascer*. Donde esse nome ter sido imposto primeiro para significar a geração dos viventes, que é chamada de nascimento ou proliferação, para que a natureza seja dita como *o que deve nascer*. Depois, o termo *natureza* foi transposto para significar o princípio dessa geração. E, porque o princípio da geração nas ᴓcoisas vivas é interno, mais tarde o termo *natureza* foi direcionado para significar qualquer princípio interior de mudança, conforme o que o filósofo diz na *Física*, livro II (1, 192b 21-23): 'a natureza é o princípio de mudança naquilo em que está por si e não como um acidente'. Ora, esse princípio é ou a forma ou a ᴓmatéria. Donde, às vezes, chamar-se de natureza à forma e, às vezes, à matéria. E, porque o fim da geração natural é, naquele que é gerado, a

essência da espécie, significada pela sua definição, tal essência da espécie é também chamada de natureza. Assim, Boécio define a natureza no livro sobre *As duas naturezas* [*Contra Êutiques e Nestório* I, 110] do seguinte modo: 'a natureza é a diferença específica que informa cada coisa', isto é, que completa a definição da espécie. Portanto, falamos agora sobre natureza conforme esse termo signifique ou a essência ou o que algo é ou a quididade da espécie". O opúsculo *O ente e a essência* (cap. 1) é mais explícito sobre *o que algo é* e a *quididade*: "Visto que aquilo pelo que a coisa é estabelecida no próprio gênero ou espécie é isso que é significado pela definição indicando o que a coisa é, daí vem que o nome de essência é transformado pelos filósofos no nome de quididade, e isso é o que o filósofo denomina frequentemente 'aquilo que algo era ser', quer dizer, isto pelo que algo tem o ser algo". Ainda em *O ente e a essência*, Tomás remete também ao livro *Sobre as duas naturezas* de Boécio (conhecido atualmente como *Contra Êutiques e Nestório*), mas referindo-se ao primeiro modo de significação indicado pelo filósofo romano: "se diz natureza tudo aquilo que, seja como for, pode ser captado pelo intelecto; pois, algo não é inteligível senão por sua definição e sua essência; desse modo, o filósofo também diz no quinto livro da *Metafísica* V, 4 (1015a12) que toda substância é natureza". Tomás ainda resume em *O ente e a essência*: "No entanto, o termo *natureza*, tomado desse modo, parece significar a essência da coisa na medida em que está ordenada à operação própria da coisa, uma vez que nenhuma coisa é destituída de operação própria. O termo *quididade* deriva, porém, disso que é significado pela definição; mas a quididade é dita essência na medida em que, por ela e nela, o ente tem o ᴓser". Tomás distingue ainda entre o natural e o ocasional ou fortuito, isto é, aquilo que não procede de sua ᴓcausa por ᴓnecessidade (cf. *Comentário à Física de*

*Aristóteles* II, 7-10). O ↗mundo supralunar é submetido a uma ↗necessidade perfeita, ao passo que o mundo terrestre ou sublunar não comporta uma necessidade tão rigorosa. Em muitos casos encontra-se, no mundo sublunar, uma necessidade atenuada (o frequente ou o que acontece na maioria das vezes, e mesmo o ocasional, isto é, o que acontece poucas vezes, resultando acidentalmente de uma linha causal independente). Tomás comenta o exemplo dado por Aristóteles em *Física*, II, 5 (196b21-197a20): se alguém a quem outrem deve uma soma de dinheiro (↗Riqueza) vai à praça da cidade por uma razão qualquer e lá encontra seu devedor, recebendo então a soma devida, diz-se que isso foi por acaso. De fato, o credor não costumava ir à praça, não tinha necessidade de ir, fazia isso raramente e para lá não foi naquela ocasião para receber a dívida. O recebimento da dívida é, portanto, um efeito acidental da linha causal que determina a ida do credor à praça com base no que ele se propunha a fazer lá, sem nada que ver com o recebimento. Algo parecido se dá com aquilo que é feito segundo um propósito ou segundo o ↗intelecto: o recebimento do dinheiro por sorte é ↗fim de alguma causa, mas não considerado em si mesmo, como se dá com o que é feito por N. Se alguém for à praça com o propósito de receber o dinheiro porque é aí que o recebe sempre ou frequentemente, isso não é considerado fruto da sorte; do mesmo modo, se alguém molha seus pés frequentemente ou sempre quando vai a um lugar lodoso, ainda que não tenha a intenção de molhá-los, isso também não é considerado efeito do acaso. Donde concluir Tomás que a *sorte* é causa por acidente naquilo em que se dá conforme ao propósito, em vista do fim em menor parte. Fica manifesto, portanto, que a sorte e o discernimento têm o mesmo conteúdo por referência; afinal, operar com sorte cabe apenas aos que têm discernimento. Com efeito, não há propósito nem ↗vontade sem discernimento. Embora apenas os que têm discernimento operem pela sorte, quanto mais algo estiver sujeito ao discernimento tanto menos estará sujeito à sorte. Tomás, como antes dele os filósofos gre-gos, distingue o natural do artificial ou o que é de fabricação humana. Ele aceita o axioma de que *a* ↗*arte imita a natureza* (cf. por exemplo, *Suma contra os gentios*, II, 75, *sciendum tamen*). Diz também "a arte é ajudante da natureza e completa o que falta à natureza naquilo em que esta falha" (*Comentário aos Livros das Sentenças de Pedro Lombardo* IV, dist. 42, q. 2, a. 1).

**Léxico metafísico-moral.** No tocante à compreensão da N. como essência, é indispensável, para um tratamento completo do tema, levar em conta sua consideração absoluta em si mesma, a sua consideração de acordo com seu estado de singularidade nos entes e a sua consideração de acordo com seu estado de abstração no intelecto (↗Conhecimento). A noção de *estado*, no sentido de condição ou situação, se aplica à ↗História da ↗Salvação e constitui um operador importante para entender como a mesma N. humana, que é evidentemente comum a todos os humanos, manifesta-se em diferentes etapas históricas, embora permaneça a mesma quanto à sua constituição própria. Fala-se, então, de *estado de inocência* (a N. humana antes do ↗pecado original dos primeiros pais), de N. *decaída ou ferida* (a N. humana posterior ao ↗pecado), de N. *redimida* (a N. humana posterior à ↗Encarnação) e de N. *glorificada* (a N. humana que se encontra no gozo da visão beatífica – ↗Escatologia). As palavras *natureza* e *natural* são usadas também no que diz respeito à N. humana, acerca da ↗lei. A lei natural se distingue tanto da lei eterna (o próprio ↗Deus) como da lei divina (a Torá) e da lei humana (o ↗direito positivo). Nesse domínio, Tomás apresenta um uso específico da distinção entre a N. *considerada em si mesma* (a N. da ↗espécie) e a N. *do* ↗*indivíduo*; esta última é a N. da espécie tal como se encontra com todas as características particulares de e em um indivíduo. Santo Tomás utiliza essa distinção em diversos contextos, que certamente podem ser resumidos sob as rubricas da *qualidade* ou da *falta de qualidade*: Tomás pergunta em que sentido se pode dizer que uma habilidade ou uma ↗virtude, ou ainda a carência dela, é natural (cf. *Suma de teologia* I, q. 92, a. 1, ad 1m;

I$^a$II$^{ae}$, q. 42, a. 2, ad 3m; q. 51, a. 1; q. 63, a. 1; q. 85, a. 6; II$^a$II$^{ae}$, q. 57, a. 3, ad 2m). Duas dessas referências têm particular importância, porque Tomás reduz à N. individual aquilo que Aristóteles parecia entender como referência à N. pura e simplesmente considerada: trata-se do suposto caráter casual e deficiente da ℘mulher (cf. *ibidem*, q. 92, a. 1, ad 1m) e do também suposto caráter natural da escravidão ou servidão (cf. *Suma de teologia* II$^a$II$^{ae}$, q. 57, a. 3, ad 2m). A distinção entre N. da espécie e N. do indivíduo foi endossada até mesmo na tese 206, dentre as 219 teses condenadas em 1277, pelo bispo de Paris, Étienne Tempier: o pecado contra a N. (como o uso indevido no coito), embora seja contra a N. da espécie, não é contra a N. do indivíduo (cf. HISSETTE, 1997). Teólogos contemporâneos e inspirados na distinção tomasiana questionam a adequação de aplicar a noção mesma de N. ao ser humano ou de empregar essa noção como categoria de designação da pessoa humana, pois, como pergunta Karl Rahner, por exemplo, será que a N. como noção ou categoria é pertinente para designiar os indivíduos humanos, uma vez que cada um deles é um ℘ente único, por sua alma e por seu corpo, capaz de transcender sua realidade, operar com as limitações impostas por sua existência e exercer a ℘liberdade de autodeterminação? Segundo a descrição rahneriana, cada indivíduo humano é capaz de acionar inúmeras possibilidades de concretizar singularmente a essência de sua espécie, distinguir-se, mediante um insuperável salto de qualidade, dos outros entes naturais e, ainda podendo ressignificar o que é definido *a priori* por sua espécie. Essas possibilidades não são dadas, em absoluto, aos entes não humanos, que apenas reproduzem o que é previsto na N. da espécie. Não seria mais adequado fundamentar a descrição do ser humano na observação de que, embora a N. de sua espécie mostre subsistir como universal ( ℘Universais) na mente divina, essa mesma N. da espécie, no caso dos seres humanos (e, no limite, até no dos seres não humanos), não subsiste abstratamente como essência à parte dos indivíduos, ao modo de uma essencialidade

absolutamente determinadora da ℘existência ou do ato de ser de cada pessoa? A N. humana não mostra subsistir apenas na sua efetivação histórica dos indivíduos, entes singulares, modulando-se, portanto, segundo o ato de ser de cada um deles? (RAHNER, 1954). Nos termos de Tomás de Aquino, com outros termos: "a natureza humana inclina [os indivíduos] de modo geral (*communiter*) para diversas funções e atos, como já foi dito. Mas, porque ela, ao individuar-se neste ou naquele [indivíduo], encontra-se de modos diferentes em diferentes [indivíduos]; a um ela se inclina mais para uma função; a outro, mais para outra: e é igualmente a partir dessa diversidade que, com a divina Providência que a tudo dirige, acontece que um [indivíduo] eleja uma função, como a agricultura, por exemplo, e que outro [indivíduo] eleja outra função. É também assim que acontece de alguns elegerem a vida matrimonial, e outros, a vida contemplativa" (*Comentário aos Livros das Sentenças de Pedro Lombardo* IV, dist. 26, q. 1, a. 2, ad 4m). Ainda que um texto como esse se refira *de modo geral* a inclinações ocorrentes segundo a espécie humana, ele faz observar que, se a N. humana subsiste diferentemente nos indivíduos, também é diferentemente que há inclinações conaturais a determinados indivíduos, levando-os a destacar-se no interior da espécie, o que é ainda mais explícito em casos minoritários, pois, segundo Santo Tomás, até aquilo que se realiza *em poucos casos* (*in paucioribus*) nunca é acidental no que diz respeito à sua *relação com as causas mais elevadas* (cf. *Comentário à Metafísica de Aristóteles* VI, 3). Os indivíduos, portanto, sobretudo nos casos minoritários, destacam-se no interior da espécie porque possuem de *maneira natural* aquilo que vivem diferentemente do restante dos membros da espécie. Revela-se, assim, no conjunto dos textos de Santo Tomás, certa tensão positiva para analisar a efetivação da N. da essência da espécie nos indivíduos. Como dito anteriormente, tal se dá especialmente com indivíduos humanos, pois, se o Doutor Angélico insiste, por um lado, que a N. da espécie é mais unida a cada indivíduo singular do que ao indivíduo considerado em geral (cf. *Suma de teologia* II$^a$II$^{ae}$, 154, 12, ad 2m), ele ainda insiste, por outro lado, até aquilo que se realiza apenas em poucos indivíduos nunca é acidental para eles no que diz respeito à sua relação com as causas mais elevadas (cf. *Comentário à Metafísica de Aristóteles* VI, 3).

**Natureza da espécie e natureza da pessoa singular.** Há um caso que parece ilustrar, ou ao menos aprofundar, sob uma perspectiva metafísica, a compreensão do sentido da distinção tomasiana entre a *N. da espécie* e a *N. da pessoa humana singular*: o caso da homossexualidade. Para compreendê-lo, convém destacar, de saída, dois aspectos metodológicos decisivos e decorrentes do tratamento dado ao tema por Santo Tomás mesmo. Primeiramente, Santo Tomás não reduz sua reflexão sobre a homossexualidade a um tratamento ético ou moral, mas também a inscreve em uma investigação de ordem ontológica ou metafísica. Assim, esse fenômeno não é visualizado apenas em termos de prazer decorrente de um impulso de ℘paixões, de uma inclinação viciada ou de uma avaliação equivocada a respeito de um bem (como ocorre, por exemplo, em *Suma de teologia* II$^a$II$^{ae}$, q. 154, a. 11-12; *Questões disputadas sobre a verdade*, q. 24, a. 10, Resp.), mas o fenômeno da homossexualidade também é tratado em termos de causalidade metafísica, pois Tomás procura entender as *causas naturais* desse fenômeno. Com efeito, Santo Tomás identificará a raiz da homossexualidade no ℘princípio de individuação, aquele mesmo que, como afirmado anteriormente neste verbete, faz que cada indivíduo realize singularmente (ao seu modo único e irrepetível, tanto como consegue) a essência de sua espécie. Em segundo lugar, o estudo do tratamento tomasiano da homossexualidade sob a perspectiva do princípio de individuação deve evitar todo anacronismo, embora pareça óbvio dizer isso. O que importa saber de saída é que a abordagem tomasiana não tem praticamente nada de equivalente nos debates contemporâneos que concebem a orientação homossexual em termos de origem genética ou sociocultural; Santo

Tomás adota uma postura de análise propriamente ontológica ou metafísica, quer dizer, ligada ao fundamento do ato de ser de cada pessoa singular. É dessa perspectiva que ele exprime suas conclusões nos termos do que chama de *inclinação* e de *repetição de atos por causa da inclinação*. Ademais, Santo Tomás não conhece termos como *homossexualidade* ou *homoafetividade*, menos ainda *transexualidade*, *bissexualidade* e outros do vocabulário contemporâneo. Por fim, apesar de também de revelar consciência da inclinação de mulheres por outras mulheres tanto como de homens por outros homens (cf., por exemplo, *Suma de teologia* II$^a$II$^{ae}$, q. 154, a. 11, Resp.; *Comentário à Carta de Paulo aos Romanos*, cap. 1, lição 8), Santo Tomás, influenciado pelos fatores determinantes de seu contexto histórico no tocante à compreensão antropológica e científica em geral, refere-se basicamente à tendência masculina, falando de sodomia ou de coito anal, embora sua análise se aplicasse de igual modo às mulheres, sem esquecer dos casais que praticavam o coito anal. Todavia, não é primeiramente a homossexualidade (sodomia; coito anal) que Santo Tomás associa a um *vício contra a natureza*, mas o pecado maior da luxúria (cf. *Suma de teologia* II$^a$II$^{ae}$, q. 94, a.11-12). Trata-se aqui, sem dúvida, de uma abordagem ético-moral, mas, para além dela, e certamente sob o influxo do neoplatonismo de matriz plotiniana (cf., por exemplo, TORNAU, 2009), aliado sem sombra de dúvida à novidade cristã da valoração do indivíduo pelo que ele é precisamente como indivíduo (cf., por exemplo, IOGNA-PRAT; BEDOS-REZAK, 2005; MENCKE, 2006), Santo Tomás também aborda essa inclinação sob a perspectiva metafísica da individuação da N. da espécie humana em cada pessoa singular, na qual não há separação nem divisão (nem de ℘corpo e ℘alma nem de ℘acidente e ℘substância), mas em quem todos os componentes formam uma unidade indissolúvel. Esse segundo tipo de abordagem chama a atenção no caso específico de um texto da *Suma de teologia* I$^a$II$^{ae}$, q. 31, a. 7, Resp., no qual Santo Tomás investiga a origem mesma do prazer inerente ao coito anal, considerando-o conatural à pessoa tomada em sua singularidade. O texto é longo, mas, por razões de clareza, deve ser citado integralmente: "O que é natural se define como o que é segundo a natureza, tal como se afirma no livro II da *Física* [de Aristóteles]. Porém, no ser humano, a natureza pode ser tomada de modo duplo. De um modo, é principalmente como intelecto e *ρ*razão que se toma a natureza do ser humano, pois é de acordo com ela que o ser humano é constituído na sua espécie. Dessa forma, podem ser considerados prazeres naturais dos seres humanos aqueles que convêm ao ser humano de acordo com a razão, tal como é natural para o ser humano o comprazer-se na contemplação da verdade e nos atos das virtudes. De outro modo, a natureza no ser humano pode ser tomada segundo o seu compartilhar com a razão (*secundum quod condividitur rationi*), e é o que há de comum entre o ser humano e outros [entes], quer dizer, o que não propriamente obedece à razão. De acordo com esse modo, diz-se naturalmente aprazível (*delectabilia*) para o ser humano tudo o que pertence à conservação do corpo, quer no tocante ao indivíduo, como o alimento, a bebida, o sono e tudo o mais desse tipo, quer no tocante à espécie, como o uso dos órgãos genitais. No entanto, de acordo com esses dois tipos de prazeres, ocorre que alguns não são naturais simplesmente falando, mas são conaturais em certo aspecto (*secundum quid*). Acontece, então, em um indivíduo determinado, que algo dos princípios naturais da espécie se altere (*corrumpi*); e, assim, aquilo que é contra a natureza da espécie faz-se, por acidente, natural a este indivíduo determinado, assim como acontece que aquecer seja natural a esta porção de água quente. Igualmente, então, acontece que aquilo que é contra a natureza do ser humano, tanto no tocante à razão como no tocante à conservação do corpo, faz--se conatural a um ser humano determinado em função de certa alteração (*corruptionem*) da natureza existente nele. Essa alteração pode ser proveniente da parte do corpo – seja por uma doença, assim como quando, para quem tem

febre, o doce parece amargo e vice-versa, seja em função de uma má constituição, como é o caso de alguns que se comprazem em comer terra, carvão e coisas desse tipo –, mas também da parte da alma, como é o caso daqueles que, em função do costume (*propter consuetudinem*), comprazem-se em comer carne humana, no coito com animais, no coito entre homens, ou em outros atos desse tipo que não se dão segundo a natureza humana" (*Suma de teologia* IᵃIIᵃᵉ, q. 31, a. 7). Para a análise desse texto, duas observações impõem-se de saída. Primeiro, sem precisar recorrer ao conjunto do léxico tomasiano, a tradução do sintagma *corruptio* (e derivados) por *alteração*, e não necessariamente por *corrompimento*, parece justificada se se tem em vista o exemplo da água quente dado pelo próprio autor: não faz parte da N. da água o ato de aquecer, pois esse é um atributo do fogo; mas uma porção de água quente pode aquecer algo, e isso ocorre não por sua N. ou essência, mas por acidente, quer dizer, por um atributo concomitante à N. de uma porção singular de água, e não a toda porção de água. Trata-se, pois, de *alteração*, e não de corrompimento. Segundo, a associação feita por Santo Tomás entre o caso da homossexualidade e os casos certamente impressionantes da antropofagia e da zoofilia não quer dizer que o Doutor Angélico equipare simplesmente a inclinação homossexual aos dois outros casos extremos de inclinação. A associação dos fenômenos da homossexualidade, da antropofagia e da zoofilia explica-se por serem provenientes de Aristóteles (cf. *Ética nicomaqueia* VII, 5, 1148b18-6,1149b29), uma das principais autoridades para Tomás de Aquino no tocante ao procedimento metafísico de busca da origem dos fenômenos; e o intento de Santo Tomás, no texto analisado, é precisamente pesquisar, de modo geral, as causas metafísicas ou os princípios naturais que explicam, em pessoas singulares, a origem do prazer inerente a atos que, analisados sob a perspectiva da espécie, não se mostram naturais. Não é casual que o tema da questão 31 da IᵃIIᵃᵉ seja o *prazer considerado em si mesmo* (tratamento metafísico), e não o *prazer*

NATUREZA

*como bom ou mau* (tratamento ético), como será tratado na *Suma de teologia* II²II²², q. 154, a. 11. Assim, a associação metafísica entre a homossexualidade, a antropofagia e a zoofilia não permite uma equiparação moral entre elas, pois é falacioso extrair da afirmação segundo a qual certos fenômenos têm uma causa natural (ligada às suas naturezas de entes singulares) a consequência de que eles têm a mesma causa natural e, por conseguinte, o mesmo valor moral. Em termos morais, há de se dissociar, aliás, a homossexualidade, a antropofagia e a zoofilia, pois essas duas últimas inclinações, por seu caráter egoísta e violento, sem ℗amor, dificulta essencialmente a realização da vocação humana a realizar-se como ℗imagem de Deus pela prática inteligente e livre do bem, no amor (cf. *Suma de teologia* I²II²², Prólogo). Não parece ser esse necessariamente o caso da homossexualidade: da perspectiva moral, quando enraizada metafisicamente na N. de pessoas singulares, e não apenas em um hábito (*consuetudo*) adquirido por simples prazer sexual, eminentemente o da luxúria, ela não é essencialmente egoísta nem violenta, pois não impede necessariamente a autorrealização humana como imagem de Deus, sob a ação da ℗graça. A análise do texto aqui citado requer observar ainda o fato de Santo Tomás não tratar aí a homossexualidade em função do corpo ou de uma má constituição física, mas em função da alma. A homossexualidade, assim, não é tratada como sempre decorrente do uso do corpo, como ocorre com os prazeres e pecados venéreos (considerados provenientes do corpo e das paixões. Por corolário, a homossexualidade não é mero sinônimo de pecado sexual, pois só é considerada má quando consiste em um pecado sexual, próprio de quem não é conaturalmente inclinado a ela. Por fim, recorrer à "natureza decaída" para recusar toda legitimidade do amor homossexual (como se ele proviesse de um corrompimento na N. humana mesma – ℗Pecado; ℗Pecado original) pareceria um erro, uma vez que a entrada do pecado no mundo não tornou má a N., nem as paixões em si mesmas (cf. *Suma de teologia*

I²II²², q. 24, a. 1). Consequências teológico-pastorais de grande impacto para a vida cristã certamente podem ser tiradas do texto tomasiano, como atualmente propõe, entre outros, o teólogo dominicano Adriano Oliva, em livro recente no qual defende a possibilidade de o magistério católico deixar de definir a união homossexual como "intrinsecamente má", concebendo-a, em vez disso, como inclinação natural em indivíduos determinados, inclinação sã e aberta à ℗santidade (cf. OLIVA, 2015). Reações contrárias ao livro de Oliva surgiram rapidamente, baseando-se, sobretudo, na possibilidade de outro tipo de amor entre pessoas homossexuais, um amor exclusivamente de ℗amizade (cf. PERDRIX; MARGELIDON; SYSSOEV, 2017).

**Natural e sobrenatural.** Além de ter reorganizado o campo semântico do termo N. ao modo de, por assim dizer, uma *síntese* de caráter lógico-metafísico e metafísico-moral, Tomás de Aquino também distingue, no caso dos seres humanos, a N. da espécie e a N. das pessoas singulares. Diferencia ainda, como já haviam feito pensadores gregos, entre o que é *natural* (decorrente da espécie) e o que é *artificial* (decorrente da produção humana). Mas sua série de distinções não termina aí, pois uma última a ele se impôs por sua observação do mundo e por seu duplo movimento de recepção do pensamento antigo-patrístico e de sua adesão pessoal ao mistério divino mediante as expressões cristãs da fé: a essa última distinção designa-se como aquela existente entre o que é *natural* e o que é *sobrenatural*. No limite, a noção de sobrenatural não passa, em linhas gerais, de um recurso teórico para pensar e exprimir a união do ser humano com o ser divino (cf. BOULNOIS, 1998). Assim, na articulação entre antropologia e teologia, tal noção repousa sobre a ℗experiência de que o ser humano tem um desejo natural de conhecer a Deus, aspiração à qual a N. não pode satisfazer por si mesma, mas somente por um dom superior a ela, um dom sobrenatural. Afinal, assim como é racionalmente legítimo pensar que há um ser ℗transcendente ao ℗mundo, também é legítimo pensar que um favor seu ou a sua Ωgraça pode levar à perfeição os fins do próprio mundo, elevando o mundo para além de suas potências naturais. Nessa dinâmica explicita-se a complexidade da antropologia cristã, e a chave de leitura da compreensão tomasiana de tal dinâmica está em notar que todo ente chega ao seu fim segundo a ordem de sua N., destacando-se, porém, a especificidade humana segundo a qual, em cada Ωpessoa, o desejo natural da visão divina é uma determinação pertencente de modo próprio à sua essência (cf. *Questões disputadas sobre o mal*, q. 5, a. 1; *Suma contra os gentios* III, 50; 147). Como diz Tomás de Aquino, "todo intelecto deseja naturalmente a visão da substância divina" (*Suma contra os gentios* III, 57), e esse desejo pode ser satisfeito, pois "é possível que a substância de Deus seja vista por meio do intelecto, tanto no que se refere às substâncias intelectuais [(ΩAnjos)] como às nossas almas" (*ibidem*, 51). Decorre daí que seria Deus quem eleva a N. para torná-la capaz de receber a visão dele mesmo; assim sendo, os fins últimos do ser humano ultrapassam as possibilidades de sua N., ele tem um *destino paradoxal*, pois a N. intelectual humana consiste em desejar o que ela não pode alcançar sozinha, mas apenas por meio de *outro* (cf. *Suma de teologia* I$^a$II$^{ae}$, q. 5, a. 5, ad 2m): essa carência do ser humano faz também sua grandeza, pois mostra, por um lado, que o ser humano não é prisioneiro de seus limites naturais, e, por outro, que o sobrenatural, vindo em seu socorro, engrandece sua dignidade, de modo que o desejo natural de ver Deus estabelece um claro *humanismo cristão* (BOULNOIS, 1998, p. 1360). A articulação entre a noção de um sobrenatural com um natural humano como ente superior aos outros entes não é, porém, novidade cristã. Platão já identificara substâncias superiores aos entes naturais (cf. *República* VII, 509b), e, com termos platônicos, Dionísio Pseudoareopagita, uma das principais fontes de Tomás de Aquino, exprimirá a essência divina como "o que é para além de toda essência", *epekeína pasès ousías* (DIONÍSIO PSEUDOAREOPAGITA, 2012, n. 588b, p. 363). A história dessa maneira de

conceber e designar o sobrenatural é extremamente complexa, e, no caso de Tomás de Aquino, é certo que ele seguiu o vocabulário de Boécio de Roma, cujo trabalho, embora incluísse uma reorganização do vocabulário aristotélico empregado por autores cristãos dos primeiros séculos, também superou a lógica das *Categorias*, chamando a Deus de *supersubstantia* (suprassubstância) ou "ser" *superessentialis* (supraessencial) – cf. BOÉCIO, 2005. O que, porém, mais interessa na ideia de sobrenatural é que somente a relação com um ser perfeito, eterno e imutável pode satisfazer plenamente o desejo natural de felicidade, aquele fim observado em termos naturais. Quando essa relação é vivida como encontro pessoal com o ser supremo, tornando-se fé, quer dizer, adesão inteligente e amorosa a ele (ΩFé; ΩPiedade), mediante o auxílio de verdades reveladas por ele (ΩArtigos de Fé), essa relação adquire o caráter de Ωreligião e ultrapassa os limites da simples identificação natural de uma causa suprema e de uma finalidade para a existência humana. Mais do que isso, a relação pessoal com o ser transcendente amplia a compreensão da finalidade natural, pois, quando se dá a adesão inteligente e amorosa de alguém a esse mesmo ser (ainda que a essência dele continue um mistério para os humanos, apesar de vir ao encontro deles), o horizonte natural da operação da Ωrazão e da Ωvontade é expandido pelo acesso a verdades reveladas que somente o ser transcendente pode mostrar. Tal expansão permite ressignificar a finalidade da existência humana e o sentido da Ωhistória. Nessa relação religiosa com o ser transcendente, dá-se um rosto a ele, mediante as expressões de fé, e passa-se a chamá-lo, em geral, de *Deus*: ele é *alguém*, um ser com o qual tem semelhança a Ωpessoa humana, pois fala a ela. É a essa experiência que se designa como sobrenatural, sem pretender que, por não ser propriamente natural, ela constitua um acréscimo de algo externo à natureza humana. A experiência sobrenatural, está claro, não pode ser produzida pelos próprios humanos, posto que a natureza deles não contém nada que transcenda a ela mesma;

porém, nela há, sem sombra de dúvida, uma abertura ao encontro com algo sobrenatural, uma possibilidade de transcender-se por meio de um encontro desse tipo (cf., por exemplo, *Questões disputadas sobre a verdade*, q. 27, a. 3). Não à toa, o próprio termo *sobrenatural*, tradução literal do *supernaturalis* do latim de Tomás de Aquino (com a perífrase correlata *supra naturam* e outras), é por ele empregado com grande parcimônia, o que, porém, não impede de encontrar em sua obra o sentido aqui indicado. Um dos empregos típicos do termo encontra-se, por exemplo, na *Suma de teologia* II-ªIIae, q. 171, a. 2, ad 3m, para designar tudo cujo sentido esconde-se no mistério de Deus, mesmo se ele o revela no mundo, como é o caso, por exemplo, dos ℘milagres e da ação da ℘graça. Seus textos manifestam mais a ideia de *sentido* sobrenatural do que de algo ou substância (cf., por exemplo, *Suma contra os gentios* III, cap. 50; cap. 147; *Questões disputadas sobre o mal*, q. 5, a. 1). Tendo-se isso em conta, é possível até mesmo dizer que as formulações tomasianas são paradoxais, pois, mesmo considerando a meta ou o fim da vida humana como residentes na visão de Deus tal como ele é, Tomás concebe a completude de tal visão como algo não alcançável pelos seres humanos mediante seus próprios recursos, mas por dom do ser transcendente. Em outras palavras, a natureza intelectual e volitiva humana deseja o que não pode adquirir por sua própria força, mas que lhe é possibilitado por ação do ser transcendente: uma perfeição que a satisfaça plenamente (cf. *Suma de teologia* IªIIae, q. 5, a. 5, ad 2m). Entendida dessa maneira, a carência natural não diminui a dignidade humana, mas a aumenta, porque revela, por um lado, seu não aprisionamento a seus limites naturais, e, por outro, a possibilidade de ser engrandecida por outro ser, tal como se exprime na conhecida afirmação do próprio Tomás: "a graça supõe a natureza e a leva à perfeição" (*Suma de teologia* I, q. 1, a. 3, ad 2m; IIªIIae, q. 99, a. 2, ad 1m). A felicidade completa, dada unicamente por Deus, inicia-se já nesta vida, pois é dado ao ser humano conhecer, pela fé, algo da essência divina, mas, como é imperfeito o conhecimento do ser divino na precariedade da sua condição terrestre, o ser humano só conhecerá a Deus com perfeição na vida eterna (cf., por exemplo, *Suma de teologia* IªIIae, q. 3, a. 8). Pensadores contemporâneos, eminentemente o Cardeal Henri de Lubac (1896-1991), mostraram como uma dissociação entre o natural e o sobrenatural (seja na compreensão da natureza humana, seja na prática da ℘fé) é obra de autores modernos, não podendo em absoluto ser atribuída a Santo Tomás (cf. DE LUBAC, 1946). Em pleno acordo com elementos vindos de Platão, de Aristóteles, do neoplatonismo, de Agostinho e dos Pais gregos, Tomás de Aquino reconhece integralmente o princípio que continuará a ser explorado por teólogos modernos, segundo o qual tudo o que se ordena para algum fim possui em si certos princípios pelos quais se pode alcançar tal fim (cf. *Comentário ao Tratado da Trindade de Boécio*, q. 6, a. 4; DE LUBAC, 1965b, p. 151ss). De Lubac mostra que uma reflexão mais condizente com o ensino tradicional da Igreja, recuperando elementos tomasianos, levaria a afirmar a gratuidade da ℘criação e da redenção (℘Salvação), vinculando-se diretamente a uma forma positiva de pensar a relação entre imanência e transcendência, e não a insistir em algo como uma "natureza pura", separada do sobrenatural ou da graça (cf. DE LUBAC, 1949). Ao estudar a controvérsia teológica que envolveu Baio (Michel de Bay, 1519-1589) e Jansênio (Cornélio Jansen, 1585-1638), De Lubac conclui que, diante desses dois agostinianos "desorientados", alguns teólogos cristãos modernos teriam feito melhor trabalho se tivessem repensado ou reinventado a ligação congênita entre natural e sobrenatural, em vez de opor a essa ligação o sistema de uma "natureza pura" (cf. DE LUBAC, 1965a). O Cardeal De Lubac esforçava-se, ainda, por evidenciar o modo como o pensamento, no mundo contemporâneo, pode retomar os fios afrouxados ou mesmo rompidos pela separação ocidental moderna entre N. e finalidade, essência e história, ℘teologia e ℘filosofia, fé e razão (cf. DE LUBAC, 1965b). Em sua visão de síntese, ele defendia, com base em Tomás de Aquino, que, em meio a todas as mudanças da cultura, a condição humana permanece fundamentalmente a mesma; e a relação do ser humano com Deus, que o fez para ele e não cessa de atraí-lo a si, permanece fundamentalmente a mesma. Há sempre, tanto na N. como na história, um desejo natural, uma "potência" na qual a graça encontra conivência. Ainda, como diziam os ♀Pais da Igreja gregos, o Lógos encarnado recolhe as "sementes" disseminadas pelo Lógos criador, afirmação que, nos termos dos autores cristãos latinos, significa que o ser humano, imagem de Deus, é, como tal, apto a entrar em comunhão com ele, na liberdade do espírito e na gratuidade do amor. Ora, mesmo se reconhecendo a erudição de De Lubac e o acerto de grande parte de suas conclusões, discordâncias surgiram em relação à sua exegese do sobrenatural em Santo Tomás. Por exemplo, o carmelita Philippe de la Trinité, sem conhecer os estudos de De Lubac posteriores aos anos 1950 e tomando como "estudo de caso" o pecado de Satã, identificará nos textos tomasianos uma dupla destinação psiquíca para a criatura espiritual (tanto humana como angélica): a destinação ou vocação natural, que Tomás teria concebido em termos aristotélicos, e a destinação ou vocação sobrenatural, que Tomás teria aprendido da Revelação. Assim, a possibilidade de pecar dar-se-ia tanto em uma como em outra das destinações, o que justificaria defender uma distinção clara entre o natural e o sobrenatural em Tomás de Aquino. De Lubac, todavia, referindo-se ao pecado dos anjos, explora a concepção tomasiana de que Deus podia não ter criado os ♀anjos; mas, como os criou, também os determinou a buscar, com total liberdade, a visão beatífica, de modo que os anjos não podiam ser isentos de pecabilidade, confirmando a única ordem ôntica possível, a natural-sobrenatural. O filósofo e teólogo brasileiro Henrique Cláudio de Lima Vaz (cf. LIMA VAZ, 1950), em continuidade com De Lubac, embora dele se afastasse em outros aspectos, mostrou como os textos tomasianos articulam N. e destinação da criatura espiritual por meio de uma aliança entre o pensamento aristotélico, o neoplatonismo e a tradição bíblica, chegando a uma fenomenologia da beatitude como movimento inteiramente natural, convergente para o alto no mesmo movimento em que se estreita à medida que avança rumo ao vértice que mostra o ♀Universo como *síntese inteligível no espírito*, o qual, por sua vez, atinge seu Princípio, o Bem, como ser que lhe é íntimo e, a um só tempo, transcendente. No limite, a análise de Lima Vaz reenvia aos trabalhos de De Lubac, pois apenas confirma que o cardeal redescobriu ou trouxe de volta à tona um princípio cristão muito antigo: se os humanos recebem de Deus a ♀salvação, então a graça age em cada um deles. Como dizia Irineu de Lyon, todo o cosmo foi criado em vista de uma recapitulação de todas as coisas no ser humano e em ♀Jesus Cristo. Por conseguinte, como dizia ainda De Lubac, Deus inscreveu na natureza humana a aspiração a receber o dom que Deus faz de si mesmo, de modo que "tal desejo não é senão o chamado do próprio Deus" (DE LUBAC, 1946, p. 487).

**Bibliografia:** ALCORTA, J. I. El concepto de naturaleza en santo Tomás. In: *La filosofia della natura nel Medioevo*: Atti del Terzo Congresso Internazionale di Filosofia Medioevale, Passo della Mendola (Trento), 31 agosto-5 settembre, 1964. Milão: Vita e Pensiero, 1966, p. 465-470. ARISTÓTELES. *De la génération et de la corruption*. Trad. Marwan Rashed. Paris: Belles Lettres, 2005. _____. *Physique*. Trad. Pierre Pellegrin. Paris: Flammarion, 2021. _____. *Métaphysique*. Trad. J. Tricot. Paris: Vrin, 1991. 2 v. BOÉCIO. A santa Trindade. In: _____. *Escritos (Opuscula sacra)*. Trad., introd. e estudos de Juvenal Savian Filho. São Paulo: WMF Martins Fontes, 2005. BOSWELL, J. *Christianity, Social Tolerance and Homossexuality*: Gay People in Western Europe from the Beginning of the Christian Era to the Fourteenth Century. Nova York: University of Chicago Press, 2015. BOULNOIS, O. Sobrenatural. In: LACOSTE, J.-Y. (ed.). *Dicionário crítico de teologia*. Vários tradutores. São Paulo: Loyola, 2004, p. 1672-1677. DE BONI, L. A. As 219 teses condenadas em 1277. In: _____. *Filosofia medieval*: textos. Porto Alegre: EDIPUCRS, 2000, p. 271-294. DE LUBAC, H. *Augustinisme et théologie moderne*. Paris: Aubier-Montaigne, 1965a.

_____. *Le mystère du surnaturel.* Paris: Montaigne, 1965b. _____. Le mystère du surnaturel. *Recherches de science religieuse,* 36 (1), p. 80-121, 1949. _____. *Surnaturel:* études historiques. Paris: Aubier, 1946. DIONÍSIO PSEUDOAREOPAGITA. *Corpus dionysiacum.* Ed. G. HEIL e A. M. RITTER. Berlim: De Gruyter, 2012. EICHER, P. Natureza. In: _____. *Dicionário de Conceitos Fundamentais de Teologia.* São Paulo: Paulus, 1993, p. 587-593. GARDEIL, H.-D. *Iniciação à filosofia de São Tomás de Aquino:* introdução, lógica, cosmologia. São Paulo: Paulus, 2013. v. 1. GRES-GAYER, J. M. Jansenismo. In: LACOSTE, J.-Y. (ed.). *Dicionário crítico de teologia.* Vários tradutores. São Paulo: Loyola, 2004, p. 925-928. HISSETTE, R. *Enquête sur les 219 articles condamnés à Paris le 7 mars 1277.* Lovaina: Institut Supérieur de Philosophie, 1977. IOGNA-PRAT, D.; BEDOS-REZAK, B.-M. *L'individu au Moyen-Âge:* individuation et individualisation avant la modernité. Paris: Aubier, 2005. LIMA VAZ, H. C. *O problema da beatitude e a destinação do espírito segundo Santo Tomás.* Dissertação (Licenciatura em Teologia), Pontifícia Università Gregoriana, Roma, 1950 (Manuscrito). MANDONNET, P. *Siger de Brabant et l'averroïsme latin au XIIIe siècle.* Lovaina: Institut Supérieur de Philosophie. 1901 1908. 2 v. MARITAIN, J. *Art et scolastique.* Paris: Rouart, 1947. MENKE, C. De la dignité de l'homme à la dignité humaine: le sujet des droits de l'homme. *WestEnd: Neue Zeitschrift für Sozialforschung,* 2, 2006, p. 3-21. Disponível em: <http://journals.openedition.org/trivium/330>. Acesso em: 30 abr. 2020. OLIVA, A. *Amours:* l'Église, les divorcés remariés, les couples homossexuels. Paris: Cerf, 2015. PERDRIX, S.; MARGELIDON, P.-M.; SYSSOEV, P. À propos d'Amours d'Adriano Oliva. *Revue Thomiste,* 116, p. 465-504, 2016. PHILIPPE DE LA TRINITÉ. Du péché de Satan et la destinée de l'esprit. In: VV.AA. *Satan.* Paris: Desclée de Brouwer, 1948, p. 44-85 (Col. Études Carmelitaines). RAHNER, K. Über das Verhältnis von Natur und Gnade. In: _____. *Schriften zur Theologie.* Einsiedeln: Benziger, 1954. v. I, p. 323-345. RENAU, L. Bañez – Molinismo – Baianismo. In: LACOSTE, J.-Y. (ed.). *Dicionário crítico de teologia.* Vários tradutores. São Paulo: Loyola, 2004, p. 238-242. TORNAU, C. Qu'est-ce qu'un individu? Unité, individualité et conscience de soi dans la métaphysique plotinienne de l'âme. *Les études philosophiques,* 90 (3), p. 333-360, 2009. TORRELL, J.-P. *Iniciação a Santo Tomás de Aquino.* São Paulo: Loyola, 2004. VERNANT, J. P. O trabalho e o pensamento técnico. In: _____. *Mito e pensamento entre os gregos.* 2. ed. São Paulo: Paz e Terra, 2002, p. 311-380.

Carlos Arthur Ribeiro do Nascimento
Juvenal Savian Filho

## NECESSIDADE → *Ver* Necessidade e Contingência; Providência; Liberdade

## NECESSIDADE E CONTINGÊNCIA

**Definições.** Diz-se necessário aquilo que não pode ser de outro modo, em oposição direta ao contingente, entendido como aquilo que pode ser de outro modo. Podemos distinguir ao menos três registros gerais da necessidade (N.): uma N. de ordem *lógica* expressa pelos primeiros princípios lógico-metafísicos, como o princípio de não contradição (cf. *Comentário à Metafísica de Aristóteles* IV, 6), e pela relação entre premissas e conclusão em um silogismo demonstrativo (cf. *Comentário aos Segundos Analíticos* I, 13); uma N. *ontológica*, pela qual se entende, por exemplo, que deve haver um primeiro princípio que explica a existência atual das coisas não necessárias (cf. *Comentário à Física de Aristóteles* VII e seção a seguir *Um Deus necessário*); e uma N. de ordem *física* ou *natural*, expressa pelas leis causais da Natureza – nesse contexto a N. se limita, mais precisamente, às substâncias separadas e aos corpos incorruptíveis que povoam o mundo supralunar. Esses três registros da N. se opõem a três tipos de contingência (C.): o acaso, o livre-arbítrio e a C. natural. Tomás distingue, dentre os eventos contingentes, aqueles que ocorrem "o mais das vezes" (*ut in pluribus*), ou seja, frequentemente, daqueles completamente indeterminados, isto é, que *não são mais um que outro* (cf. *Suma contra os gentios* III, 85). Por exemplo, a tendência de uma semente para se tornar uma árvore é um caso de C. natural determinada pela sua forma e se concretizará se as condições para tal forem preenchidas, enquanto as ações humanas e o acaso são eventos de C. indeterminada. Um local privilegiado para o tratamento dos diferentes sentidos de *necessitas* é a *Suma de teologia* I, q. 82, a. 1. Tomás inicia a sua classificação descrevendo o que chama de N. *absoluta* ou *natural*. Nesse caso, a N. pode ser derivada de um princípio intrínseco, que pode ser *material*, como quando dizemos que um ꝑente composto é necessariamente corruptível, ou *formal*, como quando dizemos que os três ângulos de um triângulo equivalem a dois ângulos retos. Essa N. se distingue daquela *imposta* a algo em razão de um elemento extrínseco, dividindo-se, esta última, em dois subtipos: a N. *final* e a N. *de coerção*. Por N. final entende-se, por exemplo, o alimento necessário à subsistência dos animais, ou em sentido instrumental, a N. de um barco para atravessar o mar. Já na N. de coerção um agente sofre uma imposição que muda o curso de sua ação, determinando-a. A N. de coerção é vista como violenta, na medida em que se opõe à inclinação natural de algo ou à vontade de alguém – esse último caso é incompatível com uma ação voluntária, como será explicado abaixo. Além disso, a N. se exprime ainda condicionalmente, ou seja, quando algo é dito necessário em função da existência de outra coisa, sem implicar N. absoluta (*simpliciter*); por exemplo: *se Sócrates está em Tebas, então necessariamente Sócrates não está em Atenas.* Embora Tomás defenda a existência de eventos contingentes, há um sentido no qual podemos dizer que eles são necessários, a saber, por suposição (*ex suppositione*): se Sócrates está sentado agora, então é necessariamente verdadeiro que Sócrates está sentado. Esse tipo de N. é perfeitamente compatível com a evidência de C. no mundo e permite explicar a interação de ꝑDeus – que é um ꝑser necessário e cuja ação também o é – com o mundo contingente (ver, a seguir, seção *Contingência e omnisciência*), o que será especialmente relevante, por exemplo, para Tomás de Aquino tratar da relação entre a ꝑvontade divina e a existência de eventos contingentes. Se Deus quer algo, não se segue que ele o queira necessariamente, mas deve ser o caso que esta proposição condicional seja verdadeira e necessária: *se Deus quer algo,*

*então esse algo será* (cf. *Suma contra os gentios* I, 85). A concepção de Tomás sobre as modalidades deriva de Avicena, cuja noção de N. se define a partir da contradição. Nesse sentido, diz-se necessário o ser cuja existência possível mostrar-se-ia contraditória. Há ainda, segundo Avicena, a convertibilidade entre o ser possível e o ser causado: todo ser possível, se existe, possui uma causa.

**Contingência e ação.** A distinção entre N. e C. é central para entendermos as limitações e os pressupostos da ação humana livre. Tomás se ocupa desse tema principalmente em seu *Comentário à Ética nicomaqueia de Aristóteles* III, 5, no qual esclarece que podemos apenas deliberar sobre o que é contingente. Com efeito, podemos apenas desejar coisas e procurar agir sobre eventos que poderiam ser de outro modo (cf. *ibidem*, VI, 2). Isso significa que deliberamos somente sobre o que está ao nosso alcance, e não sobre o que é impossível ou necessário. Ainda no *Comentário à Ética nicomaqueia de Aristóteles* III, Tomás de Aquino considera as condições sob as quais uma pessoa pode ser responsabilizada por uma ação, investigando o que poderia tornar uma ação involuntária. De modo geral, ações são consideradas involuntárias quando feitas por coerção ou por ignorância. Na primeira condição, o princípio do movimento é interno ao agente; por exemplo, alguém que é empurrado pode provocar um acidente, ou alguém submetido à tortura pode mentir ou revelar um segredo por causa da dor. Na segunda condição, o agente atua sem conhecimento das circunstâncias; por exemplo, alguém, na escuridão, pode confundir um inocente com um criminoso e feri-lo. Para que uma ação seja moralmente relevante, não basta que ela seja voluntária, ou seja, feita sem coerção e com o conhecimento adequado das circunstâncias: ela precisa envolver um elemento racional. Ora, podemos dizer que animais também agem voluntariamente, mas não diríamos por isso que eles *escolheram* fazer isso ou aquilo – ao menos não em um sentido moralmente relevante. Animais são naturalmente conduzidos aos fins de suas ações, ao passo que os seres humanos

NECESSIDADE E CONTINGÊNCIA

executam ações direcionadas racionalmente em vista dos fins. Para o ser humano, o objeto da escolha é sempre uma representação de algo a ser buscado ou evitado. Segundo Tomás, ao utilizarmos a capacidade racional para escolher, estamos exercitando uma *potência para os contrários*, o que significa afirmar que, quando escolhemos um meio que conduz a um fim, poderíamos sempre ter escolhido o seu oposto: a marca da potência racional está justamente no fato de estar aberta a contrários e implicar C. (cf. *Comentário à Metafísica de Aristóteles* IX, 1). Assim, a C. é condição de possibilidade para a ação humana livre.

**Futuros contingentes e determinismo.** O determinismo é a visão segundo a qual, para tudo o que ocorre, sempre foi necessário ou inevitável que ocorresse, de modo que nosso futuro já estaria determinado *antes* de ser atualizado. Nesse cenário, não podemos fazer nada diferente daquilo que realmente fazemos e, de modo geral, nada poderia ser diferente de como é *agora*. Há, na história da filosofia, pelo menos três razões para sustentar o determinismo: (i) porque todas as proposições, inclusive aquelas que descrevem os eventos futuros, já são verdadeiras (ou falsas) *agora*; (ii) porque existe um ser onisciente que conhece os eventos contingentes futuros antes que eles ocorram; (iii) porque os eventos estariam previamente determinados nas suas causas. A primeira razão diz respeito ao problema dos futuros contingentes, abordado por Tomás em seu comentário ao livro 9 do *A interpretação* de Aristóteles. O problema surge a partir da aplicação de regras lógicas que decidem como os valores de verdade são distribuídos em um par de proposições contraditórias. Em toda contradição, um dos lados – a afirmação ou a negação – deve ser verdadeiro e o outro falso. Isso nos leva a crer que *toda proposição tem um valor de verdade determinado*. A ameaça determinista recai somente sobre proposições (i) futuras, pois as presentes e passadas já estão determinadas; (ii) em matéria contingente, pois as proposições em matéria necessária já estão, por definição, determinadas (sejam elas presentes, passadas

ou futuras) e (iii) singulares, pois as proposições universais (como "todo homem é mortal") equivalem às necessárias (na medida em que atribuem um predicado *per se* ao sujeito, são verificadas em qualquer momento do tempo). No entanto, uma dificuldade se coloca quando consideramos *proposições singulares futuras em matéria contingente*. Tomemos o seguinte par contraditório: "amanhã haverá uma batalha naval" *e* "amanhã não haverá uma batalha naval" (cf. *Comentário ao Sobre a interpretação de Aristóteles*, I, cap. 9, n. 13). Suponha também que, para todos os pares contraditórios, um elemento é verdadeiro e o outro falso. Assim, ou bem *amanhã haverá uma batalha naval* é verdadeira e a sua negativa falsa, ou bem *amanhã não haverá uma batalha naval* é verdadeira e a sua afirmativa falsa. Portanto, se uma pessoa diz *hoje* que o evento particular *uma batalha naval* ocorrerá amanhã e outra pessoa nega isso, uma delas deve estar dizendo a verdade. Nesse caso, entretanto, ou é verdade *agora* ou é falso *agora* que uma batalha naval terá lugar amanhã, de modo que, no primeiro caso, não é possível que ela não tenha lugar amanhã, enquanto, no segundo, não é possível que ela tenha lugar amanhã. Em qualquer uma das hipóteses, esse evento está necessariamente determinado antes mesmo de ocorrer. Alternativamente, o mesmo argumento pode ser construído tomando o ponto de vista de uma proposição verdadeira no passado em relação a um evento contingente presente (cf. *ibidem*): considere um objeto que é agora branco, por exemplo, uma mesa. Sob a suposição que toda proposição é determinadamente verdadeira ou determinadamente falsa, a proposição *esta mesa será branca*, proferida ontem, deve ter sido verdadeira antes mesmo de a mesa se tornar branca. Ora, se sempre foi verdadeiro dizer que a mesa seria branca, então nunca foi possível que ela não fosse branca. Isso é equivalente a dizer que sempre foi necessário que esta mesa fosse branca. Disso resulta que nada ocorre por acaso, mas que tudo ocorre necessariamente, ou seja, todos os eventos estão determinados antes de ocorrerem. A consequência mais desconcertante do determinismo é certamente a de abandonar a noção de ação livre e, com ela, a noção de responsabilidade moral. Tomás de Aquino não aceita que todos os eventos futuros estejam determinados e, diante disso, é levado a recusar a tese sobre a qual a posição determinista está assentada: a simetria entre as proposições sobre eventos presentes, passados e futuros. A solução de Tomás – que nesse ponto segue Boécio – consiste em dizer que "nas proposições singulares que são sobre o futuro em matéria contingente, não é necessário que uma seja determinadamente verdadeira e a outra falsa" (*ibidem*). Entender precisamente como uma proposição é verdadeira ou falsa de modo indeterminado requer certo esforço interpretativo (cujo tratamento adequado ultrapassaria os limites de um verbete). No entanto, é claro que Tomás não se dispõe a abrir mão das leis fundamentais da lógica, nem a abraçar a consequência determinista de considerar todos os tipos de proposições como equivalentes no que toca às suas condições de verdade.

**Contingência e onisciência.** A discussão anterior limitou-se à dimensão lógica do problema sobre os futuros contingentes, mas a ela devemos acrescentar o elemento teológico do ℗conhecimento divino. O problema da compatibilização da onisciência divina com futuros contingentes pode ser colocado do seguinte modo: como pode Deus conhecer o futuro sem que isso implique a sua determinação? Ou mais especificamente: como pode Deus conhecer o que vamos fazer no futuro, sem com isso eliminar nossa ℗liberdade? Os teólogos medievais consideravam fundamental que um Deus perfeito fosse onisciente e tivesse, portanto, a capacidade de conhecer o futuro. É igualmente importante que Deus tenha esse tipo de conhecimento em função da providência divina. Diante dessas dificuldades, Tomás sustenta que não é o caso de negar o conhecimento divino dos futuros contingentes; por outro lado, tampouco se pode conceder espaço para o determinismo, como visto anteriormente. Para solucionar essa compatibilização problemática, novamente inspirado em Boécio, Tomás procurou recorrer à noção de ℗eternidade concebida como oposta

à temporalidade. Um evento contingente pode ser considerado de dois modos: em si mesmo, como atualizado, ou indeterminado, mas cognoscível em sua causa próxima. No primeiro caso, o evento já está determinado (pois não está mais no futuro), mas seu conhecimento não remove seu caráter intrinsicamente contingente; por exemplo, se sabemos que Sócrates está sentado agora, então Sócrates está *necessariamente* sentado agora e não podemos estar enganados a esse respeito, mas isso não implica que o fato em si (Sócrates estar sentado) seja um evento necessário. Assim, o conhecimento de um evento contingente presente não admite possibilidade de engano ou falsidade. No segundo caso, um evento ainda indeterminado é passível de conhecimento pelas suas causas, mas esse conhecimento se limita à conjetura, já que ele ainda não ocorreu. A essa distinção deve-se somar a compreensão da perspectiva divina como eterna e, portanto, completamente alheia à temporalidade. Nesse sentido, rigorosamente falando, Deus não tem ℗presciência (*pré*-ciência) dos eventos futuros, pois isso requer a existência do sujeito cognoscente *antes* do evento. Mas Deus poderia existir *antes* ou *depois* de um evento apenas se submetido ao tempo. Por Deus ser eterno, os eventos futuros não são futuros para ele: Deus vê os eventos contingentes futuros como simplesmente presentes (cf. *Suma de teologia* I, q. 14, a. 13; *Suma contra os gentios* I, 67). Desse modo, Deus tem conhecimento necessário dos futuros contingentes sem eliminar a sua C.: esses eventos seriam apenas *condicionalmente necessários*.

**Deus como ser necessário.** A concepção de Deus como ser necessário é depreendida da constatação segundo a qual a ℗criação envolve C. A partir da ℗natureza contingente do mundo, Tomás de Aquino conclui que deve haver um ser necessário que explique a sua existência. Esse raciocínio é encontrado na *Suma contra os gentios* e posteriormente incorporado às cinco vias na *Suma de teologia*, como a terceira prova cosmológica da existência de Deus (cf. *Suma contra os gentios* I, 15; *Suma de teologia* I, q. 2, a. 3), na forma de uma redução ao absurdo *a* *posteriori* que toma como premissa inicial a observação do mundo para então concluir a N. de um princípio transcendente. O argumento parte da constatação de que existem seres possíveis, ou seja, eventos contingentes e criaturas sujeitas à corrupção. No entanto, não é possível, segundo Tomás, que todas as coisas sejam contingentes, pois nesse caso abre-se a possibilidade de que, em dado momento, todas deixem simultaneamente de existir. Em uma passagem (cuja legitimidade é objeto de debate), Tomás entende que se algo pode deixar de existir, então em algum momento do tempo deixará de existir. Disso resultaria que nada existiria agora – o que manifestamente é falso. Não pode ser o caso, assim, que todas as coisas sejam contingentes, devendo haver, portanto, um ser necessário. Naturalmente, poder-se-ia perguntar pela causa desse ser necessário; mas já sabemos – pela segunda via, a qual parte da noção de causalidade eficiente – que não pode haver um regresso infinito a seres necessários que sejam a causa dos demais, de modo que deve haver um ser necessário não causado. Apenas um ser ontologicamente necessário, eterno e imutável pode explicar um mundo contingente. A esse ser necessário denominamos *Deus*.

**Bibliografia:** BÄCK, A. Avicenna's Conception of the Modalities, *Vivarium*, 30 (2), p. 217-255, 1992. CRAIG, W. Lane. *The Problem of Divine Foreknowledge and Future Contingents from Aristotle to Suarez.* Leiden: E. J. Brill, 1988. KENNY, A. *Aquinas on Being.* Oxford: Clarendon Press, 2002. KNUUTTILA, S. *Modalities in Medieval Philosophy.* Londres/Nova Iorque: Routledge, 1993. KRETZMANN, N. Boethius and the Truth about Tomorrow's Sea Battle. In: BLANK, D.; KRETZMANN, N. *Ammonius on Aristotle On Interpretation 9 with Boethius on Aristotle On Interpretation 9.* Londres: Duckworth, 1998. MACINTOSH, J. J. Aquinas on Necessity. *American Catholic Philosophical Quarterly*, 72 (3), p. 371-403, 1998. NORMORE, C. Divine Omniscience, Omnipotence and Future Contingents: An overview. In: RUDAVSKY, T. (ed.). *Divine Omniscience and Omnipotence in Medieval Philosophy:* Islamic, Jewish and Christian Perspectives. Dordrecht: Reidel, 1985 (Synthese Historical Library, 25). ROLAND-GOSSELIN, M. *Le "de Ente Et Essentia" De S. Thomas d'Aquin.* Paris: J. Vrin, 1948. TOMÁS DE AQUINO. Exposição sobre Aristóteles, Sobre a Interpretação I, IX, 13-15. *Scintilla* 8, 2 (2011), p. 207-237.

ANA RIEGER SCHMIDT

**OBJETO** → *Ver* Sujeito e Objeto

**ORAÇÃO** → *Ver* Piedade; Liturgia

**ORTODOXIA** → *Ver* Autoridade; Artigos de Fé; Bíblia; Igreja

# P

## PAGÃOS

**Etimologia e localização geográfica.** De um étimo do termo *pagão* (P.) cunhado por Beda, o Venerável, a partir do episódio evangélico de Simão Cirineu, que ajudou ☧Jesus Cristo a carregar sua cruz até o Calvário, Tomás de Aquino apresenta seu entendimento da palavra *pagão*: Simão era proveniente do campo (*villa*); com efeito, *villa*, *rural*, implica *estar fora da cidade*, *ser estrangeiro à cidade*. Ora, em grego, *villa* equivale a *pagus*. Desse modo, assim como Simão de Cirene, os *pagani* são estrangeiros à cidade de ☧Deus. Entretanto, também a exemplo de Simão, ao portarem consigo a cruz de Cristo, os que eram estrangeiros à cidade de Deus deixam o *pagus*, isto é, abandonam os ritos das nações e suas superstições, colocando-se, pois, no seguimento dos traços da paixão do Senhor (cf. *Corrente de Ouro* – Marcos, cap. 15, v. 21, n. 4, e *Corrente de Ouro* – Lucas, cap. 23, v. 26, n. 4). Quanto aos P. contemporâneos a ele, Tomás, ao referir-se a essa categoria, só muito dificilmente poderia incluir a imensa massa de chineses e de povos do leste asiático, dada a ignorância entre os latinos a respeito do Cataio e da China até aproximadamente a data da morte de Tomás. Da mesma maneira, dificilmente a noção de P. poderia abranger os mongóis e os tártaros; apesar da interação entre latinos, mongóis e tártaros ao longo do século XIII, Tomás nunca os menciona em suas obras (cf. TORRELL, 2006). Como homem proveniente do Mediterrâneo ocidental, para Tomás, a noção de P. parece considerar, possivelmente de forma exclusiva, os povos da Europa setentrional: "o norte é uma designação aos pagãos idólatras" (*Comentário aos Salmos*, 47, n. 2). Ademais, "a fé cristã se espalhou sobretudo no Ocidente, pois na região setentrional ainda há gentios, enquanto são numerosos, no Oriente, os cismáticos [= gregos e armênios] e os infiéis

[= maometanos ou sarracenos]" (*ibidem*, 48, n. 1). Tomando-se a distinção entre Ocidente, Norte e Oriente como constante na obra de Tomás, é possível compreender o Norte como uma região que ainda não havia sido suficientemente evangelizada: "De fato, Mateus pregou na Etiópia, Tomé, na Índia, Pedro e Paulo, no Ocidente [...]. Isso não quer dizer que todo e cada um dos seres humanos tenha escutado a ☧pregação [dos apóstolos], mas que todas as nações foram agrupadas nessa [pregação]" (*Comentário à Carta de Paulo aos Romanos*, cap. 10, lição 3, v. 18, n. 848).

**Significado e emprego do termo.** Tomás tinha certo conhecimento da existência de P. entre seus contemporâneos. Ainda que nunca tenha estado em presença de algum deles nem tenha sistematicamente se preocupado a seu respeito, ele se exprime frequentemente sobre os P., oferecendo um esboço de princípios gerais para uma reflexão cristã sobre seu estatuto. Uma dificuldade inicial sobre o termo P. se encontra no fato de que, usualmente, Tomás não informa se está se referindo aos P. do Antigo ou do Novo Testamento, se aos gentios da Grécia ou Roma antigas ou, ainda, se àqueles que são seus contemporâneos. Na verdade, trata-se mais precisamente de uma categoria de ☧seres humanos designada segundo sua posição em referência à ☧fé. Embora a infidelidade seja um ☧pecado, os P. não são pecaminosamente infiéis. Sobre a *infidelidade*, categoria em que se incluem os P., Tomás estabelece a distinção entre aquela entendida em termos privativos, como ausência por desconhecimento da fé, e aquela entendida em termos positivos, como oposição e recusa ou negação deliberadas à fé, tratando-se, neste último caso, de um pecado. Em sua situação específica, já que os P. ignoram a fé, sua ignorância não é, em si mesma, pecaminosa, mas uma derivação do "pecado do

PAGÃOS

primeiro pai" (cf. *Suma de teologia* II^aII^ae, q. 10, a. 1). Tomás estabelece igualmente que, dado que os P. não receberam o Batismo, eles não estão incluídos entre os membros do povo de Deus (cf. *Comentário aos Livros das Sentenças de Pedro Lombardo* IV, dist. 18, q. 2, a. 3, qc. 1). Por conseguinte, embora disponham de uma fé deficiente e equivocada (*perversa fides*), os P. – assim como os judeus – não estão incluídos entre os hereges (cf. *ibidem*, dist. 13, q. 2, a. 1, ad 7m), na medida em que nunca fizeram parte da sociedade da ϼIgreja (cf. *Comentário aos Salmos*, 54, n. 12); e, dado que a Igreja não dispõe de domínio espiritual nem sobre os P. nem sobre os judeus, ela, nesse aspecto, "não proíbe aos fiéis a comunhão com os infiéis [leiam-se: os sarracenos ou maometanos], os pagãos ou os judeus, os quais não receberam de nenhum modo a fé dos cristãos" (*Suma de teologia* II^aII^ae, q. 10, a. 9). Outrossim, embora os P. e *os gentios* resistam à fé, essa resistência é anterior à fé que eles nunca receberam (cf. *ibidem*, q. 10, a. 5). Contudo, quando Tomás sustenta que a infidelidade dos P. e dos judeus é uma recusa em aderir a Cristo decorrente de sua má vontade acerca do ϼfim (cf. *ibidem*, q. 11, a. 1), ele parece supor que nem os P. nem os judeus estão mais em estado de completa ignorância da verdade de Cristo e que essa verdade já lhes foi devidamente anunciada. Tratar-se-ia, portanto, de duas situações diferentes.

**Relações entre crentes e pagãos.** No que tange à conduta adequada dos cristãos com os P., Tomás defende, com certas nuances, a tolerância aos P. em professar seu erro e praticar seus cultos: "o governo humano deriva do governo divino e deve imitá-lo. Deus, porém, ainda que seja todo-poderoso e sumamente bom, permite que ocorram alguns ϼmales no ϼuniverso – os quais ele poderia impedir – para que não ocorra que, uma vez supressos, suprimam-se igualmente grandes bens ou se sigam males piores. Assim também no governo humano: os que governam toleram, com razão, certos males, para que alguns bens não sejam impedidos ou para que não se sucedam males

piores. [...] Assim, pois, ainda que os infiéis pequem em seus ritos, eles podem ser tolerados por causa do bem que deles provém ou por [causa de] algum mal evitado. Do fato de os judeus observarem seus ritos, nos quais, outrora, se prefigurava a verdade de nossa fé, resulta obtermos de nossos inimigos um testemunho dessa mesma fé e de nos ser representado [em seu testemunho] uma figura daquilo que cremos. Por isso, os judeus são tolerados com seus ritos. – Os ritos, porém, dos infiéis, os quais nada de verdade ou de utilidade apresentam, não devem ser tolerados a não ser para evitar algum mal; isto é, o escândalo ou o dissídio que poderia provir ou o impedimento da salvação daqueles que, aos poucos, se tolerados, se converteriam à fé. Por isso, também a respeito dos ritos de heréticos e de pagãos, ocasionalmente, quando foi grande a multidão de infiéis, a Igreja os tolerou" (*ibidem*, q. 10, a. 11). Embora Tomás não considere cada culto pagão um bem em si, admite-se haver entre os P. aqueles que não são exatamente infiéis e estão em vias de aderir a Cristo, como foi o caso, por exemplo, segundo os Atos dos Apóstolos, de Cornélio (cf. *ibidem*, q. 10, a. 4, ad 3m). Segundo Tomás, os infiéis [= maometanos], assim como os judeus e os gentios (*gentiles*), por não terem aderido a Cristo, não podem ser forçados, contra a consciência, a abraçar a fé cristã, dado que o ato de fé é uma adesão que se caracteriza como um ato livre da ϼvontade (cf. *ibidem*, q. 10, a. 8). Por isso, a título de exemplo, proíbe-se o Batismo de filhos de judeus e gentios sem o consentimento de seus pais (cf. *ibidem*, q. 10, a. 12). Da mesma maneira, um governante infiel – e sobretudo um governante pagão – pode legitimamente exercer sua autoridade sobre os fiéis, dado que o direito divino da graça da fé não revoga nem a soberania humana nem o ϼdireito humano que tenham por fundamento a lei natural. Ademais, seguindo a posição tradicional da Igreja, Tomás exorta a orar pelos que estão fora do grêmio da Igreja, como os hereges e os P. (cf. *Comentário aos Livros das Sentenças de Pedro Lombardo* IV, dist. 18, q. 2, a. 1, qc. 1, argumento inicial 1 e ad

1m). Apesar dos gentios e P. (*gentiles et pagani*) não serem incluídos entre os irmãos em Cristo, não se pode negligenciar sua ℘salvação, mas deve-se procurá-la sem cessar (cf. *Corrente de Ouro* – Mateus, cap. 18, v. 17, n. 4). Da mesma maneira, Tomás segue a tradição ao defender, em caso de necessidade, a possibilidade de o P. ministrar o Batismo (*Suma de teologia* II$^a$II$^{ae}$, q. 39, a. 4, ad 1m).

**As virtudes pagãs.** O problema da perfeição humanamente alcançável pode ser colocado com mais perspicácia se postulado em termos das ℘virtudes adquiridas pelos infiéis – o que acaba por incluir a categoria *pagão*. Tal discussão se insere na distinção tomasiana entre os níveis natural e sobrenatural da perfeição humana. Uma primeira questão a se discutir é se todo ato de um infiel é pecaminoso. Tomás constata que os infiéis podem praticar atos genuinamente bons pelo fato de serem performados por seu uso da razão natural, não sendo necessário, como condição para a prática de boas ações, o dom sobrenatural da ℘caridade: "A virtude moral pertence ao ℘desejo, que opera na medida em que se é movido pelo bem apreendido. Por isso, se o desejo operar muitas vezes, significa que está sendo movido muitas vezes por seu ℘objeto. Disso se segue certa inclinação a modo de ℘natureza. Assim, portanto, fica patente que as virtudes morais nem estão em nós por natureza nem estão em nós contra a natureza, mas em nós existe certa aptidão natural para recebê-las, na medida em que a força desejante em nós é naturalmente apta a obedecer à ℘razão. Mas elas [as virtudes morais] se produzem em nós pelo ℘hábito, na medida em que, pelo fato de que tantas vezes repetidas agimos segundo a razão, a forma da força da razão imprime-se na força desejante. Essa impressão nada mais é do que a virtude moral" (*Comentário à Ética nicomaqueia de Aristóteles* II, 2). Assim, os P., mesmo privados da ℘graça santificante, podem aperfeiçoar a si mesmos (cf. KNOBEL, 2011). Como princípio prático dado ao ser humano por natureza, a sindérese, por consistir numa disposição natural, prepara os atos humanos para o bem,

conservando-os no bem próprio à natureza humana. A sindérese é, em sua conaturalidade, algo permanente em todo ser humano no uso da razão natural; trata-se, pois, do fundamento de todas as virtudes dispostas à perfeição por um constante critério moral do bem (cf. *Questões disputadas sobre a verdade*, q. 16). Não obstante, Tomás argumenta que, apesar das virtudes dos P. serem verdadeiras, elas são imperfeitas (cf. *Suma de teologia* II$^a$II$^{ae}$, q. 23, a. 7) no que diz respeito ao bem perfeito final que vai além do bem humano naturalmente alcançado (cf. SHANLEY, 1999; KNOBEL, 2011). Os P. podem ter suas virtudes consideradas como "verdadeiras" no sentido de que podem adquirir certo nível de perfeição da natureza humana pelo emprego da razão natural. No entanto, tal nível de perfeição é incompleto e, por conseguinte, deficiente. Em contraste com as virtudes perfeitas, isto é, aquelas que são infusas pela graça divina, as virtudes dos P., privadas da graça santificante, estão impedidas de alcançar a perfeição humana completa, ou seja, a plenitude da ℘lei moral, na medida em que tal plenitude consiste na caridade. Dito de outro modo, nenhuma virtude é, em termos absolutos, integral ou completa se desprovida de caridade, embora virtudes individuais possam ser adquiridas por meio de sua prática habitual. Em resumo, um P. pode ser genuinamente virtuoso, mas de maneira deficiente; trata-se, portanto, de uma questão de gradação: "Como já dissemos, as virtudes morais, enquanto operativas do bem, ordenadamente ao fim que não excede a faculdade natural do ser humano, podem ser adquiridas por obras humanas. E assim adquiridas, podem existir sem a caridade, como existiram em muitos gentios. – Mas, enquanto operativas do bem, ordenadamente ao fim último sobrenatural, então realizam a essência da virtude perfeita e verdadeiramente, e não podem ser adquiridas pelos atos humanos, mas são infusas por Deus. Ora, tais virtudes morais não podem existir sem a caridade" (*Suma de teologia* I$^a$II$^{ae}$, q. 65, a. 2). Dessa maneira, "o ser humano, no estado de natureza íntegra, não precisa do dom da graça, acrescentado aos seus dotes naturais, para amar a Deus naturalmente sobre todas as Ꝓcoisas, embora precise do auxílio de Deus para mover-se para esse fim. Mas no estado da natureza corrupta, precisa, mesmo para isso, do auxílio da graça, que restaura a natureza" (*ibidem*, q. 109, a. 3).

**Polêmicas e disputas com os pagãos.** Para Tomás, um P. é um ser humano crente em Deus; mesmo que sua fé não seja teologal e não passe de uma avaliação ou estimação humana, os P. creem, no que diz respeito a Deus, em algo que ultrapassa a natureza (cf. *Questões disputadas sobre a verdade*, q. 14, a. 10, ad 10m). A título de exemplo, como os judeus, os P. confessam que Deus é uma Ꝓpessoa (cf. *Questões disputadas sobre o poder divino*, q. 9, a. 4, argumento inicial 8 e argumento inicial 9). Uma das limitações da crença dos P. está no desconhecimento de Deus como uma Ꝓtrindade de pessoas; por isso, não estão dispostos a buscar qual é, para além da essência divina, o constitutivo formal de *pessoa* (cf. *ibidem*, q. 8, a. 3, Resp.; *Corrente de Ouro* – Mateus, cap. 10, v. 32-33, n. 12). Ademais, Tomás considera os deuses dos pagãos *ídolos* (cf. *Suma de teologia* I, q. 13, a. 10, ad 5m); não obstante, apofaticamente, no que se refere a Deus, as diferenças entre crentes e P. se tornam mais sutis. Com efeito, "deve-se dizer que a natureza própria de Deus, em si mesma, nem o católico nem o pagão a conhece; um e outro a conhecem, porém, segundo uma noção de causalidade, ou de excesso ou de negação, como já foi explicado. Assim, o gentio, ao dizer que o ídolo é Deus, pode tomar a Palavra Deus no mesmo sentido que o católico ao dizer que o ídolo não é Deus. Mas, se houvesse alguém que não conhecesse a Deus de acordo com nenhuma noção, este não o nomearia, a não ser do modo como às vezes pronunciamos nomes cujo sentido ignoramos" (*ibidem*, q. 13, a. 10, ad 1m). Sobre a maneira de se disputar com os P. sobre os Ꝓartigos da fé cristã, os judeus reconhecem a autoridade do Antigo Testamento, assim como os hereges, os quais aceitam igualmente o Novo Testamento; já os P., como os sarracenos, não admitem a autoridade da ꝒSagrada Escritura. Não se pode discutir, portanto, com os sarracenos e os P. no terreno das Escrituras reveladas, mas apenas por meio do que se partilha com eles, ou seja, por meio de argumentos fundados no uso da razão natural dele e derivados (cf. *Suma contra os gentios* I, 2, 11). Com efeito, dois níveis da Ꝓverdade se apresentam ao espírito humano: aquele que a razão humana estabelece por meio da demonstração e o que é revelado por Deus (cf. *ibidem* I, 7-9; IV, 1). Na perspectiva de Tomás, a razão natural não pode provar nem fundar a fé cristã, mas apenas defendê-la, mostrando a razoabilidade interna da ꝒRevelação e a fundamentação da fé cristã na Revelação. Não se trata, portanto, de convencer o infiel, mas de mostrar que eventuais argumentos que este pode empregar contra a verdade revelada não são razões necessárias. Na medida em que a razão natural, da mesma maneira que a fé e a Revelação, é um dom de Deus e que a razão natural e a fé não se contradizem, é possível mostrar que os argumentos contra a fé cristã nunca podem refutar nem a fé nem a Revelação. Igualmente, ainda que a razão natural não possa provar a fé, ela é capaz de apreender algo da fé, e, dialeticamente, pode evidenciar algum aspecto da verdade da fé por meio de argumentos de similitude, de Ꝓanalogia e de conveniência (cf. NARCISSE, 1993). Assim, o crente não pode demonstrar apoditicamente o conteúdo da fé, mas, racionalmente, é capaz de defender sua credibilidade. Tal princípio é o guia de Tomás em seu opúsculo dedicado a um cantor anônimo no principado latino de Antioquia da Síria, *As razões da fé, contra os sarracenos, gregos e armênios, para um cantor antioqueno*: "Dado que o que procede da verdade suprema não pode ser falso e nem algo que não é falso pode ser atacado por razões necessárias, assim como nossa fé não pode ser provada por razões necessárias porque excede a mente humana, também não pode ser refutada por razão necessária por causa de sua verdade" (*As razões da fé*, cap. 2). No mesmo opúsculo, como corolário, Tomás sustenta: "Quero te advertir que, nas discussões contra os infiéis sobre os artigos de fé, não deves te esforçar no sentido de provar a fé com razões necessárias. Isso, com efeito, suprimiria a sublimidade da fé, cuja verdade excede não apenas as mentes humanas, mas também as dos 🔎anjos; no entanto, são cridos por nós como revelados pelo próprio Deus. [...] Portanto, a 🔎intenção do cristão que discute quanto aos artigos de fé deve tender para isso, não para que prove a fé, mas para que defenda a fé. Por isso, também São Pedro não diz 'preparados sempre para a prova', mas 'para a satisfação', de modo que se mostre racionalmente que não é falso o que a fé católica confessa" (*ibidem*, cap. 2). Em resumo, da abordagem de Tomás presente na *Suma contra os gentios* e, principalmente, em *As razões da fé*, retém-se sua confiança na razão natural, ponto de encontro entre todos os seres humanos – e, por conseguinte, entre fiéis e infiéis –, permitindo aos que são performados pelo uso dessa mesma razão natural, buscadores da verdade, explicitar a credibilidade de seu ato de fé e dos artigos de seu credo. Por fim, assim como no caso das virtudes, o uso da razão natural é o que aproxima cristãos e não cristãos.

**Bibliografia:** KNOBEL, A. M. Aquinas and the Pagan Virtues. *International Philosophical Quarterly*, 51 (3), p. 339-354, 2011. NARCISSE, G. OP. Les enjeux épistémologiques de l'argument de convenance selon saint Thomas d'Aquin. In: PINTO DE OLIVEIRA, C.-J. (ed.). *Ordo sapientiae et amoris:* image et message de Saint Thomas d'Aquin à travers les récentes études historique, herméneutiques et doctrinales. Hommage au professeur Jean-Pierre Torrell OP à l'occasion de son 65e anniversaire. Friburgo/Suíça: Éditions Universitaires, 1993, p. 143-167 (Studia Friburgensia: Nouvelle Série, 78). SHANLEY, B. J., OP. Aquinas on Pagan Virtue. *The Tomist*, 63 (4), p. 553-577, 1999. TOMÁS DE AQUINO. *As razões da fé*. Trad. C. A. R. do Nascimento. São Paulo: MADAMU, 2022. TORRELL, J.-P. Saint Thomas et les non-chrétiens. *Saint Thomas et la théologie des religions:* Acte du Colloque organisé par l'Institut Saint-Thomas-d'Aquin (Toulouse, 13-14 maio 2005) sous la direction de Serge-Thomas Bonino OP. *Revue thomiste*, 1 (2), p. 17-50, 2006.

Mateus Domingues da Silva, OP

# PAI (DEUS PAI)

**O nome Pai.** Santo Tomás de Aquino reconhece que *Deus Pai* pode referir-se a 🔎Deus de dois modos distintos. Em primeiro lugar, pode referir-se a toda a 🔎Trindade – quando nos dirigimos a Deus como Pai (P.) de todas as criaturas, sem indicar as 🔎pessoas divinas em sua distinção. Em segundo lugar, pode referir-se à primeira pessoa da Trindade, a saber, o P. de quem o 🔎Filho e o 🔎Espírito Santo procedem. Aquino argumenta que o nome "Pai" refere-se primeiramente à pessoa do P. na Trindade a respeito do Filho e, secundariamente, a Deus como Trindade a respeito das criaturas (cf. *Suma de teologia* I, q. 33, a. 3, Resp.). A razão que o Doutor Angélico oferece para essa conclusão é a de que a 🔎relação do P. com o Filho manifesta a paternidade e a filiação de modo infinitamente mais perfeito do que a relação de toda a Trindade com as criaturas. A primeira relação é do primeiro analogado de toda paternidade, como Aquino observa com um recurso à autoridade de Efésios 3,14-15: "dobro os joelhos diante do Pai – de quem toma o nome toda paternidade no 🔎céu e na terra". Essa afirmação é baseada no fato de que se torna pai ao produzir-se um filho de mesma 🔎natureza, por exemplo, de natureza humana. E Deus Pai produz tão perfeitamente um Filho de uma e mesma natureza que o P. e o Filho não apenas são da mesma 🔎espécie, mas numericamente de uma mesma natureza: são um mesmo Deus, com um mesmo 🔎intelecto e 🔎vontade. Claro que Deus Trindade não é da mesma natureza das criaturas que produz (cf. *ibidem*, q. 33, a. 2, ad 4m). Embora haja uma semelhança na ordem real entre Deus e as criaturas, as criaturas são mais dissemelhantes do que semelhantes a Deus, seu P. O argumento de Tomás para a prioridade de aplicar "Pai" à pessoa do P. poderia parecer bastante filosófico, mas a 🔎Sagrada Escritura o confirma enfaticamente. No Antigo Testamento, Deus é chamado de P. vinte e duas vezes (cf. MARTIN, 2011, p. 268). Por exemplo, Deus é o P. de um povo: "[O profeta diz] tu és o nosso pai. Ainda que Abraão não nos reconhecesse, e Israel não tomasse conhecimento de nós, vós, Iahweh, és nosso pai, nosso redentor: tal é teu nome desde a antiguidade" (Isaías 63,16); ele é o P. do rei: "[O Senhor diz] Eu serei para ele [Salomão] pai e ele será para mim filho" (2Samuel 7,14); e ele é o P. dos indivíduos: "[Ben Sira diz] Senhor, Pai e Soberano de minha vida, não me deixes cair por eles!" (Eclesiástico 23,1). Porém, nos quatro evangelhos apenas, Deus é chamado de P. cento e setenta vezes (cf. MARTIN, 2011, p. 275). Por exemplo, Cristo revela que "o Filho unigênito, que está no seio do Pai, este o deu a conhecer" (João 1,18), e diz a Maria Madalena: "Não me toques, pois ainda não subi ao Pai. Vai, porém, a meus irmãos e dize-lhes: subo a meu Pai e vosso Pai; a meu Deus e vosso Deus" (João 20,17). Assim, se perdemos a revelação da pessoa do P., perdemos a ⊘Revelação cristã. ⊘Jesus veio para revelar o P.: "Filipe disse [a Jesus]: 'Senhor, mostra-nos o Pai, e isso nos basta!' Diz-lhe Jesus: 'Há tanto tempo estou convosco e tu não me conheces, Filipe? Quem me vê, vê o Pai. Como podes dizer: 'Mostra-nos o Pai?' Não crês que estou no Pai e o Pai está em mim? As palavras que vos digo, não as digo por mim mesmo, mas o Pai, que permanece em mim, realiza suas obras'" (João 14,8-10). Tomás, portanto, expõe a profunda harmonia entre ⊘fé e ⊘razão em sua exposição do nome "Deus Pai".

**A pessoa do Pai.** A pessoa do P. pode ser conhecida distintamente das outras duas pessoas divinas apenas de três modos: (1) na medida em que é não gerado, ou procede de ninguém e não tem princípio – em razão disso, diz-se que ele possui a inascibilidade; (2) na medida em que ele é o princípio do Filho – por isso, ele possui a paternidade; e (3) na medida em que ele é o princípio do Espírito Santo – pelo que ele tem espiração. Não há como distinguir o P. das outras pessoas divinas além dessas três características, que Aquino chama de "noções". Não se pode distinguir as pessoas divinas por quaisquer perfeições em Deus, porque as pessoas divinas possuem todas as perfeições igualmente. Por exemplo, o Filho e o Espírito Santo são tão onipotentes, eternos e oniscientes quanto o P. Contra qualquer tendência ao subordinacionismo, o Doutor Comum chega a dizer que "como o Pai não é mais semelhante a si mesmo do que é ao Filho, também o Filho não é mais semelhante ao Pai do que o Espírito Santo" (*Suma de teologia* I, q. 36, a. 4, ad 3m).

**Pai inascível.** Somente o P. é não gerado. O Filho e o Espírito Santo não são assim, porque o Filho vem do P., e o Espírito Santo vem do P. e do Filho. O P., em contrapartida, não vem de ninguém e não recebe nada de ninguém. Visto que ele é a fonte de tudo para todos, e ele é eterno e imutável, não é ontologicamente possível para ele receber nada; ele apenas dá. Mas o P. não recebe o ⊘amor do Filho? Tomás esclarece que a recepção do amor do Filho pelo P. não é recepção de nada na ordem do real, assim como não há recepção de nada na ordem do real quando o P. ama a si mesmo: "Como quando se diz que o Pai ama a si mesmo em si mesmo (*in ipsum*), nenhuma terminação ou recepção na ordem do real é significada aqui, mas apenas de acordo com o modo de significação; então, mesmo quando o Espírito Santo é chamado de amor do Filho pelo Pai (*in Patrem*), não se postula que o Pai recebe algo, exceto que, de acordo com o modo de significar, o amor do Filho é terminado nele, como no amado" (*Comentário aos Livros das Sentenças de Pedro Lombardo* I, dist. 10, q. 1, a. 2, ad 3m). Por conta de sua inascibilidade, o P. é a fonte da unidade na Trindade (cf. *ibidem*, dist. 31, q. 3, a. 2, Resp.) e pode até ser pensado como o princípio de toda a Divindade (cf. *Suma de teologia* I, q. 33, a. 1, *sed contra*). Essas são verdades importantes a se afirmar, mas não devem ser mal interpretadas e tornar o P. superior às outras pessoas divinas. O modo de ser de Deus excede a capacidade de entendimento do intelecto humano. Na Trindade, há *ordem sem prioridade* (cf. *ibidem*, q. 42, a. 3, Resp.). Então, o Filho e o Espírito Santo recebem tudo do P.; eles recebem seu próprio ⊘ser do P. Mas eles recebem eternamente; nunca houve um tempo em que o Filho ou o

Espírito Santo não fossem. E o P. não produz o Filho e o Espírito por livre escolha; o Filho e o Espírito não poderiam *não* ter existido. O Filho e o Espírito Santo são tão verdadeiramente Deus quanto o P. Essa é a ordem sem prioridade. O Filho vem do P., e o Espírito Santo vem do P. e do Filho, mas não há antes ou depois, nem maior nem menor.

**Pai do Filho.** O P. é conhecido como P. porque só ele é o princípio do Filho. Como observado anteriormente, o relacionamento entre o P. e o Filho é o perfeito primeiro analogado da paternidade e da filiação. O mestre dominicano afirma que a pessoalidade do P. é "constituída" por sua paternidade (cf. *ibidem*, q. 33, a. 2, Resp.). Ou seja, ele é entendido como uma pessoa divina distinta por causa de sua relação com o Filho que ele gera. Poder-se-ia objetar que isso enfatiza exageradamente o relacionamento do P. com o Filho, em detrimento do relacionamento do P. com o Espírito Santo. Mas a análise de Tomás segue a ênfase que as Escrituras nos dão ao revelar essa pessoa como o "Pai", e não como o Inascível ou o Espirador. Aquino segue Agostinho ao reconhecer que a inascibilidade é uma pura negação; isto é, a inascibilidade não inclui *a ideia de ser o princípio de outro*, mas apenas exclui a ideia de proceder de outro (cf. *ibidem*, q. 33, a. 4, Resp.). Desse modo, Aquino descarta a opinião de que o P. possa ser constituído de algum modo por sua inascibilidade. Isso é importante na visão de Tomás, porque conceber o P. como uma pessoa que não está em relação simultânea com outra pessoa tornaria difícil assegurar a plena igualdade do Filho e do Espírito. Pois o P. seria então concebido como uma pessoa constituída de um modo simples, como a essência divina em si mesma, sem o Filho ou o Espírito Santo. A maneira correta de manter a doutrina da Trindade é entender o P. constituído como uma pessoa – em sua própria personalidade – enquanto relacionado ao Filho. Sem Filho, não há P. (cf. *ibidem*, q. 40, a. 3 e 4, Resp.).

**Pai que espira.** Tomás explica que, porque o P. e o Filho espiram juntos o Espírito Santo como um princípio único do Espírito, o P. não pode ser distinguido do Filho no que diz respeito à espiração. Eles são duas pessoas que espiram, mas conjuntamente são apenas um Espirador (cf. *ibidem*, q. 36, a. 4, ad 7m). Isso assegura a perfeita unidade do Espírito Santo. Embora a espiração não identifique unicamente o P., ela ainda é considerada entre as noções, porque o P. é conhecido como aquele que espira o Espírito Santo. Tomás explica que, uma vez que *duas* pessoas espiram, a espiração não é simplesmente própria, mas relativamente própria (cf. *Comentário aos Livros das Sentenças de Pedro Lombardo* I, dist. 26, q. 2, n. 3, Resp.). Embora o P. e o Filho sejam um único princípio do Espírito, ainda há uma ordem entre o P. e o Filho na espiração, a saber, o Filho recebeu tudo o que ele tem do P. Assim, o Filho recebeu o poder de espirar o Espírito Santo do P. Ele não recebeu um poder menor; na verdade, tendo recebido toda a essência divina em um nascimento perfeito, o Filho recebeu o próprio poder de espirar do P. Para expressar essa ordem nessa unidade perfeita, o Doutor Angélico adota a visão de Agostinho de que o Espírito procede principalmente do P. O Espírito Santo não procede mais do P. do que do Filho, nem mais plenamente do P. do que do Filho; o Espírito Santo procede tanto do Filho quanto do P. Mas o Espírito Santo procede *principalmente* do P. O P. sozinho é um princípio suficiente do Espírito, mas porque o Filho recebe tudo o que o P. tem, o Filho também espira (cf. *Suma de teologia* I, q. 36, a. 3, Resp. e ad 2m).

**Ação do Pai na ordem criada.** Em qualquer ação na ordem criada, todas as três pessoas divinas agem como um princípio único. Se qualquer ação divina na economia da criação excluísse qualquer pessoa, essa pessoa, então, não poderia ser Deus. Mas, ao agir no universo criado, as pessoas divinas não perdem suas personalidades distintas. Cada pessoa é a essência divina "não sob a mesma relação nem conforme o mesmo modo de relacionar-se está nas três pessoas, mas de acordo com um modo diferente de se relacionar" (*Questões disputadas* *sobre o poder divino*, q. 2, a. 5, ad 5m). Porque as pessoas divinas têm um modo distinto de ser relativo, elas têm um modo distinto de ação. Assim, o P. age na ordem criada de acordo com seu modo próprio como P. na Trindade; ou seja, ele cria, redime e santifica como aquele que unicamente dá à luz o Filho e principalmente espira o Espírito Santo. Assim, o P. cria *por meio do* Filho e do Espírito Santo, que procedem como o princípio das criaturas (cf. *Suma de teologia* I, q. 33, a. 3, ad 1m; *Comentário ao Evangelho de João* 1, 3: lição 2, número 76). Tudo o que o P. faz na ordem criada é por meio do Filho e do Espírito Santo: "Como o Pai se diz a si mesmo e a toda criatura pelo Verbo que engendrou, na medida em que o Verbo engendrado retrata suficientemente o Pai e toda a criação, assim também ele se ama a si mesmo e a todas as criaturas por meio do Espírito Santo, pois o Espírito procede como Amor da bondade suprema, pela qual o P. se ama a si mesmo e a todas as criaturas" (*Suma de teologia* I, q. 37, a. 2, ad 3m). Portanto, existe uma ordem trinitária na criação e na redenção. O P. é revelado por meio do Filho e no Espírito Santo. Aquino esclarece que mesmo Cristo, o mestre perfeito, seria ininteligível para seu público se o Espírito Santo não abrisse suas mentes (*Comentário ao Evangelho de João* 14, 26: lição 6, números 19-58). O Espírito nos conduz ao Filho, que nos conduz ao P. (cf. *Comentário aos Livros das Sentenças de Pedro Lombardo* IV, dist. 15, q. 4, a. 5, qc. 3). Dessa forma, os fiéis que foram adotados em Cristo, além de se dirigirem a toda a Trindade como P., podem dirigir-se à pessoa do P. pelo seu nome próprio. Além de revelar-se a Israel como o único e verdadeiro Deus, YHWH (Javé), o Criador, o Altíssimo e assim por diante, Deus se revelou a Israel como seu *Pai*. Mas Jesus Cristo revelou a própria vida interior de Deus aos seus discípulos: o Verbo feito carne revelou que ele é Deus Filho, que nasceu de um P. Jesus veio revelar-nos o seu P. e, de um modo maravilhoso, nos convida a nos dirigirmos ao seu P.: "Em verdade, em verdade, vos digo: o que pedirdes ao Pai em meu nome, ele vos dará [...] Nesse dia pedireis em meu nome, e não vos digo que intervirei junto ao Pai por vós, pois o próprio Pai vos ama, porque me amastes e crestes que vim de Deus" (João 16,23.26-27). O Doutor Comum afirma que "Cristo nos ensinou a dirigir a oração ao Pai por meio do Filho" quando explica que somos conduzidos ao P. pelo Filho e ao Filho pelo Espírito (cf. *Comentário aos Livros das Sentenças de Pedro Lombardo* IV, dist. 15, q. 4, a. 5, qc. 3). Mesmo assim, Aquino não deixa perder-se o fato de que toda a Trindade pode sempre ser pensada como o nosso P., uma vez que as três pessoas divinas nos criam e, portanto, têm uma relação paternal conosco. Embora talvez possa chocar as sensibilidades modernas, em seu *Comentário ao Pai-Nosso*, Tomás sugere que a Oração do Senhor é dirigida não apenas ao P., mas também ao Filho (cf. Prólogo, n. 1020). Embora, como afirma o Doutor Angélico, possamos e de fato nos dirijamos ao P. diretamente na oração, o *Pai-Nosso* é mais naturalmente dirigido a toda a Trindade. Na teologia de Tomás de Aquino, o P. retém certo caráter oculto como princípio ingerado, que envia o Filho e o Espírito Santo, mas ele mesmo não é enviado por ninguém (cf. *Suma de teologia* I, q. 43, a. 4, Resp.). O Filho é enviado invisivelmente na graça por meio do dom da sabedoria, e visivelmente em Jesus; o Espírito Santo é enviado invisivelmente em graça por meio do dom do amor, e visivelmente nas línguas de fogo no Pentecostes, na forma de sopro de Cristo sobre os apóstolos, de pomba no batismo de Cristo e de nuvem na Transfiguração (cf. *ibidem*, q. 43, a. 5, ad 2m; a. 7, ad 6m). Esses dons invisíveis da graça assemelham-se ao Filho (Sabedoria procedente) e ao Espírito Santo (Amor procedente), e eles confirmam os batizados no Filho e no Espírito, respectivamente. Mas o P., uma vez que dá a si mesmo na graça, não é enviado por nenhum outro; e não recebemos nenhum dom da graça que carregue semelhança com o P. e que nos conforme com ele (cf. *Comentário aos Livros das Sentenças de Pedro Lombardo* I, dist. 15, q. 4, a. 1, Resp.). Em vez disso, voltamos ao P. como nosso fim último (cf. *ibidem*, dist. 14, q. 2, a. 2, Resp.), porque "a visão do Pai é o fim de todos os nossos desejos e ações, e nada mais é necessário" (*Comentário ao Evangelho de João* 14, 8: lição 3, n. 1883).

**Bibliografia:** DURAND, E. Le Père en sa relation constitutive au Fils selon saint Thomas d'Aquin. *Revue Thomiste*, 107, p. 47-72, 2007. _____. *Le Père, Alpha et Oméga de la vie trinitaire.* Paris: Cerf, 2008. EMERY, G. Le Père et l'oeuvre trinitaire de création selon le Commentaire des Sentences de Saint Thomas d'Aquin. In: PINTO DE OLIVEIRA, C. J. (ed.). *Ordo Sapientia et Amour.* Friburgo: Éditions universitaires, 1993, p. 85-117. _____. *La Trinité Créatrice.* Paris: Vrin, 1995. _____. The Personal Mode of Trinitarian Action in Saint Thomas Aquinas. *The Thomist*, 69, p. 31-77, 2005. _____. *The Trinitarian Theology of St. Thomas Aquinas.* Trad. Francesca Aran Murphy. Nova Iorque: Oxford University Press, 2007. KU, J. B. *God the Father in the Theology of St. Thomas Aquinas.* Nova Iorque: Peter Lang, 2013. _____. Divine Paternity in the Theology of Ss. Gregory Nazianzen and Thomas Aquinas. In: DAUPHINAIS, M. [et al.] (eds.). *Thomas Aquinas and the Greek Fathers.* Naples (Flórida): Sapientia Press, 2019, p. 110-129. _____. Divine Innascibility in the Theology of Ss. Gregory Nazianzen and Thomas Aquinas. *The Thomist*, 85, p. 57-85, 2021. MARTIN, F. *The Feminist Question:* Feminist Theology in the Light of Christian Tradition. Nova Iorque: Wipf & Stock, 2011. PERRIER, E. *La fécondité en Dieu:* la puissance notionnelle dans la Trinité selon saint Thomas d'Aquin. Paris: Parole et Silence, 2009.

JOHN BAPTIST KU, OP
TRADUÇÃO DE JOSÉ EDUARDO LEVY JUNIOR

## PAIS (PADRES) da Igreja → *Ver* Autoridade

## PAIXÃO

**Etimologia e uso do termo.** Tomás de Aquino apresenta dois sentidos para o termo latino *passio*, paixão (P.). No sentido mais geral (*communiter*), é sinônimo de receptividade, derivado do vocábulo grego *páthein,* que significa *receber ou sofrer ação.* Nessa acepção, todo receber implica um padecer, mesmo que nada se exclua da ℘coisa, pois qualquer ℘ser sujeito ao movimento (mudança) pode receber perfeições que atualizam o que se encontra em estado potencial. A P., assim, é um ato que se imprime em alguma coisa como um efeito do agente no paciente. No sentido próprio (*proprie*), P. seria a recepção pelo ser paciente de uma nova qualidade que o altera, provocando a substituição ou a perda de uma qualidade contrária precedente; isso se dá de dois modos: algumas vezes é excluído o que não convém à coisa – por exemplo, quando se elimina a doença de um ℘corpo, diz-se que este padece por receber a saúde; outras vezes, ao contrário e mais propriamente, diz-se que estar doente é padecer, pois se recebe a doença com a perda do seu contrário, que é a saúde (cf. *Suma de teologia* I$^a$II$^{ae}$, q. 22, a. 1; *Questões disputadas sobre a verdade,* q. 26, a. 1 e 2; *Comentário aos Livros das Sentenças de Pedro Lombardo* III, dist. 15, q. 2, a. 1). A partir dessas acepções de *passio,* pode-se compreender, então, o seu sentido psicológico, ou seja, como ela se realiza na ℘alma humana. O primeiro sentido ou sentido comum (*communiter*) seria voltado a conceber a atividade da alma como potência de recepção, com base na ideia de que "sentir e compreender é de certo modo padecer" (*sentire et intelligere est quoddam pati*), como é o caso das potências cognitivas da alma que recebem em si as ℘espécies (ser intencional) a serem constituídas na atualização do ℘conhecimento sensível e inteligível, pela impressão de uma perfeição no ser, sem a exclusão ou perda de uma qualidade contrária. Já o sentido próprio (*proprie*) de P. só pode convir à alma acidentalmente, pois esse tipo de P. é acompanhado de exclusão e transmutação corporal, ou seja, somente se atribui à alma por ser parte do composto humano como ato do corpo. Por sua vez, nessa acepção determinada, diz-se que tem mais aspecto de P. da alma quando a transmutação é feita para algo qualitativamente inferior, por exemplo, quando se diz que a alteração para um estado de ℘tristeza seria mais propriamente uma P. do que para o estado de ℘alegria.

**Natureza das paixões da alma**. Tomás empresta da antropologia aristotélica expressa no *De anima* a base teórica para conceber as P. da alma como um ato da potência passiva da parte sensitiva e desejante da alma humana (cf. *Suma de teologia* I, q. 77, a. 3; q. 80. a. 1-2). Tendo em vista que as potências são determinadas por seus →objetos, e que, no caso da potência passiva, o objeto se refere ao ato como seu princípio ou →causa de movimento, então a atualização de uma potência passiva, como é o caso das P., se dá por referência a um princípio externo, que causa alterações no estado do →sujeito enquanto o objeto o influenciar. No que se refere à parte desejante da alma, primeiro deve-se considerar o princípio geral, segundo o qual *a toda forma segue-se uma inclinação* (*quamlibet formam sequitur aliqua inclinatio*): assim, todos os seres, animados ou não, por possuírem uma forma substancial, são necessariamente dotados de uma tendência para algo; essa tendência é denominada →*desejo natural* (*appetitus naturalis*), como é o caso de um corpo pesado (exemplo pedra) que tende constantemente para baixo. Por outro lado, as inclinações que dependem do conhecimento sensível ou inteligível são designadas como *desejo sensível ou animal* (*appetitus sensitivus*), que segue a forma apreendida pelos →sentidos (*species sensibilis*), e desejo intelectual, que segue a forma apreendida pelo →intelecto (*species intelligibilis*), uma vez que a afetividade sensível, caso das P. da alma, se inclinará propriamente aos objetos que se referem aos bens sensíveis particulares, enquanto o desejo intelectual (→Vontade) visará aos bens particulares, mas apreendidos sob a noção universal de bem (cf. *Suma de teologia* IªIIªᵉ, q. 26, a. 1; q. 29, a. 1; *Questões disputadas sobre a verdade*, q. 25, a. 1). Embora as P. da alma dependam das potências sensíveis do conhecimento, pois o que determina o movimento da alma, em primeiro lugar, são as próprias coisas apreendidas sob o aspecto de bem ou de →mal, Tomás afirma que as P. pertencem propriamente à potência desejante ou de esforço (concupiscível ou irascível), pois, como já observado, elas existem propriamente onde há alteração do

corpóreo. O desejo intelectivo, por sua vez, não requer qualquer mudança corporal, ainda que a vontade esteja sempre em relação com as P., sendo excitada por elas ou exercendo domínio sobre elas (cf. *Suma de teologia* IªIIªᵉ, q. 22, a. 2, a. 3; *Questões disputadas sobre a verdade*, q. 26, a. 3; *Comentário aos Livros das Sentenças de Pedro Lombardo* III, dist. 15, q. 2, a. 1). Já o desejo sensível divide-se pelas duas faculdades distintas, a concupiscível e a irascível. A razão para tal divisão é que existem objetos ou bens distintos para a tendência do desejo sensível: se o objeto é um bem simplesmente desejável (*bonum simpliciter*), diz respeito ao concupiscível (desejo); se o objeto é um bem árduo, difícil de ser alcançado (*bonum arduum*), então é concernente ao irascível (agressividade) (cf. *Suma de teologia* I, q. 81, a. 2; IªIIªᵉ, q. 23, a. 1; *Questões disputadas sobre a verdade*, q. 25, a. 2).

**Divisão e ordem das paixões da alma.** Tomás distingue onze tipos de P.: →amor (*amor*), ódio (*odium*), desejo (*desiderium*), fuga (*fuga*), →esperança (*spes*), desespero (*desperatio*), temor (*timor*), audácia (*audacia*), ira (*ira*), prazer e alegria (*delectatio* e *gaudium*) e tristeza (*tristitia*) (cf. *Suma de teologia* IªIIªᵉ, q. 23, a. 2, a. 3, a. 4; *Questões disputadas sobre a verdade*, q. 26, a. 4; *Comentário aos Livros das Sentenças de Pedro Lombardo* III, dist. 26, q. 1, a. 3). Todas as P. que visam ao bem ou ao mal, considerados em si mesmos, pertencem ao desejo concupiscível, como é o caso da alegria, da tristeza, do amor, do ódio, do desejo e da fuga; as P. que visam ao bem ou ao mal, sob o aspecto de bens árduos, difíceis de serem alcançados, pertencem ao desejo irascível, como a audácia, o temor, a esperança, o desespero e a ira. As P. diferem por seus princípios ativos, seus objetos, e a diversidade desses princípios pode ser considerada, quanto ao →poder de mover, semelhantemente ao caso dos agentes naturais, ou seja, tudo o que move atrai para si ou repele o paciente; no movimento da parte desejante da alma, o bem tem um poder atrativo e o mal, um poder repulsivo. Desse modo, em primeiro lugar, denomina-se *amor* à P. que na potência desejante inclina o sujeito para o objeto que primeiro o atrai para comprazer-se no bem; por contrariedade, chama-se de ódio a P. que repele o objeto quando este é percebido como um mal. Em segundo lugar, pelo objeto se apresentar como acessível, há o movimento do sujeito para conseguir esse bem amado, o que pertence à P. do desejo ou *concupiscência*; por contrariedade, há a P. da aversão ao objeto caso ele seja apreendido como um mal. Por último, se, ao final do movimento desejante, o objeto amado e desejado for possuído, há uma espécie de repouso no bem, o que consiste na P. do prazer e da alegria; se, no final, o objeto possuído se constitui em algum mal presente, então se dá o ato da P. da tristeza. Por outro lado, as P. do irascível pressupõem a inclinação de buscar o bem e evitar o mal, as quais são próprias do desejo concupiscível. Assim, em relação ao bem ainda não possuído e difícil de ser alcançado ou árduo, há a P. da esperança ou seu contrário, o desespero; em relação ao mal não presente e que é percebido como um obstáculo para que se alcance o objeto desejado, há a P. do temor de enfrentá-lo ou seu contrário, a audácia para superá-lo. Com relação ao bem possuído, não há P. irascível, pois seu domínio é do aspecto de bem árduo; todavia, quanto ao mal presente, resulta a P. da ira que visa a extirpá-lo. Após tratar da divisão das P., Tomás aborda detalhadamente cada uma delas, seus objetos, suas causas e seus efeitos (cf. *Suma de teologia* I\u1d43II\u1d43\u1d49, q. 26-48). Nesse tratamento pormenorizado, a P. da alegria é abordada nas questões sobre o 𝒫prazer, que é compreendido por Tomás também como uma P., por ser propriamente um movimento no desejo sensível ou animal que segue a apreensão sensível (cf. *ibidem*, q. 31, a. 1). Tomás observa que temos prazer tanto nas coisas que desejamos naturalmente como nas que seguem a razão, uma vez que a palavra *alegria* se emprega somente para os prazeres consecutivos à razão; por isso, não atribuímos aos animais irracionais a alegria, somente o prazer. Tudo o que é objeto de prazer pode ser também objeto de alegria para os que são dotados de razão; por outro lado, alguém pode sentir certo prazer estritamente segundo

o corpo, sem que se alegre segundo a razão. Portanto, o prazer tem maior amplitude que a alegria (cf. *ibidem*, a. 3). Tomás faz o mesmo tipo de comparação ao distinguir entre dor e tristeza. Assim como o prazer, a dor pode ser causada por duas formas de conhecimento: pela apreensão dos sentidos externos ou pela apreensão do intelecto ou da imaginação (sentido interno). Desse modo, a apreensão interior tem maior extensão que a exterior, pois tudo o que cai sob a extensão exterior pode também compreender a interior, mas não o contrário. Da mesma forma que somente um prazer causado por um conhecimento interior pode ser denominado alegria, só a dor causada por uma apreensão interior pode ser chamada de tristeza. Portanto, a dor causada somente por uma apreensão exterior é chamada propriamente de dor e não de tristeza; em outras palavras, a tristeza é uma espécie de dor, assim como a alegria é uma espécie de prazer (cf. *Suma de teologia* I\u1d43II\u1d43\u1d49, q. 35, a. 2; *Comentário aos Livros das Sentenças de Pedro Lombardo* III, dist. 15, q. 2, a. 3). Na comparação entre os desejos sensíveis, Tomás concebe que as P. do concupiscível têm prioridade sobre as do irascível (cf. *Suma de teologia* I\u1d43II\u1d43\u1d49, q. 25, a. 1; *Questões disputadas sobre a verdade*, q. 25, a. 2; *Comentário aos Livros das Sentenças de Pedro Lombardo* III, dist. 26, q. 1, a. 3). Sendo o repouso o 𝒫fim de todo movimento, toda P. do irascível termina numa P. do concupiscível. Por exemplo, o repouso na tristeza se encontra entre o temor e a ira, pois o mal que antes era temido, agora está presente causando a tristeza, o que, por sua vez, desperta a ira como desejo de vingança; e como vingar-se dos males é apreendido como um bem, o irado se alegra quando a vingança é consumada. Portanto, toda a P. do irascível pressupõe e/ou termina (repouso) nas P. do concupiscível e, segundo o critério da geração, a ordem das P. é a seguinte: amor e ódio; desejo e fuga; esperança e desespero; temor e audácia; e ira. Por último, prazer, alegria e tristeza seguem-se a todas as P. (cf. *Suma de teologia* I\u1d43II\u1d43\u1d49, q. 25, a. 3).

**Paixões da alma e moralidade.** Tomás de Aquino se posiciona contra a tese de que as P.

PAIXÃO

sejam sempre más, como defendiam os estoicos (*Suma de teologia* I$^a$II$^{ae}$, q. 24, a. 3, *Questões disputadas sobre o mal*, q. 12, a. 1). Consideradas em si mesmas, como uma realidade biopsicológica, as P. estão em uma condição pré-moral ($\wp$Moral), sendo um movimento natural do desejo ou agressividade irracionais (concupiscível ou irascível). Todavia, quando consideradas dependentes do "império da razão e da vontade", entram no domínio da moralidade, e dessa forma, sendo voluntárias, as P. podem ser designadas como moralmente boas ou más. Quando contrárias à razão, as P. levam ao $\wp$pecado (mal moral) e, quando reguladas e moderadas pela razão, concorrem para o bem moral ou bem humano (cf. *Suma de teologia* I$^a$II$^{ae}$, q. 24, a. 1; *Questões disputadas sobre o mal*, q. 10, a. 1; q. 12, a. 2-3; *Comentário aos Livros das Sentenças de Pedro Lombardo* II, dist. 36, a. 2;). As P. são boas quando o bem (objeto apreendido sob o aspecto de bem) para o qual tendem é objetivamente verdadeiro ou quando se afastam de um mal verdadeiro; em contrapartida, as P. são más quando se afastam do bem e tendem para o mal (cf. *Suma de teologia* I$^a$II$^{ae}$, q. 24, a. 4). Tomás de Aquino também observa que as P. podem influenciar no movimento da vontade, uma vez que a vontade é movida por aquilo que é apreendido sob o aspecto de bem e conveniente à razão; como na P. do desejo sensitivo, o $\wp$ser humano muda para um estado particular, isso implica que um indivíduo tomado por uma P. verá como conveniente a si aquilo que não veria sem a mesma P.: muitas vezes, o que parece bom para alguém com raiva não pareceria se esse alguém estivesse calmo (cf. *ibidem*, q. 9. a. 2). Portanto, a P. pode influenciar a deliberação e o juízo da razão prática, pois o objeto ao qual a P. se dirige é apreendido pelas potências do conhecimento, que o apresentam sob o aspecto de bem, seja ele sensível ou intelectual; em vista disso, por influência de uma P., a vontade pode escolher um objeto sob um aspecto de bem que é apenas aparente. Resumindo, as P. da alma estão implicadas no juízo da razão de dois modos: 1. antecedente, quando impedem que o juízo da razão avalie corretamente a bondade do ato moral, tendo como possível consequência a diminuição da bondade desse ato – por exemplo, há maior bondade no ato de praticar uma obra de $\wp$caridade decorrente do juízo da razão (deliberar e escolher sob o aspecto de bem) que meramente pela P. da $\wp$misericórdia; 2. consequente, que pode acontecer (i) por redundância, quando a parte superior da alma se move com intensidade para alguma coisa e a parte inferior a segue em seu movimento (desse modo, a P. presente nesse movimento contribui com a intensidade da vontade e consequentemente com a maior bondade do ato moral), e (ii) por um ato eletivo, quando alguém escolhe ser afetado por uma P. para que o desejo sensitivo colabore prontamente na ação deliberada e, nesse caso, a P. da alma aumentará a bondade do ato (cf. *ibidem*, q. 24, a. 3, ad 1m; *Questões disputadas sobre a verdade*, q. 26, a. 7; *Questões disputadas sobre o mal*, q. 3, a. 11; q. 12, a. 1).

**Paixões da alma em Cristo.** Ao tratar de $\wp$Jesus Cristo como o $\wp$Verbo encarnado ($\wp$Encarnação), verdadeiro $\wp$Deus e verdadeiro ser humano, Tomás de Aquino afirma que ele não somente teve um corpo passível e mortal, mas também teve uma alma passível. Nesse sentido de P. propriamente dita, como já foi mencionado, a alma sofre somente por acidente, já que suas afecções são acompanhadas de alteração orgânica por ela fazer parte do composto humano juntamente com o corpo. Todavia, essas P. existiram em Cristo diferentemente do que existem em nós por três modos. Primeiro, quanto ao objeto, as P. de nossa alma tendem frequentemente para objetos maus quando não reguladas pela razão, o que não acontecia em Cristo. Segundo, quanto ao princípio, as P. antecedem o juízo da razão; em Cristo, porém, todos os movimentos do desejo sensitivo eram orientados pela disposição racional. Terceiro, quanto ao efeito, esses movimentos não se limitam ao desejo sensitivo, mas influenciam muitas vezes a razão e impedem seu juízo; já em Cristo esses desejos existiam em tal disposição de perfeição que não impediam o uso da razão. Pode-se dizer que Cristo experimentou a P. da tristeza, pois o motivo da tristeza vem da apreensão interior de um mal pelas potências cognitivas da alma (razão ou imaginação). Assim, Cristo podia apreender interiormente algo como um mal para si mesmo, por exemplo, como compreendeu a sua Ⓟmorte e sua P.; ou podia ainda apreender algo como nocivo para os outros, como o pecado dos discípulos e dos judeus que o mataram (cf. *Suma de teologia* III, q. 15, a. 4-9; *Comentário aos Livros das Sentenças de Pedro Lombardo* III, dist. 15, q. 2, a. 1-2). Contudo, não se pode dizer que Cristo sentiu uma P. perfeita, aquela que toma toda a alma, mas apenas aquela incipiente, que começa no desejo sensitivo e não o ultrapassa, como se fosse uma *protopaixão* (*propassio*), pois uma coisa é estar efetivamente triste; outra é começar a entristecer (cf. *Suma de teologia* III, q. 15, a. 6). No que se refere à P. do temor, pode-se compreender de dois modos como ela se deu em Cristo. Assim como no caso da tristeza, em que o desejo sensitivo foge do mal presente, da mesma forma o temor é um fugir do mal futuro; por esse motivo, também se pode dizer que Cristo experimentou o temor. Por outro lado, quanto à *incerteza* do acontecimento futuro – por exemplo, quando se teme por algum barulho na escuridão sem saber sua proveniência –, diz-se que Cristo não experimentou o temor (cf. *ibidem*, a. 7). Cristo também poderia sentir a P. da ira, pois esta é um efeito da tristeza, que procura repelir a ofensa causada a nós ou a outros; todavia, não da ira que vem como desejo de vingança, contrário à ordem da razão, mas aquela que se exerce na ordem da Ⓟjustiça (cf. *ibidem*, a. 9). Portanto, não havia movimento do desejo sensitivo em Cristo que não fosse ordenado pela razão; mesmo as operações corpóreas e naturais participavam de alguma forma da vontade, visto que a sua vontade queria que a sua carne agisse e sofresse do modo que lhe é próprio (cf. *ibidem*, q. 19, a. 2). Quanto ao sofrimento de Cristo em sua *paixão e morte* como parte da História da ⓅSalvação, com o propósito da expiação dos pecados da humanidade, Tomás conclui que ele sofreu verdadeiramente a dor – tanto a dor sensível/corpórea como a dor interior expressa pela tristeza provocada pela apreensão do mal

(pecados pelos quais Cristo se sacrificou) –, uma vez que pela perfeição de suas potências interiores compreendia verdadeiramente todas as causas de sua tristeza, experimentando assim também ao máximo esse sentimento (cf. *ibidem*, q. 46, a. 6; *Comentário aos Livros das Sentenças de Pedro Lombardo* III, dist. 15, q. 2, a. 3).

**Bibliografia:** ARISTÓTELES. *Sobre a alma*. Trad. Ana Maria Lóio. Lisboa: Imprensa Nacional-Casa da Moeda, 2010. DEMAN, T. Notas e apêndices de *La prudence*. Ed. de la Revue des Jeunes. Paris: Desclée, 1949. GARDEIL, H.-D. *Iniciação à filosofia de S. Tomás de Aquino*: Tomo III-Psicologia. São Paulo: Duas Cidades, 1967. GILSON, E. *Le thomisme:* introduction à la philosophie de Saint Thomas d'Aquin. 6. ed. Paris: Vrin, 2006 (edição brasileira: *O tomismo:* introdução à filosofia de Santo Tomás de Aquino. Trad. Juvenal Savian Filho. São Paulo: WMF Martins Fontes, 2024). KING, P. Aquinas on the passions. In: MACDONALD, S.; STUMP, E. (eds.). *Aquinas's Moral Theory*. Londres-Ithaca: Cornell University Express, 1999. MANGENOT, E. (ed.). *Dictionnaire de Théologie Catholique*. Tomo XI. Paris: Letouzey et Ané, 1932 (Col. 2217-2232). MCINERNY, R. *Ethica Thomistica:* the Moral Philosophy of Thomas Aquinas. Washington, D. C.: The Catholica University of America Press, 1997. SERTILLANGES, A. G. *La philosophie morale de saint Thomas D'Aquin*. Deuxième Édition. Paris: F. Alcan, 1922. TORRELL, J.-P. *Initiation à Saint Thomas d'Aquin*. Paris: Cerf, 2015. _____. *Le Christ en ses mystères:* la vie et l'œuvre de Jésus selon Saint Thomas d'Aquin. Paris: Desclée, 1999. 2 v. WESTEBERG, D. *Right Practical Reason:* Aristotle, action, and prudence in Aquinas. Oxford: Clarendon Press, 2002.

CARLOS ALBERTO ALBERTUNI

## PAPA → *Ver* Artigos de Fé; Hierarquia; Magistério; Sacerdócio; Poder

## PARTICIPAÇÃO

**O conceito de participação.** Tomás de Aquino demonstra muito interesse pelo conceito de participação (P.). Como crítico dos platônicos, rejeita a doutrina realista exagerada, segundo a qual as entidades abstratas seriam subsistentes e independentes do sensível. No platonismo, os ℘indivíduos concretos participam das ℘ideias separadas das ℘coisas sensíveis; Tomás de Aquino, em contrapartida, adota uma posição do tipo aristotélico ( ℘Universais). Contudo, o Doutor Angélico destina um outro papel à P., notadamente na discussão teológica da distinção entre ℘Deus e as criaturas. Isso pode ser aclarado pela distinção entre ℘criação e processão. A criação é um ato pelo qual Deus produz algo distinto de si, diferindo da processão no contexto da Santíssima ℘Trindade, na qual Deus ℘Filho procede de Deus ℘Pai e Deus ℘Espírito Santo procede do Pai e do Filho. Desse modo, Pai, Filho e Espírito Santo possuem o mesmo ser divino, ou seja, a mesma ℘essência ou ℘natureza divina é possuída pelas três ℘pessoas da Santíssima Trindade. No caso da criação, Deus não cria outro Deus, mas criaturas que são distintas dele mesmo e, portanto, não podem ℘ser no mesmo sentido. Assim, todas as criaturas possuem ser de Deus por P. e não por essência. Ora, na ℘relação de Deus com as criaturas, o Criador possui suas propriedades de modo essencial como exemplar cujas propriedades são possuídas pelas criaturas por modo de P. Nesse sentido, a discussão sobre a P. está ligada às considerações de Tomás de Aquino sobre a predicação analógica entre Deus e as criaturas (℘Analogia).

**Participação, ser e analogia.** A distinção entre ser por essência e ser por P. é fundamental. Participar significa tomar uma parte (cf. *Comentário aos Septenários* de Boécio, l. 2). Deus é por essência (cf. *Suma de teologia* I, q. 3, a. 4), ao passo que as criaturas possuem ser por P. Posto que é o ser primeiro, Deus é o próprio ato de ser do qual deriva o ser das criaturas. Não haveria, assim, outro ℘ente de cujo ser ele poderia participar. Do ponto de vista da teoria dos universais, Tomás de Aquino é um crítico da doutrina das ℘espécies separadas (cf. *ibidem*, q. 6, a. 4), doutrina na qual

os indivíduos sensíveis participariam como imitações de tais espécies. Tomás faz uma clara distinção entre ser por essência e possuir por P.: o que possui ser por P. é causado por aquele que é ser por essência. Tomás de Aquino rejeita, portanto, a doutrina da P. então atribuída a Platão. O único texto de Platão conhecido em latim na época de Tomás de Aquino era o *Timeu*, traduzido por Calcídio. As referências a Platão eram geralmente indiretas, realizadas com base em autores como Aristóteles. Usando um vocabulário tipicamente aristotélico, Tomás considera que, para Platão, as formas das coisas sensíveis subsistiriam sem a ℘matéria. Por exemplo, a forma de ℘ser humano seria o ser humano *per se*, ao passo que os seres humanos particulares participariam dessa forma humana *per se* (cf. *ibidem*, q. 84, a. 4). Contra essa teoria platônica, o processo de conhecimento preconizado pela influência aristotélica em Tomás de Aquino advoga antes uma explicação baseada na doutrina da abstração (℘Conhecimento). O Doutor Angélico, no entanto, concede ainda um papel fundamental à P. em sua teoria, que não está no âmbito do processo de obtenção de espécies universais, mas na relação entre as criaturas e o Criador: os termos análogos predicam-se, em primeiro lugar, de Deus, que é a ℘causa primeira da natureza, e, em segundo lugar, das criaturas, de modo que as criaturas participam do ser e de outras propriedades de Deus, como, por exemplo, da bondade e da unidade (℘Transcendência e Transcendental). Há uma ordenação entre Deus e as criaturas, de modo que as criaturas participam da natureza divina, o que equivale a dizer que as criaturas não possuem essencialmente a natureza divina que é o ser (*esse*) puro e simples (*esse per se subsistens*). Para dar um exemplo, a madeira incandescente participa da natureza do fogo, mas não é o fogo, ou seja, não possui a essência do fogo (cf. *Suma de teologia* I$^a$II$^{ae}$, q. 62, a. 1, ad 1m). Assim, a natureza humana participa da natureza divina, mas não é a própria natureza divina. Tomás utiliza a noção de P. com o fim ontológico de explicar como as entidades da

Natureza se relacionam, ou seja, como naturezas essenciais são exemplares de naturezas que participam de naturezas essenciais. Observa-se, com isso, que o principal papel da doutrina da P. no pensamento de Tomás é o de explicar a ordenação existente na Natureza. Há propriedades divinas, embora não todas, que podem ser comunicadas por P.; por exemplo, à criatura humana Deus comunica a bondade e o ser, mas não sua onipotência (cf. *Suma de teologia* III, q. 16, a. 5, ad 3m). É importante salientar que a essência de Deus consiste no seu próprio ser; portanto, Deus possui o ser no mais alto grau, ao passo que as criaturas possuem-no por P. no ser divino. Conforme observado no verbete *analogia*, Tomás de Aquino incorpora os exemplos clássicos de Aristóteles, como o saudável, que se diz propriamente do animal e derivadamente do alimento ou da urina. Ora, assim como os termos são análogos na medida em que se relacionam a algo uno, assim também as coisas mantêm uma relação de P., na medida em que tomam parte de algo. O termo *ser* diz-se, assim, como análogo da substância e do acidente, e o ser acidental participa do ser substancial. Em outras palavras, convém distinguir dois sentidos em que Tomás de Aquino fala de P. (ambos são ilustrados nos capítulos quatro e cinco de *O ente e a essência*). Um primeiro sentido é o de ter ser em parte ou como parte. Somente em Deus a essência (o que ele é) coincide com o ser (*esse/actus essendi*); nos entes criados, a essência distingue-se do ser, não é todo o ente, mas relaciona-se com o ser do ente como uma potência em relação a seu ato. O segundo sentido é o de ter parcialmente: Deus é o próprio ser puro e simples; os entes criados têm o ser à medida de suas essências. Estas são mais ou menos perfeitas à medida que se aproximam da pura atualidade divina. Elas são capacidades (potências) de receber de Deus o ser, e constituem uma hierarquia ontológica que vai da pura potencialidade da matéria-prima até a atualidade infinita do ser subsistente por si mesmo (Deus). Aristóteles recusou-se a falar de P., pois isso significaria, no seu dizer, usar palavras ocas e metáforas poéticas (cf. *Metafísica* 991a20). Ao tratar, porém, das categorias de entes, diz ele que *ente* se diz de muitos modos, mas esses modos referem-se a um primeiro, que é o mais perfeito. Assim, todos os acidentes referem-se à substância, que é propriamente ente. Dois exemplos de Aristóteles ficaram famosos: o do saudável, que pode se referir a um alimento, a um clima, a uma porção de urina, a um animal (porque o alimento conserva a saúde, o clima a restaura, a urina a manifesta e o animal é sadio por ter saúde). Ocorre algo semelhante com o que é medicinal. É assim que o ente se diz primeiramente da substância, depois dos acidentes, que são acidentes da substância, e ainda de outros, porque são encaminhamentos para a substância (a geração ou destruição dela) (cf. *Metafísica* 1003a33–b10). Tomás interpreta esse esquema em termos de P. (o que é propriamente, é a substância; e os acidentes têm o ser secundariamente), transpondo-o para a relação entre Deus e as criaturas (quem é, em sentido pleno, é Deus; e as criaturas recebem o ser parcialmente) (cf. *Suma de teologia* I, q. 42, a. 1, ad 1m; sobre as substâncias separadas, ver os capítulos III e IV de *O ente e a essência*).

**Bibliografia:** AUBENQUE, P. *O problema do ser em Aristóteles*. Trad. C. S. Agostini e D. D. Faustino. São Paulo: Paulus, 2014. BOÉCIO. *Escritos (Opuscula sacra)*. Trad. Juvenal Savian Filho. São Paulo: WMF Martins Fontes, 2005. DE LIBERA, A. *La querelle des universaux: de Platon à la fin du Moyen Age*. Paris: Seuil, 1996. ELDERS, L. J. *The metaphysics of being of St. Thomas Aquinas in a historical perspective*. Leiden: Brill, 1993. FABRO, C. *La nozione metafisica di partecipazione secondo s. Tommaso d'Aquino*. Milão: Vita e Pensiero, 1939. GEIGER, L.-B. *La participation dans la philosophie de S. Thomas d'Aquin*. Paris: J. Vrin, 1953. MONTAGNES, B. *La doctrine de l'analogie de l'être d'après saint Thomas d'Aquin*. Lovaina/Paris: Publications Universitaires/Béatrice-Nauwelaerts, 1963. PLATÃO *Timeu*. Trad. Carlos Alberto Nunes. Belém: Editora da UFPA, 2001. TE VELDE, R. A. *Participation and substantiality in Thomas Aquinas*. Leiden: Brill, 1995.

MARCO AURÉLIO OLIVEIRA DA SILVA

# PECADO

**Quadro teórico.** A segunda parte da *Suma de teologia* trata do que Tomás de Aquino chama de *matéria moral* (cf. I, q. 83, Prólogo), apresentada como um percurso, uma "viagem" ou, em termos propriamente medievais, uma *peregrinação* ou *volta do exílio* deste ϼmundo para a pátria celeste. Tomás fala, de início, da meta ou ponto de chegada dessa viagem: ϼDeus, ϼfim último da ϼvida humana; fala também de como se pode chegar a esse fim por meio da ação humana (cf. IªIIªᵉ, q. 1-5 e 6-48). Trata ainda de quais meios o ϼser humano pode servir-se em tal ação, meios que Tomás divide em *internos* ao agente moral (ϼvirtudes, dons do ϼEspírito Santo, ϼbeatitude e frutos do Espírito Santo – cf. IªIIªᵉ, q. 49-67; q. 68; q. 69 e q. 70) e *externos* a ele (a ϼlei e a ϼgraça – cf. IªIIªᵉ, q. 90-108; q. 109-114). É no contexto do estudo das virtudes que Tomás trata dos vícios e pecados, pois, assim como as virtudes são habilitações boas ou ϼhábitos bons que permitem ao ser humano agir bem e tornar-se bom, aproximando-se de Deus, os vícios são disposições contrárias que o inclinam a agir mal, afastando-o do que lhe é próprio e de Deus mesmo (cf. IªIIªᵉ, q. 71-89). Servindo-se de uma frase de Santo Agostinho (cf. *Contra Fausto* XXII, 27), transmitida por Pedro Lombardo no livro II de suas *Sentenças*, dist. 35, cap. 1, Tomás definirá *pecado* (P.) do seguinte modo: "pecado é algo dito, feito ou desejado contra a lei eterna" (*Suma de teologia* IªIIªᵉ, q. 71, a. 6). A lei eterna é o próprio Deus concebido como norma última do agir humano (cf. *ibidem*, q. 93), participada pela norma próxima ou a ϼrazão (cf. *ibidem*, q. 71, a. 6). A formulação de Santo Agostinho é traduzida em outra, certamente mais concreta: o P. é "um afastamento de Deus e um direcionar-se para a criatura", ou um apego a uma criatura (*aversio a Deo et conversio ad creaturam* – *Cidade de Deus* XIV, 28). Igualmente, na segunda parte da parte segunda (IIªIIªᵉ) da *Suma de teologia*, depois de falar de cada uma das virtudes no que as caracteriza, Tomás fala dos vícios e P. contrários a elas, e ainda menciona cada dom do Espírito Santo associados a cada uma delas, bem como os preceitos da ϼSagrada Escritura que orientam a compreensão dessas virtudes. Nas questões de 71 a 89 da *Suma de teologia* IªIIªᵉ, já mencionadas, Tomás aborda os vícios e os P. de modo geral. Essas questões se organizam com um plano do que era conhecido na Antiguidade Tardia: os *modi sciendi*, isto é, os modos de melhorar o ϼconhecimento de alguma ϼcoisa: definição, divisão, dedução. Assim, Tomás enumera na IªIIªᵉ, q. 71, Prólogo, seis tópicos a serem estudados a respeito do P.: 1) os vícios e os P. em si mesmos – q. 71; 2) a distinção dos P. – q. 72; 3) a comparação entre eles – q. 73; 4) o ϼsujeito do P., isto é, em quais faculdades da ϼalma se encontram – q. 74; 5) quais as ϼcausas de P. – q. 75-84; e 6) quais os seus efeitos – q. 85-89. Como se pode observar, os aspectos mais desenvolvidos são as causas do P. (10 questões) e seus efeitos (5 questões).

**Causas e efeitos do pecado.** As causas são abordadas de modo geral na questão 75, começando por perguntar se o P. tem causa (a. 1). Os artigos subsequentes (a. 2-4) tratam dos diferentes tipos de causas que serão abordadas nas questões seguintes: internas (q. 76-78) e externas (q. 79-83). No primeiro bloco são considerados: a ignorância, que se refere à razão (q. 76); o ϼdesejo sensível ou afetividade como desejo e agressividade (q. 77); e a malícia em conexão com a ϼvontade (q. 78). Essa ordem das faculdades é inversa da seguida na q. 74 a propósito das faculdades que podem ser sujeitos do P. Lá se falava primeiro da vontade, depois da afetividade e, finalmente, da razão. Quanto às causas externas, tem-se em conta Deus, que não é causa do P. nem direta nem indiretamente (q. 79); o ϼdiabo, que só pode ser causa por persuasão e apresentação do que é desejável (q. 80); e o ser humano (q. 81-83). Nessas questões Santo Tomás estuda o P. original; a q. 84 trata de como um P. pode ser causa de outro, e aí são considerados os P. capitais de acordo com a lista de São Gregório Magno em *Morais*, liv. 31, cap. 45: soberba, avareza, gula, luxúria, acídia, inveja e ira. Já se disse que a acídia teria sido substituída pela preguiça por Calvino, mas há indicações disso desde a Idade Média. Os efeitos do P., considerados nas questões de 85 a 87, são a corrupção da ℘natureza, que nunca é total (q. 85), e a "mancha" da alma (q. 86) – Tomás explica que o termo *mancha* se trata de uma metáfora para falar do brilho da razão e da graça afetado pelo P. A questão 87 trata da pena do P. e, em ligação com ela, a questão 88 volta à distinção entre P. venial e mortal. Para uma boa compreensão, especialmente das questões referentes ao P. em si mesmo (q. 71) e a suas causas internas aos humanos (q. 76-78), é necessário ter em conta as questões sobre os atos humanos, isto é, voluntários, no início da segunda parte da *Suma de teologia*, sobretudo as questões 6 e 7 sobre o voluntário e o involuntário e as questões 18 e 19 sobre a bondade e a malícia dos atos humanos em geral. É na questão 18 que Tomás, reconhecendo a originalidade própria da ordem moral, estabelece que toda ação humana deliberada e livre é boa ou má (P.), divisão essa que se aplica ao domínio moral de modo próprio. É possível considerar na ação humana um quádruplo aspecto de bondade (cf. Iª IIae, q. 18, a. 4) e, portanto, também quatro aspectos no que se refere ao ℘mal. A ação humana pode ser considerada genericamente como ação ou ato; nesse caso, fala-se dela como ℘ente e, portanto, como boa, visto que *ente* e *bem* são conversíveis (1º aspecto). Pode-se, por outro lado, falar dela no que lhe é específico, sendo sua espécie derivada de seu objeto ou fim adequado próximo. Tal objeto ou fim pode ser bom ou mau conforme esteja de acordo ou em desacordo com a lei eterna (o próprio Deus como norma suprema da ℘criação – 4º aspecto) e com a razão (norma próxima da ação humana – 2º aspecto). É sob esses dois aspectos que a ação humana é objeto de consideração moral. Há que se considerar ainda, desse ponto de vista, as circunstâncias que podem afetar o próprio objeto ou fim da ação moral (3º aspecto). Com base em Aristóteles (cf. *Ética a Nicômaco* III, 1, 111a18) e Cícero (cf. *Arte retórica* I, cap. 24), Tomás de Aquino enumera dez circunstâncias: quem (*quis*), o quê (*quid*), onde (*ubi*), por que

meios (*quibus auxiliis*), porque (*cur*), como (*quomodo*), quando (*quando*), a respeito de que (*circa quid*), em vista de que (*propter quod*) e no que (*in quibus*). Note-se que *quid* (o quê) não é propriamente uma circunstância, por se tratar do objeto da ação; e *cur* (porque) indica o fim visado pelo operante (*finis operantis*) que pode coincidir ou não com o fim da ação (*finis operis*) (cf. Iª IIae, q. 72, a. 9).

**O objeto ou fim do pecado.** Na caracterização do P. por seu objeto ou fim, é importante ter em conta que este se opõe ao ato ou ação virtuosa não apenas privativamente como o mal físico (a cegueira, por exemplo), mas por contrariedade, pois ele tem um objeto ou fim contrário ao objeto virtuoso. Esse aspecto é como que desconsiderado pelo pecador, pois este pratica o mal, não sob o aspecto de algo mau, mas pelo que ele tem de bom. Na linguagem de Santo Agostinho, é a *conversio ad creaturam* (o direcionar-se para a criatura) que é visada pelo pecador, e ele até desejaria que tal *conversio* (direcionar-se) não implicasse uma oposição (*aversio*) à lei divina e à razão. Esse direcionamento para a criatura (bem finito) é um ato da vontade no seu escolher (*electio*), precedido pela deliberação (*concilium*) e juízo prático (*judicium*) da razão, seguido pela adesão ou consentimento (*consensus*) e a passagem à ação (*imperium*). Santo Tomás considera que a divisão essencial dos P. se dá pelo objeto, como é o caso das virtudes e dos atos virtuosos (cf. *Suma de teologia* Iª IIae, q. 72, a. 1). Nesse sentido, ele procura situar algumas divisões tradicionais como: P. espirituais e carnais (a. 2); P. ocasionados por causas diversas (a. 3); P. contra Deus, contra si mesmo e contra o próximo (a. 4); P. veniais e mortais (a. 5 e q. 89); P. de ação e omissão (a. 6); P. de pensamento, palavra e ação (a. 7); e P. por excesso ou falta (a. 8).

**A gravidade do pecado.** A respeito da comparação dos P., Tomás propõe dez questões, começando por perguntar se há uma conexão entre vícios e P., assim como há a conexão das virtudes. Assim, ele relembra logo de início a distinção, sob esse aspecto, entre vícios e virtudes. Estas tendem todas a seguir a correta determinação da razão na ação humana, o que é a própria definição da prudência (*recta ratio agibilium* – a reta determinação do que pode ser praticado), e, desse modo, elas são conectadas entre si. Os vícios, porém, tendem exatamente ao contrário, à dispersão, pois eles visam não ao desprezo da determinação racional, mas a um bem criado finito que é posto no lugar do que é determinado pela razão como Ͽparticipação da lei eterna. Ora, tais bens são inúmeros, distintos, desconexos e até mesmo frequentemente incompatíveis entre si. Isso estabelece uma dinâmica distinta nas virtudes e nos vícios. O artigo segundo prolonga o primeiro. Se o vício e o P. se definem pelo bem criado ao qual tendem, sendo este oposto à razão e à lei eterna, então os P. não são iguais e se caracterizam conforme seu objeto e fim, tirando deste sua maior ou menor gravidade conforme se oponham mais ou menos à determinação da razão e da lei eterna. Essa questão é abordada no artigo terceiro: são mais graves os P. que se referem a Deus, em seguida os que se referem aos humanos e finalmente os que dizem respeito às coisas conforme são ordenadas a estes últimos. Desse artigo terceiro até o fim da questão 72, é desenvolvida uma série de seis artigos que procuram esmiuçar a gravidade dos P. já enunciada de modo geral no próprio artigo terceiro. Esse é um aspecto que certamente tinha muita importância para os destinatários da *Suma de teologia* no exercício do papel de confessores no Ͽsacramento da Penitência (cf. *Suma de teologia*, Suplemento, q. 9, a. 2 e 3). Dez outras perguntas são formuladas a propósito das faculdades humanas que podem ser afetadas pelo P., isto é, em que o P. pode se encontrar como em seu sujeito. Serão passadas em revista a vontade (a. 1 e 2), o desejo sensível ou a sensibilidade como desejo e agressividade (a. 3 e 4) e a razão (a. 5-10). Na *Suma de teologia* II<sup>a</sup>II<sup>ae</sup>, como indicamos, Tomás ainda retomará a consideração dos P., em particular, como opostos aos atos das virtudes que estruturam essa parte da *Suma*. Desse modo, o P. tem uma presença como que constante na vida humana: presença como a face oposta do que o ser humano deve ser e do lugar que lhe cabe entre as criaturas como imagem de Deus. Em contrapartida, se a imagem de Deus é ofuscada pelo P., é plenamente restaurada pelo "Nosso Salvador, o Senhor ϼJesus Cristo, que, tornando o seu povo salvo dos seus pecados (Mt 1,21), demonstrou-nos em si mesmo o caminho da ϼverdade, pelo qual podemos, ressurgindo, chegar à bem-aventurança da vida imortal" (*Suma de teologia* III, Prólogo).

**Bibliografia:** ARISTÓTELES. *Ética a Nicômaco*. Trad. E. Bini. São Paulo: EDIPRO, 2002. CASAGRANDE, C.; VECCHIO, S. Pecado. In: LE GOFF, J.; SCHIMITT, J.-C. (orgs.). *Dicionário Temático do Ocidente Medieval*. Bauru/São Paulo: EDUSC-Imprensa Oficial, 2002, p. 337-351. DEMAN, T. Péché. In: VACANT, A.; MANGENOT, E.; AMANN, E. (eds.). *Dictionnaire de théologie catholique*. Paris: Letouzey, 1931, XI, 1 (col. 717-784). GREGÓRIO MAGNO. *Moralium libri XVII-XXXV*. In: PL 76, 9-782. MONDIN, B. Peccato. In: _____. *Dizionario enciclopedico del pensiero di San Tommaso d'Aquino*. Bolonha: Edizioni Studio Dominicano, 2000, p. 495-499. PEDRO LOMBARDO. *Libri IV Sententiarum*. Quaracchi: Collegii S. Bonaventurae, 1916. PEREIRA, G. S. Matar o tédio, passar o tempo: crime e mal-estar na temporalidade. *Revista Transgressões*, 5, p. 3-21, 2017. SANTO AGOSTINHO. *Cidade de Deus*. Trad. J. P. Leme. Petrópolis: Vozes, 1990. _____. *Contra Faustum Manichaeum Libri trigintatres*. In: PL 42, 207-518. WENZEL, S. Acedia: 700-1200. *Traditio*, 22, p. 73-102, 1966.

Carlos Arthur Ribeiro do Nascimento

## PECADO ORIGINAL

**Pecado nas origens da humanidade.** O que a tradição costuma chamar de *pecado original* (Po.) é certamente o único dado da Ͽfé cristã que pode realmente ser comprovado: constata-se que o Ͽgênero humano é imperfeito e mesmo marcado por certa tendência a agir mal; nesse item coincidem tanto a perspectiva da fé como a da ciência (seja a história, a paleontologia ou outras). Para a fé cristã, a expressão *pecado original* designa um acontecimento, nas origens da humanidade, quando terá ocorrido, como relata *Gênesis* 3 (num estado paradisíaco no qual os humanos negaram-se a obedecer a Deus em tudo), a desobediência humana, a ponto de Deus punir os humanos e de estes só poderem transmitir a seus descendentes uma ►natureza decaída (isto é, não a natureza perfeita, originalmente recebida de Deus na ►criação, mas a natureza marcada pela imperfeição e – coisa ainda mais grave – pelo ►prazer com o ►mal ou com a ausência do bem que deveria existir). Com efeito, segundo a narrativa de *Gênesis* 3, o primeiro casal humano acreditou poder decidir por si mesmo o que era bem e o que era mal, sem obedecer integralmente a Deus.

**Vontade singular e natureza recebida dos primeiros pais.** Tomás de Aquino fala do Po. ao tratar das ►causas externas do pecado. O ser humano pode pecar por sugestão ou exemplo, mas tem um modo inteiramente próprio de fazê-lo, qual seja, pela *origem*. É sobre isso que falam as questões 81-83 da I$^a$II$^{ae}$ da *Suma de teologia* ao abordar três aspectos do Po.: sua transmissão, sua ►essência e seu ►sujeito. A questão 81 corresponde à pergunta pelo *fato* do Po., o que fica mais claro pela maneira como é formulada a pergunta do artigo 1 da questão 4 das *Questões disputadas sobre o mal*: "se algum pecado é contraído a partir da origem". Essa pergunta já indica também uma peculiaridade do Po.: ele é *contraído* pelos humanos, e não cometido por eles pessoalmente; foi cometido pelo patriarca do gênero humano, Adão. Há cinco argumentos iniciais, em vez de três, como é costume na *Suma de teologia*, o que pode ser um sintoma de que a questão era bastante discutida na época. O argumento inicial cita as duas passagens da ►Bíblia mais importantes no que se refere ao Po.: Romanos 5,12 e Sabedoria 2,24, as quais, naturalmente, supõem *Gênesis* 2–3. A resposta tem início com a reafirmação do dado de ►fé: "de acordo com a fé católica, deve sustentar-se que o primeiro pecado do primeiro ser humano passa originariamente aos que vieram depois. Pelo que, mesmo as crianças recém-nascidas são levadas ao Batismo

porque devem ser lavadas de alguma mancha de culpa. O contrário é a ►heresia pelagiana, como é manifesto por Agostinho em vários de seus livros". Em seguida, Tomás anota que vários tentaram de diferentes maneiras mostrar como isso pode dar-se. Ele menciona explicitamente duas tentativas de tipo traducianista, defensora da transmissão, pelo sêmen, da ►alma manchada pelo pecado dos pais aos filhos. Tomás considera essas tentativas de explicação insuficientes, porque o próprio fato de um defeito ser transmitido exclui uma *culpa*, porque não é voluntário por parte de quem recebe tal defeito. Sua proposta é a de que "todos os seres humanos que nascem de Adão podem ser considerados como um único ser humano, na medida em que a natureza que recebem do primeiro pai lhes é comum". Tal consideração provém de Santo Agostinho, que a apresenta várias vezes, como, por exemplo, no texto *As núpcias e as concupiscências*: "pela vontade má daquele único todos pecaram nele, visto que todos foram um só nele, por causa de que todos contraíram dele o pecado original" (II, 5; PL 44, col. 444). Para apoiar essa concepção, Tomás cita o exemplo das questões civis, quando todos os que pertencem a uma ►comunidade são considerados como um só corpo; e toda a comunidade é considerada como um só ser humano. Cita também uma sentença de Porfírio, na *Isagoge*, segundo a qual, pela ►participação da ►espécie, vários seres humanos são um só ser humano. Tomás ainda prolonga a analogia do corpo, pois um ato de um membro do ►corpo não é voluntário por uma ►vontade do próprio membro, mas da alma que move em primeiro lugar os membros. Ele exemplifica com o caso de um homicídio: esse não é imputado à mão, em si mesma, considerada separadamente do corpo, mas lhe é imputado na medida em que parte do ser humano é movida pelo ser humano. Assim, conclui Tomás que a desordem presente em um ser humano, por ser gerado a partir de Adão, não é necessariamente voluntária por causa de sua vontade, mas pode ser por causa da vontade do primeiro pai, que move, pela geração, todos os que derivam dele no tocante à origem, assim como a vontade da alma move todos os membros para o ato. Desse modo, o Po. não é o pecado "desta" pessoa (uma pessoa singular) senão na medida em que ela recebe a natureza do primeiro pai.

**Essência do pecado original.** Tomás considera o Po. uma disposição desordenada da natureza humana, causada pela perda da justiça original que era o estado do ser humano ao ser criado e consistia na harmonia dos humanos em si mesmos e em suas relações com Deus e com a Natureza. O Po. pode, desse modo, ser comparado à doença, como uma disposição contrária à saúde. O Po. refere-se ao que ele afeta na natureza humana, como é abordado na *Suma de teologia* I$^a$II$^{ae}$, q. 83. No 1º artigo, apresentam-se também cinco argumentos iniciais e pergunta-se se o Po. está de preferência na carne (corpo) ou na alma. A resposta de Tomás de Aquino começa com a distinção dos diferentes modos de *presença* (estar em): em sua causa (principial ou instrumental) ou em seu sujeito (portador). Da q. 81, a. 1, segue se que o Po. esteve em Adão como sua causa principal – é aliás o que diz Paulo em Romanos 5,12. No sêmen, ele está como causa instrumental, porque é por sua capacidade que o Po. é transmitido à prole com a natureza humana. Ele afeta em primeiro lugar a própria alma como tal e, em seguida, suas potências ou faculdades quanto à sua inclinação, e, nesse sentido, a vontade em primeiro lugar, porque esta é a fonte primeira da inclinação de todas as potências. No entanto, como o Po. se transmite pela geração e a esta estão ligados os atos da faculdade desejante (o concupiscível), sobretudo no que se refere ao tato e aos prazeres mais intensos a que dá origem, essa faculdade, na medida em que pode ser sujeita à vontade, é também afetada pelo Po. Quanto ao corpo como tal, ele não é sujeito de culpa, mas apenas das penas resultantes do Po. Santo Tomás trata da justiça original na *Suma de teologia* I, q. 94-102, especialmente na q. 95. Na *Suma de teologia* II$^a$II$^{ae}$, q. 163-165, especialmente na q. 163, fala do pecado do primeiro ser humano em conexão com a soberba.

**Bibliografia:** BERNARD, R. *Le Péché*. Traduction et commentaire de la Somme Théologique de Saint Thomas d'Aquin Iallae, q. 71-89. 2 v. Paris: Revue de Jeunes, 1931. CAMUS, A. *O homem revoltado*. Trad. Valerie Rumjanek. São Paulo: Record, 2017. CHESTERTON, G. K. *Ortodoxia*. Porto: Livraria Tavares Martins, 1950. DE CHARDIN, T. *O fenômeno humano*. Trad. José Luiz Arcanjo. São Paulo: Cultrix, 1988. GARDEIL, A. Les origines de l'homme. In: TOMÁS DE AQUINO. *Somme Théologique* Ia, q. 90-102. Trad. A. Patfoort. Notes et appendices de H.-D. Gardeil. Paris/Tournai/Roma: Desclée, 1963; \_\_\_\_\_. Péché Originel. In: VV.AA. *Dictionnaire de Théologie Catholique*. Paris: Letouzey et Ané, 1903-1950, v. XII, 1 (col. 275-606). JOÃO PAULO II. *Mensaje del Santo Padre Juan Pablo II a los miembros de la Academia Pontíficia de Ciencias*. Cidade do Vaticano: Imprensa Vaticana, 1996. KORS, J.-B. *La justice primitive et le péché originel*. Paris: Librarie Philosophique J. Vrin, 1930. LABOURDETTE, M.-M. *Le péché originel et les origines de l'homme*. Paris: Alsatia, 1953. MICHEL, A. Justice originelle. In: VACANT, A.; MANGENOT, E.; AMANN, E. (eds.). *Dictionnaire de Théologie Catholique*. Paris: Letouzey et Ané, 1903-1950. v. VIII, 2 (col. 2020-2042). MONDIN, B. Peccato Originale. In: \_\_\_\_\_. *Dizionario Enciclopedico del Pensiero de San Tommaso d'Aquino*. Bolonha: Edizioni Studio Domenicano, 2000, p. 499-503. PIO XII. Carta encíclica *Humani Generis*. Trad. vaticana. Cidade do Vaticano: Imprensa Vaticana, 1950. RAHNER, K.; OVERHAGE, P. *Das Problem der Hominisation. Über den biologischen Ursprung der Menschen*. Friburgo na Brisgóvia: Herder, 1961. WÉNIN, A. *De Adão a Abraão ou as errâncias do humano*: leitura de Gênesis 1,1–12,4. São Paulo: Loyola, 2011.

Carlos Arthur Ribeiro do Nascimento

Juvenal Savian Filho

## PESSOA

**Introdução lexical.** Tomás de Aquino não foi, obviamente, o criador nem do termo nem da definição de *pessoa* (P.); ele simplesmente adotou o uso mais corrente em sua época, aquele feito de acordo com a definição dada por Boécio, no século VI, em seu escrito *Contra Êutiques e Nestório*: "substância individual de natureza racional" (*rationalis naturae individua substantia* – BOÉCIO, *Contra Êutiques e Nestório* III, [170], 2005, p. 165). A origem histórica do termo P., segndo parece consensual, encontra-se no teatro antigo: *prósopon* era o nome que os gregos davam à *máscara* utilizada pelos atores, traduzido em latim por *persona*: objeto por meio do qual ressoa a voz de alguém. Posteriormente, o termo receberá outras conotações, incluindo a de sujeito de direitos, segundo o direito romano, até chegar ao uso filosófico que se tornará dominante (cf. SAVIAN FILHO, 2005). Todavia, alguns pensadores latinos divergiram do emprego boeciano de P., entre eles Ricardo de São Vítor, de especial significação aqui, pois sua crítica a Boécio será, por assim dizer, "respondida" por Tomás de Aquino. Com efeito, como cita textualmente Tomás, Ricardo, em seu *A Trindade* IV, 22, quis corrigir a definição boeciana dizendo que P. é *divinae naturae incommunicabilis existentia* ("existência incomunicável de natureza divina"). Tomás defenderá, *grosso modo*, que as novidades trazidas pela "correção" de Ricardo eram excessivas, pois a ρexistência e a *incomunicabilidade/incompartilhabilidade* na qual insistia o pensador da escola de São Vítor (em vista de uma expressão de cada P. divina com mais fidelidade à singularidade absoluta de cada uma) era pressuposta na noção boeciana de ρsubstância individual (o que, aliás, no dizer de Santo Tomás, não passará de um pleonasmo, uma vez que, singularizada como P., toda substância é individual – cf. *Suma de teologia* I, 29, 3, ad 4m; a esse respeito, cf. também GUGGENBERGER, 1966, p. 425-437; TAVARES, A. L. 2021). Tomás de Aquino, aliás, no século XIII foi quem mais empregou a definição boeciana, pois encontram-se cerca de quarenta referências a ela ao longo de seus escritos. Na verdade, a vantagem da definição boeciana era a sua possibilidade de designar todos os ρseres dotados de ρrazão: ρseres humanos, ρanjos e ρDeus. O seu emprego analógico (ρAnalogia), no entanto, exigia, como se pode prever, clareza sobre o sentido em que se empregava a noção de P. em função de diferentes entes. O uso feito

por Tomás de Aquino da noção boeciana terminará por revelar uma rica e sutil contribuição teológico-antropológica.

**Pessoa humana.** Mencionando o ser humano no Prólogo da Primeira Parte da Parte Segunda da *Suma de teologia* e servindo-se do pensamento de São João Damasceno (para quem o ser humano, criado à imagem de Deus, é dotado de ρintelecto, de ρlivre-arbítrio e da capacidade de operar por si), Tomás afirma ser próprio da P. humana estar em poder de operar por si mesma, o que decorre justamente de seu intelecto e de sua capacidade de escolha ou livre-arbítrio. O recurso à imagem de Deus (segundo a citação de Damasceno) faz que os elementos observáveis no ser humano (intelecto e livre-arbítrio) obtenham um caráter, digamos, metafísico/ontológico. Com efeito, e como, aliás, já mencionado anteriormente, na questão 29 da Primeira Parte da *Suma de teologia*, dedicada às P. divinas, Tomás trata da definição do termo P. de maneira a conjugar tanto o universal como o particular, embora o termo P., como sinônimo de substância racional, seja reservado a entes particulares. Uma substância individua-se (ρPrincípio de Individuação), e os acidentes, por sua vez, *dependem* de uma *substância* para existir. Quando são substâncias racionais (ou seja, entes racionais), agem por si mesmos, ou seja, segundo o princípio da ação que nelas foi posto pelo criador. Tal "agir por si mesmas" é o que faz dessas substâncias racionais entes ρindividuais, particulares (cf. ρPrincípio de Individuação; ρEspécie); e é porque as ações enraízam-se em singulares que os indivíduos de ρnatureza racional (ρsujeito das ações) possuem um nome especial: *pessoa*. Tomás esclarece, assim, os termos que definem P. na definição de Boécio: a expressão *substância individual* significa o singular do gênero *substância*; e *natureza racional*, o singular das substâncias racionais. A singularidade é, portanto, a marca da noção de P. (o que lhe parece suficiente para recusar a correção pretendida por Ricardo de São Vítor, mesmo no caso da aplicação de P. às P. divinas). Quanto ao aparente pleonasmo da definição boeciana, Tomás esclarece que, ao associar *individual* a *substância*, Boécio exclui de P. o caráter de algo assumível por outros entes (*ratio assumptibilis*), quer dizer, evita que se tome *substância* em sentido universal (cf. *Suma de teologia* I, q. 29, a. 1, ad 2m). Isso significa que a unidade ou indivisibilidade da P. é inviolável. Em outras palavras, é próprio da P. ser insubstituivelmente ela mesma; nem sua natureza singular nem seus atos podem ser imputados a outrem. Mesmo após a ℘morte, uma P. continua a ser uma substância individual de natureza racional; afinal, a alma racional do ser humano é subsistente (cf. *Suma de teologia* I[a]II[ae], q. 75, a. 2) e, conservando as perfeições do ℘corpo, pode conhecer sempre (cf. *Suma de teologia* I, q. 89). Tomás recorda que a alma é parte, assim como o corpo, da P. humana. Por isso, de fato, ela não pode ser chamada por si só de P. Não podemos dar à parte o nome do todo. Acrescenta, entretanto, que, mesmo separada, a alma do ser humano guarda uma aptidão natural à união com o corpo (cf. *ibidem*, q. 29, a. 2, ad 5m). Nesse ponto encontra-se uma nota escatológica importante (℘Escatologia – Novíssimos): Tomás lembra que, de acordo com a fé, mas também com a razoabilidade do tema, a ressurreição final fará que todo ser humano viva para sempre como P. (isto é, corpo e ℘alma), e não apenas como alma. Vale lembrar, apenas como breve complemento, que Tomás de Aquino, ao tratar do ente humano e dos entes divinos (a P. humana e as P. divinas), prefere o termo P. a *hipóstase* (termo comum na teologia patrística e medieval), porque *hipóstase* pode significar simplesmente *substância*, sem especificação de singularidade (cf. *ibidem*, q. 29, a. 2, Resp.), assim como também ocorre com ℘essência e *subsistência*.

**Pessoa angélica.** Embora não recorrente, é perfeitamente possível afirmar que cada anjo, ente espiritual, é uma P., pois, quanto mais espiritual o ente, mais semelhante à imagem divina (e, portanto, mais uno/indivisível e mais racional). Além disso, inteligência e vontade, marcas essenciais do ser P., não são dependentes de órgãos corpóreos, nem nos seres humanos e menos ainda nos anjos ou

em Deus (cf. *ibidem*, q. 54, a. 5, c.; *Questões disputadas sobre o mal*, q. 16, a. 1, ad 14m). O jovem Tomás de Aquino já ensinava em *O ente e a essência* que nas substâncias espirituais não há "simplicidade completa nem ato puro, pois têm uma mistura de potência e ato" (cf. *O ente e a essência* n. 52); afinal, tudo aquilo cujo ser seja diferente de sua natureza tem "o ser a partir de outro" (n. 54). Tomás, porém, utiliza a expressão P. *angélica* (ou P. *do anjo* ou P. *dos anjos*) apenas cerca de nove vezes ao longo de toda a sua obra (no *Comentário aos Livros das Sentenças de Pedro Lombardo* I e II; na *Suma de teologia*). Santo Tomás reconheceu a distinção entre natureza e suposto (pessoa) apenas no *Quodlibet* II, q. 2, a. 2, que data de 169-1270, durante seu segundo período de ensino em Paris; e, como os anjos não possuem corpo (e, por conseguinte, nem ℘sentidos corporais), todo o seu ℘conhecimento é *intelectivo*. Assim, o anjo também é chamado simplesmente de *intelecto* ou *mente* (cf. *Suma de teologia* I, q. 54, a. 3, ad 1m): diferentemente do que se passa nos seres humanos, cujo intelecto conhece segundo a forma do juízo (compondo e dividindo), ou seja, de modo *discursivo* (cf. *ibidem*, q. 85, a. 5; *Questões disputadas sobre a verdade*, q. 1, a. 3), os anjos conhecem em ato tanto a essência das realidades corpóreas como das inteligíveis (cf. *Suma de teologia* I, q. 54, a. 4; *Suma contra os gentios* II, 96).

**Pessoa divina.** Pode-se dizer, certamente sem receio, que os principais elementos da reflexão tomasiana sobre a P. estão contidos em sua atribuição dessa noção a Deus, visualizado como ℘Trindade. Sua contribuição para a expressão da noção de P. divina insere-se, sem dúvida, numa longa série de esforços empreendidos no decorrer dos séculos para aprofundar a inteligência da ℘fé que afirma um Deus indiscutivelmente uno e trino ao mesmo tempo (o que se costuma chamar de *monoteísmo cristão típico*), mas sua originalidade encontra-se no modo como articula três expressões teológicas fundamentais: a de P., a de *processão* e a de ℘relação. Ao tratar da noção de *processão* em Deus, nosso autor parte dos erros de Ário (para quem ℘Jesus Cristo não era uma P. divina, mas uma P. humana perfeita, adotada como ℘Filho de Deus) e de Sabélio (segundo o qual as P. divinas não teriam uma identidade real, mas seriam como que expressões da unidade divina, assumindo nomes diferentes conforme as diversas ações). Para Tomás de Aquino, há algo em comum nas ℘heresias de Ário e de Sabélio: ambos afirmam que em Deus as processões se dão *ad extra* (para fora), quando, na verdade, ocorrem *ad intra* (para dentro) (cf. *Suma de teologia* I, q. 27, a. 1). Do mesmo modo que *inteligência* e *vontade* são ações distintas em uma natureza intelectual, mas ocorrem no interior do indivíduo (cf. *ibidem*, q. 27, a. 5), o ℘Verbo (o Filho) e o ℘Amor (o ℘Espírito Santo) permanecem no interior da mesma substância divina. Tomás assume um *paradigma psicológico* para pensar a Trindade, como fizera Agostinho, em seu tratado *A Trindade*. A mente, a inteligência e a vontade são na alma humana traços da diversidade interna do Criador. Há uma identidade própria em cada uma dessas *processões*, e podemos compreendê-las a partir da própria noção da *inteligência* e da *vontade* nos seres humanos: "entre a inteligência e a vontade há esta diferença: a inteligência está em ato desde quando a coisa conhecida está no intelecto, por similitude; enquanto a vontade está em ato não pela presença do que deseja, mas pelo fato de que a vontade possui uma inclinação para a coisa desejada" (*Suma de teologia* I, q. 27, a. 4, Resp.). Ainda no que diz respeito às *relações* entre as P. divinas, Tomás explicita que estas são, antes de tudo, *reais* (evitando o erro de Sabélio), e não relações *de razão* (como quando dizemos que algo está "ao lado" ou "à frente" de uma ℘coisa). São relações nas quais as partes em questão são naturalmente inclinadas umas às outras. Quando algo *procede* de outro (como estudado na questão 27), sendo de mesma natureza, ambos possuem relações reais (cf. *ibidem*, q. 28, a. 1, Resp.) e realmente distintas e contrapostas entre si (cf. *ibidem*, q. 28, a. 3), pois, como já se afirmou, cada P. possui uma identidade própria, real e incomunicável. Essas relações em Deus são

desde sempre e constituem o seu ser próprio. Como explicar que haja no interior da divindade uma real diversidade, sem que essa fira a unidade da essência divina? A resposta é dada na *Suma de teologia* I (q. 3), quando Tomás de Aquino reflete sobre o complexo tema da simplicidade divina: não podemos dizer que haja *acidente* ou *vir-a-ser* em Deus; afinal, nele há uma identificação total entre *ser/ato de ser* e *essência* (cf. *ibidem*, q. 3, a. 4). Por isso se diz que Deus é totalmente espiritual; nele não pode haver nenhum tipo de movimento ou mudança, composição ou acidente. Como escreve Tomás: "Aquilo que nas criaturas possui um ser acidental, desde que o atribuímos a Deus, aquilo possui nele um ser substancial [...]: tudo o que existe em Deus é sua essência" (*ibidem*, q. 28, a. 2, Resp.). Tudo o que se atribui a Deus deve ser compreendido por analogia, mas do *modo mais excelente* possível (cf. *ibidem*, q. 29, a. 3, Resp.): (i) a expressão *natureza racional* aqui será sempre insuficiente; afinal, *razão* implica um conhecimento discursivo, processual, mas o conhecimento divino é, digamos, "intuitivo", a tudo engloba com uma só visada (cf. *ibidem*, q. 14, a. 7); (ii) o adjetivo *individual* não se refere ao ℘princípio de individuação (que, nas criaturas materiais, é a ℘matéria quantificada); (iii) por fim, o uso do termo *substância* exige lembrar que Deus não pode ter *acidentes* (cf. *ibidem*, q. 29, a. 3, 4). De certa maneira, Tomás retoma Ricardo de São Vítor, que, na linha de Santo Anselmo, propõe mostrar a trindade de P. em Deus a partir dos *aspectos necessários do amor*: para que o amor seja real, é necessária uma *pluralidade* de P. Assim, cada P. divina é "uma existência incomunicável de natureza divina" (cf. *ibidem*, q. 29, a. 3, ad 4m). Tomás, assim, a partir de Ricardo, mas sem abandonar a definição boeciana de P., afirma que, em Deus: (i) *razão* não evoca raciocínio discursivo, mas a natureza intelectual em geral; (ii) *indivíduo* deve ser compreendido como *incomunicabilidade* (ou seja, uma identidade própria e incomunicável de cada P. divina, haja vista, sobretudo, o realismo das relações); (iii) *substância* significa simplesmente *existir por si*.

PIEDADE

**Bibliografia:** BELLOY, C. Personne humaine, personne divine selon Thomas d'Aquin: l'irréductible analogie. *Les études philosophiques*, 81 (2), p. 163-181, 2007. BOÉCIO. *Escritos (Opuscula sacra)*. Trad. Juvenal Savian Filho. São Paulo: Martins Fontes, 2005. CHAUVIER, S. *Qu'est-ce qu'une personne?* Paris: Vrin, 2012 (Col. Chemins philosophiques). GUGGENBERGER, A. Personne. In: FRIES, H. [et al.]. *Encyclopédie de la foi.* Vários tradutores. Paris: Cerf, 1966, p. 425-437. PERRIER, E. *La Fécondité de Dieu:* la puissance notionnelle dans la Trinité selon saint Thomas d'Aquin. Paris: Parole et Silence, 2009 (Col. Bibliothèque de la Revue Thomiste). RICARDO DE SÃO VÍTOR. *De trinitate.* Paris: Patrologia Migne (Série latina, v. 196). SAVIAN FILHO, J. Nota 96 [Sobre o termo *pessoa*]. In: BOÉCIO. *Escritos (Opuscula sacra)*. Trad. Juvenal Savian Filho. São Paulo: Martins Fontes, 2005, p. 225-227. TAVARES, A. *"Sed excellentiori modo":* Personne divine chez Boèce, Richard de Saint-Victor et Thomas d'Aquin. Paris/Guarulhos: Université de Paris Sorbonne/EFLCH-Unifesp, 2021. (Tese de doutorado.) WAWRYKOW, J. Franciscan and Dominican Trinitarian Theology (Thirteenth Century): Bonaventure and Aquinas. In: EMERY, G.; LEVERING, M. (eds.). *The Oxford Handbook of The Trinity.* Oxford: Oxford University Press, 2011, p. 182-196.

ANDRÉ LUÍS TAVARES, OP

# PIEDADE

**Etimologia e sentido.** O termo latino *pietas*, que passou para a maioria das línguas modernas do Ocidente, deriva do verbo *piare*, que, no mundo antigo, já significava purificar, tornar propício, honrar conforme o rito. Pertencia, portanto, ao âmbito semântico religioso. No latim cristão, o termo cresce em polissemia, chegando a significar, além de piedade (P.), bondade, ◊justiça, ◊fé, ortodoxia, e até mesmo esmola. Tomás o associa ao grego *latria* (adoração): "piedade é outro nome para adoração" (*Comentário aos Livros das Sentenças de Pedro Lombardo* III, dist. 9, q. 1, a. 1, qc. 1, argumento inicial 4); contudo, o termo deve ser associado antes ao grego *eusébeia*. O próprio Tomás cita uma importante passagem de São Paulo (1Tm

4,8) na qual *eusébeia* é traduzido por *pietas*: "a piedade é útil para tudo" (*Comentário aos Livros das Sentenças de Pedro Lombardo* IV, dist. 46, q. 2, a. 3, qc. 4, argumento inicial 4). Nesse caso, a P. alcança o mais alto valor religioso em toda a ◊Sagrada Escritura.

**A virtude da piedade.** A P. tem dois sentidos em Tomás: ◊virtude e dom (◊Carisma). Como virtude, a P. pertence à justiça, dado que ela consiste em prestar reverência a quem ou àquilo que nos brindou com algo superior à nossa capacidade de retribuição: a ◊Deus, que tudo nos dá (embora, nesse caso, se deva falar também da virtude da ◊religião); aos pais, que nos dão a ◊vida; à pátria, que nos dá a vida em ◊comunidade e a cultura: "depois de Deus, o ser humano é, sobretudo, o máximo devedor aos pais e à pátria" (*post Deum, maxime est homo debitor parentibus et patriae*, *Suma de teologia* II$^a$II$^{ae}$, q. 101, a. 1, Resp.). O ato próprio dessa virtude consiste, pois, em honrar aqueles que são objeto de honra, com certa hierarquia, isto é, a Deus em primeiro lugar. No entanto, como se disse, nesse caso há a religião por meio da qual prestamos culto a Deus; sendo assim, a P. volta-se aos pais e à pátria. Dirige-se, antes de tudo, aos pais a quem devemos honrar e, na medida do possível, prestar socorro, com a seguinte ressalva: "a assistência prestada a um pai pelo filho é acidental, em razão de alguma necessidade que obriga a ajudá-lo, mas não a entesourar a longo prazo, porque, naturalmente, são os filhos que sucedem os pais, e não estes aos filhos" (*ibidem*, q. 101, a. 2, ad 2m). Essa sugestiva limitação do ato de socorro da P. liga-se à ideia de que o pai é por natureza o provedor, não apenas por um determinado tempo, mas durante toda a vida. Quanto à pátria, por ter um grau inferior aos precedentes, o ato de honra lhe é devido, mas não o socorro ou o sustento dos consanguíneos e concidadãos; nas palavras de Tomás: "apenas na medida de nossos próprios recursos e da situação social deles" (*ibidem*, q. 101, a. 2, ad 3m). Além disso, como a P. reservada a Deus e a virtude da religião não podem entrar em conflito com a P. relacionada aos pais e à pátria, a superioridade de Deus dirime qualquer dúvida, pois ter reverência aos pais é *p*vontade do próprio Deus; portanto, respeitar os pais significa também prestar honra a Deus. Por outro lado, não se pode honrar os pais (ou a pátria) naquilo que nos afasta de Deus.

**O dom da piedade.** Os dons, de modo geral, são certas perfeições recebidas pelo *p*ser humano, que o tornam bem-disposto a seguir o impulso do *p*Espírito Santo. O dom da P. é tratado de modo explícito em dois artigos da questão 121 da *Suma de teologia* II[a]II[ae]. O primeiro artigo discute se a P. é dom, aspecto já discutido por Tomás em seu *Comentário aos Livros das Sentenças de Pedro Lombardo* III, dist. 34, q. 3, a. 2, qc. 1. Por um lado, a P., como dom, distingue-se da virtude da P., pois esta é *p*hábito que dispõe as potências desejantes a seguirem a *p*razão, e o dom dispõe o ser humano a obedecer prontamente ao Espírito Santo. Em outras palavras, a virtude encaminha as potências desejantes à razão; o dom, por sua vez, as encaminha ao próprio Espírito Santo. A P. como dom tem como *p*objeto o próprio Deus e tudo que se lhe relaciona, conforme se lê na resposta ao terceiro argumento contrário do artigo 1 da questão 121 da *Suma*: "a piedade como dom presta culto não apenas a Deus, mas a todos os seres humanos, dado que se referem a Deus". O artigo 2 da mesma questão trata de um tema clássico do pensamento escolástico: a correspondência entre os dons do Espírito e as bem-aventuranças evangélicas. Dois critérios são estabelecidos para se associar a P. a uma bem-aventurança, com resultados distintos. O primeiro é o da ordem, isto é, à primeira bem-aventurança corresponde o primeiro dom; o segundo critério diz respeito ao objeto e aos atos próprios de cada dom. De acordo com o primeiro critério, o dom da P. se relaciona à segunda bem-aventurança: "bem-aventurados os mansos"; pelo segundo critério, ele teria maior correspondência com a quarta e a quinta bem-aventuranças: "bem-aventurados os misericordiosos" (*p*Misericórdia) e "bem-aventurados os puros de coração". O tema é igualmente apresentado no *Comentário aos*

*Livros das Sentenças de Pedro Lombardo* e no *Comentário ao Evangelho de Mateus*. Nessa última obra, lemos: "felizes os mansos", anunciando a segunda bem-aventurança, e, na linha do que se disse, Tomás comenta: "essa segunda bem-aventurança conforma-se ao dom da piedade, porque aqueles que são tomados propriamente pela ira não se coadunam com o ordenamento divino" (*Comentário ao Evangelho de Mateus* 5, lição 1).

**Bibliografia:** DEFERRARI, R. J. *A Lexicon of Saint Thomas*. Fitzwilliam: Loreto Publications, 2004. GILSON, E. *Saint Thomas Moraliste*. Paris: J. Vrin, 1974. MARGELIDON, Ph.-M.; FLOUCAT, Y. *Dictionnaire de Philosophie et de Théologie Thomistes*. Paris: Éditions Parole et Silence, 2011. MONDIN, B. *Dizionario enciclopedico del pensiero di San Tommaso d'Aquino*. Bolonha: Edizioni Studio Domenicano, 1991. PINSENT, A. *The Second-Person Perspective in Aquinas's Ethics:* Virtues and Gifts. New York/London: Routledge, 2012.

CARLOS FREDERICO CALVET DA SILVEIRA

# PODER

De um ponto de vista estritamente formal, *potestas* é um poder (P.) com certa superioridade ou "propriamente uma potência ativa, *potentia activa*, que goza de certa preeminência" (*potestas autem proprie nominat potentiam activam cum aliqua praeeminentia*, cf. *Comentário aos Livros das Sentenças de Pedro Lombardo* IV, 24, 1. 1. 2, ad 3m). Na obra de Tomás essa preeminência se apresenta em diferentes instâncias (*apresenta diferentes figuras*). Inicialmente, na ordem do que é humano, o (P.) aparece em cada uma das relações entre os indivíduos: no âmbito econômico ou doméstico (*communio domesticarum personarum ad invicem* – *Suma de teologia* I[a]II[ae], q. 105, a. 4, Resp.), o P. é dominante (*potestas dominativa*) quando é exercido pelo senhor sobre o servo ([*servitudo*] *cui contraponitur potestas* – ibidem, q. 2, a. 4, argumento inicial 3), pelo pai sobre o filho (*pater ad filium* – ibidem, q. 105, a. 4, Resp.) e pelo rei sobre os súditos

PODER

(*perfecta potestas* – II$^a$II$^{ae}$, q. 50, a. 3, ad 3m). Já no campo político, somente quem detém o P. público pode obrigar com P. coercitivo (*potentia coactiva; potestatem autem coactivam non habet licite in regbus humanis, nisi ille qui fungitur publica potestate* – *ibidem*, q. 67, a. 1, Resp.). Em termos absolutos, todo P. vem de Deus (*est a Deo* – cf. *Comentário aos Livros das Sentenças de Pedro Lombardo* II, 44, exp.). Pedro recebeu de ρDeus as chaves do reino dos céus (*claves regni caelorum* – cf. *Math.*, 16, 19), para evitar que o alcance de tal P. estivesse sujeito a interpretações conflitantes. Segundo Tomás, o povo cristão é uno e precisa de uma cabeça para conservar a unidade; Cristo entregou o P. *clavium* (das chaves) a Pedro e seus sucessores para preservar a unidade da ρIgreja, sobretudo quando opiniões diferentes sobre a ρfé promovem sua divisão (cf. *Suma contra os gentios* IV, 76). O P. das chaves é duplo: o P. sacramental (*sacramentalis*) é conferido ao ρser humano pela consagração (*quae per aliquam consecrationem confertur*), imprime um caráter, é duradouro, permanece no ser humano enquanto viver e é operado pelo ser humano como instrumento de Deus, donde a presença de culpa em quem administrar o ρsacramento não impedir os efeitos sacramentais; o P. jurisdicional (*iurisdiccionis*), por sua vez, é conferido por concessão humana e não é imutável (*quae ex simplici iniunctione hominis confertur*, cf. *Suma de teologia* II$^a$II$^{ae}$, q. 39, a. 3, Resp.). Cabe, porém, perguntar que alcance tem esse P. A resposta requer uma consideração cronológica dos textos tomasianos. A primeira posição assumida por Tomás encontra-se no *Comentário aos Livros das Sentenças de Pedro Lombardo* (1252-1256), no qual ele sustenta que o P. espiritual (*spiritualis*) e o P. temporal (*in temporalibus*) são autônomos, e não derivados um do outro, mas ambos derivados diretamente de Deus. O P. temporal tem especificidade e é independente do espiritual, pois pertence à ordem natural, assim instituída por Deus para que nela se cumpram as leis naturais. Desse modo, o P. espiritual está acima do temporal *apenas* no que se refere a assuntos espirituais, e

o P. temporal está acima do espiritual *apenas* no que se refere a assuntos temporais: "Tanto o poder espiritual como o temporal são decorrentes [diretamente] do poder divino; por esse motivo, o poder secular está sob o espiritual, pois foi ali colocado por Deus no tocante às coisas relativas à saúde da alma. No que diz respeito ao bem civil, entretanto, é preciso obedecer mais ao poder temporal do que ao espiritual, segundo Mt 22,21: 'a César o que é de César'". Contudo, no final desse mesmo texto, Tomás admite uma estranha exceção a essa autonomia: "Com exceção do caso em que o poder temporal é agregado ao espiritual, como no papa, que ocupa o topo de ambos os poderes, ou seja, do espiritual e do temporal, posto ali por aqueles que são sacerdotes e reis por toda a eternidade, segundo a ordem de Melquisedeque, rei dos reis e senhor dos senhores, cujo poder não cessará, e cujo reino não se corromperá para todo o sempre" (*Comentário aos Livros das Sentenças de Pedro Lombardo* II, dist. 44, q. 2, a. 2). A segunda posição é a da *Suma de teologia* II$^a$II$^{ae}$ (1269-1272): "o poder secular está sujeito ao espiritual como o ρcorpo à ρalma; por isso, não há juízo usurpado se um prelado espiritual intervir nos assuntos temporais relativos às coisas nas quais o poder temporal está sujeito ao espiritual ou com relação a outras coisas que lhe são delegadas pelo poder secular" (*ibidem*, q. 60, a. 6, ad 3m). É óbvio que, enquanto no *Comentário aos Livros das Sentenças de Pedro Lombardo* a jurisdição do P. espiritual, no que se refere às ρcoisas temporais, é apresentada como situação excepcional; na *Suma de teologia* essa jurisdição é *sempre* legitimada, pois *sempre* podem existir questões espirituais implicadas *no que é temporal*, as quais devem ser julgadas pelo P. espiritual segundo o constitutivo nocional do pecado (*ratione peccati*); diminui-se, assim, a independência da ordem temporal que permanece, por isso mesmo, subordinada ao P. espiritual, cuja intervenção nas coisas temporais resulta do compromisso indireto destas com a ρsalvação da alma. A terceira posição se encontra em *O governo dos príncipes* (1271-1273), único texto de Tomás escrito como tratado de teoria política. Nele Tomás se utiliza da argumentação teleológica, defendendo a superioridade dos fins do sacerdócio sobre os do reino; essa superioridade advém do caráter último e, portanto, mais perfeito dos fins do sacerdócio. O argumento teleológico permite a Tomás subordinar os fins temporais aos espirituais e, consequentemente, o P. do rei ao do sacerdote. Com base nessa argumentação, Tomás consagra a subordinação do P. temporal ao espiritual, com o que desaparece a autonomia do primeiro: "uma vez que o espiritual é separado do terreno, o ministério desse reino foi confiado não aos reis terrenos, mas aos sacerdotes e sobretudo ao sumo sacerdote, sucessor de Pedro, vigário de Cristo, pontífice romano, a quem todos os reis do povo cristão devem se subordinar como ao próprio Senhor ℘Jesus Cristo. Com efeito, dessa forma, como dito, àquele a quem compete o cuidado com o ℘fim último devem subordinar-se aqueles a quem cabe o cuidado com os fins anteriores, bem como ser dirigidos pela força dele" (*O governo dos príncipes* I, 15 p. 466). Em resumo: Tomás é o primeiro autor medieval que insiste na especificidade do P. temporal, pois ele pertence à ordem natural; todavia, a diferenciação entre os dois P., apresentada nos três textos, não é suficiente para se alcançar a independência entre eles. Tomás possibilita a interferência do P. espiritual no temporal; disso resulta que a relação entre os dois P. seja de autonomia *relativa*.

**Bibliografia:** BERTELLONI, F. El tránsito de la sociedad a la politicidad en la *Summa theologiae* de Tomás de Aquino. In: MARTINS, A. M. (coord.). *Sociedade civil: entre miragem e oportunidade*. Coimbra: Faculdade de Letras (Universidade de Coimbra), 2003, p. 253-268. _____. Sociabilidad y politicidad (*dominium*) en la *Summa theologiae* de Tomás de Aquino: sobre la recepción tomista de la *Politica* de Aristóteles. In: BONI, L. A.; PICH, R. H. (eds.). *A recepção do pensamento greco-romano, árabe e judaico pelo Ocidente Medieval*. Porto Alegre: EDIPUCRS, 2004, p. 361-377.

Francisco Bertelloni<br>Tradução de Clio Tricarico

## PODER DIVINO

**Onipotência.** Tomás de Aquino trata do ℘poder de ℘Deus ou divina potência na *Suma de teologia* I, q. 25, depois de ter abordado a ℘ciência e a ℘vontade divinas (q. 14-18; q. 19-20), além da ℘providência e ℘predestinação (q. 22-24). A q. 25 é, portanto, a penúltima sobre os ℘atributos divinos, seguida pela questão 26, sobre a ℘beatitude divina como operação final e suprema de Deus. Seis artigos compõem a q. 25. Os três primeiros discutem: primeiro, a própria presença do poder em Deus (cabe atribuir poder a Deus?); segundo e terceiro, a maneira de ser do poder de Deus (ela é infinita e tudo pode). Da conclusão do a. 3 seguem-se as exclusões presentes nos artigos quarto, quinto e sexto: quarto, Deus não pode fazer com que aquilo que foi não tenha sido; quinto, Deus não pode fazer o que não faz ou deixa de fazer; sexto, Deus pode melhor fazer o que faz. No Antigo Testamento, Deus mostra-se poderoso. Ele faz seu povo sair do Egito com mão forte (Ex 13,3), dele vem a ℘criação, a escolha e a vitória (Dt 4,32-39), e um de seus nomes em hebraico é traduzido em grego na edição da Bíblia dos *Setenta* (*Septuaginta*) por *pantokrator* (Todo-Poderoso), como consta na Liturgia e nos credos mais antigos ("Creio em Deus Pai, Todo-Poderoso"). Contudo, principalmente no Novo Testamento, o poder divino tem novas conotações, com ênfase em seu amor misericordioso. Uma Coleta (oração da missa que antecede a Liturgia da Palavra) merece menção: "Deus, que manifestastes a tua onipotência sobretudo perdoando e tendo ℘misericórdia, multiplica sobre nós tua misericórdia, de modo que, correndo para o que tu prometeste, nos faças participar dos bens celestes". Essa oração é mencionada por Tomás de Aquino na q. 25, a. 3, arg. 3 e ad 3m. No a. 1 da q. 25, ele precisa que o poder divino é poder ativo, e não passivo ou de recepção, pois a Deus nada falta, sendo ele o próprio ℘ser subsistente. Daí deriva que seu poder seja infinito, uma vez que o poder de ℘ação se liga à menor ou maior perfeição do ser. Suas obras não lhe acrescentam nada nem limitam seu poder – Deus tudo pode, é *onipotente*. Mas o que faz face a seu poder sem limites? Deus não pode pecar (♀Pecado), não pode esquecer, não pode fazer que o que foi não tenha sido. Os primeiros exemplos indicam imperfeição, e não é o caso de atribuí-los a Deus. O último exemplo, abordado no a. 4, implica uma contradição, e o que é contraditório não pode ser, pois, se fosse, seria e não seria ao mesmo ♀tempo. Deus não está de modo algum limitado ou restringido por suas obras. Elas são manifestações de sua bondade infinita, que de modo algum elas esgotam. Deus poderia, portanto, criar e sustentar obras inteiramente distintas, seja o que for que haja feito. Seu amor é doador de ser e bem, sem nada supor. Assim, poderia criar e sustentar ♀mundos distintos e melhores. No entanto, o que faz de fato é também um bom efeito do melhor modo; a ação divina, idêntica ao que Deus é, não está sujeita a variação do ponto de vista de seu modo de agir. É preciso ter sempre em conta que, em nós, há distinção entre o que somos (♀essência), intelecto (♀Conhecimento; ♀Razão), vontade e poder, bem como quanto às qualificações do intelecto (♀sabedoria) e da vontade (♀justiça). É possível que queiramos algo que não é justo e tenhamos o poder de fazê-lo. Em Deus, essas distinções são inexistentes; portanto, tudo o que Deus quer, o quer por uma vontade bem ordenada (♀Beleza). Daí se dizer que o que Deus pode fazer é possível *de potentia ordinata* (com poder ordenado). Podemos, ainda, considerar o poder de Deus em si mesmo e precisamente como capacidade positiva de fazer algo. Nesse caso, se diz que Deus tem poder *secundum potentiam absolutam* (conforme um poder absoluto), e tal poder se refere a tudo o que pode ser, isto é, tudo o que não implica em si mesmo contradição. Pensamos a ação divina a partir do que se dá na ação humana, na qual o intelecto dirige, a vontade ordena e o poder executa. Tudo isso, entretanto, é idêntico em Deus, embora suas noções permaneçam distintas para nós (distinção de razão ou nocional); e podemos considerar uma a partir das demais (cf. a. 5, ad 1m). Os raciocínios *de potentia absoluta* (conforme um poder absoluto) como critério de necessidade absoluta se tornaram frequentes na teologia do século XIV, mas a distinção entre *potentia ordinata* e *potentia absoluta* já era conhecida. Autores como Duns Scot e, sobretudo, Guilherme de Ockham lhe darão apenas um relevo que não tinha anteriormente.

**Bibliografia.** BOULNOIS, O. Potência divina. In: LACOSTE, J.-Y. *Dicionário crítico de teologia*. Vários tradutores. São Paulo: Paulinas/Loyola, 2004, p. 1414-1416. CATÃO, F. *Curso de dogma*. São Paulo: Escola Dominicana de Teologia, 1965. JOSAPHAT, C. *Paradigma teológico de Tomás de Aquino*. São Paulo: Paulinas, 2012. TOMÁS DE AQUINO. *O poder de Deus*: Questões disputadas 1-3. Trad. Bernardo Veiga; Paulo Faitanin. Campinas: Ecclesiae, 2013.

CARLOS ARTHUR RIBEIRO DO NASCIMENTO

## POLÍTICA → *Ver* Comunidade; Poder

## PRAZER

**Natureza do prazer.** Na sua exposição das onze ♀paixões da ♀alma nominadas e divididas entre os movimentos do ♀desejo concupiscível e do irascível, a saber, ♀amor e ódio, desejo e fuga, ♀alegria e ♀tristeza, ♀esperança e desespero, temor e audácia, e ira (cf. *Suma de teologia* I$^a$II$^{ae}$, q. 22-48), Tomás de Aquino reserva um lugar de destaque para tratar a questão do prazer (P.) (*delectatio*) em si mesmo, suas ♀causas, seus efeitos, sua bondade e malícia (cf. *ibidem*, q. 31-34). O P. é compreendido inicialmente como uma paixão, uma vez que se trata de uma modificação da alma que procede de uma apreensão sensível. Tendo em vista o movimento dos seres em geral para alcançar sua perfeição, seu bem conatural, há uma diferença nesse movimento no que diz respeito aos animais e aos seres inanimados: estes não sentem quando alcançam o bem que lhes convém conforme sua ♀natureza, enquanto os animais o sentem, e desse sentimento surge no desejo sensitivo o movimento da alma denominado

P. O termo P. inclui o sentimento de alegria (*gaudium*) sem se restringir a esta, sendo empregado para designar tanto o estado de repouso e deleite quando se alcança o que se deseja naturalmente como o desejo que se realiza segundo a ℘razão; a palavra *alegria*, portanto, é compreendida somente como um estado da alma dos ℘seres racionais, sendo referente àqueles P. acompanhados de razão – em outras palavras, a alegria diz respeito ao repouso do desejo naquele ℘objeto que é desejado também com o P. da razão. Desse modo, tudo aquilo que é objeto de P. pode ou não ser também objeto de alegria nos seres racionais, pois alguém pode às vezes sentir um P. segundo o ℘corpo, mas não se alegrar segundo a razão. Fica claro, portanto, que o P. tem uma amplitude maior que a alegria, constituindo-se em seu ℘gênero. Por outro lado, visto que há um P. que se segue à apreensão da razão, e essa apreensão não move somente o desejo sensitivo que se direciona a um objeto particular (razão particular: cf. *Suma de teologia* I, q. 78, a. 4; q. 81, a. 3), mas move também, pela razão universal, o desejo intelectual denominado ℘vontade, pode-se afirmar, então, que há também no desejo intelectivo um P. chamado de alegria; todavia, isso se dá como um "simples movimento da vontade" (*simplex motum voluntatis*), sem a modificação corporal pela qual o P. é propriamente definido como uma paixão do desejo sensitivo (cf. *Suma de teologia* I<sup>a</sup>II<sup>ae</sup>, q. 31, a. 3-4, *Comentário aos Livros das Sentenças de Pedro Lombardo* IV, dist. 49, q. 3, a. 1). Com relação ao movimento sensível, o P. pode ser compreendido a partir de duas acepções: primeiro, como "ato do que é imperfeito" (*actus imperfecti*), ou seja, como atualização do que existe em potência, e, por isso, se diz que o P. se realiza no ℘tempo; segundo, como "ato do perfeito" (*actus perfecti*), um movimento existente em ato, como é o caso de conhecer, sentir e também de se deleitar, e nesse sentido se diz que o P. não se encontra na sucessão ou no tempo (cf. *Suma de teologia* I<sup>a</sup>II<sup>ae</sup>, q. 31, a. 2, ad 1m; *Comentário à Ética nicomaqueia de Aristóteles* X, 5). Assim, há um movimento de execução para alcançar o bem desejado, que

se finda quando este é possuído (P./repouso); contudo, não cessa certo movimento da parte desejante, pois, com a presença do bem pelo qual ela se deleita, "permanece ainda a modificação pelo apetecível" (*remanet immutatio appetitus ab appetibili*; cf. *Suma de teologia* I<sup>a</sup>II<sup>ae</sup>, q. 31, a. 1, ad 2m). Essa precisão da relação do P. com o movimento assume particular importância na questão da bem-aventurança (cf. *ibidem*, q. 2, a. 6; q. 4, a. 1-2), na qual o P. que a acompanha, como um acidente próprio, não pode ser movido a maior grau de perfeição, mas implica repouso e deleite permanentes da alma por alcançar seu bem perfeito na contemplação do sumo bem que é ℘Deus. Portanto, Tomás de Aquino concebe dois tipos de P.: (i) natural ou corporal, que não depende de qualquer processo deliberativo da razão – aquilo que se deseja naturalmente e que convém à constituição física, como o P. do alimento e do sexo; (ii) não natural ou alegria, que depende da apreensão da razão – ora da razão particular, na qual o P. é propriamente compreendido como uma paixão da alma, ora da razão universal, que se encontra na vontade como um P. espiritual ou inteligível. Nas ações, os P. espirituais são maiores que os sensíveis: o ℘ser humano se deleita muito mais com aquilo que conhece pelo ℘intelecto do que com aquilo que conhece apenas pelos ℘sentidos, pois o ℘conhecimento intelectual é mais perfeito, sendo, por isso, mais amado, como se confirma no caso de que ninguém preferiria ser privado da visão intelectual para ficar com a visão corporal. Da mesma forma, se comparados em si mesmos, o P. espiritual é maior que o sensível, e por várias razões: o bem espiritual é maior e mais amado que o bem corporal; por exemplo, os seres humanos se privam de P. corporais para preservarem sua honra (bem inteligível); a parte intelectiva é muito mais nobre e capaz de conhecer que a parte sensitiva – enquanto os sentidos conhecem o exterior do objeto, o intelecto conhece a ℘essência (*quid est*); as ℘coisas deleitáveis corporais estão sujeitas ao movimento e, com isso, os P. sensíveis não são sentidos de uma só vez, enquanto, no que diz respeito às coisas

PRAZER

inteligíveis, não sujeitas ao movimento, os P. são plenos e simultâneos; por fim, o deleite corporal é corruptível e se consuma rapidamente, já os bens espirituais são incorruptíveis. Em contrapartida, os P. sensíveis são mais veementes, uma vez que as coisas sensíveis nos são mais conhecidas que as inteligíveis; além disso, os P. sensíveis, por serem paixões, são acompanhados de mudança corporal, bem como os P. corporais são desejados como remédios para as deficiências e moléstias do corpo que produzem algumas tristezas. Portanto, sobrepondo-se a essas tristezas, os P. físicos são mais sentidos e mais aceitos que os espirituais, que, por sua vez, não têm tristezas contrárias. Tomás também compara, conforme os critérios do conhecimento e da utilidade, a intensidade dos P. proporcionados pelos sentidos, afirmando que, segundo o conhecimento, o P. da visão é maior que o de qualquer outro sentido, mas, quanto à utilidade, o tato é o maior de todos, como é evidente no caso dos P. proporcionados pelos alimentos e pelo sexo, pois a esses se dirigem as concupiscências naturais, que são as mais potentes nas coisas (cf. *ibidem*, q. 31, a. 5-6; *Comentário aos Livros das Sentenças de Pedro Lombardo* IV, dist. 49, q. 3, a. 5; *Comentário à Ética nicomaqueia de Aristóteles* VII, 14).

**Causas e efeitos do prazer.** Tomás de Aquino trata as causas do P. abrindo o primeiro artigo da *Suma de teologia* com o que seria a sua causa direta, a ação (*operatio*), e, depois, na sequência dos artigos (a. 2-8), abordando aquelas que seriam causas indiretas, a saber: movimento, esperança, memória, tristeza, ação dos outros, fazer bem aos outros, semelhança (*similitudo*) e admiração. Propriamente falando, o P. é resultado de uma ação (*operatio*), visto que desta provém o que é fundamental para a sua realização, o alcance do bem conveniente e o conhecimento dessa conquista; dito de outro modo, é preciso uma ação para se chegar ao bem conveniente e o conhecimento em ato é uma ação (cf. *Suma de teologia* I$^a$II$^{ae}$, q. 32, a. 1-8; *Comentário aos Livros das Sentenças de Pedro Lombardo* IV, dist. 49, q. 3, a.2). No que se refere aos efeitos do P., diz-se por metáfora que

primeiro ele causa uma dilatação (*dilatatio*), um alargamento do conhecimento e da afetividade. Pela parte apreensiva, o ser humano chega a um bem conveniente e, por esse conhecimento, fica ciente de que alcançou certa perfeição, o que é uma grandeza espiritual (*spiritualis magnituto*); nesse sentido, afirma-se que o espírito do ser humano se engrandeceu ou se dilatou de P. Já pela parte desejante, por meio da qual o ser humano dá seu assentimento à coisa deleitável e nela repousa, diz-se que a afetividade é dilatada pelo P. no sentido de que ela como que oferece-se, alarga-se para conter dentro de si o objeto de deleite (cf. *Suma de teologia* I$^a$II$^{ae}$, q. 33, a. 1). Outro efeito do P. é sobre o uso da razão. De um lado, o P. pode facilitar a atividade racional, pois o que é feito com deleite é realizado com maior atenção, como é o caso do P. no uso da razão para contemplar e raciocinar; por outro lado, o P. pode consistir em um impedimento de três maneiras: (i) por distração, pois, ao atrair muito a atenção do espírito para si, aquilo com o que alguém se deleita o afasta de tudo o mais, podendo impedir total ou parcialmente o uso da razão (tanto do juízo prático prudencial como do juízo especulativo) se o P. corporal for intenso; (ii) por contrariedade à ordem da razão, pois o P. corporal excessivo corrompe o juízo da prudência, mas não o juízo especulativo; (iii) por certa restrição (*ligatio*), pois os P. corporais provocam mudanças no corpo, e essas perturbações impedem o uso da razão (como no caso do bêbado), uma vez que o bom uso da razão exige o uso adequado da imaginação e das potências sensíveis. Por fim, o P. também tem como efeito o aperfeiçoamento da ação, acrescentando outro bem (um complemento da ação mesma), o que também leva alguém a agir com maior intensidade e diligência (cf. *ibidem*, q. 4, a. 1; q. 33, a. 3-4; *Comentário aos Livros das Sentenças de Pedro Lombardo* IV, dist. 49, q. 3, a. 3 e 5; *Comentário à Ética nicomaqueia de Aristóteles* X, 6-7).

**Prazer e moralidade.** O P. em si, como uma paixão, não é nem bom nem mau (cf. *Suma de teologia* I$^a$II$^{ae}$, q. 24, a. 1). A paixões humanas é que podem ser boas ou más. Então, para

Tomás de Aquino, alguns P. são bons e outros são maus. Ele discordava, assim, de autores que, não distinguindo o intelecto dos sentidos, consideravam maus todos os P. corporais. Sendo o P. o repouso da potência desejante em um bem-amado e provindo de uma ação, pode-se, então, estabelecer o critério de bondade a partir do bem em que repousa o P. ou da ação de que resulta. Primeiro: o bem e o ℘mal do ponto de vista ℘moral se estabelecem pela concordância ou discordância do objeto (bem-amado) com a razão. Da mesma forma que na Natureza há um lugar natural para o qual as coisas tendem e buscam seu repouso, no domínio da moral há um P. bom quando o desejo superior ou inferior repousa naquilo que é conforme à razão, e há um P. mau quando o desejo repousa naquilo que é contra a razão e a ℘lei de Deus. Segundo: da parte das ações, algumas são boas e outras más; desse modo, assim como os P. têm mais afinidades com as ações do que com os desejos que os precedem, se os desejos das boas ações são bons, e os das más ações são maus, mais ainda os P. das boas ações são bons e os das más ações são maus (cf. *Suma de teologia* IªIIae, q. 34, a. 1; *Comentário aos Livros das Sentenças de Pedro Lombardo* IV, dist. 49, q. 3, a. 4; *Comentário à Ética nicomaqueia de Aristóteles* VII, 11-12; X, 1, 3, 4, 8). O P. moralmente mau é aquele que impede o uso da razão, pela contrariedade do desejo que repousa no que repugna à razão. Nas crianças e nos animais irracionais há um desejo natural proveniente de Deus, que os dirige para o que é conveniente; por isso, os P. que eles buscam não podem ser considerados universalmente maus. Também o ser humano moderado não evita todos os P., mas somente aqueles que não convêm à razão. Segundo Tomás, os estoicos e os epicuristas se enganaram, pois afirmaram respectivamente ou que todo o P. é mau ou que todo o P. é bom. Esse equívoco aconteceu por não distinguirem o que é absolutamente bom do que é bom em relação a algo determinado. Algo que não é bom em si mesmo pode ser bom em algum aspecto: em primeiro lugar, pode ser bom ao estar de acordo com aquilo que convém naquele momento, naquela circunstância, em-

bora não convenha à sua natureza; em segundo lugar, porque julga conveniente algo que não convém. Assim, visto que o P. é o repouso do desejo no bem, se aquilo em que o desejo repousa é absolutamente bom, o P. será perfeito e será bom absolutamente; ao contrário, se o bom for relativo a algo determinado, então o P. será relativo, não será bom absolutamente, mas sob certo aspecto, ou apenas na aparência (cf. *Suma de teologia* IªIIae, q. 34, a. 2; *Comentário aos Livros das Sentenças de Pedro Lombardo* IV, dist. 49, q. 3, a. 4; *Comentário à Ética nicomaqueia de Aristóteles* VII, 11; X, 4 e 8). Tomás ainda observa que o P. proporcionado pelo desejo sensível não pode servir de parâmetro para determinar a bondade ou a malícia moral; por exemplo, o P. dos alimentos é agradável a seres humanos bons e maus. Já o P. proporcionado pelo repouso da vontade que se deleita no algo que convém à razão pode ser considerado de certo modo regra e medida para julgar o bem ou o mal moral, pois, como já se afirmou (cf. *Suma de teologia* IªIIae, q. 20, a. 1), a bondade e a malícia dos atos morais dependem da vontade de seguir ou não aquilo que a razão conhece como um ℘fim a ser realizado, e esse fim é o bem em que a vontade repousa e se deleita, ou seja, o P. leva à perfeição a ação à maneira de um fim: a ação não pode ser perfeitamente boa se não há P. no bem alcançado (cf. *ibidem*, q. 34, a. 4; *Comentário aos Livros das Sentenças de Pedro Lombardo* IV, dist. 49, q. 3, a. 4). Portanto, "não pode haver ato perfeito sem prazer" (cf. *Comentário à Ética nicomaqueia de Aristóteles* X, 6). Ainda, o ser humano não pode alcançar a ℘bem-aventurança sem a concomitância do P., já que a primeira é a posse do sumo bem, no qual a vontade deve repousar e se deleitar. É importante esclarecer que a bem-aventurança se deve primeiro à ação do intelecto que proporciona a visão de Deus; nesse conhecimento do sumo bem é que a vontade repousa e se deleita. Assim, o P. é uma perfeição concomitante à visão de Deus e não uma perfeição que faz a visão ser perfeita em sua ℘espécie. O desejo sensitivo busca as ações por causa do P., já o intelecto apreende a razão universal de bem, de cuja consecução segue-se o

P.; por isso ele prefere o bem ao P., e também por essa razão algo não deve ser julgado de modo absoluto pela ordem do sensível, mas segundo a ordem do desejo intelectivo, ou seja, pela intencionalidade da vontade (cf. *Suma de teologia* I$^a$II$^{ae}$, q. 2, a. 6; q. 4, a. 1-2). Tomás de Aquino também se ocupou com a questão da *delectatio morosa* introduzida pelo *Livro das Sentenças de Pedro Lombardo* e sobre a qual se debruçaram os mais importantes pensadores medievais. De modo geral, a *delectatio morosa* significa entre os teólogos medievais o ato da vontade direcionado a se comprazer em um objeto mau no âmbito do pensamento, sem, contudo, ter a Ɵintenção de traduzi-lo em um ato exterior. Para Tomás, a deleitação morosa é um Ɵpecado, pois a razão, mesmo percebendo o movimento ilícito do P. que surge desordenadamente, não o reprime de imediato, mas deliberadamente se *demora* nele, ou seja, dá o seu consentimento ao ato (cf. *Suma de teologia* I$^a$II$^{ae}$, q. 74, a. 6; *Comentário aos Livros das Sentenças de Pedro Lombardo* II, dist. 24, q. 3, a. 1).

**Bibliografia:** ARISTÓTELES. *Ética a Nicômaco*. Trad. Leonel Vallandro e Gerd Bornheim. São Paulo: Nova Cultural, 1991 (Coleção Os Pensadores). GILSON, E. *Le thomisme:* introduction au système de Saint Thomas d'Aquin. Paris: Vrin, 1922 (ed. bras.: *O tomismo:* introdução à filosofia de Santo Tomás de Aquino. Trad. Juvenal Savian Filho. São Paulo: WMF Martins Fontes, 2024). KING, P. Aquinas on the passions. In: MACDONALD, S.; STUMP, E. *Aquinas's Moral Theory*. Londres/Ithaca: Cornell University Express, 1999. LOMBARDO, N. *Logic of desire:* Aquinas on emotions. Washington, D.C.: Catholic University of America Press, 2011. MINER, R. *Thomas Aquinas on the passion*. Cambridge: Cambridge University Press, 2009. MOUREAU, H. Deléctation morose. In: MANGENOT, E.; VACANT, A. (eds.). *Dictionnaire de Théologie Catholique*. Paris: Letouzey et Ané, 1911. t. IV. NASCIMENTO, C. A. R. Arenques frescos ou meu último desejo. *Scintilla* 16, p. 109-126, 2019. SERTILLANGES, A. G. *La philosophie morale de saint Thomas D'Aquin*. Deuxième Édition. Paris: F. Alcan, 1922. TORRELL, J.-P. *Initiation à Saint Thomas d'Aquin*. Paris: Cerf, 2015.

CARLOS ALBERTO ALBERTUNI

## PREDESTINAÇÃO → *Ver* Deus, Escatologia, Providência; Vontade

## PREGAÇÃO

**Sermões.** Membro da Ordem dos Pregadores e mestre da Universidade, Tomás de Aquino desenvolveu, em razão de seu duplo estatuto, uma atividade de pregação (P.) num período no qual esta passava por uma renovação em sua forma e em sua intensidade, em particular no meio urbano e universitário. Essa parte da obra de Tomás é, em geral, pouco valorizada, por diversas razões. Além disso, a P. medieval, em particular aquela que se desenvolve sob a forma do "sermão moderno" (*sermo modernus*) ou sermão popular, em língua vernácula, foi por muito tempo objeto de estudos marginais, a ponto de o gênero *sermo* figurar como secundário. Mais importante ainda, colocou-se de modo agudo na pesquisa tomista a questão da identificação e da delimitação dessa parte do conjunto de textos do mestre. Com efeito, Tomás mostrou ser um autor que compunha um conjunto de sermões-modelo, circunscrito pela Ɵliturgia e pelas celebrações, como fará, por exemplo, seu secretário Reginaldo de Piperno, inclusive reutilizando partes de sermões de Tomás que ele havia anotado ou recolhido de outros. De fato, todos os elementos hoje conhecidos da P. de Tomás de Aquino são resultado, aleatório em sua qualidade de transmissão, de notas habilmente tomadas pelos ouvintes de suas P., fossem eles secretários ou estudantes: todas as obras de P. de Tomás de Aquino que chegaram até nós são fruto de anotações. Assim, os sermões de Tomás conheceram a sorte das P. universitárias dos mestres contemporâneos seus: anotados pelos ouvintes que eram estudantes, com o fim de constituir um *thesaurus* (um "tesouro", quer dizer, uma coletânea) pessoal de P., os sermões dos mestres da universidade tiveram uma difusão inicial reduzida, difusão essa que se tornou insignificante após o século XIII. Hoje, dois manuscritos espanhóis de uma mesma coleção de sermões de Tomás testemunham essa difusão inicial. Além do mais, a descoberta deles, no período entreguerras, foi um dos catalisadores da pesquisa sobre a P. de Tomás. Mas, diferentemente de outros mestres, nesse último quarto do século XIII, conjugam-se para Tomás, por um lado, a constituição do conjunto de seus textos pela compilação e colocação em ordem de suas obras na Itália e em Paris, em razão de sua crescente autoridade teológica e doutrinal, e, por outro, sua reputação de Ϸsantidade e a promoção de seu culto. Assim, a *Ystoria Sancti Thome* [História de Santo Tomás], redigida entre 1319 e 1323 por Guilherme de Tocco, tendo em vista sua Ϸcanonização (1323), traz, após enunciar suas virtudes e entre seus Ϸmilagres, um capítulo particular (48) intitulado *A sua devota predicação e o exercício do sermão* (*De devota eius predicatione et prosecutione sermonis*), que celebra Tomás como pregador ideal, erudito, é claro, mas capaz de adaptar-se a seu auditório na composição de seus sermões e em sua maneira de pregar. Esse duplo movimento doutrinal e devocional em torno de Tomás faz convergir, para o conjunto tomasiano de textos, obras de outros autores, cujas coleções de sermões são postas sob seu prestigioso patrocínio, coleções que passarão para a tradição manuscrita e impressa de suas obras completas.

**Coleção de textos.** Os vinte e três textos, de diferentes graus de autenticidade, compreendem sermões completos em um só bloco (I, II, IV, XII, XVI, XIX, XXI) ou completos mas em dois momentos, com uma P. pela manhã e outra pela tarde, a *collatio*, ou seja, com duas tomadas de palavra (V, VIII, IX, XI, XIII, XIV, XV, XVIII, XX). Outros são retrabalhados em outra P. (VI) ou resumos (III, VII); ou, ainda, apenas uma parte foi conservada, como ocorre com o pró-tema de um sermão de autenticidade bastante frágil, o texto XXII, que provém de uma coleção de pró-temas de diferentes autores. O "pró-tema" é um preâmbulo possível, mas não obrigatório de um sermão, em geral solene ou de forma elaborada. A partir de um versículo bíblico, seu intuito é pedir a benevolência e a Ϸoração dos ouvintes para o pregador. Esses preâmbulos são literariamente independentes e, pois, intercambiáveis. Desse modo, são cons-

tituídas coleções de pró-temas para o uso dos pregadores, sendo usados, indiferentemente, em P. diversas que os comportam, como essa de Tomás, que se abria por esse pró-tema que lhe é atribuído. Para completarmos, notemos, enfim, entre os textos editados dos *Sermones*, um fragmento (XXIII) e alguns trechos copiados presentes em uma nova P. (XVII). Devemos notar que os sermões mais desenvolvidos correspondem ao período da segunda estadia de Tomás em Paris, para ensinar (1269-1272), período de produção intensa da parte do mestre. Nesse período, uma coleção de sermões de mestres parisienses, dentre os quais Tomás, é constituída e subsiste nos dois manuscritos espanhóis já mencionados. Nesses sermões mais desenvolvidos, Tomás adota as formas do *sermo modernus*, que comporta em seu objeto e em sua estruturação a escolha de um *thema*, normalmente um versículo bíblico, que ordena toda a P., cujo tema se desenvolve segundo as palavras ou locuções verbais do *thema*. Mas Tomás se mostra relativamente livre em relação a essa maneira em voga de proceder e pode, ocasionalmente, comentar a perícope bíblica inteira sem se deter somente no *thema*.

**Pregação e homilia antiga.** Sua P. se aproxima, assim, da homilia antiga, que ainda era atual no sul da Itália, segundo o testemunho de Thomas Waleys. Essa maneira de proceder aproxima claramente alguns dos sermões dados durante a segunda estadia parisiense de cursos bíblicos (*lecturae*), do mesmo período, sobre os Evangelhos de São Mateus e de São João (1269-1271). Se as mesmas matérias de interpretação bíblica estão presentes tanto em suas *Lecturae* como em seus *Sermones*, Tomás não faz destes, contudo, outros cursos. São, de fato, verdadeiras P., de um gênero diferente daquele dos cursos, mesmo se fazendo uso da bagagem bíblica e patrística do docente. Assim, Tomás se une à prática dos mestres, chamados a também pregar regularmente voltados para a universidade (*coram universitate*), quando os estudantes ouvintes de seus cursos eram parte interessada e vinham ouvir um pregador, não seu mestre. Se Tomás prega como mestre, ele não prega do mesmo modo que ensina, mas, como seus confrades, sabe perfeitamente mudar de registro, sem deixar de usar os ricos elementos postos à sua disposição pelo seu trabalho no ensino. Entre suas ferramentas, encontra-se a excepcional documentação patrística. Assim, os *Sermones* contêm trechos da *Corrente de ouro* (*Catena aurea*), glosa contínua dos quatro Evangelhos, composta outrora por Tomás. O texto bíblico não é ali apresentado por blocos sucessivos, mas em pequenas sequências, entre as quais se colocam, sucessivamente, diferentes citações de comentários patrísticos. Para redigi-la, Tomás recorrera aos comentários em circulação, mas também fizera traduzir alguns comentários gregos desconhecidos no Ocidente. Esses textos patrísticos, constituídos na Itália, em Orvieto, no momento de sua redação, então parcialmente utilizados por Tomás, acompanharam-no a Paris, e, para sua P., Tomás retira deles ainda outras citações, não utilizadas na *Catena*. Essas breves informações concernentes à forma e às fontes de Tomás não devem ocultar o pensamento teológico desenvolvido nos *Sermones*, enraizados em um terreno bíblico, como testemunha o denso entrelaçamento de citações e também a originalidade da própria prédica – caso do Sermão VIII, único sermão medieval conhecido de um mestre que se dirige a estudantes precisamente sobre a vida de estudo destes.

**As *Collationes*.** Além dos *Sermones*, outro gênero de P. de frei Tomás chegou até nós. As primeiríssimas listas dos escritos de Tomás designam essas obras pela palavra *collationes*. Esse termo pode se referir a três realidades: 1) a uma prática de repetição ou de revisão, em uso nos conventos dominicanos de estudos; 2) a desenvolvimentos espirituais feitos em margem a um comentário seguido e literal, como ocorre, por exemplo, no *Comentário a Isaías* de Tomás, que compreende esses dois tipos de comentários; assim, no momento da transcrição do texto autógrafo, após a morte de Tomás, para uma letra comumente legível, essas notas marginais foram chamadas de *collationes*; 3) a uma P. feita no início ou no final da tarde, ou à segunda

parte de uma P. solene, começada pela manhã e continuada à tarde. As *Collationes* de Tomás fazem parte, na verdade, dessas três realidades. Dirigidas aos frades estudantes num convento de estudos, muito provavelmente em Nápoles, durante a Quaresma de 1273, possivelmente na língua italiana da Campanha, e na presença de notáveis (que o testemunham no processo de canonização de Nápoles, em 1319), esses comentários, linha por linha, do Símbolo dos Apóstolos e da Oração dominical, e também dos Mandamentos (o duplo mandamento da ℘caridade e os dez mandamentos), conservam inequivocamente as formas de sua origem predicatória, em particular as *Collationes* sobre o Símbolo. Ainda segundo as primeiras listas dos escritos de Tomás de Aquino, essas *Collationes* foram anotadas pelos secretários Reginaldo de Piperno e Pedro de Andria: o primeiro colocou em circulação rapidamente as *Collationes* sobre o *Credo* e o *Pai-Nosso* (em que falta, entretanto, o comentário ao primeiro pedido, falta essa sanada bem rapidamente, no momento da difusão, por um texto de Aldobrandino de Toscanella); o segundo difunde mais tardiamente aquelas sobre os Mandamentos e preenche, sem muito cuidado, as lacunas de suas notas com extratos das *Collationes* sobre o *Credo* e com suas próprias notas da *lectura* sobre Mateus de Tomás, que ele havia ouvido em Paris. Essas três séries de *collationes* napolitanas não constituem, segundo todas as aparências, uma P. coerente e sistemática de Quaresma, tipo de P. que se desenvolve, todavia, nessa época, na Itália, e essas *collationes* não foram recebidas como tais. Após a morte de Tomás, suas obras inacabadas ou terminadas que se encontravam em Nápoles são preparadas por uma equipe de secretários, em vista de sua difusão, e seguem para Paris; entre essas obras estão as *Collationes* sobre o *Pai-Nosso* e sobre o Símbolo e provavelmente em um segundo momento aquelas sobre os Mandamentos, em razão das dificuldades de Pedro de Andria em terminar o texto lacunar. As *Collationes* napolitanas encontram, então, em Paris, as *Collationes* sobre a Ave-Maria, que circulam de maneira independente: estas se unem às outras pela afinidade do estilo e do interesse, pois são todas comentários lineares de textos fundamentais. As *Collationes* encontram-se, desse modo, nas primeiríssimas coleções dos Opúsculos de Tomás, ainda que somente as duas *collationes* anotadas por Reginaldo se apresentassem, então, como um texto duplo estável, ao passo que os outros se repartiam de modo mais aleatório. As *Collationes* sobre a *Ave-Maria* parecem ser, quase certamente, fruto da anotação de uma P. parisiense de Tomás, breve e, contudo, em dois tempos, comentando a antífona *Ave Maria gratia plena Dominus tecum. Benedicta tu in mulieribus* (Ave, Maria, cheia de graça, o Senhor é contigo. Bendita és tu entre as mulheres). Além do mais, elas possuem ligações textuais significativas com o *Sermo* XVIII, e podem ser situadas na segunda estadia de ensino parisiense de Tomás, possivelmente em 1269. Elas suscitarão, desde o início do século XIV, um interesse particular no debate relativo à santificação da Virgem Maria, uma vez que uma passagem parece incompatível com a santificação e a purificação de ♀Maria *in utero* (no útero), apresentada na Terceira Parte da *Suma de teologia*. Essa aparente incompatibilidade dos dois textos de Tomás dará lugar a uma tentativa de harmonização indevida, que figurará em todas as edições das *Collationes* sobre a Ave-Maria, devendo-se ler no lugar de *quantum ad culpam ipsa Virgo nec mortale nec veniale* (a Virgem, por isso, em relação à culpa, nem mortal nem venial), das edições, *quantum ad culpam nec originale nec mortale nec veniale* (quanto à culpa nem original nem moral nem venial), de acordo com a tradição manuscrita. As *Collationes* sobre a Ave-Maria unem-se, portanto, às *collationes* napolitanas, e as quatro séries aparecem agrupadas num bloco, em listas de escritos de Tomás elaboradas a partir do *studium* de Colônia, no começo do século XIV. Sob a forma da tradição manuscrita, as *Collationes*, diferentemente dos *Sermones*, conhecerão uma difusão muito significativa. Elas entram nas primeiras coleções dos Opúsculos e nas listas de origem parisiense dos escritos de Tomás, que habitualmente não compreendem aquelas sobre a Ave-Maria: nas coleções e nas listas, as *Colla-*

*tiones* ladeiam os sermões atribuídos a Tomás, sermões que não coincidem necessariamente com os *Sermones* (autênticos). Em todo caso, sua posição nas listas e nas coleções de opúsculos mostram que as *Collationes* são sim recebidas como P., porém, mais ainda, como tratados facilmente acessíveis. É claro que elas fazem parte do conjunto de textos que os pregadores tinham normalmente à sua disposição. Assim, as *Collationes* napolitanas de Tomás já são citadas explicitamente na P. de seus contemporâneos Aldobrandino de Toscanella e Ambrogio Sansedoni. Mas elas são também tratados acessíveis e práticos. Do mesmo modo como os comentários lineares em forma de notas, eles foram intensamente copiados e utilizados tanto na formação inicial dos frades como do clero secular. Assim, na metade do século XV, na Alemanha, *Os artigos da fé* com as *Collationes* sobre o Símbolo constituem a base da formação do clero secular, confirmando, inclusive, uma aproximação mais antiga desses dois opúsculos. As *Collationes* conhecem, de acordo com as necessidades e as demandas, uma difusão singular (no caso de um manuscrito de uso pessoal) ou em conjunto (no caso de uma coleção de opúsculos ou de uma compilação de obras didáticas de Tomás). Muito difundidas e facilmente acessíveis, as *Collationes* também foram objeto de intervenções mais ou menos felizes: modificações (como vimos no caso da Ave-Maria), acréscimos (como, por exemplo, nas *Collationes* sobre os Mandamentos, para completá-las), interpretações (a partir de outras obras de Tomás, no melhor dos casos), glosas (segundo as necessidades dos leitores e dos patrocinadores) etc. As *Collationes* são interessantes sob diversos aspectos: obras menores da maturidade, elas refletem a maneira como o docente Tomás ensina o que é fundamental com simplicidade, sem negligenciar as exigências de um pensamento enraizado na ♀Sagrada Escritura e nos ♀Padres e, por outro lado, mostram uma recepção impressionantemente fecunda e nuançada da parte de todos aqueles que encontraram nessas *collationes* um sustento para a sua vida cristã e o seu ♀ministério, ou mesmo um acesso à obra do Mestre.

**Bibliografia:** BATAILLON, L-J. *La prédication au xiiie siècle en France et en Italie:* études et documents. Aldershot: Variorum (Ashgate), 1993. GUILLAUME DE TOCCO. *Ystoria sancti Thome de Aquino* (1323). Claire Le Brun-Gouanvic. Toronto: Pontifical Institute of Medieval Studies, 1996 (Studies and Texts, v. 127). GUYOT, B.-G. Aldobrandino de Toscanella source de la la petitio des éditions du commentaire de Saint Thomas sur le Pater. *Archivum Fratrum Praedicatorum*, 53, p. 175-201, 1983. _____. Quelques aspects de la typologie des commentaires sur *Le Credo* et *Le Décalogue*. In: *Les genres littéraires dans les sources théologiques et philosophiques médiévales:* actes du colloque de Louvain-la-Neuve, 25-27 mai 1981. Louvain-la-Neuve, 1982, p. 239-248. OLIVA, A. Philosophie et théologie en prédication chez Thomas d'Aquin. *Revue des Sciences philosophiques et théologiques*, 97, p. 397-444, 2013. TORRELL, J.-P. La pratique pastorale d'un théologien du XIIIème siècle: Thomas d'Aquin prédicateur. *Revue Thomiste* 82, p. 213-245, 1982.

MARC MILLAIS, OP
TRADUÇÃO DE ANDRÉ LUÍS TAVARES, OP

## PRESCIÊNCIA → *Ver* Providência; Necessidade e Contingência

## PRINCÍPIO DE INDIVIDUAÇÃO

**O problema.** O princípio de individuação (Pi.) é um dos temas mais debatidos durante toda a Idade Média, sendo discutido por quase todos os grandes pensadores do período, desde Boécio até autores da chamada segunda escolástica (cf. GRACIA, 1984). Para compreender a origem do problema e como ele adquiriu tamanha importância, é preciso considerar como o binômio aristotélico forma e matéria foi recepcionado por pensadores medievais e quais funções cada um desses dois conceitos deveria desempenhar na formulação de uma teoria acerca da estrutura metafísica última da realidade. Posições diferentes e mesmo antagônicas sobre o Pi. ou sobre em que consiste ser um indivíduo revelam maneiras distintas de compreender a natureza da matéria e da forma, bem como

os modos de entender a articulação entre esses dois conceitos. Como salienta Peter King (2000), os autores medievais preocupavam-se, por um lado, em responder a perguntas como: a) "o que faz uma coisa ser o tipo de coisa que ela é?", o que faz, por exemplo, que José seja um ser humano?; b) "o que faz que uma coisa seja a mesma que outras do mesmo tipo?", o que faz que tanto José como Maria sejam seres humanos?; c) "o que faz que uma coisa seja distinta de outras de diferentes tipos?", o que faz que um ser humano seja distinto de um leão? Para Tomás de Aquino, todas essas perguntas envolvem um aspecto da noção de generalidade ou universalidade, na medida em que suas respostas apontariam para algo comum a diversas coisas de um mesmo tipo. Dizer que há muitos seres humanos parece implicar haver uma mesma natureza humana igualmente compartilhada por esses seres. Tomás de Aquino emprega a noção de forma justamente para explicar a posse dessa natureza comum, pois ele entendia a forma como aquele princípio responsável por configurar ou formatar algo de um determinado modo. No vocabulário do autor, a forma é o *principium essendi* (o princípio do ser), fundamento ou base pela qual algo é ou tem ser. Seres pertencentes a uma mesma espécie compartilhariam uma mesma forma, por exemplo, a humanidade. Por outro lado, mas de maneira interligada com o problema da generalidade, está o problema da individualidade. Assim, o quarto tipo de pergunta a ser respondida seria: d) "o que faz que uma coisa seja distinta de outras do mesmo tipo?", o que faz que José e Maria sejam seres humanos distintos? Obviamente, por ser a forma responsável pela generalidade, ela não poderia ser igualmente responsável pela particularidade. Aparentemente, caberia, então, à matéria cumprir essa função, como, aliás, Tomás de Aquino parece explicitamente reivindicar em diversos lugares: "O princípio de individuação é a matéria" (*Principium autem individuationis est materia. Comentário aos Livros das Sentenças de Pedro Lombardo* II, dist. 3, q. 1, a. 2, argumento inicial 1; *Suma de teologia* I, q. 86, a. 3, Resp.; *Questões disputadas sobre a verdade,*

q. 2, a. 5, Resp.). Resta, no entanto, explicar, em primeiro lugar, como pode a matéria, que é apenas potencialidade (cf. *Suma de teologia* I$^a$II$^{ae}$, q. 10, a. 1, ad 2m), desempenhar essa função individualizadora, e, em segundo lugar, como se dá a individuação de seres imateriais, como ℘Deus, os ℘anjos e a ℘alma humana.

**Indivíduo.** O Pi. é abordado por Tomás de Aquino em diversas obras e períodos de seu desenvolvimento intelectual. Uma das características centrais do seu pensamento é que ele concebe o problema em dois níveis hierarquicamente distintos e complementares. Em um nível mais geral, o autor investiga o que significa para algo ser um indivíduo, ou seja, quais os traços característicos da noção de individualidade que todo indivíduo satisfaz. Sobre esse ponto, Tomás não parece ter mudado de opinião ao longo de sua trajetória. Já de um modo mais específico, nosso autor sustenta que aquilo que responde pela individualidade de Deus e das ℘substâncias materiais não pode ser o mesmo, pois esses são seres de natureza radicalmente distintas. Deus é perfeito, eterno e imaterial. As substâncias materiais são criadas, finitas e compostas de forma e matéria. Somente nesse último caso, a matéria poderia exercer a função individualizadora. Sendo assim, para entendermos a solução de Tomás para o Pi., devemos previamente entender a noção de indivíduo. Empregando o vocabulário desenvolvido por lógicos medievais, Tomás de Aquino distingue entre nomes de *intenção primeira* e *intenção segunda* (*intentio prima*; *intentio secunda*). Usa-se uma palavra em ℘intenção primeira para designar as coisas singulares. Por exemplo, em "todos os seres humanos são mortais" a expressão *seres humanos* é empregada para atribuir uma propriedade a certo tipo de ℘ser. Já em intenção segunda é como objeto do discurso que se usa a palavra. Por exemplo, "a expressão *ser humano* designa uma espécie do gênero animal" (*Comentário aos Livros das Sentenças de Pedro Lombardo* I, dist. 23, q. 1, a. 3, Resp.). Aplicando a distinção ao caso, temos que *indivíduo* (*individuum*), tomado em intenção segunda, é uma noção à qual estão associadas duas características: a) ser *indivisum in se*, ou seja, ser em si mesmo não dividido ou ser dotado de unidade; e b) ser *divisum ab aliis*, ou seja, ser distinto de todos os demais indivíduos da mesma espécie (*De ratione individui est quod sit in se indivisum et ab aliis divisum ab ultima divisione*, cf. *Comentário ao Tratado sobre a Trindade de Boécio*, q. 4, a. 2, ad 3m). Assim, entende o autor por indivíduo aquilo que possui por si mesmo unidade e que, em função disso, é particularizado em relação aos demais indivíduos do mesmo tipo. Considerada em sua intenção primeira, *indivíduo* é uma noção que pode ser utilizada para falar tanto de Deus como das criaturas, desde que se entenda que os modos de ocorrer a individuação são distintos. Voltando às perguntas inicialmente postas, Tomás de Aquino deixa claro o vínculo entre as noções de individualidade e generalidade. Aquilo pelo qual José é um ser humano é uma natureza geral específica compartilhada por todos os demais seres humanos. Essa é, como vimos, a forma. Mas isso que faz com que José seja um singular não pode ser compartilhado com outros "Josés", pois, se o fosse, não o particularizaria. Não há, portanto, algo equivalente a uma forma individualizante. Não há uma "joseidade" constituinte de José. O elemento particularizador não pode, por conseguinte, ter uma expressão conceitual, justamente porque conceitos são gerais. O indivíduo somente pode, então, ser *demonstratum*, mostrado, ou seja, só pode ser algo a que se faz referência quando se aponta para um singular dentre dois ou mais que compartilham uma mesma forma geral: *este homem* (*hic homo*). É importante salientar, no entanto, que não se trata aqui de um problema epistêmico que diria respeito ao modo como identificamos um objeto (esta bola de bilhar), distinguimo-lo de outros do mesmo tipo (estas duas bolas de bilhar) ou reidentificamo-lo em momentos distintos (esta é a mesma bola). Individuação não se confunde com identificar ou reidentificar coisas; antes, é a condição da parte da coisa para essas atividades.

**Individuação das substâncias materiais.** De acordo com Tomás de Aquino, as substân-

PRINCÍPIO DE INDIVIDUAÇÃO

cias que encontramos no Ømundo físico são compostas por dois princípios fundamentais: a forma e a matéria. Já vimos que a forma é princípio da generalidade, pois ela é o elemento comum a diversas coisas de um mesmo tipo. Devemos acrescentar ainda que nosso autor reconhece dois tipos de formas: essenciais e acidentais. As primeiras são constitutivas da natureza de algo e sua supressão acarreta a destruição da substância. Ao perder sua forma animal, o leão deixa de existir. As segundas podem variar ao longo do tempo, ainda que a substância permaneça existindo. As folhas de uma árvore podem perder a cor verde durante o inverno e retomá-la na primavera, sem que a árvore perca a sua natureza. Como a individuação é o processo de particularização das formas, então, no caso das substâncias materiais, dada a diversidade de formas, há dois problemas distintos a resolver. O caso mais simples é o da individuação de acidentes, pois esses dependem da substância para existir. Assim, se acidentes individuais existem, eles devem ser entendidos como formas que existem de modo subsidiário, pois dependem da Øexistência primeira das substâncias. Como afirma Tomás, "ainda que o particular e o universal se achem em todos os gêneros, no entanto, o indivíduo acha-se de um modo especial no gênero da substância. Pois a substância é individuada por si mesma, enquanto os acidentes são individuados pelo Øsujeito ou substrato (*accidentia individuantur per subiectum*) que é a substância. Esta brancura, por exemplo, é dita um indivíduo enquanto está em um sujeito ou substrato" (*Suma de teologia* I, q. 29, a. 1). O caso central, portanto, é o da individuação das substâncias materiais. Desde o seu primeiro escrito sobre o Pi., Tomás de Aquino defende como tese geral que as formas das substâncias compostas são incapazes de serem individuadas por si mesmas e que são numericamente distintas em uma espécie quando individuadas pela matéria. Entretanto, a maneira como a matéria exerce essa função individualizadora é um problema sobre o qual Tomás parece ter mudado de opinião durante seu percurso intelectual (cf. ROLAND-GOSSELIN,

1926; O'DONNELL, 1959; MORRIS, 1994). No primeiro livro do *Comentário aos Livros das Sentenças de Pedro Lombardo*, bem como no seu primeiro e talvez mais famoso opúsculo, *O ente e a essência*, Tomás parece seguir uma terminologia ligada aos escritos do pensador persa Avicena, sustentando que a forma por si só é insuficiente para caracterizar a definição de uma substância complexa. Se as substâncias são compostas de matéria e forma, a matéria deveria entrar na definição dessas substâncias. Mas isso equivaleria a dizer que, em certo sentido, a matéria é também universal. Tomás é, então, levado a distinguir entre duas acepções da matéria: a não designada e a designada, entendendo-se por "matéria designada aquela que é considerada sob dimensões determinadas" (*O ente e a essência*, cap. 2). A matéria não designada (portanto, tomada em sentido geral) entraria na definição das substâncias, ao passo que a matéria designada seria a responsável pela individuação. Alguns anos mais tarde, ao comentar o quarto livro das *Sentenças* de Pedro Lombardo, Tomás, aparentemente influenciado pelo pensador árabe Averróis, sustenta que a forma somente pode existir pela matéria, pois esta é o primeiro Pi., e introduz a extensão, considerada sob dimensões indeterminadas, como o segundo Pi. Nesse caso, será pela extensão, que divide a matéria, que um indivíduo será considerado distinto dos demais de uma mesma espécie. As razões para essa mudança de posição residiriam no fato de que, se as dimensões determinadas fossem individualizadoras, os indivíduos, com a mudança das dimensões (o que ocorre frequentemente), passariam a ser outros indivíduos. A nova posição aparece claramente em seu comentário a Boécio, no qual é dito que a matéria não é divisível a não ser pela quantidade e, sendo assim, ela é "essa matéria" e é designada na medida em que está sob dimensões. Essas dimensões, no entanto, podem ser de dois tipos: determinadas ou indeterminadas. Se as dimensões individualizadoras fossem as determinadas, os indivíduos não permaneceriam numericamente os mesmos ao longo do tempo. Ainda que a matéria sempre exista sob dimensões determinadas, são as dimensões consideradas de modo indeterminado que tornam a matéria designada, e assim dão individualidade à forma, bem como causam a diversidade numérica das coisas em uma mesma espécie (cf. *Comentário ao Tratado sobre a Trindade de Boécio*, q. 4, a. 2). Cabe notar, juntamente com O'Donnel (1959), que essa mudança de posição de Tomás nem sempre foi reconhecida por seus comentadores posteriores, e isso explicaria a diversidade de interpretações que o tema tradicionalmente recebeu entre os intérpretes do pensamento de Tomás de Aquino.

**Individuação das substâncias imateriais.** A tese de que a matéria é o Pi. deixou em aberto o problema da unidade de seres imateriais. Sendo assim, Tomás de Aquino precisa explicar três casos distintos: Deus, os anjos e a alma humana. No caso da individuação divina, deve-se considerar que Deus é absolutamente simples e perfeito. Assim, contrariamente às formas criadas, que são gerais e necessitam ser recebidas em algo que as individualize, a forma divina simples possui a individuação de modo intrínseco à sua natureza (cf. *Suma de teologia* I, q. 3, a. 2, ad 3m). Esse argumento é complementado pela prova da unicidade divina. Como Deus é perfeito, vale dizer, possui todas as perfeições em seu grau máximo, então, se houvesse outro Deus, deveria haver uma perfeição que um possui e o outro não. Este último, portanto, careceria de uma perfeição e, por definição, não seria Deus, justamente por não possuir todas as perfeições. Logo, somente pode existir um único Deus (cf. *ibidem*, q. 11, a. 3). Quanto às naturezas angélicas, o argumento é semelhante: a matéria é o Pi. na medida em que ela é o princípio de distinção numérica, pois ela torna possível que se distingam numericamente as coisas que são idênticas quanto à forma. Entretanto, como os anjos não são compostos de matéria e forma, segue-se que é impossível haver dois anjos em uma espécie (cf. *ibidem*, q. 50, a. 4). Haverá, então, tantos anjos quantas forem as espécies de anjos, pois o mesmo princípio é responsável pela diferença de espécies e indivíduos (cf. *Questões disputadas*

*sobre o mal*, q. 16, a. 1, ad 18m); e as espécies são diferentes porque correspondem a distintos graus de perfeição.

**Bibliografia:** BOBIK, J. *Aquinas on Being and Essence:* a translation and interpretation. Notre Dame: University of Notre Dame Press, 1965. _____. La doctrine de saint Thomas sur l'individuation des substances corporelles. *Revue Philosophique de Louvain*. Troisième série, 51 (29), p. 5-41, 1953. BROWER, J. E. Matter, Form, and Individuation. In: DAVIES, B.; STUMP, E. (eds.). *The Oxford Handbook of Aquinas.* Oxford: Oxford University Press, 2012, p. 279-332. FITZPATRICK, A. *Thomas Aquinas on Bodily Identity.* Oxford: Oxford University Press, 2017. GLOWALA, M. *Singleness:* Self-Individuation and Its Rejection in the Scholastic Debate on Principles of Individuation. Berlim/Boston: De Gruyter, 2016. GRACIA, J. *Introduction to the Problem of Individuation in the Early Middle Ages.* Munique/Washington: Philosophia Verlag and Catholic University of America Press, 1984. HUGHES, C. Matter and Individuation in Aquinas. *History of Philosophy Quarterly*, 13 (1), p. 1-16, 1996. KING, P. The Problem of Individuation in the Middle Ages. *Theoria*, 66, p. 159-184, 2000. KLINGER, I. *Das Prinzip der Individuation bei Thomas von Aquin:* Versuch einer Interpretation und Vergleich mit zwei umstrittenen Opuscula. Schwarzach: Vier/Türme/Verlag, 1964. MORRIS, N. A. The authenticity of the attribution to St. Thomas of De natura materiae et dimensionibus interminatis and De principio individuationis. *Aquinas*, 37, p. 151-176, 1994. _____. The status of the dimensionis interminatae in the thomasian principle of individuation. *Aquinas*, 39, p. 321-338, 1996. O'DONNELL, R. A. Individuation: an Example of the Development in the Thought of St. Thomas Aquinas. *The New Scholasticism*, 33 (1), p. 49-67, 1959. OWENS, J. Thomas Aquinas: Dimensive Quantity as Individuating Principle. *Mediaeval Studies*, 50, p. 279-310, 1988. PAYNE, A. Gracia and Aquinas on The Principle of Individuation. *The Thomist:* a Speculative Quarterly Review, 68 (4), p. 545-575, 2004. ROLAND-GOSSELIN, M. D. *Le "De ente et essentia" de S. Thomas d'Aquin.* Kain: Le Saulchoir, 1926. STORCK, A. A noção de indivíduo segundo Santo Tomás de Aquino. *Revista Analytica*, 3 (2), p. 13-52, 1998.

ALFREDO STORCK

## PROFECIA → *Ver* Revelação

## PROVIDÊNCIA

**Providência e ciência divina.** Santo Tomás trata da divina providência (P.) repetidas vezes no *Comentário aos Livros das Sentenças de Pedro Lombardo* I, dist. 39, q. 2, a. 1 e 2, nas *Questões disputadas sobre a verdade*, q. 5, a 1-10, na *Suma contra os gentios* III, 64, 71-79 e 94, na *Suma de teologia* I, q. 22, sem falar de outras passagens como o *Comentário ao Livro dos Nomes Divinos de Dionísio Pseudoareopagita*, cap. 3, lição 1, no *Compêndio de teologia*, cap. 123-125, no *As substâncias separadas*, cap. 13-15 e no *Comentário ao Livro de Jó*. Há, no entanto, consenso quanto à ideia de que a abordagem da *Suma de teologia* representa o ensinamento definitivo de Tomás. Aí, como já tinha feito em exposições anteriores, ele distingue claramente a P. (um ⌀atributo divino) do governo do ⌀mundo (estudado no final da Primeira Parte, q. 103-119), execução da P. divina na ⌀criação, que ⌀Deus sustenta e governa. Na questão 22 da Primeira Parte da *Suma de teologia*, Tomás adota uma ordem preconizada por Aristóteles (cf. *Segundos analíticos* II, 89b23-36). Primeiro, pergunta se há P. em Deus; é o que faz o artigo 1: "se a providência caiba a Deus?". Em seguida, procura caracterizar aquilo que se mostrou ser o caso na primeira pergunta, dedicando a isso os três artigos seguintes. O artigo segundo pergunta por sua extensão e mostra que a P. divina é universal, isto é, estende-se a tudo. Note-se que esse artigo tem cinco argumentos iniciais, quando o padrão na *Suma* é de três. Seria um sinal de que a questão era realmente debatida na época e não se tratava de uma dúvida proposta pelo autor para esclarecer a questão. Os artigos três e quatro interrogam sobre seu modo de se exercer; o terceiro mostra que ela é imediata, e o quarto, que se cumpre necessariamente. A simples apresentação dos artigos da questão 22 já põe às claras as dificuldades costumeiras a respeito da P. divina. Sua ⌀participação criada nos humanos é uma parte da prudência, mencionada por Cícero (cf. *Retórica* II, cap. 53). Ora, como tal, ela só pode dizer respeito ao que é futuro e contingente, podendo, pois, depender da ação humana (cf. *Suma de teologia* II^aII^ae, q. 49, a. 6), sendo, portanto, ela mesma contingente e necessitada de deliberação prévia, características estas que não cabem à P. divina, que é não sujeita ao ⌀tempo, imediata e necessária. De todo modo, a prudência humana requer o ⌀conhecimento do ⌀fim a que se quer chegar e a ⌀vontade de obtê-lo. Esses dois aspectos vão comandar a deliberação sobre os meios para tal e a escolha do mais adequado. Assim sendo, compreende-se que Tomás trate da P. divina em seguida da ciência divina, na medida em que esta se refere ao que é ordenado a um fim a ser obtido, o que supõe uma referência à vontade. Portanto, a P. pode ser caracterizada como "o agenciamento do que deve ser ordenado a um fim na mente divina" (*ratio ordinandorum in finem in mente divina proprie providentia est*; *Suma de teologia* I, 22, 1). Esse agenciamento de todas as criaturas em vista de seus fins, entre elas e em vista do fim último, que é o próprio Deus, é exigido porque Deus é o criador de tudo não apenas nele mesmo, mas também em sua ordenação das partes entre si e do todo ao fim (cf. *ibidem*).

**Características da Providência.** Três características, aliás já mencionadas, são próprias da P. divina: ela se estende a tudo, é universal; é imediata, isto é, exerce-se diretamente sobre as criaturas; não pode falhar, isto é, é certa ou necessária. É a propósito dessas características que Santo Tomás vai mencionar alguns erros dos antigos conforme as informações de Santo Agostinho, Gregório de Nissa (Nemésio de Emesa) e Moisés Maimônides (cf. TORRELL, 2008, p. 71). Houve quem negasse haver P. divina, dizendo que tudo acontecia por acaso; outros admitiram uma P. restrita apenas a algumas coisas. O que levou a essas posições foi, muitas vezes, a existência do acaso e do ⌀mal no mundo. Quanto ao acaso, ele pode existir em relação às causas particulares, mas não em relação à ⌀causa primeira e universal – Tomás retoma a formulação aristotélica do cruzamento de duas linhas causais para explicar o acaso (cf.

## 341 · PROVIDÊNCIA

*Suma de teologia* I, q. 22, a. 2, ad 1m). Em relação ao mal, considera que o mal de um resulta em bem para outro ou para o todo. Sobretudo Deus não permitiria algum mal, se daí não resultasse um bem maior (cf. *ibidem*, q. 22, a. 2, ad 2m). Uma segunda característica da P. divina é que ela é imediata, isto é, sem intermediários em relação às ℘coisas criadas. Em relação a essa característica, Tomás recorre à sua distinção entre P. e governo divino. Essa distinção é mencionada logo no início do artigo terceiro da questão 22: "é preciso dizer que cabem à providência os dois seguintes, a saber, o agenciamento das coisas a serem providenciadas em relação ao fim e a execução desse agenciamento que é chamada de governo". O primeiro é imediato, pois se trata do próprio ordenamento das coisas na mente divina. Quanto ao segundo, pode haver intermediários no governo divino das coisas, no qual inclusive se governam os inferiores por meio dos superiores. Tudo isso não elimina a ação das causas intramundanas nem implica uma fraqueza da parte de Deus ao se servir de intermediários. Antes, manifesta a infinita bondade do Criador que dá às coisas não só o ℘ser, mas também o ℘poder de causar. A terceira característica da P. é sua certeza ou ℘necessidade. A principal dificuldade a esse respeito é que, sendo a P. necessária, parece impor necessidade aos seus efeitos, suprimindo, então, toda a ℘contingência no mundo. Ora, como lembra Dionísio, "não cabe à providência destruir a natureza" (*Nomes divinos*, cap. 4, §33), e a ℘natureza de certas coisas implica a contingência. Isso está ligado à própria perfeição do ℘universo que precisa incluir todos os graus de ser. Daí Deus ter providenciado causas necessárias que produzem efeitos necessários e causas contingentes, cujos efeitos ocorrem contingentemente em relação a suas causas próximas. Desse modo, o efeito da P. divina ocorre necessária ou contingentemente: "ocorre infalível e necessariamente o que a providência divina dispõe que ocorra infalível e necessariamente, mas contingentemente o que a disposição da divina providência provê que aconteça contingentemente" (cf. *Suma de teologia* I, q.

22, a. 4, ad 1m). Em resumo, é necessária a consequência, mas não o consequente.

**Providência, predestinação e salvação.** Em seguida à questão 22, Santo Tomás aborda a ℘predestinação e a reprovação que consistem na P. no que diz respeito particularmente aos seres humanos em vista de sua ℘salvação eterna (cf. *ibidem*, q. 22, Prólogo). A questão 23 refere-se à predestinação e contém oito artigos com o seguinte conteúdo: a. 1 – se cabe a Deus a predestinação; a. 2 – o que é a predestinação e se acrescenta algo ao predestinado; a. 3 – se cabe a Deus a reprovação de alguns humanos; a. 4 – se os predestinados são eleitos; a. 5 – se os méritos são causa ou razão da predestinação, da reprovação, ou da eleição; a. 6 – se os predestinados se salvam infalivelmente; a. 7 – se o número dos predestinados é determinado; e a. 8 – se a predestinação pode ser ajudada pelas orações dos santos. Esses oito artigos podem ser divididos em três grupos que tratam respectivamente da noção de predestinação e de seu correlato, a reprovação (a. 1-3), sua causa da parte de Deus e do ℘ser humano (a. 4-5) e sua certeza (a. 6-8). Tomás inicia caracterizando a predestinação como uma forma particular da P., a que tem como objeto os seres capazes de chegarem à bem-aventurança, a fruição da visão de Deus, finalidade que ultrapassa as capacidades naturais do ser humano e que constitui um objeto específico em face da P. divina em relação a todas as criaturas. Ela é, pois, definida como "o agenciamento da ordenação de alguns à salvação eterna presente na mente divina" (*ratio ordinis aliquorum in salutem in mente divina existens, ibidem*, q. 23, a. 2). À predestinação se contrapõe a reprovação, mas não há um paralelismo estrito entre elas, como a própria formulação de Tomás o indica: "Assim como a predestinação é a parte da P. a respeito daqueles que são ordenados por Deus à salvação eterna, também a reprovação é a parte da P. a respeito daqueles que se afastam desse fim". O afastar-se do fim é apenas permitido pela divina P.: "pertence também à divina providência que permita a alguns ficar aquém desse fim"; "assim, a reprovação encerra a vontade de permitir que

PROVIDÊNCIA

alguém caia em culpa e de infligir a pena da condenação pela culpa" (*ibidem*, q. 23, a. 3). O artigo 4 indica que a predestinação pressupõe uma escolha (*electio*), e esta, o ↗amor (*dilectio*), pois, faz parte da P. ser "o agenciamento presente no ↗intelecto, preceituando a ordenação de alguns ao fim". Ora, isso pressupõe o querer do fim, isto é, que Deus queira a salvação deles, o que implica uma escolha e amor: amor por querer para eles o bem da salvação eterna, e escolha por querer tal bem para alguns, ao permitir a reprovação de outros. Deve-se ter em conta que a ordem do amor e da escolha é diferente nos seres humanos e em Deus. Nos humanos o bem preexistente desperta o amor e este, a escolha de alguém que amamos. Em Deus dá-se o inverso, pois ao querer o bem a alguém, por amá-lo, é causa de que esse receba tal bem de preferência a outros. Assim, em Deus, o amor precede (logicamente) a escolha, e esta, a predestinação. Daí todos os predestinados serem escolhidos (eleitos) e amados. Tendo examinado nesse artigo as causas da predestinação da parte de Deus, Tomás passa a examiná-las da parte dos humanos no artigo 5. Logo de início, descarta qualquer possibilidade de haver uma causa do ato de predestinar da parte de Deus, uma vez que não há como indicar uma causa da vontade divina. Resta discutir a possibilidade de indicar uma causa por parte do efeito no sentido de que "Deus preordenaria conceder o efeito da predestinação a alguém por causa de algum mérito". Depois de mencionar três hipóteses, duas delas atribuídas a Orígenes e aos pelagianos, e uma sem atribuição, todas as três inaceitáveis, Tomás distingue duas considerações dos efeitos da predestinação: em particular e em conjunto. Do primeiro modo é possível considerar um efeito posterior como causado por um anterior que o merece e prepara. Deus, nesse sentido, concede a alguém a glória por causa de seus méritos ou concede-lhe a ↗graça para que obtenha a glória. Mas, considerados os efeitos da predestinação em conjunto, são todos dons de Deus, sem nenhuma causa de nossa parte, e são no seu todo efeitos da bondade divina. É a esse respeito que surge o grande mistério da predestinação: como pode proceder da bondade divina a predestinação de alguns e reprovação de outros? Assim como Deus, em sua divina bondade, una e simples, representado pela multiplicidade das coisas de diversos graus, tanto elevados como ínfimos, também permite que algum mal aconteça a fim de que múltiplos bens não sejam impedidos, da mesma maneira a bondade de Deus é manifestada sob o modo da ↗misericórdia em alguns predestinados e sob o modo da ↗justiça em outros que reprova, permitindo que recusem sua bondade e sejam punidos. Nisso não há injustiça da parte de Deus, porque a bem-aventurança da visão divina supera a capacidade humana e só pode ser obtida como dom de Deus. Tudo é graça, e Santo Tomás, no final das contas, retoma as palavras de Santo Agostinho: "não queira julgar se não quiseres errar" (*noli velle judicare si non vis errare*, *ibidem*, q. 23, a. 4, ad 3m). Como já dito, os artigos 6, 7 e 8 tratam da certeza da predestinação: ela é certa, bem como o número dos predestinados é determinado, e pode ser ajudada pelas orações e boas obras, porque isso cai também sob a predestinação, assim como as causas criadas em vista de certos efeitos. A questão 24 trata, em três artigos, do livro da vida, como metáfora da predestinação.

**Governo divino.** Como foi dito de início, Tomás de Aquino distingue, de um lado, a P. e a predestinação como imanentes à mente divina e, de outro lado, o governo divino entendido como a execução delas no mundo e no ser humano. A esse estudo são dedicadas as questões finais da Primeira Parte da *Suma de teologia* (q. 103-109). Governar é dirigir para o fim do bem. Ora, observa-se que as coisas naturais não operam ao acaso, mas buscam o que é melhor, sempre ou na maioria dos casos. Isso indica que tal ordem é proveniente de um organizador. Por outro lado, se Deus cria para manifestar sua bondade, não tem sentido que não conduza à perfeição: perfeição própria de cada criatura e perfeição do todo do universo, no que imitam a perfeição infinita de Deus. Assim, tudo, tendo saído das mãos de Deus, a ele retorna. No Prólogo da questão 103, Tomás divide sua exposição em duas partes, (i) o governo divino do mundo e sua divisão e (ii) o governo do mundo em especial (q. 104-119), em que aborda os seguintes tópicos: a conservação das criaturas (q. 104) e os movimentos das criaturas (q. 105-119). Este último conjunto de questões considera a ação do próprio Deus (concurso divino) na questão 105, em oito artigos, tratando os três últimos do ρmilagre. A ação das criaturas é estudada nas questões 106-119, sendo, então, abordada a ação dos ρanjos (q. 106-114), dos corpos (q. 115-116) e as ações dos seres humanos (q. 117-119). Na seção dedicada aos anjos, a mais longa de todas, são consideradas as ações sobre outros anjos, isto é, a iluminação (q. 106), a locução (q. 107) e a ρhierarquia e as ordens dos anjos bons (q. 108) e maus (q. 109); as ações sobre os corpos (q. 110) e as ações sobre os seres humanos, compreendendo sua ação sobre as faculdades naturais dos humanos (q. 111), a missão dos anjos (q. 112), os anjos da guarda (q. 113) e o ataque ou a tentação dos ρdemônios (q. 114). À ação dos corpos são dedicadas duas questões: a 115 (em geral) e a 116 (destino). Finalmente, as ações humanas são consideradas nas questões 117-119, sendo a 117 sobre o ensino e a capacidade da ρalma de causar mudanças nos corpos, a 118 sobre a geração da alma e a 119 sobre a geração do ρcorpo. Torrell observa que "o modo como Tomás de Aquino fala da providência pode surpreender um leitor inadvertido. Longe de se comprazer em considerações piedosas sobre o cuidado atencioso que Deus tem por toda criatura, ele a vê antes de tudo como uma qualidade da própria divindade que se liga diretamente à ciência e à vontade de Deus" (2008, p. 95). Outro tanto poderia ser dito da predestinação e do governo do mundo. A respeito da predestinação, como é sabido, mas nem sempre nos lembramos, há o confronto agudo com os limites intransponíveis de nosso conhecimento em face da vontade divina e do declínio para o mal moral da parte do ser humano. De toda maneira, o que Tomás busca é, retomando o título de um de seus opúsculos, "as razões da ρfé", por mais precárias que elas possam ser.

**Bibliografia:** AULETTA, G. Providência. In: LACOSTE, J.-Y. (org.). *Dicionário Crítico de Teologia*. São Paulo: Paulinas/Loyola, 2004, p. 1454-1463. LÖHRER, M. Predestinação/eleição. In: EICHER, P. (org.). *Dicionário de Conceitos Fundamentais de Teologia*. São Paulo: Paulus, 1993, p. 713-717. MARTELET, G. Predestinação. In: LACOSTE, J.-Y. (org.). *Dicionário Crítico de Teologia*. São Paulo: Paulinas/Loyola, 2004, p. 1421-1425. NICOLAS, J.-H. La volonté salvifique de Dieu contrariée par le péché. *Revue Thomiste*, 92, p. 177-196, 1992. _____. L'univers ordonné à Dieu par Dieu. *Revue Thomiste*, 91, p. 357-376, 1991. SCHILSON, A. Providência/Teologia da História. In: EICHER, P. (org.). *Dicionário de Conceitos Fundamentais de Teologia*. São Paulo: Paulus, 1993, p. 728-733. TORRELL, J.-P. Dieu conduit toutes choses vers leurs fins: providence et gouvernement divin chez Thomas d'Aquin. In: _____. (ed.). *Nouvelles recherches Thomasiennes*. Paris: J. Vrin, 2008, p. 63-97. VELDE, R. Thomas Aquinas on Providence, Contingency and the Usefulness of Prayer. In: D'HOINE, P.; RIEL, G. (eds.). *Fate, Providence and Moral Responsibility in Ancient, Medieval and Early Modern Thought*: Collected Studies in Honour of Carlos Steel. Lovaina: University Press, 2013. YSAAC, W. The Certitude of Providence in St. Thomas. *The Modern Schoolman*, 38, p. 305-321, 1961.

CARLOS ARTHUR RIBEIRO DO NASCIMENTO

## PURGATÓRIO → *Ver* Escatologia (Novíssimos)

# R

## RAZÃO

**Razão e intelecto.** Tanto a palavra *razão* (*ratio*) como o termo *intelecto* (*intelectus*), que lhe é associado, podem ser tomados em diferentes sentidos de acordo com Tomás de Aquino. Descontados alguns usos secundários, *razão* (R.) possui três referências principais: (i) ℗causa, motivo ou prova; (ii) a noção de alguma ℗coisa, expressa em sua definição; (iii) a faculdade de ℗conhecimento intelectual que opera por meio de conceitos, proposições e discursos, elaborados com base em proposições já conhecidas. Essa faculdade é própria do ℗ser humano, definido a partir de seu ℗gênero e diferença específica como animal racional. *Intelecto*, por sua vez, refere-se primordialmente à faculdade de conhecimento distinta dos ℗sentidos e que opera sem um órgão corporal. No ser humano, há duas faculdades: a capacidade de extrair o inteligível do sensível ou de torná-lo aparente – chamada por Tomás de *intelecto agente*; e a capacidade de receber o inteligível em ato, produzido pelo intelecto agente (especificação inteligível – *species intelligibilis*), e operando com ele – chamada por Tomás de *intelecto passivo* ou *possível*. O intelecto, na sua forma simples, caracteriza as substâncias separadas da ℗matéria, que recebem, na cultura cristã, o nome de ℗anjos; na cultura árabe, *inteligências*; e na cultura grega, *intelectos* (cf. *Suma de teologia* I, q. 79, a. 10). No ser humano, o intelecto assume a forma de R. e tem como ℗objeto apenas os axiomas gerais do conhecimento intelectual (primeiros princípios), que são o fundamento de todo conhecimento subsequente, por meio da habilitação dos primeiros princípios. O ato do intelecto humano é denominado *inteligência*, e seu objeto, *inteligido* (*intellectus, a, um*) ou *entendido*. Finalmente, *intelecto* indica o segundo dom do ℗Espírito Santo na lista tradicional dos sete dons (cf. Is 11,2): (i). sabedoria; (ii) inteligência; (iii) conselho; (iv) força; (v) ciência; (vi) ℗piedade; e (vii) temor de ℗Deus.

**Funções da razão.** Santo Tomás menciona dois pares de funções da R., uma de inspiração agostiniana – R. superior/R. inferior; e outra, de origem aristotélica – R. teórica ou especulativa/R. prática. Trata-se, para Tomás, de funções da R. humana, e não de potências ou faculdades distintas (cf. *Suma de teologia* I, q. 79, a. 9 e 11). Fala-se de R. superior quando a R. se ocupa com as coisas eternas; e de inferior, quando se dirige às coisas temporais. Por sua vez, a R. teórica ou especulativa visa apenas conhecer; e a R. prática ordena o conhecimento à ação ou produção. Ao se falar da R. no contexto do pensamento ocidental, especialmente naquele do pensamento medieval e de Tomás de Aquino, é inescapável a questão das relações entre a R. e a ℗fé, entendendo-se por essa formulação os conhecimentos acessíveis à R. humana e os que a ultrapassam, podendo, no entanto, serem recebidos por uma comunicação feita por Deus, isto é, por ℗Revelação. Essa questão é colocada pelos três monoteísmos presentes no pensamento medieval: o judaísmo, o cristianismo e o islamismo. Aqui se trata apenas de como Tomás de Aquino vê tal questão dentro do contexto do século XIII. Numa perspectiva de conjunto, Tomás segue a matriz agostiniana de conhecimento: tudo o que a R. humana descobriu de válido (filosofia, ciências, artes liberais e mecânicas) deve ser integrado a uma sabedoria cristã. Dessa perspectiva, admitem-se três sabedorias, isto é, três tipos de conhecimento sobre as questões humanas últimas, cujo ápice é a questão de Deus como a fonte última de todo ser, conhecer e amar: a ℗teologia dos filósofos, a teologia da ℗Escritura e a sabedoria, dom do Espírito Santo (℗Filosofia). A teologia dos filósofos, no seu ápice, abre a via para a teologia da Escritura e pode elaborar, no contexto desta, conceitos, teses e provas que visam não demonstrar os princípios da teologia da Escritura (os ℘artigos de fé), mas aclimatá-los ao nosso modo de conhecer. A teologia das Escrituras, por sua vez, se praticada, como dizem os medievais, em clima de reverência para com o que há de mais elevado (*pietas* ou piedade), prepara o ser humano para a recepção do dom de sabedoria do Espírito Santo, que habilita a um conhecimento experiencial de Deus fundado no ℘amor de Deus e estabelece uma sintonia ou conaturalidade entre a criatura humana e Deus. Dada a polissemia do termo *ratio*, sua tradução exige atenção ao contexto para que não haja equívoco. Conforme o caso, convém traduzir *ratio* por *noção*; *sub ratione*, por *sob o aspecto de*; *ens rationis*, por ℘*ente de razão* ou *ente nocional*; *ratio formalis*, por *noção formal*; *intellectus, us* (substantivo da 4ª declinação), por *intelecto/entendimento*; e *intellectus, a, um* (adjetivo da 2ª declinação), por *inteligido(a)* ou *entendido(a)*.

**Bibliografia:** DE RIJK, L. M. A special use of ratio in 13th and 14th century metaphysics. In: FATTORI, M.; BIANCHI M. L. (eds.). *Ratio*. Roma: Leo Olschki, 1994, p. 197-218. DEMERS, G.-Ed. Les divers sens du mot "ratio" au Moyên Âge. In: *Études d'histoire littéraire et doctrinale du XIIIe siècle*. Paris/Ottawa: J. Vrin/Inst. D'Études Médiévales, 1932, p. 105-139. PEGHAIRE, J. *Intellectus et ratio selon S. Thomas d'Aquin*. Paris/Ottawa: J. Vrin/Inst. D'Études Médiévales, 1936.

CARLOS ARTHUR RIBEIRO DO NASCIMENTO

## RELAÇÃO → *Ver* Trindade; Deus; Ser Humano

## RELIGIÃO

**Contexto conceitual.** O tratado da religião (R.), tal como se encontra na *Suma de teologia* IIªIIae, q. 81-100, é certamente um texto muito singular e original de Tomás de Aquino, a começar pelo fato de o Prólogo da questão 81 ser a única ocorrência na *Suma de teologia* em que Tomás designa um conjunto de questões pelo termo *tratado*. Antes desse tratado, Tomás de Aquino inscrevia sua reflexão sobre o tema na linha do agostinismo clássico dos teólogos do século XIII, como Alberto Magno e Boaventura. Desse modo, em seus textos de juventude (*Comentário aos Livros das Sentenças de Pedro Lombardo* III, dist. 9; *Contra os que combatem o culto a Deus e a religião* I, 1; *Comentário ao Tratado sobre a Trindade de Boécio*, l. 1, q. 1, a. 2; *Suma contra os gentios* III, 119-120), Tomás utiliza pouco o termo *religio* (religião), ao qual prefere *latria* (adoração, culto). O primeiro é associado a Cícero (cf. *A arte retórica* II, 53, 161), enquanto o segundo é associado a Santo Agostinho (cf. *A cidade de Deus* X, c. 1). Para Santo Agostinho, o verdadeiro culto a ℘Deus consiste na ℘fé, na ℘esperança e na ℘caridade (cf. *Enquirídio a Laurêncio sobre a fé, a esperança e a caridade*, c. 1). Nessa mesma linha, Tomás de Aquino concebe a adoração ou culto como manifestação da fé (cf., por exemplo, *latria non est nisi quaedam protestatio fidei*, *Suma de teologia* IªIIae, q. 100, a. 4, ad 1m, *et passim*). Contudo, ele tenta não identificar formalmente o culto às virtudes teologais (cf. *Comentário aos Livros das Sentenças de Pedro Lombardo* III, dist. 9, a. 1, qc. 3), sem chegar a isso de modo estável (cf. *Comentário ao Tratado sobre a Trindade de Boécio, loc. cit.*; *Suma de teologia* IªIIae, q. 103, a. 3-4; *Suma de teologia* III, q. 63, a. 4, ad 3m; *Comentário à Carta de Paulo aos Romanos* 12, 1, l. 1, n. 964). Nesses primeiros textos, alguns atos exteriores do culto são, às vezes, mencionados, mas não há de fato esforço teológico para explicá-los. O tratado da R. da *Suma de teologia* IIªIIae situa-se no início das partes potenciais da ℘justiça. A questão introdutória (q. 80) desse conjunto de questões (q. 81-119) retoma e desenvolve o capítulo de Cícero sobre o ℘direito natural (cf. *supra*). Tomás apresenta oito partes potenciais ou virtudes anexas à justiça: a R., a ℘piedade, a deferência – com suas duas subpartes, o respeito e a obediência – constituem um primeiro grupo, e a gratidão, a reivindicação, a veracidade, a afabilidade e a liberalidade constituem um segundo. Todas essas virtudes, ditas secundárias, têm em comum com a justiça o fato de regular uma operação na qual o agente está voltado a um outro (*ad alterum*). Elas se diferenciam de dois modos: nas três primeiras virtudes, a igualdade não pode ser alcançada com a liberação do que é devido; nas outras cinco, o que é devido consiste em uma dívida moral (*debitum morale*), e não legal (*debitum legale*). O primeiro tipo de dívida ou devido refere-se unicamente à perfeição moral, enquanto o segundo implica a garantia da ρlei e, assim, a possibilidade de arbítrio da parte de um tribunal. A operação que a virtude de R. vem retificar e perfazer é o culto. Além da relação de uma ρvirtude com seu ato, Tomás de Aquino também estuda os vícios opostos, ou por falta ou por excesso, os preceitos escriturísticos que ordenam sua prática, o dom do ρEspírito Santo, que lhe é associado, e a bem-aventurança evangélica que este último permite realizar. Para a virtude de R., os preceitos são os da primeira tábua do Decálogo, determinados pelos preceitos cerimoniais da Antiga Aliança e pelas normas litúrgicas da Nova (cf. *Suma de teologia* II$^a$II$^{ae}$, q. 122). O dom associado à R. é o da piedade, que permite "reverenciar a Deus com uma afeição filial" (*ibidem*, q. 121, a. 1, ad 1m). Na *Suma de teologia* II$^a$II$^{ae}$, q. 81, Tomás de Aquino trata especificamente da virtude de R. Para tal, ele toma para si a definição que dela dá Cícero – "a religião é essa [virtude] que oferece cuidado e cerimônia a uma natureza divina, que eles chamam de divina" (*ibidem*) –, que ele interpreta por meio do conceito de ordem. Assim, para Tomás, seja qual for a etimologia do termo *religião*, esta implica uma ordem dirigida a Deus como o que lhe é próprio. Os empregos do termo *ordem* em Tomás são muito variados. Aqui, dois devem receber nossa atenção. Primeiro, *ordem* é um dos três termos constitutivos do conceito de bem; os dois outros são *modo* e *espécie* (cf. *Suma de teologia* I, q. 5, a. 5). Nesse sentido, significa "inclinação para um fim". O segundo uso do termo *ordem* que nos importa é aquele que Tomás de Aquino utiliza em sua teologia trinitária. Nesse caso, "ordem se compreende sempre em comparação com um princípio" (*ibidem*, q. 42, a. 3, Resp.).

A comparação entre certas afirmações anteriores da *Suma de teologia* II$^a$II$^{ae}$, q. 81, a. 1, sobre Deus como princípio e ρfim e outras sobre o fato de que certos seres humanos são princípios para outros seres humanos, permite melhor delimitar a extensão desta afirmação fundamental: "a religião implica sempre uma ordem em direção a Deus". Que Deus seja princípio, como causa primeira eficiente, ao mesmo tempo que é fim último, é um princípio central na ρteologia de Tomás de Aquino (cf. *Comentário aos Livros das Sentenças de Pedro Lombardo* III, dist. 9, q. 1, a. 2, qc. 5, Resp.; *Suma de teologia* I$^a$II$^{ae}$, q. 102, a. 3, Resp.; *et passim*); ele o demonstra na *Suma contra os gentios* III, 17, 7-9. Além disso, o teólogo observa que o ρPai é princípio do ρser (cf. *Suma de teologia* I$^a$II$^{ae}$, q. 100, a. 7, ad 2m), assim como também é "princípio da geração, da educação e da instrução [...] <para seus filhos>. As pessoas constituídas em dignidade também são princípios de governo para outras, como o chefe da cidade nos negócios civis, o comandante do exército nos negócios da guerra e o mestre no ensino" (*Suma de teologia* II$^a$II$^{ae}$, q. 102, a. 1, Resp.). Contudo, ele afirma claramente que um ρser humano não pode ser o fim de outro (cf. *Suma de teologia* I$^a$II$^{ae}$, q. 104, a. 1, ad 3m). Ser fim para os seres humanos é próprio de Deus. Tomás de Aquino faz referência à noção agostiniana de ordem para explicar em que a R. é uma virtude, ou seja, para esclarecer por que razão ela torna bons o agente e o seu ato. A justiça permite manter certa forma de igualdade nas operações pelas quais os seres humanos comunicam-se entre si. A manutenção dessa igualdade é um bem, porque a razão dessa interação humana é a partilha da mesma natureza humana, em referência à qual os seres humanos são iguais (cf. *Suma de teologia* II$^a$II$^{ae}$, q. 104, a. 5, Resp.). A R., por sua vez, permite aos seres humanos ordenar-se a Deus por meio dos atos do culto. Uma vez que Deus, em sua ρprovidência, está ativamente comprometido com o bem da humanidade, então os seres humanos, ordenando-se a ele pelos atos de culto, respondem adequadamente à ação providencial. E isso é efetivamente um ato bom, na linha da justiça (cf. *ibidem*, q. 81, a. 2). A ℘relação para com Deus como primeiro princípio e fim último fundamenta o devido da R. e, por isso, constitui sua unidade (cf. *ibidem*, a. 3), dando seu caráter específico (cf. *ibidem*, a. 4), como *habitus* virtuoso. O fato de a matéria objeto dessa virtude consistir em atos do culto devido a Deus distingue a virtude de R. das virtudes teologais da fé, da esperança e da caridade, que têm o próprio Deus por objeto (cf. *ibidem*, a. 5).

**A religião como virtude não infusa.** Para Tomás de Aquino, a virtude da R. é uma virtude moral. Entretanto, nosso autor sustenta, por meio de diversos argumentos, que ela não existe como virtude infusa. Assim como toda virtude moral, a R. não se encontra no ser humano nem por ℘natureza nem contra a natureza; mas existe no ser humano uma capacidade natural de possuí-la (cf. ARISTÓTELES, *Ética nicomaqueia* II, 1103a 18-21). Às vezes, Tomás chama essa capacidade natural para a virtude de *germes* (*seminaria*) ou *sementes* (*semina*) de virtudes. Trata-se, por primeiro, e de modo comum a todos, da capacidade da ℘razão humana de reconhecer o bem humano – aqui estão os princípios segundos da lei natural – e da inclinação da ℘vontade para o bem; refere-se, além do mais, à predisposição particular para esta ou aquela virtude. No que concerne ao aspecto cognitivo desses princípios naturais para a virtude da R., Tomás de Aquino o reconhece no primeiro elemento da inclinação do ser humano para seu bem como ser racional: conhecer a verdade sobre Deus (cf. *Suma de teologia* I$^a$II$^{ae}$, q. 94, a. 2, Resp.). Ele o repete brevemente, quando trata da virtude de R. em si mesma: "A razão natural dita ao ser humano que ele faça algo por reverência a Deus, mas não lhe dita fazer isto ou aquilo, cabendo isso à instituição do direito divino ou humano" (*Suma de teologia* II$^a$II$^{ae}$, q. 81, a. 2, ad 3m). Ao longo de seu estudo sobre os atos exteriores da R., seguindo Hugo de São Victor (cf. *De sacramentis fidei christianae*, parte 2, c. 4), Tomás se preocupa em mostrar que alguns desses atos têm a ver com o direito natural, sem deixar de considerar uma determinação da parte do direito positivo. Essa observação é feita com relação ao sacrifício (cf. *Suma de teologia* II$^a$II$^{ae}$, q. 85, a. 1), às primícias (cf. *ibidem*, q. 86, a. 4, Resp. e ad 1m), aos dízimos (cf. *ibidem*, q. 87, a. 1, Resp.; a. 4, ad 3m) e, enfim, ao voto (cf. *ibidem*, q. 88, a. 3, ad 1m; a. 10, ad 2m). O fato de conceber que a R. tenha um enraizamento na natureza humana não implica, para Tomás de Aquino, que ela possa ser adquirida como as outras virtudes morais. Entre os numerosos argumentos encontrados a esse respeito na obra tomasiana, podemos limitar-nos a dois. Primeiramente, o fato de devermos culto somente a Deus relaciona-se com o ℘artigo de fé concernente à unicidade de Deus (cf. *ibidem*, q. 1, a. 8, ad 1m). Em segundo lugar, a ℘profecia é necessária para dirigir o exercício da relação para com Deus e os atos de culto (cf. *Suma de teologia* I$^a$II$^{ae}$, q. 100, a. 1, Resp.; *Suma de teologia* II$^a$II$^{ae}$, q. 172, a. 1, ad 4m). Do ponto de vista da vontade, Tomás mostra que é conatural ao ser humano amar a Deus acima de tudo; após o ℘pecado original, entretanto, o exercício desse ato requer "a ajuda da graça curando a natureza" (*Suma de teologia* I$^a$II$^{ae}$, q. 109, a. 3). Esse amor a Deus acima de tudo, ou dileção natural a Deus, é idêntico ao primeiro ato interior da R., isto é, a devoção. Daí compreende-se que sem a ℘graça o ser humano não pode, por suas próprias capacidades, exercer corretamente a R. Na hierarquia das virtudes morais, a R. possui a posição mais elevada, o que lhe permite comandar os atos das outras virtudes morais em vista de seu objeto próprio: render culto a Deus. O estudo dos atos exteriores da R. também é um desenvolvimento original de Tomás de Aquino na *Suma de teologia*, que considera existir um duplo culto, a saber, interior e exterior. Os atos interiores – a devoção e a ℘oração – precedem e são mais importantes que os atos exteriores, que são ordenados aos primeiros; Tomás de Aquino conta nove deles: a adoração, o sacrifício, as oblações e as primícias, o voto, o ℘sacramento, o juramento, a súplica e o louvor. Ele justifica, inicialmente, a existência dos atos exteriores do culto divino no que diz respeito à justiça: porque Deus criou ℘alma e ℘corpo, é justo honrá-lo por nossa alma e por nosso corpo (cf. *Comentário aos Livros das Sentenças de Pedro Lombardo* III, dist. 9, q. 1, a. 3, qc. 3 ad 2m; *Suma de teologia* I$^a$II$^{ae}$, q. 101, a. 2, Resp.; *Suma de teologia* II$^a$II$^{ae}$, q. 83, a. 12, Resp.). Em seguida, ele se dedica a mostrar qual é seu papel em relação aos atos interiores. Em primeiro lugar, ele se refere a uma função dispositiva: os atos exteriores de alguém que realiza atos interiores. Trata-se de um conduzir pela mão (*manuductio*) o fato de o ℘conhecimento sensível orientar para o conhecimento inteligível, porque "nada há no ℘intelecto que não [tenha havido] antes na sensação" (*Questões disputadas sobre a verdade*, q. 2, a. 3, 19). Nesse caso, Tomás de Aquino descreve a função dos atos exteriores utilizando diferentes verbos, tais como *despertar* (*excitare*), *suscitar* (*provocare*) ou ainda *induzir* (*inducare*). A relação entre os atos exteriores e os interiores é, em segundo lugar, compreendida como uma função do sinal. Com efeito, nem toda sensação exterior é apta a exercer esse papel dispositivo em relação aos atos interiores da R. Os atos corpóreos, que são como o sinal exterior desses atos ou de suas disposições afetivas unidas, possuem a capacidade de estimular para o culto interior (cf. *Suma de teologia* II$^a$II$^{ae}$, q. 83, a. 12, Resp.; q. 84, a. 2; q. 85, a. 2, Resp., a. 3, ad 2m).

**Religião e santidade.** Tomás de Aquino conclui seu estudo sobre o *habitus* da R. questionando qual sua relação com a ℘santidade (cf. *ibidem*, q. 81, a. 8). *Santidade*, aqui, é uma das virtudes unidas à justiça segundo Pseudo-Andrônico de Rodes, cuja lista Tomás apresenta na *Suma de teologia* II$^a$II$^{ae}$, q. 80, artigo único, 4. O latim *sanctitas* traduz o grego *hosiotes*, que significa R., respeito para com os deuses, piedade ou santidade. Platão havia iniciado esse questionamento filosófico sobre a piedade no *Eutifron*, e já considerava que ela era uma parte da justiça (cf. *Eutifron*, 12D). No artigo em que trata dessa questão, Tomás de Aquino considera que a santidade requer pureza e firmeza. A pureza consiste na justa proporção da afeição para com a bondade intrínseca da realidade amada e requer, pois, do espírito, que "ele se abstraia das realidades inferiores, a fim de poder unir-se

à realidade suprema". A firmeza provém do apego estável do ser humano a Deus como a seu primeiro princípio e seu fim último. A santidade e a R. são essencialmente a mesma virtude, diferenciando-se apenas conceitualmente. A R. indica especialmente a regulação dos atos exteriores do culto, enquanto a santidade designa a orientação dos atos de todas as outras virtudes a Deus. Aqui, Tomás de Aquino faz eco à interpretação da R. dada na Carta de Tiago: "A religião pura e sem mácula diante de Deus, nosso Pai, consiste nisso: visitar os órfãos e as viúvas em suas tribulações e guardar-se livre da corrupção do ℘mundo" (Tg 1,27). Para Tomás, trata-se de atos comandados pela R. A santidade exprime a qualidade moral de uma vida inteiramente voltada a Deus. Os atos interiores da R. são a devoção e a oração. A questão 84 sobre a devoção é, de alguma maneira, a pedra angular de toda reflexão de Tomás de Aquino sobre a R. na *Suma de teologia*. De fato, ao conseguir identificar um ato da vontade relativo a Deus como diferente dos atos das virtudes teologais (como o fez nos *sed contra* do artigo um), ele confirma que a R. é uma virtude essencialmente distinta destas. Tomás define esse ato como "a vontade direcionada às coisas às quais nos dedicamos no serviço a Deus" (*Suma de teologia* II$^a$II$^{ae}$, q. 81, a. 1, Resp.). Sendo o culto o serviço a Deus, o ato da vontade pelo qual o ser humano quer fazê-lo é, pois, um ato de R. (a. 2). Tomás de Aquino descreve esse ato por meio de dois pares de verbos: de um lado, oferecer-se (*se offere*) e dar-se (*se tradere*), e, de outro, submeter-se (*se subdere*) e sujeitar-se (*se subicere*). Os primeiros vêm da contemplação da bondade de Deus e são prioritários em relação aos dois segundos, que decorrem da consideração das deficiências do ser humano (cf. *ibidem*, a. 3, Resp.). A análise que Tomás faz da devoção nos quatro artigos da questão indica que ele a concebe como um ato de ℘amor. Sua ℘causa (formal) é a contemplação (cf. a. 3) e seu efeito é a ℘alegria que dilata o coração: *laetitia* (cf. a. 4). Ora, só há amor em relação a um bem conhecido, e a alegria é a consequência da posse do bem (cf. *Suma de teologia* I$^a$II$^{ae}$, q. 31). Podemos, assim, aproximá-la da "dileção natural por Deus, pela qual o ser humano e o ℘anjo amam a Deus mais que a si mesmos e prioritariamente" (*Suma de teologia* I, q. 60, a. 5, Resp.). A questão 83, dedicada à oração, é aquela que contém o maior número de artigos na *Suma de teologia*: dezessete. Duas outras questões contêm dezesseis: a questão sobre a ciência de Deus (cf. *Suma de teologia* I, q. 14) e a questão sobre a prudência (cf. *Suma de teologia* II^aII^ae, q. 47). Essa comparação não é apenas numérica: ela indica a importância que Tomás de Aquino, como discípulo do Evangelho e de São Domingos, dá à oração, que, além do mais, permite aproximar sua prudência à ciência de Deus. Tomás de Aquino identifica a oração ao pedido: um ato da razão prática que se compreende como contraponto ao preceito da prudência. O preceito dá sua forma inteligível a determinado ato, sendo, portanto, sua causa formal determinante. O pedido exerce uma causalidade dispositiva em relação ao ato, que eventualmente será realizado em resposta àquele. Com efeito, a resposta a um pedido implica a determinação prudencial daquele a quem o pedido é feito. Se o pedido não é expresso, nada acontece; se é expresso, ele dispõe, mas não determina a realização do que é pedido. A resposta pode muito bem ser negativa. Essa causalidade dispositiva permite compreender como a oração se insere nas disposições imutáveis da providência divina (cf. a. 2): "Não é para mudar a disposição divina que rezamos, mas a fim de pedir o que Deus dispôs como devendo ser cumprido pela oração dos santos" (a. 2, Resp.). Por isso, o pedido é feito por quem está em situação de inferioridade em relação àquele ao qual ela é endereçada. Desse modo, quando é feito a Deus, ele testemunha uma sujeição consentida para com ele. Um ato de R. (cf. a. 3) dirige-se somente a Deus, recorrendo aos santos unicamente como intercessores (cf. a. 4). Como pedido, a oração deve ter um conteúdo determinado; com efeito, pedimos sempre algo. Esse algo é, antes de tudo, um bem espiritual, sobretudo a ℘salvação e o que para ela conduz (cf. a. 5), mas também pode se tratar de bens materiais, que nos são

necessários e dos quais reconhecemos ser Deus o autor (cf. a. 6). A oração é, assim, a "intérprete do desejo", segundo a expressão de Tomás de Aquino (cf. a. 1, ad 1m; a. 9, Resp. e ad 2m), ou seja, ela faz a ligação entre a intencionalidade afetiva e a intencionalidade cognitiva, cujas palavras são os sinais. Assim, ao fazer com que o ℘desejo seja formulado num pedido, a oração possibilita que ele seja objetivado por alguém, permitindo que, por meio do bem desejado, o pedido seja ordenado. É assim que Tomás de Aquino explica a oração por outrem. Como a caridade nos leva a desejar a ℘beatitude e o que a ela conduz o próximo, ela nos leva também a pedir esses bens por ele, na oração (cf. a. 7). Isso também vale para os inimigos (cf. a. 8). O papel da oração como intérprete do desejo permite a Tomás de Aquino dar-se conta da perfeição do *Pai-Nosso*. Assim, ele explica que "na oração dominical, não apenas nos são dadas todas as coisas que podem ser retamente desejadas, mas também em qual ordem devem ser desejadas; de tal modo que essa oração não somente nos instrui a pedir, mas também informa todo o nosso desejo" (a. 9, Resp.). A oração vocal ou mental não pode ser contínua em ato, mas o ato deve sê-lo por sua virtude: a ℘intenção de caridade que a subentende deve sempre existir (cf. a. 14). No texto da questão, diferentemente do enunciado dos artigos que lemos no Prólogo, Tomás de Aquino estuda, primeiramente, o efeito meritório da oração (cf. a. 15) antes de examinar a sua capacidade de obtenção do que foi pedido; assim, ele evita fazer que a oração seja diferente do preceito, unicamente por sua sintaxe. Ele enuncia quatro condições para essa capacidade de obtenção: (i) que a oração seja feita para si, (ii) que ela peça os bens necessários à salvação, (iii) que o faça com piedade e (iv) com perseverança (cf. a. 15, ad 2m). Mas, no artigo seguinte, dedicado a essa capacidade de obtenção, o teólogo questiona se os pecadores que oram obtêm alguma coisa de Deus, respondendo com uma citação de Santo Agostinho, no *sed contra*: "Se Deus não atendesse os pecadores, em vão o publicano teria dito: 'Senhor, tem piedade de mim, pecador'" (a. 16). Tomás explica que Deus, por pura misericórdia, pode atender às orações dos pecadores quando elas têm por objeto bens conformes à sua natureza. A questão termina no artigo 17, mostrando como as quatro formas de oração mencionadas por São Paulo em 1Tm 2,1 e Fl 4,6, a saber, a súplica, a oração, a intercessão e a ação de graças, unem-se analogicamente ao pedido.

**Atos exteriores do culto.** Tomás de Aquino organiza os atos exteriores de culto segundo uma tríplice divisão (cf. *Suma de teologia* IIᵃIIᵃᵉ, q. 84, Prólogo), iniciando com a adoração, por meio da qual mostramos nossa submissão a Deus pela postura do corpo, como a genuflexão e a prostração. Ela é o ato exterior que manifesta diretamente a devoção compreendida com relação ao respeito (cf. *ibidem*, q. 103), que regula as expressões de respeito pelas pessoas que detêm responsabilidades. Em seguida, Tomás distingue dois outros grupos de atos: aqueles pelos quais se oferece algo a Deus e aqueles pelos quais utilizamos algo de divino. Essa distinção baseia-se na compreensão de Tomás de Aquino do Direito Romano. Com efeito, segundo a parte introdutória das *Instituições* de Justiniano, todo direito, do qual nos servimos, refere-se ou às pessoas, ou às coisas ou ainda às ações. Tomás integra essa máxima como uma distinção fundamental do direito (*ius*), objeto da virtude da justiça, para reduzi-la, então, a uma distinção bipartida: pessoa e coisa. A operação é, pois, considerada como uma ação na qual uma pessoa se serve de uma coisa (cf. *Suma de teologia* IIᵃIIᵃᵉ, q. 16, a. 1, Resp.; q. 61, a. 3, Resp.). Para o primeiro grupo, Tomás de Aquino segue a lista de Hugo de São Victor (cf. *supra*), invertendo sua ordem. Ele nomeia os sacrifícios e a oblação, à qual ele acrescenta as primícias e os dízimos, dando uma descrição sucinta disso: "Deve-se dizer que propriamente há sacrifícios quando se faz alguma ação com coisas oferecidas, como matar os animais, partir o pão, comê-lo e benzê-lo. Essas ações estão designadas no próprio termo sacrifício, que quer dizer fazer algo sagrado. Oblação significa oferecer algo a Deus mesmo que isso seja feito sem alguma ação sobre o dom. Assim é que se colocam moedas ou pães no altar sem que sejam apresentados por algum ato. Disso se conclui que todo sacrifício é oblação, mas que nem toda oblação é sacrifício. As primícias eram oblações feitas a Deus, como se lê no livro do Deuteronômio, mas não eram sacrifícios, porque nenhuma ação sagrada as acompanhava. Os dízimos, no sentido próprio, não são sacrifícios nem oblações, porque não são oferecidos a Deus diretamente, mas aos ministros do culto divino" (*ibidem*, q. 85, a. 3, ad 3m). Tomás conclui essa lista acrescentando-lhe o voto, que, para além de ser uma simples promessa, é um compromisso de consagrar alguém ou algo ao culto a Deus, o que torna o voto um ato de R. Os votos que retêm principalmente sua atenção são os votos religiosos, pelos quais uma pessoa se consagra definitivamente ao serviço de Deus. O segundo grupo de atos de R. é constituído por aqueles nos quais os seres humanos utilizam algo de divino, que pode ser um sacramento ou o Nome de Deus (cf. *ibidem*, q. 89, Prólogo). Tomás anuncia que tratará dos sacramentos na Parte III da *Suma de teologia*, mas a perspectiva sobre os sacramentos como atos do culto cristão, de fato, chama pouco a sua atenção. Quanto ao Nome de Deus, Tomás conserva três usos religiosos: por meio de juramento, por meio de adjuração e por meio de louvor. Os dois primeiros, pelo fato de se basearem na reverência que temos por Deus, constituem usos religiosos e não cultuais do Nome Divino. Pelo juramento, apelamos a Deus para garantir a verdade no domínio contingente, reconhecendo por esse ato seu poder e sua onisciência (cf. *ibidem*, q. 89, a. 5). A adjuração é a invocação do Nome de Deus ou de algo sagrado em relação a outrem, seja solicitando ao superior, seja mandando ao inferior. Se essa invocação não busca impor uma necessidade de agir fora do direito, ela manifesta a reverência daquele que a enuncia por Deus e ela é, portanto, um ato de R.; quando se endereça aos demônios, consiste num exorcismo privado. Tomás de Aquino termina seu estudo dos atos de R. com uma breve questão sobre o louvor (cf. *ibidem*, q. 91), referindo-se, inclusive, ao modo como o canto pode suscitar a afetividade do ser humano em sua relação com Deus.

**Bibliografia:** AGOSTINHO. *A cidade de Deus*. Trad. Oscar Paes Leme. Petrópolis: Vozes, 2002. _____. *O sermão da montanha & Escritos sobre a fé*. Trad. Nair Assis de Oliveira. São Paulo: Paulus, 2017. ARISTÓTELES. *Ethica nicomachea I, 13 – III, 18:* Tratado da virtude moral. Trad. Marco Zingano. São Paulo: Odysseus & FAPESP, 2008. CÍCERO. *De inventione. De optimo genere oratorum. Topica*. Ed. e trad. H. M. Hubbell. Londres: Harvard University Press, 1949. D'AMÉCOURT, J. Religion et droit naturel chez saint Thomas d'Aquin: conséquences pour la législation civile de la religion et du culte. *Revue Thomiste*, 110 (1), p. 139-188, 2010. \_\_\_\_\_. St. Thomas between St. Augustine and Cicero on the Virtue of Religion or the Significance of the Concluding Sentence of Each of the Five Ways. *Angelicum*, 91 (2), p. 231-272, 2014. HUGO DE SÃO VÍTOR. *De sacramentis fidei christianae*. Paris: Patrologia Migne (Série latina, v. 176). NASCIMENTO, C. A. R. A religião na Suma de teologia de Tomás de Aquino. *Projeto História*, 37, p. 85-93. PLATÃO. *Laques & Eutífron*. Trad. Carlos Alberto Nunes. Belém: EDUFPA, 2015.

Joseph de Poton d'Amécourt, OP, *in memoriam*
Tradução de André Luís Tavares, OP

# REVELAÇÃO

**Tentativa de definição.** A Revelação (R.) divina não é tema de um tratado específico na obra de Santo Tomás de Aquino. Para unir as diferentes características e as modalidades da R., sem impor de modo anacrônico um esquema moderno de →teologia fundamental, convém proceder a uma pesquisa lexical sobre o substantivo *revelatio* e sobre o verbo *revelare*. A primeira observação advinda de tal estudo empírico é que R. não significa, para Tomás de Aquino, o conjunto orgânico das verdades da →fé, mas o ato do →Deus que se revela, diretamente e/ou por mediações. Especificamente, a ação divina revela uma dispensação sobrenatural, mas Deus revela também a →verdade que os filósofos percebem na ordem natural (cf.

*Suma de teologia* II^aII^ae, q. 167, a. 1, ad 3m). A R. divina é necessária a fim de que os →seres humanos disponham de um →conhecimento verdadeiro e determinado da →salvação e da →beatitude ou felicidade que lhes são propostas por Deus (cf. *ibidem* I, q. 1, a. 1; I^aII^ae, q. 62, a. 1). Para serem efetivamente orientados para o seu →fim sobrenatural, os seres humanos são ordenados por Deus a dar seu assentimento de fé à R. da salvação (cf. *ibidem* I, q. 111, a. 1, ad 1m). A cada um dos períodos e etapas da história da salvação, uma tal fé sobrenatural mantém, sob diversas modalidades mais ou menos explícitas, uma relação real com a →encarnação de →Jesus Cristo (cf. *ibidem* I, q. 57, q. 5, ad 1m; II^aII^ae, q. 2, a. 7). Os objetos da R. são principalmente os diferentes enunciados da doutrina cristã ( →sacra doctrina), sucinta e organicamente reunidos nos símbolos da fé. Contudo, a R. também esclarece verdades em si acessíveis à →razão natural – por exemplo, a →imortalidade da →alma humana –, as quais, dificilmente compreensíveis por todos os humanos, são, de todo modo, decisivas para uma plena adesão às verdades e às realidades da fé (cf. *ibidem* I, q. 1, a. 1; I^aII^ae, q. 74, a. 10, ad 3m). Por meio da economia da salvação e na distribuição da R., Deus revela, além do mais, a diversos intermediários e ministros verdades ou fatos contingentes, dos quais nem todos têm necessidade ou dos quais eles se beneficiam de modo variado. Assim se passa, por exemplo, com o sonho de José (cf. *ibidem* III, q. 28, a. 3) ou com a Revelação recebida por Pedro sobre o →pecado escondido de Ananias e Safira (cf. *ibidem* II^aII^ae, q. 33, a. 7, ad 2m). Segundo a teologia de Tomás de Aquino, os destinatários e as mediações da R. são múltiplos. De modo geral, a R. destina-se a todos, a começar por Adão (cf. *ibidem* I, q. 94, a. 3, ad 3m). Entretanto, a revelação histórica é dispensada de modo progressivo e por meio de múltiplos intermediários, dentre os quais figuram, primeiramente, os →anjos, os profetas e os apóstolos. A Revelação dos mistérios divinos é adaptada às capacidades de cada um e difundida em cascata (cf. *ibidem* I^aII^ae, q. 101, a. 2, ad 1m; II^aII^ae, q. 2, a. 6). Segundo Dionísio

Pseudoareopagita, "é uma lei divinamente instituída que os <mistérios> sejam revelados às <criaturas> superiores e, por sua mediação, sejam comunicados às <criaturas> inferiores" (apud: *ibidem* III, q. 55, a. 1). Isso se verifica até nas mediações da manifestação da Ressurreição de Cristo. Em função de sua hierarquia natural e de suas missões específicas no serviço a Deus, os anjos exercem um papel decisivo na iluminação do ℗intelecto humano por meio do processo da R. (cf. *ibidem* I, q. 57, a. 5, ad 3m; q. 111, a. 1). Já os doutores e pregadores contribuem para a proposição efetiva da doutrina da salvação a todos os destinatários (cf. *ibidem* IIᵃIIᵃᵉ, q. 6, a. 1). A R. realizada por Deus não se limita à sua dispensação na história da salvação e na vida dos crentes em peregrinação neste ℗mundo. Com a visão imediata de Deus, os anjos bons e os bem-aventurados também se beneficiam de revelações divinas específicas, mais ou menos consideráveis, até o dia do julgamento (cf. *ibidem* I, q. 43, a. 6, ad 3m; q. 58, a. 1, ad 2m; q. 106, a. 4, ad 3m). A autoridade dos ministros da R. é real, mas sempre derivada daquela do Deus que se revela (cf. *ibidem* I, q. 1, a. 8, ad 2m). Deus reveste de sua própria autoridade tudo o que ele revela e é o fiador da autoridade dos verdadeiros ministros da R.

**A revelação profética.** Um dos tratados mais ricos em que se delineia a teologia tomasiana da R. é aquele da ℗profecia (cf. *ibidem* IIᵃIIᵃᵉ, q. 171-178). Concedida a alguns para o bem de todos, a profecia é uma *gratia gratis data*, graça dada gratuitamente, ou seja, um ℗carisma. A estrutura programática da profecia é tripla: *cognitio*, *locutio*, *operatio* (conhecimento, expressão, ação). A profecia não se limita a um ato imanente de conhecimento sobrenatural; ela é também um discurso (*locutio*), pois o profeta anuncia aos outros o que ele conhece, tendo em vista a edificação comum. A profecia também engloba o ℗milagre como ato do ℗poder divino, que confirma o que Deus revela. O conhecimento do profeta é relativo a diversos temas materiais, tais como os eventos futuros, aquilo que é matéria de fé para todos, os mais altos mistérios divinos, os espíritos a serem discernidos e a direção a ser dada às ações humanas. Entretanto, a profecia possui um único objeto formal: o *lumen* ou a luz profética, pela qual são esclarecidas todas as imagens, formas, realidades, verdades ou situações que Deus ilumina por meio de seu profeta. O modo operatório da profecia é multiforme, mas tem a ver com uma polaridade fundamental da intelecção humana: receptividade das formas (*acceptio*) e julgamento das realidades (*iudicium*): "a profecia requer que a *intentio* ou ℗intenção do espírito humano seja elevada, a fim de perceber [as realidades divinas]" (*ibidem* IIᵃIIᵃᵉ, q. 171, a. 1, ad 4m). Elevação e percepção são os dois momentos internos da profecia. Algumas vezes, Tomás de Aquino identifica a *inspiratio* (inspiração) à elevação da capacidade intelectual, sob a influência do ℗Espírito Santo; e a *revelatio* ou R., à percepção do divino, tornada, assim, possível. Normalmente, a *revelatio* não possui um sentido restrito e engloba diversos modos operatórios de profecia. De qualquer maneira, o duplo aspecto do conhecimento profético é estrutural: de um lado, há a elevação da capacidade intelectual e, de outro, a receptividade para com as formas a serem iluminadas (cf. BENOÎT; SYNAVE, 1947). Seguindo a noética de Tomás de Aquino, isso é formalizado pela combinação modulável de *lumen* (luz) e *species* (℗Espécie). À questão de saber se a profecia é um *habitus* ou uma habilitação/hábito (cf. *Suma de teologia* IIᵃIIᵃᵉ, q. 171, a. 2), quer dizer, uma disposição estável, da qual o profeta poderia facilmente fazer uso quando bem entendesse, Tomás de Aquino responde claramente que não, coerente com os testemunhos bíblicos, segundo os quais a profecia é uma disposição transitória. A explicação sublinha o papel do *lumen propheticum* ou luz profética: tudo o que é manifesto é luz (cf. Ef 5,13). Da mesma maneira que a manifestação inerente à visão corpórea ocorre por meio da luz corporal, a manifestação própria ao conhecimento intelectual se cumpre por meio da luz intelectual. Cada manifestação é proporcional ao *lumen* pelo qual ela advém, assim como o efeito é proporcional à ℗causa. Uma vez que a profecia se baseia num conhecimento que ultrapassa a razão natural, ela requer um *lumen* superior. Evidentemente, esse *lumen* é passageiro nos profetas bíblicos. Como o ar precisa sempre de uma nova iluminação para permanecer claro, o espírito do profeta tem sempre necessidade de uma nova Revelação. Pertence apenas a Cristo e aos bem-aventurados dispor de uma luz permanente. A revelação profética é crucial na economia da R., mas permanece um estágio imperfeito no gênero da revelação divina, cuja perfeição é escatológica. Ao examinar se o profeta discerne sempre entre o que ele vê ou diz de si mesmo por seu próprio espírito e o que ele vê ou diz pelo espírito de profecia (cf. *Suma de teologia* II$^a$II$^{ae}$, q. 171, a. 5), Tomás faz a distinção entre a revelação expressa, sempre certa, sobre a qual a fé de outros toma apoio, e certa impulsão (*instinctus*), estágio imperfeito da profecia, sem certeza. Por meio dessa modalidade inferior da profecia, Tomás explica casos menores, tais como as percepções sensíveis ou os sonhos conferidos a um indivíduo sem que ele mesmo disponha do julgamento profético capaz de interpretação. A qualificação de profeta depende essencialmente do *lumen* dado por Deus, mesmo quando o julgamento se baseia em *species* que outras pessoas receberam pelos ℘sentidos ou pela imaginação (cf. *ibidem*, q. 173, a. 2). As divisões e as fases da profecia esclarecem a economia da R. À pergunta se os graus de profecia variam segundo a progressão do ℘tempo (cf. *ibidem*, q. 174, a. 6), Tomás afirma que a resposta global é não, em referência a Moisés, que foi o maior dos profetas; a argumentação muda, entretanto, conforme as cesuras da revelação profética. A fim de precisar a economia da R., Tomás mobiliza três dimensões-chave: 1) a profecia é ordenada ao conhecimento da verdade divina, cuja contemplação permite instruir nossa fé e governar nossas atividades – esse tipo de revelação profética não é diversificado na sequência do tempo, mas segundo a condição dos temas em questão; 2) a fé é voltada, principal e duplamente, ao verdadeiro conhecimento de Deus e do mistério da Encarnação de Cristo; 3) a profecia ordenada à fé em Deus é distribuída de acordo com três sequências temporais: antes da Lei, sob a Lei e sob a ℘graça. No seio desses três períodos, aplica-se a seguinte regra: a primeira das revelações é a maior, em termos de período coberto; assim, Abraão, depois Moisés e, por fim, os apóstolos receberam uma revelação profética maior, em seguida declinada e aprofundada por outros profetas durante toda a sequência da economia que os primeiros inauguraram. Segundo Hb 11,6, a doutrina da fé pode ser definida em dois *credibilia* (objetos de crença) fundamentais: a ℘existência de Deus, compreendendo o mistério da ℘Trindade, e a ℘providência de Deus, incluindo a Encarnação e a Redenção (cf. *ibidem*, q. 1, a. 7; q. 2, a. 7, ad 3m).

Na medida em que ela instrui a fé, é possível esquematizar em dois eixos principais a *economia da profecia*, seguindo-se a regra de que o primeiro profeta de um período possui a mais alta revelação: *(1) no tocante ao conhecimento de Deus*: (1.1) período antes da Lei: Abraão revela a onipotência do Deus único; (1.2) período sob a Lei: Moisés revela a simplicidade da essência divina; (1.3) período sob a graça: os Apóstolos revelam o mistério da Santíssima Trindade; *(2) no tocante ao mistério da Encarnação*: (2.1) período antes de Jesus Cristo: tanto mais manifesto quanto mais próximo; (2.3) período depois de Jesus Cristo: mais manifesto do que tudo o que é anterior a Cristo.

**A revelação por Cristo.** O *Comentário ao Evangelho de João* explicita de modo particularmente rico as modalidades cristológicas da R. Sendo a Palavra (*Verbum*) do ℘Pai na carne, o Cristo é, por excelência, o Mediador da R. Ele é o único Mestre que pode ensinar os seres humanos ao mesmo tempo interior e exteriormente (cf. *Comentário ao Evangelho de João* 1, 43, n. 313; 3, 2, n. 428; 13, 13, n. 1775), em sinergia com o Espírito (cf. *ibidem* 14, 24, n. 1958). Esse duplo ensinamento, interior e exterior, é indispensável para que os beneficiários da R. possam a ela aderir, por uma fé viva. Por sua voz na carne, Cristo ensina e chama os seres humanos à fé (cf. *ibidem* 4, 34, n. 641). Quando as palavras de Jesus conduzem seus destinatários à fé, esta se apoia na autoridade do próprio Deus (cf. *ibidem* 5, 24, n. 773). A revelação proposta pelas palavras é confirmada por ações. Primeiramente, os milagres de Cristo fazem conhecer a pessoa por suas obras (cf. *ibidem* 5, 36, n. 817). Depois, o ensino verbal precisa ser confirmado por gestos, exemplos e milagres (cf. *ibidem* 9, 1, n. 1293; 9, 31, n. 1349; 10, 1, n. 1364). Essa característica da revelação cristológica leva em conta a condição dos destinatários da R., que são mais bem-dispostos perante exemplos que a discursos (cf. *ibidem* 1, 43, n. 312; 13, 15, n. 1781[1]). Ora, Cristo dá exemplo não apenas por seu comportamento: ele é o arquétipo por sua própria identidade de ♀Verbo e Arte do Pai. É por isso que, em sua pessoa e em suas ações, ele é "o exemplo infalível e que basta a tudo" (*ibidem* 13, 15, n. 1781[2]). Tomás faz seu o adágio: "toda ação de Cristo é nossa instrução" (*omnis Christi actio nostra est instructio*). Certas ações de Cristo, como o retirar-se temporariamente das multidões, são exemplares somente para uma categoria determinada de fiéis, aqui os pregadores (cf. *Suma de teologia* III, q. 40, a. 1, ad 3m). A exemplaridade de Cristo é, contudo, universal, sob um ângulo preciso: "em sua maneira de viver (*conversatio*), o Senhor deu um exemplo de perfeição em todas as coisas que são, por si, relativas à salvação" (*ibidem*, q. 40, a. 2, ad 1m). A revelação dispensada por Cristo em sinergia com o Espírito possui as qualidades da ♀amizade e da intimidade, incluindo a partilha de segredos (cf. *Comentário ao Evangelho de João* 14, 17, n. 1916; 15, 15, n. 2016; *Suma contra os gentios* IV, 21, 5). Pela convivência (*conversatio*) com Cristo, os apóstolos são os mais próximos da fonte da R.: "[o Verbo] não quis assemelhar-se aos seres humanos somente na ♀natureza, mas também na comensalidade e em uma íntima conversação (*in convictu et familiari conversatione*) sem pecado, pois quis ser semelhante a eles, a fim de atrair para si os seres humanos, seduzindo-os pela mansidão de sua 'convivência'" (cf. *Comentário ao Evangelho de João* 1, 14, n. 178). Tomás estima que o evangelista João fundamenta lucidamente a credibilidade de seu testemunho na intimidade da convivência de Cristo com ele e com os outros apóstolos.

Da plenitude da graça e da verdade da alma de Cristo, os apóstolos recebem o conhecimento de Deus, que caberá a eles transmitir a todos os seres humanos. Pela geração eterna, o Pai comunica ao ♀Filho a sua própria *doctrina*, o íntimo conhecimento de Deus. Cristo é a testemunha por excelência dessa verdade superior; ele a doa aos apóstolos, por seu ensinamento interno e externo, a fim de que eles mesmos a transmitam aos seres humanos (cf. BONINO, 2002). A *doctrina apostolorum* ou ensinamento dos apóstolos vem do Pai pelo Filho e o Espírito Santo. Os escritos canônicos transmitem o testemunho dos evangelistas e dos apóstolos, dos quais são expressão segura, e constituem, assim, a *regula fidei* (regra de fé – cf. *Comentário ao Evangelho de João* 21, 24, n. 2656).

**Bibliografia:** BENOÎT, P.; SYNAVE, P. Inspiration et Révélation. In: THOMAS D'AQUIN. *Somme théologique:* la prophétie. 2a-2ae, Questions 171-178. Paris: Desclée, 1947, p. 277-282 (Revue des Jeunes). BONINO, S.-T. Son onction vous instruit de tout (1Jn 2, 7): l'Esprit d'amour, source de connaissance surnaturelle. In. BONINO, S.-T. *Études thomasiennes.* Paris: Parole et Silence, 2018, p. 223-241. _____. Le rôle des Apôtres dans la communication de la Révélation selon la Lectura super Ioannem de saint Thomas d'Aquin. *Bulletin de littérature ecclésiastique*, 103 (4), p. 317-350, 2002. ELDERS, L. J. Aquinas on Holy Scripture as the Medium of Divine Revelation. In: _____. (ed.). *La doctrine de la révélation divine de saint Thomas d'Aquin.* Cidade do Vaticano: PAST-Libreria Editrice Vaticana, 1990, p. 132-152 (Studi Tomistici, 37). KLIMCZAK, P. *Christus Magister:* le Christ Maître dans les commentaires évangéliques de saint Thomas d'Aquin. Friburgo: Academic Press Fribourg, 2013; TORRELL, J.-P. Introduction et annotations. In: THOMAS D'AQUIN. *La Prophétie.* Paris: Cerf, 2005 (Somme Théologique – Revue des Jeunes). _____. Le traité de la prophétie de S. Thomas d'Aquin et la théologie de la révélation. In: ELDERS, L. J. (ed.). *La doctrine de la révélation divine de saint Thomas d'Aquin.* Cidade do Vaticano: PAST-Libreria Editrice Vaticana, 1990, p. 171-195 (Studi Tomistici, 37).

EMMANUEL DURAND, OP
TRADUÇÃO DE ANDRÉ LUÍS TAVARES, OP

# RIQUEZA

**O conceito contextualizado.** No proêmio da *Suma contra os gentios*, Tomás nos diz que, como no livro primeiro tratou da perfeição da natureza divina, e no segundo, da perfeição do seu →poder como criador e senhor de tudo, no terceiro livro caberia tratar de sua perfeita autoridade ou dignidade como governador e →fim de todos os seres. Podemos dizer, então, que o terceiro livro é aquele que tem caráter mais filosófico, tratando do fim último dos entes, entre eles o →ser humano. É nesse contexto, o fim último do ser humano, que Tomás trata da riqueza (R.); nele será adotado o mesmo processo que mais adiante o filósofo seguirá e aperfeiçoará na *Suma de teologia*, ou seja: antes de estabelecer a tese ou doutrina que entende como verdadeira, elimina as falsas. Nesse caso, a tese negativa é a seguinte: a bem-aventurança (→Beatitude) objetiva do ser humano não consiste em nenhum dos bens exteriores criados, que são a honra (c. 28), a glória (c. 29), as R. (c. 30) e o poder (c. 31). Para isso, apresenta três razões, considerando que a bem-aventurança objetiva: (i) não é um bem comum para bons e maus, mas próprio e exclusivo dos bons; (ii) é um bem suficientíssimo, que inclui em si qualquer outro bem; e (iii) é um bem perfeitíssimo, que exclui todo →mal. Desse modo, os bens exteriores – honra, glória, R. e poder –, comuns a bons e maus, não incluem todo bem nem excluem todo mal; logo, a bem-aventurança objetiva não consiste nem nas honras, nem nas glórias, nem nas R., nem no poder. Vejamos mais detalhadamente como Tomás desenvolve esses argumentos no capítulo 30 dedicado à R. Partindo do já exposto –a felicidade humana não está nas R. –, depreende-se que também não são as R. o sumo bem do ser humano. Se as R. apetecem, é em virtude das outras coisas que com elas se podem obter, uma vez que, em si mesmas, não produzem bem algum; apenas nos servimos delas para a sustentação do →corpo ou para a aquisição de outras coisas. Tomás defende que o sumo bem é aquele que se deseja por si mesmo, e não em vista de outro bem; do que se depreende que as R. não são o bem supremo do ser humano. Segundo Tomás, esse bem não pode consistir na posse ou conservação daquelas coisas que são proveitosas quando delas nos desprendemos, e as R. rendem maior benefício quando são gastas, pois é para isso que servem. Se o primeiro argumento é relativo a uma causa final, o seguinte terá a ver com a →virtude. Dirá o filósofo que o ato virtuoso é louvável porque nos aproxima da felicidade. Com relação à R., mais louváveis são os atos de liberalidade e magnificência, pelos quais dela nos desprendemos, ao invés de desejar conservá-la; com efeito, é precisamente por isso que liberalidade e magnificência são consideradas virtudes. Portanto, a felicidade humana não pode consistir na posse das R. Aquilo em cuja obtenção está o sumo bem do ser humano há de ser o melhor para ele; e ele mesmo é melhor do que as R., pois estas são ordenadas ao seu serviço. O terceiro argumento é relativo à causa eficiente; no caso da R., refere-se à maneira como se adquire e se perde, em que a sorte e o azar parecem ter um papel importante. Dirá Tomás que o sumo bem do ser humano não pode estar submetido ao azar, porque o fortuito acontece sem que a →razão o exija, e é preciso que o ser humano alcance seu último fim racionalmente. Se se considera que as R. se perdem fortuitamente e que podem chegar àqueles que eventualmente possam usá-las mal, a R. não tem valor em si e tampouco se constitui em uma bem-aventurança. Na *Suma de teologia*, a segunda questão da IªIIae trata da mesma questão das bem-aventuranças e no formato próprio da *Suma*. Tomás pergunta se o fim último do ser humano consistiria em algum bem como a R., a honra, a fama, o →prazer ou algum outro bem corporal ou espiritual. Dessa vez, já no primeiro artigo, pergunta-se: "Consiste a bem-aventurança do ser humano na riqueza?". Aqui ele se valerá de Aristóteles de maneira mais explícita, conforme veremos. Se na *Suma contra os gentios* a ordem é honra, glória, R. e poder, na *Suma de teologia* a R. é o primeiro valor a ser descartado na perspectiva do fim último do ser humano. Nela, será afirmado que a bem-aventurança como um todo é composta de bens que buscam ser conservados, ao passo que o valor da R. reside em seu gasto. Seguindo Aristóteles no primeiro livro da *Política*, Aquino distingue a R. natural da artificial, sendo a primeira derivada dos bens de consumo para o sustento da ℘vida, e a artificial, direcionada ao puro meio para aquisição de coisas vendáveis, como é o caso do dinheiro, já que, por si mesma, a R. não tem a capacidade de satisfazer as necessidades humanas. Nenhuma das duas R. pode ser considerada bem-aventurança, uma vez que esta deve consistir num fim em si mesma e qualquer R. é meio, seja para sustento do ser humano (R. natural), seja para mera aquisição (R. artificial). As R. artificiais são desejadas pelo ser humano apenas na medida em que propiciam a conquista de coisas necessárias à fruição da vida (*unde multo minus habent rationem ultimi finis. Impossibile est igitur beatitudinem, quae est ultimus finis hominis, in divitiis esse, Suma de teologia* IªIIªᵉ, q. 2, a. 1, Resp.).

**Cobiça, a raiz de todos os males.** Ainda na IªIIªᵉ da *Suma* Tomás voltará a tratar da R., ao considerar os vícios e o ℘pecado como ℘causa de outros pecados. No primeiro artigo da questão 84, Tomás questiona: "É a cobiça a raiz de todos os pecados?". A resposta é categórica: "é claro que a cobiça das R. é a raiz de todos os pecados" (*patet quod cupiditas divitiarum est radix omnium peccatorum*), se concebida no sentido de certa tendência da ℘natureza corrompida a desejar desordenadamente os bens temporais. Por analogia, a concepção de cobiça é relacionada à ideia de que assim como a raiz da árvore extrai todo o seu alimento da terra, da mesma maneira, todos os pecados provêm do amor às coisas temporais do ℘mundo. Tomás acrescenta ainda que o ser humano é capaz de cometer qualquer pecado por dinheiro, confirmando a tese de que a cobiça, entendida como ℘*desejo desordenado de R.*, é a raiz de todos os pecados. Na mesma direção, ao tratar da virtude da ℘justiça em IIªIIªᵉ – e agora num tratamento mais filosófico e com referencial explicitamente aristotélico –, Tomás desenvolverá, nos oito artigos da questão 118, argumentos a favor e contra a partir

da pergunta sobre a avareza: sendo a avareza pecado, que tipo de pecado é e a que virtude se opõe? Para tratar da natureza da avareza, é apresentada, como argumento contrário, a ideia de que ela seria uma inclinação natural do ser humano à posse de bens exteriores, o que não a caracterizaria estritamente como pecado, uma vez que este é direcionado contra ℘Deus, contra o outro ou contra si mesmo, o que não é o caso. Para Tomás, a R., o dinheiro (*divitiae*), é um bem que move multidões, o que não significa que consista num bem perfeito; justamente por não sê-lo, a posse desse bem não aquieta o desejo. O avaro é o caso paradigmático desse erro, teórico e prático – a acumulação de R. como meta existencial: o avaro é, por excelência, alguém obstinadamente insatisfeito com as R. acumuladas. Para melhor entendermos esse raciocínio de Tomás, valemo-nos do trabalho de um dos mais ilustres seguidores do Aquinate, Dante Alighieri, que, na sua *Comédia*, fiel à descrição dos vícios feita por Tomás, materializa essa perversão (a avareza) com uma vívida imagem, precisamente no momento em que Virgílio mostra o quarto círculo, onde se encontram "aqueles a quem a avareza submeteu com toda a sua força". Aí se repreendem cheios de cólera os avaros entre si, vociferando "por que pegas isto?", quer dizer, perpetuando eternamente um dos males concomitantes ao avaro: a inveja de quem possui outro bem. E Dante, contemplando o espetáculo infernal, escuta atento a digressão de seu mestre Virgílio: "Você pode ver agora, meu filho, a vaidade efêmera dos bens que se referem à fortuna, e pela qual tanto sofre a maldita raça humana, pois nem todo o ouro alojado sob a lua, nem tudo o que existe jamais bastaria para satisfazer sequer uma só dessas ℘almas inquietas" (*A Divina Comédia*, Canto 7, 2014, p. 52). Em outras palavras, o dinheiro é capaz de comprar muitos bens, mas não compra o bem perfeito, e nessa mesma medida é incapaz de saciar, apesar de ser um bem, porque simula poder fazê-lo. Como se isso não bastasse, o dinheiro está sujeito às ℘contingências da sorte e do azar. Virgílio na pena de Dante o expressa assim: "Aquele cujo saber é superior a tudo [...] impôs às grandezas humanas uma diretora que a tudo administrasse [a Fortuna], fazendo passar os fúteis bens de uma nação a outra e de uma estirpe a outra, por mais que a previsão humana se empenhe em evitá-lo. Por isso, uns imperam, outros caem [...]. Não pode a Ωconsciência humana contrariar esse inexorável poder, que dispõe, determina e segue o seu curso. Suas decisões não admitem trégua; a necessidade obriga o ser humano a obrar com prontidão, e assim acontecem as mais díspares vicissitudes. Ela é a mesma contra quem blasfemam os que deveriam louvá-la. Injustamente a maldizem e vituperam, mas ela é feliz e não lhes dá ouvidos e, imperturbável, faz girar sua esfera e se compraz na bem-aventurança" (*ibidem*, p. 52). A história oferece inúmeros exemplos a respeito dessa paixão pelo dinheiro, mas, para nossa argumentação, interessa a ênfase que o diálogo poético dá à instabilidade desse bem. Como algo instável poderia ser o fim último e perfeito, desejável acima de qualquer outro bem? Aquino argumenta ainda que o ser humano se aproxima mais de sua perfeição e plenitude num ato de generosa liberalidade do que num ato de acumulação egoísta. Com efeito, a generosidade transforma o agente em um ser humano melhor; a acumulação, não. Portanto, o dinheiro não conduz à felicidade (cf. *Suma contra os gentios* III, 32). Vale destacar também um texto menos conhecido de Tomás, o *Comentário à Primeira Carta de Paulo a Timóteo* (capítulo VI, lição 2), no qual, comentando as advertências de Paulo contra os que *querem se enriquecer*, o Aquinate volta a insistir nos males decorrentes do amor pelo dinheiro. Para isso, elabora uma longa lista de referências bíblicas do Antigo e do Novo Testamento que apontam para os riscos do apego à R., concluindo com a mesma assertiva dos textos referidos

anteriormente que é a avareza a raiz de todos os males (*ex ista parte avaritia est radix omnium malorum*). Sintetizando, podemos dizer que do ponto de vista da Ωteologia moral, admitindo a ideia de que a R. possa consistir ela mesma num mal, Tomás segue muito de perto a matriz filosófica de Aristóteles, ao reproduzir a ideia de que o bem consiste *sempre* na justa medida; daí, o mal surge *necessariamente* por excesso ou defeito de tal medida. Tomás também seguirá a máxima do Primeiro Livro da *Política* de Aristóteles, segundo a qual todo meio deve estar adaptado ao fim assim como a medicina à saúde. Por isso, é preciso que o ser humano busque a R. mantendo certa proporção, uma vez que ela é necessária para a vida de acordo com a sua condição. Na falta de moderação, no entanto, radica-se o pecado, seja por excesso, a *avareza*, seja por deficiência, o *desperdício* (cf. *Suma de teologia* II$^a$II$^{ae}$, q. 118, a. 1, Resp.).

**Bibliografia:** ALIGHIERI, D. *La Divina Comedia*. La Plata: Terramar Ediciones, 2014. GARRIGOU-LAGRANGE, R. *El realismo del principio de finalidad*. Buenos Aires: Desclée de Brouwer, 1949. KONYNDYK DEYOUNG, R.; MCCLUSKEY, C.; VAN DYKE, C. (eds.). *Aquinas's Ethics:* Metaphysical Foundations, Moral Theory, and Theological Context. Notre Dame: University of Notre Dame Press, 2009. MCINERY, R. *Aquinas on human Action:* a theory of practice. Washington: the Catholic University of America Press, 1992. OLIVEIRA, J. E.; NUNES COSTA, M. R. A felicidade na filosofia de Tomás de Aquino. *Ágora Filosófica*, 11 (2), p. 65-77. PINCKAERS, S. *Fundamentos de la Teología Moral*. Pamplona: Eunsa, 1998. ROYO MARTIN, A. Teología moral para seglares: Tomo I – Moral fundamental y especial. Madri: Biblioteca de Autores Cristianos, 2007. WIELAN, G. Happiness. In: POPE, S. (ed.). *The ethics of Aquinas*. Washington: Georgetown University Press, 2002.

Alfredo Santiago Culleton

# S

## SACERDÓCIO

**Etimologia e termos conexos.** O termo *sacerdócio* (S.) pertence a uma família de palavras derivadas do latim *sacer* (sagrado), como sacrifício, Ϙsacramento e até mesmo sacrílego. *Sacer* originalmente significa aquilo que não pode ser tocado. No latim de Santo Tomás, a relação entre S., sacramento e sacrifício pode ser evidenciada pela etimologia do termo sacrifício, como se lê na *Suma de teologia* II³II^ae, q. 85, a. 3, ad 3m: "deve-se dizer que propriamente há sacrifícios (*sacrificia*), quando se faz alguma ação com as coisas oferecidas, como matar animais, partir o pão, comê-lo e benzê-lo. Essas ações estão designadas no próprio termo sacrifício (*sacrificium*), que quer dizer fazer algo sagrado (*facit aliquid sacrum*)". Ao tratar dos preceitos cerimoniais da Lei Antiga, Tomás aponta essa relação entre sacramento e sacrifício, assim como alude à função ministerial de consagrar, que é outro termo relativo ao ato sacerdotal de tornar sagrado: "Chamam-se propriamente sacramentos (*sacramenta*) aquilo que é empregado pelos prestadores de culto a Deus (*ad quandam consecrationem*) pela qual algo era destinado de certo modo ao culto de Deus. O culto de Deus pertencia de modo geral a todo o povo, mas, de modo especial, pertencia aos sacerdotes e levitas (*ad sacerdotes et levitas*), que eram os ministros (*ministri*) do culto divino" (*ibidem* I³II^ae, q. 102, a. 5, Resp.). Como se vê, do ponto de vista semântico, S. se enlaça com os conceitos de ministério e de ordem. Ministério e S. coincidem semanticamente por indicarem certa mediação; assim, tanto o sacerdote como o ministro são instrumentos de quem lhes confere Ϙpoder: o "ministro como instrumento inteligente" (*Suma de teologia* I, q. 112, a. 1, Resp.) tem, pois, essa função de serviço, ou função instrumental e de mediação, entre quem lhe confere poder e quem é

beneficiado pelo serviço. Enquanto o S. é uma qualidade de todo cristão, o qual deve bendizer e tudo consagrar a Ϙ Deus, o S. ordenado, ou o ministério ordenado, tem caráter próprio e é tratado também sob o termo *ordem*. Esse conceito tem sentido amplo, pois se aplica a várias relações entre as Ϙcoisas e não é exclusivo do sacramento que investe o sacerdote. No *Comentário aos Livros das Sentenças de Pedro Lombardo*, encontra-se uma breve passagem em que Tomás reduz a três os múltiplos sentidos do termo *ordem*: (i) uma relação de prioridade e de posterioridade; é por isso que podemos dizer que há uma ordem entre os seres consoante muitos modos, pelo que dizemos que um Ϙser é anterior a outro de acordo com o local, com o Ϙtempo e com outras categorias desse tipo; (ii) a ordem também inclui uma distinção, porque só existe ordem entre os seres se eles forem distintos; (iii) a Ϙcausa pela qual a ordem também é atribuída às espécies (cf. I, dist. 20, q. 1, a. 3, qc. 1, Resp.). O essencial, pois, do conceito de ordem está na primeira caracterização, que é a prioridade de uma coisa em relação a outras. Nesse sentido, pode-se dizer que Deus é a fonte e modelo de toda ordem, por ser ele sempre o primeiro. À Ordem como sacramento instituinte do ministério sagrado dos sacerdotes ordenados são dedicadas sete questões no Suplemento da *Suma de teologia*, apresentadas num total de trinta e cinco artigos. Nelas aparece a definição que lhe dá o Mestre das Sentenças, considerando a Ordem como um sinal (*signaculum*) da Igreja pelo qual o poder espiritual é comunicado ao ordenado (cf. *Suma de teologia*, Suplemento, q. 34, a. 2, Resp.). Essa definição aparecera na obra de juventude de Tomás: "a Ordem é um sinal da Igreja, pelo qual se transmite ao ordenado o poder espiritual" (*Comentário aos Livros das Sentenças de Pedro Lombardo* IV, dist. 24, q. 1, a. 1, qc. 2, argumento inicial 1).

**Natureza.** O S. cristão funda-se no S. único de Cristo. Embora a instituição sacerdotal possa ser encontrada em todas as ϼreligiões, o S. da religião de Israel e dos cristãos insere-se no âmbito da religião revelada. Ainda assim, todo S. é figura do S. de Cristo, e distinguem-se na Igreja, contudo, um S. pertencente a todo cristão, procedente do Batismo, e um S. ordenado, sacramento específico, por meio da imposição das mãos: "há uma fonte de qualidade sacerdotal diferente do Batismo, a da ordenação pela imposição das mãos" (CONGAR, 1951b, p. 298). Por essa razão, a ϼnatureza do S. ordenado cristão só pode ser esclarecida pelo entendimento do S. de Cristo e em relação com a Igreja, o Corpo Místico de Cristo. Tomás trata desse S. em seis artigos da terceira parte da *Suma de teologia*, na questão 22. ϼJesus Cristo fez-se mediador entre Deus e os ϼseres humanos: sendo ele mesmo Deus, esvaziou-se de sua condição para unir a humanidade ao ϼPai. É nessa condição de mediador que ele é sacerdote (a. 1). Pela mediação do homem-Deus é que Cristo torna sagradas todas as coisas, ou seja, sacrifica ao sacrificar-se a si mesmo, porque sacrificar quer dizer *tornar sagrado*. Esse S. modelo é o único a ter esse título por natureza, por ser o próprio sacerdote a vítima pela qual são perdoados os ϼpecados e a pessoa por quem se recebem as graças e se atinge a glória: "Cristo é a fonte de todo sacerdócio" (a. 2). O S. de Cristo é eterno; por conseguinte, o S. de Melquisedeque é figura do seu S.: "Cristo não é sacerdote segundo a ordem de Melquisedeque como se este fosse o sacerdote principal, mas porque prefigurava a superioridade do sacerdócio de Cristo em relação ao sacerdócio levítico" (a. 6, ad 1m). Esses são, pois, os fundamentos últimos do S. cristão tanto comum como ordenado.

**Os distintos ministérios.** Conforme a tradição medieval, para Tomás, há sete graus da ordem sagrada: sacerdotes, diáconos, subdiáconos, acólitos, exorcistas, leitores, hostiários (cf. *Suma de teologia*, Suplemento, q. 37, a. 2). O número sete, por si só, indica a perfeição atinente a esse sacramento, consoante a visão simbólica desse número presente na tradição bíblica e na Patrística. Os ministérios ordenados são três e os instituídos são quatro, que são as chamadas ordens menores: o ostiariato, o leitorado, o acolitato e o exorcismo. As ordens superiores são as que estão estreitamente relacionadas com a consagração da Eucaristia, reservada ao sacerdote, a saber, o diaconato, o subdiaconato e o acolitato, que são chamados de ordens sagradas, num sentido especial, por estarem mais próximas da Eucaristia. No capítulo 75 da *Suma contra os gentios* IV, Tomás subordina todos os ministérios à ordem sacerdotal, por esta ter a função de consagrar o corpo de Cristo, e expõe a função de cada ministério: 1) os ostiários afastam os infiéis da assembleia; 2) os leitores instruem os catecúmenos; 3) os exorcistas purificam aqueles que já estão instruídos; 4) os acólitos cuidam dos vasos não sagrados e preparam a matéria do sacramento; 5) os subdiáconos estão a serviço dos vasos sagrados e também da matéria do sacramento; 6) os diáconos têm algum ofício sobre a matéria consagrada e distribuem o sangue de Cristo aos fiéis. O S. (7) é a ordem ministerial por excelência: "Uma vez que o poder da Ordem se ordena principalmente para consagrar o corpo de Cristo, para dispensá-lo aos fiéis e, também, para purificar os fiéis dos pecados, é necessário que haja uma Ordem principal, cujo poder se estenda sobretudo a isso, e esse poder é a Ordem sacerdotal (*ordo sacerdotalis*). As outras, que de algum modo a servem, dispondo a matéria, são as Ordens Ministeriais (*ordines ministrantium*)" (*Suma contra os gentios* IV, 75). Pode causar surpresa a ausência da ordem episcopal. Isso se explica porque o bispo é entendido sobretudo em termos jurídicos, ou seja, aquele que tem a plenitude do poder de jurisdição. Com efeito, Santo Tomás não afirma de modo formal a sacramentalidade do episcopado. Nesse sentido, o episcopado diferencia-se do presbiterado na medida em que aquele tem poder sobre o Corpo Místico de Cristo. Com o Vaticano II, houve uma mudança essencial em relação ao sacramento da Ordem, quando então se passa a

SACRAMENTO

enfatizar mais a comunhão da Igreja e o Corpo Místico de Cristo, aos quais o sacramento da Ordem está a serviço, embora tendo seu coração no Corpo Sacramental da ⚲Eucaristia. Por tal razão, desenvolveu-se melhor a natureza sacramental do episcopado, certamente não por isso incompatível com a eclesiologia tomasiana. Por outro lado, há passagens que permitem mostrar que Tomás considera o episcopado como um outro grau da ordem, ao menos quando trata da ⚲hierarquia eclesiástica: "existem três ordens na hierarquia eclesiástica: a dos bispos, a dos presbíteros e a dos diáconos" (*A perfeição da vida espiritual*, cap. 23).

**Bibliografia:** CONGAR, Y. Un essai de théologie sur le sacerdoce catholique: la thèse de l'Abbé Long-Hasselmans sur le sacerdoce. Texte et remarques critiques. *Revue des Sciences Religieuses*, 25 (2), p. 187-199, 1951. _____. *Ibidem*, 25 (3), p. 270-304, 1951a. DEFERRARI, R. J. *A Lexicon of Saint Thomas*. Fitzwilliam: Loreto Publications, 2004. MARGELIDON, Ph.-M.; FLOUCAT, Y. *Dictionnaire de philosophie et de théologie thomistes*. Paris: Parole et Silence, 2011. MONDIN, B. *Dizionario enciclopedico del pensiero di San Tommaso d'Aquino*. Bolonha: Edizioni Studio Domenicano, 1991.

CARLOS FREDERICO CALVET DA SILVEIRA

## SACRA DOCTRINA → Ver Teologia; Bíblia

## SACRAMENTO

O sacramento (S.) é definido como "sinal de uma realidade sagrada [...], enquanto santifica os seres humanos" (*Suma de teologia* III, q. 60, a. 2, Resp.). Essa essência simbólica do S., assim apresentada na *Suma de teologia*, marca uma notável evolução em Tomás de Aquino em relação ao *Comentário aos Livros das Sentenças de Pedro Lombardo*. Naquela época, o S. era distinguido pela ⚲graça compreendida como um remédio para o ⚲pecado (cf. *Comentário aos Livros das Sentenças de Pedro Lombardo* IV, dist. 26, q. 2, a. 1, em relação ao Matrimônio); mas, na *Suma*

*de teologia*, isso advém do efeito do S., em vez de ser sua ⚲causa formal, que é inteiramente significante. Encontra-se aqui uma clara ruptura da tradição do "santo segredo" (*sacrum secretum*) (cf. *Suma de teologia* III, q. 60, a. 1, 2 e Resp.). O S. não é mais, primeiramente, uma obra divina em favor do ⚲ser humano, escondida sob véus sensíveis, mas sim a obra que se dá a ver e a ouvir; manifesta uma obra espiritual e invisível segundo a noção de "sinal" herdada de Santo Agostinho, quer dizer, aquilo que, para além da imagem apresentada aos ⚲sentidos, faz conhecer outra realidade (cf. *A doutrina cristã*, c. 2, apud: *Suma de teologia* III, q. 60, a. 1, 2 e ad 2m). Daí ser conforme à natureza "semântica" da inteligência humana que ela não tenha intuição direta, como acontece com os ⚲anjos de realidades puramente espirituais, mas que ela se mova em meio a realidades sensíveis e por meio delas. Mesmo a ⚲revelação divina encontra unidade na inteligência que depende do que é sensível. As cerimônias do Antigo Israel são chamadas de *sacramentos da Antiga Lei*, porque elas significam a obra de santificação de Cristo que anunciam, não menos que os sete *sacramentos da Nova Lei*, que são o memorial desta (cf. *ibidem*, q. 62, a. 6). Os S. da Nova Lei articulam três ordens de significação, segundo o passado, o presente e o futuro. Eles consistem no memorial da ⚲Paixão de Cristo, como *causa eficiente* da graça que significam e realizam ao mesmo tempo; manifestam essa graça que é hoje conferida, neste instante, a este e àquele ser humano; e apontam para a ⚲salvação eterna, como sua *causa final*. A graça presente, dada a uma ⚲pessoa específica, é a única que é diretamente significada, ligando-se, assim, à *causalidade formal* do S. (cf. *ibidem*, q. 60, a. 3).

O **sacramento** *opera significando*. As palavras sacramentais não são mágicas, de modo que sua eficácia teria como condição a exata prolação dos fonemas sagrados. Nesse sentido, um acréscimo ou uma falta, lamentável, sem dúvida, da parte do ministro, realiza, contudo, o S., tendo em vista que a significação não seja afetada (cf. *ibidem*, q. 60, a. 7-8). Dizemos que as palavras são a *forma dos S.* no sentido aristotélico: aquilo que faz que tal ☉coisa seja aquilo que ela é quanto ao gênero e à ☉espécie. Pronunciar "eu te batizo…" faz da ablução de água um S.: um Batismo. A forma de um S. é indissoluvelmente ligada à sua ☉matéria (cf. *ibidem*, q. 60, a. 6, ad 2m). No ☉mundo sensível, ela é, segundo Aristóteles, princípio de ☉individuação: a matéria é o que faz que se trate *deste* batizado, S. administrado a *este* ser humano. Essa matéria é, certamente, no caso do Batismo e dos outros S., um gesto visível; no caso da ☉Eucaristia, trata-se de uma ☉substância igualmente sensível: este pão, este vinho. Mas a matéria também pode ser totalmente interior e espiritual: esta contrição ou este consentimento mútuo, no caso dos esposos. Deve-se notar que, para Santo Tomás, tratando-se do ☉casamento, as palavras trocadas no momento da celebração não são a forma do S. do Matrimônio. Elas são necessárias para que a união seja efetivada entre este homem e esta mulher. Mas essa união assim manifestada é, por si, uma realidade totalmente natural. É a graça de ☉Deus, aqui não significada por palavra alguma, que eleva a união humana à ordem sacramental e salutar (cf. *Comentário aos Livros das Sentenças de Pedro Lombardo* IV, dist. 27, q. 1, a. 2).

**Por que Deus estabeleceu os sacramentos?** Deus, querendo comunicar sua salvação, fala aos seres humanos: a ☉Sagrada Escritura testemunha-o, e os S. são, nesse sentido, um caso particular dessa semântica sagrada. Mas, no estado de ☉natureza decaída, em que essa comunicação da salvação encontra o pecado do ser humano, é importante retirar o obstáculo: essa é a ☉virtude própria dos S., que Santo Tomás designa como "medicinal". Entretanto, é interessante notar que, para ele, os S. não são apenas vetores de uma *obra de graça e de salvação*, de um movimento de Deus para o ser humano. Eles também são portadores de uma *obra de culto*, de uma homenagem que o ser humano faz a Deus (cf. *Suma de teologia* III, q. 60, a. 5). Santo Tomás se explicará melhor a propósito do caráter sacramental, diretamente ordenado ao culto (cf. *ibidem*, q. 64; cf. *infra*).

Por ora, ele indica os *sacramentalia* (cf. *ibidem*, q. 60, a. 2, ad 3m), cerimônias que acompanham a celebração dos S. segundo o primeiro aspecto, a saber, como uma obra da graça, que eles podem favorecer (cf. *ibidem*, q. 65, a. 1, ad 8m). É verdade que, a seus olhos, o essencial no S. é sobretudo a obra de Deus para com o ser humano. Quando há urgência para a salvação de um humano, os S. podem, assim, reduzir-se àquilo que hoje chamamos de seu rito essencial. Mas o S. é também regrado a partir do estado histórico da humanidade, relativamente à graça. Havia, no estado de inocência, uma realidade sacramental: ela correspondia, então, à única razão de culto, à qual o ser humano era conduzido "por um instinto somente interior" (*solo interiori instinctu*) a que a lei natural o inclinava (cf. *ibidem*, q. 60, a. 5, ad 3m). Mas, após a queda, acrescentou-se a necessidade de afirmar a ☉fé na vinda de Cristo como médico das almas (cf. *ibidem*, q. 61, a. 3, Resp.). A diferença entre os S. em sentido estrito, os sacramentais e as obras de culto, é observada no estatuto das palavras e dos gestos relativos a cada qual, respectivamente. Enquanto a ☉autoridade da ☉Igreja pode, por diversas razões, mudar os sinais pelos quais ela mesma honra a Deus, os S. são-lhes estritamente indisponíveis quanto ao sentido, porque eles significam a obra de uma salvação que, evidentemente, pertence somente a Deus. Ele é seu instituidor. E ele o é a título especial em se tratando dos S. da Nova Lei, instituída através da humanidade de seu ☉Filho Jesus Cristo (cf. *ibidem*, q. 64, a. 2, Resp.). Até então, a extensão dos S. dependia da graça dispensada sobre o povo eleito. Eles exprimiam sua fé e sua ☉esperança em um Messias, salvador por seus sofrimentos. Jesus Cristo aparece, fazendo resplandecer sobre a cruz a virtude e os méritos adequados ao resgate de toda a humanidade. Convinha, desde então, que o regime dos S. fosse profundamente modificado quanto à sua forma e à sua matéria, em relação com esse evento, mas também produzindo a graça que eles significam, segundo o adágio escolástico: "eles realizam o que significam" (*efficiunt quod figurant*) (*ibidem*, q. 62, a. 1, ad 1m). Assim,

SACRAMENTO

os S. da Nova Lei distinguem-se daqueles da Antiga Lei pelo fato daqueles serem *eficazes* (cf. *ibidem*, q. 62 e 63). Encontra-se, assim, fundada uma ordem propriamente sacramental da graça, ordenada à salvação das pessoas às quais os S. são conferidos, fazendo articular os eleitos à graça efetivamente justificante. Tenhamos em mente que as graças sacramentais são diversas, segundo a própria diversidade dos S., e dos S. como sinais. Diz o adágio escolástico: "eles causam [a graça] pela via da significação" (*significando causant*) (cf. *Questões disputadas sobre a verdade*, 1. 28, a. 2, ad 12m). Essa causalidade é eficiente, pois depende dos próprios S. Santo Tomás a compara àquela de uma ferramenta (um machado) nas mãos de um artesão: um machado tem seu efeito próprio, diferente daquele de uma outra ferramenta, mesmo se esse efeito seja apenas transitório e desapareça, em favor da obra projetada. Mas vemos que essa causalidade é claramente instrumental. Deus é o agente principal que opera a graça sacramental, pela santa humanidade de Cristo, designado como "instrumento unido" à sua divindade, sendo o próprio S. qualificado como "instrumento separado" (cf. *Suma de teologia* III, q. 62, a. 5, Resp.). O ministro do S. não dispõe desse instrumento como um artesão, nem mesmo como representante do Artesão invisível. Enquanto ministro, ele mesmo se encontra sujeito à ordem dessa causalidade instrumental; diz Santo Tomás, um *instrumento animado* – o que é próprio do escravo, cujo exercício da vontade limita-se à intenção de fazer o que quer o seu senhor; aqui, Cristo e a Igreja (cf. *ibidem*, q. 64, a. 8, ad 1m; na q. 63, a. 2, Resp., ao falar do ministro, Santo Tomás faz referência a Aristóteles, *Política*, c. 3, obra na qual, logo no começo, o filósofo fala sobre o escravo). A participação do ministro é, pois, mínima. Antes, ela é, de certo modo, uma "desparticipação". A obra cumprida pelo ministro nos S. não é mérito dele e não depende, de maneira alguma, de seus méritos ou deméritos. A eficácia de um S. procede "da obra operada" (*ex opere operato*) em sua objetividade (cf. *Comentário aos Livros das Sentenças de Pedro Lombardo* IV, dist. 1, q. 2, a. 6, qc. 1,

ad 2m; a expressão, que o Concílio de Trento utilizará no Decreto sobre os S., desapareceu na *Suma de teologia* de Santo Tomás), pois aqui não se trata propriamente da ação do ministro, mas daquela de Deus.

***Significando causat.*** O S. causa a graça como sinal. Um sinal une significante e significado, sendo aquele ordenado à realização deste. Onde falamos ordinariamente de significante e de significado, Santo Tomás emprega ordinariamente os termos *sacramentum* e *res*, tendo herdado este último da tradição do *A doutrina cristã* de Santo Agostinho. Forma e matéria sacramentais, tais como definidas anteriormente, referem-se ao "significante somente" (*sacramentum tantum*). Tratando-se de S. da Nova Lei, seu significado ou *res* não é somente, nem primeiramente, o efeito de uma operação do espírito humano a decifrar os elementos significantes que lhe apresentam os sentidos e a imaginação. Também não se trata de uma "coisa mental"; mas algo é colocado no ser, que precede, de direito, a operação da inteligência e da vontade, determinando-se em relação a este ser que ele recebe. "O que pedis à Igreja de Deus?" pergunta o ministro do S. do Batismo; e os pais respondem, em nome da criança: "A fé". "E o que a fé traz?" "A vida eterna". Eis, com efeito, a *res* do S. do Batismo, aqui distinguida segundo a graça que ela proporciona à alma, a saber, a fé, e o futuro de glória a que a fé atualmente recebida está destinada a cumprir. No instante em que se é batizado, o *habitus* (hábito; habilitação) da fé dá forma às potências de sua alma, mesmo se essas potências, ainda incapazes de operar, não podem realizar atos antes da idade da razão. Essa disposição nela permanece, de modo que se morresse, continuaria possuidora da salvação como da *res* deste S. Mas e se, quando crescida, no momento em que suas potências se tornam capazes de operar segundo seus próprios atos, estes não são totalmente conformes ao *habitus* da fé batismal? Vemos aqui que a *res* (matéria, coisa) sacramental de uma vida levada de acordo com a graça inicialmente recebida com o S. encontra-se reduzida a uma finalidade distante, a um termo que permanece como algo a ser atingido, segundo uma ℘liberdade dócil à assistência atual da graça. É o que dá a entender a consagrada expressão *res tantum*, em sua extensão restrita: "a significação [sacramental] apenas", ou seja, abstração feita dos obstáculos concretos que o pecado opõe ao seu cumprimento. Contudo, entre os efeitos do S. temos que, quando depositados no ser, eles aí permanecem, sem nisso dependerem da vontade humana. Assim, pelo Batismo, a alma é definitivamente lavada da culpa original. Como efeitos, eles se reportam à ordem da *res*; mas eles não figuram mais a não ser como um grau em direção à plena significação que é a *res tantum*, atingida somente por meio das graças atuais, e em relação à qual eles são reduzidos ao nível de significante, *sacramentum*. É por isso que a tradição fala aqui de *res et sacramentum*: "significado, mas também significante". Assim, o S. põe na alma uma aliança indissolúvel: *res* que não é ainda senão *sacramentum* em relação à *res tantum* que representa uma vida de fidelidade a ser efetivamente vivida pelos esposos, segundo a nota própria dessa aliança.

**Sacramentos e caráter.** Em *res et sacramentum* aparece de modo particular o que a tradição designa pelo termo *caráter*, e que Santo Tomás, na questão 63, designa a graça entre os efeitos do S. Trata-se de uma imagem originalmente militar (a. 1, Resp.): uma marca impressa de maneira indelével no corpo dos soldados, indicando que eles estão destinados a servir até o fim naquele exército. No início do cristianismo, indicava sobretudo que aquele que recebia o Batismo entrava, de maneira irrevogável, na milícia de Cristo. Na ℘teologia sacramentária tal como a Escolástica a desenvolve, trata-se sobretudo de indicar que os três S. que "imprimem caráter", o Batismo, a Confirmação e a Ordem, não são repetíveis (a. 6). Santo Tomás, contudo, vai mais longe: o caráter sacramental é caráter do Cristo (a. 3), e do Cristo sacerdote, quer dizer, prestando a Deus, pela graça dele recebida, homenagem por sua vida. O Cristo possui a plenitude desse ℘sacerdócio, que ele atualizou plenamente em

seu sacrifício perfeito. Por outro lado, o cristão o possui antes por ℘participação, precisamente pelo caráter que lhe é conferido, e que é uma *potência* (a. 2); *potentia* (potência) e não *virtus* (força): deve-se compreender, pois, em relação aos atos desse sacerdócio, advindos das potências da alma, que Santo Tomás o identifica como o objeto próprio dessa necessidade espiritual. Essa potência sacerdotal e cultual diversifica-se segundo os três S. que "imprimem caráter". O sacerdócio de Cristo, sendo declarado não apenas moralmente, pela oferta de sua vida, especialmente na cruz, mas também sacramentalmente, na instituição da Eucaristia, faz que os cristãos que participam de seu sacerdócio nele participem sacramentalmente. Por um lado, nas cerimônias e nos S. da Igreja, seja para recebê-los (é o propósito do caráter batismal), seja para dá-los (segundo a potência conferida pelo S. da Ordem. O primeiro é, assim, uma *potência* dita *passiva*; o outro, uma *potência ativa* (cf. a. 2, Resp.). O caráter da Confirmação é uma potência ativa, não diretamente cerimonial, mas antes moral e meritória (moralidade que não se liga, como vimos, à intenção de um ministro do culto), ordenando-se para o combate contra os ℘demônios e os inimigos da Igreja (cf. *Suma de teologia* III, q. 72, a. 5). Se o caráter, por sua própria natureza, permanece eternamente na alma, sua potência é destinada a atualizar-se somente no tempo presente. Se os S. são visivelmente conferidos a pessoas, o estudo da noção de *caráter* faz ver que eles também existem em benefício da Igreja, à qual o Batismo dá filhos, e a Ordem, ministros. Essa extensão social vem de seus *res et sacramentum*. Trata-se, pois, de uma parte adquirida para a Igreja, não submissa às vicissitudes do pecado das pessoas. De que maneira os elementos sociais, por um lado, e o pessoal, por outro, articulam-se mutuamente nos S.? Para responder, em vez do tratado dos S. em geral, consultaremos aqui aquele do Batismo. De fato, de todos os S., este é o mais necessário à pessoa, porque a *res tantum* é a própria salvação do batizado, sendo a graça sacramental idêntica à graça da justificação. Essa necessidade se

SALVAÇÃO

mostra no fato de que, em caso de urgência, as normas às quais sua administração é submissa são extremamente leves, podendo mesmo um não batizado conferir validamente o Batismo (cf. *ibidem*, q. 58, a. 5). Entretanto, Deus não ligou sua salvação ao cumprimento desse rito, a ponto de a graça não poder valer-se de outras vias para chegar aos eleitos. Assim, o martírio, que configura alguém a Cristo em sua Paixão, é mistério que pertence à *res* sacramental; assim, o ℘amor de Deus a animar o catecúmeno, que rompeu seu apego ao pecado, seria o princípio de sua salvação se ele morresse antes que lhe fosse administrado o Batismo sacramental. Ora, é significativo que Santo Tomás fale aqui de um Batismo: o *Batismo de espírito*, que só é verdadeiramente salutar por trazer em si o desejo do Batismo sacramental. E o martírio é compreendido em referência ao *Batismo de água*, porque é apresentado como substituto, e falamos ainda, sobre ele, de um *Batismo de sangue* (cf. *ibidem*, q. 66, a. 11-12). Verifica-se aqui a amplitude da definição que Santo Tomás dá aos S. como sinais. Um sinal supõe uma sociedade e instituições para utilizá-los e transmitir sua significação. Como o Senhor quer comunicar sacramentalmente sua salvação a seres humanos singulares (que são, em seu conjunto, de Cristo e da Igreja), os S. são, no sentido forte, os meios ordinários da salvação: eles não excluem as vias extraordinárias, que não seriam salutares se fossem acompanhadas por um desprezo pela Igreja. A diversidade e o número de sete S. da Nova Lei vêm, aliás, do fato de que a natureza humana é pessoal e social, caracteres que ela apresenta ainda quando é elevada pela graça. Os S. da Ordem e do Matrimônio assinalam essa natureza social, enquanto os outros S. ordenam-se ao nascimento, ao crescimento e à nutrição da alma segundo a vida de fé, assim como ao seu cuidado; e o ℘destino espiritual dela é apresentado em paralelo com aquele do ℘corpo que ela anima (cf. *ibidem*, q. 65, a. 1). Se considerarmos os S. em si mesmos, e não a partir dos seres humanos aos quais eles são destinados, notaremos a eminência da Eucaristia: enquanto os outros S. significam as obras do Cristo Salvador, a Eucaristia contém o próprio Salvador (cf. *ibidem*, q. 65, a. 3).

**Bibliografia:** BOURGEOIS, D. *Etre et signifier:* structure de la sacramentalité comme signification chez Augustin et Thomas d'Aquin. Paris: Vrin, 2016 (Bibliothèque thomiste, v. 65). HUGON, E. OP. *La causalité instrumentale en théologie.* Paris: Pierre Téqui, 1907. MICHEL, A. Sacrements. In: VACANT, A.; MANGENOT, E.; AMANN, E. (eds.). *Dictionnaire de théologie catholique.* Paris: Letouzey et Ané, 1939. t. XIV (col. 485-644). ROGUET, A.-M., OP. *Les sacrements* (édition de la IIIa, q. 60-65). Paris-Tournai: Desclée et Cie, 1945. ROSIER-CATACH, I. *La parole efficace:* signe, rituel, sacrement. Paris: Seuil, 2004. _____. Signes et sacrements. *Revue des Sciences Philosophiques et Théologiques*, 71, p. 392-436, 1990. VONIER, A. O. S. B. *La clef de la doctrine eucharistique.* Lyon: Éditions du Cerf, 1942.

JEAN-CHRISTOPHE DE NADAÏ, OP
TRADUÇÃO DE ANDRÉ LUÍS TAVARES, OP

## SALVAÇÃO

**Princípios metodológicos.** Para uma aproximação adequada do modo como Tomás de Aquino entendeu e exprimiu o que a ℘fé cristã chama de *salvação* (S.) (a S. do gênero humano operada por ℘Jesus de Nazaré), três elementos metodológicos parecem impor-se necessariamente. *Primeiro*, convém observar que a ℘teologia de Tomás de Aquino, sobretudo no tocante à S., é radicalmente bíblica e desenvolvida em continuidade com o que lhe foi transmitido a partir dos Pais da Igreja (℘Bíblia; ℘Autoridade). Esse primeiro elemento metodológico reflete o compromisso teórico de Tomás com a historicidade de Jesus, pois a Bíblia, os textos patrísticos e os documentos eclesiásticos (como as atas dos concílios, por exemplo) eram por ele considerados documentos históricos (sem, no entanto, cair em algum fundamentalismo que não reconhecesse o caráter também transcendente dos textos bíblicos, atitude, aliás, impossível no século XIII). Insistir nesse elemento metodológico – seja permitido dizê-lo

– produz hoje um efeito, por assim dizer, cultural, ligado à maneira contemporânea de encarar a pessoa e a obra do próprio Tomás de Aquino, pois, além de permitir identificar os fundamentos de sua teologia da S., também leva a desfazer a imagem de Tomás de Aquino como um autor desvinculado da ℘História, puramente "dedutivo" e até mesmo arbitrário, como se ele levasse em conta criticamente os dados bíblicos (imagem equivocada e infeliz, embora bastante difundida em ambientes religiosos pretensamente modernos). *Segundo*, convém adiantar que – justamente por considerar Jesus Cristo um fato histórico testemunhado por mulheres e homens e registrado no Novo ou Segundo Testamento – a teologia tomasiana da S. é centrada na característica humana do agir salvador de Jesus. Em outras palavras, a fé de Tomás de Aquino em Jesus como Homem Deus ou Deus Homem (℘Jesus Cristo; ℘Encarnação; ℘Deus; ℘Trindade), não o impede de considerar que foi como ser humano que Jesus salvou o ℘ser humano, sem ajuda nem favor especial de sua ℘natureza ou ℘essência divina. A coerência da inteligibilidade do ℘artigo de fé da S. o conduzia a isso. *Terceiro*, convém adiantar que dificilmente se encontra na obra de Tomás de Aquino algo como uma "definição" da S.; ele não propõe uma fórmula única que fixe o sentido da S., e, por essa razão, se se quer conhecer o modo como, em continuidade com a tradição bíblico-patrística, Tomás entendia a S., mostra-se necessário observar como ele exprimiu a S. como um dado de fé. Esses três elementos metodológicos não subentendem, em absoluto, que a análise tomasiana da S. foi meramente "exegética" (análise bíblico-patrística), "histórica" (registro documental e interpretação da vida e obra de Jesus) ou "dogmática" (expressão de um dado de fé). Eles são propriamente metodológicos, quer dizer, indicam os caminhos que os textos do próprio Tomás apresentam como vias de acesso adequadas à sua concepção da S. Importa, então, complementar essa introdução metodológica lembrando que a concepção e a expressão tomasianas da S. incluem sua *experiência de fé* ou partem dela (℘Teologia;

℘Conhecimento; ℘Fé). A importância das consequências em termos de vida espiritual que Tomás extrairá de sua compreensão do ato salvador de Jesus, mostra, aliás, que sua teologia da S. é, no limite, uma genuína expressão da sua experiência pessoal de fé. Para concluir esta introdução e, de certa maneira, apontar para a atualidade da soteriologia tomasiana, parece válido citar, aqui, dois trechos de dois teólogos contemporâneos que se inspiram na teologia tomasiana e marcam os aspectos histórico, exegético, dogmático e espiritual do pensamento soteriológico de Tomás. O primeiro é o jesuíta Karl Rahner (1904-1984), que, como se sabe, desejava ser professor de filosofia e defendeu, em 1938, um doutorado sobre a gnoseologia tomasiana, precisamente sobre a metafísica do conhecimento finito segundo Tomás (cf. RAHNER, 1996), tendo, porém, sido designado depois, por seus superiores, para ensinar teologia. Sua citação refere-se ao que ele considerava o conjunto essencial dos elementos da espiritualidade cristã do futuro; e não deixa de ser curioso que tais elementos correspondem *ipsis litteris* a elementos essenciais da experiência de fé tal como expressa por Tomás de Aquino e registrada nas suas duas grandes obras de síntese, a *Suma de teologia* e a *Suma contra os gentios*. O que Rahner previa nos anos 1980, quando de fato escreveu seu texto, era mais sobriedade e menos dispersão na espiritualidade cristã. Apenas para dar dois exemplos demasiado simples (pois a reflexão de Rahner é muito mais sofisticada do que transparece nesses exemplos), na espiritualidade cristã do futuro falar-se-á mais de Jesus, que será evocado mesmo que minimamente nas decisões existenciais de todos os humanos, do que no Menino Jesus de Praga ou no Bom Jesus dos Milagres; falar-se-á mais de ℘Maria, e menos de Lourdes ou Fátima; e assim por diante. Ora, uma rápida passada de olhos pelo índice das duas ℘*Sumas* mostra que a sobriedade rahneriana já caracterizava a teologia de Tomás. Aliás, costuma-se dizer que, mesmo monumental, a obra de Tomás de Aquino não tratou sequer de um elemento dispensável. Seja como for, diz Rahner: "A espiritualidade do futuro se concentrará nos dados essenciais da revelação cristã: que Deus existe, que ele pode falar ao ser humano; que sua inefável incompreensibilidade, como tal, constitui o centro da nossa existência e, portanto, da nossa espiritualidade; que com Jesus, e só com ele, é possível viver e morrer em liberdade definitiva diante de todos os poderes e opressões; que a sua cruz incompreensível foi colocada sobre a nossa existência e que esse escândalo é o que dá sentido verdadeiro, libertador e beatificante à nossa existência" (RAHNER, 1992, p. 364-365). O outro teólogo é o ex-jesuíta Hans Urs von Balthasar (1905-1988), que desenvolveu um trabalho intelectual bastante distinto do de Rahner, embora com muitos pontos comuns, sobretudo no tocante ao testemunho existencial, à compreensão e à expressão da experiência de fé no mundo contemporâneo. Mas, enquanto Rahner preferia o caminho da reflexão sobre a existência, em um diálogo com a cultura a partir de atualizações da metafísica clássica, Von Balthasar enfatizava o caminho da estética e o caráter trágico da vida para dialogar com a cultura, embora também fizesse atualizações da metafísica clássica. A citação de Von Balthasar coincide, aliás, com a de Rahner no tocante à insistência na justiça e na liberdade. Assim, em sua interpretação dramática ou trágica da História, e procurando não apenas compreender, mas sobretudo exprimir o sentido da S. operada por Jesus, Von Balthasar defende que, em vez de encarar a ação salvífica de Deus na História como se ela tivesse sido meramente a realização de um "pagamento" ou de uma "reparação" de uma dívida adquirida nos primórdios da existência humana (𝒫Pecado Original), é preciso pensar que "neste ponto [a ação salvífica de Deus na História], é um *páthos* completamente diferente que deve interferir no drama, o *páthos* de Deus. Mas não como se ele tivesse entrado em cena desmerecendo alguém que seria o seu oposto por estar cindido, e sim – o que era inusitado para o ser humano – colocando-se ao lado desse alguém, quer dizer, ao lado desse aparente oposto, ajudando-o de dentro [de sua

História] a obter justiça e liberdade. [...] Enquanto o mundo durar, será sempre relevante a pergunta *cur deus homo* [por que Deus fez-se humano?]" (VON BALTHASAR, 1983, p. 186). Em outros termos, já dissera Tomás de Aquino, é como ser humano que Deus salva a humanidade. Mas, sendo divino e humano, a ação de Jesus, de sua gestação à ressurreição, excede o caráter *imanente* de um ser histórico e manifesta um caráter *transcendente* (𝒫Transcendência), um caráter da ordem do inefável, que, no entanto, vem ao encontro do ser humano, com ele dialoga e põe-se a seu lado como seu irmão, no que diz respeito à natureza humana.

Exegese bíblico-patrística. Diferentemente do que ocorre em certas teologias dos séculos XX-XXI (cf., por exemplo, BULTMANN, 1999), Tomás de Aquino *não* concebia a Bíblia como mero registro simbólico (mitológico) de um conjunto de expressões de fé de judeus e cristãos. Sua experiência o fazia considerar a Bíblia, sobretudo o Novo ou Segundo Testamento, um todo articulado e uno, a ser lido como obra não apenas de valor histórico, mas também de valor simbólico, moral e místico-escatológico (cf. DE LUBAC, 1959-1964; LETER, 1998; ATTALI, 2011, p. 113-121). Será fundamentalmente, portanto, dos textos bíblicos que Tomás de Aquino partirá ao exprimir sua compreensão de Jesus e da S. como fatos históricos. O Antigo ou Primeiro Testamento, tal como ocorria na exegese cristã medieval, será por ele compreendido, para além de outros atributos (registro da 𝒫Criação; do Primeiro Pecado ou 𝒫Pecado original; da Primeira Aliança; da libertação do povo de Israel etc.), como prenúncio da vida e obra de Jesus, o Messias antes esperado pelos judeus. Já o Novo ou Segundo Testamento será para ele o registro efetivo de quem foi Jesus, do que fez e ensinou, bem como do que continua a ser, a fazer e a ensinar no 𝒫Espírito Santo. No tocante especificamente à S., Tomás conhecia os termos usados tanto pelo Antigo como pelo Novo Testamento para designá-la, ou melhor, para designar em conjunto, como se diz na teologia contemporânea, o *evento Cristo*. Assim, no latim da tradução da

Bíblia que leu Tomás, a *Vulgata* (tradução feita por São Jerônimo, no início do século V, e revista por Alcuíno, no início do século IX), ele encontrava, no Antigo Testamento, a afirmação de que *Deus salva*, a qual, em outras ocorrências do mesmo Antigo Testamento, era expressa como *Deus preserva*, *Deus cuida* dos seres humanos, além de outras traduções. No Novo Testamento, essas expressões continuam e dão ocasião ao surgimento de outras, como o substantivo *salvação* e o adjetivo *salvador*. No entanto, salvar ou ser salvador adquirirá conotações diferentes no Novo Testamento, sobretudo porque essas implicarão a ideia de que os tempos de espera do Messias chegaram ao fim (cf. Lc 16,16; At 2,16s), foram cumpridos na pessoa de Jesus, Deus Homem, que trouxe, por sua ☙encarnação, a plenitude dos tempos (cf., 1Pd 1,5; Ef 2,5-8), plenitude essa que exige de cada ser humano a quem se anuncia o nome de Jesus a decisão livre de aceitar ou não a S. por ele oferecida. Não por acaso, o Novo ou Segundo Testamento fala de um único salvador, Jesus, cujo nome significa *Javé salva* (Javé: transliteração latina, com acréscimo de vogais, do nome hebraico de Deus *YHWH*, revelado no Primeiro Testamento). Salvar, agora, é curar (cf. Mt 9,22); é fazer um dom total de si por vontade própria (cf. Lc 19,10); é ser fiel até o fim nessa autodoação, mesmo que ela implique enfrentar morte injusta e violenta (cf. Rm 3,25); é assumir o castigo merecido por outros, por causa de seus ☙pecados (como já se anunciava em Is 53) e obter uma libertação por meio do sangue derramado na morte de cruz (cf. Ef 1,7); é ser coroado com a ressurreição e dela fazer um meio de obter o favor divino (cf. 1Cor 15,17); é morrer não apenas no lugar dos outros humanos, seus irmãos, mas principalmente em favor deles e por causa deles (cf. 1Cor 15,3; Gl 1,4); é adquirir, resgatar ou comprar a preço elevado seus irmãos (cf. 1Tm 2,6); é ainda triunfar sobre o demônio, fonte de todo ☙mal (cf. Mc 1,13; Lc 10,18; Jo 8,44), porque, pela morte na cruz, Jesus anulou o poder demoníaco (cf. Hb 2,14); é, por fim, mas não por último, obter do ☙Pai o envio do ☙Espírito Santo (cf. At 2), advogado

prometido (cf. Jo 14,26) para consolar os fiéis, dar-lhes força e santificá-los. Essa multiplicidade de indicações bíblicas do que significa dizer que Jesus salvou os seres humanos (multiplicidade, aliás, não exaustivamente apresentada aqui), Tomás de Aquino resumiu em cinco expressões: Jesus salvou a humanidade por *mérito*, por *satisfação*, por *sacrifício*, por *redenção* e por *eficiência* ou transmissão de força espiritual (cf. *Suma de teologia* III, 48, *sed contra* de cada artigo da questão). Essa síntese, por assim dizer, do agir salvador de Jesus em cinco "categorias" ou, melhor dizendo, cinco *modos de expressão*, decorre dos estudos de Tomás de Aquino sobre os debates da ☙Igreja primitiva a respeito do ☙ser ou da ☙natureza de Jesus, mas principalmente sobre o Concílio de Éfeso (431) e o III Concílio de Constantinopla (680), que enfatizaram as duas ☙naturezas de Jesus, a divina e a humana (cf. CATÃO, 2002, p. 22-23, e, sobretudo, o detalhado estudo de SOUZA NETO, 2002, o qual, embora redigido como capítulo de livro, é uma obra à parte, por sua imensa erudição e análise rigorosa de fontes bíblicas – SOUZA NETO, p. 59-206; para o acesso aos documentos-fonte da tradição eclesiásticas, como atas de concílios, declarações, decretos etc., ver DENZINGER; HÜNERMANN, 2007, p. 96-103, 201-205). De acordo com as expressões conciliares, baseadas nos dados transmitidos a partir da Igreja primitiva, a natureza divina de Jesus, quer dizer, a ☙pessoa divina do ☙Verbo, assumiu a natureza humana, encarnou-se efetivamente nela, e é tal assunção que está efetivamente na raiz da S., dado transcendente e histórico que Tomás sempre tomará como ponto de partida de toda a sua teologia. Mas ele leu muitos outros autores da Patrística, além das atas de outros concílios (como se observa, por exemplo, na *Suma contra os gentios* IV, cap. 34). Assim, ele, que procurava centrar-se sempre no fato histórico dos Evangelhos ao falar de Jesus ("Verdadeiramente, este homem era o filho de Deus" – Mt 27,54), interessar-se-á pela maneira como os cristãos antigos e os concílios exprimiram o *ser* de Jesus como unidade indissociável da natureza do Verbo ou ⌀Filho de Deus com a natureza humana. Não o fará, digamos, de maneira "platonizante" (quer dizer, obedecendo a uma metafísica da ideia), mas recorrendo à especificidade que a dupla natureza de Jesus dava a ele: Jesus é salvador não porque simplesmente possuía uma natureza divina unida a uma natureza humana (se assim fosse, seu ato salvador e salvífico valeria apenas para quem também possuísse duas naturezas), mas porque o ⌀indivíduo Jesus foi o único a apresentar um agir perfeito, santo, sem pecado e consumado livremente na morte de cruz por ⌀amor a Deus e aos humanos (até porque, possuindo duas naturezas, Jesus possuía duas ⌀vontades, dois princípios de ação, e teve de exercer sua liberdade nos dois sentidos, em perfeita unidade, e não como junção de duas vontades separadas). Toda essa insistência na humanidade de Jesus situava-o, assim como a fé dos que a ele aderiam, em um quadro completamente distinto da filosofia e do direito antigos, ou mesmo da religião pública ou mitológica, pois a S., agora, era anunciada como a vinda de Deus ao encontro de cada ser humano, a fim de manifestar-lhe amor pessoal e interesse em oferecer-lhe uma vida nova (a esse respeito, para os leitores que desejarem, por assim dizer, uma "atualização" da especificidade dos fundamentos da fé cristã em um *ato salvador de Deus* como autocomunicação amorosa que se interessa "pessoalmente" pela vida de cada indivíduo humano e de cada criatura, merecem ser lidas quatro obras contemporâneas de estilo completamente diferentes, porém, unidas pelos princípios centrais do que poder-se-ia chamar de um "espírito tomasiano": RAHNER, 1984; RATZINGER, 1968; THEOBALD, C., 2009; PAPA FRANCISCO, 2018). Antes, porém, de concentrar sua concepção da S. no agir histórico de Jesus, Tomás exprimiu sua teologia da S. pela consistência da ação de Jesus em virtude da qualidade divina de sua natureza, unida à natureza humana sem violentá-la nem misturar-se com ela, sem dissolver-se nela nem ser separada dela ou simplesmente "colada" a ela. Ele encontrava-se bastante apegado aos resultados do III Concílio de Constantinopla, assim como se via influenciado pelo pensamento de Anselmo de Cantuária (1033-1109), o primeiro a tentar exprimir o sentido do agir salvador de Jesus por meio da prática do amor e da justiça, e não apenas de debates metafísicos. Com efeito, segundo Anselmo, se tudo o que é criado é justo, o pecado dos primeiros pais ofendeu a Deus, que é um ser infinito. O pecado dos primeiros pais foi, portanto, de gravidade infinita, e, por isso, somente um ser infinito poderia restaurar a ordem desfeita, satisfazendo infinitamente a Deus, o ofendido infinito. Somente Jesus, então, ser divino infinito e encarnado na natureza humana finita, podia e pôde oferecer tal *satisfação* infinita por seus irmãos (cf. ANSELMO DE CANTUÁRIA, 2003). No entanto, será por um retorno à Patrística que Tomás de Aquino mudará de visão e chegará à expressão da S. como resultado da *unicidade e especificidade do agir humano de Jesus*. Trata-se de Máximo, o Confessor (580-662), que não considerará essencial o debate sobre as naturezas de Jesus na expressão da S., mas o seu amor livre e radical por Deus e por seus irmãos, chegando até a cruz, o que fez coincidir *ser* e *amor* de modo absoluto na *liberdade* (cf. MÁXIMO, O CONFESSOR, 1943; 1997; 1998; 2005; CATÃO, 1965, p. 46; VON BALTHASAR, 1947) ( ⌀Amor; ⌀Ser e Ente; ⌀Liberdade). Antes, porém, de abordar o impacto da teologia de Máximo, o Confessor, no espírito de Tomás de Aquino e em sua expressão da S., convém abordar outro problema, candente em sua época, o da necessidade da ⌀Paixão de Jesus (cuja solução, aliás, afetava diretamente a ideia de S. como satisfação infinita): se o discurso cristão sobre a S. decorre da fé no amor de Deus, em sua ⌀misericórdia e em sua compaixão (em suma, da fé em um *Deus bom*), como entender o sofrimento e a morte violenta do Filho de Deus? Era necessário que Jesus experimentasse o sofrimento e chegasse à morte de cruz (sua Paixão)? Em todo caso, muitos textos bíblicos mencionam a legitimidade do sacrifício do Filho de Deus (cf., por exemplo, Is 53; Hb 9,27; Ef 5,2; 1Jo 1,7).

**A necessidade da Paixão.** Tomás de Aquino, fiel aos dados de fé aqui já elencados, declara, na questão 48 da Parte III da *Suma de teologia*, que *toda a vida de Jesus foi salvadora*, e não apenas a sua Paixão. Essa afirmação relativiza e contraria a crença de que foi pelo sacrifício cruento que Jesus salvou seus irmãos, mas não responde ao problema da necessidade da Paixão (⊅Necessidade e Contingência; ⊅Providência). Na verdade, essa resposta já havia sido dada por Tomás na questão 46 da mesma Parte III, o que lhe permitiu, na sequência, considerar salvadora toda a vida de Jesus. Com efeito, na questão 46, Tomás observa que o pensamento divino, como revelam as Escrituras, julgou necessária a Paixão porque ela pareceu o melhor meio para obter a S., uma vez que somente o sofrimento e a morte podem revelar, em linguagem humana, o caráter extremado do amor, sobretudo do amor divino, que é transcendente e inefável (literalmente: incompreensível para as capacidades humanas), solicitando ao gênero humano, no entanto, que corresponda a tal amor. Assim, Deus mesmo deu o maior exemplo de ⊅virtude, sustentando a fidelidade de Cristo ao ⊅Pai até o fim de sua vida e revelando à humanidade que ela também pode ser fiel e conservar-se imune ao pecado. Tal fidelidade e imunidade equivaleriam a restaurar sua dignidade e a vencer o orgulho diabólico que está na raiz de todo mal (cf. *Suma de teologia* III, q. 46, a. 3). A Paixão, assim, não seria propriamente necessária (como se Deus devesse submeter-se a alguma obrigação), mas foi uma necessidade relativa, como quando algo é considerado necessário por consistir na melhor maneira de atingir determinado fim. Aliás, no decorrer de toda a questão 46, Tomás faz uma série de distinções a respeito dos sentidos em que se diz que algo é necessário. Em primeiro lugar, há dois tipos de necessidade: uma absoluta (*simpliciter*); outra, relativa (*ab extrinseco*). A absoluta derivaria da ⊅causa formal da coisa, sendo, portanto, determinada pela sua própria natureza, ao passo que a relativa referir-se-ia ou à causa eficiente ou à causa final, provindo de motivos extrínsecos. Algo marcado por uma necessidade absoluta não vem a ser, caso tal necessidade não seja cumprida; algo de necessidade relativa, porém, não deixa de vir a ser. No caso de a necessidade relativa provir da causa eficiente, fala-se de uma necessidade de obrigação (*necessitas coactionis*), distinta da necessidade de suposição, proveniente da causa final (*suppositio finis*), quer dizer, da suposição de uma finalidade. Por sua vez, a necessidade de suposição implica a escolha de um meio para a consecução do fim suposto, e esse meio pode ser indispensável (*sine quo non*) ou apenas necessário para atingir da melhor maneira possível o fim para o qual é ordenado (*non ita bene* ou *propter melius*). Na Paixão de Cristo deve-se identificar uma necessidade não absoluta, pois nem sua natureza divina nem a humana exigiam que ele sofresse; tampouco pode ser uma necessidade de obrigação; afinal, ninguém poderia constranger Deus a nada, nem Jesus a sofrer. Sequer um sentimento de injustiça que exige reparação pode obrigar Deus a impor o sofrimento ao Filho ou o que quer que seja, pois nada, em absoluto, obriga Deus a nada, uma vez que, segundo a fé cristã, Deus, sendo absoluto amor, não pode ser vinculado a nenhuma exigência, mesmo de justiça. Aliás, como diz o texto bíblico, Cristo sofreu voluntariamente. Resta, então, dizer que a necessidade da Paixão terá sido da ordem da suposição do fim, isto é, decorreria da necessidade imposta pelo fim a ser realizado, a salvação do gênero humano, a glória de Cristo e o pensamento divino a ser cumprido. Mas uma última distinção deve ser evocada: o meio empregado para a consecução de um fim pode ser indispensável ou o melhor possível. No que toca à Paixão em si, é preciso dizer que ela é um meio da categoria do *melhor possível*: ela foi o melhor modo de Deus efetivar a salvação do gênero humano, como já se disse anteriormente; afinal, não se submetendo a nenhuma necessidade absoluta, ele poderia resgatar o ser humano por outro meio que não o sofrimento e a morte de seu Filho (cf. *ibidem*, a. 2); mas, considerada resultante do decreto divino que a tomou como meio de resgatar a humanidade, a Paixão mostra-se um meio indispensável no sentido de que foi escolhida pela vontade e pela presciência de Deus, providenciais e imutáveis (⌀Providência; ⌀Atributos divinos). Numa palavra, embora Santo Tomás permita entender que toda a vida de Jesus Cristo foi salvadora, ele se mantém em continuidade com a tradição que destacava a Paixão como o momento, por assim dizer, "próprio" da S. Mas o modo como ele se refere à necessidade da Paixão na *Suma de teologia* representa uma mudança considerável em relação aos estágios anteriores de seu pensamento sobre a S. Num texto emblemático da fase anterior à *Suma*, o *As razões da fé* VII, ele insistia na razão de conveniência para a Paixão, visto que, por meio dela, Cristo oferecia a satisfação infinita.

**Cinco expressões fundamentais da salvação.** Nas questões 48 e 49 da Parte III da *Suma de teologia*, Tomás investiga, respectivamente, o *modo* como Jesus realizou a S. e os *efeitos* de seu agir salvador. É nessa investigação que finalmente se desvelam os elementos específicos da experiência, compreensão e expressão pessoais de Tomás de Aquino no tocante à S. Assim, nos *sed contra* de cada artigo da questão 48, Tomás reúne textos bíblicos para exprimir a S. operada por Jesus, designando-a como: (1) *mérito* (Fl 2,9 – "Por isso Deus o exaltou grandemente e o agraciou com o Nome que é sobre todo nome"): se Deus exaltou a Cristo, é porque sua vida o fez merecer ser exaltado; e o versículo 9 do capítulo 2 de Filipenses afirma essa exaltação precisamente depois de ter falado da obediência de Jesus até a morte de cruz, o que o fez, por essa obediência extrema, salvar seus irmãos de natureza; (2) *satisfação* (Sl 68,5 – "Eu devolvia aquilo que não roubei"): Tomás atualiza o sentido do Salmo, aplicando-o a Jesus, para sintetizar as afirmações escriturísticas segundo as quais Jesus teria salvado a humanidade ao compensar a dupla dívida contraída no pecado original, a dívida da ofensa a Deus e a dívida da pena merecida pela ofensa; em todo caso, se o mérito visava a uma recompensa para o próprio merecedor ou para outrem por quem o merecedor a obtinha, a satisfação visava reparar o direito lesado; (3) *sacrifício* (Ef 5,2 – "Entregou-se a si mesmo por nós, como

oblação e hóstia de suave odor a Deus"): o sentido desse texto é, por assim dizer, mais claro, pois sintetiza de maneira concreta as afirmações bíblicas de que Cristo, em sua Paixão, ofereceu-se a Deus em lugar dos seus irmãos de natureza; seu ato livre e amoroso, vindo dele que era uma vítima perfeita, sustentou voluntariamente a Paixão e foi maximamente agradável a Deus, de modo que, além de ter merecido a salvação para seus irmãos, conquistando-a como se conquista um prêmio, Jesus se ofereceu a Deus como oblação e hóstia, a fim de reconciliar a humanidade com Deus e incitá-la a adorá-lo (lembrando que um ato pode ser meritório e satisfatório sem ser necessariamente de caráter sacrificial); (4) *redenção* (1Pd 1,18-19 – "Não foi com coisas perecíveis, isto é, com prata ou com ouro, que fostes resgatados da vida fútil que herdastes dos vossos pais, mas pelo sangue precioso de Cristo, como de um cordeiro sem defeitos e sem mácula"): Tomás identifica nesse texto a reunião de todas as afirmações bíblicas segundo as quais a obra da S. exprime-se em termos de resgate, preço, pagamento etc.; para ele, a dupla dívida contraída pela humanidade, a da ofensa a Deus e a da pena merecida pela ofensa, tal como se enfatiza ao falar de satisfação, havia imposto à humanidade uma dupla servidão, a servidão do pecado, porque o demônio vencera o ser humano, tomando-o sob seu jugo, e a servidão da pena, pois, atado à justiça divina, o ser humano, mesmo livre, vive o sofrimento, que, em princípio, é algo indesejável; (5) *eficiência* (1Cor 1,18 – "A linguagem da cruz é loucura para aqueles que se perdem, mas, para aqueles que se salvam, para nós, é poder de Deus"): o sentido do termo *poder* (*virtus*), aqui, não é moral nem político, mas metafísico-psicológico, designando uma virtude ou um ⌀hábito (melhor dizendo, uma habilitação) desenvolvido pela pessoa e de ordem espiritual, não reduzida à dimensão física e sendo dada a cada indivíduo como um ⌀dom, o que é explicado por Tomás quando lembra que a Paixão de Jesus foi corporal, mas, por causa da divindade unida à sua natureza humana psicofísica, possui força imaterial, espiritual, com efeitos que vão muito além do que é quantificável em termos materiais. Retomando cada "categoria" ou modo de exprimir a S., Tomás, quanto à S. como *mérito*, afirma, na *Suma de teologia* III, q. 48, a. 1, que a Paixão de Jesus terá causado a S. como um bem conquistado, merecido como algo que lhe era devido por causa de seu ato agradável a Deus. Como, porém, Jesus sofrera e morrera por amor e obediência extremos, submetendo-se livremente ao desígnio salvífico de Deus, *nele estava presente* por sua vontade livre, o princípio interior de todo ato meritório (cf. *ibidem* ad 1m), podendo merecer, por conseguinte, para outrem, a recompensa por sua ação. Além disso, se é verdade que quem sofre por causa da justiça merece para si a S. (como se lê em Mt 5,10: "Felizes os que sofrem perseguições por causa da justiça"), então Cristo mereceu a S., mas não apenas nem propriamente para si, mas, como Cabeça da Igreja, para todos os seus membros; afinal, toda graça dada a ele como cabeça transborda para todos os seus membros, aqueles que estão nele (cf. *ibidem*, q. 8, a. 1; a. 5). Alguns, porém, falando adequadamente da vida de Jesus como meritória desde sua concepção (cf. *ibidem*, q. 34, a. 5), concluíam que era supérfluo falar novamente de mérito na Paixão, ao que responde Tomás reafirmando o pressuposto da necessidade da Paixão e lembrando que somente Deus pode conhecer as razões precisas pelas quais aceitou que Jesus sofresse, morresse e ressuscitasse para obter a salvação do gênero humano (modo mais conveniente para realizar a salvação – cf. *ibidem*, q. 46). Duvidar disso significaria desconfiar da sabedoria do pensamento de Deus, revelada tanto nas Escrituras como na Tradição. Quanto à *satisfação*, Tomás esclarece que ela pressupõe a ideia de débito ou reparação por uma ofensa, de modo que Jesus teria, assim, satisfeito o Pai pela dívida da humanidade, que é dupla, como já se afirmou: a da ofensa a Deus e a da pena merecida pela ofensa. Tomás de Aquino entende que Cristo satisfez o Pai por ambas, em virtude de seu amor e de seu sofrimento em uma obediência absolutamente livre. Satisfazer

por uma ofensa significa oferecer ao ofendido algo que lhe agrade no mesmo grau ou em grau superior ao da ofensa. Jesus, por sua pessoa divina, assume e eleva a dignidade da carne humana, satisfazendo, portanto, perfeitamente a Deus, em nome de seus irmãos de natureza. Mas terá sido o amor de Jesus que agradou ao Pai, e não um elemento penal de satisfação jurídica. A satisfação distingue-se do mérito porque este, como já foi dito, visa a uma recompensa para quem tem mérito, ao passo que a satisfação visa à reparação do direito lesado de outrem. Assim, mérito e satisfação não têm relação necessária nem se implicam entre si, pois é possível haver mérito sem satisfação e vice-versa (por exemplo, quando se dá algo gratuitamente a alguém, há mérito sem satisfação, pois não se devia nada, e, na contrapartida, quando se paga estritamente aquilo que se deve, há satisfação, mas sem mérito, pois não se faz nada além do que se devia fazer). Nessa perspectiva, a salvação operada por Jesus não é apenas meritória, mas também satisfatória, pois não é obtida por uma simples decisão do ofendido, e sim conquistada pelo amor extremado e gratuito de Jesus, que o Pai não podia ignorar e ao qual não podia deixar de recompensar na mesma proporção (cf. *ibidem*, a. 2). Quanto ao sacrifício ou ao *caráter sacrificial* da S. operada por Jesus, trata-se, segundo Tomás, de outra faceta do mesmo poliedro que exprime a fé no agir salvador de Jesus, pois nem o mérito nem a satisfação possuem conotação de sacrifício. Mas as Escrituras não poupam palavras para repetir que Jesus ofereceu-se ao Pai em sacrifício. Cabe aqui chamar a atenção para a estrutura curiosa, do ponto de vista redacional (em comparação com os artigos anteriores) do *Respondeo* do artigo 3 da questão 48: enquanto nos artigos anteriores obedecia-se a uma lógica silogística, o corpo do artigo 3 compõe-se de três grandes partes, redigidas, por assim dizer, com o fim de produzir algo como uma compreensão intuitiva: (a) dá-se uma definição de sacrifício, segundo a qual se fala de sacrifício de algo oferecido a Deus a fim de aplacá-lo e prestar-lhe a honra que lhe é devida; (b) faz-se uma meditação sobre o amor (*charitas*) de Jesus; (c) medita-se, por fim, sobre o sacrifício de Jesus como culminância dos sacrifícios antigos, ainda que, no sacrifício de Jesus, coincidam o sacerdote e a vítima expiatória, uma vez que foi ele mesmo que se ofereceu em expiação por amor e em absoluta liberdade. Essa estrutura impressiona porque permite uma conclusão direta, sem a necessidade de mediações conceituais ou raciocinativas: o que explica que o sacrifício de Jesus é seu amor. Em termos, por assim dizer, estruturais, a redação dos momentos (a) e (c) explica-se por (b): o amor-caridade de Jesus é o núcleo e a chave de leitura do corpo do artigo 3 da questão 48. Fazer, porém, mera análise da estrutura do texto não teria maior interesse do que analisar a estrutura de qualquer outra redação. Todavia, no presente caso, a estrutura revela algo de extrema importância: Tomás não recorre à mediação de nenhum elemento jurídico para exprimir o agir salvador de Jesus, mas à observação de que a Escritura afirma um elemento psicológico-moral, psicofísico, de Jesus: o amor. Assim, como aprendera de São Máximo, o Confessor, Tomás dirá que é justamente o amor infinito de Jesus que dá à sua ação o caráter de sacrifício, pois nada, senão o amor livre, o constrangia a entregar-se pela humanidade. Não se fala mais de culpa, dívida, juiz, mérito ou do que quer seja em termos jurídicos, mas de um amor extremado ou uma gratuidade que, em um vocabulário metafísico, aponta para a coincidência absoluta entre *ser*, *amor* e *liberdade*. Por corolário, o caráter salvador da vida, Paixão, morte e ressurreição de Jesus não vem de seu sofrimento *em si*, como se o Pai tivesse desejado que o Filho sofresse o que sofreu e se comprazesse com tal sofrimento e sacrifício cruento, mas do amor com que Jesus viveu e foi fiel ao Pai e a seus irmãos ao extremo (oferecendo-se como vítima de amor, uma vez que, por sua liberdade, ele poderia ter recusado a obediência até o fim, já que compreendia muito bem, como se diria hoje, os vícios de seu processo penal e as consequências que dele podiam advir). Quanto à *redenção*, Tomás relembra que a humanidade,

ao pecar, contraiu dupla obrigação: a servidão ao pecado, porque o demônio vencera o ser humano, tomando-o sob seu jugo, e a servidão à pena, que vinculou o ser humano à justiça divina, também constituindo uma servidão, pois o ser humano sofre o que não quer, mesmo sendo livre. A satisfação adequada e superabundante de Jesus pelos pecados e pela dívida do gênero humano foi, segundo Tomás, como um pagamento que libertou de ambas as obrigações, pois a satisfação mesma pela qual alguém satisfaz por si ou por outrem constitui um tipo de "preço" pelo qual se resgata tanto do pecado como da pena. Cristo, porém, não terá efetuado um resgate em dinheiro, mas com o que tinha de mais precioso: seu próprio sangue, sinal de seu amor extremado (cf. *ibidem*, a. 4). Tomás de Aquino evoca, ainda uma vez, a *disposição interior* que enformou a Paixão de Jesus, quer dizer, seu amor extremado pelas criaturas, especialmente seus irmãos de natureza, o que permite tomar o amor como razão da analogia da redenção, e não o ato em si de pagar um preço por uma dívida. A natureza da Paixão de Cristo estará, assim, fora e muito além de uma dimensão jurídica, e parece ser essa percepção que dá a Tomás de Aquino a possibilidade de responder, por exemplo, ao terceiro argumento inicial do artigo 6, ao esclarecer que, para a libertação do ser humano, a redenção era requerida com respeito a Deus, e não ao demônio (cf. *ibidem*, a. 6, ad 3m). À pergunta se se deve atribuir a Jesus ou à Trindade inteira a redenção do gênero humano, Tomás responde que apenas Jesus se fez maldição na cruz, embora a Trindade inteira seja a *causa primeira e remota* da redenção. A vida de Jesus pertence à Trindade; foi ela quem inspirou ao Verbo a encarnação e todo o sofrimento que isso implicaria. Assim, a redenção pode ser atribuída como causa primeira à Trindade, mas deve ser imediatamente identificada com o homem Jesus de Nazaré. Quanto à *eficiência*, Tomás evoca o texto de 1Cor 1,18, para afirmar solenemente que "a palavra da cruz, para aqueles que são salvos, é força de Deus". Ele recorre à concepção aristotélica das quatro causas para exprimir o dado de fé e encontra na *causa eficiente* um modo apropriado para dizer que Jesus salva cada ser humano *causando* nele a salvação. Nessa perspectiva, Cristo é a origem de um princípio que se desenvolve em cada pessoa que a ele se abre; esse princípio é justamente o *princípio da salvação*, como um dinamismo ou uma força (*virtus*). Explicando-se, Tomás distingue dois sentidos para a causa eficiente: a causa eficiente principal e a causa eficiente instrumental. Uma causa eficiente pode ser principial se nela estiver a origem do movimento que atualiza as potencialidades inerentes ao ente movido/mudado, ou pode ser instrumental se ela for o meio pelo qual a causa principial imprime movimento no ente. Ora, a causa eficiente principal da salvação humana é Deus, a Trindade, pois Deus é a verdadeira fonte do dinamismo da S., ao passo que à humanidade de Jesus cabe o estatuto de causa instrumental, pois ela é o instrumento de Deus: suas ações e sofrimentos realizaram instrumentalmente, movidos pela força da divindade, a S. humana.

**Relativização do valor das expressões da salvação.** Tomás de Aquino mostra explicitamente no capítulo 36 do livro IV da *Suma contra os gentios* e no artigo 1 da questão 18 da Parte III da *Suma de teologia* (bem como no artigo 1 da questão 19 da mesma Parte III), que, como cristão, ele aceita, naturalmente, o mosaico ou o poliedro das expressões bíblicas da S. e acolhe cada uma delas, ou, melhor, o conjunto de todas elas. Na questão 48 da Parte III da *Suma de teologia*, Tomás realiza uma síntese que, conservando o valor de todas as expressões de fé na S., relativiza todas elas entre si, pois mostra conceber a validade de cada uma em referência às outras, para justamente preservar o conjunto de todas as expressões bíblicas da S., como se observa no *ad tertium* do artigo 6. Em outras palavras, todas as expressões bíblicas da S. devem ser consideradas em conjunto para exprimir-se adequadamente o agir salvador de Jesus. O *ad tertium* do artigo 6 é o último parágrafo da questão 48 e fornece a melhor chave de leitura

da questão inteira. Tomás explica que "a Paixão de Cristo, em referência com sua divindade, age ao modo de eficiência; em referência com a vontade da alma de Cristo, age ao modo de mérito; considerada na carne mesma de Cristo, age ao modo de satisfação, pois somos por ela livrados da pena devida pelo pecado; por outro lado, enquanto por ela somos libertados da servidão da culpa, age ao modo de redenção; e, por fim, enquanto por ela somos reconciliados com Deus, age ao modo de sacrifício" (*ibidem*, q. 48, a. 6, ad 3m). De acordo com esse texto, se se quiser perscrutar o sentido da S., não se pode desfazer o conjunto de todas as suas expressões, mas considerá-lo em sua unidade. Assim, afirmar *Jesus é salvador* significa dizer que ele obteve mérito, satisfez, sacrificou-se, redimiu e causou uma vida nova; na contrapartida, dizer-se salvo ou salva por Jesus significa dizer que ele mereceu a salvação, satisfez pelas dívidas humanas, sacrificou-se pelos humanos, resgatou-os da submissão ao pecado e deu-lhes uma vida nova. Cada uma dessas expressões só tem sentido, então, segundo a fé cristã, se considerada em relação com todas as outras, o que significa não privilegiar a categoria de satisfação, sacrifício, e assim por diante.

**Vantagem explicativa da eficiência.** A posição que se acaba de descrever representa, no entanto, uma mudança de perspectiva e mesmo evolução na maneira tomasiana de conceber e exprimir a S. Aliás, graças ao estudo publicado em 1965 pelo teólogo brasileiro Francisco Catão (1927-2020), intitulado *Salut et rédemption chez Thomas d'Aquin* [Salvação e redenção em Tomás de Aquino], seu doutorado em Teologia pela Universidade de Estrasburgo, pode-se considerar demonstrada essa mudança e evolução: do *Comentário aos Livros das Sentenças de Pedro Lombardo*, passando pelo *Comentário ao Símbolo dos apóstolos*, até chegar às duas *Sumas* da maturidade, Tomás pôs em segundo plano o modelo satisfacionista, bem como todo caráter jurisdicista na compreensão e expressão da S., privilegiando o modelo que identifica o valor salvador da ação de Jesus no seu amor extremado e livre, identificando, assim, *ser, amar* e *ser livre*. Em outras palavras, desenvolveu claramente o modelo aprendido com Máximo, o Confessor. Não por acaso, o prestigiado *Dicionário Crítico de Teologia*, organizado por Jean-Yves Lacoste, trata o estudo de Francisco Catão como um divisor de águas na compreensão da soteriologia tomasiana (cf. PENNA; SCHWAGER, 2004; SAVIAN FILHO, 2009). Em resumo, como demonstra a tese de Catão, o que faz a relativização tomasiana das expressões da S. é ampliar a compreensão do caráter salvador do agir de Jesus para *todo o seu agir*, como já se mencionou anteriormente: "todas as ações e sofrimentos de Cristo produzem instrumentalmente, por força da divindade, a salvação humana" (*omnes actiones et passiones Christi instrumentaliter operantur, in virtute divinitatis, ad salutem humanam* – Suma de teologia III, q. 48, a. 6, Resp.). Pela ênfase na divindade de Jesus, observa-se que o fundamento da afirmação de Tomás é a união da natureza divina à natureza humana em Jesus: a pessoa divina do Verbo assumiu carne e alma humanas para realizar a S. Tal união deu-se sem mistura nem confusão, sem divisão nem separação, como dizia a tradição patrística e conciliar, e a ela se costuma chamar de *união hipostática*, união da natureza humana na hipóstase ou pessoa divina de Jesus. Justamente em função dessa união, *toda* ação de Jesus é divina *e* humana, ou humana *e* divina: divina, porque praticada pelo Verbo; humana, porque praticada pelo Verbo por meio de sua natureza humana, cuja liberdade exerceu-se inteiramente e aceitou agir em obediência ao Pai, em benefício de seus irmãos. Especificamente no tocante à S. de seus irmãos, pode-se dizer que todas as ações de Jesus são divinas e visam a esse fim, porque, segundo o pensamento de Deus, o Verbo encarnou-se para isso, de modo que tudo o que Jesus fez e sofreu deve ser atribuído à vontade do Verbo em união livre e perfeita com a vontade de sua natureza humana. Suas ações foram praticadas na História, no cotidiano das pessoas, porque a vontade do Verbo encarnado as produziu em consonância perfeita com a vontade do homem Jesus de Nazaré, cujo prazer consistia em fazer a vontade do Pai. O que interessa aqui é destacar que o Verbo encarnado produziu suas ações por meio da sua humanidade, ou, se se preferir, tomando sua humanidade como instrumento. Isso não quer dizer que a humanidade de Cristo fosse apenas um instrumento inerte do Verbo, mas um instrumento que continha seu próprio princípio de ação (vontade). Assim, a divindade de Jesus não "usava" sua humanidade, mas agia em consonância perfeita com ela; sua humanidade é que era animada pela força divina. Por isso, a ênfase tomasiana no caráter salvador de todas as ações de Jesus termina, de um ponto de vista teológico, por dar certa vantagem explicativa à ideia de *eficiência* a fim de exprimir o agir salvador de Jesus. Tal vantagem explicativa observa-se ainda com mais clareza quando Tomás explica o tipo de eficiência produzido pela vida de Jesus, ou, em outras palavras, o que essa eficiência produz: mesmo sendo corporal, sua Paixão tem força espiritual, dada sua união com a divindade, de modo que de sua Paixão emana (*sortitur*) uma eficácia também espiritual (cf. *Suma de teologia* III, q. 48, a. 5, ad 2m). Assim, a eficiência do agir salvador de Jesus é a da produção de uma *força* (*virtus*), um princípio ou de um dinamismo que salva. Assim, embora a fidelidade tomasiana ao conjunto dos dados bíblicos e patrísticos leve a designar a S. em termos de mérito, satisfação, sacrifício e redenção, deve-se reconhecer que a *eficiência* perpassa todas essas expressões e tem certa vantagem explicativa da S. O próprio Novo ou Segundo Testamento confirma essa vantagem ao afirmar, por exemplo, que Jesus, por sua morte, destruiu a morte (cf. Hb 2,14) e que a própria morte foi absorvida na vitória (cf. 1Cor 15,54). Aliás, na morte de Jesus, não cessa sua capacidade de ser *instrumento de salvação*, pois sua divindade, mesmo após a morte, *continua a agir* por meio da sua humanidade. Isso não quer dizer que o corpo morto de Cristo continuasse a produzir algo, pois faltava-lhe o que é propriamente humano, ou seja, a inteligência e a vontade; o que agia era sua divindade. Nesse "estágio", por assim dizer, não havia mais mérito nem satisfação, nem sacrifício nem redenção, pois, suspensa a liberdade humana de Jesus (sua inteligência e sua vontade), tais expressões não fazem sentido. Todavia, durante sua passagem pela morte, age sua vontade de Verbo, o que mostra, nesse aspecto, apenas a *eficiência* como categoria adequada para exprimir a S., e, embora a humanidade do Verbo experimente a morte, ele continua a produzir efeito salvífico. A ressurreição, por conseguinte, tem papel realmente especial na causalidade eficiente da salvação. Diz Tomás: "A ressurreição de Cristo não é, propriamente falando, causa meritória de nossa ressurreição, mas é causa eficiente [...] A humanidade de Cristo, segundo a qual ele ressuscitou, é, de certo modo, instrumento de sua divindade; ela agia pela força divina, como se disse antes. Assim, tudo o que Cristo fez ou sofreu em sua humanidade é propício à nossa salvação por força de sua divindade. Assim também a ressurreição de Cristo é causa eficiente de nossa ressurreição em virtude da força divina; é próprio dessa força fazer os mortos viverem. Ela atinge, certamente, todos os lugares e todos os tempos, e um contato com essa força basta para explicar a eficiência" (*Suma de teologia* III, q. 56, a. 1, ad 3m). Da ressurreição é, pois, o acabamento e a transformação da Paixão; ela concede a força mesma de Deus, o *♀Espírito Santo* que anima a comunidade dos que creem, a Igreja. Se é assim, também a ascensão é causa de salvação, mas pelo mesmo princípio da ressurreição, ou seja, pela força de Deus, e não exatamente por mérito, satisfação, sacrifício ou redenção. Numa palavra, experimentar, compreender e exprimir a S. operada por Jesus equivale a conhecer e conservar a pluralidade das expressões bíblicas e da teologia patrística de tal S., porém todas em correlação. É inegável, entretanto, que, entre as cinco expressões de fé sintetizadas por Tomás de Aquino, tem vantagem explícita a expressão da S. como eficiência ou produção de uma força que transforma a vida dos que creem e atinge mesmo os que não creem, uma vez que ela toca a natureza humana como um todo. Jesus salva, portanto, sobretudo ao oferecer uma vida nova, a vida no seu Espírito, o Espírito Santo.

**Questão histórica.** É legítimo perguntar por que, dada a influência exercida pela teologia de Tomás de Aquino no cristianismo católico (e mesmo em algumas correntes protestantes), seu privilégio da eficiência na expressão da S. não se impôs com maior significação. A resposta é de extrema complexidade e de ordem histórico-teológica: ainda que o pensamento tomasiano tenha logo despertado admiração, seus contemporâneos não foram capazes de introduzi-lo no currículo formativo, e Tomás chegou mesmo a ser condenado, depois de sua morte, por ter feito concessões ao pensamento aristotélico que, na Universidade de Paris de então, era cultivado por discípulos de Averróis (e, fato curioso, Tomás foi um defensor do pensamento agostiniano, com elementos platônicos, contra os averroístas). Foi somente no século XVI que seus confrades dominicanos começaram a comentar seus textos, em particular a *Suma de teologia*, mas associando-a a problemáticas modernas, mais ocultando do que desvelando o pensamento original de Tomás. Como diz Francisco Catão, o tomismo dos "comentadores clássicos", como se costuma dizer, "é um grande biombo, escondendo o pensamento tomasiano [...]" e "apesar de sua grandeza, esse tomismo, centrado nas questões controvertidas entre cristãos, esvaziou-se com a escolástica e agonizava no século XIX" (CATÃO, 2002, p. 16). Somente há pouco mais de um século começou-se a recuperar o sentido dos textos mesmos de Tomás, levando a distinguir o "Tomás de Aquino histórico" do "Tomás dos tomistas e neotomistas" (♀Tomismos). Além disso, para além da obra tomasiana, convém evocar a influência do "cristianismo barroco" majoritário, centrado não apenas em uma teologia, mas também em uma piedade do sofrimento, favorecendo um cristianismo da dor, da cruz, em vez da alegria da ressurreição (cf. DELUMEAU; BILLON, 2004). A razão da predominância desse cristianismo dolorista foi

SALVAÇÃO

a insistência no caráter jurídico da S. operada por Jesus, o *resgate* do pecado, o apaziguamento do Pai, por meio do sangue de Jesus na cruz, cumprindo-se a proporcionalidade entre a ofensa infinita feita ao Pai com o pecado dos primeiros humanos e o sacrifício de valor infinito oferecido pela morte do Filho. Essa expressão da S. ficou conhecida como típica de Anselmo de Cantuária, por causa de sua obra *Por que Deus se fez humano* (ANSELMO DE CANTUÁRIA, 2003), embora o próprio Anselmo não exprimisse a S. em termos exclusivamente sacrificiais (cf. NGUYEN, 2018). Diversas razões históricas concorrem para a prevalência do sacrifício da cruz: o impacto psíquico que essa narrativa causava nos cristãos europeus e do Novo Mundo, as espiritualidades do *contemptus mundi* (desprezo do mundo), tendo em vista as novidades que os séculos XV-XVI introduziam em vários aspectos (comerciais, políticos, antropológicos etc.), e mesmo a ênfase puritana, de parte do protestantismo, no pecado dos primeiros pais (cf. DELUMEAU; BILLON, 2004). Será preciso esperar o Concílio Vaticano II para uma nova relativização da importância do sacrifício de Jesus em relação com as outras expressões bíblicas. A Constituição Pastoral *Gaudium et Spes*, por exemplo, respeita a categoria do sacrifício e apresenta Jesus como "cordeiro inocente que derramou livremente o seu sangue" (VATICANO II, 1998, n. 1387, p. 486), mas, como se observa, insiste, seguindo os textos bíblicos, na *liberdade* do cordeiro. Na sequência (n. 1388), a mesma constituição exprime demoradamente que o Filho, primogênito entre muitos irmãos (cf. Rm 8,29; Cl 1,8), recebeu as primícias do Espírito Santo (cf. Rm 8,23), Espírito que é penhor da herança (cf. Ef 1,14) e que cumpriu a nova lei do amor (cf. *idem, ibidem*). Se não se pode afirmar sem mais que essa relativização do sacrifício e insistência na eficiência da salvação pela obtenção e envio do Espírito Santo são uma influência tomasiana nos padres conciliares, também não se pode negar que elas seguem o espírito de Tomás de Aquino. A esse propósito, não se deve esquecer que a redação da *Gaudium et Spes* foi influen-

ciada radicalmente por Karl Rahner, Jean-Yves Congar e Joseph Ratzinger (cf. SAVIAN FILHO, 2005). Apenas para evocar o espírito desses teólogos, pode-se mencionar que o jovem Joseph Ratzinger declarava recusar-se a crer em um Deus cuja justiça inexorável teria reclamado um sacrifício humano, o sacrifício de seu próprio Filho; e acrescentava que, tanto mais essa imagem é conhecida, tanto mais ela é falsa (cf. RATZINGER, 1976, p. 197). Não se pode esquecer ainda que, entre tantos outros aspectos essenciais para Tomás de Aquino, a S. operada por Jesus, Verbo encarnado, alcança de algum modo, pelo seu Espírito, todos os seres humanos de boa vontade (o que se repete em *Gaudium et Spes* n. 1389) e que a justiça possui uma forma superior de ser exercida, a misericórdia.

**Bibliografia:** ANSELMO DE CANTUÁRIA. *Por que Deus se fez homem?* Trad. R. Gouveia. São Paulo: Novo Século, 2003. ATTALI, M. Les contrées respectables: l'universel et le particulier dans la Kabbale. *Pardès* 49 (2011), p. 113-121. BULTMANN, R. *Demitologização*: coletânea de ensaios. Trad. Walter Altmann; Luís M. Sander. São Leopoldo: Sinodal, 1997. CATÃO, F. *Salut et rédemption chez Thomas d'Aquin*. Paris: Aubier, 1965. _____. O Jesus de Tomás de Aquino. In: SOUZA NETO, F. B. *Jesus*: anúncio e reflexão. Campinas: Editora da Unicamp, 2002, p. 15-36. DAHAN, G. *Lire la Bible au Moyen Âge*: Essais d'herméneutique médiévale. Genebra: Droz, 2009. DELUMEAU, J.; BILLON, G. *Jésus et sa passion*. Paris: Desclée de Brouwer, 2004. DE LUBAC, H. *Exégèse médiévale*: Les quatre sens de l'Écriture. Paris: Aubier, 1959-1964. DENZINGER, H.; HÜNERMANN, P. *Compêndio dos símbolos, definições e declarações de fé e moral*. Trad. José Marino e Johan Konings. São Paulo: Paulinas; Loyola, 2007. LETER, M. La fabrication de l'oeuvre ouverte chez Eco comme caricature de l'exégèse et occultation du Midrach, 1998. Disponível em: <http://aboutleter.chez alice.fr/pages/etexts%20 ml/Apories%20de%20l'hermeneutiqu2.html>. Acesso em: 5 maio 2022. LIMA VAZ, H. C. A ética medieval: Tomás de Aquino. In: _____. *Introdução à ética filosófica I*. São Paulo: Loyola, 1999, p. 199-240. MÁXIMO, O CONFESSOR. *Centuries sur la charité*. Trad. Joseph Pegon. Paris: Cerf, 1943. _____. *L'agonie du Christ*.

Trad. M.-H. Gongourdeau. Paris: Cerf, 1997. _____. *Opuscules théologiques et polémiques*. Trad. Emmanuel Ponsoye. Paris: Cerf, 1998. _____. *Mystagogie*. Trad. M. L. Charpin-Ploix. Paris: Cerf, 2005. NGUYEN, T. *Anselm on the Atonement in Cur Deus homo:* Salvation as a Gratuitous Grace. Chicago: Loyola University, 2018. (Tese.) Disponível em: <https://digitalcommons.lmu.edu/cgi/viewcontent.cgi?article=1520&context=etd>. Acesso em: 12 de maio de 2022. PAPA FRANCISCO. *Gaudete et exsultate:* exortação Apostólica sobre a chamada à santidade no mundo atual. Vários tradutores. Vaticano: Libreria Vaticana, 2018. Disponível em: <https://www.vatican.va/content/francesco/pt/apost_exhortations/documents/papa-francesco_esortazione-ap_20180319_gaudete-et-exsultate.html>. Acesso em: 11 maio 2022. PENNA, R.; SCHWAGER, R. Salvação. In: LACOSTE, J.-Y. *Dicionário Crítico de Teologia*. Vários tradutores. São Paulo: Loyola, 2004, p. 1591-1608. RAHNER, K. *Curso fundamental da fé.* Trad. Alberto Costa. São Paulo: Paulinas, 1984. _____. Elementos de espiritualidade na Igreja do futuro. In: GOFFI, T.; SECONDIN, B. (orgs.). *Problemas e perspectivas de espiritualidade*. Trad. José Maria de Almeida. São Paulo: Loyola, 1992, p. 361-369. _____. *Geist in Welt:* zur Metaphysik der endlichen Erkenntnis bei Thomas von Aquin. Friburgo na Brisgóvia: Herder, 1996. RATZINGER, J. *Einführung in das Christentum:* Vorlesungen über das apostolische Glaubensbekenntnis. Munique: Kösel, 1965. _____. *Foi chrétienne hier et aujourd'hui.* Trad. P. Shouver; J. Hoffman. Paris: Mame, 1976. SAVIAN FILHO, J. A questão de Deus para o ser humano e para o cristão: as formas contemporâneas de ateísmo prático e o testemunho cristão. *Síntese* 102 (2005), p. 255-266. _____. O agir salvador de Jesus segundo Tomás de Aquino. *Síntese* 113 (2009), p. 37-58. SOUZA NETO, F. B. Jesus nas cristologias do Novo Testamento. In: _____. (org.). *Jesus:* anúncio e reflexão. Campinas: Editora da Unicamp, 2002, p. 59-206. THEOBALD, C. *Transmitir um Evangelho de liberdade.* Trad. João Carlos Nogueira. São Paulo: Loyola, 2009. VATICANO II. *Mensagens, discursos, documentos*. Trad. Francisco Catão. São Paulo: Paulinas, 1998. VON BALTHASAR, H. U. *Liturgie cosmique:* Maxime le confesseur. Paris: Aubier, 1947. _____. *Theodramatik*. Einsiedeln: Johannes Verlag, 1983. v. III.

JUVENAL SAVIAN FILHO

## SANTIDADE → *Ver* Graça; Piedade

## SENTIDO (SENSÍVEL/SENSIBILIDADE) → *Ver* Conhecimento

## SER → *Ver* Ser e Ente

## SER E ENTE

**Distinções fundamentais.** Em *O ente e a essência*, Tomás de Aquino apresenta a sua teoria da composição entre ℗essência e ser nos entes em geral, sejam eles substâncias simples (os ℗anjos), substâncias compostas (de forma e ℗matéria), intenções lógicas (os predicáveis) ou acidentes. Contudo, os conceitos de ser e ente apresentam uma abordagem variada ao longo da obra do Doutor Angélico. Ademais, a recepção de Tomás de Aquino da *Metafísica* de Aristóteles é de particular importância, pois além do livro VI, que trata do *ente como ente*, no qual a referência ao problema do ser é explícita, também o livro XII, que trata da ciência teológica, é bastante relevante, pois nele se encontra a designação de ℗Deus como o próprio ato de ser. Deve-se considerar também a relação entre o problema do ser e a discussão sobre a ℗participação, pois Deus possui o ser por essência, ao passo que as criaturas participam do ser divino. Há, portanto, um sentido especial do verbo *ser* que consiste na designação de Deus como *o ato mesmo de ser* (*ipsum esse*). Nesse sentido, Deus *é* por excelência, ao passo que os demais entes participam do ser divino. O *ser* é um problema tradicional na história da ℗filosofia. É conhecida a crítica de Martin Heidegger (cf. 2012) à história da ℗metafísica, que teria confundido *ser* e *ente*, conforme pensava o filósofo alemão. Por sua vez, Étienne Gilson (cf. 2016) se contrapôs a essa visão, afirmando que *ser* e *ente* teriam acepções distintas em Tomás de Aquino. Convém lembrar que Tomás de Aquino expressava-se em latim, língua dos estudiosos e eruditos em Paris, em Colônia e na Itália, locais por onde ele circulou. No latim clássico, de Cícero e César, o infinitivo *esse* corresponde ao verbo *ser* em português. Seu sentido é muito mais abrangente: significa *ser* e *estar*, mas pode também ser empregado com o significado de *existir* na linguagem corrente. E o que dizer de *ente*? Tal como empregamos hoje esse termo, ele corresponde a um substantivo que, no latim dos tempos de Tomás de Aquino, correspondia a uma forma verbal, tendo, porém, desaparecido da língua portuguesa. Trata-se do particípio presente: *algo que é* (próximo do gerúndio *sendo*). Alguns termos em português ainda evocam, no entanto, essa forma verbal (que, para nós, tornou-se um substantivo): por exemplo, *falante* ou *que fala* corresponde ao que seria o particípio presente do verbo *falar*; igualmente, em nosso uso, *ente* corresponde a *o que é*, *o que tem ser*, *o que está* ou *o que existe*. No período clássico da língua latina, o verbo ser era defectivo, carecendo da forma participial presente. Havia tradução do infinitivo grego *eînai* no latim *esse* (ser), mas o particípio presente grego *tò ón* não era traduzido por *ens*. Só no latim tardio essa forma verbal começou a ser aceita, e, mesmo em autores que a usaram com extrema parcimônia, como Boécio (475-525), ela era expressa de preferência pela perífrase *id quod est* (o que é). Pode-se dizer, então, que *ens* ou *ente* é um barbarismo que será consagrado apenas no período escolástico da língua latina, e, no caso de Tomás de Aquino, *ens* (ente) é concebido em conformidade com sua forma gramatical de particípio presente: *o que possui ser*, *o que é* (cf. *Comentário aos Livros das Sentenças de Pedro Lombardo* II, 37, 1, 2).

**Ser e diferentes sentidos de ente.** Desse modo, há o problema do ser e os vários sentidos de *ente*, que devem ser abordados no pensamento do Doutor Angélico. Tomás de Aquino apresenta pelo menos dois sentidos bem definidos do verbo *ser*: o primeiro é o que corresponde à quidade ou natureza das coisas; o segundo corresponde à cópula proposicional, que Tomás denomina *composição e divisão*. Assim como o conceito é a contrapartida mental do termo linguístico, também a composição e a divisão são, respectivamente, contrapartidas mentais das afirmações e negações emitidas na linguagem. Entretanto, Tomás de Aquino também identifica o sentido do verbo ser como o existir, eminentemente criatural. Assim, quando se diz "Sócrates é", sem acrescentar um predicado como terceiro adjacente, trata-se de afirmar que Sócrates se encontra na natureza das coisas (cf. *Comentário ao Perì Hermeneías de Aristóteles* II, 2 a). Em conformidade com a filosofia aristotélica (cf. *Comentário à Metafísica de Aristóteles* V, 9), o Aquinate admite, portanto, dois sentidos de *ente*: o primeiro é o ente categorial, que se divide em substância e acidente, descritos por Aristóteles – esse sentido é o objeto da investigação em *O ente e a essência*; o segundo sentido de ente é derivado da atividade judicativa ou proposicional, na qual é possível exprimir, por meio de negações e privações, entes que não existem positivamente na realidade, como as trevas ou a cegueira. Não são ficções, mas também não são realidades categoriais. A privação não é a presença de alguma realidade, mas a ausência de algo; por exemplo, a cegueira não é algo, mas é a falta da visão: eis por que não se pode dizer que a parede é cega, pois não lhe falta nada quando não vê, diferentemente do ser humano a quem ocorreu o infortúnio de perder a visão. Por influência do comentário de Caetano de Vio (1469-1534) ao Prólogo de *O ente e a essência*, há uma tendência a tomar uma acepção do ente como aquilo que é primeiro concebido pelo intelecto. Desse modo, tudo o que é apreendido intelectualmente por conta da abstração dos dados sensoriais é tomado sob o aspecto de ente, nunca como um mero nada. Essa discussão de Caetano se contrapunha aos filósofos de seu tempo, adeptos de John Duns Scotus, como Antônio Trombeta, que não faziam a distinção necessária entre o ente primeiro concebido e o ente comum, objeto da metafísica. Ou seja, para se proceder à investigação metafísica, não basta que algo seja, é necessário que o ente seja considerado segundo o que decorre do fato de ser ente como tal. Para Tomás de Aquino, o objeto de investigação da metafísica é o ente comum, caracterizado por Aristóteles pelo reduplicativo *ente como ente* no livro IV da *Metafísica*. Tomás de Aquino incorpora a doutrina aristotélica exposta em *Metafísica*

V, 7, ao considerar que o ente se diz em vários sentidos, dentre os quais observam-se os seguintes: um sentido no qual o ente se divide em substância e acidente (cf. *O ente e a essência*, cap. 1); um segundo sentido no qual se divide em necessário e contingente (♀Necessidade e Contingência) (cf. *Suma contra os gentios* III, 72); um terceiro sentido no qual se divide em ato e potência (cf. *Comentário à Física de Aristóteles* III, 1); e admite ainda que o ente e o verdadeiro se convertem entre si, já no contexto da teoria escolástica dos transcendentais (♀Transcendência e Transcendental). Em resumo, de um modo geral, pode-se estabelecer uma relação entre ser e ente no pensamento de Tomás de Aquino, pois os principais sentidos abordados são o de ente categorial e o de ente de razão (nocional), derivados do verbo ser em sentido existencial (ato de ser) e em sentido copulativo. Além do ente categorial, há entes de razão que podem ser privativos, negativos ou positivos (como os conceitos lógicos). Decerto, é fundamental para a ♀teologia tomasiana que todos os entes criados derivem por participação do próprio ato de ser, que é Deus.

**Bibliografia:** ARISTÓTELES. *Metaphysics*. Trad. W. D. Ross. Oxford: Clarendon Press, 1924. BOÉCIO. *Escritos (Opuscula sacra)*. Trad. Juvenal Savian Filho. São Paulo: WMF Martins Fontes, 2005. CAETANO. *Commentary on Being and Essence*. Trad. Lottie H. Kendzierski e Francis C. Wade. Milwaukee: Marquette University Press, 1964 (*Comentário ao Do ente e da essência de Santo Tomás de Aquino*. Trad. Lucas D. T. de Aquino; Pablo Cánovas. Brasília: Contra errores, 2022). GILSON, E. *Being and some philosophers*. Toronto: PIMS, 1952. _____. *O ser e a essência*. Vários tradutores. São Paulo: Paulus, 2016. HEIDEGGER, M. *Ser e tempo*. Trad. Fausto Castilho. Campinas: Editora da Unicamp, 2012. KENNY, A. *Aquinas on being*. Oxford: Oxford University Press, 2002. MCINERNY, R. *Being and predication*. Washington, DC: Catholic University of America Press, 2018. ROLAND-GOSSELIN, M.-D., OP. *Le "De ente et essentia" de S. Thomas d'Aquin*. Kain: Le Saulchoir, 1926.

MARCO AURÉLIO OLIVEIRA DA SILVA

JUVENAL SAVIAN FILHO

## SER HUMANO

**O ser humano: ápice da criação.** Em sua biografia de Tomás de Aquino, o escritor britânico Gilbert Keith Chesterton (1874-1936) dá um título bastante apropriado ao santo dominicano: *Thomas a Creatore*, Tomás do Criador. Com efeito, Tomás afirma a bondade da ♀criação, obra das mãos de ♀Deus, na linha da escola de São Domingos, fundador de sua Ordem religiosa. Domingos dedicou boa parte de suas energias a combater a ♀heresia cátara, marcada por certo desprezo pela criação visível, o ♀mundo físico, a corporeidade. Sem exageros, podemos dizer mesmo que a Ordem de São Domingos (Ordem dos Pregadores ou Ordem dos Dominicanos) aparece como uma reação ao catarismo no sul da França. Desse modo, não é estranho que o apreço pela criação, visível e invisível, corra nas veias daquele que também conhecemos por Doutor Angélico, Tomás de Aquino. O ponto alto da criação é o ser humano (Sh.). Ao tratar da obra divina dos seis dias na *Suma de teologia* (I, q. 65-74), Tomás recorda que na ♀Sagrada Escritura, no tocante ao Sh., "diz-se que foi formado à imagem e semelhança de Deus" (*Suma de teologia* I, q. 72, ad 3m; cf. Gn 1,26-27). Tomás ainda tem o cuidado de esclarecer, reafirmando a bondade da criatura humana em todos os seus aspectos, que ninguém pode afirmar haver "algum pecado na função de gerar filhos" (*ibidem*, q. 72, ad 4m; ver também *ibidem*, q. 98), como o indica a bênção dada por Deus para que os Sh. se multipliquem. Ao longo de sua obra, Tomás de Aquino utiliza o termo *ser humano* (*homo*) mais de quarenta mil vezes, de modo especial em suas obras de síntese, como a *Suma contra os gentios* e a *Suma de teologia*. Na Primeira Parte da *Suma de teologia*, Tomás toma o Sh. como criatura saída das mãos de Deus, como parte da criação. Na Segunda Parte, o Sh. é considerado no desenvolver de sua ♀liberdade, pela qual retorna a Deus. Por fim, na Terceira Parte, Tomás contempla Deus encarnado como Sh., permitindo ao Sh. chegar à perfeição e reunir-se a Deus. Saído de Deus e podendo voltar a ele por um exercício de

SER HUMANO

sua liberdade (inteligência e amor), a criatura humana contém em si toda a criação.

**Ser humano: unidade indissolúvel de corpo e alma.** O Sh. é uma criatura *composta*, ensina Tomás (cf. *Comentário aos Livros das Sentenças de Pedro Lombardo* II, dist. 1, q. 2, a. 5, 2, por exemplo): é essencialmente a unidade entre *corpo* e *alma*. No Prólogo do bloco de questões sobre o Sh., na *Suma de teologia* (I, q. 75-102), a composição é explicada: "Depois da consideração da criatura espiritual e corporal, é preciso considerar o ser humano, composto de substância espiritual e corporal" (*ibidem*, q. 75, Prólogo). Mas a substância espiritual não se une ao corpo misturando-se a ele (cf. *Suma contra os gentios* II, 56, I, 2.5). Composição não significa confusão nem mistura. No Prólogo da questão 75, diz Tomás: "Ao teólogo compete considerar a natureza do ser humano no que se refere à alma, e não no que se refere ao corpo, a não ser em sua relação com a alma. Assim, uma primeira consideração tratará sobre a alma" (*Suma de teologia* I, q. 75, Prólogo; cf. também *Suma contra os gentios* II, 4). Por isso, Tomás debruça-se primeiro sobre a ρnatureza da alma humana. Demonstra que é a alma, e não o corpo, o princípio da ρvida. Essa afirmação decorre da constatação de que há corpos sem vida; se o corpo fosse princípio de vida, todo corpo seria vivo ou animado. O que aqui se apresenta de maneira rápida e sintética, Tomás elabora em uma releitura atenta de Aristóteles e dos pré-socráticos (cf. *Suma de teologia* I, q. 75). Ora, se um corpo é vivo em razão de um princípio, este é chamado de seu *ato*, pois, se corpo não é sinônimo de vitalidade, é correto dizer que todo corpo vivo (porção de ρmatéria disposta o habilitada a receber vida) teve a vida como *potência*; e, por ser a alma o princípio da vida, ela é dita, então, *ato do corpo* (cf. *ibidem*, q. 75, a. 1, Resp.; *Suma contra os gentios* II, 55; *Comentário ao De Anima de Aristóteles* II, 1). Como *ato* do corpo, a alma é também dita sua *forma*; afinal, "aquilo pelo qual uma coisa age por primeiro é sua forma" (*Suma de teologia* I, q. 76, a. 1, Resp.). Em suma, o corpo humano, que é essencialmente uma unidade de corpo e alma, só pode agir e ser considerado vivo por causa de sua *alma*.

**Natureza da alma.** Ao refletir sobre a especificidade da alma humana (a *alma intelectiva* ou *racional*), Tomás de Aquino explicitará a natureza dos diferentes tipos de alma. No caso da alma humana, "a diferença constitutiva do ser humano é o que é racional, que se lhe atribui em virtude do princípio intelectivo. Logo, este princípio é a forma do ser humano" (*ibidem*, q. 76, a. 7). A *alma intelectiva* é, então, a realidade que informa o Sh. inteiro, e não somente suas atividades intelectuais (quer dizer, tudo o que faz o Sh., ele o faz como ser intelectivo, ser capaz de conhecimento racional). Por essa razão, não seria adequado afirmar (como parecia a Tomás ter feito Platão e, em sua sequência, Averróis) a existência no Sh. de outra *forma* que a *alma intelectiva* (cf. *Suma de teologia* I, q. 76, a. 3-4; *Suma contra os gentios* II, 58; *Questões disputadas sobre o poder divino,* q. 3, a. 9, ad 9m; *Compêndio de teologia*, 90). Afinal, "a forma mais perfeita dá à matéria tudo o que daria a forma inferior, e ainda mais" (*Questão disputada sobre a alma*, q. 11, Resp.). Desse modo, no Sh. a alma intelectiva dá ao seu corpo tudo o que a *alma vegetativa* dá às plantas e tudo o que a *alma sensitiva* dá aos animais. A consequência é que todas as atividades do Sh. são atravessadas pela ρ*razão*, marca da alma racional que forma seu corpo. Por isso, o Sh. não apenas se alimenta, se reproduz e capta simplesmente de maneira sensível as ρcoisas como fazem os outros animais. Menos ainda, não apenas surge, alimenta-se e reproduz-se, como fazem as plantas. Todos os atos do Sh., sem exceção, são diferenciados (no dizer de Tomás, *mais nobres*) ante a todo o restante da criação. As considerações relativas ao conhecimento do Sh. levam Tomás a concluir que a alma humana é *subsistente* (cf. *Suma de teologia* I, q. 75, a. 2; *Questões disputadas sobre o poder divino*, q. 3, a. 9; *Questão disputada sobre a alma,* a. 1, 14), ou seja, não é perecível como a dos animais (cf. *Suma de teologia* I, q. 75, a. 3; *Suma contra os gentios* II, 82). Ela é subsistente porque, sendo capaz de conhecer o que é eterno, possui, de certa maneira, a eternidade, o que revela a presença de algo indestrutível na alma humana, diferentemente da alma dos animais e das plantas. Sendo subsistente, a alma do Sh. pode separar-se de seu corpo (como depreende a *Suma de teologia* I, q. 89; *Questões disputadas sobre a verdade*, q. 19, a. 1). No entanto, mesmo que se separe do corpo (como na morte, por exemplo), ela conserva as perfeições obtidas por meio do corpo, o que permite pensar que a corporalidade (afinal, um cadáver não é mais propriamente um corpo) continua, de certa forma, unida à alma mesmo quando esta dele se separa (𝒫Escatologia – Novíssimos). Contudo, Tomás recorda que "é para sua maior perfeição que a alma está unida a um corpo" (*Suma de teologia* I, q. 89, a. 1, Resp.). A alma é uma parte (e não o todo) da natureza humana, e, mesmo quando subsiste separadamente, "guarda sua aptidão natural à união [com o corpo]" (*ibidem*, q. 29, a. 1, ad 5m). A alma intelectiva possui potências que se realizam em atos. Algumas dessas potências dependem dos órgãos corporais para se realizarem (como a visão e os olhos), enquanto outras não dependem necessariamente (como o conhecer e o querer). Tais potências podem ser intelectivas, relacionadas ao 𝒫conhecimento, ou desejantes, relativas à 𝒫vontade e ao 𝒫livre-arbítrio (cf. *Suma de teologia* I, q. 78-79; *Questões disputadas sobre a verdade*, q. 10, e *Comentário ao De Anima de Aristóteles* I, 14). O ponto mais alto da reflexão antropológica de Tomás de Aquino está certamente em seu estudo do Sh. como *imagem de Deus*, tal como lemos na Escritura desde seu início. Isso significa que, no Sh., há *certa semelhança* com Deus; não se trata, é claro, de uma semelhança de igualdade, pois nesse caso "o modelo ultrapassa infinitamente o modelado" (*Suma de teologia* I, q. 93, a. 1, Resp.), do mesmo modo como "a imagem do rei se encontra em uma moeda de prata" (*ibidem*, q. 93, a. 1, ad 2m), diz Tomás citando Agostinho. O que faz o Sh. *imagem e semelhança* de Deus é seu caráter racional. Por isso, se se encontra nas criaturas racionais a *imagem* de Deus (cf. *ibidem*, q. 93, a. 2), nos 𝒫anjos ela é mais elevada, ou mesmo perfeita, mais do que nos Sh. (cf. *ibidem*, q. 93, a. 3). A imagem de Deus no Sh. reflete a 𝒫verdade de Deus não somente quanto à sua 𝒫essência, mas também quanto à 𝒫Trindade de 𝒫pessoas: "a partir do conhecimento que possuímos, formamos, pensando, um verbo, e a partir daí prorrompe nosso amor" (*ibidem*, q. 93, a. 7, c.; cf. *ibidem*, q. 27, a. 1, Resp.). No dizer de Tomás, há "certo círculo nos atos da alma: a coisa fora da alma move o 𝒫intelecto, a coisa entendida move o 𝒫desejo" (*Questões disputadas sobre a verdade*, q. 1, a. 2): a mente é imagem do 𝒫Pai; a inteligência, do 𝒫Filho; a vontade, do 𝒫Espírito Santo. No dinamismo básico da vida interior mesma do Sh. está impressa a *imagem* e a *semelhança* de seu Criador-Trindade.

**O ser humano como criatura livre e destinada à felicidade.** Em um prólogo sucinto, Tomás abre a *Segunda Parte* da *Suma de teologia* retomando a noção de Sh. como imagem de Deus por meio de uma citação de São João Damasceno: "Afirma Damasceno que o ser humano é criado à imagem de Deus, sendo que o termo imagem significa o que é dotado de intelecto, de livre-arbítrio e revestido por si de 𝒫poder" (*Suma de teologia* I^aII^ae, Prólogo). Desse modo, o santo dominicano passa a refletir sobre o Sh. sob o aspecto segundo o qual "ele é o princípio de suas ações, possuindo livre-arbítrio e domínio sobre elas" (*ibidem*). Tomás, seguindo a tradição platônica e aristotélica, inicia sua reflexão sobre o Sh. como criatura livre pelo 𝒫fim último da criatura. Na sequência, tratará dos meios que podem levar a tal fim ou dele afastar, "pois é do fim que aquelas coisas que a ele concernem recebem suas noções" (*ibidem*, q. 1). O fim último que dá sentido ao caminho do Sh. é, também conforme as tradições platônica e aristotélica, a bem-aventurança, a 𝒫beatitude ou a felicidade. Esta não se constitui em 𝒫riquezas, 𝒫prazer ou coisas do gênero; trata-se de uma realidade essencialmente *escatológica*: a visão da *essência divina*. Ou seja, o Sh. será pleno quando se unir a Deus (cf. *ibidem*, q. 3,

a. 8, Resp.), e, por ser uma unidade amorosa, tal como ensina a ℘fé cristã, ela permite a Tomás de Aquino ultrapassar as tradições platônica e aristotélica, descrevendo o fim último como algo atingível não apenas em termos intelectuais, mas também afetivos (cf. LIMA VAZ, 1950; SAVIAN FILHO, 2021). Todos os *atos livres* dignos de tal designação devem ser, portanto, avaliados a partir de tal *fim*. O Doutor Angélico analisa também a bondade e a maldade dos atos humanos, considerando as ℘paixões da alma, como o ℘amor, o ódio, a concupiscência, o ℘prazer, a ℘tristeza etc. Numa palavra, o Sh. é vocacionado à bem-aventurança perfeita, ajudado pela ℘graça. Um ato humano não é apenas racional, pois não exclui as paixões (que não são más em si mesmas); porém, quando estas antecedem e perturbam os atos racionais, são nefastas, uma vez que alteram o julgamento do intelecto. Se, porém, acompanham ou vêm na sequência dos atos da razão e da vontade, acrescentam uma qualidade complementar à moralidade de tais atos (cf. *ibidem*, q. 24, a. 3; *Questões disputadas sobre a verdade*, q. 26, a. 7; *Questões disputadas sobre o mal*, q. 3, a. 11; q. 2, a. 1). Pode-se, por isso, afirmar que a antropologia tomasiana pressupõe ou instaura uma espiritualidade de profundo realismo, sem recorrer à ideia de uma alma desencarnada, mas a um espírito em condição carnal. Seguindo as tradições platônica e aristotélica, o valor de uma ação (remetida sempre ao fim último) é dado na escolha dos meios para obter o fim particular dessa ação e mesmo o fim último da beatitude. Também fica patente sua afirmação da autonomia de tudo o que é temporal em relação ao que é espiritual. Cabe aqui recordar a sentença de Tomás de Aquino sobre a ação da graça divina no Sh.: "A graça não destrói a natureza, mas a eleva e perfaz" (*Suma de teologia* I, q. 1, a. 8, ad 2m). O Criador não espera senão que a criatura feita à sua imagem e semelhança atinja sua perfeição tornando-se aquilo que ela pode ser, segundo sua própria natureza.

**Cristo: a plenitude do ser humano.** No Prólogo da última parte da *Suma de teologia*, diz Tomás: "Nosso Salvador, o Senhor Jesus Cristo, para salvar seu povo de seus pecados, segundo o testemunho do anjo, mostrou-nos em si mesmo o caminho da verdade, por meio do qual podemos chegar pela ressurreição à bem-aventurança da vida imortal" (*Suma de teologia* III, Prólogo). O Sh. encontra em Cristo o caminho para seu verdadeiro fim, a bem-aventurança. A reflexão antropológica de Tomás de Aquino, especificamente em sua *Suma de teologia*, não pode, então, ser adequadamente compreendida sem as considerações cristológicas da Terceira Parte, quer dizer, sem considerar o mistério de Jesus. Por meio do *sim* de ℘Maria, as portas da humanidade se abrem de um modo novo ao Criador. A criatura feita à imagem e semelhança é dignificada agora, pois aquele que lhe é infinitamente superior toma parte de sua vida em todos os seus aspectos, exceto o ℘pecado (cf. *Suma de teologia* III, q. 4, a. 6, ad 2m; q. 14, a. 3; q. 31, a. 7; q. 15, a. 1). Ora, se Cristo assumiu plenamente a vida do Sh., com exceção do pecado, isso significa que o pecado não faz parte da essência da vida humana. Como diz Tomás, na Primeira Parte, "as coisas naturais ao ser humano não lhe são nem retiradas nem concedidas pelo pecado" (*Suma de teologia* I, q. 98, a. 2, Resp.). O otimismo tomasiano quanto à natureza humana, concebida como obra de Deus, leva-o a entender que essa natureza também participa, em sua essência, da bondade de seu Criador. Ao estudar a conveniência da ℘encarnação, Tomás se preocupa em recordar que o fato de Deus ter-se encarnado não diminui em nada a sua majestade; em vez disso, ele torna possível um melhor conhecimento da vida divina, por ter assumido a nossa vida. Graças à sua encarnação, portanto, maior reverência lhe é devida (cf. *Suma de teologia* III, q. 1, a. 2, ad 3m). Também em Jesus Cristo, o Sh. vê o seu próprio fim, uma vez que, sobretudo em seus padecimentos e em sua humildade, Cristo é para todos *exemplo e causa de virtude* (cf. *Comentário aos Livros das Sentenças de Pedro Lombardo* I, dist. 17, q. 1, a. 3, qc. 1; *Suma de teologia* III, q. 15, a. 1; q. 46, a. 4; *Questões quodlibetais* II,

q. 1, a. 2). Assim, é pela prática da ℘virtude e pela ação da graça que o Sh. livre se dirige à bem-aventurança. Cristo Ressuscitado indica que também os Sh. ressuscitarão (cf. *Suma de teologia* III, q. 53, a. 1; *Comentário aos Livros das Sentenças de Pedro Lombardo* III, dist. 21, q. 2, a. 1), participando, pois, da bem-aventurança eterna. Tomás finaliza seu bloco de questões sobre a encarnação (cf. *Suma de teologia* III, q. 1-26), refletindo sobre a *mediação* de Cristo entre Deus e os Sh. Ele resume a missão do Cristo para com a humanidade em poucas palavras: "Ora, unir perfeitamente os seres humanos a Deus convém, na verdade, a Cristo, pois por meio dele os seres humanos são reconciliados com Deus, conforme a Segunda Carta aos Coríntios: 'Em Cristo, Deus estava reconciliando os seres humanos consigo' (2Cor 5,19)" (*Suma de teologia* III, q. 26, a. 1). Tal reconciliação não poderia ter-se dado se Cristo, sem deixar de ser Deus, não se tornasse Sh. (cf. *Comentário aos Livros das Sentenças de Pedro Lombardo* III, dist. 19, q. 5, a. 2; *Suma de teologia* III, q. 26, a. 2; *Questões disputadas sobre a verdade*, q. 29, a. 5). Em síntese, falando sobre Cristo, Tomás não deixa de falar sobre e para o Sh. Vislumbra no Filho de Deus, sempre como Sh., o *modelo* do Sh. virtuoso e a *causa* ou o caminho de todo humano à sua plenitude. Tomás só pôde fazê-lo por crer que o Deus de Jesus Cristo não quer outra coisa senão a felicidade do Sh. Como disse Jesus a Nicodemos: "Pois Deus não enviou seu Filho ao mundo para julgar o mundo, mas para que o mundo seja salvo por ele" (Jo 3,17).

**Bibliografia:** BÉRIOU, N.; HODEL, B. (eds.). *Saint Dominique de l'Ordre des frères Prêcheurs:* Témoignages écrits. Paris: Cerf, 2019. CHESTERTON, G. K. *Santo Tomás de Aquino.* Campinas: Ecclesiae, 2015. LIMA VAZ, H. C. *O problema da beatitude e a destinação do espírito segundo Santo Tomás.* Dissertação (Licenciatura em Teologia), Pontifícia Universidade Gregoriana, Roma, 1950. MARIE DE L'ASSOMPTION. *L'homme, personne corporelle:* la spécificité de la personne humaine chez saint Thomas d'Aquin. Paris: Parole et Silence, 2014 (Col. Bibliothèque de la Revue Thomiste). SAVIAN FILHO, J. Tomás de Aquino intérprete da tradição eudaimonista, segundo manuscrito inédito de Henrique Cláudio de Lima Vaz. *Síntese,* 48 (150), p. 43-57, 2021. TORRELL, J.-P. Thomas d'Aquin. In: VV.AA. (eds.). *Dictionnaire de Spiritualité.* Paris: Beauchesne, 1991. t. XV (col. 718-773). TURNER, D. The human person. In: MCCOSKER, P.; TURNER, D. (eds.). *The Cambridge Companion to The Suma Theologiae.* Cambridge: Cambridge University Press, 2016, p. 168-180. WÉBER, E.-H. *La personne humaine au XIIIe siècle.* Paris: Vrin, 1991 (Col. Bibliothèque Thomiste, XLVI).

ANDRÉ LUÍS TAVARES, OP

## SOBRENATURAL → *Ver* Natureza

## SUBSTÂNCIA – *Ver* Essência e Substância

## SUJEITO E OBJETO

**Ontologia, conhecimento, ação e produção.** Santo Tomás não utiliza o termo *sujeito* (*subjectum*) para designar alguém que conhece (*cognoscens*). Para ele, *sujeito* é termo do campo ontológico e designa a ℘substância que subjaz aos acidentes e é algo determinado, subsistente por si mesmo. Quanto ao termo *objeto* (*objectum*), Tomás o emprega apenas no domínio das potências, habilitações e atos de um agente; e nunca como sinônimo de ℘coisa (*res*). Na contrapartida, os termos sujeito (S.) e objeto (O.) têm largo uso no domínio do ℘conhecimento, sobretudo no que se refere à ciência. Esta pode ser considerada sob dois aspectos: como uma ℘virtude intelectual, isto é, uma habilitação do ℘intelecto humano que o torna capaz de lidar com as proposições referentes a um determinado domínio científico; ou como um conjunto de proposições ordenadas e referentes a um domínio científico, ou seja, a um tema científico como tal. No primeiro aspecto, diz-se que a ciência ou a habilitação científica tem como O. as proposições referentes a um tema científico determinado; no segundo, diz-se que as proposições científicas têm um mesmo S., no sentido lógico-gramatical desse termo. Tomás de Aquino distingue as habilitações (*habitus*) pelos seus O. Donde a habilitação dos primeiros princípios ter como O. as proposições necessárias, evidentes por si mesmas; a sabedoria e a ciência teórica, as proposições necessárias cuja evidência deve ser demonstrada; a ciência prática, reino da prudência, as proposições singulares referentes ao comportamento humano; e a técnica, as proposições singulares referentes à produção/fabricação.

**Sujeito e objeto material; sujeito e objeto formal.** Uma distinção importante nesse contexto é aquela entre o O. material e o O. em seu caráter formal. O O. material é a proposição científica considerada simplesmente como uma proposição; já a mesma proposição considerada sob determinado aspecto expresso na definição do S. da conclusão (que serve de termo médio no silogismo científico) é o aspecto formal do O. Nesse sentido, a mesma proposição materialmente considerada (por exemplo, "a Terra é esférica") pode fazer parte de várias ciências (astronomia, física), conforme o aspecto formal levado em conta. Do ponto de vista do S. da ciência, pode ser feita uma distinção semelhante. No exemplo anterior, o S. material é a Terra. Se for considerada sob a noção de corpo geométrico, fará parte da astronomia; se for considerada em suas propriedades físicas, fará parte da física. A mesma ciência pode ter vários S. materiais, como, por exemplo, a voz humana e os sons de corpos inanimados, que são tratados sob o aspecto do som pela acústica (música). Ainda, algo pode ser parte de alguma coisa, como, por exemplo, o corpo matemático, que só tem Øser no corpo natural. No entanto, a geometria se distingue da física, porque opera com definições baseadas na extensão, enquanto a física opera com definições derivadas das características dos corpos naturais. Tomás alude a três relações do S. com a ciência: (i) todo conteúdo de uma ciência é abarcado pelo seu S., que é um gênero; (ii) o que se busca numa ciência é o conhecimento das propriedades do seu S.; (iii) o S. é critério de unidade de uma ciência e de sua distinção das demais. Dado o caráter abstrativo do conhecimento humano, as ciências se dividem conforme a noção formal de seus S.; como a noção formal é expressa na definição, as ciências teóricas se dividirão em três grandes áreas, conforme a definição nelas se der com a Ømatéria ou sem a matéria: o primeiro grupo se subdivide pelo tratamento do Øente definido com a matéria (física ou ciência da Natureza), do ente que é na matéria mas é definido sem ela (matemática), e do ente que nem se dá na matéria, nem é definido com ela (Ømetafísica, filosofia primeira e Øteologia). Não é possível aplicar o vocabulário de Tomás de Aquino sobre o S. e O. ao conhecimento e ao vocabulário da atualidade, seja em sentido usual, seja em sentido filosófico. Tentar fazê-lo resulta em equívocos. Mais vale reconhecer que não há correspondência entre os dois vocabulários. Não parece haver um texto em que Tomás de Aquino trate especificamente da distinção entre S. e O. de ciência no sentido em que esta distinção é abordada neste verbete, mas algumas fontes nas quais ela é utilizada são citadas nos títulos mencionados na bibliografia abaixo.

**Bibliografia:** DEWAN, L. "Objectum": Notes in the invention of a word. *Archives d'Histoire Doctrinale et Littéraire du Moyen Âge*, 48, p. 37-96, 1981. HORVÁTH, A. M. Das Subjekt der Wissenschaft. *Divus Thomas*, 24, p. 29-44, 1946. NASCIMENTO, C. A. R. As duas faces da ciência de acordo com Tomás de Aquino. *Boletim do CPA*, 7, p. 73-90, jan.-jun. 1999. DE BONI, L. A. (org.). *A ciência e a organização dos saberes na Idade Média*. Porto Alegre: Edipucrs, 2000, p. 177-190.

CARLOS ARTHUR RIBEIRO DO NASCIMENTO

## SUMA

**Terminologia.** Como entendida nesta entrada, a palavra latina *summa* se refere precipuamente à obra *Summa theologiae* ou *Suma de teologia* de Tomás de Aquino. O gênero *suma*, como utilizado e entendido por Tomás de Aquino, não foi propriamente aplicado à obra composta entre 1257 e 1265, intitulada *Summa [catholicae fidei] contra gentiles* (*Suma [da fé* *católica] contra os gentios*). No manuscrito mais antigo desta, que foi talvez a mais "filosófica" das obras teológicas de Tomás de Aquino em método expositivo e de argumentação, lia-se *Livro sobre a verdade da fé católica contra os erros dos infiéis* e também *Tratado da fé católica contra os gentios*. A designação "Suma" para a *Suma contra os gentios* foi posterior a Tomás de Aquino. Sendo o objetivo da *Suma contra os gentios* explicitar a verdade da fé católica àqueles, e mesmo defendê-la contra os erros daqueles, que tinham crenças distintas e até opostas a ela (cf. *Suma contra os gentios* I, 2), Tomás de Aquino estrutura essa obra segundo a "dupla verdade" acerca de ᵽDeus conforme o modo de obtenção: a verdade que pode ser conhecida pela razão natural e é filosoficamente demonstrável (por argumentos necessários ou prováveis) e a verdade que ultrapassa o poder do entendimento humano e só pode ser conhecida pela ᵽfé (cf. *ibidem* I, 3 e 9). Caracteriza toda a *Suma contra os gentios*, de qualquer maneira, a intenção de mostrar e defender a racionalidade dos ᵽartigos de fé e também a convicção de que a verdade que é possível obter pela razão não contradiz a verdade da fé. A via da ᵽrazão – e que, com efeito, é filosófica sobretudo na argumentação, visto que a ordem de conteúdos já é desde o começo dada pela teologia, e não pela pura experiência das ᵽcoisas finitas "de baixo para cima" – é encontrada nos Livros I-III, que tratam, respectivamente, de Deus em si mesmo, da origem e processão de todas as coisas a partir de Deus e da ordenação de todas as coisas a Deus como ᵽfim. Por sua vez, a via da fé se faz ver no Livro IV da *Suma contra os gentios*, em que os itens doutrinais acerca de Deus (como a ᵽTrindade) e da ᵽrelação de Deus com o ᵽser humano (como a ᵽencarnação do ᵽVerbo, os ᵽsacramentos, a ressurreição e o juízo final) têm origem na ᵽrevelação divina, não podendo ser conhecidos de modo natural. A *Suma contra os gentios* I-IV, com isso, configura-se como apresentação refletida da sabedoria (*sapientia*) cristã (cf. *Suma contra os gentios* I, 1).

**Ocasião da *Suma de teologia***. Uma chave interpretativa importante para entender a construção da *Suma de teologia* consiste em compará-la, como gênero de textos teológicos, às *sumas* medievais anteriores – uma tradição literária da qual Tomás de Aquino tinha amplo conhecimento. Em especial, os dominicanos, desde a fundação da sua Ordem em 1216 e em seguimento à incumbência de Honório III, dedicavam-se à ᵽpregação e a ouvir confissões. Nesse sentido, alguns dos primeiros membros da Ordem escreveram "manuais" para a administração do sacramento da Penitência, que, por serem materiais de auxílio nas tarefas pastorais dos *fratres communes* (frades que não frequentavam a universidade, mas recebiam uma formação adequada ao trabalho pastoral, sobretudo à pregação, à celebração da Eucaristia e ao sacramento da Penitência), em vista do "cuidado das almas" (*cura animarum*), tiveram grande difusão – destaque seja dado à *Suma de casos* (*Summa de casibus* – *ca.* 1224), de Raimundo de Peñaforte (*ca.* 1175-1275), e à *Suma sobre vícios e virtudes* (*Summa de vitiis et virtutibus*, em duas partes, 1236 e 1249/1250), de Guilherme Peraldo (*ca.* 1190-1271). A atenção dada por Tomás de Aquino à formação dos *fratres communes* ocorreu em particular a partir da segunda metade de 1261, quando, já com os graus universitários mais importantes, o de bacharel bíblico (*baccalaureus biblicus*) e o de mestre de teologia (*magister theologiae*), obtidos em Paris, assume a função de *lector conventus* (o professor de um convento) em Orvieto. Ali, o enfoque de sua atividade docente estava na teologia prática (relativa à ᵽmoral, aos ofícios e aos sacramentos), com destaque para a análise e a resolução de casos morais que seriam relevantes ao preparo dos confessores. A familiaridade de Tomás de Aquino com a *Suma* de Peñaforte, que lhe proporcionou referências aos direitos civil e canônico, reflete-se em especial na *Suma de teologia* II^aII^ae. Em Santa Sabina (Roma), no ano de 1265, Tomás de Aquino iniciou a escrita da *Suma de teologia*; ali, até 1268, em um *studium* (centro de estudos) montado em torno do notável professor e voltado para acolher estudantes iniciantes, oriundos de casas dominicanas da Província Romana, teve a liberdade e as condições de trabalho para dar vazão ao seu projeto de uma nova formação teológica para a Ordem dos Pregadores. Ele deveria proporcionar aos *fratres communes* um conhecimento mais aprofundado da teologia considerada em seu todo. Escrevendo para aperfeiçoar e mais bem servir "a instrução dos iniciantes" – não para estudantes universitários, em um primeiro momento –, no convento junto à Basílica de Santa Sabina, a Primeira Parte (*Prima Pars*) e trechos da Primeira Parte da Parte Segunda (*Prima Pars Secundae Partis*) da *Suma de teologia* foram produzidos de outubro de 1266 a julho de 1268. Em Paris, de 1268 a 1272, Tomás de Aquino completou a Primeira Parte da Parte Segunda e redigiu a Segunda Parte da Parte Segunda, trabalhando em 1273, em Nápoles, na Terceira Parte (*Tertia Pars*). No período de 1268 a 1273, a propósito, abundaram os seus comentários a obras de Aristóteles, com destaque para o *Comentário à Ética nicomaqueia de Aristóteles*, em parte simultâneo à compilação da II$^a$II$^{ae}$. Com efeito, nos termos de um plano de estudos e de formação, a *Suma de teologia* pode ser vista como a contribuição de Tomás de Aquino para a tradição "manualista" e "sumista" dos dominicanos (cf. BOYLE, 2006). Afinal, ele acrescenta ao currículo de formação dos frades, para além dos conteúdos das sumas existentes, voltadas a assuntos morais e ministeriais, a teologia dogmática por completo: a *Ꝑsacra doctrina* toda ou, em resumo, "aquelas coisas que pertencem à doutrina sagrada", respeitando a "ordem" dessa "disciplina"/"ciência" ou do saber teológico. Para aquilo que hoje, em geral, se chama de *teologia* como campo de saber compreensivo das doutrinas cristãs, Tomás de Aquino normalmente reserva, mesmo na *Suma de teologia*, a expressão *sacra doctrina*. Trata-se de um plano de completitude e de um método expositivo inovadores – conscientemente introduzidos, conforme o Prólogo da *Suma de teologia* I –, que tampouco se verificam no *Compêndio de teologia*, dos anos 1269-1273. Na *Suma de teologia*, Tomás de Aquino realiza uma exposição dos temas centrais de toda a doutrina sagrada, em uma apresentação ordenada

e mesmo sistemática. Em escopo e em forma – com um misto de apresentação comentada (*expositio*) e ocasião de debate (*occasio disputandi*) caracterizando todas as questões e todos os artigos –, a *Suma de teologia* na prática serviria tanto para *fratres communes* como para estudantes universitários e de centros gerais de estudos (*studia generalia*) da Ordem dos Dominicanos. Antes de detalhar a estrutura geral de conteúdos e a forma de exposição da *Suma de teologia*, é conveniente ter em mente que, previamente à *Suma*, Tomás de Aquino já produzira uma exposição geral da teologia católica para teólogos, a saber, o seu *Comentário às Sentenças de Pedro Lombardo*, em quatro Livros – Tomás de Aquino havia sido bacharel especializado nos *Livros das Sentenças* (*sententiarius*, conforme o título acadêmico da época), de 1252-1256, na Universidade de Paris, requisito para a obtenção do grau de mestre e da autorização para ensinar (*licentia docendi*). Cabe lembrar que a *Suma de teologia* não tem como pano de fundo apenas a história e os modelos das sumas "pastorais" dos próprios frades dominicanos, mas também a tradição patrístico-medieval, mais antiga, de sínteses da doutrina cristã. Coleções mais ou menos ordenadas – inclusive portando o título de "sumas" – de "sentenças" teológicas se multiplicaram em especial no século XII. Nesse propósito, nenhuma obra foi tão bem-sucedida quanto os *Livros das Sentenças* I-IV (*ca.* 1150) de Pedro Lombardo (*ca.* 1096-1160), que no segundo quarto do século XIII se consolidam como guia da formação teológica nas Universidades de Paris e de Oxford, a saber, como texto-base para a lição (*lectio*) ou a preleção regular. No Livro I, propunha-se a doutrina de Deus uno e trino; no Livro II, expunha-se a doutrina da Ꝑcriação até o Ꝑpecado e a queda; no Livro III, tinha lugar a cristologia e a obra da Ꝑsalvação, incluindo virtudes teológicas e cardeais, dons, mandamentos e lei; no Livro IV, eram abordadas a doutrina dos sacramentos e a Ꝑescatologia. Independentemente de desvantagens reconhecíveis na estrutura concebida por Pedro Lombardo, como o tratamento da doutrina da Ꝑgraça no contexto prévio à doutrina do pecado, e não da soteriologia, ou a exposição da doutrina da virtude junto à cristologia, e não em uma abordagem sobre a ℘beatitude e as ações humanas, é inegável que as *Sentenças* – e, nisso, o próprio *Comentário* de Tomás de Aquino a elas dedicado – são base e marco comparativo para o plano diferenciado da *Suma*. No seu *Comentário aos Livros das Sentenças de Pedro Lombardo*, a propósito, Tomás de Aquino não acompanha a divisão de doutrinas (inspirada em Agostinho, cf. *A doutrina cristã* I, 2) em ensinos sobre *coisas* (*res*, ou seja, as coisas mesmas conhecidas por meio dos sinais, sem que elas sejam ao mesmo tempo sinais; no caso da teologia, Deus, a Trindade, a ℘encarnação etc.) ou sobre *sinais* (*signa*, em que um sinal é aquilo que, sendo alguma coisa, é usado para significar algo além de si mesmo; no caso da teologia, as ℘Escrituras Sagradas e os sacramentos). Antes, denunciando quiçá a influência de mestres da Escola de Laon, Tomás de Aquino adota o esquema *exitus-reditus* (saída-retorno), de inspiração neoplatônica: como em um movimento circular em que o início e o termo coincidem, as coisas são consideradas à medida que procedem de Deus como origem (Livros I-II: Trindade, criação, a ℘natureza das criaturas etc.) e à medida que retornam a ele como fim (Livros III-IV: Cristo, salvação, sacramentos etc.).

**Arquitetônica da *Suma de teologia*.** O plano inovador da *Suma de teologia* traz uma forma de exposição que evidencia o método escolástico de disputa: todas as *Partes* se dividem em *questões* (que podem ser vistas como questões mais gerais), por sua vez divididas em *artigos* (que podem ser vistos como *subquestões*). Os artigos têm uma estrutura constante: apresentam-se como perguntas, exigindo o exame de respostas possíveis que se contradizem. Seguem-se quatro partes, com *fórmulas fixas* (cf. BIRD, 2005; AERTSEN, 2008; BLANCHE, 2011): (i) *videtur quod non* ou *videtur quod* [*sic*], argumentos que sugerem resposta ou negativa ou positiva à pergunta inicial; (ii) *sed contra*, passagem bíblica ou de ℘autoridade, que, como posição contrária adversativa, em regra insinua

o rumo do posicionamento de Tomás de Aquino; (iii) *respondeo dicendum quod*, em que tem lugar a explanação doutrinal, por meio de argumentos ou razões; (iv) refutações dos argumentos adiantados no início do artigo. Assim, de modo equilibrado, o artigo da *Suma* faz uso, segundo o costume escolástico (*more scholastico*), de autoridade e de argumento. Comparativamente, a forma argumentativa e de construção das unidades textuais (dos artigos) da *Suma de teologia* está próxima da *questão disputada* medieval, praticada na universidade. O plano de construção da *Suma de teologia* retém o esquema *exitus-reditus*, mas é essencialmente uma alternativa às *Sentenças* (cf. KÖPF, 2016) e representa um avanço qualitativo na proposta de ordenamento e sistema – a tese de Heinzmann (1974), de uma familiaridade de Tomás de Aquino com a (teologicamente compreensiva) "Suma" *Colligite fragmenta*, de Mestre Hubertus (século XII), segue sendo especulativa. Com efeito, desde um artigo influente de Chenu (1939), o debate em torno do plano da *Suma de teologia* suscitou uma abundante literatura (cf. BIFFI, 1963). Nesse sentido, hipóteses de interpretação do plano da *Suma de teologia* que se caracterizaram pela busca de uma "estrutura mais profunda", como, por exemplo, a de tratar-se a *Suma de teologia* de uma exposição teológica elaborada em termos de "História da salvação" (cf. CHENU e, depois, SECKLER, PESCH [et al.]) ou a de propor cortes divisórios diferentes para o assumido esquema circular neoplatônico, que valeria só a partir de *Suma de teologia* I, q. 44 (cf. LEROY, TORRELL, JOHNSTONE [et al.]), mostraram-se ao final parciais ou de suporte frágil. Parece mais adequado dizer que, sob a influência histórica e didática exercida pelos Livros das *Sentenças* no ensino (*lectio*) teológico de seu tempo, Tomás de Aquino, desde o início da *Suma de teologia*, atenta cuidadosamente para a correta ordem de conteúdos da doutrina sagrada, ordem essa que conta com Prólogos para as grandes partes e, diversas vezes, com reflexões sobre a passagem de blocos de questões a outros blocos de questões, com respectivas breves introduções – por exemplo, as questões sobre os *princípios exteriores* dos atos humanos em direção ao bem, a saber, a lei e a graça divina, a partir de *Suma de teologia* IªIIᵃᵉ, q. 90. Na *Suma de teologia* I, q. 1, a. 1-10, explicita-se que, fundada em conteúdos da fé, revelados ao ser humano e constantes na Escritura, a teologia, como ciência que toma como ponto de partida aquilo que é conhecido a partir da "ciência de Deus e dos bem-aventurados" (a. 2), tem a Deus como *subiectum* (objeto, assunto de estudo) (cf. a. 7). Como conjunto de conhecimentos revelados divinamente, que busca esclarecer, através de investigação analítica e argumentativa, a verdade mesma do que foi revelado, a doutrina sagrada é necessária para a salvação do ser humano e, nesse sentido, para que o ser humano chegue a Deus como fim sobrenatural (cf. a. 1); dito de outro modo, as verdades teológicas precisam ser reveladas para que o ser humano seja adequadamente conduzido à salvação. Tudo o mais tratado na teologia o é na medida em que diz respeito a Deus como origem ou fim (cf. a. 3). Sobre Deus e o que diz respeito a ele, a doutrina sagrada parte dos dados revelados e faz uso das e reconhece as autoridades, mas realiza o seu inquérito na forma de argumentação racional enraizada em conhecimentos filosóficos. A harmonia entre ℘filosofia como desempenho da razão natural e ℘teologia como saber doutrinal orientado pela fé é pressuposta e endossada (cf. a. 6): a graça, que "não tolhe a natureza, mas a leva à perfeição (*perficit*)" (a. 8, ad 2m), pressupõe a natureza; analogamente, a fé leva à perfeição o ℘conhecimento natural (cf. q. 2., a. 1, ad 1m; q. 2, a. 2, ad 1m). Após a primeira questão, sobre natureza e escopo da teologia, a Primeira Parte, que trata de Deus, subdivide-se em três partes: a ℘existência e a essência de Deus (cf. q. 2-26), a Trindade de pessoas divinas (cf. q. 27-43) e a processão de todas as criaturas a partir de Deus e o seu governo por ele (cf. q. 44-119). Em comparação com as *Sentenças* de Pedro Lombardo, a doutrina de Deus é ampliada, bem como a da criação – que ocupava as distinções do Livro II das *Sentenças*. Na terceira grande subdivisão da Primeira Parte da *Suma de teologia*, a abordagem sobre a natureza do ser humano como item distinto da criação – substância composta de ℘alma e ℘corpo e feita "à imagem e semelhança de Deus" (q. 93) – perfaz o conjunto mais extenso de questões (cf. q. 75-102). Com a Segunda Parte, que, de acordo com a *Suma de teologia* I, q. 84, apresenta-se como *ciência moral* ou ciência que trata da *matéria moral*, tem-se a Parte mais extensa da *Suma de teologia*. Ela se divide em Primeira Parte da Parte Segunda (*Prima Secundae*) e Segunda Parte da Parte Segunda (*Secunda Secundae*). Em primeiro plano estão, agora, a direção última da vida humana e todos os tipos de atos do ser humano vinculados à *parte desejante/apetitiva* – ser humano esse cuja natureza substancial como imagem de Deus já havia sido explorada em *Suma de teologia* I, q. 75-102. Acham-se na Segunda Parte (*Secunda Pars*) os avanços estruturais mais significativos na comparação com a exposição da teologia nas *Sentenças*, em que a doutrina das virtudes e dos vícios ficava separada de uma análise pormenorizada do ser humano e da alma, em especial da natureza prática do ser humano como agente dotado de razão e ℘vontade. Para a IªIIᵃᵉ e, em especial, a IIªIIᵃᵉ, Tomás de Aquino por certo encontrou um ponto de partida na *Suma sobre vícios e virtudes* (*Summa de vitiis et virtutibus*) de Guilherme Peraldo, obra essa que acompanhava o uso e o estudo da *Suma de casos*, de Peñaforte, no ensino dispensado por professores conventuais (*lectores*) de casas dominicanas. Seja como for, a Segunda Parte (*Pars Secunda*) é uma suma de teologia moral, e não simplesmente uma suma de casos para análise e resolução. A IªIIᵃᵉ cobre temas gerais da moral, ao passo que a IIªIIᵃᵉ trata da moral em particular. Na Primeira Parte da Parte Segunda (*Prima Secundae*), Tomás de Aquino começa, portanto, dispondo sobre o fim último do ser humano e, pois, das ações humanas, que é a *beatitude* (cf. q. 1-5), encontrada de forma perfeita na visão da essência divina (cf. q. 3, a. 8). Em seguida, Tomás de Aquino tematiza como o fim último pode ser atingido: as ações propriamente humanas – as que são voluntárias

– ganham explanação (cf. q. 6-48), e na sequência são abordados os princípios de ação (cf. q. 49-114), internos à alma, como as potências, o ℘hábito, a ℘virtude e o vício, cuja raiz está no pecado (cf. q. 49-89), e externos também (no tocante a mover-se em direção ao bem): os princípios prático-racionais, voltados a ajudar o ser humano no movimento de volta a Deus pela lei eterna, natural, humana, antiga, evangélica etc. (cf. q. 90-108), e os princípios oriundos da graça e de seus efeitos, dos quais as criaturas dotadas de inteligência e vontade (os anjos e os seres humanos) têm necessidade para a justificação e a obtenção da beatitude (cf. q. 109-114). A Segunda Parte da Parte Segunda (*Secunda Secundae*) traz uma ética "material", em atenção à percepção de que as ações virtuosas são sempre voltadas ao bem em situações particulares concretas. Essas ações podem ser abordadas (cf. Prólogo da II$^a$II$^{ae}$) segundo a forma válida para todas as pessoas em geral, isto é, conforme a doutrina da virtude (cf. q. 1-170), ou com respeito a pessoas em condições ou estados especiais, a saber, estados espirituais e religiosos (cf. q. 171-189). Na parte mais extensa, pois, são expostas individualmente as virtudes teológicas (fé, ℘esperança e ℘caridade; cf. q. 1-46) e as virtudes cardeais já constantes na *República* de Platão (prudência, ℘justiça, coragem ou fortitude e temperança; cf. q. 47-170), em que o tratamento mais detalhado é, de longe, dedicado à virtude da justiça (cf. q. 57-122), com destaque para a justiça comutativa e os vícios a ela opostos, que são assunto da justiça corretiva, subforma da justiça comutativa (cf. q. 61-78), bem como para o relato das *partes potenciais da justiça* ou das virtudes *anexas* à justiça (cf. q. 80-122), em que se sobressai a "℘religião" (cf. q. 81-100). Buscando completitude no estudo da matéria moral, Tomás de Aquino trata cada uma das sete virtudes passando "ao dom correspondente, aos vícios opostos" e "aos preceitos afirmativos e negativos", aplicando de novo o mesmo procedimento com relação aos vícios (cf. o Prólogo da II$^a$II$^{ae}$). No Prólogo da Terceira Parte (*Tertia Pars*), ele retoma o que afirmara em *Suma de teologia* I,

q. 2, para acentuar a ordem da disciplina teológica, na qual, indicado o fim do ser humano e apontadas as disposições ou qualificações, bem como os auxílios para alcançá-lo, sem esquecer as dificuldades que o ser humano encontra na sua consecução, o caminho salvífico da ℘verdade – que traz consigo a *vida imortal* pela ressurreição – tem de ser-lhe mostrado pelo próprio Cristo. Por isso mesmo, são três as grandes divisões da *Suma de teologia* III: Cristo, o Salvador (encarnação, união hipostática, perfeições de ℘Jesus Cristo; cf. q. 1-59); os sacramentos, pelos quais se obtém a salvação e cuja eficácia depende "do próprio ℘Verbo encarnado" (a partir da q. 60); as últimas coisas ou, em especial, a ressurreição e a ℘vida eterna. Segundo o plano geral, Tomás de Aquino pretendia expor os sacramentos em geral (essência, necessidade, efeitos, "causas" ou autoridade e ministério para a administração dos sacramentos e número; cf. q. 60-65) e em específico (Batismo, Confirmação, ℘Eucaristia, Penitência, Extrema-unção, Ordem e Matrimônio (℘Sacramento; ℘Casamento); na q. 65, a. 1-2, ele explica que os sacramentos são sete em número e devem ser tratados na sequência mencionada). Contudo, a sua exposição sobre os sacramentos foi interrompida em meio ao tratamento da Penitência (na q. 90, a. 4), a saber, ao escrever sobre "as partes da penitência em geral" (contrição, confissão e satisfação). A partir de 6 de dezembro de 1273, Tomás de Aquino não mais dá continuidade à escrita da *Suma de teologia* ou, segundo o que se sabe até hoje, à escrita de qualquer outro material. Posteriormente, a Terceira Parte (*Tertia Pars*) foi completada por frades próximos a Tomás de Aquino, em especial a partir de textos do seu *Comentário aos Livros das Sentenças de Pedro Lombardo*, naquilo que se apresenta como Suplemento (*Supplementum*) à *Suma de teologia* – como hoje editado, ele traz noventa e nove questões (cuja primeira é *A contrição*) e ainda um Apêndice com outras duas questões (*O purgatório* e *A pena do pecado original*). Após a morte de Tomás de Aquino, houve teólogos dominicanos, como Tomás de Sutton († após

SUMA

1315) e Pedro de Bérgamo (*ca.* 1400-1482), que compuseram concordâncias entre o *Comentário aos Livros das Sentenças de Pedro Lombardo* do Doutor Angélico e a sua *Suma de teologia*. Em seu tempo e mesmo depois de sua ρcanonização (em 1323), a *Suma de teologia* não se tornou parte do currículo de formação nas casas priorais dominicanas, cuja ênfase na teologia prática foi mantida. Dentro da Ordem dos Pregadores, até o século XV o *Comentário aos Livros das Sentenças de Pedro Lombardo*, e não a *Suma de teologia*, foi a obra referencial no tocante ao pensamento teológico do Aquinate, mesmo porque o livro texto de teologia dos centros de estudos da Ordem seguiu sendo as *Sentenças de Pedro Lombardo* – condição essa que foi modificada, em prol da *Suma de teologia*, só nas primeiras décadas do século XVI. No que tange à história dos manuscritos, já a partir das cópias de Paris (I, I$^a$II$^{ae}$ e II$^a$II$^{ae}$), no mais das vezes as Partes da *Suma de teologia* circularam de forma independente. Em número, os manuscritos da II$^a$II$^{ae}$, que, como as primeiras sumas dos frades dominicanos, abrangia a doutrina das virtudes e dos vícios e a análise de casos morais, se sobressaem. A Segunda Parte da Parte Segunda (*Secunda Secundae*) da *Suma de teologia* foi a que mais obteve recepção junto à Ordem Dominicana, para cuja divulgação João de Friburgo (circa 1314), ex-aluno de Tomás de Aquino em seu segundo período em Paris e, posteriormente, autor de uma *Suma dos confessores* (*Summa confessorum*, 1298), teve papel decisivo. Para essa suma sobre os sacramentos e a Penitência em especial, o pensamento moral de Tomás de Aquino serviu como contexto de fundo. Sem dúvida, a *Suma de teologia* foi a obra mais importante da autoria de Santo Tomás.

**Bibliografia:** AERTSEN, J. A. A filosofia de Tomás de Aquino em seu contexto histórico. In: KRETZMANN, N.; STUMP, E. (orgs.). *Tomás de Aquino*. São Paulo: Ideias&Letras, 2019, p. 23-52 [AERTSEN, J. A. Aquinas's Philosophy in Its Historical Setting. In: KRETZMANN, N.; STUMP, E. (eds.). *The Cambridge Companion to Aquinas*. Cambridge: Cambridge University Press, 1993 (14th printing 2008), p. 12-37]. AGOSTINHO.

*A doutrina cristã:* manual de exegese e formação cristã. Trad. Nair de Assis Oliveira. São Paulo: Paulinas, 1991. BASSE, M. Sentenzenkommentar. In: LEPPIN, V. (Hrsg.). *Thomas Handbuch*. Tubinga: Mohr Siebeck, 2016, p. 178-182. BIFFI, I. Un bilancio delle recenti discussioni sul piano della "Summa theologiae" di S. Tommaso. *La Scuola Catolica*, 91, p. 147*-176* e 295*-326*, 1963. BIRD, O. *Como ler um artigo da Suma*. São Paulo: MADAMU, 2023. BLANCHE, F. A. O vocabulário e a estrutura do artigo nas obras de Santo Tomás. *Scintilla*, 8 (2), p. 13-38, 2011. BOYLE, L. E. The Setting of the *Summa Theologiae*. In: DAVIES, B. (ed.). *Aquinas's* Summa theologiae: Critical Essays. Lanham, MA: Rowan & Littlefield Publishers, 2006, p. 1-24. CHENU, M.-D. Le plan de la Somme théologique. *Revue Thomist*, 47, p. 93-107, 1939. Reproduzido em: _____. *Introdution à l'étude de Saint Thomas d'Aquin*. Montréal/Paris: Inst. d'Études Médiévales. Paris: J. Vrin, 1950. _____. *Santo Tomás de Aquino e a teologia*. Rio de Janeiro: Agir, 1967 (Col. Mestres Espirituais, 9). [CHENU, M.-D. *Saint Thomas et la théologie*. Paris: Sagesses, 2005]. DAVIES, B. (ed.). *Aquinas's* Summa theologiae: Critical Essays. Lanham, MA: Rowan & Littlefield Publishers, 2006. GRABMANN, M. *Introdução à Suma teológica*. Petrópolis: Vozes, 1944. HEINZMANN, R. Der Plan der *Summa Theologiae* des Thomas von Aquin in der Tradition der frühscholastischen Systembildung. In: ECKERT, W. P. (Hrsg.). *Thomas von Aquin: Interpretation und Rezeption*. Studien und Texte. Mainz: Matthias-Grünewald-Verlag, 1974. _____. *Die Summe* Colligite fragmenta *des Magister Hubertus (Clm 28.799)*: Ein Beitrag zur theologischen Systembildung in der Scholastik. Paderborn: Ferdinand Schöningh, 1974a. HÖDL, L. Philosophische Ethik und Moral-Theologie in der Summa Fr. Thomae. In: ZIMMERMANN, A. (Hrsg.). *Miscellanea Mediaevalia 19:* Thomas von Aquin – Werk und Wirkung im Licht neuerer Forschungen. Berlim/Nova Iorque: Walter de Gruyter, 1988, p. 23-42. IMBACH, R. Schriften gegen die pagane Philosophie und die konsequenten Aristoteliker. In: LEPPIN, V. (Hrsg.). *Thomas Handbuch*. Tubinga: Mohr Siebeck, 2016, p. 182-193. IMBACH, R.; OLIVA, A. *La philosophie de Thomas d'Aquin:* repères. Paris: Vrin, 2009. JOHNSTONE, B. The Debate on the Structure of the Summa Theologiae of St. Thomas Aquinas from Chenu (1939) to Metz (1998). In: VAN GEEST, P. [et al.] (eds.). *Aquinas as Authority*. Lovaina:

Peeters, 2002, p. 187-200. JORDAN, M. D. Teologia e filosofia. In: KRETZMANN, N.; STUMP, E. (orgs.). *Tomás de Aquino*. São Paulo: Ideias & Letras, 2019, p. 267-288 [JORDAN, M. D. Theology and Philosophy. In: KRETZMANN, N.; STUMP, E. (eds.). *The Cambridge Companion to Aquinas*. Cambridge: Cambridge University Press, 1993 (repr. 1997), p. 232-251]. KÖPF, U. Der Aufbau der *Summa Theologiae*. In: LEPPIN, V. (Hrsg.). *Thomas Handbuch*. Tubinga: Mohr Siebeck, 2016, p. 250-266. KRETZMANN, N. *The Metaphysics of Theism:* Aquinas's Natural Theology in *Summa contra gentiles* I. Oxford: Clarendon Press (revised edition), 2001. LAFON, G. *Estruturas y método en la Suma teológica de santo Tomás de Aquino*. Madri: RIALP, 1964. LEROY, M.-V. Compte-rendu de Patfoort, A. *Saint Thomas d'Aquin:* les clefs d'une théologie. Paris: FAC-Éditions, 1983. *Revue Thomiste*, 84, p. 298-304, 1984. OLIVA, A. *Les débuts de l'enseignement de Thomas d'Aquin et sa conception de la* sacra doctrina: avec l'édition du prologue de son commentaire des *Sentences*. Paris: Vrin, 2006. PESCH, O. H. *Tomás de Aquino:* límite y grandeza de una teología medieval. Barcelona: Herder, 1992 [PESCH, O. H. *Thomas von Aquin. Grenze und Größe mittelalterlicher Theologie. Eine Einführung.* 3 ed. Mainz: Matthias-Grünewald-Verlag, 1995]. PETRUS LOMBARDUS. *Sententiae in IV Libris distinctae.* Tomi I et II. Grottaferrata (Roma): Editiones Collegii S.

Bonaventurae Ad Claras Aquas, 1971 e 1981. PORRO, P. *Tomás de Aquino:* um perfil histórico-filosófico. São Paulo: Loyola, 2014. RUELLO, F. Saint Thomas et Pierre Lombard: les relations trinitaires et la structure du commentaire des Sentences de saint Thomas d'Aquin. *Studi tomistici*, 1, p. 176-209, 1974. SECKLER, M. *Das Heil in der Geschichte. Geschichtstheologisches Denken bei Thomas von Aquin.* Munique: Kösel-Verlag, 1964. SPEER, A. (ed.). *Thomas von Aquin:* die *Summa theologiae*. Berlin/New York: Walter de Gruyter, 2005. TORRELL, J.-P. *La "Somme de théologie" de saint Thomas d'Aquin.* Paris: Cerf, 1998. _____. *Iniciação a Santo Tomás de Aquino.* 4. ed. São Paulo: Loyola, 2015 [TORRELL, J.-P. *Initiation à Saint Thomas d'Aquin.* 3 ed. Paris: Cerf, 2015]. _____. *Santo Tomás de Aquino Mestre Espiritual.* São Paulo: Loyola, 2018. [TORRELL, J.-P. *Saint Thomas d'Aquin maître spirituel.* Paris: Cerf, 2017]. WEISHEIPL, J. A. *Tomás de Aquino:* vida, obras y doctrina. Pamplona: EUNSA, 1994 [WEISHEIPL, J. A. *Friar Thomas D'Aquino:* His Life, Thought, and Works. Washington, D.C.: Catholic University of America Press, 1983].

Roberto Hofmeister Pich

## SUMO PONTÍFICE – *Ver* Papa

# T

**TEMPERANÇA – *Ver* Beleza, Virtude**

## TEMPO

**O problema.** A concepção medieval de ⟨P⟩universo envolvia seres de diversos tipos: ⟨P⟩Deus, ⟨P⟩anjos e substâncias corpóreas. Sobretudo após a segunda metade do século XII, quando as ciências de origem grega e árabe começaram a ser recepcionadas no ocidente latino cristão, uma das tarefas do discurso teológico consistia em explicar a ⟨P⟩natureza daqueles seres de modo razoavelmente compatível com os novos padrões de conhecimento científico. Diversos problemas passaram a ocupar a agenda intelectual e a opor partidários mais ou menos simpáticos à aproximação dos discursos teológico e científico. Exemplo disso é a famosa tentativa de compatibilizar a tese da ⟨P⟩eternidade do ⟨P⟩mundo, defendida racionalmente pela física aristotélica, com o dogma cristão da ⟨P⟩criação divina no tempo (T.). Formado por Alberto Magno, um dos mais influentes e prolíficos comentadores da tradição científica de origem grega e árabe (cf. RESNICK, 2013), Tomás de Aquino utiliza-se amplamente dos ensinamentos físicos de Aristóteles para dividir o universo em três domínios, cada um dotado de princípios constitutivos próprios e completamente distintos dos demais. Nesse quadro conceitual, o modo de ⟨P⟩existência divina seria caracterizado pela perfeição e pela eternidade, entendida nos termos de Boécio como "a posse totalmente simultânea e perfeita de uma vida ilimitada" (*Suma de teologia* I, q. 10, a. 1). A existência angélica dar-se-ia no evo (*aevum*), domínio intermediário entre eternidade e temporalidade e próprio dos seres que experimentam mudanças acidentais sem jamais deixarem de existir. A existência das substâncias materiais, por fim, dar-se-ia na temporalidade, pois ser

no T. é o modo próprio de existir das ⟨P⟩coisas materiais. Eternidade, evo e temporalidade são formas distintas de mensurar (*mensura*) ou medir o modo de existência próprio a cada domínio, ou seja, o modo próprio de ser das coisas mensuradas (*mensurata*). Como o modo de existência humano é a temporalidade, não apenas o nosso pensamento ocorre temporalmente, mas também nossos conceitos são constituídos de modo a se aplicarem ao domínio povoado por substâncias materiais e temporais. Assim, ao buscar caracterizar a eternidade e o evo, deve-se, segundo Tomás de Aquino, adotar o procedimento semelhante ao usado para obter conhecimento das coisas simples a partir das complexas. Isso significa que se deve partir da noção de T. para alcançar o conhecimento das noções de eternidade e evo. O discurso humano empregado para falar de Deus e do evo envolverá, assim, noções que não são totalmente apropriadas àqueles domínios. Metodologicamente falando, a investigação acerca das naturezas divina e angélica estará sempre parcialmente prejudicada pela inadequação de nossos conceitos. Esse fato estará, segundo Tomás de Aquino, na raiz de diversos paradoxos que surgem quando procuramos falar de Deus (⟨P⟩Atributos Divinos). Por outro lado, como o ponto de partida para a caracterização tanto da eternidade como do evo é a temporalidade, Tomás poderá reivindicar o emprego da teoria aristotélica acerca do T. para articular certa compatibilidade entre o discurso científico e o teológico.

**A natureza do tempo.** Tomás de Aquino recorre à teoria aristotélica para definir o T. como "o número do movimento segundo o antes e o depois" (*Suma de teologia* I, q. 10, a. 1). Por movimento, ambos os autores entendem não apenas o deslocamento espacial, chamado movimento local, mas incluem ainda, na categoria da quantidade, o aumento e a diminuição, e, na categoria da qualidade, qualquer alteração de propriedades em um objeto. Embora o movimento local seja anterior aos demais (cf. *Comentário à Física de Aristóteles* VIII, 14), conta como movimento o reconhecimento de qualquer mudança de propriedades das coisas físicas. Sendo assim, o fundamental é a possibilidade de identificar um instante anterior, no qual a coisa possui uma propriedade P, e um momento posterior, no qual ela não mais a possui. Por meio da apreensão da sucessão das propriedades, é possível reconhecer a passagem do T. Como afirma Tomás de Aquino, "quando percebemos extremos distintos de algo intermediário, a mente (*anima*) os designa como dois 'agoras', um antes e outro depois, como se estivesse contando o antes e o depois no movimento; e é isso que chamamos tempo" (*ibidem*, IV, 17). Convém notar que a definição aristotélica estabelece um vínculo bastante forte entre a mudança real de propriedades dos objetos e a atividade cognitiva de apreender ou numerar essa mudança. Os autores medievais divergiram, no entanto, sobre como entender exatamente esse vínculo (cf. TRIFOGLI, 2009). O T. estaria ligado ao movimento como um atributo das coisas, sendo, portanto, algo real e extramental, ou estaria fundamentalmente ligado à atividade cognitiva de numerar e, por ser dependente dessa atividade mental, seria ele próprio mental? No primeiro caso, qual seria a diferença real entre mudança e T.? Haveria apenas uma mera distinção conceitual entre T. e movimento? Em seu *Comentário à Física de Aristóteles*, escrito entre os anos de 1268-1269 (cf. ELDERS, 2013), Tomás de Aquino analisa explicitamente algumas das dificuldades colocadas pela definição aristotélica. Inicialmente, ele deixa claro que a percepção do T. acompanha a do movimento. Não é necessário, no entanto, recorrer à observação de algo externo à mente humana para perceber o movimento, uma vez que a percepção da sucessão dos pensamentos que ocorrem na mente configura base suficiente para a percepção do fluxo temporal. Assim, afirma Tomás, "ao percebermos qualquer tipo de movimento (*motus*), percebemos o tempo

(*tempus*). E vice-versa. Quando percebemos o tempo, simultaneamente percebemos o movimento" (*Comentário à Física de Aristóteles* IV, 17). Se o movimento tivesse um ser estável nas coisas, do mesmo modo como uma pedra ou um cavalo o têm, o T. teria um ser inteiramente dependente das coisas. Ora, o movimento não tem um ser estável nas coisas. O que há em ato nas coisas é certo instante indivisível do movimento, mas a totalidade do movimento é percebida pela consideração da alma que compara o anterior com o posterior. Isso quer dizer que tanto o movimento como o T., considerados como um todo, são reconstruídos pela inteligência. Sem esta, eles têm nas coisas um ser imperfeito (cf. *Comentário à Física de Aristóteles* IV, 23, n. 1-5; 625-629, especialmente o final do n. 5; 629). Independentemente de reforçar o vínculo entre movimento e T., essa explicação traz consigo outra dificuldade, pois, se o T. dependesse do movimento da ℘alma, ele não seria algo real (*res naturae*), mas mental (*intentio animae*). Por outro lado, se o T. fosse apenas dependente do movimento das coisas, haveria tantos T. quantos movimentos, o que é impossível (*sequitur quod quot sunt motus, tot sint tempora: quod est impossibile, ibidem*, 17). Para Tomás, a solução da dificuldade consiste em lembrar que a unidade do T. é dependente da unidade do primeiro movimento, na medida em que, por ser esse o movimento mais simples, todos os demais são por ele mensurados. Já a explicação de qual seria esse primeiro movimento é fornecida por Tomás ao dizer que "entre todos os movimentos circulares, o mais uniforme e regular é o primeiro movimento que percorre todo o firmamento em um ciclo diário. Portanto, essa revolução, por ser a mais simples e regular, é a medida de todos os movimentos" (*illa circulatio, tanquam prima et simplicior et regularior, est mensura omnium motuum, ibidem*, IV, 23). Por conseguinte, quem quer que perceba algum movimento, seja nas coisas sensíveis ou na mente, está percebendo o primeiro movimento do qual o T. se segue. Será esse o padrão básico de referência temporal. Todavia, precisa Tomás de Aquino, a unidade do

T. depende da unidade do primeiro movimento não apenas como uma relação entre a regra usada para medir e a coisa medida. Tal como quando empregamos os padrões numéricos para medir ou contar, devemos distinguir entre a coisa medida e o próprio padrão. Devemos, assim, diferenciar o *número numerado* (*numerus numeratus*) – por exemplo, o número dez usado para contar dez pessoas ou dez casas – do *número absolutamente considerado* (*numerus absolute acceptus*) ou pelo qual numeramos (*quo numeramus*), ou seja, o próprio número dez, a regra que empregamos ao contar. Caso o T. fosse entendido na segunda acepção, ele careceria de fundamento real único, ou melhor, qualquer sucessão contada seria o T. Já ao se usar o T. para numerar o antes e o depois em relação ao primeiro movimento, mede-se uma relação de dependência existente entre uma propriedade acidental e seu ℘sujeito ou substrato de propriedades. Como essa relação é real, o padrão universal temporal que provém da medida do primeiro movimento será visto por Tomás de Aquino como uma base real para o padrão temporal.

**Bibliografia:** CRAIG, W. L. *Time and Eternity:* Exploring God's Relationship to Time. Wheaton: Crossway Books, 2001. ELDERS, L. J. St. Thomas Aquinas's Commentary on Aristotle's "Physics". *The Review of Metaphysics,* 66 (4), p. 713-748, 2013. KRETZMANN, N.; STUMP, E. (eds.). *Tomás de Aquino.* Trad. Andrey Ivanov. Aparecida: Ideias & Letras, 2019 (The Cambridge Companion to Aquinas). _____. Eternity. *The Journal of Philosophy*, 78 (8), p. 429-458, 1981. NASCIMENTO, C. A. R. A consignificação do tempo pelo verbo no comentário de Santo Tomás de Aquino ao Peri Hermeneias. In: DE BONI, L. A. (org.). *Lógica e linguagem na Idade Média.* Porto Alegre: EDIPUCRS, 1995, p. 113-125. RESNICK, I. M. *A Companion to Albert the Great:* Theology, Philosophy, and the Sciences. Leiden/Boston: Brill, 2013. TRIFOGLI, C. Change, Time, and Place. In: PASNAU, R.; VAN DYKE, C. (ed.). *The Cambridge History of Medieval Philosophy.* Cambridge: Cambridge University Press, 2009, p. 267-278. v. 1.

ALFREDO STORCK

## TEOLOGIA

**Breve história e uso tomasiano do termo.** *Teologia* (T.) significa, em geral, um *discurso sobre Deus* ou um falar de ℘Deus (do grego *théos*, Deus, e *lógos*, pensamento, sentido, discurso, ℘razão). Esse significado é praticamente unânime no uso atual, e suas raízes remontam a Pedro Abelardo, no século XII. Tomás de Aquino situa-se na linha do mestre palatino e também concebe a T. como um *falar de Deus*, empregando o termo *teologia*, porém, com grande parcimônia. Antes de Abelardo, o uso de *teologia* conheceu duas grandes fases: uma, não cristã, típica dos pensadores gregos e romanos antigos, e uma cristã que se encaminhou aos poucos rumo ao uso atual. No sentido não cristão, *T.* designava a parte do ℘conhecimento do ℘mundo concentrada em investigar seu fundamento divino. Poetas como Homero e Hesíodo, por exemplo, foram chamados de "teólogos" porque cantavam a origem do mundo – entendendo-se por "origem", aqui, um fundamento, e não um começo temporal ( ℘Tempo; ℘Necessidade e Contingência). Platão e Aristóteles associaram esses "teólogos" à mitologia, ressaltando o valor pedagógico da mesma, e contrapuseram a ela a ℘filosofia ou o que se poderia chamar de T. filosófica, caracterizada por uma investigação racional, e não mais nascida de uma inspiração poético-divina. No sentido cristão, durante a Patrística (séculos II-V ou II-VIII, segundo a linha historiográfica adotada), o termo *teologia* designou ainda a investigação filosófica geral sobre o ser divino, mas ampliou o seu alcance para a reflexão que incluía a ℘fé no Deus Uno-Trino, ℘Pai, Filho e ℘Espírito Santo (℘Trindade), revelado pelo ℘Verbo, o Homem-Deus ℘Jesus Cristo. Clemente de Alexandria, por exemplo, passou a considerar a T. antiga, filosófica, não como uma parte da mitologia, mas da "verdadeira teologia", aquela do Verbo eterno e encarnado (cf. CLEMENTE DE ALEXANDRIA, *Stromata* V, 9). Boécio, que legou à língua latina da Alta Idade Média uma reorganização do vocabulário filosófico-teológico greco-romano, consagrou o uso do termo *teologia* como a parte da filosofia que se ocupa do Ɵser e de seus princípios (portanto, um sinônimo de metafísica), mas admitindo alguns dados provindos da Ɵrevelação cristã, como, por exemplo, a Ɵcriação do mundo e a fé cristológico-trinitária (cf. BOÉCIO, 2005). Assim, o sentido híbrido de *teologia* (ampliando o uso não cristão para a consideração do dado cristão) permanecerá até aproximadamente o século XIII, mas já no século XI se observa, com Anselmo de Cantuária, a consagração do trabalho, por assim dizer, propriamente teológico como um aprofundamento da compreensão dos dados revelados. No século XII, Pedro Abelardo já havia empregado explicitamente o termo *teologia* para referir-se à investigação racional sobre Deus com base nos dados da fé cristã; quanto a Tomás de Aquino, como dissemos, ele o emprega com muita parcimônia. Usa-o, por exemplo, apenas quatro vezes naquele que pode ser considerado seu compêndio de epistemologia teológica: a questão 1 da Parte I da *Suma de teologia*, na qual trata da Ɵnatureza, do Ɵobjeto e do método da ciência do que é divino. Em contrapartida, ele emprega, no mesmo texto, cerca de oitenta vezes a expressão *sacra doctrina* (ensinamento do que é sagrado), expressão, aliás, preferida por Tomás, junto a *sacra pagina* (comentários sagrados), *sacra scientia* (ciência sagrada) e, ocasionalmente, *sacra scriptura* (escritos/reflexões sagrados) para designar o que, com Abelardo, começava a chamar-se de T. em sentido "moderno". Como se depreende da *Suma de teologia* I, q. 1, a. 1, ad 2m, a razão para o cuidado terminológico tomasiano provém da consciência do sentido híbrido do termo *teologia* e, sobretudo, da necessidade de – em continuidade com o trabalho teológico já existente (encarnado maximamente, à época, por Pedro Abelardo e Anselmo de Cantuária) – distinguir com maior clareza a especificidade da T. entendida ou como parte da filosofia ou como reflexão inteligente sobre os Ɵartigos de fé. Todavia, embora cioso dessa distinção, Tomás de Aquino nunca estabelecerá uma oposição entre filosofia e T. para exprimir alguma diferença entre o saber natural sobre Deus e o saber baseado na fé. Aliás, ao contrário do que tantas vezes se diz hoje, de maneira anacrônica, ele nunca estabeleceu uma oposição entre razão e fé, nem se preocupou em "conciliá-las", o que, a seus olhos, não faria sentido, dado que, para ele, *a fé é um ato da inteligência movida pela vontade*: a inteligência age na ordem da Ɵcausa formal e final; a Ɵvontade, na ordem da causa eficiente (cf. *Questões disputadas sobre a verdade* q. 22, a. 11-12; *Suma contra os gentios* III, 26; LIMA VAZ, 1999, p. 226-227). Assim, em vez de uma oposição entre filosofia e T., Tomás preferirá insistir na distinção entre uma *doctrina philosophiae* (ensinamento da filosofia) e uma *doctrina fidei* (ensinamento da fé): a diferença entre ambas reside na qualidade dos *atos* de saber, e não no *objeto* do saber, o qual, no limite, é um e o mesmo: o mundo visto sob diferentes aspectos; no caso da T., trata-se da consideração do mundo precisamente como efeito de Deus, de acordo com o que diz a Revelação (Criação) e para além do que a razão natural, sozinha, pode dele apreender, mas sem desvincular-se da razão natural, que é o único meio de conhecimento humano, mesmo quando trata do que é divino (cf. *Suma contra os gentios* II, 4). É preciso acrescentar, porém, a essa distinção entre uma doutrina da filosofia e uma doutrina da fé (uma *sabedoria filosófica* e uma doutrina ou *sabedoria da fé*), uma doutrina ou *sabedoria afetiva, experimental*, sobre Deus, quer dizer, um saber por *experiência*, e não apenas por ouvir dizer, por especulação ou por meditação dogmática (cf. *Suma de teologia* IIªIIªᵉ, q. 97, a. 2, ad 2m). Hoje, poderíamos falar em uma *teologia mística*. De todo modo, quanto ao uso do termo *teologia*, Tomás de Aquino o empregará, aos poucos, segundo o uso, por assim dizer, "modernizante" de Abelardo, entendendo-o como referência à intelecção da fé, compreensão e expressão do dado revelado (cf. também *Comentário ao Tratado sobre a Trindade de Boécio*, q. 2, a. 3, ad 7m).

**Palavra de Deus e Teologia.** A preferência de Tomás de Aquino por expressões como *sacra doctrina* ou até *sacra scriptura para designar a*

TEOLOGIA

*atividade teológica* permite entender que, para ele, embora haja uma distinção entre a T. como conhecimento racional de Deus, com base na sua Revelação, e a T. como a Palavra de Deus mesma (perspectiva do próprio Deus, da qual a Revelação bíblica manifesta apenas uma parte), isso não quer dizer que Tomás identificasse algum problema nessa distinção. Há, está claro, a Revelação de Deus nas ρEscrituras; e há o trabalho dos teólogos em sua investigação legitimamente racional de Deus com base nas Escrituras. Mas esse conhecimento racional ou a T., segundo Tomás, está contido nas próprias Escrituras; é algo virtualmente presente nelas, cabendo aos teólogos extraí-lo segundo as variadas circunstâncias. Referindo-se, por exemplo, às Cartas de São Paulo e aos Salmos, diz Tomás que *in utraque scriptura fere tota theologiae continetur doctrina* ("em ambos os conjuntos de escritos está contida praticamente toda a doutrina teológica", *Comentário à Carta de Paulo aos Romanos*, Prólogo). Assim, o problema moderno de justificar a ligação entre o trabalho teológico-reflexivo e o conhecimento das Escrituras não existe para Tomás de Aquino. Nada mais natural, aliás, pois, no seu dizer, o que salva uma ρpessoa é a fé em Deus segundo o que essa pessoa consegue entender da Palavra de Deus ou dos artigos de fé (cf. *ibidem* I, lição 5), e não o trabalho dos teólogos. O trabalho dos teólogos nasce, porém, da própria Palavra de Deus (ρBíblia); não é um acréscimo a ela. No limite, todo fiel é chamado a ser teólogo, pois a T. é a ρrelação mesma com Deus, por meio da reflexão sobre as Escrituras. Como dizia acertadamente Étienne Gilson (2010), a T. ou a ciência sagrada é a *Sagrada Escritura recebida no entendimento de cada cristão*, segundo suas possibilidades. Desse modo, como parecia a Tomás, uma das razões teórico-históricas mais fortes para entender a T. como *extensão* da ação reveladora mesma de Deus é certamente a necessidade de ultrapassar a hostilidade que os biblistas da época de Tomás mostravam em relação ao conhecimento filosófico. Mais do que preocupar-se em inserir dados teológicos na filosofia, sem corromper a ρessência dela, Tomás

procurava introduzir elementos filosóficos na T., sem corromper a essência da T., quer dizer, respeitando-a como doutrina da Revelação, mas também não acreditando que, sem elementos filosóficos, seria possível explorar adequadamente a Revelação (uma vez que, como se diz atualmente, toda hermenêutica, mesmo quando é antifilosófica, possui pressupostos filosóficos). Não é por acaso, então, que, na esteira do vocabulário dos *Livros das Sentenças de Pedro Lombardo*, Tomás de Aquino admita um uso específico da expressão *sacra scriptura* como referência à T. Ora, a razão de ser da T., em sentido estrito, será o fato de que houve e há dados revelados ou um *revelatum* (revelado), mas a investigação humana fundada na fé constitui a atividade teológica e visa extrair tudo o que está contido na Revelação e, portanto, é um *revelabile* (revelável).

**Método teológico.** Se a T. é, para Tomás de Aquino, um discurso sobre Deus, ela se baseia ou numa investigação filosófica estrita (dir-se-ia hoje, uma T. filosófica ou natural) ou numa investigação que inclui a análise filosófica, mas parte da fé nas Escrituras Sagradas (uma "T. crente"). Para expor as linhas de seu teologizar crente (seu método teológico), Tomás dedica pelo menos três textos: o Prólogo do *Comentário aos Livros das Sentenças de Pedro Lombardo*; o *Comentário ao Tratado sobre a Trindade de Boécio*; e a questão 1 da Parte I da *Suma de teologia*. A esses textos podem acrescentar-se a *Suma contra os gentios* I, 3-9; II, 2-4; IV, 1; a *Suma de teologia* I, q. 32, a. 1; II^aII^ae, q. 1, a. 5; e as *Questões quodlibetais* IV, a. 18. Todo o método teológico de Tomás de Aquino mostra-se dado pelo *objeto-sujeito* da T., quer dizer, Deus. Por conseguinte, baseado na fé, o discurso teológico deve ligar tudo a Deus, buscando a maior fidelidade possível ao modo como Deus a tudo vê. O elemento central desse método é o respeito ao procedimento natural da inteligência: a T. é uma ciência, no sentido como Aristóteles a definiu nos *Segundos analíticos* (um conhecimento que explicita as causas ou os porquês de algo e que obtém verdades menos conhecidas partindo de verdades mais conhecidas). Assim, embora a revelação divina contenha dados não produzidos pelo conhecimento racional ou como ciência propriamente dita, a T. é uma ciência pelo seu procedimento dedutivo-racional. Ora, se há ciência quando se conhecem causas e quando verdades menos conhecidas são obtidas a partir de verdades mais conhecidas; se Deus é o detentor da máxima ciência possível, porque ele se conhece a si mesmo como fundamento de todas as ℘coisas; e, ainda, se Deus revela seu conhecimento de forma humanamente inteligível; então, proceder a uma análise racional do que Deus revela é um proceder científico. É certo que se pode desejar uma compreensão das verdades divinas por uma relação direta com Deus, sob a ação da ℘graça, mas a via normal consiste em, também sob a ação da graça, buscar a intelecção dessas verdades com o emprego da inteligência. A inteligência ou intelecção da fé (*intellectus fidei*) segue, assim, o procedimento natural do conhecimento, de modo que a T. faz uma real dedução científica ao ligar verdades menos conhecidas do ensinamento cristão a verdades mais conhecidas também do ensinamento cristão e tomando aquelas como conclusões destas. Não se trata de pensar que verdades novas podem ser extraídas do dado revelado (embora isso seja possível), mas, como diz Yves Congar (cf. CONGAR, 1946), trata-se de entender que a missão da T. é, tanto quanto lhe é possível na ℘vida terrena, reproduzir a *ciência de Deus* ou a ordem segundo a qual Deus, em sua sabedoria, articula tudo de acordo com o grau de inteligibilidade que cada coisa contém. É nesse sentido que a T. é ensinamento sagrado (*sacra doctrina*) ou simplesmente escrita/reflexão sagrada (*sacra scriptura*, expressão que Tomás de Aquino encontrava nas *Sentenças* de Pedro Lombardo). No que diz respeito à articulação das verdades reveladas, ela parte sempre dos ℘artigos de fé, os quais são, por si mesmos e diretamente, conteúdos de Revelação e de fé. Os artigos de fé são aqueles do Símbolo ou Credo (cf. *Suma de teologia* II$^a$II$^{ae}$, q. 1, a. 8-9), que, por sua vez, mesmo sendo conteúdos de fé, são considerados uma primeira *expressão*

do mistério divino (expressão por Revelação, não por elaboração teológica – cf. *Suma de teologia* II$^a$II$^{ae}$, q. 2, a. 6). Dois *credibilia* (artigos a serem cridos) fundamentais da fé são a Revelação da intimidade divina, quer dizer, em termos cristãos, o ser uno e trino de Deus, e sua ℘liberdade misteriosa, manifestada na ℘encarnação do Verbo para a ℘salvação do mundo. Esses dois artigos fundamentais fornecem, por conseguinte, um "critério", por assim dizer, para identificar uma atividade genuinamente teológica, segundo Tomás: tal será a reflexão que tudo vincula ao mistério uno-trino e à liberdade salvadora de Deus. A razão humana, nessa atividade, tem o papel de: (a) preparar a fé (elucidar os *preambula fidei*, quer dizer, os pressupostos da fé, como, por exemplo, a afirmação da ℘existência, unidade e unicidade de Deus, a afirmação da ℘imortalidade da ℘alma etc. – cf. *Suma de teologia* I, q. 2, a. 1-3); (b) defender os artigos de fé, não porém pretendendo provar a verdade deles de maneira absoluta (tarefa impossível, uma vez que eles requerem adesão pessoal e livre), mas pela demonstração de que eles decorrem necessariamente da Revelação (cf. *Suma de teologia* I, q. 1, a. 8; II$^a$II$^{ae}$, q. 2, a. 10; q. 8, a. 2); (c) deduzir verdades não conhecidas ou menos conhecidas, tarefa que Tomás de Aquino denominava *inventio veritatis in quaestionibus ex principiis fidei* ("encontro da verdade nas questões com base nos princípios da fé", *Comentário aos Livros das Sentenças de Pedro Lombardo* I, q. 1, a. 8); (d) explicar e declarar os artigos de fé, procurando intensificar a compreensão, acionando para isso todos os tipos de conhecimento, e não apenas o conhecimento teológico (cf. *Suma de teologia* I, q. 1, a. 5; *Comentário ao Tratado sobre a Trindade de Boécio* q. 2, a. 2). Um dos principais recursos para o trabalho de explicação e de declaração sobre Deus, quer dizer, de elaboração de expressões que procuram retratar conteúdos da fé e atributos divinos, será a ℘analogia.

**Teologia mística.** Tomás não definiu claramente o termo *místico* ou o *discurso místico* como "áreas" da T. (a questão da divisão em

TEOLOGIA

disciplinas sequer se punha, na verdade), mas sua obra contém todos os elementos para identificar uma "T. mística" ou uma reflexão baseada na *experiência* como parte da T. (e não apenas na especulação filosófica ou na exegese dos textos bíblicos e da Tradição). Com efeito, Tomás recebeu de Alberto Magno e adotou como seu o modo de pensar que identifica uma real *continuidade* no conhecimento humano, ainda que respeite a característica própria de cada forma de conhecimento, desde a mais humilde observação do mundo material até o extasiamento em Deus. Para Tomás de Aquino, o conhecimento humano natural mais elevado é a ciência do ser como ser (o ℘ente visualizado precisamente como ente), ciência dos primeiros princípios (filosofia primeira) e da causa do ser ou do ente em geral (T.). Nesse aspecto, sobretudo, essa ciência se constitui em sabedoria ao se ocupar do que é *último* (último relativo à finalidade) no domínio do conhecimento possível à capacidade natural do ℘intelecto humano. Mas a "teologia de filósofos" não é tudo o que se pode saber sobre Deus. Ela é, aliás, precária e indireta, pois, nela, Deus é apenas conhecido como causa do ser (ente) em geral, transcendente (℘Transcendência e Transcendental) ao próprio ente e sobretudo a quem o conhece. Já a T. da Escritura, a Sagrada doutrina, ocupa-se do que é divino com base nos artigos de fé, quer dizer, no que Deus comunicou aos seres humanos (Revelação), o que inclui tanto as Escrituras como os ensinamentos dos ℘Pais da Igreja (os *Santos*, na terminologia de Tomás) e o entendimento da fé (desde o que se praticava nas Faculdades de T. até a simples catequese e a ℘pregação). Tal T. também não era, porém, o máximo a que os humanos podiam aspirar. A meta última do conhecimento de Deus é o dom do Espírito Santo: o *dom da sabedoria*, ligado à ℘caridade, dom no sentido estrito do termo e ao qual, no máximo, somente uma disposição pode preceder, sem nenhum esforço ou merecimento humano. Santo Tomás o diz claramente quando fala de Hieroteu de Atenas (século I), mestre de Dionísio Pseudoareopagita: "seu conhecimento, não apenas aprendendo, mas

também sofrendo o que é divino, isto é, não apenas recebendo no intelecto a ciência do que é divino, mas também amando, uniu-se a ela pela afeição". Continua: "Com efeito, a ℘paixão parece pertencer mais ao ℘desejo do que ao conhecimento, porque o que é conhecido está no cognoscente de acordo com o modo do cognoscente, e não de acordo com o modo do que é conhecido; mas o desejo move para as coisas, de acordo com o modo pelo qual elas são nelas mesmas e, assim, ele se fixa de certa maneira nas próprias coisas. Ora, assim como alguém virtuoso é tornado perfeito pela habilitação da ℘virtude, que ele tem na afeição, para julgar a respeito do que cabe a essa virtude, assim também aquele que se fixa no divino recebe divinamente o julgamento correto a respeito das coisas divinas" (*Comentário sobre Os nomes divinos de Dionísio Pseudoareopagita* II, lição IV, n. 190-192). Trata-se do que se chama de *conhecimento por experiência* (assim como quando se prova um alimento ou se é tocado por algo), mas agora em referência a uma *experiência de Deus* (cf. *Suma de teologia* II$^a$II$^{ae}$, q. 97, a. 2, ad 2m), conhecimento que envolve *a afetividade e o intelecto*, sem ser propriamente conceitualizável, mas exprimível por analogias, sobretudo imagens literárias, principalmente poéticas, as quais, no entanto, estarão sempre aquém do conteúdo apreendido por experiência. Por isso, certamente não é casual que, ao iniciar seu livro *Tomás de Aquino, mestre espiritual*, Jean-Pierre Torrell diga logo na primeira frase: "A quem conhece Santo Tomás de Aquino apenas por ouvir dizer pode parecer surpreendente vê-lo ser apresentado como um mestre espiritual. O autor da *Suma de teologia* é conhecido como um intelectual de grande porte, mas não como um místico" (TORRELL, 2008, p. 9). No entanto, já Guilherme de Tocco (1240/50-1323), autor da biografia antiga mais importante de Tomás de Aquino, dele falava como "contemplativo de maneira admirável e dedicado ao que é celeste" e evocava a célebre "distração" de Tomás: "extraordinário e inaudito desligamento da mente e contemplação" (apud TORRELL, 2008, p. 174).

**Bibliografia:** ABELARDO. *De l'unité et de la Trinité divines: Theologia summi boni.* Trad. Jean Jolivet. Paris: Vrin, 2002. ANSELMO DE CANTUÁRIA. *Proslogion.* Trad. Costa Macedo. Porto: Porto Editora, 1996. _____. *Diálogos filosóficos:* a verdade, a liberdade de escolha, a queda do diabo. Porto: Afrontamento, 2012. BOÉCIO. *A Santa Trindade.* In: _____. *Escritos (Opuscula sacra).* Trad. Juvenal Savian Filho. São Paulo: Martins Fontes, 2005. CHENU, M.-D. *Saint Thomas et la théologie.* Paris: Sagesses, 2005. CLEMENTE DE ALEXANDRIA. *Les Stromates.* Vários tradutores. Paris: Cerf, 1999-2007. 7 v. CONGAR, Y. Théologie. In: VACANT, A.; MANGENOT, E. (éds.). *Dictionnaire de Théologie Catholique.* Paris: Letouzey et Ané, 1946. t. XV. (col. 341-502). GARDEIL, A. *La structure de l'âme et l'expérience mystique.* Paris: Gabalda, 1927. 2 v. GILSON, E. *Le thomisme:* introduction à la philosophie de Saint Thomas d'Aquin. Paris: Vrin, 2010 (ed. bras.: *O tomismo:* introdução à filosofia de Santo Tomás de Aquino. Trad. Juvenal Savian Filho. São Paulo: WMF Martins Fontes, 2024). HUMBRECHT, T.-D. *Théologie négative et noms divins chez Saint Thomas d'Aquin.* Paris: Vrin, 2006. JOLIVET, J. *Arts du langage et théologie chez Abelard.* Paris: Vrin, 2000. LIMA VAZ, H. C. A ética medieval: Tomás de Aquino. In: _____. *Introdução à Ética Filosófica I.* São Paulo: Loyola, 1999, p. 199-240 (Col. Escritos de Filosofia IV). NASCIMENTO, C. A. R. Renversant la hiérarchie. In: PORRO, P.; STURLESE, L. (eds.). *The Pleasures of Knowledge.* Turnhout: Brépols, 2015, p. 571-579. _____. O Prólogo do Comentário de Tomás de Aquino ao Livro das Causas. In: CUNHA BEZERRA, C.; BATISTA DA SILVA, N. C. (orgs.). *Estudos de neoplatonismo e filosofia medieval.* Curitiba: CRV, 2016, p. 65-76. _____. A matriz agostiniana e o século XIII. *Scintilla,* 14 (2), p. 39-66, 2017. PEDRO LOMBARDO. *The Sentences.* Trad. Giulio Silano. Toronto: Pontifical Institute of Mediaeval Studies, 2007-2010. 4 v. PENIDO, M. T.-L. *A função da analogia em teologia dogmática.* Petrópolis: Vozes, 1946. RIVIÈRE, J. Théologie. *Revue des sciences religieuses,* XVI, p. 47-57, 1936. ROSEMANN, P. *The Story of a Great Medieval Book:* Peter Lombard's Sentences. Peterborough: Broadview, 2007. ROSIER-CATACH, I. *La parole eficace:* signe, rituel, sacré. Paris: Seuil, 2004. TORRELL, J.-P. *Saint Thomas d'Aquin maître spirituel.* Paris: Cerf, 2008. _____. *Initiation à Saint Thomas d'Aquin.* Paris: Cerf, 2015.

JUVENAL SAVIAN FILHO

## TOMISMOS

**Tomismo e tomasianismo.** Tornou-se célebre a irônica frase de Umberto Eco a propósito dos efeitos que a 𝒫canonização de Tomás de Aquino produziu sobre a recepção da obra do Aquinate: "Transformaram um incendiário num bombeiro" (ECO, 1984). Com efeito, e mesmo independentemente da canonização de Tomás, várias escolas de pensamento que se formaram a partir de sua obra, bem como diversas motivações de seus membros, contribuíram para uma série de interpretações divergentes do pensamento do santo doutor. Atualmente, para designar o estudo histórico de Tomás de Aquino, com base em seus próprios textos, fala-se de *tomasianismo.* Trata-se de algo diferente das interpretações constituídas em uma escola de pensamento pretensamente fiel ao pensamento de Santo Tomás e "ortodoxa", à qual se dá o nome de *tomismo* (T.). Embora hoje as pesquisas histórico-críticas (tomasianas) sejam predominantes nos trabalhos acadêmicos sobre a obra de Tomás, continua a existir quem pretenda falar do "verdadeiro" espírito tomista. É preciso, porém, constatar que, para além da preocupação com um T. "ortodoxo", há diferentes T., e esse fenômeno, quando analisado à luz da atual reflexão filosófica, mostra-se inevitável, pois um pensamento elaborado há tantos séculos, com uma massa textual tão vasta e uma difusão tão grande (há mais de duzentos e cinquenta manuscritos apenas para a Primeira Parte da *Suma de teologia,* por exemplo), naturalmente leva a uma pluralidade de interpretações. Além disso, historicamente, quanto mais a 𝒫autoridade do frade dominicano se consolidava, tanto mais alguns desejavam apresentar-se como seus verdadeiros intérpretes. Ao mesmo tempo, tantos outros, sem deixar de interpretá-lo, quiseram posicionar-se como seus opositores, até mesmo na Ordem dos Pregadores à qual o Aquinate pertenceu (lembre-se, entre outros, de Guilherme Durand de Saint-Pourçain, seu contemporâneo). A respeito, porém, dos autointitulados representantes ortodoxos de Tomás de Aquino, o estudioso americano Mark.

D. Jordan utiliza um vocábulo bastante duro para referir-se a eles: chama-os de "policiais" do pensamento de Santo Tomás (cf. JORDAN, 2005). Nessa categoria já entrariam os primeiros comentadores do pensamento de Tomás, como João Capréolo (1380-1444) e Tomás de Vio (Cardeal Caetano, 1469-1534), mas sobretudo os tomistas dos séculos XIX e XX. Referindo-se, por exemplo, a Réginald Garrigou-Lagrange (1877-1964), Mark. D. Jordan chama atenção para o fato de o dominicano francês pretender apresentar a doutrina tomista baseando-se em seus "grandes enunciados" e de acordo com os "grandes comentadores" de Santo Tomás. Jordan vê como sintomático o fato de Garrigou-Lagrange referir-se primeiro às afirmações dos "grandes comentadores", para somente depois citar o próprio Tomás. Rigorosamente falando, os T. dos séculos XIX e XX são melhor designados pelo termo *neotomismo*, e seu, digamos, ideal ou projeto intelectual recebe grande impulso com a carta encíclica *Aeterni Patris* (1879), com a qual Leão XIII incentivava o estudo da longa e rica tradição intelectual cristã, que teria sido como que sintetizada por Santo Tomás. Aliás a expressão "síntese tomista" se tornará uma espécie de senha. Além do Concílio Vaticano II, com a *Declaração sobre a formação sacertotal*, n. 16, também o Papa João Paulo II corrigirá esse modo de pensar, não mais considerando Santo Tomás como uma espécie de "pensador oficial", mas de pensador *exemplar*, ao lado de muitos outros, inclusive de orientação não tomista ou tomasiana, sem esquecer os orientais e os russos, entre outros (cf. JOÃO PAULO II, 1998). É historicamente interessante lembrar ainda que, por Tomás de Aquino ter falecido antes de concluir sua principal obra, a *Suma de teologia*, e pelo fato de os últimos artigos da obra terem sido providenciados por seus discípulos, pode-se dizer que, antes mesmo dos primeiros comentadores, já havia, digamos, "tomistas profissionais", os quais, seguindo um costume antigo e medieval (na Antiguidade e na Idade Média não havia ainda uma noção rígida de *autoria*, pois "autores" – seres dotados de Ρautoridade – eram as Escrituras, os Padres da Igreja, os filósofos, ao passo que os antecessores imediatos ou os contemporâneos eram considerados apenas mestres expositores), sentiram-se à vontade para concluir a obra do mestre, adotando como referência seu *Comentário aos Livros das Sentenças de Pedro Lombardo*, obra da juventude de Tomás e não totalmente representativa de seu pensamento maduro, haja vista a mudança de posição que ele mesmo revela ao longo de sua atividade intelectual, em diversos aspectos contidos no *Comentário*. Já poucos anos após a morte de Tomás, alguns dominicanos receberam sua obra e confeccionaram manuais e resumos, realizando cortes, escolhas e reorganizações textuais bem diversas daquelas presentes nos textos originais. Referindo-se aos manuais modernos de "inspiração tomista" (*ad mentem Sancti Thomae*, em latim "segundo o espírito de Santo Tomás") herdeiros dos resumos feitos pelos colaboradores de Tomás e pelos seus primeiros comentadores, mas também com acréscimos vindos de pensadores modernos, o dominicano escocês Fergus Kerr insiste que esses manuais retratam de modo tacanho e simplista a obra do Aquinate (cf. KERR, 2014); contudo, isso não impediu as autoridades da Igreja Católica de impor o estudo deles aos seminaristas, a partir de 1870, esperando que funcionassem como antídoto contra possíveis subversões da fé e contra a sedução do pensamento dito "modernista" (interpretação pessoal da Bíblia, valorização da história, afirmação da historicidade da condição humana e da fé, fideísmo, racionalismo, marxismo etc.). Quanto à Ordem Dominicana, procurou ela defender a memória de Frei Tomás, e o capítulo de Saragoça (1309) determinou que os professores da Ordem seguissem a doutrina de Tomás de Aquino. Bem mais tarde, na época das controvérsias sobre a graça (*disputationes de auxiliis*), foi introduzido um juramento *de tenenda doctrina sancti Thomae* (sustentar o ensinamento de Santo Tomás), completado em 1910 pelo juramento antimodernista. Ambos não são mais solicitados atualmente. A legislação do *Código de Direito Canônico* de Bento XII (1917) determinava que o ensino da filosofia e da teologia devia ser feito segundo a doutrina de Santo Tomás de Aquino (cânon 1366, §2°), mas o *Código* atual, de 1983, no cânon 252, §3°, atenua essa posição, permitindo liberdade na determinação dos estudos clericais. A título, ainda, de informação histórica sobre a recepção dos textos e ideias de Tomás de Aquino, convém lembrar que, a despeito do movimento moderno que o elevará à condição de pensador católico oficial (como se ele tivesse formulado o único pensamento cristão), muitos elementos de seu escritos foram condenados por autoridades contemporâneas ao Aquinate, como Roberto Kilwardby (1215-1279), dominicano arcebispo da Cantuária, John Peckham (1230-1292), franciscano professor de teologia em Oxford e Paris, e principalmente Etienne Tempier (1210-1279), bispo de Paris. Vem de Etienne Tempier a conhecida "condenação de 1277", que elencava 219 proposições condenáveis. Nenhuma tese de Tomás foi incluída na condenação de 1277, mas ela o atingia por causa da aceitação dele na Faculdade de Artes. Em seguida, foi dado início a um processo diretamente contra Tomás, porém providencialmente engavetado pela intervenção do mestre--geral da Ordem, João de Vercelli, e dois cardeais amigos. Tais condenações (cf. HISSETTE, 1997) mostram, por seu lado, que o pensamento de Tomás de Aquino foi construído tendo em conta seu tempo e em debate com autores que o precederam ou lhe eram contemporâneos, sem a pretensão de constituir-se em um sistema definitivo e apto a responder a todas as questões possíveis, tal como alguns manuais tomistas deram a entender. No final do século XIII e no século XIV, Tomás se tornou um pomo de discórdia entre os dominicanos e franciscanos. É a época dos *Correctoria*: por volta de 1279, o franciscano Guilherme de Mare escreveu a *Corrigenda de frei Tomás*, um catálogo de 118 teses de Tomás tidas como perigosas, acompanhadas das censuras eclesiásticas, críticas e correções. O capítulo franciscano de 1282 ordenou que os professores mais bem-dotados só poderiam usar a *Suma* de Frei Tomás acompanhada dessa *Corrigenda*. Os dominicanos retrucaram com a *Corrigenda do deturpador*, de Ricardo Knapwell. Houve uma tréplica dos franciscanos, da autoria de Guilherme de Peckham, e vários outros escritos dos dominicanos, além de uma nova resposta franciscana entre 1315 e 1320 (cf. TORRELL, 2005, p. 350-361).

**Comentadores clássicos.** Entre os grandes comentadores das obras de Santo Tomás, merecem destaque João Capréolo e Tomás de Vio (Cardeal Caetano). Pouco se sabe da vida de Capréolo (1380-1444), frade dominicano que recebeu o título de *Princeps thomistarum* (Príncipe dos tomistas). Ele não comentou a *Suma de teologia*, como fez o Cardeal Caetano, mas o *Comentário aos Livros das Sentenças de Pedro Lombardo*, obra do magistério inicial de Tomás de Aquino. Capréolo ansiava, sobretudo, por ser fiel a Tomás, defendendo-o de seus contraditores como Henrique de Gand, Duns Scotus, Guilherme de Ware, Pedro Auriol, Guilherme Durand de Saint-Pourçain e Guilherme de Ockham, entre outros. O zelo desse "príncipe" não poupou sequer os primeiros discípulos de Tomás, como Hervé Noël de Nedelec e Pedro de la Palu. Seu discípulo Isidoro de Isolanis chegou a dizer que se devia a Capréolo a mesma veneração que a Santo Tomás. Solidificava-se, assim, certo "espírito de escola", a "escola tomista". Sua obra principal é o *Libri quattuor Defensionum Theologie divi doctoris Thomae de Aquino*, com várias edições a partir de 1483 e citado como *Defensiones*. O Cardeal Caetano, por sua vez, é o mais famoso dos comentadores de Santo Tomás. Além de importante teólogo e pessoa de profunda espiritualidade, foi um prelado de destaque em sua época. Entre os anos de 1508 e 1517, foi mestre da Ordem dos Pregadores, bem como um homem-chave no Concílio de Latrão V (1513). Em 1517, Leão X nomeia-o cardeal, confiando-lhe diversas missões, entre as quais o enfrentamento da reforma proposta por Martinho Lutero. Caetano de Vio comentou a *Suma de teologia*, e sua influência interpretativa foi tão marcante que até hoje a edição típica da *Suma de teologia* (a edição Leonina) registra o texto de seu comentário junto ao texto de Tomás. No entanto, Caetano, com uma cerrada dialética, tendeu a catalisar em fórmulas rigorosas mesmo elementos que Tomás havia exprimido com uma calculada indeterminação. Entre seus seguidores modernos mais famosos, encontra-se o Frei Réginald Garrigou-Lagrange (1877-1964), de grande destaque entre os que pretendem obter um "tomismo ortodoxo". Nos séculos XVI e XVII, sobretudo, é possível falar de escolas tomistas "clássicas", representadas por Francisco de Vitória (1483-1546) e a Escola de Salamanca, com Melchior Cano (1509-1560), Domingo de Soto (1494-1560), ambos discípulos de Vitória e impulsionadores daquela que ficou conhecida como Segunda Escolástica, além de Domingo Bañez (1528-1604). Entre os jesuítas, destaca-se especialmente Francisco Suárez (1548-1617), e, em espírito contrário a eles, houve os grupos de carmelitas descalços, os Salmanticenses e os Complutenses; ambos os grupos carmelitanos são conhecidos por seus claros, longos e minuciosos trabalhos. Os Complutenses, carmelitas de Alcalá, produziram o *Cursus philosophicus* (publicado entre 1624 e 1647); os Salmanticenses produziram o *Cursus theologicus* (publicado entre 1631 e 1701). A Escola de Coimbra tem suas raízes na influência das duas escolas carmelitanas. Seus docentes também lecionaram nas universidades portuguesas de Coimbra e Évora. Merece destaque, também, o trabalho de Francisco Suárez, que estudara Filosofia e Teologia em Salamanca. Na formulação de seu próprio pensamento, ele se apoia em Tomás de Aquino, mas também em outras linhas investigativas, respondendo às críticas filológicas dos humanistas e às objeções teológicas de pensadores protestantes. O T. de Suárez suscitará as mais opostas reações. Sua influência maior ocorrerá por suas *Disputationes methaphysicae* [Disputas metafísicas], primeira abordagem da metafísica independente do texto de Aristóteles, não sendo um comentário, mas uma exposição em ordem disciplinar que se tornou presente tanto no meio católico como protestante. O que caracteriza as várias escolas tomistas da idade clássica, e que as opõe entre si, são principalmente suas posições em relação à Graça. As gigantescas disputas entre Jansenistas, Tomistas e Molinistas são dessa época, que se estende até o século XVIII. A esse respeito é importante o trabalho historiográfico de Jacob Schmutz e Ruedi Imbach na compreensão atual do T. (cf. IMBACH; SCHMUTZ, 2008).

**Tomismo transcendental.** Outro importante movimento, chamado de "tomismo transcendental", surgiu no início do século XX, sobretudo com o trabalho dos jesuítas Joseph Maréchal (1878-1944) e Pierre Rousselot (1878-1915). Maréchal interessava-se pela psicologia experimental, tendo trabalhado no laboratório de Wilhelm Wundt, e pelas relações entre espiritualidade e psicologia, tratando especialmente da psicologia dos místicos, vendo-se levado à necessidade de concentrar seu esforço na possibilidade de reabilitar um conhecimento metafísico ante a crítica kantiana. Nasce desse esforço a série de "cadernos" ou livros nos quais, recorrendo a textos do próprio Tomás de Aquino (e não de comentadores tomistas), Maréchal elaborou uma síntese metafísica que confrontou elementos tomasianos com correntes filosóficas e científicas de sua época, especialmente o pensamento de Henri Poincaré, Maurice Blondel, Henri Bergson, entre outros (cf. MARÉCHAL, 1922-1947). Em pensadores de língua alemã, influenciados pelos trabalhos de Joseph Maréchal e Pierre Rousselot, mas também de Martin Grabmann (1875-1949), incentivador da redescoberta de Tomás de Aquino com base em seus escritos (e não nas sínteses de comentadores), surgirão diferentes T., alguns até mesmo incompatíveis. A forma da questão transcendental, porém, continuará um elemento articulador dessas vertentes, que procurarão manter fidelidade a Santo Tomás ao defender que *in omni iudicio esse subsistens implicite attingitur seu cognoscitur* ("em todo juízo, o ser subsistente é implicitamente alcançado ou conhecido"). Tal como proposta por Johannes Baptist Lotz (1903-1992), essa fórmula pressupõe que a questão metafísica relativa ao ser integra a questão transcendental, que não mais se refere ao objeto a ser conhecido, mas ao sujeito que em todo ato de julgar (quer dizer, de pronunciar-se sobre a experiência) acede ao conhecimento da totalidade (cf. HOLZER, 2013). Na obra de Karl Rahner (1904-1984), o T. transcendental assumirá como tarefa primordial a abertura de um horizonte de compreensão que justifique e torne audível o evento da ☞Revelação (cf. RAHNER, 1972; 1984).

**Neotomismos.** Não classificáveis entre os T. "clássicos", merecem destaque as iniciativas de reabilitar o pensamento de Tomás de Aquino no contexto atual, seja em perspectiva histórico-crítica, como é o caso do trabalho de Étienne Gilson (1884-1978), seja em perspectiva sistematizadora, como é o caso de Jacques Maritain (1882-1973). Enquanto este último defendia a possibilidade de um pensamento tomista como expressão de uma filosofia cristã, o primeiro preferia falar da atualidade do pensamento de Tomás de Aquino tal como formulado em seu tempo e, no entanto, eloquente nos tempos atuais (cf. MARITAIN, 1995; 1941; GILSON, 1962; 2007; 2016; 2022). Ainda, em continuidade com o impulso vindo da encíclica *Aeterni Patris*, merecem menção os esforços de tomada de posição neotomista perante a cultura feitos pelos estudiosos reunidos na Universidade Santo Tomás (*Angelicum*), em Roma, bem como em Lovaina, Munique, Paris, Toulouse, Salamanca, Laval, River Forest, Navarra, Oxford, Washington e Friburgo. Em maior ou menor medida, a renovação dos estudos relativos a Santo Tomás, promovida por esses centros neotomistas, foi influenciada pelo trabalho seminal do dominicano francês Marie-Dominique Chenu (1895-1990), autor da célebre *Introdução ao estudo de Santo Tomás de Aquino*. Em nossos dias, um especialista de referência para os estudos tomasianos/tomistas é, sem dúvida, Jean-Pierre Torrell (1927-), que, sempre a par da produção recente, constata uma floração editorial bastante densa de títulos sobre Santo Tomás (cf. TORRELL, 2003). Nesse sentido, observam-se projetos de releituras de obras clássicas do Aquinate,

e um dos melhores exemplos se encontra no comentário de Norman Kretzmann à *Suma contra os gentios*. Seguindo o espírito da obra de Tomás de Aquino por ele comentada, Kretzmann defende que continua possível, desejável e mesmo imprescindível investigar, por meio de análises e argumentos, o ☞ser e a ☞natureza de ☞Deus, bem como a ☞relação de tudo com Deus, considerando-o o primeiro princípio da realidade. Raciocinar sobre Deus seria algo, portanto, natural, como o foi desde sempre na história da Filosofia, independentemente de vinculações religiosas (cf. KRETZMANN, 1997; 1999). O pensamento de Kretzmann, nesse sentido, coincide com o de Ruedi Imbach (1946-), pesquisador que não se intitula tomista, embora sustente a pertinência filosófica (e não somente histórica) do estudo de Tomás de Aquino ainda hoje (cf. IMBACH; OLIVA, 2009). De certa maneira, o trabalho de Kretzmann e Imbach insiste, contra alguns tomistas, que não é preciso fazer profissão de fé cristã para compreender Tomás de Aquino. Entre os neotomismos contemporâneos, fala-se hoje também do T. analítico, criado ou pelo menos popularizado por John Haldane (1954-), professor da Universidade de Saint Andrews, na Escócia. Todavia, sob a nomenclatura do T. analítico, encontram-se diversos autores e tendências, entre eles Elizabeth Anscombe (1919-2001), que procura demitologizar as concepções modernas de vontade em seu livro *Intention*, criticando a noção de ☞intenção como evento mental e causal, e seu marido Peter Geach (1916-2013), que faz algo semelhante com as concepções de estados mentais em seu livro *Mental Acts*. Se Santo Tomás, como pensam ambos, concebe os objetos no ☞mundo como potencialmente inteligíveis na medida em que nossas capacidades intelectuais são efetivadas, então não há nada que intervenha entre a mente e o mundo. Esse modo de conceber as coisas contraria tanto o dualismo mente/corpo como as teorias de identidade físico/materialista entre o cérebro e a mente. O pensamento de Wittgenstein, nesse sentido, foi fundamental para o trabalho dos dois. A referência ao filósofo austríaco é, aliás, uma constante entre os tomistas analíticos. Contudo, a maioria dos filósofos analíticos parece fazer aquilo que Wittgenstein mais criticava: teorizam. Elizabeth Anscombe atacou, em 1958, a filosofia moral moderna, com seu artigo *Modern Moral Philosophy*, influenciada pela ética das virtudes de Tomás de Aquino. Segundo a autora, os filósofos modernos, em matéria moral, dividiam-se entre o utilitarismo e a ética kantiana do dever. Para Anscombe, o primeiro grupo nem merecia consideração, enquanto o segundo alimentava uma reverência supersticiosa aos mandamentos divinos, mas, nos tempos atuais, quando a crença na ⊅lei divina foi quase completamente abandonada em reflexão filosófica, noções como a de dever, obrigação e outras do mesmo tipo não revelariam muito sentido. Sua proposta é renunciar a buscar tal sentido, para, em vez disso, retornar a Platão e Aristóteles. Tratar-se-ia de recuperar o ideal de excelência humana, por meio da prática das virtudes que transformam os seres humanos em pessoas cujo caráter convida à confiança. Em direção semelhante vai a reflexão moral de Alasdair MacIntyre (1929-), principalmente com suas obras *Justiça de quem? Qual racionalidade?* E *Depois da virtude* (cf. MACINTYRE, 1991; 2001). Por outro lado, são numerosos os pensadores "analíticos" que propõem uma leitura pós-wittgensteiniana de Santo Tomás. Anthony Kenny (1931-), por exemplo, afirmou ter descoberto que uma compreensão de Wittgenstein e de Frege podia levar a uma grande admiração pelo doutor dominicano pelo fato de entre ele e o pensador austríaco ter existido em comum a compreensão do conceito como uma função graças à qual os objetos são caracterizados, função esta que é um modo de conhecimento, e não um objeto (cf. KENNY, 1994). Em direção semelhante vai o trabalho do francês "pós-wittgensteiniano" Roger Pouivet (1958-), que não apenas enfrenta questões epistemológico-linguísticas, mas até mesmo estéticas (cf. POUIVET, 2006; 2014). Como explica o próprio Pouivet, uma das raízes do atual T. analítico está no T. do Círculo de Cracóvia, ativo desde os anos 1930 e desenvolvido sobretudo com os trabalhos de Jan Salamucha (1903-1944) e Józef Bochénski (1902-1995) (cf. POUIVET, 2013).

**Tomismo no Brasil.** O inventário feito por Fernando Arruda Campos, *Tomismo no Brasil* (cf. ARRUDA CAMPOS, 1998), recorda a presença da reflexão tomista em nosso país desde o Brasil Colônia (⊅Escolástica Colonial). São destacados neste livro uma série de nomes de estudiosos brasileiros, com um breve resumo de seus trabalhos. A tais nomes merecem juntar-se os do ex-dominicano Francisco Catão (1927-2020), autor de um doutorado em teologia (1965) reconhecido como uma das melhores compreensões da soteriologia tomasiana (cf. LACOSTE, 2007, verbete ⊅Salvação), Frei Carlos-Josaphat Pinto de Oliveira (1921-2020), teólogo moralista e docente da Universidade de Friburgo, que baseou seu pensamento na doutrina tomasiana sobre a justiça, exercendo uma notável atividade no domínio da justiça social. Também é essencial citar o nome do jesuíta Henrique Cláudio de Lima Vaz (1921-2002), filósofo de vasta erudição inspirado em Platão, Aristóteles, Hegel e Santo Tomás, mas sem uma orientação "tomista", e sim tomasiana (de caráter histórico-hermenêutico). Lima Vaz, apesar de sua acentuada discrição – vivida como uma fidelidade extrema à sua vocação intelectual e religiosa –, teve um significativo engajamento na formação política de diferentes gerações de jovens brasileiros, atuando como fundador da Ação Popular (AP) e por sua presença junto à Ação Católica na década de 1960. Importante destaque histórico é dado, no livro de Campos Arruda, à fundação, em São Paulo, no Mosteiro São Bento, em 1908, da Faculdade Livre de Filosofia e Letras de São Paulo, por iniciativa do Abade Miguel Kruse. Trata-se da primeira faculdade de Filosofia do Brasil, na qual vigorava a inspiração tomista, graças a seu primeiro professor Charles Sentroul (1876-1933), oriundo da Universidade de Lovaina, de outros professores, Leonardo Van Acker (1896-1986), formado também em Louvaina, e Alexandre Correia (1890-1984), aluno da primeira turma de formandos da

Faculdade de São Bento. Cabe notar, ainda, o trabalho do erudito monge beneditino Francisco Benjamin de Souza Netto (1937-2019), de nome religioso Dom Estêvão, que, nas décadas de 1970 e 1980, introduziu no curso de filosofia da Faculdade de São Bento de São Paulo a perspectiva histórica no estudo de Aristóteles e Santo Tomás, sobretudo por seus cursos sobre a *Metafísica* do Estagirita e sobre *O ente e a essência*, de Tomás. Revelando-se um grande pesquisador e professor, Francisco Benjamin de Souza Neto lecionou também nos cursos de Filosofia da Universidade de São Paulo (USP) e Universidade de Campinas (Unicamp), onde se aposentou. No Rio de Janeiro, o Mosteiro de São Bento, com sua faculdade de Filosofia e Teologia, também teve um grande papel no estudo e na disseminação do pensamento de Tomás de Aquino, mas primordialmente em perspectiva neotomista. Entre os tomistas beneditinos do Rio de Janeiro, destacaram-se Dom Odilão Moura (1918-2010), Dom Estêvão Bettencourt (1919-2008) e Dom Lourenço de Almeida Prado (1912-2009). Por fim, vale lembrar que, pela iniciativa do professor José Antônio de C. R. de Souza (1949-2017), teve início, em 1982, uma série de reuniões bienais que deram origem à Comissão Brasileira de Filosofia Medieval e, posteriormente, à Sociedade Brasileira de Filosofia Medieval, afiliada à Société Internationale pour l'Étude de la Philosophie Médiévale (SIEPM). Paralelamente, surgiram vários grupos de estudos de filosofia medieval ligados às universidades que contavam com a disciplina História da Filosofia Medieval em seus cursos de graduação em Filosofia. Passou-se, assim, a um estudo do pensamento medieval e, nele, o de Tomás de Aquino, de um ponto de vista histórico, superando a perspectiva neotomista antes vigente, sobretudo nas universidades e faculdades católicas. A respeito das diferenças e profundas divergências entre as abordagens tomista (sistematização do pensamento de Tomás, ainda que nem sempre em fidelidade aos seus escritos) e tomasiana (estudo crítico-analítico de Tomás com base em seus escritos), vale concluir dizendo, como fez Pesch (1992), retomado por Torrell (2004), que o neotomismo, para o bem e para o mal, manteve vivo o contato com Tomás de Aquino ao largo da história da Teologia e da Filosofia. Sua desgraça foi que, principalmente nos séculos XIX e XX, ele teve pretensões de exclusividade e ortodoxia no seio da Igreja Católica, entendendo que toda nova releitura de Tomás devia fazer-se nessa única linha de interpretação "autêntica" de seu pensamento.

**Bibliografia:** ANSCOMBE, E. *Intention*. Oxford: Basil Blackwell, 1957. _____. Modern Moral Philosophy. *Philosophy*, 33, p. 1-8, 1958. ARRUDA CAMPOS, F. *Tomismo no Brasil*. São Paulo: Paulus, 1998. BERGER, D. Interpretações do tomismo através da história. In: ALARCON, E. *Atualidade do tomismo*. Rio de Janeiro: Sétimo Selo, 2008, p. 117-132. CATÃO, B. *Salut et rédemption chez s. Thomas d'Aquin:* l'acte sauveur du Christ. Paris: Aubier, 1965. ECO, U. *Viagem na irrealidade cotidiana*. Trad. Aurora Bernardini e Homero F. Andrade. Rio de Janeiro: Nova Fronteira, 1984. DE FRANCESCHI, S. H. Thomisme et thomismes dans le débat théologique à l'âge classique: jalons historiques pour une caractérisation doctrinale. In: KRUMENACKER, Y; THIROUIN, L. (eds.). *Les écoles de pensée religieuse à l'époque moderne*. Lyon: LARHRA, 2020, p. 65-109. DOMINGUES, I. *Filosofia no Brasil*. São Paulo: Ed. Unesp, 2017. FITZPATRICK, P. J. Neoscholasticism. In: KRETZMANN, N. [et al.]. *The Cambridge History of Later Medieval Philosophy*. Cambridge: Cambridge University Press, 1984, p. 838-852. GEACH, P. *Mental Acts:* Their Contents and Objects. Londres: Routledge & Kegan Paul, 1957. GILSON, E. *A existência de Deus na filosofia de Santo Tomás*. Trad. Alexandre Correia. São Paulo: Duas Cidades, 1962. _____. *O espírito da filosofia medieval*. Trad. Eduardo Brandão. São Paulo: WMF Martins Fontes, 2007. _____. *O ser e a essência*. Vários tradutores. São Paulo: Paulus, 2016. _____. *O tomismo:* introdução à filosofia de Santo Tomás de Aquino. Trad. de Juvenal Savian Filho. São Paulo: WMF Martins Fontes, 2024. HISSETTE, R. Philosophie et théologie en conflit: Saint Thomas a-t-il été condamné par les maîtres parisiens en 1277? *Revue théologique de Louvain*, 28, p. 216-226, 1997. HOLZER, V. Les thomismes de langue allemande au Xxe siècle: science de l'être et métamorphoses du transcendental. *Revue de Sciences Philosophiques et*

*Théologiques*, 97, p. 37-58, 2013. IMBACH, R.; OLIVA, A. *La philosophie de Thomas d'Aquin:* repères. Paris: Vrin, 2009. IMBACH, R.; SCHMUTZ, J. Bellum scholasticum: thomisme et antithomisme dans les débats doctrinaux modernes. *Revue Thomiste*, 108, p. 131-182, 2008. JACOBS, H. Diversité des approches actuelles de la pensée de Saint Thomas d'Aquin. *Nouvelle Revue Théologique*, 97, p. 389-402, 2005. JOÃO PAULO II. Carta Encíclica *Fides et ratio*. In: JOÃO PAULO II. *Encíclicas de João Paulo II*. São Paulo: Paulus, 2020. JORDAN, M. D. *Rewritten Theology:* Aquinas after his Readers. Oxford: Blackwell Publishing, 2005. KENNY, A. *Aquinas on mind*. London: Routledge, 1994. KERR, F. Why still read Thomas Aquinas? *Thinking Faith*. Disponível em: <http://www.thinkingfaith.org/articles/why-still-read-thomas-aquinas>. Acesso em: 18 mar. 2022. KRETZMANN, N. *The metaphysics of theism*: Aquinas's natural theology in *Summa contra gentiles* I. Oxford: Oxford University Press, 1997. _____. *The metaphysics of creation:* Aquinas's natural theology in Summa contra gentiles II. Oxford: Oxford University Press, 1999. LEÃO XIII. *Aeterni Patris*. In: LEÃO XIII. *Documentos de Leão XIII*. São Paulo: Paulus, 2005. LIMA VAZ, H. C. *O problema da beatitude e a destinação do espírito segundo S. Tomás*. (Manuscrito de Licenciatura em Teologia.) Roma: Pontifícia Universidade Gregoriana de Roma, 1949. _____. *Escritos de Filosofia VII:* raízes da Modernidade. São Paulo: Loyola, 2002. LISSKA, A. J. *Aquinas's Theory of Perception*. Oxford: Oxford University Press, 2016. MACINTYRE, A. *Justiça de quem? Qual racionalidade?* Trad. Marcelo Pimenta. São Paulo: Loyola, 1991. _____. *Depois da virtude*. Trad. Jussara Simões. Bauru: EDUSC, 2001. MARECHAL, J. *Le point de départ de la métaphysique:* leçons sur le développement historique et théorique du problème de la connaissance. Paris: Desclée de Brouwer, 1922-1947. 5 v. MARITAIN, J. *O homem e o Estado*. Trad. de Alceu Amoroso Lima. São Paulo: José Olympio Editora, 1941. _____. *Sete lições sobre o ser*. Trad. Nicolás N. Campanário. São Paulo: Loyola, 1996. MICHELETTI, M. *Tomismo analítico*. Aparecida: Ideias & Letras, 2009. MICHON, C. Les thomismes analytiques: un cas de scolastique médiévale et contemporaine. *Revue des Sciences Philosophiques et Théologiques*, 97, p. 77, 94, 2013. NASCIMENTO, C. A. R. Da neoescolástica ao Santo Tomás histórico. *Leopoldianum*, 17 (48), p. 279-290, 1990. _____. *Um*

*mestre no ofício:* Tomás de Aquino. São Paulo: Paulus, 2014. PESCH, O. H. *Tomás de Aquino:* límite y grandeza de una teología medieval. Barcelona: Herder, 1992. PINTO DE OLIVEIRA, C. J. *Paradigma teológico de Tomás de Aquino*. São Paulo: Paulus & Escola Dominicana de Teologia, 2012. POUIVET, R. *Le réalisme esthétique*. Paris: PUF, 2006. _____. Le thomisme de l'École de Lvov-Varsovie et du Cercle de Cracovie. *Revue de Sciences Philosophiques et Théologiques*, 97, p. 59-76, 2013. _____. *Après Wittgenstein, Saint Thomas*. Paris: Vrin, 2014. RAHNER, K. *Espíritu en el mundo:* metafísica del conocimiento finito según Santo Tomás de Aquino. Trad. Alfonso Álvarez Bolado. Barcelona: Editorial Herder, 1963. _____. *Oyente de la palabra:* fundamentos para una filosofía de la religión. Trad. Alejandro E. L. Ros. Madri: Herder, 1976. _____. *Curso fundamental da fé*. Trad. Alberto Costa. São Paulo: Paulinas, 1984. RODRIGUES, M. A. O ensino de S. Tomás na Universidade de Coimbra. *Didaskalia*, IV, p. 297-320, 1974. TRENTMAN, J. A. Scholasticism in the seventeenth century. In: KRETZMANN, N. [et al.]. *The Cambridge History of Later Medieval Philosophy*. Cambridge: Cambridge University Press, 1984, p. 818-837. TORRELL, J.-P. Situation actuelle des études thomistes. *Recherches de Sciences Religieuses*, 91, p. 343-371, 2003 (reedição: TORRELL, J.-P. *Nouvelles recherches thomasiennes*. Paris: Vrin, 2008, p. 177-202). _____. Tomismo. In: LACOSTE, J.-Y. *Dicionário Crítico de Teologia*. Vários tradutores. São Paulo: Paulinas/Loyola, 2004, p. 1731-1736. VATICANO. *Código de Derecho Canónico (1917)*. Vários tradutores. Madri: Biblioteca de Autores Cristianos, 1957. _____. *Código de Direito Canônico*. Vários tradutores. São Paulo: Loyola, 2001. _____. *Concílio Vaticano II:* Constituições, Decretos e Declarações. Trad. Francisco Catão. São Paulo: Paulinas, 2010. VV.AA. *Dictionnaire de Spiritualité, Ascétique et Mystique*. Paris: Beauchesne, 1953. t. II e XVI. (1994).

ANDRÉ LUÍS TAVARES, OP

## TRANSCENDÊNCIA E TRANSCENDENTAL

**Ambivalência conceitual.** Tomás de Aquino se utiliza do verbo *transcendere* (transcender) e do termo *transcendens* (transcendente) em alguns momentos de sua obra. No vocabulário atual de muitas línguas, utiliza-se geralmente essa terminologia para expressar o sentido de ultrapassar ou perpassar algo. Ocorre, porém, que, na obra de Tomás, esses termos contêm uma ambivalência, presente no sentido do conceito de transcendência (T.): (i) a T. divina e sua nomeação; e (ii) a T. de alguns nomes gerais para designar o ₽ente, ou, como ficou estabelecido por autores posteriores a Tomás, termos transcendentais (cf. AERTSEN, 2012, p. 15-20). Um dos textos canônicos para se discutir o segundo registro na obra tomasiana é *Questões disputadas sobre a verdade*, q. 1, a. 1, Resp. Ocorre, no entanto, que outras passagens da obra tomasiana auxiliam na elucidação da ambivalência do conceito de T. em conjunto, isto é, tomando o duplo registro acima aludido, bem como servem para esclarecer o alcance e a importância desse termo na obra tomasiana. Com efeito, no *Comentário aos Livros das Sentenças de Pedro Lombardo*, escrito de juventude e anterior à redação de *Questões disputadas sobre a verdade*, q. 1, a. 1, Tomás discute, num artigo sobre o nome mais apropriado à divindade, pontos que fazem desse texto uma versão preliminar daquilo que se encontra posteriormente sistematizado como uma espécie de "tratado tomasiano dos transcendentais" (*ibidem*, q. 1, a. 1). No texto em questão (*Comentário aos Livros das Sentenças de Pedro Lombardo* I, dist. 8, q. 1, a. 3), é possível identificar algumas características do que Tomás designa por primeiros princípios. No contexto desse escrito, é importante destacar que os princípios possuem o estatuto de nomes atribuídos à divindade. São princípios do conhecimento humano, mas sobretudo nomes divinos, isto é, nomes que designam propriedades pertencentes a um ₽ser que ultrapassa ou perpassa a constituição humana em seu modo de ser e de conhecer. Essa identificação entre primeiros princípios e nomes divinos geraria um aparente problema a ser superado, pois apreender intelectualmente princípios não implica, simplesmente, que esses mesmos princípios apreendidos sejam as propriedades inerentes essencialmente à divindade, uma vez

que, de acordo com Tomás, o ₽ser humano não possui o conhecimento quiditativo da divindade (cf. *Suma de teologia* I, q. 12, a. 4, Resp.). Apreender princípios racionalmente não significaria, portanto, obter ₽conhecimento ou ter ciência daquilo que pertence essencialmente à divindade. A despeito dessa identificação pouco sistemática presente nesse escrito de juventude, é preciso recordar que Tomás desenvolverá uma posição mais cuidadosa, em textos redigidos posteriormente, sobre o problema dos nomes divinos e o conhecimento que o ser humano pode vir a possuir da divindade em seu estado de vida presente (cf. *ibidem*, q. 13). Ademais, a preocupação tomasiana é justamente mostrar a ambivalência no conceito de T., indicando, em um sentido, a tentativa de se estabelecer um discurso sobre propriedades que não são diretamente acessíveis ao ₽intelecto humano em sua constituição natural, e, em outro, a existência de certos nomes mais gerais cujo alcance pode ser investigado pelo ser humano em sua constituição natural. Nessa perspectiva, a preocupação presente no contexto do *Comentário aos Livros das Sentenças de Pedro Lombardo* persiste no decorrer da obra tomasiana: por um lado, investigar as propriedades transcendentais, isto é, os primeiros princípios ou nomes comuns, e, por outro lado, refletir sobre as propriedades transcendentes, isto é, o que pertence propriamente à divindade, seus nomes próprios. Uma das soluções encontradas por Tomás para distinguir os dois registros de investigação consiste no uso da noção de ₽participação, com a qual é possível sustentar que, do ponto de vista da ₽relação entre a divindade e as criaturas, estas participam da divindade e, por isso, possuem por participação aquilo que é próprio da divindade. Se afirmamos que determinado nome é apropriado à divindade, esse nome deve ser afirmado por participação do ser humano na divindade. Assim, ao se afirmar, apropriadamente, que "Deus é bom", uma vez que a divindade é, em si, a bondade, deve-se entender que a proposição "Sócrates é bom" expressa que Sócrates participa da bondade (cf. *Questões disputadas sobre a verdade*,

q. 21, a. 4, Resp.). A participação serve, nesse contexto específico, para justificar o discurso indireto e analógico sobre os nomes divinos e a relação estabelecida entre a divindade e o ser humano, pois, se há participação do ser humano na divindade, é possível estabelecer uma relação entre ambos e, por isso, expressar algumas propriedades que podem ser referidas como pertencentes à divindade a partir da investigação de nomes comuns. Com isso, Tomás salvaguarda a distinção da T. como nota característica própria da divindade, mas também garante ao ser humano certa possibilidade de discurso sobre propriedades transcendentes que lhe são acessíveis, mesmo que indiretamente, por participação. A noção de participação é utilizada no contexto da discussão dos ℘atributos divinos para estabelecer, em conjunto com a predicação essencial, um modelo de predicação que possibilite um discurso dos transcendentais entendidos como perfeições que se encontram *per prius* (por primeiro) em ℘Deus e *per posterius* (por segundo) nas criaturas (cf. *Questões quodlibetais* II, q. 2, a. 1, Resp.). A discussão sobre os nomes divinos tem por base, assim, um modo específico de discurso sobre o ente. Nesse sentido, algumas perfeições, quando consideradas como atributos divinos próprios, acabam por também expressar os modos gerais do ente, isto é, os transcendentais.

**Transcendência e noções gerais do ente.** Ainda no contexto do *Comentário aos Livros das Sentenças de Pedro Lombardo*, Tomás sustenta que a partir do modo de intelecção, ou seja, a partir de uma investigação típica da razão humana, os nomes *ente*, *bem*, *uno* e *verdadeiro* possuem certa precedência em relação a outros nomes. Esses nomes são, de acordo com Tomás, comuns. Mas o que garante essa comunidade [*communitas*] entre eles? Os nomes destacados por Tomás são comuns porque naquilo que eles são inexiste uma diferenciação; eles são convertíveis entre si, pois têm a mesma referência, embora não a mesma significação. Assim, ao se afirmar aquilo que *é* a ℘*verdade* e aquilo que *é* o *ente*, afirma-se algo que diz respeito à mesma ℘natureza. Trata-se, assim, de uma pluralidade

de nomes para se referir a uma mesma natureza. A distinção ocorre, tão somente, no domínio conceitual, e é a partir da investigação sobre essa diferenciação conceitual que é possível verificar o motivo pelo qual o nome *ente* possui prioridade em relação aos demais. A prioridade do ente é confirmada pela especificidade desse nome comum. Se analisarmos os demais nomes comuns em busca de suas definições, o que se encontrará são modos distintos de se expressar algo sobre o ente (cf. *Suma de teologia* I[a]II[ae], q. 55, a. 4, ad 1m). Em última instância, a comunidade de nomes nada mais é do que a afirmação da comunidade do ente. Por se tratar de modos de expressar a natureza do ente, esses nomes possuem convertibilidade em relação ao ente; no domínio conceitual, entretanto, não há convertibilidade. Isso significa que é necessário apreender algo do ente para se compreender aquilo que os demais nomes significam, isto é, para compreender em que medida os demais nomes são convertíveis com o ente e, portanto, são a ele comuns. Desse modo, é possível afirmar a precedência do nome *ente* em relação aos outros nomes. A associação entre comunidade do ente e T. é utilizada nas *Questões disputadas sobre a verdade* (q. 1, a. 1) para estabelecer um critério de diferenciação de certos termos numa investigação metafísica. Tomás destaca, com isso, a peculiaridade da investigação das noções de *ente*, *bem*, *verdade* e *uno*. Essas noções são designadas como transcendentais porque perpassam o esquema categorial estabelecido pelo modelo aristotélico numa investigação metafísica. No que concerne à sistematização ou ordenação das noções gerais, Tomás sustenta, em primeiro lugar, que o acréscimo atribuído ao ente não pode ser algo a ele estranho ou que possua maior extensão, pois, ao estabelecer que o ente corresponde ao princípio mais geral, a ele nada poderia preceder. Com isso, infere-se a primeira característica de uma noção geral do ente, a saber: ser idêntica ao ente e se distinguir dele, tão somente, no âmbito conceitual. Trata-se, nesse caso, de outro modo de acréscimo. De acordo com Tomás, as demais noções gerais adicionam algo à noção de ente "na medida em que expressam um modo próprio do ente que não se encontra expresso no nome *ente*" (*Questões disputadas sobre a verdade*, q. 1, a. 1, Resp.). Esse acréscimo, entendido como a expressão de algo não contido na significação do termo *ente*, ocorre de um duplo modo: (i) o modo especial de se dizer o ente; e (ii) o modo geral de se dizer o ente. Sobre (i), Tomás afirma que esse modo diz respeito ao ente tomado em si, considerado a partir de uma atribuição particular; nesse modo, encontra-se classificado o ente expresso pelo nome *substância*, bem como dito nas demais categorias ou "gêneros do ser" tradicionalmente estabelecidos pelo modelo aristotélico. Tomás confere uma atenção maior em *Questões disputadas sobre a verdade*, q. 1, a. 1, a respeito de (ii), uma vez que os nomes incluídos nesse grupo são os modos gerais de se expressar o ente, ou seja, eles não possuem uma atribuição que os circunscreva a uma das categorias. Não há, nesse grupo, nenhum nome que seja restrito a uma categoria do grupo (i), pois é próprio aos nomes gerais transcenderem a classificação categorial do ente. Com isso, e a despeito de certa ambivalência e mesmo ausência de aplicação explícita do termo, o recurso à T. como conceito cumpre uma dupla função na obra tomasiana: justificar o discurso analógico, porém apropriado sobre a divindade em sua constituição transcendente, e investigar as propriedades do ente compreendido como o princípio mais geral e transcendente em relação ao esquema categorial que funda os demais princípios (cf. *Suma de teologia* I\*II\*\*, q. 94, a. 2, Resp.).

**Bibliografia:** AERTSEN, J. *Medieval Philosophy and the Transcendentals:* the case of Thomas Aquinas. Leiden/Nova Iorque: Brill, 1996. _____. Transcendens – Transcendentalis: the Genealogy of a Philosophical Term. In: HAMESSE, J.; STEEL, C. (eds.). VV.AA. *L'élaboration du vocabulaire philosophique au Moyen Âge.* Turnhout (Bélgica): Brepols, 2000, p. 241-255. _____. *Medieval Philosophy as Transcendental Thought:* from Philip the Chancellor (*ca.* 1225) to Francisco Suárez. Leiden/Nova Iorque: Brill, 2012. DOOLAN, G. Aquinas on the Metaphysician's vs. the Logician's Categories. *Quaestiones Disputatae,* 4 (2), p. 133-155, 2014. FABRO,

C. The Transcendentality of *Ens-Esse* and the Ground of Metaphysics. *International Philosophical Quarterly,* 6 (3), p. 389-427, 1966. GEIGER, L.-B. *La participation dans la philosophie de S. Thomas d'Aquin.* Paris: Vrin, 1953. GORIS, W. The Foundation of the Principle of Non-Contradiction: Some Remarks on the Medieval Transformation of Metaphysics. *Documenti e studi sulla tradizione filosofica medievale,* XXII, p. 527-557, 2011. LOBATO, A. Santo Tomás de Aquino y la vía trascendental en filosofía. In: PICKAVÉ, M. (ed.). *Die Logik des Transzendentalen:* Festschrift für Jan A. Aertsen zum 65. Geburtstag. Berlin/New York: De Gruyter, 2003, p. 163-178. RAHNER, K. *Espíritu en el mundo:* metafísica del conocimiento finito según Santo Tomás de Aquino. Trad. Alfonso Álvarez Bolado. Barcelona: Editorial Herder, 1963. ROCCA, G. P. *Speaking the Incomprehensible God:* Thomas Aquinas on the Interplay of Positive and Negative Theology. Washington: The Catholic University of America Press, 2004. WOLFSON, H. St. Thomas on Divine Attributes. In: VV.AA. *Mélanges Offerts a Éttiene Gilson.* Toronto/Paris: Institute of Medieval Studies/Vrin, 1959, p. 673-700.

Matheus Pazos

# TRINDADE

**Centralidade da Trindade.** O vocábulo *Trindade* não se encontra na ☉Bíblia, mas aparece em grego (*triás*) desde a segunda metade do século II, em Teófilo de Antioquia, e em latim (*trinitas*) desde o início do século III, em Tertuliano, que o emprega sistematicamente para significar as três ☉pessoas divinas: ☉Pai, ☉Filho (☉Jesus Cristo; ☉Verbo) e ☉Espírito Santo. Para Tomás de Aquino, o nome *Trindade*, segundo o que é próprio a esse termo, significa "o número das pessoas de uma única essência" (*Suma de teologia* I, q. 31, a. 1, ad 1m). Ele situa a Trindade (T.) no centro da ☉fé cristã, "pois o conhecimento da Trindade na unidade é o fruto e o acabamento de toda a nossa vida" (*cognitio enim Trinitatis in unitate est fructus et finis totius vitae nostrae* – *Comentário aos Livros das Sentenças de Pedro Lombardo* I, dist. 1, Expositio textus). Com efeito, "o Senhor ensinou que o conhecimento que torna feliz consiste em conhecer duas coisas: a divindade da Trindade e a humanidade de Cristo" (*Compêndio de teologia* I, cap. 2) (♀Conhecimento; ♀Beatitude); "A fé cristã consiste principalmente na confissão da Santa Trindade e glorifica-se especialmente na cruz de Nosso Senhor Jesus Cristo" (*As razões da fé*, cap. 1). O conhecimento da T. era-nos necessário por duas razões: primeiramente, por permitir uma noção correta da ♀criação, pois o Pai criou todas as ♀coisas não por ♀necessidade nem por carência, mas com sabedoria, por seu Verbo, e com bondade, por seu Espírito que é ♀amor; em segundo lugar, e principalmente, por conter um conhecimento justo da ♀salvação do gênero humano, operada pelo Filho encarnado e pelo dom do Espírito Santo (cf. *Suma de teologia* I, q. 32, a. 1, ad 3m) (♀Encarnação). É por isso que Tomás de Aquino expôs o mistério da T. em quase todas as suas obras teológicas, até mesmo em seus sermões. As ocorrências principais são: *Comentário aos Livros das Sentenças de Pedro Lombardo* I, dists. 1-34; *Suma contra os gentios* IV, 2-26; *Compêndio de teologia* I, caps. 36-67; *Questões sobre o poder divino* 8-10; *Suma de teologia* I, questões 27-43; e *Comentário sobre o Evangelho de João*. Para esclarecer a fé na T., Tomás de Aquino explora, além da Bíblia, numerosas outras fontes: o Credo dos Apóstolos, os concílios, a ♀liturgia, numerosos ♀Pais da Igreja (latinos e gregos), como também a abundante literatura trinitária latina dos séculos XII e XIII. Entre os Pais da Igreja, a fonte principal é Santo Agostinho; e, entre os autores medievais, é Santo Alberto Magno que exerce a influência mais determinante sobre o ensinamento trinitário de Tomás.

**Método teológico.** A T. é um mistério de fé em sentido estrito: Tomás de Aquino exclui com bastante firmeza que a T. possa ser conhecida pela luz natural da razão humana; ele exclui igualmente, com a mesma firmeza, que a pluralidade das pessoas divinas seja o fruto de uma fecundidade essencial do ser de Deus (cf. *Suma de teologia* I, q. 32, a. 1). Os argumentos em favor da T. são de dois tipos: primeiramente, a autoridade própria e certa da Bíblia, recebida

pela ♀Igreja (em particular nos símbolos de fé e nos concílios) e que ensina que o Deus Uno é Pai, Filho e Espírito Santo; em segundo lugar, argumentos de conveniência (cf. *Suma de teologia* I, q. 32, a. 1, ad 2m) ou *rationes aliquae verisimiles*, quer dizer, "razões verossímeis" (*Suma contra os gentios* I, 9), as quais manifestam que "o que é proposto na fé não é impossível" (*persuasiones quaedam manifestantes non esse impossibile quod in fide proponitur* – *Suma de teologia* II$^a$II$^{ae}$, q. 1, a. 5, ad 2m). Esse segundo gênero de razões consiste em analogias que Tomás denomina *semelhanças* (*similitudines*), quer dizer, similaridades tiradas das doutrinas filosóficas para manifestar a T. (cf. *Comentário ao Tratado sobre a Trindade de Boécio*, q. 2, a. 3), em particular as semelhanças do verbo, do amor e da relação. A filosofia intervém para oferecer semelhanças das quais a ♀sacra doctrina serve-se a fim de manifestar a T. A filosofia é também empregada para mostrar que os argumentos erguidos contra a fé trinitária em nome da razão humana são ou falsos ou desprovidos de ♀necessidade (cf. *Comentário ao Tratado sobre a Trindade de Boécio*, q. 2, a. 3). As "razões" que a *sacra doctrina* emprega para esclarecer a fé bíblica no Deus Trindade – que é um só Deus em três pessoas – constituem, então, um exercício espiritual de tipo contemplativo, ou seja, uma atividade da razão crente "para o exercício e a consolação dos fiéis, e não para convencer os adversários" (*ad fidelium quidem exercitium et solatium, non autem ad adversarios convincendos*, *Suma contra os gentios* I, 9). Uma afirmação como essa exclui toda pretensão de compreender a T.: seu objetivo é "elevar o espírito para colher algo da verdade que baste para excluir os erros" (*elevetur animus ad aliquid veritatis capiendum quod sufficiat ad excludendos errores* – *De potentia*, q. 9, a. 5). O propósito de Tomás de Aquino em teologia trinitária consiste, então, primeiro, em mostrar a *inteligibilidade* da T. ensinada pelas Escrituras (sem argumentos racionais necessários e sem pretensão de compreensão total); e, segundo, em mostrar a luz que a T. nos dá para visualizarmos corretamente a criação e, sobretudo, a salvação. Contra o sabelianismo, Tomás é muito firme em sua afirmação da *distinção real* das três pessoas. Contra o arianismo, ele é igualmente muito firme na afirmação da *unidade numérica da ℘essência divina* nas três pessoas (consubstancialidade).

**Processões, relações e pessoas.** Cada vez que Tomás de Aquino fez uma exposição da T., deu uma estrutura diferente a seu tratado. A exposição de síntese mais madura encontra-se na *Suma de teologia* I, q. 27-43: o centro são as *pessoas divinas*. Tomás de Aquino prepara aí o estudo das pessoas divinas por meio de uma reflexão sobre as processões e as relações. As processões são os atos pelos quais uma pessoa provém de outra: é a geração do Filho como Verbo e a processão do Espírito Santo como Amor. Essas processões são *imanentes*: o termo/ término da processão (o Filho e o Espírito Santo) não é exterior, mas interior a Deus. É uma exigência da fé, que Tomás de Aquino ilustra por duas semelhanças: no ser humano, o verbo (a palavra interna, o conceito) concebido pelo ℘intelecto distingue-se realmente do intelecto, mas esse verbo permanece *no* intelecto; e o amor, que procede da vontade em ato, distingue-se realmente da vontade, mas o amor permanece *na* vontade. Assim, por analogia, o Filho (Verbo) e o Espírito (Amor) procedem como pessoas realmente distintas, permanecendo, porém, no seio mesmo de Deus, no Princípio delas. A distinção das duas processões é manifestada pela diferença entre o modo da processão segundo o intelecto, que consiste na semelhança, e o modo segundo a vontade, que consiste em uma moção ou um impulso (cf. *Suma de teologia* I, q. 27, a. 4). A distinção real das processões trinitárias não reside nos atributos essenciais do intelecto e da vontade, mas no ordenamento (*ordo*) que o intelecto e a vontade permitem manifestar em função de a pessoa que procede pelo modo da vontade pressupor aquela que procede pelo modo do intelecto (cf. *Suma de teologia* I, q. 27, a. 4, ad 1m; cf. q. 36, a. 2; *Suma contra os gentios* IV, 24). A geração do Filho, que ocorre pelo modo do intelecto, não pressupõe nenhuma outra processão; a processão do Espírito, que ocorre pelo modo da vontade ou do amor, pressupõe a primeira processão: "É preciso que uma processão

venha da outra; e que aquele que procede venha do outro: é isso que faz a diferença real em Deus" (*et sic oportet processionem esse ex processione, et procedentem ex procedente; hoc autem facit realem differentiam in divinis – Questões disputadas sobre o poder divino*, q. 10, a. 2, ad 7m: note-se que o Espírito Santo procede do Pai e do Filho). "E assim, somente o ordenamento das processões, que se observa segundo a origem da processão, multiplica [as processões] em Deus" (*et sic solus ordo processionum qui attenditur secundum originem processionis, multiplicat in divinis, ibidem*, q. 10, a. 2, Resp.). Esse ordenamento exclui qualquer prioridade, primazia, anterioridade ou posterioridade; ele exclui também qualquer hierarquia entre as pessoas divinas. O ordenamento consiste na *pura relação* segundo a origem (cf. *Comentário aos Livros das Sentenças de Pedro Lombardo* I, dist. 9, q. 2, a. 1; dist. 12, q. 1, a. 1). As relações trinitárias têm um fundamento que garante a realidade delas: essas relações são fundadas nos *atos nocionais* (*actus notionales*): engendrar o Filho e expirar o Espírito Santo, atos esses a que correspondem as processões (ser engendrado e ser expirado). Isso leva Tomás de Aquino a afirmar três *relações pessoais*: a paternidade, a filiação e a processão. Na linha de Alberto Magno, Tomás sustenta firmemente que as relações pessoais, que distinguem as pessoas divinas, *constituem* essas pessoas e identificam-se a elas (cf. *Suma de teologia* I, q. 40). Ele o faz por sua análise da relação. Em nosso ℘mundo, uma relação real comporta dois aspectos: primeiro, sendo um acidente, a relação possui o ser acidental que consiste em ser em um ℘sujeito (*esse in*); segundo, em virtude de sua natureza genérica própria, a relação consiste em uma pura relação para com outro (*ad aliud*). O segundo aspecto aplica-se propriamente às pessoas divinas. Quanto ao primeiro aspecto, ele não se encontra em Deus, pois nele não há acidente: em Deus, o ser (*esse*) da relação é o ser da essência divina (cf. *Suma de teologia* I, q. 28, a. 2). Assim, a relação trinitária *integra* a distinçao pessoal real, como também a essência divina numericamente una (quer dizer, tudo o que afirmamos de Deus segundo sua essênceia e segundo as pessoas).

TRINDADE

Tomás de Aquino pode, então, explicar que a *pessoa divina* significa *a relação como subsistente* (*relatio ut subsistens* – *Suma de teologia* I, q. 29, a. 4) ou a *relação subsistente* (*relatio subsistens* – *Questões disputadas sobre o poder divino*, q. 9, a. 4; cf. *Suma de teologia* I, q. 30, a. 2; q. 33, a. 2, ad 1m; q. 40, a. 2, ad 1m; q. 41, a. 6). A relação subsistente constitui a noção *especial* de pessoa divina que mostra como a noção *comum* de pessoa (na definição correspondente de Boécio: ℘substância individual de natureza racional) verifica-se na T. (cf. *Suma de teologia* I, q. 29, a. 4, ad 4m; q. 39, a. 1, ad 1m). A relação subsistente aplica-se exclusivamente às pessoas divinas, e não às pessoas criadas. Desde a *Suma contra os gentios* (IV, 11 e IV, 19), Tomás esclarece as três pessoas divinas por meio de seu ensinamento maduro sobre o Verbo e o Amor. *Verbo* (*Verbum*) é um nome exclusivamente pessoal em Deus, pois inclui em sua noção própria uma relação de origem para com o Pai que o pronuncia; e o Amor inclui em sua noção própria uma relação de origem para com o princípio do Verbo (o Pai) e para com o próprio Verbo. Tomás entende, assim, o Pai como "Aquele que pronuncia o Verbo" (*dicens verbum*, *Suma contra os gentios* IV, 11). A personalidade própria do Filho é assim exposta por seus nomes pessoais de Verbo e Imagem (cf. *Suma de teologia* I, q. 34-35); e a personalidade própria do Espírito Santo é entendida por seus nomes pessoais de Amor (no sentido de "amor procedente", o amor mútuo do Pai e do Filho) e Dom (cf. *Suma de teologia* I, q. 36-38). Como o Espírito Santo é Amor que procede do Pai e do Filho, ele é também, em pessoa, Dom deles, pois o amor é o primeiro dom (cf. *ibidem*, q. 38, a. 2). Em resumo: a teologia tomasiana da T., que é centrada nas pessoas divinas, funda-se numa concepção relacional da pessoa divina (relação subsistente) e no ensinamento sobre o Verbo e o Amor.

**As missões divinas.** O tratado sobre a T. é coroado pelo estudo das missões divinas (cf. *Suma de teologia* I, q. 43). A missão é o envio do Filho e do Espírito Santo ao mundo. "A missão inclui a processão eterna e acrescenta um efeito temporal" (*missio includit processionem aeternam, et aliquid addit, scilicet temporalem effectum, ibidem*, q. 43, a. 2, ad 3m). A missão é a processão eterna que se prolonga no mundo por um efeito criado. Seguindo a tradição agostiniana, Tomás de Aquino distingue as *missões invisíveis* e as *missões visíveis*. As invisíveis, que produzem a santificação, são o envio do Filho e do Espírito Santo às almas. Elas ocorrem segundo a graça santificante. O Espírito Santo é enviado invisivelmente com o dom da ℘caridade que ele dissemina nas almas. O Filho é enviado invisivelmente com o dom da *sabedoria*, quer dizer, o dom do conhecimento santificante que ele dá às almas. O dom criado (caridade e conhecimento santificante) dispõe ao recebimento da pessoa divina mesma, que é dada e possuída por aqueles a quem o Filho e o Espírito Santo são enviados; e, com o Filho e o Espírito, o Pai vem habitar a alma dos justos (cf. *Suma de teologia* I, q. 43, a. 5). As missões visíveis manifestam a processão eterna do Filho e do Espírito Santo e, por um sinal visível, manifestam também as missões invisíveis deles (cf. *ibidem*, q. 43, a. 7). A missão visível do Filho é seu nascimento da Virgem Maria e sua vida na humanidade assumida. A missão visível do Espírito Santo é a manifestação da plenitude do dom do Espírito Santo com um sinal visível. Duas missões visíveis do Espírito Santo foram operadas em Cristo com sinais que o manifestaram como doutor da verdade e como doador da graça (batismo e transfiguração de Cristo); também duas missões visíveis do Espírito Santo foram operadas nos apóstolos para manifestar a abundância da graça que lhes foi dada para semear a Igreja por meio da ℘pregação da fé e dos ℘sacramentos (Pentecostes – cf. Jo 20 e At 2). As missões visíveis são os eventos centrais e fundadores da salvação, desde o Natal até Pentecostes. Elas têm um papel determinante, pois operam a *revelação da T.* e o *dom da salvação*. O pensamento da imagem de Deus no ser humano (cf. *Suma de teologia* I, q. 93) manifesta, da perspectiva da antropologia, aquilo que a doutrina das missões invisíveis manifesta da perspectiva da T. mesma:

a teologia moral liga-se diretamente ao ensinamento referente às missões. A cristologia não é mais do que o estudo da missão visível do Filho. Assim também, a eclesiologia (♀Igreja), a teologia dos ♀sacramentos e a ♀escatologia são o desenvolvimento das missões visíveis e invisíveis do Filho e do Espírito Santo. Assim, toda a *sacra doctrina* liga-se ao estudo da T.: a T. em sua vida íntima (cf. *Suma de teologia* I, q. 2-43) e a T. em seu agir criador, providencial e salvador (cf. *ibidem*, q. 44, *sq.*) (♀Providência; ♀Salvação).

**Bibliografia:** AGOSTINHO. *A Trindade*. Trad. Agustinho Belmonte. São Paulo: Paulus, 1994. EMERY, G. *Ad aliquid*. Relation in the Thought of St. Thomas Aquinas. In: LAMB, M. L. (ed.). *Theology Needs Philosophy:* Acting Against Reason is Contrary to the Nature of God. Washington: Catholic University of America Press, 2016, p. 175-201. _____. Theologia e dispensatio: a centralidade das divinas missões na teologia trinitária de São Tomás. *Lumen Veritatis*, 7, p. 391-431, 2014. _____. *The Trinitarian Theology of Saint Thomas Aquinas*. Trad. F. A. Murphy. Oxford: Oxford University Press, 2007. _____. *Trinity, Church, and the Human Person:* Thomistic Essays. Naples: Sapientia Press, 2007a. _____. *Trinity in Aquinas*. Ypsilanti: Sapientia Press, 2003. FRIEDMAN, R. L. *Medieval Trinitarian Thought from Aquinas to Ockham*. Cambridge: Cambridge University Press, 2010. HUMBRECHT, T.-D. *Trinité et création au prisme de la voie négative chez saint Thomas d'Aquin*. Paris: Parole et Silence, 2011. PERRIER, E. *La fécondité en Dieu:* la puissance notionnelle dans la Trinité selon saint Thomas d'Aquin. Paris: Parole et Silence, 2009. SMITH, T. *Thomas Aquinas' Trinitarian Theology:* a Study in Theological Method. Washington: Catholic University of America Press, 2003. TEÓFILO DE ANTIOQUIA. *Ad Autolycum*. Trans. Robert Grant. Oxford: Clarendon Press, 1970. TERTULIANO. *Against Praxeas*. In: ALEXANDER, R. [et al.] (eds.). *The Ante-Nicene Fathers – Latin Christianity:* Its Founder, Tertullian. Trad. Peter Holmes. Grand Rapids, MI: Eerdmans, 1980. v. 3, p. 597-632. TORRELL, J.-P. *Saint Thomas d'Aquin maître spirituel*. Paris: Cerf, 2017.

GILLES EMERY, OP
TRADUÇÃO DE JUVENAL SAVIAN FILHO

# TRISTEZA

**Tristeza e dor.** A tristeza (*tristitia*) está para a dor (*dolor*) assim como a ♀alegria está para o ♀prazer. Portanto, a tristeza (T.) é uma espécie de dor, uma dor interior, como a alegria é uma espécie de prazer. A dor, tomada em sentido amplo, é a união da ♀alma com algo que tem o aspecto de ♀mal (na medida em que tal união priva do bem); e, combinada com a percepção dessa união é a tristeza (cf. *Suma de teologia* I$^a$II$^{ae}$, q. 35, a. 2). O elemento cognoscitivo é imprescindível, assim como no caso do prazer. A extensão do conceito depende desse ♀conhecimento, se estritamente sensível ou se, também, em algum grau, intelectual. Mesmo o que é denominado dor do ♀corpo (*dolor corporis*) é, para Tomás de Aquino, um movimento da alma, pois, embora a origem seja física, somente se torna dor por ser uma inclinação do ♀desejo que se segue a um elemento cognoscitivo, presente este elemento apenas nos ♀seres dotados de potência apreensiva, seja ela somente sensitiva, como nos animais irracionais, seja ela sensitiva e intelectiva, como nos seres humanos (para uma breve recapitulação sobre as potências da alma, cf. o verbete ♀Alegria; para uma visão crítica que explora a interpretação de que dor e prazer seguem a apreensão dos ♀sentidos exteriores enquanto T. e alegria seguem a apreensão interior, seja do ♀intelecto, seja da imaginação, cf. DE HAAN, 2015 – o desafio dessa interpretação consiste, porém, em explicar de que modo os animais irracionais se alegram ou se entristecem, o que parece ser textualmente negado por Tomás de Aquino).

**Pode o virtuoso entristecer-se?** A dor e a T. ocorrem com o movimento da potência desejante que se segue à apreensão de algo presente que tenha o aspecto de mal. Concretamente, isso pode significar muitas coisas ou situações, como aponta a lista de Aristóteles: tememos a todos os males, como a má reputação, a indigência, a doença, a inimizade e a ♀morte (cf. *Ética nicomaqueia* III, 6, 1115$^a$ 11). Especialmente quanto aos temas da pobreza e da enfermidade, que têm tratamento distinto no mundo grego pagão e no mundo cristão, são contundentes as teses tomasianas em favor da pobreza cristã, das ordens mendicantes e da diminuição do papel dos bens externos ou exteriores na realização humana (cf. *Suma contra os gentios* III, 31, 134 e, principalmente, 141). Também são recorrentes as citações bíblicas em que a doença do corpo é valorizada como favorecedora da visão reta da realidade e, portanto, do bem do espírito. No n. 15 do opúsculo *Contra o pensamento de alguns que pretendem dissuadir da vida religiosa consagrada*, obra datada de 1271 e na qual Tomás de Aquino faz a defesa das ordens mendicantes, o dominicano afirma que Jesus Cristo ensina uma pobreza absoluta (*omnimoda paupertas*): "Cristo foi privado de todo bem exterior [...]. Os adversários da pobreza são também os inimigos da Cruz de Cristo; segundo a sabedoria mundana, eles pensam que as posses terrestres pertencem à perfeição cristã e que a recusa delas poderia conduzir a uma perfeição menor". Isso parece contrastar com uma visão, aparentemente comum a Aristóteles e seu tempo, não apenas simpática à prosperidade material, mas que eleva os bens exteriores à condição, em algum sentido relevante, da felicidade. Defensores dessa interpretação enfatizam passagens de Aristóteles em que a virtude não é considerada condição suficiente da felicidade, por exemplo, *Ética nicomaqueia* I, 5, 1095b 25-1096a 5 (para uma defesa da relevância dos bens exteriores para a felicidade em Aristóteles, cf. COOPER, 1985). Se a virtude equivale à felicidade e se a T. é reação das potências da alma a um mal presente, então, o ser humano verdadeiramente virtuoso não deveria entristecer-se jamais, pois sua T. revelaria, no fundo, a imperfeição de seu caráter. Tomás de Aquino não aceita os pontos de partida nem a conclusão dessa argumentação e entende serem outros, os estoicos, os portadores da opinião a ser corrigida. Essa visão já é assumida no *Comentário ao Livro de Jó* – cuja composição Jean-Pierre Torrell data entre 1261 e 1265; portanto, bem antes do *Comentário à Ética nicomaqueia de Aristóteles*,

que seria de 1271/1272 –, e na Segunda Parte da Segunda Parte da *Suma de teologia*, da mesma época, obras em que a menção ao *erro dos estoicos* é recorrente. No comentário ao capítulo 1 do *Livro de Jó*, essa posição recebe a seguinte formulação: "No que concerne aos bens corporais [...] os filósofos antigos tinham opiniões diferentes. Os estoicos diziam que os bens externos não são bens humanos e que não deveria haver tristeza no espírito de uma pessoa sábia por causa de sua perda. A opinião dos peripatéticos, no entanto, era de que os bens externos são, de fato, bens para o ser humano – não são seus bens principais, é claro, mas [são bens dado que] ordenados instrumentalmente ao bem principal do ser humano, que é o bem de sua mente. E, por isso, concediam que a pessoa sábia ficasse moderadamente entristecida pela perda de bens externos [...] E essa opinião é a mais verdadeira e concorda com a doutrina da Igreja, como está claro em Agostinho, no seu livro *A cidade de Deus* [IX, 4]". Por outro lado, na *Suma de teologia* IªIIªᵉ, q. 4, a. 7, Tomás examina explicitamente o problema e ali encontramos a afirmação de que os bens externos são necessários para a felicidade imperfeita (que pode ser obtida nesta vida), não como próprios da essência da felicidade, e sim como instrumentos que conduzem a ela; de nenhum modo, porém, tais bens são necessários à felicidade perfeita. Na Terceira Parte da *Suma de teologia*, uma citação de São João Crisóstomo ilustra o ponto: "Nos combates mundanos requerem-se qualidades de idade, beleza e nascimento. Por isso, se nega acesso aos servos e às mulheres, aos anciãos e às crianças. Mas nos combates para o céu, o estádio está aberto a todos, sem distinção de pessoa, idade ou sexo" (III, q. 72, a. 8, ad 3m). Para Aristóteles, quanto mais perfeito na virtude e mais feliz é um ser humano, tanto mais ele sofre e lamenta-se com a iminência de sua morte (*Ética nicomaqueia* III, 1117b 9-13). Poderíamos supor que, por causa das muitas virtudes que adquiriu e cultivou ao longo dos anos, a vida de um ser humano assim é tão valiosa, que sua perda significa muito mais que a perda de meras faculdades orgânicas.

Ao analisar a passagem, Tomás de Aquino insiste em qualificar tanto a felicidade desse ser humano virtuoso (mais feliz segundo determinado aspecto) como o lamento que assume com a iminência da própria morte (mais sofredor segundo determinado aspecto): "Então, onde diz *Quanto mais virtude* [...], [Aristóteles] rechaça o erro dos estoicos, que sustentavam que o virtuoso não tinha nenhuma tristeza. Trata o ponto duplamente: primeiro, mostra que ao corajoso acompanha máxima tristeza; segundo, que, por causa disso, sua coragem não é diminuída, mas aumentada, em *Mas em nada diminui* [...]. Argumenta, na primeira parte, a partir do que os estoicos supunham, a saber, que não há bem humano a não ser a virtude. E, por isso, diziam que o virtuoso não sofre, pois não padece nenhum detrimento em seu próprio bem. Mas, ao contrário, o filósofo afirma que quanto mais alguém seja perfeito na virtude e mais feliz seja segundo a felicidade da vida presente, tanto mais lhe causa sofrimento, segundo a consideração dos bens da vida presente, a [iminência da] morte" (*Comentário à Ética nicomaqueia de Aristóteles* III, 15, n. 558). A ética de Aristóteles é mesmo uma ética desta vida. Mas segundo uma felicidade perfeita, que não é desta vida, mas de outra, ainda por vir, o ser humano deveria não ficar triste com a morte do corpo? Na *Suma contra os gentios* III, 25, Tomás de Aquino afirma que o ℘fim natural de toda ℘substância intelectual é contemplar a ℘Deus. O tema da felicidade perfeita é tratado no início da IªIIᵃᵉ da *Suma de teologia*, nas questões de 1 a 5, com destaque para os argumentos presentes na q. 3, a. 2, ad 4m (a atividade perfeita na vida presente, sua perfeição última, não pode ser contínua nem única, porque a atividade se multiplica pelas interrupções) e na q. 3, a. 8 (a felicidade perfeita consiste na visão de Deus, porque (i) o ser humano não é perfeitamente feliz enquanto reste algo que deseje e busque, e (ii) a perfeição de cada faculdade é atingida segundo a ℘natureza de seu ℘objeto; a perfeição do intelecto é que conheça a essência de cada ℘coisa, o que cada coisa é) (para uma visão crítica sobre o modo como Tomás de Aquino recebe de Aristóteles o conceito de felicidade e o uso que faz dele, cf. ADAMS, 1991). Duas observações de Aristóteles são tomadas por Tomás de Aquino para distingui-las em dois modos pelos quais a T. pela perda de um bem é ampliada. Primeiro, quando se é digno do bem; segundo, conforme a magnitude do bem. No caso do virtuoso, as duas maneiras ocorrem. Ele é o mais digno de viver, porque melhor uso faz da própria vida, com o que se torna modelo para os outros e para a ℘comunidade em geral, e, ademais, tem plena consciência não só disso, mas também de que perde, com a morte, todas as suas virtudes. Aqui, no entanto, o comentário de Tomás de Aquino novamente introduz uma ressalva: a perda das virtudes que ocorre com a morte diz respeito ao uso dessas virtudes na vida presente. A passagem pode ser relacionada a uma teoria mais geral, na qual as virtudes cultivadas nesta vida permanecerão, de algum modo, na outra, o que é examinado na *Suma de teologia* IªIIᵃᵉ, q. 67, bem como à distinção das virtudes em ℘políticas, purificadoras, da alma purificada e exemplares, distinção atribuída a Macróbio, que, por sua vez, se refere a Plotino e a Platão (cf. *ibidem*, q. 61, a. 5, *sed contra*) (para uma visão abrangente da ética de Tomás de Aquino, que pretende superar a tensão entre interpretações que enfatizam aspectos filosóficos e interpretações que enfatizam aspectos teológicos, cf. DEYOUNG; MCCLUSKEY; VAN DYKE, 2009). Finalmente, há textos em que Tomás de Aquino apresenta uma espécie de reconciliação entre estoicos e peripatéticos: fazendo as distinções corretas, ambos estariam falando a mesma coisa, a saber, que o virtuoso não se deixa dominar pela ℘paixão bruta, pela T. não moderada pela ℘razão. Os estoicos, segundo a visão de Tomás de Aquino, excluíam da alma do virtuoso qualquer paixão. Os peripatéticos atribuíam ao virtuoso as paixões, mas desde que fossem moderadas pela razão. Ocorre que os peripatéticos consideravam como paixões todos os movimentos do desejo sensível, qualquer que fosse sua qualidade, isto é, moderadas ou não. Os estoicos, em contraste, consideravam como paixões os movimentos imoderados do desejo sensível, que chamavam de doenças, o que os tornava incompatíveis com a noção de virtude (cf. *Comentário à Ética nicomaqueia de Aristóteles* III, 17, e *Suma de teologia* II$^a$II$^{ae}$, q. 123, a. 10). A T. é, portanto, compatível com a vida do ser humano virtuoso.

**Tristeza e contemplação.** Ao discutir se poderia haver alguma T. contrária ao prazer da contemplação (cf. *Suma de teologia* I$^a$II$^{ae}$, q. 35, a. 5), Tomás de Aquino apresenta algumas distinções direcionadas a verificar se algum sofrimento estaria misturado, e de que modo, com a atividade mais nobre do ser humano. A contemplação pode ser tomada de dois modos: (i) quando é ℘causa, mas não objeto do prazer, caso em que o prazer decorre não da contemplação em si mesma, mas da coisa contemplada, e (ii) quando a contemplação é objeto e causa do prazer, isto é, quando o fundamento do prazer está no próprio ato contemplativo. No primeiro caso, como é possível contemplar tanto algo prejudicial e entristecedor como algo conveniente e prazeroso, decorre disso que, a depender do objeto contemplado, uma T. acompanhe a contemplação. No entanto, quando a contemplação é tomada nela mesma (caso ii), não existe T. que lhe seja adjunta, a não ser acidentalmente. A mistura acidental de T. com o prazer da contemplação pode ocorrer por parte do órgão a que compete a apreensão da parte sensitiva da alma, seja porque o objeto dos sentidos é contrário à devida apreensão do órgão, como o olfato de uma coisa fétida, seja por causa da presença prolongada de um objeto que, embora conveniente, ultrapassa o limite da condição natural, como quando depois de saciar a sede, a ingestão de mais bebida não mais produz prazer. Tais casos, porém, "não têm lugar diretamente na contemplação do espírito [*in contemplatione mentis locum non habent*]: porque o espírito não tem órgão corporal [*quia mens non habet organum corporale*]" (*ibidem*, q. 35, a. 5). Em si mesma, portanto, a contemplação, que é a consideração do verdadeiro, jamais tem aspecto

de mal, porque é o bem do intelecto. E, por isso, também apenas acidentalmente ela pode ser considerada má ou misturada com T., como quando, por exemplo, a contemplação de algo medíocre impede a contemplação de algo mais elevado, ou como quando o desejo se liga ao objeto da contemplação de modo desordenado (cf. *ibidem*, q. 35, a. 5, ad 3m).

**Inveja e acídia.** Como toda paixão, a dor ou a T. são moralmente censuráveis na medida em que, podendo, não se deixam moderar pela razão. Quando o bem do próximo, que deveria ser causa de alegria para o ser humano justo, produz, no entanto, T., isso recebe o nome do vício da inveja (cf. *Suma de teologia* II$^a$II$^{ae}$, q. 36). Quando os bens provenientes da infusão do ℘amor de Deus, aos quais o ser humano bom deveria reagir com gratidão, amor e alegria espiritual, são, porém, recebidos com torpor da alma, desânimo, desprezo e falta de entusiasmo, essa T. recebe o nome de acídia (*acedia*), que é, ao lado da inveja, um dos vícios diretamente opostos à alegria da ℘caridade (cf. *ibidem*, q. 35). O remédio para a acídia é, segundo Tomás de Aquino, a persistência na meditação sobre os bens espirituais, o que os torna cada vez mais agradáveis e afasta a preguiça com a qual a acídia é associada. Diferentemente do que acontece com o luxurioso, que, querendo emendar-se, deve fugir de ocasiões propícias ao ℘pecado, o enfrentamento do pecado mortal da acídia deve ser feito não pela fuga, mas ativamente, mediante a insistência da concentração da mente sobre os aspectos maravilhosos de todos os bens que decorrem do amor de Deus pela sua ℘criação, sobretudo, especialmente, sobre o bem de Deus mesmo, com o qual o ser humano que recebe a infusão da caridade se alegra.

**Enfrentamento prático da tristeza.** Em algumas passagens de sua obra, Tomás de Aquino revela-se não apenas como grande conhecedor prático da alma humana, mas também como conselheiro pragmático. Ao tratar dos meios para enfrentar a T., ele admite que, ao lado da contemplação da verdade, a consolação vinda da frequentação dos amigos é eficaz remédio, não somente porque o peso a ser suportado é partilhado por mais pessoas, "assim como acontece com os carregadores de pesos materiais", mas, principalmente porque, ao sermos consolados, percebemos que somos amados, o que gera prazer, que, então, alivia a dor e a T. (cf. *Suma de teologia* I³II^ae, q. 38, a. 3). Mencionando Agostinho e Ambrósio, ele também se põe em continuidade com certa tradição que estimulava o banho e o sono como meios eficazes de enfrentar a T., pois, ao beneficiar o corpo, cooperam para a boa disposição do mesmo e, de certo modo, do coração, além de produzirem prazer (cf. *ibidem*, q. 38 a. 5, ad 3m).

**Bibliografia:** ADAMS, D. Aquinas on Aristotle on happiness. *Medieval Philosophy and Theology*, 1, p. 98-118, 1991. ARISTÓTELES. *Ethica nicomachea I 13 – III 8:* Tratado da Virtude Moral. Tradução, notas e comentários de Marco Zingano. São Paulo: Odysseus, 2008. COOPER, J. M. Aristotle on the Goods of Fortune. *The Philosophical Review*, 94 (2), p. 173-196, 1985. DE HAAN, D. D. *Delectatio, ruitio, ruition:* Three Kinds of Pleasure for Three Kinds of Knowledge in Thomas Aquinas. *Quaestio*, 15, p. 543-552, 2015. DEYOUNG, R.; MCCLUSKEY, C.; VAN DYKE, C. *Aquinas's Ethics:* Metaphysical Foundations, Moral Theory, and Theological Context. Notre Dame: University of Notre Dame, 2009. GESSINGER, R. K. *A coragem segundo Tomás de Aquino.* Porto Alegre: EDIPUCRS, 2014. KING, P. Aquinas on the passions. In: DAVIES, B. (ed.). *Thomas Aquinas:* Contemporary Philosophical Perspectives. Oxford: Oxford University Press, 2002, p. 353-384. PORRO, P. *Tomás de Aquino:* um perfil histórico-filosófico. São Paulo: Loyola, 2004, p. 247. TORRELL, J.-P. *Iniciação a Santo Tomás de Aquino:* sua pessoa e sua obra. São Paulo: Loyola, 2004. UFFENHEIMER-LIPPENS, E. Rationalized Passion and Passionate Rationality: Thomas Aquinas on the Relation between Reason and the Passions. *The Review of Metaphysics*, 56 (3), p. 525-558, 2003.

Rafael Koerig Gessinger

# U

## UNIVERSAIS

**O estatuto de existência dos universais.**
Tomás de Aquino herdou o famoso problema
dos universais (U.), herança esta que remonta a
um problema de interpretação de fontes antigas
no que diz respeito ao comum. Trata-se, nesse
caso, de uma discussão sobre o estatuto de
Ϸexistência do comum. No contexto a partir
do qual a discussão surge, o comum poderia ser
afirmado, por um lado, como possuindo existência própria e, por outro lado, existindo tão
somente a partir de uma construção intelectual.
A posição assumida por Tomás procura elucidar
as duas alternativas apresentadas, recorrendo a
um terceiro modo para explicar o estatuto de
existência dos U. De acordo com Tomás, os U.
não existem, como U., por si, mas são o modo
segundo o qual as Ϸcoisas singulares existem no
Ϸintelecto humano. Antes mesmo de advogar
que Tomás realiza uma espécie de síntese entre
as posições divergentes sobre o estatuto de existência dos U., sustentando um tipo de "realismo
moderado", faz-se necessário apresentar quais
pressupostos fundamentam sua posição, isto é,
como Tomás justifica que a existência dos U.
se relaciona diretamente ao modo de existência
das Ϸcoisas singulares e à maneira segundo
a qual o intelecto humano conhece as coisas
singulares. Para Tomás, as coisas singulares
são constituídas por Ϸmatéria e forma. Por
esse motivo, a determinação da singularidade
de algo depende da sua constituição material e
formal. A matéria é responsável por determinar
espacial e temporalmente um Ϸente, conquanto
caiba à forma o papel de determinar aspectos
inteligíveis que constituem a Ϸnatureza do
ente. Nesse contexto, o Ϸser humano, também
constituído de matéria e forma, precisa lançar
mão de uma série de procedimentos para conhecer as coisas singulares. Os procedimentos
intelectuais se devem à restrição própria dos

seres humanos em sua constituição, uma vez
que o ser humano, ente que possui intelecto,
mas também matéria, necessita identificar não
apenas os aspectos materiais de determinada coisa a ser conhecida, mas também deve
apreender os aspectos formais. Ocorre, porém,
que a matéria determinada não é passível de
Ϸconhecimento pelo intelecto, uma vez que
o intelecto, como faculdade imaterial, apenas
reconhece aquilo que a ele se assemelha. Em
se tratando do conhecimento das coisas singulares, Tomás mobiliza a capacidade própria
do intelecto humano e a maneira com a qual o
intelecto humano apreende aspectos inteligíveis
das coisas singulares. Para tanto, o intelecto humano se utiliza do procedimento designado por
abstração, e o resultado desse procedimento seria a concepção do U. como modo de existência
no intelecto daquilo que existe como singular.

**Abstração e intenção de universalidade.**
De acordo com Tomás, o conhecimento humano depende da afecção do sensível e, só a partir
disso, pode-se afirmar que o ser humano é apto
a dar início ao processo de aquisição do conhecimento em sua acepção própria (cf. *Suma de
teologia* I, q. 84, a. 7, Resp.). Entretanto, há uma
diferenciação importante no que diz respeito
ao conhecimento quando este se efetiva. Para
Tomás, a dependência do sensível no conhecimento humano se distingue do modo pelo qual
as substâncias separadas, a saber, a divindade
e os anjos, conhecem. Nessa diferenciação, encontra-se a caracterização de que as substâncias
separadas conhecem intuitivamente, conquanto
o ser humano conheça conceitualmente, pressupondo, com isso, uma atividade dedutiva e
necessariamente discursiva (cf. *Suma de teologia*
IIªIIae, q. 180, a. 6, ad 2m). Para o conjunto
dos seres intelectuais, Tomás admite um duplo
modo de aquisição do conhecimento. Nessa
medida, é útil salientar o modo pelo qual as

substâncias separadas, consideradas enquanto inteligências puramente espirituais, conhecem e, posteriormente, verificar como o ser humano, enquanto substância composta de matéria em sua constituição, bem como dotado de intelecto, conhece de um modo distinto. Segundo Tomás, o contraste notório entre as substâncias separadas e o ser humano auxilia na compreensão do modo de conhecimento intuitivo, este que é caracterizado como uma apreensão direta ou imediata de todo o conhecimento sobre algo. Em se tratando das entidades angelicais, Tomás atribui a estas um grau de perfeição que diz respeito ao modo de constituição. As entidades angelicais são constituídas de forma e ρser e, por serem incorpóreas, prescindem da mudança e do movimento para adquirir a perfeição de suas naturezas. A explicação do modo de conhecimento dessas entidades se baseia nessa condição natural, uma vez que não há necessidade da passagem de um conhecimento para outro na operação intelectual desses seres. De acordo com Tomás, a passagem de um conhecimento para outro [*procedit de uno in aliud*] caracteriza outro processo cognitivo, próprio dos seres dotados de intelecto, mas que também possuem a materialidade em sua constituição. Assim, no que é próprio das substâncias separadas ao conhecerem algo, Tomás denomina de intelecção a operação simultânea e imediata de conhecimento. Em contraposição a esta, Tomás designa a operação que demanda um processo cognitivo, ou seja, passar, necessariamente, de conhecimento a outro, de raciocínio (cf. *Suma de teologia* I, q. 85, a. 5). Entre os procedimentos que fundamentam a atividade do raciocínio encontra-se a operação de abstração. O intelecto humano estabelece um procedimento para operar abstrativamente e o faz a partir daquilo que será "removido" ou abstraído. Tomás estabelece dois tipos de abstração (cf. *Suma de teologia* I, q. 85, a. 1, ad 1m). O procedimento que concerne à abstração (i), qual seja, "abstração da forma da matéria", visa adquirir determinado aspecto formal a partir da remoção do que é considerado como "o mais material". Nesse contexto,

não se trata do emprego dos termos "forma" e "matéria" como constituintes de uma determinada substância. O que se visa é a "forma" ou, mais precisamente, "que é mais formal" [*quod formalius est*] no sentido dos acidentes que inerem a determinada "matéria", compreendida, nesse caso, como um ρsujeito no qual recaem tais acidentes (cf. *Comentário sobre o Tratado da Trindade de Boécio*, q. 5, a. 3, Resp.). Ao modo de proceder abstrativamente cabe, portanto, remover aquilo que é "primeiro" para apreender ou considerar determinados aspectos formais. Considera-se, nesse caso, o tipo de abstração matemática, uma vez que esse tipo de abstração visa investigar aspectos quantitativos inerentes a determinado sujeito. A matemática, de acordo com Tomás, trata de ρobjetos sob o ponto de vista imaterial, mas que só existem instanciados em determinada matéria. Por isso, apesar de considerar aquilo que é mais formal, isto é, mais acidental, a matéria, ou seja, o sujeito no qual inerem os acidentes considerados, permanece. No que concerne ao tipo de abstração (ii), qual seja, "abstração do universal do particular", o procedimento consiste em remover os aspectos que individualizam, os quais Tomás denomina "condições materiais", visando, assim, àquilo que "é comum". Ademais, Tomás sustenta que a abstração de tipo (ii) obedece a uma ordem, sob certo aspecto, contrária à abstração de tipo (i). Qual é a razão dessa diferenciação? A razão da diferenciação pode ser exposta a partir da distinção tomasiana entre os dois tipos de abstração apresentados. O emprego do termo "ordem", nesse contexto, visa distinguir o que se apreende, isto é, o resultado da abstração de tipo (i) e (ii). Trata-se, no caso da abstração (i), de uma operação intelectual que visa a apenas um aspecto daquilo que se conhece, sem que, com isso, os demais aspectos sejam considerados. No caso da abstração (ii), por sua vez, trata-se de um conhecimento daquilo que é considerado enquanto natureza comum de algo que se conhece; o que fora abstraído ou retirado da consideração intelectual são os aspectos individuais que, de acordo com

Tomás, são determinados pela materialidade contida em determinado ente composto. Além dessa distinção, pode-se afirmar que ambos os tipos de abstração são modos de conhecimento sobre algo. O que poderia, nessa medida, caracterizá-los como "resolutivos" diz respeito a um procedimento geral do intelecto humano para adquirir conhecimento que não muda em nenhum dos tipos de abstração. Aquilo que se adquire ou aquilo a que se visa intelectualmente corresponde, de acordo com Tomás, a operações intelectuais distintas, mas estas resultam de um procedimento geral do intelecto humano em sua atividade própria, isto é, raciocinar. A partir da operação de abstração (ii), o intelecto humano apreende o que Tomás designa por "intenção de universalidade" (*Suma de teologia* I, q. 85, a. 2, ad 2m). A ϼintenção de universalidade consiste naquilo pelo que (*ut quo*) o intelecto humano opera para conhecer as coisas singulares que lhe são externas (cf. *ibidem*, q. 85, a. 2, Resp.). Caso a intenção de universalidade fosse o objeto próprio do conhecimento humano, Tomás seria levado a sustentar a existência por si de U. A posição tomasiana, no entanto, nega explicitamente a possibilidade de U. à maneira dos "platônicos". O que o intelecto apreende é a quididade das coisas singulares e o faz por existir uma semelhança entre aquele que conhece e a coisa conhecida. A intenção de universalidade obedece ao modo pelo qual o intelecto humano se constitui e opera e, por isso, a universalidade presente no intelecto deve remeter ao modo singular existente naquilo que se pretende conhecer. Nessa medida, a intenção de universalidade torna-se o princípio do conhecimento sem o qual o intelecto humano não poderia apreender e reconhecer os aspectos inteligíveis presentes naquilo que se pretende conhecer e que se encontra, em si, instanciado e singularizado fora do intelecto. Por essa razão, os U. visam justificar o modo a partir do qual o intelecto humano apreende as coisas a ele externas e têm por intento viabilizar um discurso que seja apropriado ao modo de operação do intelecto humano. Constitui-se, portanto, uma justificativa que evita postular a existência por si de U. ou ideias, bem como evita sustentar que os U. são apenas construções conceituais do intelecto humano desprovidos de quaisquer relações com aquilo que é externo ao próprio intelecto. Nesse contexto, Tomás tem por objetivo explicitar a semelhança existente entre os U. existentes no intelecto humano com as coisas singulares. Trata-se, enfim, da defesa de que os U. são semelhanças das coisas externas apreendidas intelectualmente e existentes como U. pela constituição própria do intelecto humano.

**Bibliografia:** DE LIBERA, A. *La querelle des universaux: de Platon à la fin du Moyen Âge.* Paris: Seuil, 1996. GALLUZZO, G. Aquinas on Common Nature and Universals. *Recherches de Théologie et Philosophie Médiévales*, 71, p. 131-171, 2004. LANDIM FILHO, R. F. A questão dos universais segundo a teoria tomista da abstração. *Analytica (UFRJ)*, 12, p. 11-33, 2008. PASNAU, R. *Theories of Cognition in the Later Middle Ages.* Cambridge: Cambridge University Press, 1997. RAHNER, K. *Espíritu en el mundo:* metafísica del conocimiento finito según Santo Tomás de Aquino. Trad. Alfonso Álvarez Bolado. Barcelona: Editorial Herder, 1963. SILVA FILHO, L. M. Fundamento do universal no singular em Tomás de Aquino: natureza comum, similitude e/ou ideia? *Dois Pontos (UFPR)*, 18, p. 144-169, 2021. STORCK, A. A noção de indivíduo segundo Santo Tomás de Aquino. *Analytica (UFRJ)*, 3 (2), p. 13-53, 1998.

MATHEUS PAZOS

**UNIVERSO** → *Ver* **Criação; Matéria; Natureza**

# V

## VERBO

**Sentidos de *verbum*.** Tomás de Aquino reúne e integra fontes diversas e heterogêneas, como Aristóteles, Agostinho de Hipona, João Damasceno, Anselmo de Cantuária e até mesmo as *Glossa ordinaria* (coletânea de glosas bíblicas feitas pelos ♀Pais da Igreja e autores posteriores nas margens da Vulgata, empregadas no ensino até praticamente o século XIV), a fim de exprimir três sentidos de verbo (V.) (cf. *Comentário aos Livros das Sentenças de Pedro Lombardo* I, dist. 27, q. 2, a. 1; *Questões disputadas sobre a verdade*, q. 4, a. 1, e *Suma de teologia* I, q. 34, a. 1). Em primeiro lugar, em seu sentido mais manifesto – embora não por isso o primário –, V. é (1) o *verbo da voz* (*verbum vocis* o *verbum vocale*), a palavra exterior ou pronunciada, emitida pela boca. De outra perspectiva, há (2) o V. *que tem a imagem da voz* ou *a imaginação da voz*, como "quando alguém imagina as palavras com as quais pode proferir o conceito do intelecto" (*Comentário aos Livros das Sentenças de Pedro Lombardo* I, dist. 27, q. 2, a. 1), enfim, a representação sensível interna, na imaginação, da palavra falada ou, mais precisamente, a representação *prévia* da palavra a ser falada. Nesse sentido, essa *imaginatio vocis* funciona como um *exemplar da palavra exterior*, tal como o exemplar que preexiste na mente do artesão que fabrica algo. Esse V. imaginado interiormente não deve ser confundido com (3) o *verbo interior* ou, na terminologia agostiniana, o *verbo do coração* (*verbum cordis*), o *verbo mental*, que nada mais é do que a *concepção do* ♀*intelecto* ou o *conceito do intelecto* ou o *conceito da mente*, às vezes também denominado ♀*intenção entendida* (*intentio intellecta*). Esse é o sentido prioritário e principal de *verbum*. Nele, Aquino faz confluir, juntamente com toda a teoria do conhecimento aristotélica, expressa no tratado *A alma*, a concepção agostiniana de um V. interior, anterior a e fundamento de todo V. exterior expressável em qualquer idioma particular, tal como está desenvolvido em sua obra *A Trindade*. Esse V. interior ou V mental é aquilo que é significado pela palavra exterior. Isso deve ser entendido no quadro da interpretação tradicional – influenciada por Boécio – do célebre triângulo semântico do início do *De interpretatione* de Aristóteles, que estabelece as relações entre as palavras (*phonaí, voces*) – faladas e escritas –, as ♀*paixões da alma* (*pathémata tês psykhês*) e as ♀*coisas* (*prágmata, res*). Segundo essa interpretação, as palavras significam primariamente essas *paixões da alma*, que são identificadas com as concepções do intelecto (cf. *Comentário ao De interpretatione de Aristóteles* I, lição 2). Isso implica uma relação peculiar entre a significação dos nomes e a apreensão ou compreensão intelectual: *nomeamos as coisas como as entendemos*, isto é, como as apreendemos intelectualmente. Então, como as palavras significam os conceitos intelectuais, o sentido primário de *verbum* é o de V. interior ou mental, e o secundário ou derivado, o de V. exterior ou V. da voz.

**Verbo mental humano.** Como resultado de um *dizer interior*, uma espécie de *falar para si*, o V. mental ou conceito do intelecto é algo como um produto interno do intelecto, algo *formado* ou *constituído* em seu interior. Com efeito, a intelecção é uma operação imanente, ou seja, que permanece no agente, diferentemente da ação transitiva, que vai além do agente e se exterioriza em um efeito externo (cf. *Suma de teologia* I, q. 85, a. 2). Como tal, o V. mental é algo que o intelecto forma *em si mesmo*, uma espécie de *emanação* ou *geração* imanente. Dessa perspectiva, o V. mental aparece como o *acabamento* ou *término* da operação intelectual, aquilo em que ela *se conclui* (*se termina*). O V. mental resulta, portanto, algo *distinto* tanto da realidade mesma que é o intelecto (a substância do intelecto) como de sua ação (o ato mesmo

VERBO

da intelecção) e do princípio de sua operação (a espécie inteligível). Na teoria do conhecimento intelectual de Tomás de Aquino, a espécie inteligível ocupa um lugar fundamental. Trata-se de uma semelhança da forma da coisa conhecida que, na realidade, é inteligível apenas em potência; torna-se inteligível em ato somente como resultado da ação abstrativa do intelecto agente e, a partir daí, é impressa no intelecto possível. O intelecto está em condições de operar somente quando é *informado* por essa espécie inteligível, pois algo opera na medida em que está em ato, de modo que a forma é sempre o princípio da operação. Por isso, enquanto a espécie inteligível, uma vez adquirida, mantém-se como um conhecimento disposicional, o V. mental corresponde ao pensamento *atual*. Em sua obra primeva, *Comentário aos Livros das Sentenças de Pedro Lombardo*, o bacharel Aquino ainda não parece ser capaz de discernir o V. interior ou conceito intelectual da espécie inteligível, ou mesmo da operação do entendimento (cf. I, dist. 27, q. 2, a. 2). Somente a partir das obras posteriores, começará a distingui-lo claramente de toda uma série de itens relacionados ao processo de conhecimento intelectual. Naturalmente, o V. mental é perfeitamente distinguível: (i) da coisa real que é objeto de Ρconhecimento, a qual, em geral, é externa – exceto no caso do conhecimento de si –, porque o conceito lhe é ordenado como a seu Ρfim, ou seja, o conceito é formado pelo intelecto em si mesmo a fim de entender a coisa conhecida; (ii) da espécie inteligível, pois ela é o princípio da operação intelectual, enquanto o V. mental é seu fim (*término*); (iii) do entendimento mesmo, isto é, da ação do entendimento pela mesma razão anterior; (iv) da faculdade mesma do intelecto (cf. *Questões disputadas sobre o poder divino*, q. 8, a. 5; q. 9, a. 5; *Suma contra os gentios* IV, 11, 6, e *Comentário ao Evangelho de João*, cap. 1, lição 1). Em todos os casos, funciona como critério comum de diferenciação que o V. interior é aquilo que é significado pela voz exterior, já que esta não foi instituída para significar imediatamente a coisa real, nem a substância do intelecto, nem

a espécie inteligível, nem a operação do entendimento, mas, precisamente, a concepção do intelecto. Na célebre passagem da *Suma de teologia* I, q. 85, a. 2, Tomás de Aquino argumenta que a espécie inteligível não é *aquilo que* (*id quod*) conhecemos – o objeto mesmo do conhecimento –, mas *aquilo pelo qual* (*id quo*) conhecemos, um meio ou instrumento para conhecer a coisa. Caso contrário, o conhecimento referir-se-ia apenas aos nossos estados internos, perdendo assim a ciência sobre as coisas externas ou, pior ainda, caindo em um relativismo ao estilo de Protágoras. O acréscimo do V. mental ao aparato noético torna esse panorama um pouco mais complexo. Em diversas ocasiões, Aquino se refere ao V. mental como *o que é entendido* (*id quod intellectum est*, *Questões disputadas sobre a verdade*, q. 4, a. 1) ou *o entendido por si* (*id quod est per se intellectum*) e mesmo *o entendido primariamente e por si* (*primo et per se intellectum*, *Questões disputadas sobre o poder divino*, q. 9, a. 5). Isso não impede que seja considerado, não em menor medida, algo *pelo qual* se entende (*quo intelligitur*). Em um contexto correspondente, embora sem mencionar nenhuma espécie de V., Aquino afirma que a forma está no intelecto de um duplo modo: um, como princípio do ato de entender; e outro, como seu fim (*término*). E deste último diz que é um como que *"segundo" pelo qual se entende* (*quasi secundum quo intelligiturm* – *Questões disputadas sobre a verdade*, q. 3, a. 2). Em outra passagem, já se permite afirmar que o V. mental não apenas é aquilo *que* é entendido, mas também aquilo *pelo qual* algo é entendido, de modo que se pode dizer que *o entendido é tanto* a coisa mesma *como* a concepção do intelecto, como ocorre com a voz, na qual *o que é dito* é tanto o nome mesmo como a coisa significada pelo nome (cf. *ibidem*, q. 4, a. 2, ad 3m). No *Comentário ao Evangelho de João*, Aquino parece tentar uma nova fórmula, na medida em que apresenta o V. mental como *aquilo no qual* (*in quo*) algo é entendido: "Assim expresso, isto é, formado na alma, é chamado V. interior, e por isso é comparado ao entendimento, não como aquilo *pelo qual* o entendimento entende, mas como aquilo *no qual* entende, pois nisso <que foi> expresso e formado vê a natureza da coisa entendida" (cap. 1, lição 1). O fato de que o V. mental aparece já como *aquilo que é entendido* obriga a rever o sentido de *entender* em questão, se não se quiser abandonar a pretensão irrenunciável de Aquino de que o pensamento se refere à realidade. Nesse sentido, Cyrille Michon propôs interpretar dois sentidos de *intelligere* (inteligir; entender – cf. 2009, p. 54-57): um *ontológico*, segundo o qual o V. mental é *o entendido* como aquilo que é produzido ou constituído pelo ato de intelecção, ou seja, como o fim da operação intelectual; e outro *semântico*, segundo o qual a coisa é *o entendido* como aquilo ao qual se refere ou aquilo do qual é o conhecimento intelectual, pela mediação do V. entendido. Em última análise, o fato de o V. mental ser um produto interior da ação intelectual, ou mesmo de ser seu fim, não o converte no objeto intencional último, como se pudesse prescindir da coisa real ou substituí-la. O V. assegura sempre a transcendência de sua referência real por meio de uma indicação que expressa a *intencionalidade* tal como o faria a filosofia analítica contemporânea, por seu *ser a respeito de* (*aboutness*): "Chamo de intenção entendida (*intentio intellecta*) aquilo que o entendimento concebe em si mesmo *sobre* a coisa entendida" (*Suma contra os gentios* IV, 11, 6 [grifo meu]); "O que é entendido primariamente e por si mesmo é o que o entendimento concebe em si mesmo *sobre* a coisa entendida" (*Questões disputadas sobre o poder divino*, q. 9, a. 5 [grifo meu]). Procurou-se questionar a significação ou a relevância filosófica dessa doutrina do V. mental pelo fato de ela aparecer precisamente em contextos teológicos – em sua maioria, relacionados ao dogma trinitário – ou porque apresentaria aspectos incompatíveis com a teoria do conhecimento intelectual, ou ainda com sua semântica, como se representasse uma ameaça ao *realismo* que caracteriza a posição filosófica de Tomás de Aquino (cf. O'CALLAGHAN, 2000). A rigor, deve-se dizer que subtrair um significado filosófico da doutrina equivale a minar as bases da especulação teológica, posto que para o próprio Tomás de Aquino não contamos com outro recurso para abordar uma compreensão do entendimento divino além da ℘natureza e da modalidade do nosso entendimento. De resto, nem todos os contextos são teológicos, se com isso se entende aqueles correspondentes à ℘teologia *revelada*, como mostra o importante capítulo 53 da *Suma contra os gentios*, dedicado à explicação de como se pode entender que existe uma pluralidade de ℘ideias na mente divina, uma questão que certamente desafia os limites da compreensão humana, mas não deixa de ser um tema de teologia "natural" ou filosófica. Por fim, a doutrina acerca do V. mental não é algo que se limita ao intelecto divino, mas se estende a *toda* natureza intelectual: "É manifesto, portanto, que em *qualquer* natureza intelectual é necessário postular um verbo, pois é próprio do entender que o entendimento, ao entender, forme algo; e essa formação é chamada de verbo. E, por isso, em *todo* inteligente deve-se colocar um verbo. Ora, a natureza intelectual é tripla, ou seja, humana, angélica e divina, e, por isso, o verbo é triplo, a saber, o humano, [...] e também o angélico; o terceiro é o verbo divino" (*Comentário ao Evangelho de João*, cap. 1, lição 1 [grifo meu]). Aquino afirma claramente que o V. interior é tanto a definição da coisa como a enunciação ou a proposição, ou seja, corresponde tanto à primeira operação do entendimento – a apreensão das naturezas simples – como à segunda operação do entendimento – a composição ou a divisão em que consiste o juízo que pode ser verdadeiro ou falso. Há, pois, um V. simples e um composto. Ao examinar o V. composto, Aquino incorpora a noção de uma *proposição mental*, o que o colocaria em uma posição destacada dentro da evolução do conceito de um *discurso interior* ou *linguagem mental*, a concepção segundo a qual o pensamento se constitui como uma linguagem com propriedades sintáticas e semânticas análogas às da linguagem externa (cf. PANACCIO, 1999).

**Verbo humano e verbo divino.** Tudo o que foi dito até agora diz respeito ao V. intelectual humano. Aquino aponta três diferenças fundamentais com relação ao V. intelectual divino (cf. *Comentário ao Evangelho de João*, cap. 1, lição 1). (i) A primeira é que nosso V. é *formável* antes de ser formado. Isso implica afirmar que o V. mental, tal como o descrevemos, é o fim de um processo pelo qual o intelecto chega a apreender a *ratio* (o constitutivo nocional) perfeita da coisa. Isso se deve à natureza *discursiva* do intelecto humano. Portanto, antes de alcançar o V. há *pensamento* (*cogitatio*), o que não pode ser dito do intelecto divino, que não está em potência, mas em ato. (ii) A segunda diferença é que nosso V. é imperfeito, enquanto o divino, como é de se esperar, é perfeito. Como vimos, o V., como *dizer* interior, expressa o conhecimento adquirido. Isso significa que não podemos expressar nossas concepções por meio de um único V., mas devemos recorrer a múltiplos V. imperfeitos para expressar o que está em nossa memória intelectual. Pelo contrário, visto que ℘Deus por sua essência conhece a si mesmo e, conhecendo-se, conhece tudo o mais – e isso mediante um único ato –, seu V. único expressa tudo o que há no conhecimento de Deus, não apenas das ℘pessoas, mas também das criaturas. (iii) A terceira diferença é que o V. humano não é da mesma natureza do intelecto do qual procede, porque o intelecto humano não é um intelecto absolutamente em ato, que se identifica com seu próprio inteligir. Por isso, a *ratio* entendida pelo intelecto só tem um ser conhecido ou um ser entendido (*esse intelligibile*) na ℘alma e não um ser verdadeiramente existente. Assim, não é da mesma natureza da alma, mas como certo acidente seu. Diversamente, o V. divino é da mesma natureza que o intelecto divino do qual procede; em outras palavras, o V. divino não é somente o conceito *de* Deus, mas *é* Deus tal como é expresso pelo evangelista: "E o verbo era Deus" (*João* I, 1). Por essa razão, mesmo quando o intelecto humano compreende a si mesmo, seu objeto não é a coisa mesma, mas apenas a coisa entendida: não é verdadeira a proposição "o homem é o verbo", mas sim a proposição "o homem *entendido* é verbo", o que não ocorre em Deus (cf. *Suma contra os gentios* IV, 11, 11).

***Verbum* na teologia trinitária**. Por mais que se resgate a relevância filosófica da teoria do V. intelectual humano, a verdade é que, na maioria das vezes, Aquino a introduz para se aproximar, na medida do possível, da compreensão do dogma trinitário. O V. ocupa um lugar de destaque na teologia trinitária de Aquino em dois âmbitos: um geral, relativo à compreensão da natureza das processões divinas, e um mais específico, referente à segunda pessoa, o ℘Filho. No primeiro âmbito, deve-se observar que a teologia trinitária de Aquino se inscreve na tradição dominante na Ordem Dominicana, que tenderá a formular a distinção das pessoas divinas a partir das relações, diferentemente da tradição prevalecente na Ordem Franciscana, que o fará a partir das emanações (cf. FRIEDMAN, 2010). Na abordagem de Aquino, a distinção das pessoas se dá segundo relações *de origem*. De fato, Aquino identifica as principais ℘heresias relativas ao dogma trinitário – a ariana e a sabeliana – como erros acerca da processão intratrinitária, mais precisamente, como uma incompreensão da natureza da processão. A chave geral da questão reside em interpretar as processões como *ad intra* (voltadas para dentro) ou imanentes. É nesse sentido que é fundamental compreender a intelecção como uma operação imanente, isto é, que permanece no agente: "Todo aquele que entende algo, pelo fato mesmo de entender, faz proceder algo dentro de si mesmo, que é a concepção da coisa entendida (*conceptio rei intellectae*), proveniente da capacidade intelectiva e procedente de seu conhecimento (*notitia*). Essa concepção é significada pela voz, e é denominada verbo do coração (*verbum cordis*), significado do verbo da voz" (*Suma de teologia* I, q. 27, a. 1). A processão do V. é, portanto, uma emanação intelectual, tanto que pode ser qualificada como uma *geração*. Aquino se preocupa em mostrar que não é que a geração se dê propriamente no âmbito natural em que a conhecemos e apenas metaforicamente seja transferida ao âmbito intelectual e, dele, ao divino. Ao contrário, é aí que a geração se dá de forma mais plena e perfeita: "segundo a diversidade das naturezas, são encontrados diversos modos de emanação nas coisas, e quanto mais elevada é alguma natureza, mais íntimo lhe é o que dela emana" (*Suma contra os gentios* IV, 11, 1). É assim que Aquino apresenta uma gradação das distintas formas de emanação, desde a mera geração de substâncias inanimadas, passando pela geração de um ser vivo no âmbito das plantas e dos animais, até a geração intelectual, a produção interna de um V. mental, que já não é de natureza diferente do intelecto do qual procede: "Portanto, a última processão da ℘vida compete a Deus, no qual o entender não é uma coisa distinta do ser, como demonstrado, e, assim, é preciso que a intenção entendida em Deus seja a essência divina mesma" (*ibidem,* 11, §5). O fato de se poder falar de geração *in divinis* (em assuntos divinos) já permite a consideração do V. divino como Filho. Com efeito, a processão intelectual do V. perfaz todos os traços para ser qualificada como geração. Trata-se, afinal, da processão de uma ação que não deixa de ser uma operação vital, procedente de um princípio uno de acordo com uma *ratio* de semelhança – porque a concepção do entendimento é uma semelhança da coisa entendida –, e da mesma natureza, porque em Deus o entender e o ℘ser se identificam. "Por isso, a processão do Verbo no que é divino se chama geração, e o verbo procedente se chama Filho" (*Suma de teologia* I, q. 27, a. 2). No segundo âmbito, então, o V. articula o tratamento da segunda pessoa da ℘Trindade. Uma das questões centrais para a teologia trinitária diz respeito à distinção entre os nomes que correspondem à unidade da essência divina e aqueles que designam as pessoas. No *Comentário aos Livros das Sentenças de Pedro Lombardo*, Aquino não encontra maiores razões para negar que o V. seja atribuído à essência divina. Provavelmente, isso se deve ao fato de que ele ainda não havia elaborado suficientemente o aparato conceitual que consiste no ponto de partida para a compreensão da teologia do V., a saber, a ℘analogia com o V. interior do entendimento humano. Com efeito, como vimos, nessa obra ele não parece fazer distinção entre a espécie inteligível e um

V. ou conceito do intelecto. A partir das obras posteriores, ele se pronunciará claramente a favor da atribuição pessoal. O V., entendido em seu sentido próprio, isto é, o conceito intelectual, é dito pessoalmente, porque significa algo procedente de outro e, nessa medida, indica a origem, que é o que determina as pessoas (cf. *Suma de teologia* I, q. 34, a. 1). E é um nome próprio do Filho e de nenhuma outra pessoa, porque significa uma emanação procedente do intelecto, que é, como já foi dito, geração (cf. *ibidem*, q. 34, a. 2). O fato de o V. ser central para a compreensão da geração do Filho não exclui que também implique uma ℘relação com as criaturas. Deus não apenas conhece a si mesmo, mas, conhecendo sua essência, conhece todas as outras coisas. E, no que diz respeito a todas as coisas, a ciência de Deus não é apenas cognoscitiva, mas também factiva. Portanto, seu V., no qual se expressa a sua ciência, é expressivo não só de si mesmo, mas também das criaturas, e não apenas expressivo, mas também operativo (cf. *ibidem*, q. 34, a. 3). Desse modo, o V. de Deus é também o V. de todas as coisas (*Verbum omnium rerum*) – o primeiro, em sentido próprio; o segundo, apenas em sentido metafórico. Aquino explora a fundo a analogia com o operar do artesão que preconcebe em sua mente a forma ou o exemplar da coisa a ser realizada. Como conceito do conhecimento intelectual que Deus tem de si mesmo, o V. divino é uma semelhança de Deus mesmo, na qual tem seu princípio; em contrapartida, uma vez que todas as coisas estão compreendidas no V. divino, do qual são semelhanças, elas têm seu princípio nele. Portanto, o V. é imagem de Deus, mas é exemplar de todas as coisas existentes (cf. *Suma contra os gentios* IV, 11, 14). E, assim, diz o evangelista: "Por ele [pelo Verbo] todas as coisas foram feitas" (*João* I, 3). Isso ratifica a concepção de que a ℘criação é a obra de um agente intelectual e não um resultado do acaso ou da sorte. Remetendo à analogia do artesão, aquele que cria e que conserva também é responsável por eventualmente reparar ou restaurar o produzido. Desse modo, compreende-se a conveniência da ℘Encarnação do V., ou seja, a redenção da

VERDADE

criatura racional, não apenas por ℘participação, mas também por uma união pessoal com o V. (cf. *Suma de teologia* III, q. 3, a. 8). Para finalizar, pode-se dizer que a teologia do V. se desdobra também em relação a outros nomes atribuídos pessoalmente ao Filho, como Sabedoria, Esplendor e Imagem. Ainda que a Sabedoria seja um atributo da essência divina ( ℘Atributos Divinos) e, portanto, comum às três pessoas, o V. é Sabedoria divina especificamente na medida em que é *engendrada* ou *concebida*. E, ao passo que é manifestação ou revelação da luz dessa Sabedoria, o V. é denominado *Esplendor* (cf. *Suma contra os gentios* IV, 12, 3-4). Por sua vez, o V. satisfaz os três requisitos que constituem o conceito de imagem: (i) trata-se de uma semelhança, porque o V. é semelhança da coisa entendida – no caso do V. divino, uma semelhança perfeita de Deus mesmo; (ii) é da mesma espécie, ou seja, é da mesma natureza ou consubstancial; e (iii), talvez o mais decisivo, implica uma relação de procedência ou origem.

**Bibliografia:** DOIG, J. C. O'Callaghan on *verbum mentis* in Aquinas. *American Catholic Philosophical Quarterly*, 77, p. 233-255, 2003. EMERY, G. *The Trinitarian Theology of St. Thomas Aquinas*. Trad. inglesa F. A. Murphy. Oxford: Oxford University Press, 2007. FLOUCAT, I. L'intellection et son verbe selon saint Thomas d'Aquin. *Revue Thomiste*, 97, p. 443-484, p. 640-693, 1997. FRIEDMAN, R. L. *Medieval Trinitarian Thought from Aquinas to Ockham*. Cambridge: Cambridge University Press, 2010. GORIS, H. J. M. J. Theology and Theory of the Word in Aquinas: Understanding Augustine by Innovating Aristotle. In: DAUPHINAIS, M. A.; DAVID, B.; LEVERING, M. W. (eds.). *Aquinas the Augustinian*. Washington: Catholic University of America Press, 2007, p. 62-78. KAWAZOE, S. Verbum and Epistemic Justification in Thomas Aquinas. In: SHIMIZU, T.; BURNETT, C. (eds.). *The Word in Medieval Logic, Theology and Psychology*: Acts of the XIIIth International Colloquium of the Société Internationale pour l'Étude de la Philosophie Médiévale, Kyoto, 27 September-1 October 2005. Turnhout: Brepols, 2009, p. 273-289. LONERGAN, B. The Concept of *Verbum* in the Writings of St. Thomas Aquinas. *Theological Studies*, 7, p. 349-392, 1946. _____. *Verbum*: Word and Idea in Aquinas. Toronto: Lonergan Research Institute, 1997. MEISSNER, W. W. Some Aspects of the *Verbum* in the Texts of St. Thomas. *The Modern Schoolman*, 36, p. 1-30, 1958. MICHON, C. Les réprésentations, rendent-elles indirecte la connaissance des choses? In: BIARD, J. (ed.). *Le langage mental du Moyen Âge à l'âge classique*. Louvain-la-neuve: Peeters, 2009, p. 45-60. O'CALLAGHAN, J. *Verbum mentis:* Philosophical or Theological Doctrine in Aquinas? *Proceedings of the American Association*, 74, p. 103-119, 2000. _____. More Words on the *verbum*: a Response to James Doig. *American Catholic Philosophical Quarterly*, 77, p. 257-268, 2003. PAISSAC, H. *Théologie du verbe:* Saint Augustin et Saint Thomas. Paris: Éditions du Cerf, 1951. PANACCIO, C. *Le discours intérieur de Platon à Guillaume d'Ockham*. Paris: Seuil, 1999.

Julio Antonio Castello Dubra
Tradução de Clio Tricarico

## VERDADE

**Definição.** Embora Tomás de Aquino conceba a verdade (V.) em diferentes sentidos, como, por exemplo, a V. do agir e do produzir (cf., por exemplo, *Questões disputadas sobre a verdade* I, a. 3), a V. moral (cf., por exemplo, *Suma de teologia* I$^a$II$^{ae}$, q. 1-5) ou ainda a V. da comunicação (cf., por exemplo, *Comentário ao De Interpretatione de Aristóteles* I, cap. 3), é em contexto epistemológico que o Aquinate explicita sua compreensão do tema, resumindo-a em uma fórmula recorrente ao longo de sua obra: "a verdade é adequação da coisa e do intelecto" (*veritas est adaequatio rei et intellectus*). É útil salientar que a escolha pelo uso recorrente dessa fórmula expressa não apenas uma tentativa de síntese para se compreender em que consiste a noção de V., mas também explicita os fundamentos de ordem metafísica que justificam a preferência por essa definição. A explanação desses fundamentos leva, em última instância, ao esclarecimento da relevância filosófica de Tomás no que diz respeito à discussão sobre a noção de V. em seu contexto histórico. A busca por uma definição da noção de V. pode ser verificada desde o primórdio da produção intelectual de Tomás de Aquino, mais precisamente, no *Comentário aos Livros das Sentenças de Pedro Lombardo* I, dist. 19, q. 5, a. 1. Nesse texto, a pergunta pela V. encontra-se, de antemão, associada à noção de →ser: como há na →coisa sua quididade e seu ser, a V. se fundamenta mais no ser da coisa do que na quididade, assim como o nome →ente é aplicado a partir do ser. É por isso que a V. está associada à segunda operação do espírito (composição e divisão) pela qual exercemos o juízo. Perguntar sobre aquilo que define a V. demanda uma distinção, mesmo que conceitual, entre os constituintes necessários para que algo seja dito verdadeiro, bem como as condições formais que expressam da melhor maneira todos os constituintes da noção de V. Nesse sentido, Tomás apresenta a distinção conceitual entre →essência e V. aliada à discussão sobre a função do →intelecto humano como *locus* ou dimensão própria da V. e, ainda nesse mesmo texto, procura associar o papel do intelecto divino como →causa de todo →conhecimento. Embora esse escrito de juventude considere diversos tópicos de discussão concernentes à noção de V. e não ofereça uma sistematização demorada desses tópicos, a estrutura geral e a escolha de alguns deles serão mantidas em textos posteriores ao *Comentário aos Livros das Sentenças de Pedro Lombardo*. Dessa maneira, tanto nas *Questões disputadas sobre a verdade*, q. 1, a. 1, como na *Suma de teologia* I, q. 16, a. 1, Tomás apresentará: (i) uma discussão que visa fundamentar a noção de V.; (ii) critérios formais para justificar uma definição apropriada da noção de V.; e (iii) uma apresentação sumária de um conjunto considerável de citações de outrem, visando, com isso, escolher uma definição que melhor expresse o que fora considerado em (i) e (ii). Não obstante a identificação dessa mesma estrutura nas três obras citadas, o conteúdo sofre uma mudança considerável entre a redação do *Comentário aos Livros das Sentenças de Pedro Lombardo* até a *Suma de teologia*. Com efeito, pode-se notar que, em *Questões disputadas sobre a verdade*, q. 1, a. 1, a fundamentação da noção de V. se baseará numa análise das noções gerais

do ente e transcendental (→Transcendência e Transcendental). Além da apresentação sistemática dos transcendentais considerados a partir do "uso comum da palavra", isto é, como noções que transcendem o esquema categorial herdado da leitura medieval de Aristóteles, Tomás estabelece, em *Questões disputadas sobre a verdade*, q. 1, a. 1, critérios formais para a definição da noção de V. que se encontram subsumidos a uma discussão sobre as capacidades da →alma. Além disso, considera um certo número de citações que definem a noção de V. e, nesse ínterim, opta pela definição da V. como adequação da coisa e do intelecto. Na *Suma de teologia* I, q. 16, a. 1, redigida depois de *Questões disputadas sobre a verdade,* a fundamentação da noção de V. em conjunto com a apresentação de critérios formais não tem mais como principal referência o tratamento das noções gerais do ente, mas a relação estabelecida entre o intelecto divino e o intelecto humano. O que se mantém é a definição escolhida por Tomás como a mais apropriada para expressar a noção de V., permanecendo, assim, a mesma definição considerada em *Questões disputadas sobre a verdade*, q. 1, a. 1, ou seja, a V. como adequação da coisa e do intelecto.

**Fundamentação metafísica.** A mudança de pressupostos nesses dois textos pode ser identificada no conjunto de citações mobilizadas por Tomás para definir a noção de V. Cabe dizer que ele não mobiliza citações como mero adendo para justificar sua escolha; trata-se efetivamente de um método para explicitar o sentido filosófico presente na noção de V. a partir do confronto e da análise de citações de *auctoritates* (→Autoridade). Por um lado, nas *Questões disputadas sobre a verdade*, q. 1, a. 1, Tomás apresenta três grupos de definições de V. para justificar, nesse conjunto, a definição de V. como "adequação da coisa e do intelecto". Cada grupo de definições assinala um aspecto da noção de V.: o fundamento da V., o efeito do conhecimento verdadeiro e a importância do intelecto como disposição para a V. Assim, o primeiro grupo – no qual se encontram as definições de V. agostiniana, aviceniana e uma

VERDADE

atribuída a um outro (*quidam*), Felipe, o chanceler – considera apenas um aspecto que é prévio à V. e que a fundamenta. Nesse grupo, a V. é, por definição, encontrada na coisa, sem qualquer relação estabelecida com o intelecto e sem nenhuma menção deste como parte constituinte da definição de V. Outro grupo de definições também não enuncia a importância do intelecto como disposição para a V., considerando que a V. consiste no término do processo de conhecimento ou que ocorre quando aquilo que é se mostra como aquilo que é. Esse segundo grupo é formado por duas definições agostinianas e uma de Hilário de Poitiers. Segundo Tomás, esses autores assumem o efeito da V. e, assim, não apresentam, em suas definições, a relação de adequação estabelecida entre a coisa e o intelecto. Por fim, em *Questões disputadas sobre a verdade*, q. 1, a. 1, Tomás acrescenta um terceiro grupo no corpo dessa taxinomia de definições, em que se encontra a definição atribuída a Isaac Israeli e mediante a qual Tomás estabelece sua posição. A V. é, então, definida em seu sentido completo, pois consegue expressar os dois aspectos que constituem o conhecimento assinalado como verdadeiro. Somada a essa definição, Tomás acrescenta duas definições, extraídas de Anselmo e Aristóteles, que concernem ao estabelecimento de um aspecto para se dizer o verdadeiro. Desse modo, a definição de V. como adequação da coisa e do intelecto é esclarecida em conjunto com as definições de Anselmo e Aristóteles, muito embora os dois pensadores não tenham considerado a outra referência da relação, *a coisa*, sendo isso uma tarefa levada a cabo pelo próprio Tomás. A peculiaridade dessa definição torna-se possível, portanto, a partir do conjunto de todas as citações presentes nesse texto, pois Tomás mostra que essas definições, por um lado, assinalam que a V. se encontra na coisa e, por outro, consideram que a V. se encontra no intelecto. Nesse sentido, ele defende que a definição da noção de V. como adequação expressa ambos os aspectos, apresentando-a, assim, de modo mais completo: "a conformidade ou a adequação da coisa e do intelecto, a cuja conformidade, como se disse, segue-se

o conhecimento da coisa: assim, a entidade da coisa precede a noção de verdade; contudo, o conhecimento é certo efeito da verdade" (*ibidem*, q. 1, a. 1, Resp.). Em contrapartida, na *Suma de teologia* I, q. 16, a. 1, Tomás propõe que as coisas naturais, quando consideradas nelas mesmas, devem ser ditas verdadeiras, porque dependem da relação com o intelecto divino. Nessa discussão específica, as coisas são consideradas como semelhanças das ℘ideias divinas. Mesmo se a relação de conformidade do intelecto humano à coisa estivesse impedida, ou seja, mesmo se não existisse nenhum intelecto humano para conhecer o mundo, ainda assim, as coisas só poderiam ser verdadeiras de um modo secundário, pois elas dependem do intelecto divino. "a verdade está principalmente no intelecto, secundariamente nas coisas, na medida em que se referem ao intelecto, como a seu princípio" (*ibidem*, q. 16, a. 1, Resp.). Assim, o intelecto é o princípio pelo qual as coisas devem ser ditas verdadeiras. Com essa reflexão preliminar sobre o papel preponderante do intelecto na fundamentação da V., Tomás apresenta, em seu texto de maturidade, outra classificação de definições de V. No conjunto dessa nova classificação, ele estabelece dois grupos de definições. O primeiro grupo diz respeito ao verdadeiro no intelecto; nele, aquilo que é (*quod est*) torna-se o conteúdo pelo qual se diz o verdadeiro. O segundo grupo apresenta o aspecto da V. da coisa quando ordenada ao intelecto. A V. da coisa, no entanto, não expressa um aspecto do conhecimento que independa do intelecto; a coisa só pode ser dita verdadeira a partir de sua relação com o intelecto, que é o princípio pelo qual se determina a veracidade do que lhe é ordenado. Tomás conclui essa classificação com uma definição que não está nos dois grupos, mas que expressa ambos, pois, na definição de V. como adequação da coisa e do intelecto, tanto a V. no intelecto como a V. da coisa quando ordenada ao intelecto são referidas. Com isso, essa última definição expressa tanto o conteúdo pelo qual o intelecto determina o verdadeiro como a ordenação da coisa que, ao relacionar-se com o intelecto, estabelece aquilo pelo qual podemos afirmar o verdadeiro. Essa definição consiste, portanto, na posição sustentada por Tomás no que diz respeito à discussão sobre o conhecimento verdadeiro.

**Verdade como adequação.** A opção tomasiana pela definição de V. como "adequação da coisa e do intelecto" não é trivial. Pelo contrário, serve para mostrar a ênfase que Tomás confere ao aspecto relacional da noção de V. e o alcance que essa definição possui na investigação de dois importantes expedientes teóricos de sua ℘metafísica: a sistematização das noções gerais do ente e a relação entre o intelecto divino e as coisas naturais. Com efeito, Tomás procura mostrar que a noção de V. é, assim, uma noção geral do ente que privilegia o aspecto relacional, bem como uma noção que tem como referência o intelecto divino e a relação deste com as coisas naturais. Para se expressar a noção de V. é preciso estabelecer, portanto, a relação entre os dois elementos: o intelecto e a coisa. Na *Suma de teologia*, os termos que, num primeiro momento, demarcam esse tipo de relação são: conformar e ordenar. Com esses termos, Tomás mostra que não apenas o intelecto deve ser considerado ao se expressar em que consiste a noção de V.; é preciso haver uma conformidade do intelecto com a coisa inteligida, assim como a coisa inteligida encontra-se, no processo de conhecimento verdadeiro, ordenada ao intelecto que a conhece. Nesse sentido, Tomás afirma: "uma coisa é considerada verdadeira, absolutamente falando, quando se ordena para o intelecto do qual depende" (*Suma de teologia* I, q. 16, a. 1, Resp.). Dito de outro modo, há uma dependência da coisa a ser conhecida em relação ao intelecto que a produz (a dependência pode ser por si, quando se refere ao intelecto divino, como é o caso da afirmação aqui citada, ou acidental, quando se refere ao intelecto humano). Apenas um dos elementos da relação não expressa, de acordo com Tomás, o conhecimento verdadeiro. A ordenação da coisa conhecida com o intelecto que é seu princípio mostra como, do ponto de vista do elemento *coisa*, efetiva-se a relação com o intelecto, e,

assim, tem-se o conhecimento verdadeiro. O ato de conformidade do intelecto com a coisa conhecida, por sua vez, leva em consideração o tipo de relação entre o intelecto e a coisa. De acordo com Tomás, a utilização dos dois atos, ordenar e conformar, expressa o que se encontra afirmado na definição de V. que "pode convir a um e a outro modo", isto é, a definição de V. como "adequação da coisa e do intelecto". A consideração da relação existente entre os dois elementos constituintes do conhecimento verdadeiro se mantém, portanto, no texto da *Suma de teologia*, uma vez que tanto a ordenação da coisa ao intelecto como a conformidade do intelecto com a coisa não negligenciam a relação estabelecida entre os dois elementos, mas os consideram em conjunto, mesmo que a ênfase no ato de ordenar seja direcionada à coisa, enquanto o ato de conformar sirva para explicar como o intelecto se relaciona com a coisa inteligida. A importância conferida ao intelecto divino e à relação estabelecida entre este e as coisas naturais como semelhanças das ideias divinas não coloca em xeque a escolha da definição de V. como adequação da coisa e do intelecto. Isso porque, mesmo nesse expediente teórico específico, Tomás ainda se utiliza de uma apresentação que resguarda a importância dos dois elementos constituintes da definição de V.: (i) intelecto divino e (ii) coisas naturais (entendidas como semelhanças das ideias divinas). Quando comparados, os dois textos de Tomás elucidam, assim, o relevo da manutenção de uma definição como sendo a mais apropriada: tanto em *Questões disputadas sobre a verdade*, q. 1, a. 1, como na *Suma de teologia* I, q. 16, a. 1, Tomás opta por manter a definição de V. como adequação da coisa e do intelecto, uma vez que ela serve para diversos expedientes teóricos presentes em sua obra. Nessa perspectiva, a ênfase desses textos encontra-se no aspecto relacional demarcado pelo termo *adaequatio* (adequação), uma vez que, para Tomás, a noção de V. é expressa a partir da relação existente entre aquilo que se conhece (coisa) e aquilo pelo qual se conhece (intelecto).

**Bibliografia:** AERTSEN, J. Is Truth Not a Transcendental for Aquinas? In: KWASNIEWSKI, P. (ed.). *Wisdom's Apprentice:* Thomistic Essays in Honor of Lawrence Dewan OP. Washington: The Catholic University of America Press, 2007, p. 3-12. _____. Truth as transcendental in Thomas Aquinas. *Topoi*, 11 (2), p. 159-171, 1992. DE BELLOY, C. A verdade do agir, segundo Santo Tomás de Aquino. *Scintilla*, 13 (1), p. 43-70, 2016. DE LIBERA, A. De la lecture à la paraphrase: remarques sur la citation au Moyen Âge. *Langages*, 73, p. 17-29, 1984. DEWAN, L. Is Truth a Transcendental for St. Thomas Aquinas? *Nova et Vetera*, 2 (1), p. 1-20, 2004. FLOUCAT, Y. La vérité comme conformité selon saint Thomas d'Aquin. *Revue Thomiste*, 104, p. 49-102, 2004. JORDAN, M. The Intelligibility of the World and the Divine Ideas in Aquinas. *The Review of Metaphysics*, 38, p. 17-32, 1984. MUCKLE, J. T. Isaac Israeli's Definition of Truth. *Archives d'histoire doctrinale et littéraire du moyen âge*, 8, p. 1-8, 1933. NASCIMENTO, C. A. R.; PINTO DE OLIVEIRA, C. J. Originalidade da moral proposta por Santo Tomás: relevo da prudência e da justiça nessa moral. In: PRADO CONTREIRA, L. (org.). *Fogo amigo sobre o velho frade:* livro-diálogo em homenagem aos 95 anos de Frei Carlos Josaphat. São Paulo: Parábola, 2016. TURCOTTE, M. *La notion de vérité chez Thomas d'Aquin dans son commentaire des Sentences du Lombard:* traduction et commentaire. Montreal: Université de Montréal, 2008 (M. A. Dissertation). VANDE, W. Le problème de la verité ontologique dans la philosophie de saint Thomas. *Revue Philosophique de Louvain*, 52, p. 521-571, 1954. WADDELL, M. Truth or transcendentals: what was St. Thomas's intention at *De veritate* 1.1? *The Thomist*, 67, p. 197-219, 2003.

Matheus Pazos

# VIDA

**Vida como termo geral.** A noção de vida (V.) é articulada com um variado conjunto de palavras na obra de Tomás de Aquino. É, em geral, empregada como caracterizador (ou predicado) de um grupo especial de palavras, todas tomadas como ℗sujeitos de proposições simples, ou seja, frases compostas apenas de sujeito, verbo e predicado. Dentre essas palavras, cinco podem ser destacadas: ℗*Deus*, *cosmo* (℗universo/mundo), *planta*, *animal* e ℗*ser humano*. À luz desses cinco termos, a noção de V. possui um sentido mais amplo do que dois outros termos que Tomás associa com bastante frequência a essa noção: *matéria* e *natureza*. É justamente porque o referente da primeira das palavras mencionadas, *Deus*, não possui matéria como característica, e, portanto, não possui princípio de movimento (em outros termos, não é natural, mas sobrenatural) que, para Tomás, a proposição "Deus possui matéria" ou "Deus é material" é falsa (cf. *Suma de teologia* I, q. 3). Por outro lado, a proposição "Deus possui vida" ou "Deus é vida" é verdadeira, tanto para a ℗teologia como para a ℗filosofia, pelo que pode ser depreendido da leitura das partes das *Sumas* que investigam com profundidade, a despeito da concisão, a veracidade dessa proposição, quais sejam: *Suma de teologia* I, q. 18, cujo tema é *A vida de Deus* (*De vita Dei*); e *Suma contra os gentios* I, 97-99, com os temas *Deus é vivente* (*Deus est vivens*), *Deus é a sua vida* (*Deus est sua vita*) e *A vida de Deus é sempiterna* (*vita Dei est sempiterna*).

**Vida como atributo divino.** Ao vincular as noções de V. e Deus, Tomás tem, no mínimo, dois textos em mente: o *Evangelho de João* 1, 4 (cf. *Comentário ao Evangelho de João*, lições 1-2) e a *Metafísica* de Aristóteles, livro 12, c. 7 (cf. *Comentário à Metafísica de Aristóteles* XII, 8). No primeiro texto, o autor se preocupa com o esclarecimento da expressão "era vida" (*erat vita*), atribuída ao ℗Verbo divino e sustentando a necessidade de se destituir mentalmente o *Verbo* (℗Jesus Cristo) da temporalidade do *verbo* (*era*), uma vez que, se não há matéria no Verbo divino, ele não possui o princípio do movimento. Além disso, semanticamente próxima do verbo *era* encontra-se a preposição *em* (*in*): "a vida é dita estar em Deus porque a vida não é diferente de Deus mesmo" (*dicitur vita esse in Deo, quae tamen non est aliud, quam ipse Deus – Comentário ao Evangelho de João*, lição 1). Ora, a noção de V. não indicaria uma propriedade distinta da própria ℗essência divina, pois Deus é simples: há uma identidade real entre a essência divina e seu ser (cf. *Suma contra os gentios* I, 22 e 52); em Deus não há possibilidades propriamente ditas, quer dizer, potencialidades, mas apenas atualidade (*actualitas*) (cf. *Suma de teologia* I, q. 3, a. 4). Nessa compreensão da noção de Deus e da noção de V. como seu atributo, sobretudo mediante a *actualitas* ou *atualidade* entendida como ato de ser (como bem apontaram Étienne Gilson (1948), Joseph Owens (1980) e Jan Aertsen (1988)), repousa a originalidade de Tomás, principalmente em relação a Aristóteles, porque ele extrai todas as consequências que pôde em relação à *actualitas* (atualidade ou ser em ato) do monoteísmo típico (trinitário) do cristianismo, tanto em filosofia como em teologia. De acordo com os três grandes monoteísmos (o judaísmo, o cristianismo e o islamismo), o cosmo resulta da causalidade divina: o mundo, com tudo o que ele que inclui (as criaturas materiais e imateriais, como os ρanjos), é *creatura* (criatura) porque sai de um ser (existe – *exsistit*) e porque possui potencialidade em sua constituição. Deus, em vez disso, é a própria *actualitas* (atualidade; atividade; ação), é *creator* (criador). Ora, se Deus é *creator*, então a V. presente nele difere da V. presente em outras entidades. Dito de outro modo, a maneira como os humanos dizem haver V. em Deus é absolutamente diferente do modo como falam de V. nas criaturas, pois o grau de V. em Deus é o mais elevado entre os ρentes, uma vez que ele mesmo é o ρser ou o ato de ser puro e simples (cf. *Suma contra os gentios* IV, 11). Aliás, embora Tomás divirja de Aristóteles pelo monoteísmo criacionista, o Estagirita é a fonte filosófica da qual Tomás extrai a proposição "Deus é vida", afirmada também no *Comentário à Metafísica de Aristóteles* (cf. XII, 8). Diferentemente do *Comentário ao Evangelho de João* (lições 1-2), no qual é investigada a noção de V. atribuída a Deus a partir da ρrevelação divina, no *Comentário à Metafísica de Aristóteles* (cf. XII, 8), é a própria ρrazão natural que se constitui como guia ao estabelecer os dois termos que tornam a proposição "Deus é vida" não somente verdadeira, mas também compreensível: intelecção (*intelligere*) e inteligível (*intelligibile*). Num

primeiro momento, os termos se referem aos humanos. Com efeito, ao explicar Aristóteles, Tomás afirma que o grau mais alto do ρprazer humano consiste na operação intelectual que apreende o inteligível; e não somente isso: "o ato intelectual, a saber, a intelecção, é um tipo de vida; e é o tipo mais perfeito de vida que existe" (*actus intellectus, idest intelligere, vita quaedam est, et est perfectissimum quod est in vita, ibidem*, n. 2544). É possível, inclusive, que dentre os inteligíveis apreendidos pelos humanos, Deus esteja presente, embora ele não seja, na ordem natural, o primeiro apreendido: "diz-se que o primeiro inteligível é Deus" (*primum intelligibile dicitur Deus, ibidem*, n. 2543). No entanto, os humanos usufruem do prazer mencionado por curtos períodos de tempo – o cotidiano impulsiona os humanos tanto aos seus diversos afazeres como ao repouso –, enquanto Deus possui eternamente o prazer da intelecção. Nesse sentido, o inteligível, que é intuído pela intelecção divina, se identifica com o próprio Deus, ou seja, Deus intui a si mesmo e nisso consiste a V. divina. Cumpre enfatizar, ademais, que na atribuição da V. a Deus, como o próprio Tomás reconhece, unem-se os discursos filosófico e não filosófico: "a voz corrente dos humanos diz que Deus é um animal sempiterno e excelente. Pois, ao nosso redor, a vida aparece claramente apenas nos animais. E, portanto, Deus é designado animal porque a vida pertence a ele" (*fama hominum dicitur quod Deus est animal sempiternum et optimum. Vita enim apud nos in solis animalibus apparet manifeste. Inde est ergo quod dicitur animal, quia vita competit ei, ibidem*, n. 2544). Em resumo, na atribuição da noção de V. a Deus, vê-se que, de um lado, o discurso não filosófico baseia sua atenção nos animais ou nos seres vivos em geral, ao passo que, de outro lado, o discurso filosófico se refere basilarmente às noções de intelecção e de inteligível.

**Vida como predicado do cosmo.** Não apenas Deus, o *creator*, possui a V. como atributo, mas também o cosmo mesmo, como *creatura*, pode ser entendido como um *ente vivo* ou um ser vivo. Embora Tomás nunca afirme uma proposição como "o cosmo é vivo" (ou outra similar), nem mesmo "o céu é animado", ele não encontra justificativa filosófica que falsifique essas proposições. Com efeito, para Tomás, os dois máximos representantes da filosofia, Platão e Aristóteles, assumiram essas proposições como filosoficamente verdadeiras. Conforme o nosso autor, a noção de cosmo presente nos dois filósofos gregos possui uma raiz semântica comum, isto é, a palavra *todo* (*cosmo*), que, por sua vez, subsume o termo *ordem* (cf. *Suma de teologia* I, q. 47, a. 4). Nesse sentido, o cosmo é um todo cujas partes constituintes são ordenadas. O que mantém as partes constituintes ordenadas é a forma cósmica, e esta, por seu turno, é conservada pela sabedoria de um ordenador (*sapientia ordinantoris*) (cf. *ibidem*, q. 47, a. 4, ad 1m), que, para Tomás, é Deus. A questão que surge aqui diz respeito ao sentido da noção de *forma* quando atribuída ao cosmo: é preciso saber se a forma cósmica é uma ℘alma. Como a alma é entendida como potência para a nutrição, a sensação e a intelecção, é necessário examinar se os três referenciais se aplicam no caso da forma cósmica ser alma – uma questão pensada, dentre outros, por Temístio, Alexandre de Afrodísias, Simplício da Cilícia, Avicena, Averróis, e retomada pelo próprio Tomás no *Comentário ao O céu de Aristóteles* II (lição 13, n. 4-9). Nesse contexto, o Aquinate se limita a apresentar as diversas posições desses filósofos, enfatizando que, para Aristóteles, a potência nutritiva e sensitiva é exclusividade das entidades vivas situadas na região sublunar. Outro ponto associado à posição de Aristóteles, segundo Tomás, refere-se à noção de ℘céu (*caelum*). O Doutor Angélico diz que, para o Estagirita, "o céu se diz de três modos: algumas vezes, diz respeito à última esfera; outras vezes, a todo corpo movido circularmente; e algumas vezes ao próprio cosmo" (*caelum tripliciter dicatur, quandoque ipsa ultima sphaera, quandoque totum corpus quod circulariter movetur, quandoque autem ipsum universum, ibidem*, Prólogo). A depender do contexto, o primeiro e o terceiro sentidos de *caelum* (céu) podem coincidir, isto é, a última esfera pode denotar o cosmo e vice-versa. Por exemplo, quando se questiona

sobre a temporalidade e a duração do cosmo, a referência imediata é a última esfera, a esfera das estrelas, que é seu limite natural: "porque o ℘tempo é causado a partir da locomoção do primeiro corpo do cosmo" (*quia tempus causatur ex motu primi corporis mundi, ibidem* II, lição 1, n. 2). Igualmente, quando se aborda a definição de lugar como limite côncavo ou convexo do continente e se questiona sobre o lugar da última esfera: parece que não há continente para conter a última esfera, pois, se houvesse, ela não seria a última. Assim sendo, a extensão da última esfera coincide com a extensão do cosmo, obviamente, numa perspectiva geocêntrica que admite a tese metafísica da finitude cósmica (cf. *Comentário aos Livros das Sentenças de Pedro Lombardo* II, dist. 2, q. 2, a. 1). É, portanto, mediante a coincidência das noções de última esfera e de cosmo, o *caelum*, que se encontra em Aristóteles o conceito de *anima caeli* (alma do céu) como *anima mundi* (alma do mundo). Ao perguntar pela natureza aristotélica da alma do cosmo (ou do céu), a resposta de Tomás é direta: "e isso é verdade segundo a opinião de Aristóteles na medida em que ele estabelece que o céu é animado por uma alma que entende e deseja" (*et hoc quidem verum est secundum opinionem Aristotelis, inquantum caelum ponitur animatum anima intelligente et desiderante – Comentário à Metafísica de Aristóteles* XII, 8, n. 2536). Na interpretação tomasiana, o inteligível desejado e entendido pela *anima caeli* de Aristóteles é Deus, identificado com o primeiro motor imóvel (cf. *ibidem*). Aliás, tal intelecção gera o impulso para a perpétua locomoção cósmica, um pressuposto necessário para que haja o nascimento de novos entes na região sublunar, incluindo, especialmente os seres humanos. Importa ainda observar que o vínculo entre a intelecção e o impulso no âmbito cósmico também está presente em Platão; para Tomás, essa é a razão pela qual, a despeito das profundas dessemelhanças, os dois filósofos gregos alcançaram a mesma conclusão ao entenderem o cosmo como um ente vivo. De fato, segundo Tomás, Platão "afirmou no *Timeu* que, no centro do cosmo, a alma deste, alcançando o extremo do céu e todas as coisas, inicia uma vida incessável e prudente para todo o tempo" (*posuit in Timaeo quod in medio mundi anima eius, ad extremum caelum omniquaque complexa, incoepit incessabilem et prudentem vitam ad omne tempus* – *Comentário ao O céu de Aristóteles* II, lição 1, n. 10). Em relação a Aristóteles, Tomás emprega somente a expressão *anima caeli*, que, quando se refere à última esfera, é sinônima de *anima mundi*. Em relação a Platão, Tomás admite diretamente a noção de *anima mundi*. Com efeito, no instante da geração cósmica, a *anima mundi* confere V. tanto ao cosmo, a totalidade, quanto às partes do cosmo, nomeadamente a última esfera, o "extremo do céu", e a Terra, o "centro do cosmo". Nesse contexto, é interessante a leitura de outra parte da obra de Tomás, *As substâncias separadas*, c. 1, na qual o autor afirma que, para Platão, "o corpo supremo, a saber, o primeiro céu, que é locomovido na primeira locomoção, participa na locomoção pela alma suprema" (*supremum corporum, scilicet primum caelum, quod primo motu movetur, participat motum a suprema anima*). Segundo Tomás, a locomoção da última esfera, o primeiro céu, que coincide com a locomoção cósmica, é entendida por Platão pela noção de ♀participação; em outras palavras, a última esfera é locomovida na medida em que participa da *anima suprema* (alma superior), que é a *anima mundi*. Tomás esclarece ainda que, assim como Aristóteles retomará por conta própria, Platão entende que é mediante a intelecção da *anima suprema* (que apreende o inteligível) que a última esfera recebe o impulso e inicia a volta completa ao redor do centro do cosmo, a Terra, em vinte e quatro horas, saindo do oriente celeste e para lá retornando. As noções de intelecção e impulso, em Platão e Aristóteles, por conseguinte, conferem inteligibilidade e razoabilidade filosófica à proposição "o cosmo possui vida" ou "o cosmo é um animal".

**Vida como característica dos entes animados sublunares.** Duas são as grandes regiões do cosmo, para Tomás de Aquino (cf. *Suma de teologia* I, q. 65-74; *Comentário aos Livros das Sentenças de Pedro Lombardo* II, dist. 12-18): o conjunto formado por todos os corpos celestes, o céu, é a região superior, que se estende da lua, o planeta inferior, até a última esfera, bem acima do último planeta, o planeta supremo, Saturno; imediatamente abaixo da lua, ou melhor, na superfície côncava da esfera da lua, encontra-se uma esfera menor, não passível de percepção, por causa de sua transparência (aliás, a transparência é uma qualidade também presente nas esferas celestes). Essa esfera menor, comparada com a esfera da lua, é a esfera do fogo, limite natural da região inferior, a região sublunar (é na região sublunar que se encontram os quatro elementos: fogo, ar, água e terra). Conforme Tomás, todas as ♀coisas vivas da região sublunar possuem dois ou mais elementos em sua constituição; no entanto, os elementos, neles mesmos, são destituídos de V. Na terminologia do autor, os elementos são inanimados (*inanimatus*, cf. *Suma de teologia* I, q. 72, a. 5; *ibidem* I$^a$II$^{ae}$, a. 2; *Suma contra os gentios* III, 39), ou seja, não possuem alma ou espírito (*animus*). No âmbito da região sublunar, a noção de alma sempre denota potência, que é possibilidade de ser. Três são os registros para a possibilidade de ser no âmbito sublunar, a saber: nutrição, sensação e intelecção. Nesse sentido, a potência também é dita de três modos e, consequentemente, a V. é entendida mediante três graus a partir das noções de interioridade e exterioridade, como Tomás discorre na *Suma contra os gentios* IV, 11. Um elemento é considerado *inanimatus* (sem alma; sem movimento próprio) porque não mostra possuir interioridade se comparado com as plantas e os animais. Nesse sentido, não há emanação (*emanatio*) nos elementos, quer dizer, a operação transitiva que leva a outrem, que decorre da operação imanente, no interior do agente. O elemento fogo, exemplifica Tomás, gera outro elemento da mesma espécie, outro elemento fogo, por meio da calefação que altera um corpo externo próximo do fogo gerador. O aquecimento, nesse caso, não proviria propriamente do "interior" do elemento fogo, mas seria externo em direção ao externo. Diferentemente ocorre com a geração da planta: nela, "a emanação procede a partir do interior

VIDA

na medida em que a seiva interna da planta se converte em semente, e a semente colocada na terra brota como planta" (*emanatio ex interiori procedit: inquantum scilicet humor plantae intraneus in semen convertitur, et illud semen, terrae mandatum, crescit in plantam, ibidem*, 11, 3). Na mesma passagem, o autor define a noção de V.: "portanto, aqui é descoberto o primeiro grau da vida, pois os viventes são os automoventes para agir" (*ergo hic primus gradus vitae invenitur: nam viventia sunt quae seipsa movent ad agendum, ibidem*). A V., por conseguinte, é um atributo dos entes que se movem por si mesmos, os automoventes (*movent seipsa*). A seiva que percorre internamente as partes da planta enquanto a semente é gerada possui, como impulso desse *percorrer*, a própria natureza que é simultaneamente princípio interno de movimento e espécie da planta. Ao causar a locomoção da seiva no interior da planta, a natureza, portanto, faz com que a seiva seja um indicativo da V. da planta. Além da interioridade da locomoção da seiva na planta, há outro grau mais profundo de interioridade, este que diz respeito ao animal. A interioridade no animal é entendida por Tomás a partir da continuidade material entre três diferentes constituintes corpóreos: os órgãos dos ℘sentidos, a imaginação e a memória. A emanação interna no animal refere-se à transmissão de informação de um constituinte corpóreo para outro. Ao tomar a visão como referência, Tomás entende que ela é inicialmente afetada pela figura do sensível, isto é, a forma sensível. A informação na visão é uma reação desta à afecção. Em seguida, essa informação é passada à imaginação que, por seu turno, a transmite à memória. Nessa medida, porque a forma emana da visão à memória animal, ou seja, do exterior para o interior, a V. animal é mais nobre do que a V. da planta (cf. *ibidem*, 11, 4), embora a alma animal, assim como a alma da planta, seja destruída no momento da morte (cf. *Suma contra os gentios* II, 82; *Suma de teologia* I, q. 75, a. 3). O automovimento dos animais, por conseguinte, não diz respeito apenas à autolocomoção, ou seja, à capacidade de se deslocar por conta própria de um lugar para outro: o animal possui o conhecimento sensível por si mesmo, o que não ocorre nas plantas. Nota-se, além disso, que, para Tomás, a noção mesma de automovimento perde aos poucos a referência à materialidade, culminando na noção de intelecção, uma operação imaterial presente nos entes intelectuais – Deus, anjos e seres humanos (cf. *Suma contra os gentios* IV, 5, 19) –, que, ademais, constitui o "o supremo e perfeito grau da vida que é a vida conforme o intelecto" (*supremus et perfectus gradus vitae qui est secundum intellectum, ibidem*, 11, 5). No caso específico dos seres humanos, o ℘intelecto denota uma potência da alma, esta que, por seu turno, é compreendida como forma e motor do ℘corpo, os quais se identificam no corpo, diferindo apenas no âmbito conceitual (cf. *Questão disputada sobre as criaturas espirituais*, a. 3, ad 7m). A despeito de sua imaterialidade, a alma humana constitui o composto humano, razão pela qual tem sentido dizer que a alma está no corpo, unida a ele como forma substancial e governando-o como motor. Trata-se, portanto, da relação de constituintes do composto. Como motor, a alma se move ao mover o corpo, pois é constituinte do composto humano. O movimento tem início no coração que, por sua vez, move as partes sutis do corpo, os espíritos ou nervos (cf. *ibidem*, a. 3, Resp.). Nessa medida, a alma como motor necessita da distinção entre as partes do corpo para que exista a operação natural no corpo. Entretanto, há uma operação da alma que independe dos órgãos corpóreos: a intelecção. Isso indica que a potência da alma excede o corpo, razão pela qual, embora esteja na totalidade do corpo, mesmo sem ser extensa (*non habet extensionem in materia*), não se identifica com as diversas partes dele e, de certo modo, ultrapassa (*excedit*) os limites corpóreos (cf. *ibidem*, a. 4, Resp.), permanecendo no ser após a destruição do corpo, o que equivale a afirmar que a alma humana é incorruptível e imortal (℘Escatologia – Novíssimos) (cf. *Comentário aos Livros das Sentenças de Pedro Lombardo* II, dist. 19, q. 1, a. 1; *Suma contra os gentios* II, 79-81; *Suma de teologia* I, q. 75, a. 6). À luz da noção geral de V., como se percebe, a

V. humana é a mais complexa, pois relaciona o material e o natural com o imaterial.

**Vida humana e aborto.** Embora a natureza como princípio de movimento e espécie seja instrumento divino, mesmo porque Deus é o autor universal da natureza (*universalis auctor naturae*, cf. *ibidem*, q. 92 a. 1 ad 1m), a alma humana começa a existir sem ♀causas segundas ou instrumentos (intermediários). Dito de outro modo, como bem analisou Bazán (2011), a alma humana é criada diretamente por Deus. Segundo Tomás, quando o "sangue menstrual" (óvulo) e o esperma se unem e estão devidamente dispostos num substrato [o embrião (*embryone*) que precede à concepção (*conceptio*)], Deus infunde diretamente nesse substrato a alma humana (cf. *Comentário aos Livros das Sentenças de Pedro Lombardo* II, dist. 18, q. 2, a. 1; *Suma contra os gentios* II, 86-89; *Suma de teologia* I, q. 90, a. 2 e q. 118, a. 2). Assim sendo, mesmo que as potências nutritiva e sensitiva sejam geradas pela natureza, a alma como potência intelectual é obra exclusiva de Deus. Cumpre observar, todavia, que a noção de geração é dita de dois modos, segundo Tomás, quais sejam: a relativa e a simples. A relativa é a alteração, ou seja, a introdução, medida pelo tempo, de formas acidentais em um substrato. Nesse sentido, quando se diz que há um início para a geração, isso diz respeito à geração relativa, isto é, vinculada às séries de movimentos, sejam quantitativos, qualitativos e de lugar, iniciados por causas eficientes. Quando essas séries resultam no engendramento de uma forma substancial na matéria, ocorre a geração simples. Esta só pode ocorrer no derradeiro instante da última série de movimentos, donde ser dito, a partir da percepção, que a geração simples é instantânea, pois, embora a forma substancial, por si mesma, não seja passível de percepção (cf. *ibidem* I, q. 67, a. 3, Resp.), a partir da percepção dos acidentes é possível afirmar o aparecimento de novas substâncias. Como o exato sentido da passagem do não ser ao ser, que culmina na geração simples, não é acessível à razão humana, muito embora ela ocorra, Tomás afirma que a geração simples é alguma mudança (*quaedam mutatio*) do não ser ao ser, o que inclui a geração humana (cf. *Os princípios da Natureza*, c. 1). Entretanto, o fato de a alma humana ser criada por Deus e diretamente infusa no embrião em hipótese alguma simplifica a discussão referente ao aborto no contexto medieval (♀Extração voluntária do feto humano). É muitíssimo importante não confundir o debate medieval com as posições atuais, sejam religiosas ou não, incluindo a posição da ♀Igreja Católica Romana, como aponta de modo contundente Robert Pasnau (2004), sobretudo ao refletir sobre a questão acerca de *quando* começa a V. humana a partir da obra de Tomás de Aquino. Com efeito, para Tomás, a V. humana não inicia imediatamente após a união entre o sangue menstrual e o esperma, razão pela qual há um intervalo de tempo no qual o embrião existe sem a alma intelectual: "É preciso dizer, portanto, que a alma intelectiva é criada por Deus no final da geração humana e que é simultânea a sensitiva e a nutritiva, corrompidas as formas preexistentes" (*Sic igitur dicendum est quod anima intelectiva creatur a Deo in fine generationis humanae, quae simul est et sensitiva et nutritiva, corruptis formis praeexistentibus* – *Suma de teologia* I, q. 118, a. 2). A expressão *in fine generationis humanae* (no final da geração humana) possui uma tecnicidade singular e característica da reflexão tomasiana. O autor está afirmando que a alma humana é criada por Deus no instante em que ocorre a geração do animal humano, ou seja: no instante em que o embrião torna-se animal, Deus cria e infunde a alma humana no animal humano. A animalidade, nesse sentido, precede à humanidade, embora seja a mesma operação, natural e divina, que gera o animal e o humano e que, ademais, ocorra no mesmo instante. Embora não possua uma medida precisa e tampouco mostre preocupação em possui-la, Tomás adota o postulado que, como ele mesmo diz, Aristóteles estabelece no *A geração dos animais*, c. 9, a respeito do suposto período para infusão da alma humana após a união entre o sangue menstrual e o esperma, quer dizer, quarenta dias para o sexo masculino e noventa dias para o sexo feminino (cf. *Comentário aos Livros das Sentenças de Pedro Lombardo* III, dist. 3, q. 5, a. 2, Resp.). Passados esses períodos, têm-se *fetos animados* (*puerperae animata*, cf. *Suma de teologia* II$^a$II$^{ae}$, q. 64, a. 8, ad 2m). Isso significa que, embora não seja passível de constatação empírica, humanos inteligentes habitam nos úteros maternos, levando à admissão de que fetos animados exercem a racionalidade, mesmo que seja de modo bastante parco ou extremamente defeituoso (no caso dos fetos com problemas na formação do cérebro). A tese da racionalidade dos fetos decorre, por um lado, da própria definição aristotélica de ser humano adotada por Tomás, isto é, *animal racional* (*animal rationale*, cf. *Comentário aos Livros das Sentenças de Pedro Lombardo* I, dist. 25, q. 1, a. 1, ad 2m; *Suma contra os gentios* I, 24; *ibidem* II, 30; *Suma de teologia* I, q. 85, a. 3 e a. 6) e, por outro lado, da asserção segundo a qual "as coisas corpóreas iniciam sua operação no primeiro instante de sua criação" (*res corporalis statim in primo instanti suae creationis incipit habere suam operationem*, *Suma de teologia* I, q. 63, a. 5, ad 4m). Nesse sentido, para Tomás, desde que a alma intelectual é infusa por Deus no substrato, imediatamente o feto humano exerce, em alguma medida, a racionalidade. Por conseguinte, da perspectiva da obra de dele, não é simples diferenciar quando o aborto voluntariamente praticado é a destruição de uma V. humana potencial ou consiste juridicamente num assassinato. Some-se a isso o fato de ele não ter dedicado clara e exclusivamente um texto à temática do aborto. No entanto, parece possível afirmar que, em hipótese alguma, concorda com a interrupção da gravidez ou da possibilidade da gravidez.

**Bibliografia:** AERTSEN, J. A. *Nature and Creature:* Thomas Aquinas's Way of Thought. Leiden: Brill, 1988. BAZÁN, B. C. The Doctrine of the Creation of the Soul according to Thomas Aquinas. In: EMERY, K.; FRIEDAM, Jr. R. L.; SPEER, A. (eds.). *Philosophy and Theology in the Long Middle Ages:* A Tribute to Stephen F. Brown. Leiden: Brill, 2011, p. 515-569. GILSON, E. *Le thomisme:* introduction à la philosophie de Saint Thomas d'Aquin. Paris: Vrin, 1948 (ed. bras.: *O tomismo:* introdução à filosofia de Santo Tomás de Aquino. Trad. Juvenal Savian Filho. São Paulo: WMF Martins Fontes, 2024). OWENS, J. *St. Thomas Aquinas on the Existence of God:* Collected Papers of Joseph Owens. Albany: State University of New York Press, 1980. PASNAU, R. *Thomas Aquinas on Human Nature:* a Philosophical Study of *Summa theologiae* Ia 75-89. Cambridge: Cambridge University Press, 2004.

EVANIEL BRÁS DOS SANTOS

## VIDA ETERNA → *Ver* Escatologia (Novíssimos); Eternidade; Tempo; Beatitude

## VIRTUDE

**Tomás de Aquino e o conceito clássico de virtude.** O termo *virtude* (V.) na obra de Tomás de Aquino significa, principalmente, um *habitus* (habilitação, hábito) moral bom. Às vezes, pode significar também uma capacidade, como a capacidade de ensinar ou gerar. Interessar-nos-emos aqui pelo primeiro sentido do termo, pois é um elemento estruturante do ensinamento moral de Tomás de Aquino. Nele, a concepção aristotélica é uma fonte fundamental. O termo *virtude* traduz o latim *virtus*, ele mesmo tradução do grego *aretē*. Ambos pertencem ao fundo comum da filosofia antiga, de Sócrates aos estoicos, bem como às diferentes escolas platônicas e aristotélicas. Em Platão, a V. é a propriedade de uma coisa, de um animal ou de um ser humano, que permite a quem a possui desempenhar bem a função que lhe é própria (cf. *República* I, 352b-353b; *Mênon*, 72a). A V. da cidade, como a do ser humano, é identificada com a justiça e é composta por três partes: sabedoria, fortaleza e temperança. Aristóteles retoma e transforma esses elementos. Podemos nos limitar aqui a apresentar os pontos mais importantes que se encontram na *Ética nicomaqueia*. A felicidade é a função própria do ser humano; ela é "a operação da parte racional da alma de acordo com a virtude e, no caso de uma multiplicidade de virtudes, de acordo com a melhor e a mais completa" (*Ética nicomaqueia* I, 1098a 15-18). Aristóteles faz a distinção entre a V. moral, que se adquire por meio da repetição dos atos conforme a reta razão, e a V. intelectual, que se adquire por meio do ensino. Ele observa que se a V. não está em nós por natureza, ela não é, no entanto, contrária à natureza humana, sendo possuidora em si do que nos torna capazes de recebê-la. O hábito torna perfeita essa capacidade natural (cf. *ibidem* II, 1103a 24-26). Ele também explicita que o domínio da V. moral é aquele das ações que são acompanhadas de prazer ou dor. Nessas diferentes paixões, a V. se caracteriza como uma mediania entre dois extremos. Desse modo, Aristóteles define a V. como um *habitus* que estabelece a mediania nas paixões segundo a reta razão para que a ação seja nobre e bela, bem como contribua para a felicidade. *Habitus* é a tradução latina do termo grego *héxis*. Trata-se de uma das espécies de qualidade (o que faz com que um ser seja dito tal, por exemplo, corajoso, justo ou inteligente), caracterizada pela estabilidade ao longo do tempo. Esse primeiro grupo de V. contém dez elementos: fortaleza, temperança, liberalidade, magnificência, magnanimidade, justa ambição, mansidão, veracidade, alegria e afabilidade (cf. *ibidem* II, 1107b 34-1108b 30). Em seu estudo sobre a justiça, no Livro V, Aristóteles acrescentará ao sentido platônico de justiça, como sinônimo de V. em sua universalidade, outro sentido: o de justiça como parte da V. Ela não retifica uma paixão, mas uma ação em relação a outrem, na qual ela procura manter uma igualdade. A mediania da justiça se encontra na quitação exata do que é devido. Essa justiça particular é subdividida em duas. Se a justiça particular regula a distribuição do que pertence em comum à cidade, como honras e riquezas, trata-se de justiça distributiva. Nesse caso, a igualdade é alcançada segundo uma proporção geométrica de quatro termos: *a* está para *b* assim como *c* está para *d*. A parte da honra ou a parcela da riqueza concedida a esse cidadão deve ser geometricamente proporcional àquela

concedida a outro cidadão. Se, diferentemente, a justiça particular se refere a uma operação de troca (*commutatio*) entre duas pessoas privadas – a troca comercial de compra e venda é o caso mais comum –, trata-se de justiça comutativa. Nesse caso, a igualdade é alcançada em proporção aritmética, por exemplo: $3 + 1 = 2 + 2$. Com efeito, a posição hierárquica das pessoas envolvidas nessa transação não tem implicação sobre a forma pela qual a igualdade é alcançada. Aristóteles termina seu estudo das V. com um tratado sobre as V. intelectuais: sabedoria, inteligência, ciência, prudência e arte. A inteligência é o *habitus* dos princípios, ou seja, o *habitus* que fortalece a atividade do intelecto na apreensão das formas inteligíveis simples inclusas nos juízos (as premissas ou princípios de um silogismo). A ciência é, por sua vez, o *habitus* que permite alcançar uma conclusão necessária e, portanto, demonstrativa a partir dessas premissas. A demonstração é obtida pela causa: a sabedoria é, portanto, o *habitus* que julga conforme as causas mais elevadas. A prudência e a arte, diferentemente das três V. intelectuais anteriores, operam no domínio do contingente, no qual efetuam certa transformação. A arte ou técnica (*technē*) transforma a matéria exterior ao agente; sua atividade é fazê-la. Já a prudência permite ao agente deliberar com retidão sobre o bem a ser realizado no concreto da vida; é, assim, um conhecimento prático e efetivo do que é correto fazer. Aliás, esse bem é o ato de V. em cujo domínio o ato intervém. É por isso que Tomás de Aquino concluirá que o ato em que a prudência alcança a sua perfeição é o preceito. Essa atividade se inscreve no plano do agir do qual ela é a parte cognitiva. O preceito da prudência pode ser entendido como a conclusão de um silogismo prático ou operativo. A premissa maior desse silogismo é uma verdade universal sobre o bem deste ou daquele ato virtuoso; e a menor retoma as diferentes circunstâncias do ato. A conclusão é um dever. Por exemplo: premissa maior – "é sempre bom ser justo" (verdade universal); premissa menor – "a fatura da minha última compra vence hoje" (verdade singular); con-

VIRTUDE

438

clusão – "devo, portanto, pagar a soma devida hoje". A conclusão é, com efeito, um dever. Para concluir essa apresentação da V. em Aristóteles, convém notar que ele, especialmente na *Política*, falará da V. no singular, relacionando-a a um agente completo, um homem ou uma mulher, e não a uma parte da ℘alma. Nesse sentido, buscará qual é a V. do bom cidadão (cf. *Política* III, 1276b 16-1277b 33). Esclarece ainda que a V. varia segundo os regimes políticos (*ibidem*, 1276b 29-31). Deve-se aos estoicos a evidenciação de quatro V. gerais: prudência, justiça, fortaleza e temperança, sobretudo na linha da *Arte retórica*, de Cícero. A elas, Santo Ambrósio chamará de *virtudes cardeais* (cf. *Comentário ao Evangelho segundo Lucas* V, 62, 63).

**Virtude na Sagrada Escritura.** A V. não é uma temática bíblica comum. Há apenas três ocorrências do termo *areté* na versão grega do Antigo Testamento (2Mc 6,31; 15,12; Sb 4,1) e duas no Novo Testamento (Fl 4,8; 2Pd 1,5). As quatro V. cardeais são citadas em Sb 8,7: "Amamos a justiça? Suas obras são virtudes; ela ensina, com efeito, temperança e prudência, justiça e fortaleza: o que há de mais útil para os seres humanos na vida". O ensinamento moral no Antigo Testamento toma a forma de promessas divinas, mandamentos – Maimônides enumera seiscentos e treze deles –, reflexão sapiencial, exortações e ameaças proféticas, bem como narrativas. No Novo Testamento, ℘Jesus Cristo vem para esclarecer, aprofundar e cumprir esse ensinamento. Ao fazê-lo, ele enfatiza que todos os mandamentos decorrem de dois mandamentos que têm por objeto o ℘amor de ℘Deus e o amor ao próximo (Mt 22,36-40 e paralelos). Ao remeter a significação do impuro ao que sai da boca do ser humano e não ao que entra (Mt 15,10-20 e paralelos), Jesus mostra a maior importância da ℘moral em relação aos ritos de veneração exterior. Ao amar os seus ao extremo de uma morte injusta – à qual aceita em obediência ao ℘Pai –, ele realiza tudo aquilo de que os sacrifícios do Antigo Testamento eram a sombra e a imagem, porque, então, ele garante aos seres humanos que nele acreditarão o acesso a Deus e a comunhão com ele e entre eles. Após sua morte e ressurreição, os discípulos compreenderão que isso tornou obsoleto o culto do Templo e as prescrições de culto do Antigo Testamento. Esse duplo ensinamento sobre o cumprimento e a permanência da Lei e dos profetas, bem como sobre a caducidade das prescrições ritualísticas e do culto do Templo conduziu a tradição cristã a distinguir três tipos de preceitos na antiga Lei: os preceitos morais, que permanecem, os preceitos cerimoniais, que não têm mais força de lei no regime da Nova Aliança, e os preceitos judiciais, que ainda podem ser seguidos, se a razão para segui-los não for apenas sua inscrição no texto do Antigo Testamento. A ligação entre os mandamentos e o amor, assim como a ligação vital dos crentes com Deus na ℘graça e na unidade com Jesus – formando um só corpo, do qual ele é a cabeça e eles são seus membros –, constitui o caráter do ensinamento moral do Novo Testamento. A perspectiva bíblica e o fundo comum da moral antiga não se encontram numa situação de oposição disjuntiva, como o é a da graça e do ℘pecado em Paulo, e também aquela entre "vocês" (os discípulos de Cristo) e o mundo em João. Mais tarde, chegará um período na reflexão cristã em que essas duas perspectivas serão confrontadas e mais ou menos unificadas. Pode-se mencionar entre os autores cristãos que se empenharam nessa reflexão: Orígenes, Lactâncio, João Crisóstomo, Ambrósio, Jerônimo e Agostinho. Todos esses autores foram formados na cultura clássica e nutridos pela cultura cristã. Esse trabalho responde à injunção feita ao cristão em 1Pd 3,15 segundo a variante latina adotada na Idade Média: "ao contrário, santificai em vossos corações Cristo, o Senhor, sempre prontos para a defesa contra aquele que vos pede a razão da fé que está em vós". O texto grego usa o termo *esperança* e não *fé*. Justificar a própria ℘fé pressupõe que se busque inteligibilidade, ou seja, o que é significado pelas palavras da ℘Revelação. Assim, confiantes na unicidade da ℘verdade, seja ela revelada por Deus mesmo, seja ela descoberta pelos seres humanos, os teólogos cristãos se dedicaram a integrar esses dois níveis de ensinamento sobre a vida moral.

O estudo da *Ética nicomaqueia* em sua primeira tradução latina incompleta foi autorizado em Paris em 1215. Por volta de 1246-1247, Robert Grosseteste revisou e completou essa primeira tradução. Esse texto circulará muito rapidamente, tornando ainda mais necessário o trabalho de confronto e integração. Entre 1248 e 1252, em Colônia, Alberto Magno fará dele o tema de um curso. A partir de suas próprias anotações, Tomás de Aquino atualiza esse comentário, adicionando certos elementos de sua autoria.

**Lei, virtude e o Espírito Santo.** Para Tomás de Aquino, o ponto de conexão entre a doutrina aristotélica da V. e os preceitos bíblicos depende de como conceber a relação entre a lei e a V. A ℘lei deve contribuir para que os cidadãos se tornem virtuosos (cf. *Ética nicomaqueia* II, 1103b 3-4), dando-lhes preceitos sobre os atos de todas as V. (cf. *ibidem* V, 1129b 19-25). Tomás de Aquino retoma isso frequentemente afirmando que "os preceitos da lei têm por objeto os atos das virtudes" (cf., por exemplo, *Suma de teologia* I$^a$II$^{ae}$, q. 62, a. 1, *sed contra*). Em sua teologia moral, Tomás de Aquino examina as V. e os preceitos bíblicos no que diz respeito à felicidade oferecida por Deus na ℘eternidade. Esse ensinamento é encontrado em diversas obras: no *Comentário aos Livros das Sentenças de Pedro Lombardo* (III, dist. 23-33), no *Comentário à Ética nicomaqueia de Aristóteles*, na *Suma de teologia* (I$^a$II$^{ae}$, q. 55-67 e II$^a$II$^{ae}$, q. 1-170) e nas *Questões disputadas sobre as virtudes*. Nota-se a ausência da doutrina das V. no terceiro livro da *Suma contra os gentios*; nessa obra, a moral é abordada da perspectiva da lei. Seguindo Aristóteles, para Tomás de Aquino, "a virtude é o que torna bom tanto aquele que a possui como o seu ato" (*Ética nicomaqueia* II, 1106a 15-16; *Suma de teologia* I$^a$II$^{ae}$, q. 55, a. 3, *sed contra* e *passim*). Retomando a doutrina aristotélica da V. em sua generalidade, Tomás de Aquino a transpõe para um regime cristão. A felicidade, o ℘fim do agir, é a visão beatífica na glória para a qual é necessária a graça. Nessa perspectiva, ele introduz, então, novas distinções entre as V., diferenciando as V. teologais das V. morais. As V. teologais são a fé, a ℘esperança e a ℘caridade. Elas são chamadas *teologais* para exprimir que são dadas pelo próprio Deus com a graça: só podem ser conhecidas pela revelação divina e têm Deus mesmo como objeto. A fé reside na inteligência, que torna possível assentir à verdade revelada; a fé é seu ato interior, enquanto a confissão é seu ato exterior. A esperança permite à ℘vontade desejar a felicidade divina com a qual Deus mesmo se regozija na visão beatífica. A caridade é uma ℘amizade cujo convite Deus estende aos seres humanos para que vivam com ele, e da qual a partilha da ℘beatitude é a ação comum necessária aos amigos, segundo Aristóteles (cf. *Ética nicomaqueia* IX, 1171b 29-1172b 15; *Suma de teologia* II$^a$II$^{ae}$, q. 23, a. 1). A caridade ama a Deus por si mesmo em razão de sua infinita bondade e ama o próximo por Deus, querendo que ele também faça parte dela; amar a Deus e ao próximo por Deus é seu ato. Tomás de Aquino entende essas V. em dois eixos diferentes. Em primeiro lugar, são V. que, como todas as outras, levam à perfeição o cumprimento de certos atos. Em segundo lugar, as V. teologais operam nas V. morais infusas como os princípios naturais da V. para as V. morais adquiridas. Tomás, às vezes, designa essa capacidade natural de possuir a V. com uma expressão de origem ciceroniana: "os germes das virtudes" (*seminaria virtutum*). É a capacidade natural da razão humana de conhecer o bem humano e do ℘desejo inerente à vontade direcionado a esse bem (cf. *Comentário aos Livros das Sentenças de Pedro Lombardo* III, dist. 33, q. 1, a. 2, qc. 3, Resp.; *Suma de teologia* I$^a$II$^{ae}$, q. 63, a. 1). Aqui, portanto, é introduzida outra distinção no âmbito das V. morais; há as V. morais adquiridas e as V. morais infusas (cf. *ibidem*, q. 63, a. 3-4). Trata-se da distinção de dois tipos de V. cardeais: (i) as dos ℘pagãos, obtidas pela repetição de atos de acordo com a reta razão, e (ii) as que Deus dá com a graça, e cujos preceitos correspondentes estão contidos na ℘Sagrada Escritura. Ambos os tipos de V. recebem os mesmos nomes – prudência, justiça, fortaleza e temperança – e se encontram no mesmo campo de ação. A matéria da prudência é a deliberação; a da justiça é a operação em relação ao outro; a da fortaleza é o risco mortal que se

VONTADE

deve correr para a defesa do bem comum; e a da temperança é aquela dos prazeres mais intensos ligados à comida, à bebida e à atividade sexual. Em contrapartida, a felicidade, que é seu fim, é diferente: de um lado, para as V. adquiridas, há a felicidade proporcionada à natureza humana, que pode ser alcançada na cidade dos seres humanos e, de outro, para as V. adquiridas, há a beatitude eterna, a do Reino de Deus. Aqui a analogia é a da ligação da V. do cidadão com o regime político da cidade em que vive. Essa diferença de fim resulta em uma diferença de espécie e também de modalidade de atuação. Com efeito, o prazer que se encontra no reto agir caracteriza a V. adquirida. Ora, o ato da V. infusa pode ser exercido com dificuldade, uma vez que a infusão instantânea do *habitus* da graça não transforma imediatamente a afetividade apaixonada de quem o recebe. Já a aquisição da V. consiste justamente nessa transformação das paixões para torná-las mais racionais por ℘participação (cf. *ibidem*, q. 66, a. 3, ad 2m). As V. tratadas por Tomás de Aquino na *Suma de teologia* são as infusas (cf. *ibidem*, q. 61, a. 5, Resp.; q. 100, a. 12, Resp.). Tomás de Aquino pertence totalmente à tradição de compilação e organização do saber teológico que remonta à antiguidade cristã. Ele se esforça, portanto, para a inclusão e a ordenação de tudo o que lhe é possível conhecer na moral. A organização das numerosas V. tratadas em II$^a$II$^{ae}$ é feita primeiro pela distinção entre as três V. teologais e as V. cardeais; depois, no que diz respeito às V. cardeais, ele faz uma distinção entre suas partes subjetivas e suas partes potenciais. Essa organização das V. esboçada por Alberto Magno é, em seguida, desenvolvida por Tomás de Aquino, e ele se serve dela para organizar as trinta V. morais que estuda. Tomás distingue, então, três tipos de partes da V.: as partes integrantes, as partes subjetivas e as partes potenciais (cf. *Suma de teologia* II$^a$II$^{ae}$, q. 48; q. 80; q. 128 e q. 143). No plano da I$^a$II$^{ae}$ e da II$^a$II$^{ae}$, o estudo da V. e dos respectivos preceitos estrutura o tratado, no qual são também estudados os vícios opostos à V. e o correspondente dom do ℘Espírito Santo. Os dons intelectuais da sabedoria, da inteligência e da ciência permitem que três das cinco V. intelectuais estudadas por Aristóteles sejam transpostas para o regime cristão (cf. *ibidem*, Prólogo). A arte pode ser atribuída ao Espírito Santo: "Pode-se dizer, no entanto, que a arte remete ao Espírito Santo quanto à infusão de dons, na qual ele é aquele que move principalmente, e não aos seres humanos, que são como seus órgãos, enquanto movidos por ele" (*Suma de teologia* I$^a$II$^{ae}$, q. 68, a. 4, ad 1m).

**Bibliografia:** AMBRÓSIO DE MILÃO. *Expositio evangelii secundm Lucam*. Turnhout: Corpus Christianorum (Series Latina 14). ARISTÓTELES. *A política*. Trad. Mário da Gama Kury. Brasília: EdUnB, 1995. _____. *Ética a Nicômaco*. Trad. Leonel Vallandro e Gerd Bornheim. São Paulo: Abril Cultural, 1984 (Col. Os Pensadores). PIEPER, J. *The four cardinal virtues:* Prudence, Justice, Fortitude, Temperance. Translated by Richard and Clara Winston and others. 1. ed. Nova Iorque: Harcourt, Brace & World, 1965. PINCKAERS, S.-Th. *Les sources de la morale chrétienne:* sa méthode, son contenu, son histoire. Friburgo/Paris: Éditions Universitaires/Le Cerf, 1985 (2. ed., 1990). PLATÃO. *Mênon*. Trad. Maura Iglésias. São Paulo: Loyola, 2001. _____. *República*. Trad. Carlos Alberto Nunes. Belém: EDUFPA, 2001.

JOSEPH DE PONTON D'AMÉCOURT, OP,
*IN MEMORIAM*
TRADUÇÃO DE CLIO TRICARICO

# VONTADE

**Desejo e vontade.** A segunda parte da *Suma de teologia* de Tomás de Aquino começa com um prólogo de poucas linhas, mas da maior relevância. Esse curto texto diz o seguinte: "Posto que, como afirma Damasceno, 'o ser humano diz-se feito à imagem de Deus, na medida em que por imagem quer-se dizer dotado de ℘intelecto, livre quanto à decisão e tendo autodomínio', depois que se falou precedentemente do exemplar, isto é, Deus, e do que procedeu do ℘poder divino de acordo com sua vontade, resta considerar a sua imagem, isto é, o ser humano, na medida em que também ele é princípio de suas obras por ter decisão livre e domínio de suas obras" (*Suma de teologia*, Prólogo da Segunda Parte). Tomás sustenta, então, que o que caracteriza o ▷ser humano é ser dotado de intelecto e vontade livre, isto é, ser capaz de conhecer e de escolher livremente, donde a expressão literal também usada por Tomás: ▷livre-arbítrio. Essas capacidades ou faculdades tornam o ser humano autônomo, quer dizer, dono de si mesmo e de suas obras. A vontade (V.) humana é situada por Tomás dentro de uma visão cósmica. Desse modo, a toda forma, no sentido ontológico da palavra – o que faz um ▷ente ser tal ente, pois mesmo que o ente comporte, além da forma, uma ▷matéria, esta deve sua determinação à forma –, segue-se uma inclinação, uma tendência ou propensão, um ímpeto; por exemplo: o fogo, por sua forma, tende para cima e é inclinado a produzir algo semelhante a ele. Comparada com o modo como ela se encontra em algo que não tem ▷conhecimento, a forma se encontra de modo superior em algo que possui conhecimento. Nos entes desprovidos de conhecimento, encontra-se uma forma que apenas determina cada ente a um ▷ser próprio que também é natural a cada um. A essa forma natural segue-se uma inclinação natural, chamada de ▷desejo natural. Já nos entes que têm conhecimento, cada um deles também é determinado pela forma natural ao seu ser natural próprio, mas cada ente dotado de conhecimento pode receber ainda especificações de outras ▷coisas. Como os ▷sentidos recebem as especificações de tudo aquilo que pode ser sentido, e como o intelecto recebe as especificações de tudo o que pode ser inteligido (para que, assim, a alma do ▷ser humano seja *de certo modo tudo*, de acordo com o sentido e o intelecto), então os entes que têm conhecimento se assemelham a ▷Deus, "em quem tudo preexiste", como diz Dionísio (cf. *Nomes divinos*, cap. 5). Ora, assim como as formas estão presentes de modo superior nos entes que têm conhecimento, em relação ao simples modo das formas naturais, assim também é preciso que haja nas formas dos entes dotados de conhecimento uma inclinação superior àquela do modo da mera inclinação natural (chamada de desejo natural). Essa inclinação superior pertence à faculdade desejante da alma, pela qual o animal pode desejar o que apreende, e não apenas aquilo ao qual é inclinado a partir da forma natural (cf. *Suma de teologia* I, q. 80, a. 1). O animal inclina-se, assim, para o bem com *algum* conhecimento, mas não de modo a conhecer a própria noção de bem: ele conhece algum bem particular, tal como o sentido conhece o doce, o branco ou aspectos desse tipo. A inclinação que segue a esse *algum* conhecimento é chamada de desejo sensível. Por outro lado, alguns entes se inclinam para o bem com um tipo de conhecimento pelo qual conhecem a própria noção de bem, tal como é próprio do intelecto. Esses entes se inclinam perfeitissimamente para o bem. Isso não quer dizer que eles se inclinam de fato, como se fossem apenas dirigidos ao bem por algum outro motor, como ocorre com os entes que não têm conhecimento, nem como se fossem orientados apenas ao bem de modo particular, como no caso dos animais em que há apenas conhecimento sensível, mas como entes inclinados ao próprio bem universal. Essa inclinação é chamada de V. (cf. *ibidem*, q. 59, a. 1).

**Vontade, deliberação e juízo.** A V. humana, assim como nosso conhecimento, é discursiva; ela comporta diversos momentos ou etapas, os quais, mesmo se não forem temporários, são pelo menos lógicos. Entre o momento em que algo é apreendido como bom (isto é, adequado àquele que dele toma conhecimento e o quer) e o momento do gozo desse mesmo bem, intercalam-se diversos momentos. No centro deles estão o *julgamento concreto* (prático), segundo o qual esse bem mostra-se conveniente a quem o deseja, e a *escolha* desse bem. Por sua vez, juízo e escolha são precedidos pela ▷intenção de alcançá-lo e pela *deliberação* (avaliação) quanto aos meios para conseguir alcançá-lo. É aos meios para alcançar algo considerado bom que dizem respeito o julgamento concreto e a escolha. Uma vez considerado bom ou apto, algo é escolhido e efetivado. É também por isso que se afirma que a ▷liberdade de arbítrio se localiza na escolha dos meios, e não na escolha do ▷fim, pois, se algo se apresenta como um bem (um fim bom), esse mesmo algo não pode não ser desejado. Já os meios para alcançá-lo é que fornecem a possibilidade de deliberação. Recorrendo a suas referências usuais, Tomás mostra o caráter livre desse momento central da ação humana: há agentes que atuam sem juízo avaliatório, como a pedra que se move para baixo – desejo natural; há também agentes que o fazem com um juízo natural não livre – os animais destituídos de ρrazão –, como a ovelha que, ao ver um lobo, julga que deve fugir por um juízo natural não resultante de uma deliberação ou cálculo, mas de um impulso proveniente de um movimento instintivo natural – desejo sensível; há, por fim, outros agentes, como o ser humano, que agem por julgamento: a capacidade de conhecer avalia como necessário fazer isso ou aquilo e, então, a V. escolhe uma das alternativas. Tal juízo e escolha não procedem de um movimento instintivo relacionado a uma ação particular, mas de um cálculo da razão prática que pode levar a conclusões distintas, pois se trata de algo contingente e a respeito do qual a razão pode indicar caminhos opostos, sem estar determinada a apenas um. De acordo com Tomás, estar determinado por apenas um caminho é o caso exclusivo em que o ser humano se vê direcionado ao seu bem último, a ρfelicidade. É impossível não desejar a felicidade na ação concreta. Diante da felicidade, tudo o mais se apresenta como contingente e passível de livre escolha: agir ou não agir, e agir de um modo ou de outro (cf. *ibidem*, q. 83, a. 1).

**Vontade divina.** O Prólogo da questão 19 da Primeira Parte da *Suma de Teologia* é bastante curto e informa com precisão o seu conteúdo: depois da consideração do que é pertinente à ciência divina (ρConhecimento; ρDeus), é preciso considerar o que é pertinente à *vontade divina*, de tal maneira que haja uma primeira consideração sobre a própria V. de Deus (q. 19); uma segunda, sobre o que cabe de modo absoluto à V. de Deus, isto é, suas características (q. 20 e 21); uma terceira, sobre o que cabe ao intelecto em relação à V. (q. 22-24), isto é, sobre a ρProvidência. A questão 19, sobre a V. de Deus, comporta doze artigos. O primeiro pergunta se há V. em Deus. Respondida positivamente a questão, o segundo artigo aborda o *objeto da vontade divina: o próprio Deus e o que se distingue dele*, deixando assim indicada a natureza da V. de Deus. Os demais artigos (3-12) vão examinar as características (propriedades) dessa V. em três blocos. O primeiro (artigos 3-9), em relação às criaturas; o segundo (apenas um artigo, o décimo), em relação ao intelecto divino; o terceiro (artigos 11-12), sobre a manifestação da V. divina. Que Deus tenha V. é uma consequência de ele ter intelecto; e, assim como o intelecto se identifica com o ser divino, o mesmo ocorre com a V. Que a V. se siga ao intelecto resulta do fato de que a toda forma se segue uma inclinação (todo ser tende para seu fim); ora, a toda forma apreendida sensorialmente ou intelectualmente segue-se o apetite sensível ou inteligível, e este recebe o nome de V. A natureza dessa V. já é imediatamente indicada quando se a concebe como idêntica ao ser divino, em quem não há nenhuma divisão nem composição, mas total simplicidade. Todavia, V. é querer um bem. Ora, o único bem que Deus pode querer é a si mesmo, mas ele quer também outros bens, e isso cabe à própria natureza do bem supremo, último, perfeito que ele é ( ρCriação; ρDeus), pois ele quer suas criaturas por sua própria bondade, a fim de que dela elas participem (artigo 3). Esse artigo tem quatro argumentos iniciais, sinal de que se trata de uma questão bastante discutida na época. Debate mais agudo ainda era certamente aquele registrado no artigo 4, que pergunta "se tudo que Deus quer, o quer necessariamente", com seis argumentos iniciais. A resposta a essa questão se inicia com a regra de ouro de Abelardo, isto é, *distinguir os sentidos de um termo*; aqui, o sentido do termo *necessário*. Algo é dito necessário de dois modos: absoluto ou a partir de uma suposição. Necessário absoluto ocorre quando o predicado faz parte da definição do sujeito ("O ser humano é animal") ou o sujeito faz parte da noção do predicado ("O número inteiro é par ou ímpar"). Assim, que Deus queira a si mesmo (sua própria bondade) é necessário, pois esse é o objeto próprio de sua V. Aos demais, Deus quer por serem ordenados à sua bondade como fim; portanto, não os quer necessariamente, uma vez que sua bondade é perfeita, e nada pode ser acrescentado a ela. Caso queira, sua V. será necessária somente como dependente dessa suposição, pois sua V. é livre e imutável. Ao problema da V. de Deus como causa das coisas (já incluído, em certo sentido, nos artigos 2 e 3), acrescenta-se agora a especificidade de saber se a ação de Deus é absolutamente livre ou se está sujeita a alguma necessidade proveniente de sua natureza ou sabedoria. A resposta formula três argumentos para mostrar que a ação de Deus é totalmente voluntária. O primeiro recorre ao princípio de que o agente por natureza tem sua ação determinada por um agente voluntário (é o arqueiro quem determina a direção, a velocidade e tudo o mais a respeito do movimento da flexa). Ora, Deus é agente primeiro, tendo, então, de agir pelo intelecto e pela V. O segundo recorre ao princípio de que o agir segue a natureza do agente. Ora, a natureza do agente determina o efeito específico de que é capaz. Ora, a natureza divina, idêntica a seu ser, contém toda a perfeição do ser e, portanto, se agisse por natureza, produziria um efeito indeterminado e infinito, o que é impossível (por não fazer sentido em falar em dois infinitos, dois seres supremos...). Logo, Deus não age por necessidade de natureza, mas os efeitos determinados procedem de sua infinita perfeição, conforme a determinação de sua V. e intelecto. O terceiro fundamenta-se na relação entre o efeito e a causa. O efeito procede da causa na medida em que preexiste nela, porque a causa produz o que lhe é semelhante. Ora, o ser divino é o seu próprio inteligir, e os efeitos preexistem nele de modo inteligível. Procedem dele, portanto, e de modo voluntário, pois a inclinação a agir, que surge do que é concebido pelo intelecto, concerne à V. Desse modo, a V. de Deus é causa das coisas. Quanto a saber se é possível indicar alguma causa da V. divina, Tomás lembra que ela é absolutamente primeira em face de toda e qualquer outra causa, sendo, portanto, causa

de todas as outras e do ordenamento delas. Para estabelecê-lo, Tomás de Aquino recorre a um paralelo entre o intelecto e a V. do ser humano, transferindo para a V., por analogia, o que se passa no intelecto. No intelecto humano, o entendimento de um princípio é causa do conhecimento científico das conclusões que dele derivam. Há, assim, um discurso ou um raciocínio no qual se parte de um princípio até uma conclusão. Ora, na ciência divina não pode haver discurso, pois isso seria violar sua simplicidade e imutabilidade. Assim, Deus capta no mesmo ato de apreensão tanto o princípio como a conclusão que dele procede, e o mesmo se dá com a sua V.: o fim se relaciona com aquilo que existe em vista dele, ou seja, desse fim, assim como o entendimento do princípio existe em relação ao conhecimento científico da conclusão. Em nosso modo de querer, a V. do fim é causa de que se queira aquilo que é querido em vista do fim. Ora, em Deus isso não se dá porque em um só ato ele quer tanto o fim como o que existe em vista do fim. Assim como Deus, por um só ato, capta tudo em sua própria essência, também por um só ato quer tudo em sua bondade, e, desse modo, Deus entende o efeito na causa, querendo o que se ordena ao fim como algo precisamente ordenado ao fim. Deus quer o ordenamento das causas, mas esse ordenamento não vale para ele, pois é ele que o estabelece. Sendo a V. de Deus primeira em todos os sentidos, ela deve sempre se cumprir. É o assunto do artigo 6, que inicia com a pergunta: "Se a vontade de Deus se cumpre sempre". Tomás procura mostrá-lo por dois argumentos. O primeiro, a partir da causa formal. Como o efeito segue a forma do agente, há a mesma noção (*ratio*) na causa formal e na causa eficiente. Ora, quanto às formas, algo pode ter falta de alguma forma particular, mas não quanto à forma universal. Com efeito, pode haver algo que não é humano ou vivo, mas não que não seja ente. Também ocorre o mesmo nas causas eficientes. Algo pode dar-se sem a intervenção de causas particulares, não porém sem a causa universal sob a qual se encontram todas as causas. Além disso, uma causa particular pode falhar por diferentes motivos, como defeito da mesma, impedimento ou interferência de outra causa. Ora, tudo isso está submetido à causa universal que, por sua vez, não pode falhar sob pena de nada haver. É o que se passa com a V. divina. Apesar de tudo, o mundo, tal como se apresenta de fato, não parece tão estritamente submetido à V. de Deus. O fato mais gritante seria o que é afirmado em 1Tm 2,4: "Deus quer que todos se salvem e cheguem ao conhecimento da verdade"; ora, isso não acontece sempre; logo, a vontade de Deus não se cumpre sempre. É o que consta do primeiro argumento inicial do artigo 6. A resposta a esse argumento se dá em três etapas. Santo Tomás diz que essa afirmação pode ser entendida de três maneiras. De uma primeira maneira, fazendo-se uma distribuição adequada, e, de acordo com esse sentido, Deus quer que sejam salvos todos os humanos que se salvam. De uma segunda maneira, a afirmação de 1Tm 2,4 pode ser entendida de tal modo que se dê uma distribuição pelos gêneros de cada um, e não por um a um dos que pertencem aos gêneros. De acordo com esse sentido, Deus quer, acerca de qualquer estado dos homens, que haja salvos, machos e fêmeas, judeus e gentios, pequenos e grandes; não todos, porém, acerca de cada um dos estados. De uma terceira maneira, que a V. não ocorra sempre é entendido segundo a distinção entre uma V. antecedente e uma consequente, distinção que não é feita da parte da própria V. divina, na qual nada há anterior e posterior, mas da parte do que é querido. Para entender isso, é preciso considerar que tudo, na medida em que é bom, é querido por Deus. Ora, algo pode ser bom ou mau em sua primeira consideração, na medida em que é considerado, de modo absoluto, bom ou mau. Esse algo, porém, na medida em que é considerado em conjunto com outro, que é sua consideração consequente, encontra-se em posição contrária. Por exemplo, um homem viver é bom; e ele ser morto é mau. Mas, se for acrescentado que ele é homicida ou que, vivendo, ele se torna um perigo para a coletividade, então se dá o contrário: é bom ele ser morto, e mau ficar vivo.

Assim, um juiz justo quer, de V. antecedente, que todo homem viva; e, de V. consequente, que o homicida seja enforcado. Semelhantemente, Deus quer, de V. antecedente, que todo homem se salve, mas, de vontade consequente, quer que alguns sejam condenados de acordo com a exigência de sua justiça. Santo Tomás considera ainda que o que queremos de vontade antecedente, não o queremos pura e simplesmente, mas sim sob certo aspecto, pois a V. se refere às coisas conforme são em si mesmas; ora, em si mesmas, elas são no particular. Mas queremos pura e simplesmente na medida em que, consideradas todas as circunstâncias particulares, queremos algo, o que é querer de V. consequente. Daí que possa dizer-se que o juiz justo quer pura e simplesmente que um homem seja enforcado, mas também que, de certo modo ou sob certo aspecto, quer que ele viva, isto é, na medida em que é humano. Fica manifesto, então, que o que Deus quer, pura e simplesmente, acontece, mesmo que não aconteça o que quer de V. antecedente. Ora, se a V. de Deus se cumpre sempre, seria ela mutável? Tomás enuncia a tese contrária: é necessário dizer que a V. de Deus é absolutamente imutável. Essa tese é seguida por uma advertência importante: a mudança da V. é distinta do querer a mudança de algumas coisas, pois alguém pode querer, com o mesmo ato de V. que permanece imutável, que, num certo momento, aconteça algo e, depois, o contrário. Para que haja mudança no querer é preciso que alguém comece a querer o que não queria antes ou deixe de querer o que antes queria. Ora, isso só se pode dar se houver mudança no conhecimento ou na disposição daquele que quer. Ora, isso assim se dá porque a V. se refere ao bem. Então, alguém pode começar a querer algo que não lhe era bom e passa a sê-lo por causa de uma alteração em si próprio. O exemplo de Santo Tomás é o de alguém para quem, chegando o frio, é bom sentar perto do fogo, o que não era bom antes. Outra maneira de haver mudança na vontade ocorre quando alguém começa a saber que algo é bom para ele, o que antes não sabia. É por isso que nos informamos para ficar sabendo o que nos pode vir a ser bom. Ora, nenhum desses modos se aplica a Deus, pois tanto seu ser como seu conhecimento são absolutamente imutáveis. Portanto, sua V. é também completamente imutável. Mas, se a V. de Deus se cumpre sempre e se ela é imutável, será que ela não impõe necessidade às coisas queridas? O argumento em sentido contrário retoma uma argumentação já presente em Aristóteles (cf. ARISTÓTELES, *De interpretatione* I, 9 18b30-35): se não houvesse contingência no mundo e tudo fosse necessário, não poderia haver liberdade de escolha nem necessidade de deliberar. A resposta de Tomás começa afirmando que, sim, a vontade de Deus impõe necessidade a alguns dos eventos por ele queridos, mas não a todos. Em seguida, ele menciona uma resposta que considera insuficiente: a necessidade ou contingência dever-se-iam às causas intermediárias entre Deus, causa suprema, e os efeitos criados como resultados últimos nas séries de causalidade internas ao mundo. Essa resposta não é adequada porque, nesse caso, ou a causa segunda impediria o efeito da causa primeira por uma falha da causa segunda (por exemplo, a energia solar seria impedida pela má qualidade de uma planta), mas nenhuma falha da causa segunda pode impedir que a V. de Deus se cumpra, ou a distinção entre causas necessárias e contingentes referir-se-ia apenas às causas segundas e seria não intencionada por Deus, o que não é admissível. A resposta adequada está na própria eficácia da V. divina, que produz o efeito não só quanto ao ser produzido, mas também quanto ao modo de produzir. Ora, Deus quer que algo se dê necessariamente e que outro algo se dê contingentemente para a própria ordem do mundo. Restaria ainda a questão da presença do ℘mal: Deus quer os males efetivamente presentes no mundo? A resposta é formulada em termos gerais, pois o bem implica que seja desejável: trata-se da própria noção de bem como aquilo que todos desejam. Ora, o mal se opõe ao bem. Logo, é impossível que algum mal seja diretamente desejado, seja por apetite natural, animal ou intelectual (V.). Algum mal pode ser desejado acidentalmente

na medida em que resulta de algum bem, assim como no apetite natural o agente natural não visa à privação ou corrupção, mas à atualização de uma forma, a qual implica a privação de uma outra, pois a geração de uma é a corrupção de uma outra (um animal carnívoro não visa diretamente à morte da presa, mas à obtenção de alimento, que implica a morte daquela). Igualmente, o fornicador busca o prazer, e não o pecado a ele ligado. Assim, o mal implicado em algum bem é privação de outro bem, e, portanto, nenhum mal seria desejado, nem mesmo acidentalmente, se o bem ao qual está unido não fosse mais desejado do que o bem de que se é privado. Ora, Deus não deseja mais nenhum outro bem do que sua bondade própria, mas deseja certo bem mais do que certo outro bem. Daí que Deus não queira de modo nenhum o *mal de culpa* (℘pecado) que priva da referência ao bem divino. Deseja, no entanto, o mal de uma falha natural ou o *mal de pena* (castigo) ao desejar certo bem ao qual está unido determinado mal. Assim, querendo-se a justiça, quer-se o castigo, e, querendo-se preservar a ordem da Natureza, quer-se que algo determinado se corrompa naturalmente. Tomás recusa-se, ainda, a aceitar que, embora Deus não queira o mal, quer que haja ou se dê o mal, porque o que em si é mau ordena-se a algum bem, o que estaria implicado na afirmação da existência do mal. Segundo Tomás, no entanto, o mal nunca se ordena por si mesmo ao bem, mas apenas acidentalmente. Por exemplo, não cabe à intenção do pecador que algum bem resulte do pecado, assim como não fazia parte da intenção dos tiranos que, por sua perseguição, se evidenciasse a perseverança dos mártires. Por conseguinte, Tomás interessa-se pela nossa experiência da liberdade, que implica a contingência. Trata-se do artigo 10, bastante breve e ligado diretamente ao artigo 3 da mesma questão 19, dedicado à *liberdade de exercício*, a liberdade de podermos agir ou não. Além dela, há para nós também a *liberdade de especificação* relativamente ao que não queremos necessariamente ou por inclinação natural, pois queremos necessariamente somente a felicidade. Ora,

Deus quer necessariamente apenas sua própria bondade, como se mostrou no artigo 3. A liberdade divina se define então como a indiferença de um ato puro e simples em relação aos objetos criados. Esse ato, necessário em si mesmo, é livre ante as criaturas que dependem inteiramente da livre vontade de Deus. A indeterminação não se aplica, como no ser humano, ao ato do sujeito livre, mas aos objetos criados distintos do próprio Deus. Os artigos 11 e 12 da questão 19 dirão respeito à manifestação da V. de Deus, muito importantes do ponto de vista da vida religiosa, por nela se falar em *conhecer* a V. de Deus, *aceitá-la* e *conformar*-se a ela. O artigo 11 pergunta se há sinais da V. de Deus ou se deve distinguir-se em Deus uma vontade de sinal; e o artigo 12 procura enumerá-las. O artigo 11 procura distinguir a V. divina propriamente dita, que é o que foi exposto nos artigos anteriores, e a V. divina em sentido metafórico. Nesse último sentido, aquilo que costumeiramente, no comportamento humano, é sinal do que alguém quer é atribuído metaforicamente a Deus e é chamado de *vontade de sinal*. Por exemplo, quando alguém dá uma ordem, é sinal de que quer isso; daí que um mandamento ou preceito de Deus seja chamado de vontade de Deus, como se diz no Pai-Nosso: "seja feita tua vontade, assim na terra como no céu". A V. propriamente de Deus é chamada de *vontade de beneplácito*, isto é, o que Deus aprova e quer. A V. em sentido metafórico é vontade de sinal, pois o sinal mesmo da V. é dito V. O artigo 12 procura organizar os sinais da vontade de Deus a partir daquilo que, no comportamento humano, costuma manifestar o que alguém quer, como são o preceito (ordem), o conselho e a proibição, mas também a permissão e a ação. É preciso não confundir esse sentido da vontade de Deus com o sentido propriamente teológico de que se falou anteriormente na questão 19. A vontade própria de Deus sempre se cumpre, mas nem sempre se cumprem essas vontades de sinal. Além disso, frequentemente só sabemos que se tratava de uma vontade de Deus depois de realizada; e mesmo então nem sempre é fácil saber se se tratava de uma vontade ou de uma simples permissão para algum acontecimento. Completando sua abordagem da V. de Deus, Santo Tomás dedicará a questão 20 ao ℗amor de Deus (℗Deus; ℗Graça; ℗Salvação), e a questão 21 à sua ℗justiça e ℗misericórdia.

**Bibliografia:** CATÃO, F. *Curso de dogma*. São Paulo: Escola Dominicana de Teologia, 1965. Mimeo. DIONÍSIO PSEUDOAEROPAGITA. *Nomes divinos*. São Paulo: Attar, 2014. Trad. Bento Silva Santos. GARDEIL, H.-D. *Iniciação à filosofia de São Tomás de Aquino*: psicologia e metafísica. São Paulo: Paulus, 2013. v. 2. PINCKAERS, S. Vue synthétique sur l'analyse thomiste de l'acte humain. In: GARDEIL, H.-D.; PINCKAERS, S. (eds.). *Saint Thomas d'Aquin. Somme Théologique*: les actes humains. I^allae, q. 6-17. _____. *Nouvelle édition*. Paris: Éditions du Cerf, 1997. v. 1, p. 405-454. PINTO DE OLIVEIRA, C. J. *Paradigma teológico de Tomás de Aquino*. São Paulo: Paulus, 2012. SERTILLANGES, A.-D. Remarques tecnhiques. In: SAINT THOMAS D'AQUIN. *Somme de théologie*. Paris: Ed. Revue de Jeunes, 1926. v. 3 (Dieu).

CARLOS ARTHUR RIBEIRO DO NASCIMENTO

# ÍNDICE REMISSIVO

## A

**Aborto** 199, 435, 436

**Abstração** 56, 58, 61, 92, 118, 119, 179, 180, 241, 288, 314, 363, 378, 418, 419, 420

**Ação** 34, 36, 37, 42, 45, 59, 70, 71, 80, 81, 82, 91, 102, 110, 111, 113, 114, 115, 116, 119, 122, 123, 124, 125, 126, 127, 128, 129, 130, 137, 145, 146, 159, 160, 161, 162, 163, 164, 168, 180, 182, 188, 189, 193, 197, 199, 200, 208, 211, 213, 217, 220, 221, 222, 226, 227, 228, 231, 235, 237, 245, 247, 250, 251, 254, 255, 256, 257, 258, 263, 273, 274, 279, 280, 281, 282, 283, 294, 297, 298, 299, 307, 308, 309, 312, 316, 317, 318, 321, 330, 331, 340, 341, 343, 344, 346, 350, 351, 352, 354, 358, 362, 366, 368, 371, 372, 373, 374, 382, 383, 389, 396, 397, 421, 422, 423, 425, 431, 437, 439, 442, 443, 446

**Acaso** 110, 144, 152, 225, 276, 288, 296, 298, 340, 342, 367, 374, 396, 425

**Acidente** 39, 44, 54, 58, 77, 84, 110, 125, 187, 197, 208, 241, 264, 265, 287, 288, 290, 291, 297, 312, 315, 323, 329, 378, 379, 411, 424

**Acídia** 132, 185, 316, 416

**Adesão** 135, 136, 140, 143, 146, 157, 171, 202, 204, 222, 223, 224, 225, 226, 253, 265, 292, 293, 302, 317, 351, 397

**Adoração** 136, 143, 227, 259, 260, 268, 324, 345, 347, 350

**Adultério** 124, 125, 225, 265, 284, 285

**Afabilidade** 39, 345, 437

**Afeto** 38, 42, 45, 46, 47, 50, 86, 147, 186

**Agnosticismo** 149

**Agressividade** 250, 310, 316, 318

**Alegria** 33, 34, 35, 37, 51, 52, 74, 75, 81, 82, 132, 145, 146, 259, 275, 309, 310, 311, 328, 329, 348, 375, 413, 416, 437

**Alma** 33, 34, 35, 38, 42, 45, 48, 52, 57, 58, 77, 79, 80, 82, 83, 117, 118, 132, 133, 146, 149, 163, 164, 165, 168, 173, 182, 188, 189, 190, 197, 198, 199, 200, 210, 211, 212, 213, 214, 215, 216, 218, 219, 220, 221, 237, 239, 240, 241, 242, 243, 244, 245, 248, 249, 250, 253, 254, 255, 266, 267, 278, 289, 290, 291, 292, 309, 310, 311, 312, 313, 316, 317, 319, 320, 322, 323, 326, 328, 329, 337, 339, 343, 347, 348, 351, 354, 362, 363, 364, 373, 374, 380, 381, 382, 388, 389, 393, 397, 412, 413, 414, 415, 416, 421, 422, 424, 427, 432, 433, 434, 435, 436, 438, 441

**Amizade** 38, 39, 40, 41, 44, 45, 46, 47, 48, 49, 50, 51, 86, 106, 108, 116, 196, 232, 277, 292, 354, 439

**Amor** 34, 35, 36, 37, 38, 39, 40, 41, 42, 43, 44, 47, 48, 58, 59, 68, 82, 87, 108, 130, 131, 132, 136, 137, 143, 145, 147, 148, 163, 182, 184, 186, 187, 188, 196, 201, 208, 209, 210, 213, 215, 216, 219, 230, 237, 252, 257, 258, 260, 266, 275, 277, 278, 280, 292, 295, 306, 308, 310, 311, 323, 328, 342, 345, 347, 348, 356, 357, 364, 368, 369, 371, 372, 374, 376, 380, 381, 382, 410, 411, 412, 416, 438, 446

**Analogia** 40, 43, 51, 54, 79, 91, 93, 96, 130, 146, 147, 180, 186, 208, 218, 219, 256, 268, 304, 314, 315, 319, 323, 356, 372, 397, 411, 425, 440, 443

**Anjos** 35, 41, 49, 56, 66, 75, 117, 118, 119, 139, 142, 167, 178, 179, 188, 190, 192, 220, 221, 229, 230, 232, 237, 253, 270, 293, 295, 305, 321, 322, 337, 339, 343, 344, 351, 352, 360, 377, 381, 389, 392, 418, 431, 434

**Apetite (cf. Desejo)** 42, 43, 44, 45, 46, 47, 48, 52, 81, 82, 83, 84, 88, 89, 132, 219, 442, 445

**Apostasia** 204, 222, 223, 225

**Arte** 76, 88, 157, 281, 288, 345, 437, 440

**Artigos de fé** 60, 63, 64, 65, 66, 72, 202, 223, 243, 261, 304, 305, 345, 385, 395, 396, 397, 398

ÍNDICE REMISSIVO

**Artigos de Fé** 138, 142, 224, 236, 293, 300
**Assentimento** 61, 65, 66, 201, 202, 203, 204, 222, 223, 330, 351
**Associação** 103, 104, 105, 116, 141, 146, 148, 149, 160, 183, 263, 291, 408
**Astros** 113, 132, 281
**Ateísmo** 138, 240
**Ateus** 145
**Ato** 35, 37, 39, 40, 42, 45, 47, 48, 49, 50, 51, 52, 57, 58, 59, 68, 69, 70, 71, 76, 77, 79, 80, 89, 91, 92, 104, 105, 107, 110, 111, 114, 116, 118, 119, 120, 121, 122, 123, 124, 125, 126, 127, 128, 135, 136, 142, 143, 147, 149, 151, 152, 153, 154, 160, 161, 162, 178, 179, 180, 181, 182, 183, 186, 190, 193, 199, 200, 201, 202, 203, 204, 208, 212, 213, 214, 215, 219, 220, 222, 223, 224, 226, 240, 241, 249, 250, 254, 255, 256, 260, 264, 266, 270, 276, 281, 282, 289, 291, 302, 303, 305, 309, 310, 311, 312, 314, 315, 317, 319, 320, 322, 323, 324, 329, 330, 331, 332, 342, 344, 346, 347, 348, 349, 350, 351, 352, 355, 357, 358, 368, 370, 371, 372, 377, 379, 380, 382, 393, 395, 403, 411, 416, 421, 422, 423, 424, 429, 431, 437, 439, 440, 443, 444, 446
**Atributos divinos** 67, 139, 193, 228, 259, 277, 370, 392, 397, 408, 426
**Autoridade** 63, 71, 72, 97, 108, 122, 139, 147, 155, 196, 204, 223, 224, 231, 233, 236, 248, 258, 259, 262, 263, 268, 300, 302, 304, 305, 309, 333, 352, 353, 355, 361, 364, 387, 389, 399, 400, 410, 427
**Avareza** 316, 356, 357
**Azar** 225, 355, 356

# B

**Batismo** 103, 167, 189, 196, 207, 284, 302, 303, 308, 319, 359, 361, 362, 363, 364, 389, 412
**Beatitude** 59, 74, 75, 76, 119, 135, 147, 167, 168, 183, 189, 190, 204, 205, 209, 267, 295, 316, 349, 351, 355, 381, 382, 387, 388, 389, 410, 436, 439, 440
**Beleza** 45, 47, 77, 78, 81, 82, 85, 86, 90, 91, 92, 93, 101, 106, 145, 207, 210, 230, 263, 414

**Belo** 77, 78, 80, 81, 82, 83, 84, 85, 86, 87, 88, 89, 90, 91, 93, 101
**Bem** 34, 35, 36, 37, 39, 40, 41, 42, 43, 44, 45, 46, 47, 48, 49, 50, 51, 52, 58, 59, 60, 71, 74, 75, 76, 77, 78, 79, 80, 81, 82, 83, 86, 87, 88, 89, 91, 104, 107, 109, 110, 117, 120, 123, 124, 125, 126, 132, 133, 135, 139, 151, 152, 160, 161, 171, 179, 182, 183, 184, 185, 189, 198, 203, 208, 209, 210, 211, 212, 213, 214, 215, 219, 221, 223, 224, 238, 249, 250, 251, 252, 253, 254, 256, 257, 258, 263, 264, 265, 266, 276, 282, 290, 295, 302, 303, 310, 311, 312, 317, 318, 319, 326, 328, 329, 330, 331, 332, 341, 342, 346, 347, 348, 349, 352, 355, 356, 357, 371, 388, 389, 405, 408, 413, 414, 415, 416, 437, 439, 440, 441, 442, 444, 445
**Bem-aventurança** 37, 40, 41, 48, 49, 51, 52, 53, 66, 75, 133, 183, 184, 185, 209, 213, 246, 267, 318, 325, 329, 331, 341, 342, 346, 355, 356, 357, 381, 382, 383
**Benevolência** 37, 38, 39, 40, 44, 45, 48, 50, 51, 52, 207, 213, 333
**Bíblia** 56, 57, 93, 120, 135, 163, 177, 207, 247, 252, 300, 319, 360, 364, 366, 367, 396, 400, 409, 410
**Blasfêmia** 204, 222, 223, 225, 226, 227

# C

**Canonização** 99, 100, 101, 333, 334, 390, 399
**Caridade** 36, 37, 38, 39, 40, 41, 44, 47, 48, 49, 50, 51, 52, 53, 59, 77, 102, 181, 182, 183, 184, 187, 188, 189, 190, 198, 201, 209, 213, 214, 215, 216, 221, 222, 227, 237, 259, 262, 263, 275, 276, 278, 280, 303, 312, 334, 345, 347, 349, 372, 389, 398, 412, 416, 439
**Carisma** 102, 207, 262, 275, 352
**Casamento** 103, 105, 106, 361, 389
**Catequese** 171, 398
**Causa** 35, 37, 42, 45, 46, 47, 50, 51, 52, 55, 56, 61, 65, 66, 67, 68, 69, 70, 71, 75, 79, 80, 81, 82, 83, 84, 85, 86, 87, 88, 89, 99, 100, 104, 105, 107, 109, 110, 111, 112, 113, 114, 115, 117, 118, 120, 122, 124, 126, 129, 130, 133, 140, 141,

142, 147, 148, 149, 150, 151, 152, 153, 154, 155, 156, 166, 167, 168, 180, 182, 183, 184, 185, 189, 194, 195, 198, 200, 203, 206, 208, 210, 211, 212, 213, 216, 223, 227, 229, 231, 235, 243, 244, 246, 250, 253, 255, 256, 257, 264, 265, 268, 270, 271, 272, 273, 274, 275, 276, 277, 278, 280, 285, 287, 288, 293, 297, 299, 300, 302, 304, 307, 310, 314, 316, 319, 320, 330, 331, 340, 341, 342, 344, 346, 348, 349, 352, 355, 356, 358, 360, 362, 367, 369, 370, 371, 372, 373, 375, 376, 380, 382, 383, 395, 398, 401, 414, 415, 416, 427, 433, 437, 443, 444, 445

**Céticos** 145, 254

**Céu** 41, 50, 62, 76, 77, 115, 167, 194, 218, 242, 267, 268, 270, 271, 272, 305, 414, 432, 433, 446

**Chiste** 145

**Cidade** 39, 116, 117, 161, 169, 232, 274, 276, 288, 301, 316, 345, 346, 414, 436, 437, 440

**Ciência** 44, 60, 61, 62, 63, 64, 65, 66, 72, 98, 102, 115, 119, 120, 121, 123, 126, 130, 142, 150, 153, 154, 157, 160, 165, 168, 173, 202, 203, 204, 215, 221, 232, 262, 264, 265, 281, 282, 299, 318, 340, 343, 344, 349, 377, 383, 384, 386, 388, 395, 396, 397, 398, 407, 422, 425, 437, 440, 442, 443

**Cisma** 53, 222, 223, 227, 238, 239

**Cobiça** 356

**Cogitativa** 33, 84, 89, 92

**Coisa** 33, 35, 37, 42, 43, 44, 45, 46, 69, 70, 71, 79, 80, 82, 83, 84, 86, 87, 89, 91, 92, 93, 111, 112, 114, 115, 123, 125, 128, 129, 159, 160, 161, 166, 167, 174, 179, 180, 186, 188, 190, 196, 197, 203, 212, 215, 216, 219, 228, 229, 235, 239, 241, 252, 255, 256, 260, 262, 265, 268, 271, 276, 278, 280, 287, 297, 309, 312, 313, 316, 319, 323, 330, 331, 336, 337, 344, 349, 350, 358, 361, 362, 369, 380, 381, 383, 384, 387, 393, 394, 397, 415, 416, 418, 420, 422, 423, 424, 425, 426, 427, 428, 429, 436

**Comunhão** 39, 40, 41, 59, 65, 108, 116, 136, 137, 146, 187, 196, 198, 227, 238, 239, 259, 295, 302, 360, 438

**Comunidade** 39, 86, 102, 103, 105, 106, 108, 115, 116, 136, 142, 143, 146, 187, 207, 211, 223, 224, 227, 237, 238, 248, 250, 251, 319, 324, 375, 408, 415

**Conaturalidade** 34, 43, 45, 82, 303, 345

**Conceito** 35, 74, 90, 101, 110, 112, 113, 115, 116, 122, 124, 159, 160, 179, 180, 190, 194, 195, 197, 218, 228, 262, 264, 276, 280, 287, 313, 346, 355, 358, 378, 404, 407, 409, 411, 413, 415, 421, 422, 423, 424, 425, 426, 432, 436

**Concílio** 99, 100, 105, 107, 108, 138, 164, 165, 194, 207, 230, 261, 267, 362, 367, 376, 400, 401

**Concreto** 85, 124, 127, 437

**Concupiscência** 34, 35, 39, 44, 45, 46, 47, 52, 82, 108, 126, 132, 311, 382

**Concupiscível** 33, 34, 35, 42, 43, 44, 48, 132, 310, 311, 312, 320, 328

**Condição** 37, 38, 41, 59, 60, 68, 69, 81, 102, 106, 114, 128, 138, 184, 224, 233, 250, 272, 285, 288, 294, 295, 337, 353, 354, 359, 382, 400, 401, 416, 419

**Confiança** 157, 183, 305, 404

**Confirmação (Sacramento)** 196, 363, 389

**Confissão** 156, 223, 226, 389, 410, 439

**Conhecimento** 35, 36, 37, 42, 43, 45, 46, 50, 51, 55, 56, 58, 60, 61, 63, 66, 67, 68, 69, 70, 71, 72, 75, 81, 83, 84, 88, 89, 92, 99, 112, 115, 117, 120, 121, 122, 123, 124, 125, 129, 133, 135, 136, 138, 139, 140, 141, 142, 143, 145, 146, 147, 148, 149, 150, 153, 154, 156, 157, 159, 160, 163, 164, 165, 168, 179, 180, 181, 186, 188, 190, 191, 194, 201, 202, 203, 205, 206, 209, 212, 216, 219, 221, 222, 223, 240, 244, 255, 257, 258, 262, 265, 269, 279, 281, 282, 294, 297, 299, 301, 306, 309, 310, 311, 312, 314, 316, 322, 323, 329, 330, 331, 340, 343, 344, 345, 348, 351, 352, 353, 354, 365, 377, 380, 381, 382, 383, 384, 385, 386, 388, 392, 394, 395, 396, 397, 398, 402, 403, 404, 407, 409, 410, 412, 413, 418, 419, 420, 421, 422, 423, 424, 425, 427, 428, 429, 434, 437, 441, 443, 444, 445

**Consciência** 121, 123, 125, 154, 197, 212, 233, 237, 239, 290, 302, 357, 395, 415

**Conselho** 125, 221, 255, 344, 446

# ÍNDICE REMISSIVO

**Consentimento** 105, 204, 253, 302, 317, 332, 361

**Conservação** 129, 285, 291, 343, 355

**Consubstancial** 223, 411, 426

**Contemplação** 41, 45, 60, 74, 75, 76, 77, 130, 132, 133, 146, 205, 281, 291, 329, 330, 348, 353, 398, 415, 416

**Contingência** 68, 117, 119, 124, 127, 178, 193, 194, 222, 265, 296, 297, 299, 336, 341, 369, 379, 394, 445

**Contrato** 103, 104, 105, 106, 108, 109, 159

**Cópula carnal** 39, 105

**Cópula proposicional** 378

**Coragem** 283, 389, 415

**Corpo** 35, 39, 43, 45, 49, 50, 57, 58, 64, 77, 79, 80, 81, 82, 85, 99, 100, 116, 118, 146, 156, 163, 164, 165, 168, 183, 184, 189, 196, 197, 198, 199, 200, 215, 219, 221, 236, 237, 238, 239, 240, 241, 242, 243, 244, 248, 249, 254, 260, 264, 267, 268, 269, 271, 272, 284, 289, 290, 291, 292, 309, 310, 311, 312, 319, 320, 322, 326, 329, 330, 343, 347, 348, 350, 355, 359, 360, 363, 364, 371, 372, 374, 380, 381, 384, 388, 403, 413, 414, 415, 417, 428, 432, 433, 434, 438

**Costume** 124, 137, 150, 159, 160, 220, 258, 269, 291, 319, 387, 400

**Criação** 52, 56, 57, 58, 59, 64, 68, 70, 103, 113, 114, 127, 128, 130, 135, 136, 137, 139, 140, 145, 155, 160, 164, 181, 188, 194, 195, 198, 207, 209, 226, 229, 233, 237, 243, 249, 270, 271, 272, 278, 283, 284, 285, 294, 299, 307, 308, 314, 317, 319, 340, 379, 380, 386, 387, 388, 392, 395, 410, 416, 425, 436, 442

**Crisma, cf. Confirmação**

**Cristianismo** 103, 146, 205, 224, 236, 276, 344, 363, 375, 431

**Culpa** 64, 161, 193, 264, 265, 267, 319, 320, 326, 335, 342, 363, 372, 373, 445

**Culto** 85, 116, 233, 260, 268, 302, 324, 325, 333, 345, 346, 347, 348, 350, 358, 361, 363, 438

## D

**Decisão** 99, 104, 162, 252, 255, 256, 264, 282, 367, 371, 440, 441

**Deficiência** 86, 167, 265, 357

**Definição** 42, 44, 47, 54, 69, 70, 72, 74, 75, 78, 80, 81, 88, 108, 128, 139, 140, 142, 153, 160, 178, 179, 190, 191, 192, 193, 194, 203, 204, 205, 213, 219, 253, 255, 258, 264, 267, 269, 273, 274, 276, 281, 287, 298, 316, 318, 320, 321, 323, 338, 339, 344, 346, 351, 358, 364, 365, 371, 384, 393, 412, 423, 426, 427, 428, 429, 432, 436, 442

**Deificação** 145, 146, 212

**Deliberação** 123, 124, 162, 202, 253, 255, 256, 257, 312, 317, 340, 439, 441, 442

**Demônio** 60, 132, 265, 367, 370, 372

**Desejo** 33, 34, 35, 36, 37, 43, 44, 46, 58, 74, 75, 76, 82, 87, 91, 124, 132, 133, 135, 146, 150, 157, 160, 182, 184, 196, 198, 213, 225, 242, 244, 250, 254, 255, 256, 259, 276, 277, 279, 282, 292, 293, 295, 303, 310, 311, 312, 313, 316, 318, 328, 329, 331, 332, 349, 356, 364, 381, 398, 413, 415, 416, 439, 440, 441, 442

**Desespero/Desesperança** 182, 185, 227, 310, 311, 328

**Destino** 193, 207, 248, 293, 343, 364

**Devir** 110, 114, 129, 232

**Devoção** 197, 245, 260, 261, 347, 348, 350

**Diabo** 66, 132, 265, 316

**Dinheiro** 288, 356, 357, 372

**Direito** 103, 104, 105, 108, 109, 122, 159, 161, 170, 171, 174, 226, 240, 243, 250, 252, 262, 288, 302, 321, 345, 347, 350, 362, 368, 370, 371, 400

**Disposição** 44, 48, 79, 80, 81, 85, 87, 104, 200, 212, 213, 214, 218, 219, 220, 225, 228, 229, 253, 281, 282, 284, 303, 312, 320, 334, 335, 341, 349, 352, 362, 372, 398, 417, 427, 428, 444

**Divórcio** 106, 107, 108, 109

**Doença** 133, 136, 233, 291, 309, 320, 413, 414

**Doente** 99, 221, 276, 277, 309

**Dom** 325

**Dor** 34, 52, 213, 277, 297, 311, 313, 375, 413, 416, 417, 437

## E

**Eficácia** 190, 360, 362, 374, 389, 445

**Eficiência** 166, 367, 370, 372, 373, 374, 375, 376

**Egoísmo** 184

**Emanação** 128, 140, 149, 421, 424, 425, 433, 434

**Encarnação** 65, 75, 130, 137, 143, 163, 174, 189, 198, 226, 233, 238, 243, 245, 246, 247, 267, 287, 288, 312, 351, 353, 365, 367, 372, 382, 383, 385, 387, 389, 397, 410, 425

**Enfermidade** 414

**Ensino** 94, 95, 138, 143, 169, 170, 173, 174, 175, 189, 245, 246, 247, 260, 262, 287, 294, 334, 335, 343, 346, 354, 387, 388, 401, 421, 437

**Ente** 55, 56, 78, 86, 87, 88, 91, 92, 107, 110, 112, 113, 114, 115, 117, 119, 130, 135, 138, 139, 140, 142, 144, 148, 149, 150, 151, 152, 154, 166, 170, 177, 178, 179, 180, 190, 191, 192, 199, 200, 209, 210, 228, 229, 240, 243, 264, 265, 270, 281, 287, 289, 293, 297, 314, 315, 317, 322, 338, 345, 368, 373, 377, 378, 379, 384, 398, 405, 407, 408, 409, 418, 420, 427, 429, 431, 432, 441, 443

**Entendimento** 37, 61, 65, 68, 73, 91, 92, 119, 171, 173, 221, 223, 254, 260, 278, 301, 306, 345, 359, 385, 396, 398, 422, 423, 425, 443

**Episcopado** 230, 359, 360

**Equivocidade** 54

**Escatologia** 115, 134, 135, 136, 164, 166, 183, 189, 190, 204, 208, 230, 244, 250, 259, 268, 283, 288, 322, 343, 381, 386, 413, 434, 436

**Escolástica colonial** 169, 172

**Escolha** 43, 44, 48, 52, 59, 75, 124, 126, 128, 201, 208, 218, 220, 223, 227, 231, 252, 253, 254, 255, 256, 257, 276, 281, 298, 307, 321, 333, 340, 342, 369, 382, 426, 427, 429, 441, 442, 445

**Escravo** 36, 161, 258, 362

**Escrituras** 47, 52, 56, 65, 71, 94, 95, 97, 98, 139, 177, 194, 206, 229, 259, 304, 307, 345, 369, 371, 387, 396, 398, 400, 410

**Esferas** 113, 161, 192, 272, 433

**Espécie** 33, 35, 38, 39, 49, 57, 58, 65, 66, 79, 82, 83, 89, 99, 103, 106, 107, 113, 132, 177, 179, 185, 191, 197, 199, 200, 211, 219, 220, 223, 225, 226, 227, 229, 240, 255, 262, 277, 283, 285, 287, 288, 289, 290, 291, 292, 305, 311, 317, 319, 321, 331, 336, 337, 338, 339, 346, 352, 361, 400, 407, 413, 415, 418, 421, 422, 425, 426, 433, 434, 435, 440

**Esperança** 40, 47, 50, 136, 167, 181, 182, 183, 184, 185, 188, 201, 203, 216, 221, 222, 237, 274, 276, 310, 311, 328, 330, 345, 347, 361, 389, 438, 439

**Espírito** 185, 245, 247, 252, 257, 258, 273, 295, 304, 307, 308, 325, 330, 352, 353, 354, 362, 368, 376, 382, 399, 401, 402, 403, 410, 411, 414, 416, 427, 433

**Espírito Santo** 37, 49, 52, 64, 65, 85, 97, 101, 102, 130, 131, 135, 136, 137, 138, 145, 164, 165, 166, 185, 186, 187, 188, 189, 201, 206, 214, 216, 221, 223, 226, 227, 231, 237, 245, 246, 248, 257, 258, 260, 305, 306, 307, 308, 314, 316, 323, 325, 344, 345, 346, 352, 354, 366, 367, 375, 376, 381, 394, 398, 409, 410, 411, 412, 413, 439, 440

**Essência** 40, 47, 49, 51, 54, 55, 56, 57, 58, 59, 61, 64, 66, 67, 68, 70, 75, 76, 79, 84, 85, 88, 92, 105, 107, 111, 114, 117, 118, 119, 120, 130, 133, 136, 139, 140, 141, 142, 143, 144, 147, 148, 149, 150, 151, 152, 153, 154, 170, 174, 177, 178, 179, 187, 190, 191, 192, 199, 208, 210, 211, 216, 226, 233, 238, 239, 240, 242, 243, 264, 272, 281, 287, 288, 289, 291, 293, 294, 303, 304, 307, 314, 315, 319, 322, 323, 329, 338, 360, 365, 377, 378, 379, 381, 382, 383, 388, 389, 396, 405, 409, 411, 414, 415, 424, 425, 426, 427, 430, 443

**Estado** 40, 57, 60, 61, 62, 65, 74, 79, 85, 87, 118, 133, 163, 167, 179, 183, 208, 209, 210, 213, 214, 215, 218, 227, 243, 244, 249, 257, 263, 270, 284, 288, 301, 302, 303, 304, 309, 310, 312, 319, 320, 329, 361, 407, 444

**Estética** 91, 93, 366

**Estimativa** 33, 202

**Estudo** 47, 63, 67, 78, 81, 84, 93, 94, 96, 98, 118, 119, 130, 144, 170, 174, 185, 201, 208, 211, 215, 232, 235, 246, 248, 252, 271, 280, 295, 316, 334, 342, 347, 348, 350, 351, 363, 367, 373, 374, 381, 388, 389, 399, 400, 403, 405, 411, 412, 413, 437, 439, 440

ÍNDICE REMISSIVO

**Eternidade** 57, 58, 59, 60, 69, 70, 84, 85, 113, 128, 129, 135, 142, 154, 155, 168, 188, 192, 194, 195, 206, 223, 240, 246, 265, 299, 326, 381, 392, 436, 439

**Eucaristia** 168, 174, 190, 195, 196, 197, 258, 259, 260, 261, 359, 360, 361, 363, 364, 385, 389

**Exegese** 94, 95, 96, 97, 98, 250, 280, 295, 366, 398

**Existência** 38, 40, 54, 56, 59, 62, 63, 64, 65, 66, 70, 92, 111, 112, 113, 129, 130, 136, 138, 141, 147, 148, 149, 150, 152, 154, 157, 165, 171, 174, 184, 191, 192, 193, 219, 223, 234, 240, 241, 242, 243, 245, 252, 254, 255, 263, 270, 276, 278, 282, 283, 289, 293, 296, 297, 299, 301, 307, 321, 323, 338, 340, 347, 353, 366, 380, 388, 392, 397, 407, 418, 420, 431, 445

**Existencial** 109, 137, 142, 143, 145, 156, 356, 366, 379

**Existir** 56, 65, 66, 70, 91, 92, 93, 114, 127, 129, 130, 139, 147, 149, 151, 155, 164, 178, 179, 194, 197, 212, 232, 264, 271, 272, 276, 299, 300, 303, 319, 321, 323, 326, 336, 338, 339, 340, 347, 349, 378, 392, 399, 420, 435

**Êxtase** 42, 45, 46, 47, 51

**Extração voluntária do feto humano (Aborto)** 435

# F

**Fé** 37, 40, 47, 50, 56, 60, 61, 62, 63, 64, 65, 66, 67, 72, 76, 77, 84, 85, 93, 102, 106, 126, 128, 129, 130, 133, 135, 136, 137, 138, 139, 140, 141, 142, 143, 144, 145, 146, 147, 150, 151, 163, 164, 167, 170, 171, 181, 182, 183, 184, 185, 188, 189, 190, 194, 195, 196, 197, 198, 201, 202, 203, 204, 205, 206, 212, 213, 214, 216, 221, 222, 223, 224, 225, 226, 227, 231, 233, 235, 236, 237, 240, 243, 244, 246, 248, 254, 258, 259, 267, 276, 292, 293, 294, 301, 302, 304, 305, 306, 318, 319, 322, 324, 326, 335, 343, 344, 345, 347, 351, 352, 353, 354, 361, 362, 364, 365, 366, 368, 369, 370, 371, 373, 375, 382, 384, 385, 388, 389, 394, 395, 396, 397,

398, 400, 403, 409, 410, 411, 412, 438, 439

**Felicidade** 37, 40, 49, 52, 64, 68, 74, 75, 76, 77, 133, 146, 150, 168, 204, 205, 220, 256, 266, 276, 293, 294, 351, 355, 357, 381, 383, 414, 415, 436, 437, 439, 440, 442, 445

**Filho** 47, 49, 50, 64, 77, 78, 84, 85, 113, 130, 136, 137, 145, 163, 164, 165, 186, 187, 188, 190, 196, 205, 214, 215, 216, 217, 223, 226, 233, 245, 246, 248, 260, 267, 268, 305, 306, 307, 308, 314, 323, 324, 325, 354, 356, 361, 367, 368, 369, 372, 376, 381, 383, 394, 409, 410, 411, 412, 413, 424, 425, 426

**Filosofia** 56, 62, 70, 72, 74, 104, 122, 129, 130, 143, 144, 156, 157, 169, 170, 171, 172, 173, 174, 175, 194, 205, 206, 228, 231, 232, 240, 242, 243, 250, 254, 279, 280, 282, 284, 294, 295, 296, 298, 344, 365, 368, 377, 378, 384, 388, 394, 395, 396, 398, 401, 403, 404, 405, 410, 423, 430, 431, 432, 436

**Fim** 35, 36, 37, 42, 43, 44, 47, 48, 49, 55, 56, 57, 58, 59, 60, 61, 63, 69, 70, 72, 74, 75, 76, 79, 80, 81, 82, 86, 89, 95, 102, 103, 104, 107, 108, 109, 110, 111, 112, 113, 114, 115, 116, 117, 121, 125, 128, 129, 132, 133, 135, 136, 139, 140, 141, 142, 145, 146, 149, 150, 152, 154, 155, 157, 165, 166, 167, 168, 178, 181, 183, 184, 188, 190, 191, 192, 195, 196, 203, 205, 207, 209, 210, 212, 214, 215, 220, 221, 223, 225, 229, 233, 237, 238, 239, 242, 243, 246, 247, 250, 252, 255, 256, 257, 264, 265, 267, 271, 276, 279, 280, 281, 282, 285, 287, 288, 293, 294, 298, 302, 303, 304, 305, 308, 311, 314, 316, 317, 318, 323, 327, 330, 331, 332, 340, 341, 342, 346, 347, 348, 349, 351, 352, 353, 354, 355, 356, 357, 363, 367, 368, 369, 370, 371, 372, 373, 374, 379, 381, 382, 385, 387, 388, 389, 392, 405, 410, 415, 421, 422, 423, 424, 428, 439, 440, 441, 442, 443

**Finalidade** 70, 104, 108, 133, 151, 168, 183, 217, 254, 267, 281, 282, 293, 294, 341, 362, 369, 398

# ÍNDICE REMISSIVO

**Física** 70, 80, 89, 110, 112, 113, 114, 128, 129, 151, 173, 175, 192, 194, 205, 219, 221, 284, 287, 291, 296, 379, 384, 392, 393

**Físico** 35, 45, 60, 75, 114, 151, 153, 154, 155, 264, 317, 338, 379, 403

**Força** 46, 78, 79, 102, 124, 129, 164, 171, 209, 220, 228, 237, 242, 265, 279, 294, 303, 327, 344, 356, 363, 367, 370, 372, 373, 374, 375, 438

**Forma** 36, 40, 41, 42, 43, 44, 45, 49, 55, 57, 58, 61, 62, 68, 70, 71, 75, 78, 79, 80, 81, 82, 83, 85, 86, 87, 88, 89, 92, 96, 97, 100, 104, 105, 106, 107, 110, 111, 113, 114, 116, 118, 119, 123, 124, 127, 128, 131, 142, 147, 149, 150, 156, 157, 169, 172, 177, 180, 191, 195, 196, 197, 199, 200, 208, 209, 210, 211, 212, 213, 214, 219, 221, 225, 226, 229, 236, 238, 240, 241, 242, 243, 249, 250, 253, 256, 260, 262, 263, 270, 271, 272, 273, 274, 279, 282, 284, 285, 287, 291, 294, 296, 299, 301, 303, 308, 310, 311, 312, 313, 314, 322, 327, 329, 331, 332, 333, 334, 335, 336, 337, 338, 339, 341, 344, 346, 349, 361, 362, 376, 377, 378, 380, 381, 386, 387, 388, 389, 390, 397, 398, 402, 418, 419, 421, 422, 424, 425, 432, 434, 435, 437, 438, 441, 442, 443, 445

**Fortaleza** 49, 250, 436, 437, 438, 439

**Fortuna** 52, 74, 356, 357

**Futuro** 104, 105, 120, 208, 298, 299, 313, 340, 362, 365, 366

**Futuros contingentes** 120, 194, 298, 299

## G

**Gênero** 34, 48, 54, 57, 59, 78, 86, 104, 107, 112, 128, 135, 137, 163, 166, 178, 179, 191, 216, 246, 259, 269, 287, 318, 319, 321, 329, 332, 333, 334, 337, 344, 353, 361, 364, 369, 371, 372, 381, 384, 385, 410

**Generosidade** 357

**Glória** 40, 58, 59, 64, 65, 75, 80, 81, 84, 85, 167, 168, 184, 185, 197, 211, 215, 233, 238, 249, 253, 259, 266, 267, 268, 342, 355, 359, 362, 369, 439

**Graça** 37, 40, 51, 57, 59, 64, 66, 75, 76, 85, 101, 102, 106, 133, 134, 135, 138, 145, 151, 161, 164, 165, 167, 174, 181, 182, 184, 187, 188, 189, 195, 196, 197, 207, 208, 210, 220, 221, 222, 229, 230, 234, 237, 238, 243, 245, 246, 247, 248, 249, 250, 253, 254, 257, 259, 267, 268, 269, 292, 293, 294, 295, 302, 303, 304, 308, 316, 317, 335, 342, 347, 352, 353, 354, 360, 361, 362, 363, 364, 371, 377, 382, 383, 386, 388, 389, 397, 400, 402, 412, 438, 439, 440, 446

**Guerra** 171, 172, 346

**Guerra justa** 53

**Gula** 316

## H

**Habilitação** 43, 44, 48, 49, 80, 119, 201, 203, 204, 208, 210, 211, 278, 344, 352, 362, 370, 383, 384, 398, 436

**Hábito** 36, 37, 38, 39, 80, 121, 122, 123, 124, 133, 150, 155, 198, 208, 218, 219, 220, 221, 250, 255, 278, 281, 303, 325, 352, 362, 370, 389, 436, 437

**Heresia** 67, 222, 223, 224, 319, 379

**Hermenêutica** 95, 97, 98, 396

**Hierarquia** 57, 136, 218, 227, 228, 229, 230, 231, 236, 262, 263, 275, 285, 315, 324, 343, 347, 352, 360, 411

**Hilemorfismo** 57, 241

**História** 63, 101, 103, 127, 135, 145, 155, 156, 157, 165, 168, 169, 172, 202, 231, 233, 243, 247, 249, 293, 294, 295, 298, 318, 333, 351, 352, 357, 366, 374, 377, 386, 387, 390, 394, 400, 403, 405

**Historicidade** 156, 157, 364, 400

**Homossexualidade** 234, 290, 291, 292

**Honra** 49, 75, 79, 81, 85, 145, 167, 233, 251, 259, 268, 278, 324, 325, 329, 355, 361, 371, 437

**Humanidade** 45, 64, 65, 71, 136, 146, 163, 164, 165, 189, 196, 212, 216, 224, 233, 245, 246, 247, 248, 249, 262, 267, 313, 318, 319, 336, 346, 359, 361, 362, 366, 367, 368, 369, 370, 371, 372, 373, 374, 375, 382, 383, 410, 412, 435

## I

**Ideia** 39, 69, 88, 97, 114, 116, 118, 128, 141, 143, 146, 148, 153, 154, 155, 160, 167,

179, 180, 181, 194, 195, 207, 232, 240, 254, 257, 263, 279, 280, 281, 282, 293, 294, 307, 309, 324, 340, 356, 357, 367, 368, 371, 374, 382

**Igreja** 39, 47, 50, 63, 64, 65, 71, 72, 95, 96, 97, 100, 102, 105, 108, 125, 135, 136, 138, 139, 140, 143, 146, 163, 165, 167, 168, 170, 189, 196, 198, 206, 207, 223, 224, 226, 227, 228, 230, 235, 236, 237, 238, 239, 247, 248, 252, 258, 259, 260, 261, 262, 263, 267, 269, 285, 294, 295, 300, 302, 309, 326, 358, 359, 360, 361, 362, 363, 364, 367, 371, 375, 398, 400, 405, 410, 412, 413, 414, 421, 435

**Iluminação** 179, 210, 343, 352, 353

**Imagem** 33, 37, 58, 71, 72, 84, 85, 133, 136, 156, 167, 171, 180, 181, 188, 193, 227, 231, 238, 246, 252, 270, 279, 292, 295, 318, 321, 322, 356, 360, 363, 365, 376, 379, 381, 382, 388, 412, 421, 425, 426, 438, 440

**Imaginação** 33, 34, 92, 128, 219, 253, 311, 313, 330, 353, 362, 413, 421, 434

**Imanência** 180, 294

**Imanente** 58, 149, 180, 187, 282, 352, 366, 421, 424, 433

**Imaterial** 33, 34, 35, 55, 58, 147, 180, 240, 241, 270, 272, 337, 371, 418, 419, 434, 435

**Imaterialidade** 35, 57, 153, 240, 434

**Imortalidade** 38, 168, 184, 239, 240, 351, 397

**Inclinação** 34, 43, 45, 47, 51, 58, 82, 83, 89, 104, 106, 160, 184, 186, 220, 252, 254, 267, 282, 290, 291, 292, 297, 303, 310, 311, 320, 323, 346, 347, 356, 413, 441, 442, 443, 445

**Incorpóreo** 114

**Indivíduo** 33, 40, 58, 59, 65, 92, 93, 103, 113, 118, 136, 191, 217, 221, 229, 244, 260, 264, 288, 289, 290, 291, 312, 323, 336, 337, 338, 353, 368, 370

**Inefável** 144, 228, 229, 366, 369

**Inferno** 60, 166, 167, 168

**Infinito** 68, 69, 70, 71, 76, 112, 113, 120, 133, 141, 147, 157, 214, 219, 232, 257, 300, 368, 372, 376, 443

**Infinitude** 69, 70, 97, 153, 216

**Injustiça** 213, 249, 342, 369

**Inquisição** 244

**Instinto** 189, 361

**Intelectiva** 33, 34, 35, 48, 56, 57, 118, 133, 164, 165, 180, 200, 329, 380, 381, 413, 424, 435

**Intelecto** 33, 34, 35, 42, 43, 48, 55, 56, 58, 60, 61, 62, 66, 75, 77, 83, 84, 85, 86, 87, 88, 89, 91, 92, 93, 107, 108, 117, 118, 119, 122, 124, 132, 133, 140, 143, 146, 148, 149, 153, 160, 179, 180, 181, 184, 186, 187, 190, 193, 197, 201, 202, 203, 204, 205, 206, 208, 209, 216, 217, 220, 222, 223, 226, 232, 238, 242, 244, 250, 256, 277, 278, 280, 284, 287, 288, 291, 293, 305, 306, 310, 311, 321, 322, 323, 329, 331, 342, 344, 345, 348, 352, 378, 381, 382, 383, 398, 407, 411, 413, 415, 416, 418, 419, 420, 421, 422, 423, 424, 425, 426, 427, 428, 429, 434, 437, 440, 441, 442, 443

**Intenção** 40, 43, 44, 47, 67, 84, 89, 105, 179, 196, 197, 226, 288, 305, 332, 337, 349, 352, 362, 363, 385, 403, 418, 420, 421, 423, 425, 441, 445

**Inveja** 59, 227, 316, 356, 416

**Ira** 310, 311, 313, 316, 325, 328

**Irascível** 33, 34, 43, 182, 184, 185, 310, 311, 312, 328

## J

**Jesus Cristo** 40, 47, 64, 74, 84, 96, 100, 135, 163, 174, 184, 205, 207, 216, 218, 233, 243, 245, 246, 247, 248, 250, 253, 260, 262, 267, 273, 295, 301, 308, 312, 318, 323, 327, 351, 359, 361, 365, 370, 382, 383, 389, 394, 409, 410, 414, 430, 438

**Juiz** 210, 233, 372, 444

**Juízo** 43, 57, 60, 84, 91, 92, 93, 112, 119, 124, 126, 166, 184, 223, 230, 233, 253, 282, 312, 317, 322, 326, 330, 385, 402, 423, 427, 441, 442

**Justiça** 52, 64, 68, 72, 106, 147, 159, 161, 174, 207, 213, 214, 215, 224, 225, 244, 249, 250, 258, 259, 266, 275, 277, 278, 283, 313, 320, 324, 342, 345, 346, 347, 348, 350, 356, 366, 368, 369, 370, 371, 372, 376, 389, 404, 436, 437, 438, 439, 444, 445, 446

## L

**Lei** 52, 94, 122, 124, 125, 126, 127, 136, 156, 159, 160, 161, 162, 174, 185, 189, 196, 207, 208, 209, 219, 220, 233, 250, 251, 252, 264, 265, 278, 279, 288, 302, 303, 316, 317, 318, 331, 346, 347, 352, 353, 358, 360, 361, 362, 364, 376, 386, 388, 389, 404, 438, 439

**Leitura** 65, 94, 118, 145, 149, 229, 246, 252, 261, 269, 270, 276, 293, 372, 373, 404, 427, 430, 433

**Liberalidade** 345, 355, 357, 437

**Liberdade** 43, 59, 72, 117, 127, 135, 136, 137, 138, 144, 145, 146, 159, 174, 175, 189, 193, 208, 222, 237, 243, 252, 253, 256, 257, 258, 262, 266, 289, 295, 299, 363, 366, 368, 372, 374, 375, 376, 379, 380, 385, 397, 401, 441, 445, 446

**Linguagem** 33, 68, 98, 117, 119, 123, 127, 136, 142, 187, 280, 282, 317, 369, 370, 378, 423

**Liturgia** 143, 163, 258, 259, 300, 332, 410

**Livre-arbítrio** 43, 48, 49, 58, 123, 124, 126, 207, 208, 209, 211, 212, 213, 214, 215, 238, 252, 253, 254, 255, 256, 257, 261, 296, 321, 381, 441

**Lógos** 295, 394

**Luxúria** 283, 284, 316

**Luz** 56, 64, 66, 75, 84, 85, 86, 87, 92, 96, 98, 104, 130, 140, 149, 154, 157, 209, 210, 211, 220, 231, 236, 257, 267, 269, 271, 279, 285, 308, 352, 353, 399, 410, 426, 430, 434

## M

**Magistério** 108, 262, 263, 292, 401

**Magnanimidade** 49, 79, 182, 437

**Magnificência** 355, 437

**Mal** 34, 36, 40, 52, 56, 60, 64, 66, 79, 80, 81, 82, 120, 124, 126, 133, 146, 147, 183, 185, 208, 223, 225, 227, 253, 254, 264, 265, 266, 267, 276, 277, 282, 293, 294, 302, 306, 310, 311, 312, 313, 316, 317, 318, 319, 322, 331, 339, 340, 341, 342, 343, 355, 357, 367, 369, 382, 405, 413, 414, 416, 445

**Mandamento** 47, 209, 334, 446

**Mansidão** 354, 437

**Maria** 95, 105, 107, 136, 164, 189, 266, 267, 268, 269, 283, 285, 306, 334, 335, 336, 365, 382, 412

**Martírio** 207, 364

**Matéria** 42, 43, 56, 57, 70, 79, 87, 88, 92, 110, 111, 113, 114, 118, 119, 127, 128, 129, 138, 142, 144, 146, 147, 153, 168, 178, 191, 196, 197, 199, 200, 212, 214, 232, 240, 241, 242, 243, 245, 250, 251, 256, 260, 269, 270, 271, 272, 274, 281, 282, 284, 286, 287, 298, 299, 314, 315, 316, 323, 336, 337, 338, 339, 344, 347, 352, 359, 361, 362, 377, 380, 384, 388, 389, 404, 418, 419, 430, 435, 437, 439, 441

**Mediania** 437

**Memória** 33, 92, 100, 123, 179, 220, 330, 400, 424, 434

**Metafísica** 45, 56, 79, 80, 87, 91, 107, 110, 111, 112, 117, 119, 129, 130, 132, 133, 141, 142, 149, 151, 152, 154, 156, 172, 173, 174, 175, 178, 179, 180, 191, 192, 205, 206, 219, 228, 231, 232, 242, 258, 269, 270, 271, 272, 273, 280, 287, 289, 290, 296, 298, 315, 336, 365, 366, 368, 377, 378, 384, 395, 402, 405, 408, 426, 427, 429, 430, 431, 432

**Milagre** 99, 205, 265, 273, 274, 275, 343, 352

**Ministério** 226, 227, 262, 263, 275, 327, 335, 358, 359, 389

**Misericórdia** 37, 51, 52, 68, 147, 184, 207, 224, 258, 259, 275, 276, 277, 278, 312, 325, 342, 350, 368, 376, 446

**Mistério** 64, 65, 130, 137, 143, 144, 146, 157, 163, 166, 197, 224, 234, 237, 238, 239, 246, 247, 260, 267, 292, 293, 294, 342, 353, 364, 382, 397, 410

**Mística** 118, 144, 147, 278, 395, 397, 398

**Moral** 33, 34, 36, 37, 41, 47, 48, 58, 94, 107, 118, 121, 122, 123, 124, 125, 126, 146, 167, 174, 179, 184, 206, 218, 221, 222, 236, 237, 250, 252, 254, 255, 259, 264, 265, 266, 278, 279, 280, 281, 282, 283, 284, 288, 290, 292, 299, 303, 312, 316, 317, 331, 335, 343, 346, 347, 348, 357, 363, 366, 370, 372, 385, 388, 389, 390, 404, 413, 426, 436, 437, 438, 439, 440

# ÍNDICE REMISSIVO

**Morte** 65, 100, 135, 136, 145, 146, 147, 165, 166, 167, 200, 224, 225, 240, 241, 243, 244, 283, 301, 313, 322, 334, 367, 368, 369, 370, 372, 374, 375, 376, 381, 389, 400, 413, 414, 415, 434, 438, 445

**Movimento** 34, 35, 36, 39, 42, 43, 44, 45, 46, 52, 61, 66, 68, 69, 70, 71, 82, 84, 87, 89, 93, 97, 110, 112, 113, 114, 120, 129, 132, 138, 151, 152, 182, 192, 194, 197, 208, 210, 212, 213, 214, 215, 219, 232, 255, 256, 257, 277, 292, 295, 297, 309, 310, 311, 312, 313, 323, 328, 329, 330, 332, 333, 361, 373, 387, 389, 392, 393, 394, 401, 402, 413, 419, 430, 433, 434, 435, 442, 443

**Mudança** 35, 36, 43, 61, 70, 94, 110, 114, 127, 128, 192, 197, 200, 225, 233, 264, 271, 287, 309, 310, 323, 330, 338, 339, 359, 370, 373, 393, 400, 419, 427, 435, 444

**Mulher** 106, 109, 126, 200, 267, 283, 284, 285, 289, 361, 438

**Mundo** 33, 56, 60, 68, 71, 103, 104, 108, 113, 128, 129, 130, 135, 136, 137, 138, 139, 140, 141, 142, 147, 148, 149, 151, 152, 153, 155, 156, 157, 160, 161, 164, 169, 171, 172, 181, 193, 194, 195, 198, 206, 212, 232, 233, 243, 246, 252, 268, 270, 273, 274, 277, 282, 286, 288, 292, 293, 294, 296, 297, 299, 300, 316, 324, 338, 340, 341, 342, 343, 348, 352, 356, 361, 366, 376, 379, 383, 392, 394, 395, 397, 398, 403, 411, 412, 414, 428, 430, 431, 432, 438, 444, 445

## N

**Natural** 39, 40, 41, 42, 43, 47, 49, 50, 51, 52, 57, 58, 59, 60, 61, 62, 63, 64, 65, 66, 68, 75, 76, 78, 82, 83, 84, 88, 89, 104, 105, 106, 108, 110, 113, 114, 115, 122, 124, 125, 132, 133, 134, 138, 140, 141, 150, 151, 152, 160, 161, 162, 165, 168, 170, 171, 173, 174, 182, 184, 192, 197, 203, 205, 209, 210, 211, 213, 214, 215, 219, 220, 221, 229, 235, 240, 242, 244, 245, 253, 255, 256, 265, 271, 273, 274, 275, 276, 279, 280, 282, 287, 288, 289, 291, 292, 293, 294, 295, 296, 297, 302,

303, 304, 305, 310, 312, 322, 326, 327, 329, 331, 345, 347, 349, 351, 352, 353, 356, 361, 381, 384, 385, 388, 389, 395, 396, 397, 398, 403, 407, 410, 415, 416, 419, 423, 424, 430, 431, 432, 433, 434, 435, 437, 439, 441, 442, 445

**Natureza** 35, 36, 42, 43, 44, 47, 49, 50, 51, 52, 56, 57, 58, 59, 64, 66, 70, 74, 75, 77, 78, 79, 80, 82, 83, 84, 85, 86, 87, 88, 91, 92, 93, 101, 102, 104, 105, 107, 108, 109, 110, 112, 114, 119, 123, 125, 128, 132, 133, 135, 136, 138, 141, 143, 144, 146, 150, 151, 153, 156, 157, 160, 161, 162, 163, 164, 165, 166, 168, 172, 173, 175, 177, 178, 179, 184, 186, 188, 199, 200, 205, 206, 207, 208, 209, 210, 211, 212, 214, 215, 216, 217, 218, 219, 220, 221, 224, 226, 229, 232, 234, 235, 237, 239, 240, 242, 243, 244, 245, 246, 247, 249, 250, 252, 253, 254, 256, 257, 259, 260, 262, 263, 264, 265, 267, 268, 269, 270, 271, 272, 274, 275, 279, 280, 281, 282, 284, 285, 287, 288, 289, 290, 291, 292, 293, 294, 295, 296, 299, 303, 304, 305, 310, 314, 315, 317, 319, 320, 321, 322, 323, 324, 328, 331, 336, 337, 338, 339, 341, 346, 347, 350, 354, 355, 356, 359, 360, 361, 363, 364, 365, 366, 367, 368, 369, 370, 371, 372, 374, 375, 378, 380, 381, 382, 383, 384, 387, 388, 392, 395, 403, 408, 411, 412, 415, 418, 419, 420, 423, 424, 425, 426, 430, 432, 434, 435, 437, 440, 442, 443, 445

**Necessário** 76, 77, 83, 117, 152, 189, 194, 233, 296, 297, 299, 300, 363, 369, 379, 439, 442, 446

**Necessidade** 40, 43, 47, 63, 102, 105, 106, 112, 113, 128, 135, 137, 140, 142, 145, 150, 156, 171, 193, 195, 207, 208, 209, 210, 216, 226, 235, 236, 247, 253, 260, 263, 273, 282, 284, 287, 288, 296, 303, 324, 341, 350, 351, 353, 357, 361, 363, 368, 369, 370, 371, 372, 389, 395, 396, 402, 410, 419, 430, 443, 445

**Negócio** 116

**Nome** 34, 54, 71, 96, 101, 111, 112, 123, 124, 136, 139, 140, 141, 164, 174, 188, 198, 213, 224, 226, 230, 260, 265, 266, 287, 305, 306, 308, 321, 322, 324, 344, 350,

362, 367, 370, 371, 399, 404, 405, 407, 408, 409, 410, 412, 416, 422, 425, 427, 442

**Nutritiva** 432, 435

# O

**Objeto** 33, 34, 35, 39, 40, 42, 43, 45, 47, 48, 49, 56, 58, 59, 60, 61, 62, 63, 64, 66, 72, 74, 75, 76, 83, 88, 91, 92, 99, 105, 110, 112, 119, 120, 125, 126, 128, 129, 130, 132, 133, 138, 139, 140, 141, 142, 144, 146, 147, 153, 154, 157, 159, 161, 167, 173, 175, 180, 182, 183, 184, 190, 199, 201, 202, 203, 204, 208, 209, 213, 215, 219, 221, 222, 223, 245, 246, 250, 252, 256, 276, 281, 298, 300, 303, 310, 311, 312, 317, 318, 321, 324, 325, 329, 330, 331, 332, 333, 335, 337, 341, 344, 347, 349, 350, 352, 363, 378, 383, 384, 388, 393, 395, 396, 403, 404, 415, 416, 420, 422, 423, 424, 438, 439, 442, 443

**Ódio** 34, 185, 310, 311, 328, 382

**Onipotência** 64, 128, 184, 223, 258, 259, 278, 315

**Onipresença** 69, 139

**Onisciência** 129, 193, 299, 350

**Operação** 34, 36, 67, 68, 74, 76, 80, 83, 102, 107, 108, 119, 126, 129, 130, 133, 134, 165, 166, 167, 186, 211, 220, 241, 251, 255, 270, 271, 272, 274, 279, 280, 281, 282, 287, 293, 346, 350, 362, 419, 420, 421, 422, 423, 424, 425, 427, 431, 433, 434, 435, 436, 437, 439

**Oração** 183, 259, 260, 261, 300, 308, 333, 334, 347, 348, 349, 350

**Ordem (Sacramento)** 196, 230, 262, 358, 359, 360, 363, 364, 389

**Ordenamento** 56, 141, 159, 178, 187, 279, 280, 325, 341, 387, 411, 443

**Orgulho** 59, 143, 185, 369

**Ortodoxia** 247, 300, 324, 405

# P

**Paciência** 266

**Pagão** 128, 301, 302, 303, 304, 414

**Pai** 47, 49, 50, 60, 64, 84, 85, 95, 106, 113, 130, 135, 136, 137, 145, 147, 161, 164, 182, 185, 186, 187, 188, 223, 226, 233,

237, 245, 246, 248, 260, 267, 268, 305, 306, 307, 308, 314, 319, 324, 325, 334, 346, 348, 353, 354, 359, 367, 369, 371, 372, 374, 376, 381, 394, 409, 410, 411, 412, 438, 446

**Pais da Igreja** 71, 72, 95, 97, 135, 139, 163, 199, 207, 230, 236, 247, 252, 295, 309, 364, 398, 400, 410, 421

**Paixão** 34, 35, 42, 43, 44, 47, 48, 52, 62, 65, 124, 128, 132, 147, 189, 190, 195, 196, 277, 301, 309, 313, 328, 329, 330, 357, 360, 364, 368, 398, 415, 416, 437

**Participação** 37, 39, 40, 49, 51, 66, 76, 85, 86, 114, 130, 133, 138, 146, 153, 154, 160, 164, 174, 188, 196, 201, 210, 211, 212, 216, 229, 230, 237, 279, 285, 313, 314, 318, 319, 340, 362, 363, 377, 379, 407, 408, 426, 433, 440

**Passado** 192, 193, 231, 298, 360

**Paz** 37, 51, 52, 53, 133, 207, 227, 275

**Pecado** 51, 52, 59, 60, 66, 77, 105, 122, 125, 132, 133, 136, 137, 146, 160, 161, 163, 164, 165, 185, 197, 198, 199, 207, 208, 209, 210, 211, 212, 213, 214, 215, 222, 223, 225, 226, 227, 233, 249, 251, 253, 257, 258, 259, 264, 265, 276, 277, 284, 285, 288, 289, 292, 295, 301, 312, 313, 316, 317, 318, 319, 320, 326, 332, 347, 351, 354, 356, 357, 360, 361, 363, 364, 368, 369, 370, 372, 373, 376, 379, 382, 386, 387, 389, 416, 438, 445

**Pecado original** 136, 318, 366

**Penitência** 77, 108, 196, 198, 318, 385, 389, 390

**Perseverança** 167, 210, 215, 349, 445

**Pessoa** 37, 38, 40, 44, 52, 62, 84, 91, 96, 100, 124, 127, 135, 136, 137, 143, 145, 146, 157, 159, 161, 163, 164, 165, 166, 172, 180, 186, 187, 188, 197, 198, 210, 216, 218, 219, 220, 221, 222, 223, 226, 232, 236, 238, 244, 245, 247, 248, 250, 251, 265, 268, 277, 287, 289, 290, 291, 293, 297, 298, 304, 305, 306, 307, 308, 320, 321, 322, 350, 354, 359, 360, 363, 365, 367, 370, 371, 373, 374, 396, 401, 411, 412, 414, 424, 425

**Piedade** 52, 144, 207, 276, 324, 325, 344, 345, 346, 348, 349, 375, 377

ÍNDICE REMISSIVO

**Pobre** 277

**Pobreza** 100, 187, 413, 414

**Poder** 40, 48, 57, 59, 67, 68, 75, 76, 84, 85, 91, 93, 97, 102, 104, 111, 114, 116, 119, 120, 124, 127, 128, 129, 136, 137, 140, 151, 152, 154, 156, 157, 160, 168, 169, 170, 182, 183, 187, 189, 190, 195, 212, 213, 214, 215, 219, 220, 223, 224, 225, 228, 230, 231, 233, 235, 238, 242, 249, 253, 255, 257, 262, 265, 266, 271, 272, 273, 274, 275, 277, 281, 300, 304, 307, 308, 310, 319, 321, 325, 326, 341, 348, 350, 352, 355, 356, 357, 358, 359, 364, 367, 368, 370, 380, 381, 385, 410, 411, 412, 422, 423, 425, 440

**Poder divino (Poder de Deus)** 135, 327

**Política** 38, 39, 50, 115, 116, 117, 205, 250, 251, 254, 282, 283, 327, 328, 356, 357, 362, 404, 438

**Posse** 36, 37, 39, 40, 59, 70, 77, 133, 182, 183, 192, 215, 241, 252, 279, 331, 336, 348, 355, 356, 392

**Possível** 33, 112, 125, 142, 152, 154, 159, 428, 439

**Potência** 33, 34, 36, 39, 40, 42, 43, 45, 48, 50, 57, 58, 66, 69, 70, 71, 76, 79, 80, 81, 83, 84, 88, 89, 110, 117, 118, 119, 120, 121, 123, 142, 147, 151, 152, 153, 180, 182, 199, 200, 214, 218, 219, 220, 250, 252, 254, 255, 256, 269, 270, 271, 274, 275, 284, 295, 298, 309, 310, 315, 322, 325, 329, 331, 363, 379, 380, 413, 422, 424, 432, 433, 434, 435

**Prazer** 33, 34, 35, 36, 37, 39, 40, 43, 44, 45, 46, 56, 75, 76, 81, 82, 83, 84, 87, 89, 91, 92, 126, 132, 143, 220, 221, 227, 265, 276, 284, 290, 291, 310, 311, 319, 328, 330, 331, 355, 374, 381, 382, 413, 416, 417, 431, 437, 440, 445

**Preceito** 209, 349, 437, 446

**Predestinação** 168, 193, 202, 254, 332, 341, 342, 343

**Predicado** 54, 55, 71, 147, 149, 150, 178, 264, 298, 378, 430, 431, 442

**Pregação** 138, 171, 189, 190, 225, 245, 260, 263, 301, 332, 333, 385, 398, 412

**Presciência** 168, 194, 254, 299, 370

**Presente** 37, 43, 45, 70, 92, 96, 101, 104, 105, 118, 120, 122, 129, 130, 132, 147, 172, 178, 179, 184, 187, 192, 193, 194, 196, 197, 218, 228, 240, 242, 245, 246, 252, 254, 262, 268, 269, 270, 276, 279, 282, 285, 298, 299, 305, 311, 312, 313, 319, 341, 342, 359, 360, 363, 372, 378, 396, 402, 407, 413, 414, 415, 420, 427, 431, 432, 433, 434, 445

**Primeiros princípios** 119, 133, 203, 256, 296, 344, 384, 398, 407

**Príncipe** 100, 346, 401

**Princípio** 33, 35, 36, 37, 38, 40, 43, 45, 51, 55, 56, 59, 72, 80, 85, 110, 111, 112, 113, 114, 115, 117, 119, 122, 124, 128, 129, 130, 133, 136, 140, 148, 149, 151, 152, 157, 160, 161, 164, 180, 188, 189, 194, 195, 200, 202, 208, 209, 211, 212, 214, 216, 219, 223, 228, 229, 230, 231, 232, 240, 242, 246, 248, 250, 252, 254, 255, 256, 257, 260, 264, 270, 271, 280, 281, 287, 294, 295, 296, 297, 300, 303, 304, 306, 307, 308, 310, 321, 336, 338, 339, 346, 347, 348, 364, 371, 373, 374, 375, 380, 381, 403, 408, 409, 411, 412, 420, 422, 425, 428, 429, 430, 434, 435, 441, 443

**Princípio de individuação** 57, 135, 178, 244, 290, 321, 323, 336

**Processão** 67, 130, 140, 149, 187, 314, 322, 385, 388, 411, 412, 424, 425

**Profecia** 62, 97, 102, 212, 216, 267, 347, 352, 353

**Proporção** 43, 44, 45, 55, 78, 79, 80, 81, 82, 83, 84, 85, 86, 89, 91, 92, 93, 209, 214, 215, 264, 278, 348, 357, 371, 437

**Proposição** 60, 61, 62, 64, 122, 124, 150, 151, 154, 159, 179, 203, 228, 297, 298, 299, 352, 384, 407, 423, 424, 430, 431, 433

**Propriedade (característica)** 79, 85, 164, 165, 250, 262, 337, 393, 394, 430, 436

**Providência** 47, 60, 64, 68, 95, 117, 127, 132, 134, 135, 141, 168, 188, 202, 266, 289, 296, 299, 336, 340, 341, 343, 346, 349, 353, 369, 413, 442

**Prudência** 76, 119, 123, 124, 206, 221, 250, 279, 281, 283, 318, 330, 340, 349, 384, 389, 437, 438, 439

**Purgatório** 166, 167, 168, 389

## Q

**Qualidade** 72, 79, 80, 96, 208, 210, 211, 218, 219, 257, 272, 288, 289, 309, 332, 343, 348, 358, 359, 368, 382, 393, 395, 415, 433, 437, 445

**Quididade** 191, 287, 378, 420, 427

## R

**Razão** 35, 36, 43, 46, 47, 48, 49, 50, 51, 52, 60, 61, 62, 63, 64, 66, 67, 72, 76, 79, 80, 81, 82, 83, 84, 87, 89, 91, 112, 113, 121, 122, 123, 124, 125, 126, 129, 130, 133, 136, 138, 139, 143, 147, 148, 150, 151, 152, 153, 155, 160, 161, 162, 165, 167, 168, 171, 173, 180, 183, 184, 187, 188, 191, 192, 203, 205, 211, 212, 213, 216, 217, 219, 220, 221, 224, 227, 229, 235, 242, 243, 244, 246, 247, 252, 253, 254, 255, 256, 257, 261, 265, 267, 268, 271, 272, 273, 274, 276, 277, 278, 279, 280, 281, 282, 284, 288, 291, 293, 294, 297, 298, 302, 303, 304, 305, 306, 310, 311, 312, 313, 316, 317, 318, 321, 323, 324, 325, 329, 330, 331, 332, 333, 334, 341, 344, 345, 346, 347, 349, 351, 353, 355, 359, 360, 361, 362, 365, 370, 372, 375, 379, 380, 382, 385, 388, 394, 395, 396, 397, 408, 410, 415, 416, 419, 420, 422, 424, 431, 432, 434, 435, 437, 438, 439, 442

**Realismo** 174, 323, 382, 418, 423

**Redenção** 100, 164, 168, 207, 250, 294, 308, 367, 370, 372, 373, 374, 375, 425

**Rei** 100, 116, 186, 233, 236, 245, 306, 325, 326, 327, 381, 424, 426

**Reino** 41, 100, 116, 174, 233, 282, 326, 327, 384, 440

**Relação** 35, 36, 54, 55, 56, 58, 61, 68, 69, 70, 75, 78, 79, 80, 81, 82, 83, 86, 87, 88, 89, 90, 91, 93, 100, 102, 103, 104, 106, 108, 110, 111, 112, 113, 114, 118, 120, 121, 123, 126, 127, 128, 129, 130, 132, 135, 136, 137, 138, 143, 145, 146, 160, 161, 165, 167, 178, 179, 182, 183, 184, 185, 187, 188, 190, 191, 194, 197, 202, 203, 204, 205, 208, 209, 211, 213, 216, 219, 220, 221, 222, 223, 224, 225, 226, 227, 228, 229, 230, 236, 238, 241, 244, 248, 251, 252, 253, 254, 256, 258, 260, 262, 264, 265, 266, 268, 271, 274, 281, 284, 285, 289, 290, 293, 294, 295, 296, 297, 298, 305, 307, 308, 310, 311, 314, 315, 322, 326, 327, 329, 331, 333, 335, 337, 340, 341, 345, 346, 347, 348, 349, 350, 351, 355, 358, 359, 360, 361, 362, 363, 370, 371, 373, 376, 377, 379, 380, 382, 385, 389, 394, 396, 397, 402, 403, 407, 408, 409, 410, 411, 412, 421, 424, 425, 426, 427, 428, 429, 431, 433, 434, 437, 438, 439, 441, 442, 443, 446

**Religião** 85, 116, 157, 171, 220, 232, 233, 259, 260, 293, 324, 345, 346, 347, 348, 359, 368, 389

**República/Associação Pública** 116

**Ressurreição** 62, 65, 135, 137, 139, 146, 166, 168, 190, 240, 242, 243, 244, 248, 322, 352, 366, 367, 372, 375, 382, 385, 389, 438

**Revelação** 64, 72, 97, 125, 130, 135, 138, 140, 141, 142, 143, 145, 146, 147, 155, 160, 161, 185, 195, 202, 206, 207, 212, 247, 249, 254, 262, 280, 295, 304, 306, 340, 344, 351, 352, 353, 354, 360, 366, 385, 395, 396, 397, 398, 403, 412, 426, 431, 438, 439

**Revelado** 61, 63, 135, 142, 155, 201, 304, 308, 367, 388, 394, 395, 396, 397

**Revelável** 396

**Riqueza** 76, 94, 95, 96, 97, 132, 277, 355, 437

**Rito** 196, 258, 324, 361, 364

**Rixa** 53

## S

**Sabedoria** 47, 48, 54, 82, 84, 102, 114, 119, 123, 143, 144, 163, 164, 181, 206, 207, 212, 221, 226, 247, 260, 261, 267, 278, 279, 280, 281, 283, 308, 344, 345, 371, 384, 385, 395, 397, 398, 410, 412, 414, 426, 432, 436, 437, 440, 443

**Sacerdócio** 230, 327, 358, 359, 363

**Sacra doctrina** 60, 94, 351, 360, 386, 395, 397, 410, 413

**Sacramento** 103, 104, 105, 106, 108, 168, 195, 196, 197, 198, 200, 230, 259, 260,

ÍNDICE REMISSIVO

261, 262, 318, 326, 347, 350, 358, 359, 360, 385, 389

**Sacra scientia** 395

**Sacra scriptura** 93, 395, 396, 397

**Sacrifício** 125, 196, 198, 284, 347, 350, 358, 363, 367, 368, 369, 370, 371, 372, 373, 374, 375, 376

**Salvação** 60, 102, 108, 136, 137, 143, 145, 146, 163, 164, 166, 167, 168, 184, 189, 196, 198, 202, 207, 211, 212, 214, 215, 226, 230, 231, 233, 236, 239, 244, 245, 247, 253, 260, 262, 267, 268, 288, 294, 295, 302, 303, 313, 326, 341, 342, 349, 351, 352, 354, 360, 361, 362, 363, 364, 367, 369, 370, 371, 373, 374, 375, 376, 386, 387, 388, 389, 397, 404, 410, 412, 413, 446

**Santidade** 99, 100, 102, 230, 267, 292, 333, 348, 377

**Santificação** 65, 189, 195, 207, 209, 246, 268, 269, 335, 360, 412

**Saúde** 44, 55, 76, 79, 110, 159, 184, 219, 221, 256, 309, 315, 320, 326, 357

**Sedição** 53

**Semelhança/Similitude** 40, 43, 45, 46, 50, 58, 64, 79, 83, 84, 85, 86, 133, 136, 179, 187, 189, 212, 230, 252, 262, 265, 279, 305, 308, 330, 379, 381, 382, 388, 411, 420, 422, 425, 426

**Sensação** 92, 348, 432, 433

**Sensitiva** 33, 34, 35, 50, 199, 200, 310, 329, 380, 413, 416, 432, 435

**Sensível** 33, 34, 35, 48, 56, 61, 75, 78, 80, 83, 84, 92, 123, 132, 140, 142, 148, 149, 156, 178, 185, 190, 195, 209, 277, 309, 310, 311, 312, 313, 314, 316, 318, 328, 329, 331, 332, 344, 348, 360, 361, 377, 380, 413, 415, 416, 418, 421, 434, 441, 442

**Sentido** 34, 35, 36, 39, 40, 44, 46, 47, 48, 54, 55, 58, 65, 66, 67, 70, 71, 72, 75, 78, 80, 81, 83, 84, 92, 93, 94, 97, 98, 102, 104, 108, 110, 112, 113, 114, 117, 121, 122, 123, 125, 128, 129, 130, 132, 135, 137, 138, 140, 141, 142, 145, 146, 147, 148, 149, 150, 151, 153, 154, 155, 156, 157, 160, 161, 163, 164, 165, 167, 169, 171, 172, 180, 183, 190, 191, 192, 193, 194, 195, 199, 202, 203, 205, 206, 207,

208, 213, 218, 223, 224, 226, 227, 228, 230, 231, 234, 236, 237, 238, 239, 240, 242, 245, 246, 249, 250, 252, 255, 256, 258, 262, 263, 264, 265, 266, 267, 268, 269, 270, 271, 273, 275, 278, 279, 280, 281, 284, 288, 290, 293, 294, 297, 299, 303, 304, 305, 309, 311, 312, 314, 315, 317, 320, 321, 322, 324, 329, 330, 338, 342, 346, 350, 352, 356, 358, 359, 360, 361, 364, 365, 366, 368, 369, 370, 373, 375, 377, 378, 379, 381, 383, 384, 385, 387, 388, 394, 395, 396, 397, 398, 403, 404, 407, 408, 410, 412, 413, 414, 419, 421, 423, 424, 425, 427, 428, 429, 430, 431, 432, 433, 434, 435, 436, 437, 438, 441, 442, 443, 444, 445, 446

**Ser** 79, 83, 86, 91, 93, 110, 111, 112, 114, 115, 118, 120, 127, 128, 129, 130, 131, 133, 134, 135, 136, 138, 139, 141, 142, 143, 147, 148, 150, 151, 152, 153, 154, 155, 156, 157, 164, 166, 178, 179, 181, 187, 190, 192, 193, 194, 195, 198, 199, 201, 210, 211, 218, 224, 229, 233, 236, 243, 252, 264, 271, 272, 278, 285, 292, 293, 294, 295, 297, 298, 299, 300, 306, 309, 314, 315, 320, 322, 323, 346, 358, 367, 368, 377, 378, 379, 380, 384, 395, 397, 398, 402, 403, 407, 411, 424, 425, 427, 431, 434, 437, 441, 442, 443

**Ser humano** 33, 35, 36, 37, 38, 39, 40, 41, 43, 47, 48, 49, 50, 51, 52, 54, 55, 56, 57, 58, 59, 60, 61, 62, 63, 65, 66, 74, 75, 76, 77, 79, 80, 81, 82, 85, 88, 92, 93, 102, 104, 105, 106, 108, 113, 117, 118, 122, 125, 133, 135, 136, 137, 138, 141, 142, 145, 146, 147, 148, 150, 153, 157, 161, 162, 164, 166, 167, 171, 178, 182, 184, 185, 188, 189, 191, 195, 196, 198, 199, 200, 201, 206, 207, 208, 209, 210, 211, 212, 213, 214, 215, 216, 225, 229, 233, 234, 237, 238, 240, 241, 242, 243, 244, 245, 246, 249, 250, 252, 253, 254, 255, 256, 257, 258, 265, 273, 275, 276, 277, 278, 279, 280, 282, 283, 284, 289, 291, 292, 293, 294, 295, 298, 303, 304, 312, 314, 316, 318, 319, 320, 321, 322, 324, 325, 326, 329, 330, 331, 336, 337, 341, 342, 343, 344, 345, 346, 347, 348, 349, 351, 355, 356, 357, 360, 361, 365,

366, 367, 368, 369, 370, 372, 373, 378, 379, 380, 381, 382, 385, 388, 389, 407, 408, 411, 412, 414, 415, 416, 418, 419, 430, 436, 438, 440, 441, 442, 443, 446

**Sermão** 148, 203, 233, 332, 333, 334

**Sindérese** 122, 123, 124, 125, 127, 303

**Síntese** 34, 35, 63, 71, 145, 170, 179, 180, 198, 229, 230, 242, 274, 292, 294, 295, 365, 366, 367, 373, 379, 383, 400, 402, 411, 418, 426

**Soberania** 302

**Soberba** 283, 316, 320

**Sobrenatural** 40, 41, 49, 57, 58, 59, 60, 66, 75, 133, 138, 146, 151, 168, 197, 209, 210, 212, 214, 215, 221, 292, 293, 294, 295, 303, 351, 352, 383, 388, 430

**Sociedade** 41, 48, 51, 76, 100, 105, 116, 171, 172, 187, 220, 260, 282, 302, 364

**Sofrer** 40, 46, 138, 192, 276, 309, 369

**Sofrimento** 122, 146, 165, 313, 368, 369, 370, 371, 372, 375, 415, 416

**Sorte** 52, 74, 288, 332, 355, 356, 425

**Substância** 44, 45, 54, 57, 58, 63, 78, 84, 87, 111, 119, 128, 130, 136, 137, 142, 147, 164, 168, 190, 191, 192, 196, 197, 199, 202, 203, 204, 208, 209, 210, 214, 219, 223, 224, 232, 240, 241, 242, 243, 274, 287, 290, 293, 294, 315, 320, 321, 322, 323, 338, 361, 378, 379, 380, 383, 388, 409, 412, 415, 419, 421, 422

**Sujeito** 35, 36, 39, 42, 43, 47, 48, 50, 55, 58, 61, 65, 71, 76, 78, 81, 83, 87, 88, 89, 93, 101, 102, 128, 132, 137, 139, 150, 156, 159, 178, 180, 182, 184, 192, 199, 211, 212, 214, 216, 219, 221, 250, 251, 264, 266, 268, 288, 298, 299, 309, 310, 311, 316, 318, 319, 320, 321, 326, 330, 338, 348, 349, 356, 362, 383, 384, 394, 396, 403, 411, 419, 430, 442, 446

**T**

**Técnica** 62, 72, 119, 155, 157, 205, 384, 437

**Temor** 121, 144, 167, 182, 185, 202, 216, 257, 310, 311, 313, 328, 344

**Temperança** 79, 85, 185, 250, 279, 389, 436, 437, 438, 439, 440

**Tempo** 36, 56, 57, 58, 60, 61, 63, 69, 70, 71, 75, 86, 87, 94, 95, 96, 99, 100, 111,

112, 113, 116, 120, 128, 129, 135, 137, 144, 151, 152, 153, 155, 157, 163, 166, 178, 182, 184, 188, 192, 193, 194, 195, 199, 205, 213, 214, 215, 216, 229, 231, 232, 233, 234, 235, 236, 237, 238, 241, 245, 246, 247, 261, 262, 269, 270, 271, 282, 295, 298, 299, 300, 306, 322, 324, 329, 332, 338, 340, 346, 353, 358, 360, 363, 378, 387, 390, 392, 393, 394, 399, 401, 403, 414, 431, 432, 433, 435, 436, 437

**Tomasianismo** 399

**Tomismo** 169, 170, 172, 375, 399, 402, 404

**Transcendência** 86, 91, 129, 137, 141, 148, 180, 182, 294, 314, 366, 379, 398, 406, 407, 408, 423, 427

**Transcendental** 71, 86, 87, 88, 91, 141, 156, 379, 402, 403, 406, 407, 408, 427

**Transcendentalidade** 86, 87, 88

**Transcendente** 74, 86, 97, 129, 137, 139, 141, 147, 148, 149, 150, 152, 156, 180, 182, 252, 257, 292, 293, 294, 295, 300, 364, 366, 367, 369, 398, 406, 409

**Transformação** 42, 43, 113, 197, 213, 375, 437, 440

**Trindade** 59, 62, 64, 74, 76, 79, 85, 111, 117, 119, 129, 130, 136, 143, 144, 145, 149, 163, 164, 186, 187, 188, 206, 207, 221, 226, 243, 245, 246, 268, 276, 281, 284, 287, 294, 305, 306, 307, 308, 314, 321, 322, 323, 337, 339, 345, 353, 365, 372, 373, 381, 385, 387, 388, 394, 395, 396, 397, 409, 410, 419, 421, 425

**Tristeza** 34, 165, 185, 277, 309, 310, 311, 312, 313, 328, 330, 382, 413, 414, 415, 416

**Troca** 437

**U**

**Unção** 196, 389

**Unicidade** 62, 206, 339, 347, 368, 397, 438

**Unidade** 59, 64, 69, 71, 116, 120, 121, 136, 138, 143, 144, 146, 160, 163, 164, 165, 190, 200, 224, 227, 236, 237, 238, 239, 244, 245, 270, 306, 307, 314, 322, 323, 326, 337, 339, 347, 360, 367, 368, 373, 380, 382, 384, 393, 394, 397, 409, 411, 425, 438

ÍNDICE REMISSIVO

**Universais** 33, 34, 58, 84, 93, 119, 124, 153, 154, 172, 173, 174, 178, 202, 219, 229, 230, 235, 289, 298, 314, 418

**Universo** 56, 59, 69, 75, 76, 100, 127, 129, 130, 131, 153, 155, 164, 229, 232, 233, 254, 264, 265, 266, 270, 272, 295, 302, 307, 341, 342, 392, 430

**Univocidade** 54, 55

**Uno** 45, 62, 68, 71, 80, 85, 87, 88, 91, 119, 144, 147, 153, 174, 229, 315, 322, 326, 366, 386, 394, 397, 408, 410, 419, 425

# V

**Vegetativa** 200, 380

**Veracidade** 428, 430, 437

**Verbo** 33, 58, 84, 85, 121, 130, 131, 135, 140, 145, 163, 164, 179, 181, 186, 187, 188, 193, 198, 199, 226, 233, 234, 245, 248, 264, 285, 287, 308, 312, 323, 324, 351, 354, 367, 368, 372, 374, 375, 376, 377, 378, 379, 381, 385, 389, 394, 397, 406, 409, 410, 411, 412, 421, 423, 424, 425, 430

**Verdade** 34, 35, 36, 42, 50, 55, 60, 61, 62, 63, 65, 66, 67, 68, 70, 71, 72, 74, 75, 76, 79, 82, 83, 84, 86, 87, 88, 89, 91, 92, 93, 104, 107, 108, 111, 112, 113, 118, 119, 121, 123, 124, 125, 126, 129, 130, 133, 136, 138, 149, 150, 151, 152, 154, 155, 156, 167, 171, 177, 193, 195, 197, 199, 201, 202, 203, 204, 208, 218, 219, 220, 221, 223, 224, 227, 229, 230, 232, 233, 236, 240, 242, 243, 245, 246, 247, 248, 253, 254, 268, 269, 278, 280, 281, 284, 290, 291, 294, 298, 299, 301, 302, 303, 304, 305, 307, 308, 309, 310, 311, 312, 318, 321, 322, 323, 334, 336, 340, 345, 347, 348, 350, 351, 353, 354, 361, 362, 369, 371, 381, 382, 383, 385, 388, 389, 395, 397, 398, 407, 408, 409, 410, 412, 416, 421, 422, 424, 426, 427, 428, 429, 432, 437, 438, 439, 444

**Vício** 124, 185, 227, 284, 318, 389, 416

**Vida** 37, 38, 39, 41, 49, 52, 56, 59, 62, 63, 64, 65, 68, 70, 74, 75, 76, 77, 85, 99, 102, 103, 105, 108, 109, 115, 116, 117, 118, 120, 122, 134, 136, 137, 138, 140, 142, 143, 144, 145, 146, 147, 148, 151, 153, 159, 166, 167, 168, 183, 184, 188, 189, 192, 195, 196, 197, 198, 199, 200, 204, 205, 206, 208, 209, 210, 214, 215, 221, 222, 224, 225, 226, 230, 234, 236, 237, 239, 243, 244, 246, 247, 248, 249, 250, 252, 255, 258, 261, 265, 267, 273, 276, 280, 282, 283, 289, 292, 294, 306, 308, 316, 318, 324, 334, 335, 342, 348, 352, 356, 357, 360, 362, 363, 364, 365, 366, 368, 369, 370, 371, 372, 373, 374, 375, 380, 381, 382, 388, 389, 392, 397, 401, 407, 409, 412, 413, 414, 415, 416, 425, 430, 431, 433, 434, 435, 436, 437, 438, 446

**Violência** 46, 256, 257

**Virgindade** 107, 207, 266, 267

**Virtude** 33, 36, 37, 38, 39, 40, 41, 42, 47, 48, 49, 50, 51, 52, 56, 57, 58, 59, 65, 74, 75, 77, 79, 80, 81, 85, 86, 89, 101, 102, 104, 111, 112, 123, 124, 130, 144, 159, 161, 165, 167, 168, 182, 183, 184, 185, 189, 196, 197, 198, 201, 203, 204, 209, 210, 211, 212, 214, 216, 220, 221, 223, 227, 230, 250, 259, 263, 275, 277, 278, 281, 282, 288, 303, 324, 325, 346, 347, 348, 349, 350, 355, 356, 361, 368, 369, 370, 371, 375, 380, 382, 383, 387, 389, 398, 404, 411, 414, 415, 416, 436, 438, 439

**Voluntário** 43, 105, 126, 200, 222, 226, 227, 253, 276, 282, 317, 319, 443

**Vontade** 34, 35, 36, 40, 41, 42, 43, 44, 46, 47, 48, 49, 50, 52, 56, 58, 60, 61, 65, 67, 68, 77, 82, 88, 103, 104, 105, 107, 108, 119, 122, 124, 125, 126, 128, 132, 143, 146, 147, 151, 152, 160, 161, 162, 165, 168, 171, 175, 184, 186, 192, 193, 194, 201, 203, 208, 209, 210, 220, 221, 223, 226, 250, 252, 253, 254, 255, 256, 257, 258, 265, 276, 277, 278, 280, 282, 288, 293, 297, 302, 305, 310, 312, 313, 316, 317, 318, 319, 320, 322, 323, 325, 329, 331, 332, 340, 341, 342, 343, 347, 348, 362, 363, 367, 370, 371, 373, 374, 375, 376, 381, 382, 388, 389, 395, 400, 403, 411, 439, 440, 441, 442, 443, 444, 445, 446

Paulinas

Rua Dona Inácia Uchoa, 62
04110-020 – São Paulo – SP (Brasil)
Tel.: (11) 2125-3500
http://www.paulinas.com.br – editora@paulinas.com.br
Telemarketing e SAC: 0800-7010081